Enfoques

Curso intermedio de lengua española

THIRD EDITION

Blanco | Colbert

Boston, Massachusetts

	CONTEXTOS	FOTONOVELA	ENFOQUES
LECCIÓN 1 **Las relaciones personales**	La personalidad . . . . . 2 Los estados emocionales . . . . . 2 Los sentimientos . . . . . 2 Las relaciones personales 3	**Comedia:** *¡Bienvenida, Mariela!* . . . . . 6 Apuntes culturales 9	**Enfoque:** Los Estados Unidos. . . . . 10 **En detalle:** Parejas sin fronteras . . . . . 10 **Perfil:** Isabel y Willie. . . . . 11 **Flash Cultura:** Las relaciones personales 13
LECCIÓN 2 **Las diversiones**	La música y el teatro . . . . . 42 Los lugares de recreo. . . . . 42 Los deportes. . . . . 42 Las diversiones 43	**Comedia:** *¡Tengo los boletos!* . . . . . 46 Apuntes culturales 49	**Enfoque:** México . . . . . 50 **En detalle:** El nuevo cine mexicano . . . . . 50 **Perfil:** Gael García Bernal . . . . . 51 **Flash Cultura:** El cine mexicano 53
LECCIÓN 3 **La vida diaria**	En casa . . . . . 82 De compras . . . . . 82 Expresiones . . . . . 82 La vida diaria 83	**Comedia:** *¿Alguien desea ayudar?* . . . . . 86 Apuntes culturales 89	**Enfoque:** España . . . . . 90 **En detalle:** La Familia Real . . . . . 90 **Perfil:** Letizia Ortiz . . . . . 91 **Flash Cultura:** De compras por Barcelona 93
LECCIÓN 4 **La salud y el bienestar**	Los síntomas y las enfermedades. . . . . 122 La salud y el bienestar . . . . . 122 Los médicos y el hospital. . . . . 122 Las medicinas y los tratamientos 123	**Comedia:** *¿Dulces? No, gracias*. . . . . 126 Apuntes culturales 129	**Enfoque:** Colombia. . . . . 130 **En detalle:** De abuelos y chamanes. . . . . 130 **Perfil:** La ciclovía de Bogotá. . 131 **Flash Cultura:** Las farmacias. 133

	CONTEXTOS	FOTONOVELA	ENFOQUES
LECCIÓN 9 **La cultura popular y los medios de comunicación**	La televisión, la radio y el cine . . . 324 La cultura popular . . . 324 Los medios de comunicación . . . 324 La prensa . . . 325	**Comedia:** *¡O estás con ella o estás conmigo!* . . . 328 Apuntes culturales . . . 331	**Enfoque:** Uruguay y Paraguay . . . 332 **En detalle:** El mate . . . 332 **Perfil:** Las murgas y el candombe . . . 333 **Flash Cultura:** Lo mejor de Argentina . . . 335
LECCIÓN 10 **La literatura y el arte**	La literatura . . . 362 Los géneros literarios . . . 362 Los artistas . . . 362 El arte . . . 363 Las corrientes artísticas . . . 363	**Comedia:** *Unas pinturas... radicales.* . . . 366 Apuntes culturales . . . 369	**Enfoque:** Chile . . . 370 **En detalle:** Las casas de Neruda . . . 370 **Perfil:** Neruda en la pintura . . . 371 **Flash Cultura:** Arquitectura modernista . . . 373
LECCIÓN 11 **La política y la religión**	La religión . . . 396 Las creencias religiosas . . . 396 Los cargos políticos . . . 396 La política . . . 397	**Comedia:** *La rueda de prensa* . . . 400 Apuntes culturales . . . 403	**Enfoque:** Bolivia . . . 404 **En detalle:** El Carnaval de Oruro . . . 404 **Perfil:** Evo Morales . . . 405 **Flash Cultura:** Puerto Rico: ¿nación o estado? . . . 407
LECCIÓN 12 **La historia y la civilización**	La historia y la civilización . . . 438 Los conceptos . . . 438 Las características . . . 438 Los gobernantes . . . 438 La conquista y la independencia . . . 439	**Comedia:** *Esta noche o nunca* . . . 442 Apuntes culturales . . . 445	**Enfoque:** Perú y Ecuador . . . 446 **En detalle:** La herencia de los incas . . . 446 **Perfil:** Machu Picchu . . . 447 **Flash Cultura:** Machu Picchu: encanto y misterio . . . 449

ESTRUCTURA	CINEMATECA	LECTURAS

CINEMATECA

appears in every lesson, integrating pre-, while-, and post-viewing activities for an authentic short film.

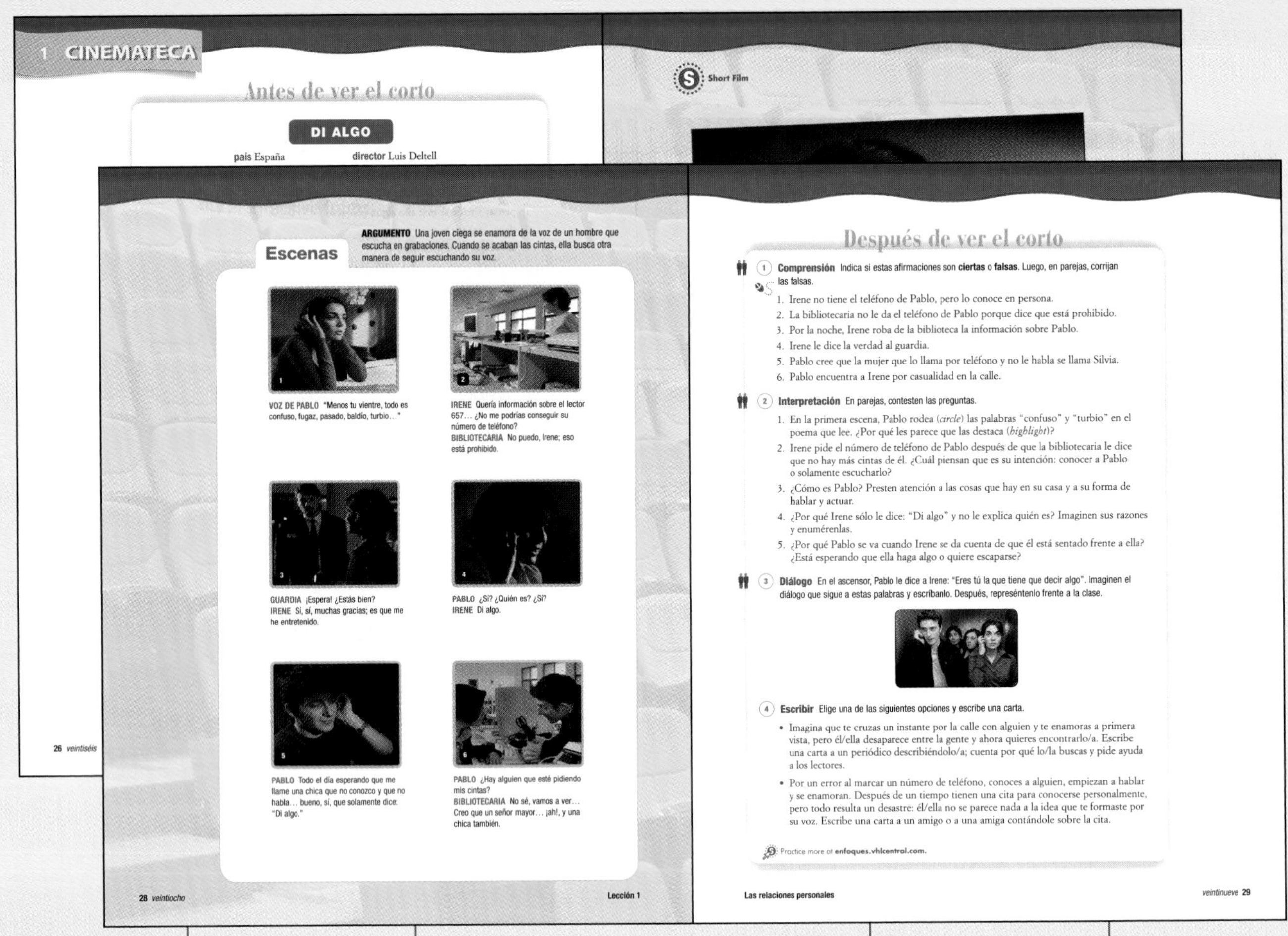

1 CINEMATECA

Antes de ver el corto

DI ALGO

país España **director** Luis Deltell

Short Film

26 veintiséis

ARGUMENTO Una joven ciega se enamora de la voz de un hombre que escucha en grabaciones. Cuando se acaban las cintas, ella busca otra manera de seguir escuchando su voz.

Escenas

1 VOZ DE PABLO "Menos tu vientre, todo es confuso, fugaz, pasado, baldío, turbio..."

2 IRENE Quería información sobre el lector 657... ¿No me podrías conseguir su número de teléfono?
BIBLIOTECARIA No puedo, Irene; eso está prohibido.

3 GUARDIA ¡Espera! ¿Estás bien?
IRENE Sí, sí, muchas gracias; es que me he entretenido.

4 PABLO ¿Sí? ¿Quién es? ¿Sí?
IRENE Di algo.

5 PABLO Todo el día esperando que me llame una chica que no conozco y que no habla... bueno, sí, que solamente dice: "Di algo."

6 PABLO ¿Hay alguien que esté pidiendo mis cintas?
BIBLIOTECARIA No sé, vamos a ver... Creo que un señor mayor... ¡ah!, y una chica también.

28 veintiocho Lección 1

Después de ver el corto

1 **Comprensión** Indica si estas afirmaciones son **ciertas** o **falsas**. Luego, en parejas, corrijan las falsas.

1. Irene no tiene el teléfono de Pablo, pero lo conoce en persona.
2. La bibliotecaria no le da el teléfono de Pablo porque dice que está prohibido.
3. Por la noche, Irene roba de la biblioteca la información sobre Pablo.
4. Irene le dice la verdad al guardia.
5. Pablo cree que la mujer que lo llama por teléfono y no le habla se llama Silvia.
6. Pablo encuentra a Irene por casualidad en la calle.

2 **Interpretación** En parejas, contesten las preguntas.

1. En la primera escena, Pablo rodea (*circle*) las palabras "confuso" y "turbio" en el poema que lee. ¿Por qué les parece que las destaca (*highlight*)?
2. Irene pide el número de teléfono de Pablo después de que la bibliotecaria le dice que no hay más cintas de él. ¿Cuál piensan que es su intención: conocer a Pablo o solamente escucharlo?
3. ¿Cómo es Pablo? Presten atención a las cosas que hay en su casa y a su forma de hablar y actuar.
4. ¿Por qué Irene sólo le dice: "Di algo" y no le explica quién es? Imaginen sus razones y enumérenlas.
5. ¿Por qué Pablo se va cuando Irene se da cuenta de que él está sentado frente a ella? ¿Está esperando que ella haga algo o quiere escaparse?

3 **Diálogo** En el ascensor, Pablo le dice a Irene: "Eres tú la que tiene que decir algo". Imaginen el diálogo que sigue a estas palabras y escríbanlo. Después, represéntenlo frente a la clase.

4 **Escribir** Elige una de las siguientes opciones y escribe una carta.

- Imagina que te cruzas un instante por la calle con alguien y te enamoras a primera vista, pero él/ella desaparece entre la gente y ahora quieres encontrarlo/a. Escribe una carta a un periódico describiéndolo/a; cuenta por qué lo/la buscas y pide ayuda a los lectores.
- Por un error al marcar un número de teléfono, conoces a alguien, empiezan a hablar y se enamoran. Después de un tiempo tienen una cita para conocerse personalmente, pero todo resulta un desastre: él/ella no se parece nada a la idea que te formaste por su voz. Escribe una carta a un amigo o a una amiga contándole sobre la cita.

Practice more at **enfoques.vhlcentral.com.**

Las relaciones personales veintinueve 29

Art I... illustr... categ...

Práctic... uses a va... new vocab...

Escenas Video stills with excerpts of the dialogue help you to focus on key events and ideas as you watch the film.

Cortometrajes Twelve dramatic short films from the Spanish-speaking world provide authentic language input with four pages of support. All films are available for viewing on the Supersite.

Antes de ver... Pre-viewing activities prepare you to view the film. **Vocabulario** calls out vocabulary key to understanding the film.

Después de ver... Post-viewing activities check your comprehension and guide you through interpreting the film and reacting to it.

LECTURAS
opens in a visually dramatic way.

1 LECTURAS
Los enamorados, 1923
Pablo Picasso, España
"La única fuerza y la única verdad que hay en esta vida es el amor."
— José Martí
30 *treinta*
Lección 1

Fine Art A fine art piece by a Spanish-speaking artist illustrates an aspect of the lesson's theme and exposes you to a broad spectrum of works created by male and female artists from different areas of the Spanish-speaking world.

Quotation Quotations by Spanish speakers from around the world and across the ages provide thought-provoking insights into the lesson's theme.

LECTURAS

presents a literary selection that expands on the lesson's theme.

POEMA 20

Pablo Neruda

32 *treinta y dos* Lección 1

Audio: Dramatic Recording

Puedo escribir los versos más tristes esta noche.
Escribir, por ejemplo: "La noche está estrellada°, *starry*
y tiritan°, azules, los astros°, a lo lejos°". *blink; tremble* *stars/in the distance*
El viento de la noche gira° en el cielo y canta. *turns*

Puedo escribir los versos más tristes esta noche.
Yo la quise, y a veces ella también me quiso.

En las noches como ésta la tuve entre mis brazos.
La besé tantas veces bajo el cielo infinito.

Ella me quiso, a veces yo también la quería.
Cómo no haber amado sus grandes ojos fijos°. *fixed*

Puedo escribir los versos más tristes esta noche.
Pensar que no la tengo. Sentir que la he perdido.

Oír la noche inmensa, más inmensa sin ella.
Y el verso cae al alma como al pasto el rocío°. *like the dew on the grass*

Qué importa que mi amor no pudiera guardarla°. *keep; protect*
La noche está estrellada y ella no está conmigo.

Eso es todo. A lo lejos alguien canta. A lo lejos.
Mi alma no se contenta con haberla perdido.

Como para acercarla° mi mirada la busca. *to bring her closer*
Mi corazón la busca, y ella no está conmigo.

La misma noche que hace blanquear° los mismos árboles. *to whiten*
Nosotros, los de entonces, ya no somos los mismos.

Ya no la quiero, es cierto, pero cuánto la quise.
Mi voz° buscaba el viento para tocar su oído. *voice*

De otro. Será de otro. Como antes de mis besos.
Su voz, su cuerpo claro. Sus ojos infinitos.

Ya no la quiero, es cierto, pero tal vez la quiero.
Es tan corto el amor, y es tan largo el olvido.

Porque en noches como ésta la tuve entre mis brazos,
mi alma no se contenta con haberla perdido.

Aunque éste sea el último dolor que ella me causa,
y éstos sean los últimos versos que yo le escribo. ■

Las relaciones personales *treinta y tres* 33

Sobre el autor Biographical information focuses your attention on important information about the authors and their works.

Diverse Texts Theme-related texts from high-profile male and female authors from all over the Spanish-speaking world expose you to a variety of genres, such as poetry, short stories, and novels.

Open Design The type size, open space, numbered lines, and marginal glosses were specially designed to make the readings inviting and highly accessible to you.

Análisis literario Explanations and practice of literary techniques central to the reading give you the support you need to analyze literature in Spanish.

Conexión personal Personalized questions prompt you to think about the theme of the reading as it relates to your own life and experiences.

LECTURAS

also features an article on cultural topics related to the lesson theme.

Audio: Reading

Sonia Sotomayor: la niña que soñaba

Sonia Sotomayor era una niña que soñaba. Y, según cuenta, lo que soñaba era convertirse en detective, igual que su heroína favorita, Nancy Drew. Sin embargo, a los ocho años, tras un diagnóstico de diabetes, sus médicos le recomendaron que pensara en una carrera menos agitada. Entonces, sin recortar sus aspiraciones ni resignarse a menos, encontró un nuevo modelo en otro héroe de ficción: Perry Mason, el abogado encarnado° en televisión por Raymond Burr. "Iba a ir a la universidad e iba a convertirme en abogada: y supe esto cuando tenía diez años. Y no es una broma" declaró ella en 1998.

Robin Kar, secretario de Sonia Sotomayor en 1988–1989, afirma que la jueza no sólo tiene una historia asombrosa°, sino que además es una persona asombrosa. Y cuenta que, en la corte, ella no solamente conocía a sus pares°, como los otros jueces y políticos, sino que también se preocupaba por conocer a todos los porteros, los empleados de la cafetería y los conserjes°, y todos la apreciaban mucho.

En su discurso de aceptación de la nominación a la Corte Suprema, Sonia Sotomayor explicó su propia visión de sí misma: "Soy una persona nada extraordinaria que ha tenido la dicha de tener oportunidades y experiencias extraordinarias." Pero ni siquiera sus sueños más descabellados° podían prepararla para lo que ocurrió en mayo de 2009, cuando Barack Obama la nominó como candidata a la Corte Suprema de Justicia de Estados Unidos. En su discurso, el presidente destacó el "viaje extraordinario" de la jueza, desde sus modestos comienzos hasta la cima° del sistema judicial. Para él, los sueños son importantes y Sonia Sotomayor es la encarnación del sueño americano.

Nació en el Bronx, en Nueva York, el 25 de junio de 1954, y creció en un barrio de viviendas subsidiadas°. Sus padres, puertorriqueños, habían llegado a Estados Unidos durante la Segunda Guerra Mundial. Su padre, que había estudiado sólo hasta tercer grado y no hablaba inglés, murió cuando Sonia tenía nueve años, y su madre, Celina, tuvo que trabajar seis días a la semana como enfermera para criarlos° a ella y a su hermano menor. Como la señora Sotomayor consideraba que una buena educación era fundamental, les compró a sus hijos la Enciclopedia Británica y los envió a una escuela católica para que recibieran la mejor instrucción posible. Seguramente los resultados superaron también sus expectativas: Sonia estudió en las universidades de Princeton y Yale, y su hermano Juan estudió en la Universidad de Nueva York, y ahora es médico y profesor en la Universidad de Siracusa.

Sonia Sotomayor trabajó durante cinco años como asistente del fiscal de Manhattan, Robert Morgenthau (quien inspiró el personaje del fiscal del distrito Adam Schiff en la serie de televisión *Law and Order*). Luego se dedicó al derecho corporativo y más tarde fue jueza de primera instancia de la Corte Federal de Distrito antes de ser nombrada jueza de Distrito de la Corte Federal de Apelaciones. En 2009 se convirtió en la primera hispana —y la tercera mujer en toda la historia— en llegar a la Corte Suprema de Justicia de Estados Unidos, donde suelen tratarse cuestiones tan controvertidas como el aborto, la pena de muerte, el derecho a la posesión de armas, etc.

Cuando el presidente Obama nominó a la jueza Sotomayor para su nuevo cargo, Celina Sotomayor escuchaba desde la primera fila° con los ojos llenos de lágrimas. En su discurso de aceptación, Sonia la señaló como "la inspiración de toda mi vida". Tal vez, en el fondo, lo que soñaba realmente la niña del Bronx era ser, como su madre, una "sabia mujer latina". ■

encarnado: played by · asombrosa: amazing · pares: peers · conserjes: janitors · descabellados: widest · cima: height · viviendas subsidiadas: housing project · criarlos: raise them · primera fila: front row

Cómo Sotomayor salvó al béisbol

En 1994, de manera unilateral, los propietarios de los equipos de las Grandes Ligas de béisbol implantaron un tope (*limit*) salarial; esto fue rechazado por los jugadores y su sindicato, que declararon una huelga (*strike*). El caso llegó a Sonia Sotomayor, en ese entonces la jueza más joven del Distrito Sur de Nueva York, en 1995. Ella escuchó los argumentos de las dos partes y anunció su dictamen (*ruling*) a favor de los jugadores. Logró acabar así con la huelga que llevaba ya 232 días y, además, ganarse el título de "salvadora del béisbol".

36 treinta y seis · Lección 1 · Las relaciones personales · treinta y siete 37

Appealing Topics The **Cultura** readings present a unique range of topics that expose you to the people, traditions, and accomplishments of the different cultures of the Spanish-speaking world.

Open Design The same open design used in the first selection, including numbered lines and marginal glosses, helps make the **Cultura** readings accessible to you.

Vocabulario A vocabulary box lists words and expressions key to the reading.

Contexto cultural The selection is introduced by culturally relevant background information about the theme of the reading.

Post-reading Activities These exercises check your understanding of key ideas and guide you in analyzing, interpreting, and reacting to the content.

España

Mar Cantábrico
Océano Atlántico
La Coruña
Avilés
Gijón
Oviedo
Santander
San Sebastián
Bilbao
GALICIA
ASTURIAS
CANTABRIA
PAÍS VASCO
Pamplona
Pirineos
Andorra
NAVARRA
Pontevedra
Vigo
Burgos
LA RIOJA
Palencia
Soria
CATALUÑA
Gerona
Braga
Zamora
Valladolid
Lérida
Zaragoza
Barcelona
CASTILLA-LEÓN
Oporto
Salamanca
Segovia
España
ARAGÓN
Tarragona
Ávila
Madrid
Coimbra
Serra da Estrela
COMUNIDAD VALENCIANA
Islas Baleares
Menorca
Toledo
Cáceres
Valencia
Palma
Mallorca
Portugal
EXTREMADURA
CASTILLA-LA MANCHA
Lisboa
Mérida
Ibiza
Badajoz
Ciudad Real
Setúbal
Albacete
Formentera
Sierra Morena
Alicante
Mar Mediterráneo
Córdoba
Murcia
Jaén
Sevilla
ANDALUCÍA
Cartagena
Huelva
Granada
Sierra Nevada
Almería
N
O
E
S
Cádiz
Málaga
Algeciras
Gibraltar (R.U.)
Estrecho de Gibraltar
Ceuta (Esp.)
Melilla (Esp.)
Marruecos

Islas Canarias
La Palma
Santa Cruz de la Palma
Lanzarote
Tenerife
Santa Cruz de Tenerife
Arrecife
Gomera
Puerto del Rosario
Hierro
Las Palmas
Fuerteventura
Gran Canaria
Océano Atlántico
Marruecos

Las relaciones personales

Llevan
cincuen
casados
secretos
matrimo
confianz

el/la amado/a *loved one; sweetheart*
el ánimo *spirit*
el cariño *affection*
la cita (a ciegas) *(blind) date*
el compromiso *commitment; responsibility*
la confianza *trust; confidence*
el desánimo *the state of being discouraged*
el divorcio *divorce*
la pareja *couple; partner*
el sentimiento *feeling; emotion*

atraer *to attract*
coquetear *to flirt*
cuidar *to take care of*
dejar a alguien *to leave someone*
discutir *to argue*
educar *to raise; to bring up*
hacerle caso a alguien *to pay attention to someone*
impresionar *to impress*
llevar… años de (casados) *to be (married) for… years*
llevarse bien/mal/fatal *to get along well/badly/terribly*
mantenerse en contacto *to keep in touch*
pasarlo bien/mal/fatal *to have a good/bad/terrible time*
proponer matrimonio *to propose (marriage)*
romper (con) *to break up (with)*
salir (con) *to go out (with)*
soportar a alguien *to put up with someone*

casado/a *married*
divorciado/a *divorced*
separado/a *separated*
soltero/a *single*
viudo/a *widowed*

Las relaciones personales 31+18+17=66

Las relaciones personales

Communicative Goals

You will expand your ability to…
- describe in the present
- narrate in the present
- express personal relationships

Audio: Vocabulary Activities

La pe

La personalidad

autoritario/a *strict; authoritarian*
cariñoso/a *affectionate*

celoso/a *jealous*
cuidadoso/a *careful*
falso/a *insincere*
gracioso/a *funny; pleasant*

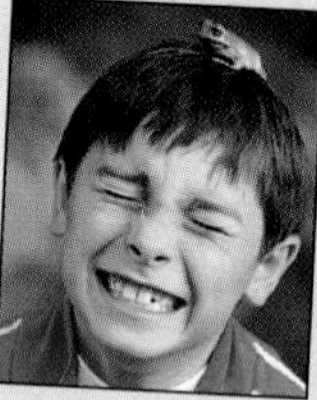

inseguro/a *insecure*
(in)maduro/a *(im)mature*
mentiroso/a *lying*
orgulloso/a *proud*
permisivo/a *permissive; easy-goin*
seguro/a *sure; confident*
sensato/a *sensible*
sensible *sensitive*
tacaño/a *cheap; stingy*
tímido/a *shy*
tradicional *traditional*

14

En detalle

ESTADOS UNIDOS

Additional Reading

PAREJAS SIN FRONTERAS

Es el año 2007. Ana Villegas está frente a su computadora en México jugando *online* un juego de cartas. Del otro lado está Frank Petersen, de Fairhaven, Massachusetts, también aficionado al mismo juego. Este simple juego los lleva a una amistad que luego se convierte en amor. A pesar de los temores y del escepticismo familiar, dos años después, Ana deja México y se muda a los Estados Unidos, donde hoy vive junto a su esposo Frank.

La historia de Ana no es un caso aislado°. El número de parejas interculturales está en marcado aumento°. Entre las causas más importantes están la globalización, la asimilación de los hijos de inmigrantes a la cultura estadounidense y el aumento en la edad promedio° de las parejas al casarse. En 1960, en los Estados Unidos, el promedio de edad al casarse era veintitrés para los hombres y veinte para las mujeres. Actualmente es veintisiete y veinticinco respectivamente. ¿Qué tiene que ver° este cambio con el aumento de las parejas interculturales? Antes, los jóvenes solían° casarse con personas de su comunidad. Ahora, muchos tienen la oportunidad de viajar, vivir solos o irse a vivir a otro país. Esta nueva independencia los expone° a otras culturas. Por lo tanto, es más común que formen parejas con personas de culturas diferentes.

Las parejas interculturales se enfrentan a° muchos desafíos° —problemas de comunicación, diferencias en valores y formas de pensar, falta de aceptación de algunos familiares— pero también tienen una oportunidad única de crecimiento° personal; además, la exposición a otras maneras de pensar nos ayuda a echar una mirada° crítica a nuestra propia cultura. ■

Matrimonios interculturales

De acuerdo con la Oficina del Censo, el número de parejas interraciales se cuadruplicó entre 1970 y 1995.

18% de las mujeres latinas casadas tienen un esposo no latino.

15% de los hombres latinos casados tienen una esposa no latina.

Fuente: Censo estadounidense – Año 2000

Consejos de Ana

- Esfuérzate° por conocer la cultura de tu pareja.
- Evita perpetuar los estereotipos.
- Pon énfasis en lo que los une y no en lo que los separa.
- Educa a tu familia y a tus amigos acerca de la cultura de tu pareja.
- Aprende a no dejarte llevar° por los comentarios y las miradas de las personas que no están a favor de las relaciones interculturales.

aislado *isolated* **marcado aumento** *marked increase* **promedio** *average* **Qué tiene que ver** *What does (it) have to do* **solían** *used to* **expone** *exposes* **se enfrentan a** *face* **desafíos** *challenges* **crecimiento** *growth* **echar una mirada** *take a look* **Esfuérzate** *Make an effort* **dejarte llevar** *allow yourself to be influenced*

ASÍ LO DECIMOS

Las relaciones

chavo/a (Méx.) *boyfriend/girlfriend*
enamorado/a (Pe.) *boyfriend/girlfriend*

amorcito *dear, honey*
cariño *dear, honey*
cielo *dear, honey*

estar de novio(s) *to be dating someone*
estar en pareja con (Esp.) *to be dating someone*
ponerse de novio/a (con) *to start dating someone*

estar bueno/a *to be attractive*
estar padre (Méx.) *to be attractive*

EL MUNDO HISPANOHABLANTE

Las relaciones

Tendencias

Aunque en la mayoría de los países hispanos ya no hay reglas fijas, es costumbre que el hombre invite° en los primeros encuentros.

En los Estados Unidos, cada vez más latinos participan en citas rápidas° para encontrar pareja.

Costumbres

Cada 23 de abril se celebra en Cataluña y otras comunidades de España el Día de San Jorge, en conmemoración a la leyenda del héroe que mató a un dragón para rescatar a una princesa. En este día el hombre regala una rosa a su persona querida, y ésta le regala un libro.

En algunos pueblos de México, como Zacatecas, es costumbre que las mujeres y los hombres solteros vayan a caminar solos o en grupos alrededor de la plaza los domingos. Las mujeres y los hombres caminan en dirección contraria para poder observarse mutuamente.

PERFIL

ISABEL Y WILLIE

La escritora chilena Isabel Allende y el abogado estadounidense Willie Gordon comparten el amor por el arte y la compañía de buenos amigos. Allende conoció a su esposo durante la presentación de su novela *De amor y de sombra* en California en 1988. Gordon admiraba la obra y el talento de esta escritora latinoamericana, y Allende no tardó° en enamorarse de él. Una vez, Gordon hizo un chiste° sobre el matrimonio en una cena con un grupo de personas. Dijo que nunca se volvería a casar a menos que no le quedara otro remedio. Allende se enojó y le dijo que ella había dejado todo por él —su cultura y su gente—, y que éste no le ofrecía ningún compromiso. Así, al día siguiente, Gordon le respondió: "Vale°, me caso." Isabel Allende y Willie Gordon se casaron ese mismo año y, desde entonces, viven en un tranquilo barrio californiano.

> "Echo de menos la familia y el idioma, el sentido del humor, porque nadie me tiene que explicar un chiste en Chile, mientras que acá no los entiendo." (Isabel Allende)

Conexión Internet

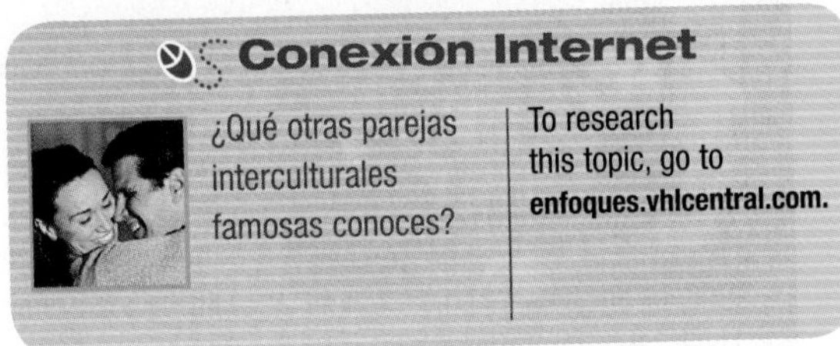

¿Qué otras parejas interculturales famosas conoces?

To research this topic, go to **enfoques.vhlcentral.com.**

no tardó *didn't take long* **chiste** *joke* **Vale** *OK* **invite** *pays* **citas rápidas** *speed dating*

Sonia Sotomayor:

la niña que soñaba

Sonia Sotomayor era una niña que soñaba. Y, según cuenta, lo que soñaba era convertirse en detective, igual que su heroína favorita, Nancy Drew. Sin embargo, a los ocho años, tras un diagnóstico de diabetes, sus médicos le recomendaron que pensara en una carrera menos agitada. Entonces, sin recortar sus aspiraciones ni resignarse a menos, encontró un nuevo modelo en otro héroe de ficción: Perry Mason, el abogado encarnado° en televisión por Raymond Burr. "Iba a ir a la universidad e iba a convertirme en abogada: y supe esto cuando tenía diez años. Y no es una broma" declaró ella en 1998.

played by

Robin Kar, secretario de Sonia Sotomayor en 1988–1989, afirma que la jueza no sólo tiene una historia asombrosa°, sino que además es una persona asombrosa. Y cuenta que, en la corte, ella no solamente conocía a sus pares°, como los otros jueces y políticos, sino que también se preocupaba por conocer a todos los porteros, los empleados de la cafetería y los conserjes°, y todos la apreciaban mucho.

En su discurso de aceptación de la nominación a la Corte Suprema, Sonia Sotomayor explicó su propia visión de sí misma: "Soy una persona nada extraordinaria que ha tenido la dicha de tener oportunidades y experiencias extraordinarias." Pero ni siquiera sus sueños más descabellados° podían prepararla para lo que ocurrió en mayo de 2009, cuando Barack Obama la nominó como candidata a la Corte Suprema de Justicia de Estados Unidos. En su discurso, el presidente destacó el "viaje extraordinario" de la jueza, desde sus modestos comienzos hasta la cima° del sistema judicial. Para él, los sueños son importantes y Sonia Sotomayor es la encarnación del sueño americano.

Nació en el Bronx, en Nueva York, el 25 de junio de 1954, y creció en un barrio de viviendas subsidiadas°. Sus padres, puertorriqueños, habían llegado a Estados Unidos durante la Segunda Guerra Mundial. Su padre, que había estudiado sólo hasta tercer grado y no hablaba inglés, murió cuando Sonia tenía nueve años, y su madre, Celina, tuvo que trabajar seis días a la semana como enfermera para criarlos° a ella y a su hermano menor. Como la señora Sotomayor consideraba que una buena educación era fundamental, les compró a sus hijos la Enciclopedia Británica y los envió a una escuela católica para que recibieran la mejor instrucción posible. Seguramente los resultados superaron también sus expectativas: Sonia estudió en las universidades de Princeton y Yale, y su hermano Juan estudió en la Universidad de Nueva York, y ahora es médico y profesor en la Universidad de Siracusa.

Sonia Sotomayor trabajó durante cinco años como asistente del fiscal de Manhattan, Robert Morgenthau (quien inspiró el personaje del fiscal del distrito Adam Schiff en la serie de televisión *Law and Order*). Luego se dedicó al derecho corporativo y más tarde fue jueza de primera instancia de la Corte Federal de Distrito antes de ser nombrada jueza de Distrito de la Corte Federal de Apelaciones. En 2009 se convirtió en la primera hispana —y la tercera mujer en toda la historia— en llegar a la Corte Suprema de Justicia de Estados Unidos, donde suelen tratarse cuestiones tan controvertidas como el aborto, la pena de muerte, el derecho a la posesión de armas, etc.

Cuando el presidente Obama nominó a la jueza Sotomayor para su nuevo cargo, Celina Sotomayor escuchaba desde la primera fila° con los ojos llenos de lágrimas. En su discurso de aceptación, Sonia la señaló como "la inspiración de toda mi vida". Tal vez, en el fondo, lo que soñaba realmente la niña del Bronx era ser, como su madre, una "sabia mujer latina". ■

- *amazing*
- *peers*
- *janitors*
- *wildest*
- *height*
- *housing project*
- *raise them*
- *front row*

Cómo Sotomayor salvó al béisbol

En 1994, de manera unilateral, los propietarios de los equipos de las Grandes Ligas de béisbol implantaron un tope (*limit*) salarial; esto fue rechazado por los jugadores y su sindicato, que declararon una huelga (*strike*). El caso llegó a Sonia Sotomayor, en ese entonces la jueza más joven del Distrito Sur de Nueva York, en 1995. Ella escuchó los argumentos de las dos partes y anunció su dictamen (*ruling*) a favor de los jugadores. Logró acabar así con la huelga que llevaba ya 232 días y, además, ganarse el título de "salvadora del béisbol".

Audio: Vocabulary Activities

Las diversiones

La música y el teatro

Mis amigos y yo tenemos un **grupo musical.** Yo soy el cantante. Ayer fue nuestro segundo **concierto.** Esperamos grabar pronto nuestro primer **álbum.**

el álbum *album*
el asiento *seat*
el/la cantante *singer*
el concierto *concert*
el conjunto/grupo musical *musical group; band*
el escenario *scenery; stage*
el espectáculo *show*
el estreno *premiere; debut*
la función *performance (theater; movie)*
el/la músico/a *musician*
la obra de teatro *play*
la taquilla *box office*

aplaudir *to applaud*
conseguir (e:i) boletos/entradas *to get tickets*
hacer cola *to wait in line*
poner un disco compacto *to play a CD*

Los lugares de recreo

el cine *movie theater; cinema*
el circo *circus*
la discoteca *discotheque; dance club*

la feria *fair*
el festival *festival*
el parque de atracciones *amusement park*
el zoológico *zoo*

Los deportes

el/la árbitro/a *referee*
el campeón/la campeona *champion*
el campeonato *championship*
el club deportivo *sports club*
el/la deportista *athlete*
el empate *tie (game)*
el/la entrenador(a) *coach; trainer*
el equipo *team*
el/la espectador(a) *spectator*
el torneo *tournament*

anotar/marcar (un gol/un punto) *to score (a goal/a point)*
desafiar *to challenge*
empatar *to tie (games)*
ganar/perder (e:ie) un partido *to win/lose a game*
vencer *to defeat*

Persona

AGUAYO

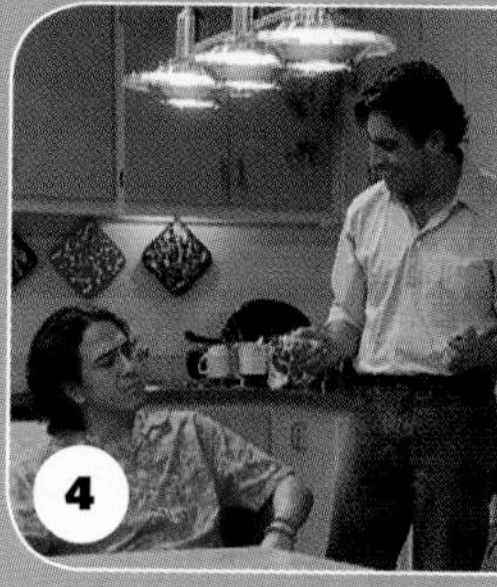

Johnny dibuja muchos puntos la pizarra.

JOHNNY ¿Te sabes el chis de puntos? Es un clásico una fiesta de puntos... T divirtiéndose y pasándola entonces entra un asteris lo miran asombrados. Y e les dice: "¿Qué? ¿Nunca un punto despeinado?"

MARIELA Deséenme suerte

AGUAYO ¿Suerte? ¿En qué?

MARIELA Esta noche le voy camisa al guitarrista de D

JOHNNY No, no lo harás.

MARIELA Voy a intentarlo.

ÉRIC Si crees que es tan fá la camisa a un tipo, ¿por practicas conmigo?

Mariela intenta quitarle la cami

Las diversiones

Ricardo y sus amigos **se reúnen** todos los sábados. Les **gustan el billar** y **el boliche**, y son verdaderos **aficionados a las cartas.**

el ajedrez *chess*
el billar *billiards*
el boliche *bowling*
las cartas/los naipes *(playing) cards*
los dardos *darts*
el juego de mesa *board game*
el pasatiempo *pastime*
la televisión *television*
el tiempo libre/los ratos libres *free time*
el videojuego *video game*

aburrirse *to get bored*
alquilar una película *to get/rent a movie*
brindar *to make a toast*
celebrar/festejar *to celebrate*
dar un paseo *to take a stroll/walk*
disfrutar (de) *to enjoy*
divertirse (e:ie) *to have fun*

entretener(se) (e:ie) *to entertain, amuse (oneself)*
gustar *to like*
reunirse (con) *to get together (with)*
salir (a comer) *to go out (to eat)*

aficionado/a (a) *fond of; a fan (of)*
animado/a *lively*
divertido/a *fun*
entretenido/a *entertaining*

Práctica

1 Escuchar

A. Mauricio y Joaquín están haciendo planes para el fin de semana. Quieren ir al cine, pero no logran ponerse de acuerdo. Escucha la conversación y contesta las preguntas con oraciones completas.

1. ¿Cuándo planean ir al cine Mauricio y Joaquín?
2. ¿Qué película quiere ver Joaquín?
3. ¿Por qué Mauricio no quiere verla?
4. ¿Qué alternativa sugiere Mauricio?
5. ¿Qué le pasa a Joaquín cuando mira documentales?

B. Ahora escucha el anuncio radial de *Los invasores de la galaxia* y decide si las oraciones son **ciertas** o **falsas**. Corrige las falsas.

1. Este fin de semana, estrenan una película de ciencia ficción.
2. *Los invasores de la galaxia* ya se estrenó en otros lugares.
3. La película tuvo poco éxito en Europa.
4. Si compras cuatro boletos, te regalan la banda sonora (*soundtrack*).
5. Si te vistes de extraterrestre, te regalan un boleto para una fiesta exclusiva.
6. El estreno de la película es a las nueve de la mañana.

C. En parejas, imaginen que, después de escuchar el anuncio radial, Joaquín trata de convencer a Mauricio para ir a ver *Los invasores de la galaxia*. Inventen la conversación entre Mauricio y Joaquín, y compártanla con la clase.

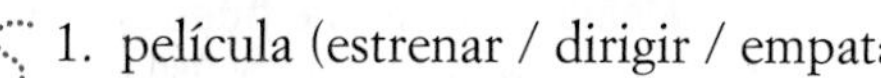

2 Relaciones Escoge la palabra que no está relacionada.

1. película (estrenar / dirigir / empatar)
2. obra de teatro (boleto / campeonato / taquilla)
3. concierto (vencer / aplaudir / hacer cola)
4. juego de mesa (ajedrez / naipes / videojuego)
5. celebrar (divertirse / aburrirse / disfrutar)
6. partido (deportista / árbitro / circo)

Los empleados de Fa
de ayudar a Éric. Mar

1

JOHNNY ¿Y a ti? ¿Q

ÉRIC Estoy deprimid

JOHNNY Anímate, e

ÉRIC A veces me sie

JOHNNY ¿Solo? No,
aquí; pero inútil...

6

Mariela viene a hablar

MARIELA ¡Los conse

FABIOLA ¿Conseguis

MARIELA Los último
el concierto de roc

FABIOLA ¿Cómo se l

MARIELA Distorsión.
compacto. ¿Lo qui

FABIOLA (*mirando el*
tarde es!

En detalle

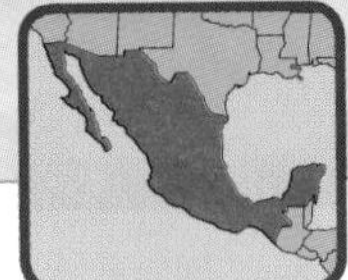
MÉXICO

Additional Reading

El nuevo CINE MEXICANO

Salma Hayek

México vivió la época dorada de su cine en los años cuarenta. Pasada esa etapa°, la industria cinematográfica mexicana perdió fuerza. Ha tardado casi medio siglo en volver a brillar, pero ahora ha vuelto al panorama internacional con gran vigor°. Este resurgir°, en parte, se debe al apoyo que las instituciones gubernamentales han dado al mundo del cine. En gran medida, también se debe al trabajo de una nueva generación de creadores que ha logrado triunfar en las pantallas de todo el mundo.

En 1992, *Como agua para chocolate* de Alfonso Arau batió° récords de taquilla. Esta película, que puso en imágenes el realismo mágico que tanto éxito tenía en la literatura, despertó el interés por el cine mexicano. Las películas empezaron a disfrutar de una mayor distribución, y muchos directores y actores se convirtieron en estrellas internacionales.

Alejandro González Iñárritu

El éxito también se vio reflejado en el dinero recaudado° y en las nominaciones y los premios° recibidos. Hoy día, los rostros° de Salma Hayek, Gael García Bernal y Diego Luna, entre otros, pueden verse no sólo en el cine, sino también en revistas y programas de televisión de todo el mundo. Muchos artistas alternan su trabajo entre Estados Unidos y México. En el año 2000, el enorme éxito de *Amores perros* impulsó la carrera de su director, Alejandro González Iñárritu, que poco tiempo después dirigió *21 Grams* en tierras estadounidenses. Otros directores que trabajan en los dos países son Guillermo del Toro (*Blade II*, *El laberinto del fauno*, *Hellboy* y *Hellboy II: The Golden Army*) y Alfonso Cuarón. Después del éxito alcanzado° con *Y tu mamá también*, Cuarón dirigió la tercera película de *Harry Potter*. La nueva generación de artistas mexicanos está demostrando que está preparada para reclamar su puesto en el cine mundial. ■

Algunas películas premiadas

Año	Película	Premio
1992	**Como agua para chocolate**	Premio Ariel
1996	**El callejón de los milagros**	Premio Goya
2000	**La ley de Herodes**	Sundance – Premio al Cine Latinoamericano
2000	**Amores perros**	Chicago – Hugo de Oro a la Mejor Película
2001	**Y tu mamá también**	Venecia – Mejor Guión
2007	**El laberinto del fauno**	Tres premios Oscar

etapa *era* **vigor** *energy* **resurgir** *revival* **batió** *broke* **recaudado** *collected* **premios** *awards* **rostros** *faces* **alcanzado** *reached*

ASÍ LO DECIMOS

Las diversiones

chido/a (Méx.) *cool*
copado/a (Arg.) *cool*
mola (Esp.) *cool*
guay (Esp.) *cool*
bacanal (Nic.) *cool*

salir de parranda *to go out and have fun*
rumbear (Col. y Ven.) *to go out and have fun*
ir/salir de juerga *to go out and have fun*

la rola (Nic. y Méx.) *song*
el tema *song*
temazo *hit*

EL MUNDO HISPANOHABLANTE

Los premios de cine

Cada año, distintos países hispanoamericanos premian las mejores películas nacionales y extranjeras.

En México, el premio **Ariel** es la máxima distinción otorgada° a los mejores trabajos cinematográficos mexicanos. La estatuilla° representa el triunfo del espíritu y el deseo de ascensión.

En España, los premios más prestigiosos son los **Goya**. La Academia de Artes y Ciencias Cinematográficas de España entrega estos premios a producciones nacionales en un festival en Madrid. Las estatuillas reciben ese nombre por el pintor Francisco de Goya.

Penélope Cruz recibe el premio Goya

En Argentina, el Festival de Cine Internacional de Mar del Plata premia películas nacionales e internacionales. El galardón° se llama **Astor** en homenaje al compositor de tango Astor Piazzolla, quien nació en la ciudad de Mar del Plata.

En Cuba, el Festival Internacional de La Habana entrega los premios **Coral**. Aunque predomina el cine latinoamericano, el festival también convoca a producciones de todas partes del mundo.

PERFIL

GAEL GARCÍA BERNAL

Gael García Bernal es una de las figuras más representativas del cine mexicano contemporáneo. Empieza a actuar en el teatro con tan sólo cinco años, de la mano de sus padres, también actores. Pasa pronto a trabajar en telenovelas°. Siendo adolescente, Gael entra en el mundo del cine. Su intuición y su talento lo llevan a renunciar a la fama fácil y, a los diecisiete años, se va a Londres para estudiar arte dramático. Tres años después, regresa a México lleno de confianza y no se asusta° a la hora de representar ningún papel, por controvertido o difícil que sea. A partir de ese momento, participa en algunas de las películas más emblemáticas del cine en español de los últimos años: *Amores perros*, *Y tu mamá también* y *Diarios de motocicleta*. Actualmente, Gael trabaja también del otro lado de las cámaras como director y productor, y participa activamente en la promoción del cine mexicano.

"Es muy importante que el cine latino se mantenga muy específico, pero que al mismo tiempo sus temas sean universales." (Alfonso Cuarón)

Conexión Internet

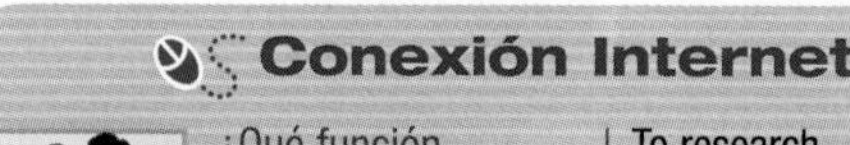

¿Qué función tiene el Instituto Mexicano de Cinematografía?

To research this topic, go to **enfoques.vhlcentral.com.**

telenovelas *soap operas* **no se asusta** *doesn't get scared* **otorgada** *given* **estatuilla** *statuette* **galardón** *award*

Antes de ver el corto

ESPÍRITU DEPORTIVO

país México
duración 11 minutos

director Javier Bourges
protagonistas futbolista muerto, esposa, amigos, grupo de jóvenes

el delantero = Forward
firmar = to sign
firma = signature
el portero = goalie

Vocabulario

¡Aguas! *Watch out! (Mex.)*	**enterrado/a** *buried*
el ataúd *casket*	**la misa** *mass*
el balón *ball*	**mujeriego** *womanizer*
el campeonato *championship*	**el Mundial** *World Cup*
la cancha *field*	**patear** *to kick*
deber (dinero) *to owe (money)*	**la prueba** *proof*
deshecho/a *devastated*	**la señal** *sign*

1 **Comentaristas deportivos** Completa la conversación entre los comentaristas deportivos.

COMENTARISTA 1 Emocionante comienzo del (1) Mundial de Fútbol. La (2) cancha está llena. El capitán patea el (3) balón, el arquero (*goalie*) no logra frenarlo (*stop it*) y… ¡gooooool!

COMENTARISTA 2 ¡Muy emocionante el debut de Sánchez como capitán! Debemos contar al público que sólo hace siete días murió el abuelo de Sánchez. El jugador casi no llega a tiempo para el primer partido porque no quiso dejar de ir a una (4) misa en el cementerio donde ahora está (5) enterrado su abuelo.

2 **Comentar** En parejas, túrnense para hacerse las preguntas.

1. ¿Qué papel tiene el deporte en tu vida?
2. ¿Qué deporte practicabas cuando eras niño/a?
3. ¿Quién es tu deportista favorito/a? ¿Por qué?
4. Observa los fotogramas. ¿Qué está sucediendo en cada uno?
5. Piensa en el título del cortometraje. ¿Qué es para ti el "espíritu deportivo"?
6. Observa el afiche del cortometraje. ¿Crees que la historia será una comedia o un drama?

Practice more at **enfoques.vhlcentral.com.**

Short Film

GANADOR DEL 3er CONCURSO NACIONAL DE PROYECTOS DE CORTOMETRAJE, MÉXICO 2004

espíritu deportivo

Una Producción de CONACULTA/INSTITUTO MEXICANO DE CINEMATOGRAFÍA Guión y Dirección JAVIER BOURGES
Fotografía SERGEI SALDÍVAR TANAKA Edición JAVIER BOURGES Diseño Sonoro AURORA OJEDA
Música EDUARDO GAMBOA Dirección de Arte ÁLVARO CHÁVEZ
Actores MAX KERLOW/MA. ELENA OLIVARES/PEPE URCELAY/FAMESIO DE BERNAL/JOSÉ L. AVENDAÑO/
RAFAEL G. MIYAGUI/VÍCTOR H. ARANA/JOSÉ L. HUERTA/BALTIMORE BELTRÁN/LUIS ÁVILA/RENÉ CAMPERO/
GEORGINA GONZÁLEZ/MA. FERNANDA GARCÍA

Escenas

ARGUMENTO El futbolista Efrén "El Corsario" Moreno ha muerto de un ataque al corazón. Su familia y amigos lo están velando°.

1

REPORTERA Sin duda, extrañaremos al autor de aquel gran gol de chilena° con el que eliminamos a Brasil del Mundial de Honduras de 1957.

2

REPORTERA Don Tacho, ¿es cierto que usted dio el pase para aquel famoso gol?
TACHO Claro que sí, yo le mandé como veinte pases al área penal, pero él nada más anotó esa sola vez.

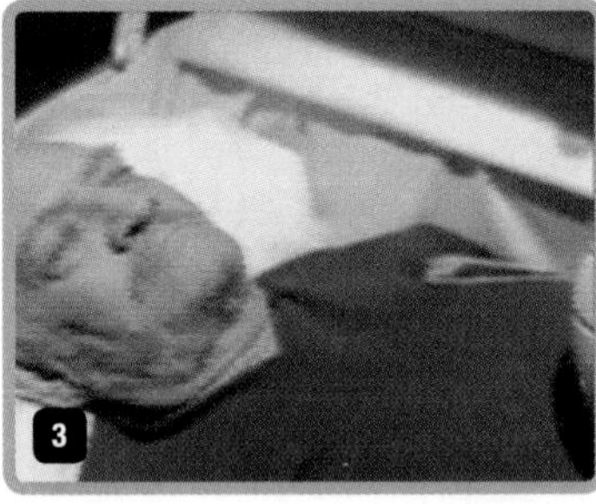

3

JUANITA Quiso ser enterrado con el balón de fútbol con las firmas de todos los que jugaron con él en aquel partido con Uru... con... con Brasil. Se irá a la tumba° con sus trofeos° y con su uniforme, como un gran héroe.

4

MARACA Tacho, eres un hablador. Estás mal. Tú ni siquiera fuiste a ese Mundial. Es más, cien pesos a que te lo compruebo.
TACHO Y cien pesos más que estuve en el juego.

5

MARACA A ver, ¿dónde está tu firma?
TACHO Aquí debe estar... ¡Ya la borraron!
(Molesto porque no encuentra su firma y patea el balón.)

6

(El balón cae sobre la guitarra de un grupo de jóvenes y la rompe.)
HUGO Si no le pagan la guitarra aquí a mi carnal°, no les regresamos° su balón. ¿Cómo ven?

velando *holding a wake* **de chilena** *scissor kick* **tumba** *grave* **trofeos** *trophies* **carnal** *buddy* **regresamos** *give back*

Después de ver el corto

1 Oraciones Indica si estas oraciones son **ciertas** o **falsas**. Luego, en parejas, corrijan las falsas.

1. El Corsario Moreno es un jugador famoso del fútbol mexicano de los años 50.
2. El Corsario Moreno murió en un accidente de tráfico.
3. México ganó contra Brasil en el Mundial de 1957 con un gol que metió El Tacho.
4. Según El Tacho, él pasó muchas veces el balón a El Corsario, pero El Corsario anotó sólo una vez.
5. El balón de El Corsario tiene las firmas de los que jugaron contra Brasil.
6. La misa le cuesta a Juanita doscientos pesos.
7. Cuando El Tacho patea el balón, el balón cae sobre la guitarra y la rompe.
8. El Tacho jugaba como portero en la selección nacional.
9. El Tacho y sus amigos pierden el partido en el parque.
10. El Corsario ayuda a El Tacho y a sus amigos a ganar el partido.

2 Interpretar En parejas, contesten las preguntas.

1. ¿Crees que El Tacho jugó en el partido contra Brasil?
2. ¿Piensas que el sacerdote admira a El Corsario Moreno? ¿Cómo lo sabes?
3. ¿Quién se queda con el balón al final?
4. ¿Por qué crees que El Corsario regresa voluntariamente al ataúd?
5. ¿Crees que el cortometraje tiene un final feliz?

3 Eres médium En parejas, imaginen que uno/a de ustedes es médium. El/La otro/a es una de las personas de la lista. Escriban una entrevista. Luego, compártanla con la clase.

- Lucille Ball
- Mohandas "Mahatma" Gandhi
- Frida Kahlo
- Martin Luther King, Jr.
- Abraham Lincoln
- Paul Newman
- Eva Perón
- Babe Ruth
- William Shakespeare

4 El fantasma En grupos de cuatro, escriban un diálogo; luego, dos miembros del grupo deben representarlo frente a la clase.

- Imaginen que el fantasma de un(a) deportista famoso/a regresa de la tumba para darle consejos a un(a) joven aspirante.
- Le cuenta de qué se arrepiente, qué cosas volvería a hacer o qué cambiaría, le explica su filosofía de vida y cuál fue su mayor triunfo.
- Finalmente, le entrega un amuleto relacionado con su carrera deportiva.

Practice more at **enfoques.vhlcentral.com.**

Calesita en la plaza, 1999
Aldo Severi, Argentina

"No está la felicidad en vivir, sino en saber vivir."

— Diego de Saavedra Fajardo

Antes de leer

Idilio

Sobre el autor

Mario Benedetti (1920–2009) nació en Tacuarembó, Uruguay. Su volumen de cuentos publicado en 1959, *Montevideanos*, lo consagró como escritor, y dos años más tarde alcanzó fama internacional con su segunda novela, *La tregua*, con un fuerte contenido sociopolítico. Tras diez años de exilio en Argentina, Perú, Cuba y España, regresó a Uruguay en 1983. El exilio que lo alejó de su patria y de su familia dejó una profunda huella (*mark*) tanto en su vida personal como en su obra literaria. Benedetti incursionó en todos los géneros (*genres*): poesía, cuento, novela y ensayo. El amor, lo cotidiano, la ausencia, el retorno y el recuerdo son temas constantes en la obra de este prolífico escritor. En 1999, ganó el Premio Reina Sofía de Poesía Iberoamericana.

Vocabulario

colocar *to place (an object)*
hondo/a *deep*
la imagen *image; picture*
la pantalla *(television) screen*
por primera/última vez *for the first/last time*
redondo/a *round*
señalar *to point to; to signal*
el televisor *television set*

Practicar Completa las oraciones con palabras o frases del vocabulario.

1. Voy a _________ el televisor sobre la mesa.
2. Julio me _________ la calle que debo tomar, pero no quiso ir conmigo.
3. En lo más _________ de mi corazón, guardo el recuerdo de mi primera novela.
4. Ayer salí _________ en la televisión y me invitaron a participar en otro programa la semana que viene.

Conexión personal ¿Cómo te entretenías cuando eras niño/a? ¿A qué jugabas? ¿Mirabas mucha televisión? ¿Tus padres establecían límites y horarios? ¿Qué harás tú cuando tengas hijos?

Análisis literario: las formas verbales

Las formas verbales son un factor muy importante para tener en cuenta al analizar obras literarias. La elección de formas verbales es una decisión deliberada del autor y afecta al tono del texto. El uso de un registro formal o informal puede hacer el texto más o menos cercano al lector. La elección de tiempos verbales también puede tener efectos como involucrar o distanciar al lector, dar o quitar formalidad, hacer que la narración parezca más oral, etc. A medida que lees *Idilio*, presta atención a los tiempos verbales que usa Benedetti. ¿Qué tono dan a la historia estas elecciones deliberadas del autor?

 Practice more at **enfoques.vhlcentral.com.**

IDILIO

Mario Benedetti

La noche en que colocan a Osvaldo (tres años recién cumplidos) por primera vez frente a un televisor (se exhibe un drama británico de hondas resonancias), queda hipnotizado, la boca entreabierta°, los ojos redondos de estupor.

La madre lo ve tan entregado al sortilegio° de las imágenes que se va tranquilamente a la cocina. Allí, mientras friega ollas y sartenes°, se olvida del niño. Horas más tarde se acuerda, pero piensa: "Se habrá dormido". Se seca las manos y va a buscarlo al living.

La pantalla está vacía°, pero Osvaldo se mantiene en la misma postura y con igual mirada extática.

—Vamos. A dormir —conmina° la madre.

—No —dice Osvaldo con determinación.

—¿Ah, no? ¿Se puede saber por qué?

—Estoy esperando.

—¿A quién?

—A ella.

Y señaló el televisor.

—Ah. ¿Quién es ella?

—Ella.

Y Osvaldo vuelve a señalar la pantalla. Luego sonríe, candoroso°, esperanzado, exultante.

—Me dijo: "querido". ■

half-opened
surrendered to the magic
washes pots and pans
empty; blank
orders
innocent; naïve

Después de leer

Idilio

Mario Benedetti

1 Comprensión Contesta las preguntas con oraciones completas.

1. ¿Cómo se llama el protagonista de esta historia?
2. ¿Cómo se queda el niño cuando está por primera vez delante del televisor?
3. ¿Qué hace la madre mientras Osvaldo mira la televisión?
4. Cuando la madre va a buscarlo horas más tarde, ¿cómo está la pantalla?
5. ¿Qué piensa Osvaldo que le dice la televisión?

2 Interpretar Contesta las preguntas.

1. Según Osvaldo, ¿quién le dijo "querido"? ¿Qué explicación lógica le puedes dar a esta situación?
2. En el cuento, la madre se olvida del hijo por varias horas. ¿Crees que este hecho es importante en la historia? ¿Crees que el final sería distinto si se tratara sólo de unos minutos frente al televisor?
3. ¿Crees que la televisión puede ser adictiva para los niños? ¿Y para los adultos? ¿Qué consecuencias crees que tiene la adicción a la televisión?

3 Imaginar En grupos, imaginen que un grupo de padres solicita una audiencia con el/la director(a) de programación infantil de una popular cadena de televisión. Los padres quieren sugerir cambios en la programación del canal. Miren la programación y, después, contesten las preguntas.

CANAL 7

6:00	6:30	7:00	8:00	9:15	10:00
Trucos para la escuela Cómo causar una buena impresión con poco esfuerzo	**Naturaleza viva** Documentales	**Mi familia latina** Divertida comedia sobre un joven estadounidense que va a México como estudiante de intercambio	**Historias policiales** Ladrones, crímenes y accidentes	**Buenas y curiosas** Noticiero alternativo que presenta noticias buenas y divertidas de todo el mundo	**Dibujos animados clásicos** Conoce los dibujos animados que miraban tus padres

- ¿Qué programas quieren pedir que cambien? ¿Por qué?
- ¿Qué programas deben seguir en la programación?
- ¿Qué otros tipos de programas se pueden incluir?
- ¿Harían cambios en los horarios? ¿Qué cambios harían?

4 Escribir Piensa en alguna anécdota divertida de cuando eras niño/a. Cuenta la anécdota en un párrafo usando el tiempo presente.

MODELO Un día estoy con mi hermano en el patio de mi casa jugando a la pelota. De repente, …

Practice more at **enfoques.vhlcentral.com.**

Antes de leer

Vocabulario

la corrida *bullfight*	**el ruedo** *bullring*
lidiar *to fight bulls*	**torear** *to fight bulls in the bullring*
el/la matador(a) *bullfighter who kills the bull*	**el toreo** *bullfighting*
la plaza de toros *bullfighting stadium*	**el/la torero/a** *bullfighter*
	el traje de luces *bullfighter's outfit (lit. costume of lights)*

El toreo Completa las oraciones con palabras y frases del vocabulario.

1. Ernest Hemingway era un aficionado al ________. Asistió a muchas ________ y las describió en detalle en sus obras.
2. El ________ es la persona que mata al toro al final. Siempre lleva un ________ de colores brillantes.
3. Manolete fue un ________ español muy famoso que fue herido por un toro y que murió al poco tiempo.
4. No se permite que el público baje al ________ porque los toros pueden ser muy peligrosos.

Conexión personal ¿Conoces alguna costumbre local o alguna tradición estadounidense que cause mucha controversia? ¿Hay deportes que resultan muy problemáticos o controvertidos para algunas personas? ¿Por qué? ¿Cuál es tu opinión al respecto?

Contexto cultural

En Fresnillo, México, en 1940 una mujer tomó una espada y se puso un traje de luces —una blusa y falda bordadas de adornos brillantes— para promover la causa de la igualdad en un terreno casi completamente dominado por los hombres: el toreo. **Juanita Cruz** había nacido en Madrid en 1917, cuando aún no se permitía a las mujeres torear a pie en el ruedo. En batalla constante contra obstáculos legales, Cruz consiguió lidiar en múltiples novilladas (*bullfights with young bulls*) en su país. Pero cuando terminó la guerra civil, al ver que Franco imponía estrictamente las leyes de prohibición del toreo a las mujeres, Cruz dejó España con rumbo a (*headed for*) México y se convirtió en torera oficial. Fue todo un fenómeno, la primera gran matadora de la historia, y en el proceso abrió camino para otras mujeres, como las españolas Cristina Sánchez y Mari Paz Vega. Hoy día la presencia de toreras añade sólo un nivel más a la controversia constante y a veces apasionada que marca el toreo. ¿Cuál es tu impresión? ¿Cambia la imagen del toreo con toreras lidiando junto a toreros?

 Practice more at **enfoques.vhlcentral.com.**

Audio: Reading

El toreo: ¿Cultura o tortura?

Hay pocas cosas tan emblemáticas en el mundo hispano, y a la vez tan polémicas, como el toreo. Los días de corrida, hasta cuarenta mil aficionados se sientan en la Plaza Monumental de México, la plaza de toros más grande del mundo. Sin embargo, la opinión pública está profundamente dividida: algunos defienden con orgullo esta tradición que sobrevive desde tiempos antiguos y otros se levantan en protesta antes del final.

Las raíces° del toreo son diversas. Los celtibéricos dejaron en España restos de templos circulares, precursores de las plazas actuales, donde sacrificaban animales. Los griegos y romanos practicaban la matanza° ritual de toros en ceremonias públicas sagradas. Sin embargo, fue en la España del siglo XVIII donde se desarrolló° la corrida que conocemos y se introdujeron la muleta, una capa muy fácil de manejar, y el estoque, la espada del matador.

origins · *slaughter* · *developed*

El aficionado de hoy considera que el toreo es más un rito° que un espectáculo, ciertamente no un deporte. Es una lucha desigual, a muerte, entre una persona —armada con sólo la capa la mayor parte del tiempo— y el toro, bestia que pesa° hasta más de media tonelada. El torero se prepara para el duelo como para una ceremonia: se viste con el traje de luces tradicional y actúa dirigido por el ritmo de la música. Se enfrenta al animal con su arte y su inteligencia, y generalmente gana, aunque no siempre. El riesgo° de una cornada° grave forma parte de la realidad del torero, que en su baile peligroso muestra su talento y su belleza. Para el defensor de las corridas, no matar al toro al final es como jugar con él, una falta de respeto al animal, al público y a la tradición.

rite, ceremony · *weighs* · *risk* · *goring*

> **“El toreo es cabeza y plasticidad, porque a fuerza siempre gana el toro.”**

Quienes se oponen a las corridas dicen que es una lucha injusta y cruel. Hay gente que piensa que el toreo es una barbarie° similar a la de los juegos de los romanos, una costumbre primitiva que no tiene sentido en una sociedad moderna y civilizada. Protestan contra la crueldad de una muerte lenta y prolongada, dedicada al entretenimiento. En respuesta a las protestas, en algunos países ha aparecido una alternativa, la “corrida sin sangre°”, donde no se permite hacer daño físico° al toro. Pero otros sostienen que esta corrida tortura igualmente a la bestia y, por tanto, han prohibido el toreo por completo. En julio de 2010, el Parlamento catalán abolió las corridas de toros en Cataluña, España, con 68 votos a favor de la prohibición y 55 en contra.

savagery · *bloodless bullfight* · *to hurt*

Por último, a algunas personas les indigna la idea machista de que sólo un hombre tiene la fuerza y el coraje para lidiar. Las toreras pioneras como Juanita Cruz tuvieron que coserse° su propio traje de luces, con falda en vez de pantalón, y cruzar océanos para poder ejercer su profesión. Incluso en tiempos recientes, algunos toreros célebres como el español Jesulín de Ubrique se han negado° a lidiar junto a una mujer.

to sew · *have refused*

La torera más famosa de nuestra época, Cristina Sánchez, sostiene que no es necesario ser hombre para lidiar con éxito: “El toreo es cabeza y plasticidad°, porque a fuerza siempre gana el toro.” En su opinión, el derecho de torear es incuestionable, una parte de la cultura hispana. No obstante, su profesión provoca tanta división que a veces el duelo entre la bestia y la persona es empequeñecido° por la batalla entre las personas. ■

agility · *dwarfed*

¿Dónde hay corridas?

Toreo legalizado: España, México, Colombia, Ecuador, Perú, Venezuela

Corridas sin sangre: Bolivia, Nicaragua, Estados Unidos

Toreo ilegalizado: Argentina, Chile, Cuba, Uruguay

¡Olé! ¡Olé!

El público también tiene su papel en las corridas: evalúa el talento del torero. La interjección “¡olé!” se oye frecuentemente para celebrar una acción particularmente brillante y expresar admiración. De origen árabe, contiene la palabra “alá” (Dios) y significa literalmente “¡por Dios!”.

Después de leer

El toreo: ¿cultura o tortura?

1 **Comprensión** Responde a las preguntas con oraciones completas.

1. ¿En qué país se encuentra la plaza de toros más grande del mundo?
2. ¿Qué hacían los celtibéricos en sus templos circulares?
3. ¿Qué es el toreo según un aficionado?
4. ¿Cómo se prepara el torero para la corrida?
5. Para quienes se oponen al toreo, ¿cuáles son algunos de los problemas?
6. ¿Qué es una "corrida sin sangre"?
7. ¿Qué sucedió en Cataluña en julio de 2010?
8. Según Cristina Sánchez, ¿sólo los hombres pueden lidiar bien?

2 **Opinión** Responde a las preguntas con oraciones completas.

1. ¿Te gustaría asistir a una corrida? ¿Por qué?
2. ¿Qué opinas del duelo entre toro y torero/a? ¿Hay algún aspecto especialmente problemático para ti?
3. ¿Qué piensas de las alternativas al toreo tradicional como la "corrida sin sangre"? ¿Es una solución adecuada para proteger a los animales?
4. En tu opinión, ¿es más cruel la vida de un toro destinado al toreo o la de una vaca destinada a una carnicería?

3 **¿Qué piensan?** Trabajen en parejas para contestar las preguntas. Luego compartan sus respuestas con la clase.

1. Un eslogan conocido en las protestas antitaurinas es: "Tortura no es arte ni cultura". ¿Qué significa esta frase?
2. ¿Hay acciones cuestionables que se justifiquen porque son parte de una costumbre o tradición? ¿Cuál es la postura de ustedes en el debate? ¿Por qué?
3. ¿Es apropiado tener una opinión sobre las tradiciones de culturas diferentes a la tuya o es necesario aceptar sin criticar?
4. ¿Creen que el gobierno tiene derecho a reglamentar (*regulate*) o prohibir tradiciones o costumbres? Den ejemplos.

4 **Postales** Imagina que viajaste a algún país donde son legales las corridas de toros y tus amigos te invitaron a una corrida. Escribe una postal a tu familia para contarles qué sucedió. Usa estas preguntas como guía: ¿Aceptaste la invitación o no? ¿Por qué? Si fuiste a la corrida, ¿qué te pareció? ¿Te sentiste obligado/a a asistir por respeto a la cultura local?

MODELO Querida familia: Les escribo desde Guadalajara, una ciudad al noroeste de México. No saben dónde me llevaron mis amigos este fin de semana...

5 **Animales** En parejas, hagan una lista de tradiciones, costumbres o deportes en los que las personas utilizan a los animales como entretenimiento. Después, compartan su lista con el resto de la clase y debatan sobre qué actividades son perjudiciales para los animales y cuáles no. Justifiquen sus respuestas.

Practice more at **enfoques.vhlcentral.com.**

Atando cabos

¡A conversar!

La música y el deporte Trabajen en grupos de cuatro o cinco para preparar una presentación sobre un(a) cantante o deportista latino/a famoso/a.

Presentaciones

Tema: Pueden preparar una presentación sobre un(a) cantante o deportista famoso/a que les guste.

Investigación: Busquen información en Internet o en la biblioteca. Una vez reunida la información necesaria, elijan los puntos más importantes y seleccionen material audiovisual. Informen a su profesor(a) acerca de estos materiales para contar con los medios necesarios el día de la presentación.

Organización: Hagan un esquema (*outline*) que los ayude a planear la presentación.

Presentación: Traten de promover la participación a través de preguntas y alternen la charla con los materiales audiovisuales. Recuerden tener a mano los materiales de la investigación para responder preguntas adicionales de sus compañeros.

¡A escribir!

Correo electrónico Imagina que tus padres vienen a visitarte por un fin de semana. Llevas varios días haciendo planes para que el fin de semana sea perfecto y tienes miedo de que tu novio/a se olvide de los planes y meta la pata (*put one's foot in one's mouth*). Mándale un mensaje por correo electrónico para recordarle los planes y lo que debe hacer.

Plan de redacción

Un saludo informal: Comienza tu mensaje con un saludo informal, como: **Hola**, **Qué tal**, **Qué onda**, etc.

Contenido: Organiza tus ideas para no olvidarte de nada.

1. Escribe una breve introducción para recordarle a tu novio/a qué cosas les gustan a tus padres y qué cosas no. Puedes usar estas expresiones: **(no) les gusta**, **les fascina**, **les encanta**, **les aburre**, **(no) les interesa**, **(no) les molesta**.
2. Recuérdale que tus padres son formales y elegantes, y explícale que tiene que arreglarse un poco para la ocasión. Usa expresiones como: **quitarse el arete**, **afeitarse**, **vestirse mejor**, **peinarse**, etc.
3. Recuérdale dónde van a encontrarse.

Despedida: Termina el mensaje con un saludo informal de despedida.

2 VOCABULARIO

Audio: Vocabulary Flashcards

La música y el teatro

el álbum	album
el asiento	seat
el/la cantante	singer
el concierto	concert
el conjunto/grupo musical	musical group; band
el escenario	scenery; stage
el espectáculo	show
el estreno	premiere; debut
la función	performance (theater; movie)
el/la músico/a	musician
la obra de teatro	play
la taquilla	box office
aplaudir	to applaud
conseguir (e:i) boletos/entradas	to get tickets
hacer cola	to wait in line
poner un disco compacto	to play a CD

Los lugares de recreo

el cine	movie theater; cinema
el circo	circus
la discoteca	discotheque; dance club
la feria	fair
el festival	festival
el parque de atracciones	amusement park
el zoológico	zoo

Los deportes

el/la árbitro/a	referee
el campeón/la campeona	champion
el campeonato	championship
el club deportivo	sports club
el/la deportista	athlete
el empate	tie (game)
el/la entrenador(a)	coach; trainer
el equipo	team
el/la espectador(a)	spectator
el torneo	tournament
anotar/marcar (un gol/un punto)	to score (a goal/ a point)
desafiar	to challenge
empatar	to tie (games)
ganar/perder (e:ie) un partido	to win/lose a game
vencer	to defeat

Las diversiones

el ajedrez	chess
el billar	billiards
el boliche	bowling
las cartas/los naipes	(playing) cards
los dardos	darts
el juego de mesa	board game
el pasatiempo	pastime
la televisión	television
el tiempo libre/los ratos libres	free time
el videojuego	video game
aburrirse	to get bored
alquilar una película	to get/rent a movie
brindar	to make a toast
celebrar/festejar	to celebrate
dar un paseo	to take a stroll/walk
disfrutar (de)	to enjoy
divertirse (e:ie)	to have fun
entretener(se) (e:ie)	to entertain, amuse (oneself)
gustar	to like
reunirse (con)	to get together (with)
salir (a comer)	to go out (to eat)
aficionado/a (a)	fond of; a fan (of)
animado/a	lively
divertido/a	fun
entretenido/a	entertaining

Más vocabulario

Expresiones útiles	Ver p. 47
Estructura	Ver pp. 54–55, 58–59 y 62–63

Cinemateca

el ataúd	casket
el balón	ball
el campeonato	championship
la cancha	field
la misa	mass
el Mundial	World Cup
la prueba	proof
la señal	sign
deber (dinero)	to owe (money)
patear	to kick
deshecho/a	devastated
enterrado/a	buried
mujeriego	womanizer
¡Aguas!	Watch out! (Mex.)

Literatura

la imagen	image; picture
la pantalla	(television) screen
el televisor	television set
colocar	to place (an object)
señalar	to point to; to signal
hondo/a	deep
redondo/a	round
por primera/última vez	for the first/last time

Cultura

la corrida	bullfight
el/la matador(a)	bullfighter who kills the bull
la plaza de toros	bullfighting stadium
el ruedo	bullring
el toreo	bullfighting
el/la torero/a	bullfighter
el traje de luces	bullfighter's outfit (lit. costume of lights)
lidiar	to fight bulls
torear	to fight bulls in the bullring

La vida diaria

3

Communicative Goals

You will expand your ability to…

- narrate in the past
- express completed past actions
- express habitual or ongoing past events and conditions

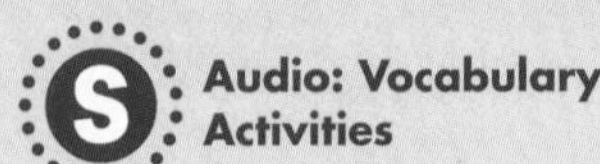

Audio: Vocabulary
Activities

La vida **diaria**

En casa

el balcón *balcony*

la escalera *staircase*
el hogar *home; fireplace*
la limpieza *cleaning*
los muebles *furniture*
los quehaceres *chores*

---

apagar *to turn off*
barrer *to sweep*
calentar (e:ie) *to warm up*
cocinar *to cook*
encender (e:ie) *to turn on*
freír (e:i) *to fry*
hervir (e:ie) *to boil*
lavar *to wash*
limpiar *to clean*
pasar la aspiradora *to vacuum*
poner/quitar la mesa *to set/clear the table*
quitar el polvo *to dust*
tocar el timbre *to ring the doorbell*

De compras

el centro comercial *mall*
el dinero en efectivo *cash*
la ganga *bargain*
el probador *dressing room*
el reembolso *refund*
el supermercado *supermarket*
la tarjeta de crédito/débito *credit/debit card*

---

devolver (o:ue) *to return (items)*
hacer mandados *to run errands*
ir de compras *to go shopping*
probarse (o:ue) *to try on*
seleccionar *to select; to pick out*

auténtico/a *real; genuine*
barato/a *cheap; inexpensive*
caro/a *expensive*

Camila **fue de compras** al **supermercado**, decidida a gastar lo menos posible. **Seleccionó** los productos más **baratos** y pagó con **dinero en efectivo**.

Expresiones

a menudo *frequently; often*
a propósito *on purpose*
a tiempo *on time*
a veces *sometimes*
apenas *hardly; scarcely*
así *like this; so*
bastante *quite; enough*
casi *almost*
casi nunca *rarely*
de repente *suddenly*
de vez en cuando *now and then; once in a while*
en aquel entonces *at that time*
en el acto *immediately; on the spot*
enseguida *right away*
por casualidad *by chance*

La vida diaria

Desde que comenzó a trabajar en un restaurante, Emilia ha tenido que **acostumbrarse** al **horario** de chef. ¡La nueva **rutina** no es tan fácil! **Suele** volver a la casa después de la medianoche.

la agenda *datebook*
la costumbre *custom; habit*
el horario *schedule*
la rutina *routine*
la soledad *solitude; loneliness*

acostumbrarse (a) *to get used to; to grow accustomed (to)*
arreglarse *to get ready*
averiguar *to find out; to check*
probar (o:ue) (a) *to try*
soler (o:ue) *to be in the habit of; to be used to*

atrasado/a *late*
cotidiano/a *everyday*
diario/a *daily*
inesperado/a *unexpected*

Práctica

1 Escuchar

A. Escucha lo que dice Julián y luego decide si las oraciones son **ciertas** o **falsas**. Corrige las falsas.

1. Julián tiene muchas cosas que hacer.
2. Julián está en un supermercado.
3. Julián tiene que quitar el polvo de los muebles y pasar la aspiradora.
4. Él siempre sabe dónde está todo.
5. Él encuentra su tarjeta de crédito debajo de la escalera.
6. Julián recibe una visita inesperada.

B. Escucha la conversación entre Julián y la visita inesperada y después contesta las preguntas con oraciones completas.

1. ¿Quién está tocando el timbre?
2. ¿Qué tiene que hacer ella?
3. ¿Qué quiere devolver?
4. ¿Eran caros los pantalones?
5. ¿Qué hace Julián antes de ir al centro comercial con ella?
6. ¿Es seguro que María puede devolver los pantalones? ¿Por qué?

2 No pertenece

Indica qué palabra no pertenece a cada grupo.

1. limpiar–pasar la aspiradora–barrer–calentar
2. de repente–auténtico–casi nunca–enseguida
3. balcón–escalera–muebles–soler
4. hacer mandados–a tiempo–ir de compras–probarse
5. costumbre–rutina–cotidiano–apagar
6. quitar el polvo–barato–caro–ganga
7. quehaceres–hogar–soledad–limpieza
8. barrer–acostumbrarse–soler–cotidiano

14
36
19
63

Práctica

③ **Julián y María** Completa el párrafo con las palabras o expresiones de la lista.

a diario	cotidiano	horario	soledad
a tiempo	en aquel entonces	por casualidad	soler

Julián y María se conocieron un día (1) __________ en el supermercado. Julián estaba muy contento por haber conocido a María porque, (2) __________, él era nuevo en el barrio y no conocía a nadie. A él no le gusta la (3) __________. Desde aquel día, se ven casi (4) __________. Durante la semana, ellos (5) __________ quedar para tomar un café después del trabajo, pues los dos tienen (6) __________ similares.

④ **Una agenda muy ocupada** Sara tiene mucho que hacer antes de su cita con Carlos esta noche. Ha apuntado todo en su agenda, pero está muy atrasada.

A. En parejas, comparen el horario de Sara con la hora en que realmente logra hacer (*accomplishes*) cada actividad.

VIERNES, 15 DE OCTUBRE

1:00 *¡Hacer mandados!*	5:00 *Hacer la limpieza*
2:00 *Banco: nueva tarjeta de débito*	6:00 *Cocinar, poner la mesa*
3:00 *Centro comercial: comprar vestido*	7:00 *Arreglarme*
4:00 *Supermercado: pollo, arroz, verduras*	8:00 *Cita con Carlos ♡*

MODELO

—¿A qué hora recoge (*does she pick*) la nueva tarjeta de débito?
—Sara quiere recogerla a las dos, pero no logra hacerlo hasta las dos y media.

2:30

1. 4:00

2. 5:30

3. 6:45

4. 7:30

5. 7:45

6. 8:00

B. Ahora improvisen una conversación entre Carlos y Sara. ¿Creen que los dos lo pasan bien? ¿Creen que van a tener otra cita?

 Practice more at **enfoques.vhlcentral.com.**

Comunicación

5 Los quehaceres

A. En grupos de cuatro, túrnense para preguntar con qué frecuencia sus compañeros hacen los quehaceres de la lista. Combinen palabras de cada columna en sus respuestas y añadan sus propias ideas.

barrer	almuerzo	todos los días
cocinar	aspiradora	a menudo
lavar	balcón	a veces
limpiar	cuarto	de vez en cuando
pasar	polvo	casi nunca
quitar	ropa	nunca

MODELO —¿Con qué frecuencia barres el balcón?
—Lo barro de vez en cuando, especialmente si vienen invitados.

B. Ahora compartan la información con la clase y decidan quién es la persona más ordenada y la más desordenada.

6 Agendas personales

A. Primero, escribe tu horario para esta semana. Incluye algunas costumbres de tu rutina diaria y también actividades inesperadas de esta semana.

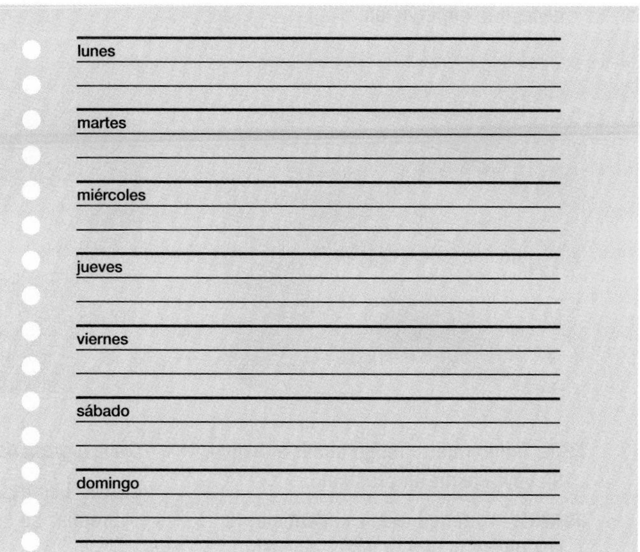

B. En parejas, pregúntense sobre sus horarios. Comparen sus rutinas diarias y los eventos de esta semana. ¿Tienen costumbres parecidas? ¿Tienen algunas actividades en común? ¿Cuáles?

C. Utiliza la información para escribir un párrafo breve sobre la vida cotidiana de tu compañero/a. ¿Le gusta la rutina? ¿Disfruta de lo inesperado? ¿Llena su agenda con actividades sociales o prefiere estar en casa? Comparte tu párrafo con la clase.

3 FOTONOVELA

Diana y Fabiola conversan sobre la vida diaria. Aguayo pide ayuda con la limpieza, pero casi todos tienen excusas.

FABIOLA Odio los lunes.

DIANA Cuando tengas tres hijos, un marido y una suegra, odiarás los fines de semana.

FABIOLA ¿Discutes a menudo con tu familia?

DIANA Siempre tenemos discusiones. La mitad las ganan mis hijos y mi esposo. Mi suegra gana la otra mitad.

FABIOLA ¿Te ayudan en las tareas del hogar?

DIANA Ayudan, pero casi no hay tiempo para nada. Hoy tengo que ir de compras con la mayor de mis hijas.

FABIOLA ¿Y por qué no va ella sola?

DIANA Hay tres grupos que gastan el dinero ajeno, Fabiola: los políticos, los ladrones y los hijos… Los tres necesitan supervisión.

FABIOLA Tengan cuidado en las tiendas. Hace dos meses andaba de compras y me robaron la tarjeta de crédito.

DIANA ¿Y fuiste a la policía?

FABIOLA No.

DIANA ¿Lo dices así, tranquilamente? Te van a arruinar.

FABIOLA No creas. El que me la robó la usa menos que yo.

Más tarde en la cocina…

AGUAYO El señor de la limpieza dejó un recado diciendo que estaba enfermo. Voy a pasar la aspiradora a la hora del almuerzo. Si alguien desea ayudar…

FABIOLA Tengo una agenda muy llena para el almuerzo.

DIANA Yo tengo una reunión con un cliente.

ÉRIC Tengo que… Tengo que ir al banco. Sí. Voy a pedir un préstamo.

JOHNNY Yo tengo que ir al dentista. No voy desde la última vez… Necesito una limpieza.

Aguayo y Mariela se quedan solos.

Diana regresa del almuerzo con unos dulces.

DIANA Les traje unos dulces para premiar su esfuerzo.

AGUAYO Gracias. Los probaría todos, pero estoy a dieta.

DIANA ¡Qué bien! Yo también estoy a dieta.

MARIELA ¡Pero si estás comiendo!

DIANA Sí, pero sin ganas.

Personajes

AGUAYO

DIANA

ÉRIC

FABIOLA

JOHNNY

MARIELA

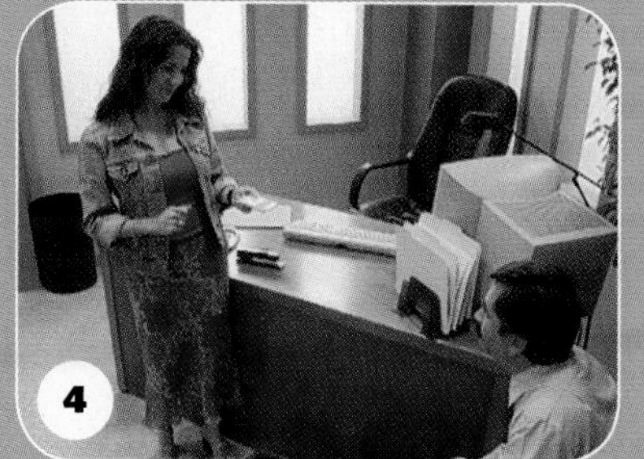

En la oficina de Aguayo...

MARIELA ¿Necesita ayuda?

AGUAYO No logro hacer que funcione.

MARIELA Creo que Diana tiene una pequeña caja de herramientas.

AGUAYO ¡Cierto!

Aguayo sale de la oficina. Mariela le da una patada a la aspiradora.

AGUAYO ¡Aceite lubricante y cinta adhesiva! ¿Son todas las herramientas que tienes?

DIANA ¡Claro! Es todo lo que necesito. La cinta para lo que se mueva y el aceite para lo que no se mueva.

Se escucha el ruido de la aspiradora encendida.

AGUAYO Oye... ¿Cómo lo lograste?

MARIELA Fácil... Me acordé de mi ex.

Fabiola y Johnny llegan a la oficina. Mariela está terminando de limpiar.

JOHNNY ¡Qué pena que no llegué a tiempo para ayudarte!

FABIOLA Lo mismo digo yo. Y eso que almorcé tan deprisa que no comí postre.

MARIELA Si gustan, quedan dos dulces en la cocina. Están riquísimos... (*habla sola mirando el aerosol*) Y no hubiera sido mala idea echarles un poco de esto.

Johnny y Fabiola vuelven de la cocina.

JOHNNY Qué descortés eres, Fabiola. Si yo hubiera llegado primero, te habría dejado el dulce grande a ti.

FABIOLA ¿De qué te quejas, entonces? Tienes lo que querías y yo también. Por cierto, ¿no estuviste en el dentista?

JOHNNY Los dulces son la mejor anestesia.

Expresiones útiles

Talking about the past

No llegué a tiempo para ayudarte.
I didn't get here on time to help you.

¿Y fuiste a la policía?
And did you go to the police?

El señor de la limpieza dejó un recado.
The janitor left a message.

Tienes lo que querías.
You have what you wanted.

Estaba enfermo.
He was sick.

Expressing strong dislikes

¡Odio... !
I hate...!

¡No me gusta nada... !
I don't like... at all!

Detesto...
I detest...

No soporto...
I can't stand...

Estoy harto/a de...
I am fed up with...

Additional vocabulary

acordarse *to remember*
ajeno/a *somebody else's*
andar *to be (doing something); to walk*
la caja de herramientas *toolbox*
el ladrón/la ladrona *thief*
lograr *to manage to; to achieve*
la mitad *half*
la patada *kick*
premiar *to give a prize*
¡Qué pena! *What a shame!*

Comprensión

1 **¿Quién lo dijo?** Indica quién dijo estas oraciones.

Aguayo

Diana

Éric

Fabiola

Johnny

Mariela

Mariela 1. ¿Necesita ayuda?
Aguayo 2. Si alguien desea ayudar…
Fabiola 3. Tengo una agenda muy llena.
Diana 4. Tengo una reunión con un cliente.
Éric 5. Tengo que ir al banco.
Johnny 6. Tengo que ir al dentista.

2 **Relacionar** Escribe oraciones que conecten las frases de las dos columnas usando **porque**.

F 1. Diana odia los fines de semana…
E 2. Diana quiere ir de compras con su hija…
C 3. Fabiola dice que tengan cuidado en las tiendas…
B 4. Fabiola no fue a la policía…
D 5. Aguayo pasará la aspiradora…
A 6. Aguayo no prueba los dulces…

a. está a dieta.
b. el ladrón usa la tarjeta de crédito menos que ella.
c. hace dos meses le robaron la tarjeta de crédito.
d. el señor que limpia está enfermo.
e. no quiere que gaste mucho dinero.
f. discute mucho con su familia.

3 **Seleccionar** Selecciona la opción que expresa la misma idea.

1. Odio los lunes.
   a. No soporto los lunes. b. No detesto los lunes. c. Me gustan los lunes.
2. Tengo una agenda muy llena para el almuerzo.
   a. Tengo planeado un almuerzo. b. Tengo muchas tareas a la hora del almuerzo. c. No tengo mi agenda aquí.
3. Tienes lo que quieres.
   a. Tu deseo se cumplió. b. Tienes razón. c. Te quiero.
4. Lo mismo digo yo.
   a. ¡Ni modo! b. No creas. c. Estoy de acuerdo.

 Practice more at **enfoques.vhlcentral.com.**

Ampliación

4 **Excusas falsas** Aguayo pide ayuda para limpiar la oficina, pero sus compañeros le dan excusas. Escribe qué preguntas puede hacer Aguayo para descubrir sus mentiras. Después, en grupos de cinco, representen a los personajes y dramaticen la situación.

5 **Opiniones** En grupos de tres, contesten las preguntas. Si es posible, den ejemplos de la vida cotidiana.

1. ¿Es necesario a veces dar excusas falsas? ¿Por qué?
2. Describe una situación reciente en la que usaste una excusa falsa. ¿Por qué lo hiciste? ¿Se enteraron los demás?
3. ¿Es mejor decir la verdad siempre? ¿Por qué?

6 **Apuntes culturales** En parejas, lean los párrafos y contesten las preguntas.

La agenda diaria

¡Diana se queja de que no hay tiempo para nada! En muchos países hispanos, las horas del día se expresan utilizando números del 0 al 23. Muchas agendas en español usan este horario modelo, es decir que **10 p.m.** se indica **22:00** ó **22h.** ¡Pobre Diana! ¡Con tanto trabajo, necesita que el día tenga más horas!

La hora del almuerzo

Fabiola tiene una agenda muy ocupada para el almuerzo. En España y pueblos de Latinoamérica, este descanso suele ser de 13:00 a 16:00. Los que trabajan cerca vuelven a sus casas pero, en las grandes ciudades españolas, algunas personas lo aprovechan además para hacer mandados, compras o ir al gimnasio. ¿Qué tendrá que hacer Fabiola que sea más importante que limpiar la oficina?

¿Servicios bancarios en el supermercado?

Éric tiene que ir al banco a pedir un préstamo. En Hispanoamérica, la mayoría de los préstamos y los pagos de servicios se realizan en el banco. No obstante, en países como Argentina, Costa Rica y Perú, las cuentas de gas, electricidad y teléfono también se pueden pagar en el supermercado.

1. ¿Cómo se puede expresar *2 p.m.* y *8 p.m.* en español?
2. En tu país, ¿cuántas horas se toman normalmente los empleados para almorzar? ¿Qué hacen durante ese descanso?
3. ¿Cuáles son los horarios comerciales de la ciudad donde vives? ¿Te parecen suficientes?
4. ¿A qué hora sueles almorzar? ¿Dónde?
5. ¿Cómo pagas los servicios como electricidad y teléfono? ¿Te resulta conveniente tu método de pago? ¿Te gustaría poder pagarlos en el supermercado?

En detalle

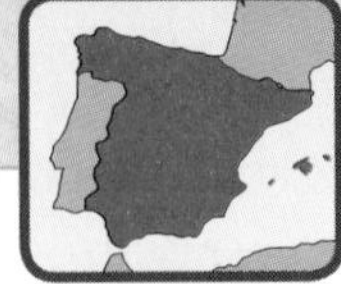

LA FAMILIA REAL

El Rey Juan Carlos I y la Reina Sofía salen de la Misa de Domingo de Ramos en Mallorca.

En 1948, el general Francisco Franco tomó bajo su tutela° al niño Juan Carlos de Borbón, que entonces tenía sólo diez años. Su plan era formarlo ideológicamente para que fuera su sucesor. En 1975, tras la muerte del dictador y en contra de todas las predicciones, lo primero que hizo Juan Carlos I fue trabajar para establecer la democracia en España.

La Familia Real española es una de las más queridas de las diez que todavía quedan en Europa. Juan Carlos I es famoso por su simpatía y su facilidad para complacer° a los ciudadanos españoles. Don Juan Carlos y doña Sofía llevan una vida sencilla, sin excesivos protocolos. Su vida diaria está llena de compromisos° sociales y políticos, pero siempre tienen un poco de tiempo para dedicarse a sus pasatiempos. La gran pasión del Rey son los deportes, especialmente el esquí y la vela, y participa en competiciones anuales, donde se destaca° por su destreza°. La Reina, por su parte, colabora en muchos proyectos de ayuda social y cultural.

Sus tres hijos, las Infantas° Elena y Cristina y el Príncipe Felipe, se casaron y formaron sus propias familias. Mantienen las mismas costumbres sencillas de los Reyes. No es raro verlos de compras en los centros comerciales que están cerca de sus viviendas. Apasionados del deporte, como su padre, han participado en las más importantes competiciones y llevan una vida relativamente discreta. Don Juan Carlos y doña Sofía van de vacaciones todos los veranos a la isla de Mallorca y se los puede ver, como si se tratara de una familia más, comiendo en las terrazas de la isla junto a sus hijos y nietos. En esas ocasiones, los paseantes° no dudan en acercarse y saludarlos. Esta cercanía de los monarcas con los ciudadanos ha conseguido que la Corona° sea una de las instituciones más valoradas por los españoles. ■

Rey Juan Carlos I

Reina Sofía

Infanta Elena

Infanta Cristina

Príncipe Felipe

Regatas reales

El Rey Juan Carlos da nombre a la regata **Copa del Rey**, que tiene lugar todos los años en Palma de Mallorca. Su esposa da nombre a la **Regata Princesa Sofía**. La realeza no sólo presta su nombre para estas competencias: el Rey Juan Carlos participa de ambas con su yate llamado *Bribón*.

tutela *protection* **complacer** *to please* **compromisos** *engagements* **se destaca** *he stands out* **destreza** *skill* **Infantas** *Princesses* **paseantes** *passers-by* **Corona** *Crown*

ASÍ LO DECIMOS

La familia

mima (Cu.) *mom*
pipo (Cu.) *dad*
amá (Col.) *mom*
apá (Col.) *dad*
tata (Arg. y Chi.) *grandpa*
carnal (Méx.) *brother; friend*
carnala (Méx.) *sister*
carnalita (Méx.) *little sister*
m'hijo/a (Amér. L.) *exp. to address a son or daughter*
chavalo/a (Amér. C.) *boy/girl*
chaval(a) (Esp.) *boy/girl*

EL MUNDO HISPANOHABLANTE

Las compras diarias

En España, las grandes tiendas y también muchas tiendas pequeñas cierran los domingos. Por eso, los españoles realizan todas sus compras durante el resto de la semana. En algunos casos, las grandes tiendas, como El Corte Inglés, abren un domingo al mes. Las panaderías abren todos los días de la semana, ya que el pan es un producto imprescindible para los españoles.

En la región salvadoreña de Colonia la Sultana, el señor del pan pasa todos los días a las siete de la mañana con una canasta en la cabeza, repleta de pan fresco. Cuando las personas lo escuchan llegar, salen a la calle para comprarle pan. Los que se quedan dormidos, si quieren pan fresco, tienen que ir al pueblo de al lado.

En Argentina es muy común tomar soda (agua carbonatada). El sodero pasa una o dos veces por semana por las casas que solicitan entrega a domicilio. Se lleva los sifones° vacíos y deja sifones llenos.

PERFIL

LETIZIA ORTIZ

Letizia Ortiz nació en Oviedo el 15 de septiembre de 1972 en el seno de una familia trabajadora. Si alguien les hubiera dicho a sus padres que su hija iba a ser princesa, seguramente lo habrían tomado por loco. Esta joven inteligente y emprendedora° estudió periodismo y ejerció su profesión en algunos de los mejores medios españoles: el periódico *ABC*, y los canales CNN plus y TVE. Cuando se formalizó el compromiso° con el Príncipe Felipe, Letizia tuvo que dejar de trabajar y empezó un entrenamiento particular para ser princesa, ya que al casarse se convertiría en Princesa de Asturias. Su relación con el Príncipe se distingue por no haber respondido a la formalidad que se espera en estos casos. Poco antes de la boda, un periodista le preguntó: "¿Y cómo se declara un príncipe?", a lo que Letizia contestó: "Como cualquier hombre que quiere a una mujer".

"... a partir de ahora y de forma progresiva voy a integrarme y a dedicarme a esta nueva vida con las responsabilidades y obligaciones que conlleva." (Letizia Ortiz)

Conexión Internet

¿Qué tareas oficiales realiza Juan Carlos I como autoridad del gobierno español?

To research this topic, go to **enfoques.vhlcentral.com.**

emprendedora *enterprising* **compromiso** *engagement* **sifones** *siphons*

¿Qué aprendiste?

1 **¿Cierto o falso?** Indica si las oraciones son **ciertas** o **falsas**. Corrige las falsas.

1. El general Francisco Franco quería que Juan Carlos de Borbón fuera su sucesor.
2. El general Franco trabajó mucho para establecer la democracia en España.
3. La vida de los Reyes se caracteriza por la formalidad y el protocolo.
4. El Rey Juan Carlos es muy aficionado a los deportes.
5. La Reina participa en competiciones de esquí.
6. La Infanta Cristina es soltera.
7. La Familia Real pasa las vacaciones de verano en Mallorca.
8. A muchos españoles les gusta la Familia Real.

2 **Oraciones incompletas** Completa las oraciones.

1. Los padres de Letizia Ortiz son ________.
2. Letizia estudió ________.
3. La Infanta Cristina es la ________ del Príncipe Felipe.
4. Felipe es el Príncipe de ________.
5. En España, las grandes tiendas abren ________.
6. En México, usan la palabra *carnala* para referirse a ________.

3 **Preguntas** Contesta las preguntas.

1. ¿Cuál es una forma cariñosa de referirse al padre en Cuba?
2. ¿Por qué crees que Letizia Ortiz tuvo que dejar de trabajar como periodista al convertirse en princesa?
3. ¿A qué eventos deportivos dan nombre el Rey Juan Carlos y la Reina Sofía?
4. ¿Crees que es positivo o frívolo que el Rey de España participe en eventos deportivos? ¿Por qué?
5. Vuelve a leer la cita de Letizia Ortiz. ¿A qué responsabilidades y obligaciones crees que se refiere?
6. Muchos supermercados abren las 24 horas. ¿Crees que esto es necesario o crees que la gente está muy "malcriada" (*spoiled*)?

4 **Opiniones** En parejas, preparen dos listas. En una lista, anoten los elementos positivos de ser príncipe o princesa heredero/a y, en la otra, los elementos negativos que creen que puede tener. Guíense por estos planteamientos y otros.

- ¿Vale la pena ser rico y famoso si pierdes la vida privada?
- ¿Estarías dispuesto/a a guardar los modales las 24 horas del día?
- ¿Serías capaz de cumplir con todas las responsabilidades que conlleva este cargo?

Practice more at **enfoques.vhlcentral.com.**

PROYECTO

A domicilio

Existen muchos servicios a domicilio que facilitan la vida diaria. Además del ejemplo del sodero en Argentina, están los paseadores de perros, los supermercados con entrega a domicilio y las empresas que nos permiten recibir libros o ropa por correo en casa.

Imagina que vas a crear una empresa para ofrecer un servicio a domicilio.

Usa esta guía para preparar un folleto (*brochure*) sobre tu empresa. Describe:

- el servicio que vas a ofrecer y cómo se llama
- las principales características de tu servicio
- cómo va a facilitar la vida diaria de tus clientes

De compras por Barcelona

Hacer las compras tal vez te parezca una actividad aburrida y poco glamorosa, pero ¡te equivocas! En este episodio de **Flash Cultura** podrás pasear por el antiguo mercado de Barcelona y descubrir una manera distinta de elegir los mejores productos en tiendas especializadas.

VOCABULARIO ÚTIL

amplio/a *broad, wide*
el buñuelo *fritter*
el carrito *shopping cart*
la charcutería *delicatessen*
la gamba ***(Esp.)*** *shrimp*
los mariscos *seafood*
las patas traseras *hind legs*
el puesto *market stand*

Preparación ¿Qué productos españoles típicos conoces? ¿Cuál te gustaría más probar?

Comprensión Indica si estas afirmaciones son ciertas o falsas. Después, en parejas, corrijan las falsas.

1. Las Ramblas de Barcelona son amplias avenidas.
2. En La Boquería debes elegir un carrito a la entrada y pagar toda la compra al final.
3. Hay distintos tipos de jamón serrano según la curación y la región.
4. Barcelona ofrece una gran variedad de marisco y pescado fresco porque es un puerto marítimo.
5. En España, la mayoría de las tiendas cierra al mediodía durante media hora.
6. Las panaderías abren todos los días menos los domingos.

Expansión En parejas, contesten estas preguntas.

- ¿Prefieres hacer las compras en tiendas pequeñas y mercados tradicionales o en un supermercado normal? ¿Por qué?
- ¿Te levantas temprano para comprar el pan o algún otro producto los domingos? ¿Qué producto es tan esencial para la gente de tu país como el pan para los españoles?
- ¿Te parece bien que las tiendas cierren a la hora de la siesta? ¿Para qué usarías tú todo ese tiempo?

Practice more at **enfoques.vhlcentral.com.**

Corresponsal: Mari Carmen Ortiz
País: España

La Boquería es un paraíso para los sentidos: olores de comida, el bullicio° de la gente, colores vivos se abren a tu paso mientras haces tus compras.

Hay tiendas que nunca cierran a la hora de comer: las tiendas de moda y los grandes almacenes°. Pero aún éstas tienen que cerrar tres domingos al mes.

El jamón serrano es una comida típica española y es servido con frecuencia en los bares de tapas°.

bullicio *hubbub* **almacenes** *department stores* **tapas** *Spanish appetizers*

3.1 The preterite

- Spanish has two simple tenses to indicate actions in the past: the preterite (**el pretérito**) and the imperfect (**el imperfecto**). The preterite is used to describe actions or states that began or were completed at a definite time in the past.

The preterite of regular *-ar*, *-er*, and *-ir* verbs		
comprar	**vender**	**abrir**
compré	vendí	abrí
compraste	vendiste	abriste
compró	vendió	abrió
compramos	vendimos	abrimos
comprasteis	vendisteis	abristeis
compraron	vendieron	abrieron

TALLER DE CONSULTA

MANUAL DE GRAMÁTICA
Más práctica

3.1 The preterite, p. A18
3.2 The imperfect, p. A19
3.3 The preterite vs. the imperfect, p. A20

Más gramática

3.4 Telling time, p. A21

¡ATENCIÓN!

In Spain, the present perfect (p. 256) is more commonly used to describe recent events.

- The preterite tense of regular verbs is formed by dropping the infinitive ending (**-ar**, **-er**, **-ir**) and adding the preterite endings. Note that the endings of regular **-er** and **-ir** verbs are identical in the preterite tense.
- The preterite of all regular and some irregular verbs requires a written accent on the preterite endings in the **yo, usted, él,** and **ella** forms.

Ayer **empecé** un nuevo trabajo.
Yesterday I started a new job.

Mi mamá **preparó** una cena deliciosa.
My mom prepared a delicious dinner.

- Verbs that end in **-car, -gar**, and **-zar** have a spelling change in the **yo** form of the preterite. All other forms are regular.

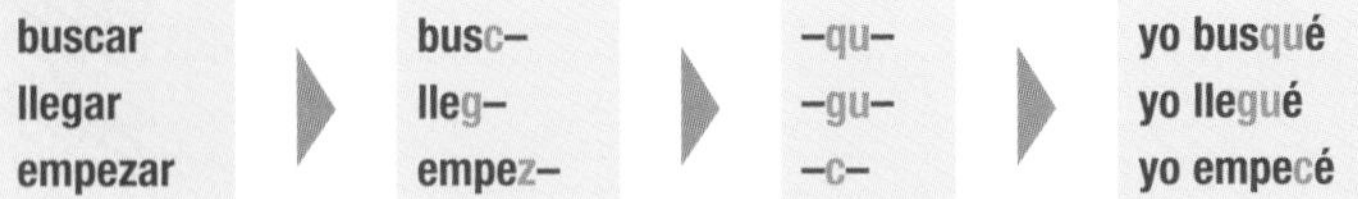

buscar	busc–	–qu–	yo busqué
llegar	lleg–	–gu–	yo llegué
empezar	empez–	–c–	yo empecé

- **Caer, creer, leer**, and **oír** change **-i-** to **-y-** in the third-person forms (**usted, él,** and **ella** forms and **ustedes, ellos,** and **ellas** forms) of the preterite. They also require a written accent on the **-i-** in all other forms.

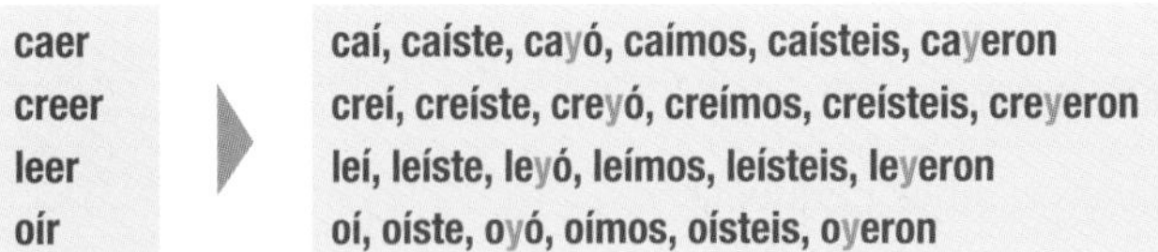

caer	caí, caíste, cayó, caímos, caísteis, cayeron
creer	creí, creíste, creyó, creímos, creísteis, creyeron
leer	leí, leíste, leyó, leímos, leísteis, leyeron
oír	oí, oíste, oyó, oímos, oísteis, oyeron

- Verbs with infinitives ending in **-uir** change **-i-** to **-y-** in the third-person forms of the preterite.

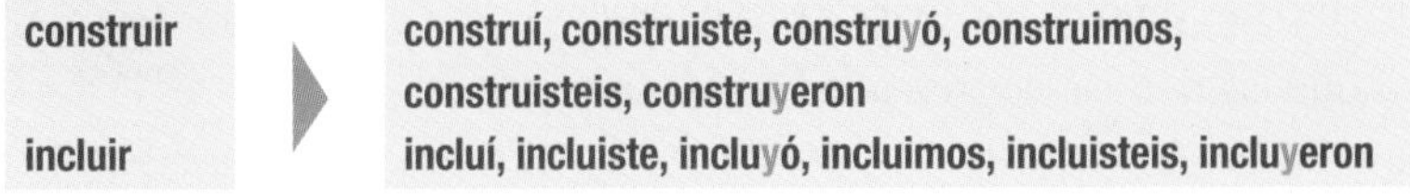

construir	construí, construiste, construyó, construimos, construisteis, construyeron
incluir	incluí, incluiste, incluyó, incluimos, incluisteis, incluyeron

- Stem-changing **-ir** verbs also have a stem change in the third-person forms of the preterite. Stem-changing **-ar** and **-er** verbs do not have a stem change in the preterite.

Preterite of *-ir* stem-changing verbs			
pedir		**dormir**	
pedí	**pedimos**	**dormí**	**dormimos**
pediste	**pedisteis**	**dormiste**	**dormisteis**
pidió	**pidieron**	**durmió**	**durmieron**

- A number of **-er** and **-ir** verbs have irregular preterite stems. Note that none of these verbs takes a written accent on the preterite endings.

Les traje unos dulces para premiar su esfuerzo.

Por cierto, ¿no estuviste en el dentista?

Preterite of irregular verbs

Infinitive	u-stem	preterite forms
andar	anduv-	anduve, anduviste, anduvo, anduvimos, anduvisteis, anduvieron
estar	estuv-	estuve, estuviste, estuvo, estuvimos, estuvisteis, estuvieron
poder	pud-	pude, pudiste, pudo, pudimos, pudisteis, pudieron
poner	pus-	puse, pusiste, puso, pusimos, pusisteis, pusieron
saber	sup-	supe, supiste, supo, supimos, supisteis, supieron
tener	tuv-	tuve, tuviste, tuvo, tuvimos, tuvisteis, tuvieron

Infinitive	i-stem	preterite forms
hacer	hic-	hice, hiciste, hizo, hicimos, hicisteis, hicieron
querer	quis-	quise, quisiste, quiso, quisimos, quisisteis, quisieron
venir	vin-	vine, viniste, vino, vinimos, vinisteis, vinieron

Infinitive	j-stem	preterite forms
conducir	conduj-	conduje, condujiste, condujo, condujimos, condujisteis, condujeron
decir	dij-	dije, dijiste, dijo, dijimos, dijisteis, dijeron
traer	traj-	traje, trajiste, trajo, trajimos, trajisteis, trajeron

- Note that the stem of **decir (dij-)** not only ends in **j**, but the stem vowel **e** changes to **i**. In the **usted, él**, and **ella** form of **hacer (hizo)**, **c** changes to **z** to maintain the pronunciation. Most verbs that end in **-cir** have **j**-stems in the preterite.

¡ATENCIÓN!

Other **-ir** stem-changing verbs include:

conseguir	**repetir**
consentir	**seguir**
hervir	**sentir**
morir	**servir**
preferir	

¡ATENCIÓN!

Ser, ir, dar, and **ver** also have irregular preterites. The preterite forms of **ser** and **ir** are identical.

ser/ir

fui, fuiste, fue, fuimos, fuisteis, fueron

dar

di, diste, dio, dimos, disteis, dieron

ver

vi, viste, vio, vimos, visteis, vieron

The preterite of **hay** is **hubo**.

Hubo dos conciertos el viernes.
There were two concerts on Friday.

Práctica

TALLER DE CONSULTA

MANUAL DE GRAMÁTICA
Más práctica

3.1 The preterite, p. A18

1 Quehaceres **Escribe la forma correcta del pretérito de los verbos indicados.**

1. El sábado pasado, mis compañeros de apartamento y yo _______ (hacer) la limpieza semanal.
2. Jorge _______ (barrer) el suelo de la cocina.
3. Yo _______ (pasar) la aspiradora por el salón.
4. Martín y Felipe _______ (quitar) los sillones para limpiarlos y después los _______ (volver) a poner en su lugar.
5. Yo _______ (lavar) toda la ropa sucia y la _______ (poner) en el armario.
6. Nosotros _______ (terminar) con todo en menos de una hora.
7. Luego, Martín _______ (abrir) el refrigerador.
8. Él _______ (ver) que no había nada de comer.
9. Felipe _______ (decir) que iría al supermercado. Todos nosotros _______ (decidir) acompañarlo.
10. Yo _______ (apagar) las luces y nosotros _______ (ir) al mercado.

2 ¿Qué hicieron? **Combina elementos de cada columna para narrar lo que hicieron las personas.**

MODELO Una vez, mis amigos y yo tuvimos que cocinar para cincuenta invitados.

anoche	yo	conversar	¿?
anteayer	mi compañero/a de cuarto	dar	¿?
ayer	mis amigos/as	decir	¿?
la semana pasada	el/la profesor(a) de español	ir	¿?
una vez	mi novio/a	leer	¿?
dos veces		pedir	¿?
		tener que	¿?

3 La última vez **Con oraciones completas, indica cuándo fue la última vez que hiciste cada una de estas actividades. Da detalles en tus respuestas. Después comparte la información con la clase.**

MODELO **ir al cine**
La última vez que fui al cine fue en abril. La película que vi fue *Alicia en el país de las maravillas*...

1. hacer mandados
2. decir una mentira
3. andar atrasado/a
4. olvidar algo importante
5. devolver un regalo
6. ir de compras
7. oír una buena/mala noticia
8. encontrar una ganga increíble
9. probarse ropa en una tienda
10. comprar algo muy caro

Practice more at **enfoques.vhlcentral.com.**

Comunicación

4 **La semana pasada** Recorre el salón de clase y averigua lo que hicieron tus compañeros durante la semana pasada. Anota el nombre de la primera persona que conteste que sí a cada una de las preguntas.

MODELO **ir al cine**
—¿Fuiste al cine durante la semana pasada?
—Sí, fui al cine y vi la última película de Almodóvar./No, no fui al cine.

Actividades	Nombre
1. asistir a un partido de fútbol	______________
2. cocinar para los amigos	______________
3. conseguir una buena nota en una prueba	______________
4. dar un consejo (*advice*) a un(a) amigo/a	______________
5. dormirse en clase o en el laboratorio	______________
6. estudiar toda la noche para un examen	______________
7. enojarse con un(a) amigo/a	______________
8. incluir un álbum de fotos en Facebook	______________
9. ir a la oficina de un(a) profesor(a)	______________
10. ir al centro comercial	______________
11. pedir dinero prestado	______________
12. perder algo importante	______________
13. probarse un vestido/un traje elegante	______________

5 **Una fiesta** En parejas, túrnense para comentar la última fiesta que dieron o a la que asistieron.

- ocasión
- fecha y lugar
- organizador(a)
- invitados
- comida
- música
- actividades

6 **Anécdotas**

A. Escribe dos anécdodas divertidas o curiosas que te ocurrieron en el pasado.

MODELO Una vez fui a una entrevista muy importante con un zapato de cada color...

B. Presenta una de tus historias ante la clase. Después, la clase votará por la anéctoda más divertida e interesante.

3.2 The imperfect

- The imperfect tense in Spanish is used to narrate past events without focusing on their beginning, end, or completion.

El recado decía
que él estaba
enfermo.

Siempre tenía
problemas con
la aspiradora.

- The imperfect tense of regular verbs is formed by dropping the infinitive ending (**-ar, -er, -ir**) and adding personal endings. **-Ar** verbs take the endings **-aba, -abas, -aba, -ábamos, -abais, -aban. -Er** and **-ir** verbs take **-ía, -ías, -ía, -íamos, -íais, -ían**.

The imperfect of regular *-ar*, *-er*, and *-ir* verbs		
caminar	**deber**	**abrir**
caminaba	debía	abría
caminabas	debías	abrías
caminaba	debía	abría
caminábamos	debíamos	abríamos
caminabais	debíais	abríais
caminaban	debían	abrían

- **Ir, ser,** and **ver** are the only verbs that are irregular in the imperfect.

The imperfect of irregular verbs		
ir	**ser**	**ver**
iba	era	veía
ibas	eras	veías
iba	era	veía
íbamos	éramos	veíamos
ibais	erais	veíais
iban	eran	veían

- The imperfect tense narrates what was going on at a certain time in the past. It often indicates what was happening in the background.

Cuando yo **era** joven, **vivía** en una ciudad muy grande. Todas las semanas, mis padres y yo **íbamos** al centro comercial.

When I was young, I lived in a big city. Each week, my parents and I went to the mall.

- The imperfect of **hay** is **había**.

  Había tres cajeros en el supermercado.
  There were three cashiers in the supermarket.

  Sólo **había** un mesero en el café.
  There was only one waiter in the café.

- These words and expressions are often used with the imperfect because they express habitual or repeated actions: **de niño/a** (*as a child*), **todos los días** (*every day*), **mientras** (*while*), **siempre** (*always*).

  De niño, vivía en un barrio de Madrid.
  As a child, I lived in a Madrid neighborhood.

  Todos los días iba a la casa de mi abuela.
  Every day I went to my grandmother's house.

  Siempre escuchaba música **mientras corría** en el parque.
  I always listened to music while I ran in the park.

Siempre dormía muy mal.
Nunca podía relajarme.
Estaba desesperado; no sabía qué hacer.
Ahora, mis problemas están
resueltos con mi nueva cama.
DORMALUX
LA CAMA DE TUS SUEÑOS

Práctica

TALLER DE CONSULTA

MANUAL DE GRAMÁTICA
Más práctica

3.2 The imperfect, p. A19

1 **Granada** Escribe la forma correcta del imperfecto de los verbos indicados.

Granada, en el sur de España

Cuando yo (1) ________ (tener) veinte años, estuve en España por seis meses. (2) ________ (vivir) en Granada, una ciudad de Andalucía. (3) ________ (ser) estudiante en un programa de español para extranjeros. Entre semana, mis amigos y yo (4) ________ (estudiar) español por las mañanas. Por las tardes, (5) ________ (visitar) los lugares más interesantes de la ciudad para conocerla mejor. Los fines de semana, nosotros (6) ________ (ir) de excursión. (Nosotros) (7) ________ (visitar) ciudades y pueblos nuevos. Los paisajes (8) ________ (ser) maravillosos. Quiero volver pronto.

2 **Antes** En parejas, túrnense para hacerse preguntas usando estas frases. Sigan el modelo.

MODELO **levantarse tarde los lunes**
—¿Te levantas tarde los lunes?
—Ahora sí, pero antes nunca me levantaba tarde los lunes./Ahora no, pero antes siempre me levantaba tarde los lunes.

1. hacer los quehaceres del hogar
2. usar una agenda
3. ir de compras al centro comercial
4. pagar con tarjeta de crédito
5. trabajar por las tardes
6. preocuparse por el futuro

3 **Una historieta** En grupos de tres, creen una pequeña historieta (*comic*) explicando cómo era la vida diaria de un héroe o una heroína. Después, presenten sus historietas a la clase.

MODELO Superchica era una niña con un poder muy peculiar: podía volar...

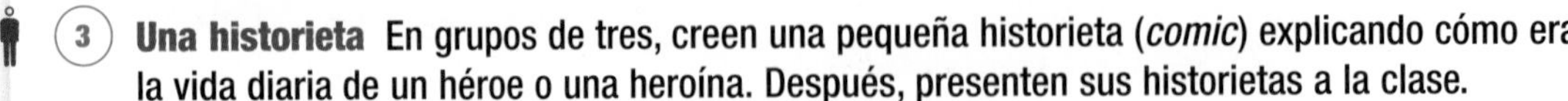

Practice more at **enfoques.vhlcentral.com.**

Comunicación

4 De niños

A. Busca en la clase compañeros/as que hacían estas cosas cuando eran niños/as. Escribe el nombre de la primera persona que conteste afirmativamente cada pregunta.

MODELO **ir mucho al parque**
—¿Ibas mucho al parque?
—Sí, iba mucho al parque.

¿Qué hacían?	Nombre
1. tener miedo de los monstruos	______________
2. llorar todo el tiempo	______________
3. siempre hacer su cama	______________
4. ser muy travieso/a (*mischievous*)	______________
5. romper los juguetes (*toys*)	______________
6. darles muchos regalos a sus padres	______________
7. comer muchos dulces	______________
8. creer en fantasmas	______________

B. Ahora, comparte con la clase los resultados de tu búsqueda.

5 Antes y ahora

Antes y ahora En parejas, comparen cómo ha cambiado la vida de Andrés en los últimos años. ¿Cómo era antes? ¿Cómo es ahora? Preparen una lista de por lo menos seis diferencias.

antes

ahora

6 En aquel entonces

A. Utiliza el imperfecto para escribir un párrafo sobre la vida diaria de un(a) pariente tuyo/a que creció (*grew up*) en otra época. ¿Cómo era su vida cotidiana? ¿Qué solía hacer para divertirse?

B. Ahora comparte tu párrafo con un(a) compañero/a. Pregúntense sobre los personajes y comparen la vida diaria de aquel entonces con la de hoy. ¿En qué aspectos era mejor la vida diaria hace veinte años? ¿Hace cincuenta años? ¿Hace dos siglos (*centuries*)? ¿En qué aspectos era peor?

3.3 The preterite vs. the imperfect

- Although the preterite and imperfect both express past actions or states, the two tenses have different uses and, therefore, are not interchangeable.

¿Cómo lograste encender la aspiradora? Antes no funcionaba.

Uses of the preterite

- To express actions or states viewed by the speaker as completed

  Compraste los muebles hace un mes.
  You bought the furniture a month ago.

  Mis amigas **fueron** al centro comercial ayer.
  My friends went to the mall yesterday.

- To express the beginning or end of a past action

  La telenovela **empezó** a las ocho.
  The soap opera began at eight o'clock.

  El café **se acabó** enseguida.
  The coffee ran out right away.

- To narrate a series of past actions

  Me levanté, **me arreglé** y **fui** a clase.
  I got up, got ready, and went to class.

  Se sentó, **tomó** el bolígrafo y **escribió**.
  He sat down, grabbed the pen, and wrote.

Uses of the imperfect

- To describe an ongoing past action without reference to beginning or end

  Se acostaba muy temprano.
  He went to bed very early.

  Juan **tenía** pesadillas constantemente.
  Juan constantly had nightmares.

- To express habitual past actions

  Me **gustaba** jugar al fútbol los domingos por la mañana.
  I used to like to play soccer on Sunday mornings.

  Solían comprar las verduras en el mercado.
  They used to shop for vegetables in the market.

- To describe mental, physical, and emotional states or conditions

  José Miguel sólo **tenía** quince años en aquel entonces.
  José Miguel was only fifteen years old at that time.

  Estaba tan hambriento que quería comerme un pollo entero.
  I was so hungry that I wanted to eat a whole chicken.

- To tell time

  Eran las ocho y media de la mañana.
  It was eight thirty a.m.

  Era la una en punto.
  It was exactly one o'clock.

TALLER DE CONSULTA

To review telling time, see **Manual de gramática, 3.4**, p. A21.

Uses of the preterite and imperfect together

- When narrating in the past, the imperfect describes what *was happening*, while the preterite describes the action that *interrupts* the ongoing activity. The imperfect provides background information, while the preterite indicates specific events that advance the plot.

  Había una vez un lobo que **era** muy pacífico y bueno. Un día, el lobo **caminaba** por el bosque cuando, de repente, una niña muy malvada que **se llamaba** Caperucita Roja **apareció** de entre los árboles. El lobo, asustado, **comenzó** a correr, pero Caperucita **corría** tan rápido que, al final, **atrapó** al lobo y se lo **comió**. La abuela de Caperucita no **sabía** lo malvada que **era** su nieta. Nunca nadie **supo** qué le **pasó** al pobre lobito.

  *Once upon a time, there **was** a wolf that **was** very peaceful and kind. One day, the wolf **was walking** through the forest when, all of a sudden, a very wicked little girl, who **was called** Little Red Riding Hood, **appeared** amongst the trees. The wolf, frightened, **started** to run, but Little Red Riding Hood **was running** so fast that, in the end, she **caught** the wolf and **ate** him up. Little Red Riding Hood's grandmother **didn't know** how wicked her granddaughter **was**. No one ever **found out** what **happened** to the poor little wolf.*

Different meanings in the imperfect and preterite

Quise encender
la aspiradora, pero
no pude.

- The verbs **querer, poder, saber,** and **conocer** have different meanings when they are used in the preterite. Notice also the meanings of **no querer** and **no poder** in the preterite.

INFINITIVE	IMPERFECT	PRETERITE
querer	**Quería acompañarte.** *I wanted to go with you.*	**Quise acompañarte.** *I tried to go with you (but failed).* **No quise acompañarte.** *I refused to go with you.*
poder	**Ana podía hacerlo.** *Ana could do it.*	**Ana pudo hacerlo.** *Ana succeeded in doing it.* **Ana no pudo hacerlo.** *Ana could not do it.*
saber	**Ernesto sabía la verdad.** *Ernesto knew the truth.*	**Por fin Ernesto supo la verdad.** *Ernesto finally discovered the truth.*
conocer	**Yo ya conocía a Andrés.** *I already knew Andrés.*	**Yo conocí a Andrés en la fiesta.** *I met Andrés at the party.*

¡ATENCIÓN!

Here are some useful sequencing expressions.

primero *first*
al principio *in the beginning*
antes (de) *before*
después (de) *after*
mientras *while*
entonces *then*
luego *then; next*
siempre *always*
al final *finally*
la última vez *the last time*

¡ATENCIÓN!

The imperfect progressive is also used to describe a past action that was in progress, but was interrupted by an event. Both **el lobo caminaba por el bosque** and **el lobo estaba caminando por el bosque** are correct.

TALLER DE CONSULTA

See **Manual de gramática 12.4** to preview the differences between **saber** and **conocer**.

Práctica

TALLER DE CONSULTA

MANUAL DE GRAMÁTICA
Más práctica

3.3 The preterite vs. the imperfect, p. A20

1 Una cena especial Elena y Francisca tenían invitados para cenar y lo estaban preparando todo. Completa las oraciones con el imperfecto o el pretérito de estos verbos. Puedes usar los verbos más de una vez.

averiguar	haber	ofrecerse	salir
decir	levantarse	pasar	ser
estar	limpiar	preparar	terminar
freír	llamar	quitar	tocar

1. ________ las ocho cuando Francisca y Elena ________ para preparar todo.
2. Elena ________ la aspiradora cuando Felipe la ________ para preguntar la hora de la cena. Le ________ que ________ a las diez y media.
3. Francisca ________ las tapas en la cocina. Todavía ________ temprano.
4. Mientras Francisca ________ las papas en aceite, Elena ________ la sala.
5. Elena ________ el polvo de los muebles cuando su madre ________ el timbre. ¡________ una visita sorpresa!
6. Su madre ________ a ayudar. Elena ________ que sí.
7. Cuando Francisca ________ de hacer las tapas, ________ que no ________ suficientes refrescos. Francisca ________ al supermercado.
8. Cuando por fin ________, ya ________ las nueve. Todo ________ listo.

2 Interrupciones Combina palabras y frases de cada columna para contar lo que hicieron estas personas. Usa el pretérito y el imperfecto.

MODELO Ustedes miraban la tele cuando el médico llamó.

yo	dormir	usted	llamar por teléfono
tú	comer	el/la médico/a	salir
Marta y Miguel	escuchar música	la policía	sonar
nosotros	mirar la tele	la alarma	recibir el mensaje
Paco	conducir	los amigos	ver el accidente
ustedes	ir a...	Juan Carlos	tocar el timbre

3 Las fechas importantes

A. Escribe cuatro fechas importantes en tu vida y explica qué pasó.

MODELO

Fecha	¿Qué pasó?	¿Dónde y con quién estabas?	¿Qué tiempo hacía?
el 6 de agosto de 2010	Conocí a Lady Gaga.	Estaba en el gimnasio con un amigo.	Llovía mucho.

B. Intercambia tu información con tres compañeros/as. Ellos/as te van a hacer preguntas sobre lo que te pasó.

Practice more at **enfoques.vhlcentral.com.**

Comunicación

④ **La mañana de Esperanza**

A. En parejas, observen los dibujos. Escriban lo que le pasó a Esperanza después de abrir la puerta de su casa. ¿Cómo fue su mañana? Utilicen el pretérito y el imperfecto en la narración.

1.
era o estaba nublado
abrió la puerta y salió
3.
llovía mucho y fuerte

B. Con dos parejas más, túrnense para presentar las historias que han escrito. Después, combinen sus historias para hacer una nueva.

⑤ **Síntesis** En grupos de cuatro, turnénse para pasarse una hoja de papel. Cada uno/a escribe una oración con el fin de narrar un cuento sobre un día extraordinario en el que la rutina diaria se vio interrumpida por una serie de eventos inesperados. Después, presenten sus cuentos a la clase. Utilicen el pretérito, el imperfecto y el vocabulario de esta lección. Sean creativos/as.

MODELO

—El día empezó como cualquier otro día…
—Me levanté, me arreglé y salí para la clase de las nueve…
—Caminaba por la avenida central como siempre, cuando, de repente, en medio de la calle, vi algo horroroso, algo que me hizo temblar de miedo…

Antes de ver el corto

ADIÓS MAMÁ

país México
duración 7 minutos
director Ariel Gordon
protagonistas hombre joven, señora

Vocabulario

afligirse *to get upset*	**parecerse** *to look like*
el choque *crash*	**repentino/a** *sudden*
despedirse (e:i) *to say goodbye*	**el timbre** *tone of voice*
las facciones *facial features*	**titularse** *to graduate*

1 **Practicar** Completa cada una de las rimas usando el vocabulario del corto.

1. Cuando Anabel tiene un problema, _________, pero nunca lo corrige.
2. ¡Qué buen actor! Sus _________ siempre reflejan sus acciones.
3. ¡Pobre don Roque! Compró carro nuevo y a los dos días tuvo un _________.
4. No me gusta el _________ de voz de ese hombre.
5. ¡Qué estilos tan variados! Las pinturas son trece y ninguna _________.
6. Le faltan muchos cursos. Si no decide apurarse (*hurry up*), nunca va a _________.

2 **Comentar** En parejas, intercambien opiniones sobre las preguntas.

1. ¿Hablan con desconocidos en algunas ocasiones? ¿En qué situaciones?
2. Según su título, ¿de qué creen que va a tratar el corto?
3. ¿En qué lugares es más fácil o frecuente hablar con gente que no conocen? Den dos o tres ejemplos.
4. ¿A veces son ingenuos/as? ¿Se creen historias falsas? Den ejemplos.
5. ¿Alguna vez les sucedió algo interesante o divertido en un supermercado? ¿Qué sucedió?
6. Observen los fotogramas. ¿Qué creen que va a pasar en este cortometraje?

Practice more at **enfoques.vhlcentral.com.**

Short Film

Adiós Mamá

Premio especial del Jurado, Semana Internacional de Cine Experimental de Valladolid, España

Una producción de CONACULTA/INSTITUTO MEXICANO DE CINEMATOGRAFÍA Guión y Dirección ARIEL GORDON
Producción JAVIER BOURGES Producción ejecutiva PATRICIA RIGGEN
Fotografía SANTIAGO NAVARRETE Edición CARLOS SALCES Música GERARDO TAMEZ
Sonido SANTIAGO NÚÑEZ/NERIO BARBERIS
Arte FERNANDO MERI/AARÓN NIÑO CÁMARA
Actores DANIEL GIMÉNEZ CACHO/DOLORES BERISTAIN/PATRICIA AGUIRRE/PACO MORAYTA

Escenas

ARGUMENTO Un hombre está en el supermercado. En la fila para pagar, la señora que está delante de él le habla.

SEÑORA Se parece a mi hijo. Realmente es igual a él.
HOMBRE Ah, pues no, no sé qué decir.

SEÑORA Murió en un choque. El otro conductor iba borracho. Si él viviera, tendría la misma edad que usted.
HOMBRE Por favor, no llore.

to cry

SEÑORA ¿Sabe? Usted es su doble. Bendito sea el Señor que me ha permitido ver de nuevo a mi hijo. ¿Le puedo pedir un favor?
HOMBRE Bueno.

SEÑORA Nunca tuve oportunidad de despedirme de él. Su muerte fue tan repentina. ¿Al menos podría llamarme "mamá" y decirme adiós cuando me vaya?

SEÑORA ¡Adiós, hijo!
HOMBRE ¡Adiós, mamá!
SEÑORA ¡Adiós, querido!
HOMBRE ¡Adiós, mamá!

CAJERA No sé lo que pasa, la máquina desconoce el artículo. Espere un segundo a que llegue el gerente.
(*El gerente llega y ayuda a la cajera.*)

Después de ver el corto

1 Comprensión Contesta las preguntas con oraciones completas.

1. ¿Dónde están los personajes?
2. ¿Qué relación hay entre el hombre y la señora?
3. ¿A quién se parece físicamente el hombre?
4. ¿Por qué no pudo despedirse la señora de su hijo?
5. ¿Qué favor le pide la señora al hombre?
6. ¿Cuántas compras tiene que pagar el hombre? ¿Por qué?

2 Ampliación En parejas, háganse las preguntas.

1. ¿Les pasó a ustedes o a alguien que conocen algo similar alguna vez? Expliquen.
2. ¿Qué hacen si alguien se les acerca (*approaches*) en el supermercado y les pide este favor?
3. ¿Qué creen que sucedió realmente al final? ¿Tuvo que pagar la cuenta completa el hombre? ¿Tuvo que intervenir la policía?
4. Después de lo que sucedió, ¿qué consejos puede darles el hombre a sus amigos?

3 Inventar En parejas, lean lo que dice la mujer e imaginen que el hijo ficticio nunca tuvo un accidente y, por lo tanto, no murió. ¿Qué le pasó? ¿Cómo fue su vida? ¿Visitaba a su madre con frecuencia? Escriban un párrafo de diez líneas.

> **“Murió en un choque. El otro conductor iba borracho. Si él viviera, tendría la misma edad que usted. Se habría titulado y probablemente tendría una familia. Yo sería abuela.”**

4 Imaginar En parejas, describan la vida de uno los personajes del corto. Escriban por lo menos cinco oraciones, usando como base las preguntas.

- ¿Cómo es?
- ¿Dónde vive?
- ¿Con quién vive?
- ¿Qué le gusta?
- ¿Qué no le gusta?
- ¿Tiene dinero?

5 Detective El joven está contándole a un(a) detective lo que pasó en el supermercado. En parejas, uno/a de ustedes es el/la detective y el/la otro/a es el hombre. Preparen el interrogatorio (*interrogation*) y represéntenlo delante de la clase.

6 Notas Ahora, imagina que eres el/la detective y escribe un informe (*report*) de lo que pasó. Tiene que ser un informe lo más completo posible. Puedes inventar los datos que tú quieras.

Practice more at **enfoques.vhlcentral.com.**

La siesta, 1943
Antonio Berni, Argentina

"Tras el vivir y el soñar, está lo que más importa: el despertar."

— Antonio Machado

Antes de leer

Autorretrato

Sobre la autora

Rosario Castellanos nació en la ciudad de México en 1925 y murió en Tel Aviv, Israel, en 1974 mientras se desempeñaba como (*worked as*) embajadora de México en ese país. Estudió filosofía en México y realizó estudios de estética y estilística en España. Escribió poesía, narrativa y ensayos, y también colaboró con diarios y revistas especializadas de México y del extranjero. Tres de sus obras —su primera novela, *Balún Canán*; el libro de cuentos *Ciudad Real* y su segunda novela, *Oficio de tinieblas*— conforman la principal trilogía de temática indigenista mexicana del siglo XX. El otro tema central de su obra son las mujeres. Su obra poética se encuentra reunida en el libro titulado *Poesía no eres tú*, publicado en 1972. Sus poemas se caracterizan por su estilo sencillo, en el que se presenta lo cotidiano con humor e inteligencia.

Vocabulario

acariciar *to caress*	el autorretrato *self-portrait*	llorar *to cry*
acaso *perhaps*	feliz *happy*	lucir *to wear, to display*
arduo/a *hard*	el llanto *weeping; crying*	el maquillaje *make-up*

Vocabulario Completa las oraciones.

1. En este ________, María ________ un vestido que era de su abuela.
2. No me gusta ponerme ________ en los ojos porque me hace ________.
3. La madre escuchó el ________ del bebé y enseguida se acercó a ________ su cabecita.
4. Aunque el trabajo es ________, estoy ________ de tener mi propia empresa.

Conexión personal Imagina que tienes que hacer una presentación sobre ti mismo/a titulada "Autorretrato". ¿Eliges describirte con palabras relacionadas con tus estudios, con tu trabajo, con tu personalidad, con lo que te hace feliz, con lo que te hace llorar? ¿Por qué?

Análisis literario: La poesía conversacional

Los términos "poesía conversacional" o "poesía coloquial" se refieren a un tipo de poesía que surgió durante los últimos cincuenta años y se caracteriza por su claridad, por su tono coloquial e intimista, por buscar un acercamiento al lector a través de referencias a lo cotidiano, y por romper con el estilo abstracto y menos accesible de movimientos poéticos anteriores. Otra característica de este género es la desmitificación del poeta, quien deja de ser una figura subida a un pedestal y alejada de la realidad cotidiana de los lectores. No se trata en sí de un movimiento literario claramente definido, sino que distintos poetas recorrieron caminos diferentes hasta converger en este estilo coloquial e intimista. A medida que lees *Autorretrato,* presta atención a las características de la poesía conversacional en el poema.

Practice more at **enfoques.vhlcentral.com.**

Autorretrato

Rosario Castellanos

Autorretrato con pelo cortado, 1940
Frida Kahlo, México

Yo soy una señora: tratamiento°
arduo de conseguir, en mi caso, y más útil
para alternar con los demás que un título
extendido a mi nombre en cualquier academia.

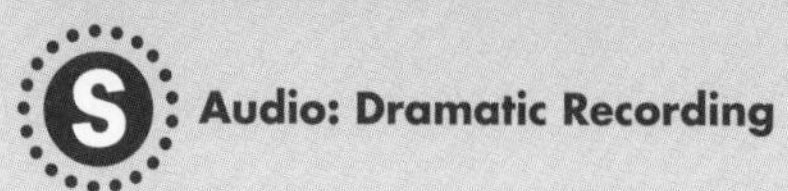

Así, pues, luzco mi trofeo y repito:
yo soy una señora. Gorda o flaca
según las posiciones de los astros°,
los ciclos glandulares
y otros fenómenos que no comprendo.

Rubia, si elijo una peluca rubia.
O morena, según la alternativa.
(En realidad, mi pelo encanece°, encanece.)

Soy más o menos fea. Eso depende mucho
de la mano que aplica el maquillaje.

Mi apariencia ha cambiado a lo largo del tiempo
—aunque no tanto como dice Weininger
que cambia la apariencia del genio—. Soy mediocre.
Lo cual, por una parte, me exime de° enemigos
y, por la otra, me da la devoción
de algún admirador y la amistad
de esos hombres que hablan por teléfono
y envían largas cartas de felicitación.
Que beben lentamente whisky sobre las rocas
y charlan de política y de literatura.

Amigas… hmmm… a veces, raras veces
y en muy pequeñas dosis.
En general, rehuyo° los espejos.
Me dirían lo de siempre: que me visto muy mal
y que hago el ridículo
cuando pretendo coquetear con alguien.

Soy madre de Gabriel: ya usted sabe, ese niño
que un día se erigirá en° juez inapelable
y que acaso, además, ejerza de verdugo°.
Mientras tanto lo amo.

Escribo. Este poema. Y otros. Y otros.
Hablo desde una cátedra°.
Colaboro en revistas de mi especialidad
y un día a la semana publico en un periódico.

Vivo enfrente del Bosque. Pero casi
nunca vuelvo los ojos para mirarlo. Y nunca
atravieso° la calle que me separa de él
y paseo y respiro y acaricio
la corteza rugosa° de los árboles.

Sé que es obligatorio escuchar música
pero la eludo° con frecuencia. Sé
que es bueno ver pintura
pero no voy jamás a las exposiciones
ni al estreno teatral ni al cine-club.

Prefiero estar aquí, como ahora, leyendo
y, si apago la luz, pensando un rato
en musarañas° y otros menesteres°.

Sufro más bien por hábito, por herencia, por no
diferenciarme más de mis congéneres°
que por causas concretas.

Sería feliz si yo supiera cómo.
Es decir, si me hubieran enseñado los gestos,
los parlamentos°, las decoraciones.

En cambio me enseñaron a llorar. Pero el llanto
es en mí un mecanismo descompuesto
y no lloro en la cámara mortuoria
ni en la ocasión sublime ni frente a la catástrofe.

Lloro cuando se quema el arroz o cuando pierdo
el último recibo del impuesto predial°.

tratamiento *title* **astros** *stars* **encanece** *gets whiter* **me exime de** *exempts me from* **rehuyo** *I shun; I avoid* **se erigirá en** *will become* **ejerza de verdugo** *practice as an executioner* **cátedra** *university chair* **atravieso** *I cross* **corteza rugosa** *rough bark* **eludo** *I avoid* **pensando... musarañas** *daydreaming* **menesteres** *occupations* **mis congéneres** *my kind* **parlamentos** *words* **impuesto predial** *property tax*

Después de leer

Autorretrato

Rosario Castellanos

1 **Comprensión** Indica si las oraciones son **ciertas** o **falsas.** Corrige las falsas.

1. La protagonista piensa que es una mujer bella.
2. Según ella, una mujer mediocre no tiene enemigos pero tampoco amigos.
3. La mujer de *Autorretrato* afirma que no quiere tener muchas amigas.
4. Ella ama a su hijo aunque él la juzga (*he judges her*).
5. La protagonista es poetisa, profesora y periodista.
6. No va muy frecuentemente al cine, al teatro o a exposiciones.
7. Ella odia la soledad y prefiere visitar exposiciones y estrenos.
8. Dice que no le enseñaron cómo ser feliz, pero sí le enseñaron a llorar.

2 **Interpretación** Contesta las preguntas con oraciones completas.

1. ¿Cuál es el trofeo del que se habla al comienzo del poema? ¿Qué importancia tiene en la vida de la mujer de *Autorretrato*?
2. ¿De qué piensa ella que depende su apariencia (ser gorda o flaca)? ¿Y el color de su cabello? ¿Está en su poder cambiar esas cosas?
3. ¿Por qué crees que ser mediocre le asegura la amistad de los hombres que describe? ¿Te parece que estos hombres serán también mediocres? Justifica tu respuesta.
4. ¿Te parece que esta mujer se comporta como lo indica la sociedad? ¿Piensas que aprecia su entorno y está conforme con su posición en la vida o todo lo contrario? Da ejemplos.
5. ¿De qué manera está descompuesto para ella el mecanismo del llanto? En tu opinión, ¿qué clase de personas lloran cuando se les quema el arroz o pierden un recibo?

3 **Análisis** En parejas, respondan a las preguntas.

1. ¿Creen que la voz narrativa es cercana a la voz de la propia autora? ¿Por qué?
2. Repasen las características de la poesía conversacional y busquen ejemplos de cada una en el poema.
3. ¿A qué tipo de lector(a) creen que está dirigido este poema? ¿Por qué?
4. ¿Se sienten identificados/as con el poema? ¿Por qué?

4 **Ampliación** En parejas, analicen estos versos en el contexto del poema y expliquen qué quiere resaltar la poetisa en cada caso.

1. "(En realidad, mi pelo encanece, encanece.)"
2. "En general, rehuyo los espejos."
3. "Mientras tanto lo amo."
4. "Sería feliz si yo supiera cómo."

5 **Retrato** Escribe el retrato de la mujer del poema desde el punto de vista de la sociedad a la que pertenece; crea una voz poética ficticia: puede ser uno de esos hombres que ella describe, una de las mujeres que la critican por cómo se viste o su hijo Gabriel. Ten en cuenta lo que se espera de ella, su aspecto físico, etc., y redáctalo en forma de poesía coloquial.

Practice more at **enfoques.vhlcentral.com.**

Antes de leer

Vocabulario

el cansancio *exhaustion*	**pintar** *to paint*
el cuadro *painting*	**el/la pintor(a)** *painter*
fatigado/a *exhausted*	**previsto/a** *planned*
imprevisto/a *unexpected*	**retratar** *to portray*
la obra maestra *masterpiece*	**el retrato** *portrait*

Pablo Picasso Completa las oraciones con el vocabulario de la tabla.

Guernica, Pablo Picasso

1. De todo el arte del Museo Reina Sofía, yo prefiero los ________ de Pablo Picasso.
2. De muy joven, el ________ español creaba arte realista.
3. Al poco tiempo, este gran artista empezó a experimentar y a ________ obras de otros estilos e inventó el cubismo.
4. Su obra más famosa, *Guernica*, quiere ________ el horror de un día cuando los alemanes bombardearon un pueblo español con el mismo nombre.
5. Según mucha gente, *Guernica* es su creación más importante, la ________ de Picasso.

Conexión personal ¿Qué haces para no olvidar los eventos y las personas que son importantes para ti? ¿Sacas fotos o mantienes un diario? ¿Cuentas historias? ¿Cuáles son algunos de los recuerdos que quieres atesorar (*treasure*)?

Contexto cultural

Niños comiendo uvas y un melón, Bartolomé Esteban Murillo

Del siglo XVI al siglo XVII, España pasó de ser una enorme potencia política a ser un imperio en camino de extinción. Donde antes había victorias militares, riqueza (*wealth*) y expansión, ahora había derrota (*defeat*), crisis económica y decadencia. Sin embargo, estos problemas formaron un contraste extremo con el arte del momento, que estaba en su época cumbre (*peak*), el Siglo de Oro. A pesar de su éxito, se consideraba a los pintores más artesanos que artistas y, por lo tanto, no eran de alta posición social. Muchos artistas trabajaban por encargo; la realeza (*royalty*) y la nobleza eran sus mecenas (*patrons*). Con sus obras, contribuían a la educación cultural, y frecuentemente religiosa, de la sociedad.

Practice more at **enfoques.vhlcentral.com.**

Audio: Reading

Vieja friendo huevos

El arte de la vida diaria

Diego Velázquez es importante no sólo por su mérito artístico, sino también por lo que nos cuentan sus cuadros. Conocido sobre todo como pintor de retratos, Velázquez se interesaba también por temas mitológicos y escenas cotidianas. En todo su arte, examinaba y reproducía en minucioso detalle sólo aquello que veía. Su imitación de la naturaleza, de lo inmediatamente observable, era lo que daba vida a su arte y a la vez creaba un arte de la vida diaria.

Antes de mudarse a la Corte del Rey°, Velázquez pintó cuadros de temas cotidianos. Un ejemplo célebre es la *Vieja friendo huevos* (1618). El cuadro capta un momento sin aparente importancia: una mujer vieja cocina mientras un niño trae aceite y un melón. Varios objetos de la casa, reproducidos con precisión, llenan el lienzo°, dignos de nuestra atención, por ejemplo: la cuchara, un plato blanco en el que descansa un cuchillo, jarras°, una cesta de paja°. Junto con la comida que prepara —no hay carne ni variedad— la ropa típica de pobre sugiere que la mujer es humilde. Con el cuadro, Velázquez interrumpe un momento que podría ser de cualquier día. No es una naturaleza muerta°, sino un instante de la vida.

king's court · *canvas* · *jugs* · *wicker basket* · *still life*

Incluso cuando pintaba temas mitológicos, Velázquez tomaba como modelo gente de la calle. Por eso, se pueden percibir escenas diarias en temas distanciados de la época. Un ejemplo es *El triunfo° de Baco* (1628–9). En este cuadro, el dios romano del vino se sienta en un campo abierto, no con otros dioses, sino con campesinos°. Sus caras fatigadas reflejan a la vez el cansancio de una vida de trabajo —la vida del plebeyo° español era entonces especialmente dura— y la alegría de poder descansar un rato.

triumph · *peasants* · *common person*

En los cuadros de la Corte, Velázquez nos da una imagen rica y compleja del mundo del palacio. En vez de retratar exclusivamente a la familia real y los nobles, incluye también toda la tropa de personajes que los servía y entretenía. En este grupo numeroso entraban enanos° y bufones°, a quienes Velázquez pinta con dignidad. En *Las Meninas* (1656), su cuadro más famoso y misterioso, la princesa Margarita está rodeada° por sus damas, enanos y un perro. A la izquierda, el mismo Velázquez pinta detrás de un lienzo inmenso. En el fondo° se ve una imagen de los reyes.

little people/ jesters · *surrounded* · *background*

Las Meninas

El triunfo de Baco

Sin embargo, el cuadro sugiere más preguntas que respuestas. ¿Dónde están exactamente el rey y la reina? ¿La imagen de ellos que vemos es un reflejo de espejo°? ¿Qué pinta el artista y por qué aparece en el cuadro? ¿Qué significa? Tampoco se sabe por qué se detiene aquí el grupo: puede ser por una razón prevista, como posar para un cuadro; o puede ser algo totalmente imprevisto, un momento efímero° de la vida de una princesa y su grupo. ¿Es un momento importante? *Las Meninas* invita al debate sobre un instante que no se pierde sólo porque un pintor lo capta y lo rescata° del olvido. Paradójicamente es su enfoque en lo momentáneo y en el detalle de la vida común lo que eleva a Velázquez por encima de otros grandes artistas. ■

mirror · *fleeting* · *rescues*

Biografía breve

1599 Diego Velázquez nace en Sevilla.
1609 Empieza sus estudios formales de arte.
1623 Nombrado pintor oficial del Rey Felipe IV en Madrid.
1660 Muere después de una breve enfermedad.

Después de leer

El arte de la vida diaria

1 **Comprensión** Después de leer el texto, decide si las oraciones son **ciertas** o **falsas**. Corrige las falsas.

1. Velázquez es conocido sobre todo como pintor religioso.
2. Velázquez era un pintor impresionista que transformaba su sujeto en la imaginación.
3. Por lo general, Velázquez tomaba como modelo gente de la calle.
4. En *El triunfo de Baco*, el dios romano del vino se sienta con campesinos españoles.
5. Velázquez retrataba exclusivamente a la familia real y a los nobles.
6. Velázquez se autorretrata en *Las Meninas*.

2 **Interpretación** Contesta las preguntas con oraciones completas.

1. ¿Se puede encontrar evidencia de la crisis económica del siglo XVII en los cuadros de Velázquez? Menciona detalles específicos en tu respuesta.
2. ¿Qué puedes aprender de *Vieja friendo huevos* que posiblemente no puedas leer en un libro de historia?
3. ¿Es *El triunfo de Baco* un cuadro realista? Explica tu respuesta.
4. ¿Te sorprende que Velázquez represente a los sirvientes de la Corte? ¿Por qué?
5. ¿En qué sentido es *Las Meninas* un cuadro misterioso?

3 **Análisis** En parejas, respondan a las preguntas.

1. A través de pequeños detalles, *El triunfo de Baco* revela mucho sobre la posición social de los hombres del cuadro. Estudien, por ejemplo, la ropa y el aspecto físico para describir y analizar su situación económica. ¿Cuál es su conclusión?
2. ¿Qué o quién es el verdadero sujeto de *Las Meninas*? ¿El grupo de la princesa? ¿Los reyes? ¿El mismo Velázquez? ¿El arte? Discutan las múltiples posibilidades y presenten una teoría sobre la historia que cuenta el cuadro.

4 **Reflexión** En grupos de cuatro, comparen cómo se entretenía la realeza en el pasado con cómo se entretiene la realeza actualmente. Usen estas preguntas como guía.

- Antes, los reyes tenían bufones. ¿Qué piensan de la situación social de los bufones de la Corte? ¿Es ético utilizar a las personas para la diversión?
- ¿Qué familias reales actuales conocen? ¿Cómo viven? ¿Su vida cotidiana es diferente a la de sus ancestros?
- ¿Se puede ser parte de la realeza y tener una vida cotidiana normal?

5 **Recuerdos** Imagina que *Vieja friendo huevos* capta, como una fotografía, un momento de tu propio pasado cuando ayudabas a tu abuela en la cocina. Inspirándote en el cuadro de Velázquez, inventa una historia. ¿Qué hacía tu abuela? ¿Cómo pasaba los días? Y tú, ¿por qué llegaste a la cocina aquel día? ¿Te mandó tu madre o tenías hambre? Utilizando los tiempos del pasado que conoces, describe esta escena de tu infancia.

Practice more at **enfoques.vhlcentral.com.**

Atando cabos

¡A conversar!

Un día en la historia Trabajen en grupos pequeños para preparar una presentación sobre un día en la vida de un personaje histórico hispano.

Presentaciones

Tema: Elijan un personaje histórico hispano. Algunos personajes que pueden investigar son: Sor Juana Inés de la Cruz, Simón Bolívar, José de San Martín, Emiliano Zapata, Catalina de Erauso, Álvar Núñez Cabeza de Vaca, Fray Bartolomé de las Casas. Pueden elegir también un personaje que no esté en la lista.

Investigación y preparación: Busquen información en Internet o en la biblioteca. Recuerden buscar o preparar materiales visuales. Una vez reunida la información necesaria sobre el personaje, imagínense un día en su vida cotidiana, desde que se levantaba hasta que se acostaba. Al imaginar los detalles, tengan en cuenta la época en la que vivió el personaje.

Organización: Hagan un esquema (*outline*) que los ayude a planear la presentación.

Presentación: Utilicen el pretérito y el imperfecto para las descripciones. Traten de promover la participación a través de preguntas y alternen la charla con materiales visuales.

Simón Bolívar

¡A escribir!

Una anécdota del pasado Sigue el plan de redacción para contar una anécdota que te haya ocurrido en el pasado. Piensa en una historia divertida, dramática o interesante relacionada con uno de estos temas:

- un regalo especial que recibiste
- una situación en la que usaste una excusa falsa y las cosas no te salieron bien
- una situación en la que fuiste muy ingenuo/a

Plan de redacción

Título: Elige un título breve que sugiera el contenido de la historia pero que no dé demasiada información.

Contenido: Explica qué estaba pasando cuando ocurrió el acontecimiento, dónde estabas, con quién estabas, qué pasó, cómo pasó, etc. Usa expresiones como: **al principio, al final, después, entonces, luego, todo empezó/comenzó cuando,** etc. Recuerda que debes usar el pretérito para las acciones y el imperfecto para las descripciones.

Conclusión: Termina la historia explicando cuál fue el resultado del acontecimiento y cómo te sentiste.

3 VOCABULARIO

En casa

el balcón	*balcony*
la escalera	*staircase*
el hogar	*home; fireplace*
la limpieza	*cleaning*
los muebles	*furniture*
los quehaceres	*chores*
apagar	*to turn off*
barrer	*to sweep*
calentar (e:ie)	*to warm up*
cocinar	*to cook*
encender (e:ie)	*to turn on*
freír (e:i)	*to fry*
hervir (e:ie)	*to boil*
lavar	*to wash*
limpiar	*to clean*
pasar la aspiradora	*to vacuum*
poner/quitar la mesa	*to set/clear the table*
quitar el polvo	*to dust*
tocar el timbre	*to ring the doorbell*

De compras

el centro comercial	*mall*
el dinero en efectivo	*cash*
la ganga	*bargain*
el probador	*dressing room*
el reembolso	*refund*
el supermercado	*supermarket*
la tarjeta de crédito/débito	*credit/debit card*
devolver (o:ue)	*to return (items)*
hacer mandados	*to run errands*
ir de compras	*to go shopping*
probarse (o:ue)	*to try on*
seleccionar	*to select; to pick out*
auténtico/a	*real; genuine*
barato/a	*cheap; inexpensive*
caro/a	*expensive*

Expresiones

a menudo	*frequently; often*
a propósito	*on purpose*
a tiempo	*on time*
a veces	*sometimes*
apenas	*hardly; scarcely*
así	*like this; so*
bastante	*quite; enough*
casi	*almost*
casi nunca	*rarely*
de repente	*suddenly*
de vez en cuando	*now and then; once in a while*
en aquel entonces	*at that time*
en el acto	*immediately; on the spot*
enseguida	*right away*
por casualidad	*by chance*

La vida diaria

la agenda	*datebook*
la costumbre	*custom; habit*
el horario	*schedule*
la rutina	*routine*
la soledad	*solitude; loneliness*
acostumbrarse (a)	*to get used to; to grow accustomed (to)*
arreglarse	*to get ready*
averiguar	*to find out; to check*
probar (o:ue) (a)	*to try*
soler (o:ue)	*to be in the habit of; to be used to*
atrasado/a	*late*
cotidiano/a	*everyday*
diario/a	*daily*
inesperado/a	*unexpected*

Más vocabulario

Expresiones útiles	*Ver p. 87*
Estructura	*Ver pp. 94–95, 98–99 y 102–103*

Cinemateca

el choque	*crash*
las facciones	*facial features*
el timbre	*tone of voice*
afligirse	*to get upset*
despedirse (e:i)	*to say goodbye*
parecerse	*to look like*
titularse	*to graduate*
repentino/a	*sudden*

Literatura

el autorretrato	*self-portrait*
el maquillaje	*make-up*
el llanto	*weeping; crying*
acariciar	*to caress*
llorar	*to cry*
lucir	*to wear, to display*
arduo/a	*hard*
feliz	*happy*
acaso	*perhaps*

Cultura

el cansancio	*exhaustion*
el cuadro	*painting*
la obra maestra	*masterpiece*
el/la pintor(a)	*painter*
el retrato	*portrait*
pintar	*to paint*
retratar	*to portray*
fatigado/a	*exhausted*
imprevisto/a	*unexpected*
previsto/a	*planned*

La salud y el bienestar 4

Communicative Goals

You will expand your ability to…

- express will and emotion
- express doubt and denial
- give orders, advice, and suggestions

Contextos

Fotonovela

Enfoques

Estructura

Cinemateca

Lecturas

La salud y el bienestar

Los síntomas y las enfermedades

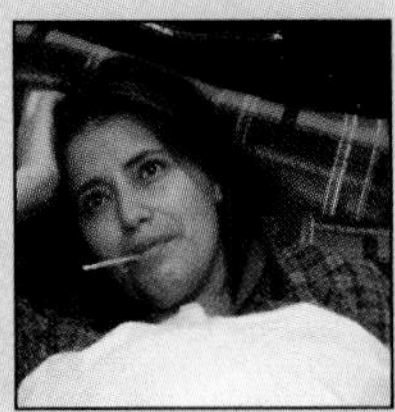

Inés pensaba que tenía sólo un **resfriado,** pero no paraba de **toser** y estaba **agotada.** El médico le confirmó que era una **gripe** y que debía **permanecer** en cama.

la depresión *depression*
la enfermedad *disease; illness*
la gripe *flu*
la herida *injury*
el malestar *discomfort*
la obesidad *obesity*
el resfriado *cold*
la respiración *breathing*
la tensión (alta/baja) *(high/low) blood pressure*
la tos *cough*
el virus *virus*

---

contagiarse *to become infected*
desmayarse *to faint*
empeorar *to deteriorate; to get worse*
enfermarse *to get sick*
estar resfriado/a *to have a cold*
lastimarse *to get hurt*
permanecer *to remain; to last*
ponerse bien/mal *to get well/sick*
sufrir (de) *to suffer (from)*
tener buen/mal aspecto *to look healthy/sick*
tener fiebre *to have a fever*
toser *to cough*

---

agotado/a *exhausted*
inflamado/a *inflamed*
mareado/a *dizzy*

La salud y el bienestar

la alimentación *diet (nutrition)*
la autoestima *self-esteem*
el bienestar *well-being*
el estado de ánimo *mood*
la salud *health*

---

adelgazar *to lose weight*
dejar de fumar *to quit smoking*
descansar *to rest*
engordar *to gain weight*
estar a dieta *to be on a diet*
mejorar(se) *to improve*
prevenir (e:ie) *to prevent*
relajarse *to relax*
trasnochar *to stay up all night*

---

sano/a *healthy*

Los médicos y el hospital

la cirugía *surgery*
el/la cirujano/a *surgeon*
la consulta *doctor's appointment*

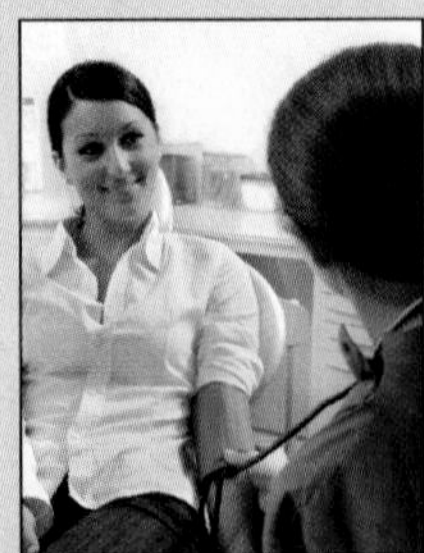

el consultorio *doctor's office*
la operación *operation*
los primeros auxilios *first aid*
la sala de emergencias *emergency room*

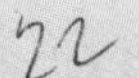

Las medicinas y los tratamientos

A Ignacio no le gusta tomar medicinas. Nunca toma **pastillas** ni **jarabes**. Sin embargo, para ir a la selva, tuvo que ponerse varias **vacunas**. ¡Qué dolor cuando la enfermera le **puso la inyección**!

el analgésico *painkiller*
la aspirina *aspirin*
el calmante *tranquilizer*
los efectos secundarios *side effects*
el jarabe *syrup*
la pastilla *pill*
la receta *prescription*
el tratamiento *treatment*
la vacuna *vaccine*
la venda *bandage*
el yeso *cast*

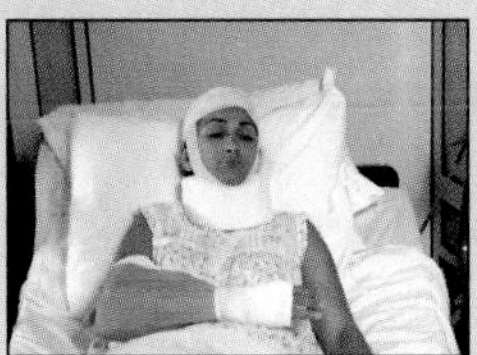

curarse *to heal; to be cured*
poner(se) una inyección *to give/get a shot*
recuperarse *to recover*
sanar *to heal*
tratar *to treat*
vacunar(se) *to vaccinate/ to get vaccinated*

curativo/a *healing*

Práctica

1 Escuchar

A. Escucha la conversación entre Sara y su hermano David. Después completa las oraciones y decide quién dijo cada una.

1. No sé lo que me pasa, la verdad. Estoy siempre muy ________. ________
2. Creo que ________ demasiado. ¿Has ido al ________? ________
3. No he ido porque no tenía ________, sólo era un ligero ________. ________
4. Deja de ser una niña. Tienes que ________. ________
5. Por eso te llamo. No se me va el dolor de estómago ni con ________. ________
6. Ahora mismo llamo al doctor Perales para hacerle una ________. ________

B. A Sara le diagnosticaron apendicitis. Escucha lo que le dice la cirujana a la familia después de la operación y luego contesta las preguntas.

1. ¿Qué tiene que tomar Sara cada ocho horas?
2. ¿Cómo se puede sentir al principio?
3. ¿Va a tomar mucho tiempo su recuperación?
4. ¿Puede comer de todo?
5. ¿Qué es lo más importante que tiene que hacer ahora Sara?

2 A curarse

Indica qué tiene que hacer cada persona para solucionar sus problemas.

____	1. Se lastimó con un cuchillo.	a. empezar una dieta
____	2. Tiene fiebre.	b. dejar de fumar
____	3. Su estado de ánimo es malo.	c. hablar con un(a) amigo/a
____	4. Quiere prevenir la gripe.	d. ponerse una venda
____	5. Le falta la respiración.	e. tomar aspirinas y descansar
____	6. Está obeso/a.	f. ponerse una vacuna

Práctica

3 Acróstico Completa el acróstico. Al terminarlo, se formará una palabra de **Contextos**.

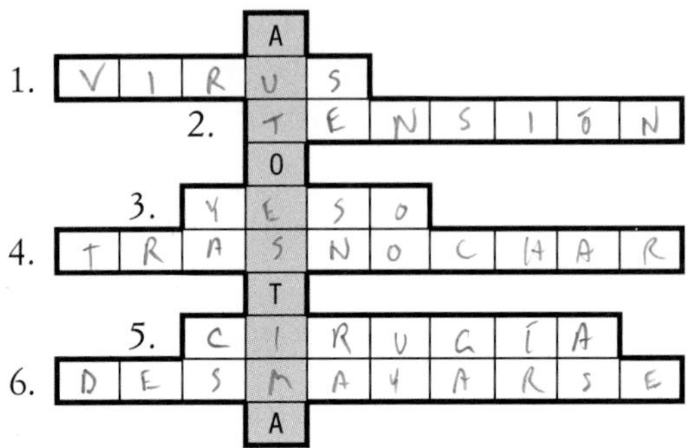

1. Organismo invisible que transmite enfermedades.
2. Si la tienes alta, puedes tener problemas del corazón.
3. Material blanco que se usa para inmovilizar fracturas.
4. No dormir en toda la noche.
5. Es sinónimo de *operación*.
6. Caerse y quedar inconsciente.

4 Amelia está enferma Completa las oraciones con la opción lógica.

1. Amelia está tosiendo continuamente. No se le cura (la gripe/la depresión).
2. Sus compañeros de trabajo no se enfermaron este año porque se (lastimaron/vacunaron).
3. Su madre siempre le había dicho que es preferible (mejorar/prevenir) las enfermedades que curarlas.
4. El médico le dio una receta para (un jarabe/un consultorio).
5. Su jefe le ha dicho que no vaya a trabajar. Ella tiene que volver a la oficina cuando esté (agotada/recuperada).

5 Malos hábitos Martín tiene hábitos que no son buenos para la salud. Completa la conversación entre Martín y su doctor con las palabras de la lista. Haz los cambios necesarios.

ánimo	**descansar**	**mejorar**	**sano**
dejar de fumar	**empeorar**	**pastillas**	**trasnochar**
deprimido	**engordar**	**salud**	**vacuna**

MARTÍN Doctor, a mí me gusta pasar muchas horas comiendo y mirando la tele.

DOCTOR Por eso usted está (1) ________ tanto. Debe hacer ejercicio y (2) ________ su alimentación.

MARTÍN También me gusta salir y acostarme tarde.

DOCTOR No es bueno (3) ________ todo el tiempo. Es importante (4) ________.

MARTÍN Pero ¡doctor! ¿Puedo fumar un poco, por lo menos?

DOCTOR No, don Martín. Usted debe (5) ________ cuanto antes.

MARTÍN ¡No puede ser, doctor! ¿Todo lo que me gusta hacer es malo para la (6) ________? Si hago lo que me dice usted, voy a estar (7) ________ pero deprimido.

DOCTOR No es así. Si usted mejora su forma física, su estado de (8) ________ va a mejorar también. Recuerde: "Mente sana en cuerpo sano".

Practice more at **enfoques.vhlcentral.com.**

Comunicación

6 Vida sana

A. En parejas, háganse las preguntas de la encuesta.

	Siempre	A menudo	De vez en cuando	Nunca
1. ¿Trasnochas más de dos veces por semana?	☐	☐	☐	☐
2. ¿Practicas algún deporte?	☐	☐	☐	☐
3. ¿Consumes vitaminas y minerales diariamente?	☐	☐	☐	☐
4. ¿Comes mucha comida frita?	☐	☐	☐	☐
5. ¿Tienes dolores de cabeza?	☐	☐	☐	☐
6. ¿Te enfermas?	☐	☐	☐	☐
7. ¿Desayunas sin prisa?	☐	☐	☐	☐
8. ¿Pasas muchas horas al día sentado/a?	☐	☐	☐	☐
9. ¿Te pones de mal humor?	☐	☐	☐	☐
10. ¿Tienes problemas para dormir?	☐	☐	☐	☐

B. Imagina que eres médico/a. ¿Tiene tu compañero/a una vida sana? ¿Qué debe hacer para mejorar su salud? Utiliza la conversación entre Martín y su médico de la Actividad 5 como modelo.

7 Citas célebres

A. En grupos de cuatro, elijan las citas (*quotations*) que les parezcan más interesantes y expliquen por qué las eligieron.

La salud

"La salud no lo es todo, pero, sin ella, todo lo demás es nada."
A. Schopenhauer

"El ser humano pasa la primera mitad de su vida arruinando la salud y la otra mitad intentando recuperarla."
Joseph Leonard

"Come poco y cena más poco, que la salud de todo el cuerpo se decide en la oficina del estómago."
Miguel de Cervantes

La medicina

"Antes que al médico, llama a tu amigo."
Pitágoras

"Los médicos no están para curar, sino para recetar y cobrar; curarse o no es cuenta del enfermo."
Molière

"La esperanza es el mejor médico que yo conozco."
Alejandro Dumas, hijo.

La enfermedad

"El peor de todos los males es creer que los males no tienen remedio."
Francisco Cabarrus

"La investigación de las enfermedades ha avanzado tanto que cada vez es más difícil encontrar a alguien que esté completamente sano."
Aldous Huxley

"El arte de la medicina consiste en entretener al paciente mientras la Naturaleza cura la enfermedad."
Voltaire

B. Utilicen el vocabulario de **Contextos** para escribir una frase original sobre la salud. Compártanla con la clase. ¿Cuál es la frase más original?

4 FOTONOVELA

Los empleados de *Facetas* se preocupan por mantenerse sanos y en forma.

DIANA ¿Johnny? ¿Qué haces aquí tan temprano?

JOHNNY Madrugué para ir al gimnasio.

DIANA ¿Estás enfermo?

JOHNNY ¿Qué? ¿Nunca haces ejercicio?

DIANA No mucho... A veces me dan ganas de hacer ejercicio, y entonces me acuesto y descanso hasta que se me pasa.

En la cocina...

JOHNNY (*habla con los dulces*) Los recordaré dondequiera que esté. Sé que esto es difícil, pero deben ser fuertes... No pongan esa cara de "cómeme". Por mucho que insistan, los tendré que tirar. Ojalá me puedan olvidar.

FABIOLA ¿Empezaste a ir al gimnasio? Te felicito. Para ponerse en forma hay que trabajar duro.

JOHNNY No es fácil.

FABIOLA No es difícil. Yo, por ejemplo, no hago ejercicio, pero trato de comer cosas sanas.

JOHNNY Nada de comidas rápidas.

FABIOLA ¡Cómo me gustaría tener tu fuerza de voluntad!

En la cocina...

DON MIGUEL ¡Válgame! Aquí debe haber como mil pesos en dulces. ¡Mmm! Y están buenos.

JOHNNY ¿Qué tal, don Miguel? ¿Cómo le va?

DON MIGUEL (*Sonríe sin poder decir nada porque está comiendo.*)

JOHNNY ¡Otro que se ha quedado sin voz! ¿Qué es esto? ¿Una epidemia?

FABIOLA ¿Qué compraste?

JOHNNY Comida bien nutritiva y baja en calorías. Juré que jamás volvería a ver un dulce.

FABIOLA ¿Qué es eso?

JOHNNY Esto es tan saludable que con sólo tocar la caja te sientes mejor.

FABIOLA ¿Y sabe bien?

JOHNNY Claro, sólo hay que calentarlo.

En la oficina de Aguayo...

DIANA Los nuevos diseños están perfectos. Gracias.

AGUAYO Mariela, insisto en que veas a un doctor. Vete a casa y no vuelvas hasta que no estés mejor. Te estoy dando un consejo. No pienses en mí como tu jefe.

DIANA Piensa en él como un amigo que siempre tiene razón.

Personajes

AGUAYO

DIANA

ÉRIC

FABIOLA

JOHNNY

MARIELA

DON MIGUEL

En la sala de conferencias...

AGUAYO (*dirigiéndose a Mariela*) Quiero que hagas unos cambios a estos diseños.

DIANA Creemos que son buenos y originales, pero tienen dos problemas.

ÉRIC Los que son buenos no son originales, y los que son originales no son buenos.

AGUAYO ¿Qué crees? (*Mariela no contesta.*)

Mariela escribe "perdí la voz" en la pizarra.

AGUAYO ¿Perdiste la voz?

DIANA Gracias a Dios... Por un momento creí que me había quedado sorda.

AGUAYO Estás enferma. Deberías estar en cama.

ÉRIC Sí, podías haber llamado para decir que no venías.

AGUAYO Por cierto, Diana, acompáñame a entregar los diseños ahora mismo. Tengo que volver enseguida. Estoy esperando una llamada muy importante.

DIANA Vamos.

Se van. Suena el teléfono. Mariela se queda horrorizada porque no puede contestarlo.

FABIOLA ¿No ibas a mejorar tu alimentación?

JOHNNY Si no puedes hacerlo bien, disfruta haciéndolo mal. Soy feliz.

FABIOLA Los dulces no dan la felicidad, Johnny.

JOHNNY Lo dices porque no has probado la *Chocobomba.*

Expresiones útiles

Giving advice and making recommendations

Insisto en que veas/vea a un doctor.
I insist that you go see a doctor. (fam./form.)

Te aconsejo que vayas a casa.
I advise you to go home. (fam.)

Le aconsejo que vaya a casa.
I advise you to go home. (form.)

Sugiero que te pongas a dieta.
I suggest you go on a diet. (fam.)

Sugiero que se ponga usted a dieta.
I suggest you go on a diet. (form.)

Asking about tastes

¿Y sabe bien?
And does it taste good?

¿Cómo sabe?
How does it taste?

Sabe a ajo/menta/limón.
It tastes like garlic/mint/lemon.

¿Qué sabor tiene? ¿Chocolate?
What flavor is it? Chocolate?

Tiene un sabor dulce/agrio/amargo/agradable.
It has a sweet/sour/bitter/pleasant taste.

Additional vocabulary

la comida rápida *fast food*
dondequiera *wherever*
la epidemia *epidemic*
la fuerza de voluntad *willpower*
madrugar *to wake up early*
mantenerse en forma *to stay in shape*
nutritivo/a *nutritious*
ponerse en forma *to get in shape*
quedarse sordo/a *to go deaf*
saludable *healthy*

Comprensión

1 **¿Cierto o falso?** Indica si las oraciones son **ciertas** o **falsas**. Luego, en parejas, corrijan las falsas.

Cierto	Falso	
☐	☐	1. Johnny llegó temprano porque madrugó para ir al gimnasio.
☐	☐	2. Cuando Diana va al gimnasio, se queda dormida.
☐	☐	3. Los primeros diseños de Mariela están perfectos.
☐	☐	4. Diana se quedó sorda.
☐	☐	5. Don Miguel probó los dulces.
☐	☐	6. Johnny no continuó con su dieta.

2 **Oraciones incompletas** Completa las oraciones de la **Fotonovela** con la opción correcta.

1. Para ponerse en ___ hay que trabajar duro.
   a. cama b. dieta c. forma
2. ¡Cómo me gustaría tener tu fuerza ___!
   a. física b. de voluntad c. de carácter
3. ¡Otro que se ha quedado ___!
   a. sordo b. sin voz c. dormido
4. Piensa en él como un amigo que siempre ___.
   a. tiene razón b. se mantiene en forma c. se preocupa

3 **Títulos** Busca en la **Fotonovela** la palabra adecuada para poner un título a cada lista.

chocolates caramelos pastel de chocolate postre	correr saltar caminar nadar	salchicha hamburguesa papas fritas sándwich	sopa de verduras ensalada pollo asado frutas

4 **Opiniones**

A. Los empleados de *Facetas* tienen opiniones distintas sobre la salud y el bienestar. En parejas, escriban una descripción breve de la actitud de cada personaje. Utilicen los elementos de la lista y añadan sus propias ideas.

comer comidas sanas	**ir al gimnasio**	**permanecer en cama**
descansar	**ir al médico**	**probar los dulces**

MODELO Diana casi nunca va al gimnasio. Cree que es más importante descansar para mantenerse sana...

B. ¿Con qué opinión te identificas más? ¿Qué haces tú para mantenerte en forma?

Practice more at **enfoques.vhlcentral.com.**

Ampliación

5 Comidas rápidas

A. Para ponerse en forma, Johnny decide evitar las comidas rápidas. En parejas, háganse las preguntas y comparen sus propias opiniones acerca de la comida rápida.

1. ¿Con qué frecuencia comes en restaurantes de comida rápida?
2. ¿Crees que la comida rápida es mala para la salud?
3. ¿Buscas opciones saludables cuando necesitas comer deprisa?
4. ¿Crees que las personas obesas tienen derecho a demandar (*sue*) a los restaurantes de comida rápida?

B. Ahora, en dos grupos, organicen un debate sobre los beneficios y desventajas de la comida rápida. Un grupo representa a los dueños y ejecutivos de los restaurantes, y el otro grupo representa a la gente que ha sufrido problemas de salud por comer demasiadas comidas rápidas.

6 Apuntes culturales

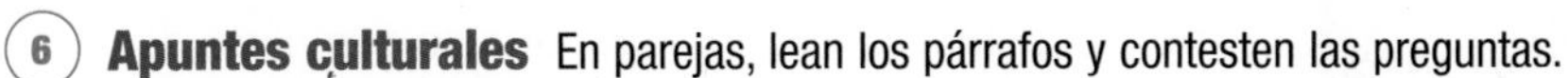

En parejas, lean los párrafos y contesten las preguntas.

Los dulces

"Los recordaré dondequiera que esté", dice Johnny despidiéndose de los dulces. ¡A los hispanos les encantan los dulces! Un postre muy popular de la cocina colombiana, venezolana, mexicana y centroamericana es el postre de las **tres leches**. Este postre se prepara con leche fresca, leche condensada y crema de leche. ¡Un verdadero manjar (*delicacy*)!

El deporte colombiano

Fabiola dice que para ponerse en forma hay que trabajar duro. El colombiano **Camilo Villegas** sabe mucho de esto, pues su gran dedicación al golf lo ha convertido en estrella del deporte colombiano. Es conocido por el apodo de "hombre araña" por su peculiar estilo en la pista. Este joven ha ganado numerosos campeonatos, entre ellos el Honda Classic en el año 2010.

Las comidas rápidas

Fabiola y Johnny conversan sobre las comidas rápidas. En los países hispanos, las cadenas estadounidenses adaptan los menús a los sabores locales. En Chile, McDonald's ofrece la **Pechuga Palta**, un sándwich de pollo con palta (*avocado*). En Argentina, los **McCafé** sirven bebidas como el **frappé de dulce de leche**. ¿Podrá resistirse Johnny?

1. ¿Conoces otros postres típicos de los países hispanos? ¿De qué países o regiones son? ¿Cuáles son los ingredientes principales?
2. Menciona postres o platos típicos de tu cultura. ¿Cuál es tu preferido?
3. ¿Qué deportistas hispanos juegan en equipos de los EE.UU.?
4. ¿Probaste comidas rápidas de otras culturas? ¿Cuáles? ¿Cuál es tu favorita?

En detalle

DE ABUELOS Y CHAMANES

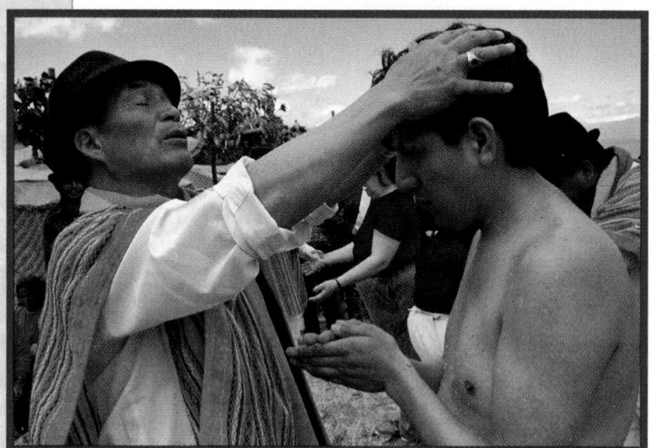

Sentada en su cocina en Bogotá, Marcela Mahecha destapa frasquitos° de hierbas y describe las "agüitas°" que le enseñó a preparar su abuela: agüita de toronjil° para calmar los nervios, agüita de paico° para los cólicos° y muchas más.

Muchos de estos remedios caseros° son más que simples "recetas de la abuela". Su uso proviene de los conocimientos milenarios que los curanderos° y chamanes° han ido pasando de generación en generación. Colombia, segundo país en el mundo en diversidad de especies vegetales, desarrolló una medicina tradicional muy rica, que aún hoy subsiste en todos los niveles de la sociedad. A pesar de la llegada de la medicina científica, muchas comunidades indígenas siguen practicando su medicina tradicional. Cuanto más aislada está la comunidad, mejor mantiene sus tradiciones.

En la cultura indígena americana, lo espiritual y lo corporal se funden° con la naturaleza. Los curanderos y chamanes son los responsables de mantener estos mundos en equilibrio. Para ello, combinan las propiedades medicinales de las plantas con ritos sagrados. En Colombia, al igual que en otros países, hay un renovado interés por conocer las propiedades medicinales de las plantas que se han usado durante siglos. Instituciones gubernamentales, universidades y organizaciones ecologistas intentan recuperar y conservar estos conocimientos. En sólo siete años, el Instituto Nacional de Vigilancia de Alimentos y Medicamentos aumentó de 17 a 95 el número de plantas medicinales aprobadas para usos curativos.

El deseo de las empresas farmacéuticas de apropiarse de las plantas y patentarlas ha hecho que el gobierno colombiano controle el derecho a sacarlas del país. Esto es importante porque algunas están en peligro de extinción y porque estas plantas forman parte indeleble° de la identidad indígena. ■

Algunas plantas curativas

Chuchuguaza Árbol que crece en la región amazónica de Colombia, Ecuador y Perú. Se usa como diurético y también contra el reumatismo, la gota° y la anemia.

Gualanday Árbol originario del Valle del Cauca y que crece en las regiones colombianas de Putumayo y Amazonas. La corteza°, la hoja y la flor se usan contra neuralgias, dolores de huesos, várices° y afecciones del hígado°.

Sauco Árbol proveniente de cultivos en la sabana° de Bogotá. La hoja, la corteza, el fruto y la flor se usan para tratar afecciones bronquiales.

destapa frasquitos *uncovers little jars* **agüitas** *herbal teas* **toronjil** *lemon balm* **paico** *Mexican tea (plant)* **cólicos** *cramps* **caseros** *home* **curanderos** *folk healers* **chamanes** *shamans* **se funden** *merge* **indeleble** *indelible* **gota** *gout* **corteza** *bark* **várices** *varicose veins* **afecciones del hígado** *liver conditions* **sabana** *savannah*

ASÍ LO DECIMOS

La salud y el bienestar

el/la buquí (R. Dom.) *glutton*
cachucharse (Chi.) *to hit oneself*
caer bien/mal *to sit well/bad*
curar el empacho (Arg.) *to cure indigestion*
estar constipado/a (Esp.) *to be congested*
estar constipado/a (Amér. L.) *to be constipated*
estar depre (Arg., Esp. y Pe.) *to feel down*
estar funado/a (Chi.) *to feel demotivated*
estar pachucho/a (Arg. y Esp.) *to be under the weather*
el/la matasanos (Esp.) *bad doctor; quack*
¡Se me parte la cabeza! (Arg.) *I have a splitting headache!*

EL MUNDO HISPANOHABLANTE

La salud y el bienestar públicos

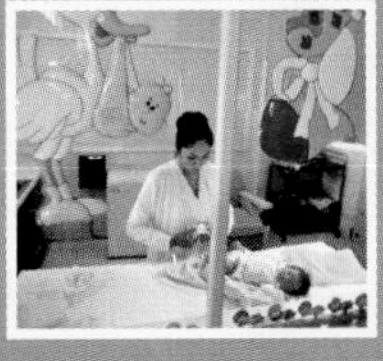

Los gobiernos hispanoamericanos suelen brindar servicios de salud pública gratuitos° a todos los ciudadanos. Algunos países, como Cuba, han desarrollado un **sistema de salud universalista** en el cual todos los servicios son gratuitos. Otros países, como Chile, tienen un modelo mixto, que combina el sector público con el privado.

En el **ránking de calidad de vida** del año 2005 realizado por *The Economist Intelligence Unit,* España aparece en el décimo lugar sobre un total de 111 países. Este ránking considera no sólo los ingresos económicos, sino también otros indicadores como el bienestar y la satisfacción individual de las personas.

Entre los médicos latinoamericanos, se destaca **Carlos Finlay**, médico y biólogo cubano nacido en 1833. Su mayor contribución científica fue el descubrimiento del mecanismo de transmisión de la fiebre amarilla, que había sido un enigma desde sus primeros registros en el siglo XV. Recibió numerosos premios en Estados Unidos y Europa.

PERFIL

LA CICLOVÍA DE BOGOTÁ

Todos los domingos y lunes festivos, se cierran algunas de las principales vías de la capital de Colombia para que más de un millón de habitantes salgan a la Ciclovía: 120 kilómetros para montar en bicicleta, caminar, correr o patinar. Es una forma de recreación para la comunidad, una manera distinta de recorrer la ciudad y una manera de promover un estilo de vida activo y saludable. La Ciclovía cuenta además con la Recreovía. Son espacios distribuidos en diferentes puntos del trayecto, en los cuales la gente tiene la oportunidad de hacer actividades físicas, como aeróbicos y clases de baile, dirigidas por instructores especializados. Estos servicios no tienen ningún costo y todos son bienvenidos. En el recorrido también se pueden encontrar puntos para la práctica de deportes extremos, zonas especiales para niños e incluso puestos de atención para mascotas. Algunos países como México, Chile y Venezuela también están implementando la Ciclovía como una opción de recreación para la gente.

> “Los conocimientos de la medicina tradicional son conocimientos adquiridos de nuestros antepasados y mantienen vivas las más ricas culturas de América Latina.”
> (Donato Ayma, político boliviano)

Conexión Internet

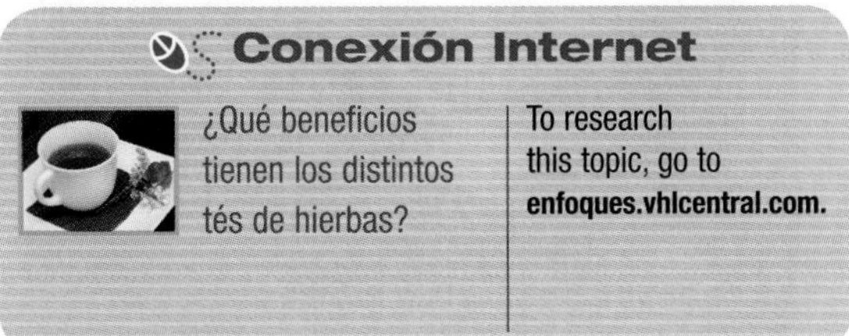

¿Qué beneficios tienen los distintos tés de hierbas?

To research this topic, go to **enfoques.vhlcentral.com.**

gratuitos *free of charge*

¿Qué aprendiste?

1 **Comprensión** Indica si estas afirmaciones son **ciertas** o **falsas**. Corrige las falsas.

1. Marcela aprendió a usar infusiones en un viaje a Colombia, la tierra de su abuela.
2. Colombia es uno de los países con mayor diversidad de especies vegetales.
3. En las prácticas curativas tradicionales, se combinan las propiedades curativas de las plantas con el poder curativo de los animales.
4. Los conocimientos sobre los poderes curativos de las plantas han pasado de padres a hijos a través de los siglos.
5. En Colombia, el uso de plantas curativas es popular sólo entre las comunidades indígenas.
6. A pesar de la llegada de la medicina científica, muchas comunidades mantuvieron sus prácticas medicinales tradicionales.
7. Las comunidades que mejor conservaron las tradiciones fueron las que estaban más cerca de la costa.
8. En Colombia, las instituciones no se preocupan por recuperar las tradiciones curativas.
9. Las empresas farmacéuticas quieren apropiarse de las plantas.
10. Colombia ha empezado a controlar las exportaciones de plantas curativas.

2 **Oraciones incompletas** Completa las oraciones con la información correcta.

1. En la Recreovía, los colombianos pueden hacer ________ o tomar clases de baile.
   a. aeróbicos b. manualidades c. concursos
2. Países como México, Chile y ________ también están implementando la Ciclovía.
   a. Costa Rica b. El Salvador c. Venezuela
3. En Chile, el sistema de salud sigue el modelo ________.
   a. mixto b. universalista c. privado
4. Carlos Finlay colaboró para descubrir cómo se transmite la ________.
   a. malaria b. fiebre amarilla c. gripe
5. En Chile, usan *estar funado* para decir que alguien tiene ________.
   a. indigestión b. gripe c. poca energía

3 **Opiniones** En parejas, hablen sobre estas preguntas. Después, compartan su opinión con la clase.

- ¿Se puede patentar la naturaleza?
- ¿Tienen derecho las empresas farmacéuticas a patentar plantas?
- ¿Tienen derecho a hacerlo si modifican la estructura genética de la planta?
- ¿Cuáles son las posibles consecuencias de patentar plantas y organismos vivos?

Practice more at **enfoques.vhlcentral.com.**

PROYECTO

Las plantas curativas

Como hemos visto, muchas comunidades latinoamericanas usan las plantas para curar diferentes enfermedades. Busca información en Internet o en la biblioteca sobre alguna de estas plantas.

Usa las preguntas como guía para tu investigación.

- ¿Para qué se usa la planta?
- ¿En qué comunidad(es) se usa?
- ¿Qué enfermedad(es) específica(s) cura?
- ¿Cómo se usa según la tradición?
- ¿Se comprobaron científicamente las propiedades de la planta?
- ¿Es común su uso en la medicina científica?

Video: *Flash Cultura*

Las farmacias

Ya has leído sobre el interés renovado por conocer las propiedades medicinales de las plantas en Colombia. En este episodio de **Flash Cultura** conocerás las distintas opciones de farmacias que existen actualmente en su país vecino, Ecuador.

VOCABULARIO ÚTIL

la arruga *wrinkle*	**el mostrador** *counter*
la baba de caracol *snail slime*	**la piel tersa** *smooth skin*
la cicatriz *scar*	**el ungüento** *ointment*
el estante *shelf*	**la vitrina** *display window*

Preparación ¿Qué haces cuando sientes algún dolor? ¿Alguna vez tomaste medicamentos sin visitar antes al médico?

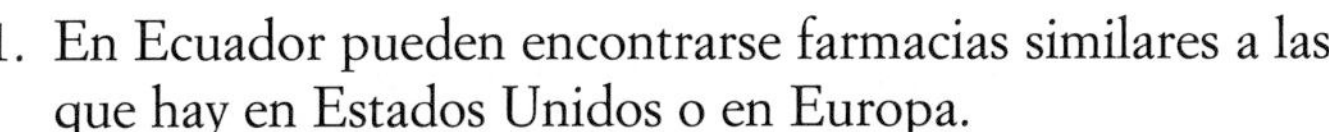

Comprensión Indica si estas afirmaciones son ciertas o falsas. Después, en parejas, corrijan las falsas.

1. En Ecuador pueden encontrarse farmacias similares a las que hay en Estados Unidos o en Europa.
2. Las grandes farmacias no ofrecen remedios caseros como ungüentos y cremas.
3. No es costumbre en Ecuador que el farmacéutico recete a los clientes.
4. En las farmacias tradicionales, los clientes no tienen acceso a los productos, que se guardan en estantes o vitrinas detrás del mostrador.
5. La crema de baba de caracol sirve para dolores e inflamación de la piel.
6. Para la medicina tradicional, algunas plantas son malas.

Expansión En parejas, contesten estas preguntas.

- Imagina que viajas a Ecuador y te enfermas. ¿Buscarías el consejo de un farmacéutico en vez de ir al médico? Justifica tu respuesta.
- Entre unas píldoras recetadas por el médico y una limpia de energía, ¿cuál elegirías? ¿Te parece que alguna de esas opciones puede ser mala para la salud?
- ¿En qué se parecen las farmacias de Ecuador a las de tu ciudad? ¿En qué se diferencian? ¿Qué tipo de farmacia te parece mejor? ¿Por qué?

Corresponsal: Mónica Díaz
País: Ecuador

Los consejos personales que el farmacéutico ofrece al cliente es lo que distingue a las pequeñas farmacias de las grandes.

A veces, las personas en el mundo hispano utilizan medicina alternativa para curar sus dolencias°.

Para la medicina tradicional, la gripe es un bajón° de energía; a través de la limpia°, se aumenta la energía y de esa manera se sale de ese proceso.

dolencias *ailments* **bajón** *weakening* **limpia** *cleansing*

Practice more at **enfoques.vhlcentral.com.**

4.1 The subjunctive in noun clauses

Forms of the present subjunctive

- The subjunctive (**el subjuntivo**) is used mainly in the subordinate (dependent) clause of multiple-clause sentences to express will, influence, emotion, doubt, or denial. The present subjunctive is formed by dropping the **–o** from the **yo** form of the present indicative and adding these endings.

The present subjunctive

hablar	comer	escribir
hable	coma	escriba
hables	comas	escribas
hable	coma	escriba
hablemos	comamos	escribamos
habléis	comáis	escribáis
hablen	coman	escriban

- Verbs with irregular **yo** forms show that same irregularity in all forms of the present subjunctive.

conocer	conozca	seguir	siga
decir	diga	tener	tenga
hacer	haga	traer	traiga
oír	oiga	venir	venga
poner	ponga	ver	vea

- Verbs with stem changes in the present indicative show the same changes in the present subjunctive. Stem-changing **–ir** verbs also undergo a stem change in the **nosotros/as** and **vosotros/as** forms of the present subjunctive.

pensar (e:ie)	piense, pienses, piense, pensemos, penséis, piensen
jugar (u:ue)	juegue, juegues, juegue, juguemos, juguéis, jueguen
mostrar (o:ue)	muestre, muestres, muestre, mostremos, mostréis, muestren
entender (e:ie)	entienda, entiendas, entienda, entendamos, entendáis, entiendan
resolver (o:ue)	resuelva, resuelvas, resuelva, resolvamos, resolváis, resuelvan
pedir (e:i)	pida, pidas, pida, pidamos, pidáis, pidan
sentir (e:ie)	sienta, sientas, sienta, sintamos, sintáis, sientan
dormir (o:ue)	duerma, duermas, duerma, durmamos, durmáis, duerman

- The following five verbs are irregular in the present subjunctive.

dar	dé, des, dé, demos, deis, den
estar	esté, estés, esté, estemos, estéis, estén
ir	vaya, vayas, vaya, vayamos, vayáis, vayan
saber	sepa, sepas, sepa, sepamos, sepáis, sepan
ser	sea, seas, sea, seamos, seáis, sean

TALLER DE CONSULTA

MANUAL DE GRAMÁTICA
Más práctica

4.1 The subjunctive in noun clauses, p. A23
4.2 Commands, p. A24
4.3 **Por** and **para**, p. A25

Más gramática

4.4 The subjunctive with impersonal expressions, p. A26

¡ATENCIÓN!

The *indicative* is used to express actions, states, or facts the speaker considers to be certain. The *subjunctive* expresses the speaker's attitude toward events, as well as actions or states that the speaker views as uncertain.

• • • • •

Verbs that end in **–car, –gar,** and **–zar** undergo spelling changes in the present subjunctive.

sacar: saque

jugar: juegue

almorzar: almuerce

• • • • •

The present subjunctive form of **hay** is **haya**.

No creo que haya una solución.
I don't think there is a solution.

Verbs of will and influence

- A clause is a group of words that contains both a conjugated verb and a subject (expressed or implied). In a subordinate noun clause (**oración subordinada sustantiva**), a group of words function together as a noun.

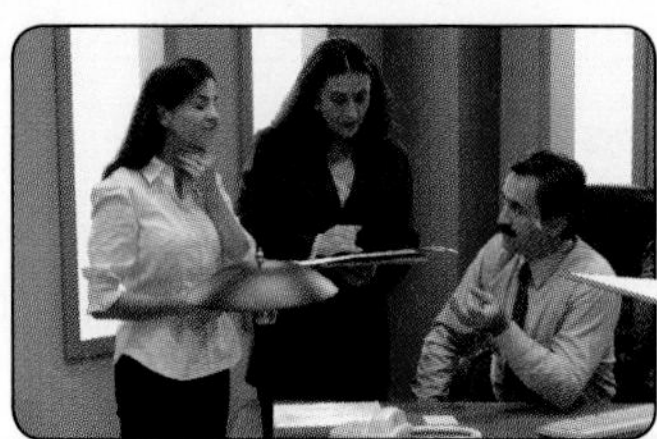

Quiero que hagas unos cambios en estos diseños.

- When the subject of the main (independent) clause of a sentence exerts influence or will on the subject of the subordinate clause, the verb in the subordinate clause takes the subjunctive.

MAIN CLAUSE	CONNECTOR	SUBORDINATE CLAUSE
Yo quiero	**que**	**tú vayas al médico.**

Verbs and expressions of will and influence

aconsejar *to advise*	**gustar** *to like*	**preferir (e:ie)** *to prefer*
desear *to desire; to wish*	**hacer** *to make*	**prohibir** *to prohibit*
es importante *it's important*	**importar** *to be important*	**proponer** *to propose*
es necesario *it's necessary*	**insistir en** *to insist (on)*	**querer (e:ie)** *to want; to wish*
es urgente *it's urgent*	**mandar** *to order*	**recomendar (e:ie)** *to recommend*
exigir *to demand*	**necesitar** *to need*	**rogar (o:ue)** *to beg; to plead*
	oponerse a *to oppose*	**sugerir (e:ie)** *to suggest*
	pedir (e:i) *to ask for; to request*	

Necesito que **consigas** estas pastillas en la farmacia.
I need you to get these pills at the pharmacy.

Insisto en que **vayas** a la sala de emergencias.
I insist that you go to the emergency room.

El médico siempre me **recomienda** que **deje** de fumar.
The doctor always recommends that I quit smoking.

Se oponen a que **salgas** si estás enfermo.
They object to your going out if you're sick.

- The infinitive, not the subjunctive, is used with verbs and expressions of will and influence if there is no change of subject in the sentence. The **que** is unnecessary in this case.

Quiero **ir** a Bogotá en junio.
I want to go to Bogotá in June.

Prefiero que **vayas** en agosto.
I prefer that you go in August.

¡ATENCIÓN!

Pedir is used with the subjunctive to ask someone to do something.

Preguntar is used to ask questions, and is not followed by the subjunctive.

No te pido que lo hagas ahora.
I'm not asking you to do it now.

No te pregunto si lo haces ahora.
I'm not asking you if you are doing it now.

Verbs of emotion

- When the main clause expresses an emotion like hope, fear, joy, pity, or surprise, the verb in the subordinate clause must be in the subjunctive if its subject is different from that of the main clause.

Espero que **te recuperes** pronto.
I hope you recover quickly.

Qué pena que **necesites** una operación.
What a shame you need an operation.

Emotion

Verbs and expressions of will and influence

alegrarse (de) *to be happy (about)*	**es terrible** *it's terrible*	**molestar** *to bother*
es bueno *it's good*	**es una lástima** *it's a shame*	**sentir (e:ie)** *to be sorry; to regret*
es extraño *it's strange*	**es una pena** *it's a pity*	**sorprender** *to surprise*
es malo *it's bad*	**esperar** *to hope; to wish*	**temer** *to fear*
es mejor *it's better*	**gustar** *to like; to be pleasing*	**tener miedo a/de** *to be afraid (of)*
es ridículo *it's ridiculous*		

¡ATENCIÓN!

The subjunctive is also used with expressions of emotion that begin with **¡Qué…!** (*What a…!/It's so…!*)

¡Qué pena que él no vaya!
What a shame he's not going!

• • • • •

The expression **ojalá** (*I hope; I wish*) is always followed by the subjunctive. The use of **que** with **ojalá** is optional.

Ojalá (que) no llueva.
I hope it doesn't rain.

Ojalá (que) no te enfermes.
I hope you don't get sick.

- The infinitive, not the subjunctive, is used with verbs and expressions of emotion if there is no change of subject in the sentence.

No me gusta **llegar** tarde.
I don't like to be late.

Es mejor que lo **hagas** ahora.
It's better that you do it now.

Verbs of doubt or denial

- When the main clause implies doubt, uncertainty, or denial, the verb in the subordinate clause must be in the subjunctive if its subject is different from that of the main clause.

No creo que él nos **quiera** engañar.
I don't believe that he wants to deceive us.

Dudan que el jarabe **sea** un buen remedio.
They doubt that the syrup will be a good remedy.

Verbs and expressions of doubt and denial

dudar *to doubt*	**negar (e:ie)** *to deny*
es imposible *it's impossible*	**no creer** *not to believe*
es improbable *it's improbable*	**no es evidente** *it's not evident*
es poco seguro *it's uncertain*	**no es seguro** *it's not certain*
(no) es posible *it's (not) possible*	**no es verdad/cierto** *it's not true*
(no) es probable *it's (not) probable*	**no estar seguro de** *not to be sure (of)*

¡ATENCIÓN!

The subjunctive is also used after **quizá(s)** and **tal vez** (*maybe; perhaps*) when they signal uncertainty, even if there is no change of subject in the sentence.

Quizás vengan a la fiesta.
Maybe they'll come to the party.

- The infinitive, not the subjunctive, is used with verbs and expressions of doubt or denial if there is no change in the subject of the sentence.

Es imposible **viajar** hoy.
It's impossible to travel today.

Es improbable que él **viaje** hoy.
It's unlikely that he would travel today.

Práctica

1 Opiniones contrarias Escribe una oración que exprese lo opuesto en cada ocasión.

MODELO **Dudo que la comida rápida sea buena para la salud.**
—No dudo que la comida rápida es buena para la salud.

1. Están seguros de que Pedro puede dejar de fumar.
2. Es evidente que estás agotado.
3. No creo que las medicinas naturales sean curativas.
4. Es verdad que la cirujana no quiere operarte.
5. No es seguro que este médico conozca el mejor tratamiento.

2 Siempre enferma Últimamente, Ana María se enferma demasiado y sus amigas están preocupadas por ella. Completa la conversación con el infinitivo, el indicativo o el subjuntivo.

MARTA Es una pena que Ana María (1) ______ (estar / está / esté) enferma otra vez.

ADRIANA El problema es que no le gusta (2) ______ (tomar / toma / tome) vitaminas. Además, ella casi nunca (3) ______ (comer / come / coma) verduras.

MARTA Y no creo que Ana María (4) ______ (hacer / hace / haga) ejercicio. Yo siempre le (5) ______ (pedir /pido / pida) que (6) ______ (venir / viene / venga) conmigo al gimnasio, pero ella prefiere (7) ______ (quedarse / se queda / se quede) en casa.

ADRIANA Y cuando ella se enferma, no (8) ______ (seguir / sigue / siga) los consejos del médico. Si él le recomienda que (9) ______ (permanecer / permanece / permanezca) en cama, ella dice que no es necesario (10) ______ (descansar / descansa / descanse). Si él le da una receta, ella ni (11) ______ (comprar / compra /compre) las medicinas. ¿Qué vamos a hacer, Marta?

MARTA Es necesario que (12) ______ (hablar / hablamos / hablemos) con ella. Si no, ¡temo que un día de éstos ella nos (13) ______ (llamar / llama / llame) para llevarla a la sala de emergencias!

ADRIANA Bueno, creo que (14) ______ (tener / tienes / tengas) razón. ¡Sólo espero que ella nos (15) ______ (escuchar / escucha / escuche)!

3 Consejos Adriana y Marta le dan consejos a Ana María. Combina los elementos de cada columna para escribir cinco oraciones. Usa el presente del subjuntivo.

MODELO —Te recomendamos que hagas más ejercicio.

aconsejar		comer frutas y verduras
es importante		descansar
es necesario	que	hacer más ejercicio
querer		ir al gimnasio
recomendar		seguir las recomendaciones del médico
sugerir		tomar las medicinas

TALLER DE CONSULTA

MANUAL DE GRAMÁTICA
Más práctica

4.1 The subjunctive in noun clauses, p. A23

Práctica

4 **Ojalá** Para muchos, el amor es una enfermedad. El cantante Silvio Rodríguez sugiere en esta canción una cura para el amor.

A. **Utiliza el presente del subjuntivo de los verbos entre paréntesis para completar la estrofa (*verse*) de la canción.**

Ojalá que las hojas no te (1) _______ (tocar) el cuerpo cuando (2) _______ (caer)
para que no las puedas convertir en cristal.
Ojalá que la lluvia (3) _______ (dejar) de ser milagro que baja por tu cuerpo.
Ojalá que la luna (4) _______ (poder) salir sin ti.
Ojalá que la tierra no te (5) _______ (besar) los pasos.

B. **Ahora, escribe tu propia estrofa.**

1. Ojalá que los sueños ________________________________.
2. Ojalá que la noche ________________________________.
3. Ojalá que la herida ________________________________.
4. Ojalá una persona ________________________________.

5 **El hombre ideal** Roberto está enamorado de Lucía, pero ella no le presta atención. Mira el dibujo del hombre ideal de Lucía y escribe cinco recomendaciones para Roberto. Utiliza el presente del subjuntivo y las palabras de la lista.

MODELO Roberto, es necesario que te vistas mejor.

aconsejar	insistir en
es importante	proponer
es malo	recomendar
es mejor	rogar
es necesario	sugerir

Roberto

Hombre ideal

 Practice more at **enfoques.vhlcentral.com.**

Comunicación

6 **El doctor Sánchez responde** Los lectores de una revista de salud envían sus consultas al doctor Sánchez. Trabajen en parejas para decidir qué consejos corresponden a cada consulta. Luego redacten la respuesta para cada lector usando las expresiones de la lista.

Los lectores preguntan. **El Dr. Sánchez responde.**

1. Estimado Dr. Sánchez:
   Tengo 55 años y quiero bajar 10 kilos. Mi médico insiste en que mejore mi alimentación. Probé varias dietas, pero no logro bajar de peso. ¿Qué puedo hacer?
   Ana J.

2. Querido Dr. Sánchez:
   Tengo 38 años y sufro fuertes dolores de espalda (*back*). Trabajo en una oficina y estoy muchas horas sentada. Después de varios análisis, mi médico dijo que todo está bien en mis huesos (*bones*). Me recetó unas pastillas para los músculos, pero no quiero tomar medicinas. ¿Hay otra solución?
   Isabel M.

3. Dr. Sánchez:
   Siempre me duele mucho el estómago. Soy muy nervioso y no puedo dormir. Mi médico me aconseja que trabaje menos. Pero eso es imposible.
   Andrés S.

A. No comer con prisa.
Pasear mucho.
No tomar café.
Practicar yoga.

B. Caminar mucho.
Practicar natación.
No comer las cuatro "p": papas, pastas, pan y postres.
Tomar dos litros de agua por día.

C. No permanecer sentada más de dos horas seguidas.
Hacer cincuenta minutos de ejercicio por día.
Adoptar una buena postura al estar sentada.
Elegir una buena cama.
Usar una almohada dura.

es importante que	**le aconsejo que**
es improbable que	**le propongo que**
es necesario que	**le recomiendo que**
es poco seguro que	**le sugiero que**
es urgente que	**no es seguro que**

7 **Estilos de vida** En parejas, cada uno/a debe elegir una de estas personalidades. Después, dense consejos para cambiar su estilo de vida. Utilicen el subjuntivo.

1. Voy al gimnasio tres veces al día. Lo más importante en mi vida es mi cuerpo.
2. Me gusta salir por las noches. Trasnocho casi todos los días.
3. Siempre como comida rápida porque es más fácil y mucho más barata.
4. No hago nada de ejercicio. Estoy todo el día trabajando en una oficina.

4.2 Commands

Formal (*Ud.* and *Uds.*) commands

- Formal commands (**mandatos**) are used to give orders or advice to people you address as **usted** or **ustedes**. Their forms are identical to the present subjunctive forms for **usted** and **ustedes**.

Formal commands

Infinitive	Affirmative command	Negative command
tomar	**tome** (usted) **tomen** (ustedes)	**no tome** (usted) **no tomen** (ustedes)
volver	**vuelva** (usted) **vuelvan** (ustedes)	**no vuelva** (usted) **no vuelvan** (ustedes)
salir	**salga** (usted) **salgan** (ustedes)	**no salga** (usted) **no salgan** (ustedes)

¡ATENCIÓN!

***Vosotros/as* commands**

In Latin America, **ustedes** commands serve as the plural of familiar (**tú**) commands. The familiar plural **vosotros/as** command is used in Spain. The affirmative command is formed by changing the **–r** of the infinitive to **–d**. The negative command is identical to the **vosotros/as** form of the present subjunctive.

bailar: bailad/no bailéis

For reflexive verbs, affirmative commands are formed by dropping the **–r** and adding the reflexive pronoun **–os**. In negative commands, the pronoun precedes the verb.

levantarse: levantaos/ no os levantéis

The verb **irse** is irregular: **idos/no os vayáis**

Familiar (*tú*) commands

- Familiar commands are used with people you address as **tú**. Affirmative **tú** commands have the same form as the **él, ella**, and **usted** form of the present indicative. Negative **tú** commands have the same form as the **tú** form of the present subjunctive.

Piensa en él como un amigo que tiene siempre razón.
No pienses en mí como tu jefe.

Familiar commands

Infinitive	Affirmative command	Negative command
viajar	viaja	no viajes
empezar	empieza	no empieces
pedir	pide	no pidas

- These verbs have irregular affirmative **tú** commands. Their negative forms are still the same as the **tú** form of the present subjunctive.

decir	di	salir	sal
hacer	haz	ser	sé
ir	ve	tener	ten
poner	pon	venir	ven

Nosotros/as commands

- **Nosotros/as** commands are used to give orders or suggestions that include yourself as well as other people. In Spanish, **nosotros/as** commands correspond to the English *let's* + [*verb*]. Affirmative and negative **nosotros/as** commands are generally identical to the **nosotros/as** forms of the present subjunctive.

Nosotros/as commands		
Infinitive	**Affirmative command**	**Negative command**
bailar	bailemos	no bailemos
beber	bebamos	no bebamos
abrir	abramos	no abramos

- The **nosotros/as** commands for **ir** and **irse** are irregular: **vamos** and **vámonos**. The negative commands are regular: **no vayamos** and **no nos vayamos**.

Using pronouns with commands

- When object and reflexive pronouns are used with affirmative commands, they are always attached to the verb. When used with negative commands, the pronouns appear between **no** and the verb.

Levántense temprano.
Wake up early.

No se levanten temprano.
Don't wake up early.

Dime todo.
Tell me everything.

No me digas.
Don't tell me.

- When the pronouns **nos** or **se** are attached to an affirmative **nosotros/as** command, the final **s** of the command form is dropped.

Sentémonos aquí.
Let's sit here.

No nos sentemos aquí.
Let's not sit here.

Démoselo mañana.
Let's give it to him/her tomorrow.

No se lo demos mañana.
Let's not give it to him/her tomorrow.

¡ATENCIÓN!

When one or more pronouns are attached to an affirmative command, an accent mark may be necessary to maintain the original stress. This usually happens when the combined verb form has three or more syllables.

decir
di, dile, dímelo
diga, dígale, dígaselo
digamos, digámosle, digámoselo

Indirect (*él, ella, ellos, ellas*) commands

- The construction **que** + [*subjunctive*] can be used with a third-person form to express indirect commands that correspond to the English *let someone do something*. If the subject of the indirect command is expressed, it usually follows the verb.

Que pase el siguiente.
Let the next person pass.

Que lo **haga** ella.
Let her do it.

- As with other uses of the subjunctive, pronouns are never attached to the conjugated verb, regardless of whether the indirect command is affirmative or negative.

Que se lo den los otros.

Que no **se lo den.**

Que lo vuelvan a hacer.

Que no **lo vuelvan** a hacer.

TALLER DE CONSULTA

See **2.1**, pp. 54–55 for object pronouns.

See **2.3**, pp. 62–63 for reflexive pronouns.

Práctica

TALLER DE CONSULTA

MANUAL DE GRAMÁTICA
Más práctica

4.2 Commands, p. A24

① **Mandatos** Cambia estas oraciones para que sean mandatos.

1. Te conviene descansar.
2. Deben relajarse.
3. Es hora de que usted tome su pastilla.
4. ¿Podría usted describir sus síntomas?
5. ¿Y si dejamos de fumar?
6. ¿Podrías consultar con un especialista?
7. Ustedes necesitan comer bien.
8. Le pido que se vaya de mi consultorio.

② **El cuidado de los dientes**

A. Un dentista visita una escuela para hablar a los estudiantes sobre el cuidado de los dientes. Escribe los consejos que dio el dentista. Usa el imperativo formal de la segunda persona del plural.

1. prevenir las caries (*cavities*)
2. cepillarse los dientes después de cada comida
3. no comer dulces
4. poner poco azúcar en el café o el té
5. comer o beber alimentos que tengan calcio
6. consultar al dentista periódicamente

B. Un estudiante estuvo ausente el día de la charla con el dentista. Al día siguiente, sus compañeros le contaron sobre la charla y le dieron los mismos consejos. Reescribe los consejos usando el imperativo informal.

③ **El doctor de Felipito** Felipito es un niño muy inquieto. A cada rato tiene pequeños accidentes. Su doctor decide explicarle cómo evitarlos y cómo cuidar su salud. Utiliza mandatos informales para escribir las indicaciones del médico.

Practice more at **enfoques.vhlcentral.com.**

Comunicación

4 **Que lo hagan ellos** Carlos está tan entretenido con su nuevo videojuego que no quiere hacer nada más. En parejas, preparen una conversación entre Carlos y su madre en la que ella le da mandatos y Carlos sugiere que otras personas la ayuden. Utilicen mandatos indirectos en la conversación.

MODELO **MADRE** Limpia tu cuarto, Carlos.
CARLOS Que lo limpie mi hermano. ¡Estoy a punto de alcanzar el próximo nivel!

ayudarme en la cocina	mis amigos
cortar cebollas	mi hermana
pasear al perro	mi hermano
llamar a la abuela	mi padre
ir a la farmacia	tú/Ud.

5 **Hasta el siglo XXII**

A. ¿Qué consejos le darías a un(a) amigo/a para que viva hasta el siglo XXII? En grupos pequeños, escriban ocho recomendaciones utilizando mandatos informales afirmativos y negativos. Sean creativos/as.

MODELO No tomes mucho café. Toma sólo agua y jugos naturales.

B. Ahora reúnanse con otro grupo y lean las dos listas. ¿En qué se parecen y en qué se diferencian sus recomendaciones?

6 **Anuncios** En grupos, elijan tres de estos productos y escriban un anuncio (*commercial*) de televisión para promocionar cada uno de ellos. Utilicen los mandatos formales para convencer al público de que lo compre.

MODELO El nuevo perfume "Enamorar" de Rita Ferrero le va a encantar. Cómprelo en cualquier perfumería de su ciudad. Pruébelo y…

perfume "Enamorar"	computadora portátil "Digitex"
chocolate sin calorías "Deliz"	crema hidratante "Suavidad"
raqueta de tenis "Rayo"	todo terreno "Intrepid"
pasta de dientes "Sonrisa Sana"	cámara digital "Flimp"

4.3 *Por* and *para*

- **Por** and **para** are both translated as *for*, but they are not interchangeable.

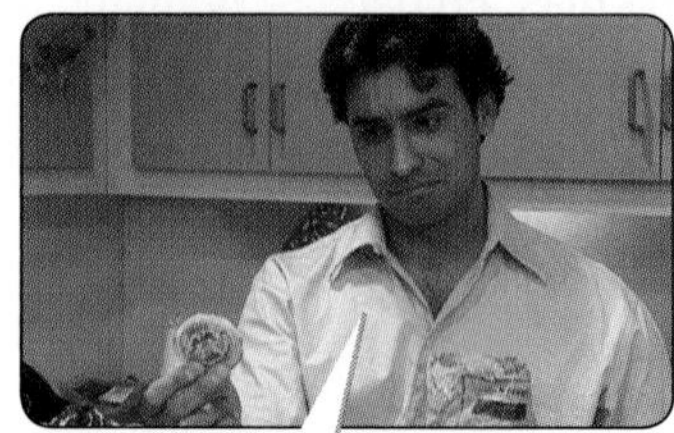

Por mucho que insistan, los tendré que tirar.

Uses of *para*

Destination *(toward; in the direction of)*	El cirujano sale de su casa **para** la clínica a las ocho. *The surgeon leaves his house at eight to go to the clinic.*
Deadline or a specific time in the future *(by; for)*	El resultado del análisis va a estar listo **para** mañana. *The results of the analysis will be ready by tomorrow.*
Goal (**para** + [*infinitive*]) *(in order to)*	El doctor usó un termómetro **para** ver si el niño tenía fiebre. *The doctor used a thermometer to see if the boy had a fever.*
Purpose (**para** + [*noun*]) *(for; used for)*	El investigador descubrió una cura **para** la enfermedad. *The researcher discovered a cure for the illness.*
Recipient *(for)*	La enfermera preparó la cama **para** doña Ángela. *The nurse prepared the bed for Doña Ángela.*
Comparison with others or opinion *(for; considering)*	**Para** su edad, goza de muy buena salud. *For her age, she enjoys very good health.*
	Para mí, lo que tienes es gripe y no un resfriado. *To me, what you have is the flu, not a cold.*
Employment *(for)*	Mi hijo trabaja **para** una empresa farmacéutica. *My son works for a pharmaceutical company.*

Expressions with *para*

no estar para bromas *to be in no mood for jokes*

no ser para tanto *to not be so important*

para colmo *to top it all off*

para que *so that*

para que sepas *just so you know*

para siempre *forever*

- Note that the expression **para que** is followed by the subjunctive.

Te compré zapatos deportivos **para que** hagas ejercicio.
I got you tennis shoes so that you will work out.

Para ponerse en forma hay que trabajar duro.

Yo, por ejemplo,
trato de comer
cosas sanas.

Uses of *por*

Motion or a general location *(along; through; around; by)*	Me quebré la pierna corriendo **por** el parque. *I broke my leg running through the park.*
Duration of an action *(for; during; in)*	Estuvo en cama **por** dos meses. *He was in bed for two months.*
Reason or motive for an action *(because of; on account of; on behalf of)*	Rezó **por** su hijo enfermo. *She prayed for her sick child.*
Object of a search *(for; in search of)*	El enfermero fue **por** un termómetro. *The nurse went for a thermometer.*
Means by which *(by; by way of; by means of)*	Consulté con el doctor **por** teléfono. *I consulted with the doctor by phone.*
Exchange or substitution *(for; in exchange for)*	Cambiamos ese tratamiento **por** uno nuevo. *We changed from that treatment to a new one.*
Unit of measure *(per; by)*	Tengo que tomar las pastillas cinco veces **por** día. *I have to take the pills five times per day.*
Agent (passive voice) *(by)*	La nueva política de salud pública fue anunciada **por** la prensa. *The new public health policy was announced by the press.*

Expressions with *por*

- **por ahora** *for the time being*
- **por allí/aquí** *around there/here*
- **por casualidad** *by chance/accident*
- **por cierto** *by the way*
- **¡Por Dios!** *For God's sake!*
- **por ejemplo** *for example*
- **por escrito** *in writing*
- **por eso** *therefore; for that reason*
- **por fin** *finally*
- **por lo general** *in general*
- **por lo menos** *at least*
- **por lo tanto** *therefore*
- **por lo visto** *apparently*
- **por más/mucho que** *no matter how much*
- **por otro lado/otra parte** *on the other hand*
- **por primera vez** *for the first time*
- **por si acaso** *just in case*
- **por supuesto** *of course*

¡ATENCIÓN!

In many cases it is grammatically correct to use either **por** or **para** in a sentence. However, the meaning of each sentence is different.

Trabajó por su tío.
He worked for (in place of) his uncle.

Trabajó para su tío.
He worked for his uncle('s company).

TALLER DE CONSULTA

The passive voice is discussed in detail in **11.1,** p. 408.

Práctica

TALLER DE CONSULTA

MANUAL DE GRAMÁTICA
Más práctica

4.3 **Por** and **para**, p. A25

1 Otra manera Lee la primera oración y completa la segunda versión con **por** o **para**.

1. Mateo pasó el verano en Colombia con su abuela.
   Mateo fue a Colombia para visitar a su abuela.
2. Ella estaba enferma y quería la compañía de su nieto.
   Ella estaba enferma; por eso, Mateo decidió ir.
3. La familia le envió muchos regalos a la abuela.
   La familia envió muchos regalos para la abuela.
4. La abuela se alegró mucho de la visita de Mateo.
   La abuela se puso muy feliz por la visita de Mateo.
5. Mateo pasó tres meses allá.
   Mateo estuvo en Colombia por tres meses.

Cartagena, Colombia

2 Carta de amor Completa la carta con **por** y **para**.

De: mateo25@tucorreo.com
A: cata@tucorreo.com
Tema: Noticias desde Cartagena

Mi amada Catalina:

(1) Por fin encuentro un momento (2) para escribirte. Es que mi abuela me tiene a su lado (3) por horas y horas cada día, contándome historias de su niñez aquí en Cartagena. Poquito a poco va recuperándose, pero no sé de dónde saca tantas fuerzas (4) para hablar. Pero estoy aquí sólo (5) por ella, así que no me quejo de nada. En las tardes ella descansa y yo suelo caminar (6) por la playa y, (7) por supuesto, pienso en ti…

Hoy mi abuelita me pidió llamar (8) por teléfono a la clínica, pues le duele mucho el estómago y cree que es (9) por las otras medicinas que le recetó el cirujano. Mientras tío Javi la lleva a la clínica, yo iré al centro (10) para hacer unas compras. Ya sé lo que voy a comprar (11) para ti. (or por)
Ya pronto nos veremos…
Te amaré (12) para siempre…
Mateo

3 Oraciones Utiliza palabras de cada columna para formar oraciones lógicas.

MODELO Mi hermana preparó una cena especial para la fiesta.

caminar		**él**
comprar	**por**	**la fiesta**
jugar	**para**	**mi mamá**
hacer		**su hermana**
preparar		**el parque**

Practice more at **enfoques.vhlcentral.com.**

Comunicación

4 **Soluciones** En parejas, comenten cuáles son las mejores maneras de lograr los objetivos de la lista. Sigan el modelo y utilicen **por y para**.

MODELO —Para tener buena salud, lo mejor es comer cinco frutas o verduras por día porque tienen muchas vitaminas.

concentrarse al estudiar	relajarse
divertirse	ser famoso/a
hacer muchos amigos	ser organizado/a
mantenerse en forma	tener buena salud

5 **Conversación** En parejas, elijan una de las situaciones y escriban una conversación. Utilicen **por** y **para** y algunas de las expresiones de la lista.

A. Tu vecino, don José, ganó en un concurso unas vacaciones a Medellín, Colombia, pero él no puede ir. Está pensando en ti y en otro/a vecino/a. Convence a don José de que te dé a ti las vacaciones.

B. Hace un año que trabajas en una librería y nunca has tenido vacaciones. Habla con tu jefe/a y dile que quieres tomarte unas vacaciones de dos semanas. Tu jefe/a dice que no necesitas tomarte vacaciones y te da algunas razones. Explícale tus razones y dile que si te vas de vacaciones vas a ser un(a) mejor empleado/a al regresar.

no es para tanto	por casualidad	por lo menos
para colmo	por eso	por lo tanto
para siempre	por fin	por supuesto

6 **Síntesis** En parejas, miren la foto e inventen una conversación. Deben usar por lo menos tres verbos en el subjuntivo, tres mandatos y tres expresiones con **por** o **para**. Dramaticen la conversación para el resto de la clase.

Antes de ver el corto

ÉRAMOS POCOS

país España
duración 16 minutos
director Borja Cobeaga

protagonistas Joaquín (padre), Fernando (hijo), Lourdes (abuela)

Vocabulario

el álbum (de fotos) *(photo) album*
apañar *to mend; to fix*
apañarse *to manage*
el asilo (de ancianos) *nursing home*
descalzo/a *barefoot*
el desorden *mess*
enseguida *right away*
largarse *to take off*
el marco *frame*
la paella *(Esp.) traditional rice and seafood dish*
la tortilla *(Esp.) potato omelet*
el trastero *storage room*

1 **Oraciones incompletas** Completa las oraciones con las palabras apropiadas.

1. Pones las fotos en un __________ para colocarlas en la pared.
2. Te vas a vivir a un __________ cuando eres un anciano.
3. Guardas los muebles antiguos en un __________.
4. Cuando no llevas zapatos, vas __________.
5. La __________ es un plato que se cocina con huevos y patatas.

2 **Preguntas** En parejas, contesten las preguntas.

1. ¿Crees que los hombres ayudan en las tareas del hogar más que hace unos años?
2. ¿Conoces a alguna mujer que sea ama de casa? ¿Le gusta serlo?
3. ¿Cuáles son las ventajas y las desventajas de vivir en un asilo o vivir con la familia cuando una persona es anciana? ¿Qué vas a preferir tú: vivir en un asilo o vivir con la familia? ¿Por qué?
4. ¿Cómo crees que va a ser la situación de los ancianos dentro de unos años?

3 **¿Qué sucederá?** En parejas, miren el fotograma e imaginen lo que va a ocurrir en la historia. Compartan sus ideas con la clase.

Practice more at **enfoques.vhlcentral.com.**

ramón barea mariví bilbao alejandro tejería

Premio a la mejor comedia, Aspen International Shorts Fest 2006, Aspen, EE.UU.

éramos pocos

un cortometraje de borja cobeaga

sonido directo miguel carretero
posproducción de sonido david rodríguez
vestuario pedro moreno
dirección artística enrique ferrero & ali larrey
jefe de producción pedro ruigómez momeñe
música aránzazu calleja
montaje jesús ramé
fotografía ignacio giménez-rico
producción ejecutiva oihana olea
escrito por borja cobeaga & sergio barrejón
dirigido por borja cobeaga

altube filmeak arsenico CANAL+ Diputación de Valladolid Kodak Pecera DOLBY

Escenas

ARGUMENTO Tras ser abandonado por su mujer, Joaquín decide traer a su suegra a casa para que haga las labores del hogar.

FERNANDO ¿Por qué estás descalzo?
JOAQUÍN Porque no encuentro mis zapatillas.
FERNANDO ¿Y estás seguro de que se ha ido sin más°?
JOAQUÍN Eso parece.

FERNANDO Cuánto tiempo sin verte.
LOURDES Mucho tiempo.
FERNANDO Mira, papá, es la abuela.
LOURDES Hola.
JOAQUÍN Hola, soy tu yerno Joaquín. No sé si te acuerdas de mí.

LOURDES ¿Y mi habitación?
JOAQUÍN Esto se arregla en un momento. Desde que te fuiste usamos este cuarto como un trastero, pero enseguida lo apañamos. ¡Fernando!
LOURDES No te preocupes, no pasa nada.
JOAQUÍN ¡Fernando!

JOAQUÍN Creo que se ha dado cuenta. Que sabe para qué la hemos traído.
FERNANDO ¿Qué dices?
JOAQUÍN ¿No la notas demasiado… contenta?

ABUELA ¿Qué? ¿No coméis?
JOAQUÍN Que te diga esto a lo mejor te parece desproporcionado, Lourdes. Pero es que Julia lleva mucho tiempo de viaje.
FERNANDO Mucho, mucho.
JOAQUÍN No sabes lo que esta tortilla significa para nosotros.

JOAQUÍN Julia, soy yo. No me cuelgues°, ¿eh? Es importante. Es sobre tu madre. Ya sé que fui yo el que insistió en meterla en un asilo pero ahora está aquí, con nosotros. Es para pedirte perdón y para que veas que puedo cambiar.

sin más *just like that* **No me cuelgues** *Don't hang up on me*

Después de ver el corto

1 Comprensión Contesta las preguntas con oraciones completas.

1. ¿Dónde está Julia?
2. ¿Qué ha pasado con las zapatillas de Joaquín?
3. ¿Por qué van a recoger a la abuela?
4. ¿Por qué cree Joaquín que la abuela se ha dado cuenta del plan?
5. ¿Para qué llama Joaquín a su mujer?
6. ¿Qué le dice su mujer?
7. ¿Para qué mira Joaquín el álbum de fotos?
8. ¿Qué descubre Joaquín?

2 Ampliación Contesta las preguntas.

1. ¿Por qué piensas que Joaquín y Fernando son incapaces de vivir sin una mujer?
2. Según Joaquín, ¿por qué es importante la tortilla?
3. ¿Por qué está tan contenta Lourdes a pesar de trabajar tanto?
4. ¿Por qué crees que Joaquín no dice que la mujer no es su suegra?
5. ¿Qué opinas del final del corto? ¿Te parece que los personajes se están engañando unos a otros o se están ayudando? ¿Por qué?
6. ¿Cómo se relaciona el título con lo que sucede en el corto?

3 Julia En parejas, imaginen cómo es la esposa de Joaquín y cómo es su vida.

- ¿Cómo es?
- ¿Por qué se fue de casa?
- ¿Dónde está ahora?
- ¿Crees que sigue haciendo las labores del hogar?
- ¿Volverá con su familia?

4 Salud mental En parejas, imaginen que un día Julia llama a su hijo para explicarle por qué se fue. Según ella, era necesario para su salud mental y su bienestar. Piensen en estas preguntas y ensayen la conversación telefónica entre Fernando y Julia. Represéntenla delante de la clase.

- ¿Está Fernando de acuerdo con la explicación de su madre?
- ¿Perdona Fernando a su madre?
- ¿Le importa realmente que su madre se haya ido?
- ¿Está arrepentida Julia?
- ¿Estaba realmente enferma Julia cuando se fue de la casa?

5 Cartas Elige una de estas dos situaciones y escribe una carta.

1. Eres la anciana que se hace pasar por Lourdes y decides escribirle una carta a tu verdadera familia explicando por qué te fuiste del asilo con otra familia.
2. Eres un(a) anciano/a que acaba de irse a un asilo. Escribe una carta a tu familia describiendo qué cosas extrañas de vivir en casa y qué te gusta del asilo.

 Practice more at **enfoques.vhlcentral.com.**

Maru, 2010
Fernando Miñarro, España

"Cuando sientes que la mano de la muerte se posa sobre el hombro, la vida se ve iluminada de otra manera..."

— Isabel Allende

Antes de leer

Mujeres de ojos grandes

Sobre la autora

Ángeles Mastretta nació en Puebla, México, en 1949. Estudió periodismo y colaboró en periódicos y revistas: "Escribía de todo: de política, de mujeres, de niños, de lo que veía, de lo que sentía, de literatura, de cultura, de guerra". Su primer libro fue de poemas: *La pájara pinta* (1978), pero fue *Arráncame la vida* (1985), su primera novela, la que le dio fama y reconocimiento. En 1997 fue la primera mujer en ganar el Premio Rómulo Gallegos con su novela *Mal de amores*. En su obra se destaca el pensamiento femenino. *Mujeres de ojos grandes* está compuesto de relatos sobre mujeres que muestran "el poder que tienen en sus cosas y el poder que tienen para hacer con sus vidas lo que quieran, aunque no lo demuestren. Son mujeres poderosas que se saben poderosas pero no lo ostentan (*boast*)".

Vocabulario

el adelanto *improvement*	**el/la enfermero/a** *nurse*	**el ombligo** *navel*
la aguja *needle*	**el hallazgo** *finding; discovery*	**la pena** *sorrow*
la cordura *sanity*	**la insensatez** *folly*	**el regocijo** *joy*
desafiante *challenging*	**latir** *to beat*	**la terapia intensiva** *intensive care*

La historia de Julio Completa el párrafo con las palabras apropiadas.

Julio prefería una vida (1) ________ que no lo aburriera. Sin embargo, al perder todo por la caída de la bolsa (*stock market crash*), Julio —siempre una persona tan sensata— perdió la (2) ________. Después de unos meses, los síntomas desaparecieron para gran (3) ________ de la familia. Sin embargo, pensar en su trabajo lo llenaba de (4) ________ y en su corazón latía el deseo de hacer algo nuevo. Tan agradecido estaba con los médicos que decidió estudiar para ser (5) ________.

Conexión personal Cuando te sientes enfermo/a, ¿intentas curarte por tus propios medios? ¿Alguna vez estuviste en un hospital? ¿Confías en la medicina tradicional o has probado la medicina alternativa? ¿Crees que la ciencia puede resolverlo todo?

Análisis literario: el símil o la comparación

El símil, o la comparación, es un recurso literario que consiste en comparar una cosa con otra por su semejanza, parecido o relación. De esa manera, se logra mayor expresividad. Implica el uso del término comparativo explícito: **como**. Por ejemplo: "*ojos grandes* **como** *lunas*". Crea algunas comparaciones con estos pares de palabras o inventa tus propias comparaciones: muerte/noche, rostro/fantasma, mejillas/manzanas, hombre/ratón, lugar/cementerio.

Practice more at **enfoques.vhlcentral.com.**

Mujeres de ojos grandes

Último cuento; sin título

Ángeles Mastretta

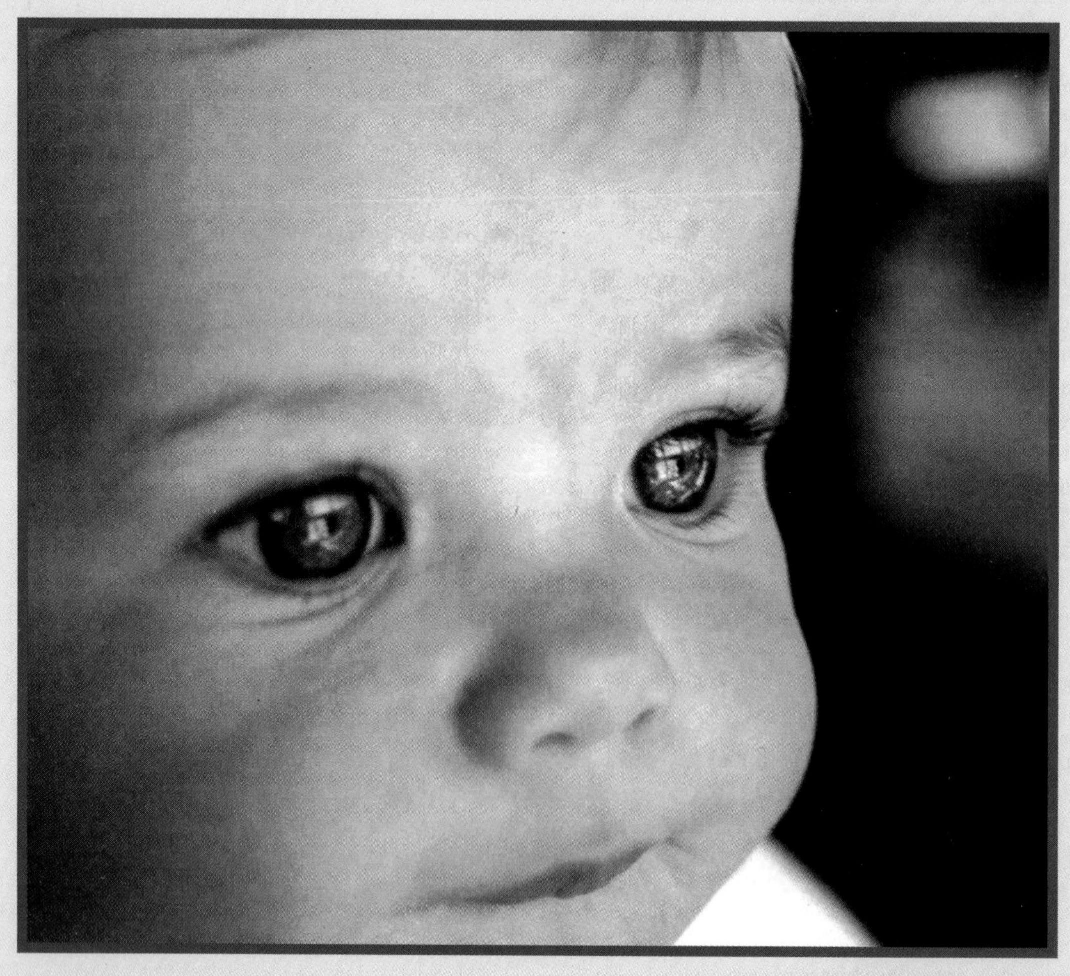

Audio: Dramatic Recording

Tía Jose Rivadeneira tuvo una hija con los ojos grandes como dos lunas, como un deseo. Apenas colocada en su abrazo, todavía húmeda y vacilante°, la niña mostró los ojos y algo en las alas° de sus labios que parecía pregunta.

—¿Qué quieres saber? —le dijo tía Jose jugando a que entendía ese gesto.

Como todas las madres, tía Jose pensó que no había en la historia del mundo una criatura tan hermosa como la suya. La deslumbraban° el color de su piel, el tamaño de sus pestañas° y la placidez con que dormía. Temblaba de orgullo imaginando lo que haría con la sangre y las quimeras° que latían en su cuerpo.

Se dedicó a contemplarla con altivez° y regocijo durante más de tres semanas. Entonces la inexpugnable° vida hizo caer sobre la niña una enfermedad que en cinco horas convirtió su extraordinaria viveza° en un sueño extenuado° y remoto° que parecía llevársela de regreso a la muerte.

Cuando todos sus talentos curativos no lograron mejoría alguna, tía Jose, pálida de terror, la cargó hasta el hospital. Ahí se la quitaron de los brazos y una docena de médicos y enfermeras empezaron a moverse agitados y confundidos en torno a la niña. Tía Jose la vio irse tras una puerta que le prohibía la entrada y se dejó caer al suelo incapaz de cargar consigo misma y con aquel dolor como un acantilado°.

Ahí la encontró su marido, que era un hombre sensato y prudente como los hombres acostumbran fingir° que son. La ayudó a levantarse y la regañó° por su falta de cordura y esperanza. Su marido confiaba en la ciencia médica y hablaba de ella como otros hablan de Dios. Por eso lo turbaba° la insensatez en que se había colocado su mujer, incapaz de hacer otra cosa que llorar y maldecir° al destino.

Aislaron a la niña en una sala de terapia intensiva. Un lugar blanco y limpio al que las madres sólo podían entrar media hora diaria. Entonces se llenaba de oraciones° y ruegos. Todas las mujeres persignaban° el rostro de sus hijos, les recorrían el cuerpo con estampas y agua bendita°, pedían a todo Dios que los dejara vivos. La tía Jose no conseguía sino llegar junto a la cuna° donde su hija apenas respiraba para pedirle: "no te mueras". Después lloraba y lloraba sin secarse los ojos ni moverse hasta que las enfermeras le avisaban que debía salir.

Entonces volvía a sentarse en las bancas cercanas a la puerta, con la cabeza sobre las piernas, sin hambre y sin voz, rencorosa° y arisca°, ferviente° y desesperada. ¿Qué podía hacer? ¿Por qué tenía que vivir su hija? ¿Qué sería bueno ofrecerle a su cuerpo pequeño lleno de agujas y sondas° para que le interesara quedarse en este mundo? ¿Qué podría decirle para convencerla de que valía la pena hacer el esfuerzo en vez de morirse?

Una mañana, sin saber la causa, iluminada sólo por los fantasmas de su corazón, se le acercó a la niña y empezó a contarle las historias de sus antepasadas°. Quiénes habían sido, qué mujeres tejieron° sus vidas con qué hombres antes de que la boca y el ombligo de su hija se anudaran° a ella. De qué estaban hechas, cuántos trabajos° habían pasado, qué penas y jolgorios° traía ella como herencia. Quiénes sembraron con intrepidez° y fantasías la vida que le tocaba prolongar.

Durante muchos días recordó, imaginó, inventó. Cada minuto de cada hora disponible habló sin tregua° en el oído de su hija. Por fin, al atardecer de un jueves, mientras contaba implacable alguna historia, su hija abrió los ojos y la miró ávida° y desafiante, como sería el resto de su larga existencia.

El marido de tía Jose dio las gracias a los médicos, los médicos dieron gracias a los adelantos de su ciencia, la tía abrazó a su niña y salió del hospital sin decir una palabra. Sólo ella sabía a quiénes agradecer la vida de su hija. Sólo ella supo siempre que ninguna ciencia fue capaz de mover tanto, como la escondida en los ásperos° y sutiles° hallazgos de otras mujeres con los ojos grandes. ■

hesitating; *wings*; *dazzled*; *eyelashes*; *fancy ideas*; *arrogance; pride*; *impregnable*; *liveliness/ exhausted*; *remote; far off*; *cliff*; *to feign*; *scolded*; *disturbed; embarrassed*; *to damn; to curse*; *prayers*; *crossed*; *holy*; *cradle*; *spiteful*; *churlish/ fervent*; *probes; catheters*; *ancestors*; *wove*; *tied*; *hardships*; *boisterous frolic*; *bravery*; *relentlessly*; *avid; eager*; *rough; harsh/ subtle*

Después de leer

Mujeres de ojos grandes

Ángeles Mastretta

1 **Comprensión** Contesta las siguientes preguntas con oraciones completas.

1. ¿Quiénes son los tres personajes principales de este relato?
2. ¿Tía Jose lleva inmediatamente a su hija al hospital?
3. ¿Qué piensa el marido de la ciencia de los médicos y del comportamiento de su esposa?
4. ¿Qué historias le cuenta tía Jose a su hija? ¿Son todas reales?
5. Para el padre de la niña, ¿qué o quién le salvó la vida? ¿Y para tía Jose?

2 **Análisis** Lee el relato nuevamente y contesta las preguntas.

1. Los ojos de la hija de tía Jose son "grandes como dos lunas, como un deseo". ¿Por qué se eligen estos dos términos para la comparación? ¿Puedes encontrar otras comparaciones en el cuento?
2. La expresión "las alas de sus labios" es un recurso ya analizado. ¿Cómo se llama?
3. En el hospital, la niña es llevada lejos de su madre, "tras una puerta que le prohibía la entrada". ¿A qué lugar se refiere?
4. Tía Jose comienza a contarle historias a su hija "iluminada por los fantasmas de su corazón". Reflexiona: ¿los fantasmas se asocian con la luz o con la oscuridad? ¿A quiénes se refiere la palabra "fantasmas" en el relato?

3 **Interpretación** En parejas, respondan las preguntas.

1. El personaje de la tía Jose pierde la voz ante la enfermedad de su hija. ¿Cómo recupera la voz? ¿Por qué?
2. La hija de tía Jose tiene ojos grandes, al igual que las mujeres de los relatos que le cuenta su madre. ¿Qué creen que simboliza esto?
3. El padre agradece a los médicos por haber salvado a la niña; los médicos agradecen a la ciencia. ¿Por qué tía Jose "salió del hospital sin decir una palabra"?
4. ¿Qué creen que salvó la vida de la niña? ¿Conocen algún caso de recuperación asombrosa en la vida real?

4 **Debate** Formen dos grupos: uno debe hacer una lista de los argumentos que usó el marido de tía Jose para tranquilizarla en el hospital; el otro grupo debe imaginar cuáles eran las razones de las mujeres que rezaban (*prayed*) para sanar a sus hijos. Después, organicen un debate para discutir las alternativas, defendiendo su argumento y señalando las debilidades del argumento contrario.

5 **Historias** Redacta una de las historias que la tía Jose le contó a su hija. Utiliza algunos de los usos de **por** y **para**. Incluye por lo menos dos símiles.

Practice more at **enfoques.vhlcentral.com.**

Antes de leer

Vocabulario

afligir *to afflict*	**el/la investigador(a)** *researcher*
descubrir *to discover*	**la lesión** *injury*
la dolencia *illness*	**la población** *population*
la genética *genetics*	**el pueblo** *people*
el/la indígena *indigenous person*	**recetar** *to prescribe*

Oraciones incompletas Completa las oraciones con la palabra apropiada. No repitas palabras.

1. La diversidad cultural de Latinoamérica se debe al contacto entre múltiples ___________.
2. La ___________ es la ciencia que estudia la herencia biológica.
3. La ___________ de este laboratorio trabaja para ___________ un tratamiento nuevo para el cáncer.
4. Cuando los españoles llegaron a Latinoamérica, se encontraron con los ___________ que estaban allí.
5. Los doctores trabajan para curar las ___________ que ___________ a los enfermos.
6. Debido a la epidemia, toda la ___________ debe ponerse la vacuna.

Conexión personal ¿Puedes pensar en alguna enfermedad o dolencia que afecta a tu comunidad o a un grupo que conoces? ¿Ha recibido la comunidad alguna ayuda?

Contexto cultural

Situada en una zona de tránsito entre Norteamérica y Suramérica, Colombia presenta un lugar ideal para la convergencia de múltiples culturas. La mayoría de los habitantes son mestizos, es decir, descendientes de europeos y amerindios. Hay también más de diez millones de afrocolombianos —casi el veinte por ciento de la nación entera— y una población indígena que cuenta con más de un millón de habitantes. De esta diversidad étnica han surgido (*have arisen*) costumbres variadas, una riquísima tradición musical y la pluralidad lingüística. La lengua oficial del país es el español, pero todavía se hablan más de sesenta lenguas indígenas.

Practice more at **enfoques.vhlcentral.com.**

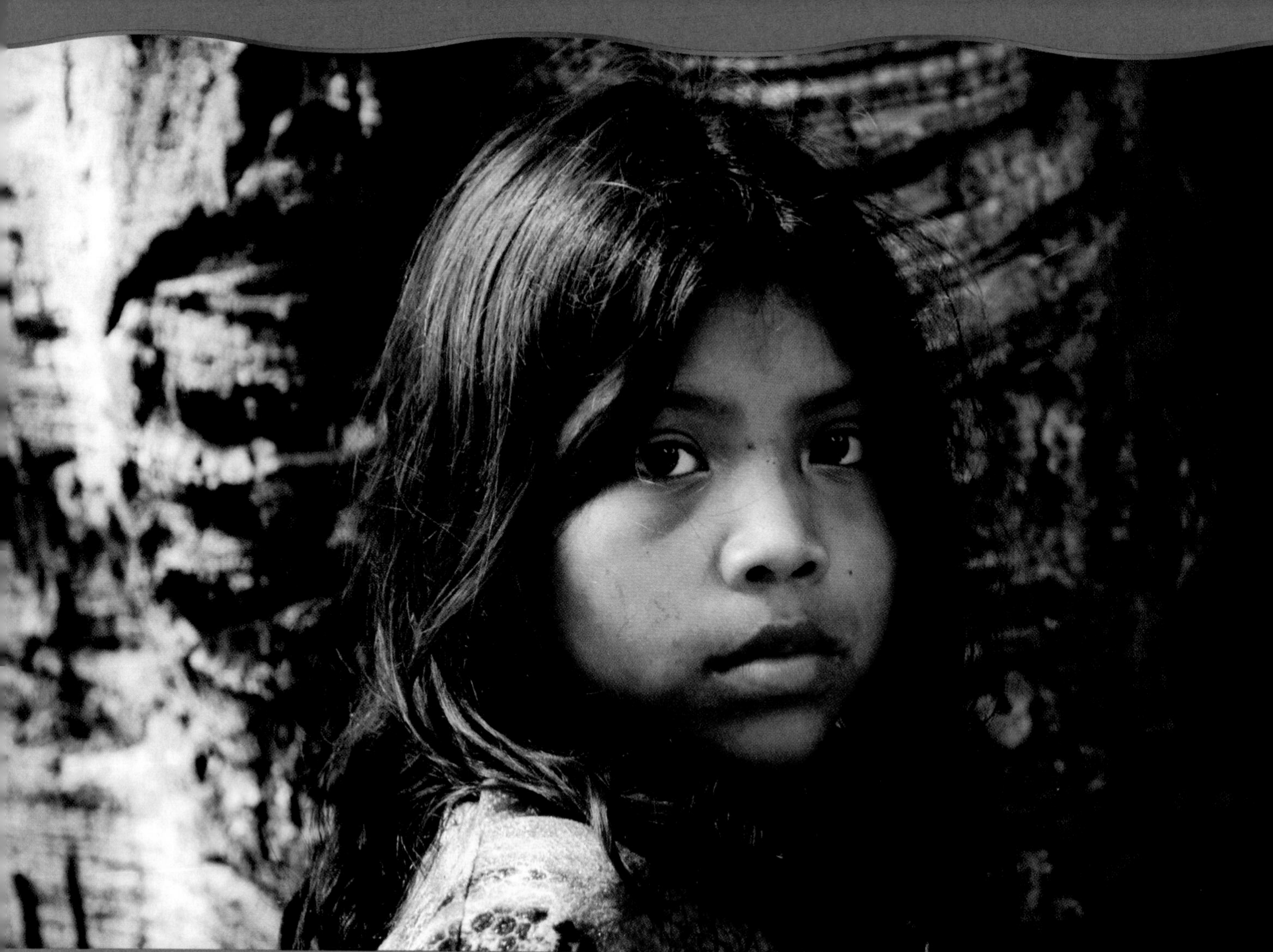

La ciencia: la nueva arma en una guerra antigua

Famoso por su talento especial con el arco y la flecha°, el pueblo indígena chimila tiene una historia larga de rebelión y resistencia contra los españoles de la época colonial. Estos valientes guerreros° formaron una sorprendente potencia militar que parecía imposible de conquistar. Ahora, en nuestra época, los indígenas chimila hacen guerra a° unos enemigos muy distintos: la pobreza, la falta de recursos° médicos y enfermedades endémicas sin solución.

bow and arrow

warriors

wage war against/ lack of resources

Por fortuna, tienen aliados° en su lucha°. La Expedición Humana es una organización que identifica y trata de° resolver los problemas que afligen particularmente a las comunidades indígenas y afrocolombianas.

En los últimos quince años, varios grupos de la Expedición Humana se han integrado en numerosas comunidades con el fin de° determinar sus verdaderas necesidades. De esta manera, los investigadores han descubierto° que los chimila tienen una incidencia sorprendentemente alta de una enfermedad dermatológica llamada prurigo actínico°. Esta enfermedad ataca a varios grupos indígenas en toda Latinoamérica y se considera incurable. Aparece° normalmente en niños pequeños en forma de lesiones y, en situaciones graves, puede afectar los ojos y la vista. A pesar de su potencial gravedad, el prurigo actínico ha recibido muy poca atención por parte de la comunidad médica mundial.

Al estudiar el caso desde muchos ángulos, el equipo de la Expedición Humana encontró información en varias fuentes° interesantes, incluyendo los artefactos precolombinos°. De las cerámicas con dibujos de enfermos que desenterraron° los arqueólogos, aprendieron que problemas similares han afectado a las poblaciones colombianas desde hace 2.500 años. Los investigadores sabían que la exposición al sol provoca la aparición del prurigo actínico, pero tenían muchas preguntas. ¿Por qué afecta especialmente a ciertas comunidades? En una población como los indígenas chimila, ¿por qué aflige sólo a ciertas personas? ¿Qué tienen en común estos pacientes?

Los científicos decidieron explorar la base genética de la enfermedad. Después de años de investigación, el equipo de la Expedición Humana confirmó que existe una predisposición genética que, en combinación con la exposición al sol, causa las lesiones. Gracias a la cooperación de los chimila en los estudios, los investigadores pudieron desarrollar° tratamientos más efectivos que utilizan medicamentos con menos efectos secundarios que los que habitualmente recetaban los médicos. Estos medicamentos alternativos, asimismo, son de fácil adquisición y de bajo costo.

Según los Centros para el Control y la Prevención de Enfermedades° del gobierno de los Estados Unidos, la mayoría de las dolencias más comunes son el resultado de la interacción entre genes y ciertos factores medioambientales°. Los estudios que ha realizado la Expedición Humana son un modelo de cooperación entre personas de diferentes comunidades y de integración de muchas maneras de investigar. Nos ofrecen un ejemplo a imitar en la gran batalla° contra las enfermedades del mundo. ■

allies/fight
tries
with the aim of
discovered
a chronic skin disorder
It appears
sources
pre-Columbian
dug up
to develop
Centers for Disease Control and Prevention (CDC)
environmental
battle

Detalles de la investigación

- El prurigo actínico afecta principalmente a poblaciones indígenas y mestizas de países como México, Guatemala, Honduras, Colombia, Perú, Bolivia y el norte de Argentina, así como Canadá y Estados Unidos.
- Entre 704 habitantes de la comunidad chimila, se diagnosticaron 56 casos.
- Fundada por el Instituto de Genética Humana de la Pontificia Universidad Javeriana de Bogotá, la Expedición Humana reúne a profesores, científicos y estudiantes. El propósito es servir a los pueblos colombianos que viven aislados de la capital y que tradicionalmente están menos representados en los estudios científicos del país.
- En la etapa llamada la Gran Expedición Humana (1992–3), los investigadores realizaron 17 viajes en los que participaron 320 personas, que visitaron 35 comunidades y atendieron a alrededor de 8.000 pacientes en los lugares más apartados de Colombia.

Después de leer

La ciencia: la nueva arma en una guerra antigua

1 **Comprensión** Responde a las preguntas con oraciones completas.

1. ¿Contra quiénes lucharon los chimila durante la época colonial?
2. ¿Qué han descubierto los investigadores de la Expedición Humana?
3. ¿Qué es el prurigo actínico?
4. ¿Ha recibido el prurigo actínico mucha atención por parte de la comunidad médica mundial?
5. ¿Qué descubrimiento por parte de unos arqueólogos ayudó a la Expedición Humana?
6. ¿Qué decidieron explorar los científicos de la Expedición Humana?

2 **Preguntas** Contesta las preguntas con oraciones completas.

1. ¿Cuál es la fama de los indígenas chimila?
2. ¿Cuáles son algunos de los problemas que afectan al pueblo chimila?
3. ¿Por qué es importante el desarrollo de nuevos tratamientos?
4. ¿Cuáles son los dos factores principales relacionados con la aparición de la enfermedad?
5. ¿Cuál es el objetivo de la Expedición Humana?
6. Según la perspectiva de los Centros para el Control y la Prevención de Enfermedades, ¿es el prurigo actínico una enfermedad inusual? Explica tu respuesta.

3 **Los peligros del sol** En parejas, imaginen que son médicos y que están hablando con un grupo de niños que no comprenden los peligros de la exposición al sol. ¿Qué preguntas deben hacerles? ¿Qué consejos pueden darles? Usen el imperativo para los consejos.

4 **Debate** Considerando el dinero y el tiempo que se necesita para curar o combatir una enfermedad como el prurigo actínico, ¿es aceptable utilizar gran cantidad de recursos para investigar sobre productos de belleza? Divídanse en grupos de cuatro para debatir el tema. Compartan sus conclusiones con la clase.

5 **Opiniones** Uno de los objetivos de la Expedición Humana es ayudar a comunidades particulares. En tu opinión, ¿es bueno que una universidad gaste dinero en la investigación de una enfermedad poco estudiada aunque afecte a pocas personas o es más importante que los científicos piensen en los problemas de la mayor parte de la población? Utilizando expresiones con el subjuntivo, describe en tres párrafos lo que piensas de los objetivos de la Expedición Humana y defiende tu posición.

MODELO No pienso que sea una buena idea gastar tanto dinero en investigar enfermedades que afectan a pocas personas./Creo que es fundamental que la Expedición Humana trabaje para ayudar a comunidades pequeñas con pocos recursos económicos.

Practice more at **enfoques.vhlcentral.com.**

Atando cabos

¡A conversar!

La nueva cafetería Trabajen en grupos de cuatro. Imaginen que son consultores/as contratados/as por una escuela o universidad para diseñar una nueva cafetería que cumpla con los objetivos del recuadro. Presenten su plan a la clase.

Objetivos de la nueva cafetería

- brindar a los estudiantes un espacio para socializar y relajarse
- ofrecer una selección de alimentos que sea atractiva, pero que, al mismo tiempo, sea saludable y lo más natural posible
- informar a los estudiantes acerca de temas relacionados con la salud, la alimentación y el bienestar a través de afiches y otros elementos visuales

¡A escribir!

Un decálogo Imagina que eres médico/a. Sigue el **Plan de redacción** para escribir un decálogo en el que das diez consejos generales a tus pacientes para que lleven una vida sana.

Plan de redacción

Preparación: Prepara un esquema (*outline*) con los diez consejos más importantes.

Título: Elige un título para el decálogo.

Contenido: Escribe los diez consejos. Utiliza el subjuntivo o el imperativo en todos los consejos. Puedes incluir la siguiente información.

- qué alimentos se deben comer y cuáles se deben evitar
- cuántas comidas se deben consumir al día
- cuántas horas se debe dormir
- qué hábitos se deben evitar

Cuídese:

1. Haga ejercicio tres veces a la semana como mínimo.

2. Es importante que no consuma muchas grasas.

3. Es esencial que...

4 VOCABULARIO

Los síntomas y las enfermedades

la depresión	*depression*
la enfermedad	*disease; illness*
la gripe	*flu*
la herida	*injury*
el malestar	*discomfort*
la obesidad	*obesity*
el resfriado	*cold*
la respiración	*breathing*
la tensión (alta/baja)	*(high/low) blood pressure*
la tos	*cough*
el virus	*virus*

contagiarse	*to become infected*
desmayarse	*to faint*
empeorar	*to deteriorate; to get worse*
enfermarse	*to get sick*
estar resfriado/a	*to have a cold*
lastimarse	*to get hurt*
permanecer	*to remain; to last*
ponerse bien/mal	*to get well/sick*
sufrir (de)	*to suffer (from)*
tener buen/mal aspecto	*to look healthy/sick*
tener fiebre	*to have a fever*
toser	*to cough*

agotado/a	*exhausted*
inflamado/a	*inflamed*
mareado/a	*dizzy*

La salud y el bienestar

la alimentación	*diet (nutrition)*
la autoestima	*self-esteem*
el bienestar	*well-being*
el estado de ánimo	*mood*
la salud	*health*

adelgazar	*to lose weight*
dejar de fumar	*to quit smoking*
descansar	*to rest*
engordar	*to gain weight*
estar a dieta	*to be on a diet*
mejorar(se)	*to improve*
prevenir (e:ie)	*to prevent*
relajarse	*to relax*
trasnochar	*to stay up all night*

sano/a	*healthy*

Los médicos y el hospital

la cirugía	*surgery*
el/la cirujano/a	*surgeon*
la consulta	*doctor's appointment*
el consultorio	*doctor's office*
la operación	*operation*
los primeros auxilios	*first aid*
la sala de emergencias	*emergency room*

Las medicinas y los tratamientos

el analgésico	*painkiller*
la aspirina	*aspirin*
el calmante	*tranquilizer*
los efectos secundarios	*side effects*
el jarabe	*syrup*
la pastilla	*pill*
la receta	*prescription*
el tratamiento	*treatment*
la vacuna	*vaccine*
la venda	*bandage*
el yeso	*cast*

curarse	*to heal; to be cured*
poner(se) una inyección	*to give/get a shot*
recuperarse	*to recover*
sanar	*to heal*
tratar	*to treat*
vacunar(se)	*to vaccinate/to get vaccinated*

curativo/a	*healing*

Más vocabulario

Expresiones útiles	*Ver p. 127*
Estructura	*Ver pp. 134–136, 140–141 y 144–145*

Cinemateca

el álbum (de fotos)	*(photo) album*
el asilo (de ancianos)	*nursing home*
el desorden	*mess*
el marco	*frame*
la paella	*(Esp.) traditional rice and seafood dish*
la tortilla	*(Esp.) potato omelet*
el trastero	*storage room*

apañar	*to mend; to fix*
apañarse	*to manage*
largarse	*to take off*

descalzo/a	*barefoot*

enseguida	*right away*

Literatura

el adelanto	*improvement*
la aguja	*needle*
la cordura	*sanity*
el/la enfermero/a	*nurse*
el hallazgo	*finding; discovery*
la insensatez	*folly*
el ombligo	*navel*
la pena	*sorrow*
el regocijo	*joy*
la terapia intensiva	*intensive care*

latir	*to beat*

desafiante	*challenging*

Cultura

la dolencia	*illness*
la genética	*genetics*
el/la indígena	*indigenous person*
el/la investigador(a)	*researcher*
la lesión	*injury*
la población	*population*
el pueblo	*people*

afligir	*to afflict*
descubrir	*to discover*
recetar	*to prescribe*

Los viajes

Contextos

Fotonovela

Enfoques

Estructura

Cinemateca

Lecturas

Communicative Goals

You will expand your ability to...

- make comparisons
- use negative, affirmative, and indefinite expressions
- express uncertainty and indefiniteness

Audio: Vocabulary
Activities

Los viajes

De viaje

Para sus vacaciones, Cecilia y Juan **hicieron un viaje** al Caribe. El último día decidieron descansar en la piscina antes de **hacer las maletas**. Se durmieron... ¡y **perdieron el vuelo**! De todos modos, no querían **regresar.**

la bienvenida *welcome*
la despedida *farewell*
el destino *destination*
el itinerario *itinerary*
la llegada *arrival*
el pasaje (de ida y vuelta) *(round-trip) ticket*
el pasaporte *passport*
la tarjeta de embarque *boarding pass*
la temporada alta/baja *high/low season*
el/la viajero/a *traveler*

hacer las maletas *to pack*
hacer transbordo *to change (planes/trains)*
hacer un viaje *to take a trip*
ir(se) de vacaciones *to take a vacation*
perder (e:ie) (el vuelo) *to miss (the flight)*
regresar *to return*

a bordo *on board*
retrasado/a *delayed*
vencido/a *expired*
vigente *valid*

El alojamiento

el albergue *hostel*
el alojamiento *lodging*
la habitación individual/doble *single/double room*
la recepción *front desk*
el servicio de habitación *room service*

alojarse *to stay*
cancelar *to cancel*
estar lleno/a *to be full*
quedarse *to stay*
reservar *to reserve*

de (buena) categoría *high-quality*
incluido/a *included*
recomendable *recommendable; advisable*

La seguridad y los accidentes

el accidente (automovilístico) *(car) accident*
el/la agente de aduanas *customs agent*
el aviso *notice; warning*
el cinturón de seguridad *seatbelt*
el congestionamiento *traffic jam*
las medidas de seguridad *security measures*
la seguridad *safety; security*
el seguro *insurance*

aterrizar *to land*
despegar *to take off*
ponerse/quitarse el cinturón *to fasten/to unfasten the seatbelt*
reducir (la velocidad) *to reduce (speed)*

peligroso/a *dangerous*
prohibido/a *prohibited*

Las excursiones

Después de **recorrer** el Canal de Panamá, el **crucero navegó** hasta **Puerto** Limón, donde los viajeros pudieron disfrutar de dos días de **ecoturismo** en Costa Rica.

la aventura *adventure*
el/la aventurero/a *adventurer*
la brújula *compass*
el buceo *scuba diving*
el campamento *campground*
el crucero *cruise (ship)*
el (eco)turismo *(eco)tourism*
la excursión *excursion; tour*
la frontera *border*
el/la guía turístico/a *tour guide*
la isla *island*

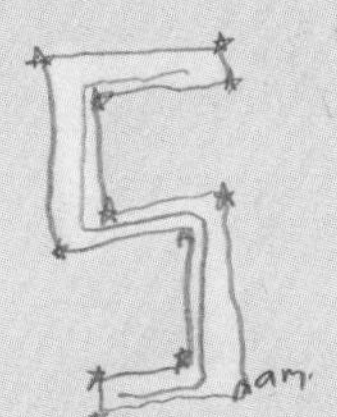

las olas *waves*
el puerto *port*
las ruinas *ruins*
la selva *jungle*
el/la turista *tourist*

navegar *to sail*
recorrer *to visit; to go around*

lejano/a *distant*
turístico/a *tourist (adj.)*

20 / 68

Práctica

1 Escuchar

A. Escucha lo que dice Julia, una guía turística, y después marca las oraciones que contienen la información correcta.

1. a. Los turistas llegaron hace una semana.
   b. La guía turística les da la bienvenida.
2. a. Los turistas van a ir al campamento en autobús.
   b. Los turistas van a ir al campamento en tren.
3. a. Los turistas se van a alojar en un campamento.
   b. Los turistas van a ir a un albergue.
4. a. El destino es una isla.
   b. El destino es la selva.
5. a. Les van a dar el itinerario mañana.
   b. El itinerario se lo darán la semana que viene.

B. Dos aventureros se separaron del grupo y tuvieron problemas. Escucha la conversación telefónica entre Mariano y el agente de viajes, y después contesta las preguntas.

1. ¿Qué les ha pasado a Mariano y a su novia?
2. ¿Adónde iban ellos cuando tuvieron el accidente?
3. ¿Quién fue el responsable del accidente? ¿Por qué?
4. ¿Tienen que pagar mucho por los médicos?
5. ¿Qué ha decidido la pareja?

2 Definiciones Escribe la palabra adecuada para cada definición.

1. documento necesario para ir a otro país ____________
2. las forma el movimiento del agua del mar ____________
3. vacaciones en un barco ____________
4. instrumento que ayuda a saber dónde está el Polo Norte ____________
5. línea que separa dos países ____________
6. lugar del hotel donde te dan las llaves de la habitación ____________
7. documento necesario para poder subir a un avión ____________
8. lo contrario de vencido ____________

in order to be validated

Práctica

3 **Oraciones incompletas** Completa las oraciones con las palabras apropiadas de **Contextos**.

1. Si vas a estar solo/a en el hotel, tomas una habitación ____________.
2. Cuando hay muchos coches en la calle al mismo tiempo, se producen ____________.
3. Los barcos, cuando llegan a tierra, se amarran (*dock*) en los ____________.
4. Si vas a viajar a otro país, tienes que comprobar que tu pasaporte no esté ____________.
5. El deporte que se practica debajo del agua del mar es el ____________.

4 **Planes** Completa la conversación con las palabras adecuadas del recuadro. Haz los cambios que sean necesarios.

a bordo	navegar	reservar
lleno/a	recorrer	retrasado/a

MAR ¿Qué quieres hacer hoy? ¿Quieres ir al crucero que (1) __________ las islas de la zona?

PEDRO ¿No hay que llamar antes para (2) __________ las plazas (*seats*)?

MAR No creo que el barco esté (3) __________. Espera, llamo por teléfono…

MAR ¡Tenemos suerte! El barco está (4) __________, ahora sale a las diez y media. Tenemos que estar (5) __________ a las diez. ¡En marcha!

PEDRO Perfecto, me gusta la idea. Hoy es un buen día para (6) __________.

5 **De viaje** En parejas, utilicen palabras y expresiones de **Contextos** para escribir oraciones completas sobre cada dibujo. Sigan el modelo.

MODELO Primero, Eva hizo las maletas. Metió camisetas, un traje de baño y…

1.

2.

3. ← Cyclops?

recoger

4.

5.

6.

Practice more at **enfoques.vhlcentral.com.**

Comunicación

6. **Problemas** En parejas, representen una de estas situaciones. Den detalles, excusas y razones y traten de buscar una solución al problema. Luego representen la situación para la clase.

1. **ESTUDIANTE 1** Eres un(a) huésped en un hotel que está muy sucio. No te gusta el servicio de habitación y además hace demasiado calor en tu cuarto.
   ESTUDIANTE 2 Tu tío te ha dejado a cargo de su hotel. No sabes qué hacer. Es temporada alta y, como el hotel está lleno, tienes mucho que hacer.

2. **ESTUDIANTE 1** Llegas al aeropuerto y te das cuenta de que dejaste el pasaporte en tu casa. Además, en la ciudad hay mucho congestionamiento.
   ESTUDIANTE 2 Eres taxista en el aeropuerto. Como has estado muy estresado/a, el médico te ha recomendado no apurarte por ningún motivo.

3. **ESTUDIANTE 1** Ibas manejando y has tenido un accidente. Te bajas del carro para hablar con el/la otro/a conductor(a). No tienes los papeles del seguro.
   ESTUDIANTE 2 Ibas manejando y has tenido un accidente. No llevabas el cinturón de seguridad puesto y te has roto una pierna.

7. **¡Bienvenidos!**

A. En grupos de cuatro, imaginen que trabajan en la Secretaría de Turismo de su ciudad. Tienen que organizar una visita turística de tres días. Conversen sobre las preguntas de la lista y luego preparen un itinerario detallado para los turistas.

- ¿Quiénes son los/las turistas?
- ¿A qué aeropuerto/puerto/estación llegan?
- ¿En qué hotel se alojan?
- ¿Qué excursiones pueden hacer?
- ¿Qué lugares exóticos hay para visitar?
- ¿Adónde pueden ir con un(a) guía turístico/a?
- ¿Pueden navegar en algún mar/río? ¿En cuál?
- ¿Qué museos/parques/edificios hay para visitar?
- ¿Qué deportes pueden practicar?

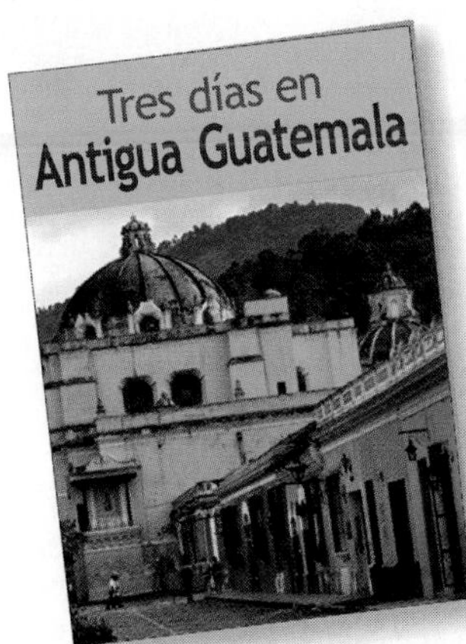

B. Ahora reúnanse con otro grupo y túrnense para explicar sus itinerarios. Un grupo representa a los empleados de la Secretaría de Turismo y el otro a los turistas. Háganse preguntas específicas.

5 FOTONOVELA

Fabiola y Éric se preparan para un viaje de ecoturismo a la selva amazónica.

DIANA Aquí están los boletos para Venezuela, la guía de la selva amazónica y los pasaportes... Después les doy la información del hotel.

ÉRIC Gracias.

FABIOLA Gracias.

ÉRIC ¿Me dejas ver tu pasaporte?

FABIOLA No me gusta como estoy en la foto. Me hicieron esperar tanto que salí con cara de enojo.

ÉRIC No te preocupes... Ésa es la cara que vas a poner cuando estés en la selva.

DIANA Es necesario que memoricen esto. A ver, repitan: tenemos que salir por la puerta 12.

FABIOLA, ÉRIC Y JOHNNY Tenemos que salir por la puerta 12.

DIANA El autobús del hotel nos va a recoger a las 8:30.

FABIOLA Y ÉRIC El autobús del hotel nos va a recoger a las 8:30.

ÉRIC Sí, pero en el Amazonas, Fabiola. ¡Amazonas!

MARIELA Es tan arriesgado que van a tener un guía turístico y el alojamiento más lujoso de la selva.

ÉRIC Mientras ella escribe su artículo en la seguridad del hotel, yo voy a estar explorando y tomando fotos. Debo estar protegido.

FABIOLA Según parece, de lo único que debes estar protegido es de ti mismo.

Juegan a que están en la selva.

JOHNNY (*con la cara pintada*) ¿Cuál es el chiste? Los soldados llevan rayas... Lo he visto en las películas.

ÉRIC Intentémoslo nuevamente.

JOHNNY Esta vez soy un puma que te ataca desde un árbol.

ÉRIC Mejor.

Antes de despedirse, Éric guarda cosas en su maleta.

AGUAYO Por la seguridad de todos creo que debes dejar tu machete, Éric.

ÉRIC ¿Por qué debo dejarlo? Es un machete de mentiras.

DIANA Pero te puede traer problemas reales.

AGUAYO Todos en la selva te lo van a agradecer.

Personajes

AGUAYO

DIANA

ÉRIC

FABIOLA

JOHNNY

MARIELA

DIANA El último número que deben recordar es cuarenta y ocho dólares con cincuenta centavos.

FABIOLA Y ÉRIC Cuarenta y ocho dólares con cincuenta centavos.

JOHNNY Y ese último número, ¿para qué es?

DIANA Es lo que van a tener que pagar por llegar en taxi al hotel si olvidan los dos números primeros.

ÉRIC (*Entra vestido de explorador.*) Fuera, cobardes, la aventura ha comenzado.

MARIELA ¿Quién crees que eres? ¿México Jones?

ÉRIC No. Soy Cocodrilo Éric, el fotógrafo más valiente de la selva. Listo para enfrentar el peligro.

FABIOLA ¿Qué peligro? Vamos a hacer un reportaje sobre ecoturismo... ¡Ecoturismo!

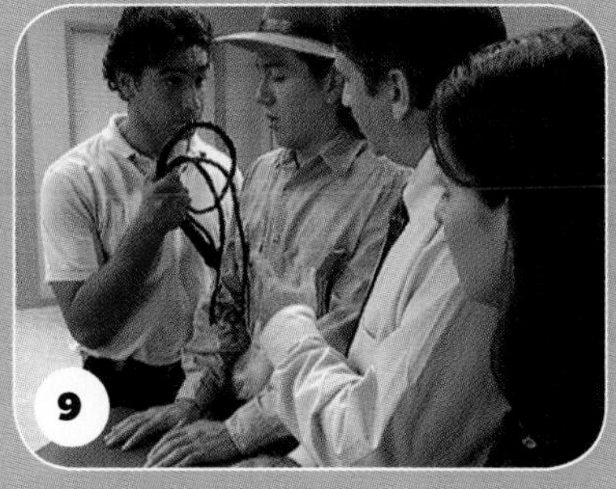

ÉRIC ¿Alguien me puede ayudar a cerrar la maleta?

JOHNNY ¿Qué rayos hay acá dentro?

AGUAYO Es necesario que dejes algunas cosas.

ÉRIC Imposible. Todo lo que llevo es de primerísima necesidad.

JOHNNY ¿Cómo? ¿Esto?

Johnny saca un látigo de la maleta.

Diana cierra la maleta con cinta adhesiva.

DIANA Listo... ¡Buen viaje!

AGUAYO Espero que disfruten y que traigan el mejor reportaje que puedan.

JOHNNY Y es importante que no traten de mostrarse ingeniosos, ni cultos; sólo sean ustedes mismos.

DIANA Y no olviden sus pasaportes.

ÉRIC Ahora que me acuerdo... ¡lo había puesto en la maleta!

Expresiones útiles

Making comparisons

Soy el fotógrafo más valiente de la selva.
I am the bravest photographer in the jungle.

Van a tener el alojamiento más lujoso de la selva.
You're going to have the finest accommodations in the jungle.

Es el hotel menos costoso de la región.
It's the least expensive hotel in the region.

Ir en autobús es menos caro que ir en taxi.
It's less expensive to take a bus than a taxi.

El hotel es tan caro como el boleto.
The hotel is as expensive as the ticket.

Using negative, affirmative, and indefinite expressions

¿Alguien me puede ayudar?
Can somebody help me?

No hay nadie que te pueda ayudar.
There is no one who can help you.

Hay que dejar algunas cosas.
I/we/etc. have to leave some things behind.

No hay nada que pueda dejar.
There is nothing I can leave behind.

Additional vocabulary

arriesgado/a *risky*
de mentiras *pretend*
enfrentar *to confront*
lujoso/a *luxurious*
protegido/a *protected*
la puerta de embarque *(airline) gate*
¿Qué rayos...? *What on earth...?*
la raya *stripe*

Comprensión

① **Comprensión** Contesta las preguntas con oraciones completas.

1. ¿Adónde van Éric y Fabiola?
2. ¿Por qué a Fabiola no le gusta la foto del pasaporte?
3. ¿A qué hora los recoge el autobús del hotel?
4. ¿Por qué van de viaje?
5. ¿Será realmente un viaje arriesgado?
6. ¿Por qué Éric tiene que dejar algunas cosas?

② **Preguntas y respuestas** Une las preguntas de la **Fotonovela** con las respuestas apropiadas. Luego identifica quién dice cada oración.

AGUAYO DIANA ÉRIC FABIOLA JOHNNY MARIELA

____ 1. ¿Me dejas ver tu pasaporte?

____ 2. Y ese último número, ¿para qué es?

____ 3. ¿Quién crees que eres? ¿México Jones?

____ 4. ¿Por qué debo dejarlo? Es un machete de mentiras.

____ 5. ¿Alguien me puede ayudar a cerrar la maleta?

a. Es lo que van a tener que pagar por llegar en taxi.

b. Es necesario que dejes algunas cosas.

c. No me gusta como estoy en la foto.

d. No, soy el fotógrafo más valiente de la selva.

e. Sí, pero te puede traer problemas reales.

③ **Consejos**

A. Diana y Aguayo les dan varios consejos a Fabiola y a Éric antes de su viaje a la selva. Utiliza el subjuntivo o el infinitivo para completar las sugerencias que les dan.

1. Es necesario que ______ esto.
2. El último número que deben ______ es cuarenta y ocho dólares con cincuenta centavos.
3. Es el dinero que van a tener que ______ para tomar un taxi.
4. Creo que debes ______ tu machete.
5. Es necesario que ______ parte del equipaje.
6. Espero que ______ y que ______ el mejor reportaje que puedan.

B. ¿Qué sugerencias les darían ustedes? En parejas, escriban una lista de seis o siete consejos, órdenes y sugerencias para que disfruten de sus vacaciones y eviten problemas.

MODELO Creo que deben probar la comida típica de Venezuela.
Espero que no hagan nada arriesgado y que tengan cuidado con los animales de la selva.

Practice more at **enfoques.vhlcentral.com.**

Ampliación

4 **¿Te gusta hacer ecoturismo?** En parejas, háganse las preguntas. Luego, recomienden un viaje ideal para su compañero/a según los resultados.

Sí	Más o menos	No		Clave	
☐	☐	☐	1. ¿Te gusta ir de campamento?	**Sí** =	2 puntos
☐	☐	☐	2. ¿Sabes prender fuego?	**Más o menos** =	1 punto
☐	☐	☐	3. ¿Sabes cocinar?	**No** =	0 puntos
☐	☐	☐	4. ¿Te gusta ver animales salvajes?	**Resultados**	
☐	☐	☐	5. ¿Te gusta caminar mucho?	0 a 4	No intentes hacer ecoturismo.
☐	☐	☐	6. ¿Puedes estar una semana sin bañarte?	5 a 8	Puedes hacer ecoturismo.
				9 a 12	¿A qué esperas para hacer ecoturismo?

5 **Apuntes culturales** En parejas, lean los párrafos y contesten las preguntas.

El felino más temido

Johnny juega a ser un puma dispuesto a atacar a Éric. El puma habita en todo el continente americano, especialmente en montañas y bosques (*forests*). Es el segundo felino más grande del continente americano, después del jaguar. Por su fortaleza y agilidad, los incas lo consideraron el símbolo supremo de poder y fuerza. ¿Podrá Éric contra la astucia (*shrewdness*) de este felino?

Ecoturismo en Centroamérica

Fabiola y Éric van a realizar un reportaje sobre ecoturismo. En Centroamérica, el ecoturismo constituye no sólo una fuente importante de trabajo, sino también una forma de obtener recursos económicos para la administración de las áreas protegidas. Actualmente existen más de 550 áreas protegidas, lo que representa aproximadamente un 25% del territorio de la región.

El pulmón del planeta

La selva amazónica es la reserva ecológica generadora de oxígeno más grande del planeta. Comprende, entre otros países, Brasil, Colombia, Venezuela y Perú. Desafortunadamente, la deforestación de esta zona está reduciendo su área aceleradamente. ¿Podrán los personajes de *Facetas* fomentar en su reportaje la lucha contra la deforestación?

1. ¿Qué animales fueron considerados sagrados en el pasado? ¿Y en la actualidad?
2. ¿Hay áreas protegidas en la región donde vives? ¿Cuál es su importancia para los habitantes de la zona? ¿Contienen especies amenazadas (*threatened*)?
3. ¿Conoces otros lugares donde se puede hacer ecoturismo? ¿Cuáles son?
4. ¿Qué significa la expresión "el pulmón del planeta" (*the world's lung*)? ¿Qué otros "pulmones" existen? ¿Por qué es importante preservarlos?

En detalle

CENTROAMÉRICA

LA RUTA DEL CAFÉ

Los turistas que llegan a Finca° Esperanza Verde, "ecoalbergue" ubicado a 1.200 metros (4.000 pies) de altura en la selva tropical nicaragüense, descubren un paraíso natural con bosques, exuberantes montañas y aves tropicales. En este paraíso, los turistas pueden visitar un cafetal° y conocer los aspectos humanos y ecológicos que se conjugan° para que podamos disfrutar de algo tan simple como una taza de café.

El café, ese compañero de las mañanas, es el protagonista de la vida social, cultural y económica de Centroamérica. Para el visitante, esto salta a la vista apenas llega a estas tierras: el paisaje está cubierto de cafetales. Hoy día, dos terceras partes del café de todo el mundo son de origen americano.

Esta popular bebida llegó a América en el siglo XVIII. Pocos años después, su cultivo° se había extendido por México y Centroamérica. Los bajos precios del café en los últimos años han llevado a los productores centroamericanos a diversificar sus actividades: han iniciado el cultivo de café orgánico, han creado cooperativas de comercio justo° que buscan alcanzar° precios más equitativos° para productores y consumidores, y han empezado a promover el ecoturismo.

El país pionero fue Costa Rica, que organizó la primera Ruta del Café, pero ya todos los países centroamericanos, y también algunos sudamericanos, han creado sus rutas. Un día por la Ruta del Café suele constar de° una visita a las plantaciones de café, donde no sólo se conoce el proceso de cultivo y producción, sino que también se pueden tomar unas tazas de café. Después, se organizan almuerzos con platos típicos y, para terminar la jornada°, se visitan rutas históricas y pueblos cercanos donde los turistas pueden disfrutar del folklore local y comprar artesanías°. ■

La ruta del café en el siglo XVIII

Europa
Venecia 1615
Marsella 1644
Estambul 1555
Persia
El Cairo 1510
Etiopía
África
Santo Domingo 1731
Martinica 1730
Caribe

Finca *Farm* **cafetal** *coffee plantation* **se conjugan** *are combined* **cultivo** *cultivation* **comercio justo** *fair trade* **alcanzar** *to reach* **equitativos** *equal; fair* **constar de** *to consist of* **jornada** *day* **artesanías** *handicrafts*

ASÍ LO DECIMOS

Los viajes

el turismo sostenible *sustainable tourism*
el turismo sustentable *sustainable tourism*

el billete (Esp.) *ticket*
el boleto (Amér. L.) *ticket*
el boleto redondo (Méx.) *round-trip ticket*

la autopista (Esp.) *turnpike; toll road*
la autovía (Esp.) *highway*
la carretera (Esp.) *road*

la burra (Gua.) *bus*
la guagua (Carib.) *bus*

EL MUNDO HISPANOHABLANTE

De América al mundo

El tomate Su nombre se deriva de la palabra náhuatl° *tomatl*. Entró en Europa por la región de Galicia, en el noroeste de España, y se extendió luego a Francia e Italia. Los españoles y los portugueses lo difundieron° por el Oriente Medio, África, Estados Unidos y Canadá.

El maíz Es uno de los cereales de mayor producción mundial junto con el trigo y el arroz. A pesar de las controversias acerca de su origen exacto, los investigadores coinciden en que los indígenas de América Central y México lo difundieron por el continente, los conquistadores lo introdujeron a Europa y los comerciantes lo llevaron a Asia y África.

La papa o patata Estudios científicos ubican el origen de la papa en el Perú. En la actualidad, la papa se consume por todo el mundo, siendo Bielorrusia (Europa Oriental) el país donde más papas se consumen per cápita. Cada persona consume un promedio de 181 kilogramos (399 libras) al año.

PERFIL

EL CANAL DE PANAMÁ

El Canal de Panamá, una de las obras arquitectónicas más extraordinarias del planeta, une° los océanos Atlántico y Pacífico a través del istmo° de Panamá. Es, a su vez, una ruta importantísima para la economía mundial, pues lo cruzan° más de 14.000 barcos por año, es decir, unos 270 barcos por semana. La monumental obra, construida por los Estados Unidos entre 1904 y 1914, consta de dos lagos artificiales, varios canales, tres estructuras de compuertas° y una represa°. Como no todo el canal se encuentra al nivel del mar, la finalidad° de las esclusas° es subir y bajar los barcos entre los niveles de los dos océanos y el nivel del canal. Dependiendo del tránsito, la travesía° por este atajo° de 80 kilómetros (50 millas) puede demorar° hasta 10 horas. Panamá y Estados Unidos negociaron la entrega del canal a Panamá en 1977, que pasó a estar bajo control panameño el 31 de diciembre de 1999.

“Viajar es imprescindible y la sed de viaje, un síntoma neto de inteligencia.” (Enrique Jardiel Poncela, escritor español)

Conexión Internet

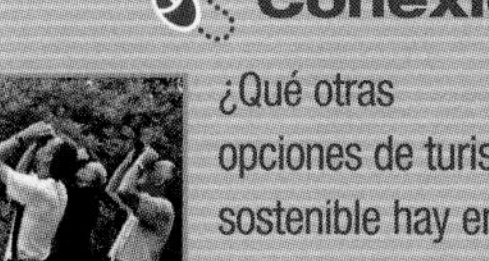

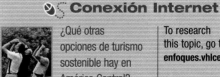

¿Qué otras opciones de turismo sostenible hay en América Central?

To research this topic, go to **enfoques.vhlcentral.com.**

une *links* **istmo** *isthmus* **cruzan** *cross* **compuertas** *lockgates* **represa** *dam* **finalidad** *purpose* **esclusas** *locks* **travesía** *crossing (by boat)* **atajo** *shortcut* **demorar** *last* **náhuatl** *Uto-Aztecan language* **difundieron** *spread*

¿Qué aprendiste?

1 ¿Cierto o falso? Indica si estas afirmaciones son **ciertas** o **falsas**. Corrige las falsas.

1. El ecoalbergue Finca Esperanza Verde se encuentra en una zona montañosa de Costa Rica.
2. Los turistas que van a Finca Esperanza Verde pueden visitar un cafetal que se encuentra allí mismo.
3. La mitad del café mundial se produce en América.
4. El café es originario del continente americano.
5. El café llegó a América a través de México.
6. Los productores tuvieron que diversificar sus actividades debido a los bajos precios del café.
7. La finalidad de las cooperativas de comercio justo es ayudar a que los productores reciban un pago justo y los consumidores paguen precios razonables.
8. El primer país en crear una Ruta del Café fue Honduras.
9. Los turistas pueden visitar las plantaciones, pero no pueden presenciar el proceso de producción.
10. Los turistas que van a la Ruta del Café suelen visitar también las rutas históricas de la zona.

2 Oraciones incompletas Completa las oraciones con la información correcta.

1. El Canal de Panamá está en manos panameñas ________________.
2. El Canal de Panamá tiene ________________ artificiales.
3. Se usa un sistema de esclusas porque ________________.
4. En el Caribe, *guagua* significa ________________.
5. ________________ difundieron el tomate por el Oriente Medio.

3 Preguntas En parejas, contesten las preguntas.

1. ¿Qué papel tiene el café en tu cultura? ¿Tiene la misma importancia que en la cultura centroamericana?
2. ¿Prefieres productos ecológicos y productos que garantizan el comercio justo o compras productos comunes?
3. ¿Qué tipo de turismo sueles hacer? ¿Hiciste alguna vez ecoturismo?
4. ¿Qué alimentos provenientes de otros continentes forman parte de tu dieta?

4 Opiniones En grupos de tres, contesten estas preguntas: ¿Es bueno para los países recibir turismo? ¿Por qué? ¿Qué consecuencias tiene la llegada del turismo a ciertas zonas? ¿Qué beneficios tiene viajar?

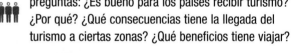

Practice more at enfoques.vhlcentral.com.

PROYECTO

Príncipe Alberto II de Mónaco

Un viaje por la Ruta del Café

Busca información sobre una excursión organizada por una Ruta del Café. Imagina que vas a la excursión y escribe una pequeña descripción de un día de visita, basándote en la información que has encontrado.

Incluye información sobre:

- los platos típicos que comiste
- los pueblos que visitaste
- lo que aprendiste sobre el café
- lo que fue más interesante de la visita
- lo que compraste para llevar a casa

¡Viajar y gozar!

Ya has visto algunos de los maravillosos lugares que puedes visitar en Latinoamérica. En este episodio de **Flash Cultura**, conocerás cómo debes preparar todo para que tu viaje por Costa Rica sea seguro y placentero.

VOCABULARIO ÚTIL

amable *kind*
brindar *to provide*
el cajero automático *ATM*
jubilado/a *retired*
la moneda local *local currency*
regatear *to bargain*
sacar dinero *to withdraw money*
la tarifa (fija) *(fixed) rate*

Preparación ¿Adónde te gusta ir de vacaciones? ¿Vas siempre al mismo lugar o prefieres explorar sitios nuevos? ¿Qué debe tener un país para que decidas visitarlo?

Comprensión Indica si estas afirmaciones son ciertas o falsas. Después, en parejas, corrijan las falsas.

1. Aunque en algunas ciudades los taxis tienen taxímetro, en otras debes preguntar el precio y regatear antes de subir.
2. La moneda local de Costa Rica se llama "sanjosé".
3. En este país sólo se puede pagar con dinero en efectivo porque no existen las tarjetas de crédito.
4. El corresponsal recomienda recorrer San José en bicicleta el primer día.
5. El mayor flujo de turismo es de jóvenes que buscan aventuras y de personas jubiladas que quieren descansar.
6. Lo que más interesa de Costa Rica son los volcanes, los parques nacionales y las playas.

Expansión En parejas, contesten estas preguntas.

- ¿Alguna vez regatearon algún precio? ¿Están dispuestos a hacerlo con un taxi en Costa Rica o prefieren aceptar el precio sin objeción?
- Cuando viajan, ¿compran una guía del lugar? ¿Saben leer mapas o se pierden fácilmente?
- ¿Les gustaría vivir en Costa Rica? ¿Por qué?

 Practice more at **enfoques.vhlcentral.com.**

Corresponsal: Alberto Cuadra
País: Costa Rica

Los viajes requieren preparación; desde conseguir información de los sitios que vas a visitar y de las costumbres locales, hasta cómo conseguir las visas, los boletos y el cambio° de dinero.

Si vas a estar varios días en una sola ciudad, pasa el primer día caminando, así te darás cuenta de las distancias.

Es un país de mucha paz°, tenemos buenas playas, buenas montañas... y la gente muy amable, por eso muchos vienen a Costa Rica... Y la policía... también somos simpáticos.

cambio *exchange* **paz** *peace*

5.1 Comparatives and superlatives

Comparisons of inequality

- With adjectives, adverbs, nouns, and verbs, use these constructions to make comparisons of inequality (*more than/less than*).

más/menos + [*adjective* / *adverb* / *noun*] + **que**

[*verb*] + **más/menos que**

ADJECTIVE

Este hotel es **más elegante que** aquél.
This hotel is more elegant than that one.

NOUN

Juan tiene **menos tiempo que** Ema.
Juan has less time than Ema does.

ADVERB

¡Llegaste **más tarde que** yo!
You arrived later than I did!

VERB

Mi hermano **viaja menos que** yo.
My brother travels less than I do.

- When the focus of a comparison is a noun and the second term of the comparison is a verb or a clause, use these constructions to make comparisons of inequality.

más/menos + [*noun*] + **del/de la que** / **de los/las que** + [*verb or clause*]

Había **más** asientos **de los que** necesitábamos.
There were more seats than we needed.

La ciudad tiene **menos** ruinas **de las que** esperábamos.
The city has fewer ruins than we expected.

Comparisons of equality

- Use these constructions to make comparisons of equality (*as... as*).

tan + [*adjective* / *adverb*] + **como**

tanto/a(s) + [*singular noun* / *plural noun*] + **como**

[*verb*] + **tanto como**

ADJECTIVE

El vuelo de regreso no parece **tan largo como** el de ida.
The return flight doesn't seem as long as the flight over.

NOUN

Cuando viajo a la ciudad, tengo **tantas maletas como** tú.
When I travel to the city, I have as many suitcases as you do.

ADVERB

Se puede ir de Madrid a Sevilla **tan rápido** en tren **como** en avión.
You can get from Madrid to Sevilla as quickly by train as by plane.

VERB

Guillermo **disfrutó tanto como** yo en las vacaciones.
Guillermo enjoyed our vacation as much as I did.

TALLER DE CONSULTA

MANUAL DE GRAMÁTICA
Más práctica

5.1 Comparatives and superlatives, p. A28
5.2 Negative, affirmative, and indefinite expressions, p. A29
5.3 The subjunctive in adjective clauses, p. A30

Más gramática

5.4 **Pero** and **sino**, p. A31

¡ATENCIÓN!

Before a number (or equivalent expression), *more/less than* is expressed with **más/menos de**.

El pasaje cuesta más de trescientos dólares.
The ticket costs more than three hundred dollars.

¡ATENCIÓN!

Tan and **tanto** can also be used for emphasis, rather than to compare:

tan *so*
tanto *so much*
tantos/as *so many*

¡El viaje es tan largo!
The trip is so long!

¡Viajas tanto!
You travel so much!

¿Siempre traes tantas maletas?
Do you always bring so many suitcases?

Superlatives

- Use this construction to form superlatives (**superlativos**). The noun is preceded by a definite article, and **de** is the equivalent of *in, on,* or *of.* Use **que** instead of **de** when the second part of the superlative construction is a verb or a clause.

el/la/los/las + [*noun*] + **más/menos** + [*adjective*] + **de** + [*noun*] / **que** + [*verb or clause*]

Ésta es **la playa más bonita de** todas.	Es **el hotel menos caro que** he visto.
This is the prettiest beach of them all.	*It is the least expensive hotel I've seen.*

- The noun may also be omitted from a superlative construction.

Me gustaría comer en **el** restaurante **más elegante** de la ciudad.	Las Dos Palmas es **el más elegante de** la ciudad.
I would like to eat at the most elegant restaurant in the city.	*Las Dos Palmas is the most elegant one in the city.*

Irregular comparatives and superlatives

Adjective	Comparative form	Superlative form
bueno/a *good*	**mejor** *better*	**el/la mejor** *best*
malo/a *bad*	**peor** *worse*	**el/la peor** *worst*
grande *big*	**mayor** *bigger*	**el/la mayor** *biggest*
pequeño/a *small*	**menor** *smaller*	**el/la menor** *smallest*
viejo/a *old*	**mayor** *older*	**el/la mayor** *oldest*
joven *young*	**menor** *younger*	**el/la menor** *youngest*

- When **grande** and **pequeño/a** refer to size and not age or quality, the regular comparative and superlative forms are used.

Ernesto es **mayor** que yo.	Ese edificio es **el más grande** de todos.
Ernesto is older than I am.	*That building is the biggest one of all.*

- When **mayor** and **menor** refer to age, they follow the noun they modify. When they refer to quality, they precede the noun.

María Fernanda es mi hermana **menor.**	Hubo un **menor** número de turistas.
María Fernanda is my younger sister.	*There was a smaller number of tourists.*

- The adverbs **bien** and **mal** also have irregular comparatives, **mejor** and **peor**.

Mi esposo maneja muy mal. ¿Y el tuyo?	¡Mi esposo maneja **peor** que los turistas!
My husband is a bad driver. How about yours?	*My husband drives worse than the tourists!*
Tú puedes hacerlo bien por ti mismo.	Ayúdame, que tú lo haces **mejor** que yo.
You can do it well by yourself.	*Help me; you do it better than I do.*

¡ATENCIÓN!

Absolute superlatives

The suffix **–ísimo/a** is added to adjectives and adverbs to form the absolute superlative.

This form is the equivalent of *extremely* or *very* before an adjective or adverb in English.

malo → malísimo

mucha → muchísima

difícil → dificilísimo

fácil → facilísimo

Adjectives and adverbs with stems ending in **c**, **g**, or **z** change spelling to **qu**, **gu**, and **c** in the absolute superlative.

rico → riquísimo

larga → larguísima

feliz → felicísimo

Adjectives that end in **–n** or **–r** form the absolute superlative by adding **–císimo/a**.

joven → jovencísimo

Práctica

TALLER DE CONSULTA

MANUAL DE GRAMÁTICA
Más práctica

5.1 Comparatives and superlatives, p. A28

1 Demasiadas deudas Ágata trabaja en una agencia de viajes y su amiga Elena en un hotel. Completa la conversación con las palabras de la lista.

baratísimos	más	menor	muchísimas
como	mejor	menos	que

ELENA Tengo (1) ________ deudas (*debts*) y necesito ganar (2) ________ dinero.

ÁGATA ¿Por qué no mandas tu currículum a mi empresa? No es tan prestigiosa (3) ________ la tuya, pero paga mejor.

ELENA Tú trabajas (4) ________ horas (5) ________ yo, pero ganas más.

ÁGATA Y cuando quiero viajar, los pasajes me salen (6) ________, mientras que en el hotel no te dan ni el (7) ________ descuento.

ELENA ¡Sin duda tu trabajo es (8) ________ que el mío!

2 El peor viaje de su vida Conecta las frases de la izquierda con las correspondientes de la derecha para formar oraciones lógicas.

___ 1. El sábado pasado, Alberto y yo hicimos el peor
___ 2. Yo llegué al aeropuerto más temprano
___ 3. Pero él pasó por seguridad más rápido
___ 4. Luego anunciaron que el vuelo estaba retrasado más
___ 5. Por fin salimos, tan cansados
___ 6. De repente, hubo un olor
___ 7. Alberto gritaba tanto
___ 8. Al final, pasamos las vacaciones en casa. Lo bueno es que tuvimos más visitas

a. como enojados.
b. como yo hasta que logramos aterrizar (*land*).
c. de tres horas a causa de un problema mecánico.
d. malísimo; ¡el motor se había prendido fuego!
e. de las que esperábamos.
f. que Alberto y no lo podía encontrar.
g. que yo y por fin nos encontramos en la puerta de embarque.
h. viaje de nuestra vida.

3 Oraciones Mira la información del cuadro y escribe cinco oraciones con superlativos y cinco con comparativos. Sigue el modelo.

MODELO *Avatar* es más popular que *Luna nueva*. *Avatar* es la película más vista de los últimos años.

Harry Potter	libro	menor
Jessica Alba	actriz	famosa
Steve Jobs	hombre de negocios	rico
El Nilo	río	largo
Disneyland	lugar	feliz

Practice more at **enfoques.vhlcentral.com.**

Comunicación

4 **Un viaje inolvidable**

A. Habla con un(a) compañero/a sobre el viaje más inolvidable de tu vida. Puede ser un viaje buenísimo o un viaje malísimo, e incluso puede ser un viaje imaginario. Debes decir por lo menos siete u ocho oraciones usando comparativos y superlativos, y algunas de las palabras de la lista. Túrnense.

mejor/peor que	tan
más/menos que	como
de los mejores/peores	buenísimo/malísimo

B. Ahora describe el viaje de tu compañero/a al resto de la clase. La clase tratará de adivinar qué viajes son verdaderos y cuáles son ficticios.

5 **Las vacaciones ideales** En grupos de cuatro, imaginen que son miembros de una familia que ganó un viaje de tres semanas a cualquier país del mundo. El único problema es que tienen que ponerse de acuerdo acerca del destino.

A. Primero, cada uno/a debe decidir cuál es el país ideal para sus vacaciones y escribir una descripción breve con las razones para escogerlo. Utiliza comparativos y superlativos en tu descripción.

B. Luego, túrnense para presentar sus opiniones y traten de convencer a los demás de que su país ideal es el mejor de todos. Deben usar comparativos y superlativos para comparar las atracciones de cada país. Compartan su decisión final con la clase.

MODELO Es obvio que Venezuela es el mejor país para nuestras vacaciones. Venezuela tiene la catarata más alta del mundo y unas playas tan bonitas como las de la República Dominicana. Además, ¡las arepas venezolanas son más ricas que las tortillas mexicanas! Venezuela tiene más atracciones de las que se pueden imaginar. Ya verán que no me equivoco.

5.2 Negative, affirmative, and indefinite expressions

Cocodrilo Éric no le tiene miedo a nada.

TALLER DE CONSULTA

To express contradictions, **pero** and **sino** are also used.

See **Manual de gramática**, 5.4, p. A31.

- The following chart shows negative, affirmative, and indefinite expressions.

algo *something; anything*	**nada** *nothing; not anything*
alguien *someone; somebody; anyone*	**nadie** *no one; nobody; not anyone*
alguno/a(s), algún *some; any*	**ninguno/a, ningún** *no; none; not any*
o... o *either... or*	**ni... ni** *neither... nor*
siempre *always*	**nunca, jamás** *never; not ever*
también *also; too*	**tampoco** *neither; not either*

- In Spanish, double negatives are perfectly acceptable.

¿Dejaste **algo** en la mesa?
Did you leave something on the table?

No, **no** dejé **nada**.
No, I didn't leave anything.

Siempre tuvimos ganas de viajar a Costa Rica.
We always wanted to travel to Costa Rica.

Hasta ahora, **no** tuvimos **ninguna** oportunidad de ir.
Until now, we had no chance to go there.

- Most negative statements use the pattern **no** + [*verb*] + [*negative word*]. When the negative word precedes the verb, **no** is omitted.

No lo extraño **nunca**.
I never miss him.

Nunca lo extraño.
I never miss him.

Su opinión sobre política internacional **no** le importa a **nadie**.
His opinion on international politics doesn't matter to anyone.

A **nadie** le importa su opinión sobre política internacional.
Nobody cares about his opinion on international politics.

- Once one negative word appears in an English clause, no other negative word may be used. In Spanish, however, once a negative word is used, all other elements must be expressed in the negative if possible.

No le digas **nada** a **nadie**.
Don't say anything to anyone.

No quiero **ni** pasta **ni** pizza.
I don't want pasta or pizza.

Tampoco hables **nunca** de esto.
Don't ever talk about this.

Tampoco quiero **nada** para tomar.
I don't want anything to drink.

- The personal **a** is used before negative and indefinite words that refer to people when they are the direct object of the verb.

Nadie me comprende. ¿Por qué será? *No one understands me. Why is that?*	Porque tú no comprendes **a nadie**. *Because you don't understand anyone.*
Algunos pasajeros prefieren no desembarcar en los puertos. *Some passengers prefer not to disembark at the ports.*	Pues, no conozco **a ninguno** que se quede en el crucero. *Well, I don't know of any who stay on the cruise ship.*

- Before a masculine, singular noun, **alguno** and **ninguno** are shortened to **algún** and **ningún**.

¿Ha sufrido **algún** daño en el choque?
Have you suffered any harm in the accident?

Me había puesto el cinturón de seguridad, por lo que no sufrí **ningún** daño.
I had fastened my seatbelt, and so I suffered no injuries.

- **Tampoco** means *neither* or *not either*. It is the opposite of **también**.

Mi novia no soporta los congestionamientos en el centro, ni yo **tampoco**.
My girlfriend can't stand the traffic jams downtown, and neither can I.

Por eso toma el metro, y yo **también**.
That's why she takes the subway, and so do I.

¿Esto también es de primerísima necesidad?

- The conjunction **o… o** (*either… or*) is used when there is a choice to be made between two options. **Ni… ni** (*neither… nor*) is used to negate both options.

Debo hablar **o** con el gerente **o** con la dueña.
I have to speak with either the manager or the owner.

El precio del pasaje **ni** ha subido **ni** ha bajado en los últimos días.
The price of the ticket has neither risen nor fallen in the past few days.

- The conjunction **ni siquiera** (*not even*) is used to add emphasis.

Ni siquiera se despidieron antes de salir.
They didn't even say goodbye before they left.

La señora Guzmán no viaja nunca, **ni siquiera** para visitar a sus nietos.
Mrs. Guzmán never travels, not even to visit her grandchildren.

¡ATENCIÓN!

Cualquiera can be used to mean *any, anyone, whoever, whatever,* or *whichever.* When used before a singular noun (masculine or feminine) the **–a** is dropped.

Cualquiera haría lo mismo.
Anyone would do the same.

Llegarán en cualquier momento.
They will arrive at any moment.

¡ATENCIÓN!

In the conjunction **o... o,** the first **o** can be omitted.
Debo hablar (o) con el gerente o con la dueña.

In the conjunction **ni... ni,** the first **ni** can be omitted when it comes after the verb.
No me interesa (ni) la política ni la economía.

When the first **ni** goes before the verb, **no... ni** can be used instead of **ni... ni.**
El precio no/ni ha subido ni ha bajado.

Práctica

TALLER DE CONSULTA

MANUAL DE GRAMÁTICA
Más práctica

5.2 Negative, affirmative, and indefinite expressions, p. A29

1. **Comidas típicas** Marlene acaba de regresar de un viaje a Madrid y le fascinó la comida española. Completa su conversación con Frank usando las expresiones del recuadro.

alguna	ni... ni	o... o
nadie	ningún	tampoco
	nunca	

MARLENE Frank, ¿(1) ______ vez has probado las tapas españolas?
FRANK No, (2) ______ he probado la comida española.
MARLENE ¿De veras? ¿No has probado (3) ______ la tortilla de patata (4) ______ la paella?
FRANK No, no he comido (5) ______ plato español. (6) ______ conozco los ingredientes típicos de la cocina española.
MARLENE Entonces tenemos que salir a comer juntos. ¿Conoces el restaurante llamado Carmela?
FRANK No, no conozco (7) ______ restaurante con ese nombre.
MARLENE (8) ______ lo conoce. Es nuevo, pero es muy bueno. A mí me viene bien que vayamos (9) ______ el lunes (10) ______ el jueves que viene.
FRANK El jueves también me viene bien.

2. **El viajero** Imagina que eres un(a) viajero/a un poco especial y estás hablando de lo que no te gusta hacer en los viajes. Cambia las oraciones de positivas a negativas usando las expresiones correspondientes. Sigue el modelo.

MODELO **Yo siempre como la comida del país.**
Yo nunca como la comida del país.

1. Cuando voy de viaje, siempre compro algunos regalos típicos.
2. A mí también me gusta visitar todos los lugares turísticos.
3. Yo siempre hablo el idioma del país con todo el mundo.
4. Normalmente, o alquilo un carro o alquilo una motocicleta.
5. Siempre intento visitar a algún conocido de mi familia.
6. Cuando visito un lugar nuevo, siempre hago algunos amigos.

3. **Argumentos** En parejas, escriban los argumentos que provocarían estas respuestas.

¡Yo jamás haría eso!
¡Yo nunca iría!
Nadie lo sabe.
Yo tampoco.
Ni puedo ni quiero verla.

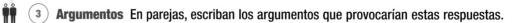

Practice more at **enfoques.vhlcentral.com.**

Comunicación

4 **Opiniones** **En grupos de cuatro, hablen sobre estos enunciados. Cada miembro da su opinión y el resto responde diciendo si está de acuerdo o no. Usen expresiones negativas, afirmativas e indefinidas.**

- Nadie tendría que necesitar pasaporte ni visa para entrar a un país extranjero.
- El turismo es siempre conveniente: los turistas favorecen la economía del país.
- Ningún vuelo tendría que retrasarse, incluso cuando hace mal tiempo.
- Está bien que las compañías aéreas cobren por todas las maletas que llevan los pasajeros.
- No hay ningún tipo de turismo mejor que el ecoturismo.
- Siempre es mejor irse de vacaciones a relajarse que a ver museos y monumentos.
- Los turistas siempre deben hablar la lengua del país que visitan.
- Nunca se puede decir: "jamás viviría en otro país", porque nunca se sabe.

5 **Escena**

A. En grupos de tres, escriban una conversación entre un(a) hijo/a adolescente y sus padres usando expresiones negativas, afirmativas e indefinidas.

MODELO

HIJA ¿Por qué siempre desconfían de mí? No soy ninguna mentirosa y mis amigos tampoco lo son. No tienen ninguna razón para preocuparse.
MAMÁ Sí, hija, muy bien, pero recuerda que...
HIJA Por última vez, ¿puedo ir... ?
PAPÁ ...

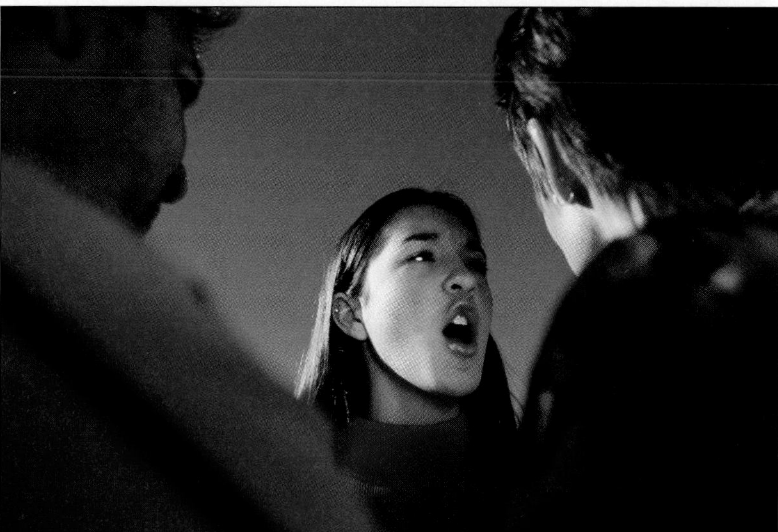

B. Ahora representen ante la clase la conversación que escribieron.

5.3 The subjunctive in adjective clauses

¡ATENCIÓN!

An adjective clause (**oración subordinada adjetiva**) is one that modifies or describes a noun or pronoun in the main clause.

- When an adjective clause describes an antecedent that is known to exist, use the indicative. When the antecedent is uncertain or unknown, use the subjunctive.

MAIN CLAUSE	CONNECTOR	SUBORDINATE CLAUSE
Busco un trabajo	**que**	pague **bien.**

ANTECEDENT CERTAIN → INDICATIVE	ANTECEDENT UNCERTAIN → SUBJUNCTIVE
Necesito el libro que **tiene** información sobre las ruinas mayas. *I need the book that has information about Mayan ruins.*	Necesito un libro que **tenga** información sobre las ruinas mayas. *I need a book that has information about Mayan ruins.*
Buscamos los documentos que **describen** el itinerario del viaje. *We're looking for the documents that describe the itinerary for the trip.*	Buscamos documentos que **describan** el itinerario del viaje. *We're looking for (any) documents that (may) describe the itinerary for the trip.*
Las personas que **van** a Costa Rica todos los años conocen bien la zona. *People who go to Costa Rica every year know the area well.*	Las personas que **vayan** a Costa Rica podrán visitar el nuevo museo. *People going to Costa Rica will be able to visit the new museum.*

- When the antecedent of an adjective clause is a negative pronoun (**nadie**, **ninguno/a**), the subjunctive is used in the subordinate clause.

¡No hay nadie que la pueda cerrar, Éric!

No hay nada que pueda dejar.

ANTECEDENT CERTAIN → INDICATIVE	ANTECEDENT UNCERTAIN → SUBJUNCTIVE
Elena tiene tres parientes que **viven** en San Salvador. *Elena has three relatives who live in San Salvador.*	Elena no tiene **ningún** pariente que **viva** en La Palma. *Elena doesn't have any relatives who live in La Palma.*
Para su viaje, hay dos países que **requieren** una visa. *For your trip, there are two countries that require visas.*	Para su viaje, no hay **ningún** país que **requiera** una visa. *For your trip, there are no countries that require a visa.*
Hay muchos viajeros que **quieren** quedarse en el hotel. *There are many travelers who want to stay at the hotel.*	No hay **nadie** que **quiera** alojarse en el albergue. *There is nobody who wants to stay at the hostel.*

- Do not use the personal **a** with direct objects that represent hypothetical persons.

ANTECEDENT UNCERTAIN → SUBJUNCTIVE	ANTECEDENT CERTAIN → INDICATIVE
Busco un guía que **hable** inglés. *I'm looking for a guide who speaks English.*	Conozco **a** un guía que **habla** inglés. *I know a guide who speaks English.*

- Use the personal **a** before **nadie, ninguno/a,** and **alguien**, even when their existence is uncertain.

ANTECEDENT UNCERTAIN → SUBJUNCTIVE	ANTECEDENT CERTAIN → INDICATIVE
No conozco **a nadie** que **se queje** tanto como mi suegra. *I don't know anyone who complains as much as my mother-in-law.*	Yo conozco **a alguien** que **se queja** aún más... ¡la mía! *I know someone who complains even more... mine!*

- The subjunctive is commonly used in questions with adjective clauses when the speaker is trying to find out information about which he or she is uncertain. If the person who responds knows the information, the indicative is used.

ANTECEDENT UNCERTAIN → SUBJUNCTIVE	ANTECEDENT CERTAIN → INDICATIVE
¿Me recomienda usted un hotel que **esté** cerca de la costa? *Can you recommend a hotel that is near the coast?*	Sí, el Hotel Flamingo **está** justo en la playa. *Yes, the Flamingo Hotel is right on the beach.*
¿Tiene otra brújula que **sea** más fácil de usar? *Do you have another compass that is easier to use?*	Vea ésta y, si no, tengo tres más que **son** muy fáciles de usar. *Look at this one, and if not, I have three others that are very easy to use.*

Hotel Tucán
En el Hotel Tucán su satisfacción es lo más importante. Si hay alguna cosa que podamos hacer para mejorar nuestros servicios, no dude en informarnos.

Práctica

TALLER DE CONSULTA

MANUAL DE GRAMÁTICA
Más práctica

5.3 Negative, affirmative, and indefinite expressions, p. A30

1 **Oraciones** Combina las frases de las dos columnas para formar oraciones lógicas. Recuerda que a veces vas a necesitar el subjuntivo y a veces no.

__c__ 1. Luis tiene un hermano que	a. sea alta e inteligente.
__d__ 2. Tengo dos primos que	b. sean respetuosos y estudiosos.
__e__ 3. No conozco a nadie que	c. canta cuando se ducha.
__a__ 4. Jorge busca una novia que	d. hablan español.
__b__ 5. Quiero tener hijos que	e. hable más de cinco lenguas.
__f__ 6. Quiero un carro que	f. sea muy económico.

2 **El agente de viajes** Carmen va a ir de vacaciones a Montelimar, en Nicaragua, y le escribe un correo electrónico a su agente de viajes explicándole cuáles son sus planes. Completa el correo electrónico con el subjuntivo o el indicativo.

De: Carmen <carmen@micorreo.com>
Para: Jorge <jorge@micorreo.com>
Asunto: Viaje a Montelimar

Querido Jorge:
Estoy muy contenta porque el mes que viene voy a viajar a Montelimar para tomar unas vacaciones. He estado pensando en el viaje y quiero decirte qué me gustaría hacer. Quiero ir a un hotel que (1) __sea__ (ser) de cinco estrellas y que (2) __tenga__ (tener) vista al mar. Me gustaría hacer una excursión que (3) __dure__ (durar) varios días y que me (4) __permita__ (permitir) ver el famoso lago Nicaragua. ¿Qué te parece?
Mi hermano me dice que hay un guía turístico que (5) __conoce__ (conocer) algunos lugares exóticos y que me puede llevar a verlos. También dice que el guía es un hombre que (6) __tiene__ (tener) el pelo muy rubio y (7) __es__ (ser) muy alto. ¿Tú lo conoces? Creo que se llama Ernesto Montero.
Espero tu respuesta.
Carmen

3 **El ideal** En parejas, imaginen cómo es el/la compañero/a ideal en cada una de estas situaciones. Si ya conocen a una persona que tiene las características ideales, también pueden hablar de él/ella. Utilicen el subjuntivo o el indicativo de acuerdo a la situación.

MODELO Lo ideal es vivir con alguien que no se queje demasiado.

- alguien con quien vivir
- alguien con quien trabajar
- alguien con quien ver películas de amor o de aventura
- alguien con quien comprar ropa
- alguien con quien estudiar
- alguien con quien viajar por el desierto del Sahara

Practice more at **enfoques.vhlcentral.com.**

Comunicación

4 **Anuncios** En parejas, imaginen que escriben anuncios para el diario *El País*. El jefe les ha dejado algunos mensajes indicándoles qué anuncios deben escribir. Escriban anuncios detallados sobre lo que se busca usando el indicativo o el subjuntivo. Después inventen dos anuncios originales para enseñárselos a la clase.

La familia Pérez busca a su perro Tomás, que se perdió en el parque. Aquí tienen una foto de él.
Miguel y Carlos Solís buscan un guía turístico para su viaje a los volcanes de Guatemala.

5 **Síntesis** La tormenta tropical Alberto azota (*is hitting*) las costas de Florida. Tú y un(a) compañero/a deben cubrir esta noticia para un programa de televisión. Uno/a de ustedes es el/la corresponsal y la otra persona es el/la conductor(a) del programa. Escriban una conversación sobre este desastre y sus consecuencias. Usen comparativos, superlativos, el subjuntivo en oraciones subordinadas adjetivas y expresiones negativas, afirmativas e indefinidas.

MODELO

CONDUCTOR(A) Cuéntanos, Juan Francisco, ¿cómo es la tormenta?
CORRESPONSAL ¡Nunca he visto una tormenta tan destructiva! ¡No hay casas que puedan soportar vientos tan fuertes!
CONDUCTOR(A) ¡Pero no es posible que el viento sea más fuerte que durante el huracán Jimena!
CORRESPONSAL Les aseguro que esta tormenta es la peor...

Antes de ver el corto

EL ANILLO

país Puerto Rico
duración 8 minutos
directora Coraly Santaliz Pérez

protagonistas la prometida, Arnaldo (su novio), el vagabundo, el dueño del restaurante, el empleado del restaurante, la novia del empleado, la anfitriona, la senadora

Vocabulario

el anillo *ring*
el azar *chance*
botar *to throw out*
botarse *(P. Rico; Cuba) to outdo oneself*
la casualidad *chance; coincidence*
el diamante *diamond*
echar *to throw away*
enganchar *to get caught*
la manga *sleeve*
la sortija *ring*
el tapón *traffic jam*
tirar *to throw*

1 Definiciones Conecta cada oración con la palabra correspondiente.

___ 1. Forma parte de una camisa.
___ 2. Sucede cuando hay mucho tráfico o cuando hay un accidente.
___ 3. Es un sinónimo de *anillo*.
___ 4. Es un conjunto de acontecimientos que ocurren por casualidad.
___ 5. Puede pasar esto si andas en bicicleta con pantalones muy anchos (*wide*).

a. azar
b. enganchar
c. diamante
d. manga
e. tapón
f. sortija
g. tirar

2 Preguntas En parejas, contesten las preguntas.

1. ¿Alguna vez perdiste algo de mucho valor? ¿Lo encontraste?
2. ¿Encontraste algo valioso en alguna ocasión? ¿Qué hiciste?
3. ¿Sueles perder cosas cuando vas de viaje?
4. Imagina que encuentras un anillo de diamantes en la habitación del hotel donde te alojas. ¿Qué haces?

3 Un anillo En parejas, miren la fotografía del cortometraje e imaginen lo que va a ocurrir en la historia. Compartan sus ideas con la clase.

Practice more at **enfoques.vhlcentral.com.**

Short Film

El Anillo

Premio al mejor guión en First Short Film Competition, patrocinado por The Film Foundation, Inc.

Producción Ejecutiva LUIS J. CRUZ ESPINETA "THE FILM FOUNDATION, INC."
Guión, Edición y Dirección CORALY SANTALIZ PÉREZ Producción CORALY SANTALIZ PÉREZ / JAN G. SANTIAGO ECHANDI
Dirección de Fotografía CARLOS J. ZAYAS PLAZA Música WALTER MORCIGLIO
Diseño de Sonido WALTER SANTALIZ Actores GERARDO ORTIZ / ANNETTE SANTALIZ / JOSÉ JORGE MEDINA /
SASHA BETANCOURT / ANDRÉS SANTIAGO / VIVIANA FUSARO / ELIA ENID CADILLA

Escenas

ARGUMENTO Una prometida pierde su anillo de compromiso, que va pasando de persona a persona por azar.

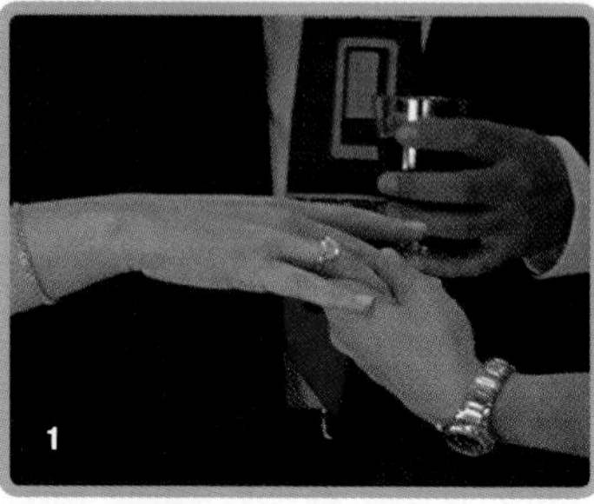

INVITADA Nena, ¡qué bello ese anillo! Arnaldo se botó.
PROMETIDA Sí, lo sé. Permiso. Voy al baño.
(La prometida olvida el anillo que termina por azar en manos de un vagabundo.)

DUEÑO ¿Cuántas veces te tengo que botar? ¿Eh?
VAGABUNDO Quiero algo de comer. Además me encontré una sortija de diamantes. Deja que la veas. Pero si estaba aquí. Pero ¡te lo juro que estaba aquí!

(El vagabundo pierde el anillo. Lo encuentra el empleado del restaurante, que se lo lleva a su casa. Su novia cree que le está pidiendo matrimonio.)

NOVIA ¡No lo puedo creer, mi amor! ¡Te botaste! Sí, sí. ¡Me caso contigo! Tengo que llamar a mami.

EMPLEADO Yo no la compré. No, no. Yo estaba limpiando en el restaurante y me la encontré, ¿sabes? Esto nos resuelve porque vale, ¡vale pesos! La podemos vender.

NOVIA ¿Eso es todo lo que a ti te importa?
EMPLEADO Pero mi amor, no te pongas así, chica. ¿Qué tú estás haciendo? ¡No! ¿Qué tú haces?

(La senadora llega a una fiesta con el anillo enganchado en el bolso.)

ANFITRIONA ¡Senadora!
SENADORA Buenas noches.
ANFITRIONA ¡Al fin llegó!
SENADORA Es que había un tapón terrible.

Después de ver el corto

1 **Comprensión** Contesta las preguntas con oraciones completas.

1. ¿Quién compró el anillo y para quién?
2. ¿Cómo llega el anillo por primera vez a la calle?
3. ¿Adónde va el vagabundo cuando encuentra el anillo?
4. ¿Quién encuentra el anillo cuando lo pierde el vagabundo?
5. ¿Qué piensa la novia del empleado del restaurante al ver el anillo?
6. ¿Qué quiere hacer el empleado con el anillo?
7. ¿Qué hace la novia al ver que no era un anillo comprado para ella?
8. ¿Dónde cae el anillo esta vez?
9. ¿Adónde va la senadora?
10. ¿Dónde encuentra la prometida su anillo?

2 **Ampliación** Contesta las preguntas con oraciones completas.

1. En tu opinión, ¿cómo es la prometida? ¿Por qué?
2. ¿Por qué crees que el dueño del restaurante no deja entrar al vagabundo?
3. Imagina que la prometida vuelve a dejar el anillo en el cuarto de baño. ¿Qué sucede esta vez?
4. ¿Crees en las casualidades? ¿Por qué?

3 **Me encontré un anillo** En parejas, imagínense que uno de estos dos personajes se queda con (*keeps*) el anillo. Imaginen cómo cambia la vida del personaje durante los próximos seis meses. Luego compartan la historia con la clase.

VAGABUNDO

EMPLEADO DEL RESTAURANTE

4 **Los viajes de los objetos** Piensa en la vida de un objeto que tengas, desde el momento en que se creó hasta su futuro. Escribe un párrafo sobre el recorrido del objeto. Inventa cualquier dato que no sepas. Después presenta tu objeto y su viaje a la clase. Ten en cuenta estos puntos.

- partes del objeto
- origen de cada parte
- proceso de fabricación del objeto
- pasado del objeto antes de llegar a tus manos
- vida del objeto mientras estuvo contigo
- vida actual (*current*) del objeto
- futuros viajes y experiencias del objeto

Practice more at **enfoques.vhlcentral.com.**

Antes de leer

La luz es como el agua

Sobre el autor

Nacido en 1928 en Aracataca, Colombia, un pequeño pueblo cerca del mar Caribe, **Gabriel García Márquez** fue criado por sus abuelos entre mitos, leyendas y libros fantásticos. Eso fue construyendo la base de su futura obra narrativa. Comenzó a estudiar derecho, pero lo abandonó para dedicarse al periodismo. Como corresponsal en Italia, viajó por toda Europa. Vivió en diferentes lugares y escribió guiones (*scripts*) cinematográficos, cuentos y novelas. En 1967 publicó su novela más famosa, *Cien años de soledad*, cuya acción transcurre en el mítico pueblo de Macondo. En 1982 recibió el Premio Nobel de Literatura. De su libro *Doce cuentos peregrinos* (al que pertenece el cuento *La luz es como el agua*), dijo que surgió (*came about*) porque quería escribir "sobre las cosas extrañas que les suceden a los latinoamericanos en Europa".

Vocabulario

ahogado/a *drowned*	**el faro** *lighthouse; beacon*	**la popa** *stern*
la bahía *bay*	**flotar** *to float*	**la proa** *bow*
el bote *boat*	**el muelle** *pier*	**el remo** *oar*
la cascada *cascade; waterfall*	**la pesca** *fishing*	**el tiburón** *shark*

 **Palabras relacionadas** Indica qué palabra no pertenece al grupo.

1. bote–remo–mueble–navegar
2. brújula–balcón–puerto–proa
3. pesca–buceo–tiburones–tigre
4. popa–edificio–cascada–bahía

Conexión personal Cuando eras niño/a, ¿te gustaba soñar con viajes a lugares imposibles? ¿Sigues soñando o imaginando viajes a lugares fantásticos o imposibles? ¿Alguna vez viviste en un país extranjero? ¿Qué cosas extrañabas?

Análisis literario: el realismo mágico

El realismo mágico es una síntesis entre el realismo y la literatura fantástica. Muchos escritores latinoamericanos, como Gabriel García Márquez y Carlos Fuentes, incorporan elementos fantásticos al mundo cotidiano de los personajes, que aceptan la magia y la fantasía como normales. En el realismo mágico, lo real se torna mágico, lo maravilloso es parte de lo cotidiano y no se cuestiona la lógica de lo fantástico. Uno de los precursores del género, Alejo Carpentier, explicó que "En América Latina, lo maravilloso se encuentra en vuelta de cada esquina, en el desorden, en lo pintoresco de nuestras ciudades, ... en nuestra naturaleza y... también en nuestra historia". Presta atención a la representación de la realidad en el cuento.

Practice more at **enfoques.vhlcentral.com.**

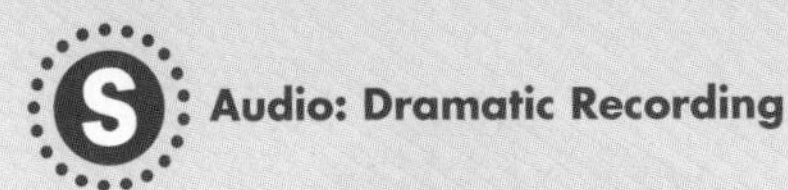

Altamar, 2000
Graciela Rodo Boulanger, Bolivia

La luz es como el agua

Gabriel García Márquez

En Navidad los niños volvieron a pedir un bote de remos.

—De acuerdo —dijo el papá, lo compraremos cuando volvamos a Cartagena.

Totó, de nueve años, y Joel, de siete, estaban más decididos de lo que sus padres creían.

—No —dijeron a coro°—. Nos hace falta ahora y aquí.

in unison

—Para empezar —dijo la madre—, aquí no hay más aguas navegables que la que sale de la ducha°.

shower

Tanto ella como el esposo tenían razón. En la casa de Cartagena de Indias había un patio con un muelle sobre la bahía, y un refugio para dos yates grandes. En cambio aquí en Madrid vivían apretados° en el piso quinto del número 47 del Paseo de la Castellana. Pero al final ni él ni ella pudieron negarse, porque les habían prometido un bote de remos con su sextante y su brújula si se ganaban el laurel del tercer año de primaria, y se lo habían ganado. Así que el papá compró todo sin decirle nada a su esposa, que era la más reacia° a pagar deudas de juego. Era un precioso bote de aluminio con un hilo dorado en la línea de flotación.

tight; cramped

reluctant

—El bote está en el garaje —reveló el papá

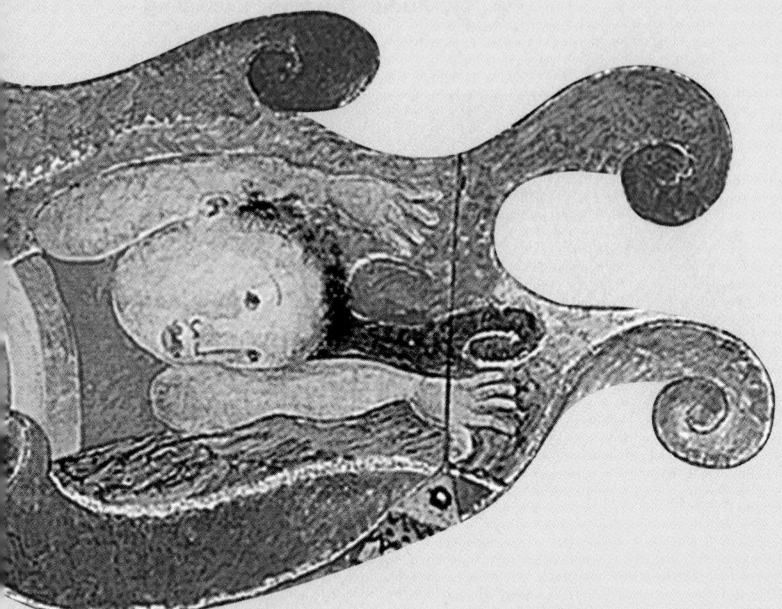

en el almuerzo—. El problema es que no hay cómo subirlo ni por el ascensor ni por la escalera, y en el garaje no hay más espacio disponible.

Sin embargo, la tarde del sábado siguiente los niños invitaron a sus condiscípulos° para subir el bote por las escaleras, y lograron llevarlo hasta el cuarto de servicio.

condiscípulos: schoolmates

—Felicitaciones —les dijo el papá—, ¿ahora qué?

—Ahora nada —dijeron los niños—. Lo único que queríamos era tener el bote en el cuarto, y ya está.

La noche del miércoles, como todos los miércoles, los padres se fueron al cine. Los niños, dueños y señores de la casa, cerraron puertas y ventanas, y rompieron la bombilla encendida de una lámpara de la sala. Un chorro° de luz dorada° y fresca como el agua empezó a salir de la bombilla° rota, y lo dejaron correr hasta que el nivel llegó a cuatro palmos. Entonces cortaron la corriente°, sacaron el bote, y navegaron a placer° por entre las islas de la casa.

chorro: spurt / dorada: golden / bombilla: light bulb / corriente: current / a placer: at one's pleasure

Esta aventura fabulosa fue el resultado de una ligereza° mía cuando participaba en un seminario sobre la poesía de los utensilios domésticos. Totó me preguntó cómo era que la luz se encendía con sólo apretar un botón, y yo no tuve el valor de pensarlo dos veces.

ligereza: flippant remark

—La luz es como el agua —le contesté: uno abre el grifo°, y sale.

grifo: faucet

De modo que siguieron navegando los miércoles en la noche, aprendiendo el manejo del sextante y la brújula, hasta que los padres regresaban del cine y los encontraban dormidos como ángeles de tierra firme. Meses después, ansiosos de ir más lejos, pidieron un equipo de pesca submarina. Con todo: máscaras, aletas, tanques y escopetas de aire comprimido.

—Está mal que tengan en el cuarto de servicio un bote de remos que no les sirve para nada —dijo el padre—. Pero está peor que quieran tener además equipos de buceo.

—¿Y si nos ganamos la gardenia de oro del primer semestre? —dijo Joel.

—No —dijo la madre, asustada—. Ya no más.

El padre le reprochó su intransigencia.

—Es que estos niños no se ganan ni un clavo° por cumplir con su deber —dijo ella—, pero por un capricho° son capaces de ganarse hasta la silla del maestro.

clavo: nail / capricho: whim

Los padres no dijeron al fin ni que sí ni que no. Pero Totó y Joel, que habían sido los últimos en los dos años anteriores, se ganaron en julio las dos gardenias de oro y el reconocimiento público del rector. Esa misma tarde, sin que hubieran vuelto a pedirlos, encontraron en el dormitorio los equipos de buzos en su empaque original. De modo que el miércoles siguiente, mientras los padres veían *El último tango en París*, llenaron el apartamento hasta la altura de dos brazas, bucearon como tiburones mansos° por debajo de los muebles y las camas, y rescataron del fondo° de la luz las cosas que durante años se habían perdido en la oscuridad.

mansos: tame / fondo: bottom

En la premiación° final los hermanos fueron aclamados como ejemplo para la escuela, y les

premiación: awards ceremony

dieron diplomas de excelencia. Esta vez no tuvieron que pedir nada, porque los padres les preguntaron qué querían. Ellos fueron tan razonables, que sólo quisieron una fiesta en casa para agasajar° a los compañeros de curso.

El papá, a solas con su mujer, estaba radiante.

—Es una prueba de madurez —dijo.

—Dios te oiga —dijo la madre.

El miércoles siguiente, mientras los padres veían *La Batalla de Argel*, la gente que pasó por la Castellana vio una cascada de luz que caía de un viejo edificio escondido entre los árboles. Salía por los balcones, se derramaba° a raudales° por la fachada°, y se encauzó° por la gran avenida en un torrente dorado que iluminó la ciudad hasta el Guadarrama.

Llamados de urgencia, los bomberos forzaron la puerta del quinto piso, y encontraron la casa rebosada de° luz hasta el techo. El sofá y los sillones forrados° en piel de leopardo flotaban en la sala a distintos niveles, entre las botellas del bar y el piano de cola° y su mantón° de Manila que aleteaba° a media agua como una mantarraya de oro. Los utensilios domésticos, en la plenitud de su poesía, volaban con sus propias alas° por el cielo de la cocina. Los instrumentos de la banda de guerra, que los niños usaban para bailar, flotaban al garete° entre los peces de colores liberados de la pecera de mamá, que eran los únicos que flotaban vivos y felices en la vasta ciénaga° iluminada. En el cuarto de baño flotaban los cepillos de dientes de todos, los preservativos de papá, los pomos° de cremas y la dentadura de repuesto° de mamá, y el televisor de la alcoba° principal flotaba de costado°, todavía encendido en el último episodio de la película de media noche prohibida para niños.

Al final del corredor, flotando entre dos aguas, Totó estaba sentado en la popa del bote, aferrado° a los remos y con la máscara puesta, buscando el faro del puerto hasta donde le alcanzó el aire de los tanques, y Joel flotaba en la proa buscando todavía la altura de la estrella polar con el sextante, y flotaban por toda la casa sus treinta y siete compañeros de clase, eternizados en el instante de hacer pipí° en la maceta° de geranios, de cantar el himno de la escuela con la letra cambiada por versos de burla contra el rector, de beberse a escondidas un vaso de brandy de la botella de papá. Pues habían abierto tantas luces al mismo tiempo que la casa se había rebosado°, y todo el cuarto año elemental de la escuela de San Julián el Hospitalario se había ahogado en el piso quinto del número 47 del Paseo de la Castellana. En Madrid de España, una ciudad remota de veranos ardientes y vientos helados, sin mar ni río, y cuyos aborígenes° de tierra firme nunca fueron maestros en la ciencia de navegar en la luz. ■

to entertain
poured out / in torrents / façade / channeled
brimming with
covered
grand piano / shawl
fluttered
wings
adrift
marsh
flasks
spare
bedroom / sideways
clinging
to pee / flowerpot
overflowed
natives

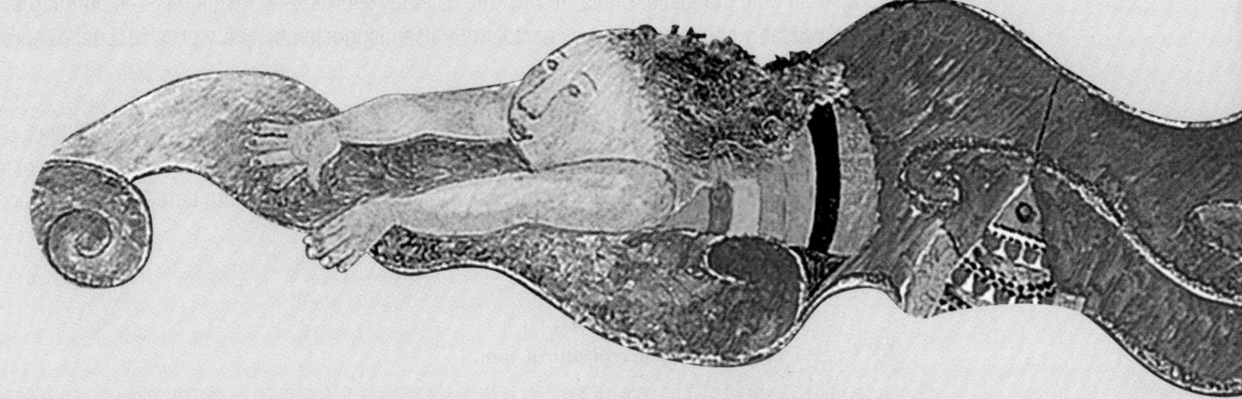

Después de leer

La luz es como el agua

Gabriel García Márquez

1 **Comprensión** Indica si las oraciones son **ciertas** o **falsas**. Corrige las falsas.

1. La acción transcurre en Cartagena.
2. Totó y Joel dicen que quieren el bote para pasear con sus compañeros en el río.
3. Los padres van todos los miércoles por la noche al cine.
4. Los niños inundan la casa con agua del grifo (*tap*).
5. Los únicos que sobreviven a la inundación son los peces de colores.
6. El que le sugiere a Totó la idea de que la luz es como el agua es su papá.

2 **Análisis** En parejas, relean la definición de realismo mágico y luego respondan las preguntas.

1. Los niños navegan "entre las islas de la casa". ¿Qué son las islas del apartamento?
2. ¿Qué significa la frase "rescataron del fondo de la luz las cosas que durante años se habían perdido en la oscuridad"? En la realidad, ¿les parece que la luz tiene fondo? En este relato, ¿cuál es el fondo de la luz?
3. Repasa el significado de *comparación* (**p. 153**). ¿Se usan comparaciones en este relato? Escríbanlas y expliquen cómo proporcionan mayor expresividad.

3 **Interpretación** Responde las preguntas con oraciones completas.

1. ¿Por qué te parece que, teniendo una gran casa en Cartagena, viven en Madrid en un pequeño apartamento? ¿Cuáles crees que podrían ser las causas?
2. El narrador señala que toda la aventura de los niños es consecuencia de una "ligereza" suya, porque "no tuvo el valor de pensarlo dos veces". ¿Por qué te parece que dice eso? ¿Qué opinas tú de su respuesta? ¿Crees que él es culpable de lo que ocurre después?
3. Los niños aprovechan que sus padres no están para inundar el apartamento y guardan el secreto; sólo se lo cuentan a sus compañeros. ¿Por qué hacen eso? ¿Puedes establecer algún paralelo entre ir al cine y navegar con la luz?
4. Imagina que la familia nunca se fue de Cartagena. ¿Cómo cambia la historia?

4 **Entrevista** En grupos de cuatro, preparen una entrevista con el primer bombero que entró en el apartamento inundado. Uno/a de ustedes es el/la reportero/a y los demás son bomberos. Hablen sobre las causas y consecuencias del accidente y usen lenguaje objetivo y preciso. Luego representen la entrevista frente a la clase.

5 **Bitácoras de viaje** Utilizando el realismo mágico, describe en una bitácora de viaje (*travel log*) un día de un viaje especial. Describe adónde fuiste, qué hiciste, con quién fuiste y por qué fue especial. Describe elementos maravillosos de tu viaje y presenta detalles mágicos como si fueran normales.

Practice more at **enfoques.vhlcentral.com.**

Antes de leer

Vocabulario

el apogeo *height; highest level*	**el mito** *myth*
el artefacto *artifact*	**la pared** *wall*
el campo *ball field*	**la piedra** *stone*
el/la dios(a) *god/goddess*	**la pirámide** *pyramid*
el juego de pelota *ball game*	**la ruta maya** *the Mayan Trail*
la leyenda *legend*	

Tikal Completa las oraciones con las palabras apropiadas.

1. Tikal, antiguamente una gran ciudad, es ahora una impresionante colección de ruinas que se encuentra en la ________ de Guatemala.
2. Hay seis ________ en el centro de la ciudad. Son los edificios más grandes de Tikal.
3. En la misma zona hay varios ________ donde se jugaba al ________.
4. Durante sus excavaciones, los arqueólogos han encontrado ________ fascinantes y también esculturas y monumentos de ________.

Conexión personal ¿Cuál es la ruta más interesante que has recorrido? ¿Fue un viaje organizado o lo planeaste por tu cuenta?

Contexto cultural

Campo de pelota en Chichén Itzá

En la cultura maya, el deporte era a veces cuestión de vida o muerte. El juego de pelota se jugó durante más de 3.000 años en un campo entre muros (*walls*) con una pelota de goma (*rubber*) dura y mucha protección para el cuerpo de los jugadores. Era un juego muy violento y acababa a veces con un sacrificio ritual, posiblemente la decapitación de algunos de los jugadores.

Cuenta la leyenda que los hermanos gemelos (*twins*) Ixbalanqué y Hunahpú eran tan aficionados al juego que enojaron a los dioses de la muerte, los señores de Xibalbá, con el ruido (*noise*) que hacían con las pelotas. Los señores de Xibalbá controlaban un mundo subterráneo, al que se llegaba por una cueva (*cave*). Todo individuo que entraba en Xibalbá pasaba por una serie de pruebas y trampas (*traps*) peligrosas, como cruzar (*cross*) un río de escorpiones, entrar en una casa llena de cuchillos en movimiento y participar en un juego mortal de pelota. Los gemelos usaron su habilidad atlética, su inteligencia y la magia para vencer (*defeat*) a los dioses y transformarse en el sol y la luna. Por eso, entre los mayas, el juego era una competencia entre fuerzas enemigas, como el bien y el mal, o la luz y la oscuridad.

 Practice more at **enfoques.vhlcentral.com.**

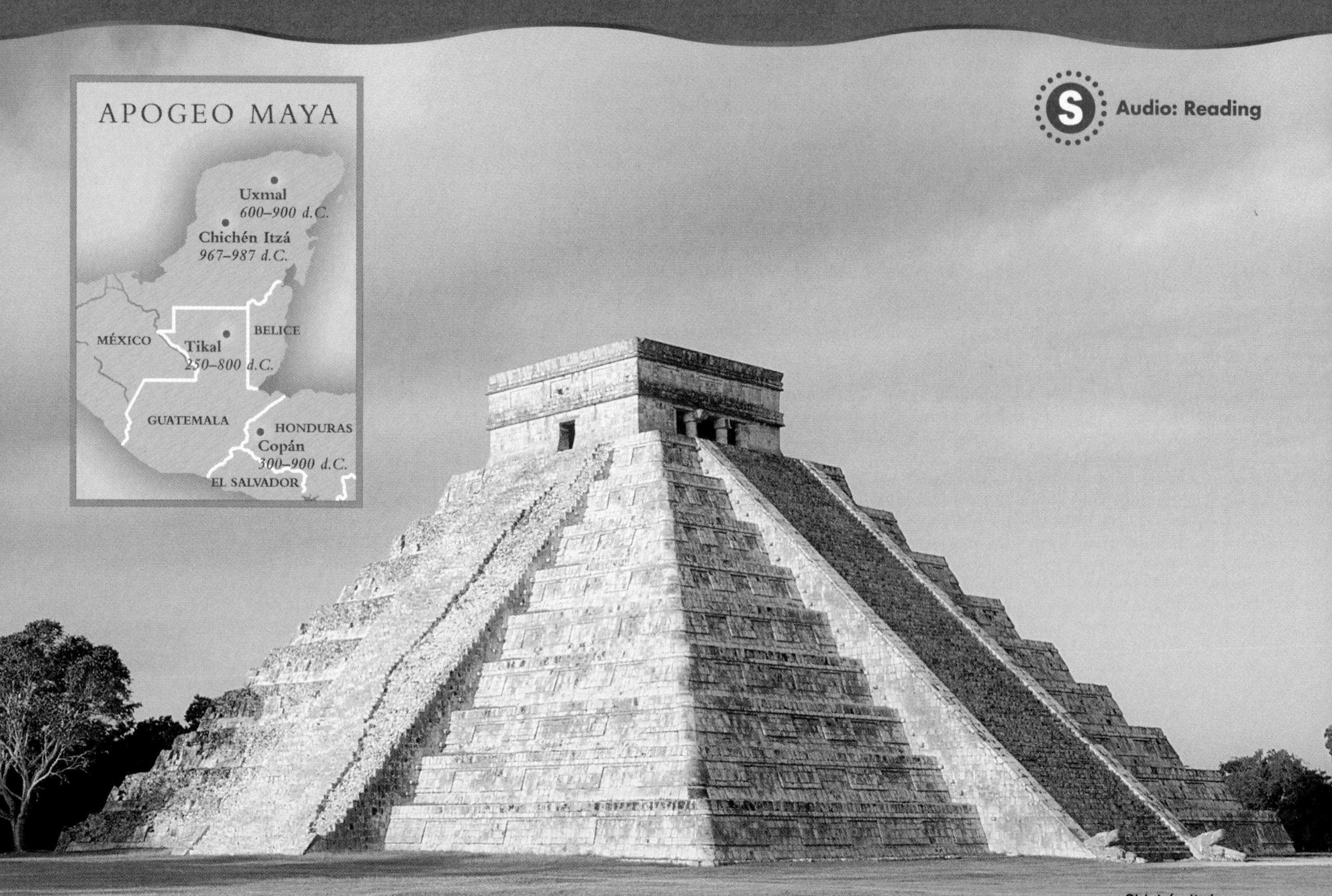

Chichén Itzá

La ruta maya

Los mayas, investigadores de ciencias y matemáticas, y destacados° arquitectos de espacios monumentales, han dejado evidencia de un mundo ilustre e intelectual que todavía brilla hoy día. En su momento de mayor extensión, el territorio maya incluía partes de lo que ahora es México, Guatemala, Belice, El Salvador y Honduras. Una imaginaria ruta maya une estos lugares dispersos, atravesando° siglos y países, y revela restos de una gran civilización. La ruta pasa por selva y ciudad, por vegetación exuberante y por

outstanding

crossing

ruinas que resisten y también muestran el paso del tiempo. El viajero puede elegir entre múltiples lugares y numerosos caminos. Sin embargo, hay un itinerario particular que conecta la arquitectura, la cultura y el deporte a través del tiempo y el espacio: la ruta de los campos de pelota. Debido al° enorme valor cultural del juego, se construyeron canchas en casi todas las poblaciones importantes, incluyendo las espléndidas construcciones de Copán y Chichén Itzá. La ruta, que pasa por algunos de los 700 campos de pelota, desentierra° maravillas arqueológicas.

En la densa selva en el oeste de Honduras, cerca de la frontera con Guatemala, surge° Copán, donde gobernaron varias dinastías de reyes. Entre las ruinas, permanece° un elegantísimo campo de pelota, una cancha que tenía hasta vestuarios° para los jugadores. Grandes paredes, adornadas de esculturas de loros°, rodean° el campo más artístico de Mesoamérica. En Copán vivía una élite de artesanos y nobles que esculpían° y escribían en piedra. Por eso, se concentran en Copán la mayor cantidad de esculturas° y estelas° —monumentos de figuras y lápidas° con jeroglíficos— de la ruta maya. En las famosas escalinatas° de la ciudad se pueden examinar jeroglíficos que contienen todo un árbol genealógico y que cuentan la historia de los reyes de Copán. Estas inscripciones forman el texto maya más largo que se preserva hoy día.

Mesoamérica

La región de Mesoamérica empieza en el centro de México y llega hasta la frontera entre Nicaragua y Costa Rica. Aquí vivían sociedades agrarias que se destacaron por sus avances en la arquitectura, el arte y la tecnología en los 3.000 años anteriores a la llegada de Cristóbal Colón al continente americano. Entre las culturas de Mesoamérica se incluyen la maya, azteca, olmeca y tolteca. Los mayas tomaron la escritura y el calendario mesoamericanos y los desarrollaron hasta su mayor grado de sofisticación.

Campo de pelota en Copán

El más impresionante de los campos de pelota se encuentra en Chichén Itzá en Yucatán, México. En su período de esplendor, Chichén Itzá era el centro de poder de Mesoamérica. Actualmente es uno de los sitios arqueológicos más importantes del mundo. La gran pirámide, conocida con el nombre *El Castillo*, era un rascacielos° en su época. Con escaleras que suben a la cumbre° por los cuatro lados, El Castillo sirvió de templo del dios Kukulcán. Hay varias canchas de pelota en Chichén Itzá, pero la más grandiosa y espectacular se llama el Gran Juego de Pelota. A pesar de medir° 166 por 68 metros (181 por 74 yardas), la acústica es tan magnífica que sirve de modelo para teatros: un susurro° se puede oír de un extremo al otro. Mientras competían, los jugadores sentían la presión de las esculturas que adornaban las paredes, las cuales muestran a unos jugadores decapitando a otros. El peligro era un recordatorio° de que el juego era también una ceremonia solemne y el campo, un templo.

Esta ruta maya continúa por campos como el de Uxmal en Yucatán, México, donde se pueden apreciar grandes logros° arquitectónicos. En todos ellos, se oyen las voces lejanas de la civilización maya, ecos que nos hacen viajar por el tiempo y despiertan la imaginación. ■

Due to the · *unearths* · *arises* · *lies* · *dressing rooms* · *parrots/ surround* · *sculpted* · *sculptures/ steles* · *stone tables* · *stairways* · *skyscraper* · *peak* · *measuring* · *whisper* · *reminder* · *achievements*

Después de leer

La ruta maya

1 **Comprensión** Decide si las oraciones son **ciertas** o **falsas**. Corrige las falsas.

1. En su momento de mayor extensión, el territorio maya empezaba en lo que hoy se llama México y terminaba en lo que hoy se llama Guatemala.
2. Los mayas construyeron muy pocas canchas de pelota.
3. En Copán vivía una élite de artesanos y nobles que escribían en piedra.
4. Los jeroglíficos de Copán cuentan la leyenda de los gemelos Ixbalanqué y Hunahpú.
5. Chichén Itzá fue el centro de poder de Mesoamérica.
6. El Castillo es la cancha de pelota más grande.

2 **Preguntas** Contesta las preguntas con oraciones completas.

1. ¿Qué significado tenía el juego de pelota en la cultura maya?
2. ¿Cuáles eran algunos de los peligros del juego?
3. ¿Qué tienen de extraordinario las ruinas de Copán?
4. ¿Qué detalles indican que Chichén Itzá había sido una ciudad importantísima?
5. ¿Cuál es un ejemplo de la importancia de los dioses para los mayas?

3 **Itinerarios** En grupos, preparen el itinerario para un recorrido por una de estas rutas. Luego compartan el itinerario con el resto de la clase.

- la ruta de los campos de béisbol
- Norteamérica de punta a punta
- las mansiones de los famosos en Hollywood

4 **Jeroglíficos**

A. En parejas, inventen un mensaje jeroglífico. Pueden usar letras, números, dibujos, figuras geométricas, etc. Depués, intercambien el mensaje con otra pareja para descifrarlo. Pueden dar pistas si es necesario.

MODELO 

(Mar y Pepe: Recién casados)

B. Presenten los mensajes descifrados a la clase. ¿Qué pareja usó el sistema de escritura más original?

 Practice more at **enfoques.vhlcentral.com.**

Atando cabos

¡A conversar!

La luna de miel Trabajen en grupos de cuatro. Imaginen cómo fue la luna de miel de dos de estas parejas.

A. Primero, hablen acerca de la luna de miel de cada pareja: ¿Cómo es la pareja? ¿Adónde fueron? ¿Qué hicieron? ¿Por qué eligieron ese lugar? ¿Qué cosas empacaron?

B. Luego, comparen las dos lunas de miel. Escriban por lo menos seis oraciones usando comparativos y superlativos, y expresiones negativas, afirmativas e indefinidas.

C. Por último, compartan sus comparaciones con la clase y escuchen las comparaciones de sus compañeros/as. Entre todos, resuman en una lista las comparaciones más destacadas.

¡A escribir!

Consejos de viaje Sigue el **Plan de redacción** para escribir unos consejos de viaje. Imagina que trabajas en una agencia de viajes y tienes que organizar una excursión para unos/as amigos/as tuyos/as. Haz una lista de los lugares y cosas que les recomiendas que hagan. Ten en cuenta la personalidad de tus amigos/as y elige bien qué sitios crees que les van a gustar más.

Plan de redacción

Contenido: Ten en cuenta el clima del lugar, la ropa que deben llevar, el hotel donde pueden alojarse y los espectáculos culturales a los que pueden asistir. También es importante que les recomiendes algún restaurante o alguna comida típica del lugar. No olvides utilizar oraciones con subjuntivo en todas tus recomendaciones. Puedes usar estas expresiones:

- Es importante que...
- Les recomiendo que...
- Busquen un hotel que…
- Es probable que…
- Es mejor que…
- Visiten lugares que…

Conclusión: Termina la lista de consejos deseándoles a tus amigos/as un buen viaje.

De viaje

la bienvenida	welcome
la despedida	farewell
el destino	destination
el itinerario	itinerary
la llegada	arrival
el pasaje (de ida y vuelta)	(round-trip) ticket
el pasaporte	passport
la tarjeta de embarque	boarding pass
la temporada alta/baja	high/low season
el/la viajero/a	traveler
hacer las maletas	to pack
hacer transbordo	to change (planes/trains)
hacer un viaje	to take a trip
ir(se) de vacaciones	to take a vacation
perder (e:ie) (el vuelo)	to miss (the flight)
regresar	to return
a bordo	on board
retrasado/a	delayed
vencido/a	expired
vigente	valid

El alojamiento

el albergue	hostel
el alojamiento	lodging
la habitación individual/doble	single/double room
la recepción	front desk
el servicio de habitación	room service
alojarse	to stay
cancelar	to cancel
estar lleno/a	to be full
quedarse	to stay
reservar	to reserve
de (buena) categoría	high-quality
incluido/a	included
recomendable	recommendable; advisable

La seguridad y los accidentes

el accidente (automovilístico)	(car) accident
el/la agente de aduanas	customs agent
el aviso	notice; warning
el cinturón de seguridad	seatbelt
el congestionamiento	traffic jam
las medidas de seguridad	security measures
la seguridad	safety; security
el seguro	insurance
aterrizar	to land
despegar	to take off
ponerse/quitarse el cinturón	to fasten/to unfasten the seatbelt
reducir (la velocidad)	to reduce (speed)
peligroso/a	dangerous
prohibido/a	prohibited

Las excursiones

la aventura	adventure
el/la aventurero/a	adventurer
la brújula	compass
el buceo	scuba diving
el campamento	campground
el crucero	cruise (ship)
el (eco)turismo	(eco)tourism
la excursión	excursion; tour
la frontera	border
el/la guía turístico/a	tour guide
la isla	island
las olas	waves
el puerto	port
las ruinas	ruins
la selva	jungle
el/la turista	tourist
navegar	to sail
recorrer	to visit; to go around
lejano/a	distant
turístico/a	tourist (adj.)

Más vocabulario

Expresiones útiles	Ver p. 169
Estructura	Ver pp. 176–177, 180–181 y 184–185

Cinemateca

el anillo	ring
el azar	chance
la casualidad	chance; coincidence
el diamante	diamond
la manga	sleeve
la sortija	ring
el tapón	traffic jam
botar	to throw out
botarse	(P. Rico; Cuba) to outdo oneself
echar	to throw away
enganchar	to get caught
tirar	to throw

Literatura

la bahía	bay
el bote	boat
la cascada	cascade; waterfall
el faro	lighthouse; beacon
el muelle	pier
la pesca	fishing
la popa	stern
la proa	bow
el remo	oar
el tiburón	shark
flotar	to float
ahogado/a	drowned

Cultura

el apogeo	height; highest level
el artefacto	artifact
el campo	ball field
el/la dios(a)	god/goddess
el juego de pelota	ball game
la leyenda	legend
el mito	myth
la pared	wall
la piedra	stone
la pirámide	pyramid
la ruta maya	the Mayan Trail

La naturaleza

6

Contextos

Fotonovela

Enfoques

Estructura

Cinemateca

Lecturas

Communicative Goals

You will expand your ability to…

- describe and narrate in the future
- express purpose, condition, and intent
- describe relationships between things/people/ideas

La naturaleza

La naturaleza

El Caribe presenta **costas** infinitas con palmeras **a orillas del mar**, aguas cristalinas y extensos **arrecifes** de coral con un **paisaje** submarino sin igual.

el árbol *tree*
el arrecife *reef*
el bosque (lluvioso) *(rain) forest*
el campo *countryside; field*
la cordillera *mountain range*

la costa *coast*
el desierto *desert*
el mar *sea*
la montaña *mountain*
el paisaje *landscape; scenery*
la tierra *land; earth*

---

húmedo/a *humid; damp*
seco/a *dry*

---

a orillas de *on the shore of*
al aire libre *outdoors*

Los animales

el ave (*f.*)/el pájaro *bird*
el cerdo *pig*
el conejo *rabbit*
el león *lion*
el mono *monkey*
la oveja *sheep*
el pez *fish*
la rana *frog*

la serpiente *snake*
el tigre *tiger*
la vaca *cow*

---

atrapar *to trap; to catch*
cazar *to hunt*
dar de comer *to feed*
extinguirse *to become extinct*
morder (o:ue) *to bite*

---

en peligro de extinción *endangered*
salvaje *wild*
venenoso/a *poisonous*

Los fenómenos naturales

el huracán *hurricane*
el incendio *fire*
la inundación *flood*
el relámpago *lightning*
la sequía *drought*
el terremoto *earthquake*
la tormenta (tropical) *(tropical) storm*
el trueno *thunder*

El medio ambiente

El **reciclaje** de botellas es muy importante para **proteger** el **medio ambiente** y no **malgastar** plástico.

el calentamiento global *global warming*
la capa de ozono *ozone layer*
el combustible *fuel*
la contaminación *pollution; contamination*

la deforestación *deforestation*
el desarrollo *development*
la erosión *erosion*
la fuente de energía *energy source*
el medio ambiente *environment*
los recursos naturales *natural resources*

agotar *to use up*
conservar *to conserve; to preserve*
contaminar *to pollute; to contaminate*
contribuir (a) *to contribute*
desaparecer *to disappear*
destruir *to destroy*
malgastar *to waste*
proteger *to protect*
reciclar *to recycle*

resolver (o:ue) *to solve*

dañino/a *harmful*
desechable *disposable*
renovable *renewable*
tóxico/a *toxic*

Práctica

1 Escuchar

A. Escucha el informativo de la noche y después completa las oraciones con la opción correcta.

1. Hay ____.
   a. una inundación   b. un incendio
2. Las causas de lo que ha ocurrido ____.
   a. se conocen   b. se desconocen
3. En los últimos meses, ha habido ____.
   a. mucha sequía   b. muchas tormentas
4. Las autoridades temen que ____.
   a. los animales salvajes vayan a los pueblos
   b. el incendio se extienda
5. Los pueblos de los alrededores ____.
   a. están en peligro   b. están contaminados

B. Escucha la conversación entre Pilar y Juan, y después contesta las preguntas con oraciones completas.

1. ¿Dónde hay un incendio?
2. Según lo que escuchó Pilar, ¿qué puede suceder?
3. ¿Qué animales tenían los abuelos de Juan?
4. ¿Dónde pasaba los veranos Pilar?
5. ¿Qué hacía Pilar con los peces que veía?
6. ¿Qué ha pasado con los peces que había antes en la costa?

C. En parejas, hablen de los cambios que han visto ustedes en la naturaleza a lo largo de los años. Hagan una lista y compártanla con la clase.

2 Emparejar Conecta las palabras de forma lógica.

MODELO **fenómeno natural: terremoto**

____ 1. proteger	a. león
____ 2. tormenta	b. serpiente
____ 3. destrucción	c. incendio
____ 4. campo	d. conservar
____ 5. salvaje	e. trueno
____ 6. venenosa	f. aire libre

Práctica

3 Definiciones

A. Escribe la palabra adecuada para cada definición.

1. fenómeno natural en el que se ilumina el cielo cuando hay tormenta: ________
2. reptil de cuerpo largo y estrecho (*narrow*) que muchas veces es venenoso: ________
3. largo período de tiempo sin lluvias: ________
4. extensión de tierra donde no suele llover: ________
5. fenómeno natural que se produce cuando se mueve la tierra bruscamente (*abruptly*): ________
6. animal feroz considerado el rey de la selva: ________
7. contrario de "húmedo": ________
8. ruido producido en las nubes por una descarga eléctrica: ________
9. serie de montañas: ________
10. fuego grande que puede destruir casas y campos: ________

B. Ahora, escribe tres definiciones de otras palabras del vocabulario. Tu compañero/a tendrá que adivinar a qué palabra corresponde cada definición.

4 ¿Qué es la biodiversidad?

Completa el artículo de la revista *Naturaleza* con la palabra o expresión correspondiente.

animal	costas	paisaje
arrecifes de coral	mar	proteger
bosques	medio ambiente	recursos naturales
conservar	montañas	tierra

La biodiversidad se refiere a la gran variedad de formas de vida —(1) ________, vegetal y humana— que conviven en el (2) ________, no sólo en la tierra, sino también en el (3) ________. Esta interdependencia significa que ninguna especie está aislada o puede vivir por sí sola. A pesar de que el Caribe comprende menos del once por ciento de la superficie total del planeta, su territorio contiene una vasta riqueza de vida silvestre (*wild*) que se encuentra a lo largo de sus (4) ________ tropicales húmedos, (5) ________ altas, extensas costas, y del increíble (6) ________ submarino de los (7) ________. Se estima que en la actualidad hay más de sesenta y cinco organizaciones ecologistas que trabajan para (8) ________ y (9) ________ los valiosos (10) ________ de las islas caribeñas.

Practice more at **enfoques.vhlcentral.com.**

Comunicación

5 **Preguntas** En parejas, túrnense para contestar las preguntas.

1. Cuando vas de vacaciones, ¿qué tipo de lugar prefieres? ¿El campo, la costa, la montaña? ¿Por qué?
2. ¿Tienes un animal preferido? ¿Cuál es? ¿Por qué te gusta? ¿Qué animales no te gustan? ¿Por qué?
3. ¿Qué opinas de la práctica de cazar animales salvajes? ¿Es cruel? ¿Es necesario controlar la población para el bien de la especie?
4. ¿Qué opinas del uso de abrigos de piel (*fur*)? ¿Hay alguna diferencia entre usar zapatos de cuero (*leather*) y usar un abrigo de piel de zorro (*fox*)?
5. ¿Qué fenómenos naturales son comunes en tu área? ¿Los huracanes, las sequías? ¿Qué efectos o consecuencias tienen para el medio ambiente?
6. En tu opinión, ¿cuál es el problema más grave que afecta al medio ambiente? ¿Qué podemos hacer para mejorar la situación?

6 **¿Qué es mejor?** En parejas, hablen sobre las ventajas y las desventajas de las alternativas de la lista. Consideren el punto de vista práctico y el punto de vista ambiental. Utilicen el vocabulario de **Contextos**.

- **usar servilletas de papel o de tela (*cloth*)**
- **tirar restos de comida a la basura o en el triturador del fregadero (*garbage disposal*)**
- **acampar en un parque nacional o alojarse en un hotel**
- **imprimir (*print*) el papel por los dos lados o simplemente imprimir menos**

7 **Asociaciones** En parejas, comparen sus personalidades con las cualidades de estos animales, elementos y fuerzas de la naturaleza. ¿Con cuáles te identificas? ¿Con cuáles crees que se identifica tu compañero/a? ¿Por qué? Comparen sus respuestas.

árbol	**fuente de energía**	**mar**	**relámpago**
bosque	**huracán**	**montaña**	**serpiente**
conejo	**incendio**	**pájaro**	**terremoto**
desierto	**león**	**pez**	**trueno**

MODELO **pájaro**
Yo me identifico con los pájaros, porque soy libre y soñador(a).

Aguayo se va de vacaciones, dejando su pez al cuidado de los empleados de *Facetas*.

MARIELA ¡Es una araña gigante!

FABIOLA No seas miedosa.

MARIELA ¿Qué haces allá arriba?

FABIOLA Estoy dejando espacio para que la atrapen.

DIANA Si la rocías con esto (*muestra el matamoscas en spray*), la matas bien muerta.

AGUAYO Pero esto es para matar moscas.

FABIOLA ¡Las arañas jamás se van a extinguir!

MARIELA Las que no se van a extinguir son las cucarachas. Sobreviven la nieve, los terremotos y hasta los huracanes, y ni la radiación les hace daño.

FABIOLA ¡Vaya! Y... ¿tú crees que sobrevivirían al café de Aguayo?

AGUAYO Mariela, ¿podrías hacer el favor de tomar mis mensajes? Voy a casa por mi pez. Diana se ofreció a cuidarlo durante mis vacaciones.

MARIELA ¡Cómo no, jefe!

AGUAYO Mañana por la tarde estaremos en el campamento.

FABIOLA ¿Cómo pueden llamarle "vacaciones" a eso de dormir en el suelo y comer comida enlatada?

AGUAYO Ésta es su comida. Sólo una vez al día. No le des más aunque ponga cara de perrito... Bueno, debo irme.

MARIELA ¿Cómo sabremos si pone cara de perrito?

AGUAYO En vez de hacer así (*hace gestos con la cara*)..., hace así.

JOHNNY Última llamada.

FABIOLA Nos quedaremos cuidando a Bambi.

ÉRIC Me encanta el pececito, pero me voy a almorzar. Buen provecho.

Los chicos se marchan.

DIANA ¡Ay! No sé ustedes, pero yo lo veo muy triste.

FABIOLA Claro. Su padre lo abandonó para irse a dormir con las hormigas.

MARIELA ¿Por qué no le damos de comer?

FABIOLA ¡Ya le he dado tres veces!

MARIELA ¡Ya sé! Podríamos darle el postre.

Personajes

AGUAYO

DIANA

ÉRIC

FABIOLA

JOHNNY

MARIELA

AGUAYO La idea es tener contacto con la naturaleza, Fabiola. Explorar y disfrutar de la mayor reserva natural del país.

MARIELA Debe ser emocionante.

AGUAYO Lo es. Sólo tengo una duda. ¿Qué debo hacer si veo un animal en peligro de extinción comerse una planta en peligro de extinción?

FABIOLA Tómale una foto.

AGUAYO Chicos, les presento a Bambi.

MARIELA ¿Qué? ¿No es Bambi un venadito?

AGUAYO ¿Lo es?

JOHNNY ¿No podrías ponerle un nombre más original?

FABIOLA Sí, como *Flipper.*

FABIOLA Miren lo que encontré en el escritorio de Johnny.

MARIELA ¡Galletitas de animales!

DIANA ¿Qué haces?

MARIELA Hay que encontrar la ballenita. Es un pez y está solo. Supongo que querrá compañía.

DIANA Pero no podemos darle galletas.

FABIOLA ¿Y qué vamos a hacer? Todavía se ve tan triste.

MARIELA ¡Ya sé! Tenemos que hacerlo sentir como si estuviera en su casa. (*Pegan una foto de la playa en la pecera.*) ¿Qué tal ésta con el mar?

DIANA ¡Perfecta! ¡Se ve tan feliz!

FABIOLA Míralo.

Llegan los chicos.

ÉRIC ¡Bambi! ¡Maldito pez! ¡En una playa tropical con tres mujeres!

Expresiones útiles

Talking about the future

¡Las arañas jamás se van a extinguir!
Spiders will never become extinct!

¿Y qué vamos a hacer?
What are we going to do?

Mañana por la tarde estaremos en el campamento.
Tomorrow afternoon we will be in the campground.

Nos quedaremos cuidando a Bambi.
We will stay and look after Bambi.

¿Cómo sabremos si pone cara de perrito?
How will be know if he is making a puppy-dog face?

Expressing perceptions

Yo lo/la veo muy triste.
He/She looks very sad to me.

¡Se ve tan feliz!
He/She looks so happy!

Parece que está triste/contento/a.
It looks like he/she is sad/happy.

Al parecer, no le gustó.
It looks like he/she didn't like it.

¡Qué guapo/a te ves!
How attractive you look!

¡Qué elegante se ve usted!
How elegant you look!

Additional vocabulary

la araña *spider*
Buen provecho. *Enjoy your meal.*
la comida enlatada *canned food*
la cucaracha *cockroach*
enlatado/a *canned*
la hormiga *ant*
matar *to kill*
miedoso/a *fearful*
la mosca *fly*
rociar *to spray*

Comprensión

1 **¿Quién lo dijo?** Identifica lo que dijo cada personaje.

AGUAYO DIANA ÉRIC FABIOLA MARIELA

1. No podemos darle galletas.
2. Mañana por la tarde, estaremos en el campamento.
3. Tómale una foto.
4. Me encanta el pececito, pero me voy a almorzar.
5. Podríamos darle el postre.

2 **¿Qué falta?** Completa las oraciones con las frases de la lista.

las cucarachas	un nombre original
el pez	denle de comer
de comer	tener contacto con la naturaleza

1. **FABIOLA** ¿Tú crees que __________ pueden sobrevivir al café de Aguayo?
2. **MARIELA** Debe ser emocionante ______________.
3. **FABIOLA** Sí, __________ como "Flipper".
4. **AGUAYO** __________ sólo una vez al día.
5. **MARIELA** ¿Cómo sabremos si __________ pone cara de perrito?
6. **FABIOLA** Ya le he dado tres veces __________.

3 **¿Qué dijo?** Di qué hace cada personaje. Utiliza los verbos entre paréntesis.

MODELO **JOHNNY ¿No podrías ponerle un nombre más original? (sugerir a Aguayo)**
Johnny le sugiere a Aguayo que le ponga un nombre más original.

1. **AGUAYO** Mariela, ¿podrías hacer el favor de tomar mis mensajes? (pedir a Mariela)
2. **FABIOLA** Toma una foto. (aconsejar a Aguayo)
3. **AGUAYO** No le des más aunque ponga cara de perrito… (ordenar a Mariela)
4. **MARIELA** ¿Por qué no le damos de comer? (sugerir a Diana)

4 **Preguntas y respuestas** En parejas, háganse preguntas sobre estos temas.

MODELO **irse de campamento**
—¿Quién se va de campamento?
—Aguayo se va de campamento.

- tenerle miedo a las arañas
- Aguayo y su esposa / comer
- cuidar a la mascota
- irse a almorzar
- dar de comer
- sentirse feliz

Practice more at **enfoques.vhlcentral.com.**

Ampliación

5 **Carta a Aguayo** Aguayo dejó a su pececito al cuidado de los empleados de *Facetas*, pero ocurrió algo terrible: Bambi se murió. Ahora, ellos deben contarle a Aguayo lo sucedido. En parejas, escriban la carta que los empleados le enviaron a Aguayo.

Querido jefe:

Esperamos que esté disfrutando de sus vacaciones y de la comida enlatada. Nosotros estamos bien, pero tenemos que darle una mala noticia. El otro día...

6 **Apuntes culturales** En parejas, lean los párrafos y contesten las preguntas.

Las mascotas

Aguayo dejará su mascota Bambi al cuidado de Diana. Otro tipo de mascota con hábitos acuáticos es el carpincho (*capybara*), común a orillas de ríos en Sudamérica. Este simpático "animalito" fácil de domesticar es el roedor (*rodent*) más grande del planeta, ¡con un peso de hasta 65 kilos (143 libras)! Un poquito grande para la oficina de *Facetas*, ¿no?

De campamento

Según Aguayo, la idea de acampar es estar en contacto con la naturaleza. Un sitio emocionante para acampar es la comunidad boliviana de **Rurrenabaque**, puerta de entrada al **Parque Nacional Madidi**. Este parque, una de las reservas más importantes del planeta, comprende cinco pisos (*floors*) ecológicos, desde llanuras (*plains*) amazónicas hasta cordilleras nevadas.

El alacrán

Fabiola y Mariela les tienen miedo a las arañas. ¡Y no es para menos! Algunos arácnidos son muy peligrosos. En la República Dominicana, los alacranes (*scorpions*) son temidos (*feared*) por su veneno mortal. Se los puede encontrar debajo de los muebles, en los zapatos… ¿Sobrevivirían los alacranes al matamoscas de Diana?

1. ¿Qué mascotas exóticas conoces? Menciona como mínimo tres o cuatro. ¿Cuáles son sus hábitos? ¿Son fáciles o difíciles de domesticar? ¿Son peligrosas?
2. ¿Has acampado alguna vez? ¿Dónde? ¿Por cuántos días? ¿Qué hiciste?
3. ¿Qué significa la expresión "piso ecológico"? ¿Has estado alguna vez en una región con distintos "pisos ecológicos"? ¿Cómo es la geografía de la región donde vives?
4. ¿Has visto un alacrán alguna vez? ¿Qué otros insectos peligrosos conoces? ¿Te han picado (*bitten*)? ¿Les tienes miedo?

En detalle

EL CARIBE

Additional Reading

Los bosques DEL MAR

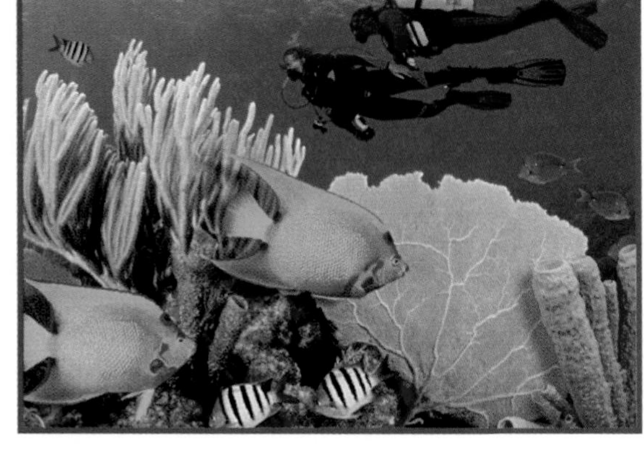

¿Te sumergiste alguna vez en el más absoluto de los silencios para contemplar los majestuosos arrecifes de coral? En el Caribe hay más de 26 mil kilómetros cuadrados (16 mil millas cuadradas) de arrecifes, también llamados *bosques tropicales del mar* por la inmensa biodiversidad que se encuentra en ellos. Sus extravagantes formas de intensos colores proporcionan° el ecosistema ideal para las más de 4.000 especies de peces y miles de especies de plantas que en ellos habitan.

Nuestras vidas también dependen de estas formaciones: los arrecifes del Caribe protegen las costas de Florida y de los países caribeños de los huracanes. Sus inmensas estructuras aplacan° la fuerza de las tormentas antes de que lleguen a las costas, cumpliendo la función de barreras° naturales. También protegen las playas de la erosión y son un refugio para muchas especies animales en peligro de extinción.

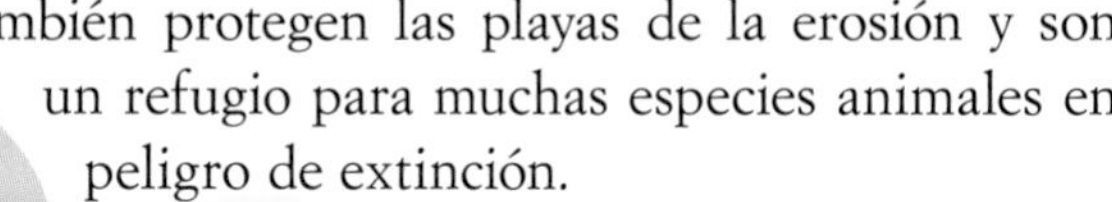

En Cuba se destacan° los arrecifes de María la Gorda, en el extremo occidental de la isla. En esta área altamente protegida, más de veinte especies de corales forman verdaderas cordilleras, grutas° y túneles subterráneos.

Lamentablemente, los arrecifes están en peligro por culpa de la mano del hombre. La construcción desmedida° en las costas y la contaminación de las aguas por los desechos° de las alcantarillas° provocan la sedimentación. Esto enturbia° el agua y mata el coral, porque le quita la luz que necesita. La pesca descontrolada, el exceso de turismo y la recolección de coral por parte de los buceadores son otros de sus grandes enemigos. De hecho, algunos expertos dicen que el 70% del coral desaparecerá en unos 40 años. Así que, si eres uno de los afortunados que pueden visitarlos, cuídalos. Su futuro depende de todos nosotros. ■

Los **arrecifes de coral** son uno de los hábitats más antiguos de la Tierra; algunos de ellos llegan a tener más de 10.000 años. Muchos los confunden con plantas o con rocas, pero los arrecifes de coral son, en realidad, estructuras formadas por pólipos° de coral, unos animales diminutos° que al morir dejan unos residuos de piedra caliza°. Los arrecifes son el refugio ideal para muchos tipos de animales, tales como esponjas, peces y tortugas.

proporcionan *provide* **aplacan** *diminish* **barreras** *barriers* **se destacan** *stand out* **grutas** *caves* **desmedida** *excessive* **desechos** *waste* **alcantarillas** *sewers* **enturbia** *clouds* **pólipos** *polyps* **diminutos** *tiny* **piedra caliza** *limestone*

ASÍ LO DECIMOS

Frases de animales

andar como perro sin pulga° (Méx.) *to be carefree*
comer como un chancho *to eat like a pig; to pig out*
¡El mono está chiflando!° (Cu.) *How windy!*
estar como una cabra° (Esp.) *to be as mad as a hatter*
marca perro (Arg., Chi. y Uru.) *(of an object) by an unknown brand*
¡Me pica el bagre!° (Arg.) *I'm getting hungry!*
¡Qué búfalo/a! (Nic.) *Fantastic!*
¡Qué tortuga! (Col.) *(of a person) How slow!*
ser (una) rata *to be stingy*
ser un(a) rata (Esp.) *to be stingy*

EL MUNDO HISPANOHABLANTE

Organizaciones ambientales

Protección de la biosfera El Parque Nacional Yasuní, declarado Reserva Mundial de la Biosfera por la UNESCO en 1989, está ubicado en la Amazonia ecuatoriana. En la actualidad, varias organizaciones ambientales intentan frenar° el avance de compañías petroleras que operan en el 60% del territorio del parque.

Campañas contra los transgénicos En 2004, Greenpeace comenzó una campaña en Chile. Quieren que el gobierno obligue a las empresas alimenticias a identificar los alimentos elaborados con ingredientes de origen transgénico mediante el etiquetado de los envases°.

Protección de aves amenazadas Gracias al Fondo Peregrino de Panamá y a instituciones como el Smithsonian Institute, las águilas arpías° están siendo rescatadas y protegidas. Al parecer, Panamá es el único país de Latinoamérica que protege esta ave. El águila arpía es la segunda ave más grande del mundo, después del águila de Filipinas, y es el ave nacional de Panamá.

PERFIL

PARQUE NACIONAL SUBMARINO LA CALETA

En 1984, por obra y gracia del Grupo de Investigadores Submarinos, el buque° de rescate *Hickory* se hundió en el Parque Nacional Submarino La Caleta, a unos 17 kilómetros de Santo Domingo. No fue un accidente, sino que el objetivo de los especialistas era sumergir el buque intacto para que sirviera de arrecife artificial para las especies en peligro de extinción. Con el paso de los años, el barco se cubrió de esponjas y corales, y por él pasean miles de peces. El *Hickory*, que está a unos 20 metros de profundidad, es hoy día una de las mayores atracciones del parque. Pero el *Hickory* no es el único atractivo del parque nacional, también cuenta con otro barco-museo hundido para el buceo en cuyas aguas, que llegan a una profundidad de 180 metros (590 pies), se pueden contemplar tres terrazas de arrecifes. Los corales forman verdaderas alfombras de tonos rojos, amarillos y anaranjados que impresionan al buceador más exigente.

"El hombre no sólo es un problema para sí, sino también para la biosfera en que le ha tocado vivir."
(Ramón Margalef, ecólogo español)

Conexión Internet

¿Qué peces habitan los arrecifes de coral del Caribe?

To research this topic, go to **enfoques.vhlcentral.com.**

andar como... *(lit.) to be like a dog without a flea* **El mono...** *(lit.) The monkey is whistling* **estar como...** *(lit.) to be like a goat* **Me pica...** *(lit.) My catfish is itching/tickling me* **buque** *ship* **frenar** *to slow down* **etiquetado...** *container labeling* **águilas arpías** *harpy eagles*

¿Qué aprendiste?

1 **¿Cierto o falso?** Indica si estas afirmaciones son **ciertas** o **falsas**. Corrige las falsas.

1. Los arrecifes de coral son unas plantas de intensos colores.
2. Los arrecifes de coral también son conocidos como los *bosques tropicales del mar.*
3. Los huracanes se hacen más fuertes cuando pasan por los arrecifes.
4. Estas estructuras son un ecosistema ideal para las especies en peligro de extinción.
5. Las formaciones de coral necesitan luz.
6. Está permitido que los turistas tomen un poco de coral para llevárselo.
7. María la Gorda se encuentra en el extremo occidental de Puerto Rico.
8. En María la Gorda, los arrecifes forman túneles y cordilleras.
9. La construcción de casas cerca de las playas no afecta al desarrollo de los arrecifes.
10. Los arrecifes de coral son uno de los hábitats más antiguos del planeta.
11. En los arrecifes no viven tortugas porque no encuentran su alimento.
12. Los expertos están preocupados por el futuro de los arrecifes.

2 **Oraciones** Elige la opción correcta.

1. El Grupo de Investigadores Submarinos hundieron el *Hickory* para crear (un parque nacional/un arrecife artificial).
2. El Parque Nacional Submarino La Caleta está ubicado en (Puerto Rico/ la República Dominicana).
3. ¿No quieres contribuir para el regalo de Juan? ¡Eres (una rata/un chancho)!
4. Si estás en Argentina y tienes hambre, dices que (te pica el bagre/estás como una cabra).

3 **Preguntas** Contesta las preguntas.

1. ¿Qué quieren frenar las organizaciones ambientales en el Parque Nacional Yasuní?
2. ¿Qué animales protege el Fondo Peregrino de Panamá?
3. ¿Qué busca Greenpeace con la campaña contra los transgénicos?
4. En tu opinión, ¿a qué se refiere Ramón Margalef cuando dice que el hombre es un problema para la biosfera?

4 **Opiniones** En parejas, respondan las preguntas y compartan su opinión con la clase.

- ¿Les preocupa la contaminación de las aguas?
- ¿Tienen hábitos que perjudican los mares? ¿Cuáles?
- ¿Qué aspectos de su vida diaria cambiarían para evitar el aumento de contaminación?

PROYECTO

Arrecifes del Caribe

Busquen información sobre los arrecifes de coral de Cuba, Puerto Rico y la República Dominicana. Elijan una zona de arrecifes y preparen una presentación para la clase. La presentación debe incluir:

- datos sobre la ubicación y la extensión
- datos sobre turismo
- datos sobre las especies de coral y otras especies de los arrecifes
- información sobre el estado de los arrecifes: ¿Están en peligro? ¿Alguna organización los protege?

¡No olviden incluir un mapa con la ubicación exacta para presentarlo en la clase!

Practice more at **enfoques.vhlcentral.com.**

Un bosque tropical

Ahora que ya has leído sobre la riqueza del mar del Caribe, mira este episodio de **Flash Cultura** para conocer las maravillas del bosque tropical lluvioso de Puerto Rico, con su sorprendente variedad de árboles milenarios.

VOCABULARIO ÚTIL

la brújula *compass*	**estar en forma** *to be fit*
la caminata *hike*	**el/la nene/a** *kid*
la cascada *waterfall*	**la lupa** *magnifying glass*
el chapuzón *dip*	**subir** *to climb*
la cima *peak*	**la torre** *tower*

Preparación ¿Te gusta estar en contacto con la naturaleza? ¿De qué manera? ¿Has visitado alguno de los bosques nacionales de tu país? ¿Cuál(es)?

Comprensión Indica si estas afirmaciones son ciertas o falsas. Después, en parejas, corrijan las falsas.

1. El nombre *Yunque* proviene del español y significa "dios de la montaña".
2. El Yunque es la reserva forestal más antigua del hemisferio occidental.
3. El símbolo de Puerto Rico es el arroz con gandules.
4. Para llegar a la cima es necesario estar en forma y llevar brújula, agua, mapa, etc.
5. Una caminata hasta la cima puede llevar hasta dos días.
6. Como la cima está rodeada de nubes, los árboles no pueden crecer mucho.

Expansión En parejas, contesten estas preguntas.

- Imagina que sólo puedes llevar tres de los objetos del equipo para llegar a la cima del Yunque. ¿Cuáles llevarías? ¿Por qué?
- ¿Alguno de los atractivos del Yunque te anima (*encourages you*) a visitar este bosque en tus próximas vacaciones? ¿Cuál? ¿Por qué?
- ¿Qué tipo de comida llevas cuando vas de excursión? ¿Qué otras cosas llevas en la mochila?

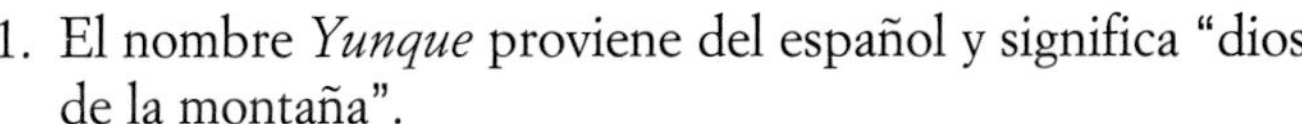

Corresponsal: Diego Palacios
País: Puerto Rico

En el Yunque hay más especies de árboles que en ningún otro de los bosques nacionales, muchos de los cuales son cientos de veces más grandes, como el Parque Yellowstone o el Yosemite.

Nadar en los ríos del Yunque es uno de los pasatiempos favoritos de los puertorriqueños, como lo es meterse debajo de las cascadas.

El Yunque es el único Bosque Tropical Lluvioso del Sistema Nacional de Bosques de los Estados Unidos.

Practice more at **enfoques.vhlcentral.com.**

6 ESTRUCTURA

6.1 The future

Mañana por la tarde estaremos en el campamento.

Nos quedaremos cuidando a Bambi.

TALLER DE CONSULTA

MANUAL DE GRAMÁTICA
Más práctica

6.1 The future, p. A33

6.2 The subjunctive in adverbial clauses, p. A34

6.3 Prepositions: **a**, **hacia**, and **con**, p. A35

Más gramática

6.4 Adverbs, p. A36

¡ATENCIÓN!

Note that all of the future tense endings carry a written accent mark, except the **nosotros/as** form.

- The future tense (**el futuro**) uses the same endings for all **–ar, –er**, and **–ir** verbs. For regular verbs, the endings are added to the infinitive.

The future tense

hablar	deber	abrir
hablaré	deberé	abriré
hablarás	deberás	abrirás
hablará	deberá	abrirá
hablaremos	deberemos	abriremos
hablaréis	deberéis	abriréis
hablarán	deberán	abrirán

Katie hará su tarea.

- For irregular verbs, the same future endings are added to the irregular stem.

Infinitive	stem	future forms
caber	cabr-	cabré, cabrás, cabrá, cabremos, cabréis, cabrán
haber	habr-	habré, habrás, habrá, habremos, habréis, habrán
poder	podr-	podré, podrás, podrá, podremos, podréis, podrán
querer	querr-	querré, querrás, querrá, querremos, querréis, querrán
saber	sabr-	sabré, sabrás, sabrá, sabremos, sabréis, sabrán
poner	pondr-	pondré, pondrás, pondrá, pondremos, pondréis, pondrán
salir	saldr-	saldré, saldrás, saldrá, saldremos, saldréis, saldrán
tener	tendr-	tendré, tendrás, tendrá, tendremos, tendréis, tendrán
valer	valdr-	valdré, valdrás, valdrá, valdremos, valdréis, valdrán
venir	vendr-	vendré, vendrás, vendrá, vendremos, vendréis, vendrán
decir	dir-	diré, dirás, dirá, diremos, diréis, dirán
hacer	har-	haré, harás, hará, haremos, haréis, harán
satisfacer	satisfar-	satisfaré, satisfarás, satisfará, satisfaremos, satisfaréis, satisfarán

I will have go[ne]

there will be

- Most verbs derived from irregular verbs follow the same pattern.

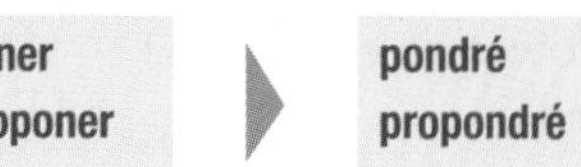

poner	pondré
proponer	propondré

- In Spanish, as in English, the future tense is one of many ways to express actions or conditions that will happen in the future.

PRESENT INDICATIVE	PRESENT SUBJUNCTIVE
conveys a sense of certainty that the action will occur	refers to an action that has yet to occur: used after verbs of will and influence.
Llegan a la costa mañana. *They arrive at the coast tomorrow.*	Prefiero que **lleguen** a la costa mañana. *I prefer that they arrive at the coast tomorrow.*

ir a + [*infinitive*]	FUTURE TENSE
expresses the near future; is commonly used in everyday speech	expresses an action that will occur; often implies more certainty than **ir a** + [***infinitive***]
Van a llegar a la costa mañana. *They are going to arrive at the coast tomorrow.*	**Llegarán** a la costa mañana. *They will arrive at the coast tomorrow.*

- The English word *will* can refer either to future time or to someone's willingness to do something. To express willingness, Spanish uses the verb **querer** + [*infinitive*], not the future tense.

¿**Quieres contribuir** a la protección del medio ambiente?
Will you contribute to the protection of the environment?

Quiero ayudar, pero no sé por dónde empezar.
I'm willing to help, but I don't know where to begin.

- In Spanish, the future tense may be used to express conjecture or probability, even about present events. English expresses this sense in various ways, such as *wonder*, *bet*, *must be*, *may*, *might*, and *probably*.

¿Qué hora **será**?
I wonder what time it is.

Ya **serán** las dos de la mañana.
It must be two a.m. by now.

¿**Lloverá** mañana?
Do you think it will rain tomorrow?

Probablemente **tendremos** un poco de sol y un poco de viento.
It'll probably be sunny and windy.

- When the present subjunctive follows a conjunction of time like **cuando**, **después (de) que**, **en cuanto**, **hasta que**, and **tan pronto como**, the future tense is often used in the main clause of the sentence.

Nos quedaremos lejos de la costa **hasta que pase** el huracán.
We'll stay far from the coast until the hurricane passes.

En cuanto termine de llover, **regresaremos** a casa.
As soon as it stops raining, we'll go back home.

Tan pronto como salga el sol, **iré** a la playa a tomar fotos.
As soon as the sun comes up, I'll go to the beach to take photos.

¡ATENCIÓN!

The future tense is used less frequently in Spanish than in English.

Te llamo mañana.
I'll call you tomorrow.

TALLER DE CONSULTA

For a detailed explanation of the subjunctive with conjunctions of time, see **6.2**.

Práctica

TALLER DE CONSULTA

MANUAL DE GRAMÁTICA
Más práctica

6.1 The future, p. A33

1 **Catástrofe** Hay muchas historias que cuentan el fin del mundo. Aquí tienes una de ellas.

A. Primero, lee la historia y subraya las expresiones de futuro. Después sustitúyelas por verbos en futuro.

(1) Los videntes (*fortunetellers*) aseguran que van a suceder catástrofes. (2) El clima va a cambiar. (3) Va a haber huracanes y terremotos. (4) Vamos a vivir tormentas permanentes. (5) Una gran niebla va a caer sobre el mundo. (6) El suelo del bosque va a temblar. (7) El mundo que conocemos también va a acabarse. (8) En ese instante, la tierra va a volver a sus orígenes.

1. ______
2. ______
3. ______
4. ______
5. ______
6. ______
7. ______
8. ______

B. Ahora, en parejas, escriban su propia historia del futuro del planeta. Pueden inspirarse en el párrafo anterior o pueden escribir una versión más optimista.

2 **Horóscopo chino** En el horóscopo chino, cada signo es un animal. Lee las predicciones del horóscopo chino para la serpiente. Conjuga los verbos entre paréntesis usando el futuro.

Trabajo: Esta semana (tú) (1) ______ (tener) que trabajar duro. (2) ______ (salir) poco y no (3) ______ (poder) divertirte, pero (4) ______ (valer) la pena. Muy pronto (5) ______ (conseguir) el puesto que esperas.

Dinero: (6) ______ (venir) tormentas económicas. No malgastes tus ahorros.

Salud: (7) ______ (resolver) tus problemas respiratorios, pero (8) ______ (deber) cuidarte la garganta.

Amor: (9) ______ (recibir) una noticia muy buena. Una persona especial te (10) ______ (decir) que te ama. (11) ______ (venir) días felices.

3 **El futuro** En parejas, imaginen que uno/a de ustedes es un(a) investigador(a). La otra persona es un(a) estudiante que quiere saber qué sucederá en el futuro. El/La investigador(a) deberá contestar preguntas relacionadas con estos temas.

trabajo

estudios

naturaleza

política

MODELO

ESTUDIANTE ¿Existirán las bibliotecas en el futuro?
INVESTIGADOR(A) Sí, pero habrá menos debido al desarrollo de la tecnología.

 Practice more at **enfoques.vhlcentral.com.**

Comunicación

4 **Viaje ecológico** Tú y tu compañero/a tienen que planear un viaje ecológico. Decidan a qué país irán, en qué fechas y qué harán allí. Usen ocho verbos en futuro.

ECOTURISMO

Puerto Rico	República Dominicana
• acampar en la costa y disfrutar de las playas	• ir en kayak por los ríos tropicales
• visitar el Viejo San Juan	• bucear por los arrecifes
• montar a caballo por la Cordillera Central	• ir de safari por La Descubierta y ver los cocodrilos del lago Enriquillo
• ir en bicicleta por la costa	• disfrutar del paisaje de Barahona
• viajar en barco por la isla Culebra	• observar las aves en el Parque Nacional del Este

5 **¿Qué será de...?** Todo cambia con el paso del tiempo. En parejas, conversen sobre lo que sucederá en el futuro en relación con estos temas y lugares.

- las ballenas (*whales*) en 2200
- Venecia en 2065
- los libros tradicionales en 2105
- la televisión en 2056
- Internet en 2050
- las hamburguesas en 2080
- los Polos Norte y Sur en 2300
- el Amazonas en 2100
- Los Ángeles en 2245
- el petróleo en 2090

6 **¿Dónde estarán en 20 años?** La fama es, en muchas ocasiones, pasajera (*fleeting*). En grupos de tres, hagan una lista de cinco personas famosas y anticipen lo que será de ellas dentro de veinte años.

7 **Situaciones**

A. En parejas, seleccionen uno de estos temas e inventen una conversación usando el tiempo futuro.

1. Dos jóvenes han terminado sus estudios universitarios y hablan sobre lo que harán para convertirse en millonarios.
2. Dos ladrones acaban de robar todo el dinero de un banco internacional. Piensen en lo que hará la policía para atraparlos.
3. La familia Rondón ha decidido convertir su granja (*farm*) en un centro de ecoturismo. Debe planear algunas atracciones para los turistas.
4. Dos científicos se reúnen para participar en un intercambio (*exchange*) de ideas. El objetivo es controlar, reducir e, idealmente, eliminar la contaminación del aire en las grandes ciudades. Cada uno/a dice lo que hará o inventará para conseguirlo.

B. Ahora, interpreten su conversación ante la clase. La clase votará por la conversación más creativa.

6.2 The subjunctive in adverbial clauses

- In Spanish, adverbial clauses are commonly introduced by conjunctions. Certain conjunctions require the subjunctive, while others can be followed by the subjunctive or the indicative, depending on the context in which they are used.

¡Estoy dejando espacio para que la atrapen!

No le des más comida aunque ponga cara de perrito.

Conjunctions that require the subjunctive

- Certain conjunctions are always followed by the subjunctive because they introduce actions or states that are uncertain or have not yet happened. These conjunctions commonly express purpose, condition, or intent.

MAIN CLAUSE	CONNECTOR	SUBORDINATE CLAUSE
Se acabará el petróleo en pocos años	**a menos que**	**busquemos energías alternativas.**

Conjunctions that require the subjunctive

a menos que *unless*	**en caso (de) que** *in case*
antes (de) que *before*	**para que** *so that*
con tal (de) que *provided that*	**sin que** *without; unless*

El gobierno se prepara **en caso de que haya** una gran sequía el verano que viene.
The government is getting ready in case there is a big drought in the coming summer.

A menos que haga mal tiempo, iremos a la montaña el próximo miércoles.
We will go to the mountains next Wednesday unless the weather is bad.

Debemos proteger a los animales salvajes **antes de que se extingan**.
We should protect wild animals before they become extinct.

- If there is no change of subject in the sentence, a subordinate clause is not necessary. Instead, the prepositions **antes de, con tal de, en caso de, para**, and **sin** can be used, followed by the infinitive. Note that the connector **que** is not necessary in this case.

Las organizaciones ecologistas trabajan **para proteger** los arrecifes de coral.
Environmental organizations work to protect coral reefs.

Tienes que pedir permiso **antes de darles de comer** a los monos del zoológico.
You have to ask permission before feeding the monkeys at the zoo.

¡ATENCIÓN!

An adverbial clause (**cláusula adverbial**) is one that modifies or describes verbs, adjectives, or other adverbs. It describes how, why, when, or where an action takes place.

To review the use of adverbs, see **Manual de gramática** 6.4, p. A36.

¡ATENCIÓN!

Adverbial clauses can also go before the main clause. Note that a comma is used in that case.

No iré a la fiesta a menos que me inviten.

A menos que me inviten, no iré a la fiesta.

Conjunctions followed by the subjunctive or the indicative

- If the action in the main clause has not yet occurred, then the subjunctive is used after conjunctions of time or concession.

Conjunctions of time or concession

a pesar de que *despite*	**hasta que** *until*
apenas *as soon as*	**luego que** *as soon as*
aunque *although; even if*	**mientras que** *while*
cuando *when*	**ni/no bien** *as soon as*
después (de) que *after*	**siempre que** *as long as*
en cuanto *as soon as*	**tan pronto como** *as soon as*

La excursión no saldrá **hasta que estemos** todos.
The excursion will not leave until we all are here.

Dejaremos libre al pájaro **en cuanto** el veterinario nos **diga** que puede volar.
We will free the bird as soon as the vet tells us it can fly.

Aunque me **digan** que es inofensivo, no me acercaré al perro.
Even if they tell me he's harmless, I'm not going near the dog.

Cuando Pedro vaya a cazar, tendrá cuidado con las serpientes venenosas.
When Pedro goes hunting, he will be careful of the poisonous snakes.

Te mando un mensaje de texto **apenas lleguemos** al aeropuerto.
I'll text you as soon as we get to the airport.

- If the action in the main clause has already happened, or happens habitually, then the indicative is used in the adverbial clause.

Tan pronto como paró de llover, Matías salió a jugar al parque.
As soon as the rain stopped, Matías went out to play in the park.

Mi padre y yo siempre nos lo pasamos bien **cuando vamos** al río.
My father and I always have fun when we go to the river.

¡ATENCIÓN!

A pesar de, **después de**, and **hasta** can also be followed by an infinitive, instead of **que** + [*subjunctive*], when there is no change of subject.

Voy a acostarme después de ver las noticias.

Práctica

TALLER DE CONSULTA

MANUAL DE GRAMÁTICA
Más práctica

6.2 The subjunctive in adverbial clauses, p. A34

1 **Reunión** **Completa las oraciones con el indicativo (presente o pretérito) o el subjuntivo de los verbos entre paréntesis.**

1. Los ecologistas no apoyarán al alcalde (*mayor*) a menos que éste ______ (cambiar) su política de medio ambiente.
2. El alcalde va a hablar con su asesor (*advisor*) antes de que ______ (llegar) los ecologistas.
3. Los ecologistas entraron en la oficina del alcalde tan pronto como ______ (saber) que los esperaban.
4. El alcalde les asegura que siempre piensa en el medio ambiente cuando ______ (dar) permisos para construir edificios nuevos.
5. Los ecologistas van a estar preocupados hasta que el alcalde ______ (responder) todas sus preguntas.

2 **¿Infinitivo o subjuntivo?** **Completa las oraciones con el verbo en infinitivo o en subjuntivo.**

1. Compraré un carro híbrido con tal de que no ______ (ser) muy caro. Compraré un carro híbrido con tal de ______ (conservar) los recursos naturales.
2. Los biólogos viajan para ______ (estudiar) la biodiversidad. Los biólogos viajan para que la biodiversidad se ______ (conocer).
3. Él se preocupará por el calentamiento global después de que los científicos le ______ (demostrar) que es una realidad. Él se preocupará por el calentamiento global después de ______ (ver) con sus propios ojos lo que ocurre.
4. No podremos continuar sin ______ (tener) un mapa. No podremos continuar sin que alguien nos ______ (dar) un mapa.

3 **Declaraciones** **Elige la conjunción adecuada para completar la conversación entre un periodista y la señora Corbo, encargada de relaciones públicas de un zoológico.**

PERIODISTA Señora Corbo, ¿qué le parece el artículo que se ha publicado en el que se dice que el zoológico no trata bien a los animales?

SRA. CORBO Lo he leído, y (1) ________ (aunque / cuando) yo no estoy de acuerdo con el artículo, hemos iniciado una investigación. (2) ________ (Hasta que / Tan pronto como) terminemos la investigación, se lo comunicaremos a la prensa. Queremos hablar con todos los empleados (3) ________ (en cuanto / para que) no haya ninguna duda.

PERIODISTA ¿Es verdad que limpian las jaulas (*cages*) sólo cuando va a haber una inspección (4) ________ (para que / sin que) el zoológico no tenga problemas con las autoridades?

SRA. CORBO Le aseguro que todo se limpia diariamente hasta el último detalle. Y si no me cree, lo invito a que nos visite mañana mismo.

PERIODISTA ¿Cuándo cree que sabrán lo que ha ocurrido?

SRA. CORBO (5) ________ (En cuanto / Aunque) termine la investigación.

Practice more at **enfoques.vhlcentral.com.**

Comunicación

4 Instrucciones Javier va a salir de viaje, así que le ha dejado una lista de instrucciones a su compañero de casa. En parejas, túrnense para preparar las instrucciones usando oraciones adverbiales con subjuntivo y las conjunciones de la lista.

MODELO No uses mi computadora a menos que sea una emergencia.

a menos que
a pesar de que
con tal de que
cuando
en caso de que
en cuanto
para que
siempre que
tan pronto como

Instrucciones
- *Darles de comer a los peces*
- *Comprar productos ecológicos*
- *No pasear al perro si hay tormenta*
- *Usar sólo papel reciclado*
- *No usar mucha agua excepto para regar (to water) las plantas*
- *Llamarme por cualquier problema*

5 Situaciones En parejas, túrnense para completar las oraciones.

1. Terminaré mis estudios a tiempo a menos que…
2. Me iré a vivir a otro país en caso de que…
3. Ahorraré (*I will save*) mucho dinero para que…
4. Cambiaré de carrera en cuanto…
5. Me jubilaré (*I will retire*) cuando…

6 Huracán En grupos de cuatro, imaginen que son compañeros/as de casa y que un huracán se acerca a la zona donde viven. Escriban un plan para explicar qué harán en las diferentes situaciones. Usen el subjuntivo y las conjunciones adverbiales.

- las bombillas de luz se queman
- las ventanas se rompen
- las líneas de teléfono se cortan
- el sótano se inunda (*floods*)
- los vecinos ya se han ido
- no hay suficiente alimento
- no hay conexión a Internet

6.3 Prepositions: *a*, *hacia*, and *con*

The preposition *a*

- The preposition **a** can mean *to*, *at*, *for*, *upon*, *within*, *of*, *from*, or *by*, depending on the context. Sometimes it has no direct translation in English.

Terminó **a** las doce.
It ended at midnight.

Lucy estaba **a** mi derecha.
Lucy was to/on my right.

El mar Caribe está **a** doscientas cincuenta millas de aquí.
The Caribbean Sea is two hundred and fifty miles from here.

Le compré un pájaro exótico **a** Juan.
I bought an exotic bird from/for Juan.

Al llegar **a** casa, me sentí feliz.
Upon returning home, I felt happy.

Fui **a** casa de mis padres para ayudarlos después de la inundación.
I went to my parents' house to help them after the flood.

¡ATENCIÓN!

Some verbs require **a** when used with an infinitive, such as **ir a**, **comenzar a**, **volver a**, **enseñar a**, **aprender a**, and **ayudar a**.

Aprendí a manejar.
I learned to drive.

Me ayudó a arreglar el coche.
He helped me fix the car.

- The preposition **a** introduces indirect objects.

Le prometió **a** su hijo que irían a navegar.
He promised his son they would go sailing.

Hoy, en el zoo, le di de comer **a** un conejo.
Today, in the zoo, I fed a rabbit.

- The preposition **a** can be used to give commands or make suggestions.

¡**A** comer!
Let's eat!

¡**A** dormir!
Time for bed!

- When a direct object noun is a person (or a pet), it is preceded by the personal **a**, which has no equivalent in English. The personal **a** is also used with the words **alguien, nadie**, and **alguno** and **ninguno**.

¿Viste **a** tus amigos en el parque?
Did you see your friends in the park?

No, no he visto **a** nadie.
No, I haven't seen anyone.

- The personal **a** is not used when the person in question is not specific.

La organización ambiental busca voluntarios.
The environmental organization is looking for volunteers.

Sí, necesitan voluntarios para limpiar la costa.
Yes, they need volunteers to clean the coast.

The preposition *hacia*

¡ATENCIÓN!

There is no accent mark on the **i** in the preposition **hacia**. The stress falls on the first **a**. The word **hacía** is a form of the verb **hacer**.

- With movement, either literal or figurative, **hacia** means *toward* or *to*.

La actitud de Manuel **hacia** mí fue negativa.
Manuel's attitude toward me was negative.

El biólogo se dirige **hacia** Puerto Rico para la entrevista.
The biologist is headed to Puerto Rico for the interview.

- With time, **hacia** means *approximately*, *around*, *about*, or *toward*.

El programa que queremos ver empieza **hacia** las 8.
The show that we want to watch will begin around 8:00.

La televisión se hizo popular **hacia** la segunda mitad del siglo XX.
Television became popular toward the second half of the twentieth century.

The preposition *con*

La idea es tener contacto con la naturaleza.

¡Maldito pez! ¡En una playa tropical con tres mujeres!

- The preposition **con** means *with*.

Me gustaría hablar **con** el director del departamento.
I would like to speak with the director of the department.

Es una organización ecológica **con** muchos miembros.
It's an environmental organization with lots of members.

- Many English adverbs can be expressed in Spanish with **con** + [*noun*].

Habló del tema **con** cuidado.
She spoke about the issue carefully.

Hablaba **con** cariño.
He spoke affectionately.

- The preposition **con** is also used rhetorically to emphasize the value or the quality of something or someone, contrary to a given fact or situation. In this case, **con** conveys surprise at an apparent conflict between two known facts. In English, the words *but*, *even though*, and *in spite of* are used.

Los turistas tiraron los envoltorios al suelo.
The tourists threw wrappers on the ground.

¡**Con** lo limpio que estaba todo!
But the place was so clean!

- If **con** is followed by **mí** or **ti**, it forms a contraction: **conmigo**, **contigo**.

con + mí
con + ti

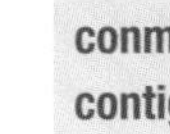

conmigo
contigo

¿Quieres venir **conmigo** al campo?
Do you want to come with me to the countryside?

Por supuesto que quiero ir **contigo**.
Of course I want to go with you.

- **Consigo** is the contraction of **con** + **usted/ustedes** or **con** + **él/ella/ellos/ellas**. **Consigo** is equivalent to the English *with himself/herself/yourself* or *with themselves/yourselves*, and is commonly followed by **mismo**. It is only used when the subject of the sentence is the same person referred to after **con**.

Están satisfechos **consigo mismos**.
They are satisfied with themselves.
Cristina no está feliz **consigo**.
Cristina is not happy with herself.

Fui al cine **con él**.
I went to the movies with him.
Prefiero ir al parque **con usted**.
I prefer going to the park with you.

Práctica

TALLER DE CONSULTA

MANUAL DE GRAMÁTICA
Más práctica

6.3 Prepositions: **a**, **hacia**, and **con**, p. A35

1 **¿Cuál es?** **Elige entre las preposiciones a, hacia y con para completar cada oración.**

1. El león caminaba ____ el árbol.
2. Dijeron que la tormenta empezaría ____ las dos de la tarde.
3. Le prometí que iba ____ ahorrar combustible.
4. Ellos van a tratar de ser responsables ____ el medio ambiente.
5. Contribuyó a la campaña ecológica ____ mucho dinero.
6. El depósito de combustible estaba ____ mi izquierda.

2 **Amigos** **Primero, completa los párrafos con las preposiciones a y con. Marca los casos que no necesitan una preposición con una X.**

Emilio invitó (1) ____ María (2) ____ ir de excursión. Él quería ir al bosque (3) ____ ella porque quería mostrarle un paisaje donde se podían ver (4) ____ muchos pájaros. Él sabía que (5) ____ ella le gustaba observar (6) ____ las aves. María le dijo que sí (7) ____ Emilio. Ella no conocía (8) ____ nadie más (9) ____ quien compartir su interés por la naturaleza. Hacía poco que había llegado (10) ____ la ciudad y buscaba (11) ____ amigos (12) ____ sus mismos intereses.

3 **Conversación** **Completa la conversación entre Emilio y María con la opción correcta de la preposición con. Puedes usar las opciones de la lista más de una vez.**

con	con ustedes	consigo
con nosotros	conmigo	contigo

EMILIO Gracias por haber venido (1) __________ a correr por el campo. Ha sido una tarde divertida.

MARÍA No, Emilio. Gracias a ti por haberme invitado a venir (2) __________. No conocía este sitio y es maravilloso. ¡(3) __________ lo que me gusta el campo! Echo de menos venir más a menudo.

EMILIO Pues ya lo sabes, puedes venir (4) __________ cuando quieras. ¿Qué te parece si lo repetimos la próxima semana?

MARÍA Me encantaría volver. La próxima vez, vendré (5) __________ unas zapatillas más adecuadas.

EMILIO A veces, vengo (6) __________ mi hermano pequeño. Tiene once años; seguro que te cae bien. Si quieres, la semana que viene puede venir (7) __________. Él siempre se trae un cronómetro (8) __________. Dice que va a ser un atleta famoso.

MARÍA Perfecto, la semana que viene venimos los tres. Estoy segura de que lo voy a pasar bien (9) __________.

Practice more at **enfoques.vhlcentral.com.**

Comunicación

4 **Safari** En parejas, escriban un artículo periodístico breve sobre lo que le sucedió a un grupo de turistas durante un safari. Usen por lo menos cuatro frases de la lista. Sean imaginativos/as. Después, compartan el informe con la clase.

hacia el león	con la cámara digital	con la boca abierta
al guía	a tomar una foto	a correr
hacia el carro	a nadie	hacia el tigre

5 **Noticias** En grupos de cuatro o cinco personas, lean los titulares (*headlines*) e inventen la noticia. Formen un círculo. El primer estudiante debe leer el titular al segundo, añadiendo (*adding*) algo. El segundo repite la noticia al tercero y añade otra cosa, y así sucesivamente (*and so on*). Las partes que añadan a la noticia deben incluir las preposiciones **a**, **con** o **hacia**.

MODELO **Acusaron a Petrosur de contaminar el río.**
ESTUDIANTE 1 Acusaron a Petrosur de contaminar el río con productos químicos.
ESTUDIANTE 2 Acusaron a Petrosur de contaminar el río con productos químicos. A diario se ven horribles manchas que flotan en el agua.
ESTUDIANTE 3 Acusaron a Petrosur de contaminar el río con productos químicos. A diario se ven horribles manchas que flotan en el agua hacia la bahía.

1. Inventaron un combustible nuevo.
2. El presidente felicitó (*congratulated*) a los bomberos.
3. Inauguran hoy una nueva reserva.
4. Se acerca una tormenta.

6 **Síntesis**

A. En parejas, háganse estas preguntas sobre la naturaleza. Deben usar el futuro, el subjuntivo y las preposiciones a, hacia y con en sus respuestas.

1. ¿Conoces a alguien que contribuya a cuidar el medio ambiente?
2. ¿Te gusta cazar? ¿Conoces a mucha gente que cace?
3. ¿Crees que reciclar es importante? ¿Por qué? ¿Qué sucederá si no reciclamos?
4. ¿Qué actitud tienes hacia el uso de productos desechables?
5. ¿Crees que el calentamiento global empeorará a menos que cambiemos nuestro estilo de vida?
6. ¿Qué medidas debe tomar el gobierno para que no se agoten los recursos naturales?

B. Informen a la clase de lo que han aprendido de su compañero/a usando las preposiciones correspondientes. Sigan el modelo.

MODELO Juana, mi compañera, dice que no conoce a nadie que contribuya a cuidar el medio ambiente. Ella dice que si no reciclamos, tendremos problemas con la cantidad de basura...

Antes de ver el corto

EL DÍA MENOS PENSADO

país México
duración 13 minutos

director Rodrigo Ordóñez
protagonistas Julián, Inés, Ricardo (vecino), Esther (esposa de Ricardo)

Vocabulario

acabarse *to run out; to come to an end*
la cisterna *cistern; underground tank*
descuidar(se) *to get distracted; to neglect*
disculparse *to apologize*
envenenado/a *poisoned*
quedarse sin *to run out of*
resentido/a *resentful*
la salida *exit*
sobre todo *above all*
el tanque *tank*
la tubería *piping*
el/la vándalo/a *vandal*

1 **El carpincho Pedro** Completa el párrafo con las palabras o las frases apropiadas.

Noticia de último momento: un grupo de (1) _________ causó graves daños (*harm*) en la Reserva Ecológica. Aparentemente, los guardias nocturnos (2) _________ y no los vieron entrar por una de las (3) _________. Los delincuentes hicieron un agujero (*hole*) en la (4) _________ que lleva agua para llenar los (5) _________ en la zona de los baños. Pero eso no fue todo. Por la mañana, los guardaparques se encontraron con una triste escena. Además de encontrar el parque inundado (*flooded*) y de (6) _________ agua en la (7) _________, encontraron muy enfermo al carpincho (*capybara*) Pedro, el animalito más querido de la reserva. Le habían dado comida (8) _________. Afortunadamente, los veterinarios aseguran que el carpincho se va a recuperar.

2 **Preguntas** En parejas, contesten las preguntas.

1. ¿Qué tipos de contaminación hay en su comunidad? Mencionen dos o tres.
2. ¿Creen que algún día se puede acabar el agua? ¿Qué pasará si eso sucede?
3. Observen el afiche del cortometraje. ¿Qué está mirando el hombre?
4. Observen los fotogramas. ¿Qué está sucediendo en cada uno?
5. El corto se titula *El día menos pensado* (*When you least expect it*). ¿Qué catástrofes ecológicas pueden ocurrir el día menos pensado?

 Practice more at **enfoques.vhlcentral.com.**

El día menos pensado

Una producción de FONDO NACIONAL PARA LA CULTURA Y LAS ARTES/INSTITUTO MEXICANO DE CINEMATOGRAFÍA/ GUERRILLA FILMS con apoyo de MEXATIL INDUSTRIAL, S.A. DE C.V./EQUIPMENT & FILM DESIGN (EFD)/CALABAZITAZ TIERNAZ/KODAK DE MÉXICO/CINECOLOR MÉXICO Guión y Dirección RODRIGO ORDÓÑEZ Basada en un cuento de SERGIO FERNÁNDEZ BRAVO Fotografía EVERARDO GONZÁLEZ Productor Ejecutivo GABRIEL SORIANO Dirección de Arte AMARANTA SÁNCHEZ Música Original CARLOS RUIZ Diseño Sonoro LENA ESQUENAZI Edición JUAN MANUEL FIGUEROA Actores FERNANDO BECERRIL/MARTA AURA/BRUNO BICHIR/CLAUDIA RÍOS

Escenas

ARGUMENTO Una ciudad se ha quedado sin agua. Mucha gente se ha ido. Algunos se quedan vigilando la poca agua que les queda.

JULIÁN Inés, nos tenemos que ir.
INÉS Dicen que todo se va a arreglar. Que si no, es cuestión de esperar hasta que lleguen las lluvias.
JULIÁN Sí, pero no podemos confiar en eso. No a estas alturas°.

INÉS ¿Cómo vamos a salir de la ciudad? Dicen que en todas las salidas hay vándalos. Y que están muy resentidos porque ellos fueron los primeros que se quedaron sin agua.
JULIÁN Si no digo que no sea peligroso. Pero cuando se nos acabe el agua nos tenemos que ir de todos modos.

INÉS ¿Pasa algo?
JULIÁN Ya no tenemos agua.
INÉS En la tele dijeron que...
JULIÁN ¡Qué importa lo que hayan dicho! ¡Se acabó!

JULIÁN Aunque lograran° traer agua a la ciudad, no pueden distribuirla. Las tuberías están contaminadas desde el accidente. Ninguna ayuda llegará a tiempo, y menos aquí.
INÉS Pero no quiero dejar mi casa.

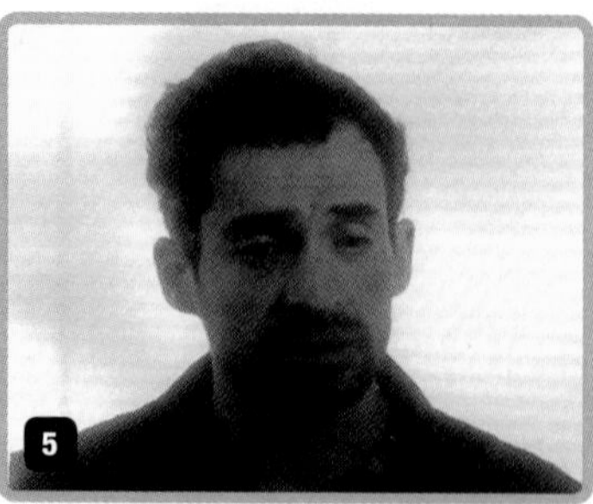

JULIÁN Y a ustedes, ¿cuándo se les acabó el agua?
RICARDO Antier° en la noche nos dimos cuenta.
JULIÁN Ricardo, ¿quieren venir con nosotros?

JULIÁN No nos va a pasar nada, Inés. ¿Qué nos pueden hacer? Todos estamos igual.

a estas alturas *at this stage* **lograran** *managed to*
antier *the day before yesterday*

Después de ver el corto

1 Comprensión Contesta las preguntas con oraciones completas.

1. ¿Qué hace el hombre en el techo de su casa? ¿Por qué?
2. ¿Qué le dice el hombre a su esposa cuando está desayunando?
3. ¿Qué hay en las salidas de la ciudad?
4. ¿Qué pasa con las tuberías?
5. ¿Por qué deciden irse de la ciudad? ¿Quiénes van con ellos en el coche?
6. ¿Por qué quieren los vándalos atacar a las personas que van en el carro?

2 Ampliación En parejas, contesten las preguntas.

1. ¿Qué creen que ocurre al final?
2. El agua está envenenada por un accidente. ¿Qué tipo de accidente creen que hubo?
3. ¿Creen que Ricardo es una mala persona porque intentó robar agua? ¿Por qué?
4. ¿Quiénes son las personas que aparecen al final del corto? ¿Qué quieren?
5. Imaginen que son los protagonistas de este corto. ¿Qué opciones tienen?

3 ¿El agua en peligro? En grupos de tres, lean el texto y respondan las preguntas.

Construimos nuestras ciudades cerca del agua; nos bañamos en el agua; jugamos en el agua; trabajamos con el agua. Nuestras economías están en gran parte basadas sobre la fuerza de su corriente, el transporte a través de ella, y todos los productos que compramos y vendemos están vinculados, de una u otra manera, al agua. Nuestra vida diaria se desarrolla y se configura en torno al agua. Sin el agua que nos rodea nuestra existencia sería inconcebible. En las últimas décadas, nuestra estima por el agua ha decaído. Ya no es un elemento digno de veneración y protección, sino un producto de consumo que hemos descuidado enormemente. El 80% de nuestro cuerpo está compuesto de agua y dos tercios de la superficie del planeta están cubiertos por agua: el agua es nuestra cultura, nuestra vida.

Declaración de la UNESCO con motivo del Día Mundial del Agua 2006.

1. ¿Creen que realmente estamos descuidando el agua, o el aumento del consumo es una consecuencia normal del aumento de la población?
2. Algunos expertos opinan que en el futuro se puede desencadenar una guerra mundial por el agua. ¿Creen que esto es una exageración? ¿Por qué?
3. ¿Creen que es posible cuidar el agua y otros recursos naturales sin tener que hacer grandes cambios en nuestro estilo de vida?
4. ¿Creen que hay naciones que son más responsables que otras por el consumo excesivo de recursos naturales? Expliquen su respuesta.

Practice more at **enfoques.vhlcentral.com.**

Autorretrato con mono, 1938
Frida Kahlo, México

"Quien rompe una tela de araña,
a ella y a sí mismo daña."

— Anónimo

Antes de leer

El eclipse

Sobre el autor

Augusto Monterroso (1921–2003) nació en Honduras, pero pasó su infancia y juventud en Guatemala. En 1944 se radicó (*settled*) en México tras dejar Guatemala por motivos políticos. A pesar de su origen y de haber vivido su vida adulta en México, siempre se consideró guatemalteco. Monterroso tuvo acceso desde pequeño al mundo intelectual de los adultos. Fue prácticamente autodidacta: abandonó la escuela a los 11 años y con sólo 15 años fundó una asociación de artistas y escritores. Considerado padre y maestro del microcuento latinoamericano, Monterroso recurre (*resorts to*) en su prosa al humor inteligente con el que presenta su visión de la realidad. Entre sus obras, destacan *La oveja negra y demás fábulas* (1969) y la novela *Lo demás es silencio* (1978). Recibió numerosos premios, incluso el Premio Príncipe de Asturias en 2000.

Vocabulario

aislado/a *isolated*	**florecer** *to flower*	**sacrificar** *to sacrifice*
digno/a *worthy*	**oscurecer** *to darken*	**salvar** *to save*
disponerse a *to be about to*	**prever** *to foresee*	**valioso/a** *valuable*
la esperanza *hope*	**la prisa** *hurry; rush*	

Exploradores Completa esta introducción de un cuento con las palabras apropiadas.

Los exploradores salieron rumbo a la ciudad perdida sin (1) _______ ninguno de los peligros de la selva. El viejo mapa indicaba que la ciudad escondía un (2) _______ tesoro. Cuando (3) _______ a iniciar la marcha, se dieron cuenta de que iba a (4) _______ antes de que llegaran, por lo que decidieron avanzar con (5) _______. Tenían la (6) _______ de llegar antes de la medianoche.

Conexión personal ¿Alguna vez viste un eclipse? ¿Cómo fue la experiencia? ¿Hay algún fenómeno natural al que le tengas miedo? ¿Cuál? ¿Por qué?

Análisis literario: el microcuento

El microcuento es un relato breve, pero no por eso se trata de un relato simple. En estos cuentos, el lector participa activamente porque debe compensar los recursos utilizados (economía lingüística, insinuación, elipsis) a través de la especulación o haciendo uso de sus conocimientos previos. Este género nació en Argentina en los años 50 con el escritor Jorge Luis Borges (ver lección 12, **p. 469**). A medida que lees *El eclipse*, haz una lista de los conocimientos previos y de las especulaciones que sean necesarios para comprender el relato. Después, compara tu lista con la de tus compañeros/as. ¿Qué elementos de sus listas coinciden?

Practice more at **enfoques.vhlcentral.com.**

EL ECLIPSE

Augusto Monterroso

Audio: Dramatic Recording

Cuando fray° Bartolomé Arrazola se sintió perdido, aceptó que ya nada podría salvarlo. La selva poderosa° de Guatemala lo había apresado°, implacable y definitiva. Ante su ignorancia topográfica se sentó con tranquilidad a esperar la muerte. Quiso morir allí, sin ninguna esperanza, aislado, con el pensamiento fijo en la España distante, particularmente en el convento de Los Abrojos, donde Carlos Quinto condescendiera una vez a bajar de su eminencia para decirle que confiaba en el celo° religioso de su labor redentora°.

Al despertar se encontró rodeado° por un grupo de indígenas de rostro° impasible que se disponían a sacrificarlo ante un altar, un altar que a Bartolomé le pareció como el lecho° en que descansaría, al fin, de sus temores°, de su destino, de sí mismo.

Tres años en el país le habían conferido un mediano dominio° de las lenguas nativas. Intentó algo. Dijo algunas palabras que fueron comprendidas.

Entonces floreció° en él una idea que tuvo por digna de su talento y de su cultura universal y de su arduo conocimiento de Aristóteles. Recordó que para ese día se esperaba un eclipse total de sol. Y dispuso, en lo más íntimo°, valerse de° aquel conocimiento para engañar° a sus opresores y salvar la vida.

—Si me matáis —les dijo— puedo hacer que el sol se oscurezca en su altura.

Los indígenas lo miraron fijamente y Bartolomé sorprendió la incredulidad en sus ojos. Vio que se produjo un pequeño consejo°, y esperó confiado, no sin cierto desdén°.

Dos horas después el corazón de fray Bartolomé Arrazola chorreaba° su sangre vehemente sobre la piedra de los sacrificios (brillante bajo la opaca luz de un sol eclipsado), mientras uno de los indígenas recitaba sin ninguna inflexión de voz, sin prisa, una por una, las infinitas fechas en que se producirían eclipses solares y lunares, que los astrónomos de la comunidad maya habían previsto y anotado en sus códices sin la valiosa ayuda de Aristóteles. ■

- *friar*
- *powerful/captured*
- *zeal*
- *redemptive*
- *surrounded*
- *face*
- *bed*
- *fears*
- *command (of a language)*
- *blossomed*
- *deepest recesses/ to make use of*
- *to trick; to deceive*
- *counsel/disdain*
- *was gushing*

Después de leer

El eclipse

Augusto Monterroso

1 Comprensión Contesta las preguntas con oraciones completas.

1. ¿Dónde se encontraba fray Bartolomé?
2. ¿Conocía el protagonista la lengua de los indígenas?
3. ¿Qué querían hacer los indígenas con fray Bartolomé?
4. ¿Qué les advirtió fray Bartolomé a los indígenas?
5. ¿Qué quería fray Bartolomé que los indígenas creyeran?
6. ¿Qué recitaba un indígena mientras el corazón del fraile sangraba?

2 Interpretación Contesta las siguientes preguntas.

1. ¿Por qué crees que fray Bartolomé pensaba en el convento de Los Abrojos antes de morir?
2. ¿Cuál había sido la misión de fray Bartolomé en Guatemala?
3. ¿Quién le había encomendado esa misión?
4. A pesar de los conocimientos de Aristóteles, ¿por qué el protagonista no consiguió salvarse?

3 Fenómenos naturales En la historia de la humanidad, los fenómenos y los desastres naturales, y otros acontecimientos han sido motivo de muchos temores (*fears*) y supersticiones. A veces, esos temores tenían fundamento, pero otras veces eran supersticiones sin fundamento alguno.

A. En grupos de tres, investiguen acerca de un fenómeno o desastre natural, o un acontecimiento que haya despertado grandes temores y supersticiones antes de suceder. ¿Se cumplieron los temores o eran supersticiones sin fundamento? Pueden elegir fenómenos o desastres de la lista o pensar en otros. Presenten la investigación al resto de la clase.

- el cometa Halley
- la llegada del año 2000
- la amenaza nuclear durante la guerra fría
- la erupción del volcán Vesubio en Pompeya

B. Escriban un microcuento sobre uno de los fenómenos o acontecimientos presentados. Lean el microcuento al resto de la clase. Sus compañeros/as deben adivinar de qué fenómeno o acontecimiento se trata.

4 Escribir En la selva guatemalteca, fray Bartolomé seguramente observó gran cantidad de plantas silvestres y animales salvajes que no conocía hasta entonces. Investiga acerca de la flora y la fauna de la selva guatemalteca. Luego, imagina que eres fray Bartolomé y tienes que escribirle una carta al Rey Carlos V contándole acerca de lo que observaste en la selva. Usa el vocabulario de la lección.

MODELO Estimado Rey Carlos V: Como Su Majestad sabe, le escribo desde la selva de Guatemala, adonde llegué hace ya tres años. En esta carta, quiero contarle...

Practice more at **enfoques.vhlcentral.com.**

Audio: Reading

Sin embargo, en vez de tener una tradición de alto turismo, la isla ha padecido° graves problemas. Vieques fue utilizada para prácticas de bombardeo desde 1941. En esa época muchas personas fueron desalojadas° cuando la Armada° de los Estados Unidos ocupó dos áreas en los extremos de la isla. Las prácticas continuaron por varias décadas, pero en abril de 1999 un guardia de seguridad murió cuando una bomba cayó fuera de la zona de tiro°. La muerte de David Sanes encolerizó° a los viequenses° y dio origen a° una campaña de desobediencia civil. El presidente Clinton prometió cesar el entrenamiento° de bombardeo en Vieques, pero éste continuó con bombas inertes a pesar de que los viequenses habían exigido "¡Ni una bomba más!". Los manifestantes entraban en la zona de tiro y establecían campamentos; otros se manifestaban° en Puerto Rico y en los Estados Unidos, y pronto captaron° la atención internacional. Robert Kennedy, Jr., Jesse Jackson, Rigoberta Menchú y el Dalai Lama, entre otros, hicieron declaraciones a favor de Vieques y muchas personas fueron a la cárcel° después de ser arrestadas en la zona de tiro.

suffered · evicted · Navy · live-fire range · angered · inhabitants of Vieques · gave rise to · training · demonstrated · captured · jail

"La protesta se centró en gran parte en los problemas que las bombas habían causado al medio ambiente, a la economía de Vieques y a la salud de los viequenses."

La protesta se centró en gran parte en los problemas que las bombas habían causado al medio ambiente, a la economía de Vieques y a la salud de los viequenses. Las décadas de prácticas de bombardeo dejaron un nivel muy alto de contaminación, que incluye la presencia de uranio reducido (un veneno muy peligroso). Algunos piensan que la incidencia de cáncer en Vieques —25% más alta que la de todo Puerto Rico— se debe a la exposición de los habitantes a elementos tóxicos. Estas acusaciones han provocado controversia, ya que la Armada negó los efectos sobre la salud de los viequenses. Finalmente, después de una dura campaña de protesta y lucha°, las prácticas de bombardeo terminaron para siempre en 2003. Los terrenos de la Armada pasaron al Departamento de Caza y Pesca, y la Agencia de Protección Ambiental (EPA) declaró en 2005 que la limpieza ambiental de Vieques sería una de las prioridades nacionales.

struggle

Los extremos este y oeste de la isla ahora constituyen una reserva ambiental, la más grande del Caribe. Los viequenses esperan que la isla pueda, en su renacimiento, volver a un estado de mayor pureza natural y al mismo tiempo desarrollar su economía. Vieques sigue siendo un símbolo de resistencia y es un lugar cada día más popular para el turismo local y extranjero. ■

¿Qué es la bioluminiscencia?

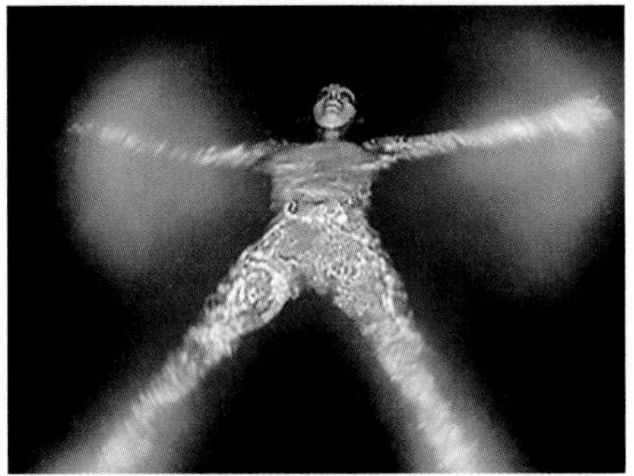

Es un efecto de fosforescencia verdeazul, causado por unos microorganismos que, al agitarse, dan un brillo extraordinario a las aguas durante la noche. El pez o bañista que se mueve bajo el agua emite una luz radiante. Para que se produzca este fenómeno extraordinario, se requiere una serie de condiciones muy especiales de temperatura, ambiente y poca contaminación.

Después de leer

La conservación de Vieques

1 **Comprensión** Elige la respuesta correcta para completar cada oración.

1. Vieques es un municipio de (la República Dominicana/Puerto Rico).
2. Entre los atractivos de la isla se encuentra (un pico altísimo/una bahía bioluminiscente).
3. Los arrecifes de coral son importantes para la biodiversidad porque (albergan una inmensa variedad de especies/protegen la capa de ozono).
4. La protesta en contra de la presencia de la Armada se produjo después (de la muerte de un guardia de seguridad/del uso de bombas inertes).
5. Las prácticas de bombardeo dejaron (problemas de erosión/ un nivel alto de contaminación).
6. Muchas personas fueron arrestadas (por robar uranio reducido/ por ingresar en la zona de prácticas de bombardeo).
7. Los extremos de la isla ahora contienen (una zona de tiro/ una reserva ambiental).
8. La bioluminiscencia es un efecto causado por (microorganismos/ la contaminación).

2 **Interpretación** Responde a las preguntas.

1. ¿Qué potencial turístico tiene Vieques? Da ejemplos.
2. ¿Qué hacía la Armada en Vieques?
3. ¿Cuál era el deseo de los manifestantes de Vieques?
4. ¿Por qué creen que la Armada de los Estados Unidos estaba autorizada a hacer prácticas de bombardeo en Vieques?
5. ¿Qué ocurre cuando una persona o un pez nada en la bahía bioluminiscente?

3 **Ampliación** En parejas, contesten las preguntas.

1. ¿Por qué es importante conservar una isla como Vieques?
2. ¿Qué efectos puede tener la declaración de la EPA? ¿Cómo puede mejorar la vida de los viequenses si se limpia la contaminación?

4 **Reunión con el presidente** En grupos de cuatro, inventen una conversación sobre las prácticas de la Armada. Por una parte hablan dos manifestantes y por otra, el presidente y un(a) representante de la Armada. Utilicen los tiempos verbales que conocen, incluyendo el futuro. Después representen la conversación delante de la clase.

5 **El futuro de Vieques** Imagina que eres un(a) habitante de Vieques. Escribe una carta a un(a) amigo/a contándole cómo crees que cambiarán las cosas en Vieques. Explica cómo se resolverán los problemas de contaminación y cómo se va a promover el turismo.

Practice more at **enfoques.vhlcentral.com.**

Atando cabos

¡A conversar!

Mascotas exóticas

A. En parejas, preparen una conversación. Imaginen que uno/a de ustedes se va de vacaciones y le pide a un(a) amigo/a que le cuide la mascota (*pet*) exótica. Utilicen las formas del futuro y las preposiciones aprendidas en esta lección.

B. Hablen sobre las preguntas y luego compartan sus opiniones con el resto de la clase. Usen las frases y expresiones del recuadro para expresar sus opiniones.

- ¿Creen que está bien tener mascotas exóticas? ¿Por qué?
- ¿Creen que está bien tener animales en exhibición en los zoológicos? ¿Por qué?

No estoy (muy) de acuerdo.	**Para mí, ...**
No es así.	**En mi opinión, ...**
No comparto esa opinión.	**(Yo) creo que...**
No coincido.	**Estoy convencido/a de que...**

¡A escribir!

Patrimonio mundial Una de las misiones de la UNESCO es promover la protección del patrimonio mundial, cultural y natural de la humanidad. Para ello, ha creado una lista de áreas protegidas por su valor histórico o natural. Varias áreas naturales de Cuba se encuentran en este listado. En grupos de cuatro, elijan una de las áreas de la lista para preparar un afiche informativo.

Valle de Viñales
Parque Nacional Alejandro de Humboldt
Parque Nacional Desembarco del Granma

A. Investiguen acerca del sitio elegido. Usen estas preguntas como guía: ¿Dónde está el lugar que eligieron? ¿Por qué se caracteriza? ¿Por qué fue declarado Patrimonio Mundial? ¿Tiene sólo valor natural o es importante por su cultura e historia?

B. Preparen un afiche informativo sobre el lugar elegido. Incluyan un título, recuadros con texto, mapas e imágenes con epígrafes (*captions*).

6 VOCABULARIO

Audio: Vocabulary Flashcards

La naturaleza

el árbol	*tree*
el arrecife	*reef*
el bosque (lluvioso)	*(rain) forest*
el campo	*countryside; field*
la cordillera	*mountain range*
la costa	*coast*
el desierto	*desert*
el mar	*sea*
la montaña	*mountain*
el paisaje	*landscape; scenery*
la tierra	*land; earth*
húmedo/a	*humid; damp*
seco/a	*dry*
a orillas de	*on the shore of*
al aire libre	*outdoors*

Los animales

el ave (*f.*)/ el pájaro	*bird*
el cerdo	*pig*
el conejo	*rabbit*
el león	*lion*
el mono	*monkey*
la oveja	*sheep*
el pez	*fish*
la rana	*frog*
la serpiente	*snake*
el tigre	*tiger*
la vaca	*cow*
atrapar	*to trap; to catch*
cazar	*to hunt*
dar de comer	*to feed*
extinguirse	*to become extinct*
morder (o:ue)	*to bite*
en peligro de extinción	*endangered*
salvaje	*wild*
venenoso/a	*poisonous*

Los fenómenos naturales

el huracán	*hurricane*
el incendio	*fire*
la inundación	*flood*
el relámpago	*lightning*
la sequía	*drought*
el terremoto	*earthquake*
la tormenta (tropical)	*(tropical) storm*
el trueno	*thunder*

El medio ambiente

el calentamiento global	*global warming*
la capa de ozono	*ozone layer*
el combustible	*fuel*
la contaminación	*pollution; contamination*
la deforestación	*deforestation*
el desarrollo	*development*
la erosión	*erosion*
la fuente de energía	*energy source*
el medio ambiente	*environment*
los recursos naturales	*natural resources*
agotar	*to use up*
conservar	*to conserve; to preserve*
contaminar	*to pollute; to contaminate*
contribuir (a)	*to contribute*
desaparecer	*to disappear*
destruir	*to destroy*
malgastar	*to waste*
proteger	*to protect*
reciclar	*to recycle*
resolver (o:ue)	*to solve*
dañino/a	*harmful*
desechable	*disposable*
renovable	*renewable*
tóxico/a	*toxic*

Más vocabulario

Expresiones útiles	*Ver p. 209*
Estructura	*Ver pp. 216–217, 220–221 y 224–225*

Cinemateca

la cisterna	*cistern; underground tank*
la salida	*exit*
el tanque	*tank*
la tubería	*piping*
el/la vándalo/a	*vandal*
acabarse	*to run out; to come to an end*
descuidar(se)	*to get distracted; to neglect*
disculparse	*to apologize*
quedarse sin	*to run out of*
envenenado/a	*poisoned*
resentido/a	*resentful*
sobre todo	*above all*

Literatura

la esperanza	*hope*
la prisa	*hurry; rush*
disponerse a	*to be about to*
florecer	*to flower*
oscurecer	*to darken*
prever	*to foresee*
sacrificar	*to sacrifice*
salvar	*to save*
aislado/a	*isolated*
digno/a	*worthy*
valioso/a	*valuable*

Cultura

el bombardeo	*bombing*
el ecosistema	*ecosystem*
la especie	*species*
el/la manifestante	*protester*
el monte	*mountain*
la pureza	*purity*
el refugio	*refuge*
el terreno	*land*
el veneno	*poison*
ambiental	*environmental*

La tecnología y la ciencia

7

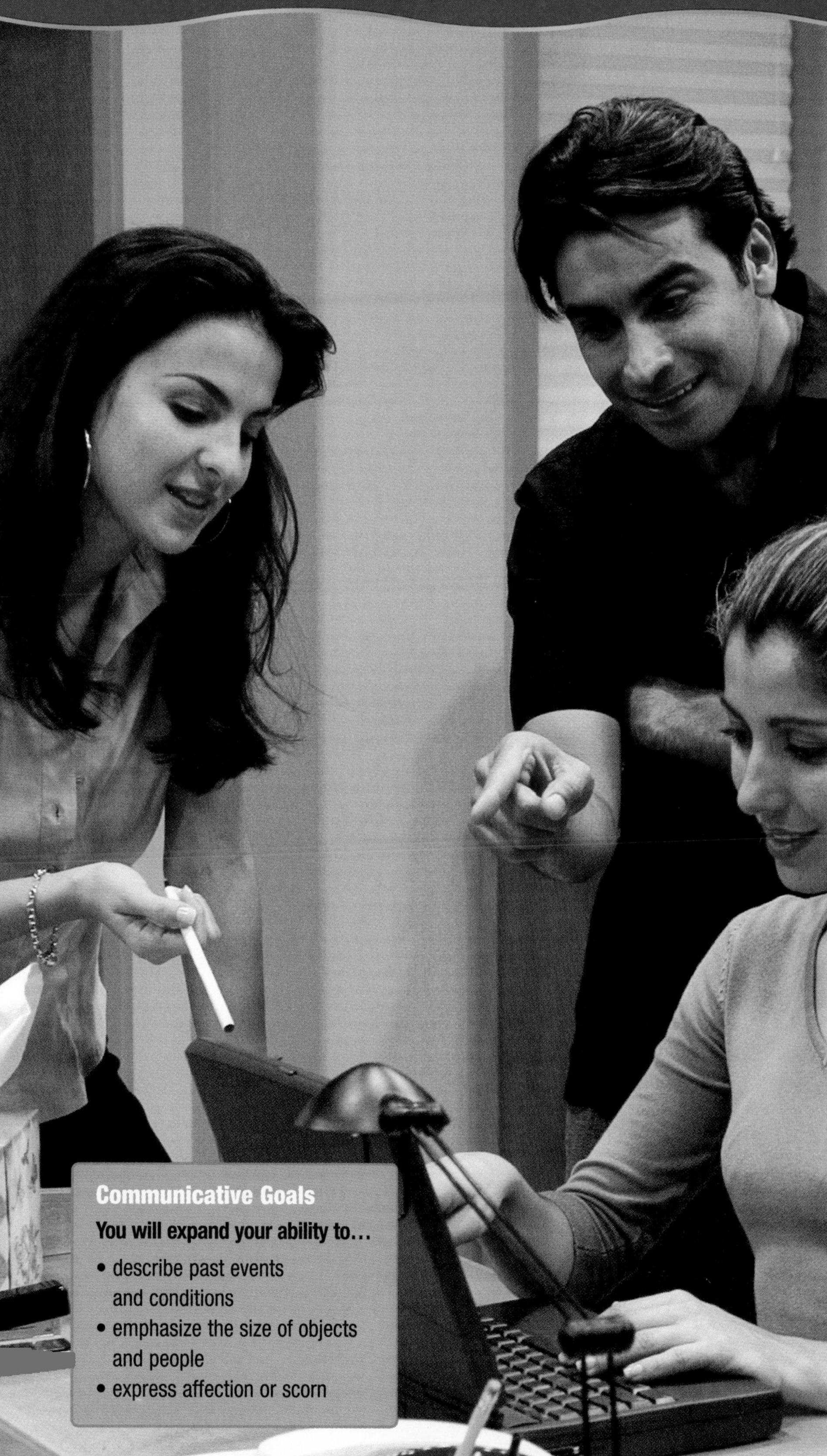

Communicative Goals

You will expand your ability to…
- describe past events and conditions
- emphasize the size of objects and people
- express affection or scorn

Audio: Vocabulary Activities

La tecnología y **la ciencia**

La tecnología

Gisela se pasa largas horas frente a su **computadora portátil navegando en la red**, leyendo **blogs** y **descargando** su música preferida.

la arroba *@ symbol*
el blog *blog*
el buscador *search engine*
la computadora portátil *laptop*
la contraseña *password*
el corrector ortográfico *spellchecker*
la dirección de correo electrónico *e-mail address*
la informática *computer science*
Internet *Internet*
el mensaje (de texto) *(text) message*
la página web *web page*
el programa (de computación) *software*
el reproductor de CD/DVD/MP3 *CD/DVD/MP3 player*
el (teléfono) celular *cell phone*

---

adjuntar (un archivo) *to attach (a file)*
borrar *to erase*
descargar *to download*
guardar *to save*
navegar en la red *to surf the web*

---

digital *digital*
en línea *online*
inalámbrico/a *wireless*

La astronomía y el universo

el agujero negro *black hole*
el cohete *rocket*
el cometa *comet*
el espacio *space*
la estrella (fugaz) *(shooting) star*
el/la extraterrestre *alien*
la gravedad *gravity*
el ovni *UFO*

el planeta *planet*
el telescopio *telescope*
el transbordador espacial *space shuttle*

Los científicos

el/la astronauta *astronaut*
el/la astrónomo/a *astronomer*
el/la biólogo/a *biologist*
el/la científico/a *scientist*
el/la físico/a *physicist*
el/la ingeniero/a *engineer*
el/la matemático/a *mathematician*
el/la (bio)químico/a *(bio)chemist*

La ciencia y los inventos

Los científicos han realizado incontables **experimentos** sobre el **ADN** humano, los cuales han sido esenciales para los **avances revolucionarios** de las últimas décadas.

el ADN (ácido desoxirribonucleico) *DNA*
el avance *advance; breakthrough*
la célula *cell*
el desafío *challenge*
el descubrimiento *discovery*
el experimento *experiment*
el gen *gene*
el invento *invention*
la patente *patent*
la teoría *theory*

clonar *to clone*
comprobar (o:ue) *to prove*
crear *to create*
fabricar *to manufacture; to make*
formular *to formulate*
inventar *to invent*

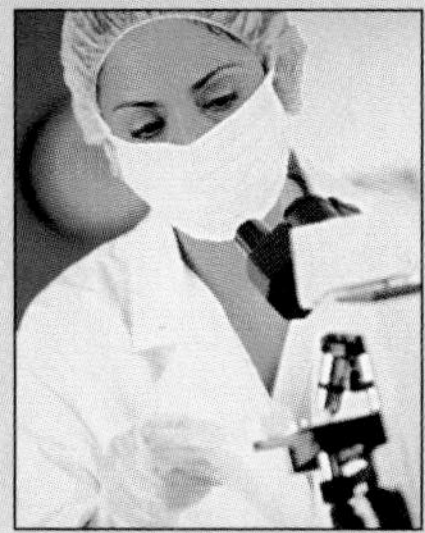

investigar *to investigate; to research*

avanzado/a *advanced*
(bio)químico/a *(bio)chemical*
especializado/a *specialized*
ético/a *ethical*
innovador(a) *innovative*
revolucionario/a *revolutionary*

Práctica

1 Escuchar

A. Escucha lo que dice Mariana Serrano y luego decide si las oraciones son **ciertas** o **falsas**. Corrige las falsas.

1. Mariana Serrano es la presidenta de la Asociación de Ingenieros de Mar del Plata.

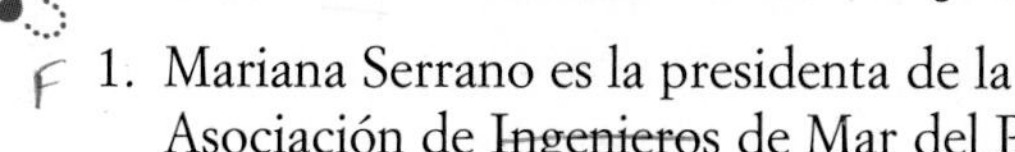

2. Mariana Serrano reflexiona sobre los desafíos del futuro.
3. La comunidad científica ha hecho descubrimientos revolucionarios en el campo del ADN.
4. No hay dinero para investigar nuevas medicinas.
5. Mariana Serrano cree que la ciencia y la ética deben ir unidas.
6. Carlos Obregón es astrónomo.

B. Escucha la conversación entre Carlos Obregón y Mariana Serrano y contesta las preguntas.

1. ¿Qué le ha pasado a Carlos?
2. ¿De qué sabe mucho el amigo de Carlos?
3. ¿Qué adjuntó el amigo de Carlos en el correo electrónico?
4. ¿Dónde escribe Mariana casi todos los días?
5. ¿Qué le tiene que dar Mariana a Carlos?
6. ¿Cómo se la va a dar Mariana?

2 Definiciones

Conecta cada descripción con la palabra correcta.

___	1. Se utiliza en las direcciones de correo electrónico.	a. cohete
___	2. Un objeto extraterrestre.	b. buscador
___	3. Reproducir un ser vivo exactamente igual.	c. telescopio
___	4. Se utiliza para investigar en Internet.	d. clonar
___	5. El vehículo que se utiliza para ir al espacio.	e. arroba
___	6. Se utiliza para ver las estrellas.	f. ovni

Práctica

3 No pertenece Identifica la palabra que no pertenece al grupo.

1. ADN–célula–buscador–gen
2. astronauta–red–cohete–espacio
3. descargar–adjuntar–guardar–clonar
4. descubrimiento–gravedad–avance–invento
5. bioquímico–avanzado–revolucionario–innovador
6. científico–biólogo–extraterrestre–ingeniero

4 Para... se necesita... ¿Qué se necesita para hacer lo siguiente? Añade el artículo correcto: **un** o **una.**

buscador	**contraseña**	**matemático**	**teléfono celular**
cohete	**corrector ortográfico**	**patente**	**telescopio**
computadora portátil	**experimento**	**reproductor**	**teoría**

1. Para encontrar una lista de sitios web, se necesita buscador.
2. Para ver un DVD, se necesita reproductor.
3. Para navegar en la red en la playa, se necesita computadora portátil.
4. Para hacer una llamada en un autobús, se necesita teléfono celular.
5. Para escribir sin errores en la computadora, se necesita corrector ortográfico.
6. Para proteger la información de la computadora, se necesita contraseña.
7. Para demostrar que uno es el inventor de un objeto, se necesita patente.
8. Para observar la Luna y las estrellas desde la Tierra, se necesita un telescopio.

5 Definiciones Primero, elige cinco palabras de la lista y escribe una definición para cada una. Luego, en parejas, túrnense para leerse las definiciones y adivinar de qué palabra se trata.

MODELO
—Es un diario en Internet donde se pueden escribir los pensamientos y opiniones personales.
—Es un **blog.**

astronauta	**digital**	**invento**
astrónomo/a	**en línea**	**navegar en la red**
biólogo/a	**experimento**	**patente**
borrar	**físico/a**	**teléfono celular**
descargar	**gen**	**teoría**

Practice more at **enfoques.vhlcentral.com.**

Comunicación

6 **Actualidad científica** Parece que no hay límites en los avances científicos. ¿Qué opinas tú sobre el tema? Marca las afirmaciones con las que estés de acuerdo y comparte tus opiniones con un(a) compañero/a.

- ☐ 1. La clonación de seres humanos es una herramienta importante para luchar contra las enfermedades genéticas.
- ☐ 2. La clonación de seres humanos disminuirá (*will diminish*) nuestro respeto por la vida humana.
- ☐ 3. Es injusto que el gobierno invierta en programas para viajar a la Luna cuando hay gente que muere de hambre en la Tierra.
- ☐ 4. El exceso de estimulación visual y sonora (*sound*) de los videojuegos afecta el desarrollo de los niños.
- ☐ 5. Las redes sociales, como Facebook, favorecen las relaciones personales.
- ☐ 6. La gran cantidad de información en la red fomenta el aprendizaje (*learning*).

7 **Soluciones** En grupos de tres, den consejos a estas personas para solucionar sus situaciones. Utilicen la imaginación y tantas palabras del vocabulario como puedan.

- Un astrónomo ha detectado una tormenta espacial y piensa que puede ser peligroso mandar un cohete al espacio. No quiere que los astronautas estén en peligro. Sus jefes, sin embargo, no quieren cancelarlo porque, de lo contrario, saben que recibirán críticas en los periódicos.
- Celia ha escrito un mensaje de texto para su amiga, pero se lo ha enviado a su jefe por error. El mensaje decía: "Eva, ¡mi jefe está loco!" Celia necesita una solución antes de que sea demasiado tarde.

8 **Observaciones de la galaxia** Inspirándose en el dibujo, trabajen en parejas para escribir una historia breve. Utilicen por lo menos ocho palabras de **Contextos**. ¡Dejen volar la imaginación!

¿Quién era el hombre?
¿Dónde estaba?
¿Qué quería hacer?
¿Qué hecho inesperado sucedió?

7 FOTONOVELA

La oficina de la revista *Facetas* recibe una pantalla plana.

HOMBRE 1 Aquí está la pantalla líquida que pidieron. Pues, tiene imagen digital, sonido de alta definición, control remoto universal y capacidad para conexión de satélite e Internet desde el momento de la instalación.

JOHNNY ¿Y está en esa caja tan grandota?

HOMBRE 1 Si es tan amable, me da su firmita en la parte de abajo, por favor.

Johnny está en el suelo desmayado.

HOMBRE 2 ¿Por qué no piden una ambulancia?

MARIELA No se preocupe. Fue sólo una pequeñísima sobredosis de euforia.

HOMBRE 1 ¡Esto es tan emocionante! Nunca se había desmayado nadie.

FABIOLA No conocían a Johnny.

HOMBRE 2 Eso es lo que yo llamo "el poder de la tecnología".

ÉRIC Jefe, pruebe con esto a ver si despierta. *(Le entrega un poco de sal.)*

AGUAYO ¿Qué se supone que haga?

ÉRIC Ábralo y páseselo por la nariz.

AGUAYO Esto no funciona.

DIANA Ay, yo conozco un remedio infalible.

ÉRIC ¡¿Qué haces?!

Diana le pone sal en la boca a Johnny. Johnny se despierta.

Más tarde... Johnny y Fabiola van a poner la pantalla en la pared.

AGUAYO Johnny, ¿estás seguro de que sabes lo que haces?

JOHNNY Tranquilo, jefe, no es tan difícil.

FABIOLA Es sólo un agujerito en la pared.

El teléfono suena.

MARIELA Revista *Facetas*, buenas tardes. Jefe, tiene una llamada de su esposa en la línea tres.

AGUAYO Pregúntale dónde está y dile que la llamo luego.

MARIELA Un segundito.

AGUAYO Estaré en mi oficina. No quiero ver este desorden.

Mientras trabajan, se va la luz.

FABIOLA ¡Johnny!

JOHNNY ¿Qué pasó?

FABIOLA ¡Johnny! ¡Johnny!

JOHNNY Está bien, está bien. Ahí viene el jefe.

AGUAYO No es tan difícil. Es sólo un agujerito en la pared... ¡No funciona ni el teléfono!

JOHNNY *(a Aguayo)* Si quiere, puede usar mi celular.

Personajes

AGUAYO

DIANA

ÉRIC

FABIOLA

JOHNNY

MARIELA

HOMBRE 1

HOMBRE 2

4

JOHNNY ¿Sabían que en el transbordador espacial de la NASA tienen este tipo de pantallas?

MARIELA Espero que a ningún astronauta le dé por desmayarse.

AGUAYO ¿Dónde vamos a instalarla?

DIANA En esta pared, pero hay que buscar quien lo haga porque nosotros no tenemos las herramientas.

5

JOHNNY ¿Qué? ¿No tienes una caja (de herramientas)?

ÉRIC A menos que quieras pegar la pantalla con cinta adhesiva y luego ponerle aceite lubricante, no.

FABIOLA Hay una construcción allá abajo.

Johnny y Fabiola se van a buscar las herramientas.

9

Más tarde, en la sala de conferencias...

AGUAYO Rodeados de la mejor tecnología para terminar alumbrados por unas velas.

DIANA Nada ha cambiado desde los inicios de la humanidad.

10

MARIELA Hablando de cosas profundas... ¿Alguna vez se han preguntado adónde se va la luz cuando se va?

Expresiones útiles

Expressing size

Si es tan amable, ¿me da su firmita?
If you would be so kind as to give me your signature...

Fue sólo una pequeñísima sobredosis de euforia.
It was just a tiny overdose of euphoria.

Un segundito.
Just a second. (Lit. a tiny second)

¿Y está en esa caja tan grandota?
And is it in that huge box?

Talking about what has/had happened

Nada ha cambiado.
Nothing has changed.

¿Alguna vez se han preguntado…?
Have you ever asked yourselves…?

Nada había cambiado.
Nothing had changed.

Nunca se había desmayado nadie.
No one had ever fainted before.

Additional vocabulary

el agujerito *small hole*
alta definición *high definition*
la conexión de satélite *satellite connection*
el control remoto universal *universal remote control*
el desorden *disorder; mess*
funcionar *to work*
la herramienta *tool*
la imagen *image*
instalar *to install*
la luz *power; electricity*
la pantalla *screen*
rodeado/a *surrounded*

Comprensión

1 **¿Cierto o falso?** Indica si las oraciones son **ciertas** o **falsas**.

1. Johnny se desmayó debido a la euforia del momento.
2. La nueva tecnología no impresiona a nadie.
3. Aguayo está preocupado por lo que hace Johnny.
4. A pesar de los avances de la tecnología, las velas son prácticas.
5. Según Diana, sus remedios nunca funcionan.

2 **Razones** Elige el final lógico para cada oración.

___ 1. Alguien propone pedir una ambulancia porque

___ 2. Éric le explica a Aguayo cómo despertar a Johnny porque

___ 3. Diana propone buscar a alguien para instalar la pantalla porque

___ 4. Aguayo se encierra en su oficina porque

___ 5. Los empleados alumbran la oficina con velas porque

a. no tienen herramientas.
b. no hay luz.
c. Aguayo no sabe cómo hacerlo.
d. no quiere ver el desorden.
e. Johnny se desmayó.

3 **Definiciones** Busca en la **Fotonovela** la palabra que corresponda a cada definición.

________ 1. Artefacto que permite controlar a distancia distintos aparatos electrónicos.

________ 2. Poner o colocar algo en un lugar adecuado.

________ 3. Vehículo que viaja por el espacio.

________ 4. Instrumentos que generalmente se usan para instalar o para arreglar algo.

________ 5. Red informática mundial formada por la conexión directa entre las computadoras.

________ 6. Sistema inalámbrico de televisión que incluye acceso a gran variedad de películas, eventos deportivos y noticias internacionales.

4 **¿Por qué lo dicen?** En parejas, expliquen a qué se refieren los personajes de la **Fotonovela** en cada cita (*quote*).

1. **HOMBRE** Eso es lo que yo llamo "el poder de la tecnología".
2. **MARIELA** Fue sólo una pequeñísima sobredosis de euforia.
3. **AGUAYO** ¿Estás seguro de que sabes lo que haces?
4. **DIANA** Nada ha cambiado desde los inicios de la humanidad.
5. **AGUAYO** ¡No funciona ni el teléfono!
6. **DIANA** Yo conozco un remedio infalible.

Practice more at **enfoques.vhlcentral.com.**

Ampliación

5 ¿Adicto a Internet? Conversa con tu compañero/a sobre estas preguntas y luego decide si él/ella es adicto/a a Internet.

1. ¿Cuántas cuentas de correo electrónico tienes? ¿Con qué frecuencia la(s) chequeas?
2. ¿Dejas de hacer las tareas de clase o trabajo para pasar más tiempo navegando en Internet? ¿Por qué? Explica con ejemplos.
3. ¿Visitas sitios de *chat*? ¿Cuáles? ¿Con quién(es) hablas? ¿Piensas que es más divertido chatear que charlar en persona?
4. Si se corta la conexión a Internet por más de tres días, ¿cómo te sientes? ¿Te pones ansioso/a o permaneces indiferente? Explica con ejemplos.
5. Si necesitas hablar con un(a) amigo/a que vive cerca, ¿prefieres chatear o ir directamente a su cuarto o a su casa?

6 Apuntes culturales En parejas, lean los párrafos y contesten las preguntas.

Los cibercafés

¡Johnny podrá usar la nueva pantalla para navegar en la red! En Hispanoamérica, fuera de la casa y el trabajo, los **cibercafés** son sitios muy populares para acceder a Internet. Además, son un punto de encuentro entre amigos, ya que se sirve café y comida. ¿Seguirá yendo Johnny a los cibercafés o ahora llevará a sus amigos a la oficina?

Los mensajes de texto

Johnny le prestó el celular a Aguayo para que se comunicara con su esposa. Si viviera en Argentina, seguramente haría como la mayoría de los argentinos y le enviaría un **mensaje de texto** a su esposa diciendo: "tamos sin luz n l ofi. dsps t llamo" (Estamos sin luz en la oficina. Después te llamo). ¡Ojalá que el jefe no le gaste todo el crédito a Johnny!

La conexión satelital

Con conexión satelital, Johnny podrá acceder a canales de todo el mundo. De igual modo, muchos inmigrantes hispanos en los EE.UU. pueden seguir en contacto con sus países de origen gracias a este servicio: los ecuatorianos pueden mirar **ECUAVISA Internacional** y los peruanos, **Sur Perú.**

1. ¿Has estado en algún cibercafé? ¿Cuándo? ¿Dónde? ¿Son comunes los cibercafés donde tú vives? ¿Dónde te conectas habitualmente?
2. Muchos jóvenes prefieren enviar mensajes de texto en lugar de llamar por teléfono. ¿Tú mandas mensajes de texto? ¿A quiénes? ¿Cuántos por día?
3. ¿Existe en tu cultura un lenguaje especial para los mensajes de texto? Explica con varios ejemplos.
4. ¿Cuántos canales de televisión tienes en tu casa? ¿Cuáles son los que miras más a menudo?

En detalle

ARGENTINA

ARGENTINA: TIERRA DE ANIMADORES

Indudablemente°, todos pensamos en Walt Disney como el gran creador y el pionero del cine de animación, pero no estuvo solo durante esos primeros años; artistas de muchos países experimentaron con nuevas técnicas cinematográficas. El argentino Quirino Cristiani fue uno de ellos y, aparte de ser el primero en crear un largometraje de animación, *El Apóstol* (1917), inventó y patentó una cámara especial para este tipo de cine. Ésta tenía forma de torre° y se manejaba con los pies, hecho que le permitía usar las manos para crear el movimiento de los dibujos. Cristiani fue, también, el primero en poner sonido a una cinta animada de larga duración, *Peludópolis* (1931). Desafortunadamente, todas sus películas, excepto *El mono relojero*, fueron destruidas a causa de dos incendios° en los años 1957 y 1961.

Hijitus

El éxito argentino en el mundo de la animación no se acabó con esta catástrofe. El auge de la animación en Argentina se produjo en los años 60 y 70, cuando el historietista Manuel García Ferré, un español naturalizado argentino, llevó a la pantalla televisiva a su personaje *Hijitus*. Ésta fue la primera y la más exitosa serie televisiva animada de América Latina. Hijitus es un niño de la calle que vive en la ciudad de Trulalá, asediada° por personajes malvados° como la Bruja Cachavacha y el Profesor Neurus. Para luchar contra Neurus y su pandilla°, Hijitus se convierte en Súper Hijitus. García Ferré es también el creador de otros éxitos televisivos y cinematográficos, como *Petete, Trapito, Calculín, Ico* y *Manuelita*.

Entre la nueva generación de animadores, se destaca° Juan Pablo Zaramella, un joven creador de enorme proyección internacional. Zaramella realiza muchas de sus películas usando plastilina° y el método *stop-motion*. Su corto *Viaje a Marte* ha recibido más de cincuenta premios en todo el mundo. ■

Diferentes técnicas del cine de animación

Dibujos animados Cada fotograma de la película es un dibujo diferente. Se combinan los dibujos para crear la idea de movimiento.

Stop-motion Los escenarios y personajes están hechos en tres dimensiones, normalmente con plastilina, en el caso de la técnica *claymation* (subcategoría del *stop-motion*). Se van moviendo los objetos y se toman fotos de los movimientos.

Animación por computadora Se generan imágenes en diferentes programas de computadora.

Indudablemente *Undoubtedly* **torre** *tower* **incendios** *fires* **asediada** *besieged* **malvados** *evil* **pandilla** *gang* **se destaca** *stands out* **plastilina** *clay*

ASÍ LO DECIMOS

Animación y computación

las caricaturas (Col.) *cartoons*
los dibujitos (Arg.) *cartoons*
los muñequitos (Cu.) *cartoons*
las películas CG *CG movies*

la laptop (Amér. L.) *laptop*
la notebook (Arg.) *laptop*
el portátil (Esp.) *laptop*

el computador (Col. y Chi.) *computer*
el ordenador (Esp.) *computer*

el mouse (Amér. L.) *mouse*
el ratón (Esp. y Pe.) *mouse*

EL MUNDO HISPANOHABLANTE

Otros pioneros hispanos

La televisión de hoy no sería lo mismo sin la contribución de Guillermo González Camarena. Este ingeniero mexicano, nacido en 1917 en Guadalajara, recibió a los 22 años de edad una patente estadounidense por el primer **televisor en color** de la historia.

Ellen Ochoa, una mujer nacida en California de ascendencia mexicana que de niña soñó con ser flautista, se ha convertido en **la primera astronauta hispana** en trabajar para la NASA. También ha obtenido tres patentes por inventos relacionados con **sistemas ópticos de análisis**.

Durante la década de los 50, el ingeniero chileno Raúl Ramírez inventó y patentó una pequeña máquina manual llamada **CINVA–RAM** que permitía a las familias pobres levantar los muros° de sus casas. Hoy, esta máquina se utiliza en programas de "viviendas autosustentables", por los que las familias construyen° sus propias casas.

PERFIL

INNOVAR

El Ministerio de Ciencia, Tecnología e Innovación Productiva de Argentina organiza anualmente un concurso para emprendedores° e innovadores inventores argentinos. Con ocho categorías y más de cincuenta premios valorados en un total de 500.000 pesos, cada año se presentan al certamen° miles de investigadores, diseñadores, técnicos y estudiantes universitarios disputándose estos prestigiosos trofeos. Desde que el proyecto *Innovar* comenzó en 2005, ha otorgado premios a cientos de fascinantes e ingeniosos inventos, desde una bicicleta accionada a mano hasta una pantalla multitáctil que distingue entre distintos niveles de presión (ver foto), pasando por textiles que repelen los mosquitos, un deshidratador solar para verduras e incluso plantas que resisten la sequía. ¡La creatividad no tiene límites en Argentina!

"Los inventos han alcanzado ya su límite, y no veo esperanzas de que se mejoren en el futuro."
(Julius Sextus Frontinus, ingeniero romano, siglo I)

Conexión Internet

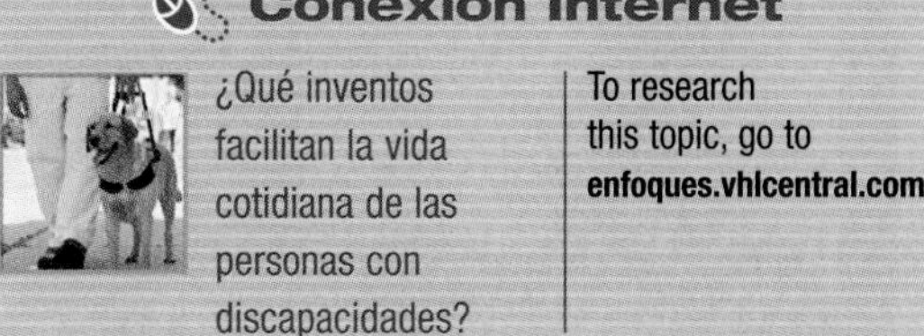

¿Qué inventos facilitan la vida cotidiana de las personas con discapacidades?

To research this topic, go to **enfoques.vhlcentral.com.**

emprendedores *enterprising* **certamen** *contest* **muros** *walls* **construyen** *build*

¿Qué aprendiste?

1 **¿Cierto o falso?** Indica si las oraciones son **ciertas** o **falsas**. Corrige las falsas.

1. Walt Disney fue el primer director que realizó un largometraje de animación.
2. La cámara que inventó Cristiani sólo le permitía trabajar con las manos.
3. La primera película de animación con sonido fue *El Apóstol.*
4. Las películas del cineasta Quirino Cristiani fueron robadas.
5. El auge de la animación en Argentina se produjo en los años 60 y 70.
6. Hijitus es un personaje creado por Juan Pablo Zaramella.
7. Hijitus se convierte en Súper Hijitus para luchar contra el Profesor Neurus y su pandilla.
8. El cortometraje de Zaramella *Viaje a Marte* ha ganado más de cincuenta premios en Argentina.
9. En los dibujos animados, cada uno de los fotogramas de la película es un dibujo diferente.
10. En el sistema de *stop-motion*, los escenarios y personajes se dibujan en programas de computadora.

2 **Oraciones** Subraya la opción correcta.

1. *Innovar* es un concurso argentino para (escritores/inventores).
2. El chileno Raúl Ramírez inventó una máquina para levantar (pesas/muros).
3. El mexicano Guillermo González Camarena patentó (una cámara de cine/el primer televisor en color).
4. Ellen Ochoa es (flautista y astronauta/ astronauta e inventora).
5. Si estás en Colombia y quieres ver animación, dices que quieres ver (dibujitos/caricaturas).

3 **Preguntas** En parejas, contesten las preguntas.

1. ¿Qué técnica crees que tiene más dificultad: la *claymation* o la animación por computadora? ¿Por qué?
2. ¿Por qué crees que en muchos países hispanos se usan términos de computación en inglés, como *mouse* o *laptop*? ¿Está bien usarlos o deben usarse términos en español?
3. ¿Por qué crees que el gobierno argentino creó *Innovar*? ¿Piensas que es una buena inversión?

4 **Opiniones** Muchos inventos han cambiado nuestras vidas. En parejas, hagan una lista con los cinco inventos más importantes de los siglos XX y XXI. ¿Por qué los han elegido? Compartan su opinión con la clase. ¿Hay algún invento que esté en todas las listas? ¿Cuál es el más importante? ¿Están de acuerdo?

Practice more at **enfoques.vhlcentral.com.**

PROYECTO

Inventores

Busca información sobre un(a) inventor(a) argentino/a (o de otro país hispanohablante) y prepara una presentación para la clase sobre su vida y su invento más importante. Debes incluir:

- una breve biografía del/de la inventor(a)
- una descripción del invento
- el uso de su invento
- una foto o una ilustración del invento
- tu opinión acerca de la importancia del invento en la época en la que vivió el/la inventor(a) y en la actualidad

Inventos argentinos

Ya conoces los aportes (*contributions*) argentinos en el mundo del cine y de la tecnología. En este episodio de **Flash Cultura**, descubrirás la gran variedad de inventos argentinos que han marcado un antes y un después en la historia de la humanidad.

VOCABULARIO ÚTIL

la birome (*Arg.*) *ballpoint pen*
el frasco *bottle*
la jeringa descartable *disposable syringe*
la masa (cruda) *(raw) dough*
la pluma *fountain pen*
la sangre *blood*
el subterráneo *subway*
la tinta *ink*

Preparación ¿Qué creaciones argentinas conoces hasta ahora? ¿Cuál te parece más interesante? ¿Por qué?

Comprensión Indica si estas afirmaciones son ciertas o falsas. Después, en parejas, corrijan las falsas.

1. La primera línea de metro en Latinoamérica se construyó en Montevideo.
2. El sistema de huellas dactilares fue creación de un policía de Buenos Aires.
3. El helicóptero de Raúl Pescara, además de eficaz, es un helicóptero seguro y capaz de moverse en dos direcciones.
4. El *by-pass* y la jeringa descartable son inventos argentinos.
5. Una birome es un bolígrafo.
6. La compañía Estmar inventó los zapatos ideales para bailar tango.

Expansión En parejas, contesten estas preguntas.

- ¿Qué invento les parece más importante? ¿Por qué?
- Si estuvieran en Argentina, ¿qué harían primero: ir a una función de tango, visitar un museo de ciencia y tecnología o comerse una empanada?
- Si tuvieran que prescindir de (*do without*) un invento argentino, ¿de cuál sería? ¿Por qué creen que es el menos importante?

Practice more at **enfoques.vhlcentral.com.**

Corresponsal: Silvina Márquez
País: Argentina

El colectivo es un autobús de corta distancia inventado por dos porteños° en 1928.

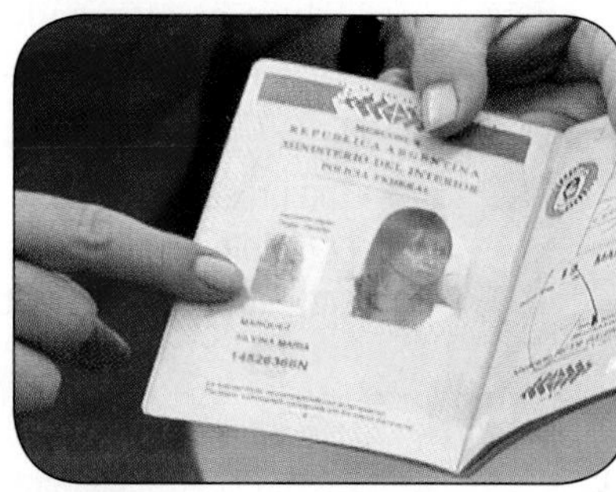

La mejor manera de identificar personas mediante sus huellas dactilares° se la debemos a un policía de Buenos Aires.

El semáforo° especial permite, mediante sonidos, avisarles a los ciegos°, o a los no videntes, cuándo pueden cruzar la calle.

porteños *residents of Buenos Aires* **huellas dactilares** *fingerprints* **semáforo** *crosswalk signal* **ciegos** *blind people*

7.1 The present perfect

Nada ha cambiado desde los inicios de la humanidad.

TALLER DE CONSULTA

MANUAL DE GRAMÁTICA
Más práctica

7.1 The present perfect, p. A38
7.2 The past perfect, p. A39
7.3 Diminutives and augmentatives, p. A40

Más gramática

7.4 Expressions of time with **hacer**, p. A41

• • • •

While English speakers often use the present perfect to express actions that continue into the present time, Spanish uses the phrase **hace** + [*period of time*] + **que** + [*present tense*].

Hace dos años que estudio español.

I have studied Spanish for two years.

- In Spanish, as in English, the present perfect tense (**el pretérito perfecto**) expresses what *has happened*. It generally refers to recently completed actions or to a past that still bears relevance in the present.

  Mi jefe **ha decidido** que a partir de esta semana hay que comunicarse por Internet y no gastar en llamadas internacionales.
  My boss has decided that as of this week we have to communicate through the Internet rather than spend money on international calls.

  Juan **ha terminado** la carrera de ingeniería, pero aún no **ha decidido** qué va a hacer a partir de ahora.
  Juan has graduated as an engineer, but he still hasn't decided what to do from now on.

- The present perfect is formed with the present tense of the verb **haber** and a past participle. Regular past participles are formed by adding **–ado** to the stem of **–ar** verbs, and **–ido** to the stem of **–er** and **–ir** verbs.

The present perfect

comprar	beber	recibir
he comprado	he bebido	he recibido
has comprado	has bebido	has recibido
ha comprado	ha bebido	ha recibido
hemos comprado	hemos bebido	hemos recibido
habéis comprado	habéis bebido	habéis recibido
han comprado	han bebido	han recibido

Test on 2/15

- Note that past participles do not change form in the present perfect tense.

  Todavía no **hemos comprado** las computadoras nuevas.
  We still haven't bought the new computers.

  La bióloga aún no **ha terminado** su trabajo de investigación.
  The biologist hasn't finished her research work yet.

- To express that something *has just happened*, use **acabar de** + [*infinitive*]. **Acabar** is a regular **-ar** verb.

  Acabo de recibir un mensaje de texto.
  I've just received a text message.

  ¡**Acabamos de ver** un ovni!
  We just saw a UFO!

- When the stem of an **–er** or **–ir** verb ends in **a, e**, or **o**, the past participle requires a written accent (**ído**) to maintain the correct stress. No accent mark is needed for stems ending in **u**.

ca-er → caído	**le-er → leído**
o-ír → oído	**constru-ir → construido**

- Many verbs have irregular past participles.

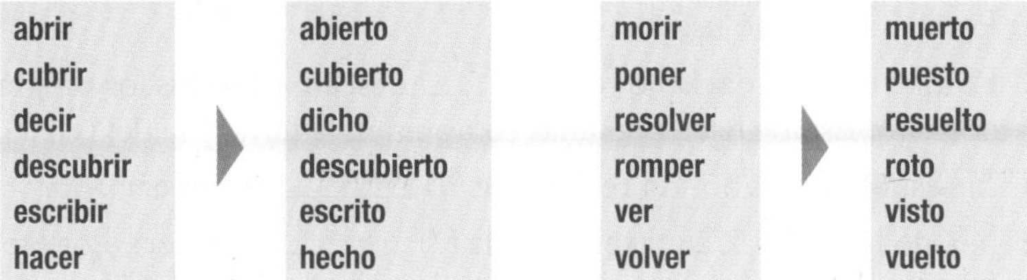

abrir	**abierto**	**morir**	**muerto**
cubrir	**cubierto**	**poner**	**puesto**
decir	**dicho**	**resolver**	**resuelto**
descubrir	**descubierto**	**romper**	**roto**
escribir	**escrito**	**ver**	**visto**
hacer	**hecho**	**volver**	**vuelto**

Perdón, es que **he escrito** cuatro mensajes por correo electrónico y todavía no me **han resuelto** el problema.
Excuse me, but I have written four e-mails and you still haven't solved my problem.

El ingeniero me asegura que ya **ha visto** sus mensajes y dice que muy pronto lo llamará.
The engineer assures me that he has seen your e-mails and says he will call you soon.

- Note that, unlike in English, the verb **haber** may not be separated from the past participle by any other word (**no**, adverbs, pronouns, etc.)

¿Por qué **no has patentado todavía** tu invento?
Why haven't you patented your invention yet?

¡**Todavía no lo he terminado** de perfeccionar!
I haven't yet finished perfecting it!

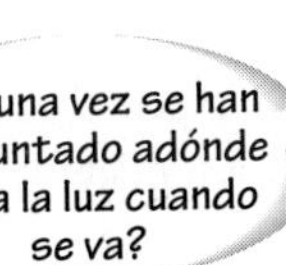

¿Alguna vez se han preguntado adónde se va la luz cuando se va?

- Note that, when a past participle is used as an adjective, it must agree in number and gender with the noun it modifies. Past participles are often used as adjectives with **estar** or other verbs to describe physical or emotional states.

Las fórmulas matemáticas ya están **preparadas**.
The mathematical equations are already prepared.

Los laboratorios están **cerrados** hasta el lunes.
The laboratories are closed until Monday.

TALLER DE CONSULTA

For detailed coverage of past participles with **ser**, **estar**, and other verbs, see:

11.1 The passive voice, p. 408

11.4 Past participles used as adjectives, p. 543

Práctica

TALLER DE CONSULTA

MANUAL DE GRAMÁTICA
Más práctica

7.1 The present perfect, p. A38

1. **El asistente de laboratorio** **La directora del laboratorio está enojada porque el asistente ha llegado tarde. Completa la conversación con las formas del pretérito perfecto.**

DIRECTORA ¿Dónde (1) ________ (estar) tú toda la mañana y qué (2) ________ (hacer) con mi computadora portátil?

ASISTENTE Ay, (yo) (3) ________ (tener) la peor mañana de mi vida... Resulta que ayer me llevé su computadora para seguir con el análisis del experimento y...

DIRECTORA Pero ¿por qué no usaste la tuya?

ASISTENTE Porque usted todavía no (4) ________ (descargar) todos los programas que necesito. Estaba haciendo unas compras en la tarde y la dejé en alguna parte.

DIRECTORA Me estás mintiendo. En realidad la (5) ________ (romper), ¿no?

ASISTENTE No, no la (6) ________ (romper); la (7) ________ (perder). Por eso, esta mañana (8) ________ (volver) a todas las tiendas y les (9) ________ (preguntar) a todos por ella. De momento, nadie la (10) ________ (ver).

2. **Oraciones** **Combina los elementos para formar oraciones completas. Utiliza el pretérito perfecto y añade elementos cuando sea necesario.**

MODELO **yo / siempre / querer / un iPad**
Yo siempre he querido un iPad.

1. nosotros / comprar / cámara digital más innovadora
2. tú / nunca / pensar / en ser matemático
3. los científicos / ya / descubrir / cura
4. el profesor / escribir / fórmulas en la pizarra
5. mis padres / siempre / creer / en los ovnis

3. **Experiencias** **Indica si has hecho lo siguiente y añade información adicional.**

MODELO **ir al Polo Sur**
No he ido al Polo Sur, pero he viajado a Latinoamérica.

1. viajar a la Luna
2. ganar la lotería
3. ver a un extraterrestre
4. inventar algo
5. conocer al presidente del país
6. estar despierto/a por más de dos días
7. hacer algo revolucionario
8. soñar con ser astronauta

4. **Preguntas personales** **Busca un(a) compañero/a de clase a quien no conozcas bien y hazle preguntas sobre su vida usando el pretérito perfecto.**

MODELO —¿Has tomado clases de informática?
—Sí, he tomado muchas clases de informática. ¡Siempre me ha fascinado la tecnología!

conocer a una persona famosa	ganar algún premio
escribir poemas	visitar un país hispano
estar enamorado/a	vivir en el extranjero

Practice more at **enfoques.vhlcentral.com.**

Comunicación

5 **Tecnofobia** Utiliza el pretérito perfecto para completar las oraciones. Luego, en parejas, conviertan las oraciones de la encuesta en preguntas para descubrir si son tecnomaniáticos/as o tecnofóbicos/as. Comparen los resultados. ¿Están de acuerdo?

¿Eres tecnofóbico/a?

No parece haber punto intermedio: generalmente, la gente ama la tecnología o la odia. Completa las oraciones para saber si eres tecnomaniático/a o tecnofóbico/a.

1. Yo ________ (comprar) ___ aparatos electrónicos durante el último año.
   a. más de diez c. menos de cinco
   b. entre cinco y diez d. cero
2. Yo ________ (tratar) de aprender ___ sobre los avances tecnológicos de los últimos meses.
   a. todo lo posible c. un poco
   b. lo suficiente d. muy poco
3. Para comunicarme con mis amigos, siempre ________ (preferir) ___.
   a. Facebook o Twitter
   b. los mensajes de texto telefónicos
   c. las llamadas telefónicas
   d. las cartas escritas a mano
4. Los recursos que ________ (utilizar) más este año para hacer investigaciones son ___.
   a. buscadores
   b. enciclopedias en línea
   c. las bases de datos de la biblioteca
   d. enciclopedias tradicionales
5. Para las noticias diarias, mi fuente favorita esta semana ________ (ser) ___.
   a. Internet c. la radio
   b. la televisión d. el periódico
6. Para conseguir música, yo ________ (depender) sobre todo de ___.
   a. escuchar música en Internet c. comprar los CD en línea
   b. descargar archivos MP3 d. escuchar los CD de mis padres
7. El teléfono que ________ (usar) más este año es ___.
   a. un celular nuevo con *wi-fi* c. el teléfono de casa
   b. el celular que compré hace tres años d. ninguno; prefiero hablar en persona
8. Siempre ________ (creer) que los avances tecnológicos ___ la calidad de vida.
   a. son esenciales para b. mejoran c. pueden empeorar d. arruinan

Clave

a. = 3 puntos
b. = 2 puntos
c. = 1 punto
d. = 0 puntos

Resultados

19 - 24	¡Eres **tecnomaniático**!
13 - 18	Te sientes cómodo en un mundo tecnológico.
7 - 12	No te has mantenido al día con los avances recientes.
0 - 6	¡Eres **tecnofóbico**!

6 **Celebridades** En grupos de tres, cada miembro debe pensar en una persona famosa, sin decir quién es. Las otras dos personas deben hacer preguntas. Utilicen el pretérito perfecto para dar pistas hasta que adivinen el nombre de cada celebridad.

MODELO **ESTUDIANTE 1** Este hombre ha ganado muchísimo dinero.
ESTUDIANTE 2 ¿Es Donald Trump?

7.2 The past perfect

- The past perfect tense (**el pretérito pluscuamperfecto**) is formed with the imperfect of **haber** and a past participle. As with other perfect tenses, the past participle does not change form.

The past perfect

viajar	perder	incluir
había viajado	había perdido	había incluido
habías viajado	habías perdido	habías incluido
había viajado	había perdido	había incluido
habíamos viajado	habíamos perdido	habíamos incluido
habíais viajado	habíais perdido	habíais incluido
habían viajado	habían perdido	habían incluido

- In Spanish, as in English, the past perfect expresses what someone *had done* or what *had occurred* before another action or condition in the past.

Decidí comprar una cámara digital nueva porque la vieja se me **había roto** varias veces.
I decided to buy a new digital camera because the old one had broken on me several times.

Cuando por fin les dieron la patente, otros ingenieros ya **habían inventado** una tecnología mejor.
When they were finally given the patent, other engineers had already invented a better technology.

- **Antes, aún, nunca, todavía,** and **ya** are often used with the past perfect to indicate that one action occurred before another. Note that adverbs, pronouns, and the word **no** may not separate **haber** from the past participle.

Cuando se fue la luz, **aún no había guardado** los cambios en el documento.
When the light went out, I hadn't yet saved the changes to the document.

María Eugenia y Gisela **nunca habían visto** una estrella fugaz tan luminosa.
María Eugenia y Gisela had never seen such a bright shooting star.

Ya me había explicado la teoría, pero no la entendí hasta que vi el experimento.
He had already explained the theory to me, but I didn't understand it until I saw the experiment.

Los ovnis **todavía no habían aterrizado**, pero los terrícolas ya estaban corriendo asustados.
The UFOs hadn't yet landed, but the earthlings were already running scared.

Práctica y comunicación

1 Discurso **Jorge Báez, un médico dedicado a la genética, ha recibido un premio por su trabajo. Completa su discurso de agradecimiento con el pluscuamperfecto.**

Muchas gracias por este premio. Recuerdo que antes de cumplir 12 años ya (1) __________ (decidir) ser médico. Desde pequeño, mi madre siempre me (2) __________ (llevar) al hospital donde ella trabajaba y recuerdo que desde la primera vez me (3) __________ (fascinar) esos médicos vestidos de blanco. Luego, cuando cumplí 26 años, ya (4) __________ (pasar) tres años estudiando las propiedades de los genes humanos, en especial desde que (5) __________ (ver) un programa en la televisión sobre la clonación. Cuando terminé mis estudios de posgrado, ya se (6) __________ (hacer) grandes adelantos científicos...

TALLER DE CONSULTA

MANUAL DE GRAMÁTICA
Más práctica

7.2 The past perfect, p. A39

2 Explicación **Reescribe las oraciones usando el pluscuamperfecto. Sigue el modelo.**

MODELO **Me duché a las 7:00. Antes de ducharme hablé con mi hermano.**
Ya había hablado con mi hermano antes de ducharme.

1. Yo salí de casa a las 8:00. Antes de salir de casa miré mi correo electrónico.
2. Llegué a la oficina a las 8:30. Antes de llegar a la oficina tomé un café.
3. Se apagó la computadora a las 10:00. Yo guardé los archivos a las 9:55.
4. Fui a tomar un café. Antes, comprobé que todo estaba bien.

3 Informe **En grupos de tres, imaginen que son policías y deben preparar un informe sobre un accidente. Inventen una historia de lo que ha ocurrido en la vida de los personajes dos horas antes, dos minutos antes y dos segundos antes del accidente. Usen el pluscuamperfecto.**

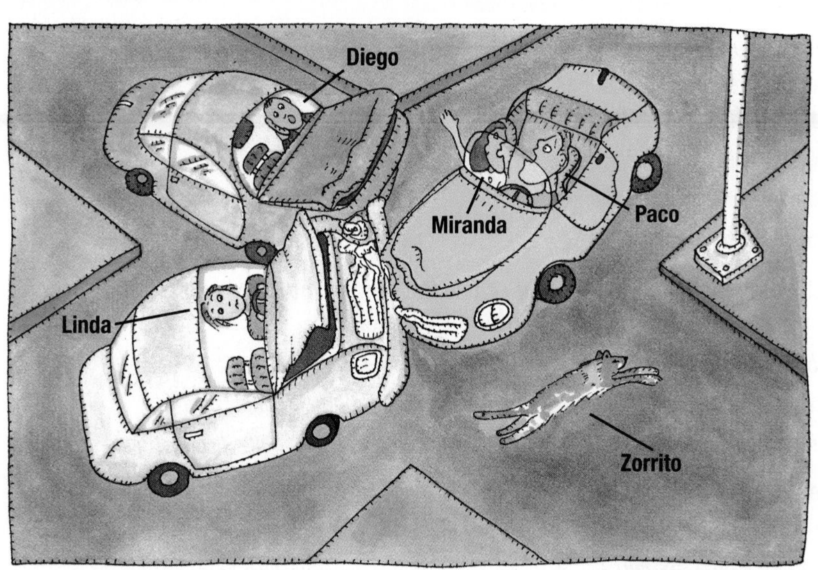

Practice more at **enfoques.vhlcentral.com.**

7.3 Diminutives and augmentatives

- Diminutives and augmentatives (**diminutivos y aumentativos**) are frequently used in conversational Spanish. They emphasize size or express shades of meaning like affection, amazement, scorn, or ridicule. Diminutives and augmentatives are formed by adding a suffix to the root of nouns, adjectives (which agree in gender and number), and occasionally adverbs.

¡ATENCIÓN!

Because formation and use of diminutives and augmentatives varies greatly from one region to another, there are very few established rules about this aspect of the Spanish language. In this section, you will learn to recognize the most commonly used suffixes and their uses. Try to use only those you have learned from native speakers or teachers. Adding them to words you are not sure of can lead to misunderstandings.

bolso *purse*
bolsillo *pocket*

gato *cat*
gatillo *trigger*
gatito *kitten*

camisa *shirt*
camisón *nightgown*

rata *rat*
ratón *mouse*

Diminutives

Tranquilo, jefe, es sólo un agujerito en la pared.

- Here are the most common diminutive suffixes.

Diminutive endings		
-ito/a -illo/a	-cito/a -cillo/a	-ecito/a -ecillo/a

Jaimito, ¿me traes un **cafecito** con un **panecillo**?
Jimmy, would you bring me a little cup of coffee with a roll?

Ahorita, **abuelita**, se los preparo **rapidito**.
Right away, Granny, I'll have them ready in a jiffy.

- Most words form the diminutive by adding **–ito/a**. However, the suffix **–illo/a** is also common in some regions. For words ending in vowels (except **–e**), the last vowel is dropped before the suffix.

bajo → bajito *very short; very softly*
ahora → ahorita *right now; very soon*
Miguel → Miguelito *Mikey*
libro → librillo *booklet*
ventana → ventanilla *plane/car/bus window*
campana → campanilla *hand bell*

- Most words that end in **–e, –n**, or **–r** use the forms **–cito/a** or **–cillo/a**. However, one-syllable words often use **–ecito/a** or **–ecillo/a**.

hombre → hombrecillo *little man*
Carmen → Carmencita *little Carmen*
amor → amorcito *sweetheart*
pan → panecillo *roll*
flor → florecita *little flower*
pez → pececito *little fish*

- Note these spelling changes.

chico → chiquillo *little boy; very small*
amigo → amiguito *little friend*
agua → agüita *little bit of water*
luz → lucecita *little light*

- Some words take on new meanings when diminutive suffixes are added.

manzana → manzanilla *apple* *camomile*
bomba → bombilla *bomb* *lightbulb*

¡ATENCIÓN!

Suffixes can also be added to some adverbs.
Ven rapidito.
Come quickly.
Vuelvo enseguidita.
I'll be right back.

¡ATENCIÓN!

For words ending in **–s** (singular or plural), diminutive and augmentative endings precede the final **–s**.

Carlos → Carlitos
besos → besitos

Augmentatives

- The most common augmentative suffixes are forms of **–ón/–ona, –ote/–ota**, and **–azo/–aza**.

Augmentative endings		
-ón -ona	-ote -ota	-azo -aza

Hijo, ¿por qué tienes ese **chichonazo** en la cabeza?
Son, how'd you get that huge bump on your head?

Jorge se gastó un **dinerazo** en una **pantallota** enorme, ¡sólo para ver partidos de fútbol!
Jorge spent a ton of money on a humongous TV screen, just to watch soccer games!

- Most words form the augmentative by simply adding the suffix to the word. For words ending in vowels, the final vowel is usually dropped.

soltero → solterón *confirmed bachelor*
grande → grandote/a *really big*
perro → perrazo *big, scary dog*
casa → casona *big house; mansion*
palabra → palabrota *swear word*
manos → manazas *big hands (clumsy)*

- There is a tendency to change a feminine word to a masculine one when the suffix **–ón** is used, unless it refers specifically to someone's gender.

la silla → el sillón *armchair*
la mancha → el manchón *large stain*
la mujer → la mujerona *big woman*
mimosa → mimosona *very affectionate*

- The letters **t** or **et** are occasionally added to the beginning of augmentative endings.

guapa → guapetona
golpe → golpetazo

- The masculine suffix **–azo** can also mean *blow* or *shot*.

flecha → flechazo
arrow *arrow wound; love at first sight*
rodilla → rodillazo
knee *a blow with the knee*

- Some words take on new meanings when augmentative suffixes are added.

cabeza → cabezón
head *stubborn*
caja → cajón
box *drawer*
tela → telón
fabric *theater curtain*
bala → balón
bullet *ball*

¡ATENCIÓN!

Sometimes, double endings are used for additional emphasis.

chico/a → chiquito/a → chiquitito/a

grande → grandote/a → grandotote

TALLER DE CONSULTA

The absolute superlative ending **–ísimo/a** is often used interchangeably or in conjunction with diminutives and augmentatives. See **Estructura 5.1,** pp. 176–177.

¡El pastel se ve **riquísimo**!
The cake looks delicious!

Te doy un pedacito **chiquitísimo.**
I'll give you a teensy tiny little piece.

Práctica

TALLER DE CONSULTA

MANUAL DE GRAMÁTICA
Más práctica

7.3 Diminutives and augmentatives, p. A40

1 **La carta** Completa la carta con la forma indicada de cada palabra. Haz los cambios que creas necesarios.

Querido (1) ________ (Pablo, -ito):

Tu mamá me contó lo del (2) ________(golpe, -tazo) que te dio Lucas en la escuela. Pues, cuando yo era (3) ________(pequeño, -ito) como tú, jugaba siempre en la calle. Mi (4) ________(abuela, -ita) me decía que no fuera con los (5) ________(amigos, -ote) de mi hermano porque ellos eran mayores que yo y eran (6) ________ (hombres, -ón). Yo entonces era muy (7) ________(cabeza, -ón) y nunca hacía lo que ella decía. Una tarde, estaba jugando al fútbol, y uno de ellos me dio un (8) ________(rodilla, -azo) y me rompió la (9) ________(nariz, -ota). Nunca más jugué con ellos y, desde entonces, sólo salí con mis (10) ________(amigos, -ito). Espero que me vengas a visitar (11) ________(pronto, -ito). Un (12) ________ (beso, -ito) de

Tu abuelo César

2 **Oraciones incompletas** Completa las oraciones con el aumentativo o diminutivo que corresponde a la definición entre paréntesis.

1. ¿Por qué no les gusta a los profesores que los estudiantes digan ________ (palabras feas y desagradables)?
2. El ________ (perro pequeño) de mi novia es muy lindo y amistoso.
3. Ese abogado tiene una buena ________ (nariz grande) para adivinar los problemas de sus clientes.
4. Mis abuelos viven en una ________ (casa grande) muy vieja.
5. La cantante Samantha siempre lleva una ________ (flor pequeña) en el cabello.
6. A mi ________ (hermana menor) le fascinan los libros de ciencia ficción.

3 **¿Qué palabra es?** Reemplaza cada una de estas frases con el aumentativo o diminutivo que exprese la misma idea.

1. muy grande ________
2. agujero pequeño ________
3. cuarto grande y amplio ________
4. sillas para niños ________
5. libro grande y grueso ________
6. estrella pequeña ________
7. hombre alto y fuerte ________
8. muy cerca ________
9. abuelo querido ________
10. hombres que piensan que siempre tienen la razón ________

Practice more at **enfoques.vhlcentral.com.**

Comunicación

4 **En el parque** Todas las mañanas el señor Escobar sale a correr al parque. En parejas, miren los dos dibujos y túrnense para describir las diferencias entre lo que vio ayer y lo que ha visto esta mañana. Utilicen oraciones completas con diminutivos y aumentativos.

MODELO —Ayer el señor Escobar vio un perrito lindo en el parque, pero esta mañana un perrazo feroz lo ha perseguido.

abuelo	bajo	gordo	libro	pequeño
alto	delgado	grande	nieto	perro
avión	galleta	lejos	pan	taza

5 **Síntesis**

A. Es el año 2500. Junto con dos amigos/as, has decidido pasar un semestre en el espacio. Han creado un blog para contar lo que han visto y han hecho cada día. Escriban cinco entradas del blog. Deben incluir por lo menos tres verbos en el pretérito perfecto, tres en el pluscuamperfecto, y tres diminutivos y/o aumentativos. Utilicen algunas frases y palabras de la lista y añadan sus propias ideas.

MODELO Lunes, 13 de marzo
Hemos pasado el día entero orbitando la Luna. De niños, siempre habíamos querido ser astronautas, y este viaje es un sueño hecho realidad. Desde aquí, la Tierra es sólo una pelotita, como el globo que habíamos estudiado de chiquitos...

Esta mañana hemos...
Aún no hemos...
Los astronautas nos han...

Antes del viaje, habíamos...
Cuando llegamos a la Luna, el profesor ya había...
En el pasado, los astrónomos habían...

cerquita	estrellita
chiquito	grandote
cohetazo	rapidito

B. Ahora, presenten las cinco entradas de su blog ante la clase.

Antes de ver el corto

HAPPY COOL

país Argentina
duración 14 minutos
director Gabriel Dodero

protagonistas Julio, Mabel (esposa), Pablito (hijo), suegro, Daniel (amigo)

¡ATENCIÓN!

La palabra **voseo** se refiere al uso de **vos** en lugar de **tú** y se utiliza en casi toda la Argentina y también en otras partes de América del Sur y América Central. En este uso, los verbos en presente en la segunda persona del singular se acentúan en la última sílaba. Los verbos irregulares se conjugan como si fueran regulares. Por ejemplo:
vos tenés = tú tienes
vos querés = tú quieres

Vocabulario

al alcance de la mano *within reach*	**descongelar(se)** *to defrost*	**el interrogante** *question; doubt*
al final de cuentas *after all*	**duro/a** *hard; difficult*	**la plata** *money (L. Am.)*
congelar(se) *to freeze*	**la guita** *cash; dough (slang)*	**el/la vago/a** *slacker*
derretir(se) (e:i) *to melt*	**hacer clic** *to click*	**vos** tú *(L. Am.)*

1 Oraciones incompletas Completa las oraciones con las palabras o las frases apropiadas.

1. Hoy día, gracias a Internet, todo parece estar ________. Sólo hay que escribir un par de palabras en un buscador, ________ y listo.
2. Mi hermana es una ________. Quiere ganar ________ sin trabajar.
3. Los científicos no pueden prever con exactitud cuánto tiempo tardarán en ________ los glaciares.
4. Para preparar la cena esta noche, no quiero trabajar mucho. Simplemente voy a ________ la pasta que sobró (*was left over*) del otro día. ________, Juan Carlos llega a casa tan cansado del trabajo que no disfruta de la comida.

2 Preguntas En parejas, contesten las preguntas y expliquen sus respuestas.

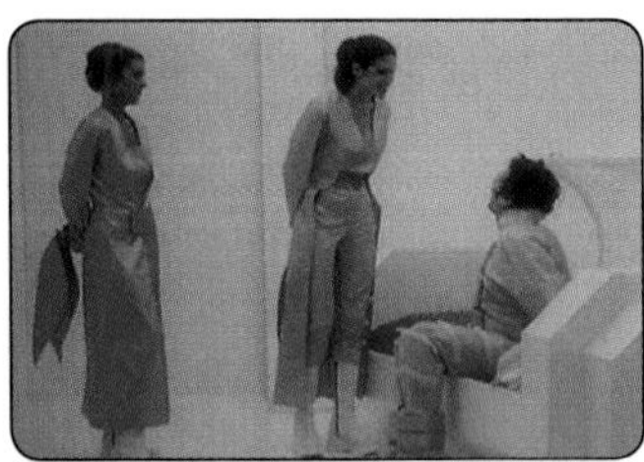

1. ¿Creen que la vida en el futuro va a ser mejor?
2. ¿Qué avances tecnológicos creen que existirán para el año 2050? Mencionen tres.
3. ¿De qué manera pueden la ciencia y la tecnología ayudar a resolver problemas sociales? Den tres ejemplos.
4. Observen el afiche del cortometraje. ¿Qué está mirando la mujer? ¿Dónde está?
5. Observen los fotogramas. ¿Qué sucede en cada uno? ¿Creen que las imágenes son de la misma época?
6. Imaginen que se puede viajar en el tiempo. ¿Qué consecuencias puede tener esto?

 Practice more at **enfoques.vhlcentral.com.**

S

Short Film

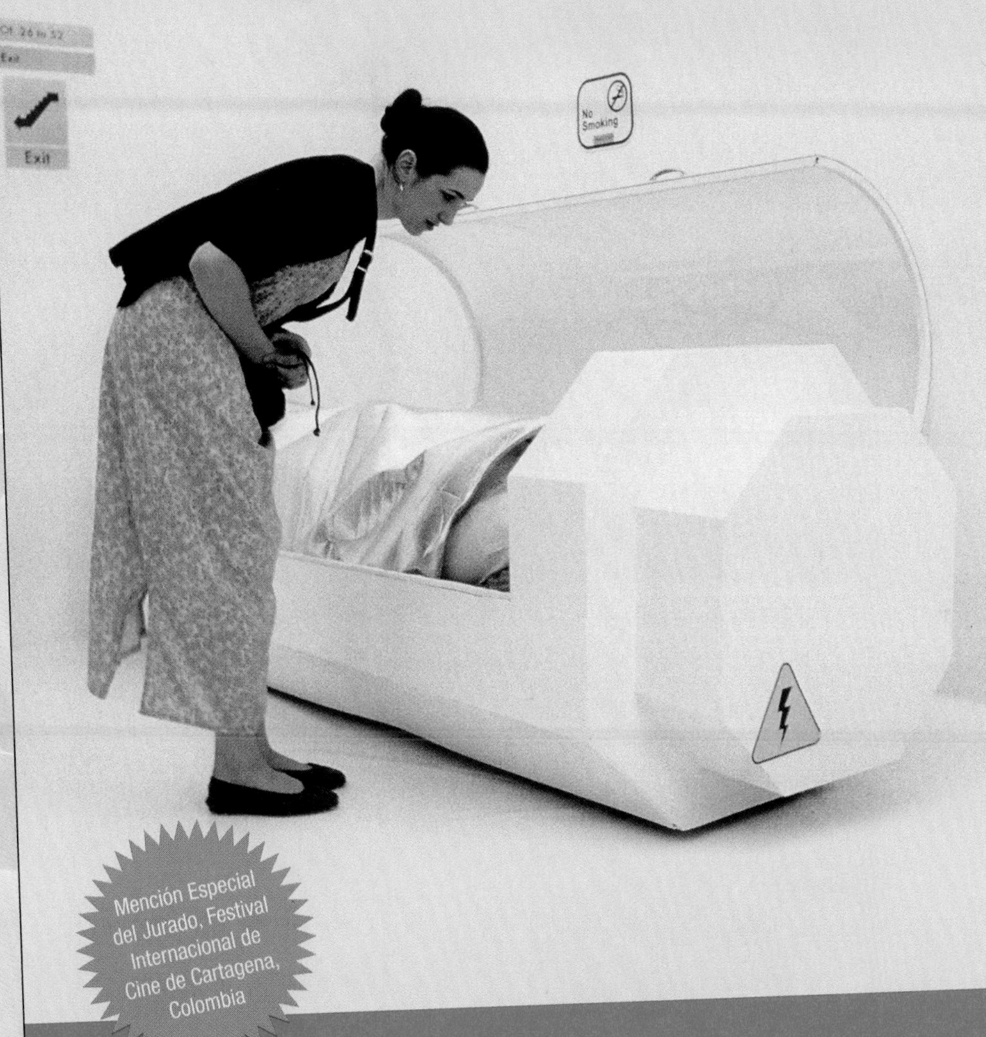
Happy Cool
No Smoking
Exit
Mención Especial del Jurado, Festival Internacional de Cine de Cartagena, Colombia
Una producción del INSTITUTO NACIONAL DE CINE Y ARTES AUDIOVISUALES Guión y Dirección GABRIEL DODERO
Producción Ejecutiva ANDRÉS "Gato" MARTÍNEZ CANTÓ Dirección de Fotografía LEANDRO MARTÍNEZ
Dirección de Arte PATRICIA IBARRA Montaje LEANDRO PATRONELLI Dirección de Sonido FERNANDO VEGA
Actores CARLOS BERRAYMUNDO/CECILIA ROCHE/JORGE OCHOA/NORBERTO ARCUSÍN/GONZALO SAN MARTÍN/
NORBERTO FERNÁNDEZ/GISELLE CHEWELLE

Escenas

ARGUMENTO En Buenos Aires, el desempleo ha obligado a la gente a buscar un futuro mejor en la tecnología.

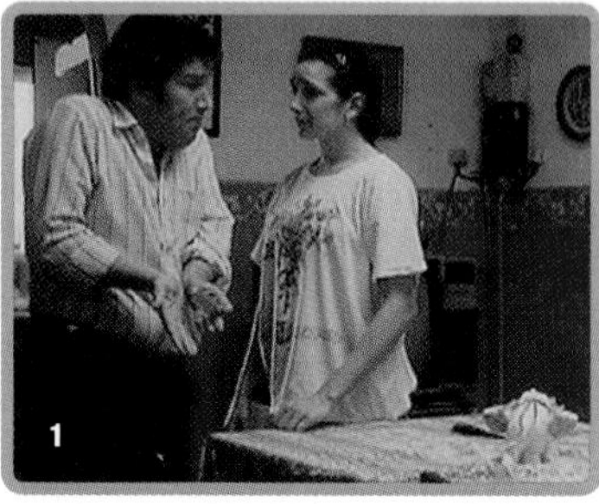

JULIO Yo vengo de buscar trabajo y no consigo nada, y encima tengo que ver esto. El chico me pierde el respeto a mí, yo ya no sé qué decirle a tu papá, que nos está bancando° acá en su casa.

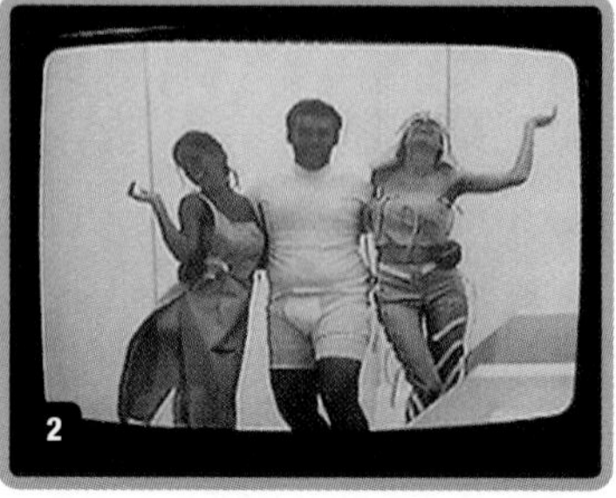

LOCUTOR No hay trabajo, pero hay una empresa que piensa en usted. *Happy Cool*, la tecnología que lo ayuda a esperar los buenos tiempos. [...] ¡Congélese! y viva el resto de su vida en el momento oportuno.

JULIO Mirá°, Mabel, yo quizá me tenga que congelar. Un tiempito nomás. Yo creo que esto en uno o dos años se soluciona.
MABEL Pero, Julio, ¿qué decís°? ¿Cómo podés° pensar en una cosa así?

DANIEL ¿Vos te acordás° cuando éramos pibes°, que pensábamos que en el 2000 la tecnología iba a ser tan poderosa que no iba a hacer falta laburar°?

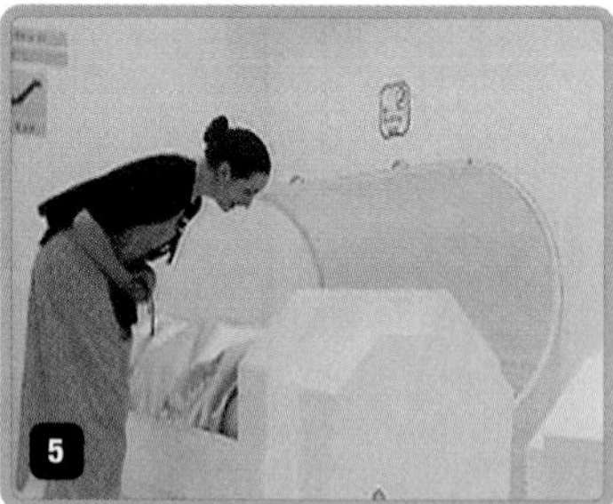

MABEL Ay, Julio, ¡qué tecnología!
JULIO Sí, sí... se ve que es gente seria... hay mucha plata invertida acá.
MABEL Ah... no sé qué voy a hacer. No sé si traerte flores como si estuvieras en un cementerio o qué.

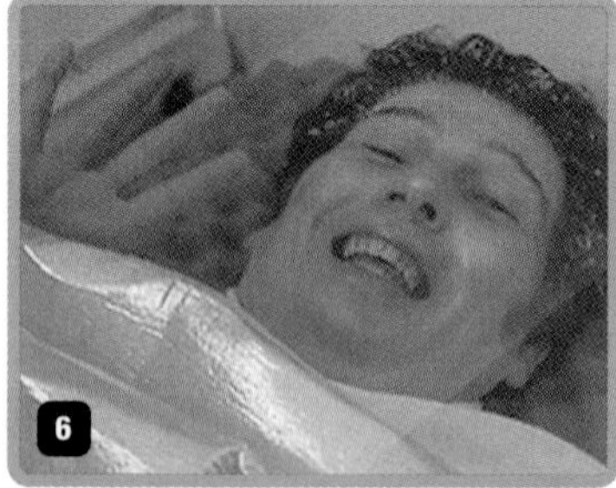

MABEL Volvé° pronto.
JULIO Ojalá que la situación económica mejore...
MABEL Ojalá...
JULIO Sí, así me descongelan cuanto antes.
MABEL Cuidate°... te voy a extrañar.

nos está bancando *he is putting us up* **Mirá** *Mira* **decís** *dices* **podés** *puedes* **acordás** *acuerdas* **pibes** *kids* **laburar** *work* **Volvé** *Vuelve* **Cuidate** *Cuídate*

Después de ver el corto

1 Comprensión Contesta las preguntas con oraciones completas.

1. ¿De quién es la casa donde viven Julio y su familia?
2. ¿Cuánto tiempo lleva desempleado Julio?
3. ¿Qué promete la empresa *Happy Cool*?
4. ¿Qué opina Julio de la congelación al principio?
5. ¿Quién paga por la congelación de Julio?
6. ¿En qué año se descongela Julio?
7. ¿Qué pasó en su familia mientras él estaba congelado?
8. ¿Cómo soluciona Mabel la situación al final?

2 Interpretación En parejas, contesten las preguntas y expliquen sus respuestas.

1. ¿Para quiénes se destinan los servicios de *Happy Cool*? ¿Por qué?
2. ¿Por qué creen que Julio decide finalmente que sí quiere ser congelado?
3. ¿Es el regreso de Julio como él lo imaginaba? ¿Por qué?
4. ¿Por qué resulta irónico el comentario de Mabel: "Al final, lo casero es lo mejor"?

3 Ampliación En parejas, contesten las preguntas.

1. ¿Por qué piensan que la gente cree en la publicidad de *Happy Cool*?
2. Imaginen que están desempleados desde hace tres años. ¿Qué harían?
3. ¿Confían en la publicidad de productos o servicios que parecen demasiado buenos o demasiado baratos? Den ejemplos.
4. ¿Creen que en el futuro la ciencia y la tecnología van a estar tan avanzadas que no va a ser necesario trabajar?

4 El regreso Imagina que la congelación ha sido un éxito y Julio despierta en un futuro mejor. Escribe un párrafo explicando qué es lo que ocurre.

- ¿Cómo ha sido la vida de su esposa?
- ¿Cómo es su hijo y qué hace?
- ¿Cómo está su suegro? ¿Qué piensa ahora de su yerno?
- ¿Cómo es la situación económica?
- ¿Qué tipo de trabajo consigue Julio?
- ¿Son ahora todos más felices?
- ¿Fue una buena idea congelarse?

5 Viajeros En el sueño de Julio hay una máquina para viajar en el tiempo. En grupos de tres, imaginen que ustedes pudieron usarla tres veces. Escriban lo que hicieron en cada viaje y luego compartan sus viajes con la clase.

6 Un anuncio En grupos de cuatro, creen un anuncio televisivo para una empresa que ofrece una solución original a personas que no tienen trabajo. Puede ser un servicio serio o disparatado (*absurd*). Tengan en cuenta estos puntos. Luego, presenten su anuncio a la clase.

- ¿En qué consiste el servicio?
- ¿Es una solución temporal o definitiva?
- ¿A quién está dirigido?
- ¿Cuál es el eslogan?

Practice more at **enfoques.vhlcentral.com.**

Composición Constructiva, 1938
Joaquín Torres García, Uruguay

"Ninguna ciencia, en cuanto a ciencia, engaña; el engaño está en quien no sabe."

— Miguel de Cervantes

Antes de leer

Ese bobo del móvil

Sobre el autor

Arturo Pérez-Reverte nació en Cartagena (España) en 1951. Comenzó su carrera como corresponsal de guerra en prensa, radio y televisión, y durante veinte años vivió un gran número de conflictos internacionales. Comenzó a escribir ficción en 1986 y a partir de 1994 se dedicó de lleno (*fully*) a la literatura, especialmente a la novela de aventuras. Ha publicado gran cantidad de novelas que se tradujeron a varios idiomas, y algunas fueron llevadas al cine, como *La tabla de Flandes, El Club Dumas* (dirigida por Roman Polanski con el título de *La Novena Puerta*) y *Alatriste.* En 2009 publicó la novela *Ojos azules.* Desde 1991 escribe una página de opinión en la revista *El Semanal,* que se ha convertido en una de las más leídas de España. Además, desde el año 2003 es miembro de la Real Academia Española.

Vocabulario

ahorrarse *to save oneself*	**el/la bobo/a** *silly, stupid person*	**el/la navegante** *navigator*
apagado/a *turned off*	**la motosierra** *power saw*	**sonar (o:ue)** *to ring*
el auricular *telephone receiver*	**el móvil** *cell phone (Esp.)*	**el vagón** *carriage; coach*

Oraciones incompletas Completa las oraciones utilizando las palabras del vocabulario.

1. En España al teléfono celular lo llaman ________.
2. Antes, los aventureros eran ________ y viajaban de puerto a puerto.
3. Esperé durante horas una llamada, pero el teléfono nunca ________. Más tarde recordé que lo había dejado ________. ¡Qué ________ que soy!
4. Al llegar a la estación, el tren ya partía y apenas pude subir al último ________.

Conexión personal ¿Te gusta estar siempre conectado con tus amigos? ¿Tienes teléfono celular? ¿Lo usas mucho? Cuando hablas con alguien, ¿buscas tener un poco de privacidad, o no te importa que la gente te escuche?

Análisis literario: la ironía

La ironía consiste en un uso figurativo del lenguaje en el que se expresa lo contrario de lo que se piensa. Para eso se utiliza una palabra o frase que tiene la intención de sugerir el significado opuesto al enunciado. Por ejemplo, se puede señalar la avaricia (*greed*) de alguien con el comentario: "¡Qué generosidad!" Inventa el comentario irónico que podrías hacer en estas circunstancias.

- Regresas a tu casa y te encuentras con mucho ruido y problemas.
- Te das cuenta de que la fila en la que estás avanza lentamente.
- Tenías planes de pasar el día al aire libre y de repente empieza a llover.

Practice more at **enfoques.vhlcentral.com.**

Audio: Dramatic Recording

Ese bobo del móvil

Arturo Pérez-Reverte

Mira, Manolo, Paco, María Luisa o como te llames. Me vas a perdonar que te lo diga aquí, por escrito, de modo más o menos público; pero así me ahorro decírtelo a la cara el próximo día que nos encontremos en el aeropuerto, o en el AVE°, o en el café. Así evito coger yo el teléfono y decirle a quien sea, a grito pelado°, aquí estoy, y te llamo para contarte que tengo al lado a un imbécil que cuenta su vida y no me deja vivir. De esta manera soslayo° incidentes. Y la próxima vez, cuando en mitad de tu impúdica° cháchara° te vuelvas casualmente hacia mí y veas que te estoy mirando, sabrás lo que tengo en la cabeza. Lo que pienso de ti y de tu teléfono parlanchín°. Que también puede ocurrir que, aparte de mí, haya más gente alrededor que piense lo mismo; lo que pasa es que la mayor parte de esa gente no puede despacharse a gusto° cada semana en una página como ésta, y yo tengo la suerte de que sí. Y les brindo el toro°.

AVE: Spanish high-speed train
a grito pelado: shouting at the top of one's voice
soslayo: elude; evade
impúdica/cháchara: immodest/ chit-chat; idle talk
parlanchín: chattering
despacharse a gusto: to speak one's mind
brindo el toro: dedicate the bull (in a bullfight)

Estoy hasta la glotis° de tropezarme contigo y con tu teléfono. Te lo juro, chaval°. O chavala. El otro día te vi por la calle, y al principio creí que estabas majareta°, imagínate, un fulano° que camina hablando solo en voz muy alta y gesticulando° furioso con una mano arriba y abajo. Ése está para los tigres, pensé. Hasta que vi el móvil que llevaba pegado a la oreja, y al pasar por tu lado me enteré, con pelos y señales, de que las piezas de PVC° no han llegado esta semana, como tú esperabas, y que el gestor° de Ciudad Real es un indeseable. A mí, francamente, el PVC y el gestor de Ciudad Real me importan un carajo°; pero conseguiste que, a mis propias preocupaciones, sumara las tuyas. Vaya a cuenta de la solidaridad, me dije. Ningún hombre es una isla. Y seguí camino.

A la media hora te encontré de nuevo en un café. Lo mismo° no eras tú, pero te juro que tenías la misma cara de bobo mientras le gritabas al móvil. Yo había comprado un libro maravilloso, un libro viejo que hablaba de costas lejanas y antiguos navegantes, e intentaba leer algunas páginas y sumergirme en su encanto. Pero ahí estabas tú, en la mesa contigua, para tenerme al corriente° de que te hallabas en Madrid y en un café, cosa que por otra parte yo sabía perfectamente porque te estaba viendo, y de que no volverías a Zaragoza hasta el martes por la noche. Por qué por la noche y no por la mañana, me dije, interrogando inútilmente a Alfonso el cerillero°, que se encogía de hombros° como diciendo: a mí que me registren°. Tal vez tiene motivos poderosos o inconfesables, deduje tras cavilar° un rato sobre el asunto: una amante, un desfalco°, un escaño° en el Parlamento. Al fin despejaste la incógnita diciéndole a quien fuera que Ordóñez llegaba de La Coruña a mediodía, y eso me tranquilizó bastante. Estaba claro, tratándose de Ordóñez. Entonces decidí cambiar de mesa.

Al día siguiente estabas en el aeropuerto. Lo sé porque yo era el que se encontraba detrás en la cola de embarque, cuando le decías a tu hijo que la motosierra estaba estropeada°. No sé para qué diablos quería tu hijo, a su edad, usar la motosierra; pero durante un rato obtuve de ti una detallada relación° del uso de la motosierra y de su aceite lubricante. Me volví un experto en la maldita motosierra, en cipreses y arizónicas. El regreso lo hice en tren a los dos días, y allí estabas tú, claro, un par de asientos más lejos. Te reconocí por la musiquilla del móvil, que es la de Bonanza. Sonó quince veces y te juro que nunca he odiado tanto a la familia Cartwright. Para la ocasión te habías travestido de ejecutiva madura, eficiente y agresiva; pero te reconocí en el acto cuando informabas a todo el vagón sobre pormenores° diversos de tu vida profesional. Gritabas mucho, la verdad, tal vez para imponerte a las otras voces y musiquillas de tirurí tirurí que pugnaban° con la tuya a lo largo y ancho del vagón. Yo intentaba corregir las pruebas de una novela, y no podía concentrarme. Aquí hablabas del partido de fútbol del domingo, allá saludabas a la familia, acullá° comentabas lo mal que le iba a Olivares en Nueva York. Me sentí rodeado°, como checheno° en Grozni. Horroroso. Tal vez por eso, cuando me levanté, fui a la plataforma del vagón, encendí el móvil que siempre llevo apagado e hice una llamada, procurando° hablar bajito° y con una mano cubriendo la voz sobre el auricular, la azafata del vagón me miró de un modo extraño, con sospecha. Si habla así pensaría, tan disimulado° y clandestino, algo tiene que ocultar (...). ■

Publicado en *El Semanal,* 5 de marzo de 2000

glotis: I've had it; chaval: dude; majareta: loony; nutty; fulano: so-and-so; gesticulando: gesticulating; PVC: plastic; gestor: solicitor; me importan un carajo: I couldn't care less; Lo mismo: Maybe; al corriente: up-to-date; cerillero: match-seller; se encogía de hombros: shrugged; registren: search; cavilar: to ponder; desfalco: embezzlement; escaño: seat; estropeada: damaged; relación: narration; account; pormenores: details; pugnaban: fought; struggled; acullá: there; on the other side; rodeado: surrounded; checheno: Chechnyan; procurando: trying; bajito: softly; disimulado: hidden; concealed

Después de leer

Ese bobo del móvil

Arturo Pérez-Reverte

1 **Comprensión** Responde a las preguntas con oraciones completas.

1. ¿Qué sentimientos le provocan al narrador los que hablan por teléfono?
2. ¿En qué lugares se encuentra con estas personas?
3. ¿La gente que habla por teléfono celular está loca?
4. ¿Qué "musiquillas" escucha el narrador en el tren?
5. Además del teléfono, ¿qué tienen en común estas personas según el narrador?

2 **Análisis** Lee el relato nuevamente y responde a las preguntas.

1. El narrador utiliza la segunda persona (tú) en este relato. ¿Se dirige sólo a personas que se llaman Manolo, Paco y María Luisa?
2. El autor comienza el artículo con: "Me vas a perdonar que te lo diga aquí". ¿Crees que el autor realmente se está disculpando?
3. Busca ejemplos de expresiones o palabras que indican o se relacionan con la forma de hablar por teléfono de estas personas. ¿Cómo contribuyen estas expresiones al tono del relato? ¿Qué dicen acerca de la opinión del autor?

3 **Interpretación** Responde a las preguntas con oraciones completas.

1. ¿Por qué crees que al narrador le molestan tanto las personas que hablan por el móvil? ¿Te parece que su reacción es exagerada?
2. Las personas del relato, ¿hablan de cosas importantes por sus móviles? ¿Qué te parece que los motiva a utilizar el teléfono celular?
3. ¿Crees que es cierto que todos los que hablan por su móvil tienen "la misma cara de bobo"? ¿Qué otras características encuentra el narrador en ellos?
4. ¿Te parece que el narrador se resiste a los avances tecnológicos? ¿Por qué?
5. ¿Crees que podría hablarse de "contaminación de ruido en un espacio público"? ¿Crees que es legítimo protestar contra eso?

4 **Opiniones** En parejas, lean estas afirmaciones y digan si están de acuerdo o no, y por qué. Después, compartan su opinión con la clase.

- El teléfono celular nos ayuda a mantenernos en contacto.
- En nuestra sociedad existe una dependencia obsesiva del teléfono celular, que puede llegar a la adicción.

5 **Escribir** Elige uno de los temas y redacta una carta de opinión para un periódico. Tu carta debe tener por lo menos diez oraciones. Elige un tono irónico marcadamente a favor o en contra y explica tus razones.

- Responde al artículo de Pérez-Reverte.
- Escribe sobre el avance de algún otro objeto o servicio de la vida diaria.

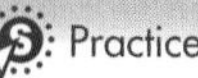

Practice more at **enfoques.vhlcentral.com.**

Antes de leer

Vocabulario

a la vanguardia *at the forefront*	**el enlace** *link*
actualizar *to update*	**el/la novelista** *novelist*
la bitácora *travel log; weblog*	**el sitio web** *website*
la blogonovela *blognovel*	**el/la usuario/a** *user*
la blogosfera *blogosphere*	**la web** *the web*

Mi amigo periodista Completa las oraciones. No puedes usar la misma palabra más de una vez.

1. Mi amigo periodista entiende mucho de tecnología y prefiere utilizar la ________ para informarse y para publicar sus ideas.
2. Él no compra periódicos, sino que consulta varios ________ de noticias.
3. Después escribe sus comentarios sobre la política argentina en una ________ con ________ que conectan al lector a periódicos electrónicos.
4. Muchos ________ contemporáneos están interesados en incursionar en el nuevo fenómeno literario conocido como la ________.

Conexión personal ¿Con qué frecuencia te conectas a Internet? ¿Es fundamental para ti o podrías vivir sin estar conectado/a? ¿Para qué navegas por Internet?

	siempre	a veces	casi nunca	nunca
banca electrónica				
comunicación				
diversión				
estudios				
noticias				
trabajo				

Contexto cultural

"¿Qué hacía la gente antes de la existencia de Internet?" Muchos nos hacemos esta pregunta en situaciones cotidianas, como resolver un debate entre amigos con una búsqueda rápida en una base de datos (*database*) de cine, pagar una factura por medio de la banca electrónica o hablar con alguien a mil kilómetros de distancia con el mensajero instantáneo. Internet ha transformado la vida moderna, abriendo paso (*paving the way*) a múltiples posibilidades de comunicación, comercio, investigación y diversión. ¿Hay algo que sigue igual después de la revolución informática? ¿Qué ha pasado, por ejemplo, con el arte? ¿Cómo ha sido afectado por las innovaciones tecnológicas?

 Practice more at **enfoques.vhlcentral.com.**

Hernán Casciari: arte en la blogosfera

Si el medio artístico° del siglo XX fue el cine, ¿cuál será el nuevo medio del siglo XXI? El trabajo innovador del argentino Hernán Casciari sugiere la posibilidad de la blogonovela. Casciari ha desarrollado el nuevo género con creatividad, humor y una buena dosis de ironía. Las blogonovelas imitan el formato del blog —un diario electrónico, también llamado bitácora—, pero los "autores" son o personajes de ficción o versiones apócrifas° de individuos reales. El uso de Internet permite que Casciari incorpore imágenes

artistic medium

fictitious

para que la lectura sea también una experiencia visual. Explica el escritor: "Vale más ilustrar un rostro con una fotografía o un dibujo, en lugar de hacer una descripción literaria". Sus sitios web incluyen enlaces para que la lectura sea activa. También invitan a dejar comentarios para que lectura y escritura sean interactivas.

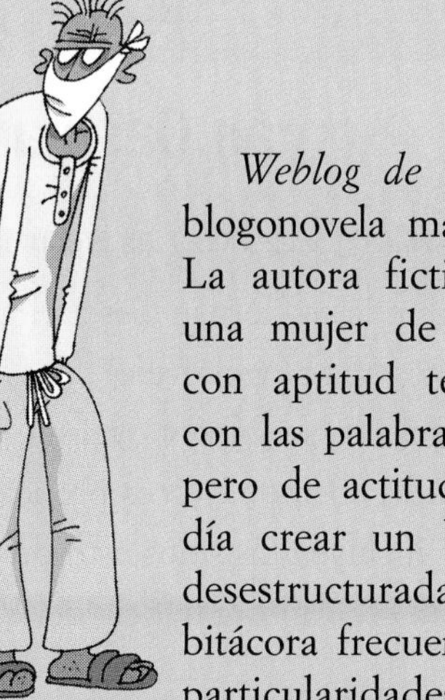

La blogonovela rompe con varios esquemas° tradicionales y se hace difícil de clasificar°. Si Casciari prefiere a veces la fotografía a la descripción, ¿es la blogonovela literatura o arte visual? ¿Aspira a ser un arte serio o cultura popular? Si el autor es argentino pero vive en España, ¿la obra se debe considerar española o argentina? Por otra parte, si aparece primero en Internet, ¿sería realmente un arte global?

alters various patterns
categorize

Los blogs de Hernán Casciari

Juan Dámaso, vidente
Klikowsky. El día a día de un argentino en Euskadi
Orsai
Espoiler

Además, las blogonovelas juegan con niveles de realidad y con las reglas° de la ficción. El diario falso seduce al lector, que cree leer confesiones íntimas. Sin embargo, el autor de una blogonovela mantiene una relación inusual con su lector. La persona que abre una novela tradicional recibe información según el orden° de las páginas de un libro. Pero el usuario informado de un sitio web crea su propio orden. ¿Cuál es el comienzo° y cuál es el final de un blog? En *Weblog de una mujer gorda*, Casciari incluye muchos enlaces, que a veces introducen información antes de la bitácora. Pero ¿qué pasa si un individuo decide no abrir un enlace? El lector de una blogonovela es autor de su propio camino en zigzag, una lectura animada por ilustraciones gráficas y fotos.

rules
according to the order
beginning

Weblog de una mujer gorda es la blogonovela más célebre de Casciari. La autora ficticia es Mirta Bertotti, una mujer de poca educación pero con aptitud tecnológica y facilidad con las palabras. Esta madre sufrida°, pero de actitud optimista, decide un día crear un blog sobre su familia desestructurada°. Mirta actualiza su bitácora frecuentemente, narrando las particularidades de los Bertotti, los problemas de los hijos adolescentes y otros relatos° sobre los retos° de su vida. Mirta parece quejarse de su mala suerte, pero sus palabras revelan humor, cariño y fuerza interior°, una resistencia a los problemas muy modernos que afectan su vida.

long-suffering
dysfunctional
stories/ challenges
inner strength

Casciari desafía nuestras expectativas, pero más que reírse del lector, le provoca risa y sorpresa. Sus experimentos de ficción y realidad —como solicitar comentarios auténticos en blogs de ficción— nos divierten, pero además nos introducen a un nuevo y amplio° mundo creativo, posible ahora debido al encuentro entre el arte e Internet. ■

wide

Datos biográficos

Hernán Casciari nació en Buenos Aires en 1971. Además de estar a la vanguardia de las blogonovelas, Casciari es también periodista. En 2005 creó la blogonovela *El diario de Letizia Ortiz,* donde inventaba los pensamientos íntimos de la entonces futura Princesa de Asturias. También en 2005, la exitosa blogonovela *Weblog de una mujer gorda* fue publicada en España como libro con el título *Más respeto, que soy tu madre.* Tal fue la fama de esta blogonovela que en el año 2010 se realizó la película con el mismo título, protagonizada por Carmen Maura.

Después de leer

Hernán Casciari: arte en la blogosfera

1 **Comprensión** Responde a las preguntas con oraciones completas.

1. ¿De dónde es Hernán Casciari?
2. ¿Qué es una blogonovela?
3. ¿Además de ser blogonovelista, que profesión tiene Casciari?
4. ¿Por qué el autor a veces prefiere usar una foto en vez de una descripción?
5. ¿Qué incluyen los sitios web de Casciari para que la lectura sea activa e interactiva?
6. ¿Cómo es la autora ficticia del *Weblog de una mujer gorda*?

2 **Interpretación** Contesta las preguntas utilizando oraciones completas.

1. ¿Cuáles son las diferencias entre un blog y una blogonovela? ¿Cuáles son las semejanzas?
2. ¿Cuáles son algunas de las novedades artísticas de la blogonovela?
3. ¿Cómo cambia la experiencia de un lector que lee una obra en Internet en vez de abrir un libro? ¿Qué prefieres tú? Explica tus razones.
4. ¿Estás de acuerdo con Casciari en que a veces es mejor "ilustrar un rostro con una fotografía o un dibujo"? ¿Por qué?

3 **Comunicación** En parejas, respondan a las preguntas y compartan sus respuestas con la clase.

1. Muchos de los problemas de la familia Bertotti son muy actuales, por ejemplo, las situaciones difíciles en las que se encuentran los adolescentes de hoy día. ¿Prefieren un arte que represente la realidad contemporánea? ¿O les gusta un arte que introduzca otras épocas o temas lejanos?
2. Cuando en 2005 salió *El diario de Letizia Ortiz*, algunos lectores pensaron que el blog era el diario auténtico de la futura princesa. ¿Qué piensan de esta situación? ¿Conoces otros ejemplos de este tipo de confusión entre la ficción y la realidad?
3. ¿De qué manera ha cambiado el arte debido a las innovaciones tecnológicas de las últimas décadas? ¿Pueden pensar en ejemplos del mundo de la música?
4. ¿Qué actividades hacen ustedes en Internet que sus padres de jóvenes hacían de otra manera? ¿Cómo reaccionan las generaciones mayores (como sus padres y abuelos) frente a los avances tecnológicos?
5. Cada vez hay más personas que tienen su propio blog. ¿Son autores de algún blog? ¿Qué opinan de este fenómeno? ¿Qué ventajas y desventajas tiene?

4 **Escribir** Elige un personaje público que aparezca frecuentemente en la prensa. Imagina los pensamientos íntimos de esta persona —las cosas que no pueden saber los periódicos o las revistas— y narra un día de su vida en forma de blogonovela. Escribe como mínimo diez oraciones.

Practice more at **enfoques.vhlcentral.com.**

Atando cabos

¡A conversar!

Inventores de robots En grupos pequeños, imaginen que son un grupo de científicos. Tienen que diseñar un robot que pueda realizar una tarea normalmente hecha por seres humanos. Preparen una presentación sobre su robot para compartir con la clase. Al finalizar, realicen una votación para elegir el mejor robot.

Elegir el tema: Reúnanse y elijan la tarea que realizará su robot. Pueden elegir una tarea de la lista u otra que deseen.

- Pasear el perro
- Sacar la basura todos los días
- Preparar el desayuno
- Jugar juegos de mesa con un ser humano
- Entrenar a niños para jugar al béisbol
- Hacer las compras en el supermercado

Preparar: Decidan cómo va a ser el robot. Usen las preguntas como guía. También pueden preparar un afiche con un dibujo del robot.

- ¿Qué nombre le pondrían? ¿Por qué?
- ¿Cómo va a ser el robot?
- ¿Cómo va a realizar la tarea elegida? Describan un día en la vida del robot.
- ¿Quién se va a beneficiar con la creación del robot?

Organizar: Organicen la información en un esquema. Asignen distintas partes de la presentación a cada integrante del grupo.

Presentación: Durante la presentación, inviten al resto de la clase a participar haciendo preguntas acerca del robot. Sean convincentes. Expliquen por qué su robot es un avance importante. Recuerden que la clase elegirá el mejor robot.

¡A escribir!

Robots futbolistas

Desde 1996, cada año se celebra la competencia internacional RoboCup, protagonizada por robots autónomos futbolistas. Este proyecto tiene como objetivo promover la investigación en el campo de la inteligencia artificial. Los organizadores de este mundial de fútbol de robots aspiran a desarrollar (*develop*) para el año 2050 "robots humanoides completamente autónomos que puedan ganarle al equipo de fútbol humano que sea campeón del mundo".

El blog del robot Imagina que eres un robot participante de la RoboCup o el robot que diseñó tu grupo en la actividad anterior. Escribe una entrada en tu blog sobre el primer día en que trabajas para los seres humanos. Usa el pretérito perfecto y el pluscuamperfecto.

MODELO Hoy es el primer día que me toca acompañar a los niños a la escuela. Mi memoria y mis circuitos no han podido descansar de tantos nervios. Nunca había estado tan nervioso...

VOCABULARIO

La tecnología

la arroba	@ symbol
el blog	blog
el buscador	search engine
la computadora portátil	laptop
la contraseña	password
el corrector ortográfico	spellchecker
la dirección de correo electrónico	e-mail address
la informática	computer science
Internet	Internet
el mensaje (de texto)	(text) message
la página web	web page
el programa (de computación)	software
el reproductor de CD/DVD/MP3	CD/DVD/MP3 player
el (teléfono) celular	cell phone
adjuntar (un archivo)	to attach (a file)
borrar	to erase
descargar	to download
guardar	to save
navegar en la red	to surf the web
digital	digital
en línea	online
inalámbrico/a	wireless

La astronomía y el universo

el agujero negro	black hole
el cohete	rocket
el cometa	comet
el espacio	space
la estrella (fugaz)	(shooting) star
el/la extraterrestre	alien
la gravedad	gravity
el ovni	UFO
el planeta	planet
el telescopio	telescope
el transbordador espacial	space shuttle

Los científicos

el/la astronauta	astronaut
el/la astrónomo/a	astronomer
el/la biólogo/a	biologist
el/la científico/a	scientist
el/la físico/a	physicist
el/la ingeniero/a	engineer
el/la matemático/a	mathematician
el/la (bio)químico/a	(bio)chemist

La ciencia y los inventos

el ADN (ácido desoxirribonucleico)	DNA
el avance	advance; breakthrough
la célula	cell
el desafío	challenge
el descubrimiento	discovery
el experimento	experiment
el gen	gene
el invento	invention
la patente	patent
la teoría	theory
clonar	to clone
comprobar (o:ue)	to prove
crear	to create
fabricar	to manufacture; to make
formular	to formulate
inventar	to invent
investigar	to investigate; to research
avanzado/a	advanced
(bio)químico/a	(bio)chemical
especializado/a	specialized
ético/a	ethical
innovador(a)	innovative
revolucionario/a	revolutionary

Más vocabulario

Expresiones útiles	Ver p. 249
Estructura	Ver pp. 256–257, 260 y 262–263

Cinemateca

la guita	cash; dough
el interrogante	question; doubt
la plata	money
el/la vago/a	slacker
vos	tú
congelar(se)	to freeze
derretir(se) (e:i)	to melt
descongelar(se)	to defrost
hacer clic	to click
duro/a	hard; difficult
al alcance de la mano	within reach
al final de cuentas	after all

Literatura

el auricular	telephone receiver
el/la bobo/a	silly, stupid person
la motosierra	power saw
el móvil	cell phone
el/la navegante	navigator
el vagón	carriage; coach
ahorrarse	to save oneself
sonar (o:ue)	to ring
apagado/a	turned off

Cultura

la bitácora	travel log; weblog
la blogonovela	blognovel
la blogosfera	blogosphere
el enlace	link
el/la novelista	novelist
el sitio web	website
el/la usuario/a	user
la web	the web
actualizar	to update
a la vanguardia	at the forefront

La economía y el trabajo

8

Contextos

Fotonovela

Enfoques

Estructura

Cinemateca

Lecturas

Communicative Goals

You will expand your ability to...
- express what you or others would do
- express will, emotion, doubt, or denial in the past
- express uncertainty, indefiniteness, condition, and intent in the past
- discuss hypothetical situations and events that depend on other events

La economía y el trabajo

El trabajo

el aumento de sueldo *raise in salary*
la compañía *company*
la conferencia *conference*
el contrato *contract*
el currículum (vitae) *résumé*
el empleo *employment; job*
la entrevista de trabajo *job interview*

En la **entrevista de trabajo**, Eugenia presentó su **currículum vitae** e hizo preguntas sobre **la compañía**, las tareas del **puesto** y las condiciones de **empleo**.

el puesto *position; job*
la reunión *meeting*
el sueldo mínimo *minimum wage*

---

administrar *to manage; to run*
ascender (e:ie) *to rise; to be promoted*
contratar *to hire*
despedir (e:i) *to fire*
exigir *to demand*
ganar bien/mal *to be well/poorly paid*
ganarse la vida *to earn a living*
jubilarse *to retire*
renunciar *to quit*
solicitar *to apply for*

(des)empleado/a *(un)employed*
exitoso/a *successful*
(in)capaz *(in)competent; (in)capable*

Las finanzas

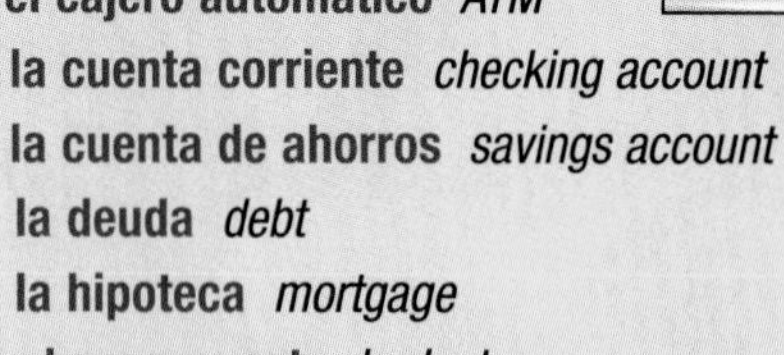

el ahorro *savings*
la bancarrota *bankruptcy*
el cajero automático *ATM*
la cuenta corriente *checking account*
la cuenta de ahorros *savings account*
la deuda *debt*
la hipoteca *mortgage*
el presupuesto *budget*

---

ahorrar *to save*
cobrar *to charge; to receive*
depositar *to deposit*
financiar *to finance*
gastar *to spend*
invertir (e:ie) *to invest*
pedir (e:i) prestado/a *to borrow*
prestar *to lend*

---

a corto/largo plazo *short/long-term*
fijo/a *permanent; fixed*
financiero/a *financial*

La economía

la bolsa (de valores) *stock market*
el comercio *commerce; trade*
el desempleo *unemployment*
la empresa multinacional *multinational company*
la huelga *strike*
el impuesto (de ventas) *(sales) tax*
la inversión (extranjera) *(foreign) investment*
el mercado *market*
la pobreza *poverty*
la riqueza *wealth*
el sindicato *labor union*

---

exportar *to export*
importar *to import*

La gente en el trabajo

La Sra. Bonilla comenzó su carrera profesional como **vendedora**, luego pasó a ser **gerente** y ahora es una alta **ejecutiva**. Espera que le ofrezcan ser **socia** este año.

el/la asesor(a) *consultant; advisor*
el/la contador(a) *accountant*
el/la dueño/a *owner*
el/la ejecutivo/a *executive*
el/la empleado/a *employee*
el/la gerente *manager*
el hombre/la mujer de negocios *businessman/woman*
el/la socio/a *partner; member*
el/la vendedor(a) *salesperson*

Práctica

1 Escuchar

A. Escucha el anuncio de *Creditinstant* y luego decide si las oraciones son **ciertas** o **falsas**. Corrige las falsas.

1. *Creditinstant* ofrece un puesto de trabajo con un buen sueldo.
2. *Creditinstant* ofrece tres mil dólares.
3. Los clientes tienen que devolver el dinero a corto plazo.
4. Los clientes pueden solicitar el dinero llamando por teléfono.
5. *Creditinstant* deposita el dinero en la cuenta de ahorros en veinticuatro horas.
6. Los clientes pueden gastar el dinero en lo que quieran.

B. Escucha la conversación entre un cliente y un representante de *Creditinstant* y contesta las preguntas con oraciones completas.

1. ¿Qué necesita la clienta?
2. ¿En qué trabaja la clienta?
3. ¿Qué puesto de trabajo tiene su esposo?
4. ¿Para qué necesita la clienta el dinero?

2 No pertenece Indica qué palabra no pertenece a cada grupo.

1. empleo–sindicato–sueldo–cajero automático
2. currículum–deuda–entrevista–contrato
3. entrevista–bolsa de valores–inversión–mercado
4. depositar–socio–cajero automático–cuenta corriente
5. asesor–ejecutivo–gerente–importar
6. renunciar–exportar–despedir–jubilarse
7. comercio–capaz–exitoso–ascender
8. gastar–prestar–exigir–ahorrar

Práctica

③ **¿Qué buscan?** Indica qué quiere cada una de estas personas.

___ 1. un(a) contador(a)		a. conseguir un trabajo lo antes posible
___ 2. el/la ministro/a de economía		b. que sus clientes paguen lo mínimo posible de impuestos
___ 3. un(a) empleado/a que lleva mucho tiempo en la empresa		c. un aumento de sueldo
___ 4. una persona desempleada	**quiere**	d. hacerle preguntas sobre el currículum vitae
___ 5. el/la dueño/a de una empresa		e. que sus ejecutivos administren bien su dinero
___ 6. un(a) gerente que entrevista a un(a) solicitante		f. que baje el desempleo y vengan inversiones del extranjero

④ **Cosas que dice la gente** Completa las oraciones con los términos de la lista.

administrar	**depositar**	**incapaces**	**riqueza**
ahorros	**empleo**	**inversiones**	**sindicato**
bolsa de valores	**financieros**	**jubilar**	**vendedora**

1. "Ya me quiero ___________. Estoy cansado y quiero disfrutar de mis nietos."
2. "Si no mejoramos nuestra forma de ___________, esta empresa fracasará."
3. "¿Quiere usted reducir sus deudas, invertir en la ___________ y ahorrar para la jubilación? Nuestros asesores ___________ lo pueden ayudar."
4. "He gastado todos mis ___________. Necesito un ___________."
5. "Se deben recibir más ___________ para salvar la compañía."
6. "El ___________ está en contra de la nueva normativa para los empleados."

⑤ **Definiciones**

A. En parejas, definan brevemente las palabras.

ascender	**contrato**	**exigir**	**importar**	**riqueza**
cobrar	**despedir**	**huelga**	**mercado**	**socio**

B. Improvisen una entrevista en la que uno/a de ustedes es el/la gerente y la otra persona solicita un puesto de trabajo. Usen al menos seis palabras de la lista. Después, representen su entrevista ante la clase.

MODELO **ENTREVISTADOR** ¿Por qué lo despidieron de su último empleo?
SOLICITANTE Bueno, todo empezó el día de la huelga de…

Practice more at **enfoques.vhlcentral.com.**

Comunicación

6 **¿Qué opinas?** En parejas, contesten las preguntas y después compartan su opinión con la clase.

1. ¿Piensas que el dinero es lo más importante en la vida? Explica tu respuesta.
2. ¿Sigues la información de la bolsa de valores? ¿Crees que es buena idea invertir todos los ahorros en la bolsa de valores? ¿Por qué?
3. ¿Crees que la economía del país afecta a tu vida personal? ¿De qué manera?
4. ¿Piensas que se podrá acabar con la pobreza en el futuro?
5. ¿Qué sacrificarías para conseguir que no hubiera más pobreza en el mundo?
6. ¿Crees que la economía de tu país va a ser la más fuerte dentro de veinte años? Explica tu respuesta.
7. ¿Qué consecuencias piensas que tiene la globalización?
8. ¿La globalización es positiva para los países ricos? ¿Y para los pobres?

7 **El consejero de trabajo** En parejas, imaginen que uno/a de ustedes está a punto de graduarse y no sabe qué empleo lo/la hará feliz. La otra persona es un(a) consejero/a de trabajo. Túrnense para hacerse preguntas y darse consejos sobre cuál sería el mejor trabajo para cada uno/a. Utilicen y expandan las preguntas e ideas de la lista.

Preguntas

- **a.** ¿Eres capaz de trabajar bajo presión?
- **b.** ¿Te gusta administrar?
- **c.** ¿Qué te importa más: ganar bien o disfrutar del trabajo?
- **d.** ¿Te gusta trabajar en equipo o prefieres trabajar solo/a?
- **e.** ¿Qué clases te han gustado más?
- **f.** ¿Te gusta viajar?
- **g.** ¿Es importante que tu trabajo sea creativo?
- **h.** ¿Esperas que tu empleo ayude a mejorar la sociedad?
- **i.** ¿Quieres ser dueño/a de tu propia compañía?
- **j.** ¿Qué tipos de conferencias te interesan más: de tecnología, de música, de educación?
- **k.** ¿En qué puesto anterior has sido más exitoso/a?
- **l.** ¿…?

Debes trabajar en...

- los negocios
- las ciencias
- la política
- una empresa multinacional
- los transportes
- la tecnología
- las artes
- una organización humanitaria
- la educación
- el turismo
- un restaurante
- la medicina
- el comercio
- …

8 FOTONOVELA

El equipo de *Facetas* celebra el segundo aniversario de la revista. Es un momento lleno de recuerdos.

En la sala de conferencias...

TODOS ¡Cumpleaños feliz!

AGUAYO Antes de apagar las velas de nuestro segundo aniversario, quiero que cada uno cierre los ojos y luego pida un deseo.

JOHNNY Lo estoy pensando...

TODOS Uno, dos, tres...

Apagan las velas.

DIANA Ahh... ¿Quién lo diría? ¡Dos años y tantos recuerdos!

AGUAYO ¿Recuerdas cuando viniste a tu entrevista de trabajo y Éric pensó que tu padre era millonario?

FABIOLA Sí. Recuerdo que puso esa cara.

Fabiola recuerda...

AGUAYO Éric, te presento a Fabiola Ledesma, nuestra nueva escritora.

ÉRIC ¿No eres tú la hija del banquero y empresario millonario Ledesma?

FABIOLA No. Mi padre es ingeniero y no es millonario.

ÉRIC Perdona. Por un momento pensé que me había enamorado de ti.

De vuelta al presente...

AGUAYO Ahora de vuelta al trabajo. (*Se marcha.*)

MARIELA ¡Aposté que nos darían la tarde libre!

DIANA Chicos, he estado pensando en hacerle un regalo de aniversario a Aguayo.

FABIOLA Siento no poder ayudarte, pero estoy en crisis económica.

DIANA Por lo menos ayúdenme a escoger el regalo.

FABIOLA Debe ser algo importado. Algo pequeño, fino y divertido.

ÉRIC ¿Qué tal un pececito de colores?

TODOS ¡Pobre Bambi!

FABIOLA Me refiero a algo de corte ejecutivo, Éric. Algo exclusivo.

ÉRIC Mariela, ¿qué le darías a un hombre que lo tiene todo?

MARIELA Mi número de teléfono.

En la oficina de Aguayo...

FABIOLA Jefe, ¿tiene un minuto?

AGUAYO ¿Sí?

FABIOLA Usted sabe que tengo un gran currículum y que soy muy productiva en lo mío.

AGUAYO ¿Sí?

FABIOLA Y que mis artículos son bien acogidos, y ello le ha traído a la revista...

Personajes

AGUAYO

DIANA

ÉRIC

FABIOLA

JOHNNY

MARIELA

De vuelta al presente...

AGUAYO Brindo por nuestra revista, por nuestro éxito y, en conclusión, brindo por quienes trabajan duro... ¡Salud!

TODOS ¡Salud!

DIANA Eso me recuerda el primer día que Johnny trabajó en la oficina.

Diana recuerda...

DIANA Se supone que estuvieras aquí hace media hora y sin embargo, llegas tarde. Los empleados en esta empresa entran a las nueve de la mañana y trabajan duro todo el día. Sabes lo que es el trabajo duro, ¿verdad?

JOHNNY En mi trabajo anterior entraba a las cuatro de la mañana y jamás llegué tarde.

DIANA A esa hora nunca se sabe si llegas demasiado tarde o demasiado temprano.

AGUAYO ¿Qué es lo que quieres, Fabiola?

FABIOLA Un aumento de sueldo.

AGUAYO ¿Qué pasa contigo? Te aumenté el sueldo hace seis meses.

FABIOLA Pero hay tres compañías que andan detrás de mí. Por lo tanto, merezco otro aumento.

AGUAYO ¿Qué empresas son?

FABIOLA (*avergonzada*) La del teléfono, la del agua y la de la luz.

Más tarde...

DIANA Ya sé qué regalarle a Aguayo... un llavero.

(*Éric y Fabiola ponen cara de repugnancia.*)

DIANA ¿Qué?

FABIOLA No lo culpo si lo cambia por un pez.

Expresiones útiles

Proposing a toast

Brindo por nuestra revista.
I toast our magazine.

Brindemos por nuestro éxito.
Let's toast our success.

¡Salud!
Cheers!

¡A tu salud!
To your health!

Talking about what someone would or wouldn't do

¡Pensé que nos darían la tarde libre!
I thought they would give us the afternoon off!

¿Qué le darías a un hombre/una mujer que lo tiene todo?
What would you give to a man/woman who has everything?

Le daría...
I would give him/her...

Additional vocabulary

anterior *previous*
apagar las velas *to blow out the candles*
bien acogido/a *well-received*
la crisis económica *economic crisis*
el/la empresario/a *entrepeneur*
importado/a *imported*
llavero *keychain*
merecer *to deserve*
No lo/la culpo. *I don't blame him/her.*
pedir un deseo *to make a wish*
¿Quién lo diría? *Who would have thought?*
ser productivo/a *to be productive*
temprano *early*
trabajar duro *to work hard*

Comprensión

① **La trama** Indica en qué orden ocurrieron los hechos (*events*) de este episodio.

___ a. Brindan por la revista.
___ b. Cantan cumpleaños feliz.
___ c. Fabiola pide un aumento de sueldo.
___ d. Diana piensa regalarle a Aguayo un llavero.
___ e. Éric sugiere regalarle a Aguayo un pececito de colores.
___ f. Fabiola dice que está en crisis económica.

② **¿Pasado o presente?** En la **Fotonovela**, los personajes recuerdan algunos sucesos (*events*) del pasado. Indica si estas oraciones describen sucesos del **pasado** o del **presente**. Luego completa las oraciones con la forma adecuada del verbo.

	Pasado	Presente
1. Éric ________ (creer) que Fabiola era hija de un millonario.	☐	☐
2. Los empleados de la revista ________ (brindar) por el aniversario.	☐	☐
3. Éric ________ (pensar) que se había enamorado de Fabiola.	☐	☐
4. Diana ________ (proponer) hacerle un regalo a Aguayo.	☐	☐
5. Johnny ________ (llegar) tarde a la oficina.	☐	☐
6. Fabiola le ________ (pedir) a Aguayo un aumento de sueldo.	☐	☐

③ **¿Quién lo diría?** ¿Qué empleado de *Facetas* diría cada una de estas oraciones?

________ 1. Hace ya dos años que trabajamos aquí. ¡Quién lo diría!
________ 2. ¡Pidan todos un deseo!
________ 3. Jefe, usted sabe que trabajo muy duro.
________ 4. Mi padre no es empresario.
________ 5. Yo pensaba que nos dejarían irnos más temprano del trabajo.

④ **Preguntas** Contesta las preguntas con oraciones completas.

1. ¿Qué celebran los empleados de *Facetas*?
2. ¿Por qué creía Éric que se había enamorado de Fabiola?
3. ¿Por qué Fabiola no puede ayudar con el regalo?
4. ¿Le gusta a Fabiola la idea de regalarle un llavero a Aguayo?

⑤ **Lo tiene todo** ¿Qué le darías tú a alguien que lo tiene todo? Trabajen en grupos de cinco para inventar una conversación entre los empleados de *Facetas*. Tendrán que ponerse de acuerdo sobre un regalo para Aguayo. Utilicen la frase **Yo le daría...** y expliquen sus razones.

MODELO

FABIOLA ¡Ese llavero no es muy elegante, Diana! Yo le daría un reloj porque él siempre insiste en que lleguemos a tiempo a la oficina.
JOHNNY ¡Pero Aguayo ya tiene un Rolex! Yo le daría...

Practice more at **enfoques.vhlcentral.com.**

Ampliación

6 **Preguntas** Conversen sobre estas preguntas y compartan sus respuestas con la clase.

1. ¿Alguna vez le diste un regalo a un jefe? ¿Qué le darías tú a Aguayo?
2. ¿Conoces tú a alguien que lo tiene todo? ¿Cómo es esta persona? ¿Trabaja duro? ¿Crees que merece todo lo que tiene?
3. ¿Alguna vez tuviste que comprarle un regalo a esa persona? ¿Qué escogiste?
4. ¿Cuál es el mejor regalo que has recibido en tu vida? ¿Por qué?
5. ¿Cuáles son los mejores regalos por menos de $10? ¿Por menos de $25? ¿Por menos de $100?

7 **Apuntes culturales** En parejas, lean los párrafos y contesten las preguntas.

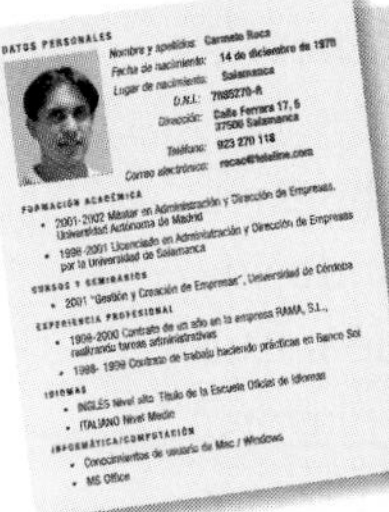

El curriculum vitae

Fabiola tiene mucha experiencia laboral. Seguramente, cuando presentó su **currículum vitae** a *Facetas*, además de la información profesional, incluyó datos personales que son comunes en el mundo laboral hispano: fecha de nacimiento, estado civil, una foto en color, si tiene carro… ¿Habrá salido en la foto con la misma cara de enojo con que salió en el pasaporte?

El millonario ingeniero

El padre de Fabiola no es millonario, sino un modesto ingeniero, pero el venezolano **Lorenzo Mendoza** sí es ingeniero y millonario. Presidente ejecutivo de Empresas Polar, que además financia la fundación más grande del país, Mendoza construyó la tercera (*third-largest*) fortuna de Hispanoamérica con empresas que fundó su abuelo. Sin embargo, lleva una vida modesta junto a su esposa e hijos.

Facetas y Caretas

¡***Facetas*** cumple dos años! Otra revista importante en el mundo hispano es ***Caretas***. Comenzó a publicarse en 1950 en una pequeña oficina de Lima, Perú. Hoy es la revista más leída del país y trata temas como política, cultura, eventos sociales y viajes. Ojalá que ***Facetas*** tenga el mismo éxito y… ¡se expanda la oficina!

1. ¿Sabías que en algunos países hispanos es común poner en el currículum el estado civil y el número de hijos? ¿Qué piensas sobre incluir datos personales en el currículum? ¿Estás de acuerdo? En tu cultura, ¿qué información contiene un currículum?
2. ¿Qué otros millonarios conoces? ¿Qué ventajas y desventajas tiene ser millonario? Explica tu respuesta.
3. ¿Lees revistas? ¿Qué tipos de revistas te interesan más? ¿Por qué? ¿Estás suscrito/a a alguna? ¿A cuál(es)?
4. En tu opinión, ¿son más populares las revistas tradicionales o las revistas en Internet? ¿Por qué? ¿Qué ventajas tiene cada tipo de revista? ¿Cuál prefieres tú?

En detalle

Additional Reading

VENEZUELA

LAS TELENOVELAS

Kassandra

La novela en papel puede ser muchas cosas: en la pantalla, sólo puede ser telenovela. ¿Qué ingredientes conforman la telenovela? Una historia de amor en capítulos transmitidos de lunes a viernes; una pareja principal cuyo amor se enfrenta a múltiples obstáculos, uno o dos villanos y un montón de conflictos, intrigas, mentiras y misterios. Y, si de telenovelas se trata, hay que hablar de Latinoamérica.

Desde los años 50, el género desembarcó en los hogares y creció sin parar. En los 60, cada país fue desarrollando su propio estilo y el mercado de exportación se extendió a Europa del Este, Medio Oriente y Asia. Históricamente, los mayores productores han sido Venezuela, México, Brasil y Argentina.

Como las telenovelas son un trabajo en equipo, su producción implica la creación de numerosos puestos de trabajo para actores, escritores, productores, directores, escenógrafos, maquilladores, etc. A eso se agrega la etapa de posproducción y finalmente la de exportación. En Venezuela, llegó un momento en que el mercado de exportación de telenovelas era mayor que el de la exportación nacional del mercado automotor, textil o de papel.

La cima° de la popularidad mundial de telenovelas de ese país fue alcanzada con las historias escritas por Delia Fiallo, como *Leonela* (1983), *Topacio* (1984) y *Cristal* (1985), que crearon una adicción nunca antes vista, con un público cautivo que prefería abandonar la siesta o incluso faltar a sus trabajos antes que perderse un capítulo. En 1992, *Kassandra*, de la misma autora, entró en el Libro Guiness de los Récords como la más vendida del mundo; se le atribuye además el mérito de imponer una tregua° momentánea y tácita durante la guerra de Bosnia, cuando ambos bandos° se detenían para seguir la historia de la joven entregada de bebé a los gitanos por su malvada madrastra. ■

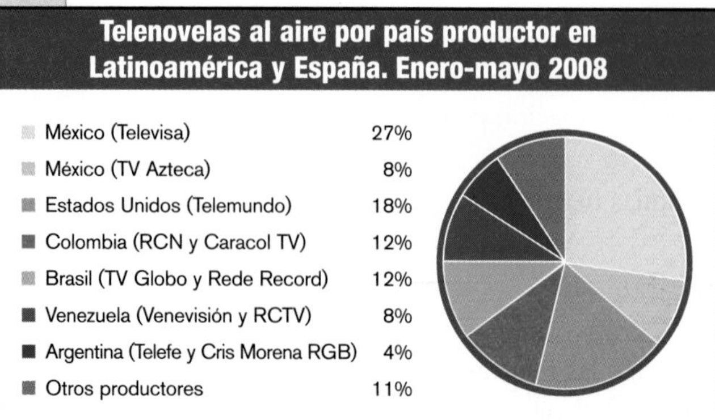

En Venezuela existen dos compañías productoras de telenovelas: los canales Venevisión y RCTV (cuya distribuidora internacional es Coral Pictures), pero a este último no le fue renovada su licencia como canal de aire en 2007 y ahora funciona sólo como canal de cable.

cima *peak* **tregua** *truce* **bandos** *sides*

ASÍ LO DECIMOS

El dinero

los chavos (P. R.) *money*
la lana (Méx.) *money*
las pelas (Esp.) *money*

la peseta (P. R.) *quarter (American coin)*

comer cable (Ven.) *to be broke; to have no money*
estar pelado/a (Col., Esp.) *to be broke; to have no money*
no tener guano (Cu.) *to be broke; to have no money*

estar forrado/a en billete (Col. y Méx.) *to be loaded*
tener una pila de dinero *to be loaded*

ser gasolero/a (Arg.) *to have frugal taste*

el/la mileurista (Esp.) *a young, educated person who only makes a thousand euros a month*

EL MUNDO HISPANOHABLANTE

Telenovelas en Latinoamérica

En México, el Grupo Televisa produce entre diez y doce telenovelas anuales. Uno de sus grandes éxitos fue *Corazón salvaje*, que Televisa filmó en cuatro ocasiones. La última versión (2009) sufrió un recorte de presupuesto del 40% por la crisis económica y no logró desbancar° a la versión de 1993, una de las más vendidas en la historia de Televisa, que, con guión de María Zarattini, impuso un héroe que desafiaba los modelos patriarcales.

Colombia brilla en el universo de las telenovelas gracias al escritor Fernando Gaitán, creador de *Yo soy Betty, la fea* (1999), que figura en el Libro Guinness por ser la novela más versionada° de la historia. Según el Departamento Administrativo del Estado colombiano, en 2009 las exportaciones del sector audiovisual superaron los 924 millones de dólares.

En Argentina, Telefe Contenidos produce anualmente entre cuatro y cinco telenovelas. Sus telenovelas tienen un tono policial y temas controvertidos, como *Montecristo* (2006), cuya trama se centraba en los hijos de desaparecidos durante la dictadura militar argentina.

PERFIL

JOSÉ ANTONIO ABREU

El maestro Abreu es doctor en economía, músico y reformador social, pero sobre todo es un maestro de la vida misma. En 1975, fundó *El Sistema Nacional de las Orquestas Infantiles y Juveniles de Venezuela*, un programa educativo que hace de la música el medio principal para la promoción intelectual y social. Este sistema está basado en el esencial sentido de comunidad e interdependencia que se crea en las orquestas y coros. Se dirige en especial a los sectores vulnerables o en situación de riesgo°, a quienes proporciona herramientas para salir de la pobreza. Comenzó con once niños, pero actualmente incluye a trescientos mil niños de medianos y bajos recursos que participan de la formación musical. Abreu ha ganado multitud de premios, entre ellos el Príncipe de Asturias (2008) y el Glenn Gould Prize (2008), dotado de 50.000 dólares, y el Premio Ted 2009, que todos los años premia a tres personas con 100.000 dólares y las ayuda a cumplir un deseo para cambiar el mundo.

> “Mira si será malo el trabajo, que deben pagarte para que lo hagas.”
> (Facundo Cabral, cantautor argentino)

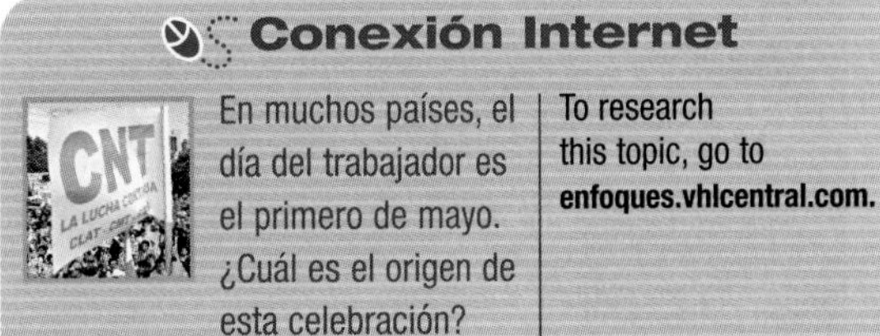

Conexión Internet

En muchos países, el día del trabajador es el primero de mayo. ¿Cuál es el origen de esta celebración?

To research this topic, go to **enfoques.vhlcentral.com.**

riesgo *risk* **desbancar** *to replace* **más versionada** *with the most remakes*

¿Qué aprendiste?

1 Comprensión Indica si estas afirmaciones son **ciertas** o **falsas**. Corrige las falsas.

1. Las telenovelas sólo se transmiten los fines de semana.
2. Además de una historia de amor, la telenovela debe incluir conflictos, intrigas y mentiras.
3. En Europa del Este y Asia se producen muchas telenovelas.
4. El género de la telenovela comenzó en la década de 1920.
5. Perú es el país más importante en la producción de telenovelas.
6. Gracias a la producción y exportación de telenovelas, se generan muchos puestos de trabajo.
7. En Venezuela, la industria de las telenovelas llegó a superar en ganancias a otras industrias nacionales.
8. Las telenovelas venezolanas alcanzaron la cima de la popularidad en la década de 1980.
9. Delia Fiallo fue una telenovela de gran éxito.
10. *Kassandra* es la telenovela más vendida de la historia.
11. El tema principal de esta historia era la guerra de Bosnia.

2 Oraciones incompletas Completa las oraciones con la información correcta.

1. La versión de 2009 de *Corazón salvaje* sufrió un ________________.
2. *Yo soy Betty, la fea* aparece en el Libro Guiness como la telenovela ________________.
3. Las producciones de Telefe Contenidos suelen tener un tono policial y ________________.
4. Abreu es doctor en economía, músico y ________________.
5. Abreu ganó el Premio Ted, que ayuda a tres personas a cumplir un deseo para ________________.

3 Opiniones En parejas, contesten las preguntas.

1. ¿Qué opinas de las telenovelas producidas en tu país? ¿Qué características comparten con las latinoamericanas?
2. ¿Mirarías una telenovela para practicar español? ¿Por qué?
3. Brasil, México y Argentina no sólo son los productores más importantes de telenovelas, sino que también son los mercados más importantes de Latinoamérica. ¿Existe relación entre una cosa y la otra? ¿Por qué?
4. ¿Admiras a algún reformador social? ¿A quién? ¿Por qué?

Practice more at **enfoques.vhlcentral.com.**

PROYECTO

Producción en Latinoamérica

Muchos productos latinoamericanos se cuentan entre los mejores del mundo. Investiga la industria de un producto típico latinoamericano y prepara una presentación para la clase. Puedes investigar productos como bebidas, miel, madera, café, flores, productos de cuero, ajo, peras y manzanas, soja, lana, carne, etc.

- ¿Cómo es su producción?
- ¿Qué alcance tiene su exportación?
- ¿Cuál es su impacto en la economía local?
- ¿Se consigue el producto en tu ciudad?

Las alpacas

¿Sabías que en la zona andina existen animales que hace cientos de años eran considerados dignos de la realeza? En este episodio de **Flash Cultura**, podrás conocerlos y enterarte de cómo y por qué contribuyen a la economía regional.

VOCABULARIO ÚTIL

cariñoso/a *friendly*	**la mascota** *pet*
esquilar *to shear*	**tejer** *to weave*
la hebra de hilo *thread*	**la temporada** *season*
la manta *blanket*	**teñir** *to dye*

Preparación ¿Has comprado en alguna tienda de comercio justo? ¿Has comprado productos de comercio justo en el supermercado? ¿Te gustan los productos artesanales? ¿Por qué?

Comprensión Indica si estas afirmaciones son ciertas o falsas. Después, en parejas, corrijan las falsas.

1. La alpaca es un animal tan dócil y cariñoso que puede adoptarse como mascota.
2. Fueron los conquistadores españoles quienes la domesticaron en la antigüedad.
3. Las cuatro especies de los camélidos sudamericanos son domésticas.
4. Las alpacas son esquiladas cada vez que llueve.
5. La fibra de la alpaca que se esquila se transforma a continuación en un hilo y después se tiñe de colores con elementos vegetales.
6. La tradición indica que las mujeres deben aprender a tejer con sus madres para ser admitidas plenamente en la comunidad.

Expansión En parejas, contesten estas preguntas.

- ¿Alguna vez tuvieron una mascota? ¿Qué características debe tener un animal para que lo dejen entrar en sus casas? ¿Tendrían una alpaca como mascota?
- En sus comunidades o familias, ¿existe alguna tradición que pase de madres a hijas o de padres a hijos?
- Si fueran de viaje a Lima, ¿comprarían regalos en las tiendas de productos de alpaca? ¿Por qué? ¿Qué comprarían?

Corresponsal: Omar Fuentes
País: Perú

La alpaca parece un pequeño camello sin joroba° y con las orejas más grandes.

La producción de telas y productos de fibra de alpaca le da empleo a miles de personas en esta región.

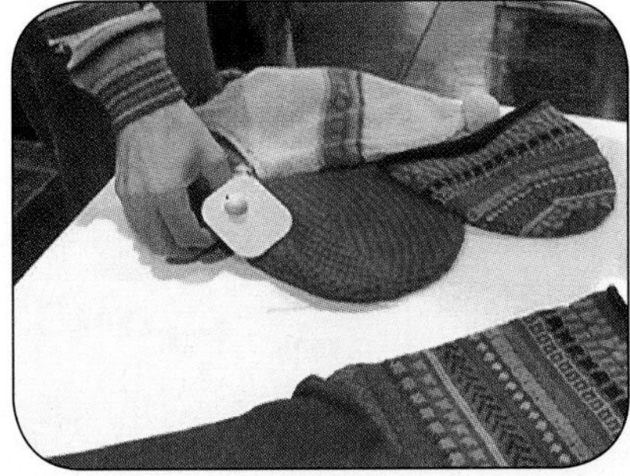

Esta preciosa fibra cuenta con la gama° de colores naturales más grande del mundo.

joroba *hump* **gama** *range*

Practice more at **enfoques.vhlcentral.com.**

8 ESTRUCTURA

8.1 The conditional

- To express the idea of what *would* happen, use the conditional tense.

¿Qué le darías a un hombre que lo tiene todo?

TALLER DE CONSULTA

MANUAL DE GRAMÁTICA
Más práctica

8.1 The conditional, p. A43

8.2 The past subjunctive, p. A44

8.3 **Si** clauses with simple tenses, p. A45

Más gramática

8.4 Transitional expressions, p. A46

¡ATENCIÓN!

Note that all the conditional endings carry a written accent mark.

- The conditional tense (**el condicional**) uses the same endings for all **–ar**, **–er**, and **–ir** verbs. For regular verbs, the endings are added to the infinitive.

The conditional		
dar	**ser**	**vivir**
daría	sería	viviría
darías	serías	vivirías
daría	sería	viviría
daríamos	seríamos	viviríamos
daríais	seríais	viviríais
darían	serían	vivirían

- Verbs with irregular future stems have the same irregular stem in the conditional.

Infinitive	stem	conditional
caber	cabr-	cabría, cabrías, cabría, cabríamos, cabríais, cabrían
haber	habr-	habría, habrías, habría, habríamos, habríais, habrían
poder	podr-	podría, podrías, podría, podríamos, podríais, podrían
querer	querr-	querría, querrías, querría, querríamos, querríais, querrían
saber	sabr-	sabría, sabrías, sabría, sabríamos, sabríais, sabrían
poner	pondr-	pondría, pondrías, pondría, pondríamos, pondríais, pondrían
salir	saldr-	saldría, saldrías, saldría, saldríamos, saldríais, saldrían
tener	tendr-	tendría, tendrías, tendría, tendríamos, tendríais, tendrían
valer	valdr-	valdría, valdrías, valdría, valdríamos, valdríais, valdrían
venir	vendr-	vendría, vendrías, vendría, vendríamos, vendríais, vendrían
decir	dir-	diría, dirías, diría, diríamos, diríais, dirían
hacer	har-	haría, harías, haría, haríamos, haríais, harían
satisfacer	satisfar-	satisfaría, satisfarías, satisfaría, satisfaríamos, satisfaríais, satisfarían

Uses of the conditional

- The conditional is used to express what *would* occur under certain circumstances.

En Venezuela, ¿qué lugar **visitarías** primero?
In Venezuela, which place would you visit first?

Iría primero a Caracas y después a la Isla Margarita.
First, I would go to Caracas and then to Margarita Island.

¿No sería ahora el momento
justo para ir de vacaciones a
la Isla Margarita?

- The conditional is also used to make polite requests.

Me **gustaría** cobrar este cheque.
I would like to cash this check.

¿**Podría** firmar aquí, en el reverso?
Would you please sign here, on the back?

- In subordinate clauses, the conditional is often used to express what *would happen* after another action took place. To express what *will happen* after another action takes place, the future tense is used instead.

CONDITIONAL	FUTURE
Creía que hoy **haría** mucho viento. *I thought it would be very windy today.*	**Creo** que mañana **hará** mucho viento. *I think it will be very windy tomorrow.*

- In Spanish, the conditional may be used to express conjecture or probability about a past condition or event. English expresses this sense with expressions such as *wondered*, *must have been*, and *was probably*.

¿Qué hora **era** cuando regresó?
What time was it when he returned?

Serían las ocho.
It must have been eight o'clock.

¿Cuánta gente **había** en la fiesta?
How many people were at the party?

Habría como diez personas.
There must have been about ten people.

- The conditional is also used to report statements made in the future tense.

Iremos a la fiesta.
We'll go to the party.

Dijeron que **irían** a la fiesta.
They said they'd go to the party.

¡ATENCIÓN!

The English *would* is often used to express the conditional, but it can also express what *used to happen.* To express habitual past actions, Spanish uses the imperfect, not the conditional.

Cuando era pequeña, iba a la playa durante los veranos.
When I was young, I would go to the beach in the summer.

TALLER DE CONSULTA

The conditional is also used in contrary-to-fact sentences. See **8.3**, pp. 302–303.

Práctica

TALLER DE CONSULTA

MANUAL DE GRAMÁTICA
Más práctica

8.1 The conditional, p. A43

1 **La entrevista** Alberto sueña con trabajar para una agencia medioambiental y estaría dispuesto a hacer cualquier cosa para que la directora lo contrate. Utiliza el condicional de los verbos entre paréntesis para completar la entrevista.

ALBERTO Si yo pudiera formar parte de esta organización, (1) estaría (estar) dispuesto (*ready*) a ayudar en todo lo posible.

ELENA Sí, lo sé, pero tú no (2) podrías (poder) hacer mucho. No tienes la preparación necesaria. Tú (3) necesitarías (necesitar) estudios de biología.

ALBERTO Bueno, yo (4) ayudaría (ayudar) con las cosas menos difíciles. Por ejemplo, (5) haría (hacer) el café para las reuniones.

ELENA Estoy segura de que todos (6) agradecerían (agradecer) tu colaboración. Les preguntaré para ver si necesitan ayuda.

ALBERTO Eres muy amable, Elena. (7) Daría (dar) cualquier cosa por trabajar con ustedes. Y (8) consideraría (considerar) la posibilidad de volver a la universidad para estudiar biología. (9) Tendría (tener) que trabajar duro, pero lo (10) haría (hacer) porque no (11) sabría (saber) qué hacer sin un trabajo significativo. Sé que el esfuerzo (12) valdría (valer) la pena.

2 **El primer día** La agencia contrató a Alberto y hoy fue su primer día como asistente administrativo. Utiliza el condicional para cambiar estos mandatos informales por los mandatos formales que la directora le dio a Alberto. Sigue el modelo.

Mandatos informales	Mandatos formales
Hazme un café.	¿Me harías un café, por favor?
Saca estas fotocopias.	1. ¿Sacarías estas fotocopias?
Pon los mensajes en mi escritorio.	2. ¿Pondrías los mensajes en mi escritorio?
Manda este fax.	3. ¿Mandarías este fax?
Diles a los voluntarios que vengan también.	4.
Sal a almorzar con nosotros.	5.

3 **Lo que hizo Juan** Utilizamos el condicional para expresar el futuro en el contexto de una acción pasada. Explica lo que quiso hacer Juan, usando las claves dadas. Agrega también por qué no lo pudo hacer.

MODELO **pensar / llegar**
Juan pensó que llegaría temprano a la oficina, pero el metro tardó media hora.

1. pensar / comer
2. decir / poner
3. imaginar / tener
4. escribir / venir
5. contarles / querer
6. suponer / hacer
7. explicar / salir
8. creer / terminar
9. decidir / viajar
10. opinar / ser

Practice more at **enfoques.vhlcentral.com.**

Comunicación

4 **¿Qué pasaría?** En parejas, completen estas oraciones utilizando verbos en condicional. Luego compartan sus oraciones con la clase.

MODELO **Si yo trabajara para una empresa multinacional, ...**
—Si yo trabajara para una empresa multinacional, viajaría por el mundo entero. Aprendería cinco idiomas y...

1. Si siguiera aumentando el desempleo en el país, ...
2. Si yo ganara más dinero, ...
3. Si mi novio/a decidiera trabajar en otro país, ...
4. Si todos mis profesores estuvieran en huelga, ...
5. Si mi jefe/a me despidiera, ...
6. Si no tuviera que ganarme la vida, ...

TALLER DE CONSULTA

The first part of each sentence uses the past subjunctive, which is covered in **8.2**, pp. 298–299.

5 **¿Qué harías?** Explícales a tres compañeros/as lo que harías en cada una de estas situaciones. Usa el condicional.

6 **El trabajo de tus sueños** Imagina que puedes escoger cualquier profesión del mundo. Explícale a un(a) compañero/a cuál sería tu trabajo ideal, por qué te gustaría esa profesión y qué harías en tu empleo. Háganse preguntas y utilicen por lo menos cuatro verbos en el condicional.

MODELO Mi trabajo ideal sería jugar al baloncesto en la NBA. Me gustaría porque soy adicto a este deporte, pero también porque ganaría millones y podría...

TALLER DE CONSULTA

See **3.1**, pp. 94-95 for the preterite forms of regular, irregular, and stem-changing verbs.

¡ATENCIÓN!

The **nosotros/as** form of the past subjunctive always has a written accent.

Forms of the past subjunctive

- The past subjunctive (**el imperfecto del subjuntivo**) of all verbs is formed by dropping the **–ron** ending from the **ustedes/ellos/ellas** form of the preterite and adding the past subjunctive endings.

The past subjunctive

caminar	perder	vivir
caminara	perdiera	viviera
caminaras	perdieras	vivieras
caminara	perdiera	viviera
camináramos	perdiéramos	viviéramos
caminarais	perdierais	vivierais
caminaran	perdieran	vivieran

Estela dudaba de que su madre la **ayudara** a financiar un carro nuevo.
Estela doubted that her mother would help her finance a new car.

A los dueños les sorprendió que **vendieran** más en enero que en diciembre.
The owners were surprised that they sold more in January than in December.

Ya hablé con el recepcionista y me recomendó que le **escribiera** al gerente.
I already spoke to the receptionist and he recommended that I write to the manager.

- Verbs that have stem changes, spelling changes, or irregularities in the **ustedes/ellos/ellas** form of the preterite also have them in all forms of the past subjunctive.

infinitive	preterite form	past subjunctive forms
pedir	pidieron	pidiera, pidieras, pidiera, pidiéramos, pidierais, pidieran
sentir	sintieron	sintiera, sintieras, sintiera, sintiéramos, sintierais, sintieran
dormir	durmieron	durmiera, durmieras, durmiera, durmiéramos, durmierais, durmieran
influir	influyeron	influyera, influyeras, influyera, influyéramos, influyerais, influyeran
saber	supieron	supiera, supieras, supiera, supiéramos, supierais, supieran
ir/ser	fueron	fuera, fueras, fuera, fuéramos, fuerais, fueran

- In Spain and some other parts of the Spanish-speaking world, the past subjunctive is commonly used with another set of endings (**–se**, **–ses**, **–se**, **–semos**, **–seis**, **–sen**). You will also see these forms in literary selections.

La señora Medina exigió que le **mandásemos** el contrato para el viernes.
Ms. Medina demanded that we send her the contract by Friday.

La señora Medina exigió que le **mandáramos** el contrato para el viernes.
Ms. Medina demanded that we send her the contract by Friday.

Uses of the past subjunctive

- The past subjunctive is required in the same situations as the present subjunctive, except that the point of reference is always in the past. When the verb in the main clause is in the past, the verb in the subordinate clause is in the past subjunctive.

Te pedí que llegaras a las nueve, Johnny.

PRESENT SUBJUNCTIVE	PAST SUBJUNCTIVE
El jefe sugiere que **vayas** a la reunión. *The boss recommends that you go to the meeting.*	El jefe sugirió que **fueras** a la reunión. *The boss recommended that you go to the meeting.*
Espero que ustedes no **tengan** problemas con el nuevo sistema. *I hope you won't have any problems with the new system.*	Esperaba que no **tuvieran** problemas con el nuevo sistema. *I was hoping you wouldn't have any problems with the new system.*
Buscamos a alguien que **conozca** bien el mercado. *We are looking for someone who knows the market well.*	Buscábamos a alguien que **conociera** bien el mercado. *We were looking for someone who knew the market well.*
Les mando mi currículum en caso de que **haya** un puesto disponible. *I'm sending them my résumé in case there is a position available.*	Les mandé mi currículum en caso de que **hubiera** un puesto disponible. *I sent them my résumé, in case there were a position available.*

- Use the past subjunctive after the expression **como si** (*as if*).

Alfredo gasta dinero **como si fuera** millonario.
Alfredo spends money as if he were a millionaire.

El presidente habló de la economía **como si** no **hubiera** una recesión.
The president talked about the economy as if there were no recession.

Ella rechazó mi opinión **como si** no **importara**.
She rejected my opinion as if it didn't matter.

- The past subjunctive is also commonly used with **querer** to make polite requests or to soften statements.

Quisiera que me llames hoy.
I would like you to call me today.

Quisiera hablar con usted.
I would like to speak with you.

TALLER DE CONSULTA

The past subjunctive is also frequently used in **si** clauses. See **8.3**, pp. 302–303.

Si pudiera, compraría más acciones.
If I could, I would buy more shares.

Práctica

TALLER DE CONSULTA

MANUAL DE GRAMÁTICA
Más práctica

8.2 The past subjunctive, p. A44

1 **El peor día** Completa el mensaje que Jessica le mandó a su hermano después de su primer día como pasante (*intern*) de verano. Utiliza el imperfecto del subjuntivo.

De: jessica8@email.com
Para: luismiguel@email.com
Asunto: el peor día de mi vida

Luis Miguel:
Sé que te pedí el otro día que no me (1) _______ (dar) más consejos sobre qué hacer este verano, pero ¡ahora sí los necesito! Hoy fue el peor día de mi vida, ¡te lo juro! Me aconsejaste que no (2) _______ (solicitar) un puesto en esta empresa, pero a mí no me importaba que ellos me (3) _______ (pagar) el sueldo mínimo. No creía que (4) _______ (existir) ninguna oportunidad mejor que ésta. ¡Pero hoy el jefe me trató como si yo (5) _______ (ser) su esclava! Primero exigió que yo (6) _______ (preparar) el café para toda la oficina. Después me dijo que (7) _______ (salir) a comprar más tinta (*ink*) para la impresora. Luego, como si eso (8) _______ (ser) poco, insistió en que yo (9) _______ (ordenar) su escritorio. ¡Como si toda mi experiencia del verano pasado no (10) _______ (valer) ni un centavo! Hablando de dinero... cuando le pedí que (11) _______ (depositar) el sueldo en mi cuenta corriente, él me dijo: "¿Qué sueldo? Nuestros pasantes trabajan gratis". ¡Renuncié y punto!

2 **¿Qué le pidieron?** María Luisa Rodríguez es presidenta de una universidad. En parejas, usen la tabla y preparen una conversación en la que ella le cuenta a un amigo todo lo que le pidieron que hiciera el primer día de clase.

MODELO — ¿Qué te pidió tu secretaria?
— Mi secretaria me pidió que le diera menos trabajo.

Personajes	Verbo	Actividad
los profesores		construir un estadio nuevo
los estudiantes	me pidió que	hacer menos ruido
el club que protege el medio ambiente	me pidieron que	plantar más árboles
los vecinos de la universidad		dar más días de vacaciones
el entrenador del equipo de fútbol		comprar más computadoras

3 **Dueño** El dueño del apartamento donde vivían tú y tu compañero/a era muy estricto. Túrnense para comentar las reglas que tenían que seguir, usando el imperfecto del subjuntivo.

MODELO El dueño nos dijo/pidió/ordenó que no cocináramos coliflor.

1. no usar la calefacción en marzo
2. limpiar los pisos dos veces al día
3. no tener visitas en el apartamento después de las 7 de la tarde
4. hacer la cama todos los días
5. sacar la basura todos los días
6. no encender las luces antes de las 8 de la noche

 Practice more at **enfoques.vhlcentral.com.**

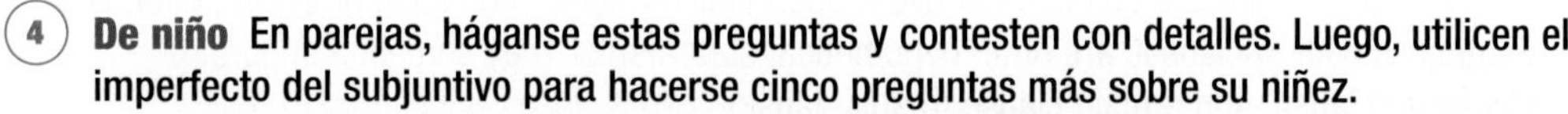

Comunicación

4 **De niño** En parejas, háganse estas preguntas y contesten con detalles. Luego, utilicen el imperfecto del subjuntivo para hacerse cinco preguntas más sobre su niñez.

MODELO
— ¿Esperabas que tus padres te compraran videojuegos?
— Sí, y también esperaba que me dieran más independencia./
No, pero esperaba que me llevaran al cine todos los sábados.

La imaginación

¿Esperabas que tus padres te compraran videojuegos?

¿Dudabas que los superhéroes existieran?

¿Esperabas que Santa Claus te trajera los regalos que le pedías?

¿Qué más esperabas?

Las relaciones

¿Querías que tu primer amor durara toda la vida?

¿Querías que tus padres te compraran todo lo que pedías?

¿Querías que tus familiares pasaran menos o más tiempo contigo?

¿Qué más querías?

La escuela

¿Soñabas con que el/la maestro/a cancelara la clase todos los días?

¿Esperabas que tus amigos de la infancia siguieran siendo tus amigos para toda la vida?

¿Deseabas que las vacaciones de verano se alargaran (*were longer*)?

¿Qué más deseabas?

5 **¡No soporto a mi compañero de cuarto!** Tu compañero/a de cuarto y tú no lograban ponerse de acuerdo sobre algunos problemas. Por eso, la semana pasada se reunieron con el/la decano/a (*dean*) para solicitar un cambio de compañero/a. El/La decano/a escuchó las quejas de ambos/as (*both*), les dio consejos y les pidió que volvieran la semana siguiente.

A. Primero, escribe cinco oraciones para describir lo que le pediste a tu compañero/a de cuarto. Utiliza el imperfecto del subjuntivo.

B. Ahora, en grupos de tres, preparen una conversación entre el/la decano/a y los/las dos estudiantes. Cada persona debe utilizar por lo menos tres verbos en el imperfecto del subjuntivo. Luego representen la conversación para la clase. ¿Habrá solución?

MODELO

DECANO/A Bueno, les pedí que trataran de resolver los problemas. ¿Cómo les fue?

ESTUDIANTE 1 Le dije a Isabel que no se pusiera mi ropa sin pedir permiso. ¡Pero llegó a una fiesta con mi mejor vestido!

ESTUDIANTE 2 Y yo le pedí a Celia que no escuchara música cuando estoy durmiendo. ¡Pero sigue poniendo la radio a todo volumen!

8.3 *Si* clauses with simple tenses

- **Si** (*if*) clauses express a condition or event upon which another condition or event depends. Sentences with **si** clauses are often hypothetical statements. They contain a subordinate clause (**si** clause) and a main clause (result clause).

No lo culpo
si lo cambia por
un pez.

TALLER DE CONSULTA

For other transitional expressions that express cause and effect, see **Manual de gramática, 8.4,** p. A46.

¡ATENCIÓN!

Si (*if*) does not carry a written accent. However, **sí** (*yes*) does carry a written accent.

—Si puedes, ven.
—If you can, come.

—Sí, puedo.
—Yes, I can.

- The **si** clause may be the first or second clause in a sentence. Note that a comma is used only when the **si** clause comes first.

Si tienes tiempo, ven con nosotros.
If you have time, come with us.

Iré con ustedes **si** no trabajo.
I'll go with you if I don't work.

Hypothetical statements about possible events

- In hypothetical statements about conditions or events that are possible or likely to occur, the **si** clause uses the present indicative. The main clause may use the present indicative, the future indicative, **ir a** + [*infinitive*], or a command.

Si clause: PRESENT INDICATIVE		Main clause
Si salgo temprano del trabajo, *If I finish work early,*	PRESENT TENSE	**voy** al cine con Andrés. *I'm going to the movies with Andrés.*
Si usted no mejora su currículum, *If you don't improve your résumé,*	FUTURE TENSE	nunca **conseguirá** empleo. *you'll never get a job.*
Si la jefa me pregunta, *If the boss asks me,*	IR A + [*INFINITIVE*]	no le **voy a mentir**. *I'm not going to lie to her.*
Si hay algún problema, *If there is a problem,*	COMMAND	**llámenos** de inmediato. *call us right away.*

INSTITUTO TECNOLÓGICO ANDINO
PROGRAMA DE INFORMÁTICA

En sólo seis meses usted puede aprender a administrar los sistemas informáticos de cualquier tipo de empresa, grande o pequeña, nacional o extranjera.

Si busca una nueva carrera, llámenos hoy.

Hypothetical statements about improbable situations

- In hypothetical statements about current conditions or events that are improbable or contrary-to-fact, the **si** clause uses the past subjunctive. The main clause uses the conditional.

Si clause: PAST SUBJUNCTIVE	Main clause: CONDITIONAL
¡**Si** ustedes no **fueran** tan incapaces, *If you weren't all so incapable,*	ya lo **tendrían** listo! *you'd already have this ready!*
Si sacaras un préstamo a largo plazo, *If you took out a long-term loan,*	**pagarías** menos al mes. *you'd pay less each month.*
Si no **estuviera** tan cansada, *If I weren't so tired,*	**saldría** a cenar contigo. *I'd go out to dinner with you.*

Si no estuviera en crisis económica, te ayudaría.

Si yo fuera él, les daría la tarde libre.

Habitual conditions and actions in the past

- In statements that express habitual past actions that are not contrary-to-fact, both the **si** clause and the main clause use the imperfect.

Si clause: IMPERFECT	Main clause: IMPERFECT
Si Milena **tenía** tiempo libre, *If Milena had free time,*	siempre **iba** a la playa. *she would always go to the beach.*
Si mi papá **salía** de viaje de negocios, *If my dad went on a business trip,*	siempre me **traía** un regalito. *he always brought me back a little present.*

Si no me levantaba a las tres de la mañana, llegaba tarde al trabajo.

¡ATENCIÓN!

A contrary-to-fact situation is one that is possible, but will probably not happen and/or has not occurred.

TALLER DE CONSULTA

Hypothetical and contrary-to-fact statements about the past use **si** clauses with compound tenses. You will learn more about these structures in **Estructura 10.4** in the **Manual de gramática,** p. A56.

Práctica

TALLER DE CONSULTA

MANUAL DE GRAMÁTICA
Más práctica

8.3 **Si** clauses with simple tenses, p. A45

1 **Situaciones** Completa las oraciones con el tiempo verbal adecuado.

A. Situaciones probables o posibles

1. Si Teresa no viene pronto, nosotros ________ (tener) que ir sin ella.
2. Si tú no ________ (trabajar) hoy, vamos al cine.

B. Situaciones hipotéticas sobre eventos improbables

3. Si Carla tuviera más experiencia, yo la ________ (contratar).
4. Si Gabriel ________ (ganar) más, podría ir de viaje.

C. Situaciones habituales sobre el pasado

5. Si llegaba tarde en mi trabajo anterior, la gerente me ________ (gritar).
6. Si nosotros no ________ (hacer) la tarea, el profesor Cortijo nos daba una prueba sorpresa.

2 **Si trabajara menos** Carolina y Leticia trabajan cuarenta horas por semana y se imaginan qué harían si trabajaran menos horas. Completa la conversación con el condicional o el imperfecto del subjuntivo.

CAROLINA Estoy todo el día en la oficina, pero si (1) ______ (trabajar) menos, tendría más tiempo para divertirme. Si sólo viniera a la oficina algunas horas por semana, (2) ______ (practicar) el alpinismo más a menudo.

LETICIA ¿Alpinismo? ¡Qué aburrido! Si yo tuviera más tiempo libre, (3) ______ (hacer) todas las noches lo mismo: (4) ______ (ir) al cine, luego (5) ______ (salir) a cenar y, para terminar la noche, (6) ______ (hacer) una fiesta para celebrar que ya no tengo que ir a trabajar por la mañana. Si nosotras (7) ______ (tener) la suerte de no tener que trabajar nunca más, nos pasaríamos todo el día sin hacer absolutamente nada.

CAROLINA ¿Te imaginas? Si la vida fuera así, nosotras (8) ______ (ser) mucho más felices, ¿no crees?

3 **Situaciones** Completa las oraciones.

1. Si salimos esta noche, …
2. Si me llama el jefe, …
3. Saldré contigo después del trabajo si …
4. Si mis padres no me prestan dinero, …
5. Si tuviera el coche este sábado, …
6. Tendría más dinero si …
7. Si íbamos de vacaciones, …
8. Si peleaba con mis hermanos, …
9. Te prestaría el libro si …
10. Si mis amigos no tienen otros planes, …

Practice more at **enfoques.vhlcentral.com.**

Comunicación

4 **Si yo fuera...** **En parejas, háganse preguntas sobre quiénes serían y cómo serían sus vidas si fueran estas personas.**

MODELO **un(a) cantante famoso/a**

— Si fueras una cantante famosa, ¿quién serías?

— Si fuera una cantante famosa, sería Christina Aguilera. Pasaría el tiempo haciendo videos, dando conciertos...

1. un(a) cantante famoso/a
2. un personaje histórico
3. un personaje de un libro
4. un(a) actor/actriz famoso/a
5. un(a) empresario/a famoso/a
6. un(a) deportista exitoso/a

5 **¿Qué harías?** **En parejas, miren los dibujos y túrnense para preguntarse qué harían si les ocurriera lo que muestra cada dibujo. Sigan el modelo y sean creativos/as.**

MODELO — ¿Qué harías si alguien te invitara a bailar tango?

— Si alguien me invitara a bailar tango, seguramente yo me pondría muy nervioso/a y saldría corriendo.

1. Tu suegro viene de visita sin avisar.

2. Estás en una playa donde hay tiburones.

3. Tu carro se rompe en el desierto.

4. Te quedas atrapado/a en un ascensor.

6 **Síntesis** **En grupos de cuatro, conversen sobre lo que harían en estas situaciones. Luego, cada persona debe inventar una situación más y preguntarle al grupo qué haría. Utilicen oraciones con si, el condicional y el imperfecto del subjuntivo.**

1. ver a alguien intentando robar un carro
2. quedar atrapado/a en una tormenta de nieve
3. tener ocho hijos
4. despertarse tarde la mañana del examen final
5. descubrir que tienes el poder de ser invisible
6. enamorarse de alguien a primera vista

Antes de ver el corto

CLOWN

país España
duración 11 minutos
director Stephen Lynch
protagonistas el payaso, Luisa, el jefe

Vocabulario

la amenaza *threat*
avergonzar *to embarrass*
el/la cobrador(a) *debt collector*
cumplir *to carry out*
deber *to owe*
dejar en paz *to leave alone*
la factura *bill*
humillar *to humiliate*
el/la moroso/a *debtor*
el/la payaso/a *clown*
el sueldo fijo *base salary*
tozudo/a *stubborn*

1 **Oraciones incompletas** Completa las oraciones con las palabras apropiadas.

1. Alguien que no paga sus deudas es un ______.
2. Además del ______, la empresa me paga comisiones.
3. Una persona ______ nunca quiere cambiar de opinión.
4. Un ______ trabaja en el circo.
5. Cuando alguien no paga, algunas empresas contratan a un ______.

2 **Preguntas** En parejas, contesten las preguntas.

1. ¿Has tenido alguna vez un trabajo que no te gustaba? ¿Cuál?
2. Imagina que necesitas trabajar con urgencia. ¿Dónde buscarías trabajo? ¿Por qué?
3. ¿Eres capaz de hacer cosas que no te gustan por dinero? Explica tu respuesta.
4. ¿Qué empleo crees que nunca harías? ¿Por qué?
5. Cuando eras niño/a, ¿qué trabajo soñabas con tener de grande?

3 **¿Qué sucederá?** En parejas, miren el fotograma e imaginen lo que va a ocurrir en la historia. Preparen una lista de adjetivos que podrían usarse para describir la personalidad del payaso. Compartan sus ideas con la clase.

 Practice more at **enfoques.vhlcentral.com.**

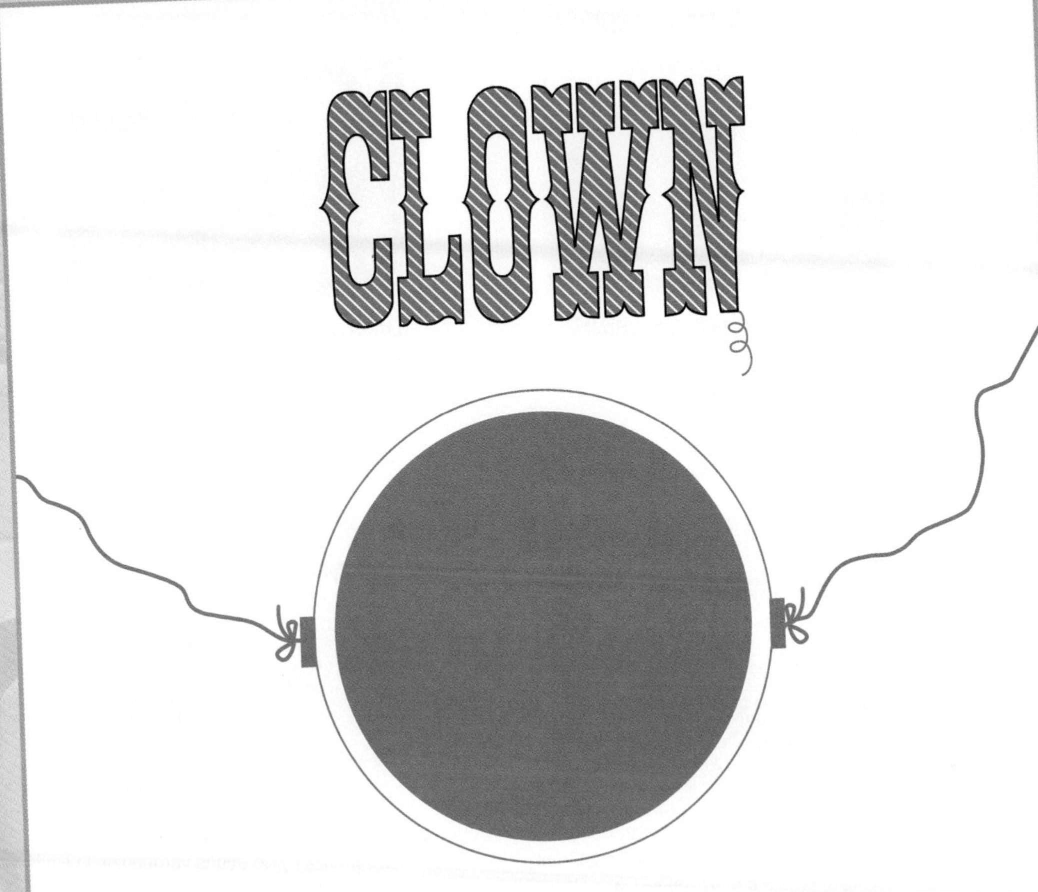

con **ROGER CASAMAJOR** y **LUCÍA DEL RÍO**
THE LIFT presenta una película de **STEPHEN LYNCH**
montaje **GABRIEL JORGES** • fotografía **PABLO CRUZ**
dirección de arte **ANJA MAYER** • diseño de vestuario **ANA LAURA SOLIS**
música **MARVIN PONTIAC / LOS CHICHOS**
guión **STEPHEN LYNCH** • producida por **JUAN CARLOS POLANCO**
dirigida por **STEPHEN LYNCH**

Escenas

ARGUMENTO Un hombre comienza su primer día como cobrador vestido de payaso.

PAYASO ¿Luisa River? ¿Luisa River?
LUISA Sí.
PAYASO Debe usted 771 euros a Telefónica. Vengo a cobrar.
LUISA ¿Y tú quién eres?
PAYASO Soy de los cobradores del circo.

LUISA No tengo teléfono. Ni trabajo. Así que les dices a tus clientes que o me encuentran trabajo o que me dejen en paz.
PAYASO Mire, Luisa, se lo voy a explicar para que lo entienda. Mi trabajo consiste en humillarla y seguirla hasta que nos pague.

LUISA Llega tarde tu amenaza. Debo tres meses de alquiler, y ya he vendido el coche, y la tele y todo, y tengo dos hijos y su padre no pasa un duro°. Así que tu factura me la suda° en este momento. Lo siento, payaso, me encantaría pagarte, pero esto es lo que hay°.

PAYASO ¿Estás orgullosa? ¿No te avergüenza? ¿No tienes vergüenza, Luisa? Yo llevo la nariz roja, ¿pero quién hace aquí el payaso?
LUISA ¿Quieres una respuesta? Pues sí, estoy orgullosa de no tener que ganarme la vida humillando a la gente.

PAYASO ¿Tú crees que yo me quería dedicar a esto? Pues no. Pero si tengo que hacerlo para mantener a mi mujer y a mi bebé, pues lo haré. Es patético, pero lo haré.
LUISA ¿Tienes un bebé?
PAYASO Una niña, de siete meses.

JEFE ¿Y cómo ha ido?
PAYASO Bueno, pues… bien.
JEFE ¿Pero cobraste o no?
PAYASO No, cobrar, cobrar no, pero…
JEFE ¿Fuiste tozudo?
PAYASO ¡Muy tozudo!

duro *five-peseta coin* **me la suda** *I don't give a damn* **esto es lo que hay** *take it or leave it*

Después de ver el corto

1 Comprensión Contesta las preguntas con oraciones completas.

1. ¿En qué consiste el trabajo del payaso?
2. ¿Por qué sigue a Luisa?
3. ¿Qué razones le da Luisa al payaso para no pagar?
4. ¿Adónde van después de bajar del autobús?
5. ¿Tiene familia el payaso?
6. ¿Qué razones le da el payaso a su jefe para explicar que Luisa no puede pagar?
7. ¿Qué le dice el jefe al payaso?
8. ¿Por qué se enoja el payaso con Luisa?

2 Ampliación Contesta las preguntas con oraciones completas.

1. ¿Por qué está nervioso el payaso al principio?
2. ¿Piensas que le gusta su trabajo? ¿Por qué?
3. Explica qué ocurre al final del corto.
4. ¿Crees que Luisa actuó bien? ¿Por qué? Explica tu respuesta.
5. Imagina que no tienes dinero y te ofrecen este puesto de trabajo. ¿Lo tomarías? Justifica tu respuesta.

3 Opiniones En parejas, lean la cita. ¿Están de acuerdo con lo que se expresa en ella? Compartan su opinión con la clase.

> **"Pues sí, estoy orgullosa de no tener que ganarme la vida humillando a la gente como haces tú. No tengo nada, muy bien, pero tengo mi dignidad."**

4 Entrevistas de trabajo En parejas, imaginen la entrevista de trabajo entre el hombre y el jefe de la empresa de cobradores.

A. Contesten estas preguntas.

- ¿Qué preguntas le hizo el jefe antes de ofrecerle el trabajo?
- ¿Qué contestó el hombre?
- ¿Cómo reaccionó cuando le dijeron que tenía que vestirse de payaso?

B. Ensayen la entrevista de trabajo entre el hombre y el jefe. Luego, representen la entrevista frente a la clase.

Practice more at **enfoques.vhlcentral.com.**

Mercado de flores, 1949
Diego Rivera, México

"Cuando llegue la inspiración, que me encuentre trabajando."

— Pablo Picasso

Antes de leer

La abeja haragana

Sobre el autor

Horacio Quiroga nació en Salto, Uruguay, el 31 de diciembre de 1878. En su juventud, practicó ciclismo, fotografía, mecánica y carpintería. Fue un trabajador compulsivo y pionero de la escritura profesional. En 1898 se mudó a Argentina. Vivió en San Ignacio, Misiones, donde cultivaba orquídeas y vivía en estrecho (*close*) contacto con la naturaleza en la selva. Su interés por la literatura comenzó por la poesía y su primer libro fue *Los arrecifes de coral* (1901), al que siguieron, entre otros, *Cuentos de amor, de locura y de muerte* (1917), antología de relatos de estilo modernista, y la obra para niños *Cuentos de la selva* (1918), colección de relatos protagonizados por animales.

Vocabulario

la advertencia *warning*	el descanso *rest*	la miel *honey*
el aprendizaje *learning*	la experiencia *experience*	el polen *pollen*
la colmena *beehive*	la fatiga *fatigue; weariness*	trabajador(a) *industrious; hard-working*
el deber *duty*	haragán/haragana *lazy; idle*	volar (o:ue) *to fly*

El valor del trabajo Un abuelo le da consejos a su nieto sobre el valor del trabajo. Completa el párrafo con las palabras correctas.

La persona (1) ________ no llega a ningún lado en este mundo: se necesita mucho esfuerzo para lograr algo en la vida, sin hacerle caso a la (2) ________ que uno pueda sentir. El (3) ________ llegará después. Esta (4) ________ proviene de mi propia (5) ________. Es un largo (6) ________ que se hace durante toda la vida, pero, al final, la persona (7) ________ puede estar satisfecha de haber cumplido con su (8) ________.

Conexión personal ¿Crees que las cosas que se hacen con esfuerzo tienen más valor? ¿O es mejor cuando se obtienen por buena suerte o ingenio? ¿Qué te parece más justo? ¿Qué opinas de la expresión maquiavélica de que "el fin justifica los medios"?

Análisis literario: la fábula

La fábula es un breve relato que suele incluir una moraleja (*moral*) extraída de los eventos. La conducta de las personas se compara con el comportamiento típico de ciertos animales, que son los protagonistas de las fábulas y encarnan (*embody*) vicios y virtudes humanas. Por ejemplo: la hormiga (*ant*) representa la laboriosidad (*hard work*) y la previsión (*foresight*). ¿Qué virtudes representan estos animales?

la serpiente

el perro

el gato

el caballo

Horacio Quiroga

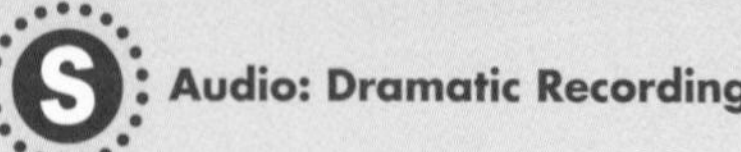

La abeja haragana

Había una vez en una colmena una abeja que no quería trabajar, es decir, recorría los árboles uno por uno para tomar el jugo de las flores; pero en vez de conservarlo para convertirlo en miel, se lo tomaba del todo.

Era, pues, una abeja haragana. Todas las mañanas, apenas el sol calentaba el aire, la abejita se asomaba° a la puerta de la colmena, veía que hacía buen tiempo, se peinaba con las patas, como hacen las moscas, y echaba entonces a volar, muy contenta del lindo día. Zumbaba° muerta de gusto de flor en flor, entraba en la colmena, volvía a salir, y así se lo pasaba todo el día mientras las otras abejas se mataban trabajando para llenar la colmena de miel, porque la miel es el alimento de las abejas recién nacidas°.

asomaba: stuck her head out; Zumbaba: She buzzed; nacidas: newborn

Como las abejas son muy serias, comenzaron a disgustarse con el proceder° de la hermana haragana. En la puerta de las colmenas hay siempre unas cuantas abejas que están de guardia° para cuidar que no entren bichos° en la colmena. Estas abejas suelen ser muy viejas, con gran experiencia de la vida y tienen el lomo° pelado° porque han perdido todos los pelos de rozar° contra la puerta de la colmena.

proceder: behavior; de guardia: on duty; bichos: bugs; lomo / pelado: back / hairless; rozar: brushing

Un día, pues, detuvieron a la abeja haragana cuando iba a entrar, diciéndole:

—Compañera: es necesario que trabajes, porque todas las abejas debemos trabajar.

La abejita contestó:

—Yo ando todo el día volando, y me canso mucho.

—No es cuestión de que te canses mucho

—respondieron—, sino de que trabajes un poco. Es la primera advertencia que te hacemos.

Y diciendo así la dejaron pasar.

Pero la abeja haragana no se corregía. De modo que a la tarde siguiente las abejas que estaban de guardia le dijeron:

—Hay que trabajar, hermana.

Y ella respondió en seguida:

—¡Uno de estos días lo voy a hacer!

—No es cuestión de que lo hagas uno de estos días —le respondieron— sino mañana mismo.

Y la dejaron pasar.

Al anochecer siguiente se repitió la misma cosa. Antes de que le dijeran nada, la abejita exclamó:

—¡Sí, sí hermanas! ¡Ya me acuerdo de lo que he prometido!

—No es cuestión de que te acuerdes de lo prometido —le respondieron—, sino de que trabajes. Hoy es 19 de abril. Pues bien: trata de que mañana, 20, hayas traído una gota° siquiera de miel. Y ahora, pasa.

drop

Y diciendo esto, se apartaron para dejarla entrar.

Pero el 20 de abril pasó en vano como todos los demás. Con la diferencia de que al caer el sol el tiempo se descompuso y comenzó a soplar° un viento frío.

to blow

La abejita haragana voló apresurada° hacia su colmena, pensando en lo calentito que estaría allá dentro. Pero cuando quiso entrar, las abejas que estaban de guardia se lo impidieron.

in a hurry

—¡No se entra! —le dijeron fríamente.

—¡Yo quiero entrar! —clamó° la abejita—. Ésta es mi colmena.

cried out

—Ésta es la colmena de unas pobres abejas trabajadoras —le contestaron las otras—. No hay entrada para las haraganas.

—¡Mañana sin falta voy a trabajar! —insistió la abejita.

—No hay mañana para las que no trabajan —respondieron las abejas. Y esto diciendo la empujaron° afuera.

pushed

La abejita, sin saber qué hacer, voló un rato aún; pero ya la noche caía y se veía apenas. Quiso cogerse° de una hoja°, y cayó al suelo. Tenía el cuerpo entumecido° por el aire frío, y no podía volar más.

to hold on to/ leaf
numb

Arrastrándose° entonces por el suelo, trepando° y bajando de los palitos° y piedritas°, que le parecían montañas, llegó a la puerta de la colmena, a tiempo que comenzaban a caer frías gotas de lluvia.

Crawling
climbing/ little sticks/ little stones

—¡Perdón!—gimió° la abeja—. ¡Déjenme entrar!

groaned

—Ya es tarde —le respondieron.

—¡Por favor, hermanas! ¡Tengo sueño!

—Es más tarde aún.

—¡Compañeras, por piedad! ¡Tengo frío!

—Imposible.

—¡Por última vez! ¡Me voy a morir! Entonces le dijeron:

—No, no morirás. Aprenderás en una sola noche lo que es el descanso ganado con el trabajo. Vete.

Y la echaron.

Entonces, temblando de frío, con las alas mojadas° y tropezando°, la abeja se arrastró, se arrastró hasta que de pronto rodó° por un agujero°; cayó rodando, mejor dicho, al fondo de una caverna°.

wet/stumbling
rolled
hole
cave

Creyó que no iba a concluir nunca de bajar. Al fin llegó al fondo, y se halló° bruscamente ante una víbora°, una culebra° verde de lomo color ladrillo°, que la miraba enroscada° y presta a lanzarse sobre° ella.

found herself
viper/snake
brick
curled up/ throw itself onto

En verdad, aquella caverna era el hueco° de un árbol que habían trasplantado hacía tiempo, y que la culebra había elegido de guarida°.

hollow
lair

Las culebras comen abejas, que les gustan mucho. Por esto la abejita, al encontrarse ante su enemiga°, murmuró cerrando los ojos:

enemy

—¡Adiós mi vida! Ésta es la última hora que yo veo la luz.

Pero con gran sorpresa suya, la culebra no solamente no la devoró sino que le dijo:

—¿Qué tal, abejita? No has de ser° muy

You must not be

trabajadora para estar aquí a estas horas.

—Es cierto —murmuró la abejita—. No trabajo, y yo tengo la culpa°.

—Siendo así —agregó° la culebra, burlona°—, voy a quitar del mundo a un mal bicho como tú. Te voy a comer, abeja.

—¡No es justo eso, no es justo! No es justo que usted me coma porque es más fuerte que yo. Los hombres saben lo que es justicia.

—¡Ah, ah! —exclamó la culebra, enroscándose° ligero°—. ¿Tú conoces bien a los hombres? ¿Tú crees que los hombres, que les quitan la miel a ustedes, son más justos, grandísima tonta?

—No, no es por eso que nos quitan la miel —respondió la abeja.

—¿Y por qué, entonces?

—Porque son más inteligentes.

Así dijo la abejita. Pero la culebra se echó a reír, exclamando:

—¡Bueno! Con justicia o sin ella, te voy a comer; apróntate°.

Y se echó atrás, para lanzarse sobre la abeja. Pero ésta exclamó:

—Usted hace eso porque es menos inteligente que yo.

—Pues bien —dijo la culebra—, vamos a verlo. Vamos a hacer dos pruebas. La que haga la prueba más rara, ésa gana. Si gano yo, te como.

—¿Y si gano yo? —preguntó la abejita.

—Si ganas tú —repuso su enemiga—, tienes el derecho de pasar la noche aquí, hasta que sea de día. ¿Te conviene°?

—Aceptado —contestó la abeja.

La culebra se echó a reír de nuevo, porque se le había ocurrido una cosa que jamás podría hacer una abeja. Y he aquí lo que hizo:

Salió un instante afuera, tan velozmente que la abeja no tuvo tiempo de nada. Y volvió trayendo una cápsula° de semillas° de eucalipto, de un eucalipto que estaba al lado de la colmena y que le daba sombra.

Los muchachos hacen bailar como trompos° esas cápsulas, y les llaman trompitos de eucalipto.

I'm to blame · *added* · *mockingly* · *coiling up/ fast* · *get ready* · *Does that work for you?* · *capsule/ seeds* · *spinning tops*

—Esto es lo que voy a hacer —dijo la culebra—. ¡Fíjate bien, atención!

Y arrollando° vivamente la cola alrededor del trompito como un piolín° la desenvolvió a toda velocidad, con tanta rapidez que el trompito quedó bailando y zumbando como un loco.

La culebra reía, y con mucha razón, porque jamás una abeja ha hecho ni podrá hacer bailar a un trompito. Pero cuando el trompito, que se había quedado dormido zumbando, como les pasa a los trompos de naranjo, cayó por fin al suelo, la abeja dijo:

—Esa prueba es muy linda, y yo nunca podré hacer eso.

—Entonces, te como —exclamó la culebra.

—¡Un momento! Yo no puedo hacer eso; pero hago una cosa que nadie hace.

—¿Qué es eso?

—Desaparecer.

—¿Cómo? —exclamó la culebra, dando un salto de sorpresa—. ¿Desaparecer sin salir de aquí?

—Sin salir de aquí.

—Pues bien, ¡hazlo! Y si no lo haces, te como en seguida —dijo la culebra.

El caso es que mientras el trompito bailaba, la abeja había tenido tiempo de examinar la caverna y había visto una plantita que crecía allí. Era un arbustillo°, casi un yuyito°, con grandes hojas del tamaño de una moneda de dos centavos.

La abeja se arrimó° a la plantita, teniendo cuidado de no tocarla, y dijo así:

—Ahora me toca a mí, señora Culebra. Me va a hacer el favor de darse vuelta, y contar hasta tres. Cuando diga "tres" búsqueme por todas partes, ¡ya no estaré más!

Y así pasó, en efecto. La culebra dijo rápidamente: "uno..., dos..., tres", y se volvió y abrió la boca cuan grande era, de sorpresa: allí no había nadie. Miró arriba, abajo, a todos lados, recorrió los rincones°, la plantita, tanteó° todo con la lengua. Inútil: la abeja había desaparecido.

La culebra comprendió entonces que si su

coiling up · *string* · *shrub* · *weed* · *came closer to* · *corners; nooks* · *she felt out* prueba del trompito era muy buena, la prueba de la abeja era simplemente extraordinaria. ¿Qué se había hecho? ¿Dónde estaba?

Una voz que apenas se oía —la voz de la abejita— salió del medio de la cueva.

—¿No me vas a hacer nada? —dijo la voz—. ¿Puedo contar con tu juramento?

—Sí —respondió la culebra—. Te lo juro. ¿Dónde estás?

—Aquí —respondió la abejita, apareciendo súbitamente° de entre una hoja cerrada de la plantita.

suddenly

¿Qué había pasado? Una cosa muy sencilla: la plantita en cuestión era una sensitiva°, muy común también en Buenos Aires, y que tiene la particularidad de que sus hojas se cierran al menor contacto. Solamente que esta aventura pasaba en Misiones°, donde la vegetación es muy rica, y por lo tanto muy grandes las hojas de las sensitivas. De aquí que al contacto de la abeja, las hojas se cerraron, ocultando° completamente al insecto.

mimosa pudica or sensitive plant

province in Argentina

hiding

La inteligencia de la culebra no había alcanzado nunca a darse cuenta de este fenómeno; pero la abeja lo había observado, y se aprovechaba de él para salvar su vida.

La culebra no dijo nada, pero quedó muy irritada con su derrota°, tanto que la abeja pasó toda la noche recordando a su enemiga la promesa que había hecho de respetarla.

defeat

Fue una noche larga, interminable, que las dos pasaron arrimadas contra° la pared más alta de la caverna, porque la tormenta se había desencadenado°, y el agua entraba como un río adentro.

close to

had broken out

Hacía mucho frío, además, y adentro reinaba la oscuridad más completa. De cuando en cuando la culebra sentía impulsos de lanzarse sobre la abeja, y ésta creía entonces llegado el término de su vida.

Nunca jamás creyó la abejita que una noche podría ser tan fría, tan larga, tan horrible. Recordaba su vida anterior, durmiendo noche tras noche en la colmena, bien calentita, y lloraba entonces en silencio.

Cuando llegó el día, y salió el sol, porque el tiempo se había compuesto, la abejita voló y lloró otra vez en silencio ante la puerta de la colmena hecha por el esfuerzo° de la familia. Las abejas de guardia la dejaron pasar sin decirle nada, porque comprendieron que la que volvía no era la paseandera° haragana, sino una abeja que había hecho en sólo una noche un duro aprendizaje de la vida.

effort

wanderer

Así fue, en efecto. En adelante, ninguna como ella recogió tanto polen ni fabricó tanta miel. Y cuando el otoño llegó, y llegó también el término de sus días, tuvo aún tiempo de dar una última lección antes de morir a las jóvenes abejas que la rodeaban°:

surrounded her

—No es nuestra inteligencia, sino nuestro trabajo quien nos hace tan fuertes. Yo usé una sola vez mi inteligencia, y fue para salvar mi vida. No habría necesitado de ese esfuerzo, si hubiera trabajado como todas. Me he cansado tanto volando de aquí para allá, como trabajando. Lo que me faltaba era la noción del deber, que adquirí aquella noche.

Trabajen, compañeras, pensando que el fin a que tienden° nuestros esfuerzos —la felicidad de todos— es muy superior a la fatiga de cada uno. A esto los hombres llaman ideal, y tienen razón. No hay otra filosofía en la vida de un hombre y de una abeja. ■

work towards

Después de leer

La abeja haragana

Horacio Quiroga

1 **Comprensión** Enumera los acontecimientos en el orden en que aparecen en el cuento.

___ a. La abeja haragana gana la prueba.
_1_ b. Las guardianas dejan que la abeja haragana entre en la colmena, pero le advierten que será la última vez.
___ c. Una culebra le anuncia que la va a devorar.
___ d. Las guardianas dejan pasar a la abeja que ya no es haragana.
___ e. La abeja promete cambiar, pero no lo cumple.
___ f. La culebra hace su prueba con éxito.
___ g. La abeja regresa a la colmena después de pasar la noche fuera.
___ h. Las guardianas le prohíben entrar en la colmena.
___ i. La culebra le propone hacer dos pruebas.
___ j. La abeja cae por un hueco dentro de una caverna.

2 **Análisis** Lee el relato nuevamente y responde las preguntas.

1. ¿Qué características podrías señalar de la abeja haragana? ¿En qué se diferenciaba de las otras abejas?
2. ¿Qué te parece que puede representar la víbora?
3. En el relato, ¿qué es lo que salva a la abeja de la víbora?
4. ¿Cuál es la moraleja de la fábula?

3 **Interpretación** En parejas, respondan las preguntas.

1. En el relato se contraponen claramente dos lugares: la colmena y el exterior. ¿Puedes encontrar una palabra que caracterice a cada uno?
2. Las guardianas advierten a la abeja varias veces antes de impedirle la entrada. ¿Te parece bien lo que hacen? ¿Crees que tienen razón?
3. ¿Por qué es tan importante que todas colaboren con la tarea de recoger el polen? ¿Para qué sirve la miel que hacen las abejas? ¿Qué sentido tiene eso para la comunidad?
4. ¿Qué crees que hizo recapacitar a la abeja haragana?
5. ¿Estás de acuerdo con la moraleja de la fábula?
6. ¿Te parece que la abeja fue feliz al aceptar las reglas de la colmena?

4 **Tu propia fábula** Elige una de las comparaciones de la lista y escribe una fábula breve sobre el animal y la cualidad o vicio. Si lo prefieres, puedes elegir otro animal y otra cualidad o vicio. No olvides concluir el relato con una moraleja.

- inocente como un cordero (*lamb*)
- fuerte como un león
- astuto (*sly*) como un zorro (*fox*)
- terco (*stubborn*) como una mula

Practice more at **enfoques.vhlcentral.com.**

Antes de leer

Vocabulario

adinerado/a *wealthy*	la huella *trace; mark*
el anfitrión/la anfitriona *host(ess)*	el lujo *luxury*
diseñar *to design*	el privilegio *privilege*
enérgico/a *energetic*	tomar en serio *to take seriously*

Balenciaga Completa el párrafo usando una vez cada palabra o expresión.

Cristóbal Balenciaga nació en España en 1895. Ya de joven, Balenciaga comenzó a (1) ________ ropa. Para él, la moda era algo que había que (2) ________. En 1937, abrió una tienda en París donde atendía a una clientela exclusiva y (3) ________. Tuvo el (4) ________ de vestir a muchos famosos. Jackie Kennedy lució (*wore*) sus diseños como (5) ________ de elegantes cenas y eventos. El estilo de este (6) ________ y creativo diseñador se caracterizaba por la discreción y la elegancia. En 1968, el (7) ________ y la elegancia del estilo Balenciaga casi desaparecen. El diseñador cerró su tienda porque se sentía desilusionado con la nueva moda *prêt-à-porter* (*ready-to-wear*). Sin embargo, el estilo Balenciaga dejó su (8) ________ para siempre en el mundo de la moda. Actualmente, el Grupo Gucci sigue produciendo la línea Balenciaga.

Conexión personal ¿Te gusta vestirte a la moda o no te importa mucho la ropa? Rellena la encuesta personal y después compara tus respuestas con las de un(a) compañero/a.

	Siempre	A veces	Nunca
1. Voy a tiendas de moda.			
2. Todos los años cambio mi vestuario.			
3. Salgo bien vestido/a de casa.			
4. Me gusta comprar ropa cara.			
5. Mi pelo siempre está a la moda.			
6. Tardo más de una hora en prepararme para salir de casa.			

Contexto cultural

Narciso Rodríguez

Cuando pensamos en la moda, solemos pensar en Milán, París o Nueva York. Sin embargo, gracias a diseñadores como la venezolana **Carolina Herrera** o el dominicano **Oscar de la Renta**, los diseñadores latinoamericanos comenzaron a dejar su huella en el mundo de la moda. Actualmente, entre el grupo de diseñadores latinoamericanos de mayor proyección internacional se encuentran los colombianos Olga Piedrahita y Esteban Cortázar, la chilena María Cornejo y el estadounidense Narciso Rodríguez, hijo de inmigrantes cubanos.

Practice more at **enfoques.vhlcentral.com.**

Audio: Dramatic Recording

Carolina Herrera
una señora en su punto

Isabel Piquer

Carolina Herrera, 1979
Andy Warhol, 1928–1987

Cuando cumplió los 40, Carolina Herrera decidió hacer algo inaudito°: empezar a trabajar. No tenía por qué. Vivía en Caracas en un mundo de lujo y privilegio. Pertenecía a una de las familias más antiguas y adineradas de Venezuela. Estaba felizmente casada, tenía cuatro hijos. Llevaba casi diez años en la lista de las mujeres más elegantes del mundo. Era la perfecta anfitriona, la reina de las fiestas de sociedad. Nadie se lo tomó muy en serio.

inaudito° *unheard of*

De eso hace 22 años. "Nunca hubiera podido anticipar este éxito. Cuando empiezas, creo que nunca sabes muy bien adónde vas ni si vas a gustar, porque tampoco lo estás pensando. Y de repente llega. Luego, si tienes un poquito de éxito, es imposible parar porque es como una droga". Sentada en uno de los sillones de su oficina de la Séptima Avenida, en el Garment District de Nueva York, Herrera habla con la voz melosa° de su acento natal. Está perfecta. Ni una arruga°. Es la imagen de la distinción que ha sabido crear y vender desde su primer desfile, en un apartamento prestado de Park Avenue.

melosa° soft; arruga° wrinkle

Carolina Herrera tiene la pose y la elegancia de una mujer de mundo. En Caracas vivió las legendarias fiestas de su suegra, Mimi Herrera, amiga de Greta Garbo y de la duquesa de Windsor. En Nueva York fue la diseñadora de Jackie Kennedy en los últimos 12 años de su vida. Warhol le hizo tres retratos, todos iguales salvo por el color de la sombra de ojos. Y cuando *Vanity Fair* sacó el pasado abril una portada plegable° sobre estrellas y leyendas de Hollywood, no encontró mejor decorado que una réplica del salón victoriano de su casa del Upper East Side.

plegable° fold-out

Tenía 13 años cuando su abuela la llevó a París, a un desfile de Cristóbal Balenciaga. Fue su primera introducción a la alta costura°. Le gustó, pero no lo bastante como para pensar en dedicarse a la moda. "Yo no era de las que jugaban a vestir a sus muñecas°". Sin embargo, aquella experiencia dejó huella. Aún ahora asegura inspirarse en las líneas claras y sencillas del español que triunfó en Francia.

alta costura° haute couture; muñecas° dolls

Esta imagen elitista también ha jugado en su contra. A menudo se ha relegado a Carolina Herrera a la categoría de diseñadora para las *ladies who lunch* (las damas que almuerzan). "Si yo sólo hubiera hecho colecciones para mis amigas habría cerrado hace veinte años, porque una compañía no se puede basar en eso. Es imposible. En aquel momento decidieron ponerme esa etiqueta°, pero mi moda no sólo ha sido para ellas".

etiqueta° label

El tiempo le ha dado la razón. El Park Avenue chic, las faldas por debajo de la rodilla, lo clásico, lo caro llenan las páginas de las revistas. Todo el mundo quiere parecerse a la adinerada minoría neoyorquina. "La moda es algo que cambia, pero ciertos elementos son constantes: la sofisticación, la elegancia y, por supuesto, el lujo", dice la diseñadora. "La moda es una fantasía, una locura, un misterio. ¿Qué es la moda? Es algo que necesitas todos los días porque te vistes todos los días. Cuando la gente está combinando lo que se va a poner por las mañanas, ya está haciendo moda. Moda es historia, es civilización, es arte, es un negocio".

Carolina Herrera, hija, sigue la huella de su famosa madre. Además de trabajar junto a su madre en el negocio de la moda, es quien se encarga de los perfumes que llevan la marca Carolina Herrera. También es portavoz (*spokesperson*) de la marca CH Carolina Herrera, línea de tono más informal lanzada en 2005 que incluye ropa y accesorios para hombres y mujeres.

"Cuando empecé, tenía 40 años. Acababa de nacer mi primer nieto. A menudo me han preguntado por qué se me ocurrió meterme en esta aventura. Creo que hay un momento en la vida de todo el mundo en el que debes hacer lo que realmente quieres". ■

Publicado en El País *(España) el 28 de septiembre de 2001.*

Después de leer

Carolina Herrera: una señora en su punto

1 **Comprensión** Decide si las oraciones son **ciertas** o **falsas**. Corrige las oraciones falsas.

Cierto	Falso	
☐	☐	1. Carolina Herrera comenzó a diseñar ropa a los cuarenta años.
☐	☐	2. Carolina Herrera ahora vive en París.
☐	☐	3. De pequeña, Carolina Herrera vestía a sus muñecas.
☐	☐	4. Carolina Herrera viene de una familia muy rica.
☐	☐	5. Según Carolina, la moda es arte y negocio.
☐	☐	6. Carolina siempre recibe muy buenas críticas.
☐	☐	7. Jackie Kennedy sólo le encargó algunos vestidos.
☐	☐	8. Andy Warhol hizo tres retratos de Carolina Herrera.

2 **Interpretación** Contesta las preguntas con oraciones completas.

1. ¿Era común que las mujeres de la clase social de Carolina trabajaran? ¿Ha cambiado esto con el paso de los años?
2. ¿Pensaba Carolina que iba a tener un gran éxito cuando empezó a diseñar ropa? Explica tu respuesta.
3. ¿Crees que Carolina es una buena mujer de negocios? Justifica tu respuesta y da ejemplos del texto.
4. ¿Cómo describe la moda Carolina? ¿Con qué cosas la compara? ¿Qué opinas sobre esta definición de la moda?

3 **Diseñadores** En grupos, imaginen que van a montar un negocio como diseñadores (de ropa, de interiores, de productos tecnológicos, etc.). ¿Qué necesitarían para comenzarlo? Preparen una lista de cinco cosas que tendrían que tener. Usen el condicional y oraciones con **si**.

MODELO Necesitaríamos dos diseñadores/as de moda. Si tuviéramos dinero, podríamos contratar tres.

4 **La moda** Elige una de las afirmaciones y escribe un párrafo para expresar tu opinión a favor o en contra. Usa el condicional, el imperfecto del subjuntivo y oraciones con **si**.

MODELO **Se puede rechazar a un(a) candidato/a para un puesto de trabajo si se presenta mal vestido/a para una entrevista.**
No estoy de acuerdo. Si no estuvieras capacitado para el puesto, te podrían rechazar; pero si no les gusta tu ropa, ése no es un buen motivo para rechazarte.

- La moda promueve la superficialidad y es responsable de muchos trastornos de alimentación (*eating disorders*).
- Para tener éxito en el mundo empresarial, hay que lucir (*appear*) siempre elegante.
- En otros países la gente se viste mejor para ir a trabajar.
- Se puede rechazar a un(a) candidato/a para un puesto de trabajo si se presenta mal vestido/a para una entrevista.

Practice more at **enfoques.vhlcentral.com.**

Atando cabos

¡A conversar!

Proyecto publicitario

A. Formen grupos de cuatro. Imaginen que deben presentar un proyecto publicitario al directorio de una empresa. Elijan uno de estos proyectos.

- camisas que nunca se arrugan
- un programa para aprender a hablar español mientras duermes
- un servicio para encontrar compañeros de estudio por Internet
- una peluquería (*hair salon*) para personas y animales

B. Para preparar el proyecto, respondan a estas preguntas.

1. ¿Qué quieren vender con su publicidad?
2. ¿Cómo son las personas que comprarían el producto o servicio? ¿Qué edad tienen? ¿De qué sexo son? ¿Qué cosas les gustan?
3. ¿Qué tipo(s) de publicidad harían (afiches, en radio, en televisión, en Internet)?
4. ¿Qué necesitarían para hacer la publicidad?
5. ¿Cuál será el eslogan del producto o servicio?

C. Preparen la presentación de su proyecto para el resto de la clase. Decidan quién presentará cada punto. Practiquen la presentación varias veces. Pueden usar elementos visuales como ayuda (afiches, etc.). Para ordenar su presentación, pueden utilizar estas expresiones:

- Este proyecto es para...
- Sabemos que el público...
- Por eso hemos decidido...
- En primer / segundo lugar...
- Además / También / Igualmente...
- Finalmente / Por último...

D. Presenten el proyecto. Expongan las razones de lo que han decidido hacer. Sus compañeros pueden hacerles preguntas sobre el proyecto.

E. Cuando cada grupo haya terminado su presentación, voten para elegir la mejor idea publicitaria.

¡A escribir!

Pasantía de verano Imagina que quieres solicitar un puesto para una pasantía (*internship*) de verano en una de las empresas de la actividad anterior. Escribe una carta de tres párrafos para solicitar un puesto como pasante de verano. Usa cláusulas con **si** en tu carta.

- Primer párrafo: explica por qué estás escribiendo.
- Segundo párrafo: da detalles sobre tus estudios y experiencia laboral.
- Tercer párrafo: explica por qué crees que eres el/la mejor candidato/a para el puesto.

8 VOCABULARIO

El trabajo

el aumento de sueldo	*raise in salary*
la compañía	*company*
la conferencia	*conference*
el contrato	*contract*
el currículum (vitae)	*résumé*
el empleo	*employment; job*
la entrevista de trabajo	*job interview*
el puesto	*position; job*
la reunión	*meeting*
el sueldo mínimo	*minimum wage*
administrar	*to manage; to run*
ascender (e:ie)	*to rise; to be promoted*
contratar	*to hire*
despedir (e:i)	*to fire*
exigir	*to demand*
ganar bien/mal	*to be well/poorly paid*
ganarse la vida	*to earn a living*
jubilarse	*to retire*
renunciar	*to quit*
solicitar	*to apply for*
(des)empleado/a	*(un)employed*
exitoso/a	*successful*
(in)capaz	*(in)competent; (in)capable*

Las finanzas

el ahorro	*savings*
la bancarrota	*bankruptcy*
el cajero automático	*ATM*
la cuenta corriente	*checking account*
la cuenta de ahorros	*savings account*
la deuda	*debt*
la hipoteca	*mortgage*
el presupuesto	*budget*
ahorrar	*to save*
cobrar	*to charge; to receive*
depositar	*to deposit*
financiar	*to finance*
gastar	*to spend*
invertir (e:ie)	*to invest*
pedir (e:i) prestado/a	*to borrow*
prestar	*to lend*
a corto/largo plazo	*short/long-term*
fijo/a	*permanent; fixed*
financiero/a	*financial*

La economía

la bolsa (de valores)	*stock market*
el comercio	*commerce; trade*
el desempleo	*unemployment*
la empresa multinacional	*multinational company*
la huelga	*strike*
el impuesto (de ventas)	*(sales) tax*
la inversión (extranjera)	*(foreign) investment*
el mercado	*market*
la pobreza	*poverty*
la riqueza	*wealth*
el sindicato	*labor union*
exportar	*to export*
importar	*to import*

La gente en el trabajo

el/la asesor(a)	*consultant; advisor*
el/la contador(a)	*accountant*
el/la dueño/a	*owner*
el/la ejecutivo/a	*executive*
el/la empleado/a	*employee*
el/la gerente	*manager*
el hombre/la mujer de negocios	*businessman/woman*
el/la socio/a	*partner; member*
el/la vendedor(a)	*salesperson*

Más vocabulario

Expresiones útiles	*Ver p. 287*
Estructura	*Ver pp. 294–295, 298–299 y 302–303*

Cinemateca

la amenaza	*threat*
el/la cobrador(a)	*debt collector*
la factura	*bill*
el/la moroso/a	*debtor*
el/la payaso/a	*clown*
el sueldo fijo	*base salary*
avergonzar	*to embarrass*
cumplir	*to carry out*
deber	*to owe*
dejar en paz	*to leave alone*
humillar	*to humiliate*
tozudo/a	*stubborn*

Literatura

la advertencia	*warning*
el aprendizaje	*learning*
la colmena	*beehive*
el deber	*duty*
el descanso	*rest*
la experiencia	*experience*
la fatiga	*fatigue; weariness*
la miel	*honey*
el polen	*pollen*
volar (o:ue)	*to fly*
haragán/haragana	*lazy; idle*
trabajador(a)	*industrious; hard-working*

Cultura

el anfitrión/la anfitriona	*host(ess)*
la huella	*trace; mark*
el lujo	*luxury*
el privilegio	*privilege*
diseñar	*to design*
tomar en serio	*to take seriously*
adinerado/a	*wealthy*
enérgico/a	*energetic*

La cultura popular y los medios de comunicación 9

Communicative Goals

You will expand your ability to…

- express will, emotion, doubt, or denial in the past
- express uncertainty, indefiniteness, condition, and intent in the past
- create longer, more informative sentences
- reference general ideas

La cultura popular y **los medios de comunicación**

La televisión, la radio y el cine

La **locutora** anunció a los **oyentes** de la **radioemisora** que iba a presentar una canción de la **banda sonora** del nuevo éxito de Almodóvar.

la banda sonora *soundtrack*
la cadena *network*
el canal *channel*
el/la corresponsal *correspondent*
el/la crítico/a de cine *film critic*
el documental *documentary*
los efectos especiales *special effects*
el episodio (final) *(final) episode*
el/la locutor(a) de radio *radio announcer*
el/la oyente *listener*
la (radio)emisora *radio station*
el reportaje *news report*
el/la reportero/a *reporter*
los subtítulos *subtitles*
la telenovela *soap opera*
el/la televidente *television viewer*
la temporada *season*
el video musical *music video*

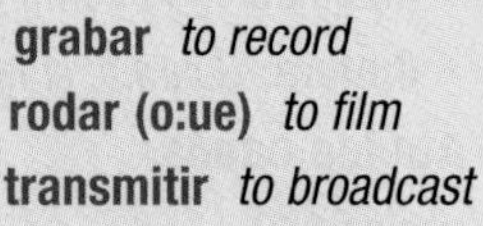

grabar *to record*
rodar (o:ue) *to film*
transmitir *to broadcast*

doblado/a *dubbed*
en directo/vivo *live*

La cultura popular

la celebridad *celebrity*
el chisme *gossip*
la estrella (pop) *(pop) star [m/f]*
la fama *fame*
la moda pasajera *fad*
la tendencia/la moda *trend*

hacerse famoso/a *to become famous*
tener buena/mala fama *to have a good/bad reputation*

actual *current*
de moda *popular; in fashion*
influyente *influential*
pasado/a de moda *out-of-date; no longer popular*

Los medios de comunicación

Siempre dormía muy mal.
Nunca podía relajarme.
Estaba desesperado; no sabía qué hacer.
Ahora, mis problemas están resueltos con mi nueva cama.
DORMALUX
LA CAMA DE TUS SUEÑOS

el acontecimiento *event*
la actualidad *current events*
el anuncio *advertisement; commercial*
la censura *censorship*
la libertad de prensa *freedom of the press*
los medios de comunicación *media*
la parcialidad *bias*
la publicidad *advertising*
el público *public; audience*

enterarse (de) *to become informed (about)*
estar al tanto/al día *to be informed, up-to-date*

actualizado/a *up-to-date*
controvertido/a *controversial*
de último momento *up-to-the-minute*
destacado/a *prominent*
(im)parcial *(un)biased*

La prensa

María lee el **periódico** todas las mañanas. Prefiere leer primero los **titulares** de la **portada** y las **tiras cómicas**. Después lee las **noticias internacionales**.

el/la lector(a) *reader*
las noticias locales/nacionales/internacionales *local/domestic/international news*
el periódico/el diario *newspaper*
el/la periodista *journalist*

la portada *front page; cover*

la prensa *press*
la prensa sensacionalista *tabloid(s)*
el/la redactor(a) *editor*
la revista (electrónica) *(online) magazine*
la sección de sociedad *lifestyle section*
la sección deportiva *sports page/section*
la tira cómica *comic strip*
el titular *headline*

---

imprimir *to print*
publicar *to publish*
suscribirse (a) *to subscribe (to)*

Práctica

1 Escuchar

A. La famosa periodista Laura Arcos está esperando la llegada de famosos al Teatro Nacional, donde se van a entregar unos premios. Escucha lo que dice Laura y después elige la opción correcta.

1. a. Es un programa de radio.
   b. Es un programa de televisión.
2. a. Se van a entregar premios al mejor teatro hispano.
   b. Se van a entregar premios al mejor cine hispano.
3. a. El programa se grabó la noche anterior.
   b. El programa se transmite en directo.
4. a. Augusto Ríos es un reportero de la sección de sociedad.
   b. Augusto Ríos es un famoso crítico de cine.
5. a. Augusto Ríos no sabe mucho de moda.
   b. Augusto Ríos está al tanto de la última moda.

B. Laura Arcos entrevista a la actriz Ángela Vera. Escucha su conversación y después contesta las preguntas.

1. ¿Es importante para la actriz Ángela Vera seguir las tendencias de la moda?
2. ¿Ha tenido buenas críticas su última película?
3. ¿Es el director de la película una celebridad?
4. ¿A qué género pertenecía la primera película de Juan Izaguirre y de qué se trataba?

2 Analogías Completa cada analogía.

actual	destacado	imprimir
chisme	emisora	lector

1. radio: oyente :: revista : ______
2. televisión : cadena :: radio : ______
3. parcialidad : parcial :: actualidad : ______
4. periódico : noticia :: prensa sensacionalista : ______
5. cine : rodar :: prensa : ______
6. influyente : importante :: prominente : ______

Práctica

3 Definiciones Indica qué palabras corresponden a cada definición.

____ 1. Dice si una película es buena o no.	a. crítico de cine
____ 2. Escucha la radio.	b. estrella pop
____ 3. Habla en la radio.	c. lector
____ 4. Se suscribe a sus revistas y periódicos favoritos.	d. locutor
____ 5. Aparece en videos musicales y conciertos.	e. oyente
____ 6. Revisa artículos y mejora la calidad de la revista.	f. redactor

4 El acontecimiento del año Completa el texto con las palabras correctas de la lista.

acontecimiento	**destacado**	**mala fama**	**sensacionalista**
anuncios	**enterarme**	**periodista**	**tira cómica**
cadena	**estrella**	**público**	**transmitieron**

No quise perderme el (1) ____________ del año y al final me lo perdí. La (2) ____________ de cine asistió al estreno de su última película y una (3) ____________ famosa la entrevistó. Fotógrafos de buena y (4) ____________ sacaban fotos para venderlas a las revistas de prensa (5) ____________. Algunos reporteros entrevistaban a un (6) ____________ crítico de cine. El (7) ____________ se entretenía viendo escenas de la película en una pantalla gigante. Varios canales de televisión (8) ____________ el acontecimiento en directo. Al final, no sé qué pasó. Cambié de canal durante los (9) ____________ y me dormí. Mañana voy a leer la sección de sociedad para (10) ____________ de todos los detalles.

5 Los medios de comunicación Di si estás de acuerdo o no con cada afirmación. Después, comparte tus opiniones con la clase.

	Sí	No
1. Hoy día es más fácil enterarse de lo que pasa en el mundo.	☐	☐
2. Gracias a la información que transmiten los medios de comunicación, la gente tiene menos prejuicios que antes.	☐	☐
3. La libertad de prensa es un mito.	☐	☐
4. La publicidad quiere entretener al público.	☐	☐
5. El único objetivo de la prensa sensacionalista es informar.	☐	☐
6. Gracias a Internet, es fácil encontrar información imparcial.	☐	☐
7. La imagen tiene mucho poder en el mundo de la comunicación.	☐	☐
8. Hoy día los reporteros son vendedores de opiniones.	☐	☐
9. Tenemos demasiada información. Es imposible asimilarla.	☐	☐
10. El mundo es un sitio mejor gracias a los medios de comunicación.	☐	☐

Practice more at **enfoques.vhlcentral.com.**

Comunicación

6 **Preguntas** En parejas, háganse las preguntas y comparen sus intereses y opiniones.

1. Si tuvieras la oportunidad de hacerlo, ¿trabajarías en una serie de televisión?
2. Si fueras corresponsal político/a, ¿crees que podrías ser imparcial?
3. ¿Crees que la censura de la prensa es necesaria en algunas ocasiones? ¿En cuáles?
4. ¿Qué periodista piensas que crea más polémica? ¿Por qué?
5. ¿Te interesa leer noticias de actualidad? ¿Por qué?
6. ¿Qué secciones del periódico te interesan más? ¿Qué programas de radio y de televisión?
7. ¿Cuáles son las características de un buen locutor? ¿Es mejor si entretiene al público o si habla lo mínimo posible?
8. ¿Te interesan más las noticias locales, nacionales o internacionales? ¿Por qué?
9. Cuando ves una película, ¿qué te importa más: la trama (*plot*), la actuación, los efectos especiales o la banda sonora?
10. Si pudieras suscribirte gratis a cinco revistas, ¿cuáles escogerías? ¿Por qué?

7 **Escritores**

A. En parejas, escriban por lo menos tres oraciones que podrían aparecer en cada uno de estos medios. ¡Sean creativos/as!

- la portada de un periódico
- el episodio final de una comedia
- un documental
- un *talk show* de radio controvertido
- un artículo de una revista sensacionalista
- una tira cómica

B. Ahora, lean sus oraciones a otra pareja y traten de adivinar el medio en el que aparece cada oración.

8 **Nueva revista** En grupos de tres, imaginen que trabajan en una agencia de publicidad y los han contratado para realizar la publicidad de una revista que va a salir al mercado. Hagan el anuncio y después compártanlo con la clase. Usen las preguntas como guía.

- ¿Cuál es el nombre?
- ¿Qué tiene de especial?
- ¿Qué secciones va a tener?
- ¿A qué tipo de lectores se dirige?
- ¿Cómo son los periodistas y reporteros que van a trabajar en ella?
- ¿Cada cuánto tiempo sale un nuevo número?
- ¿Cuánto cuesta?

Fabiola consigue su primer papel como doble de una estrella de telenovelas.

JOHNNY ¿Qué tal te fue?

FABIOLA Bien.

AGUAYO ¿Es todo lo que tienes que decir de una entrevista con Patricia Montero, la gran actriz de telenovelas? Pensé que estarías más emocionada.

FABIOLA Lo estoy. Tengo que hacer mi gran escena en la telenovela y quiero concentrarme.

AGUAYO Y JOHNNY ¿Qué?

FABIOLA Al terminar la entrevista, cuando salí del camerino, un señor me preguntó si yo era la doble de Patricia Montero.

MARIELA ¿Y qué le dijiste?

FABIOLA Dije, bueno... sí.

AGUAYO ¡No puedo creer que hayas hecho eso!

FABIOLA Fue una de esas situaciones en las que uno, aunque realmente no quiera, tiene que mentir.

ÉRIC Y, ¿qué pasó después?

FABIOLA Me dio estos papeles.

JOHNNY ¡Es el guión de la telenovela!

FABIOLA Mañana tengo que estar muy temprano en el canal, lista para grabar.

JOHNNY ¡Aquí hay escenas bien interesantes!

Más tarde, ensayando la escena…

FABIOLA Éric será el director.

JOHNNY ¿Por qué no puedo ser yo el director?

ÉRIC No tienes los juguetitos.

FABIOLA Tú serás Fernando y Mariela será Carla.

ÉRIC Comencemos. Página tres. La escena en donde Valeria sorprende a Fernando con Carla. Tú estarás aquí y tú aquí. (*Los separa.*)

JOHNNY ¿Qué? ¿No sabes leer? (*Lee.*) “Sorprende a Fernando en los *brazos* de Carla”. (*Se abrazan.*)

ÉRIC Está bien. Fabiola, llegarás por aquí y los sorprenderás. ¿Listos? ¡Acción!

FABIOLA ¡Fernando Javier! Tendrás que decidir. ¡O estás con ella o estás conmigo!

JOHNNY ¡Valeria…! (*Pausa.*)

JOHNNY (*Continúa.*) Ni la amo a ella, ni te amo a ti… (*Diana entra.*) Las amo a las dos.

Diana se queda horrorizada.

Personajes

AGUAYO

DIANA

ÉRIC

FABIOLA

JOHNNY

MARIELA

AGUAYO (*Lee.*) "Valeria entra a la habitación y sorprende a Fernando en brazos de..." ¿Carla? (*Pausa.*)

AGUAYO (*Continúa.*) "Sorprende a Fernando en brazos de Carla." ¡Lo sabía! Sabía que el muy idiota la engañaría con esa estúpida. Ni siquiera es lo suficientemente hombre para...

Aguayo se va. Los demás se quedan sorprendidos.

AGUAYO Me alegro que hayas conseguido ese papel. El otro día pasé frente al televisor y vi un pedacito. Mi esposa no se la pierde.

FABIOLA Hablando de eso, quería pedirle permiso para tomarme el resto del día libre. Necesito ensayar las escenas de mañana.

AGUAYO Las puedes practicar en la oficina. A los chicos les encanta ese asunto de las telenovelas.

FABIOLA (*Explica la situación.*) Y por eso estamos ensayando mis escenas.

DIANA Gracias a Dios... pero yo creo que están confundidos. Los dobles no tienen líneas. Sólo hacen las escenas en donde la estrella está en peligro.

MARIELA Cierto. (*Lee.*) Página seis: "Valeria salta por la ventana".

Más tarde...

ÉRIC ¡Acción!

FABIOLA Sé que decidieron casarse. Espero que se hayan divertido a mis espaldas. Adiós, mundo cruel. (*Grita, pero no salta.*) ¡Aaahhhggg!

ÉRIC Muy bien. Ahora, ¡salta!

FABIOLA Ni loca. Primero, mi maquillaje.

Expresiones útiles

Referring to general ideas and concepts

¡Lo sabía!
I knew it!

¿Es todo lo que tienes que decir?
Is that all you have to say?

Lo difícil/interesante/triste es...
The hard/interesting/sad thing is...

¡No puedo creer que hayas hecho eso!
I can't believe what you've done!

Les encanta ese asunto de las telenovelas.
They love all that soap opera stuff.

Introducing an idea or opinion

Hablando de eso...
Speaking of that . . .

Ahora que lo dices...
Now that you mention it . . .

Estando yo en tu lugar...
If I were you . . .

Por mi parte... *As for me . . .*
A mi parecer... *In my opinion . . .*

Additional vocabulary

el asunto *matter; topic*
a mis espaldas *behind my back*
el actor/la actriz *actor/actress*
el camerino *star's dressing room*
el/la doble *double*
engañar *to deceive; to trick*
ensayar *to rehearse*
estar listo/a *to be ready*
el guión *screenplay; script*
mentir (e:ie) *to lie*
¡Ni loco/a! *No way!*
ni siquiera *not even*
el papel *role*
un pedacito *a bit*

Comprensión

1 Comprensión Respondan a las preguntas con oraciones completas.

1. ¿Por qué Fabiola dice que necesita concentrarse?
2. ¿Cómo consiguió Fabiola el papel?
3. ¿Cuál es el personaje de la telenovela que no le gusta a Aguayo?
4. ¿Qué ve Valeria, la protagonista, cuando entra a la habitación?
5. ¿A quién ama Fernando?
6. ¿Por qué cree Diana que sus compañeros están confundidos?

2 ¿Quién es? Todos quieren ayudar a Fabiola a ensayar las escenas de la telenovela.

A. ¿Quién representa cada papel?

1. Valeria ________
2. Fernando ________
3. Carla ________
4. el director de la telenovela ________

Aguayo | Diana | Éric

Johnny | Mariela | Fabiola

B. ¿Cuál de los empleados de *Facetas* haría cada uno de estos comentarios?

1. ¡Uy! ¿Se habrán dado cuenta de que yo veo telenovelas?
2. Este papel es aburridísimo. ¡No digo ni una palabra!
3. Soy el más preparado para dirigir a los actores.
4. Mis compañeros no saben nada sobre los dobles.
5. Este papel es más peligroso de lo que pensaba.
6. ¡Este director no sabe nada! Voy a hacer lo que dice el guión.

3 Opiniones En parejas, pregúntense si están de acuerdo con estas afirmaciones. Razonen sus respuestas y compartan sus opiniones con la clase.

Sí	No	
☐	☐	1. Hay ciertas situaciones en las que, aunque uno no quiera, es mejor mentir que decir la verdad.
☐	☐	2. Ser actor/actriz es más interesante que ser director(a).
☐	☐	3. Es posible estar enamorado/a de dos personas a la vez.
☐	☐	4. Preferiría ser estrella de televisión que ser doble.
☐	☐	5. Si descubriera a mi novio/a en los brazos de otra persona, rompería con él/ella.
☐	☐	6. Para hacerse famoso/a, es más importante ser bello/a que talentoso/a.

Practice more at **enfoques.vhlcentral.com.**

Ampliación

4 **Los productores** En grupos de cinco, diseñen su propia telenovela. Primero, asignen papeles a estos cinco actores y expliquen la relación entre ellos. Luego, inventen un título para la telenovela y escriban el diálogo para una de las escenas. Cada personaje debe decir por lo menos una línea. Finalmente, representen la escena con todos los personajes.

Lida

Francisco

José

Lourdes

Martín

5 **Apuntes culturales** En parejas, lean los párrafos y contesten las preguntas.

Thalía

Camino a las estrellas

¡Fabiola consiguió su primer papel en una telenovela! Las telenovelas latinoamericanas se pueden comparar al cine de Hollywood por su importancia social y económica. Megaestrellas mexicanas como **Thalía**, **Salma Hayek** y **Gael García Bernal** (**Lección 2**), que iniciaron sus carreras artísticas en telenovelas, no habrían alcanzado (*would not have reached*) su fama actual sin ellas. ¿Tendrá la misma suerte Fabiola?

Luces, cámara y ¡acción!

Éric daría todo por ser director de cine, como el argentino Juan José Campanella. Este cineasta ha dirigido episodios de series como *House M.D.* y *Law and Order*, pero es internacionalmente conocido por haber dirigido películas como *El hijo de la novia*, *Luna de avellaneda* y *El secreto de sus ojos*, ganadora del Oscar a la mejor película extranjera de 2010. ¿Qué diría Éric en la ceremonia de entrega de los Oscar?

Campanella

La radionovela

Aguayo es un gran aficionado a las telenovelas. Otro género muy popular en el mundo hispano es la **radionovela**. Este tipo de novela transmitida por radio entretiene a la audiencia tanto como las telenovelas, y en Centroamérica también cumple la función de educar a los habitantes sobre los desastres naturales y sus medidas de prevención. ¿Qué pensará Aguayo de las radionovelas?

1. ¿Qué otras megaestrellas latinas conoces? ¿Cómo comenzaron su carrera?
2. ¿En qué se diferencian las telenovelas latinoamericanas de las de EE.UU.?
3. ¿Conoces otros directores de cine del mundo hispanohablante? ¿Qué películas los hicieron famosos?
4. ¿Qué programas de radio escuchas? ¿Escuchas radionovelas?
5. ¿Te gustan las telenovelas o prefieres las series semanales?

En detalle

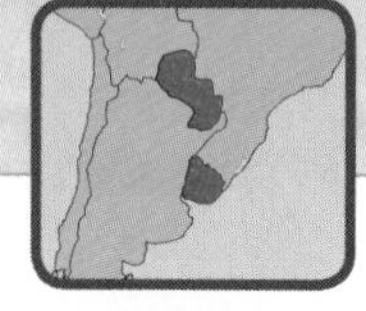

URUGUAY Y PARAGUAY

EL MATE

Si visitas Montevideo, vas a presenciar° una escena cotidiana° muy llamativa°: gente bebiendo de un extraño recipiente° con un tubito de metal. Dentro del curioso recipiente (el mate), generalmente hecho de calabaza° seca, está la famosa **yerba mate**. Aunque el Uruguay no produce yerba mate, es el principal consumidor per cápita del mundo. Millones de personas consumen esta infusión, que se ha convertido en el distintivo° cultural del Uruguay, el Paraguay y la Argentina. También se consume en el sur de Brasil y en Chile.

Una leyenda cuenta que el dios Tupá bajó del cielo y les enseñó a los guaraníes° cómo preparar y tomar la yerba mate. En tiempos de la conquista, los jesuitas cultivaban yerba mate, pero preparaban la bebida como té. Creían que la forma tradicional (usando una calabaza y un tubito, la bombilla) era obra del demonio. Sin embargo, los intentos de prohibición no tuvieron éxito y la bebida se expandió rápidamente entre los gauchos° y los esclavos° africanos.

Tal vez el mate se haya convertido en un ritual debido a su efecto energético. La yerba contiene **mateína**, una sustancia similar a la cafeína, pero que no tiene los mismos efectos negativos sobre los patrones° de sueño. Además de ser antioxidante, aporta vitaminas y minerales importantes, como potasio, fósforo y magnesio.

Sin embargo, el mate se toma más por tradición que por sus propiedades. La bebida se ha arraigado° tanto en la rutina diaria del Uruguay y el Paraguay que ya forma parte de la identidad popular. Según el renombrado antropólogo Daniel Vidart, "tras el... preparar, cebar° y tomar mate hay una concepción del mundo y de la vida... el mate... empareja° las clases sociales". ■

El mate en Norteamérica
Poco a poco, el mate está adquiriendo popularidad en Norteamérica. Pocas personas lo toman de la manera tradicional sino que lo preparan como té. Sin embargo, se puede comprar yerba mate en muchos supermercados y también se venden botellas de yerba mate para tomar como té helado. ¡En algunos cafés también puedes pedir un *mate latte*!

Cómo preparar o "cebar" mate

- Calentar agua (¡No tan caliente como para el té!)
- Llenar ¾ del mate con yerba
- Verter° agua caliente
- Colocar la bombilla
- ¡Comenzar la mateada!

La "mateada"

- Todos toman del mismo mate.
- La persona que ceba el mate —el cebador— va pasando el mate lleno a cada persona y toma último.

presenciar *witness* **cotidiana** *everyday* **llamativa** *striking* **recipiente** *container* **calabaza** *gourd* **distintivo** *sign* **guaraníes** *Guarani (indigenous group)* **gauchos** *inhabitants of the flatlands of Uruguay and Argentina* **esclavos** *slaves* **patrones** *patterns* **arraigado** *rooted deeply* **cebar** *to brew* **empareja** *makes even* **Verter** *To pour*

ASÍ LO DECIMOS

El mate y otras bebidas

jugo (Amér. L.) *juice*
zumo (Esp.) *juice*
refresco (Esp. y Méx.) *soda*
fresco (Hon.) *soda*
infusión *herbal tea*
mate (Bol.) *any kind of tea*
tereré (Par. y Arg.) *cold **mate***
ser un(a) matero/a *(of a person) to drink a lot of **mate***
ser un mate amargo (Arg. y Uru.) *to have no sense of humor / to be moody*

EL MUNDO HISPANOHABLANTE

Bebidas y bailes

Otras bebidas típicas

Introducida en 1910, **Inca Kola** es la gaseosa° más popular del Perú. Es de color amarillo brillante y se hace con **hierba luisa**. Eslóganes como "El sabor del Perú" la convirtieron en un símbolo nacional capaz de imponerse ante la Coca-Cola.

La **horchata** es una bebida típica salvadoreña y de otros países de Centroamérica. Elaborada a base de arroz y agua, se puede saborear con azúcar, canela°, vainilla o lima.

Otros bailes típicos

Hoy la **cumbia** se escucha por toda Latinoamérica. Su origen proviene de ritmos bailados por esclavos africanos llevados a Colombia. Este ritmo contagioso se baila en discotecas, bailes y fiestas.

Comúnmente se asocia la **salsa** con el Caribe y Centroamérica, pero este género nació en barrios hispanos neoyorquinos como resultado de una mezcla de influencias puertorriqueñas, cubanas, africanas, españolas y estadounidenses.

PERFIL

LAS MURGAS Y EL CANDOMBE

La fusión de tradiciones españolas, africanas y americanas se convierte en protagonista del Carnaval de Montevideo a través de las **murgas**. La murga uruguaya, un género músico-teatral de finales del siglo XIX, es el principal atractivo del carnaval. Sus representaciones, en las que participan normalmente unas quince personas, suelen centrarse en dos temas: el propio carnaval y la crítica social. Hoy, es una de las expresiones con mayor poder de identidad uruguaya, pues combina un fuerte mensaje político con la influencia de las músicas populares más antiguas, como el **candombe**. Éste es un estilo musical, nacido en el Uruguay, que proviene de los ritmos africanos traídos por los esclavos de la época colonial. Los grupos que tocan candombe se llaman **comparsas** y durante el carnaval toman las calles de Montevideo en el conocido **desfile de llamadas**, una celebración de la herencia mestiza y mulata del Uruguay. El Carnaval de Montevideo se inicia en enero y termina a principios de marzo.

"Un pueblo sin tradición es un pueblo sin porvenir."
(Alberto Lleras Camargo, político colombiano)

Conexión Internet

¿Cómo se festeja el carnaval en otros países hispanos?

To research this topic, go to **enfoques.vhlcentral.com.**

gaseosa *soda* **canela** *cinnamon*

¿Qué aprendiste?

1 Comprensión Indica si estas afirmaciones sobre el mate son **ciertas** o **falsas**. Corrige las falsas.

1. Es muy frecuente ver a gente bebiendo mate en el Uruguay.
2. El recipiente para el mate suele ser de metal.
3. La bombilla es el tubo que se utiliza para beber el mate.
4. El mate se bebe principalmente en Argentina, el Uruguay y el Paraguay.
5. Los primeros en consumir la yerba mate como infusión fueron los indígenas guaraníes.
6. La bebida se hizo popular muy rápidamente entre la población no indígena.
7. Los jesuitas intentaron prohibir todo tipo de infusiones hechas con yerba mate.
8. La mateína altera los patrones del sueño más que la cafeína.
9. Cuando un grupo de personas toma mate, cada persona toma de un recipiente distinto.
10. El mate tiene minerales, pero no vitaminas.
11. La persona que sirve el mate se llama "cebador".
12. El mate es más popular por su larga tradición que por sus propiedades para la salud.

2 Oraciones incompletas Completa las oraciones.

1. La murga uruguaya es ________.
   a. un grupo de teatro clásico b. un ritmo africano c. un género músico-teatral
2. El Carnaval de Montevideo empieza en el mes de ________.
   a. enero b. febrero c. marzo
3. La horchata se prepara con ________.
   a. trigo b. café c. arroz
4. En España, le dicen *zumo* al ________.
   a. té frío b. tereré c. jugo

3 Preguntas Contesta las preguntas.

1. ¿Hay radioemisoras o discotecas en tu comunidad donde ponen salsa? ¿Qué bailes son populares en tu ciudad?
2. En tu opinión, ¿cuál es el mensaje del eslogan "El sabor del Perú", usado para promocionar Inca Kola?
3. ¿Alguna vez tomaste mate? ¿Lo harías? ¿Lo volverías a tomar?
4. En tu cultura, ¿es común que varias personas tomen del mismo recipiente?

4 Opiniones El candombe y la murga forman parte de la identidad cultural de Uruguay. En parejas, hagan una lista de cinco tradiciones norteamericanas que son parte imprescindible de su cultura popular. Después, compartan su lista con la clase.

Practice more at **enfoques.vhlcentral.com.**

PROYECTO

Raíces africanas

El candombe uruguayo tiene sus raíces en los ritmos que tocaban los esclavos africanos. Muchos otros ritmos populares de Latinoamérica también provienen de África o tienen fuerte influencia africana. La lista incluye la cumbia, el merengue, la salsa, el mambo y hasta el tango. Elige e investiga uno de estos ritmos y prepara un afiche informativo para presentar en clase.

Tu investigación debe incluir:

- el nombre del ritmo, su origen e historia
- dónde es popular y cuáles son sus características
- qué importancia/papel tiene el ritmo que elegiste en la cultura popular local
- otros datos importantes

Lo mejor de Argentina

Ya conoces el mate, una verdadera pasión en Argentina. Este episodio de **Flash Cultura** te llevará a descubrir otros aspectos que también son esenciales en este país para relacionarse, comunicarse y disfrutar.

VOCABULARIO ÚTIL

a las apuradas *in a hurry*	**intercambiar** *to exchange*
ajetreado/a *busy*	**la parrilla** *grill*
chupar *to suck*	**reconocido/a** *renowned*
la caña *straw*	**la tertulia** *gathering*

Preparación ¿Te gusta bailar? ¿Alguna vez tomaste clases para aprender algún ritmo latinoamericano? ¿Te gustaría bailar tango?

Comprensión Indica si estas afirmaciones son ciertas o falsas. Después, en parejas, corrijan las falsas.

1. El Café Tortoni se encuentra en el centro de Buenos Aires.
2. Las tertulias del Tortoni eran reuniones de artistas que se hacían por las mañanas para conversar e intercambiar ideas.
3. Carlos Gardel fue un reconocido escritor argentino.
4. El instrumento más importante del tango es el bandoneón.
5. Actualmente, sólo los ancianos bailan en las milongas.
6. El mate es una bebida para compartir.

Expansión En parejas, contesten estas preguntas.

- Si fueran al Tortoni, ¿pedirían un café, un submarino o un agua tónica, como hacía Borges?
- ¿Se animarían a aprender a bailar tango en la Plaza Dorrego delante de todos? ¿Les gustaría probar el mate?
- Si viajaran a la Argentina y tuvieran poco tiempo, ¿cuál de estas actividades preferirían hacer: visitar los cafés porteños, comprar antigüedades en San Telmo, ir a una milonga o comer un asado en una estancia? ¿Por qué?

Practice more at **enfoques.vhlcentral.com.**

Corresponsal: Silvina Márquez
País: Argentina

La capital argentina tiene una de las culturas de café más famosas del mundo.

En la Plaza Dorrego… todos los domingos hay un mercado al aire libre° donde venden antigüedades… también se puede disfrutar… del tango.

En una estancia°… podemos… disfrutar un asado°… y… andar a caballo°.

mercado al aire libre *open-air market* **estancia** *ranch*
asado *barbecue* **andar a caballo** *ride horses*

9.1 The present perfect subjunctive

Me alegro de que hayas conseguido ese papel.

Espero que se hayan divertido a mis espaldas.

TALLER DE CONSULTA

Manual de gramática Más práctica

9.1 The present perfect subjunctive, p. A48
9.2 Relative pronouns, p. A49
9.3 The neuter **lo**, p. A50

Más gramática

9.4 **Qué** vs. **cuál**, p. A51

• • • •

To review the present and past subjunctive, see **4.1**, **5.2**, and **6.2**. The past perfect subjunctive is covered in **10.3**.

- The present perfect subjunctive (**el pretérito perfecto de subjuntivo**) is formed with the present subjunctive of **haber** and a past participle.

The present perfect subjunctive		
cerrar	**perder**	**asistir**
haya cerrado	haya perdido	haya asistido
hayas cerrado	hayas perdido	hayas asistido
haya cerrado	haya perdido	haya asistido
hayamos cerrado	hayamos perdido	hayamos asistido
hayáis cerrado	hayáis perdido	hayáis asistido
hayan cerrado	hayan perdido	hayan asistido

- The present perfect subjunctive is used to refer to recently completed actions or past actions that still bear relevance in the present. It is used mainly in the subordinate clause of a sentence whose main clause expresses will, emotion, doubt, or uncertainty.

PRESENT PERFECT INDICATIVE

Luis me dijo que **ha dejado** de ver ese programa.

Luis told me that he has stopped watching that show.

PRESENT PERFECT SUBJUNCTIVE

Me alegro de que Luis **haya dejado** de ver ese programa.

I'm glad that Luis has stopped watching that show.

- Note the difference in meaning between the three subjunctive tenses you have learned so far.

PRESENT SUBJUNCTIVE

Las cadenas nacionales **buscan** corresponsales que **hablen** varios idiomas.

The national networks look for correspondents who speak several languages.

PRESENT PERFECT SUBJUNCTIVE

Prefieren contratar a los que **hayan trabajado** en el extranjero.

They prefer to hire those who have worked abroad.

PAST SUBJUNCTIVE

Antes, **insistían** en que los solicitantes **tuvieran** cinco años de experiencia.

In the past, they insisted that applicants have five years' experience.

¡ATENCIÓN!

In a multiple-clause sentence, the choice of tense for the verb in the subjunctive depends on when the action takes place in each clause. The present perfect subjunctive is used primarily when the action of the main clause is in the present tense, but the action in the subordinate clause is in the past.

Práctica y comunicación

1 **¿Indicativo o subjuntivo?** Elige entre el pretérito perfecto del indicativo y el pretérito perfecto del subjuntivo para completar las oraciones.

1. Necesito contratar un corresponsal que (ha / haya) estado en el Paraguay.
2. Quiero conocer al actor que (ha / haya) trabajado en *Eclipse*.
3. Hasta que no (has / hayas) conocido a las personas que leen la prensa sensacionalista, no sabrás por qué la leen.
4. Estoy seguro de que todos los actores (han / hayan) estudiado el guión.
5. Cuando ustedes (han / hayan) leído esta noticia, estarán de acuerdo conmigo.
6. No creo que (has / hayas) escrito ese artículo sin la ayuda de Miguel.

2 **Opuestas** Escribe la oración que expresa lo opuesto en cada ocasión. En algunos casos debes usar el pretérito perfecto del subjuntivo y en otros el pretérito perfecto del indicativo.

MODELO **No creo que ese actor haya aprendido a actuar bien.**
Creo que ese actor ha aprendido a actuar bien.

1. El corresponsal cree que los periodistas han hablado con el crítico.
2. No creo que el director les haya dado pocas órdenes a sus actores.
3. Estoy seguro de que la mayoría del público ha leído la noticia.
4. No es seguro que la prensa sensacionalista haya publicado esa noticia.
5. Pienso que ese actor ha sido el protagonista de *El hombre lobo.*

3 **Competencia** Julieta y Marcela han estado juntas en una audición y Julieta ha conseguido el papel de la protagonista. En parejas, combinen los elementos de la lista y añadan detalles para escribir cinco quejas (*complaints*) de Marcela. Utilicen el pretérito perfecto del subjuntivo. Luego, dramaticen una conversación entre las dos actrices.

dudo que	darme explicaciones
me molesta que	conseguir el papel
me sorprende que	tener suficiente experiencia
no creo que	trabajar con ese director
no es justo que	(no) darme otra oportunidad
quiero que	escoger la mejor actriz

4 **¡Despedido!** Hoy el dueño de la emisora ha despedido a Eduardo Storni, el famoso y controvertido locutor del programa *Storni, ¡sin censura!* En parejas, escriban su conversación. Utilicen por lo menos cinco oraciones con el pretérito perfecto del indicativo y del subjuntivo. Luego represéntenla para la clase.

MODELO
DUEÑO Es una lástima que usted no haya escuchado nuestras advertencias. Usted ha violado casi todas las reglas de la cadena.
STORNI Pero mi público siempre me ha apoyado. Mis oyentes estarán furiosos de que usted no haya respetado la libertad de prensa.

Practice more at **enfoques.vhlcentral.com.**

TALLER DE CONSULTA

MANUAL DE GRAMÁTICA
Más práctica

9.1 The present perfect subjunctive, p. A48

9.2 Relative pronouns

¡No puedo creer que hayas hecho eso!

Fue una de esas situaciones en las que uno tiene que mentir.

TALLER DE CONSULTA

See **Manual de gramática 9.4**, p. A51 to review the uses of **qué** and **cuál** in asking questions.

¡ATENCIÓN!

Relative pronouns are used to connect short sentences or clauses in order to create longer, smoother sentences. Unlike the interrogative words **qué, quién(es),** and **cuál(es)**, relative pronouns never carry accent marks.

The relative pronoun *que*

- **Que** (*that, which, who*) is the most frequently used relative pronoun (**pronombre relativo**). It can refer to people or things, subjects or objects, and can be used in restrictive clauses (no commas) or nonrestrictive clauses (with commas). Note that although some relative pronouns may be omitted in English, they must always be used in Spanish.

  El reportaje **que** vi ayer me hizo cambiar de opinión sobre la guerra.
  The report (that) I saw last night made me change my opinion about the war.

  Las primeras diez personas **que** respondan correctamente ganarán una suscripción gratuita.
  The first ten people who respond correctly will win a free subscription.

  El desastre fue causado por la lluvia, **que** ha durado más de dos semanas.
  The disaster was caused by the rain, which has lasted over two weeks.

¡ATENCIÓN!

In colloquial Spanish, **en que** and **en el/la cual** are often replaced by **donde**.

La casa **donde** vivo es muy grande.

La universidad **donde** estudio es muy prestigiosa.

El/La que

- After prepositions, **que** follows the definite article: **el que**, **la que**, **los que**, or **las que**. The article must agree in gender and number with the antecedent (the noun or pronoun it refers to). When referring to *things* (but not *people*), the article may be omitted after short prepositions, such as **en, de**, and **con**.

  Los periódicos **para los que** escribo son independientes.
  The newspapers I write for are independent. (Lit: for which I write)

  El edificio **en** (**el**) **que** viven es viejo.
  The building they live in is old. (Lit: in which they live)

  La fotógrafa **con la que** trabajo ganó varios premios.
  The photographer with whom I work won several awards.

- **El que, la que, los que**, and **las que** are also used for clarification in nonrestrictive clauses (with commas) when it might be unclear to *what* or *whom* the clause refers.

  Hablé con los empleados de la compañía, **los que** están contaminando el río.
  I spoke with the employees of the company, the ones who are polluting the river.

  Hablé con los empleados de la compañía, **la que** está contaminando el río.
  I spoke with the employees of the company, (the one) which is polluting the river.

El/La cual

- **El cual, la cual, los cuales**, and **las cuales** are generally interchangeable with **el que, la que, los que**, and **las que** after prepositions. They are often used in more formal speech or writing. Note that when **el cual** and its forms are used, the definite article is never omitted.

  El edificio **en el cual** se encuentra la emisora de radio es moderno.
  The building in which the radio station is located is modern.

  La revista **para la cual** trabajo es muy influyente.
  The magazine for which I work is very influential.

Quien/Quienes

- **Quien** (*singular*) and **quienes** (*plural*) only refer to people. **Quien(es)** can generally be replaced by forms of **el que** and **el cual**, although the reverse is not always true.

  Los investigadores, **quienes** (**los que/los cuales**) estudian los medios de comunicación, son del Ecuador.
  The researchers, who are studying mass media, are from Ecuador.

  El investigador de **quien** (**del que/del cual**) hablaron era mi profesor.
  The researcher about whom they spoke was my professor.

- Although **que** and **quien(es)** may both refer to people, their use depends on the structure of the sentence.

- In restrictive clauses (no commas) that refer to people, **que** is used if no preposition or a personal **a** is present. If a preposition or the personal **a** is present, **quien** (or **el que/el cual**) is used instead. Below, **que** is equivalent to *who*, while **quien** expresses *whom*.

  La gente **que** mira televisión está harta de las cadenas sensacionalistas.
  The people who watch TV are tired of sensationalist networks.

  Esperamos la respuesta de los políticos **a quienes** (**a los que/a los cuales**) queremos entrevistar.
  We're waiting for a response from the politicians (whom) we want to interview.

- In nonrestrictive clauses (with commas) that refer to people, **quien** (or el **que/el cual**) is used. However, in spoken Spanish, **que** can also be used.

  Juan y María, **quienes** trabajan conmigo, escriben la sección deportiva.
  Juan and María, who work with me, write the sports section.

The relative adjective *cuyo*

- The relative adjective **cuyo (cuya**, **cuyos**, **cuyas)** means *whose* and agrees in number and gender with the noun it precedes. Remember that **de quién(es)**, not **cuyo**, is used in questions to express *whose*.

  El equipo periodístico, **cuyo** proyecto aprobaron, viajará en febrero.
  The team of reporters, whose project they approved, will travel in February.

  La fotógrafa Daniela Pérez, **cuyas** fotos anteriores ganaron muchos premios, los acompañará.
  Photographer Daniela Pérez, whose earlier photos won many awards, will go with them.

TALLER DE CONSULTA

The neuter forms **lo que** and **lo cual** are used when referring to a whole situation or idea. See **9.3**, p. 342.

¿Qué es lo que te molesta?
What is it that's bothering you?

Ella habla sin parar, lo cual me enoja mucho.
She won't stop talking, which is making me really angry.

¡ATENCIÓN!

When used with **a** or **de**, the contractions **al que/cual** and **del que/cual** are formed.

¡ATENCIÓN!

In colloquial Spanish, the formal rules for using relative pronouns are not always followed.

Formal:
La mujer a quien conocí ayer...

Informal:
La mujer que conocí ayer...

Práctica

TALLER DE CONSULTA

MANUAL DE GRAMÁTICA
Más práctica

9.2 Relative pronouns, p. A49

1 **Oraciones incompletas** Selecciona la palabra o expresión adecuada para completar las oraciones.

1. El señor Castillo, _____ revista se dedica a la moda, se fue de viaje a París.
   a. cuya b. cuyo c. cuyos
2. Los músicos _____ conociste ayer han grabado la banda sonora de la película.
   a. a quien b. a quienes c. quien
3. El corto _____ te hablé no está doblado.
   a. del que b. de quien c. el cual
4. El reportaje de anoche, _____ se transmitió en el canal 7, me pareció muy sensacionalista.
   a. el cual b. la cual c. los que
5. Los artículos _____ se publican en esa revista son puro chisme.
   a. los cuales b. los que c. que

2 **El tereré** Completa este artículo sobre el tereré con los pronombres relativos de la lista. Algunos pronombres pueden repetirse.

EL TERERÉ

que
en el que
con quien
cuyo
en la que

Existe un país (1) _____ el mate tuvo (2) _____ adaptarse a su clima: el Paraguay. En este país, (3) _____ clima subtropical presenta calurosos veranos, el tradicional mate caliente debió convertirse en una bebida fría y refrescante (4) _____ ayudara a atenuar el calor. Así, el tereré, (5) _____ nombre proviene del guaraní, es la bebida más popular de los paraguayos.

Para prepararlo, se coloca yerba en el recipiente llamado mate. En lugar de agua caliente en un termo o pava (*kettle*), se usa una jarra (6) _____ se coloca agua y/o jugo de limón con mucho hielo. La bebida se bebe con una bombilla (*straw*), (7) _____ generalmente es de metal. En el Paraguay, se dice (8) _____ el tereré es como un amigo (9) _____ se comparten alegrías y tristezas, momentos cotidianos y toda una vida.

3 **Definiciones** Escribe una definición para cada término. Usa pronombres relativos.

MODELO **el redactor**
Es la persona cuyo trabajo es preparar artículos para publicar.

1. la prensa sensacionalista _____
2. los subtítulos _____
3. la portada _____
4. el titular _____
5. los televidentes _____
6. la fama _____

Practice more at **enfoques.vhlcentral.com.**

Comunicación

4 **Tendencias** Piensa en las tendencias actuales y completa el recuadro con tus preferencias. En parejas, compartan esta información. Luego, informen a sus compañeros/as lo que han aprendido sobre la otra persona usando pronombres relativos. Sigan el modelo.

MODELO Ana Sofía mira todo el tiempo videos musicales en su iPod. Es una persona a quien le encanta llevar su iPod a todos lados.

	Sí	No	Depende
1. Me aburren los videos musicales en la tele. Prefiero verlos en un iPod.	☐	☐	☐
2. Siempre escucho música alternativa y pienso que el *hip-hop* no es arte.	☐	☐	☐
3. Yo sólo compro ropa cara a la que se le ve el logotipo impreso en grande.	☐	☐	☐
4. ¿Documentales? ¿Qué es eso? Sólo miro los éxitos de taquilla de Hollywood.	☐	☐	☐
5. ¡Puaj! Los *reality shows* son horribles y deberían prohibirse.	☐	☐	☐
6. Me puedo pasar horas leyendo revistas de moda y de chismes sobre famosos.	☐	☐	☐
7. ¡Qué chévere (*How cool*)! ¡Un restaurante con platos innovadores! Los restaurantes de comidas tradicionales ya pasaron de moda.	☐	☐	☐
8. ¡Nada de salsa! No me gusta la música latina. Prefiero escuchar los 40 principales (*top 40*) de la radio.	☐	☐	☐

5 **¿Quién es quién?** La clase se divide en dos equipos. Un integrante del equipo A piensa en un(a) compañero/a y da tres pistas. El equipo B tiene que adivinar de quién se trata. Si adivina con la primera pista, obtiene 3 puntos; con la segunda, obtiene 2 puntos; y con la tercera, obtiene 1 punto.

MODELO Estoy pensando en alguien con quien almorzamos.
Estoy pensando en alguien cuyos ojos son marrones.
Estoy pensando en alguien que lleva pantalones azules.

6 **Fama** En parejas, preparen una entrevista entre un reportero y una estrella de televisión. Utilicen por lo menos seis pronombres relativos.

MODELO
REPORTERO Díganos, ¿dónde encontró este vestido tan divino?
ESTRELLA Gracias, me lo regaló un amigo muy talentoso, cuya tienda siempre tiene lo mejor de la moda.
REPORTERO Y me he enterado de que está usted con un nuevo amor, quien trabajó con usted en su última telenovela…

9.3 The neuter *lo*

- The definite articles **el, la, los**, and **las** modify masculine or feminine nouns. The neuter article **lo** is used to refer to concepts that have no gender.

¿Es todo lo que tienes que decir?

¡Lo sabía! Ni es lo suficientemente hombre para...

- In Spanish, the construction **lo** + [*masculine singular adjective*] is used to express general characteristics and abstract ideas. The English equivalent of this construction is *the* + [*adjective*] + *thing.*

  Cuando leo las noticias, **lo difícil** es diferenciar entre el hecho y la opinión.
  When I read the news, the difficult thing is to differentiate between fact and opinion.

  Lo bueno de ser famosa es que me da la oportunidad de cambiar el mundo.
  The good thing about being famous is that it gives me the chance to change the world.

- To express the idea of *the most* or *the least*, **más** and **menos** can be added after **lo**. **Lo mejor** and **lo peor** mean *the best/worst* (*thing*).

  Para ser un buen reportero, **lo más importante** es ser imparcial.
  To be a good reporter, the most important thing is to be unbiased.

  ¡Aún no te he contado **lo peor** del artículo!
  I still haven't told you about the worst part of the article!

- The construction **lo** + [*adjective or adverb*] + **que** is used to express the English *how* + [*adjective*]. In these cases, the adjective agrees in number and gender with the noun it modifies.

lo + [*adjective*] + que	**lo + [*adverb*] + que**
¿No te das cuenta de **lo bella que** eres, María Fernanda?	Recuerda **lo bien que** te fue el año pasado en su clase.
María Fernanda, don't you realize how beautiful you are?	*Remember how well you did last year in his class.*

- **Lo que** is equivalent to the English *what, that,* or *which.* It is used to refer to an idea, or to a previously mentioned situation or concept.

  ¿Qué fue **lo que** más te gustó de tu viaje a Uruguay?
  What was the thing that you enjoyed most about your trip to Uruguay?

  Lo que más me gustó fue el Carnaval de Montevideo.
  The thing I liked best was the Carnival of Montevideo.

¡ATENCIÓN!

The phrase **lo** + [*adjective or adverb*] + **que** may be replaced by **qué** + [*adjective or adverb*].

No sabes qué difícil es hablar con él.
You don't know how difficult it is to talk to him.

Fíjense en qué pronto se entera la prensa.
Just think about how soon the press will find out.

Práctica y comunicación

1 **Chisme** La gran estrella pop, Estela Moreno, responde a las críticas que han aparecido en medios periodísticos sobre su súbita (*sudden*) boda con Ricardo Rubio. Completa las oraciones con **lo, lo que** o **qué**.

"Repito que es completamente falso (1) __________ ha salido en la prensa sensacionalista. Siempre habíamos querido una ceremonia pequeña y privada para mantener (2) __________ romántico de la ocasión. El lugar, la fecha, los pocos invitados… pues todo (3) __________ tuvimos planeado desde hace meses. ¡Ay, (4) __________ difícil fue guardar el secreto para que el público no se diera cuenta de (5) __________ estábamos planeando! (6) __________ más me molesta es que la prensa nos acuse de un romance súbito. (7) __________ nuestro es un amor que comenzó hace dos años y que durará para toda la vida. ¡Ya (8) __________ verán con el tiempo!"

TALLER DE CONSULTA

Manual de gramática
Más práctica

9.3 The neuter **lo**, p. A50

2 **Reacciones** Combina las frases para formar oraciones con **lo** + [*adjetivo/adverbio*] + **que**.

MODELO **parecer mentira / qué poco Juan se preocupa por el chisme**
Parece mentira lo poco que Juan se preocupa por el chisme.

1. asombrarme / qué lejos está el centro comercial
2. sorprenderme / qué obediente es tu gato
3. no poder creer / qué influyente es la publicidad
4. ser una sorpresa / qué bien se vive en este pueblo
5. ser increíble / qué rápido se hizo famoso aquel cantante

3 **Ser o no ser** En grupos de cuatro, conversen sobre las ventajas y desventajas de cada una de estas profesiones. Luego escriban oraciones completas para describir **lo bueno, lo malo, lo mejor** o **lo peor** de cada profesión. Compartan sus ideas con la clase.

actor/actriz	crítico/a de cine	redactor(a)
cantante	locutor(a) de radio	reportero/a

4 **Síntesis** En parejas, escriban una carta al periódico universitario dando su opinión sobre un tema de actualidad. Usen por lo menos tres verbos en pretérito perfecto de subjuntivo, tres oraciones con **lo** o **lo que** y tres oraciones con pronombres relativos. Usen algunas frases de la lista o inventen otras. Lean su carta a la clase y debatan el tema.

me molesta que...	lo importante...	que
me alegra que...	lo que más/menos...	el/la cual
no puedo creer que...	lo que pienso sobre...	quien(es)

Practice more at **enfoques.vhlcentral.com.**

Antes de ver el corto

SINTONÍA

país España
duración 9 minutos
director Jose Mari Goenaga
protagonistas el hombre, la mujer, el locutor

Vocabulario

aclarar *to clarify*
dar la gana *to feel like*
darse cuenta (de) *to realize*
darse por aludido/a *to realize/assume that one is being referred to*
embalarse *to go too fast*
fijarse en *to notice*
el maletero *trunk*
la nuca *nape*
parar el carro *to hold one's horses*
pillar(se) *to get (catch)*
la sintonía *synchronization; tuning; connection*

1 **Definiciones** Escribe la palabra adecuada para cada definición.

1. la parte del carro en la que guardas las compras: ________
2. la parte de atrás de la cabeza: ________
3. el hecho de explicar algo para evitar confusiones: ________
4. comprender o entender algo: ________
5. ir demasiado deprisa: ________

2 **Preguntas** Contesta las preguntas.

1. ¿Prefieres escuchar programas de radio o sólo música cuando vas en autobús o en carro?
2. Si tuvieras un problema que no supieras solucionar, ¿llamarías a un programa de radio o de televisión? ¿Por qué?
3. Imagina que te sientes atraído/a por alguien que ves en la calle. ¿Le pedirías una cita?
4. Si escuchas a dos personas que parecen hablar de ti sin decir tu nombre, ¿te das por aludido/a enseguida o tardas en darte cuenta?

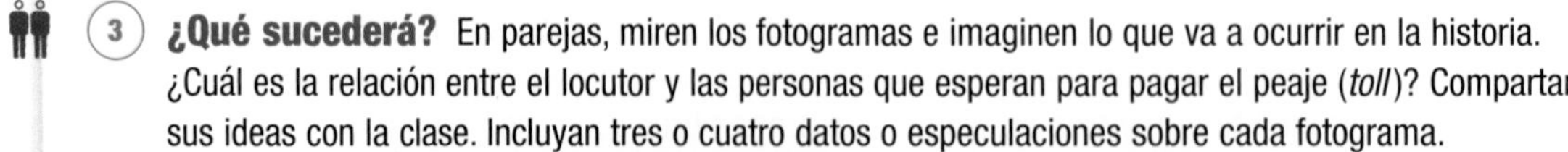

3 **¿Qué sucederá?** En parejas, miren los fotogramas e imaginen lo que va a ocurrir en la historia. ¿Cuál es la relación entre el locutor y las personas que esperan para pagar el peaje (*toll*)? Compartan sus ideas con la clase. Incluyan tres o cuatro datos o especulaciones sobre cada fotograma.

Practice more at **enfoques.vhlcentral.com.**

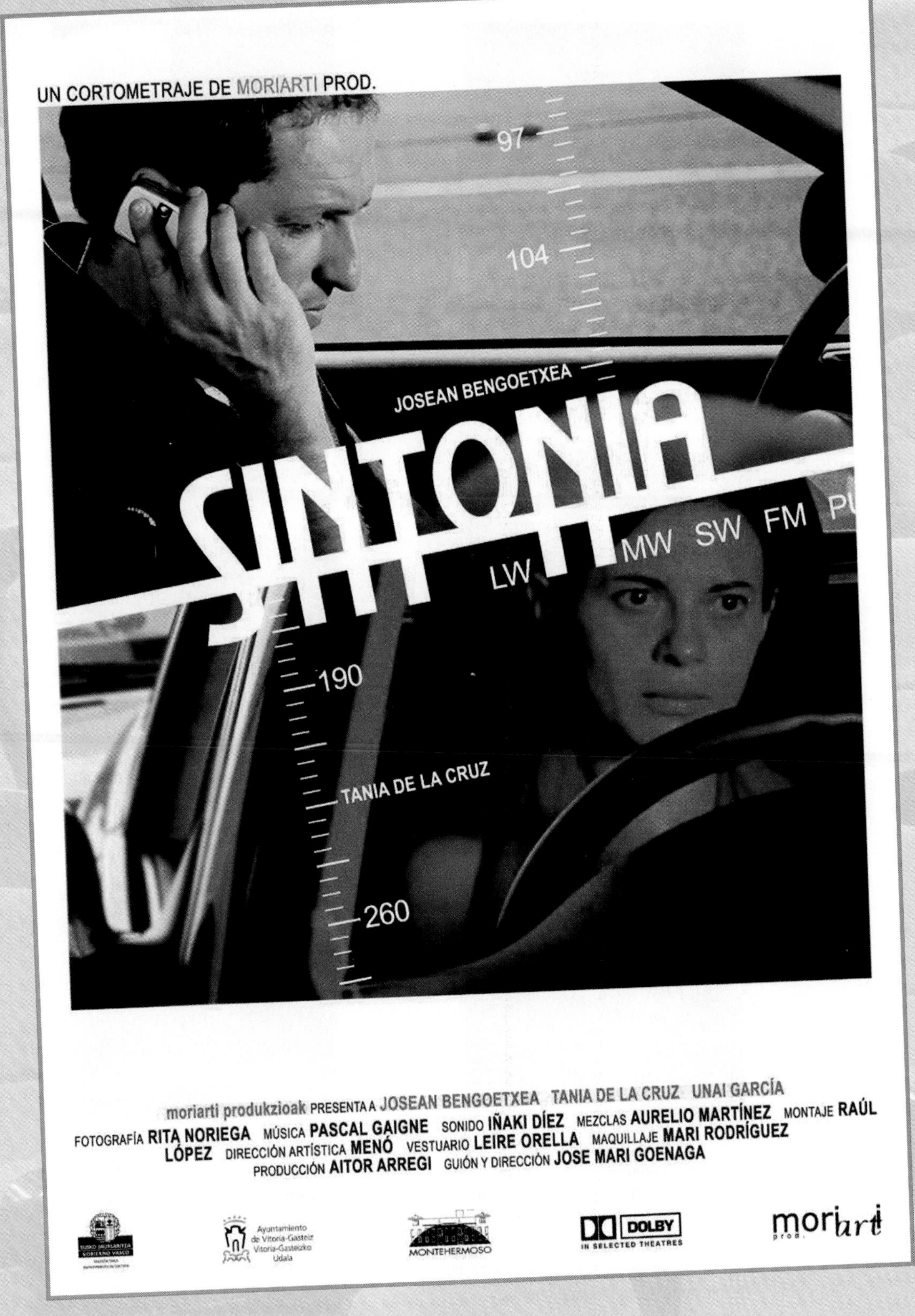

UN CORTOMETRAJE DE MORIARTI PROD.

97

104

JOSEAN BENGOETXEA

SINTONIA

LW MW SW FM PU

190

TANIA DE LA CRUZ

260

moriarti produkzioak PRESENTA A JOSEAN BENGOETXEA TANIA DE LA CRUZ UNAI GARCÍA
FOTOGRAFÍA RITA NORIEGA MÚSICA PASCAL GAIGNE SONIDO IÑAKI DÍEZ MEZCLAS AURELIO MARTÍNEZ MONTAJE RAÚL LÓPEZ DIRECCIÓN ARTÍSTICA MENÓ VESTUARIO LEIRE ORELLA MAQUILLAJE MARI RODRÍGUEZ
PRODUCCIÓN AITOR ARREGI GUIÓN Y DIRECCIÓN JOSE MARI GOENAGA

mori art prod.

Escenas

ARGUMENTO Un joven, atrapado en un atasco en la carretera, se siente atraído por la chica que maneja el carro de al lado.

1

LOCUTOR Última oportunidad para llamar... No os cortéis° y decidle a quien queráis lo que os dé la gana y no lo dejéis para otro momento. El número, el número es el 943365482... Tenemos una nueva llamada. Hola, ¿con quién hablamos?

2

HOMBRE Manuel Ezeiza. Manolo, Manolo de Donosti.
LOCUTOR Muy bien, Manolo de Donosti. ¿Y a quién quieres enviar tu mensaje?
HOMBRE La verdad es que no lo sé, pero sé que nos está oyendo.

3

LOCUTOR Bueno, igual el mensaje puede darnos alguna pista°.
HOMBRE Sí, bueno, llamaba porque me he fijado que te has dejado parte del vestido fuera del coche. Y, bueno, yo no te conozco pero... te he visto cantando y querría, quedar contigo... o tomar algo...

4

LOCUTOR Bueno, para el carro... Esto es un poco surrealista. Le estás pidiendo una cita a una cantante que va en un coche con el abrigo fuera. ¿Y cómo sabe que te diriges a ella?
HOMBRE Todavía no lo sabe. Está sonriendo, como si esto no fuera con ella.

5

LOCUTOR Pues dale una pista para que se aclare. ¿Cómo es ella? ¿Qué hace?
HOMBRE Pues lleva algo rojo... ahora se toca la nuca con su mano y ahora el pelo... que es muy oscuro. Y ahora parece que empieza a darse cuenta. Sí, sí, definitivamente se ha dado cuenta.

6

LOCUTOR A ver, ¿quién le dice a ella que tú no eres, no sé, un psicópata?
HOMBRE ¿Y quién me dice a mí que no es ella la psicópata? Se trata de asumir riesgos. Yo tampoco te conozco. Pensaba que estaría bien quedar contigo.

No os cortéis *Don't be shy* **pista** *clue*

Después de ver el corto

1 **Comprensión** Contesta las preguntas con oraciones completas.

1. ¿Dónde está el hombre?
2. ¿A quién llama por teléfono?
3. ¿Qué tipo de programa de radio es?
4. ¿Por qué llama el hombre al programa de radio?
5. ¿Cómo sabe que la mujer está oyendo ese programa de radio?
6. ¿Por qué le dice el locutor al hombre que la mujer a lo mejor no quiere salir con él?
7. ¿Dónde se conocen el hombre y la mujer en persona?
8. ¿Qué le dice la mujer al hombre?

2 **Ampliación** Contesta las preguntas con oraciones completas.

1. ¿El hombre le habla siempre al locutor o le habla también a la mujer directamente? Explica tu respuesta.
2. ¿Qué harías tú si vieras que alguien en el carro de al lado se ha pillado la ropa en la puerta?
3. En un momento la mujer apaga la radio, pero después la vuelve a encender. ¿Qué crees que está pensando en ese momento?
4. ¿Por qué crees que para la mujer en la gasolinera?

3 **Imagina**

A. En parejas, preparen la conversación entre el hombre y la mujer en la gasolinera. Cada uno debe tener por lo menos tres intervenciones en la conversación. Luego, representen la conversación frente a la clase.

B. Imaginen qué ocurre después. ¿Siguen en contacto? ¿Tienen una cita? ¿Qué ocurre en sus vidas? Compartan su final con la clase.

4 **Relaciones mediáticas** En parejas, inventen una historia de amor sobre dos personas que se conocen a través de uno de los medios de la lista. Incluyan detalles sobre cómo se conoció la pareja, por qué fue a través de ese medio específico y cuál fue el desenlace (*outcome*) de la historia. Después, cuenten su historia a la clase.

una revista	**un programa de radio**
un programa de televisión	**Internet**

Practice more at **enfoques.vhlcentral.com.**

Autómovil vestido, 1941
Salvador Dalí, España

"Modestamente, la televisión no es culpable de nada. Es un espejo en el que nos miramos todos, y al mirarnos nos reflejamos."

— Manuel Campo Vidal

Audio: Dramatic Recording

Un jueves por la mañana, sonó el teléfono en el Cuarto Iluminado y una mujer pidió hablar con Sebastián. Braudel, que dibujaba con CorelDraw en la computadora (una plaza desierta y llena de restos de columnas, un obvio homenaje a Chirico para ser utilizado en una propaganda de una compañía de seguros°), le dijo que esperara. Le preguntó a Píxel si había visto a Sebastián. —¿De parte de quién?

—De una revista de La Paz. Queremos entrevistarlo.

—Está por ahí. Lo vi hace un rato.

Sebastián apareció con una Hola en la mano. Píxel lo miró moviendo la cabeza de arriba a abajo, impresionado. Había creado un monstruo: no pasaba mucho tiempo desde aquel día en que Sebastián había aparecido en la oficina con la petulancia de sus años, quejándose de alguna tontería. Tampoco pasaba mucho tiempo desde que la cabeza del Che y el cuerpo de la Welch se habían impreso en el imaginario citadino° como partes inseparables de un todo. Ahora a Sebastián lo buscaba la fama, mientras él, sin cuya imaginación visionaria los Seres Digitales no hubieran abandonado una computadora y comenzado a adquirir vida propia, era ignorado sin misericordia°. Había creado un monstruo que creaba monstruos.

—¿Algo interesante? —preguntó con tono casual, apenas Sebastián colgó.

—Nada —respondió Sebastián—. Le dije que no quería publicidad.

Lo cierto era que la llamada lo había intrigado. La mujer le dijo que no se trataba de una entrevista, sino de una «oferta muy interesante». Había quedado° en encontrarse con ella esa misma tarde, en un café alejado del centro. No perdería nada escuchándola.

Píxel se dijo que hasta los monstruos podían terminar siendo devorados. Eso lo había aprendido jugando Pac-Man.

Al salir, Sebastián se cruzó con Alissa y Valeria Rosales. Discutían. La Rosales era una columnista que tenía la costumbre de meterse en líos° por pasársela denunciando la corrupción de las juntas vecinales, el comité cívico, los sindicatos, la alcaldía y la prefectura, todos los organismos públicos susceptibles° de corrupción (que eran todos los organismos públicos).

A Sebastián se le había ocurrido pedirle a Alissa un aumento de sueldo. Ella podría convencer a Junior. La vio tan metida en su discusión°, que siguió su camino sin decir nada.

El Mediterráneo tenía las paredes llenas de fotos de artistas de la época dorada° de Hollywood. Era pequeño, y se respiraba un olor a granos frescos de café y a cigarrillo. Había poca gente, y Sebastián supo quién era la mujer apenas entró. Se acercó a su mesa en el fondo.

—Isabel Andrade —dijo ella extendiendo la mano. Tenía una minifalda° negra y botines° de gamuza°, un agitado escote en ve° en la camisa azul marino. Sebastián percibió que tenía las mismas cejas finas y oblicuas de Nikki°. Ella se levantó y le extendió la mano.

—Bond. James Bond —dijo él con una mueca burlona°, no había podido evitar la broma. El pelo rubio recogido en un moño, el pañuelo en el cuello: azafata o ejecutiva de cuentas. Otros la hubieran encontrado linda; él no, o sí, pero de manera inofensiva.

Sebastián resopló° —a veces le faltaba aire, era raro, no fumaba mucho y de vez en cuando iba al gimnasio, debía hacerse chequear—, y tomó asiento. Pidió una limonada al mozo°. Isabel pidió un café con leche.

—Usted dirá —dijo Sebastián.

Isabel miró alrededor suyo, como cerciorándose° de que no la espiaban°. Sacó

insurance
urban, city
mercy
had agreed
to get into trouble
liable
argument
golden
miniskirt
ankle boots/ suede/V-neck
Sebastián's wife
with a smirk
puffed
waiter
making sure/ were spying

unas fotos de su cartera° y las puso sobre la mesa. Eran las fotos de una parrillada°. Sebastián vio rostros satisfechos de políticos conocidos, las cervezas en la mano y las mesas llenas de platos de asados con papas y soltero° y llajwa°. Se le abrió el apetito, pediría un sandwich de jamón y queso. ¿Lo estaría esperando en su computadora un email de Nikki? Jugueteó° con la rosa de plástico en el florero al centro de la mesa. ¿Soñaban los androides con rosas artificiales?

—¿Y?

Isabel tenía una foto en la mano. Se la mostró con cuidado, sin soltarla°. Había sido tomada en la misma ocasión. En ella, el presidente Montenegro brindaba con Ignacio Santos, alias el Tratante° de Blanca.° Los ojos saltones°, la nariz como rota por un puñetazo°, la mandíbula° de Pepe Cortisona, la barriga° del ejecutivo sin tiempo para hacer ejercicios y con el poder suficiente para no importarle. Era él, era el Tratante. Y ésa era la famosa foto de la que hablaban los periódicos y los informativos en la tele: la foto del Narcogate (los periodistas eran la gente menos creativa del planeta; desde Watergate que habían entrado en una parálisis mental a la hora de bautizar crisis políticas). La foto que probaba los vínculos° entre Montenegro y el narcotráfico°, la que confirmaba que él había financiado su campaña con el dinero de las arcas° del Tratante, y que le servía a Willy Sánchez, dirigente máximo de los Cocaleros, para montar una campaña acusando al presidente de hipócrita, con una mano erradicando cocales° para complacer a los yanquis° y con la otra abrazándose con los narcos°.

Sebastián la tocó como si se tratara de una reliquia°: ésa era la foto original. Pero no, en realidad lo que debía tocar era el negativo, sólo los negativos eran únicos, era suficiente uno

handbag
barbecue
salad
hot sauce from Bolivia
He played with
letting go of it
Trafficker/ Cocaine (slang)
bulging
punch/jaw
belly
ties
drug trafficking
coffers
coke plantations
Yankees (Americans)
short for **narcotraficantes**
relic

para permitir la multiplicación de los panes.

Isabel jugaba con una hebra° suelta de su cabello. —¿Podría... —dijo—, podría hacer que el General desapareciera?

—De poder, puedo. Claro que sí, es lo más fácil del mundo. Es más, es tan fácil que no veo por qué se toma la molestia de buscarme.

—No crea que no lo hemos intentado. Hemos conseguido una que otra muy buena,

strand

pero en general hay colores que no cuajan°, o se nota la sombra que deja la figura desaparecida. Entonces se nos ocurrió, hay que darle al César lo que es del César. Si podemos contratar a Picasso, ¿para qué conformarnos con un pintor de brocha gorda°?

[cuajan: [don't] match exactly; brocha gorda: house painter]

Isabel sonrió. Sebastián debía reconocer que cualquier persona que elogiara° su arte le caía bien y podía llegar lejos con él (así lo había conquistado Nikki). Y era muy cierto que cualquiera podía manipular una imagen en la computadora, pero eran los mínimos detalles los que separaban al verdadero artista-técnico de la multitud. Las expresiones y las capas° de colores que uno manipulaba en la pantalla debían definirse con números para cuya precisión a veces se necesitaban hasta seis decimales. Y el juego de luces y sombras, la forma en que éstas caían en la imagen... Parecía fácil, pero no lo era.

[elogiara: praise; capas: layers]

—¿Quiénes me quieren contratar?

—Todo esto es confidencial, por supuesto.

—No se preocupe.

—El Ministerio de Informaciones. Trabajo en la Ciudadela.

Así que era cierto que la Ciudadela se había vuelto a poner en marcha, y que ahora estaba en manos del gobierno.

Se le ocurrió que esa mujer le estaba pidiendo de manera inocente algo nada inocente. La desfachatez° de los tiempos, la corrupción no explicada a los niños. Acaso la culpa la tenía Elizalde: todos sabían que era un asalariado° del Ministro de la Presidencia —el Salmón Barrios—, que éste le pagaba una mensualidad para defender su política agresiva de erradicación de cocales en sus mediocres editoriales en Fahrenheit 451. Junior lo sabía, pero decía que no podía hacer nada porque los periodistas eran muy mal pagados y a veces no les quedaba otro recurso que la corrupción.

[desfachatez: nerve; asalariado: salaried employee]

Prometía que apenas pudiera pagarle mejor a Elizalde, lo despediría. Y esta mujer que trabajaba para el gobierno seguro sabía de Elizalde y compañía y pensaba que cualquiera que trabajaba en el periódico estaba al alcance de las arcas del gobierno, siempre abiertas cuando se trataba de ese tipo de cosas.

Isabel dijo una cifra° y Sebastián, molesto, debió reconocer que le atraía la idea. ¿O debía pensarlo un poco más? Era un trabajo muy fácil para el Picasso de la fotografía digital. Nadie se enteraría, y tendría unos pesos extra para pagar algo de sus deudas, para sorprender a Nikki con una ida a un restaurante de lujo y ropa interior y perfumes. ¿O debía pensarlo un poco más?

[cifra: number]

—Esto, por supuesto —dijo ella—, queda entre usted y yo.

—¿Y qué va a hacer con la foto?

—Usted ocúpese de su trabajo, yo del mío.

—¿Y el negativo? Por más que yo haga mil cosas con la foto, mientras exista el negativo...

—Ocúpese de su trabajo, yo del mío.

—Veré qué hago.

—Ya comenzamos a entendernos. Volveré mañana a esta misma hora.

—No le prometí nada. Sólo le dije que lo vería.

La mujer dejó unos pesos en la mesa y se levantó.

Sebastián se quedó con la foto entre las manos, pensando sin querer pensarlo que había corrupciones y corrupciones, que lo suyo no se comparaba a lo de Elizalde, sería una sola vez, pensando sin querer hacerlo que de ese encuentro ya desvanecido° en el tiempo —pero no en ese rectángulo— no quedaría rastro° alguno una vez que él lo manipulara con talento y cariño y perfidia°. ■

[desvanecido: dissipated; rastro: trace; perfidia: treachery]

Después de leer

Sueños digitales (fragmento)

Edmundo Paz Soldán

1 **Comprensión** Decide si las oraciones son **ciertas** o **falsas**. Corrige las falsas.

1. El apellido de Sebastián es Píxel.
2. La acción se desarrolla en Bolivia.
3. Sebastián cree que la mujer quiere hacerle una entrevista para una revista.
4. Las fotos prueban la corrupción del presidente Montenegro.
5. Isabel le propone algo inocente.
6. Sebastián dice que no acepta la propuesta.

2 **Interpretación** En parejas, respondan a las preguntas.

1. ¿En qué época piensas que se desarrolla el relato?
2. La mujer cita a Sebastián en un café alejado del centro. ¿Les parece que lo hace por alguna razón?
3. ¿Cuáles crees que pueden ser las tareas específicas del Ministerio de Informaciones?
4. ¿Qué prueban las fotos que le muestra Isabel?
5. ¿Qué factores piensas que lo impulsan a tomar la decisión de hacer o no el trabajo? ¿Crees que hará el trabajo?

3 **Análisis** Lee el relato nuevamente y responde a las preguntas.

1. ¿Qué características puedes señalar de Sebastián?¿Podría ser un joven profesional de otro lugar? ¿O es, para ti, un típico latinoamericano?
2. En el relato se mencionan el programa CorelDraw, el pintor De Chirico, la revista *Hola,* Raquel Welch, el Che Guevara, el juego de Pac-Man y James Bond. ¿Qué tienen en común? ¿Qué te dicen acerca del punto de vista del autor?
3. Relee la descripción del café. ¿Piensas que podrías encontrarlo en cualquier lugar del mundo o sólo en una ciudad de Latinoamérica?
4. ¿Te parece que la historia podría estar basada en eventos reales? ¿Por qué?

4 **Situaciones éticas** En grupos de tres, lean estas situaciones y decidan si lo que hizo el personaje es ético o no y expliquen por qué.

- Juan va por la calle y encuentra tirado un reloj. Decide quedárselo (*keep it*).
- Una persona sale en carro del estacionamiento de un supermercado y María observa que la persona olvidó unos refrescos. María espera unos diez minutos y, como la persona no regresa, se lleva los refrescos.

5 **La verdad** Imagina que eres un(a) periodista que logra apoderarse de las fotos y escribe un artículo exponiendo el complot del Ministerio de Informaciones para ocultar la verdad. Escribe un titular y un artículo de tres párrafos.

Practice more at **enfoques.vhlcentral.com.**

Antes de leer

Vocabulario

aislar *to isolate*	**el idioma** *language*
bilingüe *bilingual*	**la lengua** *language; tongue*
el guaraní *Guarani*	**monolingüe** *monolingual*
el/la hablante *speaker*	**vencer** *to conquer*

Idiomas de Bolivia Completa las oraciones con el vocabulario de la tabla.

1. Gran parte de los ciudadanos de Bolivia son ________ de español.
2. Aunque los conquistadores españoles trataron de imponer el ________ de su tierra, no se puede decir que los habitantes de Bolivia son ________.
3. La ________ materna de muchos bolivianos no viene de los españoles, sino de los indígenas.
4. Hay muchos bolivianos ________ que se comunican en español y quechua o en español y aymara.
5. El ________ se habla en Paraguay y en partes de Bolivia, Argentina y Brasil.

Conexión personal ¿De dónde vienen tus antepasados? ¿Han preservado algo de otra cultura? ¿Qué? ¿Te identificas con esa(s) cultura(s)?

Contexto cultural

Los ríos, las montañas y la historia se han juntado (*come together*) para aislar a algunos pueblos de Latinoamérica y, en el proceso, permitir la supervivencia (*survival*) de cientos de idiomas indígenas. Suramérica manifiesta una diversidad lingüística casi incomparable. De hecho, en la época anterior a la conquista europea, existían más de 1.500 idiomas. En la actualidad, suramericanos bilingües y monolingües conversan en más de 350 lenguas de raíces (*roots*) no relacionadas. Entre las más de 500 lenguas que se calcula que existen en Latinoamérica, se encuentran 56 familias lingüísticas y 73 idiomas aislados, es decir, idiomas sin relación aparente. En comparación, los idiomas de Europa provienen de (*come from*) tres familias lingüísticas y hay sólo un idioma aislado, el vasco.

Algunas lenguas indígenas disponen de pocos hablantes y están en peligro de extinción, pero muchas otras prosperan y mantienen un papel central. Por ejemplo, el quechua, idioma de los incas, tiene diez millones de hablantes, sobre todo en el Perú y Bolivia, y también en zonas de Colombia, el Ecuador, la Argentina y Chile. En Bolivia, el Paraguay y el Perú, por lo menos una lengua indígena comparte con el español el puesto (*position*) de lengua oficial del país.

 Practice more at **enfoques.vhlcentral.com.**

Audio: Reading

Guaraní: la lengua vencedora

Es más probable que un habitante de Asunción, capital del Paraguay, salude a un amigo con las palabras **Mba'éichapa reiko?** que con la pregunta *¿Qué tal?* Lo más lógico es que el compañero responda **Iporânte ha nde?** en vez de *Bien, ¿y tú?* También es más probable que un niño paraguayo comience la escuela (o **mbo'ehao**) sin hablar español que sin saber comunicarse en guaraní.

Hay cientos de idiomas en Latinoamérica, pero el caso del guaraní en el Paraguay es único. Más que una lengua oficial, el guaraní es la lengua del pueblo paraguayo. Cuando los españoles invadieron lo que ahora se conoce como Hispanoamérica, trajeron e impusieron° su lengua como parte de la conquista cultural. Aunque muchas personas se resistieron a aprenderlo, el español se convirtió° en lengua del gobierno y de las instituciones oficiales en casi todas partes. En la actualidad, el hecho de conversar en español o en uno de los múltiples idiomas indígenas depende frecuentemente del origen de un individuo, de su contexto social y de sus raíces familiares, entre otras cosas. El uso de una lengua autóctona° típicamente se limita a las poblaciones indígenas, sobre todo a las que viven aisladas. En el Paraguay, aunque la mayoría de la población es mestiza°, actualmente las comunidades indígenas de origen guaraní son una minoría sumamente° pequeña. Sin embargo, el guaraní se ha adoptado universalmente como lengua oral de todas las personas y en todos los lugares.

El conocido escritor uruguayo Eduardo Galeano afirma que no hay otro país más que el Paraguay en el que "la lengua de los vencidos se haya convertido en lengua de los vencedores". Las estadísticas cuentan una historia impresionante: casi el 40% de la población paraguaya es monolingüe en guaraní, más del 50% es bilingüe y sólo el 5% es monolingüe en español. Es decir, la lengua de la minoría nativa ha conquistado el país. Casi todos los hablantes del guaraní se expresan en *jopara*, una versión híbrida del idioma que toma prestadas palabras del español.

Aunque la predominancia° del guaraní es innegable°, los defensores de la lengua han observado que el español ha mantenido hasta hace poco una posición privilegiada en el gobierno y en la educación. La falta de equilibrio se debe a una variedad de razones complejas, incluyendo algunos factores sociales, diferentes oportunidades económicas y el uso del español para comunicarse con la comunidad global. No obstante, en las últimas décadas se reconoce cada vez más la importancia del guaraní y su prestigio aumenta°. En 1992 se cambió la constitución paraguaya para incluir la declaración: "El Paraguay es un país pluricultural y bilingüe. Son idiomas oficiales el castellano y el guaraní." El guaraní prospera también en las artes y en los medios de comunicación. Existe una larga tradición popular de narrativa oral que en las últimas décadas se ha incorporado a la escritura y ha inspirado a jóvenes poetas. El célebre novelista paraguayo Augusto Roa Bastos (1917–2005) introdujo expresiones y sonidos del guaraní en sus cuentos. Aunque la presencia en los medios escritos aún es escasa°, los nuevos medios de comunicación del siglo XX y XXI contribuyen a la promoción del idioma y permiten, por ejemplo, que se estudie guaraní y que se publiquen narrativas en Internet.

¿Cómo logró una lengua indígena superar al español y convertirse en el idioma más hablado del Paraguay? ¿Se debe a alguna particularidad del lenguaje? ¿O es la consecuencia de factores históricos, como la decisión de los jesuitas de predicar° el catolicismo en guaraní? ¿Qué papel tiene el aislamiento del Paraguay, ubicado en el corazón del continente y sin salida al mar? Nunca se podrá identificar una sola razón, pero es evidente que con su capacidad de supervivencia y adaptación a los nuevos tiempos, el guaraní comienza a conquistar el futuro. ■

- impusieron°: *imposed*
- convirtió°: *became*
- autóctona°: *Native*
- mestiza°: *of Spanish and Native American descent*
- sumamente°: *extremely*
- predominancia°: *prevalence*
- innegable°: *undeniable*
- aumenta°: *is growing*
- escasa°: *limited*
- predicar°: *preach*

El guaraní

- En el Paraguay, más del 90% de la población se comunica en guaraní. Junto con el español, es lengua oficial del país.
- También se habla guaraní en partes del Brasil, Bolivia y la Argentina.
- La moneda del Paraguay se llama guaraní.

Después de leer

Guaraní: la lengua vencedora

1 **Comprensión** Decide si las oraciones son **ciertas** o **falsas**. Corrige las falsas.

Cierto	Falso	
☐	☐	1. Suramérica manifiesta poca variedad lingüística.
☐	☐	2. Por lo general, en Suramérica sólo las poblaciones indígenas hablan una lengua indígena.
☐	☐	3. La mayoría de la población paraguaya es de origen guaraní.
☐	☐	4. El 50% de la población del Paraguay es monolingüe en español.
☐	☐	5. La Constitución de 1992 declaró que el Paraguay es un país pluricultural y bilingüe.
☐	☐	6. Existe una larga tradición popular de narrativa oral en guaraní.
☐	☐	7. Augusto Roa Bastos escribió sus cuentos completamente en español.
☐	☐	8. La moneda del Paraguay se llama asunción.

2 **Análisis** Contesta las preguntas utilizando oraciones completas.

1. ¿Cuáles son algunas de las señales de que una lengua prospera?
2. ¿De qué manera es especial el caso del guaraní?
3. ¿Por qué se dice que el guaraní es el lenguaje del pueblo paraguayo?
4. ¿A quiénes se refiere Eduardo Galeano cuando habla de los "vencedores" y los "vencidos"?
5. ¿Qué es el *jopara* y quién lo utiliza?

3 **Reflexión** Un ejemplo de la tradición de narrativa oral en guaraní son los dichos populares. En grupos de tres, expliquen el significado y el posible contexto de los tres dichos del recuadro. ¿Hay algún dicho en español o en inglés que tenga un mensaje similar? ¿Qué elementos característicos de la cultura local se hacen evidentes en los dichos?

Dichos populares en guaraní

Hetárõ machu kuéra, mbaipy jepe nahatãi.
Si hay muchas cocineras, ni la polenta se puede hacer.

Ñande rógape mante japytu'upa.
Sólo descansamos bien en nuestra casa.

Ani rerovase nde ajaka ava ambue akã ári.
No pongas tu canasto en la cabeza de otra persona.

4 **Ensayo** ¿Por qué crees que el gobierno del Paraguay cambió su constitución en 1992? ¿El cambio protege a una minoría o refleja la realidad de la mayoría? ¿Cuáles son las ventajas de vivir en un país pluricultural y bilingüe? ¿Hay alguna complicación? Escribe una composición de por lo menos tres párrafos dando tu opinión sobre estas preguntas.

Practice more at **enfoques.vhlcentral.com.**

Atando cabos

¡A conversar!

¿Telenovelas educativas?

A. Lean la cita y, en grupos de tres, compartan sus respuestas a estas preguntas.

"Todo programa educa, sólo que —lo mismo que la escuela, lo mismo que el hogar— puede educar bien o mal." (Mario Kaplún, periodista argentino-uruguayo)

1. ¿Están de acuerdo con esta cita? ¿O creen que sólo los programas propiamente educativos pueden enseñar algo al público?
2. Si "educar" significa "aumentar los conocimientos", ¿de qué manera un programa de televisión puede educar "mal"? ¿Están de acuerdo con esa definición?

B. Los participantes de un debate tuvieron que dar su opinión sobre el valor de las telenovelas teniendo en cuenta lo dicho por Mario Kaplún. Lean las dos opiniones y decidan con cuál están de acuerdo. Agreguen más argumentos para defender sus posturas. Usen **que**, **cual** y **cuyo**.

El *debate* de hoy: **las telenovelas**

En la cita, Mario Kaplún se refiere a la televisión en general. ¿Qué pasa en el caso particular de las telenovelas? ¿Creen que las telenovelas educan "bien" o "mal"?

Carlos Moreira (52)
Colonia, Uruguay

¡Estoy de acuerdo! Incluso las peores telenovelas pueden educar "bien". En primer lugar, siempre educan indirectamente. Los personajes suelen ser estereotipos, lo cual es importante porque permite que los televidentes se identifiquen con los deseos y los temores de personajes que se muestran como modelos positivos. Además, en países como México se producen telenovelas con fines específicamente educativos, los cuales incluyen enseñar al público acerca de enfermedades, problemas sociales, etc.

Sonia Ferrero (37)
Ciudad del Este, Paraguay

Las telenovelas siempre educan mal, lo que es igual que decir que no educan. ¿Qué puede tener de educativo un melodrama exagerado con personajes que se engañan constantemente? ¿Qué pueden tener de positivo historias que muestran relaciones personales retorcidas (*twisted*)? Yo no veo nada educativo en melodramas que perpetúan estereotipos sobre buenos, malos, ricos y pobres. Me gustaría ver telenovelas más realistas, cuyos personajes sean personas comunes.

¡A escribir!

Televisión en guaraní Imagina que vives en el Paraguay y tu telenovela favorita sólo se transmite en español. Escribe una carta al periódico pidiendo que se haga una versión doblada o subtitulada al guaraní. Incluye tu opinión sobre estas preguntas:

- ¿Quiénes se beneficiarían? ¿Por qué?
- ¿Quién debería cubrir el costo de la versión en guaraní: los productores de la telenovela o el gobierno?
- ¿Debería ser obligatorio ofrecer versiones de programas en los dos idiomas?

VOCABULARIO

La televisión, la radio y el cine

la banda sonora	*soundtrack*
la cadena	*network*
el canal	*channel*
el/la corresponsal	*correspondent*
el/la crítico/a de cine	*film critic*
el documental	*documentary*
los efectos especiales	*special effects*
el episodio (final)	*(final) episode*
el/la locutor(a) de radio	*radio announcer*
el/la oyente	*listener*
la (radio)emisora	*radio station*
el reportaje	*news report*
el/la reportero/a	*reporter*
los subtítulos	*subtitles*
la telenovela	*soap opera*
el/la televidente	*television viewer*
la temporada	*season*
el video musical	*music video*
grabar	*to record*
rodar (o:ue)	*to film*
transmitir	*to broadcast*
doblado/a	*dubbed*
en directo/vivo	*live*

La cultura popular

la celebridad	*celebrity*
el chisme	*gossip*
la estrella (pop)	*(pop) star [m/f]*
la fama	*fame*
la moda pasajera	*fad*
la tendencia/ la moda	*trend*
hacerse famoso/a	*to become famous*
tener buena/ mala fama	*to have a good/ bad reputation*
actual	*current*
de moda	*popular; in fashion*
influyente	*influential*
pasado/a de moda	*out-of-date; no longer popular*

Los medios de comunicación

el acontecimiento	*event*
la actualidad	*current events*
el anuncio	*advertisement; commercial*
la censura	*censorship*
la libertad de prensa	*freedom of the press*
los medios de comunicación	*media*
la parcialidad	*bias*
la publicidad	*advertising*
el público	*public; audience*
enterarse (de)	*to become informed (about)*
estar al tanto/al día	*to be informed, up-to-date*
actualizado/a	*up-to-date*
controvertido/a	*controversial*
de último momento	*up-to-the-minute*
destacado/a	*prominent*
(im)parcial	*(un)biased*

La prensa

el/la lector(a)	*reader*
las noticias locales/ nacionales/ internacionales	*local/domestic/ international news*
el periódico/ el diario	*newspaper*
el/la periodista	*journalist*
la portada	*front page; cover*
la prensa	*press*
la prensa sensacionalista	*tabloid(s)*
el/la redactor(a)	*editor*
la revista (electrónica)	*(online) magazine*
la sección de sociedad	*lifestyle section*
la sección deportiva	*sports page/section*
la tira cómica	*comic strip*
el titular	*headline*
imprimir	*to print*
publicar	*to publish*
suscribirse (a)	*to subscribe (to)*

Cinemateca

el maletero	*trunk*
la nuca	*nape*
la sintonía	*synchronization; tuning; connection*
aclarar	*to clarify*
dar la gana	*to feel like*
darse cuenta (de)	*to realize*
darse por aludido/a	*to realize/assume that one is being referred to*
embalarse	*to go too fast*
fijarse en	*to notice*
parar el carro	*to hold one's horses*
pillar(se)	*to get (catch)*

Literatura

el/la columnista	*columnist*
el informativo	*news bulletin*
la oferta	*offer; proposal*
el organismo público	*government agency*
el/la periodista	*journalist*
la propaganda	*advertisement*
denunciar	*to denounce*
manipular	*to manipulate*

Cultura

el guaraní	*Guarani*
el/la hablante	*speaker*
el idioma	*language*
la lengua	*language; tongue*
aislar	*to isolate*
vencer	*to conquer*
bilingüe	*bilingual*
monolingüe	*monolingual*

Más vocabulario

Expresiones útiles	*Ver p. 329*
Estructura	*Ver pp. 336, 338–339 y 342*

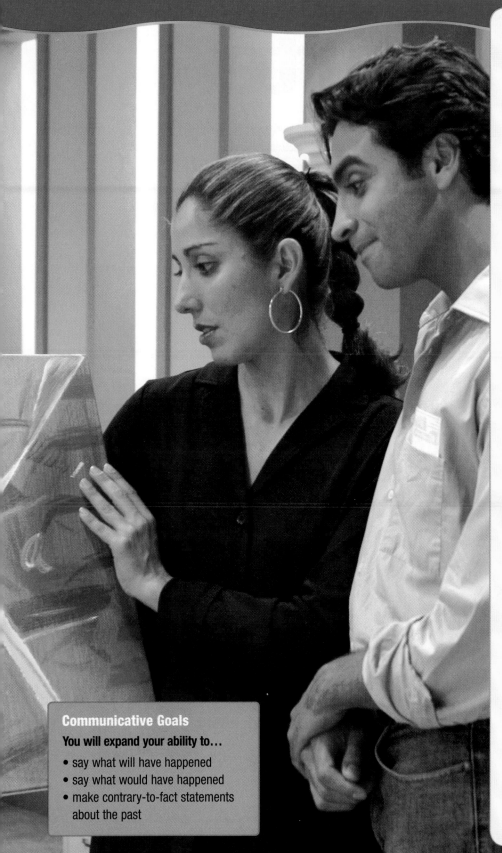

La literatura y el arte

Contextos

Fotonovela

Enfoques

Chile

Estructura

Manual de gramática

Cinemateca

Lecturas

Atando cabos

Communicative Goals

You will expand your ability to...

- say what will have happened
- say what would have happened
- make contrary-to-fact statements about the past

La literatura y el arte

La literatura

Carolina está terminando su segunda novela, que **narra** la historia de una divertida familia de actores en Chile. La historia está narrada desde el **punto de vista** del hijo mayor, **protagonista** de esta **obra literaria.**

el argumento *plot*
la caracterización *characterization*
la estrofa *stanza*
el/la lector(a) *reader*
el/la narrador(a) *narrator*
la obra literaria *literary work*
el personaje *character*
el/la protagonista *protagonist*
el punto de vista *point of view*
la rima *rhyme*
el verso *line (of poetry)*

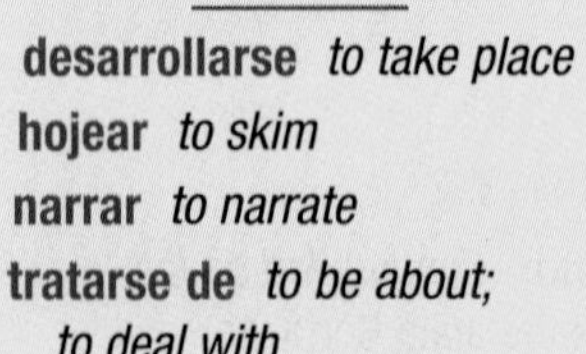

desarrollarse *to take place*
hojear *to skim*
narrar *to narrate*
tratarse de *to be about; to deal with*

Los géneros literarios

la (auto)biografía *(auto)biography*
la ciencia ficción *science fiction*
la literatura infantil/juvenil *children's literature*
la novela rosa *romance novel*
la poesía *poetry*
la prosa *prose*

---

clásico/a *classic*
de terror *horror (story/novel)*
didáctico/a *educational*
histórico/a *historical*
humorístico/a *humorous*
policíaco/a *detective (story/novel)*
satírico/a *satirical*
trágico/a *tragic*

Los artistas

el/la artesano/a *artisan*
el/la dramaturgo/a *playwright*
el/la ensayista *essayist*
el/la escultor(a) *sculptor*
el/la muralista *muralist*
el/la novelista *novelist*
el/la pintor(a) *painter*
el/la poeta/poetisa *poet*

El arte

En la clase de **bellas artes**, Mario y Lucía tienen que pintar una **naturaleza muerta**. Mario eligió usar **óleo**, pero Lucía prefiere la **acuarela**.

la acuarela *watercolor*
el autorretrato *self-portrait*
las bellas artes *fine arts*
el cuadro *painting*
la escultura *sculpture*
la naturaleza muerta *still life*
la obra (de arte) *work (of art)*
el óleo *oil painting*
el pincel *paintbrush*
la pintura *paint; painting*
la tela *canvas*

dibujar *to draw*
diseñar *to design*
esculpir *to sculpt*
reflejar *to reflect; to depict*

abstracto/a *abstract*
contemporáneo/a *contemporary*
inquietante *disturbing; unsettling*
intrigante *intriguing*
llamativo/a *striking*
luminoso/a *bright*
realista *realistic; realist*

al estilo de *in the style of*
de buen/mal gusto *in good/bad taste*

Las corrientes artísticas

la corriente/el movimiento *movement*
el cubismo *cubism*
el expresionismo *expressionism*
el impresionismo *impressionism*
el realismo *realism*
el romanticismo *romanticism*
el surrealismo *surrealism*

Práctica

1 Escuchar

A. Escucha el programa de televisión y después completa las oraciones con la opción correcta.

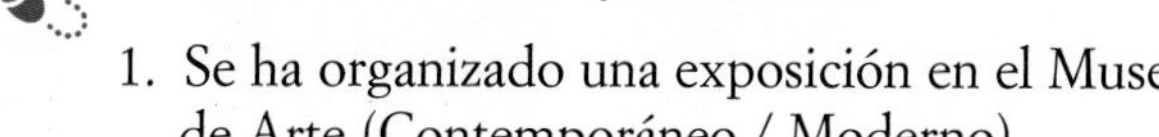

1. Se ha organizado una exposición en el Museo de Arte (Contemporáneo / Moderno).
2. La exposición trata de los movimientos artísticos desde el (romanticismo / realismo).
3. En la exposición se pueden ver las obras de escultores y (muralistas / pintores) del país.
4. Muchos creen que la obra de José Ortiz es de (buen / mal) gusto.
5. Al presentador, la obra de José Ortiz le parece muy (intrigante / abstracta).

B. Escucha la entrevista del programa *ArteDifusión* y contesta las preguntas.

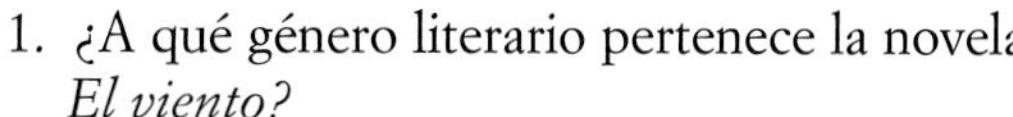

1. ¿A qué género literario pertenece la novela *El viento?*
2. ¿De qué otros géneros tiene elementos?
3. ¿Desde qué punto de vista se ha escrito esta novela?
4. ¿Qué personajes son los más frecuentes en la obra de Mayka Ledesma?
5. ¿Qué tienen que hacer los lectores para darse cuenta de que es una obra divertida?

C. En parejas, inventen una entrevista a un(a) escritor(a) o artista famoso/a y represéntenla para la clase.

2 Relaciones Conecta las palabras de forma lógica.

___ 1. estrofa	a. corriente artística
___ 2. cubismo	b. obra de teatro
___ 3. tela	c. pincel
___ 4. esculpir	d. artesano
___ 5. dramaturgo	e. escultor
___ 6. novela policíaca	f. verso
___ 7. artesanía	g. realismo
___ 8. realista	h. género literario

Práctica

3 **Un crítico sin inspiración** Completa las oraciones de un crítico con las palabras y expresiones de la lista.

acuarela	**de mal gusto**
al estilo de	**inquietante**
argumento	**llamativo**

1. Sus obras son muy ________; en todas usa muchos colores brillantes.
2. La ________ escena en la que aparece el fantasma del padre está inspirada en su novela anterior.
3. Vi un par de óleos interesantes en su nueva exhibición, pero lo que más impresiona son las ________.
4. El ________ de la novela es tan complicado que confunde al lector.
5. Los jóvenes artistas desean pintar ________ la admirada artista chilena.

4 **Géneros** En parejas, lean los fragmentos de estas obras e indiquen a qué género literario pertenecen. Luego, elijan uno de los fragmentos y desarrollen un breve argumento.

1. María Fernanda del Olmo estaba locamente enamorada de Roberto Castro, pero vivía su amor en silencio. ________
2. Una intensísima luz lo despertó. ¿Qué podía ser? Extrañado, se acercó a la ventana. Estaba confundido. ¿Era un sueño? El cielo estaba cubierto de pequeñas luces que se movían de un lado a otro, sin sentido. ________
3. Harry estaba en su despacho (*office*) aburrido. Hacía días que buscaba sin éxito al único testigo (*witness*) del crimen. ________
4. Sólo tenía doce años cuando nos fuimos a vivir a Chile. Todavía lo recuerdo como uno de los momentos más importantes de mi vida. ________

5 **Preferencias** Contesta las preguntas con oraciones completas. Después, comparte tus respuestas con un(a) compañero/a.

1. ¿Cuál es tu género literario favorito? ¿Y tu personaje favorito? ¿Por qué?
2. ¿Crees que hay arte de mal gusto? Justifica tu respuesta.
3. Imagina que eres artista. ¿Qué serías: muralista, poeta/poetisa, escultor(a), otro? ¿Por qué?
4. ¿Qué tipo de arte te interesa más: el realista o el abstracto?
5. ¿Qué influye más en la sociedad: la pluma (*pen*) o el pincel? ¿Por qué?
6. ¿Qué corriente artística te parece más innovadora? ¿Por qué?

Practice more at **enfoques.vhlcentral.com.**

Comunicación

6 **Corrientes artísticas** En grupos de tres, describan estos cuadros y respondan las preguntas. Utilicen algunos términos de la lista en sus respuestas.

- ¿A qué corriente artística pertenece la obra?
- ¿Cómo es el estilo del pintor?
- ¿Qué adjetivos usarías para describir el cuadro?
- ¿Hay otras obras u otros artistas que sean comparables?

abstracto	**cubismo**
contemporáneo	**expresionismo**
intrigante	**impresionismo**
llamativo	**realismo**
luminoso	**romanticismo**
realista	**surrealismo**

Marilyn 1967,
Andy Warhol

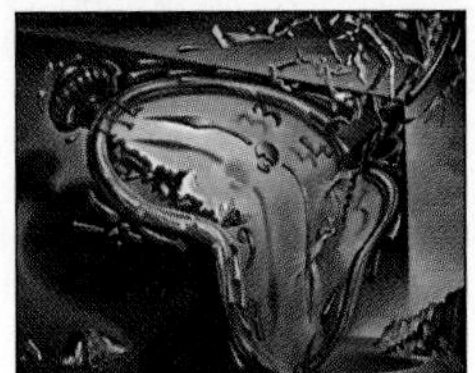

Reloj blando en el momento de su primera explosión,
Salvador Dalí

Mujer sentada,
Pablo Picasso

Montón de heno,
Claude Monet

7 **Críticas literarias** En parejas, escriban una breve crítica de una obra literaria que hayan leído. Utilicen los puntos de análisis de la lista como guía. Luego presenten su crítica a la clase y ofrezcan su opinión sobre el valor artístico de la obra. ¿La recomendarían?

Género	¿A qué género literario pertenece la obra?
Tema	¿Cuál es el tema de la obra?
Punto de vista	¿Quién narra la historia: uno de los personajes o un narrador omnisciente?
Caracterización	¿Es adecuada la caracterización de los personajes? ¿Te sentiste identificado/a con el/la protagonista?
Argumento	¿Tiene un argumento interesante y entretenido? ¿Hay acción sin sentido? ¿Se hace lento el desarrollo?
Ambiente	¿En qué época se desarrolla la historia? ¿En qué lugar? ¿Son realistas las descripciones del ambiente (*setting*)?
Tono	¿Cuál es el tono de la obra? ¿Es humorística? ¿Trágica? ¿Didáctica? ¿Qué quiere lograr el/la autor(a) a través del tono?

Johnny enseña a sus compañeros de trabajo cómo criticar una obra de arte.

JOHNNY Chicos, ésas son las pinturas de las que les hablé. Las conseguí muy baratas. Voy a escribir un artículo sobre ellas. ¿Les dicen algo?

MARIELA Sí, me dicen *iahhgg*.

JOHNNY ¿Cómo que son feas? Es arte. No pueden criticarlo así.

MARIELA Es lo que la gente hace con el arte. Sea modernismo, surrealismo o cubismo, si es feo es feo.

JOHNNY Les mostraré cómo se critica una obra de arte correctamente. Hagamos como si estuviésemos observando las pinturas en una galería. ¿Quieren?

ÉRIC Bien.

Fingiendo que están en una galería...

JOHNNY Me imagino que habrán visto toda la exposición. ¿Qué les parece?

ÉRIC Habría preferido ir al cine. Estas pinturas son una porquería.

JOHNNY No puedes decir eso en una exposición. Si las obras no te gustan, tú debes decir algo más artístico, como que son primitivas o son radicales.

MARIELA Si hubiera pensado que son primitivas o que son radicales, lo habría dicho. Pero son horribles.

JOHNNY Mariela, *horrible* ya no se usa.

Diana pasa y ve las pinturas.

DIANA Esas pinturas son... ¡horribles!

Luego, en la cocina...

JOHNNY El artista jamás cambiará los colores. ¿Por qué me hiciste decirle que sí?

MARIELA No hubieras vendido ni una sola pieza.

JOHNNY No quiero venderlas, tengo que escribir sobre ellas.

MARIELA No está de más. Podrías llegar a ser un gran vendedor de arte.

JOHNNY (*imaginando...*) Nadie hubiera imaginado un final mejor para esta subasta. Les presento una obra maestra: la *Mona Lisa*.

AGUAYO Quinientos millones de pesos.

JOHNNY ¿Quién da más?

FABIOLA Mil millones de pesos.

JOHNNY Se lo lleva la señorita.

FABIOLA ¿Podría hablar con el artista para que le acentúe un poco la sonrisa?

Más tarde, en la oficina...

JOHNNY Me alegra que hayas decidido no cambiar la obra.

FABIOLA Hubiera sido una falta de respeto.

JOHNNY Claro. Bueno, que la disfrutes.

Personajes

AGUAYO

DIANA

ÉRIC

FABIOLA

JOHNNY

MARIELA

Fabiola llega a la oficina...

FABIOLA ¡Qué hermoso! Es como el verso de un poema. Habré visto arte antes, pero esto es especial. ¿Está a la venta?

MARIELA ¡Claro!

FABIOLA Hay un detalle. No tiene amarillo. ¿Podrías hablar con el artista para que le cambie algunos colores?

JOHNNY ¡Imposible!

FABIOLA Son sólo pinceladas.

JOHNNY Está bien. Voy a hablar con el artista para que le haga los cambios.

FABIOLA Gracias. Pero recuerda que es ésta. Las otras dos son algo...

MARIELA ¿Radicales?

ÉRIC ¿Primitivas?

FABIOLA No, horribles.

En el escritorio de Mariela...

ÉRIC Perdiste la apuesta. Págame.

MARIELA Todavía no puedo creer que haya comprado esa pintura.

ÉRIC Oye, si lo prefieres, en vez de pagar la apuesta, puedes invitarme a cenar.

MARIELA *(sonriendo)* Ni que me hubiera vuelto loca.

Entra Aguayo...

AGUAYO ¿Son las obras para tu artículo?

JOHNNY Sí. ¿Qué le parecen, jefe?

AGUAYO Diría que éstas dos son... primitivas. Pero la del medio *(mirando el cuadro de Fabiola)* definitivamente es... horrible.

Expresiones útiles

Speculating about the past

Me imagino que habrán visto toda la exposición.
I gather you've seen the whole exhibition.

Si hubiera pensado que son primitivas o que son radicales, lo habría dicho.
If I had thought they were primitive or radical, I would have said so.

Nadie hubiera imaginado un final mejor.
No one could have imagined a better ending.

Reacting to an idea or opinion

¿Cómo que son feos/as?
What do you mean they're ugly?

Habría preferido...
I would have preferred...

Si hubiera pensado que..., lo habría dicho.
If I had thought that..., I would have said so.

¡Ni que me hubiera vuelto loco/a!
Not even if I'd gone mad!

Additional vocabulary

acentuar *to accentuate*
criticar *to critique*
estar a la venta *to be for sale*
la galería *gallery*
la pieza *piece*
la pincelada *brushstroke*
la porquería *garbage; poor quality*
la subasta *auction*

Comprensión

1 ¿Qué pasó? Indica el orden en el que ocurrieron estos hechos.

___ a. Diana dice que los cuadros son horribles.
___ b. Aguayo opina sobre las pinturas de Johnny.
___ c. Johnny les enseña a sus compañeros cómo criticar una obra de arte.
___ d. Mariela y Éric hablan de su apuesta (*bet*).
___ e. Fabiola quiere comprar una de las pinturas de Johnny.
___ f. Johnny sueña con ser un gran vendedor de arte.

2 ¿Realidad o fantasía? Indica cuáles de estos acontecimientos ocurrieron y cuáles son imaginarios.

Realidad	Fantasía	
☐	☐	1. Los empleados de *Facetas* fueron a una galería de arte.
☐	☐	2. Fabiola compró un cuadro que a Mariela le parecía horrible.
☐	☐	3. El pintor agregó amarillo a su cuadro para que Fabiola lo comprara.
☐	☐	4. Johnny vendió la *Mona Lisa* en una subasta.
☐	☐	5. Mariela y Éric salieron a cenar.
☐	☐	6. Aguayo dijo que dos de las piezas eran primitivas.

3 ¿Quién? Decide quién dijo o posiblemente diría estas oraciones.

Éric | Johnny | Fabiola | Mariela

1. No pueden criticar el arte diciendo que es feo. ___________
2. A esta pintura le falta color amarillo. ___________
3. Todavía no puedo creer que Fabiola haya comprado la pintura. ___________
4. ¿Por qué no me invitas a cenar, Mariela? ___________
5. Podrías llegar a ser un gran vendedor de arte. ___________

4 Conversaciones En parejas, improvisen una de estas situaciones.

- Mariela y Éric hacen la apuesta. ¿Qué dicen?
- Johnny le pide al pintor que cambie los colores del cuadro. ¿Cómo reacciona el pintor?
- Fabiola le muestra el cuadro a su novio. ¿Qué opina él?

Practice more at **enfoques.vhlcentral.com.**

Ampliación

5 **Sueños** Johnny sueña que llega a ser un famoso vendedor de arte. En parejas, escojan a otros dos personajes de la **Fotonovela** e inventen sus sueños y fantasías.

MODELO Diana sueña que está en un museo y conoce a Leonardo da Vinci. ¡Da Vinci le pregunta a Diana si puede hacer un retrato de ella!...

6 **Apuntes culturales** En parejas, lean los párrafos y contesten las preguntas.

Salvador Dalí

¿Una exposición o una película?

Según Éric, el cine es más divertido que una exposición surrealista. Uno de los máximos íconos del surrealismo fue **Salvador Dalí,** pintor excéntrico español (ver **p. 348**) que también incursionó en el cine y la escultura, entre otros. En *Un perro andaluz*, película clásica del cine español de Luis Buñuel y Salvador Dalí, no hay idea ni imagen que tenga aparente explicación lógica. ¡Quizás a Éric le resulte interesante!

Hablar con precisión

Para Johnny, hay pinturas radicales, primitivas, pero jamás feas o bonitas. Por ejemplo, si Johnny criticara la obra del famoso pintor figurativo chileno **Gonzalo Cienfuegos,** diría: "Como se observa en su obra *El trofeo*, su arte es radical aunque las figuras aparezcan con cierto realismo.El pintor crea su propio lenguaje con humor e ironía..." ¿Entenderán Éric y Mariela lo que quiere decir Johnny?

El trofeo

Museo MALBA

Por amor al arte

Fabiola se enamoró de una pintura y decidió comprarla. Como ella, el argentino **Eduardo Constantini** compró dos pinturas en 1970. Su colección privada fue creciendo hasta transformarse en el **MALBA**, Museo de Arte Latinoamericano de Buenos Aires, que posee más de doscientas obras en su colección permanente.

1. El surrealismo fue un movimiento de vanguardia. ¿Conoces otros movimientos artísticos? ¿Cómo son?
2. ¿Qué tipo de arte te gusta más: el arte renacentista, como la *Mona Lisa* de Leonardo da Vinci; o el arte moderno, como el de Dalí o el de Gonzalo Cienfuegos?
3. ¿Has visitado museos recientemente? ¿Cuáles? Explica lo que viste.
4. ¿Cuál es tu opinión sobre los coleccionistas de arte? ¿Piensas que malgastan su dinero o, por el contrario, realizan una inversión?
5. ¿Qué opinas del arte digital?
6. ¿Qué obra de arte te gustaría tener en la sala de tu casa? ¿Por qué?

En detalle

CHILE

LAS CASAS DE NERUDA

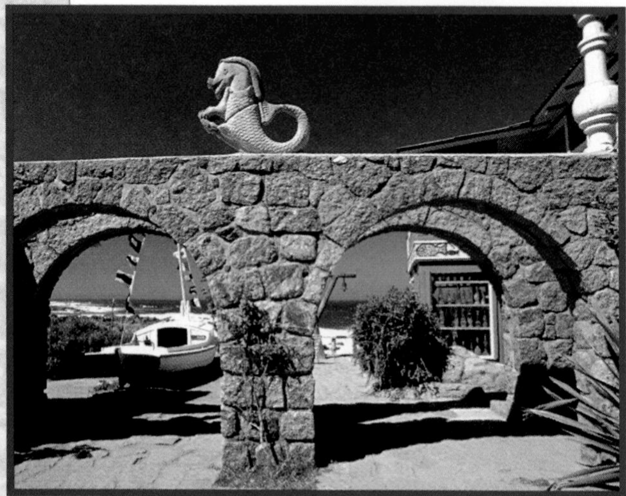

Isla Negra

Pablo Neruda, además de poeta, fue un asiduo° viajero. Sus continuos viajes como cónsul y su posterior exilio político lo llevaron a una veintena de países. La distancia marcó, sin duda, su eterno deseo de crear refugios personales en sus casas de Chile y le dio la oportunidad de coleccionar una curiosa y enorme variedad de objetos. A lo largo de los años, Neruda compró y luego mandó construir y remodelar tres casas en su país natal: "La Sebastiana", en Valparaíso; "La Chascona", en Santiago; y la "Isla Negra", en la ciudad costera del mismo nombre. Para él, estas construcciones eran mucho más que simples casas; eran, como su poesía, creaciones personales y, muchas veces, una proyección de sus universos poéticos. Las iba construyendo sin prisa, con gran dedicación y eligiendo hasta el más mínimo detalle.

Isla Negra era la favorita del poeta, y allí fue enterrado° junto a Matilde Urrutia, su gran amor. Hoy día, las tres residencias son casas-museo y reciben más de 100.000 visitantes al año. La Fundación Pablo Neruda, creada por voluntad° expresa del poeta, las administra. Aparte de conservar su patrimonio artístico y encargarse del mantenimiento° de las casas, la fundación también organiza actividades culturales y exposiciones.

Hoy día, gracias al deseo de Neruda de mantener las casas como legado° para el pueblo chileno, todos sus admiradores pueden visitarlas y sentir, por un momento, que forman parte del particular mundo creativo del escritor. ■

Isla Negra
Neruda compró una pequeña cabaña en 1939 y la fue ampliando a lo largo de los años. La reconstruyó de tal manera que pareciera el interior de un barco. En su interior se destacan las colecciones de conchas marinas, botellas y mascarones de proa°.

La Chascona
Está situada en un terreno empinado° en Santiago de Chile. Se inició su construcción en 1953 y fue bautizada "La Chascona" en honor a Matilde Urrutia. *Chascona*, en Chile, significa "despeinada°".

La Sebastiana
La casa, llamada así en honor al arquitecto Sebastián Collado, está en la ciudad de Valparaíso. Se inauguró el 18 de septiembre de 1961. Decorada también con motivos marinos, y con una vista panorámica de la ciudad y la bahía, era el lugar favorito de Neruda para pasar la Nochevieja°.

asiduo *frequent* **enterrado** *buried* **voluntad** *wish* **mantenimiento** *maintenance* **legado** *legacy* **mascarones de proa** *figureheads* **empinado** *steep* **despeinada** *with tousled hair* **Nochevieja** *New Year's Eve*

ASÍ LO DECIMOS

Artes visuales

el arte digital *digital art*
el arte gráfico *graphic art*
el videoarte *video art*

la cerámica *pottery*
el dibujo *drawing; sketching*
el grabado *engraving*
el grafiti *graffiti*
el mural *mural painting*
la orfebrería *goldwork*
el tapiz *tapestry*

EL MUNDO HISPANOHABLANTE

Otros creadores

Frida Kahlo es una de las figuras más representativas de la pintura introspectiva mexicana del siglo XX. Su vida estuvo marcada por enfermedades y un matrimonio tortuoso con el muralista Diego Rivera. Es conocida principalmente por sus autorretratos, en los que expresa el dolor de su vida personal (ver **p. 232**).

Santiago Calatrava es el arquitecto español de más fama internacional en la actualidad. En sus creaciones predomina el color blanco. El Palacio de Artes Reina Sofía, el Museo de las Ciencias y el Hemisférico, en Valencia (España) son algunas de sus obras más destacadas.

Ariel Lacayo Argueñal es un famoso chef nicaragüense. Estudió administración y cursó una maestría en enología en los Estados Unidos. En el restaurante neoyorquino Patria cocinó para celebridades como los Clinton, Nicole Kidman y los príncipes de Mónaco. Hoy, junto a su padre, deleita paladares° en un restaurante criollo en Nicaragua.

PERFIL

NERUDA EN LA PINTURA

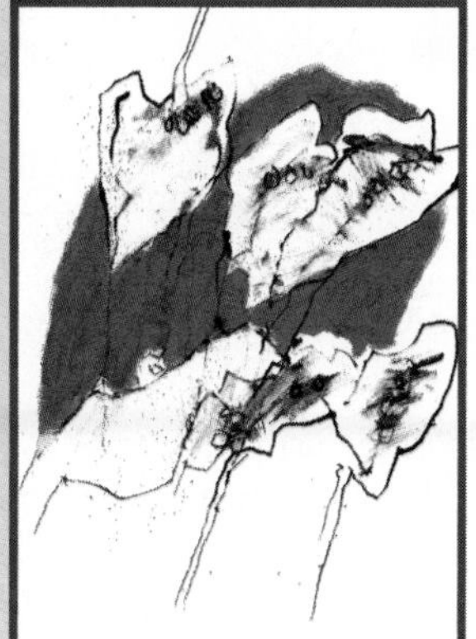

de la serie
Todo en ti fue naufragio,
Guillermo Núñez

En el año 2002, la Fundación Pablo Neruda y la Fundación Amigos del Arte organizaron una particular exposición para conmemorar el centenario° del poeta chileno más reconocido, Pablo Neruda. Al mismo tiempo querían celebrar los ochenta años del libro de poemas en español más leído del siglo XX, *Veinte poemas de amor y una canción desesperada.* Participaron en el proyecto veintiún pintores chilenos. Su labor: elegir un poema de Neruda, interiorizarlo y plasmar° su proceso de lectura en una pintura. El resultado de la exposición fue un estimulante diálogo entre palabra e imagen. Todos los participantes reflexionaron sobre la palabra poética y, al mismo tiempo, sobre su propio proceso creativo. Entre los pintores que colaboraron estaba el internacionalmente reconocido Guillermo Núñez, quien publicó un libro que cuenta la experiencia de pintar la obra de Neruda. Núñez lleva la conexión entre literatura y pintura a un nivel de alta complejidad.

Guillermo Núñez

“La eternidad es una de las raras virtudes de la literatura.”
(Adolfo Bioy Casares, escritor argentino)

Conexión Internet

¿Qué papel tuvo el arquitecto español Germán Rodríguez Arias en las casas de Neruda?

To research this topic, go to **enfoques.vhlcentral.com**.

centenario *centennial (hundred-year celebration of Neruda's birth)*
plasmar *give expression to* **deleita paladares** *pleases the palate*

¿Qué aprendiste?

1 **¿Cierto o falso?** Indica si estas afirmaciones son **ciertas** o **falsas**. Corrige las falsas.

1. Neruda no salió nunca de Chile.
2. Neruda coleccionó una curiosa y enorme variedad de objetos.
3. Neruda tenía dos casas en Chile: Isla Negra y La Chascona.
4. La casa La Chascona se llama así porque está ubicada en un pueblo que también tiene ese nombre.
5. Neruda intervenía muy activamente en la construcción y decoración de sus casas.
6. El poeta está enterrado junto a su esposa en La Sebastiana.
7. Hoy día, las tres casas más famosas del poeta son museos.
8. La Fundación Pablo Neruda se creó por deseo e iniciativa de los admiradores del poeta.
9. La casa Isla Negra está decorada como si fuera un barco.
10. A Pablo Neruda le gustaba pasar la Nochevieja en la casa La Sebastiana.
11. En la Chascona se destaca una colección de conchas marinas.
12. La Sebastiana, ubicada en Santiago, tiene una vista privilegiada de la ciudad.

2 **Oraciones incompletas** Completa las oraciones con la información correcta.

1. La Fundación Neruda y la Fundación Amigos del Arte organizaron una exposición para conmemorar ___________.
2. Los veintiún artistas que participaron tenían que ___________.
3. En las creaciones de Santiago Calatrava predomina ___________.
4. Frida Kahlo se casó con ___________.

3 **Preguntas** Contesta las preguntas.

1. ¿Crees que la cerámica y la orfebrería son artes u oficios (*trades*)?
2. ¿Alguna vez hiciste alguna obra usando una de las técnicas de la lista de **Así lo decimos**? ¿Qué hiciste?
3. ¿Crees que un grafiti o el trabajo de un chef se pueden considerar obras de arte? Explica tu respuesta.

4 **Opiniones** En parejas, elijan otro artista o creador hispano que no haya sido mencionado en esta lección. Expliquen por qué les interesa ese artista o sus obras.

MODELO Hemos elegido al pintor y escultor colombiano Fernando Botero. Nos interesan sus esculturas voluminosas porque...

Practice more at **enfoques.vhlcentral.com.**

PROYECTO

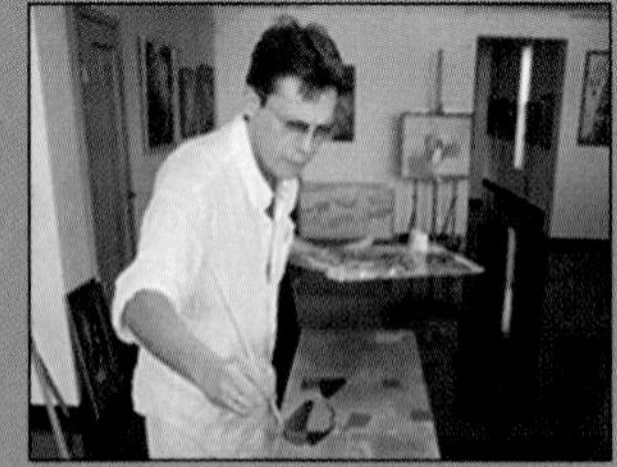

Artistas

Elige una obra en particular de uno de los artistas que se han presentado en **El mundo hispanohablante**. Busca información y prepara una presentación breve para la clase. No olvides mostrar una fotografía o ilustración de la obra. Usa las preguntas como guía.

- ¿Quién es el/la artista?
- ¿Cómo se llama la obra?
- ¿Cuáles son las características de la obra?
- ¿Por qué es famosa la obra y por qué la elegiste?

Arquitectura modernista

Ahora que ya sabes acerca de las casas de Pablo Neruda en Chile, mira este episodio de **Flash Cultura**. Conocerás los diferentes tipos de la singular arquitectura modernista en Barcelona y a sus máximos representantes.

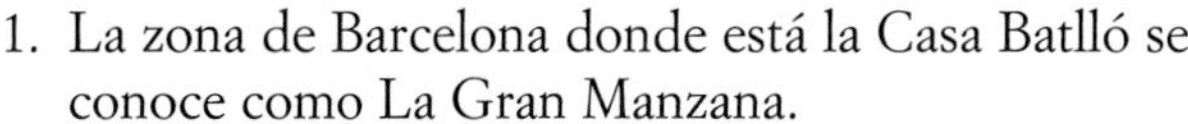

brillar *to shine*	**el hierro forjado** *wrought iron*
la calavera *skull*	**el tejado** *tile roof*
el encargo *job, assignment*	**el tranvía** *streetcar*
la fachada *front of building*	**redondeado/a** *rounded*

Preparación ¿Qué tipo de arquitectura te gusta? ¿Prefieres los edificios modernos o los edificios más tradicionales? ¿Cuál es tu monumento favorito? ¿Por qué es especial para ti?

Comprensión Indica si estas afirmaciones son ciertas o falsas. Después, en parejas, corrijan las falsas.

1. La zona de Barcelona donde está la Casa Batlló se conoce como La Gran Manzana.
2. En el Paseo de Gracia hay casas con estilos muy diferentes y contrastantes.
3. El modernismo en Cataluña es muy diferente al modernismo del resto de Europa porque los arquitectos modernistas catalanes dan menos importancia a la estética y a los materiales.
4. Lluís Domènech i Montaner fue el creador de la Sagrada Familia.
5. Puig i Cadafalch fue influenciado por la arquitectura holandesa y flamenca.
6. La sala de las cien columnas está en el Parque Güell.

Expansión En parejas, contesten estas preguntas.

- ¿Qué obra del video les ha gustado más? ¿Por qué?
- ¿Dónde preferirían vivir: en la Casa Amatller, en la Casa Batlló o en una de las casas de Neruda? ¿Por qué?
- ¿Conocen otros monumentos que contengan algunas de las características del modernismo? ¿Cuáles?

Practice more at **enfoques.vhlcentral.com.**

Corresponsal: Mari Carmen Ortiz
País: España

Entre 1880 y 1930, surge° el modernismo en Cataluña de forma radicalmente diferente al resto de Europa.

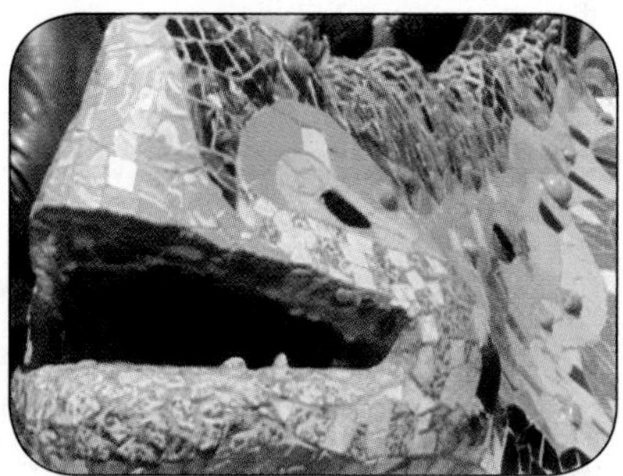

El Parque Güell posee los toques y detalles característicos de Gaudí. El uso de baldosines° irregulares... formas curvas... contrastes sorpresivos...

Desgraciadamente, su inesperada muerte paralizó las obras, y el edificio sigue todavía inacabado a pesar de los muchos esfuerzos de continuación.

surge *emerges* **baldosines** *ceramic tiles*

10.1 The future perfect

- The future perfect tense (**el futuro perfecto**) is formed with the future of **haber** and a past participle.

The future perfect		
pintar	**vender**	**salir**
habré pintado	habré vendido	habré salido
habrás pintado	habrás vendido	habrás salido
habrá pintado	habrá vendido	habrá salido
habremos pintado	habremos vendido	habremos salido
habréis pintado	habréis vendido	habréis salido
habrán pintado	habrán vendido	habrán salido

TALLER DE CONSULTA

MANUAL DE GRAMÁTICA
Más práctica

10.1 The future perfect, p. A53

10.2 The conditional perfect, p. A54

10.3 The past perfect subjunctive, p. A55

Más gramática

10.4 **Si** clauses with compound tenses, p. A56

- The future perfect is used to express what *will have happened* at a certain point. The phrase **para** + [*time expression*] is often used with the future perfect.

Ya **habré leído** la novela para el lunes.
I will already have read the novel by Monday.

Para el año que viene, los arquitectos **habrán diseñado** el nuevo museo.
By next year, the architects will have designed the new museum.

- **Antes de (que), (para) cuando, dentro de**, and **hasta (que)** are also used with time expressions or other verb forms to indicate when the action in the future perfect will have happened.

Cuando lleguemos al teatro, ya **habrá empezado** la obra.
When we get to the theater, the play will have already started.

Lo **habré terminado dentro de** dos horas.
I will have finished it within two hours.

TALLER DE CONSULTA

To review irregular past participles, see 7.1, pp. 256–257.

To review the subjunctive after conjunctions of time or concession, see 6.2, pp. 220–221.

To express probability regarding present or future occurrences, use the future tense. See 6.1, pp. 216–217.

- The future perfect may also express speculation regarding a past action.

¿**Habrá tenido** éxito la exposición de este fin de semana?
I wonder if this weekend's exhibition was a success.

No lo sé, pero **habrá ido** mucha gente a verla.
I don't know, but a lot of people will have gone to see it.

Me imagino que habrán visto toda la exposición.

Práctica y comunicación

1 Artes y letras Completa las oraciones con el futuro perfecto.

1. Me imagino que ustedes __________ (leer) el poema para mañana.
2. ¿ __________ (conocer) Juan a la famosa autora?
3. Para la próxima semana, Ana y yo __________ (terminar) de leer el cuento.
4. Le dije al pintor que yo __________ (conseguir) una modelo para el jueves.
5. Me imagino que las obras ya se __________ (vender).

2 Planes Tú y tus amigos habían planeado encontrarse a las seis de la tarde para ir al ballet, pero nadie ha venido y tú no sabes por qué. Escribe suposiciones con la información del cuadro. Sigue el modelo.

MODELO **Entendí mal los planes.**
Habré entendido mal los planes.

Me dejaron un mensaje telefónico.	1.
Uno de mis amigos tuvo un accidente.	2.
Me equivoqué de día.	3.
Fue una broma.	4.
Lo soñé.	5.

3 Excusas Cada vez que la profesora hace preguntas, Mónica responde con excusas. En parejas, utilicen el futuro perfecto para completar la conversación. Después, inventen un final para la conversación.

devolver entregar escribir ir pedir ver

PROFESORA Buenos días. ¿Todos (1) __________ el ensayo para el final del día?
MÓNICA Yo lo (2) __________ para el viernes, profesora.
PROFESORA Pero me imagino que tú ya (3) __________ la exposición del escultor, ¿verdad?
MÓNICA Pues... estuve con fiebre... todo el fin de semana. Pero voy mañana.
PROFESORA Por lo menos (4) __________ a la biblioteca a hacer las investigaciones necesarias, ¿no?
MÓNICA Pues, fui, pero otro estudiante ya había sacado los libros que necesitaba. Según la bibliotecaria, él los (5) __________ para mañana.

4 El futuro Hazles estas preguntas a tres de tus compañeros/as.

- Cuando terminen las próximas vacaciones de verano, ¿qué habrás hecho?
- Antes de terminar tus estudios universitarios, ¿qué aventuras habrás tenido?
- Dentro de diez años, ¿dónde habrás estado y a quién habrás conocido?
- Cuando tengas cuarenta años, ¿qué decisiones importantes habrás tomado?
- Cuando seas anciano/a, ¿qué lecciones habrás aprendido de la vida?

Practice more at **enfoques.vhlcentral.com.**

TALLER DE CONSULTA

MANUAL DE GRAMÁTICA
Más práctica

10.1 The future perfect, p. A53

10.2 The conditional perfect

Habría preferido ir
al cine. Estas pinturas
son una porquería.

TALLER DE CONSULTA

To review irregular past participles, see 7.1, pp. 256–257.

The conditional perfect is frequently used after **si** clauses that contain the past perfect subjunctive. See **Manual de gramática, 10.4,** p. A56.

- The conditional perfect tense (**el condicional perfecto**) is formed with the conditional of **haber** and a past participle.

The conditional perfect

pensar	tener	sentir
habría pensado	habría tenido	habría sentido
habrías pensado	habrías tenido	habrías sentido
habría pensado	habría tenido	habría sentido
habríamos pensado	habríamos tenido	habríamos sentido
habríais pensado	habríais tenido	habríais sentido
habrían pensado	habrían tenido	habrían sentido

- The conditional perfect tense is used to express what *might have occurred* but did not.

Habría ido al museo, pero mi novia tenía otros planes.
I would have gone to the museum, but my girlfriend had other plans.

Seguramente **habrías ganado** la apuesta.
You probably would have won the bet.

Otros actores **habrían representado** mejor esta obra.
Other actors would have performed this play better.

Creo que Andrés **habría sido** un gran pintor.
I think Andrés would have been a great painter.

- The conditional perfect may also express probability or conjecture about the past.

¿**Habrían apreciado** los críticos su gran creatividad?
I wonder if the critics might have appreciated her great creativity.

Los **habría sorprendido** con su talento.
She might have surprised them with her talent.

Práctica y comunicación

TALLER DE CONSULTA

MANUAL DE GRAMÁTICA
Más práctica

10.2 The conditional perfect, p. A54

1 **Lo que habrían hecho** Completa las oraciones con el condicional perfecto.

1. No me gustó la obra de teatro. Incluso yo mismo _________ (imaginar) un protagonista más interesante.
2. Yo, en su lugar, lo _________ (dibujar) de modo más abstracto.
3. A la autora le _________ (gustar) escribir ficción histórica, pero el público sólo quería más novelas rosas.
4. Nosotros _________ (escribir) ese cuento desde otro punto de vista.
5. ¿Tú _________ (hacer) lo mismo en esa situación?

2 **Otro final** En parejas, conecten las historias con sus finales. Luego utilicen el condicional perfecto para inventar otros finales. Sigan el modelo.

MODELO ***Titanic* / El barco se hunde (*sinks*).**
En nuestra historia, el barco no se habría hundido. Los novios se habrían casado y...

La Bella y la Bestia	El monstruo mata a su creador.
Frankenstein	Se casa con el príncipe.
El Señor de los Anillos	Frodo destruye el anillo.
Romeo y Julieta	Regresa a su hogar en Kansas.
El Mago de Oz	Los novios se mueren.

3 **¿Y ustedes?** En parejas, miren los dibujos y túrnense para decir lo que habrían hecho en cada situación. Utilicen el condicional perfecto y sean creativos/as.

4 **Autobiografías** Utiliza el condicional perfecto para escribir un párrafo de tu autobiografía. Menciona tres cosas que no cambiarías de tu vida y tres cosas que habrías hecho de forma diferente.

Practice more at **enfoques.vhlcentral.com.**

10.3 The past perfect subjunctive

Me molestó que hubieras pedido ese cambio.

Quizás hubiera sido una falta de respeto.

TALLER DE CONSULTA

The alternative past subjunctive forms of **haber** may also be used with the past participle to form the past perfect subjunctive. See 8.2, pp. 298–299.

Ojalá hubieras/hubieses participado más en el proyecto.
I wish you had participated more in the project.

• • • •

The past perfect subjunctive is also frequently used in **si** clauses. See **Manual de gramática, 10.4,** p. A56.

Si me hubieran invitado, habría ido a la exposición.
If they had invited me, I would have gone to the exhibition.

- The past perfect subjunctive (**el pluscuamperfecto del subjuntivo**) is formed with the past subjunctive of **haber** and a past participle.

The past perfect subjunctive

cambiar	poder	influir
hubiera cambiado	hubiera podido	hubiera influido
hubieras cambiado	hubieras podido	hubieras influido
hubiera cambiado	hubiera podido	hubiera influido
hubiéramos cambiado	hubiéramos podido	hubiéramos influido
hubierais cambiado	hubierais podido	hubierais influido
hubieran cambiado	hubieran podido	hubieran influido

- The past perfect subjunctive is used in subordinate clauses under the same conditions for other subjunctive forms. It refers to actions or conditions that had taken place before another past occurrence.

Le molestó que los escritores no **hubieran asistido** a su conferencia.
It annoyed her that the writers hadn't attended her lecture.

No era cierto que la galería **hubiera cerrado** sus puertas definitivamente.
It was not true that the gallery had closed its doors permanently.

- When the action in the main clause is in the past, both the past subjunctive and the past perfect subjunctive can be used in the subordinate clause. However, the meaning of each sentence may be different.

PAST SUBJUNCTIVE

Esperaba que me **llamaras**. ¡Qué bueno oír tu voz!
I was hoping you would call me. It's great to hear your voice!

Deseaba que me **ayudaras**.
I wished that you would help me.

PAST PERFECT SUBJUNCTIVE

Esperaba que me **hubieras llamado**. ¿Qué pasó?
I wished that you would have called me. What happened?

Deseaba que me **hubieras ayudado**.
I wished that you would have helped me.

Práctica y comunicación

TALLER DE CONSULTA

MANUAL DE GRAMÁTICA
Más práctica

10.3 The past perfect subjunctive, p. A55

1 **Hubiera...** Completa las oraciones con el pluscuamperfecto del subjuntivo.

1. Habría ido al teatro si no __________ (llover).
2. Si yo __________ (lograr) publicar mi libro, habría sido un superventas.
3. Me molestó que ellos no le __________ (dar) el premio al otro poeta.
4. Si nosotros __________ (pensar) eso, lo habríamos dicho.
5. Si ella __________ (pedir) más por sus cuadros, habría ganado millones.
6. ¡Qué lástima que sus padres no __________ (apoyar) su interés por las artes!

2 **Oraciones** Une los elementos de las columnas para crear cinco oraciones con el pluscuamperfecto del subjuntivo.

Dudaba de que	yo	escribir cuentos policíacos
Esperábamos que	tú	ganar un premio literario
Me sorprendió que	el artista	tener talento
Ellos querían que	nosotros	venir a la exposición
No creías que	los poetas	vender ese autorretrato

3 **¡A quejarse!** Daniel es escritor y Graciela es pintora. Tienen mucho talento, pero no han tenido éxito en sus profesiones. En parejas, utilicen el pluscuamperfecto del subjuntivo para escribir una conversación en la que se quejan de las oportunidades que perdieron.

MODELO **GRACIELA** No fue justo que le hubieran dado ese premio literario a García Márquez. Tienes mucho más talento que él..

- No fue justo que....
- No podía creer que...
- Si hubiera logrado...
- Si tú sólo hubieras...

4 **Síntesis** En grupos de cuatro, dramaticen una conversación en la que uno/a de ustedes entrevista al ganador(a) y a los dos finalistas del concurso *El ídolo de la música*. Utilicen por lo menos tres usos del futuro perfecto, del condicional perfecto y del pluscuamperfecto del subjuntivo. Luego representen su entrevista para la clase.

MODELO

REPORTERO Felicitaciones a Carolina, el nuevo ídolo de la música. ¡El año que viene será increíble! ¿Qué crees que habrá pasado para esta fecha, el próximo año?

GANADORA Pues, seguramente habré grabado mi primer disco y...

REPORTERO Christopher, tus aficionados no habrán creído lo que pasó esta noche. Si hubieras tenido otra oportunidad, ¿qué habrías hecho de manera diferente?

FINALISTA Quizás si hubiera cantado algo más clásico, los jueces no me habrían criticado tanto. O si hubiera...

Practice more at **enfoques.vhlcentral.com.**

Antes de ver el corto

LAS VIANDAS

país España
duración 19 minutos
director José Antonio Bonet

protagonistas Papandreu (chef), el comensal, empleados del restaurante, otros comensales

Vocabulario

acompañar *to come with*	**el compromiso** *awkward situation*
la barbaridad *outrageous thing*	**contundente** *filling; heavy*
el cochinillo *suckling pig*	**el jabalí** *wild boar*
el/la comensal *dinner guest*	**la ofensa** *insult*

1 **Definiciones** Completa las oraciones con las palabras apropiadas.

1. Cuando un plato es muy caro, podemos decir que cuesta una ______.
2. Si un plato te llena inmediatamente, significa que es un plato ______.
3. Alguien que está invitado a comer es un ______.
4. Un ______ es una especie de cerdo salvaje.
5. En algunas culturas, rechazar la comida es una ______.
6. Meter a alguien en un ______ significa ponerlo en una situación incómoda.

2 **Preguntas** En parejas, contesten las preguntas.

1. ¿Te gusta cocinar? ¿Crees que cocinar es un arte?
2. ¿Qué profesiones consideras que son arte? ¿Por qué?
3. ¿Conoces a alguien que sea o que se considere artista? ¿Cómo es?
4. Según tu opinión, ¿tienen los artistas una personalidad diferente a las personas que no son artistas? Explica tu respuesta.

3 **¿Qué sucederá?** En parejas, miren los fotogramas e imaginen lo que va a ocurrir en la historia. Compartan sus ideas con la clase.

 Practice more at **enfoques.vhlcentral.com.**

Short Film

ROBERTO ÁLVAREZ

JOSÉ MARÍA POU

Las Viandas

(Viands)

un film de/a film by

JOSE ANTONIO BONET

PEDRO CASABLANC MIGUEL DEL ARCO JOSÉ RAMÓN PARDO SARA ILLÁN

LOLA LEMOS MARGARITA LASCOITI JORGE SUQUET ANNE CAILLON JEAN-MARIE MONDINI JOSE TORIJA ISABEL GALVEZ ANDREA RAMIREZ CLAUDIA ALVAREZ

Productor Ejecutivo/Executive Producer PEDRO PALACIOS Productor Asociado/Associate Producer CHRISTOPHE BOUFFIL-CANTONI Fotografía/Director of Photography ALFONSO POSTIGO Casting JOSÉ CARLOS RUIZ Director de Arte/Art Director HÉCTOR G. BERTRAND Música/Music NACHO CABELLO Montaje/Editing ADORACIÓN G. ELIPE Vestuario/Costumes JOSÉ MARÍA DE COSSIO Sonido Directo/Sound Recording SOUNDERS CREACIÓN SONORA Postproducción de Sonido/Sound Postproduction DAVID RODRIGUEZ basado en un argumento de/based on a story by SANTIAGO G. AGULLÓ & JOSÉ ANTONIO BONET con la participación de/with the collaboration of JAVIER F. VALLADO

Escrita y Dirigida por/Written and Directed by JOSÉ ANTONIO BONET

CANAL+ ESPAÑA

Escenas

ARGUMENTO Un hombre va a un restaurante perdido en las montañas, donde probará los platos de un chef extranjero muy especial.

COMENSAL Buenas tardes. ¿Todavía se puede comer?
MAITRE Por supuesto. Leonora, el abrigo del señor… ¿Me acompaña, por favor?

MAITRE El primer plato del menú: sopa de judiones° con tocino° y salchicha vienesa°. El señor Papandreu, nuestro chef, ganó un premio con este plato.
COMENSAL ¿No le parece un poco contundente?

(Murmullos)
CHEF ¿El nuevo devuelve [la] comida?
CAMARERO Sí, sí, sí.
CHEF ¡Esto es una ofensa! ¡Nadie devuelve nunca [la] comida a Papandreu! ¡Papandreu es un artista! ¡Papandreu es [el] número uno! *(gritos)* Un artista.

MAITRE Señor, nos está poniendo a todos en un serio compromiso. Debe comerse el cochinillo de inmediato.
COMENSAL ¿Pero es que no lo entiende? ¡No puedo más!

COMENSAL Perdóneme, señor, pero ¡tengo que pedirle ayuda! Bueno, usted mismo lo está viendo. ¡Quieren que me coma un cochinillo! ¿Pero están locos?
HOMBRE No se preocupe. Lo he visto todo y tiene razón. Le comprendo. Confíe en mí. Hablaré con Papandreu.

COMENSAL *(gritando)* ¡No quiero comer más! ¡No quiero comer este jabalí!
CHEF ¡Quieto! ¡Vas a comer jabalí como [un] niño bueno! ¡Come!
(Después de que el cliente come el jabalí.)
CHEF ¡El postre! ¡Papandreu, artista genial!

judiones *butter beans* **tocino** *bacon* **salchicha vienesa** *frankfurter*

Después de ver el corto

1 Comprensión Contesta las preguntas con oraciones completas.

1. ¿Dónde está el restaurante?
2. ¿Qué ocurre cuando el cliente dice que no puede comer más sopa?
3. ¿Por qué se enoja el chef cuando regresa el camarero a la cocina?
4. ¿Para qué va el comensal al servicio (*restroom*)?
5. En el servicio, ¿qué le promete el otro comensal al protagonista?
6. ¿Qué hace el protagonista al ver que el otro comensal no lo ha ayudado?
7. ¿Qué hacen los camareros y el chef cuando lo detienen?

2 Ampliación Contesta las preguntas con oraciones completas.

1. ¿Por qué dice el chef que todo el mundo debe probar su comida?
2. ¿Por qué crees que los otros clientes no ayudan al protagonista?
3. ¿Qué temas se tratan en *Las viandas* además de la cocina?
4. ¿Crees que Papandreu es un artista? ¿Por qué? ¿Es común que los artistas se comporten así?
5. ¿Qué sucede al final de la historia? ¿Podrá el protagonista irse del restaurante? ¿Y los demás comensales?
6. ¿Qué habrías hecho tú si fueras el protagonista?

3 Los comensales En parejas, elijan un fotograma y describan la vida del personaje o los personajes. Escriban por lo menos cinco oraciones. Usen las preguntas como guía.

- ¿Cómo son?
- ¿Por qué están en el restaurante?
- ¿Cómo son sus vidas?
- ¿Qué opinan de Papandreu?

4 ¡Soy un artista! En parejas, imaginen que se encuentran con un artista un poco especial, como el chef de *Las viandas*. La escena, sin embargo, se desarrolla en otro ambiente. Elijan uno de los lugares y personajes sugeridos, u otro que prefieran, y escriban un párrafo contando la historia. Después, compártanla con la clase.

- **un quirófano (*operating room*) y un cirujano de gran renombre**
- **una pasarela (*runway*) y una supermodelo**
- **un estudio de diseño y un diseñador premiado**
- **una peluquería y un estilista famoso**

Practice more at **enfoques.vhlcentral.com.**

Cantata, 1985
Armando Barrios, Venezuela

"La literatura nace del paso entre lo que el hombre es y lo que quisiera ser."

— Mario Vargas Llosa

Antes de leer

Continuidad de los parques

Sobre el autor

Julio Cortázar nació en Bruselas, Bélgica, en 1914. Llegó a Argentina cuando tenía cuatro años. En 1932 se graduó como maestro de escuela y luego comenzó sus estudios en la Universidad de Buenos Aires, los cuales no pudo terminar por motivos económicos. Desde 1951 hasta su muerte en 1984 vivió en París. A pesar de vivir muchos años fuera de Argentina, Cortázar siempre se mostró interesado en la realidad sociopolítica de América Latina. En sus textos, representa al mundo como un gran laberinto del que el ser humano debería escapar. Su obra se caracteriza por el uso magistral (*masterful*) del lenguaje y el juego constante entre la realidad y la fantasía. Por esta última característica se lo considera uno de los creadores del "realismo fantástico". Sus obras más destacacas (*best known*) son la novela *Rayuela* (1963) y libros de cuentos como *Historias de cronopios y de famas* (1962).

Vocabulario

acariciar *to caress*	**la coartada** *alibi*	**el repaso** *review*
al alcance *within reach*	**la mejilla** *cheek*	**el/la testigo** *witness*
el arroyo *stream*	**el pecho** *chest*	**la trama** *plot*

Oraciones incompletas Completa las oraciones.

1. Antes del examen hicimos un ________.
2. La niña ________ la ________ de su hermanito y le sonríe.
3. Decidimos acampar junto al ________.
4. El otro día fui ________ de un hecho extraordinario.

Conexión personal ¿Leíste alguna vez un libro tan interesante y fascinante que simplemente no podías dejar de leerlo? ¿Cuál? ¿Tuviste una experiencia similar con una película o serie de televisión?

Análisis literario: el realismo fantástico

Entretejer (*Weaving*) la ficción y la realidad se ha convertido en un recurso frecuente en la literatura latinoamericana. Este recurso es particularmente común en la obra de escritores argentinos como Jorge Luis Borges y Julio Cortázar. A diferencia del realismo mágico, que se caracteriza por mostrar lo maravilloso como normal, en el realismo fantástico se confunden realidad y fantasía. Se presenta un hecho real y se le agrega un elemento ilusorio o fantástico sin nunca marcar claramente los límites entre uno y otro. Esto lleva a historias dentro de historias y el lector debe darse cuenta, o a veces elegir conscientemente, en qué historia está o qué está sucediendo. A medida que leas *Continuidad de los parques,* busca elementos del realismo fantástico.

Practice more at **enfoques.vhlcentral.com**

Continuidad

Julio Cortázar

de los parques

Había empezado a leer la novela unos días antes. La abandonó por negocios urgentes, volvió a abrirla cuando regresaba en tren a la finca°; se dejaba interesar lentamente por la trama, por el dibujo de los personajes. Esa tarde, después de escribir una carta a su apoderado° y discutir con el mayordomo° una cuestión de aparcerías°, volvió al libro en la tranquilidad del estudio que miraba hacia el parque de los robles°. Arrellanado° en su sillón favorito, de espaldas a la puerta que lo hubiera molestado como una irritante posibilidad de intrusiones, dejó que su mano izquierda acariciara una y otra vez el terciopelo° verde y se puso a leer los últimos capítulos. Su memoria retenía sin esfuerzo los nombres y las imágenes de los protagonistas; la ilusión novelesca lo ganó casi enseguida. Gozaba del placer casi perverso de irse desgajando° línea a línea de lo que lo rodeaba, y sentir a la vez que su cabeza descansaba cómodamente en el terciopelo del alto respaldo°, que los cigarrillos seguían al alcance de la mano, que más allá de los ventanales danzaba el aire del atardecer bajo los robles. Palabra a palabra, absorbido por la sórdida disyuntiva° de los héroes, dejándose ir hacia las imágenes que se concertaban y adquirían color y movimiento, fue testigo del último encuentro en la cabaña del monte°.

Primero entraba la mujer, recelosa°; ahora llegaba el amante, lastimada la cara por el chicotazo° de una rama°. Admirablemente restañaba° ella la sangre con sus besos, pero él rechazaba sus caricias, no había venido para repetir las ceremonias de una pasión secreta, protegida por un mundo de hojas secas y senderos furtivos. El puñal° se entibiaba° contra su pecho y debajo latía° la libertad agazapada°. Un diálogo anhelante° corría por las páginas como un arroyo de serpientes, y se sentía que todo estaba decidido desde siempre. Hasta esas caricias que enredaban° el cuerpo del amante como queriendo retenerlo y disuadirlo, dibujaban abominablemente la figura de otro cuerpo que era necesario destruir. Nada había sido olvidado: coartadas, azares, posibles errores. A partir de esa hora cada instante tenía su empleo minuciosamente atribuido. El doble repaso despiadado° se interrumpía apenas para que una mano acariciara una mejilla. Empezaba a anochecer.

Sin mirarse ya, atados rígidamente a la tarea que los esperaba, se separaron en la puerta de la cabaña. Ella debía seguir por la senda° que iba al norte. Desde la senda opuesta él se volvió un instante para verla correr con el pelo suelto. Corrió a su vez, parapetándose° en los árboles y los setos°, hasta distinguir en la bruma malva° del crepúsculo° la alameda° que llevaba a la casa. Los perros no debían ladrar°, y no ladraron. El mayordomo no estaría a esa hora, y no estaba. Subió los tres peldaños° del porche y entró. Desde la sangre galopando° en sus oídos le llegaban las palabras de la mujer: primero una sala azul, después una galería, una escalera alfombrada°. En lo alto, dos puertas. Nadie en la primera habitación, nadie en la segunda. La puerta del salón, y entonces el puñal en la mano, la luz de los ventanales, el alto respaldo de un sillón de terciopelo verde, la cabeza del hombre en el sillón leyendo una novela. ■

country house · *agent* · *butler* · *sharecropping* · *oak trees / Settled* · *velvet* · *tearing off* · *back (of chair or sofa)* · *dilemma* · *the cabin in the woods* · *suspicious(ly)* · *lash / branch* · *staunched* · *dagger / was becoming warm* · *was beating* · *crouched (in wait) / yearning* · *were entangling* · *pitiless* · *trail* · *taking cover* · *hedges / mauve mist* · *twilight / poplar-lined path* · *bark* · *steps* · *pounding* · *carpeted*

Después de leer

Continuidad de los parques

Julio Cortázar

1 **Comprensión** Ordena los hechos que suceden en el cuento.

___ a. Sentado en su sillón de terciopelo verde, volvió al libro en la tranquilidad del estudio.
___ b. Finalmente, ella se fue hacia el norte y él llegó hasta la casa del bosque.
___ c. Un hombre regresó a su finca después de haber terminado unos negocios urgentes.
___ d. Llegó hasta el salón y se dirigió hacia el hombre que, sentado en el sillón de terciopelo verde, estaba leyendo una novela.
___ e. Ese día los perros no ladraron y el mayordomo no estaba.
___ f. En la novela, una mujer y su amante se encontraban en una cabaña.
___ g. Él subió los tres peldaños del porche y entró en la casa.
___ h. Se habían reunido allí para terminar de planear un asesinato.

2 **Interpretación** Contesta las preguntas.

1. Según se deduce de sus costumbres, ¿cómo crees que es la personalidad del hombre que estaba sentado en el sillón? Presenta ejemplos del cuento.
2. ¿Por qué crees que el mayordomo no trabajaba ese día?
3. ¿Qué relación hay entre la pareja de la cabaña y el hombre que está leyendo la novela?
4. ¿Quién crees que es la víctima? Haz una lista de las claves que hay en el cuento.
5. ¿Qué elementos visuales del cuento son propios de la novela de misterio?
6. ¿Cómo logra el escritor mantener la atención de sus lectores?

3 **Análisis** En "Continuidad de los parques", Julio Cortázar mezcla la realidad con la ficción. En parejas, conversen sobre estas preguntas.

1. ¿Qué habría pasado si el hombre del sillón hubiera cerrado el libro antes?
2. Imaginen que la novela que está leyendo el hombre es de otro género: humor, romance, ciencia ficción, etc. ¿Cuál habría sido el final en ese caso? Escríbanlo y, luego, compártanlo con la clase.
3. Expliquen por qué creen que este cuento se titula "Continuidad de los parques".

4 **Un nuevo final** Escribe un párrafo que describa lo que sucede después del final del cuento. ¿Sobre cuál de las dos historias vas a escribir? ¿La historia del hombre que lee la novela o la segunda historia dentro de la primera?

Practice more at **enfoques.vhlcentral.com.**

Antes de leer

Vocabulario

la alusión *allusion*	**la narrativa** *narrative work*
el canon (literario) *(literary) canon*	**el relato** *story; account*
editar *to publish*	**transcurrir** *to take place*
el estereotipo *stereotype*	**tratar (sobre/acerca de)** *to be about; to deal with*
estético/a *aesthetic*	

La muerte y la doncella Completa las oraciones con el vocabulario de la tabla.

1. El argentino-chileno Ariel Dorfman se considera representante del ________ literario de Latinoamérica, en parte por el éxito de su obra de teatro *La muerte y la doncella.*
2. La ________ de Dorfman incluye géneros como la novela y el ensayo.
3. *La muerte y la doncella* ________ los efectos de la tortura en una mujer que cree encontrarse con su torturador.
4. La obra es interesante porque los personajes no son ________, sino que son individuos complejos.
5. La acción ________ en un lugar que no se identifica, pero podría ser el Chile de Pinochet.

Conexión personal ¿Puede haber estereotipos positivos? ¿O son todos, por definición, negativos? ¿Cómo puede un estereotipo aparentemente positivo afectar negativamente a un individuo?

Contexto cultural

Gabriel García Márquez

En 1967, Gabriel García Márquez (ver **pp. 192–195**) escribió una obra que ha dejado una huella (*mark*) profunda en la literatura de América Latina. *Cien años de soledad* es uno de los mayores ejemplos del *realismo mágico* y nos transporta al pueblo mítico de Macondo, donde objetos comunes como el hielo (*ice*) se presentan como maravillosos, mientras las cosas más sorprendentes —como una lluvia de flores que caen del cielo— se narran como si fueran normales. Incluso en el siglo XXI, las obras de García Márquez dominan el mercado literario y se siguen estudiando como ejemplos de un género creativo y comprometido (*politically engaged*). Lo que es más notable aún, han conseguido definir un estilo que se reconoce mundialmente como latinoamericano y que todavía inspira a nuevos escritores. Isabel Allende y Laura Esquivel son dos escritoras destacadas que emplean la técnica del realismo mágico para combinar lo mundano con lo sobrenatural. Las muy exitosas novelas *La casa de los espíritus* (1982) y *Como agua para chocolate* (1989) son claros ejemplos de este género.

 Practice more at **enfoques.vhlcentral.com.**

De Macondo a McOndo

Audio: Reading

En Santiago de Chile, ¿es típico observar una tormenta de flores? ¿Es sorprendente encontrar un cubito de hielo° en una Coca-Cola en Buenos Aires? Un grupo de jóvenes escritores, encabezado° por el chileno Alberto Fuguet, responde rotundamente° que no. Estos escritores afirman que tienen más en común con la generación estadounidense que creció con los videojuegos y MTV que con el mundo mágico y mítico de Macondo. Por eso, transformando el nombre del pueblo ficticio de las novelas de García Márquez, el grupo tomó el nombre "McOndo" en un guiño de ojo° al

ice cube
led
emphatically
wink

omnipresente McDonald's, a las pioneras computadoras Macintosh y a los *condos*.

El grupo McOndo escribe una literatura intensamente personal, urbana y llena de alusiones a la cultura popular. Fuguet describe a su grupo como apolítico, adicto a la televisión por cable y aficionado a Internet. La televisión, la radio, el cine e Internet se infiltran en sus obras e introducen temas globales y muy corrientes°. Las obras de Fuguet revelan más huellas de Hollywood que de García Márquez o Borges, y mayor influencia de videos musicales estadounidenses que de *Cien años de soledad.*

¿Qué hay de latinoamericano en las obras de McOndo?, se preguntan algunos lectores que identifican América Latina con el realismo mágico. ¿No podrían transcurrir en cualquier sitio?, es otra pregunta habitual. Justamente, el editor de una revista literaria estadounidense muy prestigiosa le hizo esta pregunta a Fuguet después de que la revista rechazara° uno de sus cuentos. Las novelas de Isabel Allende y Laura Esquivel, por ejemplo, llevan al lector a un lugar exótico cuyos olores y colores son a la vez extraños y familiares. ¿Pueden tener éxito en el mercado literario relatos en los que nada es exótico para los lectores acostumbrados a la vida urbana de la gran ciudad?

Los escritores de McOndo tampoco se identifican con los productos de sus contemporáneos más realistas como, por ejemplo, Sandra Cisneros, Julia Álvarez y Esmeralda Santiago, que cuentan la difícil experiencia de los latinos en los Estados Unidos. Los personajes de McOndo son latinos en un mundo globalizado. Esto se ve como un hecho normal y no como una experiencia especial o traumática. Según los autores de McOndo, su literatura es tan latinoamericana como las otras porque sus obras tratan acerca de la realidad de muchas personas: una existencia moderna, comercial, confusa y sin fronteras. En su opinión, la noción de que la realidad latinoamericana está constituida por hombres de fuerza descomunal°, tormentas de flores y muchachas que suben al cielo no sólo es estereotípica sino empobrecedora°. En un ensayo muy conocido de salon.com que se ha convertido en el manifiesto de los escritores de McOndo, Fuguet escribe: "Es una injusticia reducir la esencia de América Latina a hombres con ponchos y sombreros, zares de la droga° que portan armas° y señoritas sensuales que se menean° al ritmo de la salsa." Fuguet prefiere representar el mundo reconocible de Internet, la comida rápida y la música popular. Sólo con el tiempo sabremos si su propuesta° estética tendrá la presencia duradera°, la influencia y la importancia indiscutida del realismo mágico. ■

current · *rejected* · *massive* · *damaging* · *drug lords / gun-toting* · *swing* · *proposal* · *long-lasting*

Los escritores de McOndo

Algunos escritores que se identifican con **Alberto Fuguet** y el mundo de McOndo son Rodrigo Fresán y Martín Rejtman de Argentina, Jaime Bayly del Perú, Sergio Gómez de Chile, Edmundo Paz Soldán de Bolivia (ver **p. 349**) y Naief Yehya de México. En 1997 Sergio Gómez y Alberto Fuguet editaron una antología de cuentos titulada *McOndo*, que incluye relatos de escritores latinoamericanos menores de treinta y cinco años.

Después de leer

De Macondo a McOndo

1 Comprensión Responde las preguntas con oraciones completas.

1. En el siglo XXI, ¿tienen éxito las obras de realismo mágico?
2. ¿De dónde viene el nombre McOndo?
3. ¿Cuáles son algunas de las influencias importantes en la literatura de Fuguet?
4. ¿Cuáles son algunas de las críticas que reciben los escritores de McOndo?
5. ¿Por qué se identifican más los escritores de McOndo con algunos jóvenes estadounidenses que con García Márquez u otros escritores?

2 Reflexión En parejas, respondan las preguntas.

1. ¿Qué opinan los jóvenes de McOndo de las representaciones de hombres con ponchos y de las señoritas sensuales que bailan salsa?
2. ¿Qué opinas del uso de estereotipos en la literatura y en el cine?
3. ¿Crees que el estilo de los escritores de McOndo es incompatible con el realismo mágico? ¿Se podrían combinar en una obra? ¿Cuál sería el resultado?

3 Comparación En grupos de tres, comparen las dos citas. La primera es de la lectura de García Márquez de la **Lección 5** y la segunda de Paz Soldán de la **Lección 9**. Las dos narran un cambio clave dentro de cada historia.

> Un chorro (*spurt*) de luz dorada y fresca como el agua empezó a salir de la bombilla (*light bulb*) rota, y lo dejaron correr hasta que el nivel llegó a cuatro palmos. Entonces cortaron la corriente (*current*), sacaron el bote, y navegaron a placer (*at their pleasure*) por entre las islas de la casa.

> Y era muy cierto que cualquiera podía manipular una imagen en la computadora, pero eran los mínimos detalles los que separaban al verdadero artista-técnico de la multitud. Las expresiones y las capas de colores que uno manipulaba en la pantalla debían definirse con números para cuya precisión a veces se necesitaban hasta seis decimales.

1. ¿Qué es lo que puede suceder después de cada una de las citas? ¿Cuál de los sucesos que pueden ocurrir es más "maravilloso"?
2. ¿Qué diferencias pueden observar en el estilo de los dos escritores? ¿Cuál es más directo? ¿Cuál usa más recursos literarios, por ejemplo, metáforas?
3. ¿Qué estilo prefieren? ¿Por qué?

4 Realismo mágico tecnológico Elige una de las situaciones y escribe el primer párrafo de un cuento en el que el autor decide recurrir al realismo mágico para describir objetos y situaciones que se relacionan con la tecnología, la vida urbana y la cultura pop.

- un virus infectó la computadora
- tu celular hace llamadas por sí solo
- tu iPad lee tus pensamientos
- tu Wii quiere jugar al aire libre

 Practice more at **enfoques.vhlcentral.com.**

Atando cabos

¡A conversar!

Literatura y arte En grupos de cuatro, preparen una presentación sobre un(a) escritor(a), un(a) escultor(a) o un(a) pintor(a) que les interese.

Tema: Preparen una presentación sobre alguno de los artistas famosos de esta lección o elijan otro.

Preparación: Investiguen en Internet o en la biblioteca. Una vez tengan la información sobre el/la artista, elijan los puntos más importantes que van a tratar. Busquen o preparen material audiovisual para ofrecer una visión más amplia del tema.

Organización: Escriban un esquema que les ayude a organizar su presentación. Pueden guiarse respondiendo las siguientes preguntas.

1. ¿Dónde nació el/la artista?
2. ¿A qué se dedicó o dedica?
3. ¿Cómo llegó a ser conocido/a?
4. ¿Qué logros alcanzó con su obra?

Estrategia de comunicación

Cómo hablar de arte

1. No habríamos elegido a este/a artista si su obra no fuera...
2. Se hizo famoso/a gracias a...
3. Uno de los rasgos que caracteriza a este/a artista es...
4. A veces, los temas que trata son...
5. En esta obra podemos ver ciertos rasgos del movimiento cubista/surrealista/indigenista...
6. Actualmente, sus obras...

¡A escribir!

Obras maestras culinarias Imagina que eres un chef que, al igual que el chef de *Las viandas*, se considera un(a) verdadero/a artista. Todas las semanas escribes una columna con críticas de restaurantes para una revista de arte. Elige un plato que te guste cocinar o que siempre comas en tu restaurante favorito y escribe un párrafo en el que describes el plato como si fuera una obra de arte. Usa el vocabulario que aprendiste en esta lección.

MODELO Hoy quiero presentarles una obra radical: empanadillas de cochinillo con salsa Dalí. Es un verdadero festival estético para los ojos y el paladar *(palate)*.

10 VOCABULARIO

La literatura

el argumento	*plot*
la caracterización	*characterization*
la estrofa	*stanza*
el/la lector(a)	*reader*
el/la narrador(a)	*narrator*
la obra literaria	*literary work*
el personaje	*character*
el/la protagonista	*protagonist*
el punto de vista	*point of view*
la rima	*rhyme*
el verso	*line (of poetry)*
desarrollarse	*to take place*
hojear	*to skim*
narrar	*to narrate*
tratarse de	*to be about; to deal with*

Los géneros literarios

la (auto)biografía	*(auto)biography*
la ciencia ficción	*science fiction*
la literatura infantil/juvenil	*children's literature*
la novela rosa	*romance novel*
la poesía	*poetry*
la prosa	*prose*
clásico/a	*classic*
de terror	*horror (story/novel)*
didáctico/a	*educational*
histórico/a	*historical*
humorístico/a	*humorous*
policíaco/a	*detective (story/novel)*
satírico/a	*satirical*
trágico/a	*tragic*

Los artistas

el/la artesano/a	*artisan*
el/la dramaturgo/a	*playwright*
el/la ensayista	*essayist*
el/la escultor(a)	*sculptor*
el/la muralista	*muralist*
el/la novelista	*novelist*
el/la pintor(a)	*painter*
el/la poeta/poetisa	*poet*

El arte

la acuarela	*watercolor*
el autorretrato	*self-portrait*
las bellas artes	*fine arts*
el cuadro	*painting*
la escultura	*sculpture*
la naturaleza muerta	*still life*
la obra (de arte)	*work (of art)*
el óleo	*oil painting*
el pincel	*paintbrush*
la pintura	*paint; painting*
la tela	*canvas*
dibujar	*to draw*
diseñar	*to design*
esculpir	*to sculpt*
reflejar	*to reflect; to depict*
abstracto/a	*abstract*
contemporáneo/a	*contemporary*
inquietante	*disturbing; unsettling*
intrigante	*intriguing*
llamativo/a	*striking*
luminoso/a	*bright*
realista	*realistic; realist*
al estilo de	*in the style of*
de buen/mal gusto	*in good/bad taste*

Las corrientes artísticas

la corriente/el movimiento	*movement*
el cubismo	*cubism*
el expresionismo	*expressionism*
el impresionismo	*impressionism*
el realismo	*realism*
el romanticismo	*romanticism*
el surrealismo	*surrealism*

Más vocabulario

Expresiones útiles	*Ver p. 367*
Estructura	*Ver pp. 374, 376 y 378*

Cinemateca

la barbaridad	*outrageous thing*
el cochinillo	*suckling pig*
el/la comensal	*dinner guest*
el compromiso	*awkward situation*
el jabalí	*wild boar*
la ofensa	*insult*
acompañar	*to come with*
contundente	*filling; heavy*

Literatura

el arroyo	*stream*
la coartada	*alibi*
la mejilla	*cheek*
el pecho	*chest*
el repaso	*review*
el/la testigo	*witness*
la trama	*plot*
acariciar	*to caress*
al alcance	*within reach*

Cultura

la alusión	*allusion*
el canon (literario)	*(literary) canon*
el estereotipo	*stereotype*
la narrativa	*narrative work*
el relato	*story; account*
editar	*to publish*
transcurrir	*to take place*
tratar (sobre/acerca de)	*to be about; to deal with*
estético/a	*aesthetic*

La política y la religión

Contextos

Fotonovela

Enfoques
Bolivia

Estructura

Manual de gramática

Cinemateca

Lecturas

Atando cabos

Communicative Goals

You will expand your ability to...
- describe actions in the passive voice
- make impersonal or generalized statements
- talk about unexpected or accidental events
- describe time and space relationships

La política y la religión

La religión

Durante la Semana Santa en Antigua, Guatemala, los **creyentes** muestran su **fe** en **Dios** y sus tradiciones con coloridas procesiones en las que cargan imágenes **religiosas.**

la creencia *belief*
el/la creyente *believer*
Dios *God*
la fe *faith*
la iglesia *church*
la mezquita *mosque*
la sinagoga *synagogue*
el templo *temple*

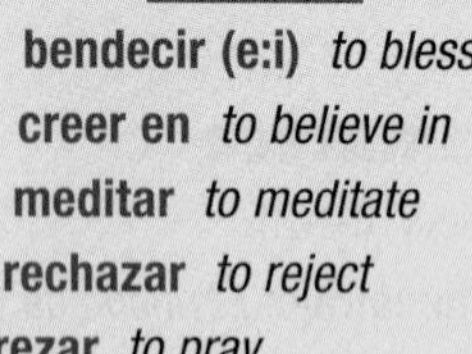

---

bendecir (e:i) *to bless*
creer en *to believe in*
meditar *to meditate*
rechazar *to reject*
rezar *to pray*

espiritual *spiritual*
(in)moral *(im)moral*
religioso/a *religious*
sagrado/a *sacred; holy*

Las creencias religiosas

agnóstico/a *agnostic*
ateo/a *atheist*
budista *Buddhist*
católico/a *Catholic*

cristiano/a *Christian*
hindú *Hindu*
judío/a *Jewish*
musulmán/musulmana *Muslim*

Los cargos públicos

el alcalde/la alcaldesa *mayor*

el/la diputado/a *representative*
el/la embajador(a) *ambassador*
el/la gobernador(a) *governor*
el/la juez(a) *judge*
el/la primer(a) ministro/a *prime minister*
el/la senador(a) *senator*

La política

Rosario Dawson, actriz y **activista**, fundó la organización Voto Latino, que realiza una **campaña** para aumentar el número de **ciudadanos** latinos que **se inscriben** para **votar** y participan en las **elecciones** estadounidenses.

el/la activista *activist*
la campaña *campaign*
el/la candidato/a *candidate*
el/la ciudadano/a *citizen*
los derechos (humanos/civiles) *(human/civil) rights*
el exilio político *political exile*
la guerra (civil/mundial) *(civil/world) war*
la ideología *ideology*
la inmigración *immigration*
la libertad *freedom*
el/la líder *leader*
la manifestación *protest; demonstration*
la mayoría *majority*
la minoría *minority*
el partido político *political party*
la polémica *controversy*
el/la político/a *politician*
el proyecto de ley *bill*
el terrorismo *terrorism*

aprobar (o:ue) una ley *to pass a law*
elegir (e:i) *to elect*
emigrar *to emigrate*
ganar/perder (e:ie) las elecciones *to win/lose an election*
gobernar (e:ie) *to govern*
inscribirse *to register*
luchar *to fight; to struggle*
pronunciar un discurso *to give a speech*
protestar *to protest*
votar *to vote*

conservador(a) *conservative*
(des)igual *(un)equal*
(in)justo/a *(un)just*
liberal *liberal*

Práctica

1 Escuchar

A. Escucha la presentación y después completa las oraciones con la opción correcta.

1. Los asistentes a la reunión son ____.
   a. compañeros de oficina
   b. miembros de un partido
2. Ana Lozano es ____.
   a. una candidata b. la presidenta del país
3. El partido piensa que ____ están en peligro.
   a. las leyes b. los derechos civiles
4. Según el presentador, el proyecto de ley es ____.
   a. inmoral b. justo
5. El partido tiene planes para luchar contra ____.
   a. la corrupción b. el terrorismo y la injusticia

B. Escucha la conversación entre Tony y José Manuel y contesta las preguntas.

1. ¿Por qué está tan ocupado José Manuel?
2. ¿Qué piensa Tony de Ana Lozano?
3. ¿Qué opina José Manuel de la candidata?
4. ¿Qué va a hacer Tony en las elecciones?
5. ¿Adónde va José Manuel?
6. ¿Qué decide hacer Tony al final?

C. En grupos de cuatro, conversen sobre estas preguntas.

1. ¿Te pareces más a Tony o a José Manuel? Justifica tu respuesta.
2. ¿Has votado en unas elecciones? ¿Cuáles? ¿Ganó tu candidato/a?
3. ¿Alguna vez participaste en una campaña política o manifestación? ¿Por qué?

2 No pertenece Identifica la palabra que no pertenece.

1. mezquita–iglesia–sinagoga–budista
2. ciudadano–sagrado–religioso–espiritual
3. meditar–rezar–emigrar–creer
4. desigual–discurso–injusto–inmoral
5. creyente–campaña–elecciones–candidato
6. luchar–protestar–bendecir–rechazar

Práctica

3 Los políticos Empareja las personas de la primera columna con sus funciones políticas.

_____ 1. activistas	a. Representan estados o provincias y aprueban leyes.
_____ 2. alcaldes	b. Son responsables de los asuntos del pueblo o ciudad.
_____ 3. candidatos	c. Trabajan en un tribunal (*court*) y dictan sentencias.
_____ 4. embajadores	d. Representan un país ante otros países.
_____ 5. jueces	e. Hacen campañas porque quieren asumir un cargo público.
_____ 6. senadores	f. Organizan manifestaciones y luchan por sus ideales.

4 ¿Quién es?

A. Identifica a qué personaje se refieren estas situaciones.

activista **agnóstico/a** **ateo/a** **creyente**

_______ 1. Va al templo siempre que puede. Eso lo/la ayuda a encontrar la paz espiritual. Una vez allí, reza y medita sobre los temas que le preocupan.

_______ 2. Él/Ella y un grupo de amigos/as se manifestaron delante del ayuntamiento (*city hall*) todos los lunes del pasado año para pedir el fin de la guerra. No tiene miedo de crear polémica, con tal de conseguir su objetivo.

_______ 3. Sus padres van mucho a la iglesia, pero él/ella no tiene ninguna creencia religiosa. Durante las fiestas religiosas, siempre terminan peleándose.

_______ 4. No tiene fe, pero no niega la existencia de un ser superior. Nunca habla de religión, pero no le importa tener amigos religiosos.

B. Escribe tres situaciones más sobre otros personajes de **Contextos** e intercámbialas con un(a) compañero/a para que adivine a qué personaje se refiere cada situación.

5 Antónimos Identifica ocho palabras de **Contextos** que sean antónimos de estas palabras.

1. conservador: __________	5. justo: __________
2. igual: __________	6. paz: __________
3. ateo: __________	7. mayoría: __________
4. creer: __________	8. moral: __________

6 Oraciones En parejas, utilicen las palabras de la lista para escribir seis titulares (*headlines*) sobre la religión y la política para el periódico *El País*. ¡Sean creativos/as!

espiritual	**(in)moral**	**ministro**
fe	**libertad**	**polémica**
gobernador	**luchar**	**religioso**
ideología	**meditar**	**sagrado**

Practice more at **enfoques.vhlcentral.com.**

Comunicación

7 **Estereotipos** Lee estos estereotipos sobre la política. Luego, en grupos de tres, cada persona debe añadir otro estereotipo a la lista. Conversen sobre todas las oraciones. ¿Están de acuerdo? ¿Por qué? Den ejemplos de la actualidad para defender sus opiniones.

"Las personas que no votan no tienen derecho a quejarse."

"Los senadores y diputados prometen mucho y hacen poco."

"Los conservadores no se preocupan por el medio ambiente."

"Los liberales no se preocupan por la defensa del país."

"La política no es más que polémica y escándalo."

8 **Elecciones**

A. En parejas, miren los carteles electorales y decidan por cuál de los dos candidatos votarían en las elecciones. ¿Por qué? Compartan sus opiniones con la clase.

B. Ahora, imaginen que ustedes quieren presentarse como candidatos/as a presidente/a y vicepresidente/a de su gobierno estudiantil. Diseñen su propio cartel y preparen un discurso para la clase utilizando por lo menos ocho palabras de **Contextos**. Luego, la clase votará por los/las mejores candidatos/as.

9 **Creencias religiosas** Muchas religiones tienen aspectos en común. En parejas, escriban un párrafo breve sobre aspectos en común de las religiones que conocen. Utilicen por lo menos seis palabras de la lista y añadan sus propias ideas.

creencia	**líder**
creyente	**meditar**
Dios	**moral**
espiritual	**rezar**
fe	**sagrado**

Video: *Fotonovela*

La diputada Tere Zamora visita la redacción de *Facetas* para dar una rueda de prensa.

AGUAYO ¿Y la diputada?

MARIELA La esperé frente a la salida, pero nunca llegó.

DIANA ¿Dejaste a la señora Zamora en el aeropuerto?

MARIELA ¿Cómo dijiste que se llama?

AGUAYO Zamora. Tere Zamora.

MARIELA Pensé que me habían dicho *Teresa Mora.*

AGUAYO Por la constitución de este país, si no regresas con la diputada, estás despedida.

MARIELA No se preocupe, jefe. La encontraré.

DIANA Recuerda, es una mujer cuarentona con ojeras y de aspecto militar. (*Mariela se va.*) No puedo creer que se haya equivocado de nombre.

AGUAYO No sólo eso, sino que dejó a la diputada en el aeropuerto.

JOHNNY Todo se arreglará. Tómenlo con calma.

AGUAYO Invito a la política más prominente y controversial del norte del país para una entrevista en exclusiva, y una de mis empleadas la deja en el aeropuerto, y ¿debo tomarlo con calma?

ÉRIC Ya la encontrará. Son políticos. Aparecen sin que nadie los llame.

DIANA No se moleste. Yo se la leeré. "Por su aportación a la democracia, los derechos humanos, la justicia y la libertad. De la revista *Facetas* para la honorable diputada Teresa Mora." (*Se le cae de las manos.*) ¡Uy!... Tengo las manos tan resbaladizas. Debe ser por el hambre... ¿Almorzamos?

Diana y la diputada se van.

FABIOLA ¿Viste a todos esos periodistas allá fuera?

Están viendo televisión.

ÉRIC Cualquier político que luche contra la corrupción se convierte en un fenómeno publicitario.

FABIOLA ¿Quién es ése que corre? (*Señala la tele.*)

FABIOLA Y ÉRIC ¡Es Johnny!

JOHNNY (*Entra corriendo.*) ¡Me acaban de confundir con Ricky Martin!

En la oficina, dando una rueda de prensa...

PERIODISTA Hacer cumplir la ley le ha dado una posición de liderazgo en el gobierno. ¿Cuándo sabremos si será candidata a senadora, señora diputada?

DIPUTADA Se enterarán de los detalles de mi futuro político en la próxima edición de la revista *Facetas.*

Personajes

AGUAYO

DIANA

ÉRIC

FABIOLA

JOHNNY

MARIELA

LA DIPUTADA TERE ZAMORA

PERIODISTA

AGUAYO (*furioso, seguro de que es Mariela*) ¡Qué... (*Entra la diputada.*) gusto saludarla, señora diputada! Disculpe los inconvenientes, señora Zamora. Envié a una persona a recogerla, pero, como ve, nunca se encontraron.

DIPUTADA Son cosas que pasan, pero no se preocupen; lo importante es hacer la entrevista.

DIANA Pero antes queremos darle un regalo de bienvenida.

JOHNNY Como muestra de nuestro agradecimiento, le hacemos este humilde obsequio.

DIPUTADA ¡El calendario azteca!

FABIOLA Y tiene una dedicatoria en la parte de atrás, escrita en caligrafía por nuestra artista gráfica.

DIANA (*pálida*) ¿Por Mariela?

Diana toma el calendario.

PERIODISTA Eso es favoritismo.

DIPUTADA Favoritismo ¡no!, sino que los periodistas de *Facetas* son los únicos que tratan la política con respeto.

Más tarde, en la sala de conferencias...

MARIELA Lo siento, pero no encontré a ninguna cuarentona con ojeras y con aspecto militar. (*Se entera de que la diputada está presente.*) Aunque ahora mismo regreso a ver si encuentro a la guapa diputada que estaba buscando.

Mariela se va avergonzada.

Expresiones útiles

Presenting gifts and expressing gratitude

Como muestra de nuestro agradecimiento...
To express our gratitude...

Por su aportación a...
For your contribution to...

Le hacemos este humilde obsequio.
We present this humble gift.

Talking about accidents

¡Se me cayó! / ¡Se le cayó!
I dropped it! / She/He dropped it!

Todo se arreglará.
Everything will work out.

Tómenlo con calma.
Take it easy.

Son cosas que pasan. No se preocupen.
These things happen. Don't worry.

Additional vocabulary

el aspecto *look; appearance*
cuarentón/cuarentona *someone in his/her forties*
cumplir la ley *to abide by the law*
la dedicatoria *dedication*
la democracia *democracy*
el favoritismo *favoritism*
la justicia *justice*
el liderazgo *leadership*
militar *military*
las ojeras *bags under the eyes*
prominente *prominent*
resbaladizo/a *slippery*
la rueda de prensa *press conference*

Comprensión

1 ¿Cierto o falso? Indica si estas afirmaciones son **ciertas** o **falsas**. Corrige las falsas.

Cierto	Falso	
☐	☐	1. La diputada se llama Teresa Mora.
☐	☐	2. Cuando Mariela no encuentra a la diputada, Aguayo lo toma con calma.
☐	☐	3. La diputada viene a la oficina a dar una rueda de prensa.
☐	☐	4. Los empleados de *Facetas* le dan un regalo de bienvenida a la diputada.
☐	☐	5. Diana no quiere que la diputada vea la dedicatoria.
☐	☐	6. Johnny llega corriendo porque quiere hacer ejercicio.
☐	☐	7. La diputada dice que se va a presentar como candidata a senadora.
☐	☐	8. La diputada dice que los periodistas de *Facetas* tratan la política con respeto.

2 ¿Por qué? Contesta las preguntas con oraciones completas y explica tus respuestas.

1. ¿Por qué Mariela no encontró a la diputada en el aeropuerto?
2. Cuando se le cayó el plato a Diana, ¿qué explicación le dio a la diputada? ¿Crees que fue un accidente o que lo hizo a propósito? ¿Por qué?
3. ¿Cómo se habrá sentido la diputada después de lo que dijo Mariela? ¿Por qué?
4. ¿Cómo se habrá sentido Aguayo? ¿Y Mariela?
5. ¿Qué les habrá dicho la diputada sobre su futuro político? ¿Fue justo que ella no revelara ninguna información sobre el asunto a los demás periodistas? ¿Por qué?
6. ¿Qué habrá pasado al día siguiente en la oficina de *Facetas*? ¿Crees que Mariela fue despedida? ¿Por qué?

3 Opiniones Cuando se trata de política, la gente suele tener opiniones muy fuertes. Primero, identifica cuál de los personajes expresa cada una de estas opiniones. Luego, en parejas, conversen sobre qué quieren decir y den sus propias opiniones.

"Son políticos. Aparecen sin que nadie los llame."

"Eso es favoritismo."

"Los periodistas de *Facetas* son los únicos que tratan la política con respeto."

"Todo se arreglará."

"Cualquier político que luche contra la corrupción se convierte en un fenómeno publicitario."

Practice more at **enfoques.vhlcentral.com.**

Ampliación

4 Un buen político En parejas, debatan sobre cuáles son las características de un(a) buen(a) político/a. Lean las acciones de la lista y escojan las cuatro más importantes. Luego reúnanse con otra pareja y compartan sus opiniones.

cumplir con sus promesas	**no aumentar los impuestos**
decir lo que piensa	**ocuparse del medio ambiente**
defender los derechos humanos	**pelear contra la discriminación**
luchar contra la corrupción	**proteger la seguridad del país**

5 Apuntes culturales En parejas, lean los párrafos y contesten las preguntas.

Mujeres al poder

Tere Zamora es una política prominente de su país. Otra política destacada del mundo hispano es la ex presidenta de Chile, **Michelle Bachelet.** Antes de asumir la presidencia en 2006, esta doctora de profesión ya había ganado popularidad por su contribución a los derechos humanos y su trabajo como ministra de Salud y de Defensa del gobierno de Ricardo Lagos (2000–2006).

La Piedra del Sol

¡Ay, Dios mío! ¡Diana dejó caer nada menos que una réplica del calendario azteca! Para los aztecas, el calendario, también llamado **Piedra del Sol**, era un objeto sagrado que encerraba la clave de sus creencias y celebraciones religiosas. El calendario original es una piedra de 25 toneladas. ¿Qué pensará Aguayo de la estrategia de Diana?

Las capitales de Bolivia

Aguayo y la diputada conversarán sobre política y democracia. Casi todos los países hispanos tienen gobiernos democráticos, y el gobierno nacional se asienta en una ciudad capital. Bolivia presenta la particularidad de tener dos capitales: **Sucre**, la capital oficial y sede de la Justicia, y **La Paz**, capital administrativa.

1. ¿Conoces otras figuras políticas femeninas? ¿Quiénes son? ¿Qué cargos públicos ocupan?
2. En tu comunidad, ¿participan las mujeres activamente en la política? ¿Estás de acuerdo con el nivel actual de participación femenina?
3. En tu cultura, ¿tenían tus antepasados (*ancestors*) objetos sagrados? ¿Cómo eran? ¿Para qué servían?
4. ¿Visitaste alguna vez la capital de algún país? ¿Qué capitales te gustaría visitar? ¿Por qué?

En detalle

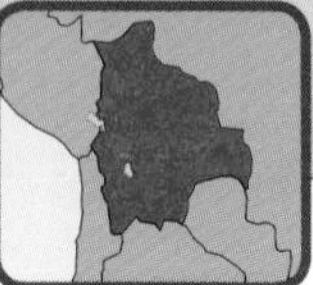
BOLIVIA

EL CARNAVAL DE ORURO

Additional Reading

Durante los cuarenta días de fiesta del Carnaval de Oruro, generalmente a fines de febrero, los grupos folclóricos llenan las calles de música y baile. Los espectáculos cuentan las historias de la conquista y honran a la Virgen del Socavón, protectora de la ciudad. Los habitantes les dan gran importancia a las coreografías y a la confección° de los disfraces° que preparan a lo largo de todo el año. Uno de los elementos más famosos de este carnaval son las máscaras° de diablo. Estas piezas de artesanía son originales y contienen símbolos de la mitología andina, como la serpiente o el cóndor. Hoy día, son consideradas verdaderas creaciones artísticas y se han convertido en objetos de colección.

El desfile° más celebrado, y el que muestra la fusión de tradiciones católicas e indígenas, es el de las *diabladas*. En él, los participantes se visten con elaboradísimos disfraces de diablos y realizan bailes en honor de la Virgen. Tanto la figura del diablo como la de la Virgen del Socavón tienen elementos de la tradición indígena. El Tío Supay es una figura ancestral andina que con el tiempo pasó a identificarse con el diablo de la tradición cristiana. Otro personaje de la mitología andina, la diosa benefactora de los urus°, se integró plenamente con la Virgen del Socavón.

Con el paso de los años el Carnaval de Oruro se ha convertido también en visita obligada para los turistas. En 2001 fue proclamado "Obra maestra del patrimonio oral e inmaterial de la humanidad" por la UNESCO. ■

Otros desfiles del Carnaval de Oruro

- **Morenadas** Desfile de personajes que representan a los esclavos africanos, a los indígenas y a los conquistadores españoles
- **Caporales** Desfile que representa la brutalidad de los capataces° que vigilaban° a los trabajadores indígenas y africanos

Leyendas

Según la leyenda, el Tío Supay, dios de las minas° bolivianas, protege las riquezas que se esconden bajo la tierra. Esta divinidad andina no tiene clemencia y, por siglos, se ha cobrado° la vida de los mineros° que no reconocen su poder. Según cuenta la mitología andina, una deidad femenina bajó del cielo a proteger a los urus del Tío Supay, y éste, tras la derrota°, tuvo que irse a vivir bajo tierra.

confección *making* **disfraces** *costumes* **máscaras** *masks* **desfile** *parade* **urus** *indigenous people* **minas** *mines* **se ha cobrado** *he has claimed* **mineros** *miners* **derrota** *defeat* **capataces** *foremen* **vigilaban** *watched over*

ASÍ LO DECIMOS

La religión y la política

cada muerte de obispo° *once in a blue moon*

estar en capilla° *to be punished*

mano de santo° (Esp.) *effective medicine*

ojalá° *I wish; hopefully*

ser más viejo/a que Matusalén° *to be very old*

ajustarse el cinturón° *to adjust to a harsh economic situation*

medir con doble vara *to have double standards*

un(a) ñoqui (Arg.) *a person getting paid for a government position he/she doesn't hold*

un(a) politiquillo/a (Esp. y Méx.) (*pej.*) *minor politician*

EL MUNDO HISPANOHABLANTE

Campañas y elecciones

La ley seca, común en varios países de Latinoamérica, prohíbe la venta de bebidas alcohólicas el día de las elecciones, que generalmente es un domingo. En Costa Rica, esta ley, introducida en 1952, rige° desde el viernes a la medianoche hasta el lunes próximo.

Las escuelas son los lugares comunes para votar en la Argentina. Los votantes van a las escuelas y realizan la votación en las aulas°, llamadas *cuartos oscuros* porque las ventanas se cubren para que nadie pueda observar al votante. Las elecciones son el domingo y, generalmente, el lunes siguiente no hay clases.

El cierre de campaña ocurre unos días previos al día de la votación según la ley de algunos países. En el Ecuador, por ejemplo, los candidatos políticos y los medios de comunicación no pueden hacer propaganda ni expresar opiniones políticas un cierto número de días antes de las elecciones.

PERFIL

EVO MORALES

En diciembre de 2009, Evo Morales ganó las elecciones presidenciales de Bolivia por segunda vez. Nació en 1959, en un pequeño pueblo marcado por la pobreza. Su familia, de ascendencia aymara, vivía en condiciones tan precarias que cuatro de sus hermanos murieron antes de los dos años. De muy joven, el presidente indígena comenzó a trabajar en el campo y se inscribió en un sindicato de campesinos, donde no tardó en demostrar sus dotes° de líder. Su carrera política dio un gran salto en 1997, cuando ganó las elecciones para la Cámara de los Diputados con un setenta por ciento de los votos. A partir de allí, y no libre de controversia por sus posturas políticas, se transformó en uno de los mayores protagonistas del panorama político de Bolivia. Su discurso político se centra en la nacionalización de los recursos mineros del país y en la lucha por los derechos de los campesinos.

> “No vivir tan deprisa, valorar lo que tenemos y dedicarnos más a los demás”
> (Evo Morales, presidente de Bolivia)

Conexión Internet

¿En qué países de América Latina es obligatorio el voto?

To research this topic, go to **enfoques.vhlcentral.com.**

dotes *skills; talent* **cada muerte...** *(lit.) every time a bishop dies* **estar en...** *(lit.) to be in a chapel* **mano de santo** *(lit.) saint's hand* **ojalá** *(from Arabic* law šá lláh*) God willing* **ser más viejo...** *(lit.) to be older than Methuselah* **ajustarse...** *(lit.) to tighten one's belt* **rige** *is in force* **aulas** *classrooms*

¿Qué aprendiste?

1 ¿Cierto o falso? Indica si las oraciones son **ciertas** o **falsas**. Corrige las falsas.

1. El Carnaval de Oruro combina historias de la conquista con elementos religiosos.
2. La Virgen del Socavón es la protectora de la ciudad.
3. Las máscaras de diablo tienen símbolos de la mitología indígena.
4. Las máscaras son todas iguales.
5. El desfile más famoso es el de las morenadas.
6. El diablo de los carnavales tiene elementos del Tío Supay de la mitología andina.
7. El desfile de las morenadas se realiza en conmemoración a la Virgen del Socavón.
8. El Carnaval de Oruro ha sido declarado "Obra maestra del patrimonio oral e inmaterial de la humanidad".

2 Oraciones Completa las oraciones con la información correcta.

1. En diciembre de 2009, Evo Morales ________________.
2. La familia de Morales era ________________.
3. De joven, Morales se inscribió en ________.
4. Uno de los temas principales de su discurso político es ________________.

3 Las elecciones Contesta las preguntas con oraciones completas.

1. ¿En qué situación se usa el dicho "cada muerte de obispo"? ¿Existen en tu cultura otros dichos con referencias religiosas?
2. ¿Crees que debería ser obligatorio votar? ¿Por qué?
3. ¿Qué día se suelen celebrar las elecciones en Latinoamérica? ¿Qué opinas de que las elecciones sean un día no laborable?
4. ¿Por qué se llaman "cuartos oscuros" las salas usadas en Argentina para votar?
5. ¿Qué harías para promover la participación en las elecciones en tu comunidad?

4 Opiniones En parejas, den su opinión sobre la importancia del dinero en la política. Usen las preguntas como guía.

- ¿Es positivo o negativo que un(a) político/a tenga dinero antes de llegar al poder? Justifiquen su respuesta.
- ¿Cómo deben ser los salarios de los políticos?
- ¿Creen que está bien que los políticos reciban donaciones de empresas?
- ¿De qué manera el origen y el nivel social de un gobernante pueden marcar su ideología?

Practice more at **enfoques.vhlcentral.com.**

PROYECTO

Carnaval en la República Dominicana

Carnavales

Muchos lugares de Latinoamérica tienen celebraciones de carnaval. Elige una región o ciudad latinoamericana —aparte de Oruro y Montevideo (**Lección 9**)— que tenga celebraciones especiales de carnaval. Describe la celebración y explica las similitudes y diferencias con el Carnaval de Oruro.

Puedes elegir una región o ciudad de la lista o investigar otra que desees.

- Carnaval de San Miguel, El Salvador
- Carnaval de Barranquilla, Colombia
- Carnaval de Gualeguaychú, Argentina
- Carnaval Cimarrón, República Dominicana

Video: *Flash Cultura*

Puerto Rico: ¿nación o estado?

Ya has leído sobre la importancia de la política y los gobiernos en la historia de los países y la vida de sus ciudadanos. En este episodio de **Flash Cultura**, conocerás la situación actual de Puerto Rico y las distintas opiniones que tienen sobre el tema sus habitantes.

VOCABULARIO ÚTIL

la aduana *customs*
el buzón *mailbox*
el comercio *trade*
los impuestos *taxes*
permanecer *to remain*
los recursos *resources*
las relaciones exteriores *foreign relations*
la tarjeta postal *postcard*

Preparación ¿Hablas de política con tus amigos? ¿Lees el periódico o escuchas las noticias? ¿Te interesa conocer la situación política de tu país? ¿Y la de otros países? ¿Qué sabes de la política de Puerto Rico?

Comprensión Indica si estas afirmaciones son ciertas o falsas. Después, en parejas, corrijan las falsas.

1. Los ciudadanos de Puerto Rico son estadounidenses.
2. La moneda de Puerto Rico es el peso.
3. En Puerto Rico se pagan impuestos federales y locales.
4. El gobierno de Estados Unidos se ocupa de las relaciones exteriores, el comercio y la aduana de Puerto Rico.
5. A los puertorriqueños también se les dice *boricuas*.
6. Los puertorriqueños quieren que su país sea independiente.

Expansión En parejas, contesten estas preguntas.

- ¿Te gusta enviar tarjetas postales cuando viajas? ¿Por qué? ¿A quién le enviarías una desde Puerto Rico?
- ¿Piensas que el debate sobre política puede convertirse realmente en un deporte nacional? ¿Podría pasar algo parecido en tu país con algún tema? ¿Con cuál?
- De las tres opciones planteadas en el video (que Puerto Rico permanezca como estado asociado, que se convierta en un estado o que sea un país independiente), ¿cuál te parece a ti la más acertada? ¿Por qué?

Practice more at **enfoques.vhlcentral.com.**

Corresponsal: Diego Palacios
País: Puerto Rico

Cuando estás aquí, no sabes si estás en un país latinoamericano o si estás en los Estados Unidos.

En Puerto Rico, puedes tomar el sol en la playa, beber agua de coco y enviarle tarjetas postales a tus amigos.

El debate se ha convertido en el deporte nacional de Puerto Rico.

11.1 The passive voice

La política es tratada con respeto por los periodistas de Facetas.

La dedicatoria fue escrita por nuestra artista gráfica.

TALLER DE CONSULTA

Manual de gramática
Más práctica

11.1 The passive voice, p. A58
11.2 Uses of **se**, p. A59
11.3 Prepositions: **de, desde, en, entre, hasta, sin**, p. A60

Más gramática

11.4 Past participles used as adjectives, p. A61

• • • • •

To review irregular past participles, see **7.1**, pp. 256–257.

• • • • •

Passive statements may also be expressed with the passive **se**. See **11.2**, pp. 410–411.

¡ATENCIÓN!

The person performing the action (the agent) is not always explicit.

La ciudad fue fundada en 1883.

The city was founded in 1883.

- In the active voice (**la voz activa**), a person or thing (agent) performs an action on an object (recipient). The agent is emphasized as the subject of the sentence. Statements in the active voice usually follow the pattern [*agent*] + [*verb*] + [*recipient*].

AGENT = SUBJECT	VERB	RECIPIENT
Los senadores	**discutieron**	el proyecto de ley.
The senators	*discussed*	*the bill.*
El presidente	**ha nombrado**	a los miembros del comité.
The president	*has nominated*	*the members of the committee.*

- In the passive voice (**la voz pasiva**), the recipient of the action becomes the subject of the sentence. Passive statements emphasize the thing that was done or the person that was acted upon. They follow the pattern [*recipient*] + **ser** + [*past participle*] + **por** + [*agent*].

RECIPIENT = SUBJECT	*SER* + PAST PARTICIPLE	*POR* + AGENT
El proyecto de ley	**fue discutido**	por los senadores.
The bill	*was discussed*	*by the senators.*
Los miembros del comité	**han sido nombrados**	por el presidente.
The members of the committee	*have been nominated*	*by the president.*

- Note that singular forms of **ser** (**es, ha sido, fue**, etc.) are used with singular subjects and plural forms (**son, han sido, fueron**, etc.) are used with plural subjects.

La manifestación **es organizada** por un grupo de activistas.
The demonstration is organized by an activist group.

Los dos candidatos **fueron rechazados** por el comité.
Both candidates were rejected by the committee.

- In addition, the past participle must agree in number and gender with the subject.

El **discurso** fue **escrito** por el presidente mismo.
The speech was written by the president himself.

Dos **tratados** han sido **firmados** por la primera ministra.
Two treaties have been signed by the prime minister.

Nuevas **leyes** serán **aprobadas** por el senado este año.
New laws will be passed by the senate this year.

La **disminución** de empleos fue **prevista** por el ministro de Economía.
The decline in jobs was predicted by the Secretary of the Treasury.

TALLER DE CONSULTA

Past participles used as adjectives also agree in gender and number. See **Manual de gramática 11.4,** p. A61.

Práctica y comunicación

1 **Oraciones** Completa las oraciones con la forma adecuada del participio pasado.

1. La presidenta es _______ (querer) por todos los ciudadanos.
2. El discurso fue _______ (pronunciar) por la ministra.
3. La seguridad de las ciudades va a ser _______ (discutir) por los senadores.
4. Las leyes van a ser _______ (revisar) por el nuevo gobierno.
5. Aquellos dos senadores fueron _______ (elegir) el mes pasado.
6. La ley fue _______ (defender) por todos.
7. El nuevo proyecto de ley fue _______ (aceptar) por todos los líderes sindicales.
8. Los derechos humanos y civiles no son _______ (respetar) por las dictaduras.

2 **Decirlo de otra manera** Cambia cada oración de voz activa a voz pasiva siguiendo el modelo. ¡Presta atención a los tiempos verbales!

MODELO **El líder sindical va a proponer una huelga.**
Una huelga va a ser propuesta por el líder sindical.

1. El general ya ha recibido las órdenes.
2. El juez suspendió la condena (*sentence*).
3. Los ciudadanos elegirán a dos senadores.
4. La diputada recibe al embajador.
5. El secretario organizó la campaña electoral.
6. La candidata promete cambios drásticos.
7. El ejército ha mandado a tres mil soldados a la zona del conflicto.
8. Los manifestantes no apoyan las nuevas leyes de inmigración.

3 **Concurso**

Primer paso: Escribir oraciones en voz activa y pasiva

Formen grupos de tres o cuatro. Cada grupo escribe cinco oraciones en voz activa y cinco oraciones en voz pasiva en papelitos recortados (*cut-up*). Luego, mezclen los papelitos con las oraciones de todos los grupos.

Segundo paso: Cambiar la oración

Dividan la clase en dos equipos. Primero, un miembro de un equipo toma un papelito con una oración y el equipo contrario debe cambiar la oración de activa a pasiva o de pasiva a activa en diez segundos y sin cometer errores. Luego, le toca hacer lo mismo al otro equipo.

Tercer paso: ¿Cuál es el equipo ganador?

Cuando hayan usado todos los papelitos que escribieron, cuenten las oraciones correctas de cada equipo. Gana el equipo con más oraciones correctas.

Practice more at **enfoques.vhlcentral.com.**

TALLER DE CONSULTA

MANUAL DE GRAMÁTICA
Más práctica

11.1 The passive voice, p. A58

11.2 Uses of *se*

¡Se nos perdió la diputada!

¿Se permite tomar una foto?

The impersonal *se*

- **Se** is used with third-person singular verbs in impersonal constructions where the subject of the sentence is indefinite. In English, the words *one*, *people*, *you*, or *they* are often used instead. The impersonal **se** is used with intransitive verbs (verbs that can't take a direct object).

Se habla mucho de la crisis.
They're talking a lot about the crisis.

Se dice que es mejor prestar que pedir prestado.
They say it is better to lend than to borrow.

Se está muy bien aquí.
We're pretty good here.

No **se debe** votar sin informarse sobre los candidatos.
One shouldn't vote without becoming informed about the candidates.

- However, the impersonal **se** can also be used with transitive verbs when it refers to a specific person or persons. In this case, the personal **a** is used and the verb is always singular.

En las elecciones pasadas, **se eligió al** alcalde casi por unanimidad.
In the last elections, the mayor was elected almost unanimously.

Se eligió a los ganadores del concurso.
The winners of the contest were chosen.

TALLER DE CONSULTA

In passive constructions with **se**, just like in the passive voice, the object of a verb becomes the subject of the sentence.

Active: **La compañía necesita más fondos.**
The company needs more funds.

Passive: **Se necesitan más fondos.**
More funds are needed.

For more on the passive voice, see **11.1,** p. 408.

The passive *se*

- In Spanish, the reflexive pronoun **se** is often used as a substitute for the passive voice when the person performing the action is not stated. The third-person singular verb form is used with singular nouns, and the third-person plural form is used with plural nouns. The passive **se** is only used with transitive verbs (verbs that can take a direct object in the active voice).

Se necesitan más políticos en Madrid.
More politicians are needed in Madrid.

Se ve el monumento desde la catedral.
The monument is visible from the cathedral.

- When referring to an indefinite person or persons, the passive **se** is used and the verb needs to agree with the object.

Se busca contador.
Accountant wanted.

Se eligieron dos senadores.
Two senators were elected.

¡ATENCIÓN!

The passive **se** is commonly used on signs and warnings.

Se buscan camareros con experiencia.

Se prohíbe fumar en los baños.

Se to express unexpected events

- **Se** is also used in statements that describe accidental or unplanned incidents. In this construction, the person who performs the action is de-emphasized, so as to imply that the incident is not his or her direct responsibility.

	INDIRECT OBJECT PRONOUN	VERB	SUBJECT
Se	**me**	**perdió**	**el reloj.**

- These verbs are frequently used with **se** to describe unplanned events.

acabar *to run out of*	**olvidar** *to forget*
caer *to fall; to drop*	**perder (e:ie)** *to lose*
dañar *to damage; to break*	**quedar** *to be left behind*
lastimar *to hurt*	**romper** *to break*

¡**Se nos quedaron** las bolsas en la tienda!
We left our bags behind at the store!

Se me rompió el celular.
My cell phone broke.

- In this construction, the person *to whom the event happened* is expressed as an indirect object. The thing that would normally be the direct object of the sentence becomes the subject.

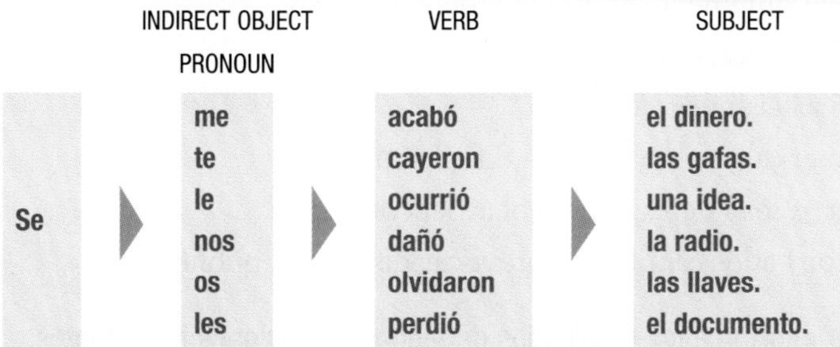

	INDIRECT OBJECT PRONOUN	VERB	SUBJECT
Se	**me**	**acabó**	**el dinero.**
	te	**cayeron**	**las gafas.**
	le	**ocurrió**	**una idea.**
	nos	**dañó**	**la radio.**
	os	**olvidaron**	**las llaves.**
	les	**perdió**	**el documento.**

- To clarify or emphasize the person to whom the unexpected occurrence happened, the construction commonly begins with **a** + [*noun*] or **a** + [*prepositional pronoun*].

A María siempre se le olvida inscribirse para votar.
María always forgets to register to vote.

A mí se me cayeron todos los documentos en medio de la calle.
I dropped all the documents in the middle of the street.

Práctica

TALLER DE CONSULTA

MANUAL DE GRAMÁTICA
Más práctica

11.2 Uses of **se**, p. A59

1. **¿Cuál corresponde?** Une las frases para formar oraciones lógicas.

____ 1. A mí	a. se te rompieron los vasos.
____ 2. A nosotros	b. se les pidió una explicación.
____ 3. A ti	c. se me olvidó la dirección de la embajadora.
____ 4. A la ministra	d. se nos pidió que leyéramos el proyecto de ley.
____ 5. A los diputados	e. se le cayeron los papeles.

2. **Opciones**

A. Selecciona la opción correcta para completar cada oración.

1. A Carmen se le cayó ____.
   a. la cartera b. los libros c. los lentes
2. Se me quemaron ____.
   a. la comida b. las papas c. el documento
3. Siempre se te rompe ____.
   a. los platos b. la computadora c. las sillas
4. Nunca se nos olvida ____.
   a. ir a votar b. los informes c. las leyes
5. A mis padres nunca se les pierden ____.
   a. las llaves b. la memoria c. el reloj
6. Se me acabó ____.
   a. los libros b. la sal c. las pizzas

B. Utiliza las oraciones que acabas de completar como modelo para escribir tres oraciones originales sobre sucesos inesperados que te pasaron.

3. **Titulares** Completa las oraciones con el pretérito del verbo.

1. Se ______ (criticar) duramente el discurso del presidente.
2. Se ______ (prohibir) las reuniones públicas.
3. Se ______ (aprobar) las nuevas leyes.
4. Se ______ (informar) al pueblo sobre la difícil situación.
5. Se ______ (llamar) a los líderes para hablar del conflicto.
6. Se ______ (prohibir) a los candidatos provocar disturbios públicos.

4. **Decisiones** Hoy el jefe informó a los empleados de algunas decisiones importantes. Forma cinco oraciones con los elementos de la lista y añade tus propios detalles.

se decidió	contratar	llamadas personales
se me acabó	tres candidatos	para los sueldos
se despidió	el dinero	dos recepcionistas
se necesitan	hacer	perezosos
no se puede	dos empleados	para el puesto

Practice more at **enfoques.vhlcentral.com.**

Comunicación

5 **La escuela** Al terminar su primer día de clase, Marcos y Marta vuelven a su casa y les cuentan a sus padres qué se hace en la escuela. En parejas, describan lo que se hace, usando el pronombre **se** y las notas de Marcos y Marta.

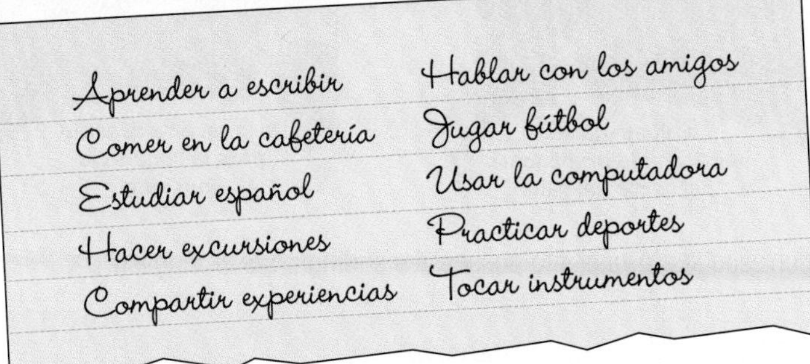

Aprender a escribir
Comer en la cafetería
Estudiar español
Hacer excursiones
Compartir experiencias
Hablar con los amigos
Jugar fútbol
Usar la computadora
Practicar deportes
Tocar instrumentos

6 **Leyes** En grupos de cuatro, imaginen que tienen la oportunidad de fundar un nuevo país. ¿Qué leyes aprobarían? Utilicen los elementos de la lista para escribir seis oraciones completas con el **se** impersonal. Luego, escriban sus leyes en la pizarra. La clase votará por las diez leyes más importantes del país.

MODELO En nuestro país, se permite manejar un carro a los quince años de edad.

(no) se puede	(no) se permite
(no) se debe	(no) se prohíbe
(no) se necesita	(no) se tiene que

7 **Carteles** En parejas, lean los carteles e imaginen una historia para cada uno. Utilicen el pronombre **se** en sus historias. Después, presenten su mejor historia frente a la clase.

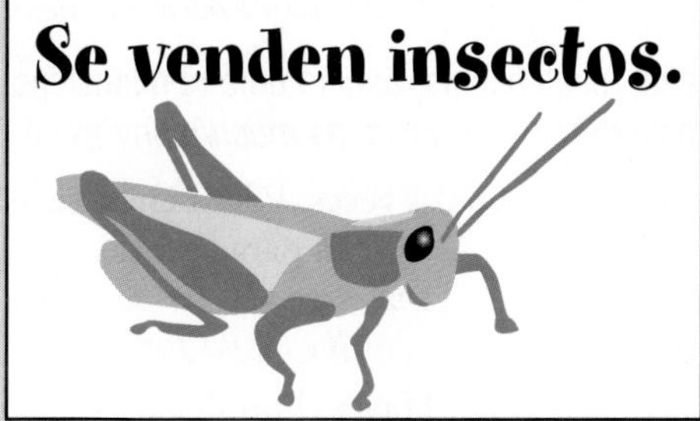

Se necesitan estudiantes de español.

Se prohíbe hablar.

Se venden insectos.

11.3 Prepositions: *de, desde, en, entre, hasta, sin*

The prepositions *de*, *desde*, and *hasta*

La diputada es la política más prominente del norte del país.

De la revista *Facetas*, para la honorable diputada...

¡ATENCIÓN!

De is often used in prepositional phrases of location: **al lado de, a la derecha/izquierda de, cerca de, debajo de, detrás de, encima de.**

- **De** often corresponds to *of* or the possessive endings *'s/s'* in English.

Uses of *de*

Possession	Description	Material	Position	Origin	Contents
las leyes del gobierno *the government's laws*	el hombre de cuarenta años *the forty-year-old man*	el recipiente de vidrio *the glass container*	la torre de atrás *the tower at the back*	La embajadora es de España. *The ambassador is from Spain.*	el vaso de agua *the glass of water*

- **De** is also used frequently in idioms and adverbial phrases.

de cierta manera *in a certain way*	**de repente** *suddenly*
de nuevo *again*	**de todos modos** *in any case*
de paso *passing through; on the way*	**de vacaciones** *on vacation*
de pie *standing up*	**de vuelta** *back*

De repente, la jueza entró en el tribunal, y todos se pusieron **de pie**.
Suddenly, the judge entered the courtroom, and everyone stood up.

¿Miguel se va **de vacaciones** por cuatro semanas? ¡Imposible! Hablaré con él **de nuevo**.
Miguel's going on vacation for four weeks? Impossible! I'll speak with him again.

¡ATENCIÓN!

To express *from... to*, use **desde... hasta** or **de... a**.

Hay cinco horas de Madrid a Barcelona.

Fue caminando desde su casa hasta la mía.

- **Desde** expresses direction (*from*) and time (*since*).

La candidata viajó **desde** Florida hasta Alaska.
The candidate traveled from Florida to Alaska.

No hay novedades **desde** el martes.
There hasn't been any news since Tuesday.

- **Hasta** corresponds to *as far as* in spatial relationships, *until* in time relationships, and *up to* for quantities. It can also be used as an adverb to mean *even, as much/many as,* or *including.*

Ese año, el ejército avanzó **hasta** las murallas del palacio.
That year, the army advanced as far as the palace walls.

Hasta 1898, Cuba fue colonia de España.
Until 1898, Cuba was a colony of Spain.

A veces, Pilar tiene que leer **hasta** doce libros para la clase.
Sometimes, Pilar has to read as many as twelve books for class.

Hasta el presidente quedó sorprendido.
Even the president was surprised.

The prepositions *en*, *entre*, and *sin*

- **En** corresponds to several English prepositions, such as *in*, *on*, *into*, *onto*, *by*, and *at*.

El libro está **en** la mesa.
The book is on the table.

El profesor entró **en** la clase.
The professor went into the class.

Escribí todo **en** mi cuaderno.
I wrote it all down in my notebook.

Se encontraron **en** el museo.
They met at the museum.

Teresa Mora
¿Dejaste a la señora Zamora en el aeropuerto?

Hacer cumplir la ley le ha dado una posición de liderazgo en el gobierno.

- **En** is also used frequently in idioms and adverbial phrases.

en cambio *on the other hand*	**en realidad** *actually*
en contra *against*	**en serio** *seriously*
en cuanto a *regarding*	**en tren/bicicleta/avión** *by train/bicycle/plane*
en fila *in a row*	**en vano** *in vain*

En realidad, yo nunca he estado **en contra** de ese partido.
Actually, I've never been against that political party.

Tres mil activistas llegaron **en tren** y marcharon **en fila** hasta el parlamento.
Three thousand activists arrived by train and marched in rows to the parliament.

- **Entre** generally corresponds to the English prepositions *between* and *among*.

Entre 2004 y 2006, tomé cursos de religión e historia, **entre** otros.
Between 2004 and 2006, I took religion and history courses, among others.

No debemos entrar en el conflicto; es mejor que lo resuelvan **entre** ellos.
We shouldn't enter the conflict; it is better that they resolve it among themselves.

Las cataratas del Niágara están ubicadas **entre** Canadá y los Estados Unidos.
Niagara Falls is located between Canada and the United States.

- **Entre** is not followed by **ti** and **mí**, the usual pronouns that serve as objects of prepositions. Instead, the subject pronouns **tú** and **yo** are used.

Entre tú y **yo**, creo que la mayoría de las religiones comparten los mismos valores.
Between you and me, I think the majority of religions share the same values.

- **Sin** corresponds to *without* in English. It is often followed by a noun, but it can also be followed by the infinitive form of a verb.

No veo nada **sin** los lentes.
I can't see a thing without glasses.

Lo hice **sin** pensar.
I did it without thinking.

Práctica

TALLER DE CONSULTA

MANUAL DE GRAMÁTICA
Más práctica

11.3 Prepositions: **de**, **desde**, **en**, **entre**, **hasta**, **sin**, p. A60

1 Oraciones Completa cada oración con la opción correcta.

1. _____ el apoyo de los diputados, el presidente no logrará hacer las reformas.
   a. En b. Hasta c. Sin
2. Una computadora como ésta puede costar _____ tres mil dólares.
   a. hasta b. sin c. en
3. ¿Estás segura de que el ovni va a aterrizar _____ nuestro jardín?
   a. de b. en c. sin
4. Nos vemos a las once en la oficina _____ la senadora.
   a. entre b. de c. desde
5. _____ mi ventana veo el mar.
   a. Desde b. En c. Hasta
6. Este secreto debe quedar sólo _____ tú y yo.
   a. entre b. de c. desde

2 El poder del Sol Completa este artículo con las preposiciones **de(l)**, **desde** o **en**.

(1) _____ la Tierra se pueden ver hasta 3.000 estrellas. La estrella que está más cerca (2) _____ la Tierra es el Sol. (3) _____ el Sol hasta la Tierra hay 149 millones (4) _____ kilómetros.

¿Sabías que (5) _____ los inicios de la humanidad los hombres creen que el Sol es una pelota (6) _____ fuego? Los chinos, por ejemplo, pensaban que el Sol había salido (7) _____ la boca (8) _____ un dragón. Además, el Sol fue descrito (9) _____ los antiguos textos sagrados (10) _____ varias civilizaciones como un dios, con el poder (11) _____ influir (12) _____ la vida humana.

(13) _____ cierta manera, tenían razón, pues hoy (14) _____ día, los agujeros (15) _____ la capa (16) _____ ozono y el calentamiento global se estudian con el mismo fervor. ¿Las civilizaciones (17) _____ hoy serán capaces de hacer los sacrificios necesarios para protegernos (18) _____ poder (19) _____ Sol?

3 Viajero perdido

A. Juan se ha ido de viaje a visitar los sitios religiosos más importantes del mundo, pero siempre se pierde. Completa las oraciones con las preposiciones entre, hasta o sin.

1. Perdón, estoy _____ mapa. ¿Me podría explicar cómo llegar al templo?
2. Sé que la sinagoga está _____ la Avenida Central y el parque, pero no la encuentro...
3. Disculpe, señora... un señor me dijo que caminara _____ la próxima cuadra, y aquí estoy, pero no veo ninguna mezquita por aquí...
4. ¿Usted también anda perdida? Pues, _____ los dos encontraremos la iglesia.
5. Pensé que por lo menos podría encontrar una pirámide _____ pedir ayuda, pero ¡ando más perdido que nunca en esta selva!
6. Gracias por la ayuda, pero mejor busco un mapa. ¡_____ luego!

B. En parejas, elijan una de las oraciones y dramaticen la conversación completa entre Juan y el/la residente local. Utilicen las preposiciones de, desde, en, entre, hasta y sin.

Practice more at **enfoques.vhlcentral.com.**

Comunicación

④ **A contar historias** En parejas, elijan una de las frases e inventen una historia con ella. Utilicen por lo menos cuatro de estas preposiciones: **de, desde, en, entre, hasta, sin.**

1. Juan está esperando en su jardín...
2. El libro de cocina estaba abierto...
3. Estaba observándolo desde la ventana...
4. Hasta ese momento, nunca me había dado cuenta de que...
5. Sin ella, su vida no tenía sentido...
6. Entre las sombras, veía la figura de...

⑤ **Síntesis**

A. Cada vez que quería tomar decisiones importantes acerca de la política y la religión, el rey Arturo se reunía con los Caballeros de la Mesa Redonda. En parejas, estudien las pistas (*clues*) para descubrir quién es quién.

Datos:

- Parsifal caminó hasta la puerta. Le prohíbe pasar a la reina Ginebra.
- Galahad tiene entre 18 y 20 años. Es el caballero más joven del grupo.
- Bedivere se hizo caballero entre los años 450 y 452. Es el caballero más viejo de la mesa.
- Kay es un típico guerrero. Lleva su espada hasta a las reuniones con el rey.
- Erec está sentado entre Kay y Lancelot.
- El rey Arturo está entre Gawain y la silla vacía de Parsifal.

B. Ahora, escriban un resumen de su reunión. ¿Qué cosas fueron decididas? ¿Discutieron entre ellos? ¿De qué se habló en la reunión? Utilicen por los menos tres oraciones en voz pasiva, tres construcciones con **se** y cinco preposiciones de **Estructura 11.3**. Compartan su historia con la clase.

Antes de ver el corto

EL RINCÓN DE VENEZUELA

país Venezuela
duración 19 minutos
director Reyther Ortega

protagonistas Gloria (madre), Alberto (padre), Rosario (hija), Mingo (empleado)

Vocabulario

la arepa *cornmeal cake*
asaltar *to mug; to rob*
el consulado *consulate*
la embajada *embassy*
la firma *signature*
el panfleto *pamphlet*
el rincón *corner; nook*
el secuestro *kidnapping*
subsistir *to survive*
útil *useful*

1 **Definiciones** Escribe la palabra apropiada para cada oración.

1. un delito (*crime*) en el que se retiene a una persona en contra de su voluntad __________
2. oficina que representa a un país en un país extranjero __________
3. papel publicitario con contenido político __________
4. comida típica venezolana __________
5. nombre de una persona que se incluye en los documentos para que éstos tengan valor oficial __________

2 **Preguntas** En parejas, contesten las preguntas.

1. ¿Hablas de política con tus amigos/as o con tu familia? ¿De qué asuntos hablan? ¿Por qué?
2. ¿Piensas que es posible ser amigo/a de alguien que tiene diferente ideología política? ¿Tienes algún amigo/a que tenga otra ideología?
3. ¿Crees que es importante participar en movimientos políticos? ¿Por qué?
4. ¿Te irías de tu país si la situación política fuera muy conflictiva? Explica tu respuesta.

3 **¿Qué sucederá?** En parejas, miren el fotograma del cortometraje e imaginen lo que va a ocurrir en la historia. Compartan sus ideas con la clase.

Practice more at **enfoques.vhlcentral.com.**

de Venezuela

THE VENEZUELAN CORNER

CINEMATOGRAPHY ANTOINE VIVAS DENISOV EDITING ELIZABETH ANWAR / REYTHER ORTEGA
SOUND AND MIXING STEFANO GRAMITTO ORIGINAL MUSIC MAURICIO ARCAS PRODUCER KATE GILROY
PRODUCTION DESIGN FREDERICA NASCIMENTO WARDROBES KRISANA PALMA
STARRING AMINTA DE LARA, JABBO DE MOZOS, KRIS PAREDES, ROLANDO J. VARGAS

WRITTEN AND DIRECTED BY REYTHER ORTEGA

reytherortega@hotmail.com

Venezuela / USA 2005
Fiction, 19 min. Color, 35mm.
Spanish with English Subtitles

ARGUMENTO La difícil situación política venezolana lleva a una familia a empezar una nueva vida en Nueva York. Allí tienen que luchar para sacar adelante su restaurante y adaptarse a las nuevas circunstancias.

Escenas

GLORIA Mi amor, ¿y si nosotros vendemos esto y nos vamos para Venezuela?
ALBERTO ¿A qué vamos a regresar? ¿Para que nos vuelvan a asaltar? Toda la gente está tratando de irse.
ROSARIO Hay otro grupo de gente que está tratando de hacer algo útil por el país.

GLORIA Aquí lo que hay que hacer es pensar cómo es que vamos a sacar este restaurante adelante, ¡y todos!
ALBERTO Pero que quede bien claro que yo no regreso al país hasta que esos imbéciles se vayan de allí, se vayan del gobierno.

GLORIA Yo creo que ella tiene razón, ¿sabes? Nosotros somos como las arepas de tofu esas que yo estoy haciendo: queriendo ser lo que no somos. Ay, caramba, chico, francamente ¿habrá sido buena idea venirnos para acá? Aquí nadie nos conoce. Lo dejamos todo... ¡la familia!

MANIFESTANTES ¡Referéndum!
GLORIA Tenemos un restaurante venezolano. Tenemos arepas, cachapas°...
MANIFESTANTE Señora, ¿usted ya firmó para el nuevo referéndum? Mire que están diciendo que las firmas anteriores son ilegales.

GLORIA El dinero que teníamos en Caracas no existe más. Se lo presté a mi prima Chela cuando la botaron° de PDVSA°. Como no tenía prestaciones ni seguro, no tenía como para el colegio de los muchachos ni el alquiler tampoco. Como es obvio, pues no tiene cómo pagarnos.

CLIENTE ¿Qué hacen los chavistas° por aquí?
ALBERTO Gloria, ¿tú no habrás invitado a esta gente?
GLORIA Bueno, mi amor, nosotros mandamos invitación, *email*.

cachapas *cornmeal pancakes* **la botaron** *they laid her off*
PDVSA *Venezuela's national oil company* **chavistas** *Chávez supporters*

Después de ver el corto

1 **Comprensión** Contesta las preguntas con oraciones completas.

1. ¿Qué tipo de comida se sirve en el restaurante?
2. ¿Cuándo dice Alberto que regresará a Venezuela?
3. ¿Qué contesta Rosario cuando su padre dice que toda la gente se quiere ir de Venezuela?
4. ¿Con quién quiere salir Rosario por la noche?
5. ¿Para qué va Gloria a la manifestación?
6. ¿Qué pide la gente que está en la manifestación?
7. Después de unos días, ¿qué le dice Gloria a su hija sobre su amistad con Mingo?
8. ¿Por qué se enojan algunos clientes del restaurante al final del corto?

2 **Ampliación** Contesta las preguntas con oraciones completas.

1. ¿Qué temas se tratan en *El Rincón de Venezuela*?
2. ¿Por qué se fue la familia de Venezuela?
3. ¿Por qué habla Gloria del *American Way of Management*? ¿En qué consiste?
4. ¿Crees que tendrían éxito las arepas de tofu? ¿Por qué?
5. ¿Por qué se opone Gloria al principio a que su hija salga con Mingo? ¿Por qué cambia luego de opinión?

3 **Escenas**

A. En parejas, describan lo que ocurre en estas dos escenas del corto. ¿Sobre qué están hablando los personajes? Luego, improvisen la conversación entre los dos personajes.

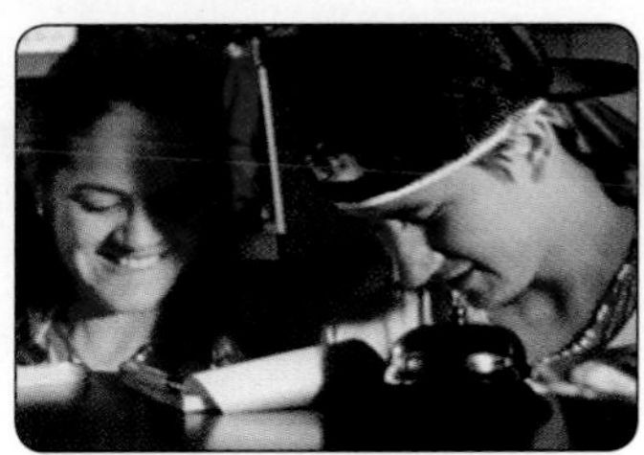

B. Elijan una de las escenas e imaginen qué sucederá con los dos personajes después del final del corto. Compartan su historia con la clase.

4 **¡Ni un paso más!** En parejas, imaginen que son enemigos políticos. Uno/a de ustedes tiene que plantear uno de los problemas políticos de la lista desde el punto de vista de la oposición y la otra persona tiene que defender la postura del gobierno. Preparen tres o cuatro argumentos desde su punto de vista y después presenten su debate delante de la clase.

- impuestos
- llamamiento a filas (*draft*)
- política internacional
- servicios sociales

 Practice more at **enfoques.vhlcentral.com.**

San Antonio de Oriente, 1957
José Antonio Velásquez, Honduras

"Yo no sé si Dios existe, pero si existe, sé que no le va a molestar mi duda."

— Mario Benedetti

Antes de leer

El alba del Viernes Santo

Sobre la autora

Emilia Pardo Bazán fue una de las escritoras españolas más famosas del siglo XIX. Nació en una familia aristocrática en La Coruña (Galicia) en 1851 y murió en Madrid en 1921. Escribió más de 500 obras en las que cultivó gran variedad de géneros, pero fue más conocida como novelista con títulos como *Los pazos de Ulloa*. Propagó el naturalismo en España, movimiento caracterizado por la descripción detallada y muy precisa de una parte de la vida representativa de la existencia social. Como feminista pionera, escribió artículos que denunciaban el sexismo dominante en España y sugirió cambios a favor de la mujer, como el derecho de obtener una educación semejante a la del hombre.

Vocabulario

el alba *dawn; daybreak*	**culpable** *guilty*	**el milagro** *miracle*
la capilla *chapel*	**devoto/a** *pious; devout*	**el remordimiento** *remorse*
el claustro *cloister*	**el fraile** *friar*	**venerar** *to worship*

Definiciones Escribe la palabra adecuada para cada definición.

1. primera luz del día ________
2. responsable de un delito ________
3. sentimiento de culpa ________
4. muy religioso ________
5. hecho inexplicable ________

Conexión personal ¿Te pasó alguna vez que, tratando de hacer el bien, te saliera todo mal? ¿Cuál fue la consecuencia?

Análisis literario: la voz narrativa

Toda historia tiene por lo menos un narrador. El narrador puede ser uno de los personajes o puede ser una voz que cuenta la historia pero no participa de ella. A veces, la voz narrativa es omnisciente, es decir, que sabe absolutamente todo sobre los personajes y los acontecimientos (*events*). En otros casos, el narrador nos relata sólo la parte de la historia que conoce o la parte que elige contar. Aunque el autor puede reflejar su pensamiento en las palabras del narrador, no se debe identificar al autor con el narrador. Una escritora puede contar una historia desde el punto de vista narrativo de un hombre, y un adulto puede hacerlo a través de la voz narrativa de un niño, como J.D. Salinger con Holden Caulfield en *The Catcher in the Rye*. A veces existen muchas voces narrativas que añaden complejidad y textura al relato. Cuando leas el cuento de Pardo Bazán, presta atención a los distintos niveles de voces narrativas. ¿Cuántos narradores hay? ¿Qué efecto tiene esto?

Practice more at **enfoques.vhlcentral.com.**

El alba del Viernes Santo

Cuando creyendo hacer bien hacemos mal —dijo Celio—, el corazón sangra°, y nos acordamos de la frase de una heroína de Tolstoi: «No son nuestros defectos, sino nuestras cualidades, las que nos pierden.» Cada Semana Santa experimento mayor inquietud° en la conciencia, porque una vez quise atribuirme° el papel de Dios. Si algún día sabéis que me he metido a fraile, será que la memoria de aquella Semana Santa ha resucitado en forma aguda°, de remordimiento. Así que me hayáis oído, diréis si soy o no soy tan culpable como creo ser.

Es el caso que —por huir de días en que Madrid está insoportable, sin distracciones ni comodidades, sin coches ni teatros y hasta sin grandes solemnidades religiosas— se me ocurrió ir a pasar la Semana Santa a un pueblo donde hubiese catedral, y donde lo inusitado° y pintoresco de la impresión me refrescase el espíritu. Metí ropa en una maleta y el Miércoles Santo me dirigí a la estación; el pueblo elegido fue S***, una de las ciudades más arcaicas de España, en la cual se venera un devotísimo Cristo, famoso por sus milagros y su antigüedad y por la leyenda corriente de que está vestido de humana piel°.

En el mismo departamento que yo viajaba una señora, con quien establecí, si no amistad, esa comunicación casi íntima que suele crearse a las pocas horas de ir dos seres sociables juntos, encerrados en un espacio estrecho°. La corriente de simpatía se hizo más viva al confesarme la señora que se dirigía también a S*** para detenerse allí los días de Semana Santa.

No empiecen ustedes a suponer que amaga° algún episodio amoroso, de esos que en viaje caminan tan rápidos como el tren mismo. No me echó sus redes° el amor, sino algo tan dañoso como él: la piedad. Era mi compañera de departamento una señora como de unos cuarenta y pico° de años, con señales de grande y extraordinaria belleza, destruida por hondísimas° y lacerantes° penas°, más que por la edad. Sus perfectas facciones estaban marchitas° y adelgazadas; sus ojos, negros y grandes, revelaban cierto extravío° y los cercaban cárdenas ojeras; su boca mostraba la contracción de la amargura° y del miedo. Vestía de luto°. Para expresar con una frase la impresión que producía, diré que se asemejaba° a las imágenes de la Virgen de los Dolores; y apenas me refirió su corta y terrible historia, la semejanza° se precisó, y hasta creí ver sobre su pecho anhelante° brillar los cuchillos; seis hincados° en el corazón, el séptimo ya a punto de clavarse° del todo.

—Yo soy de S*** —declaró con voz gemidora°—. He tenido siete hijos, ¡siete!, a cuál más guapo, a cuál más bueno, a cuál más propio° para envanecer° a una reina. Tres eran niñas, y cuatro, niños. Nos consagramos a ellos por completo mi marido y yo, y logramos criarlos sanos de cuerpo y alma. Llegado el momento de darles educación, nos trasladamos a Madrid, y ahí empiezan las pruebas inauditas° a que Dios quiso someternos°. Poco a poco, de

bleeds
restlessness
to attribute to myself
sharp; acute
unusual
skin
narrow; tight
threatens to be
nets
forty-something
very deep/ distressing
sorrows
withered
loss
bitterness
mourning
she resembled
resemblance
yearning
nailed; driven (into)
to drive in
moaning
suitable/ to make vain
outrageous; unprecedented
submit us to

Santiago de Compostela, Galicia, España

El catolicismo en España

El catolicismo ocupa un papel central en la vida religiosa, social y cultural de los españoles. La Semana Santa es una de las principales celebraciones, caracterizada tanto por la solemnidad religiosa como por los festejos populares.

El lugar de peregrinación más famoso de España es Santiago de Compostela, en Galicia. Se dice que allí yacen (*lie*) los restos del apóstol Santiago (*St. James, the apostle*). Miles de peregrinos de España y de otros países recorren todos los años el Camino de Santiago, que termina frente a la imponente catedral de Santiago.

enfermedades diversas, fueron muriéndose seis de mis hijos..., ¡seis!, ¡seis!, y al cabo, mi marido, que más feliz que yo sucumbió al dolor, porque su mal fue un padecimiento° del hígado°, de esos que la melancolía engendra° y agrava°. ¿Comprende usted mi situación moral? ¿Se da usted cuenta de lo que seré yo, después de asistir, velar°, medicinar a siete; de presenciar siete agonías, de secar siete veces el sudor de la muerte en las heladas sienes°, de recoger siete últimos suspiros° que eran el aliento° de mi vida propia, y de amortajar° siete rígidos cuerpos que habían palpitado de cariño bajo mis besos y mis ternezas°? Pues bien: lo acepté todo, ¡todo!, porque me lo enviaba Dios; no me rebelé, y sólo pedí que me dejasen al hijo que me quedaba, al más pequeño, una criatura como un ángel, que, estoy segura de ello, no ha perdido la inocencia bautismal. Así se lo manifesté a Dios en mis continuos rezos: ¡que no me quite a mi Jacinto y conservaré fuerzas para conformarme y aceptar todo lo demás, en descargo de mis culpas!... Y ahora... Al llegar aquí, la madre dolorosa se cubrió los

suffering
liver/generates
makes worse
to keep watch
icy temples
sighs
breath/to shroud
expressions of tenderness

ojos con el pañuelo y su cuerpo se estremeció° convulsivamente al batir° de los sollozos° que ya no salían afuera.

—Y ahora, caballero..., figúrese usted que también mi Jacinto se me muere.

Salté en el asiento; la lástima° me exaltaba° como exaltan las pasiones.

—Señora, ¡no es posible! —exclamé sin saber lo que decía.

—¡Sí lo es! —repitió ella, fijándome los ojos secos ya, por falta de lágrimas—. Jacinto, creen los médicos, tiene un principio de tisis°; me voy a quedar sola..., es decir, ¡no, quedarme no!, porque Dios no tiene derecho a exigir que viva, si me arrebata° lo único que me dejó. ¡Ah! ¡Si Dios se me lleva a Jacinto..., he sufrido bastante, soy libre! ¡No faltaba otra cosa! —añadió sombríamente—. ¡A la Virgen sólo se le murió uno!

—Dios no se lo llevará —afirmé por calmar a la infeliz°.

—Así lo creo —contestó ella con serenidad que encontré asombrosa°—. Así le creo, así lo espero y a eso voy a mi pueblo, donde está el Santo Cristo, del que nunca debí apartarme°. El Santo Cristo fue siempre mi abogado° y protector y a Él vengo, porque Él puede hacerlo, a pedir el milagro: la salud de mi hijo, que allá queda en una cama, sin fuerzas para levantarse. Cuando yo me eche a los pies del Cristo, ¡veremos si me lo niega!

Transfigurada por la esperanza, irradiando luz sus ojos, encendido su rostro°, la señora había recobrado°, momentáneamente, una belleza sublime. —¿Usted no ha oído del Santo Cristo de mi pueblo? Dicen que es antiquísimo, y que lo modelaron sobre el propio cuerpo sagrado del Señor, cubriéndolo con la piel de un santo mártir, a quien se la arrancaron° los verdugos°. Su pelo y su barba crecen; su frente suda°; sus ojos lloran, y cuando quiere conceder la gracia que se le pide, su cabeza, moviéndose, se inclina en señal de asentimiento° al otro lado...

No me atreví° a preguntar a la desolada señora si lo que afirmaba tenía fundamento y prueba. Al contrario: la fuerza sugestiva de la fe es tal, que me puse a desear creer, y, por consecuencia, a creer ya casi, toda aquella leyenda dorada de los primitivos siglos. Ella prosiguió, entusiasta, exaltadísima:

—Y dicen que cuando se le implora al amanecer del día de Viernes Santo, no se niega nunca... Iré, pues, ese día, de rodillas°, arrastrándome, hasta el camarín° del Cristo.

Así terminó aquella conversación fatal. Prodigué° a la viajera, lo mejor que supe, atenciones y cuidados, y al bajarnos en S*** nos dirigimos a la misma fonda° —tal vez la única del pueblo—. Dejando ya a la desdichada° madre, fui a visitar la catedral, que es de las más características del siglo XII: entre fortaleza e iglesia, y con su ábside° rodeado de capillas obscuras, misteriosas, húmedas, donde el aire es una mezcla de incienso y frío sepulcral, parecido al ritmo, ya solemnemente tranquilo, de las generaciones muertas. Una de estas capillas era la del Cristo, y naturalmente despertó mi curiosidad. Di generosa propina° al sacristán°, que era un jorobado° bilioso y servil°, y obtuve quedarme solo con la efigie°, a horas en que los devotos no se aparecían

trembled; shaking/sobs; pity; compassion/excited; tuberculosis; snatches; the poor woman; amazing; separate myself; advocate; face; recovered

pulled off; executioners; sweats; consent; I didn't dare; kneeling; chapel; I showered; inn; unfortunate; apse; tip; sexton/hunchback; servile/statue, effigy

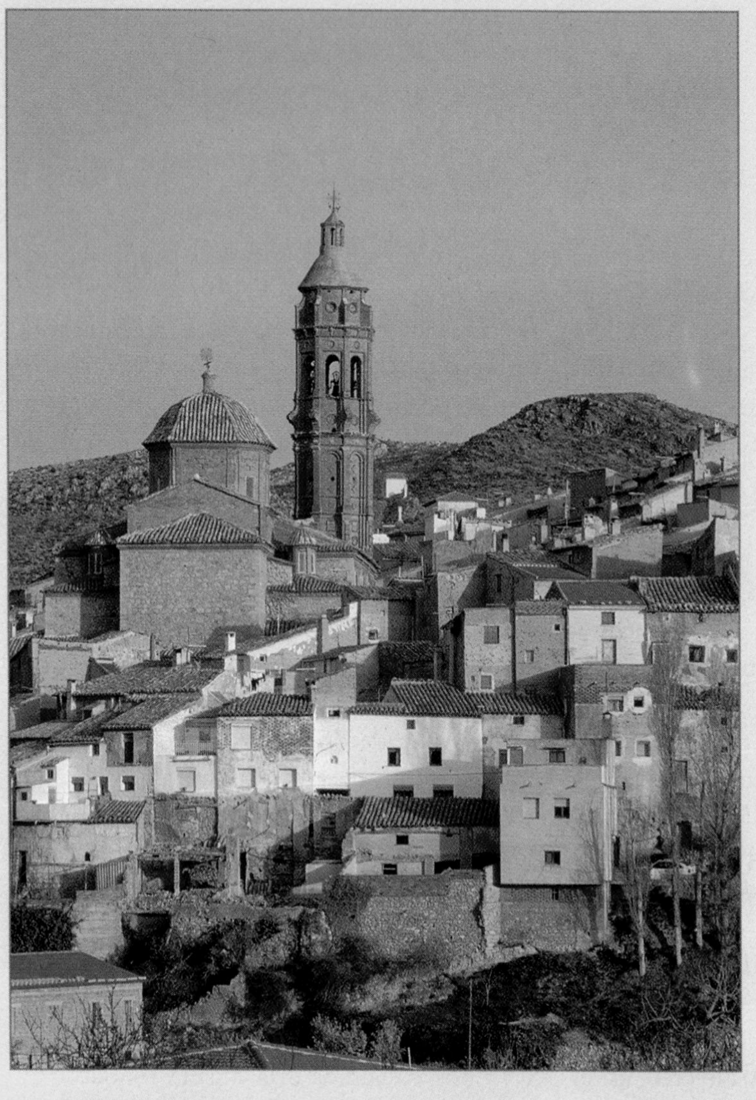

por allí y podía, sin irreverencia ni escándalo, contemplarla y hasta tocarla, mirándola de cerca. Era una escultura mediocre, defectuosa°, que no debía de haber sido modelada sobre ningún cuerpo humano. Poseía, no obstante, como otros muchos Cristos legendarios, cierta peculiar belleza, una sugestión romántica indudable. Sus melenas lacias° caían sobre el demacrado° pecho; sus pupilas de vidrio parecían llorar efectivamente. Lo envolvía una piel gruesa, amarillenta, flexible, de poros anchos°, que sin ser humana podía parecerlo. Bajo los pies contraídos y enclavados°, tres huevos de avestruz° atestiguaban° la devoción de algún navegante. Su enagüilla° era de blanca seda°, con fleco de oro. Registrando bien, armado de palmatoria°, vi que el altar donde campea° el Cristo, destacándose sobre un fondo de rojo damasco, está desviado° de la pared, y que, por detrás, queda un hueco° en que puede caber una persona. Carcomida° escalerilla sube hasta la altura de las piernas de la efigie, y encaramándose° por ella, noté que el paño de damasco tenía una abertura°, un descosido° entre dos lienzos°, y que por él asomaba la punta de un cordel° recio°, del cual

defective
straight hair
emaciated
wide
nailed

ostrich/bore witness to
garment
silk
candlestick
stands out
offset
hollow
Decayed
climbing up
opening; gap
open seam/ linen cloth
thin rope/sturdy

tiré maquinalmente°. Al bajar de nuevo a la capilla y mirar al Cristo, observé con asombro, al pronto, con terror, que su cabeza, antes inclinada a la derecha, lo estaba a la izquierda ahora. Sin embargo, casi inmediatamente comprendí: subí la escalera de nuevo, tiré otra vez, bajé, y me cercioré° de que la cabeza había girado° al lado contrario. ¡Vamos, entendido! Había un mecanismo, el cordel lo ponía en actividad, y el efecto, para quien, ignorándolo, estuviese de rodillas al pie de la efigie, debía de ser completo y fulminante°.

Creo que ya entonces germinó° en mí la funesta° idea que luego puse por obra. No lo puedo asegurar, porque no es fácil saber cómo se precisa y actúa sobre nosotros un propósito, latente en la voluntad. Acaso no me di cuenta de mi inspiración (llamémosle así) hasta que mi compañera de viaje me advirtió, la noche del Jueves Santo, que pensaba salir a las tres, antes de amanecer, a la capilla del Cristo, y me encargó de sobornar° al sacristán para que abriese la catedral a una hora tan insólita.

—Yo deseaba más aún —advirtió ella—. Deseaba quedarme en la capilla toda la noche velando y rezando. Pero tengo miedo a desmayarme. ¡Estoy tan débil! ¡Se me confunden tanto las ideas!

Cumplí el encargo, y cuando todavía las estrellas brillaban, nos dirigimos hacia la catedral. Nos abrieron la puerta excusada del claustro, luego otra lateral que comunica con las dos primeras capillas absidales°, y pretextando° que me retiraba para dejar en libertad a la señora —cuyo brazo sentí temblar sobre el mío todo el camino—, aproveché la obscuridad y un momento favorable para deslizarme detrás de la efigie, en lo alto de la escalera, donde aguardé palpitándome el corazón. Dos minutos después entró la señora y se arrodilló, abismándose° en rezos silenciosos. El alba no lucía aún.

Transcurrió media hora. Poco a poco una claridad blanquecina empezó a descubrir la forma de los objetos, y vi la hendidura°, y vi el cordoncito, saliente, al alcance de mi mano. Al mismo tiempo escuché elevarse una voz, ¡qué voz!... Ardiente, de intensidad sobrehumana, clamando, como si se dirigiese no a una imagen, sino a una persona real y efectiva:

—¡No me lo lleves! Prométtelo... ¡Es lo único que me queda, es mi solo amor, Jesús! ¡Dios mío! ¡Promete! ¡No me lo lleves!

Trastornado°, sin reflexionar, tiré pausadamente del cordoncito... Hubo un gran silencio, pavoroso°; después oí un grito ronco°, terrible, y la caída de un cuerpo contra el suelo... Me precipité...

—¿Se había desmayado? —preguntamos a Celio todos.

—Eso sería lo de menos... Volvió en sí..., ¡pero con la razón enteramente perdida! Nos burlamos° de las locuras° repentinas en novelas y comedias... ¡Y existen! Cierto que aquélla venía preparada de tiempo atrás, y sólo esperaba para mostrarse un choque, un chispazo°.

—¿Y el hijo? ¿Se murió al fin?

—El hijo salvó, para mayor confusión y vergüenza mía —murmuró Celio. ■

unconsciously · *I made sure* · *turned* · *crushing; devastating* · *sprouted; was born* · *ill-fated; fatal* · *to bribe* · *chapels located in the apse* · *under the pretext* · *immersing herself* · *crack* · *Troubled* · *frightful* · *hoarse* · *We make fun/ insanities* · *spark*

Después de leer

El alba del Viernes Santo

Emilia Pardo Bazán

1 **Comprensión** Contesta las preguntas con oraciones completas.

1. ¿Quiénes son los personajes del relato?
2. ¿Por qué decide Celio pasar la Semana Santa en un pueblo?
3. ¿Cuál es la historia de la mujer?
4. ¿Celio cree en la leyenda del Cristo?
5. ¿Qué significa lo que él descubre al visitar a solas la catedral?
6. ¿Por qué la historia se llama *El alba del Viernes Santo*?

2 **Análisis** Lee el relato nuevamente y responde las preguntas.

1. ¿Cómo es la mujer que Celio encuentra en el tren? ¿A quién le recuerda?
2. Relee la descripción de la catedral. ¿Qué sensación te produce?
3. Tras conocer a la mujer, Celio señala: "Así terminó aquella conversación fatal"; y, más tarde, después de descubrir el mecanismo del cordel: "Creo que ya entonces germinó en mí la funesta idea que luego puse por obra". ¿Por qué te parece que utiliza las palabras "fatal" y "funesta"?
4. Relee la sección **Análisis literario**. ¿Cuántos narradores tiene este cuento? ¿Quiénes son? Da ejemplos de los distintos puntos de vista narrativos.

3 **Interpretación** En parejas, contesten las preguntas.

1. El narrador viaja a la ciudad buscando distracciones; ¿las encuentra?
2. ¿Qué es lo que atrae al narrador hacia la mujer del tren?
3. ¿Por qué piensas que decide involucrarse accionando el mecanismo del Cristo? ¿Lo hace conscientemente?¿Cuál era su propósito?
4. ¿Te parece que Celio realmente es culpable del final trágico de la mujer? ¿O crees que la mujer ya tenía problemas mentales? Explica tu respuesta.
5. ¿Por qué dice Celio al comienzo del relato que algún día podría meterse a fraile? ¿Cómo se siente Celio por lo sucedido?
6. ¿Crees que esta historia tiene una moraleja? Si tu respuesta es sí, ¿cuál es la moraleja? Si tu respuesta es no, explica por qué.

4 **El juicio** Imagina que Celio es arrestado por causar la locura de la mujer. En grupos de cinco o seis, organicen el juicio oral a Celio. Repartan los papeles: juez(a), Celio, abogado/a defensor(a), fiscal (*prosecutor*) y uno/a o dos testigos. Ensayen una parte del juicio. Después, representen la escena delante de la clase.

5 **Remordimiento** Imagina que eres Celio, quien, lleno de remordimiento, y antes de entrar a un monasterio, ha decidido enviarle una carta a Jacinto, el hijo de la mujer, explicándole las circunstancias reales que desencadenaron (*triggered*) la locura de su madre. Incluye por lo menos dos usos diferentes de **se** en tu carta.

 Practice more at **enfoques.vhlcentral.com.**

Antes de leer

Vocabulario

el altiplano *high plateau*	**el límite** *border*
árido/a *arid*	**la pérdida** *loss*
la armada *navy*	**reclamar** *to claim; to demand*
ceder *to give up*	**el territorio** *territory*

 **El salar de Uyuni** Completa el párrafo con el vocabulario de la tabla.

El salar de Uyuni, uno de los lugares más impresionantes de Bolivia, se encuentra a una altura de 3.650 metros (11.975 pies) en un (1) ________ en el suroeste de Bolivia, no muy lejos del (2) ________ con Chile. Es un lugar (3) ________, de poca lluvia, donde se secó un lago prehistórico. Este (4) ________ tan blanco impresiona a los turistas porque parece nieve. El salar de Uyuni es un desierto de sal, en vez de arena.

Conexión personal ¿Has perdido alguna vez una cosa que significaba muchísimo para ti? Explica lo que ocurrió y cómo reaccionaste.

Contexto cultural

El **desierto de Atacama** está ubicado en un altiplano al borde del océano Pacífico. Es uno de los desiertos más áridos del mundo: sólo recibe tres milímetros de lluvia al año. El paisaje de Atacama es tan impresionante y peculiar que la revista estadounidense *Science* lo ha comparado con el planeta Marte. Parece vacío (*empty*), pero Atacama es muy rico en algunos minerales que dependen de la sequía. En el siglo XIX se descubrió que en el territorio había abundante salitre y guano. El salitre (o nitrato de sodio) es un tipo de sal, y el guano (del quechua *wanu*) consiste en excrementos de pájaros marinos y murciélagos (*bats*). Ambos comparten la característica principal de ser ingredientes para fertilizantes y explosivos. Estos recursos naturales, tan atractivos por su precio en el mercado internacional de la época, hicieron del desierto un oasis económico.

 Practice more at **enfoques.vhlcentral.com.**

Cómo Bolivia perdió su mar

Lago Titicaca, Bolivia

Hay países que se asocian indiscutiblemente° con un paisaje natural. Algunos son Nepal con las montañas blancas del Himalaya, Arabia Saudita con el desierto, y Bolivia con... ¿el mar? Así debería ser, piensan muchos bolivianos con nostalgia y mucho anhelo° desde que Bolivia —durante la Guerra del Pacífico (1879–1883)— cedió a Chile el desierto de Atacama con su costa, el único acceso al océano que tenían los bolivianos.

indisputably

longing

La guerra no surgió° por el acceso al mar, sino por cuestiones económicas y por el control de los depósitos de minerales en el desierto de Atacama. Sin embargo, es la desaparición de la salida al mar lo que ha dejado una cicatriz° profunda. Cuenta el escritor peruano Mario Vargas Llosa, quien vivió de niño en la ciudad boliviana de Cochabamba, que todas las semanas los estudiantes de su escuela cantaban un himno reclamando el mar. Muchos bolivianos siguen sin aceptar la pérdida de hace más de cien años. Se sienten mutilados porque se creen legítimamente un país marítimo. Así lo había decidido su fundador, Simón Bolívar, al fijar los límites del país en 1825.

didn't arise · *scar*

"Se sienten mutilados porque se creen legítimamente un país marítimo. Así lo había decidido su fundador, Simón Bolívar..."

Cuando Simón Bolívar estableció las fronteras de Bolivia, incluyó parte del desierto de Atacama, que llegaba hasta el mar. Chile tenía ya el control económico de la región y, a pesar de los deseos de Bolívar, lo siguió manteniendo. Cuando se descubrieron los ricos recursos naturales del desierto de Atacama, Chile comenzó a explotar las minas de salitre y guano. La tensión sobre las exportaciones chilenas y los impuestos que Bolivia quería cobrar por la extracción de estos productos provocó un conflicto inevitable en 1878. Las fuerzas armadas de Bolivia —a pesar de la ayuda de su aliado, el Perú— no pudieron contender ni en tierra ni en mar con la moderna armada chilena. La guerra terminó en 1883 con la concesión de varios territorios a Chile. En 1904, Bolivia abandonó permanentemente el control del desierto de Atacama, con sus depósitos de minerales y su única salida al Pacífico. A cambio, Chile construyó un ferrocarril° para que Bolivia tuviera acceso al mar.

railroad

No obstante, Bolivia no dio por finalizada la cuestión°. En el centenario de 2004, el presidente Carlos Mesa pidió de nuevo el acceso marítimo durante una reunión en la Cumbre de las Américas. Aunque le fue negado en aquella ocasión, en julio de 2006 los dos países decidieron reanudar las negociaciones°. Sea cual sea el resultado de las negociaciones, algo está claro: los bolivianos quieren su mar y su costa, no un viaje en tren. ■

did not think that the matter was over · *to resume talks*

La batalla de Arica

La batalla de Arica de 1880 fue una de las más duras para los dos bandos. Las tropas chilenas subieron a una colina escarpada (*steep hill*), el Morro de Arica, para atacar al enemigo que esperaba. Los dos lados perdieron muchas vidas, incluyendo un coronel peruano que se tiró al mar desde un acantilado (*cliff*) con su caballo en un intento fallido (*failed*) de engañar a las tropas chilenas, invitándolas a caer al Pacífico.

¿Una armada en Bolivia?

A pesar de su distancia con el Pacífico, Bolivia mantiene una armada desde 1963 a la espera del día en que vuelvan a tener salida al mar. La Fuerza Naval Boliviana cuenta con doscientas embarcaciones (*boats*) y un buque de guerra (*warship*). Se entrena en el agua dulce del inmenso lago Titicaca.

Después de leer

Cómo Bolivia perdió su mar

1 **Comprensión** Después de leer el texto, decide si las oraciones son **ciertas** o **falsas**. Corrige las falsas.

1. No hay ningún recurso natural de valor en el desierto de Atacama.
2. Bolivia no ha tenido nunca acceso al mar.
3. La causa de la guerra fue el conflicto económico relacionado con el control de los depósitos de minerales.
4. La armada chilena era más potente que las fuerzas de Bolivia y su aliado, el Perú.
5. Después de la guerra, Bolivia construyó un ferrocarril para tener acceso al mar.
6. Bolivia ya no tiene armada.
7. Cuando Simón Bolívar estableció sus planes para las fronteras de Bolivia, había incluido acceso al mar.
8. La armada boliviana hoy en día entrena en el lago Titicaca.

2 **Interpretación** Contesta las preguntas con oraciones completas.

1. ¿Qué valor tenía el desierto de Atacama para Chile? ¿Y para Bolivia?
2. ¿Por qué sienten muchos ciudadanos que Bolivia es legítimamente un país marítimo? ¿Crees que tienen razón?
3. ¿De qué maneras muestran algunos bolivianos su deseo de volver a tener salida al mar?
4. ¿Crees que es importante tener salida directa al mar? ¿Por qué?
5. ¿Ha traído el ferrocarril tranquilidad a los bolivianos?

3 **Discurso** En parejas, preparen un discurso para ser leído por una de estas personas. Luego, represéntenlo ante la clase.

- Un descendiente de una tribu indígena quiere reclamar la tierra de sus antepasados, ahora convertida en un centro comercial.
- Una anciana mexicana reclama el terreno donde nacieron sus abuelos. El terreno se encuentra ahora en tierras estadounidenses.
- Un excéntrico historiador asegura ser descendiente de un rey inca y reclama que le entreguen Machu Picchu.

4 **Opiniones** Imagina que recientemente los periódicos han publicado artículos acerca de las negociaciones entre Chile y Bolivia sobre una salida al Pacífico para Bolivia. Elige una de las dos situaciones y escribe una carta a un periódico para dar tu opinión. Usa la voz pasiva.

1. Eres boliviano/a, pero crees que, como Bolivia perdió la guerra, ya no tiene derecho a la salida al mar. En tu opinión, Chile es el dueño legítimo del desierto de Atacama.
2. Eres chileno/a, pero crees que Chile se está apoderando de tierras que no le corresponden. Crees que la decisión de Simón Bolívar debe respetarse y que parte del desierto de Atacama, con salida al mar, debe pertenecer a Bolivia.

Practice more at **enfoques.vhlcentral.com.**

Atando cabos

¡A conversar!

¿Qué opinas de las religiones?

A. La revista *Opinión Abierta* ha dedicado un número (*issue*) al tema de la religión. En una página se han publicado las cartas de los lectores. Lee estas cartas y selecciona una carta que exprese una opinión diferente a la tuya.

Estimado director de *Opinión Abierta*:

Les daré mi opinión sobre el tema. No sólo creo que Dios existe, sino que también creo que hay muchas religiones para elegir. Además pienso que todas las religiones son buenas. En todas se habla del bien y se dice que debemos amar y perdonar a los demás.

Muchas gracias por permitirme opinar.
Gustavo

Queridos amigos de *Opinión Abierta*:

Algunos dicen que hay muchas religiones verdaderas, pero esto es falso. Hay una sola religión verdadera, porque enseña los verdaderos valores morales. Los ateos no son felices. Tampoco son felices quienes tienen fe en religiones falsas. Sólo son felices quienes tienen fe en mis creencias.

Muchas gracias por publicar mi carta.
José Luis

Editores de *Opinión Abierta*:

Estoy sorprendida de que se discuta este tema en el siglo XXI. No hay duda de que las religiones no sirven. No sólo nos hablan del pecado (*sin*), sino que también nos hacen tener miedo. La gente elige hacer el bien porque tiene miedo. Las personas somos tratadas por las religiones como niños miedosos.
Andrea

Sr. Director de *Opinión Abierta*:

Yo creo en Dios, pero no creo en las religiones. Todas tienen gente que manda y gente que obedece. Eso no es bueno. Todos somos iguales para Dios: tenemos conciencia y valores morales. Todos sabemos lo que es bueno y lo que es malo.

Felicitaciones por su revista.
Ana María

B. Reúnete con los/las compañeros/as que seleccionaron la misma carta. En el grupo, relean la carta. Luego debatan: ¿Qué le dirían a la persona que escribió esa carta? Pueden buscar ideas en las otras cartas. Después compartan sus ideas con la clase.

MODELO Andrea dice que las religiones no sirven, pero nosotros creemos que…

¡A escribir!

Nuevos votantes Imagina que trabajas para la alcaldía (*mayor's office*) de tu ciudad. Te han encargado que prepares un folleto para explicarles a los nuevos ciudadanos que van a votar por primera vez cómo es el proceso de votar. Debes explicarles cómo inscribirse para votar y qué deben hacer el día de la votación. Escribe las explicaciones y las instrucciones principales que vas a incluir en tu folleto. Incluye por lo menos dos ejemplos de voz pasiva y dos usos de **se**.

MODELO La inscripción para votar es realizada varios meses antes de las elecciones. Se debe completar un formulario para inscribirse…

11 VOCABULARIO

La religión

la creencia	belief
el/la creyente	believer
Dios	God
la fe	faith
la iglesia	church
la mezquita	mosque
la sinagoga	synagogue
el templo	temple
bendecir (e:i)	to bless
creer en	to believe in
meditar	to meditate
rechazar	to reject
rezar	to pray
espiritual	spiritual
(in)moral	(im)moral
religioso/a	religious
sagrado/a	sacred; holy

Las creencias religiosas

agnóstico/a	agnostic
ateo/a	atheist
budista	Buddhist
católico/a	Catholic
cristiano/a	Christian
hindú	Hindu
judío/a	Jewish
musulmán/musulmana	Muslim

Los cargos públicos

el alcalde/la alcaldesa	mayor
el/la diputado/a	representative
el/la embajador(a)	ambassador
el/la gobernador(a)	governor
el/la juez(a)	judge
el/la primer(a) ministro/a	prime minister
el/la senador(a)	senator

La política

el/la activista	activist
la campaña	campaign
el/la candidato/a	candidate
el/la ciudadano/a	citizen
los derechos (humanos/civiles)	(human/civil) rights
el exilio político	political exile
la guerra (civil/mundial)	(civil/world) war
la ideología	ideology
la inmigración	immigration
la libertad	freedom
el/la líder	leader
la manifestación	protest; demonstration
la mayoría	majority
la minoría	minority
el partido político	political party
la polémica	controversy
el/la político/a	politician
el proyecto de ley	bill
el terrorismo	terrorism
aprobar (o:ue) una ley	to pass a law
elegir (e:i)	to elect
emigrar	to emigrate
ganar/perder (e:ie) las elecciones	to win/lose an election
gobernar (e:ie)	to govern
inscribirse	to register
luchar	to fight; to struggle
pronunciar un discurso	to give a speech
protestar	to protest
votar	to vote
conservador(a)	conservative
(des)igual	(un)equal
(in)justo/a	(un)just
liberal	liberal

Cinemateca

la arepa	cornmeal cake
el consulado	consulate
la embajada	embassy
la firma	signature
el panfleto	pamphlet
el rincón	corner; nook
el secuestro	kidnapping
asaltar	to mug; to rob
subsistir	to survive
útil	useful

Literatura

el alba	dawn; daybreak
la capilla	chapel
el claustro	cloister
el fraile	friar
el milagro	miracle
el remordimiento	remorse
venerar	to worship
culpable	guilty
devoto/a	pious; devout

Cultura

el altiplano	high plateau
la armada	navy
el límite	border
la pérdida	loss
el territorio	territory
ceder	to give up
reclamar	to claim; to demand
árido/a	arid

Más vocabulario

Expresiones útiles	Ver p. 401
Estructura	Ver pp. 408, 410–411 y 414–415

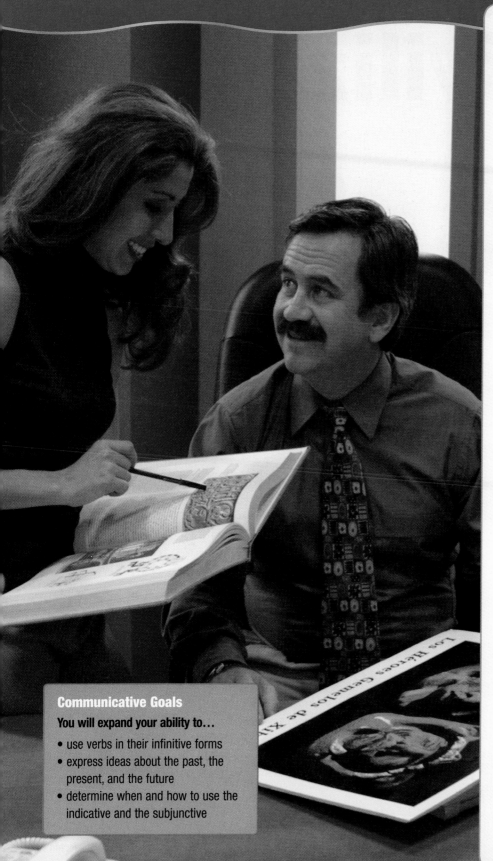

La historia y la civilización

Communicative Goals

You will expand your ability to…

- use verbs in their infinitive forms
- express ideas about the past, the present, and the future
- determine when and how to use the indicative and the subjunctive

Audio: Vocabulary Activities

La historia y la civilización

La historia y la civilización

De la **antigua** ciudad de Quilmes, en el norte de Argentina, sólo quedan ruinas. En el **siglo** XVII, los **habitantes** fueron obligados a **establecerse** cerca de Buenos Aires.

la civilización *civilization*
la década *decade*
la época *era; epoch; historical period*
el/la habitante *inhabitant*
la historia *history*
el/la historiador(a) *historian*
la humanidad *humankind*
el imperio *empire*
el reino *reign; kingdom*
el siglo *century*

---

establecer(se) *to establish (oneself)*
habitar *to inhabit*
integrarse (a) *to become part (of)*
pertenecer (a) *to belong (to)*
poblar (o:ue) *to settle; to populate*

---

antiguo/a *ancient*
(pre)histórico/a *(pre)historic*

Los conceptos

el aprendizaje *learning*
el conocimiento *knowledge*
la enseñanza *teaching; lesson*
la herencia (cultural) *(cultural) heritage*
la (in)certidumbre *(un)certainty*
la (in)estabilidad *(in)stability*
la sabiduría *wisdom*

Las características

adelantado/a *advanced*
culto/a *cultured; educated; refined*
derrotado/a *defeated*
desarrollado/a *developed*
forzado/a *forced*

pacífico/a *peaceful*
poderoso/a *powerful*
victorioso/a *victorious*

Los gobernantes

el/la cacique *tribal chief*
el/la conquistador(a) *conquistador; conqueror*
el/la dictador(a) *dictator*
el emperador/la emperatriz *emperor/empress*
el/la gobernante *ruler*
el/la monarca *monarch*
el rey/la reina *king/queen*
el/la soberano/a *sovereign; ruler*

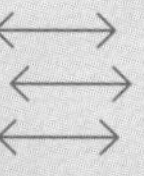

La conquista y la independencia

Con la abolición de la **esclavitud** en 1810 por decisión de Miguel Hidalgo, México **encabeza** la lista de naciones americanas que **suprimieron** esta práctica y **liberaron** a los **esclavos**.

la batalla *battle*
la colonia *colony*
la conquista *conquest*
el ejército *army*
la esclavitud *slavery*
el/la esclavo/a *slave*
las fuerzas armadas *armed forces*
el/la guerrero/a *warrior*
la independencia *independence*
la soberanía *sovereignty*
el/la soldado *soldier*
la tribu *tribe*

colonizar *to colonize*
conquistar *to conquer*
derribar/derrocar *to overthrow*
derrotar *to defeat*
encabezar *to lead*
explotar *to exploit*
expulsar *to expel*
invadir *to invade*
liberar *to liberate*
oprimir *to oppress*
rendirse (e:i) *to surrender*
suprimir *to abolish; to suppress*

Práctica

1 Escuchar

A. Escucha la conversación entre dos historiadores y completa las oraciones con la opción correcta.

1. La especialidad de Mónica es ____.
   a. la época colonial de Hispanoamérica
   b. la Guerra de la Independencia
2. A Mónica le interesa mucho ____.
   a. la conquista b. la monarquía
3. El artículo que le gustó a Franco trataba de ____.
   a. civilizaciones prehistóricas
   b. antiguas colonias
4. Franco, en sus clases, cuenta historias personales de ____.
   a. reyes y guerreros b. reyes y gobernantes

B. Escucha parte de una de las clases de Mónica y después contesta las preguntas.

1. ¿Quién era Álvar Núñez Cabeza de Vaca?
2. ¿A qué lugar lo llevaron las tormentas?
3. ¿Qué ocurrió durante los años que Cabeza de Vaca vivió con los indígenas?
4. ¿En qué se tranformó Cabeza de Vaca después de ser soldado?
5. ¿Qué hizo después de habitar diez años en América?
6. ¿En qué se basaba el gobierno que intentó establecer en el Paraguay?

2 Definiciones

Escribe la palabra adecuada para cada definición.

1. pensamiento expresado con palabras ______
2. persona que sube al poder y elimina los derechos democráticos de los ciudadanos ______
3. gobernante de un imperio ______
4. cien años ______
5. hombre que forma parte de las fuerzas armadas ______
6. tranquilo; que busca la paz ______
7. sinónimo de "vivir" ______
8. conocimiento profundo ______

Práctica

3 Sinónimos y antónimos Completa cada cuadro con las palabras de la lista.

adelantado	derrotado	liberar
antiguo	esclavitud	poderoso
culto	habitar	rey

Sinónimos

1. fuerte: ____________
2. avanzado: ____________
3. monarca: ____________
4. educado: ____________

Antónimos

5. libertad: ____________
6. victorioso: ____________
7. moderno: ____________
8. oprimir: ____________

4 América Latina Completa la conversación con las palabras de la lista.

batallas	emperadores	herencia cultural
colonias	época	independencia
conquista	habitantes	reyes

IGNACIO Después de que Cristóbal Colón llegara a América, ¿ordenaron los (1) ____________ Fernando e Isabel la colonización de "Las Indias"?

PROFESORA Sí, y así se inició la (2) ____________ de los pueblos indígenas, los (3) ____________ nativos de los territorios.

IGNACIO Siglos más tarde, las (4) ____________ lucharon contra España por su (5) ____________. ¿Correcto?

PROFESORA Sí, Ignacio. Hoy en día, la (6) ____________ de América Latina refleja la mezcla de costumbres españolas e indígenas.

5 Preguntas Responde a las preguntas con oraciones completas. Luego comparte tus opiniones con las de un(a) compañero/a.

1. ¿Te gusta estudiar la historia mundial? ¿Qué época te interesa más? ¿Por qué?
2. ¿Crees que la historia es una fuente de conocimiento o de incertidumbre? ¿Por qué?
3. Según tu opinión, ¿cuáles fueron las civilizaciones antiguas más adelantadas?
4. Si pudieras ser un(a) gobernante famoso/a de la historia, ¿quién serías? ¿Por qué?
5. Espartaco, un esclavo y gladiador del Imperio Romano, supuestamente dijo: "No hay peor esclavo que el que ignora que lo es." ¿Qué quiere decir esta cita?
6. ¿Qué papel debe tener el ejército en la sociedad moderna?
7. ¿Cuáles son las influencias de tu herencia cultural?
8. ¿Crees que la humanidad ha progresado en el transcurso de la historia? ¿Estamos más adelantados que nuestros antepasados? ¿Somos más cultos? ¿Más pacíficos?

Practice more at **enfoques.vhlcentral.com.**

Comunicación

6 De historia

A. En parejas, escojan una novela o película histórica que conozcan y escriban un breve resumen de la obra. Incluyan una descripción del período histórico, los personajes y el argumento.

B. Ahora, imaginen que tienen la oportunidad de rodar su propia película histórica. ¿De qué tema tratará? Escriban una descripción de la película. Pueden escoger entre los elementos de la lista o inventar sus propios detalles.

Contexto	• período de la conquista • lucha por la independencia • dictadura	la historia tiene lugar en una época de inestabilidad política
Protagonistas	• soberano/a • esclavo/a • soldado	deben tener un papel importante en el desarrollo del conflicto
Argumento	• derrotar • encabezar • integrarse	la historia tiene que ver con una de estas acciones

7 Discusión En grupos de tres, lean las citas y comenten su significado. ¿Están de acuerdo con lo que dicen?

"En la pelea, se conoce al soldado; sólo en la victoria, se conoce al caballero." ***Jacinto Benavente***

"Puede juzgarse el grado de civilización de un pueblo por la posición social de la mujer." ***Domingo Faustino Sarmiento***

"No hay hombre tan cobarde a quien el amor no haga valiente y transforme en héroe." ***Platón***

"Así como de la noche nace el claro del día, de la opresión nace la libertad." ***Benito Pérez Galdós***

8 La reacción de los indígenas En parejas, imaginen que son algunos de los indígenas que vieron a Cristóbal Colón cuando llegó a América. ¿Qué habrían pensado de estos desconocidos europeos? ¿Cómo habrían reaccionado? ¿Qué habrían hecho? Compartan sus opiniones con la clase, utilizando el vocabulario de **Contextos**.

El equipo de *Facetas* va a asistir a la ceremonia de premios para los mejores periodistas del año.

MARIELA ¿Qué haces vestido así tan temprano?

DIANA La ceremonia no comienza hasta las siete.

JOHNNY Tengo que practicar con el traje puesto.

AGUAYO ¿Practicar qué?

JOHNNY Ponerme de pie, subir las escaleras, sentarme, saludar y todo eso. Imagínense...

Johnny imagina que recibe un premio...

JOHNNY Quisiera dar las gracias a mis amigos, a mis padres, a mi compadre, a mis familiares, a Dios por este premio que me han dado. De verdad, muchas gracias, los quiero a todos. ¡Muchas gracias! ¡Gracias!

Aguayo sale corriendo de su oficina.

AGUAYO ¡Llegó la lista! ¡Llegó la lista! (*Lee.*) "En la categoría de mejor serie de fotos, por las fotos de las pirámides de Teotihuacán, Éric Vargas."

JOHNNY Felicidades.

AGUAYO (*Lee.*) "En la categoría de mejor diseño de revista, por la revista *Facetas*, Mariela Burgos."

MARIELA Gracias.

Al mismo tiempo, en la cocina...

JOHNNY ¿Con quién vas a ir esta noche?

ÉRIC ¿Estás loco? Entre boletos, comida y todo lo demás, me arruinaría. Mejor voy solo.

JOHNNY No creo que debas ir solo. ¿Y qué tal si invitas a alguien que *ya* tiene boleto?

ÉRIC ¿A quién?

JOHNNY A Mariela.

ÉRIC ¿A Mariela?

JOHNNY Éric, es esta noche o nunca. ¿En qué otra ocasión te va a ver vestido con traje? Además, tienes que aprovechar que ella está de buen humor. Creo que antes te estaba mirando de una manera diferente...

ÉRIC No sé...

Más tarde, en el escritorio de Mariela...

ÉRIC ¿Qué tal?

MARIELA Todo bien.

ÉRIC Muy bonitos zapatos.

MARIELA Gracias.

ÉRIC Y MARIELA (*al mismo tiempo*) Quería preguntarte si...

ÉRIC Disculpa, tú primero...

MARIELA No, tú primero...

Personajes

AGUAYO DIANA ÉRIC FABIOLA JOHNNY MARIELA

4

AGUAYO (*Lee.*) "En la categoría de mejor artículo, por 'Historia y civilización en América Latina', José Raúl Aguayo." No lo puedo creer. ¡Tres nominaciones!

Todos están muy contentos, pero Johnny tiene cara de triste.

DIANA Johnny, ¿cómo te van a nominar para un premio?... ¡si no presentaste ningún trabajo!

JOHNNY (*riéndose*) Claro... pues, es verdad.

5

Más tarde, en el escritorio de Mariela...

MARIELA Mira qué zapatos tan bonitos voy a llevar esta noche.

FABIOLA Pero... ¿tú sabes andar con eso?

MARIELA ¡Llevo toda mi vida andando con tacón alto!

FABIOLA Mira, de todas formas, te aconsejo que no te los pongas sin probártelos antes.

9

Esa noche...

DIANA ¡Qué nervios!

FABIOLA ¿Qué fue eso?

JOHNNY (*con una herradura en la mano*) Es todo lo que necesitamos esta noche.

10

Éric y Mariela hablan a solas.

ÉRIC ¿Estás preparada para la gran noche?

MARIELA Lista.

Todos entran al ascensor, esperando a Aguayo.

ÉRIC (*Grita.*) ¡Jefe!

Aguayo se queda solo, mirando la oficina emocionado. Por fin, apaga la luz, entra al ascensor y todos se van.

Expresiones útiles

Degrees of formality in expressing wishes

Direct
Quiero invitarte a venir conmigo a la ceremonia.
I want to ask you to come with me to the ceremony.

More formal
Quería invitarte a venir conmigo a la ceremonia.
I wanted to ask you to come with me to the ceremony.

Most formal
Quisiera invitarte a venir conmigo a la ceremonia.
I would like to invite you to come with me to the ceremony.

Expressing anticipation and excitement

¿Estás preparado/a para la gran noche?
Are you ready for the big night?

¡Qué nervios!/¡Qué emoción!
I'm so nervous!/I'm so excited!

Es hoy o nunca.
It's now or never.

¡No lo puedo creer!
I can't believe it!

Additional vocabulary

arruinarse *to go bankrupt*
de todas formas *in any case*
la herradura *horseshoe*
la nominación *nomination*
ponerse de pie *to stand up*
el premio *award; prize*
el tacón (alto) *(high) heel*

Comprensión

1 **La trama** Primero, indica con una **X** los hechos que no ocurrieron en este episodio. Después, indica con números el orden en el que ocurrieron los restantes.

___ a. Diana le explica a Johnny por qué él no fue nominado.
___ b. Aguayo irá con su esposa y le aconseja a Éric que invite a Mariela.
___ c. Cuando llega la lista, el equipo de *Facetas* descubre que los nominados son Aguayo, Mariela y Éric.
___ d. Mariela quiere ir a la ceremonia con tacón alto.
___ e. Fabiola no va a ir a la ceremonia.
___ f. Éric y Mariela hablan.
___ g. Johnny viene al trabajo vestido elegantemente.
___ h. Johnny gana un premio.

2 **Preguntas** Responde a las preguntas con oraciones completas.

1. ¿Adónde iba a ir el equipo de *Facetas* esa noche?
2. ¿Por qué Johnny se vistió con un traje elegante tan temprano?
3. ¿Por qué Johnny no fue nominado?
4. ¿Por qué Johnny cree que Éric debe invitar a Mariela a ir con él?
5. ¿Crees que Mariela y Éric van a llegar a ser novios? ¿Por qué?

3 **La ceremonia** En parejas, piensen en lo que va a pasar en la ceremonia. Escriban cuatro oraciones con sus predicciones. Luego, compartan sus ideas con la clase. Utilicen por lo menos tres palabras de la lista.

emoción	**ponerse de pie**
nervios	**premio**
nominación	**preparado/a**

4 **Gracias, muchas gracias** En las ceremonias de entregas de premios, los ganadores dicen unas palabras. En grupos de tres, preparen los posibles discursos de Éric, Aguayo y Mariela. El discurso de Aguayo debe ser adecuado y formal. El discurso de Éric, aburrido y nervioso. El de Mariela, gracioso e informal. Luego representen la situación ante la clase.

MODELO

Acepto este premio de parte de la revista Facetas *y todos sus empleados. Primero, me gustaría agradecer a…*

 Practice more at **enfoques.vhlcentral.com.**

Ampliación

5 **Éric y Mariela** La **Fotonovela** tiene un final abierto porque es casi al final cuando Éric y Mariela tratan de invitarse el uno al otro para ir a la ceremonia de gala. En parejas, preparen la continuación de la conversación entre Éric y Mariela, y representen la situación.

6 **El futuro de *Facetas*** En parejas, imaginen cómo será la vida de cada uno de los personajes de la **Fotonovela** dentro de veinte años.

AGUAYO

DIANA

ÉRIC

FABIOLA

JOHNNY

MARIELA

7 **Apuntes culturales** En parejas, lean los párrafos y contesten las preguntas.

Teotihuacán vs. Walmart

Éric ha sido nominado por sus fotos de las pirámides de **Teotihuacán**. Este complejo arquitectónico de más de 2.000 años de antigüedad es el legado (*heritage*) histórico y cultural más preciado de los mexicanos. En 2005, la cadena de supermercados **Walmart** generó una gran controversia cuando se instaló muy cerca de allí, a la vista de los visitantes.

Escritor, periodista y político

¡Bravo, Aguayo, por la nominación! Otro escritor destacado en literatura y periodismo es el peruano **Mario Vargas Llosa**, quien ha realizado una prolífica carrera como escritor, periodista, profesor y político. ¡Hasta fue candidato a presidente! Colaboró con el diario *El País* y entre sus novelas se destaca *La fiesta del chivo*. ¿Se dedicará Aguayo a la política?

El mejor periodista

Johnny se entristeció cuando se enteró de que no recibiría ningún premio. Un periodista que sí ha obtenido muchos es el mexicano **Claudio Sánchez** de *NPR* (*National Public Radio*). El premio más prestigioso fue *The Alfred I. duPont-Columbia University*, uno de los más altos honores periodísticos. ¡Todavía hay esperanza, Johnny!

1. ¿Qué opinas sobre la apertura de *Walmart* en Teotihuacán? ¿Te parece un hecho positivo para la economía de México o es una ofensa a su cultura?
2. ¿Cuáles son los sitios históricos más antiguos o importantes de tu comunidad? ¿Ha habido alguna controversia acerca de su preservación? ¿Cómo se resolvió?
3. El diario español *El País* es uno de los más importantes del mundo hispanohablante. ¿Cuáles son los diarios más importantes de tu país? ¿Los lees tú?
4. ¿Conoces a otros periodistas hispanos famosos? ¿En qué medios trabajan?

PERÚ Y ECUADOR

Additional Reading

La herencia de los incas

El auge° del imperio inca duró sólo trescientos años (del siglo XIII al XVI). Esta civilización nunca conoció la rueda°, el hierro° o el caballo, elementos que en otras culturas estuvieron directamente relacionados con el progreso. Sin embargo, los incas dejaron huellas° indelebles° en la lengua, la cultura, la agricultura, la ingeniería, la planificación urbana y la industria textil en el Perú, el Ecuador y el resto de la región andina.

El centro del imperio inca era la ciudad de Cuzco, en el actual Perú. La red° de caminos establecida por los incas tenía una extensión de aproximadamente 20.000 kilómetros (12.500 millas), y recorría el territorio que ahora ocupan seis países: la Argentina, Bolivia, Chile, Colombia, el Ecuador y el Perú. La ruta principal, de unos 5.000 kilómetros de extensión, recorría los Andes desde el norte de Ecuador hasta el centro de Chile. No se trataba de simples caminos de tierra°: muchos eran caminos empedrados° y a veces incluían puentes colgantes° o flotantes°, puentes de piedra o terraplenes°. Miles de turistas de todo el mundo recorren el tramo más conocido de este sistema de rutas: el Camino del Inca, que llega a Machu Picchu; mientras que millones de suramericanos recorren —quizás sin saberlo— viejos caminos incas, ya que muchas rutas de Suramérica siguen el mismo trazado° marcado por los incas hace seiscientos años.

Los incas se destacaron por el uso de la ingeniería con fines agrícolas°. Convirtieron tierras altas y empinadas° en áreas productivas a través de la construcción de sistemas de terrazas de cultivo. También construyeron canales que llevaban agua para regar° plantaciones en zonas desérticas. Algunas de estas innovaciones tecnológicas siguen en uso actualmente.

El legado° cultural se aprecia principalmente en el uso de dos lenguas habladas por los incas: el aymara y el quechua. La presencia inca también se percibe en la vida cotidiana, a través de las costumbres y tradiciones que pasan de generación en generación, una de cuyas expresiones más visibles es la industria textil tradicional, que sigue usando las mismas técnicas de antaño°. ■

El correo inca

Un avanzado sistema de rutas no sería de mucha utilidad sin un sistema de comunicación eficiente. Los incas usaban un sistema de **chasquis**, o mensajeros, para llevar órdenes y noticias por todo el imperio. El sistema utilizado por los chasquis era similar al de las carreras de relevos°. Se dice que fue el sistema de mensajería más rápido hasta la invención del telégrafo. Los chasquis podían llevar un mensaje de Quito a Cuzco (aproximadamente 2.000 kilómetros) en unos cinco o seis días.

auge *peak* **rueda** *wheel* **hierro** *iron* **huellas** *marks* **indelebles** *permanent* **red** *network* **caminos de tierra** *dirt roads* **empedrados** *cobbled* **colgantes** *suspension* **flotantes** *floating* **terraplenes** *embankments* **trazado** *route* **fines agrícolas** *agricultural purposes* **empinadas** *steep* **regar** *to water* **legado** *legacy* **de antaño** *from the past; of yesteryear* **carreras de relevos** *relay races*

ASÍ LO DECIMOS

Palabras de lenguas indígenas

el cacao (náhuatl) *cacao; cocoa*
el charqui (quechua) *dried beef; jerky*
el chicle (náhuatl) *gum*
el chocolate (náhuatl) *chocolate*
el cóndor (quechua) *condor*
el coyote (náhuatl) *coyote*
la guagua (quechua) *baby boy/girl*
el huracán (taíno) *hurricane*
la llama (quechua) *llama*
el poncho (mapuche) *poncho*
el puma (quechua) *puma*

EL MUNDO HISPANOHABLANTE

Curiosidades

Situada en el istmo de Tehuantepec, en México, **Juchitán** es una comunidad mayoritariamente indígena cuyos mitos y creencias resisten la influencia del exterior. Se dice que aquí todavía subsiste el **matriarcado°** porque las mujeres tienen una presencia vital en la economía y en la sociedad.

La **Catedral de Sal** en Zipaquirá, cerca de Bogotá, Colombia, es una obra única de ingeniería y arte. Esta construcción subterránea fue realizada en una mina de sal que los **indígenas muiscas** de esa zona ya explotaban° antes de la llegada de los españoles al continente americano.

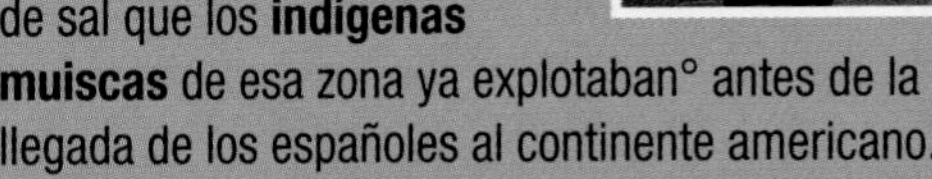

La sociedad **Rapa Nui**, desarrollada en condiciones de aislamiento° extremo en la Isla de Pascua, Chile, presenta numerosos interrogantes° que se resisten a ser descifrados. Sus famosas esculturas monolíticas, sus altares megalíticos y su escritura jeroglífica siguen siendo un misterio que maravilla a los investigadores.

PERFIL

MACHU PICCHU

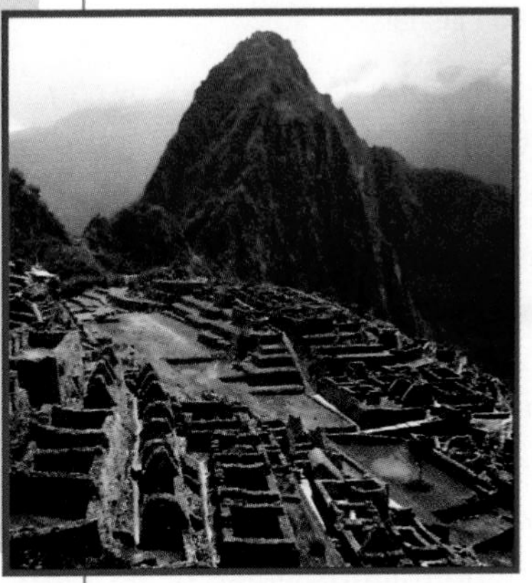

La ciudad de Machu Picchu es el ejemplo más famoso de las sofisticadas técnicas arquitectónicas de la civilización inca. Las ruinas están ubicadas° a unos 112 kilómetros (70 millas) de Cuzco, Perú, en una zona montañosa desde la que se pueden disfrutar unas vistas espectaculares del valle del Urubamba. En el corazón de Machu Picchu está la plaza central, en la que se pueden ver los templos y los edificios del gobierno. Uno de los monumentos más famosos es el *intihuatana*, un tipo de observatorio astronómico inca, utilizado para observar el Sol y para medir° las estaciones del año y el transcurso del tiempo. También se realizaban allí ceremonias en honor al Sol, y la elevación del terreno permitía que todos los habitantes las presenciaran.

"Una cosa es continuar la historia y otra repetirla." (Jacinto Benavente, dramaturgo español)

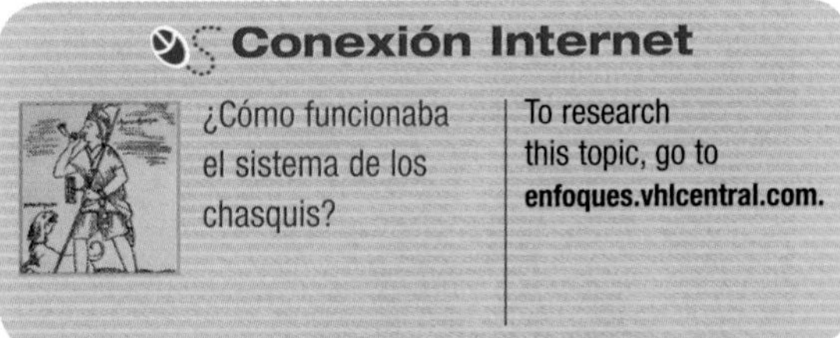
Conexión Internet
¿Cómo funcionaba el sistema de los chasquis?
To research this topic, go to **enfoques.vhlcentral.com.**

ubicadas *located* **medir** *to measure* **matriarcado** *matriarchy* **explotaban** *operated* **aislamiento** *isolation* **interrogantes** *mysteries*

¿Qué aprendiste?

1 ¿Cierto o falso? Indica si las oraciones son **ciertas** o **falsas**. Corrige las falsas.

1. El imperio inca alcanzó su auge después de la llegada de los españoles.
2. El imperio inca se extendía hasta Panamá.
3. La principal ruta inca recorría la costa atlántica de Suramérica.
4. Algunos caminos actuales siguen el trazado de viejas rutas incas.
5. Los incas cultivaban las tierras bajas con un sistema de terrazas.
6. Todavía se siguen utilizando algunas de las técnicas agrícolas de los incas.
7. Todavía se usan dos idiomas hablados por los incas.
8. Un solo chasqui se encargaba de llevar los mensajes de Quito a Cuzco.

2 Oraciones incompletas Elige la opción correcta.

1. Machu Picchu es (el templo inca más famoso / el ejemplo más famoso de arquitectura inca).
2. El *intihuatana* era un (templo / observatorio).
3. El charqui es (una comida / un tipo de poncho).
4. La palabra *llama* viene de la lengua (mapuche / quechua).

3 Preguntas Contesta las preguntas con oraciones completas.

1. ¿Dónde está Juchitán?
2. ¿Por qué se dice que en Juchitán subsiste el matriarcado?
3. ¿Dónde se construyó la Catedral de Sal de Zipaquirá?
4. ¿Qué grupo indígena explotaba la mina de sal de Zipaquirá?
5. ¿Qué isla chilena tiene esculturas monolíticas?

4 Opiniones En parejas, hablen de la importancia de mantener los usos y las costumbres tradicionales y del posible efecto de las tradiciones en el desarrollo económico de las sociedades. Usen las preguntas como guía:

- ¿Es importante mantener las tradiciones? ¿Por qué?
- ¿Es posible desarrollar economías competitivas aprovechando las tradiciones?
- ¿Creen que las tradiciones pueden perderse si se explota su potencial económico?
- ¿Hay casos en los que es mejor no mantener las tradiciones? ¿En cuáles?

Contesten las preguntas, den ejemplos de sus puntos de vista y después compartan su opinión con la clase.

Practice more at **enfoques.vhlcentral.com.**

PROYECTO

Monolitos, Isla de Pascua

Monumentos antiguos

Elige uno de los lugares de la lista u otra construcción antigua importante en un país de habla hispana. Busca información sobre el lugar y prepara una presentación para tus compañeros. No olvides incluir información sobre la época en la que se construyó, quién lo hizo y, si se sabe, con qué objetivo. Incluye una fotografía o una ilustración de la obra o construcción.

- Monolitos de la Isla de Pascua
- Líneas de Nazca
- Catedral de Sal
- Monte Albán

Machu Picchu: encanto y misterio

Ya has leído sobre la maravillosa herencia de los incas en Sudamérica. Este episodio de **Flash Cultura** te lleva a conocer las ruinas de Machu Picchu en Perú para descubrir sus misterios y saber qué piensan de ellas los visitantes de todo el mundo.

VOCABULARIO ÚTIL

el borde *brink*	**el depósito** *warehouse*
la bruma *mist*	**evitar** *to prevent*
la ciudadela *citadel*	**la intrepidez** *fearlessness*
la cordillera *mountain range*	**tallado/a** *carved*

Preparación ¿Te interesan las antiguas civilizaciones? ¿Te parece que es mejor visitar un lugar histórico que leer sobre él? ¿Estarías dispuesto/a a hacer un viaje de aventura a un país lejano? ¿Qué cosas pueden ser difíciles o peligrosas en un viaje así?

Comprensión Indica si estas afirmaciones son ciertas o falsas. Después, en parejas, corrijan las falsas.

1. Machu Picchu se encuentra en un lugar muy accesible a los turistas.
2. Se sabe que Miguel Ángel vivió en la ciudadela.
3. Las ruinas fueron descubiertas por un explorador estadounidense.
4. Cada una de las piedras de Machu Picchu fue cuidadosamente tallada.
5. Las terrazas servían como almacén de alimentos.
6. La ubicación geográfica de Machu Picchu evitó que la ciudadela fuera invadida por la conquista española.

Expansión En parejas, contesten estas preguntas.

- Si visitaran las ruinas, ¿contratarían un(a) guía local? ¿Les parece que sería importante conversar con un(a) heredero/a de la cultura andina? ¿Por qué?
- A Machu Picchu se puede llegar a pie o, en mucho menos tiempo, en tren. ¿Qué opción elegirían? ¿Por qué?
- ¿Qué les atrae más de Machu Picchu: el misterio, el entorno de la naturaleza, la maravilla de su construcción o su importancia histórica? Expliquen su elección.

Corresponsal: Omar Fuentes
País: Perú

Un lugar remoto, sagrado y misterioso que fue descubierto apenas hace cien años.

Para cuando los españoles obtuvieron el control del Perú en 1532, todos los habitantes de Machu Picchu habían desaparecido.

Esta cultura quechua hizo muchas grandes obras y, actualmente, podemos ver esta maravilla del mundo que es Machu Picchu.

Practice more at **enfoques.vhlcentral.com.**

12.1 Uses of the infinitive

¿Tú sabes andar
con eso?

Quería
preguntarte si...

TALLER DE CONSULTA

MANUAL DE GRAMÁTICA
Más práctica

12.1 Uses of the infinitive, p. A63
12.2 Summary of the indicative, p. A64
12.3 Summary of the subjunctive, p. A65

Más gramática

12.4 **Pedir/preguntar** and **conocer/saber**, p. A66

¡ATENCIÓN!

An infinitive is the unconjugated form of a verb and ends in **–ar**, **–er**, or **–ir**.

¡ATENCIÓN!

The gerund form may also be used after verbs of perception.

Te escuché hablando con él.
I heard you talking to him.

- The infinitive (**el infinitivo**) is commonly used after other conjugated verbs, especially when there is no change of subject. **Deber**, **decidir**, **desear**, **necesitar**, **pensar**, **poder**, **preferir**, **querer**, and **saber** are all frequently followed by infinitives.

Después de tres décadas de guerra, el rey **decidió rendirse**.
After three decades of war, the king decided to surrender.

Preferimos no **viajar** a esa región durante este período de inestabilidad.
We prefer not to travel to that region during this period of instability.

- Use the infinitive after verbs of perception, such as **escuchar**, **mirar**, **oír**, **sentir**, and **ver**, even if there is a change of subject. The use of an object pronoun with the conjugated verb distinguishes the two subjects and eliminates the need for a subordinate clause.

Te **oigo hablar**, pero ¡no entiendo nada!
I hear you speaking, but I don't understand anything!

Si la **ven salir**, avísenme enseguida, por favor.
If you see her leave, please let me know immediately.

- Many verbs of influence, such as **dejar**, **hacer**, **mandar**, **pedir**, **permitir**, and **prohibir**, may also be followed by the infinitive. As with verbs of perception, the object pronoun makes a subordinate clause unnecessary.

La profesora **nos hizo leer** artículos sobre la conquista.
The teacher made us read articles about the conquest.

El comité **me ha dejado continuar** con las investigaciones.
The committee has allowed me to continue with my research.

- The infinitive may be used with impersonal expressions, such as **es importante**, **es fácil**, and **es bueno**. It is required after **hay que** and **tener que**.

Es importante celebrar nuestra herencia cultural.
It's important to celebrate our cultural heritage.

Hay que hacer todo lo posible para lograr una solución pacífica.
Everything possible must be done to find a peaceful solution.

Tengo que practicar
con el traje puesto.

- After prepositions, the infinitive is used.

Se cree que las estatuas fueron construidas **para proteger** al templo.
It is believed that the statues were built in order to protect the temple.

El arqueólogo las miró con cuidado, **sin decir** nada.
The archeologist looked at them carefully, without saying a word.

- Many Spanish verbs follow the pattern of [*conjugated verb*] + [*preposition*] + [*infinitive*]. The prepositions for this pattern are **de**, **a**, **con**, or **en**.

¿Con quién vas a ir esta noche?

acabar de *to have just (done something)*	**enseñar a** *to teach (to)*
aprender a *to learn (to)*	**quedar en** *to agree (to)*
contentarse con *to be happy with*	**tardar en** *to take time (to)*
dejar de *to stop (doing something)*	**tratar de** *to try (to)*

Acabo de hablar con el profesor López.
I have just spoken with Professor López.

Su computadora **tarda en encenderse.**
His computer takes a while to start up.

Trato de estudiar todos los días.
I try to study every day.

Quedamos en hacerlo.
We agreed to do it.

- While **deber** + [*infinitive*] suggests obligation, **deber** + **de** + [*infinitive*] suggests probability.

El pueblo **debe saber** la verdad.
The people need to know the truth.

El pueblo **debe de saber** la verdad.
Surely, the people must know the truth.

- In Spanish, unlike in English, the gerund form of a verb (*talking, working,* etc.) may not be used as a noun or in giving instructions. The infinitive form is used instead.

Ver es creer.
Seeing is believing.

No **fumar**.
No smoking.

El arte de **mirar**.
The art of seeing.

- The perfect infinitive is formed by combining the infinitive **haber** and a past participle. It expresses an action completed before the action of the main verb.

Después de **haber finalizado** sus negociaciones con Austria, Napoleón regresó a París.
After having finalized his negotiations with Austria, Napoleon came back to Paris.

Los mexicanos estaban orgullosos de **haber conseguido** la independencia de España.
Mexicans were proud of having gained their independence from Spain.

Práctica

TALLER DE CONSULTA

MANUAL DE GRAMÁTICA
Más práctica

12.1 Uses of the infinitive, p. A63

1 **Oraciones** Forma oraciones completas con los elementos dados. Sigue el modelo y añade preposiciones cuando sea necesario.

MODELO **la arqueóloga / esperar / descubrir / tesoros antiguos**
La arqueóloga espera descubrir tesoros antiguos.

1. Luis / pensar / ser / historiador
2. él / querer / especializarse / la historia sudamericana
3. el profesor Sánchez / le /enseñar / hablar / lenguas indígenas
4. sus padres / le / aconsejar / estudiar / extranjero
5. Luis / acabar / pedir información / programa en el Ecuador

2 **Mi abuelo** Completa las oraciones con el infinitivo perfecto.

1. Después de _________ (luchar) en la guerra, mi abuelo emigró a Argentina.
2. Tras _________ (cruzar) el Atlántico, llegó al puerto de Buenos Aires.
3. Cansado de _________ (vivir) siempre en el campo, se instaló en la ciudad.
4. A los pocos días de _________ (llegar) a Buenos Aires, conoció a su futura esposa, mi abuela.
5. Al poco tiempo de _________ (nacer) mi padre, mi abuelo construyó una casa más grande.
6. A pesar de _________ (tener) que trabajar mucho, mi abuelo siempre tuvo tiempo para dedicarse a su pasatiempo favorito: la pintura.
7. Con el tiempo, se convirtió en un pintor famoso a pesar de no _________ (realizar) estudios formales de arte.
8. Con el dinero que ganó en Argentina, mi abuelo podría _________ (volver) a España, pero prefirió quedarse en Buenos Aires.

3 **Una profesora exigente** Hay una nueva profesora de historia en el departamento. Lee las instrucciones que ella dio a su clase. Luego, escribe oraciones completas desde el punto de vista de los estudiantes, y describe lo que ella les pidió. Sigue el modelo.

MODELO **Lean cien páginas del texto para mañana. (hacer)**
Nos hizo leer cien páginas del texto para mañana.

1. Escriban un trabajo de cincuenta páginas. (obligar a)
2. No coman en clase. (prohibir)
3. Busquen diez libros sobre el tema. (hacer)
4. Vayan hoy mismo al museo para ver la exhibición africana. (mandar)
5. No vengan a clase sin leer el material. (no permitir)
6. Utilicen el libro para hacer su examen. (dejar)

Practice more at **enfoques.vhlcentral.com.**

Comunicación

4 **Documental** En parejas, lean las preguntas de esta entrevista con Fabián Mateos, director del documental histórico *Bolívar*. Luego inventen sus respuestas. Contesten con oraciones completas y utilicen verbos en infinitivo (simple o perfecto). Luego, representen la entrevista frente a la clase.

REPORTERO Me dijeron que la filmación acaba de terminar. ¿Es así?

FABIÁN (1) ____________________

REPORTERO ¿Te acostumbraste a vivir en Sudamérica? ¿Piensas volver?

FABIÁN (2) ____________________

REPORTERO ¿Crees que el documental nos hará cambiar de idea sobre los héroes de la independencia sudamericana?

FABIÁN (3) ____________________

REPORTERO ¿Fue difícil escoger al actor que representa a Simón Bolívar?

FABIÁN (4) ____________________

REPORTERO ¿Piensas hacer otro documental histórico? ¿Hay otro tema histórico que te gustaría explorar?

FABIAN (5) ____________________

5 **Recomendaciones** En parejas, háganse estas preguntas sobre sus planes para el futuro. Luego túrnense para hacerse cinco recomendaciones para lograr sus metas. Utilicen las frases de la lista y el infinitivo, y añadan sus propias ideas.

1. ¿Qué clases quieres tomar?
2. ¿Qué profesión deseas tener?
3. ¿Esperas viajar a otros países? ¿Cuáles?
4. ¿Qué cosas nuevas quieres aprender a hacer?
5. ¿Qué metas deseas alcanzar?

es bueno	tener que
es fácil	estudiar
es importante	explorar
hay que	viajar

6 **Viajes maravillosos**

A. En grupos de cuatro, imaginen que ustedes son científicos/as y han creado una máquina para viajar en el tiempo. Quieren comenzar un negocio con su invento, vendiendo pasajes y siendo guías históricos. Escriban un anuncio breve, utilizando por lo menos seis frases de la lista.

acabar de	quedar en
aprender a	querer
es fácil	tardar en
es increíble	tratar de

B. Ahora imaginen que son los/las turistas que compraron pasajes y que acaban de volver de su primer viaje al pasado. Escojan un período histórico y luego escriban una descripción de lo que vieron e hicieron, utilizando por lo menos seis verbos en infinitivo. Sigan el modelo.

MODELO Acabamos de regresar de nuestro primer viaje al pasado. ¡Aún no podemos creer que anduviéramos con los dinosaurios! El primer día...

Indicative verb forms

- This chart provides a summary of indicative verb forms for regular **–ar**, **–er**, and **–ir** verbs.

TALLER DE CONSULTA

To review indicative verb forms, see:

The present tense
1.1, pp. 14–15

The preterite
3.1, pp. 94–95

The imperfect
3.2, pp. 98–99

The future
6.1, pp. 216–217

The conditional
8.1, pp. 294–295

The present perfect
7.1, pp. 256–257

The past perfect
7.2, p. 260

The future perfect
10.1, p. 374

The conditional perfect
10.2, p. 376

Indicative verb forms

-ar verbs		-er verbs		-ir verbs	
		PRESENT			
canto	cantamos	bebo	bebemos	recibo	recibimos
cantas	cantáis	bebes	bebéis	recibes	recibís
canta	cantan	bebe	beben	recibe	reciben
		PRETERITE			
canté	cantamos	bebí	bebimos	recibí	recibimos
cantaste	cantasteis	bebiste	bebisteis	recibiste	recibisteis
cantó	cantaron	bebió	bebieron	recibió	recibieron
		IMPERFECT			
cantaba	cantábamos	bebía	bebíamos	recibía	recibíamos
cantabas	cantabais	bebías	bebíais	recibías	recibíais
cantaba	cantaban	bebía	bebían	recibía	recibían
		FUTURE			
cantaré	cantaremos	beberé	beberemos	recibiré	recibiremos
cantarás	cantaréis	beberás	beberéis	recibirás	recibiréis
cantará	cantarán	beberá	beberán	recibirá	recibirán
		CONDITIONAL			
cantaría	cantaríamos	bebería	beberíamos	recibiría	recibiríamos
cantarías	cantaríais	beberías	beberíais	recibirías	recibiríais
cantaría	cantarían	bebería	beberían	recibiría	recibirían

PRESENT PERFECT	PAST PERFECT	FUTURE PERFECT	CONDITIONAL PERFECT
he	había	habré	habría
has	habías	habrás	habrías
ha	había	habrá	habría
hemos	habíamos	habremos	habríamos
habéis	habíais	habréis	habríais
han	habían	habrán	habrían
+ cantado / bebido / recibido	+ cantado / bebido / recibido	+ cantado / bebido / recibido	+ cantado / bebido / recibido

Uses of indicative verb tenses

¡Llegó la lista!

¡Es todo lo que necesitamos esta noche!

- This chart explains when each of the indicative verb tenses is appropriate.

Uses of indicative verb tenses

PRESENT

• timeless events:	La gente **quiere** vivir en paz.
• habitual events that still occur:	Mi madre **sale** del trabajo a las cinco.
• events happening right now:	Ellos **están** enojados.
• future events expected to happen:	Te **llamo** este fin de semana.

PRETERITE

• actions or states beginning/ending at a definite point in the past:	Ayer **firmamos** el contrato.

IMPERFECT

• past events without focus on beginning, end, or completeness:	Yo **leía** mientras ella **estudiaba**.
• habitual past actions:	Ana siempre **iba** a ese restaurante.
• mental, physical, and emotional states:	Mi abuelo **era** alto y fuerte.

FUTURE

• future events:	**Iré** a Madrid en dos semanas.
• probability about the present:	¿**Estará** en su oficina ahora?

CONDITIONAL

• what would happen:	Él **lucharía** por sus ideales.
• future events in past-tense narration:	Me dijo que lo **haría** él mismo.
• conjecture about the past:	¿Qué hora **sería** cuando regresaron?

PRESENT PERFECT

• what has occurred:	**Han cruzado** la frontera.

PAST PERFECT

• what had occurred:	Lo **habían hablado** hace tiempo.

FUTURE PERFECT

• what will have occurred:	Para la próxima semana, ya **se habrá estrenado** la película.

CONDITIONAL PERFECT

• what would have occurred:	Juan **habría sido** un gran atleta.

¡ATENCIÓN!

Use the progressive forms to narrate an action in progress. These are the main progressive forms.

PRESENT
Emilia **está estudiando** historia.

PAST (IMPERFECT)
Emilia **estaba estudiando** historia cuando sonó el teléfono.

PAST (PRETERITE)
Ayer Emilia **estuvo estudiando** historia.

FUTURE
Cuando regreses a casa, Emilia **estará estudiando** historia.

CONDITIONAL
Si no estuviera de vacaciones, **estaría estudiando** historia.

Práctica

TALLER DE CONSULTA

Manual de gramática
Más práctica

12.2 Summary of the indicative, p. A64

(1) **Declaración** En 1948, la ONU (Organización de las Naciones Unidas) aprobó la *Declaración Universal de los Derechos Humanos.* A continuación se presentan algunos de los derechos básicos del hombre. Selecciona la forma adecuada del verbo entre paréntesis.

1. Todas las personas (nacen / nacían) libres e iguales.
2. No se (discriminó / discriminará) por ninguna razón: ni nacionalidad, ni raza, ni ideas políticas, ni sexo, ni edad, ni otras.
3. Todas las personas (tendrían / tendrán) derecho a la vida y a la libertad.
4. No (habría / habrá) esclavos.
5. Toda persona (tiene / tendría) derecho a una nacionalidad.
6. Nadie (sufre / sufrirá) torturas ni tratos crueles.
7. Todos (son / eran) iguales ante la ley y (tienen / tuvieron) los mismos derechos legales.
8. La discriminación (era / será) castigada.
9. Nadie (va / irá) a la cárcel sin motivo.
10. Se (juzga / juzgará) de una manera justa a todos los presos.

(2) **Pasado, presente y futuro** David y Sandra son novios. Antes de conocerse tenían vidas muy distintas. Escribe diez oraciones completas sobre el pasado, el presente y el futuro de esta pareja. Utiliza las ideas de la lista o inventa tus propios detalles.

PASADO	PRESENTE	FUTURO
vivir en la ciudad/campo	estudiar en la universidad	trabajar
viajar con la familia	salir con amigos	casarse
hacer deportes	ir al cine	tener hijos
divertirse	viajar	vivir en los suburbios

(3) **Rey por un día** Hoy, por un sólo día, te has convertido en rey/reina de un dominio extenso. Primero, lee la descripción e identifica el tiempo verbal de cada verbo en indicativo. Luego, contesta las preguntas con oraciones completas.

8:00 Te despiertas en el palacio. ¿Qué te gustaría hacer? ¿Disfrutarás del lujo?

12:00 Tus asesores te dicen que las fuerzas armadas del enemigo han invadido y que habrán llegado hasta el palacio antes de las cuatro. ¿Qué haces?

4:00 Cuando tus soldados por fin llegaron al palacio, las fuerzas enemigas ya habían entrado. Te han secuestrado y están exigiendo la mitad de tu reino. ¿Qué les dices?

6:00 ¿Lograste resolver el conflicto? ¿Habrías preferido convertirte en otra cosa?

 Practice more at **enfoques.vhlcentral.com.**

Comunicación

4 **La historia** En parejas, háganse estas preguntas sobre la historia.

1. ¿Crees que la vida era mejor hace cincuenta años? ¿Crees que será mejor o peor en el futuro?
2. ¿Cuál fue el acontecimiento más importante de toda la historia de la humanidad?
3. ¿Qué suceso histórico te habría gustado cambiar?
4. ¿Qué habrá pasado en el mundo en cincuenta años?
5. ¿Crees que hemos aprendido de los errores humanos del pasado?

5 **¿Quién es?** En parejas, escojan una persona famosa. Escriban una lista de los acontecimientos de su vida (pasados, presentes y los que puedan ocurrir en el futuro). Cuando hayan terminado, lean en voz alta la lista y el resto de la clase tendrá que adivinar de quién se trata.

6 **Historias extrañas** En grupos de tres, lean las historias y contesten las preguntas. Luego, compartan sus respuestas con la clase.

1. Un rey regresó victorioso a su reino. Había conquistado enormes territorios y había traído muchas riquezas. Dos días después, desapareció.
   - ¿Qué le pasó?
2. Un emperador guerrero y poderoso derrotó a los integrantes de una tribu indígena. Durante años los explotó cruelmente como esclavos. Un buen día, les dio a todos la libertad.
   - ¿Por qué el emperador habrá liberado a los esclavos?

7 **Acontecimientos** Lee la lista de acontecimientos históricos y ordénalos según su importancia. Luego, en parejas, expliquen por qué ordenaron los acontecimientos de esa manera. Compartan sus ideas con la clase.

_______ la independencia de los Estados Unidos
_______ la llegada de Cristóbal Colón al continente americano
_______ la invención del automóvil
_______ la invención del teléfono
_______ la Segunda Guerra Mundial
_______ la llegada del hombre a la Luna
_______ la caída del muro de Berlín
_______ la invención de Internet
_______ el descubrimiento de la penicilina
_______ la invención de la computadora

12.3 Summary of the subjunctive

Subjunctive verb forms

- This chart provides a summary of subjunctive verb forms for regular **–ar**, **-er**, and **–ir** verbs.

No creo que
debas ir solo.

No creo que
Mariela esté interesada
en ir conmigo.

TALLER DE CONSULTA

To review subjunctive verb forms, see:

The subjunctive in noun clauses 4.1, pp. 134–136

The past subjunctive 8.2, pp. 298–299

The present perfect subjunctive 9.1, p. 336

The past perfect subjunctive 10.3, p. 378

Subjunctive verb forms

-ar verbs		-er verbs		-ir verbs	
PRESENT SUBJUNCTIVE					
hable	hablemos	beba	bebamos	viva	vivamos
hables	habléis	bebas	bebáis	vivas	viváis
hable	hablen	beba	beban	viva	vivan
PAST SUBJUNCTIVE					
hablara	habláramos	bebiera	bebiéramos	viviera	viviéramos
hablaras	hablarais	bebieras	bebierais	vivieras	vivierais
hablara	hablaran	bebiera	bebieran	viviera	vivieran

-ar verbs	-er verbs	-ir verbs
PRESENT PERFECT SUBJUNCTIVE		
haya hablado	haya bebido	haya vivido
hayas hablado	hayas bebido	hayas vivido
haya hablado	haya bebido	haya vivido
hayamos hablado	hayamos bebido	hayamos vivido
hayáis hablado	hayáis bebido	hayáis vivido
hayan hablado	hayan bebido	hayan vivido
PAST PERFECT SUBJUNCTIVE		
hubiera hablado	hubiera bebido	hubiera vivido
hubieras hablado	hubieras bebido	hubieras vivido
hubiera hablado	hubiera bebido	hubiera vivido
hubiéramos hablado	hubiéramos bebido	hubiéramos vivido
hubierais hablado	hubierais bebido	hubierais vivido
hubieran hablado	hubieran bebido	hubieran vivido

Uses of subjunctive verb tenses

Me hubiera gustado ser nominado.

Te aconsejo que no te los pongas sin probártelos.

- The subjunctive is used mainly in multiple clause sentences. This chart explains when each of the subjunctive verb tenses is appropriate.

Uses of subjunctive verb tenses

PRESENT	
• main clause is in the present:	Quiero que **hagas** un esfuerzo.
• main clause is in the future:	Ganará las elecciones a menos que **cometa** algún error.
PAST	
• main clause is in the past:	Esperaba que **vinieras**.
• hypothetical statements about the present:	Si **tuviéramos** boletos, iríamos al concierto.
PRESENT PERFECT	
• main clause is in the present while subordinate clause is in the past:	¡Es imposible que te **hayan despedido** de tu trabajo!
PAST PERFECT	
• main clause is in the past and subordinate clause refers to earlier event:	Me molestó que mi madre me **hubiera despertado** tan temprano.
• hypothetical statements about the past:	Si me **hubieras llamado**, habría salido contigo anoche.

Es importante que **estudiemos** nuestra propia historia.
It is important that we study our own history.

Los indígenas no querían que el conquistador **invadiera** sus tierras.
The indigenous people did not want the conqueror to invade their lands.

Cristóbal Colón no **hubiera llegado** a América sin el apoyo del Rey.
Christopher Columbus wouldn't have arrived in America without the king's support.

El éxito del arqueólogo depende de las ruinas que **haya descubierto**.
The archeologist's success depends on the ruins he may have discovered.

TALLER DE CONSULTA

To review the uses of the subjunctive, see:

The subjunctive in noun clauses
4.1 pp. 134–136

The subjunctive in adjective clauses
5.2 pp. 180–181

The subjunctive in adverbial clauses
6.2 pp. 220–221

¡ATENCIÓN!

Ojalá (que) is always followed by the subjunctive.

Ojalá (que) se mejore pronto.

Impersonal expressions of will, emotion, or uncertainty are followed by the subjunctive unless there is no change of subject.

Es terrible que tú fumes.
Es terrible fumar.

The subjunctive vs. the indicative and the infinitive

- This chart contrasts the uses of the subjunctive with those of the indicative or infinitive.

Subjunctive	Indicative or infinitive
• after expressions of will and influence when there are two different subjects: Quieren que **vuelvas** temprano.	• after expressions of will and influence when there is only one subject (infinitive): Quieren **volver** temprano.
• after expressions of emotion when there are two different subjects: La profesora tenía miedo de que sus estudiantes no **aprobaran** el examen.	• after expressions of emotion when there is only one subject (infinitive): Los estudiantes tenían miedo de no **aprobar** el examen.
• after expressions of doubt, disbelief, or denial when there are two different subjects: Es imposible que Javier **haya salido** por esa puerta.	• after expressions of doubt, disbelief, or denial when there is only one subject (infinitive): Es imposible **salir** por esa puerta; siempre está cerrada.
• when the person or thing in the main clause is uncertain or indefinite: Buscan un empleado que **haya estudiado** administración de empresas.	• when the person or thing in the main clause is certain or definite (indicative): Contrataron a un empleado que **estudió** administración de empresas.
• after **a menos que, antes (de) que, con tal (de) que, en caso (de) que, para que,** and **sin que**: El abogado hizo todo lo posible para que su cliente no **fuera** a la cárcel.	• after **a menos de, antes de, con tal de, en caso de, para**, and **sin** when there is no change in subject (infinitive): El abogado hizo todo lo posible para **defender** a su cliente.
• after the conjuctions **cuando, después (de) que, en cuanto, hasta que**, and **tan pronto como** when they refer to future actions: Compraré otro teléfono celular cuando me **ofrezcan** un plan adecuado a mis necesidades.	• after the conjuctions **cuando, después (de) que, en cuanto, hasta que**, and **tan pronto como** when they do not refer to future actions (indicative): Compré otro teléfono celular cuando me **ofrecieron** un plan adecuado a mis necesidades.
• after **si** in hypothetical or contrary-to-fact statements about the present: Si **tuviera** tiempo, iría al cine.	• after **si** in hypothetical statements about possible or probable future events (indicative): Si **tengo** tiempo, iré al cine.
• after **si** in hypothetical or contrary-to-fact statements about the past: Si **hubiera tenido** tiempo, habría ido al cine.	• after **si** in statements that express habitual past actions (indicative): Si **tenía tiempo**, siempre iba al cine.

Práctica

TALLER DE CONSULTA

Manual de gramática
Más práctica

12.3 Summary of the subjunctive, p. A65

1 **Oraciones incompletas** Empareja las frases para formar oraciones lógicas.

____ 1. Gabi no irá a la fiesta a menos que...	a. limpiara mi cuarto.
____ 2. Habríamos llegado antes si...	b. me hayan comprado algo bonito.
____ 3. Hoy es mi cumpleaños. Espero que mis padres...	c. no hubieras manejado tan lento.
____ 4. Iría a Europa si...	d. termine de hacer su tarea.
____ 5. Mis padres siempre exigían que...	e. tuviera más tiempo.

2 **Cita perdida** Selecciona la forma adecuada del verbo entre paréntesis para completar la conversación.

ROSA Oficina Rodríguez, ¿en qué le puedo ayudar?

EMA Buenos días. Me gustaría hablar con Miguel Pérez. Tengo una entrevista telefónica con él.

ROSA Qué lástima que ya (1) ________ (salga / haya salido / hubiera salido). No creo que (2) ________ (vuelva / volviera / haya vuelto) hasta las cuatro.

EMA Le había dicho que yo llamaría el martes, pero él me dijo que lo (3) ________ (llamara / haya llamado / hubiera llamado) hoy.

ROSA No veo nada en su agenda. Y no creo que al señor Pérez se le (4) ________ (olvide / haya olvidado / hubiera olvidado) la entrevista. Si él le (5) ________ (pida / haya pedido / hubiera pedido) una entrevista, me lo habría mencionado. Si quiere, le digo que la (6) ________ (llame / llamara / haya llamado) tan pronto como (7) ________ (llegue / llegara / hubiera llegado). A menos que usted (8) ________ (quiera / haya querido / hubiera querido) llamarlo al celular...

3 **¿En qué tiempo?** Completa las oraciones con el subjuntivo (presente, imperfecto, pretérito perfecto o pluscuamperfecto) de los verbos entre paréntesis.

1. Antes de que los primeros españoles ________ (pisar) el suelo americano, los vikingos ya habían viajado a América.
2. El profesor Gómez viajará al Amazonas. Cuando ________ (llegar) allí, investigará algunas tribus aisladas.
3. Siempre que ________ (haber) democracia, habrá libertad de prensa.
4. Cuando ________ (terminar) la guerra civil, el país mejorará.
5. El cacique les habló a sus guerreros para que ________ (luchar) con entusiasmo.
6. La historia del país habría sido muy distinta si la monarquía no ________ (caer).
7. La fundación humanitaria prefiere contratar a personas que ya ________ (viajar) al país donde trabajarán.
8. Si los gobernantes ________ (saber) lo que ahora sabemos, nunca habrían firmado el acuerdo.

Practice more at **enfoques.vhlcentral.com.**

Práctica

4 **Los pueblos americanos** Selecciona la forma adecuada de los verbos entre paréntesis.

1. La ley venezolana les prohibía a los militares que (votaron / votaran / votar) en las elecciones presidenciales.
2. Te recomiendo que (estudias / estudies / estudiar) los cambios políticos en el Perú.
3. Me gustaría (lucho / luche / luchar) por los derechos de los indígenas.
4. Los primeros hombres que (poblaron / poblaran / poblar) América llegaron desde Asia.
5. Es una lástima que los conquistadores (destruyeron / destruyeran / destruir) algunas culturas americanas.
6. No es cierto que todos los indígenas americanos (se han rendido / se hayan rendido / rendirse) pacíficamente.
7. Sé que la dictadura (es / sea / ser) la peor forma de gobierno.
8. ¡Ojalá los pueblos americanos (habían luchado / hubieran luchado / luchar) más por sus derechos!

5 **Las formas verbales** Conecta las frases de las columnas. Usa las formas y los tiempos verbales apropiados.

A.
1. El historiador busca el libro que
2. El historiador busca un libro que
3. El historiador buscó un libro que

a. explicara los últimos cambios políticos.
b. explique los últimos cambios políticos.
c. explica los últimos cambios políticos.

B.
1. En su viaje, el historiador no conoció a ningún indígena que
2. En su viaje, el historiador había conocido a un solo indígena que
3. En su viaje, el historiador conoció a un solo indígena que

a. tenía contacto con tribus vecinas.
b. había tenido contacto con tribus vecinas.
c. tuviera contacto con tribus vecinas.

C.
1. Eva no conocía a nadie que
2. Eva conocía a un solo profesor que
3. Eva conoce a un solo profesor que

a. había estudiado la cultura china.
b. ha estudiado la cultura china.
c. hubiera estudiado la cultura china.

6 **¿Indicativo o subjuntivo?** Completa las oraciones con verbos en subjuntivo o en indicativo.

1. Me gustaría que mis hijos ________ (tener) más tiempo para leer los diarios que escribió mi abuelo al emigrar.
2. El profesor me recomendó que yo ________ (preservar) mi herencia cultural.
3. Me molestaba que ella ________ (hablar) de esa manera sobre los inmigrantes.
4. Mi abuela hizo todo lo posible para que todos nosotros ________ (visitar) su país de origen.
5. Cada día ________ (llegar) al país nuevos inmigrantes llenos de sueños.
6. La situación ________ (cambiar) en los últimos años porque los habitantes de mi país ya no emigran tanto como en el pasado.

Practice more at **enfoques.vhlcentral.com.**

Comunicación

7 **La historia**

A. En parejas, inventen una conversación entre dos personas de una de estas épocas, utilizando todos los tiempos verbales del indicativo y subjuntivo que sean apropiados. Recuerden que la conversación debe reflejar el contexto sociopolítico de aquella época.

Períodos históricos

La Prehistoria	La Guerra de la Independencia
La Edad Media	La primera mitad del siglo XX
La época de la colonia	El nuevo milenio

B. Ahora, representen su conversación a otra pareja para que adivine el período histórico en que viven los personajes.

8 **Personajes históricos** En parejas, escriban diez oraciones sobre un personaje histórico famoso, sin decir el nombre. Cinco oraciones deben usar el indicativo y cinco el subjuntivo. Luego, lean las oraciones a la clase para que sus compañeros/as adivinen quién es la persona. Utilicen las expresiones de la lista u otras.

A menos que...	Tan pronto como...
Después de que...	Para...
Leí que...	Si...
No sabía que...	Sin...

9 **Síntesis**

A. En grupos de cuatro, lean la lista de temas. ¿Cuáles eran sus pensamientos, deseos y opiniones acerca de estos temas cuando eran niños/as? ¿Qué piensan ahora? ¿Qué opiniones e ideas han surgido o cambiado gracias a sus conversaciones en esta clase? ¿Creen que sus pensamientos cambiarán en el futuro?

la historia y la civilización	la naturaleza
la política y la religión	los viajes
la literatura y el arte	la salud y el bienestar
la cultura popular y los medios de comunicación	la vida diaria
la economía y el trabajo	las diversiones
la tecnología y la ciencia	las relaciones personales

B. Ahora, escojan uno de los temas de la lista y escriban un breve resumen de sus respuestas a las preguntas de la parte A. Utilicen por lo menos tres tiempos verbales en indicativo, tres en subjuntivo y tres verbos en infinitivo. Compartan sus pensamientos con la clase.

Practice more at **enfoques.vhlcentral.com.**

Antes de ver el corto

UN PEDAZO DE TIERRA

país Arg./Méx./EE.UU.
duración 24 minutos
director Jorge Gaggero

protagonistas don Aurelio (tatarabuelo), Irene (madre), Ramiro y Agustín (hijos), Pedro

Vocabulario

el cura *priest*
engañar *to betray*
enterrar (e:ie) *to bury*
jurar *to promise*
el rancho *ranch*
reconocer *to recognize*
sepultar *to bury*
el/la tatarabuelo/a *great-great-grandfather/great-great-grandmother*

1 **Mis antepasados** Completa el párrafo con las palabras apropiadas.

Mi (1) ________ está enterrado cerca del (2) ________ donde nació. Antes de morir, le hizo (3) ________ a mi (4) ________ que lo iban a (5) ________ allí. Tuvieron dos hijos en esa vieja casa de campo. El mayor fue mi bisabuelo. El menor decidió ser (6) ________.

2 **Preguntas** En parejas, contesten las preguntas.

1. ¿Dónde pasaron la infancia y la juventud tus abuelos y tus padres?
2. ¿Recuerdas algún lugar de tu infancia que haya cambiado o ya no exista? ¿Cómo te sentiste al ver que el lugar había cambiado?
3. ¿Escribirías un testamento (*will*)? ¿Qué instrucciones dejarías en él?
4. ¿Alguna vez ayudaste a alguien a cumplir un deseo? ¿Qué hiciste?

3 **Otros países** En parejas, imaginen que tienen que ir a vivir a otro país. Hagan una lista de tres países en los que creen que les gustaría vivir. Expliquen por qué han elegido esos países y digan qué aspectos positivos y negativos tiene vivir allí. Compartan su lista con la clase.

4 **Personajes** En parejas, observen los fotogramas y respondan a las preguntas.

- ¿Quiénes son los personajes?
- ¿Qué relación hay entre ellos?
- ¿De qué crees que trata el cortometraje?

 Practice more at **enfoques.vhlcentral.com.**

UN PEDAZO DE TIERRA

PRIMER PREMIO: *Academy of Television Arts & Sciences College Television Awards*
MEJOR CORTO: *Festival Internacional de Cortometrajes de Bilbao*
PREMIO AL MEJOR CORTOMETRAJE: *San Francisco Latino Film Fest*

Una producción de KOO KOO PRODUCTIONS Guión y Dirección JORGE GAGGERO Fotografía HILDA MERCADO
Montaje JOSÉ PULIDO Música XAVIER ASALI/MARCELO BERESTOVOY
Actores RUBÉN MORENO/ROBERTO ENTIQUE/ERICK CARRILLO/ART BONILLA

Escenas

ARGUMENTO Don Aurelio, muy enfermo, le pide a su familia que lo entierren en el mismo lugar donde está enterrada su esposa.

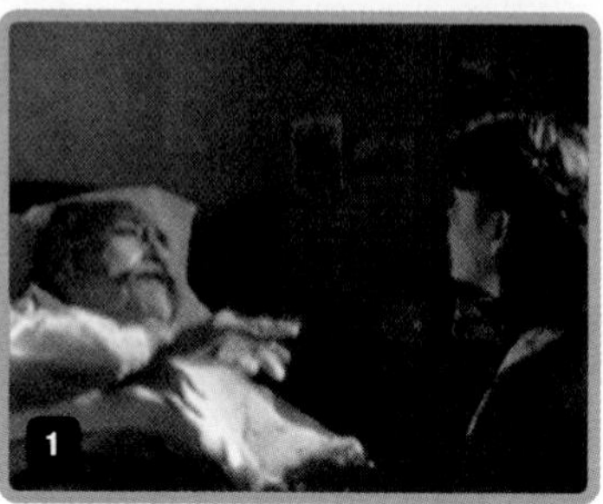

DON AURELIO Palos Verdes...
IRENE Sí.
DON AURELIO ...quiero que me entierren en Palos Verdes.
IRENE Se lo juramos. Tranquilo, tranquilo, abuelo. Ya viene el cura.

RAMIRO Oye, ¿tú crees que llegue? Son como 400 kilómetros.
AGUSTÍN Sí, le cambié las bujías°, los cables, tapa del distribuidor. Sí, quedó como nuevo.
RAMIRO ¿Y el abuelo?
AGUSTÍN Sólo Dios sabe.

DON AURELIO Esto no es Palos Verdes, no. Ustedes me quieren engañar.
RAMIRO Sí, es Palos Verdes, abuelo.
DON AURELIO No hay ranchos. Aquí no hay ranchos.

DON AURELIO Aquí mismo me casé con tu tatarabuela. Fue una linda ceremonia. Merceditas bajó del carro con su largo vestido blanco. Dos meses tardaron con las puntillas° y esas bobadas°.

PEDRO No reconozco ningún lugar.
AGUSTÍN ¿No?
PEDRO No, nada. A ver, a ver, a ver, espérenme tantito... ¡este lugar yo lo conozco! Digo, conozco el árbol. Sí, es de los más viejos de acá.
RAMIRO Ahí nació el abuelo y está sepultada la abuela Mercedes.

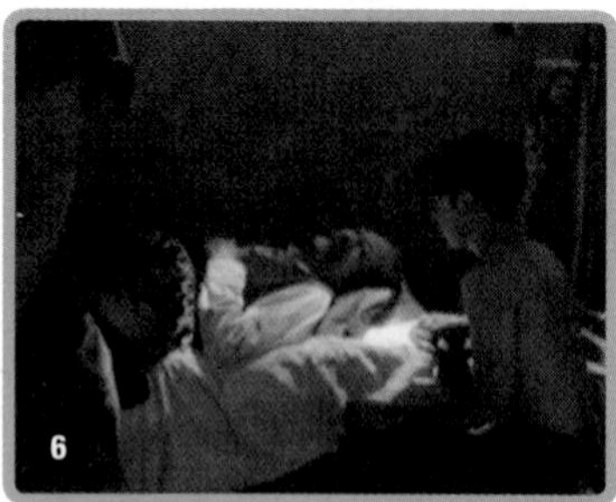

(Ramiro se acerca por el pasillo° al cuarto que está con la puerta abierta. Puede ver a su hermano de espaldas°. Al entrar, encuentra al abuelo recostado° con los ojos entreabiertos° y una sonrisa.)
AGUSTÍN Está muerto.

bujías *spark plugs* **puntillas** *lace trim* **bobadas** *nonsense* **pasillo** *hallway* **de espaldas** *from behind* **recostado** *lying down* **entreabiertos** *half-open*

Después de ver el corto

1 Comprensión Contesta las preguntas con oraciones completas.

1. ¿Por qué está en la cama don Aurelio?
2. ¿Adónde van en el carro? ¿Por qué?
3. ¿Dónde está enterrada Merceditas, la esposa de don Aurelio?
4. ¿En qué trabaja Pedro?
5. ¿Qué le ocurre al abuelo mientras duerme?
6. ¿Dónde lo entierran?

2 Interpretación Contesta las preguntas y explica tus respuestas.

1. ¿Cuál es la actitud de Irene hacia don Aurelio al comienzo del corto? ¿Crees que la actitud inicial de los jóvenes está influenciada por Irene?
2. ¿Cambia la actitud de los jóvenes hacia su abuelo?
3. ¿Por qué crees que Ramiro se quiere quedar en Palos Verdes?
4. En tu opinión, ¿por qué se titula el corto *Un pedazo de tierra*?

3 El pasado y el futuro En parejas, hablen de las citas. Expliquen la importancia que tienen dentro de la historia. ¿Cuál es la actitud de cada uno de los personajes hacia el pasado? ¿Y hacia el futuro?

"Ándele, don Aurelio, déjese ir… déjese ir…" *Irene*

"Si se nos va antes, pues lo dejamos acá y con la platita que nos dieron pues disfrutamos de las playas de California." *Ramiro*

"Mire, don Aurelio, Palos Verdes cambió. Ya no es territorio mexicano y su rancho ya no existe. Mírese usted en las fotos, no es igual. Ya nada es igual." *Agustín*

"¡Quién hubiera dicho que le arreglaría la tumba en cada cambio de estación!" *Agustín*

4 Mensaje Imagina que eres Ramiro. Tu hermano regresó a México y tú te quedaste en Palos Verdes. Escribe un mensaje de correo electrónico a un amigo contándole cómo es tu experiencia en Palos Verdes. Cuéntale qué cosas te gustan de vivir en los Estados Unidos, qué cosas extrañas de la vida en México, cómo va tu trabajo y qué vínculos (*connections*) estás formando con nuevas personas. Explica cómo te sientes con respecto a tu decisión de no volver a México con tu hermano.

Practice more at **enfoques.vhlcentral.com.**

El indio alcalde de Chincheros: Varayoc, 1925
José Sabogal, Perú

“Los que no creen en la inmortalidad creen en la historia.”

— José Martí

Antes de leer

El milagro secreto

Sobre el autor

Jorge Luis Borges nació en Buenos Aires en 1899. En 1923 publicó su libro de poemas *Fervor de Buenos Aires*, al que seguiría una importante obra de cuentos y ensayos breves; nunca escribió una novela. Alguna vez afirmó: "El hecho central de mi vida ha sido la existencia de las palabras y la posibilidad de entretejer *(interweave)* y transformar las palabras en poesía". Sus obras fundamentales son *Ficciones* (1944) y *El Aleph* (1949), que le ganaron fama mundial. Sus temas principales son la muerte, el tiempo, el "yo", el mundo como sueño y Buenos Aires. Sus símbolos recurrentes son el laberinto, la biblioteca, los libros, los espejos, el azar y el ajedrez. En 1961 compartió el Premio del Congreso Internacional de Escritores con Samuel Beckett y en 1980 recibió el prestigioso Premio Cervantes. Viajó extensamente por Europa y murió en Ginebra en 1986. Es considerado uno de los escritores más importantes del siglo XX.

Vocabulario

el ajedrez *chess*	**disputar** *to play*	**la jugada** *move*
el azar *chance*	**fusilar** *to shoot, to execute by firing squad*	**la partida** *game*
la biblioteca *library*	**impostergable** *impossible to postpone*	**el reloj** *clock*
la demora *delay*	**inconcluso/a** *unfinished*	**el tablero** *chessboard*

Completar Completa las oraciones con el vocabulario.

1. Cuando el campeón ruso inició la ________, las miradas de todos los espectadores quedaron fijas en el ________. El ________ marcaba el tiempo mientras la ________ que habían ________ durante muchas horas se acercaba a su fin. El que ganara, sería el nuevo campeón de ________.
2. El terrible incendio significó la pérdida de muchos libros valiosos. Los diarios le echaron la culpa a la ________ de los bomberos. Otras personas, más poéticas o más trágicas, culparon al ________ de haber jugado en contra de la ________.

Conexión personal ¿Alguna vez soñaste algo que luego te ocurrió en la vida real? ¿Crees que los sueños tienen el poder para revelarnos cosas que no podemos conocer mientras estamos despiertos?

Análisis literario: la metáfora

La metáfora consiste en nombrar una cosa con el nombre de otra, más expresiva, con la que tiene semejanza real o ficticia. En la metáfora, una cosa se equipara con otra sin usar la palabra **como:** "tus labios son como rubíes" es una comparación, pero "tus labios son rubíes" es una metáfora. Éste es un recurso que Borges usa a menudo; sus metáforas a veces tienen connotaciones religiosas y mágicas. Cuando leas el cuento, presta atención para buscar ejemplos.

Practice more at **enfoques.vhlcentral.com.**

El milagro *secreto*

Jorge Luis Borges

Audio: Dramatic Recording

Y Dios lo hizo morir durante cien años
y luego lo animó y le dijo:
—¿Cuánto tiempo has estado aquí?
—Un día o parte de un día, respondió.
Alcorán, II, 261

La noche del catorce de marzo de 1939, en un departamento de la Zeltnergasse de Praga, Jaromir Hladík, autor de la inconclusa tragedia *Los enemigos*, de una *Vindicación de la eternidad* y de un examen de las indirectas fuentes° judías de Jakob Boehme, soñó con un largo ajedrez. No lo disputaban dos individuos sino dos familias ilustres; la partida había sido entablada° hace muchos siglos; nadie era capaz de nombrar el olvidado premio, pero se murmuraba que era enorme y quizá infinito; las piezas y el tablero estaban en una torre secreta; Jaromir (en el sueño) era el primogénito° de una de las familias hostiles; en los relojes resonaba la hora de la impostergable jugada; el soñador corría por las arenas de un desierto lluvioso y no lograba recordar las figuras ni las leyes del ajedrez. En ese punto, se despertó. Cesaron los estruendos° de la lluvia y de los terribles relojes. Un ruido acompasado° y unánime, cortado por algunas voces de mando, subía de la Zeltnergasse. Era el amanecer, las blindadas° vanguardias del Tercer Reich entraban en Praga.

El diecinueve, las autoridades recibieron una denuncia°; el mismo diecinueve, al atardecer, Jaromir Hladík fue arrestado. Lo condujeron a un cuartel° aséptico y blanco, en la ribera° opuesta del Moldau. No pudo levantar uno solo de los cargos de la Gestapo: su apellido materno era Jaroslavski, su sangre era judía, su estudio sobre Boehme era judaizante, su firma delataba el censo final de una protesta contra el Anschluss. En 1928, había traducido el *Sepher Yezirah* para la editorial Hermann Barsdorf; el efusivo catálogo de esa casa había exagerado comercialmente el renombre del traductor; ese catálogo fue hojeado° por Julius Rothe, uno de los jefes en cuyas manos estaba la suerte de Hladík. No hay hombre que, fuera de su especialidad, no sea crédulo; dos o tres adjetivos en letra gótica bastaron para que Julius Rothe admitiera la preeminencia de Hladík y dispusiera que lo condenaran a

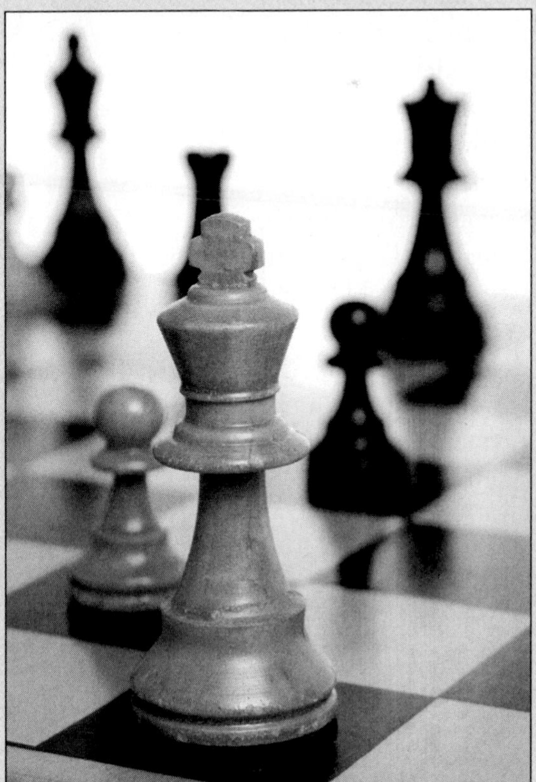

sources · *set up* · *firstborn child* · *thunder* · *rhythmic* · *armoured* · *official complaint* · *barracks* · *bank, riverside* · *leafed through*

muerte, *pour encourager les autres*°. Se fijó el día veintinueve de marzo, a las nueve a.m. Esa demora (cuya importancia apreciará después el lector) se debía al deseo administrativo de obrar impersonal y pausadamente, como los vegetales y los planetas.

El primer sentimiento de Hladík fue de mero terror. Pensó que no lo hubieran arredrado° la horca°, la decapitación o el degüello°, pero que morir fusilado era intolerable. En vano se redijo que el acto puro y general de morir era lo temible, no las circunstancias concretas. No se cansaba de imaginar esas circunstancias: absurdamente procuraba agotar° todas las variaciones. Anticipaba infinitamente el proceso, desde el insomne amanecer hasta la misteriosa descarga. Antes del día prefijado por Julius Rothe, murió centenares de muertes, en patios cuyas formas y cuyos ángulos fatigaban la geometría, ametrallado° por soldados variables, en número cambiante, que a veces lo ultimaban° desde lejos; otras, desde muy cerca. Afrontaba con verdadero temor (quizá con verdadero coraje) esas ejecuciones imaginarias; cada simulacro° duraba unos pocos segundos; cerrado el círculo, Jaromir interminablemente volvía a las trémulas° vísperas de su muerte. Luego reflexionó que la realidad no suele coincidir con las previsiones°; con lógica perversa infirió que prever° un detalle circunstancial es impedir que éste suceda. Fiel a esa débil magia, inventaba, *para que no sucedieran*, rasgos atroces; naturalmente, acabó por temer que esos rasgos fueran proféticos. Miserable en la noche, procuraba afirmarse de algún modo en la sustancia fugitiva del tiempo. Sabía que éste se precipitaba hacia el alba del día veintinueve; razonaba en voz alta: *Ahora estoy en la noche del veintidós; mientras dure esta noche (y seis noches más) soy invulnerable, inmortal.* Pensaba que las noches de sueño eran piletas° hondas y oscuras en las que podía sumergirse. A veces anhelaba° con impaciencia la definitiva descarga, que lo redimiría, mal o bien, de su vana tarea de imaginar. El veintiocho, cuando el último ocaso° reverberaba en los altos barrotes°, lo desvió de esas consideraciones abyectas la imagen de su drama *Los enemigos*.

“Miserable en la noche, procuraba afirmarse de algún modo en la sustancia fugitiva del tiempo.”

Hladík había rebasado° los cuarenta años. Fuera de algunas amistades y de muchas costumbres, el problemático ejercicio de la literatura constituía su vida; como todo escritor, medía las virtudes de los otros por lo ejecutado por ellos y pedía que los otros lo midieran por lo que vislumbraba o planeaba. Todos los libros que había dado a la estampa° le infundían un complejo arrepentimiento°. En sus exámenes de la obra de Boehme, de Abnesra y de Flood, había intervenido esencialmente la mera aplicación; en su traducción del *Sepher Yezirah*, la negligencia, la fatiga y la conjetura. Juzgaba menos deficiente, tal vez, la *Vindicación de la eternidad*: el primer volumen historia las diversas eternidades que han ideado los hombres, desde el inmóvil Ser de Parménides hasta el pasado modificable de Hinton; el

(French) to encourage others
frightened/gallows
throat slitting
to use up, exhaust
executed by machine gun
they killed him
simulation
quivering
predictions
to foresee
swimming pools
he yearned (for)
sunset/ bars (of a cell)
surpassed, exceeded
printer
regret

segundo niega (con Francis Bradley) que todos los hechos del universo integran una serie temporal. Arguye que no es infinita la cifra de las posibles experiencias del hombre y que basta una sola "repetición" para demostrar que el tiempo es una falacia... Desdichadamente, no son menos falaces los argumentos que demuestran esa falacia; Hladík solía recorrerlos con cierta desdeñosa° perplejidad. También había redactado una serie de poemas expresionistas; éstos, para confusión del poeta, figuraron en una antología de 1924 y no hubo antología posterior que no los heredara. De todo ese pasado equívoco y lánguido quería redimirse Hladík con el drama en verso *Los enemigos*. (Hladík preconizaba el verso, porque impide que los espectadores olviden la irrealidad, que es condición del arte.)

Este drama observaba las unidades de tiempo, de lugar y de acción; transcurría en Hradcany, en la biblioteca del barón de Roemerstadt, en una de las últimas tardes del siglo diecinueve. En la primera escena del primer acto, un desconocido visita a Roemerstadt. (Un reloj da las siete, una vehemencia de último sol exalta los cristales, el aire trae una arrebatada y reconocible música húngara.) A esta visita siguen otras; Roemerstadt no conoce las personas que lo importunan, pero tiene la incómoda impresión de haberlos visto ya, tal vez en un sueño. Todos exageradamente lo halagan°, pero es notorio —primero para los espectadores del drama, luego para el mismo barón— que son enemigos secretos, conjurados° para perderlo. Roemerstadt logra detener o burlar sus complejas intrigas; en el diálogo, aluden a su novia, Julia de Weidenau, y a un tal Jaroslav Kubin, que alguna vez la importunó° con su amor. Éste, ahora, se ha enloquecido y cree ser Roemerstadt... Los peligros arrecian°; Roemerstadt, al cabo del segundo acto, se ve en la obligación de matar a un conspirador. Empieza el tercer acto, el último. Crecen gradualmente las incoherencias: vuelven actores que parecían descartados° ya de la trama; vuelve, por un instante, el hombre matado por Roemerstadt. Alguien hace notar que no ha atardecido: el reloj da las siete, en los altos cristales reverbera el sol occidental, el aire trae la arrebatada música húngara. Aparece el primer interlocutor° y repite las palabras que pronunció en la primera escena del primer acto. Roemerstadt le habla sin asombro; el espectador entiende que Roemerstadt es el miserable Jaroslav Kubin. El drama no ha ocurrido: es el delirio circular que interminablemente vive y revive Kubin.

Nunca se había preguntado Hladík si esa tragicomedia de errores era baladí° o admirable, rigurosa o casual. En el argumento que he bosquejado° intuía la invención más apta para disimular sus defectos y para ejercitar sus felicidades, la posibilidad de

> **"Para llevar a término ese drama, que puede justificarme y justificarte, requiero un año más. Otórgame esos días, Tú de Quien son los siglos y el tiempo."**

- disdainful
- flatter
- conspired
- inconvenienced
- get worse
- eliminated
- speaker
- trivial
- outlined

rescatar° (de manera simbólica) lo fundamental de su vida. Había terminado ya el primer acto y alguna escena del tercero; el carácter métrico de la obra le permitía examinarla continuamente, rectificando los hexámetros, sin el manuscrito a la vista. Pensó que aun le faltaban dos actos y que muy pronto iba a morir. Habló con Dios en la oscuridad. *Si de algún modo existo, si no soy una de tus repeticiones y erratas, existo como autor de* Los enemigos. *Para llevar a término ese drama, que puede justificarme y justificarte, requiero un año más. Otórgame esos días, Tú de Quien son los siglos y el tiempo.* Era la última noche, la más atroz, pero diez minutos después el sueño lo anegó como un agua oscura.

Hacia el alba, soñó que se había ocultado en una de las naves de la biblioteca del Clementinum. Un bibliotecario de gafas negras le preguntó: ¿Qué busca? Hladík le replicó: *Busco a Dios.* El bibliotecario le dijo: *Dios está en una de las letras de una de las páginas de uno de los cuatrocientos mil tomos del Clementinum. Mis padres y los padres de mis padres han buscado esa letra; yo me he quedado ciego, buscándola.* Se quitó las gafas y Hladík vio los ojos, que estaban muertos. Un lector entró a devolver un atlas. Este atlas es inútil, dijo, y se lo dio a Hladík. Éste lo abrió al azar. Vio un mapa de la India, vertiginoso. Bruscamente seguro, tocó una de las mínimas letras. Una voz ubicua le dijo: *El tiempo de tu labor ha sido otorgado.* Aquí Hladík se despertó.

“Una voz ubicua le dijo: *El tiempo de tu labor ha sido otorgado.*”

Recordó que los sueños de los hombres pertenecen a Dios y que Maimónides ha escrito que son divinas las palabras de un sueño, cuando son distintas y claras y no se puede ver quien las dijo. Se vistió; dos soldados entraron en la celda y le ordenaron que los siguiera.

Del otro lado de la puerta, Hladík había previsto un laberinto de galerías, escaleras y pabellones°. La realidad fue menos rica: bajaron a un traspatio por una sola escalera de fierro°. Varios soldados —alguno de uniforme desabrochado°— revisaban una motocicleta y la discutían. El sargento miró el reloj: eran las ocho y cuarenta y cuatro minutos. Había que esperar que dieran las nueve. Hladík, más insignificante que desdichado°, se sentó en un montón de leña. Advirtió° que los ojos de los soldados rehuían° los suyos. Para aliviar la espera, el sargento le entregó un cigarrillo. Hladík no fumaba; lo aceptó por cortesía o por humildad. Al encenderlo, vio que le temblaban las manos. El día se nubló; los soldados hablaban en voz baja como si él ya estuviera muerto. Vanamente, procuró recordar a la mujer cuyo símbolo era Julia de Weidenau...

El piquete° se formó, se cuadró. Hladík, de pie contra la pared del cuartel, esperó la descarga. Alguien temió que la pared quedara maculada° de sangre; entonces le ordenaron al reo° que avanzara unos pasos. Hladík, absurdamente, recordó las vacilaciones preliminares de los fotógrafos. Una pesada gota de lluvia rozó° una de las sienes° de Hladík y rodó lentamente por su mejilla; el sargento vociferó la orden final.

El universo físico se detuvo.

Las armas convergían sobre Hladík, pero los hombres que iban a matarlo estaban

to salvage · *pavilions* · *iron* · *undone* · *unhappy* · *He noticed* · *avoided* · *squad* · *stained* · *convicted person* · *brushed/temples*

inmóviles. El brazo del sargento eternizaba un ademán° inconcluso. En una baldosa del patio una abeja proyectaba una sombra° fija. El viento había cesado, como en un cuadro. Hladík ensayó un grito, una sílaba, la torsión de una mano. Comprendió que estaba paralizado. No le llegaba ni el más tenue rumor del impedido mundo. Pensó *estoy en el infierno, estoy muerto*. Pensó *estoy loco*. Pensó *el tiempo se ha detenido*. Luego reflexionó que en tal caso, también se hubiera detenido su pensamiento. Quiso ponerlo a prueba: repitió (sin mover los labios) la misteriosa cuarta égloga de Virgilio. Imaginó que los ya remotos soldados compartían su angustia°: anheló comunicarse con ellos. Le asombró no sentir ninguna fatiga, ni siquiera el vértigo de su larga inmovilidad. Durmió, al cabo de un plazo indeterminado. Al despertar, el mundo seguía inmóvil y sordo. En su mejilla perduraba la gota de agua; en el patio, la sombra de la abeja; el humo° del cigarrillo que había tirado no acababa nunca de dispersarse. Otro "día" pasó, antes que Hladík entendiera.

Un año entero había solicitado de Dios para terminar su labor: un año le otorgaba su omnipotencia. Dios operaba para él un milagro secreto: lo mataría el plomo° alemán, en la hora determinada, pero en su mente un año transcurría entre la orden y la ejecución de la orden. De la perplejidad pasó al estupor, del estupor a la resignación, de la resignación a la súbita° gratitud.

No disponía de otro documento que la memoria; el aprendizaje de cada hexámetro que agregaba le impuso un afortunado rigor que no sospechan quienes aventuran y olvidan párrafos interinos y vagos. No trabajó para la posteridad ni aun para Dios, de cuyas preferencias literarias poco sabía. Minucioso°, inmóvil, secreto, urdió° en el tiempo su alto laberinto invisible. Rehizo el tercer acto dos veces. Borró algún símbolo demasiado evidente: las repetidas campanadas, la música. Ninguna circunstancia lo importunaba. Omitió, abrevió, amplificó; en algún caso, optó por la versión primitiva. Llegó a querer el patio, el cuartel; uno de los rostros que lo enfrentaban modificó su concepción del carácter de Roemerstadt. Descubrió que las arduas cacofonías que alarmaron tanto a Flaubert son meras supersticiones visuales: debilidades y molestias de la palabra escrita, no de la palabra sonora... Dio término a su drama: no le faltaba ya resolver sino un solo epíteto. Lo encontró; la gota de agua resbaló° en su mejilla. Inició un grito enloquecido, movió la cara, la cuádruple descarga lo derribó.

Jaromir Hladík murió el veintinueve de marzo, a las nueve y dos minutos de la mañana. ■

- ademán: *gesture*
- sombra: *shadow*
- angustia: *anguish*
- humo: *smoke*
- plomo: *lead*
- súbita: *sudden*
- Minucioso / urdió: *Meticulous/ he devised*
- resbaló: *slid*

Después de leer

El milagro secreto

Jorge Luis Borges

1 **Comprensión** Ordena los acontecimientos del cuento.

_____ a. Hladík es arrestado por la Gestapo y condenado a muerte.
_____ b. El tiempo se detiene.
_____ c. Hladík sueña que encuentra la letra donde está Dios, quien le dice que su deseo le será concedido.
_____ d. Hladík es ejecutado.
_____ e. Hladík es llevado al patio del cuartel para ser fusilado.
_____ f. Hladík termina de componer su obra.
_____ g. El ejército del Tercer Reich entra en Praga.
_____ h. Hladík imagina muchas veces su muerte.
_____ i. Hladík sueña con una enorme partida de ajedrez entre dos familias.
_____ j. Hladík le pide a Dios que le conceda el tiempo para terminar su obra *Los enemigos*.

2 **Análisis** Responde a las preguntas.

1. ¿Qué sabemos sobre Jaromir Hladík por el relato? ¿A qué le teme más? ¿Por qué?
2. ¿Cuáles son las razones para condenarlo a muerte? ¿Ha cometido algún crimen contra la ley?
3. ¿Qué intenta hacer Hladík con cada simulacro imaginado de su ejecución? ¿Lo logra? ¿Por qué?
4. Para Borges la literatura es "uno de los muchos destinos del ser humano". ¿Cómo encarna (*does embody*) esto su personaje?
5. ¿Por qué es secreto el milagro del título? ¿Sirve ese milagro para salvar a Hladík?

3 **Interpretación** En parejas, respondan a las preguntas.

1. ¿Cuántos de los temas recurrentes de Borges se pueden encontrar en *El milagro secreto?*
2. La frase final del segundo párrafo dice: "Esa demora se debía al deseo administrativo de obrar impersonal y pausadamente, como los vegetales o los planetas". ¿Qué diferencia piensas que existe entre el tiempo de los vegetales y los planetas y el tiempo de las personas? ¿Qué puede ocurrir si las personas actúan "como los vegetales y los planetas"?
3. ¿Qué piensas que significa la metáfora "las noches de sueño eran piletas hondas y oscuras en las que podía sumergirse"? ¿Reaparece la misma imagen en alguna otra parte del cuento?
4. ¿Por qué son tan importantes las marcas temporales en el cuento (relojes, fechas, etc.)? ¿Qué indican?

4 **Escribir** Escribe la nota necrológica (*obituary*) de Jaromir Hladík para un periódico de Praga; incluye una breve biografía.

Practice more at **enfoques.vhlcentral.com.**

Antes de leer

Vocabulario

aristocrático/a *aristocratic*	**el/la mestizo/a** *person of mixed ethnicity (part indigenous)*
el/la descendiente *descendant*	**el puente** *bridge*
el dominio *rule*	**la traición** *betrayal*
erudito/a *learned*	**el/la traidor(a)** *traitor*
heroico/a *heroic*	
la lealtad *loyalty*	

 **Naufragios** Completa el párrafo con el vocabulario de la tabla.

El increíble viaje del conquistador Álvar Núñez Cabeza de Vaca al territorio que ahora forma parte de los Estados Unidos tuvo más momentos trágicos que (1) ________. (2) ________ de una familia (3) ________ de la nobleza española, Cabeza de Vaca salió para Florida en 1527. Algunos de sus compañeros murieron muy pronto en huracanes, mientras que otros cayeron como esclavos bajo el (4) ________ de un pueblo indígena. Durante ocho años Cabeza de Vaca vivió entre los indígenas de Florida y del territorio que es ahora Texas, donde sufrió hambre, sed y más huracanes. La vida de los sobrevivientes mejoró cuando Cabeza de Vaca, el más (5) ________ del grupo porque tenía conocimientos médicos, se hizo curandero. Cabeza de Vaca, uno de los sólo cinco sobrevivientes de este viaje, mostró su (6) ________ al Rey al regresar en 1537 a España, donde escribió el libro *Naufragios,* sobre las poblaciones indígenas del continente americano.

Conexión personal ¿Cuáles son las mayores influencias en tu vida? ¿Tus padres, tus amigos/as, tu comunidad? ¿Un(a) político/a o alguien de la cultura popular? ¿De qué manera han afectado otras personas tus decisiones y tu estilo?

Contexto cultural

En 1532, el conquistador español **Francisco Pizarro** llegó a Cajamarca, en el norte de Perú, con unos veinticinco caballos y menos de 200 soldados para reunirse con Atahualpa, el emperador inca. Hijo del anterior emperador Huayna Cápac, Atahualpa había tomado la soberanía de los incas de su hermano Huáscar en una guerra civil. Pizarro y los españoles trataron de convertir al inca al cristianismo, pero cuando Atahualpa se negó, tirando una Biblia al suelo, Pizarro le declaró la guerra. Pizarro ejecutó al emperador inca a pesar de su consiguiente conversión al cristianismo y del legendario soborno (*bribe*) del cuarto de rescate (*ransom room*), donde Atahualpa quiso comprar su libertad llenando una habitación de oro y plata. A pesar de atreverse (*daring*) a una lucha tan desigual numéricamente, los engaños y traiciones de Pizarro frente a la valentía de Atahualpa le han traído al conquistador un nombre sombrío (*dark*) en la historia de la conquista.

 Practice more at **enfoques.vhlcentral.com.**

El Inca Garcilaso: un puente entre dos imperios

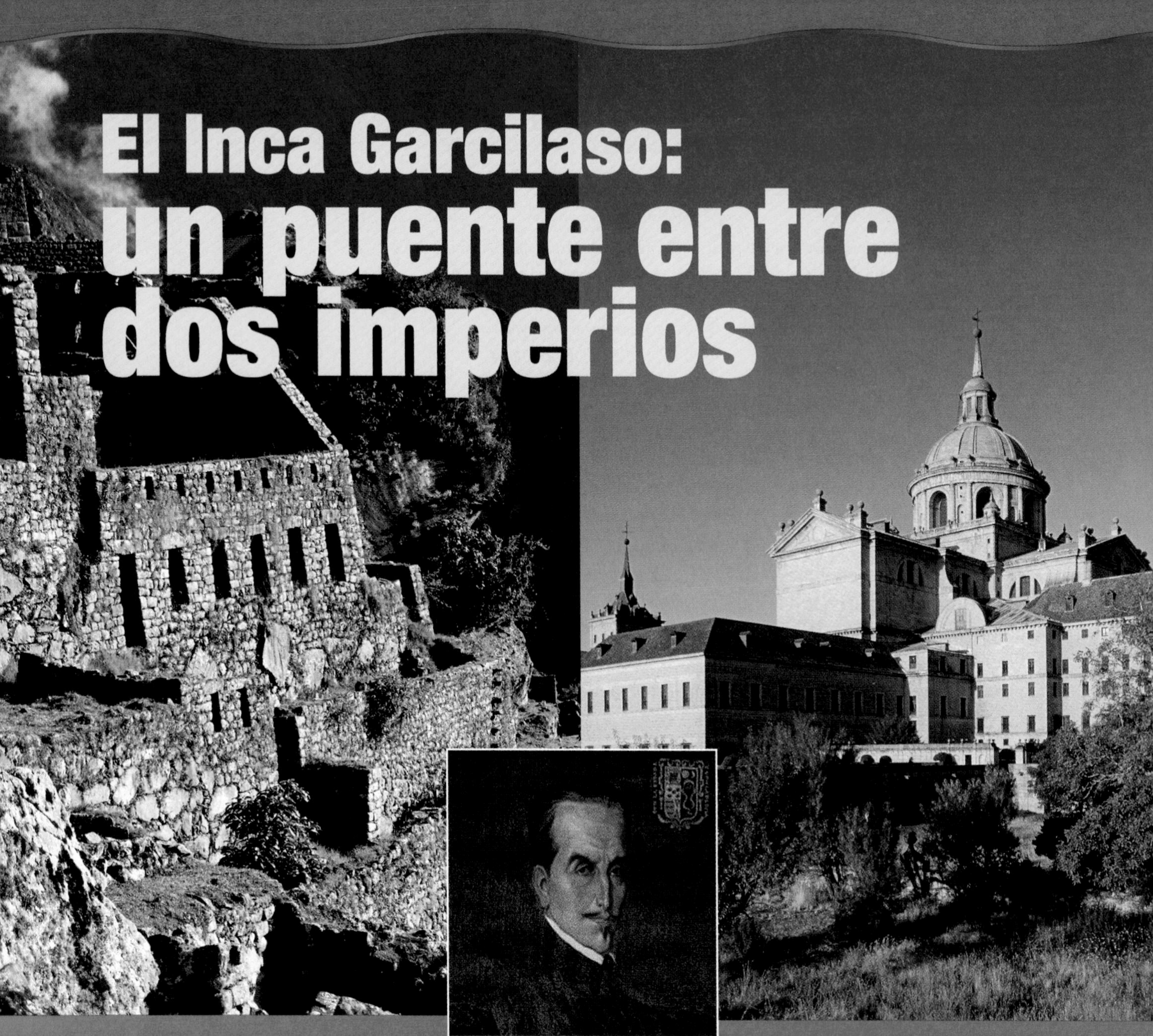

Durante esta época de conquista y choque de culturas, existía una persona con un pie en cada mundo, un miembro de dos familias aristocráticas pero muy distintas, una figura dividida. Brillante escritor, el Inca Garcilaso de la Vega nació en 1539 con el nombre de Gómez Suárez de Figueroa. Era hijo ilegítimo del capitán Sebastián Garcilaso de la Vega, conquistador español de sangre noble de la facción de Pizarro, y de la princesa inca Isabel Chimpu Ocllo.

El Inca Garcilaso de la Vega, como quiso llamarse más tarde, combinando en su nombre sus dos vínculos°, fue miembro de la primera generación de mestizos del Perú. Aprendió a hablar primero en quechua y después en español. Sintió un gran amor por la cultura y la herencia de los incas, ya que se crio entre descendientes de los emperadores, escuchando sus relatos y fábulas°. Su madre era nieta del emperador Huayna Cápac.

family ties; *tales and legends*

"El Inca Garcilaso sirvió de puente entre las dos culturas, la materna y la paterna, y de modelo para gran parte de la generación que le siguió."

Su libro más famoso, los *Comentarios reales*, tiene la intención de corregir a los historiadores españoles en muchos puntos. Desde su posición privilegiada, el Inca Garcilaso aprovechó° su conocimiento íntimo para aclarar° cuestiones sobre la lengua y cultura de los incas. El orgullo° y la inteligencia del Inca, y su identificación cultural, se revelan abiertamente en esta obra, donde hace referencia a sí mismo diciendo "como indio que soy".

used; *to clarify*; *pride*

Figura literaria

LA CONQUISTA DEL PERU,
LIBRO PRIMERO
DE LOS INCAS.

La obra del Inca es diversa y enormemente erudita. Consiste en tres libros mayores: una traducción de los *Diálogos de amor* de León Hebreo, que el Inca tradujo del italiano al español (1590); *La Florida* (1605), que relata las exploraciones españolas en el sureste de América del Norte, principalmente la expedición de Hernando de Soto; y los *Comentarios reales*, una descripción minuciosa del imperio y de la cultura de los incas, y también de la conquista española del Perú (1609, 1617).

No obstante, el Inca fue marcado° por no una, sino dos familias. La cultura de su madre forma sólo una parte, muy significativa por cierto, de la identidad compleja del hombre, que también sentía una enorme lealtad hacia su padre. A pesar de describir y explicar las creencias de los incas cuidadosamente, el Inca Garcilaso fue un ferviente católico que llamaba "vana religión" a aquellas creencias. También consideraba a los conquistadores españoles valientes y heroicos. A los veintiún años, salió para España para continuar sus estudios y se hizo° militar. Participó en la guerra de las Alpujarras contra los musulmanes y llegó a ser capitán como su padre. En España escribió obras literarias de gran mérito. También se presentó en la Corte del Rey para defender el nombre y el honor de su padre ante las acusaciones de que era un traidor.

marked; *he became*

Sus puntos de vista y acciones hacen del Inca un sujeto contradictorio e inusual en su época. Comprendía muy bien que los incas habían perdido su dominio y que padecían° profunda nostalgia. Cuenta que algunos de sus parientes decían con lágrimas° en los ojos: "trocósenos el reinar en vasallaje"°. Sin embargo, el Inca Garcilaso también aceptaba como suya la cultura española. La segunda parte de los *Comentarios reales*, conocida como *Historia general del Perú*, está dedicada a la Virgen María.

they suffered; *tears*; *our dominance has turned into servitude*

No ha quedado evidencia de las dificultades personales que su doble lealtad le pudo costar o de una preferencia íntima por una de ellas. El Inca Garcilaso sirvió de puente entre las dos culturas, la materna y la paterna, y de modelo para gran parte de la generación que le siguió. Vivió, como él mismo declaró, "obligado a ambas° naciones". ■

both

Después de leer

El Inca Garcilaso: un puente entre dos imperios

1 **Comprensión** Responde a las preguntas con oraciones completas.

1. ¿Quiénes eran los padres del Inca Garcilaso de la Vega?
2. ¿Cómo aprendió tanto el Inca Garcilaso sobre la cultura de su madre?
3. ¿Qué opinaba el Inca sobre los conquistadores españoles?
4. ¿Cuál es la intención del libro *Comentarios reales*?
5. ¿Qué temas trata el libro *Comentarios reales*?

2 **Interpretación** En parejas, respondan a las preguntas. Luego compartan sus respuestas con la clase.

1. ¿Por qué tiene Pizarro un nombre sombrío en la historia de la conquista?
2. ¿Por qué prefirió Gómez Suárez de Figueroa llamarse el Inca Garcilaso de la Vega?
3. ¿Qué evidencia sugiere que el Inca se sentía miembro de dos culturas?
4. ¿Por qué es la obra literaria del Inca inusual y muy importante?
5. ¿Qué significa la frase "trocósenos el reinar en vasallaje"?

3 **Entre dos culturas** En parejas, elijan una de las dos situaciones. Imaginen que uno/a de ustedes es el Inca Garcilaso cuando tenía veintiún años y partió rumbo a (*headed for*) España para estudiar y la otra persona es la madre o la tía paterna. Preparen la conversación entre los dos personajes y represéntenla delante de la clase.

- El Inca habla con su madre para explicarle su decisión de ir a España y su lealtad a la Corte, religión y cultura españolas. Al principio, la madre no está muy segura de la decisión de su hijo y le hace muchas preguntas.
- El Inca habla con una tía paterna en España y le explica su deseo de llamarse "Inca" y su orgullo hacia la cultura de su madre. La tía no sabe nada sobre los incas y tiene muchas preguntas.

4 **Multiculturalismo** El Inca Garcilaso de la Vega vivió inmerso en dos culturas. Hoy, más que nunca, ésa es la realidad de muchas personas.

A. Prepara un borrador escrito con tus opiniones sobre las ventajas y las desventajas del multiculturalismo.

B. En parejas, debatan sus opiniones. Después del debate, resuman los puntos que tienen en común y compártanlos con la clase.

MODELO

ESTUDIANTE 1 El multiculturalismo es bueno, pero también puede tener efectos negativos. Si se mezclan demasiado las culturas, terminan desapareciendo.

ESTUDIANTE 2 No estoy totalmente de acuerdo. Cuando las culturas se mezclan, la cultura en general se enriquece.

C. Utiliza las ideas surgidas en el debate para escribir un breve artículo para el periódico estudiantil en el que describas tu experiencia personal con el multiculturalismo, ya sea que se trate de una experiencia que te afecta personalmente o una experiencia de la que eres testigo en tu comunidad.

Practice more at **enfoques.vhlcentral.com.**

Atando cabos

¡A conversar!

La escritura y la civilización

A. ¿Qué pasaría si no hubiera escritura, si sólo habláramos y nunca pusiéramos nada por escrito? En grupos de cuatro, intercambien opiniones sobre estas preguntas.

- Se dice que la escritura cambió nuestra forma de vida. ¿Están de acuerdo?
- ¿Qué cosas no podríamos hacer si no existiera la escritura?

B. Imaginen que la siguiente situación ocurre en la Edad Media. Coméntenla con sus compañeros/as y contesten las preguntas.

Un hombre tiene una vaca y un vecino se la pide por un mes. Cuando el primer hombre le pide que se la devuelva, el vecino no quiere, e insiste en que él se la había regalado.

- ¿Cómo solucionarían ustedes el problema?
- ¿Cómo habría sido la situación si el acuerdo (*agreement*) se hubiera hecho por escrito?

C. En grupos pequeños, imaginen otras dos situaciones concretas en las que no se puede solucionar un problema por la falta de escritura. Intercambien las nuevas situaciones con otros grupos y compartan las soluciones a los problemas planteados.

¡A escribir!

Testamento cultural Imagina que debes escribir un testamento (*will*) en el que dejas cinco elementos de tu cultura y de tu comunidad como legado (*legacy*) para las futuras generaciones. Usa las preguntas como guía:

- ¿Qué características de tu cultura y de tu comunidad vale la pena preservar?
- ¿Qué elementos prefieres no dejar como legado?

Para cada elemento, explica por qué has decidido dejarlo como legado.

MODELO Les dejo la tradición de mi barrio de hacer fiestas en la calle una vez por año. Esta tradición ayuda a que los vecinos se conozcan...

12 VOCABULARIO

La historia y la civilización

la civilización	civilization
la década	decade
la época	era; epoch; historical period
el/la habitante	inhabitant
la historia	history
el/la historiador(a)	historian
la humanidad	humankind
el imperio	empire
el reino	reign; kingdom
el siglo	century
establecer(se)	to establish (oneself)
habitar	to inhabit
integrarse (a)	to become part (of)
pertenecer (a)	to belong (to)
poblar (o:ue)	to settle; to populate
antiguo/a	ancient
(pre)histórico/a	(pre)historic

Los conceptos

el aprendizaje	learning
el conocimiento	knowledge
la enseñanza	teaching; lesson
la herencia (cultural)	(cultural) heritage
la (in)certidumbre	(un)certainty
la (in)estabilidad	(in)stability
la sabiduría	wisdom

Las características

adelantado/a	advanced
culto/a	cultured; educated; refined
derrotado/a	defeated
desarrollado/a	developed
forzado/a	forced
pacífico/a	peaceful
poderoso/a	powerful
victorioso/a	victorious

Los gobernantes

el/la cacique	tribal chief
el/la conquistador(a)	conquistador; conqueror
el/la dictador(a)	dictator
el emperador/ la emperatriz	emperor/empress
el/la gobernante	ruler
el/la monarca	monarch
el rey/la reina	king/queen
el/la soberano/a	sovereign; ruler

La conquista y la independencia

la batalla	battle
la colonia	colony
la conquista	conquest
el ejército	army
la esclavitud	slavery
el/la esclavo/a	slave
las fuerzas armadas	armed forces
el/la guerrero/a	warrior
la independencia	independence
la soberanía	sovereignty
el/la soldado	soldier
la tribu	tribe
colonizar	to colonize
conquistar	to conquer
derribar/derrocar	to overthrow
derrotar	to defeat
encabezar	to lead
explotar	to exploit
expulsar	to expel
invadir	to invade
liberar	to liberate
oprimir	to oppress
rendirse (e:i)	to surrender
suprimir	to abolish; to suppress

Más vocabulario

Expresiones útiles	Ver p. 443
Estructura	Ver pp. 450–451, 454–455 y 458–460

Cinemateca

el cura	priest
el rancho	ranch
el/la tatarabuelo/a	great-great-grandfather/mother
engañar	to betray
enterrar (e:ie)	to bury
jurar	to promise
reconocer	to recognize
sepultar	to bury

Literatura

el ajedrez	chess
el azar	chance
la biblioteca	library
la demora	delay
la jugada	move
la partida	game
el reloj	clock
el tablero	chessboard
disputar	to play
fusilar	to shoot, to execute by firing squad
impostergable	impossible to postpone
inconcluso/a	unfinished

Cultura

el/la descendiente	descendant
el dominio	rule
la lealtad	loyalty
el/la mestizo/a	person of mixed ethnicity (part indigenous)
el puente	bridge
la traición	betrayal
el/la traidor(a)	traitor
aristocrático/a	aristocratic
erudito/a	learned
heroico/a	heroic

Manual de gramática

Supplementary Grammar Coverage

The **Manual de gramática** is an invaluable tool for both students and instructors of Intermediate Spanish. For each lesson of **ENFOQUES**, the **Manual** provides additional practice of the three core grammar concepts, as well as supplementary grammar instruction and practice.

The **Más práctica** pages of the **Manual** contain additional practice activities for every grammar point in **Enfoques**. The **Más gramática** pages present supplementary grammar concepts and practice. Both sections of the **Manual** are correlated to the core grammar points in **Estructura** by means of **Taller de consulta** sidebars, which provide the exact page numbers for additional practice and supplementary coverage.

This special supplement allows for great flexibility in planning and tailoring courses to suit the needs of whole classes and/or individual students. It also serves as a useful and convenient reference tool for students who wish to review previously learned material.

Contenido

Más práctica

Más gramática

Más práctica

TALLER DE CONSULTA

MÁS PRÁCTICA
To see the explanation corresponding to this additional practice, see p. 14.

1.1 The present tense

1 **Mi nuevo compañero de cuarto** Completa el párrafo con la forma apropiada de los verbos entre paréntesis.

¿Cómo es mi nuevo compañero de cuarto? (1) ______ (Ser) muy simpático. Siempre que (2) ______ (salir), me invita a salir con él, por lo que yo ya (3) ______ (conocer) a mucha gente en la universidad. Él siempre (4) ______ (parecer) pasarlo bien, hasta cuando nosotros (5) ______ (estar) en la clase de matemáticas. Por la tarde, después de clase, él (6) ______ (proponer) actividades —por ejemplo, a veces (7) ______ (ir) al parque a jugar al fútbol— así que nunca nos aburrimos. Yo ya (8) ______ (saber) que nos vamos a llevar bien durante todo el año. (9) ______ (Pensar) invitarlo a mi casa para las fiestas, así mis padres lo (10) ______ (poder) conocer también.

2 **Tus actividades** Escribe cuatro actividades que realizas normalmente en cada uno de estos momentos del día: la mañana, la tarde y la noche.

Mañana:

Tarde:

Noche:

3 **Diez preguntas** Trabaja con un(a) compañero/a a quien no conozcas muy bien. Primero, cada persona debe escribir diez preguntas para conocer a su compañero/a. Luego, háganse las preguntas. Por último, intercambien sus listas y háganse las preguntas de la otra persona. Compartan sus respuestas con la clase.

Más práctica

1.2 *Ser* and *estar*

TALLER DE CONSULTA

MÁS PRÁCTICA
To see the explanation corresponding to this additional practice, see p. 18.

(1) **Correo** **Completa el mensaje de correo electrónico con la forma adecuada de ser o estar.**

De: Susana <susana_cruz@estudiantil.es>
Para: Carlos <carlos_cano@estudiantil.es>
Asunto: Novedades

¡Hola, Carlos!

Yo (1) _____ muy preocupada porque mañana tenemos un examen en la clase de español y el profesor (2) _____ muy exigente. Ahora mismo mi amiga Ana (3) _____ estudiando en la biblioteca y voy a encontrarme con ella para que me ayude. Ella (4) _____ una estudiante muy buena y sus notas siempre (5) _____ excelentes.

Este fin de semana hay un concierto en la universidad. Mis amigos y yo (6) _____ muy contentos porque el grupo que toca (7) _____ muy famoso. Elena también quería ir al concierto, pero no puede porque (8) _____ enferma y debe quedarse en cama.

Bueno, antes de ir a la biblioteca voy a almorzar en la cafetería porque (9) _____ muerta de hambre.
¡Hasta pronto!
Susana

(2) **En el parque** **Mira la ilustración y contesta las preguntas usando ser y estar. Puedes inventar las respuestas para algunas de las preguntas.**

1. ¿Quién es cada una de estas personas?
2. ¿Qué están haciendo?
3. ¿Cómo están?
4. ¿Cómo son?

(3) **Una cita** **Mañana vas a tener una cita con una persona maravillosa. Quieres contárselo a tu mejor amigo/a y pedirle consejos. Tu amigo/a es muy curioso/a y te va a hacer muchas preguntas. En parejas, representen la conversación. Éstos son algunos de los aspectos que pueden incluir.**

Tu amigo/a quiere saber:
- cómo te sientes antes de la cita
- qué crees que va a pasar
- cómo es el lugar adonde van a ir
- cómo es la persona con quien vas a tener la cita

Tú quieres consejos sobre:
- qué ropa ponerte
- los temas de los que hablar
- adónde ir
- quién debe pagar la cuenta

Más práctica

TALLER DE CONSULTA

MÁS PRÁCTICA
To see the explanation corresponding to this additional practice, see p. 22.

1.3 Progressive forms

1 **¿Qué están haciendo?** Escribe cinco oraciones explicando qué está haciendo cada persona. Usa elementos de las tres columnas.

MODELO David Ortiz está jugando al béisbol.

tú		divertirse
el presidente de los EE.UU.		viajar en avión
tus padres		comer en un restaurante
tu mejor amigo/a	(no) estar	asistir a un estreno (*premiere*)
Penélope Cruz		bailar en una discoteca
nosotros		hablar por teléfono
yo		estudiar física

2 **Seguimos escribiendo** Vuelve a escribir las oraciones usando los verbos **andar, continuar, ir, llevar, seguir** o **venir**. La oración resultante debe expresar la misma idea.

1. José siempre dice que es tímido, pero no deja de coquetear con las chicas del trabajo.
   ____
2. Mi esposa y yo llevamos diez años de casados, pero nuestro amor es tan intenso como siempre.
   ____
3. Hace cinco meses que Carlos se pelea con su novia todos los días y todavía habla de ella como si fuera la única mujer del planeta.
   ____
4. Daniel siempre se queja de que los estudios lo agobian y hace meses que su mamá le dice que tiene que relajarse.
   ____
5. Mis padres repiten todos los días que pronto van a mudarse a una casa más pequeña que han visto en otro pueblo.
   ____
6. Conversamos todo el tiempo mientras ellos se marchaban.
   ____

3 **Adivina qué estoy haciendo** En grupos de cuatro, jueguen a las adivinanzas con mímica (*charades*). Túrnense para hacer gestos que representen una acción sencilla. Adivinen cada acción usando el presente progresivo. Sigan el modelo.

MODELO
ESTUDIANTE 1 *(Sin decir nada, hace gestos para mostrar que está manejando un carro.)*
ESTUDIANTE 2 ¿Estás peleando con alguien?
ESTUDIANTE 3 ¿Estás manejando un carro?
ESTUDIANTE 1 ¡Sí! Estoy manejando un carro.

1.4 Nouns and articles

Nouns

- In Spanish, nouns (**sustantivos**) ending in **–o, –or, –l,** and **–s** are usually masculine, and nouns ending in **–a, –ora, –ión, –d,** and **–z** are usually feminine. Some nouns ending in **–ma** are masculine.

Masculine nouns	Feminine nouns
el amigo, el cuaderno	**la amiga, la palabra**
el escritor, el color	**la escritora, la computadora**
el control, el papel	**la relación, la ilusión**
el autobús, el paraguas	**la amistad, la fidelidad**
el problema, el tema	**la luz, la paz**

- Most nouns form the plural by adding **–s** to nouns ending in a vowel, and **–es** to nouns ending in a consonant. Nouns that end in **–z** change to **–c** before adding **–es**.

el hombre → los hombres **la mujer → las mujeres**
la novia → las novias **el lápiz → los lápices**

- If a singular noun ends in a stressed vowel, the plural form ends in **–es.** If the last syllable of a singular noun ending in **–s** is unstressed, the plural form does not change.

el tabú → los tabúes **el lunes → los lunes**
el israelí → los israelíes **la crisis → las crisis**

Articles

- Spanish definite and indefinite articles (**artículos definidos** e **indefinidos**) agree in gender and number with the nouns they modify.

	Definite articles		Indefinite articles	
	singular	**plural**	**singular**	**plural**
MASCULINE	el **compañero**	los **compañeros**	un **compañero**	unos **compañeros**
FEMININE	la **compañera**	las **compañeras**	una **compañera**	unas **compañeras**

- In Spanish, when an abstract noun is the subject of a sentence, a definite article is always used.

El amor es eterno.
Love is eternal.
but
Para ser modelo, necesitas belleza y altura.
In order to be a model, you need beauty and height.

- An indefinite article is not used before nouns that indicate profession or place of origin, unless they are followed by an adjective.

Juan García es profesor.
Juan García is a professor.
Juan García es **un** profesor excelente.
Juan García is an excellent professor.

Ana María es neoyorquina.
Ana María is a New Yorker.
Ana María es **una** neoyorquina orgullosa.
Ana María is a proud New Yorker.

MÁS GRAMÁTICA

This is an additional grammar point for **Lección 1 Estructura.** You may use it for review or as required by your instructor.

¡ATENCIÓN!

Some nouns may be either masculine or feminine, depending on whether they refer to a male or a female.

el/la artista *artist*
el/la estudiante *student*

Occasionally, the masculine and feminine forms have different meanings.

el capital *capital (money)*
la capital *capital (city)*

¡ATENCIÓN!

Accent marks are sometimes dropped or added to maintain the stress in the singular and plural forms.

canción → canciones
margen → márgenes

¡ATENCIÓN!

The prepositions **de** and **a** contract with the article **el**.

de + el = del
a + el = al

¡ATENCIÓN!

Singular feminine nouns that begin with a stressed **a** take **el**.

el alma → las almas
el área → las áreas

Práctica

TALLER DE CONSULTA

These activities correspond to the additional grammar point on the preceding page.

1.4 Nouns and articles

1 **Cambiar** Escribe en plural las palabras que están en singular y viceversa.

1. la compañera ____________
2. unos amigos ____________
3. el novio ____________
4. una crisis ____________
5. unas parejas ____________
6. un corazón ____________
7. las amistades ____________
8. el tabú ____________

2 **Un chiste** Completa el chiste con los artículos apropiados. Recuerda que en algunos casos no debes poner ningún artículo.

(1) ____ pareja se va a casar. Él tiene 90 años. Ella tiene 85. Entran en (2) ____ farmacia y (3) ____ novio le pregunta al farmacéutico (*pharmacist*):
—¿Tiene (4) ____ remedios para (5) ____ corazón?
—Sí —contesta (6) ____ farmacéutico.
—¿Tiene (7) ____ remedios para (8) ____ presión y (9) ____ colesterol?
—Sí —contesta nuevamente (10) ____ farmacéutico.
—¿Y (11) ____ remedios para (12) ____ artritis? y (13) ____ reumatismo?
—Sí. Ésta es (14) ____ farmacia completa. Tenemos de todo.
Entonces (15) ____ novio mira a (16) ____ novia y le dice:
—Querida, ¿qué te parece si hacemos aquí (17) ____ lista de regalos para (18) ____ boda?

3 **La cita** Completa el párrafo con la forma correcta de los artículos definidos e indefinidos.

Ayer tuve (1) _____ cita con Leonardo. Fuimos a (2) _____ restaurante muy romántico que está junto a (3) _____ bonito lago. Desde nuestra mesa, podíamos ver (4) _____ lago y (5) _____ barcos que navegaban por allí. Comimos (6) _____ platos muy originales. (7) _____ pescado que yo pedí estaba delicioso. Nos divertimos mucho, pero al salir tuvimos (8) _____ problema. Una de (9) _____ ruedas (*tires*) del carro estaba pinchada (*punctured*). ¿Puedes creer que tuve que cambiar (10) _____ rueda yo porque Leonardo no sabía hacerlo?

4 **Escribir** Escribe oraciones completas con las siguientes palabras; utiliza los artículos definidos e indefinidos que correspondan y haz los cambios necesarios.

MODELO **Elisa - ser - buena periodista**
Elisa es una buena periodista.

1. revistas del corazón - afirmar - amor -ser - eterno
2. ayer - astrólogo - predecir - desgracia
3. lunes pasado - comprar - flores - tía juanita
4. capital - venezuela - ser - caracas
5. personas optimistas - soñar - mundo mejor
6. Rodrigo - ser - alma - fiesta

1.5 Adjectives

- Spanish adjectives (**adjetivos**) agree in gender and number with the nouns they modify. Most adjectives ending in **–e** or a consonant have the same masculine and feminine forms.

Adjectives						
	singular	**plural**	**singular**	**plural**	**singular**	**plural**
MASCULINE	**rojo**	**rojos**	**inteligente**	**inteligentes**	**difícil**	**difíciles**
FEMININE	**roja**	**rojas**	**inteligente**	**inteligentes**	**difícil**	**difíciles**

- Descriptive adjectives generally follow the noun they modify. If a single adjective modifies more than one noun, the plural form is used. If at least one of the nouns is masculine, then the adjective is masculine.

un libro **apasionante**
a great book

las parejas **contentas**
the happy couples

un carro y una casa **nuevos**
a new car and house

la literatura y la cultura **ecuatorianas**
Ecuadorean literature and culture

- A few adjectives have shortened forms when they precede a masculine singular noun.

bueno → buen | **alguno → algún** | **primero → primer**
malo → mal | **ninguno → ningún** | **tercero → tercer**

- Some adjectives change their meaning depending on their position. When the adjective follows the noun, the meaning is more literal. When it precedes the noun, the meaning is more figurative.

	after the noun	**before the noun**
antiguo/a	el edificio **antiguo** *the ancient building*	mi **antiguo** novio *my old/former boyfriend*
cierto/a	una respuesta **cierta** *a right answer*	una **cierta** actitud *a certain attitude*
grande	una ciudad **grande** *a big city*	un **gran** país *a great country*
mismo/a	el artículo **mismo** *the article itself*	el **mismo** problema *the same problem*
nuevo/a	un carro **nuevo** *a (brand) new car*	un **nuevo** profesor *a new/different professor*
pobre	los estudiantes **pobres** *the students who are poor*	los **pobres** estudiantes *the unfortunate students*
viejo/a	un libro **viejo** *an old book*	una **vieja** amiga *a long-time friend*

MÁS GRAMÁTICA

This is an additional grammar point for **Lección 1 Estructura.** You may use it for review or as required by your instructor.

¡ATENCIÓN!

Adjectives ending in **–án, –ín, ón,** and **–or**, like most others, vary in both gender and number.

dormilón → dormilona
dormilones → dormilonas

Adjectives ending in **–ior** and the comparatives **mayor, menor, mejor**, and **peor** do not vary in gender.

el **niño** mayor
la **niña** mayor

Adjectives indicating nationality vary in both gender and number (except those ending in **–a, –í,** and **–e**, which vary only in number).

español → española
españoles → españolas
marroquí → marroquí
marroquíes → marroquíes

¡ATENCIÓN!

Before any singular noun (masculine or feminine), **grande** changes to **gran**.

un gran esfuerzo
a great effort

una gran autora
a great author

Práctica

TALLER DE CONSULTA

These activities correspond to the additional grammar point on the preceding page.

1.5 Adjectives

1. **Descripciones** Completa cada oración con la forma correcta de los adjetivos.

1. Mi mejor amiga es __________ (guapo) y muy __________ (gracioso).
2. Los novios de mis hermanas son __________ (alto) y __________ (moreno).
3. Javier es __________ (bueno) compañero, pero es bastante __________ (antipático).
4. Mi prima Susana es __________ (sincero), pero mi primo Luis es __________ (falso).
5. Sandra es una __________ (grande) amiga, pero ayer tuvimos una pelea muy __________ (fuerte).
6. No sé por qué Marcos y María son tan __________ (inseguro) y __________ (tímido).

2. **La vida de Marina** Completa cada oración con los cuatro adjetivos.

1. Marina busca una compañera de cuarto ______________________.
(tranquilo, ordenado, honesto, puntual)
2. Se lleva bien con las personas ______________________.
(sincero, serio, alegre, trabajador)
3. Los padres de Marina son ______________________.
(maduro, simpático, inteligente, conservador)
4. Marina quiere ver programas de televisión más ______________________.
(emocionante, divertido, dramático, didáctico)
5. Marina tiene un novio ______________________.
(talentoso, simpático, creativo, sensible)

Marina

3. **Correo sentimental** La revista *Ellas y ellos* tiene una sección de anuncios personales. Completa este anuncio con la forma corta o larga de los adjetivos de la lista. Puedes usar los adjetivos más de una vez.

buen	gran	mal	ningún	tercer
bueno/a	grande	malo/a	ninguno/a	tercero/a

Mi perrito y yo buscamos amor

Tengo 43 años y estoy viudo desde hace tres años. Soy un (1) __________ hombre: tranquilo y trabajador. Me gustan las plantas y no tengo (2) __________ problema con mis vecinos. Cocino y plancho. Me gusta ir al cine y no me gusta el fútbol. Tengo (3) __________ humor por las mañanas y mejor humor por las noches. Vivo en un apartamento (4) __________ en el (5) __________ piso de un edificio de Montevideo. Sólo tengo un pequeño problema: mi perro. Algunos dicen que tiene (6) __________ carácter. Otros dicen que es un (7) __________ animal. Yo creo que es (8) __________, pero se siente solo, como su dueño, y nos hacemos compañía. Busco una señora viuda o soltera que también se sienta sola. ¡Si tiene un perrito, mejor!

Más práctica

2.1 Object pronouns

1 La televisión **Completa la conversación con el pronombre adecuado.**

JUANITO Mamá, ¿puedo ver televisión?

MAMÁ ¿Y la tarea? ¿Ya (1) ______ hiciste?

JUANITO Ya casi (2) la termino. ¿Puedo ver el programa de dibujos animados (*cartoons*)?

MAMÁ (3) Lo puedes ver hasta las siete.

JUANITO De acuerdo.

MAMÁ Pero antes de que te pongas a ver televisión, tengo algunas preguntas. ¿(4) Le vas a entregar mi carta a tu profesora?

JUANITO Sí mamá, (5) se (6) la voy a entregar mañana.

MAMÁ ¿Quién va a trabajar contigo en el proyecto de historia?

JUANITO No sé; nadie (7) lo quiere hacer conmigo.

MAMÁ Bueno, y antes de ver la tele, ¿me puedes ayudar a poner la mesa?

JUANITO ¡Cómo no, mamá! (8) Te ayudo ahora mismo.

2 Confundido **Tu compañero/a de cuarto va a dar una fiesta este fin de semana, pero no recuerda bien algunos detalles. Contesta sus preguntas con la información que está entre paréntesis. Utiliza pronombres en tus respuestas.**

MODELO **¿Quién va a traer las sillas? (Carlos y Pedro)**
Carlos y Pedro las van a traer.

1. ¿Cuándo vamos a comprar la comida? (mañana)
____

2. ¿Quién nos prepara el pastel (*cake*)? (la pastelería de la Plaza Mayor)
____

3. ¿Ya enviamos todas las invitaciones? (sí)
____

4. ¿Quién trae los discos compactos de música latina? (Lourdes y Sara)
____

5. ¿Vamos a decorar el salón? (sí)
____

3 Tres deseos **En parejas, imaginen que encuentran a un genio (*genie*) en una botella. Él les va a hacer realidad tres deseos a cada uno. Haz una lista de los deseos que le vas a pedir. Después, díselos a tu compañero/a. Háganse preguntas sobre por qué quieren estos deseos. Utilicen por lo menos seis pronombres de complemento directo e indirecto.**

MODELO —Yo quiero un jeep cuatro por cuatro.
—¿Para qué lo quieres?
—Lo quiero para manejar en cualquier tipo de terreno.

TALLER DE CONSULTA

MÁS PRÁCTICA
To see the explanation corresponding to this additional practice, see p. 54.

Más práctica

TALLER DE CONSULTA

MÁS PRÁCTICA
To see the explanation corresponding to this additional practice, see p. 58.

2.2 *Gustar* and similar verbs

1 En otras palabras Vuelve a escribir las frases subrayadas usando los verbos de la lista.

MODELO **Mis padres adoran las novelas de García Márquez, especialmente *Cien años de soledad.***
A mis padres les encantan las novelas de García Márquez, especialmente *Cien años de soledad.*

aburrir	(no) gustar
caer bien/mal	(no) interesar
(no) doler	molestar
encantar	quedar
faltar	

1. Estoy muy interesado en el cine y por eso veo el programa de espectáculos todas las noches.
2. Necesito ir al médico porque tengo dolor de cabeza desde hace dos días.
3. Pablo y Roberto son muy antipáticos. No soporto hablar con ellos.
4. Nos aburrimos cuando vemos películas románticas.
5. Detesto el boliche.
6. Has gastado casi todo tu dinero. Sólo tienes diez dólares.
7. Carlos está a punto de completar su colección de monedas españolas anteriores al euro. Necesita conseguir tres más.
8. No soporto escuchar música cuando estudio. No puedo concentrarme.

2 El fin de semana Escribe ocho oraciones sobre qué te gusta y qué te molesta hacer el fin de semana. Utiliza **gustar** y otros verbos parecidos, como **interesar, importar** y **molestar.**

estar en casa	hacer ejercicio	ir al circo
festejar	hacer un picnic	jugar al billar
hacer cola	ir al cine	salir a comer

3 Gustos Utiliza la información suministrada y los verbos parecidos a **gustar** para investigar los gustos de tus compañeros/as de clase. Toma nota de las respuestas de cada compañero/a que entrevistes y comparte la información con la clase.

MODELO **molestar / tener clase a las ocho de la mañana**
—A Juan y a Marcela no les molesta tener clase a las ocho de la mañana. En cambio, a Carlos le molesta porque...

1. encantar / fiestas de cumpleaños
2. fascinar / el mundo de Hollywood
3. disgustar / leer las noticias
4. molestar / conocer a personas nuevas
5. interesar / saber lo que mis amigos piensan de mí
6. aburrir / escuchar música todo el día

Más práctica

2.3 Reflexive verbs

1 **¿Qué hacen estas personas?** Escribe cinco oraciones combinando elementos de las tres columnas.

MODELO Yo me acuesto a las once de la noche.

mis padres	aburrirse	a las 6 de la mañana
yo	acostarse	a las 9 de la mañana
mis amigos y yo	afeitarse	a las 3 de la tarde
tú	divertirse	por la tarde
mi compañero/a de cuarto	dormirse	el viernes por la noche
ustedes	levantarse	a las once de la noche
mi hermano/a	maquillarse	todos los días

2 **Reflexivos** Algunos verbos cambian de significado cuando se usan en forma reflexiva. Completa las oraciones con la forma adecuada del verbo indicado.

MODELO Yo me acuesto a las once de la noche.

1. Yo siempre ________ (dormir/dormirse) bien cuando estoy en mi casa de verano.
2. Carlos, ¿________ (acordar/acordarse) de cuando fuimos de vacaciones a Cancún hace dos años?
3. Si estamos tan cansados de la ciudad, ¿por qué no ________ (mudar/mudarse) a una casa junto al lago?
4. No me gusta esta fiesta. Quiero ________ (ir/irse) cuanto antes.
5. Cristina y Miguel ________ (llevar/llevarse) tortillas a la fiesta.
6. Mi abuela va a ________ (poner/ponerse) una foto de todos sus nietos en el salón.

3 **Los sábados** Sigue los pasos para determinar si tú y tus compañeros/as participan en actividades parecidas (*similar*) los sábados. Comparte tus conclusiones con el resto de la clase. Usa verbos reflexivos en las preguntas y respuestas.

- **Paso 1** Haz una lista detallada de las cosas que normalmente haces los sábados.
- **Paso 2** Entrevista a un(a) compañero/a para ver si comparten alguna actividad.
- **Paso 3** Compara la información con el resto de la clase. ¿Siguen los estudiantes la misma rutina durante los fines de semana?

TALLER DE CONSULTA

MÁS PRÁCTICA
To see the explanation corresponding to this additional practice, see p. 62

MÁS GRAMÁTICA

This is an additional grammar point for **Lección 2 Estructura.** You may use it for review or as required by your instructor.

2.4 Demonstrative adjectives and pronouns

- Demonstrative adjectives (**adjetivos demostrativos**) specify to which noun a speaker is referring. They precede the nouns they modify and agree in gender and number.

este torneo	**esa** entrenadora	**aquellos** deportistas
this tournament	*that coach*	*those athletes (over there)*

Demonstrative adjectives

singular		plural		
masculine	**feminine**	**masculine**	**feminine**	
este	esta	estos	estas	*this; these*
ese	esa	esos	esas	*that; those*
aquel	aquella	aquellos	aquellas	*that; those (over there)*

- Spanish has three sets of demonstrative adjectives. Forms of **este** are used to point out nouns that are close to the speaker and the listener. Forms of **ese** modify nouns that are not close to the speaker, though they may be close to the listener. Forms of **aquel** refer to nouns that are far away from both the speaker and the listener.

No me gustan **estos** zapatos.

Prefiero **esos** zapatos.

Aquel carro es de Ana.

- Demonstrative pronouns (**pronombres demostrativos**) are identical to demonstrative adjectives, except that they traditionally carry an accent mark on the stressed vowel. They agree in gender and number with the nouns they replace.

¿Quieres comprar esta **radio**?
Do you want to buy this radio?

No, no quiero **ésta**. Quiero **ésa**.
No, I don't want this one. I want that one.

¿Leíste estos **libros**?
Did you read these books?

No leí **éstos**, pero sí leí **aquéllos**.
I didn't read these, but I did read those (over there).

- There are three neuter demonstrative pronouns: **esto, eso,** and **aquello**. These forms refer to unidentified or unspecified things, situations, or ideas. They do not vary in gender or number and they never carry an accent mark.

¿Qué es **esto**?	**Eso** es interesante.	**Aquello** es bonito.
What is this?	*That's interesting.*	*That's pretty.*

Práctica

2.4 Demonstrative adjectives and pronouns

TALLER DE CONSULTA

These activities correspond to the additional grammar point on the preceding page.

1 **En el centro comercial** Completa las oraciones con la forma correcta de los adjetivos entre paréntesis.

1. Quiero comprar ______ (*that*) videojuego.
2. Nosotros queremos comprar ______ (*that over there*) computadora.
3. ______ (*These*) pantalones son muy baratos.
4. Yo voy a escoger ______ (*this*) falda que está a mitad de precio.
5. También quiero comprar alguna de ______ (*those*) películas en DVD.
6. Antes de irnos, vamos a comer algo en ______ (*that over there*) restaurante.

2 **Pronombres** Completa cada oración con la forma correcta de los pronombres demostrativos de acuerdo con la traducción que aparece entre paréntesis.

1. Esta campeona es muy humilde, pero ______ (*that one*) es muy arrogante.
2. Este deportista juega bien, no como ______ (*those*) del otro equipo.
3. Esos dardos no tienen punta; usa ______ (*the ones over there*).
4. No conozco a esta entrenadora, pero sí conozco a ______ (*that one over there*).
5. Aquellos asientos son muy buenos, pero de todas formas, yo prefiero sentarme en ______ (*this one*).
6. Esta cancha de fútbol está muy mojada. ¿Podemos jugar en ______ (*that one*)?

3 **¿Adjetivos o pronombres?**

A. Elige los adjetivos o los pronombres apropiados.

A mi hermano Esteban no le gustan las películas de acción y a mí, sí. (1) ______ (Ese / Ése) es el problema que siempre tenemos cuando queremos ir al cine. (2) ______ (Este / Éste) fin de semana, por ejemplo, estrenan la película *Persecución sin fin* en (3) ______ (ese / ése) cine nuevo que abrió enfrente de (4) ______ (ese / ése) restaurante que tanto me gusta. Cuando le mandé un mensaje por correo electrónico a mi hermano, enseguida respondió: "(5) ______ (Esa / Ésa) no la veo ni loco. (6) ______ (Esas / Ésas) películas de acción son siempre iguales. El bueno y el malo pelean y el bueno siempre gana. Por (7) ______ (ese / ése / eso), yo prefiero las películas históricas o los dramas. Por lo menos en (8) ______ (esas / ésas) suele haber diálogos inteligentes y no persecuciones tontas y peleas exageradas". ¡Cómo cambiaron los gustos de mi hermano desde (9) ______ (aquella / aquélla) época en la que íbamos a ver todas las películas de superhéroes!

B. En parejas, imaginen que los dos hermanos hablan por teléfono. El hermano de Esteban todavía tiene esperanzas de convencerlo para ir a ver *Persecución sin fin*. Improvisen la conversación entre los dos hermanos. Usen por lo menos cinco adjetivos o pronombres demostrativos.

MÁS GRAMÁTICA

This is an additional grammar point for **Lección 2 Estructura.** You may use it for review or as required by your instructor.

2.5 Possessive adjectives and pronouns

- Possessive adjectives (**adjetivos posesivos**) are used to express ownership or possession. Spanish has two types: the short, or unstressed, forms and the long, or stressed, forms. Both forms agree in gender, when applicable, and number with the object owned, and not with the owner.

Possessive adjectives			
short forms (unstressed)		**long forms (stressed)**	
mi(s)	*my*	**mío/a(s)**	*my; (of) mine*
tu(s)	*your*	**tuyo/a(s)**	*your; (of) yours*
su(s)	*your; his; her; its*	**suyo/a(s)**	*your; (of) yours; his; (of) his; hers; (of) hers; its; (of) its*
nuestro/a(s)	*our*	**nuestro/a(s)**	*our; (of) ours*
vuestro/a(s)	*your*	**vuestro/a(s)**	*your; (of) yours*
su(s)	*your; their*	**suyo/a(s)**	*your; (of) yours; their; (of) theirs*

- Short possessive adjectives precede the nouns they modify.

En **mi** opinión, esa película es pésima.
In my opinion, that movie is awful.

Nuestras revistas favoritas son *Vanidades* y *Latina.*
Our favorite magazines are Vanidades *and* Latina.

¡ATENCIÓN!

After the verb **ser**, stressed possessives are used without articles.

¿Es tuya la calculadora?
Is the calculator yours?

No, no es mía.
No, it is not mine.

- Stressed possessive adjectives follow the nouns they modify. They are used for emphasis or to express the phrases of mine, of yours, etc. The nouns are usually preceded by a definite or indefinite article.

mi amigo → **el** amigo **mío**
my friend *friend of mine*

tus amigas → **las** amigas **tuyas**
your friends *friends of yours*

- Because **su(s)** and **suyo/a(s)** have multiple meanings (your, his, her, its, their), the construction [article] + [noun] + **de** + [subject pronoun] is commonly used to clarify meaning.

su casa
la casa suya

→

la casa de él/ella	*his/her house*
la casa de usted/ustedes	*your house*
la casa de ellos/ellas	*their house*

¡ATENCIÓN!

The neuter form **lo** + [*singular stressed possessive*] is used to refer to abstract ideas or concepts such as *what is mine* and *what belongs to you.*

Quiero lo mío.
I want what is mine.

- Possessive pronouns (**pronombres posesivos**) have the same forms as stressed possessive adjectives and are preceded by a definite article. Possessive pronouns agree in gender and number with the nouns they replace.

No encuentro mi **libro**. ¿Me prestas **el tuyo**?
I can't find my book. Can I borrow yours?

Si la **fotógrafa** suya no llega, **la nuestra** está disponible.
If your photographer doesn't arrive, ours is available.

Práctica

2.5 Possessive adjectives and pronouns

TALLER DE CONSULTA

These activities correspond to the additional grammar point on the preceding page.

1 **¿De quién hablan?** **En un programa de entrevistas, varias personas famosas hacen comentarios. Completa sus oraciones con los adjetivos posesivos que faltan.**

1. La actriz Fernanda Lora habla sobre su esposo: "_______ esposo siempre me acompaña a los estrenos, aunque _______ trabajo le exija estar en otro sitio".
2. Los integrantes del famoso dúo Maite y Antonio hablan sobre su hijo: "_______ hijo empezó a cantar a los dos años".
3. El actor Saúl Mar habla de su ex esposa, la modelo Serafina: "_______ ex ya no es tan guapa como antes, aunque _______ *fans* piensen lo contrario".

2 **¿Es tuyo...?** **Escribe preguntas con ser y contéstalas usando el pronombre posesivo que corresponde a la(s) persona(s) indicada(s). Sigue el modelo.**

MODELO **tú / libro / yo**
—¿Es tuyo este libro?
—Sí, es mío.

1. ustedes / cartas / nosotros
____
____
2. ella / bicicleta / ella
____
____
3. yo / café / tú
____
____
4. nosotros / periódicos / yo
____
____
5. tú / disco compacto / ellos
____
____
6. él / ideas / nosotros
____
____

3 **Durante el almuerzo** **Durante la hora del almuerzo, tres compañeros de trabajo tratan de conocerse mejor. Completa la conversación con los posesivos adecuados. Cuando sea necesario, añade también el artículo definido correspondiente.**

MANUEL (1) __________ películas favoritas son las de acción. ¿Y (2) __________?

JUAN A mí no me gusta el cine.

AGUSTÍN A mí tampoco, pero a (3) __________ esposa le gustan las películas clásicas. Lo mío es el deporte.

JUAN Yo detesto el deporte. (4) __________ pasatiempo favorito es la música.

MANUEL ¡Ahh! ¿Es (5) __________ la guitarra que vi en la oficina?

JUAN Sí, es (6) __________. Después del trabajo, nos reunimos en la casa de un amigo (7) __________ y tocamos un poco. A (8) __________ amigos y a mí nos gusta el rock. (9) __________ músicos preferidos son...

AGUSTÍN ¡No te molestes en nombrarlos! No sé nada de música.

MANUEL Parece que (10) __________ gustos son muy distintos.

Más práctica

TALLER DE CONSULTA

MÁS PRÁCTICA
To see the explanation corresponding to this additional practice, see p. 94.

3.1 The preterite

1. **Conversación telefónica** La mamá de Andrés lo llama para saber cómo fue su semana. Completa la conversación con el pretérito de los verbos de la lista. Algunos verbos se repiten.

andar	dar	ir	ser
barrer	hacer	quitar	tener

MAMÁ Hola, Andrés, ¿cómo te va?
ANDRÉS Bien, mamá. ¿Y a ti?
MAMÁ También estoy bien. ¿Qué tal las clases?
ANDRÉS En la clase de historia (1) _______ un examen el lunes. En la clase de química, el profesor nos (2) _______ una demostración en el laboratorio.
MAMÁ ¿Y el resto de las clases?
ANDRÉS (3) _______ muy fáciles, pero los profesores nos (4) _______ mucha tarea.
MAMÁ ¿Cómo está tu apartamento? ¿Está muy sucio (*dirty*)?
ANDRÉS ¡Está perfecto! Ayer (5) _______ la limpieza: (6) _______ el piso y (7) _______ el polvo de los muebles.
MAMÁ ¿Qué hiciste con tus amigos el sábado por la noche?
ANDRÉS Nosotros (8) _______ por el centro de la ciudad y (9) _______ a un restaurante. (10) _______ una noche muy divertida.

2. **Vienen los abuelitos** Tus abuelos vienen a tu casa para pasar el fin de semana. Tu mamá quiere saber si ya hiciste todo lo que te pidió, pero tú ya sabes lo que te va a preguntar. Completa sus preguntas y después contéstalas.

MODELO **¿Ya... (conseguir las entradas para el concierto)?**
—¿Ya conseguiste las entradas para el concierto?
—Sí, mamá, ya conseguí las entradas para el concierto.

1. ¿Ya... (lavar los platos)? _______________
2. ¿Ya... (ir al supermercado)? _______________
3. ¿Ya... (pasar la aspiradora)? _______________
4. ¿Ya... (quitar tus cosas de la mesa)? _______________
5. ¿Ya... (hacer las reservaciones en el restaurante)? _______________
6. ¿Ya... (limpiar el baño)? _______________

3. **Un problema** Quieres devolver unos zapatos que te compraste hace dos semanas y pedir un reembolso, pero la zapatería no acepta cambios después de una semana. En parejas, improvisen una conversación en la que el/la cliente trata de convencer al/a la gerente (*manager*) de que le devuelva el dinero.

Más práctica

3.2 The imperfect

TALLER DE CONSULTA

MÁS PRÁCTICA
To see the explanation corresponding to this additional practice, see p. 98.

1 Antes **Forma oraciones con estos elementos para explicar qué hacían antes estas personas.**

MODELO mi tía / siempre / cocinar / una sopa deliciosa
Antes, mi tía siempre cocinaba una sopa deliciosa.

1. yo / barrer / la escalera de mi casa / a menudo

   ____

2. mi hermano pequeño / casi nunca / apagar / la luz de su habitación

   ____

3. la ropa / ser / más barata

   ____

4. mis amigas / apenas / ir / al centro comercial.

   ____

5. tú / quitar / el polvo de los muebles / a veces

   ____

2 Oraciones incompletas **Termina las oraciones con el imperfecto.**

1. Cuando yo era niño/a, ____________________.
2. Todos los veranos mi familia y yo ____________________.
3. En la escuela primaria mis maestros nunca ____________________.
4. Mis hermanos y yo siempre ____________________.
5. Mi abuela siempre ____________________.

3 Un robo **El sábado unos jóvenes le robaron el bolso a una anciana en el parque. Tú eres uno de los testigos. Contesta las preguntas de la policía usando el imperfecto.**

1. ¿Dónde estabas alrededor de las dos de la tarde?

   ____

2. ¿Qué llevabas puesto (*were you wearing*)?

   ____

3. ¿Qué hacías en el parque?

   ____

4. ¿Quiénes estaban contigo?

   ____

5. ¿Qué otras personas había en el parque? ¿Qué hacían estas personas?

   ____

4 ¿Cómo ha cambiado tu vida? **En parejas, comparen la escuela secundaria con la universidad. Escriban una lista de las responsabilidades que tienen ahora y las que tenían antes.**

MODELO Cuando estaba en la escuela secundaria no tenía mucha tarea, pero ahora tengo muchísima. Me paso el día entero en la biblioteca.

Más práctica

TALLER DE CONSULTA

MÁS PRÁCTICA
To see the explanation corresponding to this additional practice, see p. 102.

3.3 The preterite vs. the imperfect

1. **¿Pretérito o imperfecto?** Indica si normalmente debes usar el pretérito (P) o el imperfecto (I) con estas expresiones de tiempo. Después escribe cinco oraciones completas que contengan estas expresiones.

___ el año pasado	___ ayer por la noche
___ todos los días	___ el domingo pasado
___ siempre	___ todas las tardes
___ mientras	___ una vez

2. **Distintos significados** Completa las oraciones con el pretérito o el imperfecto de los verbos entre paréntesis. Recuerda que cuando se usan estos verbos en el pretérito tienen un significado distinto al del imperfecto.

   1. Cuando yo era niño, nunca ________ (querer) limpiar mi habitación, pero mis padres me obligaban a hacerlo.
   2. Mi amigo ya ________ (poder) hablar chino y japonés cuando tenía siete años.
   3. Finalmente, después de preguntar por todos lados, Ana ________ (saber) cómo solicitar una tarjeta de crédito.
   4. Mis padres ________ (querer) comprarse una aspiradora. Estaban cansados de barrer.
   5. Se rompió el timbre. Por suerte, mi amigo Juan Carlos ________ (poder) venir enseguida a arreglarlo.
   6. Mi hermano ________ (conocer) a su novia en el centro comercial.
   7. Mi abuela ________ (saber) cocinar muy bien.
   8. Miguel y Roberto completaron el formulario, pero no ________ (querer) contestar la última pregunta.

3. **Mi mejor año** ¿Cuál fue tu mejor año en la escuela? Escribe una historia breve sobre ese año especial. Recuerda que para narrar series de acciones completas debes usar el pretérito y para describir el contexto o acciones habituales en el pasado debes usar el imperfecto. Comparte tu historia con la clase.

   MODELO Creo que mi mejor año fue el segundo grado. Yo vivía con mi familia en Toronto, pero ese año nos mudamos a Vancouver.

4. **Cuentos populares** En grupos de tres, escojan un cuento popular que conozcan. Escríbanlo cambiando completamente el papel (*role*) de los personajes y los hechos. Utilicen el pretérito y el imperfecto. Después, representen una escena de su cuento para la clase.

   MODELO Había una vez tres cerditos muy malos que querían atacar a un lobito muy bueno…

3.4 Telling time

- The verb **ser** is used to tell time in Spanish. The construction **es + la** is used with **una,** and **son + las** is used with all other hours.

¿Qué hora es?		Es la **una.**
What time is it?		*It is one o'clock.*
		Son las **tres.**
		It is three o'clock.

- The phrase **y +** [*minutes*] is used to tell time from the hour to the half-hour. The phrase **menos +** [*minutes*] is used to tell time from the half-hour to the hour, and is expressed by subtracting minutes from the next hour.

Son las once **y veinte.**

Es la una **menos cuarto.**

Son las doce **menos diez.**

- To ask at what time an event takes place, the phrase **¿A qué hora (...)?** is used. To state at what time something takes place, use the construction **a la(s) +** [*time*].

¿A qué hora es la fiesta?
(At) what time is the party?

La fiesta es **a las ocho.**
The party is at eight.

- The following expressions are used frequently for telling time.

Son las siete **en punto.**
It's seven o'clock on the dot/sharp.

Son **las doce del mediodía.**/Es **(el) mediodía.**
It's 12 p.m./It's noon.

Son **las doce de la noche.** /Es **(la) medianoche.**
It's 12 a.m./It's midnight.

Son las nueve **de la mañana.**
It's 9 a.m./in the morning.

Son las cuatro y cuarto **de la tarde.**
It's 4:15 p.m./in the afternoon.

Son las once y media **de la noche.**
It's 11:30 p.m./at night.

- The imperfect is generally used to tell time in the past. However, the preterite may be used to describe an action that occurred at a particular time.

¿Qué hora **era** cuando llegaste?
What time was it when you arrived?

Eran las cuatro de la mañana.
It was four o'clock in the morning.

¿A qué hora **fueron** al cine?
At what time did you go to the movies?

Fuimos a las nueve.
We went at nine o'clock.

MÁS GRAMÁTICA

This is an additional grammar point for **Lección 3 Estructura.** You may use it for review or as required by your instructor.

¡ATENCIÓN!

The phrases **y media** (*half past*) and **y/menos cuarto** (*quarter past/of*) are usually used instead of **treinta** and **quince**.

Son las doce y media.
It's 12:30/half past twelve.

Son las nueve menos cuarto.
It's 8:45/quarter to nine.

¡ATENCIÓN!

Note that **es** is used to state the time at which a single event takes place.

Son las dos.
It is two o'clock.

Mi clase es a las dos.
My class is at two o'clock.

Práctica

TALLER DE CONSULTA

These activities correspond to the additional grammar point on the preceding page.

3.4 Telling time

1 **La hora** Escribe la hora que aparece en cada reloj usando oraciones completas.

1. ____________ 2. ____________ 3. ____________

4. ____________ 5. ____________ 6. ____________

2 **¿Qué hora es?** Da la hora usando oraciones completas.

1. 1:10 p.m. ____________
2. 6:30 a.m. ____________
3. 8:45 p.m. ____________
4. 11:00 a.m. ____________
5. 2:55 p.m. ____________
6. 12:00 a.m. ____________

3 **Retraso** Hoy tienes un mal día y estás atrasado/a en todo. Usa la información para explicar a qué hora hiciste cada cosa y por qué te retrasaste. Sigue el modelo.

MODELO **ir al centro comercial – 9 a.m. (15 minutos)**
Tenía que ir al centro comercial a las nueve de la mañana, pero llegué a las nueve y cuarto porque el autobús se retrasó.

1. levantarme – 7 a.m. (30 minutos)
2. desayunar – 8 a.m. (2 horas y media)
3. reunirme con la profesora de química – 11 a.m. (1 hora)
4. escribir el ensayo para la clase de literatura – 3 p.m. (2 horas y cuarto)
5. llamar a mis padres – 5 p.m. (3 horas y media)
6. limpiar mi casa – 3 p.m. (¡Todavía no has empezado!)

Más práctica

4.1 The subjunctive in noun clauses

TALLER DE CONSULTA

MÁS PRÁCTICA
To see the explanation corresponding to this additional practice, see p. 134.

1 **El doctor** El doctor González escribe informes con el diagnóstico y las recomendaciones para cada paciente. Completa los informes con el indicativo o el subjuntivo de los verbos entre paréntesis.

Informe 1

Don José, creo que usted (1) ________ (sufrir) de mucho estrés. Usted (2) ________ (trabajar) demasiado y no (3) ________ (cuidarse) lo suficiente. Es necesario que usted (4) ________ (dormir) más horas. No creo que usted (5) ________ (necesitar) tomar medicinas, pero es importante que (6) ________ (controlar) su alimentación y (7) ________ (mantener) una dieta más equilibrada.

Informe 2

Carlitos, no hay duda de que tú (8) ________ (tener) varicela (*chicken pox*). Es una enfermedad muy contagiosa y por eso es necesario que (9) ________ (quedarse) en casa una semana. Como no podrás asistir a la escuela, te recomiendo que (10) ________ (hablar) con uno de tus compañeros y que (11) ________ (hacer) la tarea regularmente. Quiero que (12) ________ (aplicarse) (*to apply*) esta crema si te pica (*itches*) mucho la piel.

Informe 3

Susana y Pedro, es obvio que ustedes (13) ________ (tener) gripe. Para aliviar la tos, les recomiendo que (14) ________ (tomar) este jarabe por la mañana y estas pastillas por la noche. No creo que (15) ________ (necesitar) quedarse en cama. Les recomiendo que (16) ________ (beber) mucho líquido y que (17) ________ (comer) muchas frutas y verduras. Estoy seguro de que en unos días (18) ________ (ir) a sentirse mejor.

2 **¿Cómo terminan?** Escribe un final original para cada oración. Recuerda usar el subjuntivo cuando sea necesario.

1. Es imposible que hoy...
2. Dudo mucho que el profesor...
3. No es cierto que mis amigos y yo...
4. Es muy probable que yo...
5. Es evidente que en el hospital...
6. Los médicos recomiendan que...

3 **Reacciones** En grupos de cinco, digan cómo reaccionarían ante estas situaciones. Deben usar el subjuntivo en sus respuestas para mostrar emoción, incredulidad, alegría, rechazo, insatisfacción, etc.

MODELO **Acabas de ganar un millón de dólares.**
¡Es imposible que sea verdad! No puedo creer que...

1. Un día vas al banco y te dicen que ya no te queda ni un centavo. No vas a poder comer esta semana.
2. Oyes que el agua que tomas del grifo (*tap*) está contaminada y que todos los habitantes de la ciudad se van a enfermar.
3. Llegas a la universidad el primer día y te dicen que no hay espacio para ti en la residencia estudiantil. Vas a tener que dormir en un hotel.
4. Tu novio/a te declara su amor e insiste en que se casen este mismo mes.
5. Tu nuevo/a compañero/a de cuarto te dice que tiene la gripe aviar (*bird flu*). Es muy contagiosa.
6. Acabas de ver a tu ex hablando mal de ti enfrente de millones de televidentes.

Más práctica

TALLER DE CONSULTA

MÁS PRÁCTICA
To see the explanation corresponding to this additional practice, see p. 140.

4.2 Commands

1 **Las indicaciones del médico** Lee los problemas de estos pacientes. Luego, completa las órdenes y recomendaciones que su médico les da.

Don Mariano y doña Teresa no duermen bien y sufren de mucha presión en el trabajo.	1. _______ (tomar) té de manzanilla y _______ (acostarse) siempre a la misma hora. 2. No _______ (trabajar) los domingos.
Juan come muchos dulces y tiene caries (*cavities*).	3. (Tú) _______ (cepillarse) los dientes dos veces por día. 4. No _______ (comer) más dulces.
La señora Ortenzo se lastimó jugando al tenis. Le duele el pie derecho.	5. (Usted) _______ (quedarse) en cama dos días. 6. No _______ (mover) el pie y no _______ (caminar) sin muletas (*crutches*).
Carlos y Antonio trasnochan con frecuencia y no llevan una dieta sana.	7. _______ (dormir) por lo menos ocho horas cada noche. 8. No _______ (ir) a clase sin antes comer un desayuno saludable.

2 **Antes y ahora** ¿Te daban órdenes tus padres cuando eras niño/a? ¿Te siguen dando órdenes? Escribe cinco mandatos que te daban cuando eras niño/a y cinco que te dan ahora. Utiliza mandatos informales afirmativos y negativos.

Los mandatos de antes	Los mandatos de ahora
_______________	_______________
_______________	_______________
_______________	_______________
_______________	_______________
_______________	_______________

3 **El viernes por la noche** Tú y tus amigos están pensando en qué hacer este viernes. Tú sugieres actividades (usa mandatos con **nosotros/as**), pero tus compañeros/as rechazan (*reject*) tus ideas y sugieren otras. En grupos de tres, representen la conversación.

MODELO

ESTUDIANTE 1 Vayamos al cine esta noche.
ESTUDIANTE 2 No quiero porque no tengo dinero. Quedémonos en casa y veamos la tele.
ESTUDIANTE 3 Pues, alquilemos una película entonces...

Más práctica

4.3 *Por* and *para*

TALLER DE CONSULTA

MÁS PRÁCTICA
To see the explanation corresponding to this additional practice, see p. 144.

1 El viaje de Carla Carla está planeando pasar el verano en Bogotá para tomar cursos en la Universidad Nacional de Colombia. Une las frases para completar sus comentarios sobre el viaje.

___ 1. Este verano viajaré a Bogotá	a. para Bogotá.
___ 2. Es un programa de intercambio organizado	b. para estudiar español.
___ 3. Estudiantes de varias universidades nos reuniremos en Miami y de allí saldremos	c. para la embajada (*embassy*).
___ 4. Extrañaré a mi familia, pero prometen llamarme	d. para trabajar en Latinoamérica después de graduarme.
___ 5. Quisiera pasar un año allá, pero sólo puedo ir	e. por mi universidad en Nueva York.
___ 6. Antes de volver a Nueva York, espero viajar	f. por teléfono una vez por semana.
___ 7. Quiero perfeccionar el español	g. por todo el país.
___ 8. En el futuro, espero trabajar	h. por tres meses.

2 Instrucciones para cuidar al perro Este fin de semana te toca cuidar al perro de tus vecinos y ellos están muy preocupados. Completa su lista de instrucciones con **por** o **para**.

1. *Si el perro está muy deprimido, llama al veterinario ________ teléfono.*
2. *Si está un poco triste, haz todo lo que puedas ________ darle ánimo.*
3. *Últimamente tiene problemas de digestión y debe tomar una medicina ________ el estómago.*
4. *________ ver si el perro tiene fiebre, usa este termómetro.*
5. *No es ________ tanto si no te saluda cuando entras en la casa; cuando te conozca mejor y te tenga más confianza comenzará a saludarte.*
6. *Sácalo a pasear todos los días de la semana: el ejercicio es bueno ________ los perros.*
7. *Nuestra rutina es caminar media hora ________ el parque.*
8. *Dale su medicina tres veces ________ día.*

3 Un acontecimiento increíble ¿Alguna vez te ha ocurrido algo inusual o difícil de creer? Cuéntale a tu compañero/a un acontecimiento increíble que te haya ocurrido, o inventa uno. Incluye al menos cuatro expresiones de la lista.

para colmo	no estar para bromas	por casualidad	por más/mucho que
para que sepas	no ser para tanto	por fin	por supuesto

MÁS GRAMÁTICA

This is an additional grammar point for **Lección 4 Estructura.** You may use it for review or as required by your instructor.

4.4 The subjunctive with impersonal expressions

- The subjunctive is frequently used in subordinate clauses following impersonal expressions.

IMPERSONAL EXPRESSION	CONNECTOR	SUBORDINATE CLAUSE
Es urgente	**que**	vayas **al hospital.**

- Impersonal expressions that indicate will, desire, or emotion are usually followed by the subjunctive.

es bueno *it's good*	**es necesario** *it's necessary*
es extraño *it's strange*	**es ridículo** *it's ridiculous*
es importante *it's important*	**es terrible** *it's terrible*
es imposible *it's impossible*	**es una lástima** *it's a shame*
es malo *it's bad*	**es una pena** *it's a pity*
es mejor *it's better*	**es urgente** *it's urgent*

Es una lástima que **estés** con gripe.
It's a shame you have the flu.

Es mejor que te **acompañen.**
It's better that they go with you.

- Impersonal expressions that indicate certainty trigger the indicative in the subordinate clause. When they express doubt about the action or condition in the subordinate clause, the subjunctive is used.

indicative	subjunctive
es cierto *it's true*	**no es cierto** *it's untrue*
es obvio *it's obvious*	**no es obvio** *it's not obvious*
es seguro *it's certain*	**no es seguro** *it's not certain*
es verdad *it's true*	**no es verdad** *it's not true*

Es verdad que Juan está triste, pero **no es cierto** que **esté** deprimido.
It's true that Juan is sad, but it's not true that he is depressed.

Es obvio que usted tiene una infección, pero **es improbable** que **sea** contagiosa.
It's obvious that you have an infection, but it's unlikely that it's contagious.

- When an impersonal expression is used to make a general statement or suggestion, the infinitive is used in the subordinate clause. When a new subject is introduced, the subjunctive is used instead.

Es importante hacer ejercicio.
It's important to exercise.

No es seguro caminar solo por la noche.
It's not safe to walk around alone at night.

Es importante que los niños **hagan** ejercicio.
It's important for children to exercise.

No es seguro que **camines** solo por la noche.
It's not safe for you to walk around alone at night.

Práctica

4.4 The subjunctive with impersonal expressions

TALLER DE CONSULTA

These activities correspond to the additional grammar point on the preceding page.

1 **Pórtate bien** Los padres de Álvaro se van de viaje y le dejan una nota a su hijo con algunas cosas que tiene que hacer. Completa la nota con el presente del subjuntivo de los verbos entre paréntesis.

> ¡No te olvides!
>
> Sabemos que es imposible que (1) _______ (acostarse) temprano, pero es importante que (2) _______ (levantarse) antes de las 8:00 y que (3) _______ (llevar) el carro al mecánico. El martes es necesario que (4) _______ (ir) a casa de tu tía Julia y le (5) _______ (llevar) nuestro regalo. Como la pastelería queda cerca del mecánico, es mejor que (6) _______ (pasar) a recoger el pastel de cumpleaños cuando vayas a recoger el carro el lunes por la tarde. Y, bueno, hijo, es una lástima que no (7) _______ (poder) venir con nosotros.
>
> ¡Cuídate mucho!
>
> Mamá y papá

2 **Obligaciones** Piensa en las obligaciones de los padres para con los hijos y viceversa. Completa el cuadro con frases impersonales que requieran el subjuntivo.

Las obligaciones de los padres y de los hijos

padres	hijos
Es importante que los padres escuchen a sus hijos.	

3 **Pareja ideal** En grupos de cuatro, piensen en su pareja ideal y comenten cómo debe ser. Cada uno/a de ustedes debe escribir por lo menos cinco oraciones con frases impersonales.

es bueno	es mejor
es importante	es necesario
es malo	es ridículo

Más práctica

TALLER DE CONSULTA

MÁS PRÁCTICA
To see the explanation corresponding to this additional practice, see p. 176.

5.1 Comparatives and superlatives

1 **Los medios de transporte** Escribe seis oraciones completas para comparar los medios de transporte de la lista. Utiliza por lo menos tres comparativos y tres superlativos. Debes hacer comparaciones con respecto a estos aspectos:

- la rapidez
- la diversión
- la comodidad
- el precio

medios de transporte
autobús, avión, bicicleta, carro, metro, taxi, tren

MODELO Para viajar por la ciudad, el taxi es más caro que el autobús. / El avión es el medio más rápido de todos.

2 **El absoluto** Utiliza el superlativo absoluto (**-ísimo/a**) para escribir oraciones completas. Sigue el modelo.

MODELO **elefantes / animales / grande**
Los elefantes son unos animales grandísimos.

1. diamantes / joyas / caro
2. avión / medio de transporte / rápido
3. Bill Gates / persona / rico
4. el puente de Brooklyn / largo
5. la clase de inglés / fácil
6. Dakota Fanning / actriz / joven
7. El F.C. Barcelona / equipo de fútbol español / famoso
8. el Río de la Plata / ancho

3 **Un pariente especial** ¿Hay alguien en tu familia que consideras especial? ¿Te pareces a esa persona? ¿Es mayor o menor que tú? ¿Qué similitudes y diferencias tienen? Trabaja con un(a) compañero/a: dile quién es tu pariente favorito y cuéntale en qué se parecen y en qué se diferencian. Usa comparativos en tu descripción. Incluye algunos de estos aspectos:

altura	**gustos**
apariencia física	**personalidad**
edad	**vida académica**

MODELO Mi primo Juan es mi primo favorito. Es mayor que yo, pero yo soy mucho más alto que él...

Más práctica

5.2 Negative, affirmative, and indefinite expressions

TALLER DE CONSULTA

MÁS PRÁCTICA
To see the explanation corresponding to this additional practice, see p. 180.

1 **De compras** **Has desembarcado de un crucero en una isla remota. Quieres comprar algo típico para tus amigos, pero el empleado te hace mil preguntas sobre lo que quieres. Elige las opciones correctas para completar la conversación.**

EMPLEADO ¡Hola! ¿Quieres (1) ________ (algo / nada) extraordinario para tus amigos?

TÚ No, no quiero (2) ________ (algo / nada) extraordinario, quiero (3) ________ (algo / nada) típico de la isla.

EMPLEADO Tenemos unos recuerdos muy especiales por aquí. (4) ________ (Siempre / Nunca) es mejor regalar (5) ________ (algo / nada) que llegar con las manos vacías (empty)...

TÚ Sí, pero (6) ________ (también / tampoco) es bueno comprar cosas que no quepan en la maleta. Necesito un recuerdo que no sea muy grande, pero (7) ________ (también / tampoco) muy pequeño, por favor.

EMPLEADO Es que no tenemos (8) ________ (algo / nada) así. Todo lo que tenemos (9) ________ (o / ni) es muy chiquito (10) ________ (o / ni) es muy grande. No tenemos (11) ________ (algo / nada) de tamaño mediano.

TÚ Bueno, señor, el barco ya se va... Si usted no tiene (12) ________ (algo / nada) que yo pueda comprar ahora mismo, me tendré que ir.

EMPLEADO Lo siento. (13) ________ (Alguien / Nadie) compra recuerdos aquí (14) ________ (siempre / jamás). No entiendo por qué será.

2 **En el avión** **Marcos, un viajero, es un poco caprichoso; nada le viene bien. Escribe o... o, ni... ni, o ni siquiera para completar sus quejas.**

1. Le pedí una bebida al asistente de vuelo, pero no me trajo ______ café ______ agua.
2. ¡Qué día fatal! No pude ______ empacar la última maleta ______ despedirme de mis amigos.
3. Por favor, ______ sean puntuales ______ avisen si van a llegar tarde.
4. Hoy me siento enfermo. No puedo ______ dormir ______ hablar. ______ puedo moverme.
5. Me duele la cabeza. No quiero ______ escuchar música ______ ver la tele.

3 **Opiniones** **En grupos de cuatro, hablen sobre estas opiniones y digan si están de acuerdo. Por turnos, expliquen sus razones. Usen expresiones negativas, afirmativas e indefinidas.**

1. Es más costoso viajar en primera clase, pero vale la pena.
2. Conocer otros países y culturas es más importante que aprender de un libro.
3. Hacer un intercambio te abre más a otras maneras de pensar.
4. Es mejor ir de vacaciones durante el verano que durante el invierno.
5. Ir de viaje es la mejor manera de gastar los ahorros.
6. Es más peligroso viajar hoy en día. Antes era muchísimo más seguro.

Más práctica

TALLER DE CONSULTA

MÁS PRÁCTICA

To see the explanation corresponding to this additional practice, see p. 184.

5.3 The subjunctive in adjective clauses

1. **Unir los elementos** Escribe cinco oraciones lógicas combinando elementos de las tres columnas.

MODELO Juan busca un libro que esté escrito en español.

Juan (estudiante de español)	buscar un tutor	pagar bien
Pedro (tiene un carro viejo)	buscar un libro	ser divertida
Ana (tiene muy poco dinero)	necesitar un carro	ayudarme
mis amigos (están aburridos)	tener que ir a una fiesta	ser nuevo y rápido
yo (tengo problemas con la clase de cálculo)	querer un trabajo	poder ayudarnos
nosotros (no sabemos qué clases tomar el próximo semestre)	necesitar hablar con un consejero	estar escrito en español

2. **En el aeropuerto** Mientras esperas en el aeropuerto, escuchas todo lo que dicen los empleados de la aerolínea y los agentes de seguridad. Usa el subjuntivo para completar las oraciones de manera lógica.

1. Deben pasar por aquí las personas que ______________________.
2. ¿Tiene usted algo en su bolsa que ______________________?
3. Debe sacar del bolsillo todo lo que ______________________.
4. No cuente chistes que ______________________.
5. Pueden pasar los viajeros que ______________________.
6. No se pueden llevar maletas que ______________________.

3. **Anuncios personales** En grupos de tres, escriban anuncios personales para una persona que busca novio/a. Los anuncios deben ser detallados y creativos, y deben usar el subjuntivo y el indicativo. Después, compartan el anuncio con la clase para ver si encuentran a alguien que se parezca a la persona de su anuncio.

5.4 *Pero* and *sino*

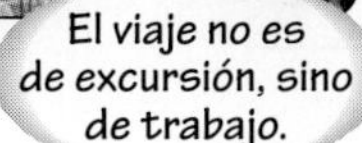

El viaje no es de excursión, sino de trabajo.

Sí, ¡pero en el Amazonas, Fabiola!

- In Spanish, both **pero** and **sino** are used to introduce a contrast or a clarification, but the two words are not interchangeable.
- **Pero** means *but* (in the sense of *however*). It may be used after either affirmative or negative clauses.

  Iré contigo a ver las ruinas, **pero** mañana quiero pasar el día entero en la playa.
  I'll go with you to see the ruins, but tomorrow I want to spend the whole day on the beach.

  La habitación del hotel es pequeña, **pero** cómoda.
  The hotel room is small, but comfortable.

- **Sino** also means *but* (in the sense of *but rather* or *on the contrary*). It is used only after negative clauses. **Sino** introduces an idea that clarifies, corrects, or excludes the previous information.

  No me gustan estos zapatos, **sino** los de la otra tienda.
  I don't like these shoes, but rather the ones from the other store.

  La casa **no** está en el centro de la ciudad, **sino** en las afueras.
  The house is not in the center of the city, but rather in the outskirts.

- When **sino** is used before a conjugated verb, the conjunction **que** is added.

  No quiero que vayas a la fiesta, **sino que** hagas tu tarea.
  I want you to do your homework rather than go to the party.

  No iba a casa, **sino que** se quedaba en la capital.
  She was not going home, but instead staying in the capital.

- *Not only... but also* is expressed with the phrase **no sólo... sino (que) también/además**.

  Quiero **no sólo** pastel, **sino también** helado.
  I want not only cake but also icecream.

  No sólo disfruté del viaje, **sino que además** hice nuevos amigos.
  Not only did I enjoy the trip; I also made new friends.

- The phrase **pero tampoco** means *but neither* or *but not either.*

  A Celia no le interesaba la excursión, **pero tampoco** quería quedarse en el crucero.
  Celia wasn't interested in the excursion, but she didn't want to stay on the cruise ship either.

MÁS GRAMÁTICA

This is an additional grammar point for **Lección 5 Estructura.** You may use it for review or as required by your instructor.

¡ATENCIÓN!

To express surprise or admiration, use **pero qué** at the beginning of a sentence.

¡Pero qué turista tan amable!
What a nice tourist!

¡ATENCIÓN!

Pero también (*But also*) is used after affirmative clauses.

Pedro es inteligente, pero también es cabezón.
Pedro is smart, but he is also stubborn.

Práctica

TALLER DE CONSULTA

These activities correspond to the additional grammar point on the preceding page.

5.4 *Pero* and *sino*

1 Columnas **Completa cada oración con la opción correcta.**

1. Sofía no quiere viajar mañana y Marta, ____.
2. Mi compañero de cuarto no es de Madrid, ____ de Barcelona.
3. Mis padres quieren que yo trabaje este verano, ____ yo prefiero irme de viaje a Europa.
4. No fui al partido de fútbol, ____ fui al concierto de rock. Tuve que estudiar para un examen.
5. No queremos que usted nos cancele la reservación, ____ nos cambie la fecha de salida.

a. pero
b. pero tampoco
c. sino
d. sino que
e. tampoco

2 Completar **Completa cada oración con no sólo, pero, sino (que) o tampoco.**

1. Las cartas no llegaron el miércoles, ________ el jueves.
2. Mis amigos no quieren alojarse en el albergue y yo ________.
3. No me gusta manejar por la noche, ________ iré a la fiesta si tú manejas.
4. Carlos no me llamaba por teléfono, ________ me enviaba mensajes de texto.
5. Yo ________ esperaba aprobar el examen, ________ también sacar una A.
6. Quiero aclarar que Juan no llegó temprano, ________ muy tarde.

3 Oraciones incompletas **Cuando tú y tu familia llegan al lugar donde pasarán sus vacaciones, se dan cuenta de que han dejado en casa a Juan José, tu hermano menor. Utiliza frases con pero y sino para completar las oraciones.**

1. Yo no hablé con Juan José esta mañana ________________.
2. No vamos a poder regresar para buscarlo ________________.
3. No es aconsejable que regresemos ________________.
4. Me gusta la idea de llamar a un vecino ________________.
5. Creo que no debemos ________________.
6. Juan José no tiene cinco años ________________.
7. Si tiene algún problema no va a poder avisarnos ________________.
8. Está claro que Juan José ________________.

4 Opiniones contrarias **En parejas, imaginen que son dos personas totalmente diferentes. Nunca están de acuerdo en nada. Túrnense para hacer afirmaciones. Uno/a de ustedes debe usar pero, sino, sino que y no sólo... sino para contradecir lo que dice el/la otro/a. Sigan el modelo.**

MODELO
— Creo que hoy hace un día estupendo.
— ¡Estás equivocado! No hace un día estupendo, sino que hace mucho frío. Y no sólo hace frío, sino que también...

Más práctica

6.1 The future

1 **¿Qué pasará?** Usa el futuro para explicar qué puede estar ocurriendo en cada una de las situaciones. Puedes utilizar las ideas de la lista o inventar otras.

MODELO **Hoy tu carro no arranca (*doesn't start*). Hay algo que no funciona.**
El carro no tendrá gasolina. / La batería estará descargada.

(su gato/su conejo) estar perdido	tener otros planes
(él/ella/su perro) estar enfermo/a	no tener ganas
haber un huracán	doler la pierna

1. María siempre llega a la clase de español puntualmente, pero la clase ya empezó y ella no está.
2. Carlos es el presidente del club ecologista, pero hoy no vino a la reunión.
3. Sara y María son dos personas muy alegres y optimistas, pero hoy están tristes y no quieren hablar con nadie.
4. He invitado a Juan a ir al cine con nosotros, pero no quiere ir.
5. Mañana vas a viajar a una zona tropical. Te acaban de avisar que se canceló tu vuelo.
6. Cristina tiene un partido de fútbol hoy, pero todavía no está aquí.

2 **Campaña informativa** En parejas, imaginen que trabajan para una organización que se dedica a proteger el medio ambiente. Les han pedido que preparen una campaña informativa para concienciar a la gente sobre (*make people aware of*) los problemas ecológicos. Contesten las preguntas y después compartan la información con la clase.

1. ¿Cómo se llamará la campaña?
2. ¿Qué problemas del medio ambiente tratará?
3. ¿Qué actividades harán?
4. ¿Qué consejos darán?
5. ¿Qué harán para distribuir la información?
6. ¿Creen que su campaña tendrá éxito? ¿Por qué?

3 **Horóscopo** En parejas, escriban el horóscopo de su compañero/a para el mes que viene. Utilicen verbos en futuro y algunas frases de la lista. Luego compártanlo con sus compañeros/as.

decir secretos	haber sorpresa	recibir una visita
empezar una relación	hacer daño	tener suerte
festejar	hacer un viaje	venir amigos
ganar/perder dinero	poder solucionar problemas	viajar al extranjero

TALLER DE CONSULTA

MÁS PRÁCTICA
To see the explanation corresponding to this additional practice, see p. 216.

Más práctica

TALLER DE CONSULTA

MÁS PRÁCTICA
To see the explanation corresponding to this additional practice, see p. 220.

6.2 The subjunctive in adverbial clauses

1 En el parque **Javier quiere leer los carteles (*signs*) del parque nacional, pero Sol no cree que sean importantes. Completa la conversación con el subjuntivo del verbo indicado.**

JAVIER Espera, Sol, quiero leer los carteles.

SOL Es que son muy obvios. No dicen nada que yo no (1) ________ (saber). "Tan pronto como usted (2) ________ (escuchar) un trueno, aléjese de las zonas altas." ¡Qué tontería! ¡Eso es obvio!

JAVIER Sí, pero son importantes para que los visitantes (3) ________ (ser) conscientes de la seguridad.

SOL ¿Y qué tiene que ver este otro cartel con la seguridad? "Para que no (4) ________ (haber) erosión, camine sólo por el sendero."

JAVIER Bueno, es que algunos carteles son para que la gente (5) ________ (ayudar) a cuidar el parque. Por ejemplo, este otro...

SOL Basta, Javier, estoy harta de estos carteles tan obvios. Si realmente quieren cuidar el parque, ¿por qué no ponen cestos (*bins*) para la basura?

JAVIER Bueno, justamente el cartel dice: "No tenemos cestos para la basura para que los visitantes nos (6) ________ (ayudar) llevándose su propia basura del parque."

SOL Bueno, yo no he dicho que todos los carteles (7) ________ (ser) inútiles.

2 En casa **Tu hermana insiste en que tu familia colabore para proteger el medio ambiente. Tiene una lista de órdenes que quiere que ustedes cumplan. Escribe cada orden de otra forma, usando el subjuntivo y las palabras que están entre paréntesis. Haz los cambios necesarios.**

MODELO **Usen el aire acondicionado lo mínimo posible. (siempre que)**
Siempre que sea posible, no usen el aire acondicionado.

1. Cierren bien el grifo (*faucet*) y no dejen escapar ni una gota de agua. (para que)
2. Apaguen las luces al salir de un cuarto. (tan pronto como)
3. No boten las botellas. Hay que averiguar primero si se pueden reciclar. (antes de que)
4. Vayan a la escuela en bicicleta. Usen el carro sólo si hace mal tiempo. (a menos que)
5. En lugar de encender la calefacción (*heating*), pónganse otro suéter. (siempre que)

3 Conversaciones **En parejas, representen estas dos conversaciones. Usen conjunciones de la lista y recuerden que algunas de estas construcciones exigen un verbo en subjuntivo.**

a menos que	aunque	cuando	hasta que	sin (que)
antes de (que)	con tal de (que)	en caso de (que)	para (que)	tan pronto como

1. Una pareja de recién casados está planeando su luna de miel (*honeymoon*): Ella quiere ir a una isla remota. Él quiere ir a París.
2. Una madre y su hijo: Él tiene su licencia de conducir y quiere una motocicleta.

Más práctica

6.3 Prepositions: *a, hacia,* and *con*

TALLER DE CONSULTA

MÁS PRÁCTICA
To see the explanation corresponding to this additional practice, see p. 224.

1 **Un día horrible** Completa el texto con las preposiciones **a, hacia** o **con.**

Hola, Miguel:

Ayer tuve un día horrible. Casi prefiero no acordarme. Puse el despertador para que sonara (1) ________ las seis de la mañana, pero me dormí y me levanté (2) ________ las siete. Mi clase de ecología empezaba a las ocho, así que iba a llegar tarde. El profesor es bastante estricto y siempre se enoja (3) ________ los estudiantes que no llegan a tiempo.

Mi día había comenzado mal e iba a seguir peor. Salí de casa y comencé (4) ________ correr (5) ________ la universidad. Cuando estaba (6) ________ mitad de camino, algo terrible ocurrió. Una señora que estaba (7) ________ mi izquierda no vio la farola (*streetlight*) y chocó (8) ________ ella. Fue un golpe tremendo. Fui (9) ________ ayudarla, pues se había caído. Tuve que levantarla (10) ________ mucho cuidado porque estaba mareada. Cuando llegó la policía, yo comencé (11) ________ correr otra vez. Entré a clase muy tarde, (12) ________ las ocho y media. ¡Qué locura!

Un abrazo,
Lupe

2 **Carta** Imagina que estás de vacaciones en otro país y le escribes una carta a tu familia contándoles los detalles de tu viaje. Puedes incluir información sobre el horario de las actividades, los lugares que has visitado, las cosas que has hecho y los planes para el resto del viaje. Utiliza por lo menos seis expresiones de la lista.

MODELO Al llegar a San Juan, fui al hotel con Marta.

al llegar	estaba(n) conmigo	con un guía turístico
a veinte (millas)	con cuidado/anticipación	hacia/a las (nueve y media)
ayudar a	con mi cámara	hacia la playa/el bosque

3 **El guardaparques** Trabajen en grupos de cuatro. Una persona es el/la guardaparques (*park ranger*) y las otras tres son turistas. Algunos turistas no respetaron las reglas del parque y el/la guardaparques quiere saber quiénes fueron. Representen la situación usando la información de la lista y las preposiciones **a, hacia** y **con.**

estar / las dos de la tarde	hablar / otras personas
ir / tanta prisa	contaminar / combustible
dar de comer / los animales salvajes	ir / sacar plantas
envenenar / una sustancia tóxica	ir / otra gente
dirigir / la salida	ver / alguien sospechoso

MÁS GRAMÁTICA

This is an additional grammar point for **Lección 6 Estructura.** You may use it for review or as required by your instructor.

6.4 Adverbs

- Adverbs (**adverbios**) describe *how, when,* and *where* actions take place. They usually follow the verbs they modify and precede adjectives or other adverbs.

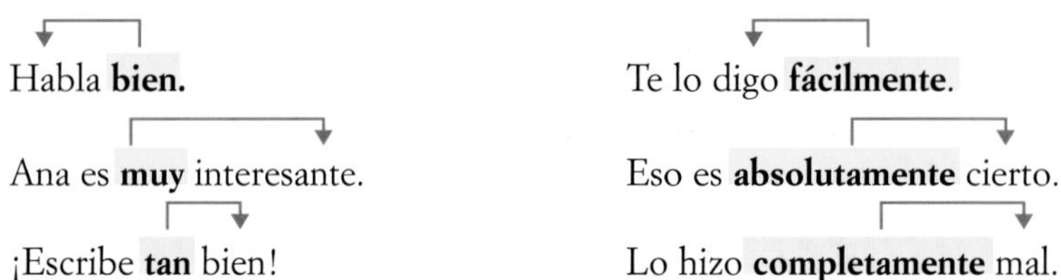

Habla **bien.** — Te lo digo **fácilmente**.

Ana es **muy** interesante. — Eso es **absolutamente** cierto.

¡Escribe **tan** bien! — Lo hizo **completamente** mal.

- Many Spanish adverbs are formed by adding the suffix **–mente** to the feminine singular form of an adjective. The **–mente** ending is equivalent to the English *-ly*.

ADJECTIVE	FEMININE FORM	SUFFIX	ADVERB
básico	**básica**	**-mente**	**básicamente** *basically*
cuidadoso	**cuidadosa**	**-mente**	**cuidadosamente** *carefully*
enorme	**enorme**	**-mente**	**enormemente** *enormously*
hábil	**hábil**	**-mente**	**hábilmente** *cleverly; skillfully*

¡ATENCIÓN!

If an adjective has a written accent, it is kept when the suffix **-mente** is added.

If an adjective does not have a written accent, no accent is added to the adverb ending in **-mente**.

- If two or more adverbs modify the same verb, only the final adverb uses the suffix **–mente.**

  Se marchó **lenta** y **silenciosamente**.
  He left slowly and silently.

- The construction **con** + [*noun*] is often used instead of long adverbs that end in **–mente.**

  cuidadosamente → con cuidado — **frecuentemente → con frecuencia**

- Here are some common adverbs and adverbial phrases:

a menudo *frequently; often*	**así** *like this; so*	**mañana** *tomorrow*
a tiempo *on time*	**ayer** *yesterday*	**más** *more*
a veces *sometimes*	**casi** *almost*	**menos** *less*
adentro *inside*	**de costumbre** *usually*	**muy** *very*
afuera *outside*	**de repente** *suddenly*	**por fin** *finally*
apenas *hardly; scarcely*	**de vez en cuando** *now and then*	**pronto** *soon*
aquí *here*		**tan** *so*

A veces salimos a tomar un café.
Sometimes we go out for coffee.

Casi terminé el libro.
I almost finished the book.

¡ATENCIÓN!

Some adverbs and adjectives have the same forms.

ADJ: **bastante dinero** *enough money*
ADV: **bastante difícil** *rather difficult*

ADJ: **poco tiempo** *little time*
ADV: **habla poco** *speaks very little*

- The adverbs **poco** and **bien** frequently modify adjectives. In these cases, **poco** is often the equivalent of the English prefix *un-*, while **bien** means *well, very, rather,* or *quite.*

  La situación está **poco** clara.
  The situation is unclear.

  La cena estuvo **bien** rica.
  Dinner was very tasty.

Práctica

6.4 Adverbs

1 Adverbios **Escribe el adverbio que deriva de cada adjetivo.**

1. básico ____________
2. feliz ____________
3. fácil ____________
4. inteligente ____________
5. alegre ____________
6. común ____________
7. injusto ____________
8. asombroso ____________
9. insistente ____________
10. silencioso ____________

2 Instrucciones para ser feliz **Elige el adjetivo apropiado para cada ocasión y después completa la oración, convirtiendo ese adjetivo en el adverbio correspondiente. Hay tres adjetivos que no se usan.**

claro	frecuente	malo	triste
cuidadoso	inmediato	tranquilo	último

1. Expresa tus opiniones ____________.
2. Tienes que salir por la noche ____________.
3. Debes gastar el dinero ____________.
4. Si eres injusto/a con alguien, debes pedir perdón ____________.
5. Después de almorzar, disfruta ____________ de la siesta.

3 Recomendaciones **Los padres de Mario y Paola salieron de viaje por dos semanas. Completa las instrucciones que les dejaron pegadas en el refrigerador.**

a menudo	adentro	así	mañana
a tiempo	afuera	de vez en cuando	tan

lunes, 19 de octubre

1. Pasar la aspiradora ____________. (¡Todos los días!)
2. Llegar a la escuela ____________.
3. ____________, llevar a Botitas al veterinario para su cita.
4. Dejar que el gato juegue ________ todos los días si no llueve.
5. Si llueve, meter los muebles del jardín ____________.
6. Sólo ir ____________ al centro comercial.

TALLER DE CONSULTA

These activities correspond to the additional grammar point on the preceding page.

Más práctica

TALLER DE CONSULTA

MÁS PRÁCTICA
To see the explanation corresponding to this additional practice, see p. 256.

7.1 The present perfect

1 Oraciones Cambia las oraciones del pretérito al pretérito perfecto.

1. Juan y yo vimos una estrella fugaz. Juan y yo hemos visto una estrella fugaz.
2. Yo hice la tarea en el laboratorio.
3. La científica le dijo la verdad a su colega. le ha dicho
4. El astronauta volvió de su viaje.
5. Ustedes encontraron la solución al problema.
6. Nosotros clonamos unas células.
7. Vendiste tu computadora portátil.
8. Comprobaron la teoría.

TALLER DE CONSULTA

To review direct object pronouns, see p. 54.

2 Primer día Es el primer día de la clase de informática y la profesora expone las reglas del curso. Contéstale usando el pretérito perfecto.

MODELO **Abran el sitio web de la clase.**
Ya lo hemos abierto.

1. Apaguen los teléfonos celulares. Ya los hemos apagado.
2. Inventen una contraseña para su trabajo. Ya la hemos inventado.
3. Descarguen el programa de Internet que vamos a usar. Ya lo hemos descargado
4. Guarden todo su trabajo en su archivo personal. Ya lo hemos guardado
5. Añadan sus direcciones de correo electrónico a la lista de la clase. Ya los hemos añadido.
6. Antes de entregar su trabajo, revísenlo con el corrector ortográfico. Ya lo hemos revisido (?)

3 Viaje Imaginen que uno/a de ustedes es un(a) astronauta que acaba de volver de su primer viaje a otro planeta. El/La otro/a es reportero/a y hace preguntas sobre lo que ha visto y lo que ha hecho el/la astronauta en el viaje. Utilicen el pretérito perfecto de los verbos del recuadro.

MODELO **REPORTERO/A** ¿Que ha aprendido de la cultura de los extraterrestres?
ASTRONAUTA He aprendido que...

aprender	explorar
comer	hacer
descubrir	ver

4 Extraterrestres En grupos de tres, imaginen que son unos extraterrestres que acaban de visitar el planeta Tierra. Escriban lo que han descubierto sobre los seres humanos y sus teorías sobre esta especie. Usen el pretérito perfecto y sean creativos.

MODELO Hemos averiguado que los seres humanos se sientan enfrente de pantallas gigantes todo el día. Pensamos que es una forma de comunicarse con los espíritus de otro mundo...

Más práctica

7.2 The past perfect

1 **Blog del futuro** Ésta es la entrada de un blog que Rubén escribe en el año 4000. Completa su blog usando el pluscuamperfecto y escribe dos datos adicionales.

Hola, queridos amigos:

Soy Rubén, un apasionado historiador. He descubierto que antes del año 2050, los científicos ya (1) __________ (clonar) al ser humano. Antes de 2060, los inventores ya (2) __________ (fabricar) un automóvil volador. Antes de 2070, los investigadores ya (3) __________ (descubrir) una cura para todo tipo de enfermedad. Antes de 2080, un biólogo extraordinario ya (4) __________ (inventar) una semilla (*seed*) resistente a todo tipo de insecto y que no necesita ni agua ni tierra para crecer. Antes de 2090, nuestro presidente ya (5) __________ (crear) un sistema de gobierno justo que funciona para el bien de todos. Antes del año 3000, ya (nosotros) (6) __________ (investigar) los orígenes del universo. Antes de 3005, ya (nosotros) (7) __________ (terminar) con las guerras en la Tierra. Antes de 3010, ya (nosotros) (8) __________ (comprobar) que sí hay vida en otros planetas...

2 **¿Qué hiciste ayer?** Seguro que tienes una vida muy ocupada. Escribe oraciones completas para contar lo que ya habías hecho ayer antes de las situaciones indicadas. Utiliza el pluscuamperfecto.

MODELO **antes del desayuno**
Antes del desayuno, ya me había afeitado.

1. antes del desayuno
2. antes de ir a clase
3. antes del almuerzo
4. antes de la cena
5. antes de acostarte

3 **Tus logros** Piensa en cuatro cosas que ya habías logrado antes de ir a la universidad y cuéntaselas a tu compañero/a. También debes preguntarle por sus logros (*achievements*).

MODELO Antes de ir a la universidad, ya había conseguido mi licencia de conducir. ¿Y tú?

TALLER DE CONSULTA

MÁS PRÁCTICA
To see the explanation corresponding to this additional practice, see p. 260.

Más práctica

TALLER DE CONSULTA

MÁS PRÁCTICA
To see the explanation corresponding to this additional practice, see p. 262.

7.3 Diminutives and augmentatives

1 Diminutivos Carlos siempre habla usando diminutivos. Completa sus descripciones con el diminutivo (**-ito/a**) de las palabras entre paréntesis.

Ayer fui al (1) __________ (mercado) de antigüedades que está muy (2) __________ (cerca) de mi (3) __________ (casa) y compré algunas (4) __________ (cosas) muy valiosas. En el primer puesto, un (5) __________ (hombre) muy simpático me aconsejó comprar un (6) __________ (libro) viejo y muy bonito. Cuando regresé a casa, tenía mucho frío y me tomé un (7) __________ (café) para calentarme. Me senté en mi (8) __________ (silla) favorita y empecé a leer. Fue una mañana muy divertida.

2 Los cuentos infantiles

A. El señor Ordóñez odia los diminutivos. Por eso ha cambiado todos los títulos en el libro de cuentos infantiles que le lee a su hijo. Lee el índice y escribe los títulos en su forma original. Usa el diminutivo (**-ito/a**).

Cuentos Infantiles

1. Blancanieves (*Snow White*) y los siete enanos (*dwarves*)........2
2. Caperuza (*Little Hood*) Roja........8
3. La gallina (*little hen*) colorada........16
4. El pato (*duckling*) feo........22
5. La sirena (*little mermaid*)........26
6. Los tres cerdos (*little pigs*)........34
7. El soldado de plomo (*tin soldier*)........40
8. Pulgar (*Thumb*)........46

1. __________ 3. __________ 5. __________ 7. __________
2. __________ 4. __________ 6. __________ 8. __________

B. Ahora, en parejas, escriban las primeras diez oraciones de un cuento infantil. Pueden narrar alguno de los cuentos tradicionales o inventar uno. Incluyan el mayor número posible de aumentativos y diminutivos.

3 Opiniones En parejas, imaginen que uno/a de ustedes cree en los ovnis. Discutan el tema. Usen aumentativos y diminutivos.

MODELO —Sé que los ovnis existen porque una noche vi unas lucecitas extrañas...
—Estás un poco loquito. Seguramente viste lucecitas en tu cabezota.

7.4 Expressions of time with *hacer*

- In Spanish, the verb **hacer** is used to describe how long something has been happening or how long ago an event occurred.

Time expressions with *hacer*	
present	**hace + [*period of time*] + que + [*verb in present tense*]** **Hace tres semanas que busco otro apartamento.** *I've been looking for another apartment for three weeks.*
preterite	**Hace + [*period of time*] + que + [*verb in the preterite*]** **Hace seis meses que fueron a Buenos Aires.** *They went to Buenos Aires six months ago.*
imperfect	**hacía + [*period of time*] + que + [*verb in the imperfect*]** **Hacía treinta años que trabajaba con nosotros cuando por fin se jubiló.** *He had been working with us for thirty years when he finally retired.*

- To express the duration of an event that continues into the present, Spanish uses the construction **hace** + [*period of time*] + **que** + [*present tense verb*]. Note that **hace** does not change form.

¿Cuánto tiempo **hace que vives** en Buenos Aires?
How long have you lived in Buenos Aires?

Hace siete años **que vivo** en Buenos Aires.
I've lived in Buenos Aires for seven years.

- To make a sentence negative, add **no** before the conjugated verb. Negative time expressions with **hacer** often translate as *since* in English.

¿**Hace** mucho tiempo que **no** actualiza su página web?
Has it been a long time since you updated your web page?

¡Uy, **hace** años que **no** consulto mi página web!
It's been years since I checked my web page!

- To tell how long ago an event occurred, use **hace** + [*period of time*] + **que** + [*preterite tense verb*].

¿Cuánto tiempo **hace** que me **mandaste** el mensaje de texto?
How long ago did you send me the text message?

Hace cuatro días que te **mandé** el mensaje.
I sent you the message four days ago.

- **Hacer** is occasionally used in the imperfect to describe how long an event had been happening before another event occurred. Note that both **hacer** and the conjugated verb in the **hacer** construction use the imperfect.

Hacía dos años que no **estudiaba** español cuando decidió tomar otra clase.
She hadn't studied Spanish for two years when she decided to take another class.

MÁS GRAMÁTICA

This is an additional grammar point for **Lección 7 Estructura.** You may use it for review or as required by your instructor.

¡ATENCIÓN!

The construction [*present tense verb*] + **desde hace** + [*period of time*] may also be used. **Desde** can be omitted.

Estudia español (desde) hace un año.
He's been studying Spanish for a year.

No come chocolate (desde) hace un mes.
It's been a month since he ate chocolate.

¡ATENCIÓN!

Expressions of time with **hacer** can also be used without **que**.

¿Hace cuánto (tiempo) me llamó Carlos?

Te llamó hace dos horas.

Práctica

TALLER DE CONSULTA

These activities correspond to the additional grammar point on the preceding page.

7.4 Expressions of time with *hacer*

1 **Oraciones** Escribe oraciones utilizando expresiones de tiempo con **hacer**. Usa el presente en las oraciones 1 a 3 y el pretérito en las oraciones 4 y 5.

MODELO **Ana / hablar por teléfono / veinte minutos**
Hace veinte minutos que Ana habla por teléfono. /
Ana habla por teléfono (desde) hace veinte minutos.

1. Roberto y Miguel / estudiar / tres horas
___
2. nosotros / estar enfermos / una semana
___
3. tú / trabajar en el centro / seis meses
___
4. Sergio / visitar a sus abuelos / un mes
___
5. yo / ir a la Patagonia / un año
___

2 **Conversaciones** Completa las conversaciones con las palabras adecuadas.

1. **GRACIELA** ¿_____ tiempo hace que vives en esta ciudad?
   SUSANA Mmm... _____ dos años que _____ aquí.
2. **GUSTAVO** Hacía veinte años que _____ con nosotros cuando Miguel decidió jubilarse (*to retire*), ¿verdad?
   ARMANDO No, _____ quince años que trabajaba con nosotros cuando se jubiló.
3. **MARÍA** _____ a visitar a tu novia hace dos meses, ¿no?
   PEDRO Sí, _____ dos meses que fui a visitar a mi novia. ¡La extraño mucho!
4. **PACO** ¿Cuánto tiempo _____ que _____ español?
   ANA Estudio español _____ hace tres años.

3 **Preguntas** Responde a las preguntas con oraciones completas. Utiliza las palabras entre paréntesis.

1. ¿Cuánto tiempo hace que fuiste de vacaciones a la playa? (cinco años)
___
2. ¿Hace cuánto tiempo que estudias economía? (dos semanas)
___
3. ¿Cuánto tiempo hace que rompiste con Nicolás? (un mes)
___
4. ¿Cuánto tiempo hace que Irene y Natalia llegaron? (una hora)
___
5. ¿Hace cuánto tiempo que ustedes viven aquí? (cuatro días)
___

Más práctica

8.1 The conditional

TALLER DE CONSULTA

MÁS PRÁCTICA
To see the explanation corresponding to this additional practice, see p. 294.

1 Oraciones incompletas **Completa las oraciones con el condicional del verbo entre paréntesis.**

1. María ____________ (salir) con Juan porque le cae muy bien.
2. Si no llevara tantos libros, todo ____________ (caber) en una sola maleta.
3. La comida no tiene sabor. Nosotros le ____________ (poner) un poco más de sal.
4. No sé cuál ____________ (ser) el mejor momento para llamar al gerente.
5. Le pregunté al médico cuánto ____________ (valer) los medicamentos para la tos que él me recetó la semana pasada.

2 El futuro en el pasado **Usa el condicional para expresar el pasado de cada oración. Usa el pretérito o el imperfecto en las cláusulas principales. Sigue el modelo.**

MODELO **Juan dice que llegará pronto.**
Juan dijo que llegaría pronto.

1. Los empleados creen que recibirán un aumento el mes que viene.
2. El gerente afirma que la reunión será muy breve.
3. Carlos dice que nevará mañana y que suspenderán el viaje de negocios.
4. María nos cuenta que ella se jubilará dentro de cinco años.
5. Muchas personas piensan que la globalización crecerá en el futuro próximo.
6. Los vendedores están seguros de que venderán el doble este año.

3 Bien educado **¿Cómo pedirías algo de manera educada en estas situaciones? Escribe una pregunta apropiada para cada situación usando el condicional.**

1. Estás en un restaurante y te das cuenta de que no tienes servilleta.
2. Eres un(a) turista en Caracas y no sabes cómo llegar a la Plaza Venezuela.
3. Quieres que tu profesor(a) te diga cuál es tu nota en su clase.
4. Tienes un billete de $5 y necesitas monedas para hacer una llamada telefónica.
5. Estás en la biblioteca y no puedes encontrar el libro que necesitas. Le pides ayuda al bibliotecario.

4 Profesiones misteriosas **Elige tres profesiones interesantes. Luego reúnete con tres compañeros/as y, sin mencionar cuáles son, diles lo que harías hoy si trabajaras en cada una de esas profesiones. Tus compañeros/as deben adivinar cuáles elegiste.**

MODELO
ESTUDIANTE 1 Hoy me levantaría temprano y después desayunaría con mi esposa. Por la mañana trabajaría en mi oficina y almorzaría con el presidente de Francia. Por la tarde asistiría a una sesión de la Cámara de Representantes... ¿Quién soy?
ESTUDIANTE 2 Eres el presidente de los Estados Unidos.

Más práctica

TALLER DE CONSULTA

MÁS PRÁCTICA
To see the explanation corresponding to this additional practice, see p. 298.

8.2 The past subjunctive

1 **Un robo** Tu amiga Francisca acaba de volver del banco y te cuenta lo que le pasó: ¡alguien intentó atracar el banco! Completa su historia con el imperfecto del subjuntivo de los verbos entre paréntesis.

Un hombre que llevaba una máscara entró al banco y nos dijo a todos que (1) __________ (ponerse) las manos sobre la cabeza. Después les ordenó a todos los empleados que (2) __________ (sacar) todo el dinero de la caja y que lo (3) __________ (meter) en una mochila. El gerente vino en ese momento y le pidió al ladrón que (4) __________ (irse) del banco sin hacerle daño a nadie. El hombre empezó a gritar e insistió en que todos nosotros le (5) __________ (prestar) atención. Nos prohibió que (6) __________ (hablar) entre nosotros. Empezó a quitarnos los relojes y las joyas, y nos exigió que (7) __________ (quedarse) en el piso. De repente, una mujer se paró y regañó (*scolded*) al ladrón como si él (8) __________ (ser) su propio hijo. El hombre dejó caer todo lo que tenía en la mochila y se fue para la salida. Nos sorprendió que esa mujer (9) __________ (tener) tanto valor. ¡Ella dijo que dudaba que su hijo (10) __________ (volver) a robar de nuevo y que ella misma se encargaría de llevarlo ante un juez!

2 **Oraciones** Completa las oraciones de manera lógica. En algunos casos, tendrás que usar el imperfecto del subjuntivo.

1. Yo sabía que el gerente __________.
2. Era imposible que yo __________.
3. María y Penélope hicieron todo para que la reunión __________.
4. La empresa buscaba una persona que __________.
5. El vendedor estaba seguro de que el cliente __________.
6. En la conferencia, conociste a alguien que __________.
7. Sentí mucho que ustedes __________.
8. La empresa prohibió que sus empleados __________.

3 **La reunión** En parejas, imaginen que trabajan para la misma empresa. Uno/a de sus colegas no estuvo ayer y no asistió a una reunión muy importante. Túrnense para contarle lo que se dijo en la reunión. Utilicen los verbos de la lista y el imperfecto del subjuntivo.

aconsejar	pedir
estar seguro/a	proponer
exigir	recomendar
insistir en	sugerir

Más práctica

8.3 *Si* clauses with simple tenses

TALLER DE CONSULTA

MÁS PRÁCTICA
To see the explanation corresponding to this additional practice, see p. 302.

(1) **Muy mandona** **Tu jefa es muy mandona (*bossy*). Elige el tiempo verbal correcto para completar sus órdenes.**

1. Si usted no __________ (termina / terminaría) este reportaje antes de las dos, no va a cobrar su sueldo este mes.
2. Si yo no tengo en mis manos el archivo hoy mismo, usted __________ (quedará / quedaría) despedido/a.
3. Si usted __________ (trabajara / trabajaría) un poco más y __________ (hablara / hablaría) menos, terminaría su trabajo antes de Año Nuevo.
4. Si no __________ (estaba / estuviera) tan atrasado/a, tendría más tiempo para salir a festejar su cumpleaños esta noche.
5. Si usted no __________ (limpia / limpiara) su oficina, va a trabajar en el pasillo.
6. Si usted tiene algún problema con alguien en la oficina, no me __________ (dice / diga) nada, pues no tengo tiempo.

(2) **Volver a vivir** **Imagina que puedes volver a vivir un año de tu vida. Decide qué año quieres repetir y contesta las preguntas con oraciones completas.**

1. Si pudieras elegir un año para vivirlo de nuevo, ¿qué año elegirías?
2. Si tuvieras que cambiar algo de ese año, ¿qué cambios harías?
3. Si pudieras llevar a alguien contigo, ¿a quién llevarías?
4. Si pudieras hacer algo que antes no pudiste hacer, ¿qué te gustaría hacer?
5. Si pudieras decirle a alguien lo que pasaría en el futuro, ¿qué le dirías?

(3) **Consejos** **Trabajen en grupos de cuatro. Cada uno debe escoger una de estas difíciles situaciones y luego explicar su problema al grupo. Los demás deben darle al menos cinco consejos para solucionar el problema. Utilicen oraciones con si.**

"No tengo trabajo, pero sí tengo muchas deudas. Soy muy joven para tener tantos problemas. Estoy dispuesto/a a aceptar cualquier puesto. ¿Qué puedo hacer?"

"Estoy cansado/a de trabajar más horas que un reloj y cobrar el sueldo mínimo. Tengo tres hijos pequeños. Mi esposo/a es ejecutivo/a y gana mucho dinero, pero siempre está fuera de casa. ¡Estoy muy agotado/a!"

"Soy un(a) vendedor(a) exitoso/a, pero mi trabajo consiste en vender un producto defectuoso. Odio tener que mentir a los clientes. Quiero renunciar, pero temo no poder ganarme la vida en otro trabajo."

"Ayer fui al cajero automático y me di cuenta de que todos mis ahorros habían desaparecido. Creo que alguien robó mi identidad. ¡Me iré a la bancarrota!"

MÁS GRAMÁTICA

This is an additional grammar point for **Lección 8 Estructura.** You may use it for review or as required by your instructor.

8.4 Transitional expressions

- Transitional words and phrases express the connections between ideas and details.

Antes de apagar las velas, quiero que cierren los ojos y luego pidan un deseo.

Hay tres compañías que andan detrás de mí. Por lo tanto, merezco otro aumento.

- Many transitional expressions function to narrate time and sequence.

al final *at the end; in the end*	**hoy** *today*
al mismo tiempo *at the same time*	**luego** *then; next*
al principio *in the beginning*	**mañana** *tomorrow*
anteayer *the day before yesterday*	**mientras** *while*
antes (de) *before*	**pasado mañana** *the day after tomorrow*
ayer *yesterday*	**por fin** *finally*
después (de) *after; afterward*	**primero** *first*
entonces *then; at that time*	**segundo** *second*
finalmente *finally*	**siempre** *always*

- Several other transitional expressions compare or contrast ideas and details.

además *furthermore*	**ni... ni** *neither... nor*
al contrario *on the contrary*	**o... o** *either... or*
al mismo tiempo *at the same time*	**por otra parte / otro lado** *on the other hand*
aunque *although*	**por un lado... por el otro...** *on one hand. . . on the other. . .*
con excepción de *with the exception of*	**por una parte... por la otra...** *on one hand. . . on the other. . .*
de la misma manera *similarly*	**sin embargo** *however; yet*
del mismo modo *similarly*	**también** *also*
igualmente *likewise*	
mientras que *meanwhile; whereas*	

- Transitional expressions are also used to express cause and effect relationships.

así que *so; therefore*	**por consiguiente** *therefore*
como *since*	**por eso** *therefore*
como resultado (de) *as a result (of)*	**por esta razón** *for this reason*
dado que *since*	**por lo tanto** *therefore*
debido a *due to*	**porque** *because*

Práctica

8.4 Transitional expressions

TALLER DE CONSULTA

These activities correspond to the additional grammar point on the preceding page.

1 **Ordena los hechos** Ordena cronológicamente estas seis acciones. Escribe el número correspondiente al lado de cada una. Ten en cuenta las expresiones de transición.

_____ a. Primero envié mi currículum por correo.
_____ b. Después de la entrevista, el gerente se despidió muy contento.
_____ c. Antes de la entrevista, tuve que escribir una carta de presentación.
_____ d. Durante la entrevista, él leyó la carta.
_____ e. Mañana empiezo a trabajar.
_____ f. Dos semanas después, me citaron para una entrevista con el gerente.

2 **Escoger** Completa las oraciones con una de las opciones entre paréntesis.

1. Tenía una entrevista de trabajo hoy, pero no llegué a la hora indicada y _____________ (sin embargo / por eso) no me escogieron.
2. Eres muy trabajador y, _____________, (por esta razón / por otra parte) no te importa quedarte en la oficina hasta las once de la noche.
3. Yo prefiero poder jubilarme antes de los cincuenta años; _____________ (mientras que / por consiguiente) mi padre quiere seguir trabajando hasta los ochenta.
4. Me despidieron _____________ (como resultado / con excepción) de mi actitud.
5. Después de dos años, _____________ (como / por fin) conseguí un buen puesto.
6. Nunca terminé mis estudios y, _____________, (mientras que / por consiguiente) sólo gano el sueldo mínimo.
7. No me gusta cómo trabaja. _____________, (Además / Tampoco) no me gusta su actitud.

3 **El viaje** Marcos acaba de regresar de un viaje por Venezuela. Completa su relato con las expresiones de la lista. Puedes usar algunas expresiones más de una vez.

además	del mismo modo	por eso
al contrario	mientras que	por un lado
debido a eso	por el otro	sin embargo

Hoy estoy muy contento; (1) ___________, ven en mi cara una sonrisa. ¡Hice un viaje maravilloso por Venezuela! (2) ___________, no fue estresante; (3) ___________, descansé mucho. Mi viaje fue muy variado; (4) ___________, pasé varios días en los Andes, y (5) ___________ recorrí la costa caribeña, donde hice muchos amigos. Caracas es una ciudad llena de historia, (6) ___________ su carácter contemporáneo la mantiene entre las capitales más activas de Suramérica. (7) ___________, todo lo que empieza tiene que acabar, y mi viaje terminó antes de lo que esperaba; (8) ___________, pienso volver el próximo año.

Más práctica

TALLER DE CONSULTA

MÁS PRÁCTICA
To see the explanation corresponding to this additional practice, see p. 336.

9.1 The present perfect subjunctive

1 **La prensa sensacionalista** Completa las oraciones con la forma adecuada del verbo entre paréntesis: el presente del subjuntivo o el pretérito perfecto del subjuntivo.

1. Dudo que los actores ____________ (casarse) anoche como anuncian las revistas.
2. No es posible que ____________ (ser) un error; todo lo que se publica es verdad.
3. Estoy seguro de que muy pronto los actores negarán que ____________ (separarse).
4. No puedo creer que ustedes ____________ (comprar) esas revistas llenas de mentiras.
5. Es necesario que nosotros ____________ (mantenerse) al tanto de las noticias.
6. No pienso que las revistas ____________ (publicar) información verdadera.
7. Es poco probable que lo que sale en las revistas ____________ (pasar) en la vida real.
8. Es muy importante que todos ____________ (tener) la oportunidad de saber cómo vive la gente famosa.
9. No me gusta que ya ____________ (mostrar) fotos de los bebés de los actores.
10. Todavía no puedo creer que Bullock y James ____________ (divorciarse).

2 **Deseos** Escribe tres deseos para el presente o el futuro utilizando el presente del subjuntivo, y tres deseos de que algo ya haya ocurrido utilizando el pretérito perfecto del subjuntivo. Comienza tus oraciones con **Ojalá**.

MODELO Ojalá mis padres disfruten de sus vacaciones el mes que viene.
Ojalá mi cheque haya llegado ya, pues necesito el dinero cuanto antes.

3 **Noticias increíbles** En parejas, inventen cuatro noticias increíbles. Luego léanselas a otra pareja y túrnense para expresar su sorpresa o incredulidad. Utilicen el pretérito perfecto del subjuntivo.

MODELO **PAREJA 1** En California han conseguido que un mono lea revistas.
PAREJA 2 No creemos que hayan logrado eso. Es imposible que los monos lean.

4 **Un día fatal** Piensa en el peor día que has tenido este mes. Luego, en grupos de tres, túrnense para compartir lo que les ha pasado. Deben responder a sus compañeros/as con el pretérito perfecto del subjuntivo. Utilicen frases de la lista.

Es una lástima que...	No puedo creer que...
Es una pena que...	Qué terrible que...
Espero que...	No me digas que...
Siento que...	No puede ser que...

MODELO **ESTUDIANTE 1** Hace una semana fui al dentista y me dijo que tenía que sacarme tres dientes.
ESTUDIANTE 2 ¡Qué horrible que te haya pasado eso!
ESTUDIANTE 3 Espero que no te haya dolido mucho.

Más práctica

9.2 Relative pronouns

1. **En la radio** Completa este informe con las palabras apropiadas.

¡Hola a todos mis radioyentes! Soy yo, Pancho, el hombre (1) ________ (el que / que) siempre está listo para ayudarlos a festejar el fin de semana. A ver... (2) ________ (El que / Los que) no conozcan a este cantante (3) ________ (cuyo / que) les voy a presentar ahora, escuchen bien. Se llama Matías Ruiz y apareció hace dos días en la revista *Moda*, en (4) ________ (la cual / el cual) supimos que es soltero y que está buscando... Chicas, ¡apúrense, que este guapo soltero no va a estar disponible para siempre! Matías, (5) ________ (el cual / cuyo) nuevo álbum se titula *Rayas*, va a actuar en vivo en la plaza central el mes que viene. No se lo pierdan. (6) ________ (Los que / Quien) no puedan ir, no se preocupen, porque sin duda este cantante volverá. Y ahora, vamos a escuchar la canción *Azul* de su nuevo álbum, (7) ________ (quienes / del cual) ya se han vendido ¡un millón de copias!

2. **Conexiones** Escribe cinco oraciones combinando elementos de las tres columnas y los pronombres relativos necesarios.

el periodista	que	hablar conmigo
el lector	en la que	es ciego
el público	el cual	no tiene mucha información
la sección deportiva	en el que	no sabe nada
la crítica de cine	la cual	me molesta

3. **Adivinanzas** Piensa en una persona famosa y descríbela para que tu compañero/a adivine de quién se trata. Usa pronombres relativos en tu descripción.

MODELO —Es una mujer que es muy popular en el mundo de los deportes. Su hermana, con quien ella practica un deporte, es también muy famosa. Ella es la mayor de las dos. Su padre, quien es su entrenador (*coach*), es un hombre bastante controvertido. Los torneos que ella ha ganado son muy importantes. ¿Quién es?
—Es Venus Williams.

4. **Encuesta** Entrevista a tus compañeros/as de clase y anota los nombres de los que respondan que sí a estas preguntas. Introduce cada pregunta con una oración que incluya pronombres relativos. Sigue el modelo. Al finalizar, presenta los resultados a la clase.

MODELO **¿Tus padres son extranjeros?**
Estoy buscando a alguien cuyos padres sean extranjeros/que tenga padres extranjeros. ¿Tus padres son extranjeros?

- ¿Viajaste al extranjero recientemente?
- ¿Te gusta el cine en español?
- ¿Te gustan las películas de terror?
- ¿Te gustan los documentales?
- ¿Conoces a alguna persona famosa?
- ¿Tus hermanos/as escuchan hip hop?

TALLER DE CONSULTA

MÁS PRÁCTICA
To see the explanation corresponding to this additional practice, see p. 338.

Más práctica

TALLER DE CONSULTA

MÁS PRÁCTICA
To see the explanation corresponding to this additional practice, see p. 342.

9.3 The neuter *lo*

1 **Chisme** Dos fanáticas de Fabio, un famoso actor de telenovelas, hablan de su nuevo corte de pelo. Completa la conversación usando expresiones con **lo**. Puedes usar las opciones más de una vez.

lo bonito	lo peor
lo difícil	lo que
lo feo	lo ridículo

INÉS ¿Has leído las noticias hoy? No vas a creer (1) __________ hizo Fabio.

ANGELINA Bueno, ¡cuéntame! (2) __________ es ser la última en saber.

INÉS ¿Recuerdas (3) __________ que tenía el pelo? Ahora...

ANGELINA ¿Qué hizo? (4) __________ no soporto es un hombre rapado (*shaved*)...

INÉS Sí, lo adivinaste. Y, para colmo, ahora no sabes (5) __________ que es reconocerlo en las fotos.

ANGELINA Su pelo era (6) __________ más me gustaba.

INÉS (7) __________ dicen en las noticias es que va a perder todos sus contratos por este corte de pelo. El pobre se va a quedar sin trabajo.

ANGELINA El mundo del espectáculo... Siempre me asombra (8) __________ que es. ¿No saben acaso que el pelo crece enseguida?

INÉS Me pregunto si (9) __________ esto significa es que nosotras también somos unas ridículas por preocuparnos por estas cosas.

2 **Positivo y negativo** Escribe un aspecto positivo y otro negativo de cada uno de los elementos de la lista. Usa expresiones con **lo**.

la vida estudiantil	mi mejor amigo/a
el trabajo	la comida de la cafetería
mis padres	mis clases

MODELO Lo mejor de la vida estudiantil es que los estudiantes son muy simpáticos, pero lo peor es la tarea.

3 **Comentarios** En grupos de tres, preparen una lista de seis situaciones o acontecimientos que ustedes consideran extraordinarios o increíbles. Después, cada compañero/a debe reaccionar a esa situación o acontecimiento. Expresen sus opiniones usando **lo** + [*adjetivo*]. Sigan el modelo.

MODELO —El precio de la gasolina ha subido otra vez.
—Es increíble lo cara que está la gasolina. Voy a tener que dejar de usar el carro.

9.4 *Qué* vs. *cuál*

MÁS GRAMÁTICA

This is an additional grammar point for **Lección 9 Estructura.** You may use it for review or as required by your instructor.

- The interrogative words **¿qué?** and **¿cuál(es)?** can both mean *what/which*, but they are not interchangeable.
- **Qué** is used to ask for general information, explanations, or definitions.

¿**Qué** es la censura?
What is censorship?

¿**Qué** dijo?
What did she say?

- **Cuál(es)** is used to ask for specific information or to choose from a limited set of possibilities. When referring to more than one item, the plural form **cuáles** is used.

¿**Cuál** es el problema?
What is the problem?

¿**Cuál** de las dos prefieres, la radio o la televisión?
Which of these (two) do you prefer, radio or television?

¿**Cuáles** son tus revistas favoritas?
What are your favorite magazines?

¿**Cuáles** escogieron, los rojos o los azules?
Which ones did they choose, the red or the blue?

- Often, either **qué** or **cuál(es)** may be used in the same sentence, but the meaning is different.

Es hora de cenar. ¿**Qué** quieres comer de primero?
It's dinner time. What would you like as a first course?

Esta noche dan *CSI* y *Law & Order*. ¿**Cuál** quieres ver?
CSI *and* Law & Order *are on tonight. Which one do you want to watch?*

- **Qué** may be used before any noun, regardless of the type of information requested.

¿**Qué** ideas tienen ustedes?
What ideas do you have?

¿**Qué** regalo te gusta más?
Which gift do you like better?

¿Peligro? ¿**Qué** peligro?
Danger? What danger?

¿**Qué** revistas son tus favoritas?
What are your favorite magazines?

- **Qué** and **cuál(es)** are sometimes used in declarative sentences that imply a question or unknown information.

¡No sabía qué decir!

No sé cuál de las dos escoger.

Elena se pregunta **qué** pasó esta mañana.
Elena wonders what happened this morning.

Juan me preguntó **cuál** de las dos películas prefería.
Juan asked me which of the two movies I preferred.

- **Qué** is also used frequently in exclamations. In this case it means *What...!* or *How...!*

¡**Qué** niño más irresponsable!
What an irresponsible child!

¡**Qué** triste te ves!
How sad you look!

Práctica

TALLER DE CONSULTA

These activities correspond to the additional grammar point on the preceding page.

9.4 *Qué* vs. *cuál*

1 **¿Qué o cuál?** Completa las preguntas con **¿qué?** o **¿cuál(es)?**, según el contexto.

1. ¿_____ de las dos revistas es tu favorita?
2. ¿_____ piensas de la prensa sensacionalista?
3. ¿_____ son tus canales de televisión preferidos?
4. ¿_____ haces para estar a la moda?
5. ¿_____ sección del periódico es más importante para ti?
6. ¿_____ son tus videos, los musicales o los documentales?
7. ¿_____ es tu opinión sobre la censura?
8. ¿_____ tiras cómicas lees?

2 **Completar** Completa estos anuncios de radio con **qué** o **cuál(es)**.

¿No sabe (1) _________ hacer este fin de semana? ¿Tiene que elegir entre una cena elegante y un concierto? ¿(2) _________ de los dos prefiere? La buena noticia es que no tiene que elegir. Lo invitamos a participar en una cena y un concierto inolvidables este viernes en la Sinfónica de San José.

Si tuviera que elegir entre el mar o la montaña, ¿con (3) _________ se quedaría? Visite el nuevo complejo Costa Brava, que le ofrece playas tranquilas y verdes montañas. ¡(4) _________ más se puede pedir para disfrutar de unas vacaciones inolvidables!

¿(5) _________ son sus películas favoritas? ¿Las de acción? ¿Las de misterio? ¿Las románticas? ¡Hágase socio de *La casa de las pelis* y por sólo veinte pesos al mes podrá alquilar todas las películas que quiera! ¿Y (6) _________ le parece la idea de recibir las películas a domicilio? Sólo tiene que llamarnos. ¡Garantizamos la entrega en sólo treinta minutos!

3 **Preguntas** Usa **¿qué?** o **¿cuál(es)?** para escribir la pregunta correspondiente a cada respuesta.

1. ¿____?
   El programa que más me gusta es *American Idol*.
2. ¿____?
   Este fin de semana quiero ir al cine.
3. ¿____?
   Mis pasatiempos favoritos son nadar, leer revistas y salir con amigos.
4. ¿____?
   Opino que la prensa sensacionalista no informa a los lectores.
5. ¿____?
   Mi clase de historia es la más difícil.
6. ¿____?
   Éstos son los libros que nos tenemos que comprar.

Más práctica

10.1 The future perfect

TALLER DE CONSULTA

MÁS PRÁCTICA
To see the explanation corresponding to this additional practice, see p. 374.

1 **Oraciones** Combina los elementos y haz los cambios necesarios para formar oraciones con el futuro perfecto. Sigue el modelo.

MODELO **septiembre / autora / publicar / novela**
Para septiembre, la autora habrá publicado su novela.

1. el año que viene / los directores / seleccionar / actor principal
2. el próximo semestre / yo / estudiar / estilo realista
3. mañana / el poeta y yo / terminar / estrofa final
4. dentro de cinco años / tú / pintar / autorretrato famoso
5. finales de este año / la escultora / esculpir / obra maestra

2 **Probabilidad** Escribe oraciones para indicar lo que pudo haber pasado en estas situaciones. Usa el futuro perfecto y la información indicada.

MODELO **Hoy cancelaron la obra de teatro. (actriz principal / sentirse enferma)**
La actriz principal se habrá sentido enferma.

1. El novelista no pudo llegar a la conferencia. (su avión / retrasarse)
2. El escultor decidió no vender la escultura. (ellos / no ofrecerle suficiente dinero)
3. La pintora estaba muy contenta. (ella / vender un cuadro)
4. Juan no quiso seguir leyendo la novela. (no interesarle el argumento)
5. Ellas se marcharon antes de que terminara la obra de teatro. (tener un problema)
6. La gente aplaudió cuando inauguraron la exposición. (gustarles la exposición)

3 **¿Qué habrás hecho?** Imagina todo lo que harás entre este año y el año 2040. ¿Qué habrá sido de tu vida? ¿Qué habrás hecho? Escribe un párrafo describiendo lo que habrás hecho para entonces. Usa el futuro perfecto de seis verbos de la lista.

MODELO Para el año 2040, habré vivido en el extranjero y habré aprendido cinco idiomas.

aprender	estar	publicar	trabajar
celebrar	ganar	ser	ver
conocer	poder	tener	vivir

4 **Predicciones** En parejas, túrnense para hacer predicciones sobre lo que su compañero/a habrá logrado en cada década (*decade*) de su vida. Luego respondan a las predicciones. ¿Quién de los dos conoce mejor a su compañero/a?

MODELO —Para cuando cumplas treinta años, habrás recibido un doctorado en español.
—No creo. Habré recibido un doctorado, pero en bioquímica.

Más práctica

TALLER DE CONSULTA

MÁS PRÁCTICA
To see the explanation corresponding to this additional practice, see p. 376.

10.2 The conditional perfect

1 Oraciones relacionadas **Escribe los verbos de la segunda columna en el condicional perfecto para completar cada oración. Luego empareja las oraciones de manera lógica.**

_____ 1. Carmen no logró vender ni un solo cuadro.

_____ 2. Miguel ya se había ido cuando se anunció que él era el ganador del premio de poesía.

_____ 3. En la fiesta, Julia puso una música muy aburrida.

_____ 4. El videojuego era muy violento.

_____ 5. Por fin se estrenó la película.

a. El director se preguntaba si le __________ (gustar) al público.

b. De saberlo, Bárbara no se lo __________ (comprar) a su nieto.

c. Yo, en su lugar, no __________ (pedir) tanto por los cuadros.

d. Yo __________ (poner) música bailable.

e. ¡Miguel no lo __________ (creer)!

2 Pues yo... **Eres una persona muy crítica. Escribe oraciones con el condicional perfecto explicando qué habrías hecho tú en cada situación. Sigue el modelo.**

MODELO **El final de la novela es demasiado cómico.**
Yo habría escrito un final trágico.

1. El pintor usó colores muy oscuros. Yo ...
2. La escultura es demasiado grande. Yo...
3. El cuadro no tiene mucha luz. Yo ...
4. El argumento de la novela es demasiado complicado. Yo...
5. No entiendo por qué la artista pintó con acuarela. Yo ...
6. Estas esculturas son surrealistas. Yo...

3 Cuidar a los niños **Tu vecina te pide que cuides a sus hijos, pero primero quiere saber qué habrías hecho tú en cada una de las situaciones que tuvieron lugar con el niñero anterior. En parejas, representen una conversación. Utilicen el condicional perfecto.**

MODELO **dejar / los platos sucios**
— El chico que cuidaba a los niños dejó todos los platos sucios en la cocina.
— Pues, yo los habría lavado antes de irme.

1. no darle de comer / el perro
2. perder / las llaves de la casa
3. mirar / la televisión toda la noche
4. escuchar / música muy fuerte
5. no jugar / los niños
6. cobrar / demasiado

Más práctica

10.3 The past perfect subjunctive

TALLER DE CONSULTA

MÁS PRÁCTICA
To see the explanation corresponding to this additional practice, see p. 378.

1 **Completar** **Ignacio y Teresa acaban de salir de un museo. Completa su conversación con el pluscuamperfecto del subjuntivo.**

IGNACIO Nunca me habría imaginado que Picasso (1) __________ (pintar) algo tan impresionista.

TERESA Esa obra no la hizo Picasso, Ignacio. Si (2) __________ (fijarse) con más cuidado, te habrías dado cuenta de que la pintó Monet.

IGNACIO Pues, también me sorprendió que Velázquez (3) __________ (hacer) algo tan contemporáneo.

TERESA Te equivocas de nuevo, Ignacio. Si (4) __________ (escuchar) con atención al guía del museo, habrías aprendido un poco más sobre el arte.

IGNACIO Y si tú (5) __________ (prestar) atención (*pay attention*) cuando ayer te dije que odio los museos, no estaríamos teniendo esta discusión.

TERESA Si me lo (6) __________ (decir) otra vez, me habría enterado. Ya sabes que soy muy distraída.

2 **Preocupados** **Termina las oraciones de forma lógica. Utiliza el pluscuamperfecto del subjuntivo.**

1. El escultor tenía miedo de que sus esculturas __________.
2. A la novelista le molestó que los críticos __________.
3. El escritor no estaba seguro de que su obra __________.
4. El ensayista dudaba que el manuscrito __________.
5. La poetisa temía que el público __________.
6. La artista no quería que __________.

3 **En otro ambiente** **¿Qué habría pasado si en vez de asistir a esta universidad hubieras escogido otra? ¿Qué cosas habrían sido diferentes? En parejas, háganse preguntas sobre este tema. Después compartan sus ideas con la clase. Utilicen el pluscuamperfecto del subjuntivo y el condicional perfecto.**

MODELO —¿Qué habría sido distinto si no hubieras estudiado aquí?
—Si hubiera escogido otra universidad, no habría conocido a mi mejor amigo y no me habría divertido tanto...

MÁS GRAMÁTICA

This is an additional grammar point for **Lección 10 Estructura.** You may use it as expansion or as required by your instructor.

¡ATENCIÓN!

Simple tenses include present, preterite, imperfect, imperative (commands), future, conditional, and present and past subjunctive. Compound ("perfect") tenses make use of the auxiliary verb **haber**. For detailed information about **si** clauses with simple tenses, see **Estructura 8.3,** p. 302.

¡ATENCIÓN!

The **si** clause may be the first or second clause in a sentence. A comma is used only when the **si** clause comes first.

No habríamos comprado la pintura si ella no la hubiera restaurado.

10.4 *Si* clauses with compound tenses

- **Si** clauses are used with compound tenses to describe what *would have happened* if another event or condition *had occurred.* In hypothetical statements about contrary-to-fact situations in the past, the **si** clause uses the past perfect subjunctive and the main clause uses the conditional perfect.

Si hubiera pensado que son primitivas o radicales, lo habría dicho.

Si le hubieras pedido al pintor que cambiara la obra, habría sido una falta de respeto.

Si Clause (Past Perfect Subjunctive)	Main Clause (Conditional Perfect)
Si ella no hubiera restaurado la pintura, *If she had not restored the painting,*	**no la habríamos comprado.** *we wouldn't have bought it.*
Si ellos hubieran conocido al autor, *If they had known the author,*	**la historia les habría parecido más interesante.** *they would have found the story more interesting.*

- The chart below is a summary of the **si** clauses you learned in **Lección 8** and in this grammar point.

Review of *si* clauses

Condition	Main clause	*Si* clause
Possible or likely Ella compra el cuadro si no es caro.	Present	si + present
Possible or likely Voy a comprar el cuadro si no es caro.	Near future (*ir* + a)	si + present
Possible or likely Comprará el cuadro si no es caro.	Future	si + present
Possible or likely Por favor, compra el cuadro si no es caro.	Command	si + present
Habitual in the past Compraba cuadros si no eran caros.	Imperfect	si + imperfect
Hypothetical Compraría el cuadro si no fuera caro.	Conditional	si + past subjunctive
Hypothetical / Contrary-to-fact Habría comprado el cuadro si hubiera tenido dinero.	Conditional perfect	si + past perfect subjunctive

Práctica

(10.4) *Si* clauses with compound tenses

TALLER DE CONSULTA

These activities correspond to the additional grammar point on the preceding page.

1 **La actriz** **Dos amigas conversan sobre la vida de una actriz famosa. Completa la conversación con el pluscuamperfecto del subjuntivo o el condicional perfecto de los verbos entre paréntesis.**

MATILDE Si Ana Colmenar no (1) __________ (casarse) tan joven, (2) __________ (comenzar) a actuar mucho antes.

ANDREA Ella (3) __________ (comenzar) a actuar antes si sus padres (4) __________ (descubrir) su talento para el teatro.

MATILDE Si sus padres lo (5) __________ (querer), ella (6) __________ (ser) una estrella a los quince años.

ANDREA Ana nunca (7) __________ (tener) éxito si le (8) __________ (permitir) empezar tan joven. Actuar en el teatro requiere mucha experiencia y madurez.

MATILDE Si tú (9) __________ (estar) en su lugar, quizá también (10) __________ (tener) mucho éxito.

2 **Si el poeta...** **Unos amigos se reunieron en un café después de una recepción en honor de un poeta famoso. Utiliza el pluscuamperfecto del subjuntivo o el condicional perfecto para completar sus oraciones.**

1. Si Juan Carlos hubiera sabido que iban a servir comida en la recepción,...
2. El poeta habría recitado más poemas si...
3. Si el poeta hubiera hablado más fuerte,...
4. Yo me habría ido de la recepción antes si...
5. Si esos dos señores no hubieran hablado tanto mientras el poeta recitaba el poema,...
6. Habría invitado a mi compañera de cuarto si...
7. Si hubiera sabido que la recepción era tan larga,...
8. Si Juan Carlos hubiera venido antes,...

3 **¿Qué habrías hecho tú?** **En parejas, túrnense para hacerse preguntas sobre lo que habrían hecho si hubieran sido las personas en estos dibujos. Utilicen frases con si.**

MODELO Si hubiera visto al ladrón huir con el dinero, le habría sacado una foto con mi celular y se la habría entregado a la policía.

Más práctica

TALLER DE CONSULTA

MÁS PRÁCTICA
To see the explanation corresponding to this additional practice, see p. 408.

11.1 The passive voice

1 **La edición de mañana** Imagina que trabajas para un periódico. Uno/a de tus colegas tenía que escribir los titulares de la edición de mañana, pero no los terminó. Completa los titulares con la voz pasiva de cada verbo entre paréntesis.

El próximo presupuesto ________ (anunciar) mañana por el ministro de economía

Una nueva ley de inmigración ________ (debatir) muy pronto

Un nuevo récord de los 800 metros ________ (establecer) el domingo pasado

La iglesia Santa María ________ (renovar) el año pasado y ahora se está derrumbando

Dos vacunas nuevas ________ (descubrir) ayer en Japón

2 **Ayer, hoy y mañana** Escribe nueve oraciones en voz pasiva. Debes añadir artículos y preposiciones en algunos casos. Debes usar distintos tiempos verbales para las oraciones en pasado, presente y futuro.

MODELO **la nueva ley / aprobar / el senado**
La nueva ley fue aprobada por el senado.

Ayer

1. el proyecto de ley / rechazar / senado
2. los informes / enviar / secretario
3. el gobernador / elegir / ciudadanos

Hoy

4. los programas / presentar / candidatos
5. el asunto / debatir / parlamento
6. el acusado / interrogar / juez

Mañana

7. la nueva iglesia / inaugurar / cura
8. las fiestas religiosas / celebrar / creyentes
9. el discurso / pronunciar / candidato a senador

3 **Periodistas** En parejas, imaginen que trabajan para un periódico local y tienen que redactar los titulares para la edición de mañana. Utilicen la voz pasiva para escribir un titular para cada sección del periódico.

1. sección internacional
2. sección nacional
3. sección local
4. sección de espectáculos
5. sección deportiva
6. sección política

Más práctica

11.2 Uses of *se*

1. ***Se* pasivo y *se* impersonal** Elige la forma apropiada del verbo.

    1. Se (estudia / estudian) varias propuestas para la reforma de la ley de empleo.
    2. Se (enviará / enviarán) a un nuevo embajador a Guatemala.
    3. Se (cree / creen) que la crisis económica se solucionará pronto.
    4. Se (debatirá / debatirán) varias enmiendas (*amendments*) en el Senado.
    5. Se (estipuló / estipularon) que no se podía fumar en edificios públicos.
    6. Se (eligió / eligieron) al nuevo gobernador la semana pasada.
    7. Se (vive / viven) bien en España.
    8. Se (vio / vieron) que era necesario tomar medidas urgentes.

2. **Oraciones** Termina cada frase de la columna A con la frase más lógica de la columna B.

A	B
_____ 1. Se me cayó	a. las llaves de casa.
_____ 2. Se me rompieron	b. el bolígrafo que tenía en la bolsa.
_____ 3. A Juan se le perdieron	c. los anteojos.
_____ 4. Se me dañó	d. el dinero para ir a cenar.
_____ 5. Se te borraron	e. los archivos para tu reunión.
_____ 6. Se te olvidó	f. el carro nuevo.

3. **Lo que me ocurrió**

    A. Escribe seis oraciones —tres verdaderas y tres ficticias— sobre sucesos inesperados que te han ocurrido. Utiliza expresiones con **se**.

    MODELO Ayer se me perdieron las llaves y tuve que romper una ventana para entrar en mi casa.

    B. Ahora, comparte tus oraciones con tres compañeros/as. El grupo debe adivinar cuáles son las oraciones verdaderas.

4. **Anuncios de trabajo** Estas personas e instituciones necesitan contratar personal (*personnel*). En parejas, escriban los anuncios de trabajo. Recuerden que en estos casos es muy frecuente usar tanto el **se** impersonal como el **se** pasivo.

    MODELO Se buscan ingenieros industriales. Se espera que los candidatos tengan experiencia previa. Se debe enviar currículum y solicitud a…

    1. El partido político *Progreso ahora* busca empleados de relaciones públicas para trabajar con la campaña de su candidato a gobernador del estado.
    2. La escuela *Cervantes* busca dos profesores de ciencias políticas.
    3. La señora Solís busca una persona que pueda cuidar a sus hijos por las tardes.

TALLER DE CONSULTA

MÁS PRÁCTICA
To see the explanation corresponding to this additional practice, see p. 410.

Más práctica

TALLER DE CONSULTA

MÁS PRÁCTICA
To see the explanation corresponding to this additional practice, see p. 414

11.3 Prepositions: *de, desde, en, entre, hasta, sin*

1 **La política** Termina cada frase de la columna A con la frase más lógica de la columna B.

A	B
____ 1. La guerra civil continuaba	a. de los obreros para protestar contra la reducción de los salarios.
____ 2. El terrorismo seguirá	b. en voz alta durante la manifestación.
____ 3. Los ciudadanos hablaron	c. sin parar entre el norte y el sur.
____ 4. Hubo una manifestación	d. hasta que todos los países decidan colaborar.
____ 5. El país ha tenido autonomía y libertad	e. desde que logró la independencia en 1955.

2 **Campaña** Eres un(a) estudiante nuevo/a, pero quieres ser presidente/a de tu clase. Escribe ocho oraciones completas con tus ideas para la campaña. Usa las preposiciones **de, desde, en, entre, hasta** y **sin**.

1. Creo que es buena idea no empezar las clases ____________.
2. Necesitamos más variedad en la comida ____________.
3. Deben contratar a profesores ____________.
4. No hay que tomar clases ____________.
5. Los carros se deben estacionar ____________.
6. Si llegas tarde, puedes entrar a clase ____________.
7. Debe haber un recreo de media hora ____________.
8. Se debe permitir comida ____________.

3 **Adivinanzas** En grupos de tres, cada estudiante debe escribir una descripción de tres miembros de la clase sin mencionar sus nombres. Una vez que hayan terminado, compartan las descripciones y los demás deben intentar adivinar de quiénes se tratan. Usen las preposiciones **de, desde, en, entre, hasta** y **sin**.

MODELO Esta persona siempre se sienta entre dos chicas. Le gusta sentarse cerca de la profesora y a veces hasta se sienta en primera fila. Entre los demás estudiantes tiene fama de ser una persona muy inteligente y simpática. ¿Quién es?

4 **Acontecimientos importantes** Conversa con un(a) compañero/a sobre algunos acontecimientos importantes de tu vida. Haz una lista de cinco acontecimientos que quieres compartir y trata de usar por lo menos diez preposiciones en tu conversación.

MODELO —El semestre pasado fui a Granada y me quedé en la residencia estudiantil.
—¿Y hasta cuándo te quedaste ahí?
—Me quedé desde enero hasta abril.

11.4 Past participles used as adjectives

- Past participles are used with **haber** to form compound tenses, such as the present perfect and the past perfect, and with **ser** to express the passive voice. They are also frequently used as adjectives.

aburrido/a	**confundido/a**	**enojado/a**	**muerto/a**
(des)cansado/a	**enamorado/a**	**estresado/a**	**sorprendido/a**

- When a past participle is used as an adjective, it agrees in number and gender with the noun it modifies.

un proceso **complicado**	una campaña bien **organizada**
a complicated process	*a well-organized campaign*
los políticos **destacados**	las reuniones **aburridas**
the prominent politicians	*the boring meetings*

- Past participles are often used with the verb **estar** to express a state or condition that results from the action of another verb. They frequently express physical or emotional states.

No puedo creer que se haya equivocado de nombre.

¿Felicia, **estás despierta**?
Felicia, are you awake?

No, **estoy dormida**.
No, I'm asleep.

Marco, **estoy enojado**. ¿Por qué no depositaste los cheques?
Marco, I'm furious. Why didn't you deposit the checks?

Perdón, don Humberto. Es que el banco ya **estaba cerrado**.
I'm sorry, Don Humberto. The bank was already closed.

- Past participles may be used as adjectives with other verbs, as well.

Empezó a llover y **llegué empapada** a la reunión.
It started to rain and I arrived at the meeting soaking wet.

Ese libro **es** tan **aburrido**.
That book is so boring.

Después de las vacaciones, **nos sentimos descansados**.
After the vacation, we felt rested.

¿Los documentos? Ya los **tengo corregidos**.
The documents? I already have them corrected.

MÁS GRAMÁTICA

This is an additional grammar point for **Lección 11 Estructura.** You may use it for review or as required by your instructor.

¡ATENCIÓN!

With verbs that have two participles, such as **atender** (**atento, atendido**), the irregular forms are the ones used as adjectives. With the verbs **freír, imprimir,** and **proveer,** both the regular form (**freído, imprimido, proveído**) and the irregular form (**frito, impreso, provisto**) can be used as adjectives. However, the latter is more common.

Práctica

TALLER DE CONSULTA

These activities correspond to the additional grammar point on the preceding page.

11.4 Past participles used as adjectives

1 **Entrevista de trabajo** Julieta está preparando preguntas para los candidatos que va a entrevistar para un puesto en la empresa. Completa cada pregunta de Julieta con el participio pasado del verbo entre paréntesis.

1. ¿Por qué crees que estás ____________ (preparar) para este puesto?
2. ¿Estás ____________ (informar) sobre nuestros productos?
3. ¿Estás ____________ (sorprender) de todos los beneficios que ofrecemos?
4. ¿Por qué estás ____________ (interesar) en este puesto en particular?
5. ¿Trajiste tu currículum ____________ (escribir) en español y en inglés?
6. ¿Cómo manejarás el estrés cuando ya estés ____________ (contratar)?

2 **¿Cómo están ellos?** Mira las imágenes y relaciónalas con los verbos de la lista. Después completa cada oración usando **estar** + [*participio pasado*].

cansar	enojar	sorprender
enamorar	esconder	

1. Ellos ____________.
2. Juanito ____________.
3. Eva ____________.
4. Ellos ____________.
5. Marta ____________.

3 **De otra forma** Transforma las oraciones usando **estar** y el participio pasado del verbo correspondiente. Sigue el modelo.

MODELO Los estudiantes abrieron los libros.
Los libros están abiertos.

1. El paciente murió ayer.
2. No abren la tienda los domingos.
3. Este pasaporte venció el mes pasado.
4. Los estudiantes escribieron las composiciones.
5. Ya resolvieron los problemas.
6. Hicieron los planes.
7. Ellos imprimieron sus trabajos.
8. El niño se curó de su enfermedad.

Más práctica

12.1 Uses of the infinitive

TALLER DE CONSULTA

MÁS PRÁCTICA
To see the explanation corresponding to this additional practice, see p. 450.

1 **La investigación** Completa la conversación con el infinitivo o con el presente del indicativo de los verbos entre paréntesis.

ANTONIO ¿Cómo estás, Leopoldo? Tengo muchas ganas de (1) ________ (saber) cómo va todo.

LEOPOLDO No muy bien. No sé si podremos terminar de (2) ________ (preparar) todo.

ANTONIO ¿No (3) ________ (haber) suficiente tiempo para terminar la investigación?

LEOPOLDO El problema lo (4) ________ (tener) con Amelia.

ANTONIO Dicen que ella (5) ________ (ser) muy profesional y tiene buen conocimiento de las civilizaciones antiguas.

LEOPOLDO Es muy buena en su especialidad y creo que puede llegar a (6) ________ (ser) muy importante para este proyecto. Pero no (7) ________ (tener) una buena comunicación con ella.

ANTONIO ¿Cómo puede (8) ________ (ser)? ¿Le has ofrecido tu ayuda con el proyecto?

LEOPOLDO Sí, la (9) ________ (ayudar) en todo. Le (10) ________ (dar) consejos y trato de (11) ________ (tener) una buena relación con ella, pero a ella le (12) ________ (molestar) todo lo que digo.

ANTONIO ¿Por qué no la invitas a (13) ________ (almorzar)? Quizás hablando en un ambiente informal puedan (14) ________ (encontrar) una solución.

LEOPOLDO Podría ser. Esta tarde la (15) ________ (llamar).

ANTONIO ¡Perfecto! Verás cómo se solucionan los problemas.

2 **Tu opinión** Completa las oraciones. Utiliza verbos en infinitivo y añade tus propios detalles.

MODELO Cuando tengo tiempo libre, prefiero...
Cuando tengo tiempo libre, prefiero leer el periódico.

1. Mi hermano/a siempre tarda en...
2. Ahora mismo, quiero...
3. En mi opinión, nunca es bueno...
4. No sé...
5. Para mí es fácil...
6. No me gusta...

3 **Historiadores** En parejas, escriban oraciones sobre los acontecimientos del año pasado en su universidad. Usen el infinitivo.

MODELO el club de ajedrez / querer
El club de ajedrez quería participar en el torneo de Florida, pero no pudo reunir el dinero suficiente para viajar.

1. los profesores / mandar
2. los estudiantes / querer
3. el equipo de fútbol / lograr
4. el departamento de ciencia / pedir
5. las nuevas reglas / obligar

Más práctica

TALLER DE CONSULTA

MÁS PRÁCTICA
To see the explanation corresponding to this additional practice, see p. 454

12.2 Summary of the indicative

1 La narración histórica

A. Para narrar acontecimientos históricos es frecuente usar el presente del indicativo. Completa el párrafo usando el presente del indicativo de los verbos entre paréntesis.

Cuando los primeros conquistadores españoles (1) ________ (llegar) al Nuevo Mundo, (2) ________ (encontrarse) con numerosos problemas. La realidad del Nuevo Mundo (3) ________ (ser) muy distinta a la realidad que ellos (4) ________ (conocer) y pronto (5) ________ (descubrir) que no (6) ________ (tener) las palabras necesarias para designar (*to name*) esa nueva realidad. Para solucionar el problema, los españoles (7) ________ (decidir) tomar prestadas palabras que (8) ________ (escuchar) de las lenguas nativas. Es por eso que muchas de las palabras del español actual vienen del taíno, del náhuatl o del quechua.

B. Ahora vuelve a completar el párrafo anterior, pero esta vez con el tiempo adecuado del pasado, ya sea el pretérito o el imperfecto.

2 Los verbos perfectos **Elige la forma apropiada (pretérito perfecto, pluscuamperfecto, futuro perfecto o condicional perfecto) para conjugar los verbos entre paréntesis.**

1. Los conquistadores ____________ (aprender) mucho de los nativos, pero todavía tenían problemas de comunicación.
2. El rey le ____________ (construir) un palacio a la reina, pero ella no lo quiso.
3. Para el año 2050, la mayoría de los gobiernos de Asia y África ____________ (convertir) en gobiernos democráticos.
4. El pueblo ____________ (derrocar) al emperador y ahora hay otro gobernante que tiene el apoyo de la gente.
5. El joven ____________ (ser) un gran guerrero si no hubiera sido por su falta de disciplina.
6. Para el mes entrante, ya ____________ (expulsar) al soldado de las fuerzas armadas.
7. ¡____________ (Liberar) al pueblo! ¡Salgamos a celebrar!
8. ____________ (Establecerse) en la costa si no fuera porque odian el calor.

3 Pasado, presente y futuro **Cuéntale a un(a) compañero/a cuáles han sido los tres acontecimientos que han marcado tu pasado, los tres que están marcando tu presente y los tres acontecimientos que tú crees serán más importantes en tu futuro.**

MODELO
(pasado) Fui al Perú para las vacaciones de primavera hace dos años.
(presente) Salgo con un chico de Salamanca, España.
(futuro) Trabajaré en la Ciudad de México por un año para mejorar mi español.

4 Las noticias más importantes **En grupos de cuatro, decidan cuáles han sido las tres noticias más importantes de los últimos 50 años. Piensen en otras tres noticias que creen que ocurrirán en los próximos 50 años. Escriban estas noticias en forma de titulares. Utilicen todos los tiempos verbales que sean apropiados.**

12.3 Summary of the subjunctive

TALLER DE CONSULTA

MÁS PRÁCTICA
To see the explanation corresponding to this additional practice, see p. 458.

1 La clase de historia **Escoge la forma adecuada del subjuntivo (presente, pretérito perfecto, imperfecto o pluscuamperfecto) o del infinitivo para completar las oraciones.**

1. Los estudiantes querían que el profesor les _______ más sobre los Incas.
   a. explicara b. explique c. hubiera explicado
2. A los chicos les gustaba _______ las historias de los conquistadores.
   a. escuchen b. escuchar c. hayan escuchado
3. Dudaba que los españoles _______ interesados únicamente en el oro de los Aztecas.
   a. estén b. estar c. hubieran estado
4. A los españoles les sorprendió que los Aztecas _______ ciudades tan sofisticadas.
   a. hubieran construido b. construyan c. construyen
5. A algunas personas les parece sorprendente que el ser humano _______ a la Luna.
   a. llegara b. llegar c. haya llegado
6. Algunas personas dudan que el ser humano _______ vivir en otros planetas.
   a. pudiera b. pueda c. haya podido
7. Era improbable que esas piedras _______ restos de una antigua civilización.
   a. sean b. fueran c. ser
8. En el futuro, será posible que algunos turistas _______ al espacio.
   a. hubieran viajado b. viajaran c. viajen
9. Carlos espera _______ a ser historiador algún día.
   a. llegar b. llegue c. llegara
10. Si el rey _______ eso, lo habría dicho.
    a. hubiera pensado b. haya pensado c. piense

2 El mono en el espacio **Es el año 3000. Completa esta carta que un mono escribió durante su primer viaje por el espacio. Utiliza las formas apropiadas del subjuntivo.**

No puedo creer que el espacio (1) _________ (tener) tantos planetas. Ahora voy a buscarme uno para establecer el planeta de los monos. Nadie pensaba que (2) _________ (ser) posible, pero, ahora, libres de los seres humanos, podemos desarrollar nuestra cultura. Antes, los seres humanos siempre exigían que (3) _________ (quedarse) en jaulas (*cages*). Si (4) _________ (saber) que somos criaturas pacíficas, no lo habrían hecho. Prefiero poblar un planeta nuevo con monos que ya (5) _________ (ser) vacunados porque no se sabe lo que vamos a encontrar, y quiero que nosotros (6) _________ (estar) listos para todo.

3 Inventos y descubrimientos **Algunos inventos y descubrimientos han sido esenciales para el desarrollo de la humanidad. En parejas, hagan una lista de los cinco inventos y descubrimientos más importantes. Después, escriban oraciones para decir qué habría ocurrido si tales inventos no se hubieran producido.**

MODELO Alexander Graham Bell inventó el teléfono. Si no hubiera inventado el teléfono, las comunicaciones serían/habrían sido mucho más complicadas.

GRAMATICA

This is an additional grammar point for **Lección 12 Estructura.** You may use it for review or as required by your instructor.

- **Pedir** and **preguntar** both mean *to ask*, while **conocer** and **saber** mean *to know*. Since these verbs are frequently used in Spanish, it is important to know the circumstances in which to use them.

¿Tú sabes andar con eso?

Quería preguntarte si...

Pedir vs. *preguntar*

- **Pedir** means *to ask for/to request (something)* or *to ask (someone to do something).*

El profesor **pidió** los resultados.
The professor asked for the results.

El director le **pide** que lo investigue.
The director asks him/her to investigate it.

- **Preguntar** means *to ask (a question*).

Los estudiantes **preguntaron** acerca de la esclavitud.
The students asked about slavery.

Le **preguntaré** a Miguel si quiere venir.
I'll ask Miguel if he wants to come.

- **Preguntar por** means *to ask about (someone*) or *to inquire (about something).*

¿**Preguntaste por** el historiador famoso?
Did you ask about the famous historian?

Pregunté por el anuncio.
I inquired about the ad.

Saber vs. *conocer*

- **Saber** means *to know (a fact or piece of information).*

¿**Sabías** que el Primer Ministro fue derrocado ayer?
Did you know that the Prime Minister was overthrown yesterday?

No **sé** quién es el rey de España. ¿Lo **sabes** tú?
I don't know who the king of Spain is. Do you know?

- **Saber** + [*infinitive*] means *to know how (to do something).*

Para el examen, lo importante es que **sepan analizar** las causas y efectos de la guerra.
For the exam, the important thing is that you know how to analyze the causes and effects of the war.

María Luisa sabe hacer investigaciones, pero aún no **sabe organizar** toda la información.
María Luisa knows how to do research, but she still doesn't know how to organize all the information.

- **Conocer** means *to know, to meet*, or *to be familiar/acquainted with (a person, place, or thing).*

Conocen los riesgos.
They know the risks.

Conocí al científico famoso.
I met the famous scientist.

12.4 *Pedir/preguntar* and *conocer/saber*

TALLER DE CONSULTA

These activities correspond to the additional grammar point on the preceding page.

1 **Juan y la universidad** Completa el párrafo con la forma adecuada de **saber** y **conocer**. Presta atención a los tiempos verbales.

Juan es un estudiante de primer año de la universidad y por eso todavía no (1) _________ muy bien el campus. Sólo (2) _________ dónde están su residencia y la cafetería. Ayer (3) _________ a su compañero de cuarto y le cayó bien, pero aún (*still*) no (4) _________ mucho de él. Como no lleva mucho tiempo en la universidad, aún no (5) _________ a mucha gente. Juan ya (6) _________ qué clases va a tomar este semestre, pero no (7) _________ si serán muy difíciles. Ayer (8) _________ al profesor de historia y piensa que no tendrá problemas con esa clase.

2 **Alejandra en su nuevo trabajo** Completa el párrafo con la forma adecuada de **pedir, preguntar y preguntar por.** Presta atención a los tiempos verbales.

Alejandra Ruiz es licenciada en bioquímica y hoy fue su primer día de trabajo en un laboratorio farmacéutico. No conocía muy bien el camino al laboratorio, y por eso tuvo que parar para (1) _________ indicaciones sobre cómo llegar. Cuando finalmente llegó, (2) _________ el doctor Santos, el director. Alejandra le (3) _________ muchísimas cosas sobre el laboratorio y él le respondió amablemente. Finalmente, el doctor Santos le (4) _________ que comenzara a trabajar en un experimento. Después de varias horas, ella (5) _________ si podía tener un rato de descanso. Cuando salió del trabajo y su novio le (6) _________ su día, ella le respondió que le fue muy bien.

3 **Entrevista** Lee la lista y escribe tres oraciones más utilizando los verbos **saber, conocer, pedir y preguntar.** Luego entrevista a tus compañeros/as de clase hasta que encuentres a ocho personas diferentes que respondan afirmativamente a tus preguntas. Comparte la información con la clase.

	Nombres
1. Sabe tocar el piano.	_________
2. Conoció a su novio/a recientemente.	_________
3. Nunca les pide dinero a sus padres.	_________
4. Le ha preguntado al/a la profesor(a) sobre el examen final.	_________
5. Sabe cocinar tacos.	_________
6. _________	_________
7. _________	_________
8. _________	_________

Glossary of Grammatical Terms

ADJECTIVE A word that modifies, or describes, a noun or pronoun.

muchos libros	un hombre **rico**
many *books*	*a* ***rich*** *man*

Demonstrative adjective An adjective that specifies which noun a speaker is referring to.

esta fiesta	**ese** chico
this *party*	***that*** *boy*
aquellas flores	
those *flowers*	

Possessive adjective An adjective that indicates ownership or possession.

su mejor vestido	Éste es **mi** hermano.
her *best dress*	*This is* ***my*** *brother.*

Stressed possessive adjective A possessive adjective that emphasizes the owner or possessor.

un libro **mío**	una amiga **tuya**
a ***book of mine***	*a friend* ***of yours***

ADVERB A word that modifies, or describes, a verb, adjective, or other adverb.

Pancho escribe **rápidamente**.
Pancho writes ***quickly****.*

Este cuadro es **muy** bonito.
This picture is ***very*** *pretty.*

ANTECEDENT The noun to which a pronoun or dependent clause refers.

El **libro** que compré es interesante.
The book that I bought is interesting.

Le presté cinco dólares a **Diego**.
I loaned Diego five dollars.

ARTICLE A word that points out a noun in either a specific or a non-specific way.

Definite article An article that points out a noun in a specific way.

el libro	**la** maleta
the *book*	***the*** *suitcase*
los diccionarios	**las** palabras
the *dictionaries*	***the*** *words*

Indefinite article An article that points out a noun in a general, non-specific way.

un lápiz	**una** computadora
a *pencil*	***a*** *computer*
unos pájaros	**unas** escuelas
some *birds*	***some*** *schools*

CLAUSE A group of words that contains both a conjugated verb and a subject, either expressed or implied.

Main (or Independent) clause A clause that can stand alone as a complete sentence.

Pienso ir a cenar pronto.
I plan to go to dinner soon.

Subordinate (or Dependent) clause A clause that does not express a complete thought and therefore cannot stand alone as a sentence.

Trabajo en la cafetería **porque necesito dinero para la escuela.**
I work in the cafeteria ***because I need money for school.***

Adjective clause A dependent clause that functions to modify or describe the noun or direct object in the main clause. When the antecedent is uncertain or indefinite, the verb in the adjective clause is in the subjunctive.

Queremos contratar al candidato **que mandó su currículum ayer.**
We want to hire the candidate ***who sent his résumé yesterday.***

¿Conoce un buen restaurante **que esté cerca del teatro?**
Do you know of a good restaurant ***that's near the theater?***

Adverbial clause A dependent clause that functions to modify or describe a verb, an adjective, or another adverb. When the adverbial clause describes an action that has not yet happened or is uncertain, the verb in the adverbial clause is usually in the subjunctive.

Llamé a mi mamá **cuando me dieron la noticia.**
I called my mom ***when they gave me the news.***

El ejército está preparado **en caso de que haya un ataque.**
The army is prepared ***in case there is an attack.***

Noun clause A dependent clause that functions as a noun, often as the object of the main clause. When the main clause expresses will, emotion, doubt, or uncertainty, the verb in the noun clause is in the subjunctive (unless there is no change of subject).

José sabe **que mañana habrá un examen.**
José knows ***that tomorrow there will be an exam.***

Luisa dudaba **que la acompañáramos.**
Luisa doubted ***that we would go with her.***

COMPARATIVE A grammatical construction used with nouns, adjectives, verbs, or adverbs to compare people, objects, actions, or characteristics.

Tus clases son **menos interesantes** que las mías.
*Your classes are **less interesting** than mine.*

Como **más frutas** que verduras.
*I eat **more fruits** than vegetables.*

CONJUGATION A set of the forms of a verb for a specific tense or mood or the process by which these verb forms are presented.

PRETERITE CONJUGATION OF **CANTAR**:

cant**é**	cant**amos**
cant**aste**	cant**asteis**
cant**ó**	cant**aron**

CONJUNCTION A word used to connect words, clauses, or phrases.

Susana es de Cuba **y** Pedro es de España.
*Susana is from Cuba **and** Pedro is from Spain.*

No quiero estudiar, **pero** tengo que hacerlo.
*I don't want to study, **but** I have to.*

CONTRACTION The joining of two words into one. The only contractions in Spanish are **al** and **del**.

Mi hermano fue **al** concierto ayer.
*My brother went **to the** concert yesterday.*

Saqué dinero **del** banco.
*I took money **from the** bank.*

DIRECT OBJECT A noun or pronoun that directly receives the action of the verb.

Tomás lee **el libro**. — **La** pagó ayer.
*Tomás reads **the book**.* — *She paid **it** yesterday.*

GENDER The grammatical categorizing of certain kinds of words, such as nouns and pronouns, as masculine, feminine, or neuter.

MASCULINE
articles **el, un**
pronouns **él, lo, mío, éste, ése, aquél**
adjective **simpático**

FEMININE
articles **la, una**
pronouns **ella, la, mía, ésta, ésa, aquélla**
adjective **simpática**

IMPERSONAL EXPRESSION A third-person expression with no expressed or specific subject.

Es muy importante. — **Llueve** mucho.
It's very important. — ***It's raining** hard.*

Aquí **se habla** español.
*Spanish **is spoken** here.*

INDIRECT OBJECT A noun or pronoun that receives the action of the verb indirectly; the object, often a living being, to or for whom an action is performed.

Eduardo **le** dio un libro **a Linda**.
*Eduardo gave a book **to Linda**.*

La profesora **me** puso una C en el examen.
*The professor gave **me** a C on the test.*

INFINITIVE The basic form of a verb. Infinitives in Spanish end in **-ar**, **-er**, or **-ir**.

hablar	**correr**	**abrir**
to speak	***to run***	***to open***

INTERROGATIVE An adjective or pronoun used to ask a question.

¿Quién habla? — **¿Cuántos** compraste?
***Who** is speaking?* — ***How many** did you buy?*

¿Qué piensas hacer hoy?
***What** do you plan to do today?*

MOOD A grammatical distinction of verbs that indicates whether the verb is intended to make a statement or command, or to express doubt, emotion, or condition contrary to fact.

Imperative mood Verb forms used to make commands.

Di la verdad. — **Caminen** ustedes conmigo.
***Tell** the truth.* — ***Walk** with me.*

¡**Comamos** ahora! — ¡No lo **hagas**!
***Let's eat** now!* — ***Don't do** it!*

Indicative mood Verb forms used to state facts, actions, and states considered to be real.

Sé que **tienes** el dinero.
***I know** that **you have** the money.*

Subjunctive mood Verb forms used principally in subordinate (dependent) clauses to express wishes, desires, emotions, doubts, and certain conditions, such as contrary-to-fact situations.

Prefieren que **hables** en español.
*They prefer that **you speak** in Spanish.*

NOUN A word that identifies people, animals, places, things, and ideas.

hombre	**gato**
man	***cat***
México	**casa**
Mexico	***house***
libertad	**libro**
freedom	***book***

NUMBER A grammatical term that refers to singular or plural. Nouns in Spanish and English have number. Other parts of a sentence, such as adjectives, articles, and verbs, can also have number.

SINGULAR	PLURAL
una cosa ***a*** *thing*	**unas** cosas ***some*** *things*
el profesor ***the*** *professor*	**los** profesores ***the*** *professors*

PASSIVE VOICE A sentence construction in which the recipient of the action becomes the subject of the sentence. Passive statements emphasize the thing that was done or the person that was acted upon. They follow the pattern [*recipient*] + **ser** + [*past participle*] + **por** + [*agent*].

ACTIVE VOICE:
Juan **entregó** la tarea.
Juan ***turned in*** *the assignment.*

PASSIVE VOICE:
La tarea **fue entregada por** Juan.
The assignment ***was turned in by*** *Juan.*

PAST PARTICIPLE A past form of the verb used in compound tenses. The past participle may also be used as an adjective, but it must then agree in number and gender with the word it modifies.

Han **buscado** por todas partes.
They have ***searched*** *everywhere.*

Yo no había **estudiado** para el examen.
I hadn't ***studied*** *for the exam.*

Hay una ventana **abierta** en la sala.
There is an ***open*** *window in the living room.*

PERSON The form of the verb or pronoun that indicates the speaker, the one spoken to, or the one spoken about. In Spanish, as in English, there are three persons: first, second, and third.

PERSON	SINGULAR	PLURAL
1st	**yo** *I*	**nosotros/as** *we*
2nd	**tú, Ud.** *you*	**vosotros/as, Uds.** *you*
3rd	**él, ella** *he, she*	**ellos, ellas** *they*

PREPOSITION A word or words that describe(s) the relationship, most often in time or space, between two other words.

Anita es **de** California.
Anita is ***from*** *California.*

La chaqueta está **en** el carro.
The jacket is ***in*** *the car.*

PRESENT PARTICIPLE In English, a verb form that ends in *-ing*. In Spanish, the present participle ends in **-ndo**, and is often used with **estar** to form a progressive tense.

Está **hablando** por teléfono ahora mismo.
He is ***talking*** *on the phone right now.*

PRONOUN A word that takes the place of a noun or nouns.

Demonstrative pronoun A pronoun that takes the place of a specific noun.

Quiero **ésta**.
I want ***this one****.*

¿Vas a comprar **ése**?
Are you going to buy ***that one****?*

Juan prefirió **aquéllos**.
Juan preferred ***those*** *(over there).*

Object pronoun A pronoun that functions as a direct or indirect object of the verb.

Te digo la verdad.
I'm telling ***you*** *the truth.*

Me lo trajo Juan.
Juan brought ***it*** *to* ***me****.*

Possessive pronoun A pronoun that functions to show ownership or possession. Possessive pronouns are preceded by a definite article and agree in gender and number with the nouns they replace.

Perdí mi libro. ¿Me prestas el **tuyo**?
I lost my book. Will you loan me ***yours****?*

Las clases suyas son aburridas, pero **las nuestras** son buenísimas.
Their classes are boring, but ***ours*** *are great.*

Prepositional pronoun A pronoun that functions as the object of a preposition. Except for **mí, ti,** and **sí**, these pronouns are the same as subject pronouns. The adjective **mismo/a** may be added to express *myself, himself*, etc. After the preposition **con**, the forms **conmigo, contigo,** and **consigo** are used.

¿Es **para mí?** *Is this* ***for me****?*	Juan habló **de ella.** *Juan spoke* ***about her.***
Iré **contigo**. *I will go* ***with you.***	Se lo regaló **a sí mismo.** *He gave it* ***to himself.***

Reflexive pronoun A pronoun that indicates that the action of a verb is performed by the subject on itself. These pronouns are often expressed in English with *-self: myself, yourself,* etc.

Yo **me bañé**. *I* ***took a bath.***	Elena **se acostó**. *Elena* ***went to bed.***

Relative pronoun A pronoun that connects a subordinate clause to a main clause.

El edificio **en el cual** vivimos es antiguo.
*The building **that** we live in is ancient.*

La mujer **de quien** te hablé acaba de renunciar.
*The woman **(whom)** I told you about just quit.*

Subject pronoun A pronoun that replaces the name or title of a person or thing, and acts as the subject of a verb.

Tú debes estudiar más.
***You** should study more.*

Él llegó primero.
***He** arrived first.*

SUBJECT A noun or pronoun that performs the action of a verb and is often implied by the verb.

María va al supermercado.
***María** goes to the supermarket.*

(Ellos) Trabajan mucho.
***They** work hard.*

Esos libros son muy caros.
***Those books** are very expensive.*

SUPERLATIVE A grammatical construction used to describe the most or the least of a quality when comparing a group of people, places, or objects.

Tina es **la menos simpática** de las chicas.
*Tina is **the least pleasant** of the girls.*

Tu coche es **el más rápido** de todos.
*Your car is **the fastest** one of all.*

Los restaurantes en Calle Ocho son **los mejores** de todo Miami.
*The restaurants on Calle Ocho are **the best** in all of Miami.*

Absolute superlatives Adjectives or adverbs combined with forms of the suffix **ísimo/a** in order to express the idea of extremely or very.

¡Lo hice **facilísimo!**
*I did it **so easily!***

Ella es **jovencísima.**
*She is **very, very young.***

TENSE A set of verb forms that indicates the time of an action or state: past, present, or future.

Compound tense A two-word tense made up of an auxiliary verb and a present or past participle. In Spanish, there are two auxiliary verbs: **estar** and **haber**.

En este momento, **estoy estudiando**.
*At this time, **I am studying**.*

El paquete no **ha llegado** todavía.
*The package **has** not **arrived** yet.*

Simple tense A tense expressed by a single verb form.

María **estaba** mal anoche.
*María **was** ill last night.*

Juana **hablará** con su mamá mañana.
*Juana **will speak** with her mom tomorrow.*

VERB A word that expresses actions or states of being.

Auxiliary verb A verb used with a present or past participle to form a compound tense. **Haber** is the most commonly used auxiliary verb in Spanish.

Los chicos **han** visto los elefantes.
*The children **have** seen the elephants.*

Espero que **hayas** comido.
*I hope you **have** eaten.*

Reflexive verb A verb that describes an action performed by the subject on itself and is always used with a reflexive pronoun.

Me compré un carro nuevo.
***I bought myself** a new car.*

Pedro y Adela **se levantan** muy temprano.
*Pedro and Adela **get (themselves) up** very early.*

Spelling-change verb A verb that undergoes a predictable change in spelling, in order to reflect its actual pronunciation in the various conjugations.

practicar	**c→qu**	practico	practi**qué**
dirigir	**g→j**	dirigí	diri**j**o
almorzar	**z→c**	almorzó	almor**c**é

Stem-changing verb A verb whose stem vowel undergoes one or more predictable changes in the various conjugations.

ent**e**nder	**(e:ie)**	ent**ie**ndo
p**e**dir	**(e:i)**	p**i**den
d**o**rmir	**(o:ue, u)**	d**ue**rmo, d**u**rmieron

Verb conjugation tables

Guide to the Verb List and Tables

Below you will find the infinitive of the verbs introduced as active vocabulary in **ENFOQUES**, as well as other common verbs. Each verb is followed by a model verb conjugated on the same pattern. The number in parentheses indicates where in the verb tables, pages A74–A81, you can find the conjugated forms of the model verb.

abrazar (z:c) like cruzar (37)
aburrir like vivir (3)
acabar like hablar (1)
acariciar like hablar (1)
acentuar (acentúo) like graduar (40)
acercar (c:qu) like tocar (43)
aclarar like hablar (1)
acompañar like hablar (1)
aconsejar like hablar (1)
acordar (o:ue) like contar (24)
acostar (o:ue) like contar (24)
acostumbrar like hablar (1)
actualizar (z:c) like cruzar (37)
adelgazar (z:c) like cruzar (37)
adjuntar like hablar (1)
adorar like hablar (1)
afeitar like hablar (1)
afligir (g:j) like proteger (42) for endings only
agotar like hablar (1)
ahorrar like hablar (1)
aislar (aíslo) like enviar (39)
alargar (g:gu) like llegar (41)
alojar like hablar (1)
amar like hablar (1)
amenazar (z:c) like cruzar (37)
anotar like hablar (1)
apagar (g:gu) like llegar (41)
aparecer (c:zc) like conocer (35)
aplaudir like vivir (3)
apreciar like hablar (1)
arreglar like hablar (1)
arrepentir (e:ie) like sentir (33)
ascender (e:ie) like entender (27)
aterrizar (z:c) like cruzar (37)
atraer like traer (21)
atrapar like hablar (1)
atrever like comer (2)
averiguar like hablar (1)
bailar like hablar (1)
bañar like hablar (1)
barrer like comer (2)
beber like comer (2)
bendecir (e:i) like decir (8)
besar like hablar (1)
borrar like hablar (1)
botar like hablar (1)
brindar like hablar (1)
caber (4)
caer (y) (5)
calentar (e:ie) like pensar (30)
cancelar like hablar (1)
cazar (z:c) like cruzar (37)
celebrar like hablar (1)
cepillar like hablar (1)
clonar like hablar (1)
cobrar like hablar (1)
cocinar like hablar (1)
colocar (c:qu) like tocar (43)
colonizar (z:c) like cruzar (37)
comer (2)
componer like poner (15)
comprobar (o:ue) like contar (24)
conducir (c:zc) (6)
congelar like hablar (1)
conocer (c:zc) (35)
conquistar like hablar (1)
conseguir (e:i) like seguir (32)
conservar like hablar (1)
contagiar like hablar (1)
contaminar like hablar (1)
contar (o:ue) (24)
contentar like hablar (1)
contraer like traer (21)
contratar like hablar (1)
contribuir (y) like destruir (38)
convertir (e:ie) like sentir (33)
coquetear like hablar (1)
crear like hablar (1)
crecer (c:zc) like conocer (35)
creer (y) (36)
criar (crío) like enviar (39)
criticar (c:qu) like tocar (43)
cruzar (z:c) (37)
cuidar like hablar (1)
cumplir like vivir (3)
curar like hablar (1)
dar (7)
deber like comer (2)
decir (e:i) (8)
delatar like hablar (1)
denunciar like hablar (1)
depositar like hablar (1)
derretir (e:i) like pedir (29)
derribar like hablar (1)
derrocar (c:qu) like tocar (43)
derrotar like hablar (1)
desafiar (desafío) like enviar (39)
desaparecer (c:zc) like conocer (35)
desarrollar like hablar (1)
descansar like hablar (1)
descargar (g:gu) like llegar (41)
descongelar like hablar (1)
descubrir like vivir (3) *except* past participle is descubierto
descuidar like hablar (1)
desear like hablar (1)
deshacer like hacer (11)
despedir (e:i) like pedir (29)
despegar (g:gu) like llegar (41)
despertar (e:ie) like pensar (30)
destruir (y) (38)
devolver (o:ue) like volver (34)
dibujar like hablar (1)
dirigir (g:j) like proteger (42) for endings only
disculpar like hablar (1)
discutir like vivir (3)
diseñar like hablar (1)
disfrutar like hablar (1)
disgustar like hablar (1)
disponer like poner (15)
disputar like hablar (1)
distinguir (gu:g) like seguir (32) for endings only
distraer like traer (21)
divertir (e:ie) like sentir (33)
doler (o:ue) like volver (34) *except* past participle is regular
dormir (o:ue) (25)
duchar like hablar (1)
echar like hablar (1)
editar like hablar (1)
educar (c:qu) like tocar (43)
elegir (e:i) (g:j) like proteger (42) for endings only
embalar like hablar (1)
emigrar like hablar (1)
empatar like hablar (1)
empeorar like hablar (1)
empezar (e:ie) (z:c) (26)
enamorar like hablar (1)
encabezar (z:c) like cruzar (37)
encantar like hablar (1)
encargar (g:gu) like llegar (41)
encender (e:ie) like entender (27)
enfermar like hablar (1)
enganchar like hablar (1)
engañar like hablar (1)
engordar like hablar (1)
ensayar like hablar (1)
entender (e:ie) (27)
enterar like hablar (1)
enterrar (e:ie) like pensar (30)
entretener (e:ie) like tener (20)
enviar (envío) (39)
esclavizar (z:c) like cruzar (37)
escoger (g:j) like proteger (42)
esculpir like vivir (3)
establecer (c:zc) like conocer (35)
estar (9)
exigir (g:j) like proteger (42) for endings only
explotar like hablar (1)
exportar like hablar (1)
expulsar like hablar (1)

extinguir like destruir (38)
fabricar (c:qu) like tocar (43)
faltar like hablar (1)
fascinar like hablar (1)
festejar like hablar (1)
fijar like hablar (1)
financiar like hablar (1)
florecer (c:zc) like conocer (35)
flotar like hablar (1)
formular like hablar (1)
freír (e:i) (frío) like reír (31)
funcionar like hablar (1)
fusilar like hablar (1)
gastar like hablar (1)
gobernar (e:ie) like pensar (30)
grabar like hablar (1)
graduar (gradúo) (40)
guardar like hablar (1)
gustar like hablar (1)
haber (10)
habitar like hablar (1)
hablar (1)
hacer (11)
herir (e: ie) like sentir (33)
hervir (e:ie) like sentir (33)
hojear like hablar (1)
huir (y) like destruir (38)
humillar like hablar (1)
importar like hablar (1)
impresionar like hablar (1)
imprimir like vivir (3)
inscribir like vivir (3)
insistir like vivir (3)
instalar like hablar (1)
integrar like hablar (1)
interesar like hablar (1)
invadir like vivir (3)
inventar like hablar (1)
invertir (e:ie) like sentir (33)
investigar (g:gu) like llegar (41)
ir (12)
jubilar like hablar (1)
jugar (u:ue) (g:gu) (28)
jurar like hablar (1)
lastimar like hablar (1)
latir like vivir (3)
lavar like hablar (1)
levantar like hablar (1)
liberar like hablar (1)
lidiar like hablar (1)
limpiar like hablar (1)
llegar (g:gu) (41)
llevar like hablar (1)
llorar like hablar (1)
lograr like hablar (1)
luchar like hablar (1)
madrugar (g:gu) like llegar (41)
malgastar like hablar (1)
manipular like hablar (1)
maquillar like hablar (1)
meditar like hablar (1)
mejorar like hablar (1)
merecer (c:zc) like conocer (35)
meter like comer (2)
molestar like hablar (1)
morder (o:ue) like volver (34)
morir (o:ue) like dormir (25) *except* past participle is muerto
mudar like hablar (1)
narrar like hablar (1)
navegar (g:gu) like llegar (41)
necesitar like hablar (1)
obedecer (c:zc) like conocer (35)
ocultar like hablar (1)
odiar like hablar (1)
oír (y) (13)
olvidar like hablar (1)
opinar like hablar (1)
oponer like poner (15)
oprimir like vivir (3)
oscurecer (c:zc) like conocer (35)
parar like hablar (1)
parecer (c:zc) like conocer (35)
patear like hablar (1)
pedir (e:i) (29)
peinar like hablar (1)
pensar (e:ie) (30)
permanecer (c:zc) like conocer (35)
pertenecer (c:zc) like conocer (35)
pillar like hablar (1)
pintar like hablar (1)
poblar (o:ue) like contar (24)
poder (o:ue) (14)
poner (15)
preferir (e:ie) like sentir (33)
preocupar like hablar (1)
prestar like hablar (1)
prevenir (e:ie) like venir (22)
prever like ver (23)
probar (o:ue) like contar (24)
producir (c:sz) like conducir (6)
prohibir (prohíbo) like enviar (39) for endings only
proponer like poner (15)
proteger (g:j) (42)
protestar like hablar (1)
publicar (c:qu) like tocar (43)
quedar like hablar (1)
quejar like hablar (1)
querer (e:ie) (16)
quitar like hablar (1)
recetar like hablar (1)
rechazar (z:c) like cruzar (37)
reciclar like hablar (1)
reclamar like hablar (1)
recomendar (e:ie) like pensar (30)
reconocer (c:zc) like conocer (35)
recorrer like comer (2)
recuperar like hablar (1)
reducir (c:zc) like conducir (6)
reflejar like hablar (1)
regresar like hablar (1)
rehacer like hacer (11)
reír (e:i) (31)
relajar like hablar (1)
rendir (e:i) like pedir (29)
renunciar like hablar (1)
reservar like hablar (1)
resolver (o:ue) like volver (34)
respirar like hablar (1)
retratar like hablar (1)
reunir like vivir (3)
rezar (z:c) like cruzar (37)
rociar like hablar (1)
rodar (o:ue) like contar (24)
rogar (o:ue) like contar (24) for stem changes; (g:gu) like llegar (41) for endings
romper like comer (2) except past participle is roto
saber (17)
sacrificar (c:qu) like tocar (43)
salir (18)
salvar like hablar (1)
sanar like hablar (1)
secar (c:qu) like tocar (43)
seguir (e:i) (gu:g) (32)
seleccionar like hablar (1)
sentir (e:ie) (33)
señalar like hablar (1)
sepultar like hablar (1)
ser (19)
soler (o:ue) like volver (34)
solicitar like hablar (1)
sonar (o:ue) like contar (24)
soñar (o:ue) like contar (24)
sorprender like comer (2)
subsistir like vivir (3)
suceder like comer (2)
sufrir like vivir (3)
sugerir (e:ie) like sentir (33)
superar like hablar (1)
suponer like poner (15)
suprimir like vivir (3)
suscribir like vivir (3)
tener (e:ie) (20)
tirar like hablar (1)
titular like hablar (1)
tocar (c:qu) (43)
tomar like hablar (1)
torear like hablar (1)
toser like comer (2)
traducir (c:zc) like conducir (6)
traer (21)
transcurrir like vivir (3)
transmitir like vivir (3)
trasnochar like hablar (1)
tratar like hablar (1)
vacunar like hablar (1)
valer like salir (18) only for endings; imperative is vale
vencer (c:z) (44)
venerar like hablar (1)
venir (e:ie) (22)
ver (23)
vestir (e:i) like pedir (29)
vivir (3)
volar (o:ue) like contar (24)
volver (o:ue) (34)
votar like hablar (1)

Verb conjugation tables

Regular verbs: simple tenses

Infinitive	INDICATIVE					SUBJUNCTIVE		IMPERATIVE
	Present	Imperfect	Preterite	Future	Conditional	Present	Past	
1 hablar **Participles:** hablando hablado	hablo hablas habla hablamos habláis hablan	hablaba hablabas hablaba hablábamos hablabais hablaban	hablé hablaste habló hablamos hablasteis hablaron	hablaré hablarás hablará hablaremos hablaréis hablarán	hablaría hablarías hablaría hablaríamos hablaríais hablarían	hable hables hable hablemos habléis hablen	hablara hablaras hablara habláramos hablarais hablaran	 habla tú (no hables) hable Ud. hablemos hablad (no habléis) hablen Uds.
2 comer **Participles:** comiendo comido	como comes come comemos coméis comen	comía comías comía comíamos comíais comían	comí comiste comió comimos comisteis comieron	comeré comerás comerá comeremos comeréis comerán	comería comerías comería comeríamos comeríais comerían	coma comas coma comamos comáis coman	comiera comieras comiera comiéramos comierais comieran	 come tú (no comas) coma Ud. comamos comed (no comáis) coman Uds.
3 vivir **Participles:** viviendo vivido	vivo vives vive vivimos vivís viven	vivía vivías vivía vivíamos vivíais vivían	viví viviste vivió vivimos vivisteis vivieron	viviré vivirás vivirá viviremos viviréis vivirán	viviría vivirías viviría viviríamos viviríais vivirían	viva vivas viva vivamos viváis vivan	viviera vivieras viviera viviéramos vivierais vivieran	 vive tú (no vivas) viva Ud. vivamos vivid (no viváis) vivan Uds.

All verbs: compound tenses

PERFECT TENSES					
INDICATIVE				SUBJUNCTIVE	
Present Perfect	**Past Perfect**	**Future Perfect**	**Conditional Perfect**	**Present Perfect**	**Past Perfect**
he has ha hemos habéis han } hablado comido vivido	había habías había habíamos habíais habían } hablado comido vivido	habré habrás habrá habremos habréis habrán } hablado comido vivido	habría habrías habría habríamos habríais habrían } hablado comido vivido	haya hayas haya hayamos hayáis hayan } hablado comido vivido	hubiera hubieras hubiera hubiéramos hubierais hubieran } hablado comido vivido

PROGRESSIVE TENSES

INDICATIVE				SUBJUNCTIVE	
Present Progressive	**Past Progressive**	**Future Progressive**	**Conditional Progressive**	**Present Progressive**	**Past Progressive**
estoy estás está estamos estáis están } hablando, comiendo, viviendo	estaba estabas estaba estábamos estabais estaban } hablando, comiendo, viviendo	estaré estarás estará estaremos estaréis estarán } hablando, comiendo, viviendo	estaría estarías estaría estaríamos estaríais estarían } hablando, comiendo, viviendo	esté estés esté estemos estéis estén } hablando, comiendo, viviendo	estuviera estuvieras estuviera estuviéramos estuvierais estuvieran } hablando, comiendo, viviendo

Irregular verbs

	Infinitive	INDICATIVE Present	Imperfect	Preterite	Future	Conditional	SUBJUNCTIVE Present	Past	IMPERATIVE
4	caber	**quepo**	cabía	**cupe**	**cabré**	**cabría**	**quepa**	**cupiera**	
		cabes	cabías	**cupiste**	**cabrás**	**cabrías**	**quepas**	**cupieras**	cabe tú (no **quepas**)
	Participles:	cabe	cabía	**cupo**	**cabrá**	**cabría**	**quepa**	**cupiera**	**quepa** Ud.
	cabiendo	cabemos	cabíamos	**cupimos**	**cabremos**	**cabríamos**	**quepamos**	**cupiéramos**	**quepamos**
	cabido	cabéis	cabíais	**cupisteis**	**cabréis**	**cabríais**	**quepáis**	**cupierais**	cabed (no **quepáis**)
		caben	cabían	**cupieron**	**cabrán**	**cabrían**	**quepan**	**cupieran**	**quepan** Uds.
5	caer	**caigo**	caía	caí	caeré	caería	**caiga**	**cayera**	
		caes	caías	**caíste**	caerás	caerías	**caigas**	**cayeras**	cae tú (no **caigas**)
	Participles:	cae	caía	**cayó**	caerá	caería	**caiga**	**cayera**	**caiga** Ud. (no **caiga**)
	cayendo	caemos	caíamos	**caímos**	caeremos	caeríamos	**caigamos**	**cayéramos**	**caigamos**
	caído	caéis	caíais	**caísteis**	caeréis	caeríais	**caigáis**	**cayerais**	caed (no **caigáis**)
		caen	caían	**cayeron**	caerán	caerían	**caigan**	**cayeran**	**caigan** Uds.
6	conducir	**conduzco**	conducía	**conduje**	conduciré	conduciría	**conduzca**	**condujera**	
	(c:zc)	conduces	conducías	**condujiste**	conducirás	conducirías	**conduzcas**	**condujeras**	conduce tú (no **conduzcas**)
	Participles:	conduce	conducía	**condujo**	conducirá	conduciría	**conduzca**	**condujera**	**conduzca** Ud. (no **conduzca**)
	conduciendo	conducimos	conducíamos	**condujimos**	conduciremos	conduciríamos	**conduzcamos**	**condujéramos**	**conduzcamos**
	conducido	conducís	conducíais	**condujisteis**	conduciréis	conduciríais	**conduzcáis**	**condujerais**	conducid (no **conduzcáis**)
		conducen	conducían	**condujeron**	conducirán	conducirían	**conduzcan**	**condujeran**	**conduzcan** Uds.

	Infinitive	INDICATIVE					SUBJUNCTIVE		IMPERATIVE
		Present	Imperfect	Preterite	Future	Conditional	Present	Past	
7	dar **Participles:** dando dado	**doy** das da damos **dais** dan	daba dabas daba dábamos dabais daban	**di** **diste** **dio** **dimos** **disteis** **dieron**	daré darás dará daremos daréis darán	daría darías daría daríamos daríais darían	**dé** des **dé** demos **deis** den	**diera** **dieras** **diera** **diéramos** **dierais** **dieran**	 da tú (no des) **dé** Ud. demos dad (no **deis**) den Uds.
8	decir (e:i) **Participles:** **diciendo** **dicho**	**digo** **dices** **dice** decimos decís **dicen**	decía decías decía decíamos decíais decían	**dije** **dijiste** **dijo** **dijimos** **dijisteis** **dijeron**	**diré** **dirás** **dirá** **diremos** **diréis** **dirán**	**diría** **dirías** **diría** **diríamos** **diríais** **dirían**	**diga** **digas** **diga** **digamos** **digáis** **digan**	**dijera** **dijeras** **dijera** **dijéramos** **dijerais** **dijeran**	 **di** tú (no **digas**) **diga** Ud. **digamos** decid (no **digáis**) **digan** Uds.
9	estar **Participles:** estando estado	**estoy** **estás** **está** estamos estáis **están**	estaba estabas estaba estábamos estabais estaban	**estuve** **estuviste** **estuvo** **estuvimos** **estuvisteis** **estuvieron**	estaré estarás estará estaremos estaréis estarán	estaría estarías estaría estaríamos estaríais estarían	**esté** **estés** **esté** estemos estéis **estén**	**estuviera** **estuvieras** **estuviera** **estuviéramos** **estuvierais** **estuvieran**	 **está** tú (no **estés**) **esté** Ud. estemos estad (no estéis) **estén** Uds.
10	haber **Participles:** habiendo habido	**he** **has** **ha** **hemos** habéis **han**	había habías había habíamos habíais habían	**hube** **hubiste** **hubo** **hubimos** **hubisteis** **hubieron**	**habré** **habrás** **habrá** **habremos** **habréis** **habrán**	**habría** **habrías** **habría** **habríamos** **habríais** **habrían**	**haya** **hayas** **haya** **hayamos** **hayáis** **hayan**	**hubiera** **hubieras** **hubiera** **hubiéramos** **hubierais** **hubieran**	
11	hacer **Participles:** haciendo **hecho**	**hago** haces hace hacemos hacéis hacen	hacía hacías hacía hacíamos hacíais hacían	**hice** **hiciste** **hizo** **hicimos** **hicisteis** **hicieron**	**haré** **harás** **hará** **haremos** **haréis** **harán**	**haría** **harías** **haría** **haríamos** **haríais** **harían**	**haga** **hagas** **haga** **hagamos** **hagáis** **hagan**	**hiciera** **hicieras** **hiciera** **hiciéramos** **hicierais** **hicieran**	 **haz** tú (no **hagas**) **haga** Ud. **hagamos** haced (no **hagáis**) **hagan** Uds.
12	ir **Participles:** **yendo** **ido**	**voy** **vas** **va** **vamos** **vais** **van**	**iba** **ibas** **iba** **íbamos** **ibais** **iban**	**fui** **fuiste** **fue** **fuimos** **fuisteis** **fueron**	**iré** **irás** **irá** **iremos** **iréis** **irán**	**iría** **irías** **iría** **iríamos** **iríais** **irían**	**vaya** **vayas** **vaya** **vayamos** **vayáis** **vayan**	**fuera** **fueras** **fuera** **fuéramos** **fuerais** **fueran**	 **ve** tú (no **vayas**) **vaya** Ud. **vamos** (no **vayamos**) **id** (no **vayáis**) **vayan** Uds.
13	oír (y) **Participles:** **oyendo** **oído**	**oigo** **oyes** **oye** **oímos** oís **oyen**	oía oías oía oíamos oíais oían	oí **oíste** **oyó** **oímos** **oísteis** **oyeron**	oiré oirás oirá oiremos oiréis oirán	oiría oirías oiría oiríamos oiríais oirían	**oiga** **oigas** **oiga** **oigamos** **oigáis** **oigan**	**oyera** **oyeras** **oyera** **oyéramos** **oyerais** **oyeran**	 **oye** tú (no **oigas**) **oiga** Ud. **oigamos** **oíd** (no **oigáis**) **oigan** Uds.

	Infinitive	INDICATIVE					SUBJUNCTIVE		IMPERATIVE
		Present	Imperfect	Preterite	Future	Conditional	Present	Past	
14	poder (o:ue) **Participles:** **pudiendo** podido	**puedo** **puedes** **puede** podemos podéis **pueden**	podía podías podía podíamos podíais podían	**pude** **pudiste** **pudo** **pudimos** **pudisteis** **pudieron**	**podré** **podrás** **podrá** **podremos** **podréis** **podrán**	**podría** **podrías** **podría** **podríamos** **podríais** **podrían**	**pueda** **puedas** **pueda** podamos podáis **puedan**	**pudiera** **pudieras** **pudiera** **pudiéramos** **pudierais** **pudieran**	**puede** tú (no **puedas**) **pueda** Ud. podamos poded (no podáis) **puedan** Uds.
15	poner **Participles:** poniendo **puesto**	**pongo** pones pone ponemos ponéis ponen	ponía ponías ponía poníamos poníais ponían	**puse** **pusiste** **puso** **pusimos** **pusisteis** **pusieron**	**pondré** **pondrás** **pondrá** **pondremos** **pondréis** **pondrán**	**pondría** **pondrías** **pondría** **pondríamos** **pondríais** **pondrían**	**ponga** **pongas** **ponga** **pongamos** **pongáis** **pongan**	**pusiera** **pusieras** **pusiera** **pusiéramos** **pusierais** **pusieran**	**pon** tú (no **pongas**) **ponga** Ud. **pongamos** poned (no **pongáis**) **pongan** Uds.
16	querer (e:ie) **Participles:** queriendo querido	**quiero** **quieres** **quiere** queremos queréis **quieren**	quería querías quería queríamos queríais querían	**quise** **quisiste** **quiso** **quisimos** **quisisteis** **quisieron**	**querré** **querrás** **querrá** **querremos** **querréis** **querrán**	**querría** **querrías** **querría** **querríamos** **querríais** **querrían**	**quiera** **quieras** **quiera** queramos queráis **quieran**	**quisiera** **quisieras** **quisiera** **quisiéramos** **quisierais** **quisieran**	**quiere** tú (no **quieras**) **quiera** Ud. queramos quered (no queráis) **quieran** Uds.
17	saber **Participles:** sabiendo sabido	**sé** sabes sabe sabemos sabéis saben	sabía sabías sabía sabíamos sabíais sabían	**supe** **supiste** **supo** **supimos** **supisteis** **supieron**	**sabré** **sabrás** **sabrá** **sabremos** **sabréis** **sabrán**	**sabría** **sabrías** **sabría** **sabríamos** **sabríais** **sabrían**	**sepa** **sepas** **sepa** **sepamos** **sepáis** **sepan**	**supiera** **supieras** **supiera** **supiéramos** **supierais** **supieran**	sabe tú (no **sepas**) **sepa** Ud. **sepamos** sabed (no **sepáis**) **sepan** Uds.
18	salir **Participles:** saliendo salido	**salgo** sales sale salimos salís salen	salía salías salía salíamos salíais salían	salí saliste salió salimos salisteis salieron	**saldré** **saldrás** **saldrá** **saldremos** **saldréis** **saldrán**	**saldría** **saldrías** **saldría** **saldríamos** **saldríais** **saldrían**	**salga** **salgas** **salga** **salgamos** **salgáis** **salgan**	saliera salieras saliera saliéramos salierais salieran	**sal** tú (no **salgas**) **salga** Ud. **salgamos** salid (no **salgáis**) **salgan** Uds.
19	ser **Participles:** siendo sido	**soy** **eres** **es** **somos** **sois** **son**	**era** **eras** **era** **éramos** **erais** **eran**	**fui** **fuiste** **fue** **fuimos** **fuisteis** **fueron**	seré serás será seremos seréis serán	sería serías sería seríamos seríais serían	**sea** **seas** **sea** **seamos** **seáis** **sean**	**fuera** **fueras** **fuera** **fuéramos** **fuerais** **fueran**	**sé** tú (no **seas**) **sea** Ud. **seamos** sed (no **seáis**) **sean** Uds.
20	tener (e:ie) **Participles:** teniendo tenido	**tengo** **tienes** **tiene** tenemos tenéis **tienen**	tenía tenías tenía teníamos teníais tenían	**tuve** **tuviste** **tuvo** **tuvimos** **tuvisteis** **tuvieron**	**tendré** **tendrás** **tendrá** **tendremos** **tendréis** **tendrán**	**tendría** **tendrías** **tendría** **tendríamos** **tendríais** **tendrían**	**tenga** **tengas** **tenga** **tengamos** **tengáis** **tengan**	**tuviera** **tuvieras** **tuviera** **tuviéramos** **tuvierais** **tuvieran**	**ten** tú (no **tengas**) **tenga** Ud. **tengamos** tened (no **tengáis**) **tengan** Uds.

		INDICATIVE					SUBJUNCTIVE		IMPERATIVE
	Infinitive	**Present**	**Imperfect**	**Preterite**	**Future**	**Conditional**	**Present**	**Past**	
21	traer **Participles:** **trayendo** **traído**	**traigo** traes trae traemos traéis traen	traía traías traía traíamos traíais traían	**traje** **trajiste** **trajo** **trajimos** **trajisteis** **trajeron**	traeré traerás traerá traeremos traeréis traerán	traería traerías traería traeríamos traeríais traerían	**traiga** **traigas** **traiga** **traigamos** **traigáis** **traigan**	**trajera** **trajeras** **trajera** **trajéramos** **trajerais** **trajeran**	 trae tú (no **traigas**) **traiga** Ud. **traigamos** traed (no **traigáis**) **traigan** Uds.
22	venir (e:ie) **Participles:** **viniendo** venido	**vengo** **vienes** **viene** venimos venís **vienen**	venía venías venía veníamos veníais venían	**vine** **viniste** **vino** **vinimos** **vinisteis** **vinieron**	**vendré** **vendrás** **vendrá** **vendremos** **vendréis** **vendrán**	**vendría** **vendrías** **vendría** **vendríamos** **vendríais** **vendrían**	**venga** **vengas** **venga** **vengamos** **vengáis** **vengan**	**viniera** **vinieras** **viniera** **viniéramos** **vinierais** **vinieran**	 **ven** tú (no **vengas**) **venga** Ud. **vengamos** venid (no **vengáis**) **vengan** Uds.
23	ver **Participles:** viendo **visto**	**veo** ves ve vemos **veis** ven	**veía** **veías** **veía** **veíamos** **veíais** **veían**	**vi** viste **vio** vimos visteis vieron	veré verás verá veremos veréis verán	vería verías vería veríamos veríais verían	**vea** **veas** **vea** **veamos** **veáis** **vean**	viera vieras viera viéramos vierais vieran	 ve tú (no **veas**) **vea** Ud. **veamos** ved (no **veáis**) **vean** Uds.

Stem-changing verbs

		INDICATIVE					SUBJUNCTIVE		IMPERATIVE
	Infinitive	**Present**	**Imperfect**	**Preterite**	**Future**	**Conditional**	**Present**	**Past**	
24	contar (o:ue) **Participles:** contando contado	**cuento** **cuentas** **cuenta** contamos contáis **cuentan**	contaba contabas contaba contábamos contabais contaban	conté contaste contó contamos contasteis contaron	contaré contarás contará contaremos contaréis contarán	contaría contarías contaría contaríamos contaríais contarían	**cuente** **cuentes** **cuente** contemos contéis **cuenten**	contara contaras contara contáramos contarais contaran	 **cuenta** tú (no **cuentes**) **cuente** Ud. contemos contad (no contéis) **cuenten** Uds.
25	dormir (o:ue) **Participles:** **durmiendo** dormido	**duermo** **duermes** **duerme** dormimos dormís **duermen**	dormía dormías dormía dormíamos dormíais dormían	dormí dormiste **durmió** dormimos dormisteis **durmieron**	dormiré dormirás dormirá dormiremos dormiréis dormirán	dormiría dormirías dormiría dormiríamos dormiríais dormirían	**duerma** **duermas** **duerma** **durmamos** **durmáis** **duerman**	**durmiera** **durmieras** **durmiera** **durmiéramos** **durmierais** **durmieran**	 **duerme** tú (no **duermas**) **duerma** Ud. **durmamos** dormid (no **durmáis**) **duerman** Uds.
26	empezar (e:ie) (z:c) **Participles:** empezando empezado	**empiezo** **empiezas** **empieza** empezamos empezáis **empiezan**	empezaba empezabas empezaba empezábamos empezabais empezaban	**empecé** empezaste empezó empezamos empezasteis empezaron	empezaré empezarás empezará empezaremos empezaréis empezarán	empezaría empezarías empezaría empezaríamos empezaríais empezarían	**empiece** **empieces** **empiece** **empecemos** **empecéis** **empiecen**	empezara empezaras empezara empezáramos empezarais empezaran	 **empieza** tú (no **empieces**) **empiece** Ud. **empecemos** empezad (no **empecéis**) **empiecen** Uds.

	Infinitive	INDICATIVE					SUBJUNCTIVE		IMPERATIVE
		Present	Imperfect	Preterite	Future	Conditional	Present	Past	
27	entender (e:ie) **Participles:** entendiendo entendido	**entiendo** **entiendes** **entiende** entendemos entendéis **entienden**	entendía entendías entendía entendíamos entendíais entendían	entendí entendiste entendió entendimos entendisteis entendieron	entenderé entenderás entenderá entenderemos entenderéis entenderán	entendería entenderías entendería entenderíamos entenderíais entenderían	**entienda** **entiendas** **entienda** entendamos entendáis **entiendan**	entendiera entendieras entendiera entendiéramos entendierais entendieran	**entiende** tú (no **entiendas**) **entienda** Ud. entendamos entended (no entendáis) **entiendan** Uds.
28	jugar (u:ue) (g:gu) **Participles:** jugando jugado	**juego** **juegas** **juega** jugamos jugáis **juegan**	jugaba jugabas jugaba jugábamos jugabais jugaban	**jugué** jugaste jugó jugamos jugasteis jugaron	jugaré jugarás jugará jugaremos jugaréis jugarán	jugaría jugarías jugaría jugaríamos jugaríais jugarían	**juegue** **juegues** **juegue** **juguemos** **juguéis** **jueguen**	jugara jugaras jugara jugáramos jugarais jugaran	**juega** tú (no **juegues**) **juegue** Ud. **juguemos** jugad (no **juguéis**) **jueguen** Uds.
29	pedir (e:i) **Participles:** **pidiendo** pedido	**pido** **pides** **pide** pedimos pedís **piden**	pedía pedías pedía pedíamos pedíais pedían	pedí pediste **pidió** pedimos pedisteis **pidieron**	pediré pedirás pedirá pediremos pediréis pedirán	pediría pedirías pediría pediríamos pediríais pedirían	**pida** **pidas** **pida** **pidamos** **pidáis** **pidan**	**pidiera** **pidieras** **pidiera** **pidiéramos** **pidierais** **pidieran**	**pide** tú (no **pidas**) **pida** Ud. **pidamos** pedid (no **pidáis**) **pidan** Uds.
30	pensar (e:ie) **Participles:** pensando pensado	**pienso** **piensas** **piensa** pensamos pensáis **piensan**	pensaba pensabas pensaba pensábamos pensabais pensaban	pensé pensaste pensó pensamos pensasteis pensaron	pensaré pensarás pensará pensaremos pensaréis pensarán	pensaría pensarías pensaría pensaríamos pensaríais pensarían	**piense** **pienses** **piense** pensemos penséis **piensen**	pensara pensaras pensara pensáramos pensarais pensaran	**piensa** tú (no **pienses**) **piense** Ud. pensemos pensad (no penséis) **piensen** Uds.
31	reír (e:i) **Participles:** **riendo** **reído**	**río** **ríes** **ríe** **reímos** reís **ríen**	reía reías reía reíamos reíais reían	reí **reíste** **rio** **reímos** **reísteis** **rieron**	reiré reirás reirá reiremos reiréis reirán	reiría reirías reiría reiríamos reiríais reirían	**ría** **rías** **ría** **riamos** **riáis** **rían**	**riera** **rieras** **riera** **riéramos** **rierais** **rieran**	**ríe** tú (no **rías**) **ría** Ud. **riamos** **reíd** (no **riáis**) **rían** Uds.
32	seguir (e:i) (gu:g) **Participles**: **siguiendo** seguido	**sigo** **sigues** **sigue** seguimos seguís **siguen**	seguía seguías seguía seguíamos seguíais seguían	seguí seguiste **siguió** seguimos seguisteis **siguieron**	seguiré seguirás seguirá seguiremos seguiréis seguirán	seguiría seguirías seguiría seguiríamos seguiríais seguirían	**siga** **sigas** **siga** **sigamos** **sigáis** **sigan**	**siguiera** **siguieras** **siguiera** **siguiéramos** **siguierais** **siguieran**	**sigue** tú (no **sigas**) **siga** Ud. **sigamos** seguid (no **sigáis**) **sigan** Uds.
33	sentir (e:ie) **Participles**: **sintiendo** sentido	**siento** **sientes** **siente** sentimos sentís **sienten**	sentía sentías sentía sentíamos sentíais sentían	sentí sentiste **sintió** sentimos sentisteis **sintieron**	sentiré sentirás sentirá sentiremos sentiréis sentirán	sentiría sentirías sentiría sentiríamos sentiríais sentirían	**sienta** **sientas** **sienta** **sintamos** **sintáis** **sientan**	**sintiera** **sintieras** **sintiera** **sintiéramos** **sintierais** **sintieran**	**siente** tú (no **sientas**) **sienta** Ud. **sintamos** sentid (no **sintáis**) **sientan** Uds.

	Infinitive	INDICATIVE					SUBJUNCTIVE		IMPERATIVE
		Present	Imperfect	Preterite	Future	Conditional	Present	Past	
34	volver (o:ue) **Participles:** volviendo **vuelto**	**vuelvo** **vuelves** **vuelve** volvemos volvéis **vuelven**	volvía volvías volvía volvíamos volvíais volvían	volví volviste volvió volvimos volvisteis volvieron	volveré volverás volverá volveremos volveréis volverán	volvería volverías volvería volveríamos volveríais volverían	**vuelva** **vuelvas** **vuelva** volvamos volváis **vuelvan**	volviera volvieras volviera volviéramos volvierais volvieran	 **vuelve** tú (no **vuelvas**) **vuelva** Ud. volvamos volved (no volváis) **vuelvan** Uds.

Verbs with spelling changes only

	Infinitive	INDICATIVE					SUBJUNCTIVE		IMPERATIVE
		Present	Imperfect	Preterite	Future	Conditional	Present	Past	
35	conocer (c:zc) **Participles:** conociendo conocido	**conozco** conoces conoce conocemos conocéis conocen	conocía conocías conocía conocíamos conocíais conocían	conocí conociste conoció conocimos conocisteis conocieron	conoceré conocerás conocerá conoceremos conoceréis conocerán	conocería conocerías conocería conoceríamos conoceríais conocerían	**conozca** **conozcas** **conozca** **conozcamos** **conozcáis** **conozcan**	conociera conocieras conociera conociéramos conocierais conocieran	 conoce tú (no **conozcas**) **conozca** Ud. **conozcamos** conoced (no **conozcáis**) **conozcan** Uds.
36	creer (y) **Participles:** **creyendo** **creído**	creo crees cree creemos creéis creen	creía creías creía creíamos creíais creían	creí **creíste** **creyó** **creímos** **creísteis** **creyeron**	creeré creerás creerá creeremos creeréis creerán	creería creerías creería creeríamos creeríais creerían	crea creas crea creamos creáis crean	**creyera** **creyeras** **creyera** **creyéramos** **creyerais** **creyeran**	 cree tú (no creas) crea Ud. creamos creed (no creáis) crean Uds.
37	cruzar (z:c) **Participles:** cruzando cruzado	cruzo cruzas cruza cruzamos cruzáis cruzan	cruzaba cruzabas cruzaba cruzábamos cruzabais cruzaban	**crucé** cruzaste cruzó cruzamos cruzasteis cruzaron	cruzaré cruzarás cruzará cruzaremos cruzaréis cruzarán	cruzaría cruzarías cruzaría cruzaríamos cruzaríais cruzarían	**cruce** **cruces** **cruce** **crucemos** **crucéis** **crucen**	cruzara cruzaras cruzara cruzáramos cruzarais cruzaran	 cruza tú (no **cruces**) **cruce** Ud. **crucemos** cruzad (no **crucéis**) **crucen** Uds.
38	destruir (y) **Participles:** **destruyendo** destruido	**destruyo** **destruyes** **destruye** destruimos destruís **destruyen**	destruía destruías destruía destruíamos destruíais destruían	destruí destruiste **destruyó** destruimos destruisteis **destruyeron**	destruiré destruirás destruirá destruiremos destruiréis destruirán	destruiría destruirías destruiría destruiríamos destruiríais destruirían	**destruya** **destruyas** **destruya** **destruyamos** **destruyáis** **destruyan**	**destruyera** **destruyeras** **destruyera** **destruyéramos** **destruyerais** **destruyeran**	 **destruye** tú (no **destruyas**) **destruya** Ud. **destruyamos** destruid (no **destruyáis**) **destruyan** Uds.
39	enviar **Participles:** enviando enviado	**envío** **envías** **envía** enviamos enviáis **envían**	enviaba enviabas enviaba enviábamos enviabais enviaban	envié enviaste envió enviamos enviasteis enviaron	enviaré enviarás enviará enviaremos enviaréis enviarán	enviaría enviarías enviaría enviaríamos enviaríais enviarían	**envíe** **envíes** **envíe** enviemos enviéis **envíen**	enviara enviaras enviara enviáramos enviarais enviaran	 **envía** tú (no **envíes**) **envíe** Ud. enviemos enviad (no enviéis) **envíen** Uds.

	Infinitive	INDICATIVE					SUBJUNCTIVE		IMPERATIVE
		Present	Imperfect	Preterite	Future	Conditional	Present	Past	
40	graduar **Participles:** graduando graduado	**gradúo** **gradúas** **gradúa** graduamos graduáis **gradúan**	graduaba graduabas graduaba graduábamos graduabais graduaban	gradué graduaste graduó graduamos graduasteis graduaron	graduaré graduarás graduará graduaremos graduaréis graduarán	graduaría graduarías graduaría graduaríamos graduaríais graduarían	**gradúe** **gradúes** **gradúe** graduemos graduéis **gradúen**	graduara graduaras graduara graduáramos graduarais graduaran	 **gradúa** tú (no **gradúes**) **gradúe** Ud. graduemos graduad (no graduéis) **gradúen** Uds.
41	llegar (g:gu) **Participles:** llegando llegado	llego llegas llega llegamos llegáis llegan	llegaba llegabas llegaba llegábamos llegabais llegaban	**llegué** llegaste llegó llegamos llegasteis llegaron	llegaré llegarás llegará llegaremos llegaréis llegarán	llegaría llegarías llegaría llegaríamos llegaríais llegarían	**llegue** **llegues** **llegue** **lleguemos** **lleguéis** **lleguen**	llegara llegaras llegara llegáramos llegarais llegaran	 llega tú (no **llegues**) **llegue** Ud. **lleguemos** llegad (no **lleguéis**) **lleguen** Uds.
42	proteger (g:j) **Participles:** protegiendo protegido	**protejo** proteges protege protegemos protegéis protegen	protegía protegías protegía protegíamos protegíais protegían	protegí protegiste protegió protegimos protegisteis protegieron	protegeré protegerás protegerá protegeremos protegeréis protegerán	protegería protegerías protegería protegeríamos protegeríais protegerían	**proteja** **protejas** **proteja** **protejamos** **protejáis** **protejan**	protegiera protegieras protegiera protegiéramos protegierais protegieran	 protege tú (no **protejas**) **proteja** Ud. **protejamos** proteged (no **protejáis**) **protejan** Uds.
43	tocar (c:qu) **Participles:** tocando tocado	toco tocas toca tocamos tocáis tocan	tocaba tocabas tocaba tocábamos tocabais tocaban	**toqué** tocaste tocó tocamos tocasteis tocaron	tocaré tocará tocarás tocaremos tocaréis tocarán	tocaría tocarías tocaría tocaríamos tocaríais tocarían	**toque** **toques** **toque** **toquemos** **toquéis** **toquen**	tocara tocaras tocara tocáramos tocarais tocaran	 toca tú (no **toques**) **toque** Ud. **toquemos** tocad (no **toquéis**) **toquen** Uds.
44	vencer (c:z) **Participles:** venciendo vencido	**venzo** vences vence vencemos vencéis vencen	vencía vencías vencía vencíamos vencíais vencían	vencí venciste venció vencimos vencisteis vencieron	venceré vencerás vencerá venceremos venceréis vencerán	vencería vencerías vencería venceríamos venceríais vencerían	**venza** **venzas** **venza** **venzamos** **venzáis** **venzan**	venciera vencieras venciera venciéramos vencierais vencieran	 vence tú (no **vezas**) **venza** Ud. **venzamos** venced (no **venzáis**) **venzan** Uds.
45	esparcir (c:z) **Participles:** esparciendo esparcido	esparzo esparces esparce esparcimos esparcís esparcen	esparcía esparcías esparcía esparcíamos esparcíais esparcían	esparcí esparciste esparció esparcimos esparcisteis esparcieron	esparciré esparcirás esparcirá esparciremos esparciréis esparcirán	esparciría esparcirías esparciría esparciríamos esparciríais esparcirían	**esparza** **esparzas** **esparza** **esparzamos** **esparzáis** **esparzan**	esparciera esparcieras esparciera esparciéramos esparcierais esparcieran	 esparce tú (no **esparzas**) **esparza** Ud. **esparzamos** esparcid (no **esparzáis**) **esparzan** Uds.
46	extinguir (gu:g) **Participles:** extinguiendo extinguido	**extingo** extingues extingue extinguimos extinguís extinguen	extinguía extinguías extinguía extinguíamos extinguíais extinguían	extinguí extinguiste extinguió extinguimos extinguisteis extinguieron	extinguiré extinguirás extinguirá extinguiremos extinguiréis extinguirán	extinguiría extinguirías extinguiría extinguiríamos extinguiríais extinguirían	**extinga** **extingas** **extinga** **extingamos** **extingáis** **extingan**	extinguiera extinguieras extinguiera extinguiéramos extinguierais extinguieran	 extingue tú (no **extingas**) **extinga** Ud. **extingamos** extinguid (no **extingáis**) **extingan** Uds.

Guide to Vocabulary

This glossary contains the words and expressions listed on the **Vocabulario** page found at the end of each lesson in **ENFOQUES** as well as other useful vocabulary. A numeral following an entry indicates the lesson where the word or expression was introduced. Check the **Estructura** sections of each lesson for words and expressions related to those grammar topics.

Abbreviations used in this glossary

adj.	adjective	*f.*	feminine	*interj.*	interjection	*p.p.*	past participle	*sing.*	singular
adv.	adverb	*fam.*	familiar	*m.*	masculine	*prep.*	preposition	*v.*	verb
conj.	conjunction	*form.*	formal	*pl.*	plural	*pron.*	pronoun		

Note on alphabetization

For purposes of alphabetization, **ch** and **ll** are not treated as separate letters, but **ñ** follows **n.**

Español–Inglés

A

abogado/a *m., f.* lawyer
abrazar *v.* to hug; to hold **1**
abrir(se) *v.* to open; **abrirse paso** to make one's way
abrocharse *v.* to fasten; **abrocharse el cinturón de seguridad** to fasten one's seatbelt
abstracto/a *adj.* abstract **10**
aburrir *v.* to bore **2**
aburrirse *v.* to get bored **2**
acabarse *v.* to run out; to come to an end **6**
acantilado *m.* cliff
acariciar *v.* to caress **3, 10**
acaso *adv.* perhaps **3**
accidente *m.* accident; **accidente automovilístico** *m.* car accident **5**
acentuar *v.* to accentuate **10**
acercarse (a) *v.* to approach **2**
aclarar *v.* to clarify **9**
acoger *v.* to welcome; to take in; to receive
acogido/a *adj.* received; **bien acogido/a** well received **8**
acompañar *v.* to come with **10**
aconsejar *v.* to advise; to suggest **4**
acontecimiento *m.* event **9**
acordar (o:ue) *v.* to agree **2**
acordarse (o:ue) **(de)** *v.* to remember **2**
acostarse (o:ue) *v.* to go to bed **2**
acostumbrado/a *adj.* accustomed to; **estar acostumbrado/a a** *v.* to be used to
acostumbrarse (a) *v.* to get used to; to grow accustomed (to) **3**
activista *m., f.* activist **11**
acto: en el acto immediately; on the spot **3**
actor *m.* actor **9**
actriz *f.* actress **9**
actual *adj.* current **9**
actualidad *f.* current events **9**
actualizado/a *adj.* up-to-date **9**
actualizar *v.* to update **7**
actualmente *adv.* currently
acuarela *f.* watercolor **10**
adelantado/a *adj.* advanced **12**
adelanto *m.* improvement **4**
adelgazar *v.* to lose weight **4**
adinerado/a *adj.* wealthy **8**
adivinar *v.* to guess
adjuntar *v.* to attach **7; adjuntar un archivo** to attach a file **7**
administrar *v.* to manage; to run **8**
ADN (ácido desoxirribonucleico) *m.* DNA **7**
adorar *v.* to adore **1**
aduana *f.* customs; **agente de aduanas** customs agent **5**
advertencia *f.* warning **8**
afeitarse *v.* to shave **2**
aficionado/a (a) *adj.* fond of; a fan (of) **2; ser aficionado/a de** to be a fan of
afligir *v.* afflict **4**
afligirse *v.* to get upset **3**
afortunado/a *adj.* lucky
agenda *f.* datebook **3**
agente *m., f.* agent; officer; **agente de aduanas** *m., f.* customs agent **5**
agnóstico/a *adj.* agnostic **11**
agobiado/a *adj.* overwhelmed **1**
agotado/a *adj.* exhausted **4**
agotar *v.* to use up **6**
agradecimiento *m.* gratitude
¡Aguas! *interj.* Watch out! *(Méx.)* **2**
aguja *f.* needle **4**
agujero *m.* hole; **agujero en la capa de ozono** *m.* hole in the ozone layer; **agujero negro** *m.* black hole **7**; **agujerito** *m.* small hole **7**
ahogado/a *adj.* drowned **5**
ahogarse *v.* to smother; to drown
ahorrar *v.* to save **8**
ahorrarse *v.* to save oneself **7**
ahorro *m.* savings **8**
aislado/a *adj.* isolated **6**
aislar *v.* to isolate **9**
ajedrez *m.* chess **2, 12**
ala *m.* wing
alargar *v.* to drag out **1**
alba *f.* dawn; daybreak **11**
albergue *m.* hostel **5**
álbum *m.* album **2**
alcalde/alcaldesa *m., f.* mayor **11**
alcance *m.* reach **7; al alcance** within reach **10; al alcance de la mano** within reach **7**
alcanzar *v.* to reach; to achieve; to succeed in
aldea *f.* village **12**
alimentación *f.* diet (nutrition) **4**
allá *adv.* there
alma (el) *f.* soul **1**
alojamiento *m.* lodging **5**
alojarse *v.* to stay **5**
alquilar *v.* to rent; **alquilar una película** to rent a movie **2**
alta definición: de alta definición *adj.* high definition **7**
alterar *v.* to modify; to alter
altiplano *m.* high plateau **11**
altoparlante *m.* loudspeaker
alusión *f.* allusion **10**
amable *adj.* nice; kind
amado/a *m., f.* loved one; sweetheart **1**
amanecer *m.* sunrise; morning
amar *v.* to love **1**
ambiental *adj.* environmental **6**
ambos/as *pron., adj.* both
amenaza *f.* threat **8**
amenazar *v.* to threaten **3**
amor *m.* love; **amor (no) correspondido** (un)requited love
amueblado/a *adj.* furnished
analgésico *m.* painkiller **2**
anciano/a *adj.* elderly
anciano/a *m., f.* elderly gentleman/lady
andar *v.* to walk; **andar** + *pres. participle* to be (doing something)
anfitrión/anfitriona *m.* host(ess) **8**
anillo *m.* ring **5**
animado/a *adj.* lively **2**
animar *v.* to cheer up; to encourage; **¡Anímate!** Cheer up! *(sing.)* **2**; **¡Anímense!** Cheer up! *(pl.)* **2**
ánimo *m.* spirit **1**
anotar (un gol/un punto) *v.* to score (a goal/a point) **2**
ansia *f.* anxiety **1**
ansioso/a *adj.* anxious **1**
antemano: de antemano *beforehand*
antena *f.* antenna; **antena parabólica** satellite dish
anterior *adj.* previous **8**
antes que nada first and foremost
antigüedad *f.* antiquity
antiguo/a *adj.* ancient **12**
antipático/a *adj.* mean; unpleasant
anuncio *m.* advertisement; commercial **9**

añadir *v.* to add
apagado/a *adj.* turned off **7**
apagar *v.* to turn off **3; apagar las velas** to blow out the candles **8**
aparecer *v.* to appear **1**
apenas *adv.* hardly; scarcely **3**
aplaudir *v.* to applaud **2**
apogeo *m.* height; highest level **5**
aportación *f.* contribution **11**
apostar (o:ue) *v.* to bet
apoyarse (en) *v.* to lean (on)
apreciado/a *adj.* appreciated
apreciar *v.* to appreciate **1**
aprendizaje *m.* learning **12**
aprobación *f.* approval **9**
aprobar (o:ue) *v.* to approve; to pass (*a class*); **aprobar una ley** to pass a law **11**
aprovechar *v.* to make good use of; to take advantage of
apuesta *f.* bet
apuro: tener apuro to be in a hurry; to be in a rush
araña *f.* spider **6**
árbitro/a *m., f.* referee **2**
árbol *m.* tree **6**
archivo *m.* file; **bajar un archivo** to download a file
arduo *adj.* hard **3**
arepa *f.* cornmeal cake **11**
argumento *m.* plot **10**
árido/a *adj.* arid **11**
aristocrático/a *adj.* aristocratic **12**
arma *f.* weapon
armada *f.* navy **11**
armado/a *adj.* armed
arqueología *f.* archaeology
arqueólogo/a *m., f.* archaeologist
arrancar *v.* to start (*a car*)
arrastrar *v.* to drag
arrecife *m.* reef **6**
arreglarse *v.* to get ready **3**
arrepentirse (de) (e:ie) *v.* to repent **2**
arriesgado/a *adj.* risky **5**
arriesgar *v.* to risk
arriesgarse *v.* to risk; to take a risk
arroba *f.* @ symbol **7**
arroyo *m.* stream **10**
arruga *f.* wrinkle
artefacto *m.* artifact **5**
artesano/a *m., f.* artisan **10**
asaltar *v.* to rob **10**
ascender (e:ie) *v.* to rise; to be promoted **8**
asco *m.* revulsion; **dar asco** to be disgusting
asegurar *v.* to assure; to guarantee
asegurarse *v.* to make sure
aseo *m.* cleanliness; hygiene; **aseo personal** *m.* personal care
asesor(a) *m., f.* consultant; advisor **8**
así *adv.* like this; so **3**
asiento *m.* seat **2**
asombrar *v.* to amaze
asombrarse *v.* to be astonished
asombro *m.* amazement; astonishment
asombroso/a *adj.* astonishing
aspecto *m.* appearance; look; **tener buen/mal aspecto** to look healthy/sick **4**
aspirina *f.* aspirin **4**
astronauta *m., f.* astronaut **7**
astrónomo/a *m., f.* astronomer **7**
asunto *m.* matter; topic
asustado/a *adj.* frightened; scared
atar *v.* to tie (up)
ataúd *m.* casket **2**
ateísmo *m.* atheism
ateo/a *adj.* atheist **11**
aterrizar *v.* to land (an airplane) **5**
atletismo *m.* track-and-field events
atracción *f.* attraction
atraer *v.* to attract **1**
atrapar *v.* to trap; to catch **6**
atrasado/a *adj.* late **3**
atrasar *v.* to delay
atreverse (a) *v.* to dare (to) **2**
atropellar *v.* to run over
audiencia *f.* audience
aumento *m.* increase; raise; **aumento de sueldo** *m.* raise in salary **8**
auricular *m.* telephone receiver **7**
ausente *adj.* absent
auténtico/a *adj.* real; genuine **3**
autobiografía *f.* autobiography **10**
autoestima *f.* self-esteem **4**
autoritario/a *adj.* strict; authoritarian **1**
autorretrato *m.* self-portrait **3, 10**
auxiliar de vuelo *m., f.* flight attendant
auxilio *m.* help; aid; **primeros auxilios** *m. pl.* first aid **4**
avance *m.* advance; breakthrough **7**
avanzado/a *adj.* advanced **7**
avaro/a *m., f.* miser
ave *f.* bird **6**
aventura *f.* adventure **5**
aventurero/a *m., f.* adventurer **5**
avergonzado/a *adj.* ashamed; embarrassed
avergonzar *v.* to embarrass **8**
averiguar *v.* to find out **1**
avisar *v.* to inform; to warn
aviso *m.* notice; warning **5**
azar *m.* chance **5, 12**

B

bahía *f.* bay **5**
bailar *v.* to dance **1**
bailarín/bailarina *m., f.* dancer
bajar *v.* to lower
balcón *m.* balcony **3**
balón *m.* ball **2**
bancario/a *adj.* banking
bancarrota *f.* bankruptcy **8**
banda sonora *f.* soundtrack **9**
bandera *f.* flag
bañarse *v.* to take a bath **2**
barato/a *adj.* cheap; inexpensive **3**
barbaridad *f.* outrageous thing **10**
barrer *v.* to sweep **3**
barrio *m.* neighborhood
bastante *adv.* quite; enough **3**
batalla *f.* battle **12**
bautismo *m.* baptism
beber *v.* to drink **1**
bellas artes *f., pl* fine arts **10**
bendecir (e:i) *v.* to bless **11**
beneficios *m. pl.* benefits
besar *v.* to kiss **1**
biblioteca *f.* library **12**
bien acogido/a *adj.* well-received **8**
bienestar *m.* well-being **4**
bienvenida *f.* welcome **5**
bilingüe *adj.* bilingual **9**
billar *m.* billiards **2**
biografía *f.* biography **10**
biólogo/a *m., f.* biologist **7**
bioquímico/a *adj.* biochemical **7**
bitácora *f.* travel log; weblog **7**
blog *m.* blog **7**
blogonovela *f.* blognovel **7**
blogosfera *f.* blogosphere **7**
bobo/a *m., f.* silly, stupid person **7**
boleto *m.* ticket
boliche *m.* bowling **2**
bolsa *f.* bag; sack; stock market; **bolsa de valores** *f.* stock market **8**
bombardeo *m.* bombing **6**
bondad *f.* goodness; **¿Tendría usted la bondad de** + *inf.*... ? Could you please ...? *(form.)*
bordo: a bordo *adv.* on board **5**
borrar *v.* to erase **7**
bosque *m.* forest; **bosque lluvioso** *m.* rain forest **6**
bostezar *v.* to yawn
botar *v.* to throw... out **5**
botarse *v.* to outdo oneself (*P. Rico; Cuba*) **5**
bote *m.* boat **5**
brindar *v.* to make a toast **2**
broma *f.* joke
bromear *v* to joke
brújula *f.* compass **5**
buceo *m.* scuba diving **5**
budista *adj.* Buddhist **11**
bueno/a *adj.* good; **estar bueno/a** *v.* to (still) be good (i.e., *fresh*); **ser bueno/a** *v.* to be good (*by nature*); **¡Buen fin de semana!** Have a nice weekend!; **Buen provecho.** Enjoy your meal.
búfalo *m.* buffalo
burla *f.* mockery
burlarse (de) *v.* to make fun (of)
burocracia *f.* bureaucracy
buscador *m.* search engine **7**
búsqueda *f.* search
buzón *m.* mailbox

C

caber *v.* to fit **1; no caber duda** to be no doubt
cabo *m.* cape; end (*rope, string*); **al fin y al cabo** sooner or later, after all; **llevar a cabo** to carry out (*an activity*)
cabra *f.* goat
cacique *m.* tribal chief **12**
cadena *f.* network **9; cadena de televisión** *f.* television network
caducar *v* to expire
caer(se) *v.* to fall **1; caer bien/mal** to get along well/badly with **2**
caja *f.* box; **caja de herramientas** toolbox
cajero/a *m., f.* cashier; **cajero automático** *m.* ATM
calentamiento global *m.* global warming **6**
calentar (e:ie) *v.* to warm up **3**
calidad *f.* quality
callado/a *adj.* quiet/silent
callarse *v.* to be quiet, silent
calmante *m.* tranquilizer **4**

calmarse *v.* to calm down; to relax
calzoncillos *m. pl.* underwear (men's)
camarero/a *m., f.* waiter; waitress
cambiar *v* to change
cambio *m.* change; **a cambio de** in exchange for
camerino *m.* star's dressing room **9**
campamento *m.* campground **5**
campaña *f.* campaign **11**
campeón/campeona *m., f.* champion **2**
campeonato *m.* championship **2**
campo *m.* ball field **5**
campo *m.* countryside; field **6**
canal *m.* channel **9; canal de televisión** *m.* television channel
cancelar *v.* to cancel **5**
cáncer *m.* cancer
cancha *f.* field **2**
candidato/a *m., f.* candidate **11**
canon literario *m.* literary canon **10**
cansancio *m.* exhaustion **3**
cansarse *v.* to become tired
cantante *m., f.* singer **2**
capa *f.* layer; **capa de ozono** *f.* ozone layer **6**
capaz *adj.* competent; capable **8**
capilla *f.* chapel **11**
capitán *m.* captain
capítulo *m.* chapter
caracterización *f.* characterization **10**
cargo *m.* position; **estar a cargo de** to be in charge of **1**
cariño *m.* affection **1**
cariñoso/a *adj.* affectionate **1**
carne *f.* meat; flesh
caro/a *adj.* expensive **3**
cartas *f. pl.* (playing) cards **2**
casado/a *adj.* married **1**
cascada *f.* cascade; waterfall **5**
casi *adv.* almost **3**
casi nunca *adv.* rarely **3**
castigo *m.* punishment
casualidad *f.* chance; coincidence **5**; **por casualidad** by chance **3**
catástrofe *f.* catastrophe; disaster; **catástrofe natural** *f.* natural disaster
categoría *f.* category **5; de buena categoría** *adj.* high quality **5**
católico/a *adj.* Catholic **11**
cazar *v.* to hunt **6**
ceder *v.* give up **11**
celda *f.* cell
celebrar *v.* to celebrate **2**
celebridad *f.* celebrity **9**
celos *m. pl.* jealousy; **tener celos de** to be jealous of **1**
celoso/a *adj.* jealous **1**
célula *f.* cell **7**
cementerio *m.* cemetery **12**
censura *f.* censorship **9**
centavo *m.* cent
centro comercial *m.* mall **3**
cepillarse *v.* to brush **2**
cerdo *m.* pig **6**
cerro *m.* hill
certeza *f.* certainty
certidumbre *f.* certainty **12**
chisme *m.* gossip **9**
chiste *m.* joke **1**
choque *m.* crash **3**
choza *f.* hut **12**
cicatriz *f.* scar
ciencia ficción *f.* science fiction **10**
científico/a *adj.* scientific
científico/a *m., f.* scientist **7**
cierto/a *adj.* certain, sure; **¡Cierto!** Sure!; **No es cierto.** That's not so.
cima *f.* height **1**
cine *m.* movie theater; cinema **2**
cinta *f.* tape **1**
cinturón *m.* belt;
cinturón de seguridad *m.* seatbelt **5**; **abrocharse el cinturón de seguridad** *v.* to fasten one's seatbelt; **ponerse (el cinturón)** *v.* to fasten (the seatbelt) **5**; **quitarse (el cinturón)** *v.* to unfasten (the seatbelt) 5
circo *m.* circus **2**
cirugía *f.* surgery **4**
cirujano/a *m., f.* surgeon **4**
cisterna *f.* cistern; underground tank **6**
cita *f.* date; quotation; **cita a ciegas** *f.* blind date **1**
ciudadano/a *m., f.* citizen **11**
civilización *f.* civilization **12**
civilizado/a *adj.* civilized
claro *interj.* of course **3**
clásico/a *adj.* classic **10**
claustro *m.* cloister **11**
clima *m.* climate
clonar *v.* to clone **7**
club *m.* club; **club deportivo** *m.* sports club **2**
coartada *f.* alibi **10**
cobrador(a) *m., f.* debt collector **8**
cobrar *v.* to charge; to receive **8**
cochinillo *m.* suckling pig **10**
cocinar *v.* to cook **3**
cocinero/a *m., f.* chef; cook
codo *m.* elbow
cohete *m.* rocket **7**
cola *f.* line; tail; **hacer cola** to wait in line **2**
coleccionar *v.* to collect
coleccionista *m., f.* collector
colgar (o:ue) *v.* to hang (up)
colina *f.* hill
colmena *f.* beehive **8**
colocar *v.* to place (*an object*) **2**
colonia *f.* colony **12**
colonizar *v.* to colonize **12**
columnista *m., f.* columnist **9**
combatiente *m., f.* combatant
combustible *m.* fuel **6**
comediante *m., f.* comedian **1**
comensal *m., f.* dinner guest **10**
comer *v.* to eat **1, 2**
comerciante *m., f.* storekeeper; trader
comercio *m.* commerce; trade **8**
comerse *v.* to eat up **2**
comestible *adj.* edible; **planta comestible** *f.* edible plant
cometa *m.* comet **7**
comida *f.* food **6; comida enlatada** *f.* canned food **6; comida rápida** *f.* fast food **4**
cómo *adv.* how; **¡Cómo no!** Of course!; **¿Cómo que son...?** What do you mean they are...?
compañía *f.* company **8**
completo/a *adj.* complete; filled up; **El hotel está completo.** The hotel is filled.
componer *v.* to compose **1**
compositor(a) *m., f.* composer
comprobar (o:ue) *v.* to prove **7**
compromiso *m.* awkward situation **10**
compromiso *m.* commitment; responsibility **1**
computación *f.* computer science
computadora portátil *f.* laptop **7**
comunidad *f.* community **4**
conciencia *f.* conscience
concierto *m.* concert **2**
conducir *v.* to drive **1**
conductor(a) *m., f.* announcer
conejo *m.* rabbit **6**
conexión de satélite *f.* satellite connection **7**
conferencia *f.* conference **8**
confesar (e:ie) *v.* to confess
confianza *f.* trust; confidence **1**
confundido/a *adj.* confused
confundir (con) *v.* to confuse (with)
confuso/a *adj.* blurred **1**
congelado/a *adj.* frozen
congelar(se) *v.* to freeze **7**
congeniar *v.* to get along
congestionado/a *adj.* congested
congestionamiento *m.* traffic jam **5**
conjunto *m.* collection; **conjunto (musical)** *m.* (musical) group, band
conmovedor(a) *adj.* moving
conocer *v.* to know **1**
conocimiento *m.* knowledge **12**
conquista *f.* conquest **12**
conquistador(a) *m., f.* conquistador; conqueror **12**
conquistar *v.* to conquer **12**
conseguir (e:i) **boletos/entradas** *v.* to get tickets **2**
conservador(a) *adj.* conservative **11**
conservador(a) *m., f.* curator
conservar *v.* to conserve; to preserve **6**
considerar *v.* to consider; **Considero que...** In my opinion, ...
consiguiente *adj.* resulting; consequent; **por consiguiente** consequently; as a result
consulado *m.* consulate **11**
consulta *f.* doctor's appointment **4**
consultorio *m.* doctor's office **4**
consumo *m.* consumption; **consumo de energía** *m.* energy consumption
contador(a) *m., f.* accountant **8**
contagiarse *v.* to become infected **4**
contaminación *f.* pollution; contamination **6**
contaminar *v.* to pollute; to contaminate **6**
contar (o:ue) *v.* to tell; to count **2; contar con** to count on
contemporáneo/a *adj.* contemporary **10**
contentarse con *v.* to be contented/ satisfied with **1**
continuación *f.* sequel
contra *prep.* against; **en contra** *prep.* against
contraer *v.* to contract **1**
contraseña *f.* password **7**
contratar *v.* to hire **8**
contrato *m.* contract **8**
contribuir (a) *v.* to contribute **6**

control remoto *m.* remote control; **control remoto universal** *m.* universal remote control **7**
controvertido/a *adj.* controversial **9**
contundente *adj.* filling; heavy **10**
convertirse (en) (e:ie) *v.* to become **2**
copa *f.* (drinking) glass; **Copa del mundo** World Cup
coquetear *v.* to flirt **1**
coraje *m.* courage
corazón *m.* heart **1**
cordillera *f.* mountain range **6**
cordura *f.* sanity **4**
coro *m.* choir; chorus
corrector ortográfico *m.* spell-checker **7**
corresponsal *m., f.* correspondent **9**
corrida *f.* bullfight **2**
corriente *f.* movement **10**
corrupción *f.* corruption
corte *m.* cut; **de corte ejecutivo** of an executive nature
corto *m.* short film
cortometraje *m.* short film
cosecha *f.* harvest
costa *f.* coast **6**
costoso/a *adj.* costly; expensive
costumbre *f.* custom; habit **3**
cotidiano/a *adj.* everyday **3**; **vida cotidiana** *f.* everyday life
crear *v.* to create **7**
creatividad *f.* creativity
crecer *v.* to grow **1**
crecimiento *m.* growth
creencia *f.* belief **11**
creer (en) *v.* to believe (in) **11**; **No creas.** Don't you believe it.
creyente *m., f.* believer **11**
criar *v.* to raise; **haber criado** to have raised **1**
criarse *v.* to grow up **1**
crisis *f.* crisis; **crisis económica** economic crisis **8**
cristiano/a *adj.* Christian **11**
criticar *v.* to critique **10**
crítico/a *m., f.* critic; *adj.* critical **crítico/a de cine** movie critic **9**
crucero *m.* cruise (ship) **5**
cruzar *v.* to cross
cuadro *m.* painting **3, 10**
cuarentón/cuarentona *adj.* forty-year-old; in her/his forties **11**
cubismo *m.* cubism **10**
cucaracha *f.* cockroach **6**
cuenta *f.* calculation, sum; bill; account; **a final de cuentas** after all; **cuenta corriente** *f.* checking account **8**; **cuenta de ahorros** *f.* savings account **8**; **tener en cuenta** to keep in mind
cuento *m.* short story
cuerpo *m.* body; **cuerpo y alma** heart and soul
cueva *f.* cave
cuidado *m.* care **1**; **bien cuidado/a** well-kept
cuidadoso/a *adj.* careful **1**
cuidar *v.* to take care of **1**
cuidarse *v.* to take care of oneself
culpa *f.* guilt
culpable *adj.* guilty **11**
cultivar *v.* to grow
culto *m.* worship
culto/a *adj.* cultured; educated; refined **12**
cultura *f.* culture; **cultura popular** *f.* pop culture
cumbre *f.* summit; peak
cumplir *v.* to carry out **8**
cura *m.* priest **12**
curarse *v.* to heal; to be cured **4**
curativo/a *adj.* healing **4**
currículum vitae *m.* résumé **8**

D

dañino/a *adj.* harmful **6**
dar *v.* to give; **dar a** to look out upon; **dar asco** to be disgusting; **dar de comer** to feed **6**; **dar el primer paso** to take the first step; **dar la gana** to feel like **9**; **dar la vuelta (al mundo)** to go around (the world); **dar paso a** to give way to; **dar un paseo** to take a stroll/walk **2**; **dar una vuelta** to take a walk/stroll; **darse cuenta** to realize **2, 9**; **darse por aludido/a** to realize/assume that one is being referred to **9**; **darse por vencido** to give up
dardos *m. pl.* darts **2**
dato *m.* piece of data
de repente *adv.* suddenly **3**
de terror *adj.* horror (*story/novel*) **10**
deber *m.* duty **8**
deber *v.* to owe **8**; **deber dinero** to owe money **2**
deber + inf. *v.* ought + *inf.*
década *f.* decade **12**
decir (e:i) *v.* to say **1**
dedicatoria *f.* dedication
deforestación *f.* deforestation **6**
dejar *v.* to leave; to allow; **dejar a alguien** to leave someone **1**; **dejar de fumar** quit smoking **4**; **dejar en paz** to leave alone **8**
delatar *v.* to denounce **3**
demás: los/las demás *pron.* others; other people
demasiado/a *adj., adv.* too; too much
democracia *f.* democracy **11**
demora *f.* delay **12**
demorar *v.* to delay
denunciar *v.* to denounce **9**
deportista *m., f.* athlete **2**
depositar *v.* to deposit **8**
depresión *f.* depression **4**
deprimido/a *adj.* depressed **1**
derecho *m.* law; right; **derechos civiles** *m.* civil rights **11**; **derechos humanos** *m.* human rights **11**
derramar *v.* to spill
derretir(se) (e:i) *v.* to melt **7**
derribar *v.* to bring down; to overthrow **12**
derrocar *v.* to overthrow **12**
derrota *f.* defeat
derrotado/a *adj.* defeated **12**
derrotar *v.* to defeat **12**
desafiante *adj.* challenging **4**
desafiar *v.* to challenge **2**
desafío *m.* challenge **7**
desanimado/a *adj.* discouraged
desanimarse *v.* to get discouraged
desánimo *m.* the state of being discouraged **1**
desaparecer *v.* to disappear **1, 6**
desarrollado/a *adj.* developed **12**
desarrollarse *v.* to take place **10**
desarrollo *m.* development **6**; **país en vías de desarrollo** *m.* developing country
desatar *v.* to untie
descansar *v.* to rest **4**
descanso *m.* rest **8**
descargar *v.* to download **7**
descendiente *m., f.* descendent **12**
descongelar(se) *v.* to defrost **7**
desconocido/a *m., f.* stranger; *adj.* unknown
descubridor(a) *m., f.* discoverer
descubrimiento *m.* discovery **7**
descubrir *v.* discover **4**
descuidar(se) *v.* to get distracted; to neglect **6**
desear *v.* to desire; to wish **4**
desechable *adj.* disposable **6**
desempleado/a *adj.* unemployed **8**
desempleo *m.* unemployment **8**
desenlace *m.* ending
deseo *m.* desire; wish; **pedir un deseo** to make a wish
deshacer *v.* to undo **1**
deshecho/a *adj.* devastated **2**
desierto *m.* desert **6**
desigual *adj.* unequal **11**
desilusión *f.* disappointment
desmayarse *v.* to faint **4**
desorden *m.* disorder; mess **7**
despacho *m.* office
despedida *f.* farewell **5**
despedido/a *adj.* fired
despedir (e:i) *v.* to fire **8**
despedirse (e:i) *v.* to say goodbye **3**
despegar *v.* to take off **5**
despertarse (e:ie) *v.* to wake up **2**
destacado/a *adj.* prominent **9**
destacar *v.* to emphasize; to point out
destino *m.* destination **5**
destrozar *v.* to destroy
destruir *v.* to destroy **6**
detestar *v.* to detest
deuda *f.* debt **8**
devolver (o:ue) *v.* to return (*items*) **3**
devoto/a *adj.* pious **11**
día *m.* day; **estar al día con las noticias** to keep up with the news
diamante *m.* diamond **5**
diario *m.* newspaper **9**
diario/a *adj.* daily **3**
dibujar *v.* to draw **10**
dictador(a) *m., f.* dictator **12**
dictadura *f.* dictatorship
didáctico/a *adj.* educational **10**
dieta *f.* diet; **estar a dieta** to be on a diet **4**
digestión *f.* digestion
digital *adj.* digital **7**
digno/a *adj.* worthy **6**
diluvio *m.* heavy rain
dinero *m.* money; **dinero en efectivo** cash **3**
Dios *m.* God **11**
dios(a) *m., f.* god/goddess **5**
diputado/a *m., f.* representative **11**
disputar *v.* to play **12**

dirección de correo electrónico *f.* e-mail address **7**
directo/a *adj.* direct; **en directo** *adj.* live **9**
director(a) *m., f.* director
dirigir *v.* to direct; to manage **1**
discoteca *f.* discotheque; dance club **2**
discriminación *f.* discrimination
discriminado/a *adj.* discriminated
disculpar *v.* to excuse
disculparse *v.* to apologize **6**
discurso *m.* speech; **pronunciar un discurso** to give a speech **11**
discutir *v.* to argue **1**
diseñar *v.* to design **8, 10**
disfraz *m.* costume
disfrazado/a *adj.* disguised; in costume
disfrutar (de) *v.* to enjoy **2**
disgustado/a *adj.* upset **1**
disgustar *v.* to upset **2**
disminuir *v* to decrease
disponerse a *v.* to be about to **6**
disponible *adj.* available
distinguido/a *adj.* honored
distinguir *v.* to distinguish **1**
distraer *v.* to distract **1**
distraído/a *adj.* distracted
disturbio *m.* riot **8**
diversidad *f.* diversity **4**
divertido/a *adj.* fun **2**
divertirse (e:ie) *v.* to have fun **2**
divorciado/a *adj.* divorced **1**
divorcio *m.* divorce **1**
doblado/a *adj.* dubbed **9**
doblaje *m.* dubbing (film)
doblar *v.* to dub (film); to fold; to turn (*a corner*)
doble *m., f.* double (*in movies*) **9**
documental *m.* documentary **9**
dolencia *f.* illness; condition **4**
doler (o:ue) *v.* to hurt; to ache **2**
dominio *m.* rule **12**
dominó *m.* dominoes
dondequiera *adv.* wherever **4**
dormir (o:ue) *v.* to sleep **2**
dormirse (o:ue) *v.* to go to sleep, to fall asleep **2**
dramaturgo/a *m., f.* playwright **10**
ducharse *v.* to take a shower **2**
dueño/a *m., f.* owner **8**
duro/a *adj.* hard; difficult **7**

E

echar *v.* to throw away **5**; **echar un vistazo** to take a look; **echar a correr** to take off running
ecosistema *m.* ecosystem **6**
ecoturismo *m.* ecotourism **5**
Edad Media *f.* Middle Ages
editar *v.* to publish **10**
educar *v.* to raise; to bring up **1**
efectivo *m.* cash
efectos especiales *m., pl.* special effects **9**
efectos secundarios *m.pl.* side effects **4**
eficiente *adj.* efficient
ejecutivo/a *m., f.* executive **8**; **de corte ejecutivo** of an executive nature **8**
ejército *m.* army **12**
electoral *adj.* electoral
electrónico/a *adj.* electronic
elegido/a *adj.* chosen; elected
elegir (e:i) *v.* to elect; to choose **11**
embajada *f.* embassy **11**
embajador(a) *m., f.* ambassador **11**
embalarse *v.* to go too fast **9**
embarcar *v.* to board
emigrar *v.* to emigrate **11**
emisión *f.* broadcast; **emisión en vivo/directo** *f.* live broadcast
emisora *f.* (radio) station
emocionado/a *adj.* excited **1**
empatar *v.* to tie (*games*) **2**
empate *m.* tie (*game*) **2**
empeorar *v.* to deteriorate; to get worse **4**
emperador *m* emperor **12**
emperatriz *f.* empress **12**
empezar (e:ie) *v.* to begin
empleado/a *adj.* employed **8**
empleado/a *m., f.* employee **8**
empleo *m.* employment; job **8**
empresa *f.* company; **empresa multinacional** *f.* multinational company **8**
empresario/a *m., f.* entrepreneur **8**
empujar *v.* to push
en línea *adj.* online **7**
enamorado/a (de) *adj.* in love (with) **1**
enamorarse (de) *v.* to fall in love (with) **1**
encabezar *v.* to lead **12**
encantar *v.* to like very much **2**
encargado/a *m., f.* person in charge; **estar encargado/a de** to be in charge of **1**
encargarse de *v.* to be in charge of **1**
encender (e:ie) *v.* to turn on **3**
encogerse *v.* shrink; **encogerse de hombros** to shrug
energía *f.* energy; **energía eólica** *f.* wind energy; wind power; **energía nuclear** *f.* nuclear energy
enérgico/a *adj.* energetic **8**
enfermarse *v.* to get sick **4**
enfermedad *f.* disease; illness **4**
enfermero/a *m., f.* nurse **4**
enfrentar *v.* to confront
enganchar *v.* to get caught **5**
engañar *v.* to betray **9, 12**
engordar *v.* to gain weight **4**
enlace *m.* link **7**
enojo *m.* anger
enrojecer *v.* to turn red; to blush
ensayar *v.* to rehearse **9**
ensayista *m., f.* essayist **10**
ensayo *m.* essay; rehearsal
enseguida right away **3**
enseñanza *f.* teaching; lesson **12**
entender (e:ie) *v.* to understand
enterarse (de) *v.* to become informed (about) **9**
enterrado/a *adj.* buried **2**
enterrar (e:ie) *v.* to bury **12**
entonces *adv.* then; **en aquel entonces** at that time **3**
entrada *f.* admission ticket
entrega *f.* delivery
entrenador(a) *m., f.* coach; trainer **2**
entretener(se) (e:ie) *v.* to entertain, to amuse (oneself); to be held up **1, 2**
entretenido/a *adj.* entertaining **2**
entrevista *f.* interview; **entrevista de trabajo** *f.* job interview **8**
envenenado/a *adj.* poisoned **6**
enviar *v.* to send
eólico/a *adj.* related to the wind; **energía eólica** *f.* wind energy; wind power
epidemia *f.* epidemic **4**
episodio *m.* episode **9**; **episodio final** *m.* final episode **9**
época *f.* era; epoch; historical period **12**
equipaje *m.* luggage
equipo *m.* team **2**
equivocarse *v.* to be mistaken; to make a mistake
erosión *f.* erosion **6**
erudito/a *adj.* learned **12**
esbozar *v.* to sketch
esbozo *m.* outline; sketch
escalada *f.* climb (*mountain*)
escalador(a) *m., f.* climber
escalera *f.* staircase **3**
escena *f.* scene
escenario *m.* scenery; stage **2**
esclavitud *f.* slavery **12**
esclavizar *v.* enslave **12**
esclavo/a *m., f.* slave **12**
escoba *f.* broom
escoger *v.* to choose **1**
esculpir *v.* to sculpt **10**
escultor(a) *m., f.* sculptor **10**
escultura *f.* sculpture **10**
esfuerzo *m.* effort
espacial *adj.* related to space; **transbordador espacial** *m.* space shuttle **7**
espacio *m.* space **7**
espacioso/a *adj.* spacious
espalda *f.* back; **a mis espaldas** behind my back **9**; **estar de espaldas a** to have one's back to
espantar *v.* to scare
especialista *m., f.* specialist
especializado/a *adj.* specialized **7**
especie *f.* species **6**; **especie en peligro de extinción** *f.* endangered species
espectáculo *m.* show **2**
espectador(a) *m., f.* spectator **2**
espejo retrovisor *m.* rearview mirror
espera *f.* wait
esperanza *f.* hope **6**
espiritual *adj.* spiritual **11**
estabilidad *f.* stability **12**
establecer(se) *v.* to establish (oneself) **12**
estado de ánimo *m.* mood **4**
estar *v.* to be; **estar al día** to be up-to-date **9**; **estar bajo presión** to be under stress/pressure; **estar bueno/a** to be good (i.e., *fresh*); **estar a cargo de** to be in charge of; **estar harto/a (de)** to be fed up (with); to be sick (of) **1**; **estar lleno** to be full **5**; **estar al tanto** to be informed **9**; **estar a la venta** to be for sale **10**; **estar resfriado/a** to have a cold **4**
estatal *adj.* public; pertaining to the state
estereotipo *m.* stereotype **10**
estético/a *adj.* aesthetic **10**
estilo *m.* style; **al estilo de…** in the style of … **10**
estrecho/a *adj.* narrow
estrella *f.* star; **estrella fugaz** *f.* shooting star; **estrella** *f.* (movie) star [m/f]; **estrella pop** *f.* pop star [m/f] **9**
estreno *m.* premiere; debut **2**
estrofa *f.* stanza **10**

estudio *m.* studio; **estudio de grabación** *m.* recording studio
etapa *f.* stage; phase
eterno/a *adj.* eternal
ético/a *adj.* ethical **7; poco ético/a** unethical
etiqueta *f.* label; tag
excitante *adj.* exciting
excursión *f.* excursion; tour **5**
exigir *v.* to demand **1, 4, 8**
exilio político *m.* political exile **11**
éxito *m.* success
exitoso/a *adj.* successful **8**
exótico/a *adj.* exotic
experiencia *f.* experience **8**
experimentar *v.* to experience; to feel
experimento *m.* experiment **7**
exploración *f.* exploration
explorar *v.* to explore
explotación *f.* exploitation
explotar *v.* to exploit **12**
exportaciones *f., pl.* exports
exportar *v.* to export **8**
exposición *f.* exhibition
expresionismo *m.* expressionism **10**
expulsar *v.* to expel **12**
extinguir *v.* to extinguish
extinguirse *v.* to become extinct **6**
extrañar *v.* to miss; **extrañar a (alguien)** to miss (someone); **extrañarse de algo** to be surprised about something
extraterrestre *m., f.* alien **7**

F

fábrica *f.* factory
fabricar *v.* to manufacture; to make **7**
facciones *f.* facial features **3**
factor *m.* factor; **factores de riesgo** *m. pl.* risk factors
factura *f.* bill **8**
falda *f.* skirt
fallecer *v* to die
falso/a *adj.* insincere **1**
faltar *v.* to lack; to need **2**
fama *f.* fame **9; tener buena/mala fama** to have a good/bad reputation **9**
famoso/a *adj.* famous **9; hacerse famoso** *v.* to become famous **9**
farándula *f.* entertainment **1**
faro *m.* lighthouse; beacon **5**
fascinar *v.* to fascinate; to like very much **2**
fatiga *f.* fatigue; weariness **8**
fatigado/a *adj.* exhausted **3**
favor *m.* favor; **hacer el favor** to do someone the favor
favoritismo *m.* favoritism **11**
fe *f.* faith **11**
felicidad *f.* happiness; **¡Felicidades a todos!** Congratulations to all!
feliz *adj.* happy **3**
feria *f.* fair **2**
festejar *v.* to celebrate **2**
festival *m.* festival **2**
fiabilidad *f.* reliability
fiebre *f.* fever **4**
fijarse *v.* to notice **9; fijarse en** to take notice of **2**
fijo/a *adj.* permanent; fixed **8**
fin *m.* end; **al fin y al cabo** sooner or later; after all
final: al final de cuentas after all **7**
financiar *v.* to finance **8**
financiero/a *adj.* financial **8**
finanza(s) *f.* finance(s)
firma *f.* signature **11**
firmar *v.* to sign
físico/a *m., f.* physicist **7**
flexible *adj.* flexible
florecer *v.* to flower **6**
flotar *v.* to float **5**
fondo *m.* bottom; **a fondo** *adv.* thoroughly
forma *f.* form; shape; **mala forma física** *f.* bad physical shape; **de todas formas** in any case **12; ponerse en forma** *v.* to get in shape **4**
formular *v.* to formulate **7**
fortaleza *f.* strength
forzado/a *adj.* forced **12**
fraile *m.* friar **11**
frasco *m.* flask
freír (e:i) *v.* to fry **3**
frontera *f.* border **5**
fuente *f.* fountain; source; **fuente de energía** energy source **6**
fuerza *f.* force; power; **fuerza de voluntad** will power **4; fuerza laboral** labor force; **fuerzas armadas** *f., pl.* armed forces **12**
función *f.* performance (*theater/movie*) **2**
funcionar *v.* to work **7**
fusilar *v.* shoot, execute by firing squad **12**
futurístico/a *adj.* futuristic

G

galería *f.* gallery **10**
gana *f.* desire; **sentir/tener ganas de** to want to; to feel like
ganar *v.* to win; **ganarse la vida** to earn a living **8; ganar bien/mal** to be well/ poorly paid **8; ganar las elecciones** to win an election **11; ganar un partido** to win a game **2**
ganga *f.* bargain **3**
gastar *v.* to spend **8**
gen *m.* gene **7**
generar *v.* to produce; to generate
generoso/a *adj.* generous
genética *f.* genetics **4**
gerente *m, f.* manager **8**
gesto *m.* gesture
gimnasio *m.* gymnasium
globalización *f.* globalization
gobernador(a) *m., f.* governor **11**
gobernante *m., f.* ruler **12**
gobernar (e:ie) *v.* to govern **11**
grabar *v.* to record **9**
gracioso/a *adj.* funny; pleasant **1**
graduarse *v.* to graduate
gravedad *f.* gravity **7**
gripe *f.* flu **4**
gritar *v.* to shout
grupo *m.* group; **grupo musical** *m.* musical group, band
guaraní *m.* Guarani **9**
guardar *v.* to save **7**
guardarse (algo) *v.* to keep (something) to yourself **1**
guerra *f.* war; **guerra civil** civil war; **guerra mundial** world war **11**
guerrero/a *m., f.* warrior **12**
guía turístico/a *m.,f.* tour guide **5**
guión *m.* screenplay; script **9**
guita *f.* cash; dough (*Arg.*) **7**
gusano *m.* worm
gustar *v.* to like **2, 4; ¡No me gusta nada…!** I don't like ... at all!
gusto *m.* taste **10 con mucho gusto** gladly; **de buen/mal gusto** in good/bad taste **10**

H

habilidad *f.* skill
hábilmente *adv.* skillfully
habitación *f.* room **5; habitación individual/doble** *f.* single/double room **5**
habitante *m., f.* inhabitant **12**
habitar *v.* to inhabit **12**
hablante *m., f.* speaker **9**
hablar *v.* to speak **1; Hablando de esto,…** Speaking of that,...
hacer *v.* to do; to make **1, 4; hacer algo a propósito** to do something on purpose; **hacer clic** to click **7; hacer cola** to wait in line **2; hacerle caso a alguien** to pay attention to someone **1; hacerle daño a alguien** to hurt someone; **hacer el favor** do someone the favor; **hacerle gracia a alguien** to be funny to someone; **hacerse daño** to hurt oneself; **hacer las maletas** to pack **5; hacer mandados** to run errands **3; hacer transbordo** *v.* to change (pains, trains) **5; hacer un viaje** to take a trip **5**
hallazgo *m.* finding; discovery **4**
hambriento/a *adj.* hungry
haragán/haragana *adj.* lazy; idle **8**
harto/a *adj.* tired; fed up (with); **estar harto/a (de)** to be fed up (with); to be sick (of) **1**
hasta *adv.* until; **hasta la fecha** up until now
hecho *m.* fact **3**
helar (e:ie) *v.* to freeze
heredar *v.* to inherit
herencia *f.* heritage; **herencia cultural** cultural heritage **12**
herida *f.* injury **4**
herido/a *adj.* injured
herir (e:ie) *v.* to hurt **1**
heroico/a *adj.* heroic **12**
herradura *f.* horseshoe **12**
herramienta *f.* tool; **caja de herramientas** *f.* toolbox
hervir (e:ie) *v.* to boil **3**
hierba *f.* grass
higiénico/a *adj.* hygienic
hindú *adj.* Hindu **11**
hipoteca *f.* mortgage **8**
historia *f.* history **12**
historiador(a) *m., f.* historian **12**
histórico/a *adj.* historic **12**
histórico/a *adj.* historical **10**
hogar *m.* home; fireplace **3**
hojear *v.* to skim **10**
hombre de negocios *m.* businessman **8**
hombro *m.* shoulder; **encogerse de hombros** to shrug

hondo/a *adj.* deep **2**
hora *f.* hour; **horas de visita** *f., pl.* visiting hours
horario *m.* schedule **3**
hormiga *f.* ant **6**
hospedarse *v.* to stay; to lodge
huelga *f.* strike (*labor*) **8**
huella *f.* trace; mark **8**
huerto *m.* orchard
huir *v.* to flee; to run away **3**
humanidad *f.* humankind **12**
húmedo/a *adj.* humid; damp **6**
humillar *v.* to humiliate **8**
humorístico/a *adj.* humorous **10**
hundir *v.* to sink
huracán *m.* hurricane **6**

I

ideología *f.* ideology **11**
idioma *m.* language **9**
iglesia *f.* church **11**
igual *adj.* equal **11**
igualdad *f.* equality
ilusión *f.* illusion; hope
imagen *f.* image; picture **2, 7**
imaginación *f.* imagination
imparcial *adj.* unbiased **9**
imperio *m.* empire **12**
importaciones *f., pl.* imports
importado/a *adj.* imported **8**
importante *adj.* important **4**
importar *v.* to be important (to); to matter **2, 4**; to import **8**
impostergable *adj.* impossible to put off **12**
impresionar *v.* to impress **1**
impresionismo *m.* impressionism **10**
imprevisto/a *adj.* unexpected **3**
imprimir *v.* to print **9**
improviso: de improviso *adv.* unexpectedly
impuesto *m.* tax; **impuesto de ventas** *m.* sales tax **8**
inalámbrico/a *adj.* wireless **7**
incapaz *adj.* incompetent; incapable **8**
incendio *m.* fire **6**
incertidumbre *f.* uncertainty **12**
incluido/a *adj.* included **5**
inconcluso/a *adj.* unfinished **12**
independencia *f.* independence **12**
índice *m.* index; **índice de audiencia** *m.* ratings
indígena *adj.* indigenous **9**; *m., f.* indigenous person 4
industria *f.* industry
inesperado/a *adj.* unexpected **3**
inestabilidad *f.* instability **12**
infancia *f.* childhood
inflamado/a *adv.* inflamed **4**
inflamarse *v.* to become inflamed
inflexible *adj.* inflexible
influyente *adj.* influential **9**
informarse *v.* to get information
informática *f.* computer science **7**
informativo *m.* news bulletin **9**
ingeniero/a *m., f.* engineer **7**
ingresar *v.* to enter; to enroll in; to become a member of; **ingresar datos** to enter data
injusto/a *adj.* unjust **11**
inmaduro/a *adj.* immature **1**
inmigración *f.* immigration **11**
inmoral *adj.* immoral **11**
innovador(a) *adj.* innovative **7**
inquietante *adj.* disturbing; unsettling **10**
inscribirse *v.* to register **11**
inseguro/a *adj.* insecure **1**
insensatez *f.* folly **4**
insistir en *v.* to insist on **4**
inspirado/a *adj.* inspired
instalar *v.* to install **7**
integrarse (a) *v.* to become part (of) **12**
inteligente *adj.* intelligent
interesar *v.* to be interesting to; to interest **2**
Internet *m., f.* Internet **7**
interrogante *m.* question; doubt **7**
intrigante *adj.* intriguing **10**
inundación *f.* flood **6**
inundar *v.* to flood
inútil *adj.* useless **2**
invadir *v.* to invade **12**
inventar *v.* to invent **7**
invento *m.* invention **7**
inversión *f.* investment; **inversión extranjera** *f.* foreign investment **8**
inversor(a) *m., f.* investor
invertir (e:ie) *v.* to invest **8**
investigador(a) *m., f.* researcher **4**
investigar *v.* to investigate; to research **7**
ir *v.* to go **1, 2**; **¡Qué va!** Of course not!; **ir de compras** to go shopping **3**; **irse (de)** to go away (from) **2**; **ir(se) de vacaciones** to take a vacation **5**
irresponsable *adj.* irresponsible
isla *f.* island **5**
itinerario *m.* itinerary **5**

J

jabalí *m.* wild boar **10**
jarabe *m.* syrup **4**
jaula *f.* cage
jornada *f.* (work) day
jubilación *f.* retirement
jubilarse *v.* to retire **8**
judío/a *adj.* Jewish **11**
juego *m.* game **2**; **juego de mesa** board game **2**; **juego de pelota** *m.* ball game **5**
juez(a) *m., f.* judge **11**
jugada *f.* move **12**
jugar (u:ue) *v.* to play
juicio *m.* trial; judgment
jurar *v.* to promise **12**
justicia *f.* justice **11**
justo/a *adj.* just **11**

L

laboratorio *m.* laboratory; **laboratorio espacial** *m.* space lab
ladrillo *m.* brick
ladrón/ladrona *m., f.* thief
lágrimas *f. pl.* tears
lanzar *v.* to throw; to launch
largo/a *adj.* long; **a lo largo de** along; beside; **a largo plazo** long-term
largometraje *m.* full length film
lastimar *v.* to injure
lastimarse *v.* to get hurt **4**
latir *v.* to beat **4**
lavar *v.* to wash **3**
lavarse *v.* to wash (oneself) **2**
lealtad *f.* loyalty **12**
lector(a) *m., f.* reader **9**
lejano/a *adj.* distant **5**
lengua *f.* language; tongue **9**
león *m.* lion **6**
lesión *f.* wound **4**
levantar *v.* to pick up
levantarse *v.* to get up **2**
ley *f.* law; **aprobar una ley** to approve a law; to pass a law; **cumplir la ley** to abide by the law **11**; **proyecto de ley** *m.* bill **11**
leyenda *f.* legend **5**
liberal *adj.* liberal **11**
liberar *v.* to liberate **12**
libertad *f.* freedom **11**; **libertad de prensa** freedom of the press **9**
libre *adj.* free; **al aire libre** outdoors **6**
líder *m., f.* leader **11**
liderazgo *m.* leadership **11**
lidiar *v.* to fight bulls **2**
límite *m.* border **11**
limpiar *v.* to clean **3**
limpieza *f.* cleaning **3**
literatura *f.* literature **10**; **literatura infantil/juvenil** *f.* children's literature **10**
llamativo/a *adj.* striking **10**
llanto *m.* weeping; crying **3**
llegada *f.* arrival **5**
llegar *v.* to arrive
llevar *v.* to carry **2**; **llevar a cabo** to carry out (*an activity*); **llevar... años de (casados)** to be (married) for... years **1**; **llevarse** to carry away **2**; **llevarse bien/mal** to get along well/poorly **1**
llorar *v.* to cry **3**
loco/a: ¡Ni loco/a! *adj.* No way! **9**
locura *f.* madness; insanity
locutor(a) *m., f.* announcer
locutor(a) de radio *m., f.* radio announcer **9**
lograr *v.* to manage; to achieve **3**
loro *m.* parrot
lotería *f.* lottery
lucha *f.* struggle; fight
luchar *v.* to fight; to struggle **11**; **luchar por** to fight (for)
lucir *v.* to wear, to display **3**
lugar *m.* place
lujo *m.* luxury **8**; **de lujo** luxurious
lujoso/a *adj.* luxurious **5**
luminoso/a *adj.* bright **10**
luna *f.* moon; **luna llena** *f.* full moon
luz *f.* light **1**; power; electricity **7**

M

macho *m.* male
madera *f.* wood
madre soltera *f.* single mother
madriguera *f.* burrow; den **3**
madrugar *v.* to wake up early **4**
maduro/a *adj.* mature **1**
magia *f.* magic
maldición *f.* curse
malestar *m.* discomfort **4**
maleta *f.* suitcase **5**; **hacer las maletas** to pack **5**
maletero *m.* trunk **9**
malgastar *v.* to waste **6**

malhumorado/a *adj.* ill tempered; in a bad mood
manantial *m.* spring
mancha *f.* stain
manchar *v.* to stain
manejar *v.* to drive
manga *f.* sleeve **5**
manifestación *f.* protest; demonstration **11**
manifestante *m., f.* protester **6**
manipular *v.* to manipulate **9**
mano de obra *f.* labor
manta *f.* blanket
mantener *v.* to maintain; to keep; **mantenerse en contacto** *v.* to keep in touch **1**; **mantenerse en forma** to stay in shape **4**
manuscrito *m.* manuscript
maquillaje *m.* make-up **3**
maquillarse *v* to put on makeup **2**
mar *m.* sea **6**
maratón *m.* marathon
marca *f.* brand
marcar *v.* to mark; **marcar (un gol/punto)** to score (a goal/point) **2**
marcharse *v* to leave
marco *m.* frame
mareado/a *adj.* dizzy **4**
marido *m.* husband
marinero *m.* sailor
mariposa *f.* butterfly
marítimo/a *adj.* maritime
más *adj., adv.* more; **más allá de** beyond; **más bien** rather
masticar *v.* to chew
matador/a *m., f.* bullfighter who kills the bull **2**
matemático/a *m., f.* mathematician **7**
matiz *m.* subtlety
matrimonio *m.* marriage
mayor *m.* elder **12**
mayor de edad *adj.* of age
mayoría *f.* majority **11**
mecánico/a *adj.* mechanical
mecanismo *m.* mechanism
medicina alternativa *f.* alternative medicine
medida *f.* means; measure; **medidas de seguridad** *f. pl.* security measures **5**
medio *m.* half; middle; means; **medio ambiente** *m.* environment **6**; **medios de comunicación** *m. pl.* media **9**
medir (e:i) *v.* to measure
meditar *v.* to meditate **11**
mejilla *f.* cheek **10**
mejor *adj.* better, best; **a lo mejor** *adv.* maybe
mejorar *v.* to improve **4**
mendigo/a *m., f.* beggar
mensaje *m.* message; **mensaje de texto** *m.* text message **7**
mentira *f.* lie **1**; **de mentiras** pretend **5**
mentiroso/a *adj.* lying **1**
menudo: a menudo *adv.* frequently; often **3**
mercadeo *m.* marketing **1**
mercado *m.* market **8**
mercado al aire libre *m.* open-air market
mercancía *f.* merchandise
merecer *v.* to deserve **8**
mesero/a *m., f.* waiter; waitress
mestizo/a *m., f.* person of mixed ethnicity (part indigenous) **12**
meta *f.* finish line
meterse *v.* to break in (*to a conversation*) **1**
mezcla *f.* mixture
mezquita *f.* mosque **11**
miel *f.* honey **8**
milagro *m.* miracle **11**
militar *m., f.* military **11**
ministro/a *m., f.* minister; **ministro/a protestante** *m., f.* Protestant minister
minoría *f.* minority **11**
mirada *f.* gaze **1**
misa *f.* mass **2**
mismo/a *adj.* same; **Lo mismo digo yo.** The same here.; **él/ella mismo/a** himself; herself
mitad *f.* half
mito *m.* myth **5**
moda *f.* fashion; trend; **de moda** *adj.* popular; in fashion **9**; **moda pasajera** *f.* fad **9**
modelo *m., f.* model (*fashion*)
moderno/a *adj.* modern
modificar *v.* to modify; to reform
modo *m.* means; manner
mojar *v.* to moisten
mojarse *v.* to get wet
molestar *v.* to bother; to annoy **2**
momento *m.* moment; **de último momento** *adj.* up-to-the-minute **9**; **noticia de último momento** *f.* last-minute news
monarca *m., f.* monarch **12**
monja *f.* nun
mono *m.* monkey **6**
monolingüe *adj.* monolingual **9**
montaña *f.* mountain **6**
monte *m.* mountain **6**
moral *adj.* moral **11**
morder (o:ue) *v.* to bite **6**
morirse (o:ue) **de** *v.* to die of **2**
moroso/a *m., f.* debtor **8**
mosca *f.* fly **6**
motosierra *f.* power saw **7**
móvil *m.* cell phone **7**
movimiento *m.* movement **10**
mudar *v.* to change **2**
mudarse *v.* to move (*change residence*) **2**
mueble *m.* furniture **3**
muelle *m.* pier **5**
muerte *f.* death
muestra *f.* sample; example
mujer *f.* woman; wife; **mujer de negocios** *f.* businesswoman **8**
mujeriego *m.* womanizer **2**
multa *f.* fine
multinacional *f.* multinational company
multitud *f.* crowd
Mundial *m.* World Cup **2**
muralista *m., f.* muralist **10**
museo *m.* museum
músico/a *m., f.* musician **2**
musulmán/musulmana *adj.* Muslim **11**

N

naipes *m. pl.* playing cards **2**
narrador(a) *m., f.* narrator **10**
narrar *v.* to narrate **10**
narrativa *f.* narrative work **10**
nativo/a *adj.* native
naturaleza muerta *f.* still life **10**
nave espacial *f.* spaceship
navegante *m., f.* navigator **7**
navegar *v.* to sail **5**; **navegar en Internet** to surf the web; **navegar en la red** to surf the web **7**
necesario *adj.* necessary **4**
necesidad *f.* need **5**; **de primerísima necesidad** of utmost necessity **5**
necesitar *v.* to need **4**
necio/a *adj.* stupid
negocio *m.* business
nervioso/a *adj.* nervous
ni... ni... *conj.* neither... nor...
nido *m.* nest
niebla *f.* fog
nítido/a *adj.* sharp
nivel *m.* level; **nivel del mar** *m.* sea level
nombrar *v.* to name
nombre artístico *m.* stage name **1**
nominación *f.* nomination
nominado/a *m., f.* nominee
noticia *f.* news; **noticias locales/nacionales/internacionales** *f. pl.* local/domestic/international news **9**
novela rosa *f.* romance novel **10**
novelista *m., f.* novelist **7, 10**
nuca *f.* nape **9**
nutritivo/a *adj.* nutritious **4**

O

o... o... *conj.* either... or...
obedecer *v.* to obey **1**
obesidad *f.* obesity **4**
obra *f.* work; **obra de arte** *f.* work of art **10**; **obra de teatro** *f.* play (*theater*) **2, 10**; **obra literaria** *f.* literay play **10**; **obra maestra** *f.* masterpiece **3**
obsequio *m.* gift **11**
ocio *m.* leisure
ocultarse *v.* to hide **3**
ocurrírsele a alguien *v.* to occur to someone
odiar *v.* to hate **1**
ofensa *f.* insult **10**
oferta *f.* offer; proposal **9**
ofrecerse (a) *v.* to offer (to)
oír *v.* to hear **1**
ola *f.* wave **5**
óleo *m.* oil painting **10**
Olimpiadas *f. pl.* Olympics
olvidarse (de) *v.* to forget (about) **2**
olvido *m.* forgetfulness; oblivion **1**
ombligo *m.* navel **4**
onda *f.* wave
operación *f.* operation **4**
operar *v.* to operate
opinar *v.* to think; to be of the opinion; **Opino que es fea/o.** In my opinion, it's ugly.
oponerse a *v.* to oppose **4**
oprimir *v.* to oppress **12**
organismo público *m.* government agency **9**
orgulloso/a *adj.* proud **1**; **estar orgulloso/a de** to be proud of
orilla *f.* shore; **a orillas de** on the shore of **6**
ornamentado/a *adj.* ornate
oscurecer *v.* to darken **6**
oso *m.* bear

oveja *f.* sheep **6**
ovni *m.* UFO **7**
oyente *m., f.* listener **9**

P

pacífico/a *adj.* peaceful **12**
padre soltero *m.* single father
página *f.* page; **página web** *f.* web page **7**
país en vías de desarrollo *m.* developing country
paisaje *m.* landscape; scenery **6**
pájaro *m.* bird **6**
palmera *f.* palm tree
panfleto *m.* pamphlet **11**
pantalla *f.* screen **2**; **pantalla de computadora** *f.* computer screen; **pantalla de televisión** *f.* television screen **2**; **pantalla líquida** *f.* LCD screen **7**
papel *m.* role **9**; **desempeñar un papel** to play a role (*in a play*); to carry out
para *prep.* for **Para mí,…** In my opinion, …; **para nada** not at all
paradoja *f.* paradox
parar el carro *v.* to hold one's horses **9**
parcial *adj.* biased **9**
parcialidad *f.* bias **9**
parecer *v.* to seem **2**; **A mi parecer,…** In my opinion, …; **Al parecer, no le gustó.** It looks like he/she didn't like it. **6**; **Me parece hermosa/o.** I think it's pretty.; **Me pareció...** I thought.. **1**; **¿Qué te pareció Mariela?** What did you think of Mariela? **1**; **Parece que está triste/contento/a.** It looks like he/she is sad/happy. **6**
parecerse *v.* to look like **2, 3**
pared *f.* wall **5**
pareja *f.* couple; partner **1**
parque *m.* park; **parque de atracciones** *m.* amusement park **2**
parroquia *f.* parish **12**
parte *f.* part; **de parte de** on behalf of; **Por mi parte,…** As for me,…
particular *adj.* private; personal; particular
partida *f.* game **12**
partido *m.* party (*politics*); game (*sports*); **partido político** *m.* political party **11**; **ganar/perder un partido** to win/lose a game **2**
pasado/a de moda *adj.* out-of-date; no longer popular **9**
pasaje (de ida y vuelta) *m.* (round-trip) ticket **5**
pasajero/a *adj.* fleeting; passing
pasaporte *m.* passport **5**
pasar *v.* to pass; to make pass (*across, through, etc.*); **pasar la aspiradora** to vacuum **3**; **pasarlo bien/mal** to have a good/bad/horrible time **1**; **Son cosas que pasan.** These things happen. **11**
pasarse *v.* to go too far
pasatiempo *m.* pastime **2**
paseo *m.* stroll
paso *m.* passage; pass; step; **abrirse paso** to make one's way
pastilla *f.* pill **4**
pasto *m.* grass
pata *f.* foot/leg of an animal
patada *f.* kick **3**
patear *v.* to kick **2**
patente *f.* patent **7**
payaso/a *m., f.* clown **8**
paz *f.* peace
pecado *m.* sin
pececillo de colores *m.* goldfish
pecho *m.* chest **10**
pedir (e:i) *v* to ask **1, 4**; **pedir prestado/a** to borrow **8**; **pedir un deseo** to make a wish **8**
pegar *v.* to stick
peinarse *v.* to comb (one's hair) **2**
pelear *v.* to fight
película *f.* film
peligro *m.* danger; **en peligro de extinción** endangered **6**
peligroso/a *adj.* dangerous **5**
pena *f.* sorrow **4**; **¡Qué pena!** What a pity!
pensar (e:ie) *v.* to think **1**
pensión *f.* bed and breakfast inn
perder (e:ie) *v.* to miss; to lose; **perder un vuelo** to miss a flight **5**; **perder las elecciones** to lose an election **11**; **perder un partido** to lose a game **2**
pérdida *f.* loss **11**
perdonar *v.* to forgive; **Perdona.** (*fam.*)/**Perdone.** (*form.*) Pardon me.; Excuse me.
perfeccionar *v.* to improve; to perfect
periódico *m.* newspaper **9**
periodista *m., f.* journalist **9**
permanecer *v.* to remain; to last **4**
permisivo/a *adj.* permissive; easy-going **1**
permiso. *m.* permission; **Con permiso** Pardon me.; Excuse me.
perseguir (e:i) *v.* to pursue; to persecute
personaje *m.* character **10**; **personaje principal/secundario** *m.* main/secondary character
pertenecer (a) *v.* to belong (to) **12**
pesadilla *f.* nightmare
pesca *f.* fishing **5**
pesimista *m., f.* pessimist
peso *m.* weight
pez *m.* fish (*live*) **6**
picadura *f.* insect bite
picar *v.* to sting, to peck
picnic *m.* picnic
pico *m.* peak, summit
piedad *f.* mercy **8**
piedra *f.* stone **5**
pieza *f.* piece (*art*) **10**
pillar(se) *v.* to get (*catch*) **9**
piloto *m., f.* pilot
pincel *m.* paintbrush **10**
pincelada *f.* brush stroke **10**
pintar *v.* to paint **3**
pintor(a) *m., f.* painter **3, 10**
pintura *f.* paint; painting **10**
pirámide *f.* pyramid **5**
plancha *f.* iron
planear *v.* to plan
planeta *m.* planet **7**
planeta *m.* planet **7**
plata *f.* money (*L. Am.*) **7**
plaza de toros *f.* bullfighting stadium **2**
plazo: a corto/largo plazo short/long-term **8**
población *f.* population **4**
poblador(a) *m., f.* settler; inhabitant
poblar (o:ue) *v.* to settle; to populate **12**
pobreza *f.* poverty **8**
poder (o:ue) *v.* to be able to **1**
poderoso/a *adj.* powerful **12**
poesía *f.* poetry **10**
poeta *m., f.* poet **10**
polémica *f.* controversy **11**
polen *m.* pollen **8**
policíaco/a *adj.* detective (*story/novel*) **10**
política *f.* politics
político/a *m., f.* politician **11**
polvo *m.* dust **3**; **quitar el polvo** to dust **3**
poner *v.* to put; to place **1, 2**; **poner a prueba** to test; to challenge; **poner cara (de hambriento/a)** to make a (hungry) face; **poner un disco compacto** to play a CD **2**; **poner una inyección** to give a shot **4**
ponerse *v.* to put on (*clothing*) **2**; **ponerse a dieta** to go on a diet **4**; **ponerse bien/mal** to get well/ill **4**; **ponerse de pie** to stand up **12**; **poner la mesa** to set the table **3**; **ponerse el cinturón** to fasten the seatbelt **5**; **ponerse en forma** to get in shape **4**; **ponerse pesado/a** to become annoying
popa *f.* stern **5**
porquería *f.* garbage; poor quality **10**
portada *f.* front page; cover **9**
portarse bien *v.* to behave well
portátil *adj.* portable
posible *adj.* possible; **en todo lo posible** as much as possible
pozo *m.* well; **pozo petrolero** *m.* oil well
precioso/a *adj.* lovely **1**
precolombino/a *adj.* pre-Columbian
preferir (e:ie) *v.* to prefer **4**
preguntarse *v.* to wonder
prehistórico/a *adj.* prehistoric **12**
premiar *v.* to give a prize
premio *m.* prize **12**
prensa *f.* press **9**; **prensa sensacionalista** *f.* tabloid(s) **9**; **rueda de prensa** *f.* press conference **11**
preocupado/a (por) *adj.* worried (about) **1**
preocupar *v.* to worry **2**
preocuparse (por) *v.* to worry (about) **2**
presentador(a) de noticias *m., f.* news reporter
presentir (e:ie) *v.* to foresee
presionar *v.* to pressure; to stress
prestar *v.* to lend **8**
presupuesto *m.* budget **8**
prevenido/a *adj.* cautious
prevenir *v.* to prevent **4**
prever *v.* to foresee **6**
previsto/a *adj., p.p.* planned **3**
primer(a) ministro/a *m., f.* prime minister **11**
primeros auxilios *m. pl.* first aid **4**
prisa *f.* hurry; rush **6**
privilegio *m.* privilege **8**
proa *f.* bow **5**
probador *m.* dressing room **3**
probar (o:ue) **(a)** *v.* to try **3**
probarse (o:ue) *v.* to try on **3**
procesión *f.* procession **12**
producir *v.* to produce **1**
productivo/a *adj.* productive **8**
profundo/a *adj.* deep
programa (de computación) *m.* software **7**
programador(a) *m., f.* programmer
prohibido/a *adj.* prohibited **5**
prohibir *v.* to prohibit **4**
prominente *adj.* prominent **11**

promover (o:ue) *v.* to promote
pronunciar *v.* to pronounce; **pronunciar un discurso** to give a speech **11**
propaganda *f.* advertisement **9**
propensión *f.* tendency
propietario/a *m., f.* (property) owner
propio/a *adj.* own **1**
proponer *v.* to propose **1, 4**; **proponer matrimonio** to propose (marriage) **1**
proporcionar *v.* to provide; to supply
propósito: a propósito *adv.* on purpose **3**
prosa *f.* prose **10**
protagonista *m., f.* protagonist; main character **10**
proteger *v.* to protect **1, 6**
protegido/a *adj.* protected **5**
protestar *v.* to protest **11**
provecho *m.* benefit; **Buen provecho.** Enjoy your meal. **6**
proveniente (de) *adj.* originating (in); coming from
provenir (de) *v.* to come from; to originate from
proyecto *m.* project; **proyecto de ley** *m.* bill **11**
prueba *f.* proof **2**
publicar *v.* to publish **9**
publicidad *f.* advertising **9**
público *m.* public; audience **9**
pueblo *m.* people **4**
puente *m.* bridge **12**
puerta de embarque *f.* (airline) gate **5**
puerto *m.* port **5**
puesto *m.* position; job **8**
punto *m.* period **2**
punto de vista *m.* point of view **10**
pureza *f.* purity **6**
puro/a *adj.* pure; clean

Q

quedar *v.* to be left over; to fit (clothing) **2**
quedarse *v.* to stay **5**; **quedarse callado/a** to remain silent **1**; **quedarse sin** to run out of **6**; **quedarse sordo/a** to go deaf **4**; **quedarse viudo/a** to become widowed
quehacer *m.* chore **3**
queja *f.* complaint
quejarse (de) *v.* to complain (about) **2**
querer (e:ie) *v.* to love; to want **1, 4**
químico/a *adj.* chemical **7**
químico/a *m., f.* chemist **7**
quirúrgico/a *adj.* surgical
quitar *v.* to take away; to remove **2**; **quitar el polvo** to dust **3**; **quitar la mesa** to clear the table **3**
quitarse *v.* to take off (*clothing*) **2**; **quitarse (el cinturón)** to unfasten (the seatbelt) **5**

R

rabino/a *m., f.* rabbi
radiación *f.* radiation
radio *f.* radio
radioemisora *f.* radio station **9**
raíz *f.* root
rana *f.* frog **6**
rancho *m.* ranch **12**
rasgo *m.* trait; characteristic
rata *f.* rat
ratos libres *m. pl.* free time **2**
raya *f.* war paint; stripe **5**
rayo *m.* ray; lightning; **¿Qué rayos...?** What on earth...? **5**
raza *f.* race **12**
reactor *m.* reactor
realismo *m.* realism **10**
realista *adj.* realistic; realist **10**
rebeldía *f.* rebelliousness
rebuscado/a *adj.* complicated
recepción *f.* front desk **5**
receta *f.* prescription **4**
recetar *v.* prescribe **4**
rechazar *v.* to turn down; to reject **1, 11**
rechazo *m.* refusal; rejection
reciclable *adj.* recyclable
reciclar *v.* to recycle **6**
recital *m.* recital
reclamar *v.* to claim; to demand **11**
recomendable *adj.* recommendable; advisable **5**; **poco recomendable** not advisable; inadvisable
recomendar (e:ie) *v.* to recommend **4**
reconocer *v.* to recognize **1, 12**
reconocimiento *m.* recognition
recordar (o:ue) *v.* to remember
recorrer *v.* to visit; to go around **5**
recuerdo *m.* memory
recuperarse *v.* to recover **4**
recurso natural *m.* natural resource **6**
redactor(a) *m., f.* editor **9**; **redactor(a) jefe** *m., f.* editor-in-chief
redondo/a *adj.* round **2**
reducir (la velocidad) *v.* to reduce (speed) **5**
reembolso *m.* refund **3**
reflejar *v.* to reflect; to depict **10**
reforma *f.* reform; **reforma económica** *f.* economic reform
refugiarse *v* to take refuge
refugio *m.* refuge **6**
regla *f.* rule
regocijo *m.* joy **4**
regresar *v.* to return **5**
regreso *m.* return (trip)
rehacer *v.* to re-make; to re-do **1**
reina *f.* queen
reino *m.* reign; kingdom **12**
reírse (e:i) *v.* to laugh
relacionado/a *adj.* related; **estar relacionado/a** to have good connections
relajarse *v.* to relax **4**
relámpago *m.* lightning **6**
relato *m.* story; account **10**
religión *f.* religion
religioso/a *adj.* religious **11**
reloj *m.* clock **12**
remitente *m.* sender
remo *m.* oar **5**
remordimiento *m.* remorse **11**
rendimiento *m.* performance
rendirse (e:i) *v.* to surrender **12**
renovable *adj.* renewable **6**
renunciar *v.* to quit **8**; **renunciar a un cargo** to resign a post
repaso *m.* revision; review **10**
repentino/a *adj.* sudden **3**
repertorio *m.* repertoire
reportaje *m.* news report **9**
reportero/a *m., f.* reporter **9**
reposo *m.* rest; **estar en reposo** to be at rest
repostería *f.* pastry
represa *f.* dam
reproducirse *v.* to reproduce
reproductor de CD/DVD/MP3 *m.* CD/DVD/MP3 player **7**
resbaladizo/a *adj.* slippery **11**
resbalar *v.* to slip
rescatar *v.* to rescue
resentido/a *adj.* resentful **6**
reservación *f.* reservation
reservar *v.* to reserve **5**
resfriado *m.* cold **4**
residir *v* to reside
resolver (o:ue) *v.* to solve **6**
respeto *m.* respect
respiración *f.* breathing **4**
respirar *v.* to breath **1**
responsable *adj.* responsible
retrasado/a *adj.* delayed **5**
retrasar *v* to delay
retraso *m.* delay
retratar *v.* to portray **3**
retrato *m.* portrait **3**
reunión *f.* meeting **8**
reunirse (con) *v.* to get together (with) **2**
revista *f.* magazine **9**; **revista electrónica** *f.* online magazine **9**
revolucionario/a *adj.* revolutionary **7**
revolver (o:ue) *v.* to stir; to mix up
rey *m.* king **12**
rezar *v.* to pray **11**
riesgo *m.* risk
rima *f.* rhyme **10**
rincón *m.* corner; nook **11**
río *m.* river
riqueza *f.* wealth **8**
rociar *v.* to spray **6**
rodar (o:ue) *v.* to film **9**
rodeado/a *adj.* surrounded **7**
rodear *v.* to surround
rogar (o:ue) *v.* to beg; to plead **4**
romanticismo *m.* romanticism **10**
romper (con) *v.* to break up (with) **1**
rozar *v.* to brush against; to touch lightly
ruedo *m.* bull ring **2**
ruido *m.* noise
ruina *f.* ruin **5**
ruta maya *f.* Mayan Trail **5**
rutina *f.* routine **3**

S

saber *v.* to know; to taste like/of **1**; **¿Cómo sabe?** How does it taste? **4**; **¿Y sabe bien?** And does it taste good? **4**; **Sabe a ajo/menta/limón.** It tastes like garlic/mint/lemon. **4**
sabiduría *f.* wisdom **12**

sabio/a *adj.* wise
sabor *m.* taste; flavor; **¿Qué sabor tiene? ¿Chocolate?** What flavor is it? Chocolate? 4; **Tiene un sabor dulce/agrio/amargo/agradable.** It has a sweet/sour/bitter/pleasant taste. 4
sacerdote *m.* priest
saciar *v.* to satisfy; to quench
sacrificar *v.* to sacrifice 6
sacrificio *m.* sacrifice
sacristán *m.* sexton 11
sagrado/a *adj.* sacred; holy 11
sala *f.* room; hall; **sala de conciertos** *f.* concert hall; **sala de emergencias** *f.* emergency room 4
salida *f.* exit 6
salir *v.* to leave; to go out 1; **salir (a comer)** to go out (to eat) 2; **salir con** to go out with 1
salto *m.* jump
salud *f.* health 4; **¡A tu salud!** To your health!; **¡Salud!** Cheers! 8
saludable *adj.* healthy; nutritious 4
salvaje *adj.* wild 6
salvar *v.* to save 6
sanar *v.* to heal 4
sano/a *adj.* healthy 4
satélite *m.* satellite
sátira *f.* satire
satírico/a *adj.* satirical 10; **tono satírico/a** *m.* satirical tone
secarse *v.* to dry off 2
sección *f.* section 9; **sección de sociedad** *f.* lifestyle section 9; **sección deportiva** *f.* sports page/section 9
seco/a *adj.* dry 6
secuestro *m.* kidnapping 11
seguir (i:e) *v.* to follow
seguridad *f.* safety; security 5; **cinturón de seguridad** *m.* seatbelt 5; **medidas de seguridad** *f. pl.* security measures 5
seguro *m.* insurance 5
seguro/a *adj.* sure; confident 1
seleccionar *v.* to select; to pick out 3
sello *m.* seal; stamp
selva *f.* jungle 5
semana *f.* week
semanal *adj.* weekly
semilla *f.* seed
senador(a) *m., f.* senator 11
sensato/a *adj.* sensible 1
sensible *adj.* sensitive 1
sentido *m.* sense; **en sentido figurado** figuratively; **sentido común** *m.* common sense
sentimiento *m.* feeling; emotion 1
sentirse (e:ie) *v.* to feel 1
señal *f.* sign 2
señalar *v.* to point to; to signal 2
separado/a *adj.* separated 1
sepultar *v.* to bury 12
sequía *f.* drought 6
ser *v.* to be 1
serpiente *f.* snake 6
servicio de habitación *m.* room service 5
servicios *m., pl* facilities
servidumbre *f.* servants; servitude 3
sesión *f.* showing
siglo *m.* century 12
silbar *v.* to whistle
sillón *m.* armchair
simpático/a *adj.* nice
sin *prep.* without; **sin ti** without you (*fam.*)
sinagoga *f.* synagogue 11
sincero/a *adj.* sincere
sindicato *m.* labor union 8
síntoma *m.* symptom
sintonía *f.* tuning; synchronization 9
sintonizar *v.* to tune into (radio or television)
siquiera *conj.* even; **ni siquiera** *conj.* not even
sitio web *m.* website 7
situado/a *adj.* situated; located; **estar situado/a en** to be set in
soberanía *f.* sovereignty 12
soberano/a *m., f.* sovereign; ruler 12
sobre *m.* envelope
sobre todo above all 6
sobredosis *f.* overdose
sobrevivencia *f.* survival
sobrevivir *v.* to survive
sociable *adj.* sociable
sociedad *f.* society
socio/a *m., f.* partner; member 8
solar *adj.* solar
soldado *m.* soldier 12
soledad *f.* solitude; loneliness 3
soler (o:ue) *v.* to be in the habit of; to be used to 3
solicitar *v.* to apply for 8
solo/a *adj.* alone; lonely 1
soltero/a *adj.* single 1; **madre soltera** *f.* single mother; **padre soltero** *m.* single father
sonar (o:ue) *v.* to ring 7
soñar (o:ue) **(con)** *v.* to dream (about) 1
soplar *v.* to blow
soportar *v.* to support; **soportar a alguien** to put up with someone 1
sordo/a *adj.* deaf; **quedarse sordo/a** to go deaf *v.* 4
sorprender *v.* to surprise 2
sorprenderse (de) *v.* to be surprised (about) 2
sortija *f.* ring 5
sospecha *f.* suspicion
sospechar *v.* to suspect
sótano *m.* basement 3
suavidad *f.* smoothness
subasta *f.* auction 10
subdesarrollo *m.* underdevelopment
subida *f.* ascent
subsistir *v.* to survive 11
subtítulos *m., pl.* subtitles 9
suburbio *m.* suburb
suceder *v.* to happen 1
sucursal *f.* branch
sueldo *m.* salary; **aumento de sueldo** raise in salary *m.* 8; **sueldo fijo** *m.* base salary 8; **sueldo mínimo** *m.* minimum wage 8
suelo *m.* floor
suelto/a *adj.* loose
sueños *m. pl.* dreams 1
sufrimiento *m.* pain; suffering
sufrir (de) *v.* to suffer (from) 4
sugerir (e:ie) *v.* to suggest 4
superar *v.* to exceed, to overcome 1
superficie *f.* surface
supermercado *m.* supermarket 3
supervivencia *f.* survival
suponer *v.* to suppose 1
suprimir *v.* to abolish; to suppress 12
supuesto/a *adj.* false; so-called; supposed; **Por supuesto.** Of course.
surrealismo *m.* surrealism 10
suscribirse (a) *v.* to subscribe (to) 9

T

tablero *m.* chessboard 12
tacaño/a *adj.* cheap; stingy 1
tacón *m.* heel 12; **tacón alto** high heel
tal como *conj.* just as
talento *m.* talent 1
talentoso/a *adj.* talented 1
taller *m.* workshop
tanque *m.* tank 6
tapa *f.* lid, cover
tapón *m.* traffic jam 5
taquilla *f.* box office 2
tarjeta *f.* card; **tarjeta de crédito/débito** *f.* credit/debit card 3; **tarjeta de embarque** *f.* boarding card 5
tatarabuelo/a *m., f.* great-great-grandfather/mother 12
teatro *m.* theater
teclado *m.* keyboard
tela *f.* canvas 10
teléfono celular *m.* cell phone 7
telenovela *f.* soap opera 9
telescopio *m.* telescope 7
televidente *m., f.* television viewer 9
televisión *f.* television 2
televisor *m.* television set 2
templo *m.* temple 11
temporada *f.* season 9 **temporada alta/baja** *f.* high/low season 5
tendencia *f.* trend 9; **tendencia izquierdista/derechista** *f.* left-wing/right-wing bias
tener (e:ie) *v.* to have 1; **tener buen/mal aspecto** to look healthy/sick 4; **tener buena/mala fama** to have a good/bad reputation 9; **tener celos (de)** to be jealous (of) 1; **tener fiebre** to have a fever 4; **tener vergüenza (de)** to be ashamed (of) 1
tensión (alta/baja) *f.* (high/low) blood pressure 4
teoría *f.* theory 7
terapia intensiva *f.* intensive care 4
térmico/a *adj.* thermal
terremoto *m.* earthquake 6
terreno *m.* land 6
territorio *m.* territory 11
terrorismo *m.* terrorism 11
testigo *m., f.* witness 10
tiburón *m.* shark 5
tiempo *m.* time; **a tiempo** on time 3; **tiempo libre** *m.* free time 2
tierra *f.* land; earth 6
tigre *m.* tiger 6
timbre *m.* doorbell; tone; tone of voice 3; **tocar el timbre** to ring the doorbell 3
timidez *f.* shyness
tímido/a *adj.* shy 1
típico/a *adj.* typical; traditional
tipo *m.* guy 2

tira cómica *f.* comic strip **9**
tirar *v.* to throw **5**
titular *m.* headline **9**
titularse *v.* to graduate **3**
tocar + me/te/le, etc. *v.* to be my/your/his turn; **¿A quién le toca pagar la cuenta?** Whose turn is it to pay the tab? **2**; **¿Todavía no me toca?** Is it my turn yet? **2**; **A Johnny le toca hacer el café.** It's Johnny's turn to make coffee. **2**; **Siempre te toca lavar los platos.** It's always your turn to wash the dishes. **2**; **tocar el timbre** to ring the doorbell **3**
tomar *v.* to take; **tomar en cuenta** *v.* to take into consideration **1**; **tomar en serio** to take seriously **8**
torear *v.* to fight bulls in the bullring **2**
toreo *m.* bullfighting **2**
torero/a *m., f.* bullfighter **2**
tormenta *f.* storm; **tormenta tropical** *f.* tropical storm **6**
torneo *m.* tournament **2**
tos *f.* cough **4**
toser *v.* to cough **4**
tóxico/a *adj.* toxic **6**
tozudo/a *adj.* stubborn **8**
trabajador(a) *adj.* industrious; hard-working **8**
trabajar duro to work hard **8**
tradicional *adj.* traditional **1**
traducir *v.* to translate **1**
traer *v.* to bring **1**
tragar *v.* to swallow
trágico/a *adj.* tragic **10**
traición *f.* betrayal **12**
traidor(a) *m., f.* traitor **12**
traje de luces *m.* bullfighter's outfit (*lit.* costume of lights) **2**
trama *f.* plot **10**
tranquilo/a *adj.* calm **1**; **Tranquilo/a.** Be calm.; Relax.
transbordador espacial *m.* space shuttle **7**
transcurrir *v.* to take place **10**
tránsito *m.* traffic
transmisión *f.* transmission
transmitir *v.* to broadcast **9**
transplantar *v.* to transplant
transporte público *m.* public transportation
trasnochar *v.* to stay up all night **4**
trastorno *m.* disorder
tratado *m.* treaty
tratamiento *m.* treatment **4**
tratar *v.* to treat **4**; **tratar (sobre/acerca de)** to be about; to deal with **4**
tratarse de *v.* to be about; to deal with **10**
trayectoria *f.* path; history **1**
trazar *v.* to trace
tribu *f.* tribe **12**
tribunal *m.* court
tropical *adj.* tropical; **tormenta tropical** *f.* tropical storm **6**
truco *m.* trick **2**
trueno *m.* thunder **6**
trueque *m.* barter; exchange
tubería *f.* piping; plumbing **6**
turbio/a *adj.* murky **1**
turismo *m.* tourism **5**
turista *m., f.* tourist **5**
turístico/a *adj.* tourist **5**

U

ubicar *v.* to put in a place; to locate
ubicarse *v* to be located
único/a *adj.* unique
uña *f.* fingernail
urbano/a *adj.* urban
urgente *adj.* urgent **4**
usuario/a *m., f.* user **7**
útil *adj.* useful **11**

V

vaca *f.* cow **6**
vacuna *f.* vaccine **4**
vacunar(se) *v.* to vaccinate/to get vaccinated **4**
vago/a *m., f.* slacker **7**
vagón *m.* carriage; coach **7**
valer *v.* to be worth **1**
valiente brave **5**
valioso/a *adj.* valuable **6**
valor *m.* bravery; value
vándalo/a *m., f.* vandal **6**
vanguardia *f.* vanguard; **a la vanguardia** at the forefront **7**
vedado/a *adj.* forbidden **3**
vela *f.* candle
venado *m.* deer
vencer *v.* to conquer; to defeat **2, 9**
vencido/a *adj.* expired **5**
venda *f.* bandage **4**
vendedor(a) *m., f.* salesperson **8**
veneno *m.* poison **6**
venenoso/a *adj.* poisonous **6**
venerar *v.* to worship **11**
venir (e:ie) *v.* to come **1**
venta *f.* sale; **estar a la venta** to be for sale
ventaja *f.* advantage
ver *v.* to see **1**; **Yo lo/la veo muy triste.** He/She looks very sad to me. **6**
vergüenza *f.* shame; embarrassment; **tener vergüenza (de)** to be ashamed (of) **1**
verse *v.* to look; to appear; **Se ve tan feliz.** He/She looks so happy. **6**; **¡Qué guapo/a te ves!** How attractive you look! (*fam.*) **6**; **¡Qué elegante se ve usted!** How elegant you look! (*form.*) **6**
verso *m.* line (*of poetry*) **10**
vestidor *m.* fitting room
vestirse (e:i) *v.* to get dressed **2**
vez *f.* time; **a veces** *adv.* sometimes **3**; **de vez en cuando** now and then; once in a while **3**; **por primera/última vez** for the first/last time **2**; **érase una vez** once upon a time
viaje *m.* trip **5**; **hacer un viaje** to take a trip **5**
viajero/a *m., f.* traveler **5**
victoria *f.* victory
victorioso/a *adj.* victorious **12**
vida *f.* life; **vida cotidiana** *f.* everyday life
video musical *m.* music video **9**
videojuego *m.* video game **2**
vigente *adj.* valid **5**
vigilar *v.* to watch
virus *m.* virus **4**
vistazo *m.* glance; **echar un vistazo** to take a look
viudo/a *adj.* widowed **1**
viudo/a *m., f.* widower/widow
vivir *v.* to live **1**
vivo: en vivo *adj.* live **9**
volar (o:ue) *v.* to fly **8**
volver (o:ue) *v.* to come back
votar *v.* to vote **11**
vuelo *m.* flight
vuelta *f.* return (trip)

W

web *f.* (the) web **7**

Y

yeso *m.* cast **4**

Z

zaguán *m.* entrance hall; vestibule **3**
zoológico *m.* zoo **2**

English–Spanish

A

@ symbol arroba *f.* 7
abolish suprimir *v.* 12
above all sobre todo 6
absent ausente *adj.*
abstract abstracto/a *adj.* 10
accentuate acentuar *v.* 10
accident accidente *m.*; **car accident** accidente automovilístico *m.* 5
account cuenta *f.*; **(story)** relato *m.* 10; **checking account** cuenta corriente *f.* 8; **savings account** cuenta de ahorros *f.*
accountant contador(a) *m., f.* 8
accustomed to acostumbrado/a *adj.*; **to grow accustomed (to)** acostumbrarse (a) *v.* 3
ache doler (o:ue) *v.* 2
achieve lograr *v.* 3; alcanzar *v.*
activist activista *m., f.* 11
actor actor *m.* 9
actress actriz *f.* 9
add añadir *v.*
admission ticket entrada *f.*
adore adorar *v.* 1
advance avance *m.* 7
advanced adelantado/a; avanzado/a *adj.* 7, 12
advantage ventaja *f.*; **to take advantage of** aprovechar *v*
adventure aventura *f.* 5
adventurer aventurero/a *m., f.* 5
advertising publicidad *f.* 9
advertisement anuncio *m.*, propaganda *f.* 9
advisable recomendable *adj.* 5; **not advisable, inadvisable** poco recomendable *adj.*
advise aconsejar *v.* 4
advisor asesor(a) *m., f.* 8
aesthetic estético/a *m., f.* 10
affection cariño *m.* 1
affectionate cariñoso/a *adj.* 1
afflict afligir *v.* 4
after all a final de cuentas 7; al fin y al cabo
against contra *prep.*; **against** en contra *prep.* 1
age: of age mayor de edad
agent agente *m., f.*; **customs agent** agente de aduanas *m., f.* 5
agnostic agnóstico/a *adj.* 11
agree acordar (o:ue) *v.* 2
aid auxilio *m.*; **first aid** primeros auxilios *m. pl.* 4
album álbum *m.* 2
alibi coartada *f.* 10
alien extraterrestre *m., f.* 7
allusion alusión *f.* 10
almost casi *adv.* 3
alone solo/a *adj.* 1
alternative medicine medicina alternativa *f.*
amaze asombrar *v.*
amazement asombro *m.*
ambassador embajador(a) *m., f.* 11
amuse (oneself) entretener(se) (e:ie) *v.* 2
ancient antiguo/a *adj.* 12
anger enojo *m.*
announcer conductor(a) *m., f.*; locutor(a) *m., f.*
annoy molestar *v.* 2
ant hormiga *f.* 6
antenna antena *f.*
antiquity antigüedad *f.*
anxiety ansia *f.* 1
anxious ansioso/a *adj.* 1
apologize disculparse *v.* 6
appear aparecer *v.* 1
appearance aspecto *m.*
applaud aplaudir *v.* 2
apply for solicitar *v.* 8
appreciate apreciar *v.* 1
appreciated apreciado/a *adj.*
approach acercarse (a) *v.* 2
approval aprobación *f.* 9
approve aprobar (o:ue) *v.*
archaeologist arqueólogo/a *m., f.*
archaeology arqueología *f.*
argue discutir *v.* 1
arid árido/a *adj.* 11
aristocratic aristocrático/a *adj.* 12
armchair sillón *m.*
armed armado/a *adj.*
army ejército *m.* 12
arrival llegada *f.* 5
arrive llegar *v.*
artifact artefacto *m.* 5
artisan artesano/a *m., f.* 10
ascent subida *f.*
ashamed avergonzado/a *adj.*; **to be ashamed (of)** tener vergüenza (de) *v.* 1
ask pedir (e:i) *v* 1, 4
aspirin aspirina *f.* 4
assure asegurar *v.*
astonished: be astonished asombrarse *v.*
astonishing asombroso/a *adj.*
astonishment asombro *m.*
astronaut astronauta *m., f.* 7
astronomer astrónomo/a *m., f.* 7
atheism ateísmo *m.*
atheist ateo/a *adj.* 11
athlete deportista *m., f.* 2
ATM cajero automático *m.*
attach adjuntar *v.* 7; **to attach a file** adjuntar un archivo *v.* 7
attract atraer *v.* 1
attraction atracción *f.*
auction subasta *f.* 10
audience audiencia *f.*
audience público *m.* 9
authoritarian autoritario/a *adj.* 1
autobiography autobiografía *f.* 10
available disponible *adj.*
awkward situation compromiso *m.* 10

B

back espalda *f.*; **behind my back** a mis espaldas 9; **to have one's back to** estar de espaldas a
bag bolsa *f.*
balcony balcón *m.* 3
ball balón *m.* 2
ball field campo *m.* 5
ball game juego de pelota *m.* 5
band conjunto (musical) *m.*
bandage venda *f.* 4
banking bancario/a *adj.*
bankruptcy bancarrota *f.* 8
baptism bautismo *m.*
bargain ganga *f.* 3
barter trueque *m.*
basement sótano *m.* 3
battle batalla *f.* 12
bay bahía *f.* 5
be able to poder (o:ue) *v.* 1
be about (deal with) tratarse de *v.* 10 tratar (sobre/acerca de) *v.* 4
be about to disponerse a *v.* 6
be held up entretenerse *v.* 1
be promoted ascender (e:ie) *v.* 8
bear oso *m.*
beat latir *v.* 4
become convertirse (en) (e:ie) *v.* 1; **to become annoying** ponerse pesado/a *v.*; **to become extinct** extinguirse *v.* 6; **to become infected** contagiarse *v.* 4; **to become inflamed** inflamarse *v.*; **to become informed (about)** enterarse (de) *v.* 9; **to become part (of)** integrarse (a) *v.* 12; **to become tired** cansarse *v.*
bed and breakfast inn pensión *f.*
beehive colmena *f.* 8
beforehand de antemano
beg rogar *v.* 4
beggar mendigo/a *m., f.*
begin empezar (e:ie) *v.*
behalf: on behalf of de parte de
behave well portarse bien *v.*
belief creencia *f.* 11
believe (in) creer (en) *v.* 11; **Don't you believe it.** No creas.
believer creyente *m., f.* 11
belong (to) pertenecer (a) *v.* 12
belt cinturón *m.*; **seatbelt** cinturón de seguridad *m.* 5
benefits beneficios *m. pl.*
bet apuesta *f.*
bet apostar (o:ue) *v.*
betray engañar *v.* 9, 12
betrayal traición *f.* 12
better mejor *adj.*; **maybe** a lo mejor *adv.* 1
beyond más allá de
bias parcialidad *f.* 9; **left-wing/right-wing bias** tendencia izquierdista/derechista *f.*
biased parcial *adj.* 9
bilingual bilingüe *adj.* 9
bill factura *f.* 8; cuenta *f.*; proyecto de ley *m.* 11
billiards billar *m.* 2
biochemical bioquímico/a *adj.* 7
biography biografía *f.* 10
biologist biólogo/a *m., f.* 7
bird ave *f.* 6; pájaro *m.* 6
bite morder (o:ue) *v.* 6
blanket manta *f.*
bless bendecir *v.* 11
blog blog *m.* 7

blognovel blogonovela *f.* 7
blogosphere blogosfera *f.* 7
blood sangre *f.* 4; **(high/low) blood pressure** tensión (alta/baja) *f.* 4
blow soplar *v.;* **to blow out the candles** apagar las velas *v.* 8
blurred confuso/a *adj.* 1
blush enrojecer *v.*
board embarcar *v.;* **on board** a bordo *adj.* 5
board game juego de mesa *m.* 2
boat bote *m.* 5
body cuerpo *m.*
boil hervir (e:ie) *v.* 3
bombing bombardeo *m.* 6
border frontera *f.* 5
border límite *m.* 11
bore aburrir *v.* 2
borrow pedir prestado/a *v.* 8
both ambos/as *pron., adj.*
bother molestar *v.* 2
bottom fondo *m.*
bow proa *f.* 5
bowling boliche *m.* 2
box caja *f.;* **toolbox** caja de herramientas *f.*
box office taquilla *f.* 2
branch sucursal *f.*
brand marca *f.*
brave valiente 5
bravery valor *m.*
break in (to a conversation) meterse *v.* 1
break up (with) romper (con) *v.* 1
breakthrough avance *m.* 7
breath respirar *v.* 1
breathing respiración *f.* 4
brick ladrillo *m.*
bridge puente *m.* 12
bright luminoso/a *adj.* 10
bring traer *v.* 1; **to bring down** derribar *v.*; **to bring up (raise)** educar *v.* 1
broadcast emisión *f.;* **live broadcast** emisión en vivo/directo *f.*
broadcast transmitir *v.* 9
broom escoba *f.*
brush cepillarse *v.* 2; **to brush against** rozar *v.*
brush stroke pincelada *f.* 10
Buddhist budista *adj.* 11
budget presupuesto *m.* 8
buffalo búfalo *m.*
bull ring ruedo *m.* 2
bullfight corrida *f.* 2
bullfighter torero/a *m., f.* 2; **bullfighter who kills the bull** matador/a *m., f.* 2; **bullfighter's outfit** traje de luces *m.* 2
bullfighting toreo *m.* 2; **bullfighting stadium** plaza de toros *f.* 2
bureaucracy burocracia *f.*
buried enterrado/a *adj.* 2
burrow madriguera *f.* 3
bury enterrar (e:ie), sepultar *v.* 12
business negocio *m.*
businessman hombre de negocios *m.* 8
businesswoman mujer de negocios *f.* 8
butterfly mariposa *f.*

C

cage jaula *f.*
calculation, sum cuenta *f.*
calm tranquilo/a *adj.* 1
calm down calmarse *v.;* **Calm down.** Tranquilo/a.
campaign campaña *f.* 11
campground campamento *m.* 5
cancel cancelar *v.* 5
cancer cáncer *m.*
candidate candidato/a *m., f.* 11
candle vela *f.*
canon canon *m.* 10
canvas tela *f.* 10
capable capaz *adj.* 8
cape cabo *m.*
captain capitán *m.*
card tarjeta *f.;* **boarding card** tarjeta de embarque *f.* 5; **credit/debit card** tarjeta de crédito/débito *f.* 3; **(playing) cards** cartas, *f. pl.* 2, naipes *m. pl.* 2
care cuidado *m.* 1; **personal care** aseo personal *m.*
careful cuidadoso/a *adj.* 1
caress acariciar *v.* 3, 10
carriage vagón *m.* 7
carry llevar *v.* 2; **to carry away** llevarse *v.* 2; **to carry out** cumplir *v.* 8; **to carry out (an activity)** llevar a cabo *v.*
cascade cascada *f.* 5
case: in any case de todas formas 12
cash dinero en efectivo *m.;* (*Arg.*) guita *f.*
cashier cajero/a *m., f.*
casket ataúd *m.* 2
cast yeso *m.* 4
catastrophe catástrofe *f.*
catch atrapar *v.* 6
catch pillar *v.* 9
category categoría *f.* 5
Catholic católico/a *adj.* 11
cautious prevenido/a *adj.*
cave cueva *f.*
celebrate celebrar, festejar *v.* 2
celebrity celebridad *f.* 9
cell célula *f.* 7; celda *f.*
cell phone móvil *m.* 7, *teléfono celular* **m.** 7
cemetery cementerio *m.* 12
censorship censura *f.* 9
cent centavo *m.*
century siglo *m.* 12
certain cierto/a *adj.*
certainty certeza *f.* certidumbre *f.* 12
challenge desafío *m.* 7; desafiar *v.* 2; poner a prueba *v.*
challenging desafiante *adj.* 4
champion campeón/campeona *m., f.* 2
championship campeonato *m.* 2
chance azar, *m.* 5, 12 casualidad *f.* 5; **by chance** por casualidad 3
change cambio *m.;* cambiar; mudar *v.* 2; **to change (plains, trains)** hacer transbordo *v.* 5
channel canal *m.* 9; **television channel** canal de televisión *m.*
chapel capilla *f.* 11
chapter capítulo *m.*
character personaje *m.* 10; **main/secondary character** personaje principal/secundario *m.*
characteristic (trait) rasgo *m.*
characterization caracterización *f.* 10
charge cobrar *v.* 8
charge: be in charge of encargarse de *v.* 1; estar a cargo de; estar encargado/a de; **person in charge** encargado/a *m., f.*
cheap (stingy) tacaño/a *adj.* 1; **(inexpensive)** barato/a *adj.* 3
cheek mejilla *f.* 10
cheer up animar *v.;* **Cheer up!** ¡Anímate!(*sing.*); ¡Anímense! (*pl.*) 2
Cheers! ¡Salud! 8
chef cocinero/a *m., f.*
chemical químico/a *adj.* 7
chemist químico/a *m., f.* 7
chess ajedrez *m.* 2, 12
chessboard tablero *m.* 12
chest pecho *m.* 10
chew masticar *v.*
childhood infancia *f.*
choir coro *m.*
choose elegir (e:i) *v.;* escoger *v.* 1
chore quehacer *m.* 3
chorus coro *m.*
chosen elegido/a *adj.*
Christian cristiano/a *adj.* 11
church iglesia *f.* 11
cinema cine *m.* 2
circus circo *m.* 2
cistern cisterna *f.* 6
citizen ciudadano/a *m., f.* 11
civilization civilización *f.* 12
civilized civilizado/a *adj.*
claim reclamar *v.* 11
clarify aclarar *v.* 9
classic clásico/a *adj.* 10
clean limpiar *v.* 3
clean (pure) puro/a *adj.*
cleanliness aseo *m.*
clear (the table) quitar (la mesa) *v.* 3
clearing limpieza *f.* 3
click hacer clic 7
cliff acantilado *m.*
climate clima *m.*
climb (mountain) escalada *f.*
climber escalador(a) *m., f.*
clock reloj *m.* 12
cloister claustro *m.* 11
clone clonar *v.* 7
clown payaso/a *m., f.* 8
club club *m.;* **sports club** club deportivo *m.* 2
coach (train) vagón *m.* 7; **coach (trainer)** entrenador(a) *m., f.* 2
coast costa *f.* 6
cockroach cucaracha *f.* 6
coincidence casualidad *f.* 5
cold resfriado *m.* 4; **to have a cold** estar resfriado/a *v.* 4
collect coleccionar *v.*
colonize colonizar *v.* 12
colony colonia *f.* 12
columnist columnista *m., f.* 9
comb one's hair peinarse *v.* 2
combatant combatiente *m., f.*

come venir *v.* 1; **to come back** volver (o:ue) *v.*; **to come from** provenir (de) *v.*; **to come to an end** acabarse *v.* 6; **to come with** acompañar *v.* 10
comedian comediante *m., f.* 1
comet cometa *m.* 7
comic strip tira cómica *f.* 9
commerce comercio *m.* 8
commercial anuncio *m.* 9
commitment compromiso *m.* 1
community comunidad *f.* 4
company compañía *f.*, empresa *f.* 8; **multinational company** empresa multinacional *f.*, multinacional *f.* 8
compass brújula *f.* 5
competent capaz *adj.* 8
complain (about) quejarse (de) *v.* 2
complaint queja *f.*
complicated rebuscado/a *adj.*
compose componer *v.* 1
composer compositor(a) *m., f.*
computer science informática *f.* 7; computación *f.*
concert concierto *m.* 2
condition (illness) dolencia *f.* 4
conference conferencia *f.* 8
confess confesar (e:ie) *v.*
confidence confianza *f.* 1
confident seguro/a *adj.* 1
confront enfrentar *v.*
confuse (with) confundir (con) *v.*
confused confundido/a *adj.*
congested congestionado/a *adj.*
Congratulations! ¡Felicidades!; **Congratulations to all!** ¡Felicidades a todos!
connection conexión *f.*; **to have good connections** estar relacionado *v.*
conquer conquistar, *v.* vencer *v.* 2, 9, 12
conqueror conquistador(a) *m., f.* 12
conquest conquista *f.* 12
conscience conciencia *f.*
consequently por consiguiente *adj.*
conservative conservador(a) *adj.* 11
conserve conservar *v.* 6
consider considerar *v.*
consulate consulado *m.* 11
consultant asesor(a) *m., f.* 8
consumption consumo *m.*; **energy consumption** consumo de energía *m.*
contaminate contaminar *v.* 6
contamination contaminación *f.* 6
contemporary contemporáneo/a *adj.* 10
contented: be contented with contentarse con *v.* 1
contract contrato *m.* 8; contraer *v.* 1
contribute contribuir (a) *v.* 6
contribution aportación *f.* 11
controversial controvertido/a *adj.* 9
controversy polémica *f.* 11
cook cocinero/a *m., f.*
cook cocinar *v.* 3
corner rincón *m.* 11
cornmeal cake arepa *f.* 11
correspondent corresponsal *m., f.* 9
corruption corrupción *f.*
costly costoso/a *adj.*
costume disfraz *m.*; **in costume** disfrazado/a *adj.*
cough tos *f.* 4
cough toser *v.* 4
count contar (o:ue) *v.* 2; **to count on** contar con *v.*
countryside campo *m.* 6
couple pareja *f.* 1
courage coraje *m.*
course: of course claro *interj.* 3; por supuesto; ¡cómo no!
court tribunal *m.*
cover portada *f.* 9 tapa *f.*
cow vaca *f.* 6
crash choque *m.* 3
create crear *v.* 7
creativity creatividad *f.*
crisis crisis *f.*; **economic crisis** crisis económica *f.* 8
critic crítico/a *m., f.*; **movie critic** crítico/a de cine *m., f.* 9
critical crítico/a *adj.*
critique criticar *v.* 10
cross cruzar *v.*
crowd multitud *f.*
cruise (ship) crucero *m.* 5
cry llorar *v.* 3
crying llanto *m.* 3
cubism cubismo *m.* 10
culture cultura *f.*; **pop culture** cultura popular *f.*
cultured culto/a *adj.* 12
currently actualmente *adv.*
curse maldición *f.*
custom costumbre *f.* 3
customs aduana *f.*; **customs agent** agente de aduanas *m., f.* 5
cut corte *m.*

D

daily diario/a *adj.* 3
dam represa *f.*
damp húmedo/a *adj.* 6
dance bailar *v.* 1
dance club discoteca *f.* 2
dancer bailarín/bailarina *m., f.*
danger peligro *m.*
dangerous peligroso/a *adj.* 5
dare (to) atreverse (a) *v.* 2
darken oscurecer *v.* 6
darts dardos *m. pl.* 2
data datos *m.*; **piece of data** dato *m.*
date cita *f.*; **blind date** cita a ciegas *f.* 1
datebook agenda *f.* 3
dawn alba *f.* 11
day día *m.*
daybreak alba *f.* 11
deaf sordo/a *adj.*; **to go deaf** quedarse sordo/a *v.* 4
deal with (be about) tratarse de *v.* 10
death muerte *f.*
debt deuda *f.* 8
debt collector cobrador(a) *m., f.* 8
debtor moroso/a *m., f.* 8
debut (premiere) estreno *m.* 2
decade década *f.* 12
decrease disminuir *v.*
dedication dedicatoria *f.* 11
deep hondo/a *adj.* 2; profundo/a *adj.*
deer venado *m.*
defeat vencer *v.* 2, 9
defeat derrota *f.*; derrotar *v.* 12
defeated derrotado/a *adj.* 12
deforestation deforestación *f.* 6
defrost descongelar(se) *v.* 7
delay demora *f.* 12; retraso *m.*; atrasar *v.*; demorar *v.*; retrasar *v.*
delayed retrasado/a *adj.* 5
delivery entrega *f.*
demand reclamar *v.* 11; exigir *v.* 1, 4, 8
democracy democracia *f.* 11
demonstration manifestación *f.* 11
den madriguera *f.* 3
denounce delatar *v.* 3; denunciar *v.* 9
depict reflejar *v.* 10
deposit depositar *v.* 8
depressed deprimido/a *adj.* 1
depression depresión *f.* 4
descendent descendiente *m., f.* 12
desert desierto *m.* 6
deserve merecer *v.* 8
design diseñar *v.* 8, 10
desire deseo *m.*; gana *f.*
desire desear *v.* 4
destination destino *m.* 5
destroy destruir *v.* 6
detective (story/novel) policíaco/a *adj.* 10
deteriorate empeorar *v.* 4
detest detestar *v.*
devastated deshecho *adj.* 2
developed desarrollado/a *adj.* 12
developing en vías de desarrollo *adj.*; **developing country** país en vías de desarrollo *m.*
development desarrollo *m.* 6
diamond diamante *m.* 5
dictator dictador(a) *m., f.* 12
dictatorship dictadura *f.*
die fallecer *v.*; **to die of** morirse (o:ue) de *v.* 2
diet (nutrition) alimentación *f.* 4; dieta *f.*; **to be on a diet** estar a dieta *v.* 4; **to go on a diet** ponerse a dieta *v.* 4
difficult duro/a *adj.* 7
digestion digestión *f.*
digital digital *adj.* 7
dinner guest comensal *m., f.* 10
direct dirigir *v.* 1
director director(a) *m., f.*
disappear desaparecer *v.* 1, 6
disappointment desilusión *f.*
disaster catástrofe *f.*; **natural disaster** catástrofe natural *f.*
discomfort malestar *m.* 4
discotheque discoteca *f.* 2
discouraged desanimado/a *adj.* **to get discouraged** desanimarse *v.*; **the state of being discouraged** desánimo *m.* 1
discover descubrir *v.* 4
discoverer descubridor(a) *m., f.*
discovery descubrimiento *m.* 7; hallazgo *m.* 4
discriminated discriminado/a *adj.*
discrimination discriminación *f.*
disease enfermedad *f.* 4

disguised disfrazado/a *adj.*
disgusting: to be disgusting dar asco *v.*
disorder desorden *m.* 7; **(condition)** trastorno *m.*
display lucir *v.* 3
disposable desechable *adj.* 6
distant lejano/a *adj.* 5
distinguish distinguir *v.* 1
distract distraer *v.* 1
distracted distraído/a *adj.*; **to get distracted** descuidar(se) *v.* 6
disturbing inquietante *adj.* 10
diversity diversidad *f.* 4
divorce divorcio *m.* 1
divorced divorciado/a *adj.* 1
dizzy mareado/a *adj.* 4
DNA ADN (ácido desoxirribonucleico) *m.* 7
do hacer *v.* 1, 4; **to be (doing something)** andar + *pres. participle v.*; **to do someone the favor** hacer el favor *v.*; **to do something on purpose** hacer algo a propósito *v.*
doctor's appointment consulta *f.* 4
doctor's office consultorio *m.* 4
documentary documental *m.* 9
dominoes dominó *m.*
doorbell timbre *m.*; **to ring the doorbell** tocar el timbre *v.*
double (*in movies*) doble *m., f.* 9
doubt interrogante *m.* 7; **to be no doubt** no caber duda *v.*
download descargar *v.* 7
drag arrastrar *v.*; **drag out** alargar *v.* 1
draw dibujar *v.* 10
dream (about) soñar (o:ue) (con) *v.* 1
dreams sueños *m.* 1
dressing room probador *m.* 3; **(*star's*)** camerino *m.* 9
drink beber *v.* 1
drinking glass copa *f.*
drive conducir *v.* 1; manejar *v.*
drought sequía *f.* 6
drown ahogarse *v.*
drowned ahogado/a *adj.* 5
dry seco/a *adj.* 6; secar *v.*; **to dry off** secarse *v.* 2
dub (*film*) doblar *v.*
dubbed doblado/a *adj.* 9
dubbing doblaje *m.*
dust polvo *m.* 3; **to dust** quitar el polvo *v.* 3
duty deber *m.* 8

E

earn ganar *m.*; **to earn a living** ganarse la vida *v.* 8
earth tierra *f.* 6; **What on earth...?** ¿Qué rayos...? 5
earthquake terremoto *m.* 6
easy-going (*permissive*) permisivo/a *adj.* 1
eat comer *v.* 1, 2; **to eat up** comerse *v.* 2
ecosystem ecosistema *m.* 6
ecotourism ecoturismo *m.* 5
edible comestible *adj.*; **edible plant** planta comestible *f.*
editor redactor(a) *m., f.* 9
editor-in-chief redactor(a) jefe *m., f.*
educate educar *v.*
educated (*cultured*) culto/a *adj.* 12
educational didáctico/a *adj.* 10
efficient eficiente *adj.*
effort esfuerzo *m.*
either... or... o… o… *conj.*
elbow codo *m.*
elder mayor *m.* 12
elderly anciano/a *adj.*; **elderly gentleman/lady** anciano/a *m., f.*
elect elegir (e:i) *v.* 11
elected elegido/a *adj.*
electoral electoral *adj.*
electricity luz *f.* 7
electronic electrónico/a *adj.*
e-mail address dirección de correo electrónico *f.* 7
embarrass avergonzar *v.* 8
embarrassed avergonzado/a *adj.*
embarrassment vergüenza *f.*
embassy embajada *f.* 11
emigrate emigrar *v.* 11
emotion sentimiento *m.* 1
emperor emperador *m* 12
emphasize destacar *v.*
empire imperio *m.* 12
employed empleado/a *adj.* 8
employee empleado/a *m., f.* 8
employment empleo *m.* 8
empress emperatriz *f.* 12
encourage animar *v.*
end fin *m.*; **(*rope, string*)** cabo *m.*
endangered en peligro de extinción *adj.*; **endangered species** especie en peligro de extinción *f.*
ending desenlace *m.*
energetic enérgico/a *adj.* 8
energy energía *f.*; **nuclear energy** energía nuclear *f.*; **wind energy** energía eólica *f.*
engineer ingeniero/a *m., f.* 7
enjoy disfrutar (de) *v.* 2; **Enjoy your meal.** Buen provecho.
enough bastante *adv.* 3
enslave esclavizar *v.* 12
enter ingresar *v.*; **to enter data** ingresar datos *v.*
entertain (oneself) entretener(se) (e:ie) *v.* 2
entertaining entretenido/a *adj.* 2
entertainment farándula *f.* 1
entrance hall zaguán *m.* 3
entrepreneur empresario/a *m., f.* 8
envelope sobre *m.*
environment medio ambiente *m.* 6
environmental ambiental *adj.* 6
epidemic epidemia *f.* 4
episode episodio *m.* 9; **final episode** episodio final *m.* 9
equal igual *adj.* 11
equality igualdad *f.*
era época *f.* 12
erase borrar *v.* 7
erosion erosión *f.* 6
errands mandados *m. pl.* 3; **to run errands** hacer mandados *v.* 3
essay ensayo *m.*
essayist ensayista *m., f.* 10
establish (oneself) establecer(se) *v.* 12
eternal eterno/a *adj.*
ethical ético/a *adj.* 7; **unethical** poco ético/a *m., f.*
even siquiera *conj.*; **not even** ni siquiera *conj.*
event acontecimiento *m.* 9
everyday cotidiano/a *adj.* 3; **everyday life** vida cotidiana *f.*
example (*sample*) muestra *f.*
exchange: in exchange for a cambio de
excited emocionado/a *adj.* 1
exciting excitante *adj.*
excursion excursión *f.* 5
excuse disculpar *v.*; **Excuse me; Pardon me** Perdona (*fam.*)/Perdone (*form.*); Con permiso.
executive ejecutivo/a *m., f.* 8; **of an executive nature** de corte ejecutivo 8
exhausted agotado/a *adj.* 4; fatigado/a *adj.* 4
exhaustion cansancio *m.* 3
exhibition exposición *f.*
exile exilio *m.*; **political exile** exilio político *m.* 11
exit salida *f.* 6
exotic exótico/a *adj.*
expel expulsar *v.* 12
expensive caro/a *adj.* 3; costoso/a *adj.*
experience experiencia *f.* 8; experimentar *v.*
experiment experimento *m.* 7
expire caducar *v.*
expired vencido/a *adj.* 5
exploit explotar *v.* 12
exploitation explotación *f.*
exploration exploración *f.*
explore explorar *v.*
export exportar *v.* 8
exports exportaciones *f., pl.*
expressionism expresionismo *m.* 10
extinct: become extinct extinguirse *v.* 6
extinguish extinguir *v.*

F

facial features facciones *f., pl.* 3
facilities servicios *m., pl*
fact hecho *m.* 3
factor factor *m.*; **risk factors** factores de riesgo *m. pl.*
factory fábrica *f.*
fad moda pasajera *f.* 9
faint desmayarse *v.* 4
fair feria *f.* 2
faith fe *f.* 11
fall caer *v.* 1; **to fall in love (with)** enamorarse (de) *v.* 1
fame fama *f.* 9
famous famoso/a *adj.* 9; **to become famous** hacerse famoso *v.* 9
fan (of) aficionado/a (a) *adj.* 2; **to be a fan of** ser aficionado/a de *v.*
farewell despedida *f.* 5
fascinate fascinar *v.* 2
fashion moda *f.*; **in fashion, popular** de moda *adj.* 9

fasten abrochase *v.;* **to fasten one's seatbelt** abrocharse el cinturón de seguridad *v.*; **to fasten (the seatbelt)** ponerse (el cinturón de seguridad) *v.* **5**
fatigue fatiga *f.* **8**
favor favor *m.;* **to do someone the favor** hacer el favor *v.*
favoritism favoritismo *m.* **11**
fed up (with) harto/a *adj.;* **to be fed up (with); to be sick (of)** estar harto/a (de) *v.* **1**
feed dar de comer *v.* **6**
feel sentirse (e:ie) *v.* **1; (experience)** experimentar *v.;* **to feel like** dar la gana *v.* **9**; sentir/tener ganas de *v.*
feeling sentimiento *m.* **1**
festival festival *m.* **2**
fever fiebre *f.* **4; to have a fever** tener fiebre *v.* **4**
field campo *m.* **6**; cancha *f.* **2**
fight lucha *f.* pelear *v.;* **to fight (for)** luchar por *v.;* **to fight bulls** lidiar *v.* **2; to fight bulls in the bullring** torear *v.* **2**
figuratively en sentido figurado *m.*
file archivo *m.;* **to download a file** bajar un archivo *v.*
filled up completo/a *adj.;* **The hotel is filled.** El hotel está completo.
filling contundente *adj.* **10**
film película *f.;* rodar (o:ue) *v.* **9**
finance(s) finanzas *f. pl.;* financiar *v.* **8**
financial financiero/a *adj.* **8**
find out averiguar *v.* **1**
finding hallazgo *m.* **4**
fine multa *f.*
fine arts bellas artes *f., pl.* **10**
fingernail uña *f.*
finish line meta *f.*
fire incendio *m.* **6**; despedir (e:i) *v.* **8**
fired despedido/a *adj.*
fireplace hogar *m.* **3**
first aid primeros auxilios *m., pl.* **4**
first and foremost antes que nada
fish pez *m.* **6**
fishing pesca *f.* **5**
fit caber *v.* **1; (clothing)** quedar *v.* **2**
fitting room vestidor *m.*
flag bandera *f.*
flask frasco *m.*
flavor sabor *m.;* **What flavor is it? Chocolate?** ¿Qué sabor tiene? ¿Chocolate? **4**
flee huir *v.* **3**
fleeting pasajero/a *adj.*
flexible flexible *adj.*
flight vuelo *m.*
flight attendant auxiliar de vuelo *m., f.*
flirt coquetear *v.* **1**
float flotar *v.* **5**
flood inundación *f.* **6**; inundar *v.*
floor suelo *m.*
flower florecer *v.* **6**
flu gripe *f.* **4**
fly mosca *f.* **6**; volar (o:ue) *v.* **8**
fog niebla *f.*
fold doblar *v.*
follow seguir (e:i) *v.*
folly insensatez *f.* **4**
fond of aficionado/a (a) *adj.* **2**
food comida *f.* **6**; alimento *m.* **canned food** comida enlatada *f.* **6; fast food** comida rápida *f.* **4**
foot (*of an animal*) pata *f.*
forbidden vedado/a *adj.* **3**
force fuerza *f.;* **armed forces** fuerzas armadas *f., pl.* **12; labor force** fuerza laboral *f.*
forced forzado/a *adj.* **12**
forefront: at the forefront a la vanguardia
foresee presentir (e:ie); prever *v.*
forest bosque *m.*
forget (about) olvidarse (de) *v.* **2**
forgetfulness; olvido *m.* **1**
forgive perdonar *v.*
form forma *f.*
formulate formular *v.* **7**
forty-year-old; in her/his forties cuarentón/cuarentona *adj.* **11**
fountain fuente *f.*
frame marco *m.*
free time tiempo libre *m.* **2**; ratos libres *m. pl.* **2**
freedom libertad *f.* **11; freedom of the press** libertad de prensa *f.* **9**
freeze congelar(se) *v.* **7**
freeze helar (e:ie) *v.*
frequently a menudo *adv.* **3**
friar fraile *m.* **11**
frightened asustado/a *adj.*
frog rana *f.* **6**
front desk recepción *f.* **5**
front page portada *f.* **9**
frozen congelado/a *adj.*
fry freír (e:i) *v.* **3**
fuel combustible *m.* **6**
full lleno/a *adj.;* **full-length film** largometraje *m.*
fun divertido/a *adj.* **2**
funny gracioso/a *adj.* **1; to be funny (to someone)** hacerle gracia (a alguien)
furnished amueblado/a *adj.*
furniture mueble *m.* **3**
futuristic futurístico/a *adj.*

G

gain weight engordar *v.* **4**
gallery galería *f.* **10**
game juego *m.* **2; ball game** juego de pelota *m.* **5; board game** juego de mesa *m.* **2**; partida *f.* **12; (*sports*)** partido *m.*; **to win/lose a game** ganar/perder un partido *v.* **2**
garbage (*poor quality*) porquería *f.* **10**
gate: airline gate puerta de embarque *f.* **5**
gaze mirada *f.* **1**
gene gen *m.* **7**
generate generar *v.*
generous generoso/a *adj.*
genetics genética *f.* **4**
genuine auténtico/a *adj.* **3**
gesture gesto *m.*
get obtener *v.;* **to get a movie** alquilar una película *v.* **2; to get a shot** poner(se) una inyección *v.* **4; to get along** congeniar *v.;* **to get along well/poorly** llevarse bien/mal *v.* **1; to get bored** aburrirse *v.* **2; to get caught** enganchar *v.* **5; to get discouraged** desanimarse *v.*; **to get distracted; neglect** descuidar(se) *v.* **6; to get dressed** vestirse (e:i) *v.* **2; to get hurt** lastimarse *v.* **4; to get in shape** ponerse en forma *v.* **4; to get information** informarse *v.*; **to get ready** arreglarse *v.* **3; to get sick** enfermarse *v.* **4; to get tickets** conseguir (e:i) boletos/entradas *v.* **2; to get together (with)** reunirse (con) *v.* **2; to get up** levantarse *v.* **2; to get upset** afligirse *v.* **3; to get used to** acostumbrarse (a) *v.* **3; to get vaccinated** vacunarse *v.* **4; to get well/ill** *v.* ponerse bien/mal **4; to get wet** mojarse *v.;* **to get worse** empeorar *v.* **4**
gift obsequio *m.* **11**
give dar *v.;* **to give a prize** premiar *v.*; **to give a shot** poner una inyección *v.* **4; to give up** darse por vencido *v.* **6**; ceder **11; to give way to** dar paso a *v.*
gladly con mucho gusto **10**
glance vistazo *m.*
global warming calentamiento global *m.* **6**
globalization globalización *f.*
go ir *v.* **1, 2; to go across** recorrer *v.* **5; to go around (the world)** dar la vuelta (al mundo) *v.*; **to go away (from)** irse (de) *v.* **2; to go out** salir *v.* **1; to go out (to eat)** salir (a comer) *v.* **2; to go out with** salir con *v.* **1; to go shopping** ir de compras *v.* **3; go to bed** acostarse (o:ue) *v.* **2; go to sleep** dormirse (o:ue) *v.* **2; go too far** pasarse *v.*; **go too fast** embalarse *v.* **9**
goat cabra *f.*
God Dios *m.* **11**
god/goddess dios(a) *m., f.* **5**
goldfish pececillo de colores *m.*
good bueno/a *adj.* **to be good (i.e. *fresh*)** estar bueno *v.*; **to be good (*by nature*)** ser bueno *v.*
goodness bondad *f.*
gossip chisme *m.* **9**
govern gobernar (e:ie) *v.* **11**
government gobierno *m.;* **government agency** organismo público *m.* **9**;
governor gobernador(a) *m., f.* **11**
graduate titularse *v.* **3**
grass hierba *f.;* **pasto** *m.*
gratitude agradecimiento *m.*
gravity gravedad *f.* **7**
great-great-grandfather/mother tatarabuelo/a *m., f.* **12**
group grupo *m.;* **musical group** grupo musical *m.*
grow crecer *v.* **1**; cultivar *v.* **to grow accustomed to;** acostumbrarse (a) *v.* **3; grow up** criarse v. 1
growth crecimiento *m.*
Guarani guaraní *m.* **9**
guarantee asegurar *v.*
guess adivinar *v.*
guilt culpa *f.*
guilty culpable *adj.* **11**
guy tipo *m.* **2**
gymnasium gimnasio *m.*

H

habit costumbre *f.* 3
habit: be in the habit of soler (o:ue) *v.* 3
half mitad *f.*
hall sala *f.* **concert hall** sala de conciertos *f.*
hang (up) colgar (o:ue) *v.*
happen suceder *v.* 1; **These things happen.** Son cosas que pasan. 11
happiness felicidad *f.*
happy feliz *adj.* 3
hard arduo *adj.* 3; duro/a *adj.* 7
hardly apenas *adv.* 3
hard-working trabajador(a) *adj.* 8
harmful dañino/a *adj.* 6
harvest cosecha *f.*
hate odiar *v.* 1
have tener *v.* 1; **to have fun** divertirse (e:ie) *v.* 2
headline titular *m.* 9
heal curarse; sanar *v.* 4
healing curativo/a *adj.* 4
health salud *f.* 4; **To your health!** ¡A tu salud!
healthy saludable, sano/a *adj.* 4
hear oír *v.* 1
heart corazón *m.* 1; **heart and soul** cuerpo y alma
heavy (*filling*) contundente *adj.* 10; **heavy rain** diluvio *m.*
heel tacón *m.* 12; **high heel** tacón alto *m.*
height cima *f.* 1; ***(highest level)*** apogeo m. 5
help (aid) auxilio *m.*
heritage herencia *f.*; **cultural heritage** herencia cultural *f.* 12
heroic heroico/a *adj.* 12
hide ocultarse *v.* 3
high definition de alta definición *adj.* 7
highest level apogeo *m.* 5
hill cerro *m.*; colina *f.*
Hindu hindú *adj.* 11
hire contratar *v.* 8
historian historiador(a) *m., f.* 12
historic histórico/a *adj.* 12
historical histórico/a *adj.* 10; **historical period** era *f.* 12
history historia *f.* 12
hold (*hug*) abrazar *v.* 1; **hold your horses** parar el carro *v.* 9
hole agujero *m.*; **black hole** agujero negro *m.* 7; **hole in the ozone layer** agujero en la capa de ozono *m.*; **small hole** agujerito *m.* 7
holy sagrado/a *adj.* 11
home hogar *m.* 3
honey miel *f.* 8
honored distinguido/a *adj.*
hope esperanza *f.* 6; ilusión *f.*
horror (*story/novel*) de terror *adj.* 10
horseshoe herradura *f.* 12
host(ess) anfitrión/anfitriona *m., f.* 8
hostel albergue *m.* 5
hour hora *f.*
hug abrazar *v.* 1
humankind humanidad *f.* 12
humid húmedo/a *adj.* 6
humiliate humillar *v.* 8
humorous humorístico/a *adj.* 10
hungry hambriento/a *adj.*
hunt cazar *v.* 6
hurricane huracán *m.* 6
hurry prisa *f.* 6; **to be in a hurry** tener apuro *v.*
hurt herir (e: ie) *v.* 1; doler (o:ue) *v.* 2; **to get hurt** lastimarse *v.* 4; **to hurt oneself** hacerse daño; **to hurt someone** hacerle daño a alguien
husband marido *m.*
hut choza *f.* 12
hygiene aseo *m.*
hygienic higiénico/a *adj.*

I

ideology ideología *f.* 11
illness dolencia *f.* 4; enfermedad *f.*
ill-tempered malhumorado/a *adj.*
illusion ilusión *f.*
image imagen *f.* 2, 7
imagination imaginación *f.*
immature inmaduro/a *adj.* 1
immediately en el acto 3
immigration inmigración *f.* 11
immoral inmoral *adj.* 11
import importar *v.* 8
important importante *adj.* 4; **be important (to); to matter** importar *v.* 2, 4
imported importado/a 8
imports importaciones *f., pl.*
impossible (to put off) impostergable *adj.* 12
impress impresionar *v.* 1
impressionism impresionismo *m.* 10
improve mejorar *v.* 4; perfeccionar *v.*
improvement adelanto *m.* 4
in love (with) enamorado/a (de) *adj.* 1
inadvisable poco recomendable *adj.* 5
incapable incapaz *adj.* 8
included incluido/a *adj.* 5
incompetent incapaz *adj.* 8
increase aumento *m.*
independence independencia *f.* 12
index índice *m.*
indigenous indígena *adj.* 9
indigenous person indígena *m., f.* 4
industrious trabajador(a) *adj.* 8
industry industria *f.*
inexpensive barato/a *adj.* 3
infected: become infected contagiarse *v.* 4
inflamed inflamado/a *adv.* 4; **become inflamed** inflamarse *v.*
inflexible inflexible *adj.*
influential influyente *adj.* 9
inform avisar *v.*; **to be informed** estar al tanto *v.* 9; **to become informed (about)** enterarse (de) *v.* 9
inhabit habitar *v.* 12
inhabitant habitante *m., f.* 12; poblador(a) *m., f.*
inherit heredar *v.*
injure lastimar *v.*
injured herido/a *adj.*
injury herida *f.* 4
innovative innovador(a) *adj.* 7
insanity locura *f.*
insect bite picadura *f.*
insecure inseguro/a *adj.* 1
insincere falso/a *adj.* 1
insist on insistir en *v.* 4
inspired inspirado/a *adj.*
instability inestabilidad *f.* 12
install instalar *v.* 7
insult ofensa *f.* 10
insurance seguro *m.* 5
intelligent inteligente *adj.*
intensive care terapia intensiva *f.* 4
interest interesar *v.* 2
interesting interesante *adj.*; **to be interesting** interesar *v.* 2
Internet Internet *m., f.* 7
interview entrevista *f.*; entrevistar *v.*; **job interview** entrevista de trabajo *f.* 8
intriguing intrigante *adj.* 10
invade invadir *v.* 12
invent inventar *v.* 7
invention invento *m.* 7
invest invertir (e:ie) *v.* 8
investigate investigar *v.* 7
investment inversión *f.*; **foreign investment** inversión extranjera *f.* 8
investor inversor(a) *m., f.*
iron plancha *f.*
irresponsible irresponsable *adj.*
island isla *f.* 5
isolate aislar *v.* 9
isolated aislado/a *adj.* 6
itinerary itinerario *m.* 5

J

jealous celoso/a *adj.*; **to be jealous of** tener celos de *v.* 1
jealousy celos *m. pl.*
Jewish judío/a *adj.* 11
job empleo *m.* 8; **(*position*)** puesto *m.* 8; **job interview** entrevista de trabajo *f.* 8
joke broma *f.* 1; chiste *m.* 1
joke bromear *v*
journalist periodista *m., f.* 9
joy regocijo *m.* 4
judge juez(a) *m., f.* 11
judgment juicio *m.*
jump salto *m.*
jungle selva *f.* 5
just justo/a *adj.* 11
just as tal como *conj.*
justice justicia *f.* 11

K

keep mantener *v.*; guardar *v.*; **to keep in mind** tener en cuenta *v.*; **to keep in touch** mantenerse en contacto *v.* 1; **to keep (something) to yourself** guardarse (algo) *v.* 1; **to keep up with the news** estar al día con las noticias *v.*
keyboard teclado *m.*
kick patada *f.* 3; patear *v.* 2
kidnapping secuestro *m.* 11
kind amable *adj.*
king rey *m.* 12
kingdom reino *m.* 12

kiss besar *v.* 1
know conocer *v.;* saber *v.* 1
knowledge conocimiento *m.* 12

L

label etiqueta *f.*
labor mano de obra *f.*
labor union sindicato *m.* 8
laboratory laboratorio *m.;* **space lab** laboratorio espacial *m.*
lack faltar *v.* 2
land tierra *f.* 6; terreno *m.* 6
land (*an airplane*) aterrizar *v.* 5
landscape paisaje *m.* 6
language idioma *m.* 9; lengua *f.* 9
laptop computadora portátil *f.* 7
late atrasado/a *adj.* 3
laugh reír(se) (e:i) *v.*
launch lanzar *v.*
law derecho *m.;* ley *f.*; **to abide by the law** cumplir la ley *v.* 11 ; **to approve a law; to pass a law** aprobar (o:ue) una ley *v.*
lawyer abogado/a *m., f.*
layer capa *f.;* **ozone layer** capa de ozono *f.* 6
lazy haragán/haragana 8
lead encabezar *v.* 12
leader líder *m., f.* 11
leadership liderazgo *m.* 11
lean (on) apoyarse (en) *v.*
learned erudito/a *adj.* 12
learning aprendizaje *m.* 12
leave marcharse *v.* ; dejar *v.*; **to leave alone** dejar en paz *v.* 8; **to leave someone** dejar a alguien *v.*
left over: to be left over quedar *v.* 2
leg (*of an animal*) pata *f.*
legend leyenda *f.* 5
leisure ocio *m.*
lend prestar *v.* 8
lesson (*teaching*) enseñanza *f.* 12
level nivel *m.;* **sea level** nivel del mar *m.*
liberal liberal *adj.* 11
liberate liberar *v.* 12
library biblioteca *f.* 12
lid tapa *f.*
lie mentira *f.* 1
life vida *f.;* **everyday life** vida cotidiana *f.*
light luz *f.* 1
lighthouse faro *m.* 5
lightning relámpago *m.* 6
lightning rayo *m.*
like gustar *v.* 2, 4; **I don't like ...at all!** ¡No me gusta nada… !; **to like very much** encantar, fascinar *v.* 2
like this; so así *adv.* 3
line cola *f.;* **to wait in line** hacer cola *v.* 2
line (*of poetry*) verso *m.* 10
link enlace *m.* 7
lion león *m.* 6
listener oyente *m., f.* 9
literature literatura *f.* 10; **children's literature** literatura infantil/juvenil *f.* 10
live en vivo, en directo *adj.* 9; **live broadcast** emisión en vivo/directo *f.*
live vivir *v.* 1
lively animado/a *adj.* 2
locate ubicar *v.*
located situado/a *adj.;* **to be located** ubicarse *v.*
lodge hospedarse *v.*
lodging alojamiento *m.* 5
loneliness soledad *f.* 3
lonely solo/a *adj.* 1
long largo/a *adj.;* **long-term** a largo plazo
look aspecto *m.;* **to take a look** echar un vistazo *v.*
look verse *v.;* **to look healthy/sick** tener buen/mal aspecto *v.* 4; **to look like** parecerse *v.* 2, 3; **to look out upon** dar a *v.*; **He/She looks so happy.** Se ve tan feliz. 6; **How attractive you look!** (*fam.*) ¡Qué guapo/a te ves! 6; **How elegant you look!** (*form.*) ¡Qué elegante se ve usted! 6; **It looks like he/she didn't like it.** Al parecer, no le gustó. 6; **It looks like he/she is sad/happy.** Parece que está triste/contento/a. 6; **He/She looks very sad to me.** Yo lo/la veo muy triste. 6
loose suelto/a *adj.*
lose perder (e:ie) *v.;* **to lose an election** perder las elecciones *v.* 11; **to lose a game** perder un partido *v.* 2; **to lose weight** adelgazar *v.* 4
loss pérdida *f.* 11
lottery lotería *f.*
loudspeaker altoparlante *m.*
love amor *m.;* amar; querer (e:ie) *v.* 1; **(un)requited love** amor (no) correspondido *m.*
lovely precioso/a *adj.* 1
lower bajar *v.*
loyalty lealtad *f.* 12
lucky afortunado/a *adj.*
luggage equipaje *m.*
luxurious lujoso/a 5; de lujo
luxury lujo *m.* 8
lying mentiroso/a *adj.* 1

M

madness locura *f.*
magazine revista *f.* 9; **online magazine** revista electrónica *f.* 9
magic magia *f.*
mailbox buzón *m.*
majority mayoría *f.* 11
make hacer *v.* 1, 4; **to make a (hungry) face** poner cara (de hambriento/a) *v.*; **to make a toast** brindar *v.* 2; **to make a wish** pedir un deseo *v.* 8; **to make fun of** burlarse (de) *v.*; **to make good use of** aprovechar *v.*; **to make one's way** abrirse paso *v.*; **to make sure** asegurarse *v.*; **make-up** maquillaje *f.* 3
male macho *m.*
mall centro comercial *m.* 3
manage administrar *v.* 8; dirigir *v.* 1; lograr; *v.* 3
manager gerente *m, f.* 8
manipulate manipular *v.* 9
manufacture fabricar *v.* 7
manuscript manuscrito *m.*
marathon maratón *m.*
maritime marítimo/a *adj.*
market mercado *m.* 8
marketing mercadeo *m.* 1
marriage matrimonio *m.*
married casado/a *adj.* 1
mass misa *f.* 2
masterpiece obra maestra *f.* 3
mathematician matemático/a *m., f.* 7
matter asunto *m.;* importar *v.* 2, 4
mature maduro/a *adj.* 1
Mayan Trail ruta maya *f.* 5
mayor alcalde/alcaldesa *m., f.* 11
mean antipático/a *adj.*
means medio *m.;* **media** medios de comunicación *m. pl.* 9
measure medida *f.;* medir (e:i) *v.;* **security measures** medidas de seguridad *f. pl.* 5
mechanical mecánico/a *adj.*
mechanism mecanismo *m.*
meditate meditar *v.* 11
meeting reunión *f.* 8
melt derretir(se) (e:i) *v.* 7
member socio/a *m., f.* 8
memory recuerdo *m.*
merchandise mercancía *f.*
mercy piedad *f.* 8
mess desorden *m.* 7
message mensaje *m.;* **text message** mensaje de texto *m.* 7
middle medio *m.*
Middle Ages Edad Media *f.*
military militar *m., f.* 11
minister ministro/a *m., f.;* **Protestant minister** ministro/a protestante *m., f.*
minority minoría *f.* 11
minute minuto *m.;* **last-minute news** noticia de último momento *f.*; **up-to-the-minute** de último momento *adj.* 9
miracle milagro *m.* 11
miser avaro/a *m., f.*
miss extrañar *v.;* perder (e:ie) *v.;* **to miss (someone)** extrañar a (alguien) *v.*; **to miss a flight** perder un vuelo *v.* 5
mistake: to be mistaken; to make a mistake equivocarse *v.*
mixed: person of mixed ethnicity (*part indigenous*) mestizo/a *m., f.* 12
mixture mezcla *f.*
mockery burla *f.*
model (*fashion*) modelo *m., f.*
modern moderno/a *adj.*
modify modificar, alterar *v.*
moisten mojar *v.*
moment momento *m.*
monarch monarca *m., f.* 12
money dinero *m.;* (*L. Am.*) plata *f.* 7; **cash** dinero en efectivo *m.* 3
monkey mono *m.* 6
monolingual monolingüe *adj.* 9
mood estado de ánimo *m.* 4; **in a bad mood** malhumorado/a *adj.*
moon luna *f.;* **full moon** luna llena *f.*
moral moral *adj.* 11
mortgage hipoteca *f.* 8
mosque mezquita *f.* 11
mountain montaña *f.* 6; monte *m.*; **mountain range** cordillera *f.* 6
move jugada *f.* 12; ***(change residence)*** mudarse v. 2
movement corriente *f.;* movimiento *m.* 10
movie theater cine *m.* 2

moving conmovedor(a) *adj.*
muralist muralista *m., f.* 10
murky turbio/a *adj.* 1
museum museo *m.*
music video video musical *m.* 9
musician músico/a *m., f.* 2
Muslim musulmán/musulmana *adj.* 11
myth mito *m.* 5

N

name nombrar *v.*
nape nuca *f.* 9
narrate narrar *v.* 10
narrative work narrativa *f.* 10
narrator narrador(a) *m., f.* 10
narrow estrecho/a *adj.*
native nativo/a *adj.*
natural resource recurso natural *m.* 6
navel ombligo *m.* 4
navigator navegante *m., f.* 7
navy armada *f.* 11
necessary necesario *adj.* 4
necessity necesidad *f.* 5; **of utmost necessity** de primerísima necesidad 5
need necesidad *f.* 5; necesitar *v.* 4
needle aguja *f.* 4
neglect descuidar *v.* 6
neighborhood barrio *m.*
neither... nor... ni… ni… *conj.*
nervous nervioso/a *adj.*
nest nido *m.*
network cadena *f.* 9; **cadena de televisión** television network *f.*
news noticia *f.*; **local/domestic/ international news** noticias locales/ nacionales/internacionales *f. pl.* 9; **news bulletin** informativo *m.* 9; **news report** reportaje *m.* 9; **news reporter** presentador(a) de noticias *m., f.*
newspaper periódico *m.*; **diario** m. 9
nice simpático/a, amable *adj.*
nightmare pesadilla *f.*
No way! ¡Ni loco/a! 9
noise ruido *m.*
nomination nominación *f.*
nominee nominado/a *m., f.*
nook rincón *m.* 11
notice aviso *m.* 5; fijarse *v.* 9 **to take notice of** fijarse en *v.* 2
novelist novelista *m., f.* 7, 10
now and then de vez en cuando 3
nun monja *f.*
nurse enfermero/a *m., f.* 4
nutritious nutritivo/a *adj.* 4; (***healthy***) saludable *adj.* 4

O

oar remo *m.* 5
obesity obesidad *f.* 4
obey obedecer *v.* 1
oblivion olvido *m.* 1
occur (to someone) ocurrírsele (a alguien) *v.*
offer oferta *f.* 9; ofrecerse (a) *v.*
office despacho *m.*
officer agente *m., f.*
often a menudo *adv.* 3
oil painting óleo *m.* 10
Olympics Olimpiadas *f. pl.*
on purpose a propósito *adv.* 3
once in a while de vez en cuando 3
online en línea *adj.* 7
open abrir(se) *v.*
open-air market mercado al aire libre *m.*
operate operar *v.*
operation operación *f.* 4
opinion opinión *f.*; **In my opinion, ...** A mi parecer,...; Considero que..., Opino que...; **to be of the opinion** opinar *v.*
oppose oponerse a *v.* 4
oppress oprimir *v.* 12
orchard huerto *m.*
originating (in) proveniente (de) *adj.*
ornate ornamentado/a *adj.*
others; other people los/las demás *pron.*
ought to deber + *inf.* *v.*
outdo oneself (*P. Rico; Cuba*) botarse *v.* 5
outline esbozo *m.*
out-of-date pasado/a de moda *adj.* 9
outrageous thing barbaridad *f.* 10
overcome superar *v.*
overdose sobredosis *f.*
overthrow derribar *v.*; **derrocar** *v.* 12
overwhelmed agobiado/a *adj.* 1
owe deber *v.* 8; **to owe money** deber dinero *v.* 2
own propio/a *adj.* 1
owner dueño/a *m., f.* 8; propietario/a *m., f.*

P

pack hacer las maletas *v.* 5
page página *f.*; **web page** página web 7
pain (*suffering*) sufrimiento *m.*
painkiller analgésico *m.* 4
paint pintura *f.* 10; pintar *v.* 3
paintbrush pincel *m.* 10
painter pintor(a) *m., f.* 3, 10
painting cuadro *m.* 3, 10; pintura *f.* 10
palm tree palmera *f.*
pamphlet panfleto *m.* 11
paradox paradoja *f.*
parish parroquia *f.* 12
park parque *m.*; estacionar *v.*; **amusement park** parque de atracciones *m.* 2
parrot loro *m.*
part parte *f.*; **to become part (of)** integrarse (a) *v.* 12
partner
(***couple***) pareja *f.* 1; (***member***) socio/ a *m., f.* 8
party (*politics*) partido *m.*; **political party** partido político *m.* 11
pass (*a class, a law*) aprobar (o:ue) *v.*; **to pass a law** aprobar una ley *v.* 11
passing pasajero/a *adj.*
passport pasaporte *m.* 5
password contraseña *f.* 7
pastime pasatiempo *m.* 2
pastry repostería *f.*
patent patente *f.* 7
path (*history*) trayectoria *f.* 1; prestarle atención a alguien *v.*
pay pagar *v.*; **to be well/poorly paid** ganar bien/mal *v.* 8; **to pay attention to someone** hacerle caso a alguien *v.* 1; prestarle atención a alguien *v.*
peace paz *f.*
peaceful pacífico/a *adj.* 12
peak cumbre *f.*; **pico** *m.*
peck picar *v.*
people pueblo *m.* 4
performance rendimiento *m.*; (***theater; movie***) función *f.* 2
perhaps acaso *adv.* 3
period punto *m.* 2
permanent fijo/a *adj.* 8
permission permiso *m.*
permissive permisivo/a *adj.* 1
persecute perseguir (e:i) *v.*
personal (*private*) particular *adj.*
pessimist pesimista *m., f.*
phase etapa *f.*
physicist físico/a *m. f.* 7
pick out seleccionar *v.* 3
pick up levantar *v.*
picnic picnic *m.*
picture imagen *f.* 2, 7
piece (*art*) pieza *f.* 10
pier muelle *m.* 5
pig cerdo *m.* 6
pill pastilla *f.* 4
pilot piloto *m., f.*
pious devoto/a *adj.* 11
piping tubería *f.* 6
pity pena *f.*; **What a pity!** ¡Qué pena!
place lugar *m.*
place poner *v.* 1, 2
place (*an object*) colocar *v.* 2
plan planear *v.*
planet planeta *m.* 7
planned previsto/a *adj., p.p.* 3
plateau: high plateau altiplano *m.* 11
play jugar *v.*; (***theater***) obra de teatro *f.* 10; (***literary***) obra literaria *f.* 10; **to play a CD** poner un disco compacto *v.* 2; **to play a CD** poner un disco compacto *v.* 2; disputar *v.* 12
player (CD/DVD/MP3) reproductor (de CD/ DVD/MP3) *m.* 7
playing cards cartas *f. pl.* 2; naipes *m. pl.* 2
playwright dramaturgo/a *m., f.* 10
plead rogar *v.* 4
pleasant (*funny*) gracioso/a *adj.* 1
please: Could you please...? ¿Tendría usted la bondad de + inf.... ? *(form.)*
plot trama *f.* 10; argumento *m.* 10
plumbing (*piping*) tubería *f.* 6
poet poeta *m., f.* 10
poetry poesía *f.* 10
point (to) señalar *v.* 2; **to point out** destacar *v.*
point of view punto de vista *m.* 10
poison veneno *m.* 6
poisoned envenenado/a *adj.* 6
poisonous venenoso/a *adj.* 6
politician político/a *m., f.* 11
politics política *f.*
pollen polen *m.* 8
pollute contaminar *v.* 6
pollution contaminación *f.* 6

poor quality (garbage) porquería *f.* 10
populate poblar *v.* 12
population población *f.* 4
port puerto *m.* 5
portable portátil *adj.*
portrait retrato *m.* 3
portray retratar *v.* 3
position puesto *m.* 8; cargo *m.* 1
possible posible *adj.*; **as much as possible** en todo lo posible
poverty pobreza *f.* 8
power fuerza *f.*; **will power** fuerza de voluntad 4
power (electricity) luz *f.* 7
power saw motosierra *f.* 7
powerful poderoso/a *adj.* 12
pray rezar *v.* 11
pre-Columbian precolombino/a *adj.*
prefer preferir *v.* 4
prehistoric prehistórico/a *adj.* 12
premiere estreno *m.* 2
prescribe recetar *v.* 4
prescription receta *f.* 4
preserve conservar *v.* 6
press prensa *f.* 9; **press conference** rueda de prensa 11
pressure (stress) presión *f.*; presionar *v.*; **to be under stress/pressure** estar bajo presión
prevent prevenir *v.* 4
previous anterior *adj.* 8
priest cura *m.* 12; sacerdote
prime minister primer(a) ministro/a *m., f.* 11
print imprimir *v.* 9
private particular *adj.*
privilege privilegio *m.* 8
prize premio *m.* 12; **to give a prize** premiar *v.*
procession procesión *f.* 12
produce producir *v.* 1; **(*generate*)** generar *v.*
productive productivo/a *adj.* 8
programmer programador(a) *m., f.*
prohibit prohibir *v.* 4
prohibited prohibido/a *adj.* 5
prominent destacado/a *adj.* 9; prominente *adj.* 11
promise jurar *v.* 12
promote promover (o:ue) *v.*
pronounce pronunciar *v.*
proof prueba *f.* 2
proposal oferta *f.* 9
propose proponer *v.* 1, 4; **to propose marriage** proponer matrimonio *v.* 1
prose prosa *f.* 10
protagonist protagonista *m., f.* 1, 10
protect proteger *v.* 1, 6
protected protegido/a *adj.* 5
protest manifestación *f.* 11; protestar *v.* 11
protester manifestante *m., f.* 6
proud orgulloso/a *adj.* 1; **to be proud of** estar orgulloso/a de
prove comprobar (o:ue) *v.* 7
provide proporcionar *v.*
public público *m.* 9; **(pertaining to the state)** estatal *adj.*
public transportation transporte público *m.*
publish editar *v.* 10; publicar *v.* 9
punishment castigo *m.*
pure puro/a *adj.*
purity pureza *f.* 6
pursue perseguir (e:i) *v.*
push empujar *v.*
put poner *v.* 1, 2; **to put in a place** ubicar *v.*; **to put on (*clothing*)** ponerse *v.*; **to put on makeup** maquillarse *v.* 2
pyramid pirámide *f.* 5

Q

quality calidad *f.*; **high quality** de buena categoría *adj.* 5
queen reina *f.*
quench saciar *v.*
question interrogante *m.* 7
quiet callado/a *adj.*; **be quiet** callarse *v.*
quit renunciar *v.* 8; **quit smoking** dejar de fumar *v.* 4
quite bastante *adv.* 3
quotation cita *f.*

R

rabbi rabino/a *m., f.*
rabbit conejo *m.* 6
race raza *f.* 12
radiation radiación *f.*
radio radio *f.*
radio announcer locutor(a) de radio *m., f.* 9
radio station (radio)emisora *f.* 9
raise aumento *m.*; **raise in salary** aumento de sueldo *m.* 8; criar *v.*; educar *v.* 1; **to have raised** haber criado 1
ranch rancho *m.* 12
rarely casi nunca *adv.* 3
rat rata *f.*
rather bastante *adv.*; más bien *adv.*
ratings índice de audiencia *m.*
ray rayo *m.*
reach alcance *m.* 7; **within reach** al alcance 10; al alcance de la mano; alcanzar *v.*
reactor reactor *m.*
reader lector(a) *m., f.* 9
real auténtico/a *adj.* 3
realism realismo *m.* 10
realist realista *adj.* 10
realistic realista *adj.* 10
realize darse cuenta *v.* 2, 9; **to realize/assume that one is being referred to** darse por aludido/a *v.* 9
rearview mirror espejo retrovisor *m.*
rebelliousness rebeldía *f.*
received acogido/a *adj.*; **well received** bien acogido/a *adj.* 8
recital recital *m.*
recognition reconocimiento *m.*
recognize reconocer *v.* 1, 12
recommend recomendar *v.* 4
recommendable recomendable *adj.* 5
record grabar *v.* 9
recover recuperarse *v.* 4
recyclable reciclable *adj.*
recycle reciclar *v.* 6
redo rehacer *v.* 1
reduce (speed) reducir (velocidad) *v.* 5
reef arrecife *m.* 6
referee árbitro/a *m., f.* 2
refined (*cultured*) culto/a *adj.* 12
reflect reflejar *v.* 10
reform reforma *f.*; **economic reform** reforma económica *f.*
refuge refugio *m.* 6
refund reembolso *m.* 3
refusal rechazo *m.*
register inscribirse *v.* 11
rehearsal ensayo *m.*
rehearse ensayar *v.* 9
reign reino *m.* 12
reject rechazar *v.* 11
rejection rechazo *m.*
relax relajarse *v.* 4; **Relax.** Tranquilo/a.
reliability fiabilidad *f.*
religion religión *f.*
religious religioso/a *adj.* 11
remain permanecer *v.* 4
remake rehacer *v.* 1
remember recordar (o:ue); acordarse (o:ue) (de) *v.* 2
remorse remordimiento *m.* 11
remote control control remoto *m.*; **universal remote control** control remoto universal *m.* 7
renewable renovable *adj.* 6
rent alquilar *v.*; **to rent a movie** alquilar una película *v.* 2
repent arrepentirse (de) (e:ie) *v.* 2
repertoire repertorio *m.*
reporter reportero/a *m., f.* 9
representative diputado/a *m., f.* 11
reproduce reproducirse *v.*
reputation reputación *f.*; **to have a good/bad reputation** tener buena/mala fama *v.* 9
rescue rescatar *v.*
research investigar *v.* 7
researcher investigador(a) *m., f.* 4
resentful resentido/a *adj.* 6
reservation reservación *f.*
reserve reservar *v.* 5
reside residir *v.*
respect respeto *m.*
responsible responsable *adj.*
rest descanso *m.* 8; reposo *m.*; **to be at rest** estar en reposo *v.*
rest descansar *v.* 4
resulting consiguiente *adj.*
résumé currículum vitae *m.* 8
retire jubilarse *v.* 8
retirement jubilación *f.*
return regresar *v.* 5; **to return (items)** devolver (o:ue) *v.* 3; **return (trip)** vuelta *f.*; regreso *m.*
review (revision) repaso *m.* 10
revision (review) repaso *m.* 10
revolutionary revolucionario/a *adj.* 7
revulsion asco *m.*
rhyme rima *f.* 10
right derecho *m.*; **civil rights** derechos civiles *m. pl.* 11; **human rights** derechos humanos *m. pl.* 11

right away enseguida 3
ring anillo *m.;* sortija *f.* 5; sonar (o:ue) *v.* 7; **to ring the doorbell** tocar el timbre *v.* 3
riot disturbio *m.* 8
rise ascender (e:ie) *v.* 8
risk riesgo *m.;* arriesgar *v.;* arriesgarse; **to take a risk** arriesgarse *v.*
risky arriesgado/a *adj.* 5
river río *m.*
rocket cohete *m.* 7
rob asaltar *v.* 10
role papel *m.* 9; **to play a role (*in a play*)** desempeñar un papel *v.*
romance novel novela rosa *f.* 10
romanticism romanticismo *m.* 10
room habitación *f.* 5; **emergency room** sala de emergencias *f.* 4; **single/double room** habitación individual/doble f. 5; **room service** servicio de habitación *m.* 5
root raíz *f.*
round redondo/a *adj.* 2
round-trip ticket pasaje de ida y vuelta *m.* 5
routine rutina *f.* 3
ruin ruina *f.* 5
rule regla *f.;* dominio *m.* 12
ruler gobernante *m., f.* 12; **(*sovereign*)** soberano/a *m., f.* 12
run correr *v.;* **to run away** huir *v.* 3; **to run out** acabarse *v.* 6; **to run out of** quedarse sin *v.* 6; **to run over** atropellar *v.*
rush prisa *f.* 6; **to be in a rush** tener apuro

S

sacred sagrado/a *adj.* 11
sacrifice sacrificio *m.;* sacrificar *v.* 6
safety seguridad *f.* 5
sail navegar *v.* 5
sailor marinero *m.*
salary sueldo *m.;* **raise in salary** aumento de sueldo *m.* 8; **base salary** sueldo fijo *m.* 8; **minimum wage** sueldo mínimo *m.* 8
sale venta *f.;* **to be for sale** estar a la venta *v.* 10
salesperson vendedor(a) *m., f.* 8
same mismo/a *adj.;* **The same here.** Lo mismo digo yo.
sample muestra *f.*
sanity cordura *f.* 4
satellite satélite *m.;* **satellite connection** conexión de satélite *f.* 7; **satellite dish** antena parabólica *f.*
satire sátira *f.*
satirical satírico/a *adj.* 10; **satirical tone** tono satírico/a *m.*
satisfied: be satisfied with contentarse con *v.* 1
satisfy (*quench*) saciar *v.*
save ahorrar *v.* 8; guardar *v.* 7; salvar *v.* 6; **save oneself** ahorrarse *v.* 7
savings ahorros *m.* 8
say decir *v.* 1; **say goodbye** despedirse (e:i) *v.* 3
scar cicatriz *f.*
scarcely apenas *adv.* 3
scare espantar *v.*
scared asustado/a *adj.*
scene escena *f.* 1
scenery paisaje *m.* 6; escenario *m.* 2
schedule horario *m.* 3
science fiction ciencia ficción *f.* 10
scientific científico/a *adj.*
scientist científico/a *m., f.* 7
score (a goal/a point) anotar (un gol/un punto) *v.* 2; marcar (un gol/punto) *v.*
screen pantalla *f.* 2; **computer screen** pantalla de computadora *f.;* **LCD screen** pantalla líquida *f.* 7; **television screen** pantalla de televisión *f.* 2
screenplay guión *m.* 9
script guión *m.* 9
scuba diving buceo *m.* 5
sculpt esculpir *v.* 10
sculptor escultor(a) *m., f.* 10
sculpture escultura *f.* 10
sea mar *m.* 6
seal sello *m.*
search búsqueda *f.;* **search engine** buscador *m.* 7
season temporada *f.* 9; **high/low season** temporada alta/baja *f.* 5
seat asiento *m.* 2
seatbelt cinturón de seguridad *m.* 5; **to fasten (the seatbelt)** abrocharse/ponerse (el cinturón de seguridad) *v.* 5; **to unfasten (the seatbelt)** quitarse (el cinturón de seguridad) *v.* 5
section sección *f.* 9; **lifestyle section** sección de sociedad *f.* 9; **sports page/section** sección deportiva *f.* 9
security seguridad *f.* 5; **security measures** medidas de seguridad *f. pl.* 5
see ver *v.* 1
seed semilla *f.*
seem parecer *v.* 2
select seleccionar *v.* 3
self-esteem autoestima *f.* 4
self-portrait autorretrato *m.* 3, 10
senator senador(a) *m., f.* 11
send enviar *v.;* mandar *v.*
sender remitente *m.*
sense sentido *m.;* **common sense** sentido común *m.*
sensible sensato/a *adj.* 1
sensitive sensible *adj.* 1
separated separado/a *adj.* 1
sequel continuación *f.*
servants servidumbre *f.* 3
servitude servidumbre *f.* 3
set (the table) poner (la mesa) *v.* 3
settle poblar *v.* 12
settler poblador(a) *m., f.*
sexton sacristán *m.* 11
shame vergüenza *f.*
shape forma *f.;* **bad physical shape** mala forma física *f.;* **to get in shape** *v.* ponerse en forma 4; **to stay in shape** mantenerse en forma *v.* 4
shark tiburón *m.* 5
sharp nítido/a *adj.*
shave afeitarse *v.* 2
sheep oveja *f.* 6
shoot fusilar *v.* 12
shore orilla *f.;* **on the shore of** a orillas de 6
short film corto, cortometraje *m.* 1
short story cuento *m.*
short/long-term a corto/largo plazo 8
shot (injection) inyección *f.;* **to give a shot** poner una inyección *v.* 4
shoulder hombro *m.*
shout gritar *v.*
show espectáculo *m.* 2
showing sesión *f.*
shrink encogerse *v.*
shrug encogerse de hombros *v.*
shy tímido/a *adj.* 1
shyness timidez *f.*
sick enfermo *adj.;* **to be sick (of); to be fed up (with)** estar harto/a (de) 1; **to get sick** enfermarse *v.* 4
sign señal *f.* 2; firmar *v.*
signal señalar *v.* 2
signature firma *f.* 11
silent callado/a *adj.* 7; **to be silent** callarse *v.;* **to remain silent** quedarse callado 1
silly person bobo/a *m., f.* 7
sin pecado *m.*
sincere sincero/a *adj.*
singer cantante *m., f.* 2
single soltero/a *adj.* 1; **single mother** madre soltera *f.;* **single father** padre soltero *m.*
sink hundir *v.*
situated situado/a *adj.*
sketch esbozo *m.;* esbozar *v*
skill habilidad *f.*
skillfully hábilmente *adv.*
skim hojear *v.* 10
skirt falda *f.*
slacker vago/a *m., f.* 7
slave esclavo/a *m., f.* 12
slavery esclavitud *f.* 12
sleep dormir *v.* 2
sleeve manga *f.* 5
slip resbalar *v.*
slippery resbaladizo/a *adj.* 11
smoothness suavidad *f.*
snake serpiente *f.* 6; culebra *f.*
soap opera telenovela *f.* 9
sociable sociable *adj.*
society sociedad *f.*
software programa (de computación) *m.* 7
solar solar *adj.*
soldier soldado *m.* 12
solitude soledad *f.* 3
solve resolver (o:ue) *v.* 6
sometimes a veces *adv.* 3
sorrow pena *f.* 4
soul alma *f.* 1
soundtrack banda sonora *f.* 9
source fuente *f.;* **energy source** fuente de energía *f.* 6
sovereign soberano/a *m., f.* 12
sovereignty soberanía *f.* 12
space espacial *adj.;* **space shuttle** transbordador espacial *m.* 7
space espacio *m.* 7
spaceship nave espacial *f.*
spacious espacioso/a *adj.*
speak hablar *v.* 1; **Speaking of that,...** Hablando de eso,...
speaker hablante *m., f.* 9

special effects efectos especiales *m., pl.* 9
specialist especialista *m., f.*
specialized especializado/a *adj.* 7
species especie *f.* 6; **endangered species** especie en peligro de extinción *f.*
spectator espectador(a) *m., f.* 2
speech discurso *m.;* **to give a speech** pronunciar un discurso *v.* 11
spell-checker corrector ortográfico *m.* 7
spend gastar *v.* 8
spider araña *f.* 6
spill derramar *v.*
spirit ánimo *m.* 1
spiritual espiritual *adj.* 11
spot: on the spot en el acto 3
spray rociar *v.* 6
spring manatial *m.*
stability estabilidad *f.* 12
stage (*theater*) escenario *m.* 2; **(*phase*)** etapa *f.*; **stage name** nombre artístico *m.* 1
stain mancha *f.;* manchar *v.*
staircase escalera *f.* 3
stamp sello *m.*
stand up ponerse de pie *v.* 12
stanza estrofa *f.* 10
star estrella *f.;* **shooting star** estrella fugaz *f;* **(movie) star** [m/f] estrella *f;* **pop star** [m/f] estrella pop *f.* 9
start (*a car*) arrancar *v.*
stay alojarse *v.* 5; hospedarse; quedarse *v.* 5; **stay up all night** trasnochar *v.* 4
step paso *m.;* **to take the first step** dar el primer paso *v.*
stereotype estereotipo *m.* 10
stern popa *f.* 5
stick pegar *v.*
still life naturaleza muerta *f.* 10
sting picar *v.*
stingy tacaño/a *adj.* 1
stir revolver (o:ue) *v.*
stock market bolsa de valores *f.* 8
stone piedra *f.* 5
storekeeper comerciante *m., f.*
storm tormenta *f.;* **tropical storm** tormenta tropical *f.* 6
story (account) relato *m.* 10
stranger desconocido/a *adj.*
stream arroyo *m.* 10
strength fortaleza *f.*
strict autoritario/a *adj.* 1
strike (*labor*) huelga *f.* 8
striking llamativo/a *adj.* 10
stripe raya *f.* 5
stroll paseo *m.*
struggle lucha *f.;* luchar *v.* 11
stubborn tozudo/a *adj.* 8
studio estudio *m.;* **recording studio** estudio de grabación *f.*
stupid necio/a *adj.*
stupid person bobo/a *m., f.* 7
style estilo *m.;* **in the style of ...** al estilo de... 10
subscribe (to) suscribirse (a) *v.* 9
subtitles subtítulos *m., pl.* 9
subtlety matiz *m.*
suburb suburbio *m.*
succeed in (*reach*) alcanzar *v.*
success éxito *m.*
successful exitoso/a *adj.* 8
suckling pig cochinillo *m.* 10
sudden repentino/a *adj.* 3
suddenly de repente *adv.* 3
suffer (from) sufrir (de) *v.* 4
suffering sufrimiento *m.*
suggest aconsejar; sugerir (e:ie) *v.* 4
suitcase maleta *f.* 5
summit cumbre *f.*
sunrise amanecer *m.*
supermarket supermercado *m.* 3
supply proporcionar *v.*
support soportar *v.;* **to put up with someone** soportar a alguien *v.* 1
suppose suponer *v.* 1
suppress suprimir *v.* 12
sure (*confident*) seguro/a *adj.* 1; **(*certain*)** cierto/a *adj.;* **Sure!** ¡Cierto!
surf the web navegar en la red *v.* 7; navegar en Internet
surface superficie *f.*
surgeon cirujano/a *m., f.* 4
surgery cirugía *f.* 4
surgical quirúrgico/a *adj.*
surprise sorprender *v.* 2
surprised sorprendido *adj.* 2; **be surprised (about)** sorprenderse (de) *v.* 2
surrealism surrealismo *m.* 10
surrender rendirse (e:i) *v.* 12
surround rodear *v.*
surrounded rodeado/a *adj.* 7
survival supervivencia *f.;* sobrevivencia *f.*
survive subsistir *v.* 11; sobrevivir *v.*
suspect sospechar *v.*
suspicion sospecha *f.*
swallow tragar *v.*
sweep barrer *v.* 3
sweetheart amado/a *m., f.* 1
symptom síntoma *m.*
synagogue sinagoga *f.* 11
syrup jarabe *m.* 4

T

tabloid(s) prensa sensacionalista *f.* 9
tag etiqueta *f.*
take tomar *v.;* **to take a bath** bañarse *v.* 2; **to take a look** echar un vistazo *v.*; **to take a trip** hacer un viaje *v.* 5; **to take a vacation** ir(se) de vacaciones *v.* 5; **to take away (remove)** quitar *v.* 2; **to take care of** cuidar *v.* 1; **to take care of oneself** cuidarse *v.*; **to take into consideration** tomar en cuenta *v.* 1; **to take off** despegar *v.* 5; **to take off (clothing)** quitarse *v.* 2; **to take off running** echar a correr *v.;* **to take place** desarrollarse, transcurrir *v.* 10; **to take refuge** refugiarse *v.;* **to take seriously** tomar en serio *v.* 8
talent talento *m.* 1
talented talentoso/a *adj.* 1
tank tanque *m.* 6
tape cinta *f.* 1
taste gusto *m.* 10; **in good/bad taste** de buen/mal gusto 10; sabor *m.;* **It has a sweet/sour/bitter/pleasant taste.** Tiene un sabor dulce/agrio/amargo/agradable. 4
taste like/of saber *v.* 1; **How does it taste?** ¿Cómo sabe? 4; **And does it taste good?** ¿Y sabe bien? 4; **It tastes like garlic/mint/lemon.** Sabe a ajo/menta/limón. 4
tax impuesto *m.;* **sales tax** impuesto de ventas *m.* 8
teaching enseñanza *f.* 12
team equipo *m.* 2
tears lágrimas *f. pl.*
telephone receiver auricular *m.* 7
telescope telescopio *m.* 7
television televisión *f.* 2; **television set** televisor *m.* 2; **television viewer** televidente *m., f.* 2
tell contar (o:ue) *v.* 2
temple templo *m.* 11
tendency propensión *f.*
territory territorio *m.* 11
terrorism terrorismo *m.* 11
test (*challenge*) poner a prueba *v.*
theater teatro *m.*
then entonces *adv.* 3
theory teoría *f.* 7
there allá *adv.*
thermal térmico/a *adj.*
thief ladrón/ladrona *m., f.*
think pensar (e:ie) *v.* 1; **(*to be of the opinion*)** opinar; *v.* **I think it's pretty.** Me parece hermosa/o.; **I thought...** Me pareció... 1; **What did you think of Mariela?** ¿Qué te pareció Mariela? 1
thoroughly a fondo *adv.*
threat amenaza *f.* 8
threaten amenazar *v.* 3
throw tirar *v.* 5; **throw away** echar *v.* 5; **throw out** botar *v.* 5
thunder trueno *m.* 6
ticket boleto *m.*
tie (game) empate *m.* 2; **tie (up)** atar *v.;* **(*games*)** empatar *v.* 2
tiger tigre *m.* 6
time tiempo *m.;* vez *f.;* **at that time** en aquel entonces; **for the first/last time** por primera/última vez 2; **on time** a tiempo 3; **once upon a time** érase una vez; **to have a good/bad/horrible time** pasarlo bien/mal 1
tired cansado/a *adj.;* **to become tired** cansarse *v.*
tone of voice timbre *m.* 3
tongue lengua *f.* 9
too; too much demasiado/a *adj., adv.*
tool herramienta *f.;* **toolbox** caja de herramientas *f.* 2
toolbox caja de herramientas *f.* 2
topic asunto *m.*
touch lightly rozar *v.*
tour excursión *f.* 5; **tour guide** guía turístico/a *m., f.* 5
tourism turismo *m.* 5
tourist turista *m., f.* 5; turístico/a *adj.* 5
tournament torneo *m.* 2
toxic tóxico/a *adj.* 6
trace huella *f.* 8; trazar *v.*
track-and-field events atletismo *m.*
trade comercio *m.* 8
trader comerciante *m., f.*
traditional tradicional *adj.* 1; **(typical)** típico/a *adj.*

traffic tránsito *m.;* **traffic jam** congestionamiento, tapón *m.* 5
tragic trágico/a *adj.* 10
trainer entrenador(a) *m., f.* 2
trait rasgo *m.*
traitor traidor(a) *m., f.* 12
tranquilizer calmante *m.* 4
translate traducir *v.* 1
transmission transmisión *f.*
transplant transplantar *v.*
trap atrapar *v.* 6
travel log bitácora *f.* 7
traveler viajero/a *m., f.* 5
treat tratar *v.* 4
treatment tratamiento *m.* 4
treaty tratado *m.*
tree árbol *m.* 6
trend moda *f.;* tendencia *f.* 9
trial juicio *m.*
tribal chief cacique *m.* 12
tribe tribu *f.* 12
trick truco *m.* 2
trip viaje *v.* 5; **to take a trip** hacer un viaje *v.* 5
tropical tropical *adj.;* **tropical storm** tormenta tropical *f.* 6
trunk maletero *m.* 9
trust confianza *f.* 1
try probar (o:ue) (a) *v.* 3; **try on** probarse (o:ue) *v.* 3
tune into (*radio or television*) sintonizar *v.*
tuning sintonía *f.* 9
turn: to be my/your/his turn *me/te/le, etc. + tocar v.;* **Whose turn is it to pay the tab?** ¿A quién le toca pagar la cuenta? 2; **Is it my turn yet?** ¿Todavía no me toca? 2; **It's Johnny's turn to make coffee.** A Johnny le toca hacer el café. 2; **It's always your turn to wash the dishes.** Siempre te toca lavar los platos. 2
turn (*a corner*) doblar *v.;* **to turn down** rechazar *v.* 1 **to turn off** apagar *v.* 3; **to turn on** encender (e:ie) *v.* 3; **to turn red** enrojecer *v.*
turned off apagado/a *adj.* 7

U

UFO ovni *m.* 7
unbiased imparcial *adj.* 9
uncertainty incertidumbre *f.* 12
underdevelopment subdesarrollo *m.*
underground tank cisterna *f.* 6
understand entender (e:ie) *v.*
underwear (*men's*) calzoncillos *m. pl.*
undo deshacer *v.* 1
unemployed desempleado/a *adj.* 8
unemployment desempleo *m.* 8
unequal desigual *adj.* 11
unexpected imprevisto/a *adj.;* inesperado/a *adj.* 3
unexpectedly de improviso *adv.*
unfinished inconcluso/a *adj.* 12
unique único/a *adj.*
unjust injusto/a *adj.* 11
unpleasant antipático/a *adj.*
unsettling inquietante *adj.* 10
untie desatar *v.*
until hasta *adv.;* **up until now** hasta la fecha
update actualizar *v.* 7
upset disgustado/a *adj.* 1; disgustar *v.* 2; **to get upset** afligirse *v.* 3
up-to-date actualizado/a *adj.* 9; **to be up-to-date** estar al día *v.* 9
urban urbano/a *adj.*
urgent urgente *adj.* 4
use up agotar *v.* 6
used: to be used to estar acostumbrado/a a; **I used to... (*was in the habit of*)** solía; **to get used to** acostumbrarse (a) *v.* 3
useful útil *adj.* 11
useless inútil *adj.* 2
user usuario/a *m., f.* 7

V

vacation vacaciones *f. pl.;* **to take a vacation** ir(se) de vacaciones *v.* 5
vaccinate vacunar(se) *v.* 4
vaccine vacuna *f.* 4
vacuum pasar la aspiradora *v.* 3
valid vigente *adj.* 5
valuable valioso/a *adj.* 6
value valor *m.*
vandal vándalo/a *m., f.* 6
vestibule zaguán *m.* 3
victorious victorioso/a *adj.* 12
victory victoria *f.*
video game videojuego *m.* 2
village aldea *f.* 12
virus virus *m.* 4
visit recorrer *v.* 5
visiting hours horas de visita *f., pl.*
vote votar *v.* 11

W

wage: minimum wage sueldo mínimo *m.* 8
wait espera *f.;* esperar *v.* **to wait in line** hacer cola *v.* 2
waiter/waitress camarero/a *m., f.;* mesero/a *m., f.*
wake up despertarse (e:ie) *v.* 2; **wake up early** madrugar *v.* 4
walk andar *v.;* **to take a stroll/walk** dar un paseo *v.* 2; **to take a stroll/walk** *v.* dar una vuelta
wall pared *f.* 5
want querer (e:ie) *v.* 1, 4
war guerra *f.;* **civil war** guerra civil *f.* 11; **world war** guerra mundial *f.* 11
warm up calentar (e:ie) *v.* 3
warn avisar *v.*
warning advertencia *f.* 8; aviso *m.* 5
warrior guerrero/a *m., f.* 12
wash lavar *v.* 3; **wash oneself** lavarse *v.* 2
waste malgastar *v.* 6
watch vigilar *v.*
Watch out! ¡Aguas! (Mex.) *interj.* 1
watercolor acuarela *f.* 10
waterfall cascada *f.* 5
wave ola *f.* 5; onda *f.*
wealth riqueza *f.* 8
wealthy adinerado/a *adj.* 8
weapon arma *m.*
wear llevar; lucir *v.* 3
weariness fatiga *f.* 8
web (the) web *f.* 7; red *f.*
weblog bitácora *f.* 7
website sitio web *m.* 7
week semana *f.*
weekend fin de semana; **Have a nice weekend!** ¡Buen fin de semana!
weekly semanal *adj.*
weeping llanto *m.* 3
weight peso *m.*
welcome bienvenida *f.* 5
welcome (*take in; receive*) acoger *v.*
well pozo *m.;* **oil well** pozo petrolero *m.*
well-being bienestar *m.* 4
well-received bien acogido/a *adj.* 8
wherever dondequiera *adv.* 4
whistle silbar *v.*
widowed viudo/a *adj.* 1; **to become widowed** quedarse viudo/a *v.*
widower/widow viudo/a *m., f.*
wild salvaje *adj.* 6; silvestre *adj.*
wild boar jabalí *m.* 10
win ganar *v.;* **to win an election** ganar las elecciones *v.* 11; **to win a game** ganar un partido *v.* 2
wind power energía eólica *f.*
wine vino *m.*
wing ala *m.*
wireless inalámbrico/a *adj.* 7
wisdom sabiduría *f.* 12
wise sabio/a *adj.*
wish deseo *m.;* desear *v.* 4; **to make a wish** pedir un deseo *v.* 8
without sin *prep.;* **without you** sin ti (*fam.*)
witness testigo *m., f.* 10
woman mujer *f.;* **businesswoman** mujer de negocios *f.* 8
womanizer mujeriego *m.* 2
wonder preguntarse *v.*
wood madera *f.*
work obra *f.;* **work of art** obra de arte *f.* 10; funcionar *v.* 7; trabajar; **to work hard** trabajar duro *v.* 8
work day jornada *f.*
workshop taller *m.*
World Cup Copa del Mundo *f.*, Mundial *m.* 2
worm gusano *m.*
worried (about) preocupado/a (por) *adj.* 1
worry preocupar *v.* 2; **to worry (about)** preocuparse (por) *v.* 2
worship culto *m.; venerar v.* 11
worth: be worth valer *v.* 1
worthy digno/a *adj.* 6
wound lesión *f.* 4
wrinkle arruga *f.*

Y

yawn bostezar *v.*

Z

zoo zoológico *m.* 2

Index

Text Credits

32–33 Pablo Neruda, "Poema 20", VEINTE POEMAS DE AMOR Y UNA CANCIÓN DESESPERADA © Fundación Pablo Neruda, 2010

72–73 Mario Benedetti, *Idilio.* © Fundación Mario Benedetti, c/o Guillermo Schavelzon & Asociados, Agencia Literaria, www.schavelzon.com

112–113 Rosario Castellanos, *Autorretrato.* D.R. © (1972) FONDO DE CULTURA ECONÓMICA. Carretera Picacho-Ajusco 227, C.P. 14738, México, D.F. Esta edición consta de 20.000 ejemplares.

154–155 Ángeles Mastreta, *Mujeres de ojos grandes.* © Ángeles Mastretta

193–195 Gabriel García Márquez, "La luz es como el agua", DOCE CUENTOS PEREGRINOS © Gabriel García Márquez, 1992

234–235 Augusto Monterroso, *El Eclipse*, from *Obras Completas y Otros Cuentos*, 1959, © Herederos de Augusto Monterroso

272–273 © Arturo Pérez–Reverte, "Ese bobo del móvil", El Semanal, Madrid, 5 de marzo de 2000

318–319 © El País S.L./Isabel Piquer.

350–353 *Sueños digitales.* © Edmundo Paz Soldán

386–387 Julio Cortázar, "Continuidad de los parques", FINAL DE JUEGO © Herederos de Julio Cortázar, 2010.

470–475 "El milagro secreto" from Obras Completas by Jorge Luis Borges. Copyright © 1989, 1995 Maria Kodama, reprinted by permission of The Wylie Agency LLC

Photography Credits

All images © Vista Higher Learning unless otherwise noted.

Cover: © Peter Adams/Getty Images.

Master Art: 10–13, 50–53, 90–93, 130–133, 172–175, 212–215, 252–255, 290–293, 332–335, 370–373, 404–407, 446–449 (full pg) © marylooo/123RF; **27, 28, 67, 68, 107, 108, 149, 150, 189, 190, 229, 230, 267, 268, 307, 308, 345, 346, 381, 382, 419, 420, 465, 466** (full pg) © pn_photo/Fotolia.

Front Matter: xxii Ali Burafi.

Lesson One: 2 (tl) © Blend Images/Alamy; (tr) © Matthew Wiley/Masterfile; (bl) © Corbis; (br) © Corbis; **3** (b) © T. Ozonas/Masterfile; **9** (t) © Janie Airey/Getty Images; (m) © Elisa Locci/Shutterstock; (b) Antonio Contreras Martínez; **10** © Kapu/Shutterstock; **11** (t) © Caterina Bernardi; (ml) © Darrell Lecorre/Masterfile; (b) © Rick Gomez/Corbis; **12** (bl) © hartcreations/iStockphoto; **20** Janet Dracksdorf; **21** (tl) Ali Burafi; (tm) Janet Dracksdorf; (tr) José Blanco; (bl) Paola Rios-Schaaf; (bm) Oscar Artavia Solano; (br) Jimmy Durantes; **30** Pablo Picasso. *Los enamorados.* 1923. © Sucesión Picasso/ Artists Rights Society (ARS) New York.; **31** © Jean-Régis Roustan/Roger-Viollet/The Image Works; **32** (backgound full pg) © Image Source/Corbis; (foreground full pg) © Josh Westrich/zefa/Corbis; **35** (t) © Javier Larrea/Age Fotostock; (b) © Win McNamee/Getty Images; **36** (t) © AFP/Getty Images; (b) © White House/Handout/CNP/Corbis; **37** © Jared Wickerham/ Getty Images; **39** © eStock Photo/Alamy.

Lesson Two: 42 (tl) © Rasmus Rasmussen/iStockphoto; (tr) © Plush Studios/Getty Images; (bl) José Blanco; (br) © Jim Cummings/Corbis; **43** (t) © Royalty-Free/Corbis; (m) © John Lund/Drew Kelly/Age Fotostock; (b) © Royalty-Free/ Corbis; **49** (t) © Royalty-Free/Corbis; (m) © Rachel Weill/Foodpix/Jupiter Images; (b) © AFP/Getty Images; **50** (l) © Robert Galbraith/Reuters/Corbis; (r) © Carlos Alvarez/Getty Images; **51** (t) © Graham Jepson/WireImage; (ml) © Victor Lerena/epa/Corbis; (mr) © Film Tour/South Fork/Senador Film/The Kobal Collection; (b) © Arau/Cinevista/Avaicsa/The Kobal Collection/The Picture-desk; **52** © Roger Viollet/Getty Images; **59** © Corbis; **60** (t) © Lester Lefkowitz/Corbis; (mm) © PM Images/Getty Images; (mr) © Stephen Welstead/Corbis; **62** (l) Martín Bernetti; (r) Martín Bernetti; **69** Maria Eugenia Corbo; **70** Aldo Severi. *Calesita en la plaza.* 1999. © Aldo Severi. Courtesy of Giuliana F. Severi.; **71** © Eduardo Longoni/ Corbis; **72** (full pg) © Jason Horowitz/Corbis; **75** Anchille Beltrame. *Juanita Cruz.* 1934. © The Art Archive/Domenica del Corriere/Dagli Orti (A).; **76** © Mark L. Stehenson/Corbis.

Lesson Three: 82 (l) © James Quine/Alamy; **83** (b) © Dimmu/Dreamstime.com; **89** (t) © PhotoSpin, Inc/Alamy; (m) José Blanco; (b) © David Frazier/DanitaDelimont.com; **90** (t) © Dani Cardona/Reuters/Corbis; (m) © Pool/Corbis; (b) © Reuters/Corbis; **91** (t) © Tim Graham Picture Library/AP Photo; (mr) © TVE/Corbis; (b) © EFE/Chema Moya/AP Photo; **92** © Mark Shenley/Alamy; **99** © James W. Porter/Corbis; **100** © David C. Tomlinson/Getty Images; **110** Antonio Berni. *La siesta.* 1943. Óleo sobre tela 155 × 220 cm. Colección privada.; **111** © Lola Alvarez Bravo, courtesy of Galeria Juan Martin; **112** Frida Kahlo. *Self-portrait with Cropped Hair.* 1940. Digital Image © Museum of Modern art/Licenses by SCALA/ Art Resource, NY.; **115** (t) © AFP/Getty Images; (b) Bartolomé Esteban Murillo. *Children Eating Grapes and Melon.* 17th century. © SCALA/Art Resource, New York.; **116** Diego Rodríguez Velázquez. *Old Woman Cooking Eggs.* 1618. © SCALA/ Art Resource, New York.; **117** (t) Velazquez, Diego Rodriguez (1599–1660) *Triumph of Bacchus* (Los Borrachos), 1628. Oil on canvas, 165 × 225 cm. Museo del Prado, Madrid, Spain © SCALA/Art Resource, NY; (b) Velazquez, Diego Rodriguez (1599–1660) *Las Meninas* (with Velazquez' self-portrait) or the *Family of Philip IV,* 1656. Oil on canvas, 276 × 318 cm.

Museo del Prado, Madrid, Spain © Erich Lessing/Art Resource, NY; **119** © Basque Country - Mark Baynes/Alamy.

Lesson Four: 122 (b) © Marco Lensi/Fotolia; **129** (t) Paula Diez; (m) © Andrew Gombert/epa/Corbis; (b) © Esteban Felix/AP Photo; **130** Martín Bernetti; **131** (t) © David Loutzenheiser; (m) © Janet Jarman/Corbis; (b) Paula Diez; **152** © Fernando Miñarro; **153** © Jose Caruci/AP Photo; **154** © Alberto Calera; **158** © Andres Gordillo Fries.

Lesson Five: 165 (t) © Bill Brooks/Masterfile; (b) © 24BY36/Alamy; **167** © Mike Cohen/Shutterstock; **171** (t) Jeanne Drake; **172** (t) © Atlantide Phototravel/Corbis; **173** (t) © Danny Warren/Shutterstock; (m) © YinYang/iStockphoto; (b) © Cindy Miller Hopkins/DanitaDelimont; **174** © Juan Carlos Ulate/Reuters/Corbis; **179** (l) © William Berry/Shutterstock; (ml) María Eugenia Corbo; (mr) © Cmcdesigns@mac.com/Dreamstime; (r) © Vladimir Melnik/Shutterstock; **187** © SW Productions/Getty Images; **192** © Piero Pomponi/Liaison/Getty Images: **193** Garciela Rodo Boulanger. *Altamar.* 2000. © Courtesy Edmund Newman Inc.; **194** Garciela Rodo Boulanger. *Altamar.* 2000. © Courtesy Edmund Newman Inc.; **195** Garciela Rodo Boulanger. *Altamar.* 2000. © Courtesy Edmund Newman Inc.; **197** © Macduff Everton/Corbis; **198** © Warren Marr/Panoramic Images; **199** © Sergio Pitamitz/SuperStock; **200** (l) © Kevin Fleming/Corbis; (m) © Philip James Corwin/Corbis; (r) © Barry King/WireImage/Getty Images.

Lesson Six: 204 (tl) © Peter Adams Photography Ltd/Alamy; (tm) © Florida Images/Alamy; (tr) © Bruce Coleman/Alamy; (bl) Kathryn Alena Korf; (br) © Rick Fischer/Masterfile; **205** (t) © micro10x/Shutterstock; (b) © Caroline Beecham/iStockphoto; **206** © Georgette Douwma/Getty Images; **211** (t) © Hemis/Alamy; (m) © B & T Media Group Inc./Shutterstock; (b) © Atelopus/Dreamstime; **212** © Jeff Hunter/Getty Images; **213** (t) © Stephen Frink/Corbis; (bl) © david tipling/Alamy; (br) © Steve Simonson/Lonely Planet Images; **214** © Stephen Frink Collection/Alamy; **219** © AdPhoto; **221** (l) © mediacolor's/Alamy; (r) © Thinkstock/Fotosearch; **226** © Val Thoermer/Big Stock Photo; **231** © AFP/Getty Images; **232** Frida Kahlo. *Autorretrato con mono.* 1938. Oil on masonite, overall 16 × 12" (40.64 × 30.48 cm). Albright-Knox Art Gallery, Buffalo, New York. Bequest of A. Conger Goodyear, 1966.; **233** © Toni Albir/AFP/Getty Images; **234** (full pg) © Derke/O'Hara/Getty Images; **237** © MAPS.com/Corbis; **238** © Steve Simonsen/Lonely Planet Images; **239** Doug Myerscough.

Lesson Seven: 244 (tl) © SCPhotog/Big Stock Photo; (b) © LdF/iStockphoto; **245** (t) © suravid/Shutterstock; (b) © Comstock/Fotosearch; **251** (t) © Esteban Andrés Corbo; (m) © Monkey Business Images/Shutterstock; (b) © Holger Leue/Lonely Planet Images; **252** (t) © CORTESÍA PRODUCCIONES GARCÍA FERRÉ S.A.; **253** (t) © Pantalla Multitactil by Victor Suarez Rovere; (m) © Getty Images; (b) © Jim Craigmyle/Corbis; **270** Joaquín Torres García. *Composición constructiva.* 1943. © Art Museum of the Americas.; **271** © AFP/Getty Images; **272** (l) © Patrik Giardino/Corbis; (m) © Pinto/Corbis; (r) © Mark Garten/Corbis; **275** © StockLite/Shutterstock; **276** Selections from "Weblog de una mujer gorda". © Bernardo Erlich.; **277** (t) Selections from "Weblog de una mujer gorda". © Bernardo Erlich.; (b) Courtesy of Hernán Casciari; **279** Messe Bremen/www.robocup2006.org.

Lesson Eight: 282 (m) © Chabruken/Getty Images; (b) © Ana Maria Otero/AP Photo; **283** © George Doyle & Ciaran Griffin/Getty Images; **289** (m) © Claudio Edinger/Corbis; (b) Caretas magazine; **290** © Courtesy of RCTV Internacional; **291** (t) © Kabik/Retna Ltd./Corbis; (b) © Jorge Saenz/AP Photo; **292** © rebvt/Shutterstock; **295** © Janne Hämäläinen/Shutterstock; **310** Diego Rivera. *Mercado de flores.* 1949. Óleo/tela 180 × 150 cm. Colección Museo Español de Arte Contemporáneo. Madrid, España. Foto © Fondo Documental Diego Rivera. CENIDIAP.INBA. Conaculta, México.; **312** Alfredo Bedoya. Selections from "La abeja haragana" 2002. © Alfredo Bedoya. Courtesy of the Artist.; **315** Alfredo Bedoya. Selections from "La abeja haragana" 2002. © Alfredo Bedoya. Courtesy of the Artist.; **317** © WWD/Condé Nast/Corbis; **318** Andy Warhol (1928–1987). *Carolina Herrera.* 1979. 40" × 40". Synthetic polymer paint and silkscreen ink on canvas. © The Andy Warhol Foundation, Inc./Art Resource, New York.; **319** © Carlos Alvarez/Getty Images.

Lesson Nine: 324 (t) © Kristy-Anne Glubish/Design Pics/Corbis; (m) © James W. Porter/Corbis; (bl) © Phil Hunt/Getty Images; (br) © moodboard/Fotolia; **325** (t) Ali Burafi; (b) © Blend Images/Alamy; **331** (ml) © Tonatiuh Figueroa/epa/Corbis; (mr) © Paul Buck/epa/Corbis; (b) © Roger Ressmeyer/Corbis; **332** (t) © Dave G. Houser/Corbis; (b) © Emilio Ereza/Alamy; **333** (t) © Andres Stapff/Reuters/Corbis; (m) © Jeffrey Blackler/Alamy; (b) © Lindsay Hebberd/Corbis; **334** © Krzysztof Dydynski/Lonely Planet Images; **343** © Blend Images/Getty Images; **348** Salvador Dalí. *Automóvil vestido.* 1941. © 2002 Salvador Dalí, Gala-Salvador Dalí Foundation. Artists Rights Society (ARS), New York.; **349** © 2006 Dave Feiling; **350** © Lomo/Jupiter Images; **352** © Gram. Monro/Jupiter Images; **355** © Google; **356** (l) Editorial Servilibro, Paraguay; (r) Editorial Servilibro, Paraguay; **357** © Comstock.

Lesson Ten: 362 (t) © Manuel333/Shutterstock; (bl) © Dmitry Yashkin/Shutterstock; **365** (l) Andy Warhol. *Marilyn,* 1967. Silkscreen on paper, 91 × 91 cm. © The Andy Warhol Foundation for the Visual Arts/ARS, New York. Photo © Tate Gallery, London/Art Resource, New York.; (ml) Salvador Dalí. *Sofá Watch.* © 2002 Salvador Dalí, Gala-Salvador Dalí Foundation. Artists Rights Society (ARS), New York. Image © Christie's Images/Corbis.; (mr) Picasso, Pablo (1881-1973) © ARS, NY *Femme assise* (Marie-Thérèse). 1936. Oil on canvas. Object: 73.025 × 59.69 cm (28 3/4 × 23 1/2 in.). Charles B. Benenson, B.A. 1933, Collection. 2006.52.22 Location: Yale University Art Gallery, New Haven, Connecticut, U.S.A. Photo Credit: Yale University Art Gallery/Art Resource, NY; (r) Claude Monet. *The Haystacks, End of Summer.* Giverny, 1891. © Erich Lessing/Art Resource, New York.; **369** (t) © Bettmann/Corbis; (m) Gonzalo Cienfuegos. *El trofeo.* 2005. Courtesy of the artist.; (b) Museo de Arte, Latinoamericano de Buenos Aires/Colección Constantini; **370** (l) © Macduff Everton/Corbis; (tr) 2005

Fundación Pablo Neruda. Fernando Márquez de la Plata 0192, Santiago de Chile; (mr) 2005 Fundación Pablo Neruda. Fernando Márquez de la Plata 0192, Santiago de Chile; (br) Lauren Krolick; **371** (t) Guillermo Núñez. Excerpt from "Todo en ti fue naufragio".; (ml) © Rob Wilson/Shutterstock; (mr) Guillermo Núñez; **372** © vadim kozlovsky/Shutterstock; **384** Armando Barrios. *Cantata.* 1985. Óleo sobre tela. 150 × 1+B650 cm. N°. catálogo general: 868. Fundacíon Armando Barrios. Caracas, Venezuela.; **385** © AFP/Getty Images; **386** (full pg) © Images.com/Corbis; **389** © Getty Images; **390** (background) © Frans Lanting/Corbis; (foreground) © Fridmar Damm/Corbis; **391** Harper Collins.

Lesson Eleven: 396 © Jenkedco/Shutterstock; (tm) © Ocean/Corbis; (tr) © Masterfile; (bl) © Steve Raymer/Corbis; (br) © HamishBarrie/iStockphoto; **397** © Nancy Kaszerman/ZUMA Press; **403** (t) © Roberto Candia/AP Photo; (m) © Art Directors & TRIP/Alamy; **404** (t) © Gonzalo Espinoza/AFP/Getty Images; (b) © James Brunker/Magical Andes Photo; **405** (t) © Martin Alipaz/epa/Corbis; (bl) © Gustavo Gilabert/Corbis SABA; (br) © Garmendia/Biosfera/Corbis SYGM; **406** © David Pou/Shutterstock; **422** José Antonio Velásquez. *San Antonio de Oriente.* 1957. Coleccíon: Art Museum of the Americas, Organization of American States. Washington D.C.; **423** © Album/Oronoz/Newscom; **424** (full pg) © David H. Wells/Corbis; **426** © Tibor Bognar/Corbis; **428** © O. Alamany & E. Vicens/Corbis; **431** (t) © Holger Mette/Shutterstock; (b) © Bruno Xavier/Shutterstock; **432** © FrameZero/Alamy; (inset) © David Rumsey Map Collection www.davidrumsey.com; **433** © Carlos Cazalis/Corbis.

Lesson Twelve: 438 (tl) © David Myers Photography/Alamy; (tr) Martín Bernetti; (b) © Reuters/Corbis; **439** (t) Santiago Hernandez. Lithograph print from El Libro Rojo, Publisher by Francisco Dias de Leon y White. 1870 © Instituto Nacional de Antropologia y Historia (INAH), Mexico.; (b) Diego Duran. Montezuma, 1466–1520 Last king of the Aztecs, leaving for a retretat upon being told of the Spanish disembarking. From folio 192R of the Historia de los Indios. 1579 © The Art Archive/Biblioteca Nacional Madrid/ Dagli Orti; **445** (t) © AFP/Getty Images; (m) © AFP/Getty Images; (b) © National Public Radio; **446** © imagebroker/Alamy; **447** (t) © Mick Roessler/Corbis; (m) © Philippe Eranian/Sygma/Corbis; (b) Chasquis or Inca messenger, from *History of the Inca Kingdom,* Nueva Coronica y buen Gobierno, c. 1587 manuscript with illustrations by Guaman Poma de Ayala, Peru © The Art Archive. Archaeological Museum Lima. Dagli Orti; **448** © gary yim/Shutterstock; **452** María Eugenia Corbo; **468** José Sabogal, *El indio alcalde de Chincheros: Varayoc.* 1925. Óleo sobre lienzo. Municipalidad Metropolitana de Lima. Princoteca "Ignacio Merino." Lima Perú; **469** © Bettmann/Corbis; **470** (full pg) © rook76/Shutterstock; **471** © bluestocking/iStockphoto; **475** © Outsider/Shutterstock; **477** Anonymous. 16th Century. Portrait of Atahualpa, 13th and last King of the Incas © Bildarchiv Preussischer Kulturbesitz/Art Resource, NY. Photo by Dietrich Graf.; **478** (l) © James Sparshatt/Corbis; (r) © Robert Harding Picture Library Ltd/Alamy; **479** Biblioteca Virtual Miguel de Cervantes, www.cervantesvirtual.com; **481** *Still Life with Setter to Mr. Lask* by William Michael Harnett. © Christie's Images/Corbis.

Manual de gramática: A10 Martín Bernetti; **A14** (l, m, r) Martín Bernetti; **A55** Martín Bernetti.

About the authors

José A. Blanco founded Vista Higher Learning in 1998. A native of Barranquilla, Colombia, Mr. Blanco holds degrees in Literature and Hispanic Studies from Brown University and the University of California, Santa Cruz. He has worked as a writer, editor, and translator for Houghton Mifflin and D.C. Heath and Company and has taught Spanish at the secondary and university levels. Mr. Blanco is also co-author of several other Vista Higher Learning programs: **VISTAS, VIVA, AVENTURAS,** and **PANORAMA** at the introductory level, **VENTANAS, FACETAS, IMAGINA,** and **SUEÑA** at the intermediate level, and **REVISTA** at the advanced conversation level.

María Colbert received her PhD in Hispanic Literature from Harvard University in 2005. A native of both Spain and the U.S., Dr. Colbert has taught language, film, and literature courses at both the high school and college levels. Her interests include: Basque culture, Spain's regional identities, and Spanish literature and film. Dr. Colbert's numerous publications range from travel guides to literary criticism. She is currently an Assistant Professor of Spanish at Colby College in Maine.

Spirit of the Nikkei Fleet

BC's Japanese Canadian Fishermen

Japanese men moving salmon, probably at the Gulf of Georgia Cannery on the Fraser River.
Philip Timms, Vancouver Public Library, VPL 2143

Spirit of the Nikkei Fleet

BC's Japanese Canadian Fishermen

by Masako Fukawa with Stanley Fukawa

and the Nikkei Fishermen's History Book Committee

Harbour Publishing

1 2 3 4 5 6 13 12 11 10 09

Harbour Publishing Co. Ltd.
P.O. Box 219, Madeira Park, BC, V0N 2H0
www.harbourpublishing.com

Cover designed with the assistance of Mike Nomura
Text design and layout by Roger Handling, Terra Firma Digital Arts
Edited by Betty Keller

Printed in China

Harbour Publishing acknowledges financial support from the Government of Canada through the Book Publishing Industry Development Program and the Canada Council for the Arts, and from the Province of British Columbia through the BC Arts Council and the Book Publishing Tax Credit.

Library and Archives Canada Cataloguing in Publication

Fukawa, Masako, 1940–
Spirit of the Nikkei fleet : BC's Japanese Canadian fishermen / Masako Fukawa.

Includes bibliographical references and index.
ISBN 978-1-55017-439-7

1. Japanese Canadians—British Columbia—History. 2. Fishers—British Columbia. 3. Fisheries—British Columbia—Pacific Coast—History. 4. Japanese—British Columbia—History. I. Title.

FC3850.J3F85 2008 971.1004'956 C2008-905857-7

DEDICATION

For future generations—in appreciation of our legacy.

Table of Contents

Seized fishboats of Japanese Canadians near Robson Island, New Westminster, 1942.
Image C-05267 courtesy of Royal BC Museum, BC Archives

Introduction

It is salmon season and forty-four Japanese Canadian fishermen are waiting, anxiously waiting for an "opening" that can mean the difference between change in their pockets and going deeper into debt. In the 21st century almost all Japanese Canadians make their living in other occupations, but for these few, fishing is in the blood. They are following in the wake of their fathers, grandfathers, and great-grandfathers who at the turn of the last century numbered four thousand and outnumbered both "whites" and Natives in the fishery. They fished the rivers of British Columbia and the coastal waters from Alaska to the state of Washington all year long. Today, if the forty-four are lucky, they will be allowed to drop their nets for a few hours.

The first half of the Japanese Canadian or Nikkei story is the history of a racial minority motivated by a desire for economic betterment and struggling to survive in an alien and often hostile environment. It culminated in 1941 with the confiscation of their boats, the dispossession of all they owned and internment away from the coast during World War II and then extended four more years beyond it. The emotional and psychological losses as a result of that dispossession and internment have yet to be fully explored and assessed, but David Suzuki in *Metamorphosis: Stages in a Life* says, "in reassessing my life during a personal trauma, I realized that virtually every one of my emotional problems went right back to it."

Their story is also labour history as the immigrants were subsequently and progressively excluded from membership in the "white" unions and, until 1949, the lucrative salmon fishery. They found other niches in the industry, only to be excluded again. However, those who returned to the coast after the war and re-entered fishing experienced the "golden age of commercial fishing."

And it is socio-political history as they were denied the franchise in order to preserve British Columbia as "a white man's province" and were therefore powerless to influence politicians and the legislation of unjust laws. But Nikkei fishermen found ways, including the courts, to fight for rights equal to those of other Canadians.

The second half of the Nikkei experience in Canada has seen a complete "sea change" in race and minority relations. There has been a profound paradigm shift and the country is as accommodating of racial and cultural minorities as one would find anywhere in the world with the granting of the franchise, the long-delayed acceptance into the fishermen's union, and acculturation in the larger Canadian community. And most significantly, in 1988 redress was achieved for the injustices perpetrated by their own government during and after World War II. The symbolic acknowledgment, apology and compensation came too late for many who died never knowing this, but it has assisted in the reconstruction of Japanese Canadian communities across Canada.

Spirit of the Nikkei Fleet: BC's Japanese Canadian Fishermen is the story of ordinary people who faced inequity, prejudice and inhumanity with an indomitable spirit. It focuses on what they accomplished in spite of what had been done to them. Based on research of both English and Japanese language sources, archival and personal documents, oral and taped interviews, written submissions, maps and photographs, it is an insider's view. There is not one voice that represents this group but many voices, and an attempt was made to hear from a cross-section of the fishing community in terms of generations, genders, occupations, classes and mixed ethnic backgrounds.

While this story of Japanese Canadian fishermen acknowledges the evolution that has taken place in Canadian society, it is also a reminder of their struggles in shaping Canada's future. The Japanese Canadian experience is not a sidebar but essential to the understanding and appreciation of the profound changes Canada has undergone to become a more democratic and multicultural nation.

Left: Unloading salmon at a cannery, 1952.
Image I-28100 courtesy of Royal BC Museum, BC Archives

Introduction

The Spirit of the Nikkei Fleet: BC's Japanese Canadian Fishermen is the third phase of a three-phase project envisioned by the Nikkei Fishermen's Reunion Committee to honour the contributions made by their ancestors and celebrate their accomplishments in the fishing industry. The first was a reunion dinner held on November 3, 2001. The second was the commissioning of a bronze statue of a fisherman by sculptor Junichiro Iwase that was unveiled on the Steveston waterfront on September 20, 2002. The third was a book to record the history, biographies and photographs of the Nikkei in British Columbia's fisheries, for which this author was asked to conduct the research and write the text. The Nikkei Fishermen's Book Committee was formed in 2003; the potential size of the book led the publisher to recommend that it be divided into two books. The *Nikkei Fishermen on the BC Coast: Their Biographies and Photographs* was published by Harbour Publishing in 2007. It contains over 3,600 names of Nikkei fishermen and 767 individual biographies submitted by fishermen themselves or by family members. It also includes their fishing lineages over several generations and maps of fishing areas. In the appendix is information on some Japanese cultural practices, Japanese names, foods, Japanglish, Mio village dialect, fishing terms and place names of significance to Nikkei fishing families.

The collection of stories for the history of Nikkei in the fishing industry was continued by the Nikkei Fishermen's History Book Committee, whose members are Masako Fukawa, Stanley Fukawa, Shigeaki Kamachi, Paul Kariya, Takemi Miyazaki, Toshio Murao, Dan Nomura, Richard Nomura (chair), Terry Sakai and Ken Takahashi. The research in the English sources was carried out primarily by Masako Fukawa and in the Japanese sources by Stanley Fukawa. Stanley also provided the translations for the author. The interviews were conducted in English and/or in Japanese, whichever language was more comfortable for the interviewee. Committee members contributed their personal experiences, encouraged others to share their stories, checked for accuracy and served as a sounding board for the writing of the *Spirit of the Nikkei Fleet*. The book was made possible through the collaboration of all the contributors and the dedicated staff at Harbour Publishing.

The Nikkei History Book Committee wishes to thank all those who contributed to making this book possible and apologizes for any errors or omissions.

The Nikkei History Book Committee, 2008. Its members are (back row) Ken Takahashi, Dan Nomura, Takemi Miyazaki, George Murakami, Richard Nomura, (front row) Shigeaki Kamachi, Terry Sakai, Masako Fukawa, Toshio Murao, Stan Fukawa and (not present) Paul Kariya.
Stanley Fukawa photo

1

Newcomers

"The fish are so plentiful they virtually leap into boats. Come and join me," Gihei Kuno wrote from Steveston in 1888 to his fellow villagers in Mio, Wakayama-ken (prefecture), after he had witnessed the salmon returning to the Fraser River. His *kunimono* (people of his prefecture) heeded his call, and within a decade the number of Japanese coming to take part in the annual sockeye fishing season grew to nearly 2,000.

By the 1901 census, the Japanese population in British Columbia had increased to 4,738 with permanent settlements established in Vancouver, Steveston (now part of the city of Richmond) and Victoria, and seasonal settlements scattered in bays and inlets as far north as the Skeena. In less than one generation the effectiveness of the new immigrants was demonstrated by what some observers called the "Orientalization" of the BC fishing industry.[1]

Just two decades before the first Japanese immigrants came to British Columbia, Japan had been rudely awakened from 250 years of self-imposed isolation. Beginning in 1641 the Tokugawa Shogunate allowed no foreigners into the country and no Japanese to go abroad. Only one port, Nagasaki, was open for trade, and foreign traders were limited to a few Chinese and Dutch merchants. With the arrival of United States Commodore Matthew Perry in 1854 and the beginning of the Meiji Era in 1868, new ports were opened and contact with the outside world began, making

Manzo Nagano, the first known Japanese to arrive in British Columbia, at New Westminster in 1877.
Courtesy Japanese Canadian National Museum, 94.85.001

1 Newcomers

The steamer *Kumeric* sailed from Hawaii and brought the largest number of Japanese immigrants to British Columbia in 1907. Most of the immigrants held passports for the United States and were subsequently admitted into that country, but the local citizenry feared a mass "invasion" by Asians and contributed to the 1907 anti-Asian riot.
Vancouver Public Library, VPL 3019

the Japanese realize the need to modernize. The government systematically adopted policies to raise Japan's social and economic status in the world. It laid the foundations of an industrial economy and introduced universal public education.

Japan's new "charter oath" also encouraged its citizens to go abroad to seek knowledge for educational and money-making ventures. *Dekasegi* or migrant workers had already existed within Japan during the Tokugawa Period, but during the Meiji Era the concept was expanded to encompass going abroad to work temporarily as *kaigai* (international) *dekasegi*. However, as it was not the intention of the Japanese government for its people to migrate to the West on a permanent basis, passports were limited to three years. The first emigrants left in the 1870s bound for Hawaii and California, followed by emigrants headed for British Columbia, some to avoid the military conscription that had been introduced in 1873 for all males aged twenty-one to thirty-two years, some to seek adventure and knowledge of Western ways, but most to escape poverty. Their homeland was small and mountainous, arable land was scarce and a growing population made life a continuous struggle for survival. Their dream was to make their fortunes and return home with "clothes of gold." This pattern of immigration was, of course, not unique to the Japanese; many people who came to Canada from across the Atlantic or the Pacific started out as birds of passage or sojourners but stayed to play a significant role in the building of the nation.

The first wave of Japanese immigrants reached British Columbia in the late 1870s. Immigration policy for the province, which had joined Canada only in 1871, was the responsibility of the federal government, but as Canada was still a British colony at this time, international treaties were negotiated by Britain on its behalf. In 1894 Great Britain and Japan successfully concluded the Treaty of Commerce and Navigation, which granted to the subjects of either power "full liberty to enter, travel or reside in any part of the dominions and possessions of the other contracting party."[2] Japan still required its nationals to have a passport for exit, but as the result of the treaty Canada did not require one for entry. Therefore, it was not unusual for Japanese seamen, forced to wait for weeks while their ships were loaded with cargo in BC ports, to find other employment here and fail to embark when their ships left.

Canada's first Immigration Act was not passed until 1906, but while it required immigrants to have a clean bill of health, prescribed the minimum amount of money they must possess and mentioned various classes of "undesirables," it still made no reference to passports. As a result, a year later the case against two Japanese stowaways was dismissed on the grounds that the lack of a passport was no grounds for deportation. Furthermore, there were no restrictions on the number of Japanese entering Canada and some "Japanese worked without pay on ships crossing the Pacific with the understanding that they were free to enter Canada at Vancouver."[3]

The US–Canada border was also fluid, and Americans and Canadians migrated back and forth in search of employment. Thus, in the late 19th century the population of Steveston would double during the salmon season with an influx of fishermen, many of them from the United States. Iwao Itakura remembers his father saying, "Coming to Steveston during the fishing season was like coming to a festival. Everybody looked forward to it." After the fishing season was over, Nikkei fishermen would again cross the border for other employment as well as for cultural and social events.

The first salmon cannery had been established in New Westminster in 1870, and the Japanese newcomers were quickly absorbed into this labour-hungry industry. The canners needed fishermen, and the Japanese became a source of cheap labour and were soon considered absolutely necessary to keep the canneries going. As they were paid less than Caucasians, "the [white] working class . . . complained bitterly"[4] that they were unfair competition. However, the Japanese, having no bargaining power, had to accept what they could get; thus they "were exploited and hated, caught in a squeeze."[5] They also inherited the legacy of the anti-Chinese movement as governments legislated discriminatory immigration, employment and civil rights laws. In 1875 the Chinese and Native residents of BC were barred from voting in provincial, municipal and school board elections, and in 1895 the Japanese were similarly excluded. As a consequence, access was closed to professions such as law and pharmacy because the terms of membership in these professions required being on the voters list. They were also routinely excluded from the civil service, forestry, the police force, the post office, public health nursing and teaching.

Although stories exist from the early 19th century of encounters with Japanese fishermen and shipwrecked seamen on Canada's Pacific shores, there are no written records of these events. The first documented contact between the people of the West Coast and Japan was the arrival of the Japanese naval training ship *Tsukuba* (formerly the British frigate *Malacca*) at Esquimalt on June 11, 1880. Another is the rescue by the British barque *Tiger* of twelve Japanese crewmen from a wrecked fishing junk; they were taken to Victoria on March 4, 1883.

The first Japanese to be officially recognized as an immigrant to Canada, Manzo Nagano, also arrived by chance. A seaman from Nagasaki-ken, he had been working as a carpenter in Yokohama when he hired onto a British vessel there. In 1877 when it arrived in New Westminster, the only port on the mainland that could accommodate an ocean-going vessel, he jumped ship, an everyday occurrence in those days. He became the first Japanese fisherman in BC when he teamed up with an Italian and fished for salmon on the Fraser River, although after two years he left to work as a logger. A few years later he tried fishing again, this time for halibut, working out of Whatcom County, just south of the BC–Washington State border, with Uwakichi Shimamura as his partner. During a bad storm they drifted north to the mouth of the Fraser River where they met five Japanese who were fishing for salmon. (Four of these men have been identified as Kuryu, Sawamura, Sugaju and Hirata; the name of the fifth is unknown.)

With the capital from his fishing venture, Nagano settled in Victoria in the 1890s, raised a family and became the first BC producer of salted humpback or pink salmon, which he exported to Japan. His enterprise, J. (for Jack) M. Nagano & Company, also operated a small hotel, a Japanese food store and two Japanese curio shops, thereby providing employment for Victoria's Japanese. He also promoted their welfare by starting the Japan Club and the *Nippon-jin Kyowa-kai,* the Japanese Community Association. He lived, worked and raised a family in Canada for forty years, but in 1923 after fire destroyed his life's work, he and his wife returned to his home village, Kuchinotsu, Nagasaki. Their two sons remained in North America.

Although Manzo Nagano's final resting place is in Japan, on the centennial of his arrival in British Columbia, a mountain was named in his honour here; Mount Manzo Nagano is located in the Coast Range near Rivers Inlet where Japanese Canadians pioneered in the commercial fishing industry. On the 125th anniversary of his arrival a celebration was held at the National Nikkei Museum and Heritage Centre in Burnaby, and his descendants from throughout North America held a reunion. A museum in Kuchinotsu, Japan, houses some of the personal effects he brought from Canada.

In the decade after Nagano's arrival, *dekasegi* crossed the Pacific to British Columbia in ones and twos and, as he had done, entered the fishing industry. In 1879–80 Kishu Sada became the second to fish the Fraser River. Tei Kishuu, also from Wakayama, fished around New Westminster and worked in sawmills with Nagano and others until he left, presumably for the United States. Another man called "Sekine" arrived in Steveston in 1881 and in 1886 was joined by Shigesaburo Oda. In July 1885 Ryuhei Suzuki arrived from Shizuoka, Jukichi Hayakawa (alias "Sukaju") from Kanagawa, Kuso Sawamura from Mie, and Wasuke Kitakane (alias "Kirifu") from Gumma. They all fished for sockeye in the Fraser and, once the season was over, sought employment boat building or working in mills, in the woods or on farms in BC or the United States.

Shikazo Itakura arrived in the 1890s. Born on December 16, 1871, in Kagawa-ken on Shikoku Island, he left home at fourteen or fifteen and worked on ships plying the coasts of Japan until he was drafted into the Imperial Navy and served in the Sino-Japanese War (1894–95). After the war he worked as an able seaman on ocean-going ships sailing to Shanghai, Hong Kong, the Philippines, Singapore and Australia and from there to San Francisco, Victoria and Vancouver. Since there were no customs or immigration restrictions, like Manzo Nagano, he simply got off the ship and went to Steveston for the fishing season. Later he worked in the coal mines of Vancouver Island and metal ore mines in the United States. When the Klondike gold rush started, a Caucasian tried to coax him to go gold hunting by saying, "All you need is a revolver and a grubstake and you will come back rich." Wisely he turned it down. He married, settled in Steveston and fished there until his son Iwao took over. He died on March 29, 1941.

Gihei Kuno, born May 23, 1854, in Mio-mura, Wakayama-ken, was thirty-four when he embarked on the SS *Abyssinia* at Yokohama. He arrived in Vancouver in May or June 1888, bringing his considerable skills as a carpenter as he had achieved the status of *touryou miya daiku* (master shrine carpenter) while building Shinto shrines and Buddhist temples. His departure for Canada was motivated by the devastating loss of a son and a failed bid to construct a breakwater for his village, which was not only poor in agricultural land but rav-

Gennosuke Yamashita arrived in Canada in 1902, raised a family and retired in Mio. His son Kenichi and grandson Hitoshi became fishermen.
Courtesy Gennosuke Yamashita family

aged yearly by typhoons and lacked a safe harbour for fishing boats. To compound the hardships, seventy Mio fishing boats had recently been denied their offshore fishing rights, losing them to the fishermen of neighbouring Osaka-fu. It is little wonder that when Kuno visited Steveston and saw the Fraser teeming with salmon, he sent the news back that emigration could be the salvation of Mio.

After the fishing season was over, Kuno built boats on the premises of the Britannia Cannery. He also operated a grocery store and a Japanese inn or "rooming house" to accommodate new arrivals. (The 1901 census lists a G. Kuno, age fifty, widower and merchant, and Y. Kuno, daughter, age sixteen, single.) In 1908 after a twenty-year absence he returned to Mio to find his parents gone, his wife remarried, and his two children in the care of relatives. He brought his son, Yoshijiro, and his daughter, Fujino, back to Steveston, but in 1913 he returned to Japan to seek treatment for a recurrence of rheumatoid arthritis and died there at age sixty-two on August 12, 1916.

Pioneers such as Gihei Kuno played an extremely important role in their new communities on this side of the Pacific as they paved the way for those who followed. New arrivals tended to stay together as family, groups of friends, fellow villagers or *kenjin* (members of the same prefecture). In addition, members of each prefecture thought of themselves as *kunimono* or countrymen and were suspicious of Japanese from other prefectures, an attitude that had been deliberately cultivated by the feudal lords of the Tokugawa Period. Later arrivals found comfort among those who shared the same dialect and local customs, and they formed a haven of mutual help in a foreign land with strange customs and language and a hostile white population.

Although Kuno may not have been the first *dekasegi* from his village, he was the first to extol the riches of the Fraser to his fellow villagers. As a result, there was an exodus from Mio, his native village in Wakayama-ken. Most of the newcomers settled in Steveston at the entrance to the Fraser River's south arm, and it was soon transformed into a "Japanese village." The 1891 census listed fifty-five Japanese concentrated there—fifty-two fishermen, one cook and two housewives—and another eleven residing on Mayne Island. However, the introduction in 1897 of Canadian Pacific Steamships direct service between Japan and Vancouver resulted in a dramatic increase in the flow of immigrants. The new service, though long and arduous, also enabled the earliest immigrants to return to their villages to encourage fellow villagers to emigrate to Canada, and by 1901 the Japanese population in BC had grown to 4,738. During the two-month sockeye fishing season, an overwhelming majority of them, an estimated 4,000, were employed in the fishing industry, and half were concentrated in Steveston and the surrounding area.

Among those who accepted Kuno's first call to join him were Kamekichi Yoshida, Yaichi Ozawa, Torakichi Doyama, Fukumatsu Yamamoto, Yonekichi Kuroyama, Wakamatsu Mizuyabu, and Itaro Uyeda, and in 1893 Kuno's brothers also came. The following year over fifty more youths from Mio and other parts of Wakayama prefecture arrived, including Uwazo Yamamoto, Saigoro Hashimoto, Magoichi Nakachi, Nizo Suruda, Dembei Kuramoto and Toyomatsu (Dennojo) Ezaki, a carpenter who built seine boats for the developing salt herring fishery.

The Ezaki family and friends collect the harvest from the sea.
Courtesy Toyohiro Ezaki

Eventually most of Mio's labour force had emigrated to Steveston, and they began sending cash home so that the little Japanese village thrived. In 1897 they formed the *Mio Doshi Kai* (Mio Comrades Club) with a membership of 150; three years later they renamed it the *Mio Sonjin Kai* (Mio Villagers Association) and registered it as a BC society. By 1905 its membership had risen to 1,350 and it had become the largest expatriate villagers association in the country. Immigrants from Mio numbered 3,230 by 1939 (1,629 males and 1,601 females), and Mio had changed from being "the harbour to return home to" to "the mother village where one explores one's roots."[6] Today descendents of these Japanese Canadians come from Japan to Canada to retrace the steps of their ancestors.

The men from villages in other prefectures were impressed by this good fortune, and they soon followed in the footsteps of the young men of Mio. In time Gihei Kuno became known as *"Kanada Kaitaku no Chichi,"* the Father of Japanese settlement in Canada. His contributions are commemorated on both sides of the Pacific. A stone monument was unveiled near his birthplace on a beach facing the Pacific Ocean on August 12, 1931, and the Kuno Japanese Garden was opened at Garry Point in Richmond, BC, in 1988 to celebrate the 100th anniversary of his arrival. The garden and the adjacent Japanese cherry trees are the contributions of the BC Wakayama Kenjin Kai (Wakayama Prefectural Association) with the co-operation and support of the city of Richmond. The Canada Museum in Mio is home to the many artifacts brought to the village by returning and visiting Japanese Canadians. The many ties between Wakayama and Richmond were officially recognized in 1973 when they twinned as sister cities, and this historical friendship is maintained as politicians and descendents of Wakayama cross and re-cross the Pacific.

TO THE SKEENA

While Gihei Kuno was the first to act on the possibilities of the fishing industry on the Fraser, it was Shiga Aikawa and Yasukichi Yoshizawa who saw the potential in the northern waters of the Skeena. Shiga Aikawa had studied English before he left Isesaki, Gumma-ken, in 1885, and at age nineteen he arrived in San Francisco with an English dictionary and five dollars in his pocket. After working in various jobs, he moved to Seattle where he saved $300 and pooled his resources with seventeen others to purchase a boat, the *Challenger*, for an expedition to Kodiak Island, Alaska, to hunt for fur seals. They made money but the partnership did not last, and he left for Vancouver where he teamed up with Yasukichi Yoshizawa, a former naval officer who was working at Hastings Sawmill. Aikawa purchased a flat-bottomed skiff, Yoshizawa provided the provisions, and they persuaded Kawamura and Masuda from Fukui-ken and Kichi from Niigata-ken to join them in a search for new fishing grounds in northern British Columbia. With no experience of the sea, no rain gear and only rudimentary charts, the five set out on April 8, 1890, for northern waters.

They estimated it would take them twenty days to travel the 500 miles from Vancouver to Skeena. After a day of rowing, they camped ashore each night, where they replenished their meagre supplies by catching fish, digging shellfish, harvesting seaweed, hunting birds and bartering with Natives. It took them forty-two days to reach the mouth of the Skeena River and another three days to row to the site where about one hundred Caucasian and Native men were building the North Pacific Cannery. It was still several months before the start of the salmon fishing season, but Aikawa, being fluent in English, was able to negotiate a job cutting firewood to

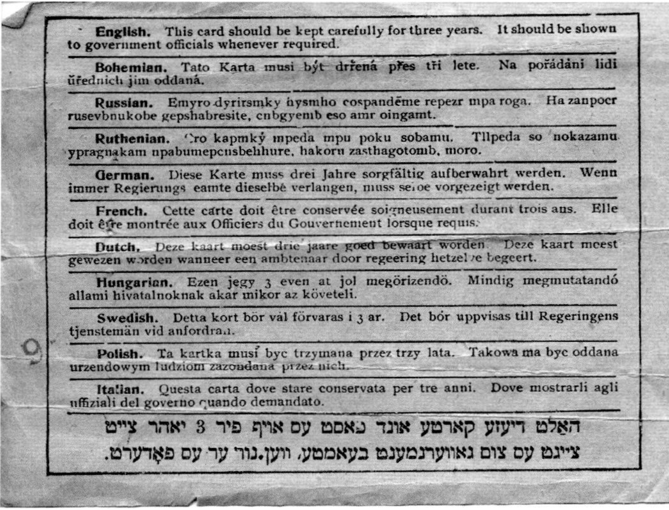

English. This card should be kept carefully for three years. It should be shown to government officials whenever required.

Bohemian. Tato Karta musi být drřená přes tři lete. Na pořádáni lidi úřednich jim oddaná.

Russian. Emyro dyrirsmky hysmho cospandēme repezr mpa roga. Ha zanpocr rusevbnukobe gepshabresite, cnbgyemb eso amr oingamt.

Ruthenian. Cro kapmký mpeda mpu poku sobamu. Tllpeda so nokazamu ypragnakam npabumepcusbehhure, hakoru zasthagotomb, moro.

German. Diese Karte muss drei Jahre sorgfältig aufberwahrt werden. Wenn immer Regierungs eamte dieselbe verlangen, muss seine vorgezeigt werden.

French. Cette carte doit être conservée soigneusement durant trois ans. Elle doit être montrée aux Officiers du Gouvernement lorsque requis.

Dutch. Deze kaart moest drie jaare goed bewaart worden. Deze kaart meest gewezen worden wanneer een ambtenaar door regeering hetzelve begeert.

Hungarian. Ezen jegy 3 even at jol megörizendö. Mindig megmutatandó allami hivatalnoknak akar mikor az követeli.

Swedish. Detta kort bör väl förvaras i 3 ar. Det bör uppvisas till Regeringens tjenstemän vid anfordran.

Polish. Ta kartka musí byc trzymana przez trzy lata. Takowa ma byc oddana urzendowym ludziom zazondana przez nich.

Italian. Questa carta dove stare conservata per tre anni. Dove mostrarli agli uffiziali del governo quando demandato.

האַלט דיעזע קארטע אונד גאסט עס אויף פיר 3 יאהר צייט
צייגט עס צום גאווערנמענט בעאמטע, ווען.נור ער עס פאָדערט.

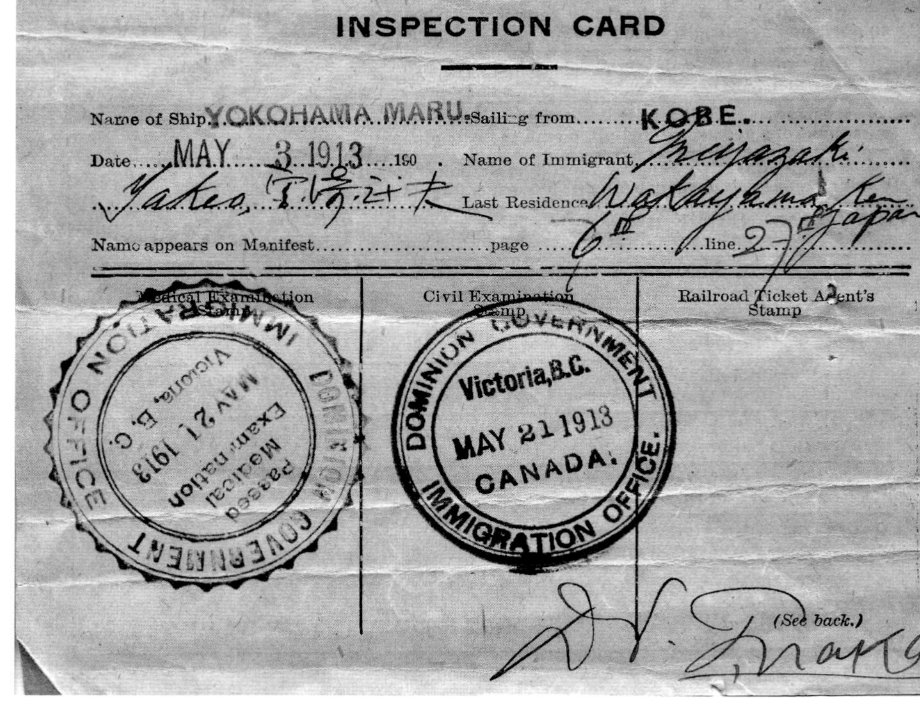

INSPECTION CARD

Name of Ship YOKOHAMA MARU Sailing from KOBE

Date MAY 3 1913 190 . Name of Immigrant Miyazaki Takeo 宮崎武夫

Last Residence Wakayama ken Japan

Name appears on Manifest page 6 line 27

Medical Examination Stamp	Civil Examination Stamp	Railroad Ticket Agent's Stamp
Dominion Government Immigration Office Victoria, B.C. May 21 1913 Passed Medical Examination	Dominion Government Immigration Office Victoria, B.C. MAY 21 1913 CANADA.	

(See back.)

Takeo Miyazaki's inspection card states that he left Kobe, Japan on the *Yokohama Maru*, on May 3 and arrived in Victoria, BC, on May 21, 1913.
Courtesy Takemi Miyazaki

raise funds for the group's survival. Kawamura, Masuda and Kichi became discouraged and went south again, but when the fishing season began, Yoshizawa partnered with a white man and Aikawa with a Native to become the first and second Japanese to fish the Skeena. They caught spring and sockeye for the new cannery, using Columbia River boats, each equipped with sails, oars, a tent, a small stove and a 200-fathom drift net.

When the fishing season was over, both worked nearby at the Georgetown Sawmill. The owner was impressed by their work ethic and sent Aikawa to Victoria to recruit immigrants as they landed. On his first trip, he returned with seven men (Yugoro Sekine, Mankichi Sakai, Kumakichi Yasuda, Denkichi Matsumoto, Toragoro Inouye, Kyuzo Sawamura and Yasaburo Okuyama) and twelve men the following year (including Sadakichi Kurihara, Umekichi Yoshida, Kanano Iyomoto, Kinjiro Watanabe and his brother). Aikawa continued to recruit Japanese for the sawmill without any personal remuneration as a means of helping his fellow countrymen establish themselves in the new world.

In 1891, with earnings from his first year of fishing, probably supplemented with funds from Japan, Aikawa acquired 160 acres of land south of Port Simpson and began raising chickens, ducks, pigs and sheep. The following year he built a steam-powered boat, the *Yamato*, at a cost of $4,000. Soon he had over two hundred Japanese in his employ and was often referred to as "King Aikawa." However, his dream was to establish a canning factory and a salted salmon industry, and in 1894, leaving Yoshizawa in charge, he returned to Japan on a recruitment trip. He returned with Ryukichi Enomoto of the Overseas Settlement Association and Toraichiro Naganobu, Sannosuke Ennyu and Rokutaro Ide, recent graduates of the Fisheries Training Institute. In 1905 he moved south to Bella Bella and built the Bella Bella Seafood Company on nearby Denny Island. The plant processed salted chum salmon and canned abalone as well as selling clams and oysters, but in 1912 after he was unable to secure a reliable importer, Aikawa was forced to sell his cannery to the East Bella Bella Packing Company Ltd. Two years later he returned to Japan to fulfill his family obligations as the only son and became a postmaster in Isesaki. During his years on the BC coast he had researched and collected Native artifacts and on his return built the Aikawa Archaeological Centre to house his collection. He also donated over two hundred items to the Tokyo University Anthropology Department. Aikawa died in 1935 at age sixty-nine and is buried in Isesaki.

Little more is known about Yasukichi Yoshizawa except that he worked closely with Native people, learned Chinook and became known as "Indian Yoshi." It is said that he was offered a "Native princess" but never married. During his final years of active life he ran a clam cannery at Kimsquit, 55 miles north of Bella Coola.

The exploits of Aikawa and Yoshizawa fired the imaginations of those on the Fraser, and within five years of their arrival more than a hundred *Issei* (first generation Japanese immigrant) fishermen had come north to work on the Skeena and Nass rivers. But the search for new fishing grounds continued in the northern and central areas of the BC coast, and in 1891 Mankichi Sakai from Tokushima-ken—who had been one of Aikawa's first recruits—with three others became the first Japanese to fish off the west coast of the Queen Charlotte Islands. By 1893 there were sixty-seven fishing in Rivers Inlet. In 1900 Yoshimatsu Mukai was the first to recognize and utilize the China Hat area as a fishing ground, and in 1907 Yoshizawa and Ichikawa did the same in fishing the Bella Bella area. The following year Mori, Sawada and Yoshitomi began fishing in Smith Inlet.

Jinzaburo Oikawa established a colony on the Fraser with many *Suian Maru* voyagers in 1906. *Courtesy Japanese Canadian National Museum, Oikawa Collection, Eiseido photo*

A COLONY ON THE FRASER

Whatever their motivations to leave home, all the newcomers arrived in Canada with their dreams; Jinzaburo Oikawa's was to establish a colony with his fellow villagers who were seeking to escape the harsh life in northern Japan. Born Ryoji Onodera and adopted by the Oikawa family at age twenty, Oikawa (who was generally known as Oijin) had operated a silk business in Yonekawa, Miyagi-ken, in northern Japan. On August 8, 1896, on his fourth attempt to reach Canada as a stowaway, he left Yokohama on board the American ship *Pelican*. In Steveston he witnessed the harvesting and canning of salmon, but saw that the roe or *sujiko*, for which there would be a market in Japan, was being discarded. Realizing that he could exploit this market, he formed a partnership with Soemon Sato, whose letters had enticed him to come to Canada, and they leased land at Sunbury from the Ewen Cannery and built three log houses on it. They then bought three fishing boats and rented another two from the cannery and were assigned to fish the area around Don and Lion islands, downstream from Annacis Island.

They began fishing with ten inexperienced men, and within two years after Oikawa's arrival had established a salted chum salmon and salted salmon roe business, selling their products to Japanese and Chinese who were working on the railway and in logging camps. To expand the business, in 1899 he returned to his native village, which was suffering from post-war depression and two years of famine, and offered his villagers an "escape." However, the boat fare of sixty yen—approximately equivalent to two years of a carpenter's income—was prohibitive, and he enlisted only four of his friends, his wife, Uino, his sons, Taijiro and Michie, and a maid, Yaeno. A year later his wife, ill from overwork, returned to Japan, where she died.

Oikawa then moved his colony to Don Island, which the Japanese called *Oikawa Jima* (*shima* or *jima* means island), and by 1902 another fifteen villagers from Miyagi-ken had joined them. A year later while Oikawa was in Japan to find a market for his products, the colony split into two groups, with Soeman Sato with fifteen people and five boats on Lion Island, which became known as *Sato Jima*. Meanwhile, Oikawa and his son Taijiro had set up the *Eibei Shokai* Company (British–America Trading Company) in Yokohama to handle imports, and a year later he paid the passages of a carpenter, a welder and a machinist and they arrived with five others who paid their own fare.

Oikawa's next trip to Miyagi-ken, in the spring of 1906, resulted in eighty-two recruits—seventy-nine men, all of them from middle- and upper-class village families, and three women—and each paid 100 yen for passage. Some had raised the money by selling the family forest plots or rice paddies; others had borrowed the money from relatives and friends on the condition that they would repay them once they were established in Canada. As none of them had official permission to leave Japan, Oikawa smuggled them out on August 31 on an aging, 196-ton, three-masted fish boat, the *Suian Maru*. Although many were ex-servicemen from the Russo–Japanese war, only a few were capable of handling sails. As the days wore on, they sang to keep their spirits up, but the journey, which usually took eighteen to twenty days by steamship, lasted fifty days, and after a time the passengers' anxiety turned to panic and they threatened mutiny.

The *Suian Maru* finally arrived in Beecher's Bay near Victoria on October 19, and the passengers disembarked in small groups under cover of darkness to avoid detection. Although they did not have passports, this was not a problem because Canada did not require one for entry, but having left Japan without permits and having broken several customs, quarantine and immigration laws by their secret arrival, they were considered illegal immigrants. They were all intercepted by Canadian authorities. Thanks to the intervention of Saburo Yoshie of the Japanese Consulate in Vancouver, they were each fined $100 for illegal trespass but permitted to remain in Canada, mostly because the Canadian economy was strong at this time and there was a labour shortage. Yoshie was able to negotiate with the *Nikka Yotatsu Kaisha* (Canadian Nippon Supply Company) for the men to go to work for the Canadian Pacific Railway and the Canadian government, but they were obliged to work at least one year in return for being allowed to stay. In 1908 Oikawa sponsored another fifty people and two years later, thirty more. By 1911, depending on the season, there were between seventy and a hundred people on Oikawa Jima.

BC Packers Association, Minutes Book No. 2
17th November 1910

The General Manager reported that OIKAWA, a Japanese fisherman at the Ewen Cannery, held an Agreement of Sale from the Ewen Estate for a small island near the Ewen Cannery, consisting of some 22 acres and known as Lot 517, Group I, and on this land Oikawa had spent considerable money in clearing and dyking same, building fishermen's houses and a wharf, etc. that a payment of $4857.34 to the Ewen estate fell due on the 9th instant and had to be met, and as Oikawa was unable to pay this amount, the Company had advanced same to him, taken a deed of the property and entered into an Agreement of Sale to Oikawa for the above amount payable $500.00 on the 9th November, 1911 and each year thereafter till and including 1919, and the balance $537.34 on the 9th November, 1920, with interest at 8% payable annually, and that in consideration of this assistance given Oikawa, he had entered into an agreement to fish for the Association not less than twenty-five (25) boats each year.

The Meeting then adjourned
(signature) Chairman

In 1917, twenty-one years after leaving Japan, Oikawa crossed the Pacific for the last time to return home. It is estimated that he had helped over four hundred people to make a new start in Canada. His son Taijiro, who took over the leadership of Oikawa Jima from him, joined him in Japan in 1924. By that time most of the islanders had moved to the main-

Miyoko Kikegawa and her children Kazue and Eichi; both were born on Don Island, Fraser River.
Stan Fukawa photo

BRITISH CONSULATE-GENERAL,
KOBE.

To all to whom these presents shall come.

I, A. R. Ovens, His Britannic Majesty's Vice-Consul

at Kobe, in the Empire of Japan.

Do hereby certify that the following is a true and faithful translation of the Japanese Certificate hereto attached under seal of this Consulate-General:-

(TRANSLATION)

CERTIFICATE.

(PHOTO)

Yoshiharu Shinde, Born November 14th 1906, Second son of Yoshimatsu, Head of Family No. 936, Mio-mura, Hidaka-gun, Wakayama-ken.

I hereby certify that the above mentioned person was born at Steveston, British Columbia, British Canada, AND THAT the photograph hereto affixed is a true photograph of him.

July 8th 1925.

Tomitatsu Yoshida (L.S.)
Mayor of Mio-mura, Hidaka-gun, Wakayama-ken.

In Faith and Testimony whereof I have hereunto subscribed my name and affixed my seal of office this 14th day of July in the Year of our Lord One thousand nine hundred and twenty-five.

H.B.M. Vice-Consul.

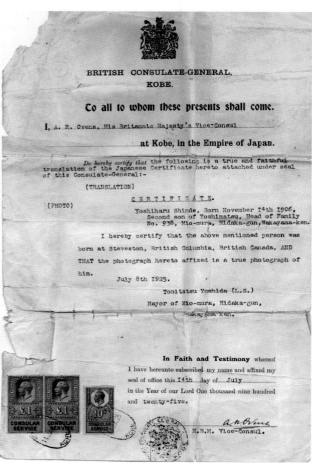

A 1925 document from the British Consulate in Kobe, Japan, attests that Yoshiharu Shinde was born in November 1907 in Steveston, BC.
Courtesy Yoshiharu Shinde

land or Lulu Island so that their children could attend school. Jinzaburo Oikawa died in 1927 and is buried in Masubuchi-mura, Miyagi-ken. In 1930 a memorial service was held for him in Vancouver and was attended by the "boat people." A historical novel, *Mikkosen Suian Maru,* based on Oikawa's famous voyage, was written by Jiro Nitta in 1979, and according to David Sulz, who translated it into English as *Phantom Immigrants* and whose master's thesis examined the novel, "despite some minor factual discrepancies and even major omissions" Nitta's account of Oikawa's experiences is accurate.[7] The centennial of the journey of the *Suian Maru* was celebrated in October 2006 at the National Nikkei Museum and Heritage Centre in Burnaby, BC, with a gathering of friends and the descendants of those who sailed on her.

A SETTLEMENT ON SEA ISLAND

The history of the Tottori-ken immigrants provides an interesting study of another group from within Japan who entered the fishing industry and who maintained their group's cohesiveness within the larger Japanese Canadian community. The first two to arrive were university students Kinji Irie and Masazo Yamada who worked for a while and in 1892 returned to Japan and invited Giyomatsu Adachi and Teizo Honjo to accompany them on their second trip. Adachi spent the next three years studying the actual conditions in Canada and returned to Japan to encourage his fellow villagers to come to Canada with its "great expanse and heaven-sent unlimited natural resources."[8] Nine people accompanied him to British Columbia in 1895—Miyamatsu Endo, Gontaro Kadonaga, Reihichi Adachi, Kunitaro Adachi, Isematsu Adachi, Keitaro Kawashiri, Yuwa Nakashima, Torazo Ishikawa and Ranzo Norimoto. They all found employment at the English Cannery in Steveston under Umekichi Yoshida as cannery boss and Adachi as house boss.

In 1897 while in Japan "on business relating to the export of salted salmon"[9] Adachi recruited another nineteen members. They fished for salmon from June until October for a total of fifty-five days for the season, and their income was shared on a co-operative basis. But with the increase in population, they soon split into two groups, one remaining in Steveston and the other settling on Sea Island as cannery workers. Once the fishing season was over, they found work at the Union Coal Mine on Vancouver Island, at a sawmill located below the Granville Street Bridge, on the railroad or in cities in the United States. Others who followed from Tottori-ken made their home base at the Vancouver and Acme canneries on Sea Island, the Celtic Cannery in Vancouver and the Great Northern Cannery in West Vancouver. In 1900 Kenjiro Teshima became the first from Tottori-ken to fish in Rivers Inlet, and by 1906 there were six other fishermen—Kunitaro Adachi, Tsurane Adachi, Hidetaro Matsumoto, Kunitaro Nakai, Choichi Shinei and Kinzo Yuki—from the same ken fishing in northern waters.

By 1934 five prefectures were represented in British Columbia's fishing areas. Of 574 immigrants surveyed, 43.5 percent of those from Wakayama were engaged in fishing. The next highest were those from Miyagi with 41.7 percent, Fukuoka with 5.7 percent, Kanagawa with 4.0 percent and Shiga with 2.9 percent. The other immigrants were from Hiroshima, Kumamoto, Kagoshima, Okayama, and Yamaguchi and were settled in Vancouver, farming areas or company towns.[10]

PICTURE BRIDES

The early immigrants were almost exclusively young males, their average age being 22.8 years, and over a quarter of them were between 15 and 19 years old. They were also physically fit, but although 98 percent of them were literate—six years of education having been compulsory in Japan for both boys and girls since 1892—almost all were woefully lacking in knowledge of the English language, and they were almost completely ignorant of their adopted country's customs and mores. They were equally ignorant of the history of the Native peoples. Steveston quickly became an *otoko-mura*, a "men's village." Fishermen were described as "rough and reckless" with colourful nicknames such as *Hinotama no jin* (Fireball Jin), *Kenka Kame* (Fighter Kame) and *Haretsu no ponta* (Exploding Ponta). During the season they lived in company bunkhouses, returning in the off-season to boarding houses in the Powell Street area where they indulged in considerable drinking and gambling. The fishermen who remained in Steveston—Germans, Italians, Russians and Japanese—had access to approximately twenty bars.

Japanese women immigrants were rare. The first, Yo Shishido, arrived in 1887–88, the same year as Gihei Kuno, accompanying her husband, Washiji Oya, a former seaman, and they took up residence in Vancouver as proprietors of a store on Powell Street. In 1889 their son, Katsuji, the first *Nisei* (second generation) was born and a year later his brother, Jiro. However, the married men among the immigrant population began to send for their wives and single men often returned to Japan to look for a bride or have a marriage arranged for them. As a result, of the 7,601 arrivals in 1907, 242 were women. In the meantime, although Japanese immigrants never exceeded 1 percent of Canada's population, the increasing presence of the "yellow race" had stirred up resentment within the white population, who began clamouring for a "White Canada." When the Asiatic Exclusion League was formed in Vancouver in 1907, over two thousand people signed up as members to stop immigration. They included businessmen, labour leaders and representatives of both the Conservative and Liberal parties. The *Daily News-Advertiser* reported that "Rev. Dr. [H.W.] Fraser said he was body and spirit with the movement as he almost felt that, unless some steps were taken to stop the influx, his own pulpit would soon be in the hands of a Jap or a Chinaman."[11] Encouraged by the example of Bellingham, Washington, where South Asians had been driven out of town, on September 7 the league sponsored a parade that became a mob of five thousand and culminated in an anti-Oriental riot. The Chinese Canadians on Carrall and Pender streets were taken by surprise, and "the mob raced through Chinatown breaking every window."[12] The police were completely outnumbered and had to call for reinforcements to cordon off the Chinese and Japanese areas of the city.

By the time the rioters ran through Little Tokyo for the third time the Japanese were ready. Young fishermen from Skeena and Steveston were in town and those living in Sunbury travelled to Powell Street to help defend the homes and property and turn back the mob. In

Fishermen travelled to Powell Street to help protect Japanese properties during the anti-Asian riot of 1907.
UBC Special Collections XXXVI–17

Stories of My People: A Japanese Canadian Journal, Roy Ito tells what happened next:

> They assembled on Powell Street grounds. They put on their *hachimaki* (headbands). Saburo Yoshie, the saviour of the *Suian Maru*, took charge. He organized the men into fighting units. He directed the Japanese to collect bottles and bricks on roofs of buildings and gather baseball bats . . . A policeman was stationed at Main and Powell, not to protect the Japanese residents but to prevent the whites from entering the dangerous Japanese area.[13]

The Canadian Government was prepared to offer compensation for damages incurred during the riot and in October, Mackenzie King, the deputy minister of labour, arrived to assess the damages. The sixty-seven Chinese claimants were awarded $26,990 and the sixty Japanese $9,036, which included $7 to the Vancouver Japanese Language School.[14]

Following the incident, the Lemieux-Hayashi Gentlemen's Agreement was negotiated between Japan and Canada to put male immigration on a quota system. The limit was 400 male immigrants and domestic servants per year, plus returning immigrants and their immediate families. However, as the wives and children of those already in the country were not excluded by the agreement, married men sent for their wives and unmarried men began finding mates by the "picture bride" system. As a consequence, there was a dramatic shift in the immigrant population. For the next thirty years the majority of the immigrants were women. Of the 858 immigrants in 1908, 566 were female. The quota was further reduced in 1923 to 150 new immigrants annually, but immediate family members remained exempted until 1928 when an amendment included wives and children in the annual quota. Thus, when the picture bride system ceased in 1931, the ratio of women to men had increased from one to ten to one to two. The unintended consequence of these restrictions was family reunification and the beginning of a settled family life and a commitment to Canada as "home."

The arrival of the picture brides transformed the mostly male and largely itinerant lifestyle of the *dekasegi*. In 1901 there had been only sixty-four Canadian-born (*Nisei*) children; in 1920 there were approximately four thousand. The result was a dramatic shift in population structure, and the 1921 census reveals the fact that Canadian-born children now outnumbered new immigrants. And as the number of permanent residents increased, communities grew in places such as Steveston, Sea Island and Sunbury and on Oikawa and Sato (Don and Lion) islands. They also established their own schools, churches, restaurants, rooming houses and mutual help societies.

Miai kekkon or arranged marriage was common in Japan. Some immigrants returned to Japan to be married, but the method of choice was *shashin kekkon* or the picture marriage system, which began with the relatives of the immigrant seeking out a woman in the same or nearby village whom they regarded as suitable. This was followed by an exchange of photographs. If both parties agreed, the marriage would be registered in Japan. The bride would meet her husband for the first time on arrival in Canada. Koito Nitta's family arranged her marriage and on disembarking in Victoria in 1911, she married Yakichi Shiyoji, a fisherman, who travelled from Steveston to meet her ship.

For many Japanese women life in Canada seemed to promise much more than the traditional role of the wife in Japan where she was expected to produce a male heir, be a servant to her mother-in-law, husband and children, manage the household and augment the family income. Her husband managed any family property, supported all household members, provided education and guidance and arranged marriages. But picture brides were destined to be disillusioned almost as soon as they stepped off the ship. "What these picture brides found when they arrived in Canada exceeded their worst, most pessimistic expectations. Their lives varied but most of them had a very difficult life. They usually had to work as soon as they arrived—in the woods, on farms, in canneries, on fishing boats, or in white homes doing housework. Most lived under very primitive conditions, much worse than even in the poorest villages in Japan."[15]

In fishing families where income is unpredictable and during the down cycles when catches of sockeye salmon were low, wives became the primary providers. To contribute to the family income, they worked as seasonal labourers in canneries and farms, as net menders, cooks, housekeepers and domestics. In the canneries they were washers and fillers alongside the Chinese men and Native women. Day or night, whenever the cannery whistle blew, they went to work, sometimes for one hour, sometimes for ten. The absence of daycare meant that they took their children with them, and the older children would often be put to work on repetitive tasks while their younger siblings ran around the cannery floor.

Moto Suzuki arrived in Canada six months' pregnant. Her husband Umanosuke had returned to Japan to marry her and she followed him to Canada. Almost immediately on arrival she started working in the cannery as a filler. A ticket was punched for each box of 24 cans filled, and she earned $3 for a book of 150 tickets. Those who washed fish were paid 15 cents an hour. The work began in June and they were paid five months later when the work ended. After her first child was born, she was able to take turns with other mothers to look after each other's children at a *mori* (daycare) house.[16]

Naru Endo lived and worked at Great Northern Cannery while her husband, Shig, fished. She recalls going to the cannery before the war with her mother, and while her mother canned herring, she would go "to sleep on one of the smokehouses . . . and it was so cold . . . Where we cut the fish, they had a tent . . . My mother worked from night to morning to nighttime and you only make about $3 in canning."[17]

It was the women who enabled the fishing boss system to function well. Mrs. Matsuzaki provided room, board and laundry service for anywhere from three

Below: A British Columbia cannery, 1913. It wasn't uncommon for women to work with a baby on their back and a toddler in a stroller nearby.
Vancouver Public Library, VPL 2071

Above: Daughters of fishing families, Steveston, BC, 1938. Back row: Eiko Shinde, Masae Kasuye, Haruko Nakatsu. Front row: Jessie Abe, Masae Mayede.
Courtesy Yoshiharu Shinde family

to nine fishermen and pullers each summer between 1909 and 1914 while her husband was fishing boss for the Imperial Cannery. Koito Shiyoji (née Nitta), whose husband worked as a fish packer, cooked for net menders and other workers at the Ode herring camp in Nanaimo and again during the salmon season on the Skeena. Fude Nakatsu was a bunkhouse housekeeper on the Skeena, and in 1915 earned considerably more than fishermen on the Fraser River. (It was often said that the reputation of the fishing boss rested on the meals provided by his wife.)

The wives often accompanied their *Issei* husbands as they sought one employment after another, and their work experiences were just as varied and full of hardships. As they were also the primary caregivers, exhaustion from overwork was a common condition. Maki Fukushima, born in 1892, arrived in Canada in 1914 from Oshima, and during one summer worked as a canner. "If it was piecework, at two dozen cans per box, you could pack 150 boxes a day . . . I think. If you worked by the hour, they gave you 35 cents. I remember it was the first work where I made money since coming from Japan . . . Sometimes . . . I'd go to the cannery at 7 in the morning and work till 11 at night." After the fishing season was over, she would work alongside her husband at various jobs as she looked after the children. One year they worked in a herring plant on Vancouver Island. "We'd skin the herrings and smoke them, then take off the heads and tails and pack them in boxes to send to England or Europe. This was another contract job my husband got; the wages came to 50 cents an hour. After the herring plant, we went to . . . Port Alberni, and worked at salting herring."[18] This roving lifestyle continued for seven years before she went back to Japan with her husband and children. After about a year and a half she rejoined her husband in Canada, leaving her children behind to be looked after by her mother. Among the many jobs she took was doing housework for white families. Her children rejoined her three years later.

Yasu Ishikawa was twenty-two when she arrived in Canada from Hiroshima in 1919 and started work as a midwife in Vancouver. In 1924, after several years of moving from one job to another, she and her second husband and two children settled in Prince Rupert where she was the cook and housekeeper for thirty to sixty sawmill workers. "I used to get two dollars for meals and two dollars for laundry from each worker."[19] When the Depression hit and they were out of money, her husband found work as a fisherman and she as a housekeeper. When evacuation orders were issued in 1942, they left by train for Vancouver, were housed in Hastings Park from March to August and relocated to Tashme where her husband became a shoemaker and she a midwife for the many *Nisei* who were born there. In 1946 they moved to Toronto and eventually opened a restaurant.

The first woman entrepreneur in the fishing industry may have been Mrs. Okada who established her *kamaboko* (fish cakes) factory on Clayoquot Island near Tofino in 1935. Her husband built the machines to mince the ling cod caught by trolling during the salmon season and by handlining during the off-season. According to Larry Maekawa[20] Mrs. Okada canned and shipped the *kamaboko* in wooden boxes to Vancouver and Kelowna, and her income equalled that of her husband's from fishing. Her enterprise came to an end with the outbreak of the war with Japan.

At times circumstances dictated that wives and mothers become fishermen also. Historian Midge Ayukawa writes that in earlier days in Steveston, if the husband did not have a suitable fishing partner, the wife went on the boat with him. Mrs. Kaneda arrived in 1921 from Mio-mura, Wakayama-ken, lived in a cannery company house and worked on the boat with her husband. They went out at 4:00 a.m. and with each tide change they raised and lowered the nets five times. When her husband died of a cerebral hemorrhage, her son was only sixteen and, since he could not take over his father's licence until he was twenty, she went out on the boat with him. In the spring and summer she fished and in the winter she cooked at the Steveston Fishermen's Hospital for $30 a month. She and an older brother, who was a ship's carpenter, built a bigger boat for her son and slowly she paid for it. Then she bought an engine for $1,800, but just as she rejoiced that she would be able to pass on this magnificent boat to her son, the war with Japan started. She sold everything for $800 and moved to Alberta.[21]

Collectively, the *Issei* women brought stability to the communities, shared in their struggles and organized the *fujin-kai* or women's associations to make a better life for their Canadian-born children. *Kodomono tame ni* (for the sake of the children) was the mantra heard repeatedly as the *Issei* parents guided their children to face an uncertain future in their native land.

THE *NISEI*

The rising tide of picture brides brought a rise in *Nisei* births. By 1928 when the federal government received assurance from Japan that the picture bride system or "ladies agreement" would terminate, of Canada's total Japanese population of 15,868 almost one-third

Yoshiharu Shinde at Mio Village Elementary School, 1926. Many fishing families sent their children to Japan to be educated.
Courtesy Shinde family

(5,348) were female, and 4,334 were Canadian-born or *Nisei*. In the census two years later, the number of *Nisei* had more than doubled to 10,728. By this time immigration had virtually ceased. At the outbreak of World War II, of the total Japanese population of 23,000, the *Nisei* numbered 13,309 and almost all of them were under thirty years of age.

Canadian-born Japanese were divided into two distinct groups. The *Nisei* were born and educated in Canada. The *kika Nisei* were born in Canada but educated in Japan. Given the lack of employment opportunities for Japanese in Canada, many parents reasoned that there was a limited future for them and their children here and they must be prepared to return eventually to Japan. However, the financial sacrifice was considerable since the parents had the additional cost of accompanying their children to Japan and paying for their upkeep while they were attending school. Parents generally chose to send their sons, especially their first, for a Japanese education, and if times were good, they visited them, but most of these children were raised by grandparents until they completed school and then rejoined their parents. Masayoshi Oye was three years old, Yoshikazu Oura was four and Yoshiharu Shinde, five, when taken by friends or relatives to Japan.

Japanese living in fishing communities had an additional reason for sending their pre-school children to live with their grandparents—the constant danger of drowning. Cannery houses were built on stilts over the river, there were no child-minding services available and drowning deaths were frequent. Gerry Miller, who lived at Winch Camp in Steveston, recalled, "We used to play tag in skiffs, dodging around pilings under the net rack. There was always someone in the water. One day one of the five-year-old girls fell into the water. It was about three feet deep. She was face-down and thrashing in the water. We were cheering her on to swim towards the shallows. Luckily one of the older boys saw what happened and got down and lifted her out of the water. We all got a scolding and a lecture on water safety."[22]

The Japanese-language newspaper *Tairiku* reported the drowning of many children in the Fraser, especially during the busy fishing season. An article in the *Vancouver Sun* of April 18, 1928, reported that "seven Japanese children aged 4 to 10 years were drowned in the Fraser near Terra Nova Cannery, a Japanese settlement, during the boat's maiden trip when it grazed a snag or mud bar and tilted sharply with a jerk. Chief Constable A. Waddell conducted an enquiry and expressed belief that everything possible had been done to save the children. 'The anguish of the parents was terrible to witness,' he said. 'The men, all experienced fishermen, were dragging for their dead, grimly silent. But the mourning on shore was heartbreaking.'"[23]

Bob Olson, a former resident of Don Island (Oikawa Jima), remembers being warned by his father to be careful around the water so that he would not meet the same fate as a boy from the island who had drowned. This was probably Jinzaburo Oikawa's son Eiiji, who drowned near the Ewen Cannery in 1911. The first owner of the Suzuki Boat Works on Annacis Island also lost his son. He had just finished telling the boy not to go out in a punt, but when he looked up from his work, he noticed the empty punt. He jumped into the river but could not find his son. After many unsuccessful attempts, he put a rooster on the stern of the boat and retraced the area he had already searched. The body was recovered at the exact spot where the rooster crowed. Other former residents of the area remember many stories of near drowning, of being pulled out of the water in the nick of time by their hair.

Fortunately, not all accidents ended sadly. Robert Critchley wouldn't have been born if it hadn't been for some Japanese fishermen. The near-fatal accident took place on October 27, 1939, when Robert's father, Jimmy, was four years old.

> He was reaching out with a gaff hook, reached a bit too far and rolled right into the chuck at Howe Sound. He had his snowsuit on, which kept him buoyed up, [but] the current was going out and my dad was drifting away. My grandmother's screaming woke my grandfather, who jumped into the water. My dad held on to him so tight that it nearly drowned them both. This was October and the water was icy. There were no boats nearby, but a fellow at a fish camp on shore was pulling his net out of the bluestone tank and saw Jimmy go over. He threw a rope over the bow so my grandfather could grab it, but just as he grabbed the rope, my dad [let go]. He was gurgling and kept going under and taking lots of water . . . Some Japanese fishermen nearby heard the screaming and about six or seven of them jumped into the fastest boat they had and came rushing towards my grandfather's boat. By this time my dad . . . was nowhere to be seen. But the Japanese had seen him sink and they came along with one fellow hanging over the side, hanging onto the rigging and scooped my dad right out . . . and dragged him on deck . . . The Japanese fishermen . . . put my grandfather on their boat and took him back to his own boat. In the meantime, they had my dad down on his face, flat on the deck with his clothes off, and were pumping the water out of him . . . The Japanese took my dad to the hospital [at Britannia] about five or six miles away. My grandfather got into some dry clothes, picked up the anchor and followed . . . By the time my grandparents got there, about two hours later, [the Japanese fishermen] were coming out. . . . [They] looked grim but as they got closer he saw that they were sort of smiling. They said, "He's okay. He wants his mom and dad and he's fine." When they went into the hospital, the doctor told them, "Boy, you've sure got to thank those Japanese fellows. They sure knew what to do. He was dead but he's fine now."
>
> Know what they did? They pumped the water out of him and got him breathing again and . . . they got the stove going and hot water coming along and they emptied all their *sake* out and their ketchup and every bottle they could find and filled them with hot water and packed them around him with blankets. They really did a great job. And Dad didn't even get a cold.[24]

After completing their education in Japan, the *kika Nisei* returned to British Columbia as teenagers. Masayoshi Oye was thirteen years old when he came back to Canada and began fishing with his father; when his father died five years later, as the eldest son of eight children he became the family breadwinner. Yoshikazu Oura was seventeen when he was called back to Canada in 1922. Yoshiharu Shinde was nineteen and attending a business school in Osaka when called home in 1925. Fire had destroyed his father's sawmill on Gabriola Island, and presumably money was no longer available to keep him at school. Understandably, there were conflicts between the *kika Nisei* and their siblings and parents. On returning home, they found themselves resented by their younger Canadian-raised and educated siblings. They were viewed as the cause of the family's hardships since the money used to send them to Japan could have improved the housing and lifestyle of those who remained. The bond between *kika Nisei* and their parents was also missing, and in some cases they resented having been sent away.

Shigeharu "Joe" Nakagawa, born in 1913 in Steveston, attended school in Oura, Wakayama, from age three to fifteen and did not recognize his father, Katsujiro, when he landed in Victoria. He and his father fished in Tofino, and in 1934 he took over his father's boat. He endured "many years of hardship sending money to support his family back in Japan but finally was able to build a new boat in 1938 at Kuramoto-Madokoro Boatworks at Coal Harbour. How proud he was. His life was just starting to look bright but bang! everything changed."[25]

Yoshio "Joe" Teranishi, who was also born in 1913 in Steveston, was sent to Japan at age three, but he returned to Canada when he was seven to begin school. His parents lived on Westham Island but he had to go by boat to a school in Ladner because no Japanese students were allowed into Westham Island schools. However, after much negotiating—Joe calls it "bribery"—he became the first Japanese to be accepted. After he completed elementary school, the family moored a floathouse near Hong Wo in Steveston so that he could continue his education at Lord Byng Elementary School and complete it at Cambie Secondary School. After graduation he became a deckhand on a packer, the *May S*, owned by the Saimoto family. This was followed by another year as a deckhand for his father, Fujinosuke, who fished for salmon in the Fraser and ling cod in the Gulf Islands. When his father retired, Joe took over the boat and had been gillnetting for three years when the war in the Pacific brought that career to an abrupt end.

Canadian-born Kazue Oye was a teacher at the Steveston Japanese Language School until government closure in 1941.
Courtesy Kazue Oye

The majority of the *Nisei* were born in the 1920s and 1930s. They regarded their *Issei* parents as essentially Japanese but saw themselves as Canadian and believed Canadian ways to be better than those of the Japanese. Their preferred language was English and this caused communication difficulties between the generations, a break with the past and a widening of the cultural gap. With cessation of immigration from the homeland that had kept Japanese traditions alive and the growing number of *Nisei*, Japanese Canadian communities became more and more Canadianized. At the same time, the *Nisei* were very aware of their second-class status in Canada. They were caught in a no man's land. Even an education in BC schools, proficiency in English and a university education did not lead to jobs in mainstream BC society, and denied the franchise, they were excluded from most professions. *Nisei* who wanted to practise their professions had to go to Japan or find employment in the Japanese Canadian community, but both of these required a knowledge of the Japanese language and cultural mores.

On the other hand, fishing families with boats were considered fortunate. Fishing was an attractive occupation since with hard work and a bit of luck, a fisherman could earn a substantial amount in the years when there were good salmon runs. *Nisei* sons soon joined their *Issei* fathers on the fishing grounds, although at times an early entry into industry was prompted by familial obligation. After Shigeaki Kamachi's mother had a stroke and was confined to a wheelchair, his father stopped fishing to look after the family, and the sons all went fishing at an early age to support the family. Shigekazu, his eldest brother, fished with a special permit at age fifteen. The next brother, Masao, followed him to work as a boat puller, and when Hayashi (first name unknown), the fisherman he worked for, returned to Japan in 1937, he bought his boat and licence. Shigeaki was thirteen years old the year when he became a deckhand on his brother's boat. He remembers having to provide a photo, a birth certificate and a stamp from the RCMP before the Fisheries Department would issue him a licence.

Shoichi Nishi, born in Steveston in 1907, was the eldest of nine children and he also started fishing while still a teenager to help his parents. Leaving school at fifteen, he began working as a deckhand, but when his parents left their farm in Steveston and relocated to Grand Forks, he took a job there with a local farmer tending vegetables and flower seed crops and working in his apple orchard. In time he had his own seed farm, but he sold it to return to the coast and resume his fishing career, this time on Porcher Island off Prince Rupert. Beginning in 1949 he commuted between Prince Rupert and Grand Forks until 1956 when his family joined him in Vancouver. After that he continued to travel each spring to the north coast until his retirement in 1980 at age seventy-three. Having attended school in Steveston, he was able to help his friends with limited knowledge of English to become successful in their business endeavours.

Nisei daughters were faced with even fewer opportunities than their brothers. Their education was often patchwork, but even those who were able to get an education found jobs scarce. Chitose Uchida, a member of the University of BC's first graduating class in 1916, had to move to Alberta to get a teaching position. Hide Hyodo was the first and only *Nisei* to be hired as a teacher in pre-war BC, and she was permitted to teach only Japanese students who spoke very little English at Lord Byng Elementary School in Steveston. In 1942 she became the supervisor of education for the children incarcerated at Hastings Park and in internment camps and was responsible for the training of teachers. For her contributions she received the Order of Canada, and a Japanese garden has been built in her honour at the new Lord Byng Elementary School in Richmond.

In times of family crises *Nisei* daughters were often the first to be called upon. Kanako Kariya (née Oye) left school after completing the elementary grades at Lord Byng Elementary School when her father died and left a large family with no breadwinner. While still in her teens she took a job doing housework for a family on Angus Drive in Vancouver. Later she worked in canneries such as Wadhams in Rivers Inlet and the Gulf of Georgia in Steveston, but she dismisses this by saying that "all the girls ended up being sent off to do housework and to work in the canneries." Ann Koyanagi worked at the BA Cannery in Port Essington in 1931 when much of the process was still done by hand. In 1939 the Canadian Fishing Co. asked Nancy Nishi of Steveston to be a forewoman and recruit twelve women, take them to the company's Tallheo Cannery and look after their welfare for a commission of 5 cents an hour extra. From about 1913 until the outbreak of World War II, a large majority of the washers and fillers in the canneries in Steveston were Japanese women, and many of them had first witnessed the workings of the canneries from the backs of their mothers.

Kazue Oye (née Shiyoji), born in Steveston in 1912, had completed eight years of schooling at Lord Byng Elementary School by 1928 and in the same year graduated from the Steveston Japanese Language School. At fifteen she persuaded her mother to let her continue her studies in Japan. On completing *jogakko* (girls' high school) in 1933, she returned to Steveston and the following year started teaching at the Japanese Language School. She married in 1937, had two children and lost her husband, a fisherman, in a drowning accident in 1940. The morning after the bombing of Pearl Harbor, she arrived at school to find the doors locked and the principal, Fumio Kajiro, taken away during the night. It fell on Kazue and the other teachers to tell the children that their principal was in prison and that all Japanese language schools had been ordered closed by the government. With two children to feed, she took a job canning herring at the Gulf of Georgia Cannery on the night shift while her children were looked after by her father. She felt fortunate that she could stay at home and not have to live at Hastings Park where Japanese from outside the lower mainland were incarcerated.

On April 22, 1942, she and her two children, her parents and the Ode family, who owned the herring saltery on Newcastle Island, were among those who left by train for Christina Lake, a self-supporting camp. They did not want to go to the sugar beet farms in Alberta nor did they want to go to Greenwood because only the elderly, women and children were allowed to live there, meaning they would be separated from her brother, who was single. From September 1942 until March 1946 when the camp was closed, Kazue taught Japanese after regular school hours as the parents did not want their children to lose their language. When

Steveston Japanese Language School graduation, circa 1940. Kazue Oye (2nd row from front, 2nd from left) is one of the teachers in this photograph.
Courtesy Karen Shigeno

Shigeji Kamachi's family on the bank of the Fraser 1934–35. Four sons and a grandson became fishermen. Left to right: Masao, Shigeaki, Shigekazu, Shigeji (father), Yoshihiro (baby), Mr. Koba (friend), Eiko, Yoshiko, Toyoko. *Courtesy Shigeaki Kamachi*

the Christina Lake camp closed, her parents moved to Kamloops and Kazue and the two children went to Grand Forks where she worked on a farm. At the end of January 1952, she returned to Steveston. "*Kaetta* (home at last)," she said.[26] She worked as a shrimp peeler for the Japanese Fishermen's Co-operative and at BC Packer's Imperial Cannery until her retirement in 1977. Now in her nineties, her memory is infallable and has been an invaluable source of information on pre-war Steveston and its fishing families.

The first of the *Sansei* (third generation), the grandchildren of the *Issei,* were just being born when the cohesive, confident and vibrant communities on the BC coast were destroyed and the population scattered across Canada.

Gear Types and Methods

The Nikkei fishermen brought skills from their ancestral homeland that they adapted to BC waters, but their survival in the commercial fishing industry here depended not only on their traditional skills and aptitudes but also on the utilization of technological advances. Thus, as time went by, they operated increasingly sophisticated vessels and gear and used new fishing methods that they based on their knowledge of the fish species and their habitat.

A commercial salmon gillnet fishery had started on the Fraser River around 1865 to supply the canneries being built near the river mouth, and by the turn of the century all the canneries from the Fraser to the Nass and Skeena were dependent on gillnetters for their salmon supply. In this method a long rectangular net is let out to hang like a curtain in the water, the top held up by floats and the bottom weighted with a leadline. The size of the net mesh is determined by the size of the head of the prey, so that when the nets are brought up, the fish are caught by their gills in the mesh.

At first gillnetting was done from canoes, but by the time the first Japanese fishermen arrived, canoes had been replaced by Fraser River

Double-ended vessels relied upon a net-man and a puller.
Courtesy Toya Takata

An early gillnetter.
Courtesy Teizo Mitsuishi

skiffs—flat-bottomed boats approximately 20 feet long, 5 feet wide, and 2.5 feet deep. They were propelled by oars and were double ended to facilitate net handling. Most were owned by fishing companies and rented to the fishermen. A cannery tug or packer towed the boats to the fishing ground, the fishermen let out their nets, and the skiffs drifted with the tide until they were four or five miles from shore, at which time they hauled in their nets. As there were hundreds of these skiffs in the river mouth at the same time, the fishermen had to be alert so that they didn't get entangled in each other's nets while staying clear of the steamers plying the Fraser.

Columbia River boats were introduced at the end of the century when the salmon fleet began moving from the sheltered inside waters into the rougher waters of the Strait of Georgia. In the book *Kanada Imin Haiseki shi* (1985), author Mitsuru Shimpo noted that it was Tomekichi Homma who brought the Columbia River boat (*Kolombia booto)* to the Fraser in 1892 after he saw them being used by Japanese fishermen in Washington State. These boats, which were capable of packing up to 5,000 pounds of fish, were 18 to 26 feet long and 7 feet wide but, unlike the Fraser River skiffs, had rounded bottoms and were carvel hulled, and as well as being equipped with oars, they were gaff rigged to take advantage of the winds in the strait. They were manned by two men—a fisherman to set and haul in the nets and a puller to row the boat and keep the skiff in position. The area from the centre of the boat to the stern was used for fish storage and working the gillnet and from the centre to the bow for rowing, living and cooking. On the earliest boats the living quarters consisted of a tented tarpaulin, but this was replaced first by a wooden "crawl space" and later, after engines were installed, by a small wheelhouse. By the 1930s these vessels had been enlarged to about 30 feet in length and 7.5 feet in width to accommodate even bigger, more powerful engines and the addition of comfortable sleeping quarters and a compact galley that included a propane or oil-burning stove.

Japanese Canadian fisherman in Steveston, BC, mending his linen net with tarred cedar cork.
Vancouver Public Library, VPL 1348

NETS, CORKS AND LEADLINES

Prior to the 1880s Native women handmade gillnets out of imported linen; the meshes were diamond shaped and the size of the mesh varied with the species of salmon to be fished. Nets cost from $130 to $150 and only lasted two to four years. A skiff, on the other hand, could be bought at that time for as little as $31, so the nets were by far the most expensive part of a fisherman's equipment and required careful handling. They came with instructions such as, "Don't let the sun shine on the net; don't leave it wet too long; don't let it lie on the ground; strip off the lines before winter storing—so many rules to observe, so many cautions to take."[27] At the end of each week they were unloaded at the cannery where they were washed in a bluestone (copper sulphate) brine to remove fish slime, bacteria and other river debris. Between seasons, they were stored in the net loft above the cannery where net menders and hangers made repairs and hung the corklines and leadlines to ready them for the coming season.

Later Nikkei fishermen began making their own nets by hand. Hideo Kokubo (1913–2006) remembered that it took four to six weeks to complete one.

> We'd get up early in the morning and work on the net . . . until late at night. It was hard work because there were so many meshes. A sockeye net has a lot of meshes, so I used to make nets for spring salmon. The twine came in various sizes and you'd . . . hook it on the needle, like crocheting, hook and tie, hook and tie, and when you got to the end of the row, you'd turn over and start again. The meshes had to be the same size but after a while you got to know by feel how tight it should be on your fingers. Sure you could order ready-made ones from Ireland in time for the season, but it cost less to make them at home. I used to make my nets during the winter holidays.[28]

THE SOCKEYE SEASON

On the Fraser River there were three seasons for salmon: March 1 to September 15 was the spring (chinook or king) salmon fishing season, between July 1 and August 31 was sockeye season, and coho season opened on September 25 and closed on October 30. Pinks (humpbacks) and chum (dog or keta) salmon were also fished in the fall. However, in the early years of commercial fishing, sockeye was the only species canned so the fishing season on the Fraser began in July with their arrival. In the 1890s the boats were towed out at six in the morning and in at six in the evening, at which time another shift of men left to fish until six the next morning. The cannery colours on the boats made them easily identifiable for the towboater. By the turn of the century, each week of fishing started at six on Sunday evening with the firing of a cannon and ended at six on Saturday morning, giving the sockeye thirty-six hours to move upriver unobstructed. In the 1930s the fishing week was reduced to five days.

The sockeye arrived earlier on the Skeena and the Nass, and the opening of the fishing season was marked by the detonation of an explosive device, and this was repeated throughout the season to mark the Sunday 6 p.m. openings and Saturday 6 p.m. closings. Columbia River boats had been introduced on the Skeena in 1897, and they were in common use there in 1911 when Ryuichi Yoshida arrived. As on the Fraser, a cannery packer or tug towed the fleet in single or double file to the fishing grounds beyond the river mouth. The men would spend the next six days on their boats, sleeping and cooking under a tarpaulin hung across the bow. For Nikkei fishermen, the meals were mainly rice boiled in green tea *(chagai)*, bean paste *(miso)*, soya sauce *(shoyu)*, vegetables and lots of fish cooked on a stove made from a cut-down oil can. At the end of the week there was a slow trip back to the cannery at the end of a towline and more work mending their nets.

Top: Boats had only oars and sails for power and were pulled out to fishing grounds by cannery packers or tugboats.
Leonard Frank, Vancouver Public Library VPL 11403

Bottom: On the Skeena boats drifted out to fishing grounds and were towed back.
Photo unknown

Goichiro Yonemoto in Steveston, BC, at the ever-present task of mending nets.
Courtesy Goichiro Yonemoto

GASOLINE ENGINES

The introduction of gasoline engines allowed the construction of larger, sturdier vessels that could travel farther from the canneries. Engines were first installed in the larger seiners and packers on the Fraser in 1902. In *A Brief History of the Tottori-Kenjin Doshikai* it is mentioned that in 1907 Shikakichi Endo became the first Japanese to purchase a boat with a gasoline engine, but he did not use it for fishing; two years later Meikichi Endo, who came from the same prefecture, rebuilt it for fishing. In 1912 BC Packers installed its first twenty Easthope "Fishermen's Automatic" gas engines in its Imperial Cannery fleet. These 3- to 5-hp two-cycle Easthopes, known for their reliability, durability and low cost, quickly became the engines of choice for most Fraser River Japanese fishermen, although gasoline engines were also being manufactured by Vivian, Palmer, Letson, Brupee and Cowie. By 1914 all Japanese fishermen had Columbia River boats with gasoline engines, and two years later, all fishermen in District #1 (Fraser River) had gasoline engines. Around 1917 four-cycle engines were introduced, and in 1938 one of the first high-speed Lycoming gasoline engines was installed in a gillnetter owned by Unosuke Sakamoto of Steveston.

In the north region, District #2 (Skeena area), gasoline engines on gillnetters were banned. The main reason, according to Rintaro Hayashi, was to enable the fishing companies, who owned most of the vessels, to continue collecting rental fees on their sail and oar-powered boats. They also wanted to avoid the high cost of conversion. Furthermore, it was feared that gasoline boats would encourage fishermen to become independent and enable them to sell their fish to whichever

Toyokichi Uyeno's packer/halibut boat *Essential* was built in the 1920s and confiscated in 1941.
Courtesy Toyokichi Uyeno

Far left: Drums made gillnetting easier for fishermen.
Courtesy of Canfisco

Left: Koji and Hideko Takahashi with their son, Ken, in the stroller waiting for the ban on fishing to be lifted so that they can return to the coast.
Courtesy Ken Takahashi

company paid a higher price for their catch. It was not until 1923 that the Department of Fisheries capitulated to the lobbying and the recommendations of the Duff Commission and permitted the use of gasoline engines on the Skeena, although only by Native and Caucasian gillnetters. Nikkei fishermen remained prohibited from installing gasoline engines, and the lack of power limited their range, mobility and speed of operations. They found themselves increasingly out-fished by those with motorized boats, but in 1929 Jun Kisawa, a fisherman who had been trained in the law in Japan, challenged this discriminatory law in court and won.

The following year, the number of motorboats in the Skeena River gillnet fishery almost doubled from 263 to 472 with Nikkei fishermen accounting for most of the increase. The number of independent fishermen also increased quickly since the cost of engines and their maintenance discouraged the canneries from allocating funds needed to upgrade their fleets. Gasoline engines remained the main source of power for gillnetters until after the war when higher speed, economical, and safer diesels became the engines of choice.

THE DRUM

The next big change in gillnet vessels—made possible by the introduction of the gasoline engine—was the installation of the winding drum, a large spool-like roller that could be activated to let out and haul in a gillnet. It was invented in 1931 by Laurie Jarvis of Sointula but, even though he took out a patent, it could not be enforced because the gear drive and the step-down transmission for the power take-off were fabricated from old car engines. Figuring out how to power the drum off the boat's engine was the result of the combined efforts of Otto Poulton and Ernest Alton who worked with Tamotsu Onotera, a carpenter, and Sakurai, a blacksmith. Tamotsu's son, Hides, fishing out of Sunbury, became the first Japanese to install a gillnet drum, and he was followed by Koji Takahashi and Buck Suzuki, also from Sunbury. Among the first to use it in Steveston were Kazuo Kimura, Itsuji Hamade and Joe Teranishi.

The mechanized drum eliminated the need for boat pullers since it did away with the punishing task of pulling in and letting out the net by hand and it also stored it. The later addition of fixed vertical rollers on either side to guide the net as it was being unwound for the set or hauled back onto the drum made the gillnetter's task even easier and faster. However, fishermen had to be careful when using the pedal that activated and controlled drum speed because it was easy to get a foot caught in the net, and some fishermen even lost their lives.

REDUCTIONS IN FISHING TIME

Increased efficiency of fishing gear and vessels and the higher interception of fish outside the traditional gillnet fishing grounds meant that measures had to be taken for stock preservation. In an attempt to build up the salmon resource to previous levels, in 1937 the International Pacific Salmon Fisheries Convention was signed between the United States and Canada, with half of the Fraser River's sockeye assigned to each country. In Canada this meant the beginning of closures on gillnet fishing.

TROLLING

Boats for trolling evolved slowly from the skiff trailing a single line of hand-operated gear to a large diesel-powered vessel that can handle eight 100- to 300-foot lines and forty spoons and hooks at once. It is a slower and more careful fishing method, and the catch, which is usually sent to the fresh fish market, brings the highest prices as the fish are not damaged by nets or gaffs.

2 Gear Types and Methods

Dave Yoshida's salmon seiner/ herring packer.
Courtesy Dave Yoshida

Although the west coast of Vancouver Island was ideal for trolling and had been fished by a few whites and local Natives, it was the last BC fishing ground to draw the Japanese. It was not until overcrowding on the Fraser made Nikkei fishermen look for new grounds and the advent of gas-powered craft made it possible to fish the deep sea that they finally ventured out to this area. At first, working out of Ucluelet and Tofino, they tried to fish with the gillnetters they had used on the Fraser but quickly discovered that they were unsuitable, and they began to replace them with longer, wider and deeper boats with larger cabins. The first of this second generation of trollers was built in 1930 for Kanzo Maekawa at Tokujiro Maekawa's Boat Works at the Vancouver Cannery on Sea Island. It had a two-cylinder Vivian 15 engine. In the stern centre he installed a line-puller set that consisted of "a brass pulley powered by a system of shafts, beveled gears and a belt to a power take-off on the engine. The pulley was continuously revolving while fishing. When a fish struck, the fisherman passed the line into the deep groove of the pulley to pull in the fish."[29] This was replaced in 1936 by a power gurdy that eased the back-breaking task of setting and hauling gear by hand. Within a year all Japanese boats in Ucluelet were rigged with four gurdies, two on the port side and two on the starboard; then came three-spool and then four-spool gurdies. Ten- to thirty-pound weights were attached to the ends of the stainless steel cables. Fishermen could now handle four to six lines and fish at greater depths. Ice in the hold made it possible for them to work farther offshore and to stay out for several days. By 1941 Japanese fishermen on the West Coast were the proud owners of third-generation trollers powered with three-cylinder Vivian and Easthope engines and some with four-cylinder Chrysler Aces and Crowns.

SPOONS

Umetaro Morishita developed the "spoon," or "wobbler," a fishing lure that wobbles when dragged through the water. He had watched a Native fisherman swinging a fishing line with something shiny attached to its end and then with a jerky motion pulling the line in with a salmon on the hook. On closer observation, he discovered that the shiny object was a piece of tin can. Morishita's son Harold, also a fisherman, says that his father

> promptly made a wobbler out of brass sheet. He made indentations at each end to be opposite to each other so that it would wobble when dragged through water. I'm almost sure that it took my father quite some time and effort before he was able to make it wobble to his satisfaction. He showed his friends how to make the spoon and that is how all Japanese trollers happened to make and use spoons for trolling. He designed many styles of spoon later, including smaller and different shaped ones for fishing coho. In time commercially made spoons of all makes appeared on the market.
>
> In 1928 my father had a 42-foot troller, *Silverado*, the largest and the most modern troller, designed by himself and built by Atagi Boat Works in Steveston. It was the first to be equipped with a six-spool gurdy with multi-strand stainless steel wire lines [replacing cotton and linen lines], lead cannonball sinkers and two bow poles. He bought the equipment in the States when he went to study their trolling methods. He also handmade quick-change snap-pins using a heavy-gauge stainless steel wire. The snap-pin is a rig that snaps onto weighted wire line. A fishing line was tied to the snap-pin. At the other end of this fishing line, a piano-wire leader with bait or a lure was attached for fishing. Two or three of these lines were snapped onto each of the wire lines when fishing. The snap-pin was made in such a way that it could be snapped onto the wire main line in a single action. To take it off, all it needed was to depress the pin. They made fishing very much easier.
>
> In 1942 he was relocated to Bay Farm, Slocan City, with the Izumi family, close friends from Storm Bay, Tofino. He was in the first group to be repatriated to Japan in 1946 where he rejoined his

***Shuchona*, *Shuchona II*, and *Shuchona IV* are all sister ships. *Shuchona IV* (below left) is preserved and on exhibit at the Britannia Heritage Shipyard in Steveston.**

Courtesy Tom Tanaka

wife and three children who were living there. He passed away in Japan at age ninety-three.

SEINING

As commercial fishing developed on the West Coast, the simple drag or beach seine net, traditionally used by the Native people to trap schools of fish, was superseded by the purse seine, which has rings, bridles and a purse line to gather or purse the net along its bottom edge. This forms a pouch or purse to trap the fish. The first seine boats were open and had no mechanical power and only the most rudimentary gear. From these humble beginnings, seiners became the largest type of fishing boat, up to 50 feet in length, fitted with deck, mast, forecastle for the crew, pilot house, cargo boom, mechanically driven winch, and aft platform called a "table" for decking the net. Their size gave them the ability to move out to deeper waters and intercept schools of fish, thousands of salmon or tons of herring at a time, before they reached the rivers. Their gasoline engines increased the mobility of the fleet.

Seiners were popular with cannery owners right from their advent in 1912, but by the 1920s these boats had become a major force in the coastal industry because the canners were now seeking pinks and chums as well as sockeye. These species ran to every river and creek on the coast, most of them too small to justify the construction of a cannery or the deployment of a gillnet fleet. The seiners, however, could move from stream to stream and run longer distances to deliver their catch, making them efficient and cost effective and enabling canners to reduce labour costs while harvesting fish wherever they could be found.

According to *A Brief History of the Tottori-Kenjin Doshikai*, Rokujiro Adachi and Yotaro Ikebuchi started seine fishing in 1907 but they did not stay at it for long. However, author Mitsuru Shimpo writes in *Kanada Imin Haiseki Shi: Nihon no Gyogyou Imin* that in 1918–19 Maede and Takejiro Ode did well using three *moyai*-type double boats to seine for chum just outside Nitinat Lake and that the following year thirty Caucasian seiners fished the same area using the single boat method. Together the non-Japanese seiners caught 20,000 chums or about 700 per boat; the Japanese seiners caught 240,000 chums—over ten times as many per boat. A year later the *moyai* method was made illegal, and in the 1920s Japanese were declared ineligible to obtain salmon seine licences. These bans effectively terminated their participation in the expanding salmon purse seine fishery. Shimpo suspects that the success of the Japanese seiners was the cause of these bans.

In 1925 Toyojiro Nakamoto discovered that the ban on seining did not prohibit Japanese ownership of seine boats, and he had the purse seiner *Olympia No. 2* built for him by Hidekichi Ezaki in San Mateo Bay, Barkley Sound. He leased it to a Caucasian, Gosse Millard, who was eligible for a salmon seine licence and owned a chum salmon saltery in Barkley Sound. (The *Olympia No. 2* cost $11,000 to build but was confiscated in 1941 and sold for $3,500.) Kunimatsu Saimoto leased his seine boat, the *May S I*, built by Kishi Boat Works, to BC Packers. The *May S II*, built by Yamanaka Boat Works, and the *May S III* and *V*, built by Kishi Boat Works, were used as packers.

Other seine boat owners employed non-Japanese to skipper their boats. Author Alan Haig-Brown states,

> Choichiro Yoshida, the owner of the seiner *Chief Y* had a Scandinavian skipper on board when they travelled up to Tallheo Cannery near Bella Coola. I used that [fact] as the model for the same story in my book [*Susie*] . . . It's a long and sad story . . . some white fishermen have been making trouble for the Japanese Canadian fishermen. They are telling all sorts of lies about the Japanese, mostly because they don't want to share the fish fairly. The government of Canada has listened to these whites and won't give Mr. Arimoto a licence to fish with his new boat. So Mr. Arimoto has rented his boat to the fishing company and asked me (a non-Japanese) to be the skipper. He'll come along as one of my crew.

By the 1930s the gas engines in both seiners and packers had been replaced by diesels that provided more power and dependability. They also eliminated "electrical ignition and carburetion troubles, as well as the fire hazard that is ever-present on a gasoline-powered boat."[30] Some of the Nikkei-owned seiners equipped with Atlas Imperial engines were featured in the 1936 issue of *Western Fisheries* magazine. Among them were Yoneichi Sakai's *Rice S* and N. Takai's *Matsue II* as well as the *Jenny Bay*, *Essential*, *Frank AM*, *La Paloma*, *Western Maid*, *Suchona No. 2*, *Hommura* and *Matsue No. 2*. By World War II all seine boats were diesel powered.

PACKING

Some of the packers that were used for transporting catches from the fishermen to the canneries were independently owned and operated but contracted to the fishing companies each season. The larger fishing companies, however, had their own packers and collector boats and hired skippers to run them. The gillnetters who fished in areas where a cannery was operating either off-loaded directly onto the docks or in the more remote areas onto the collector boats that

Far left: Packers collected fish from vessels flying the flag of the cannery that both packer and fisherman worked for.
Gulf of Georgia Archives

Left: Yonny Sakai with halibut. For many decades Prince Rupert was known as the "Halibut Capital of the World."
Courtesy Yonny Sakai

would visit each boat that was flying the company flag. If the weather was rough, the collectors would anchor in a designated calm spot and the gillnetters would take their catches to them. The collectors would then off-load onto the packers that did the final transporting to the canneries. Packers, being larger, were better equipped to handle volume and were also used to collect fish directly off the seine boats.

JIGGING OR HANDLINING

While salmon was prized for the export trade, bottom fish such as cod and halibut had local markets. Nikkei fishermen first started jigging or handlining for ling cod in the 1890s around Burrard Inlet, later expanding their activities to the Gulf Islands, a more productive fishing ground. Minosuke Ohara of Takui, Wakayama, is said to have settled in Chemainus on Vancouver Island around the turn of the century and fished there for ling cod; he was joined in 1905 by his son. However, for most Japanese handlining was an off-season activity after the salmon trolling season was over, but it had a definite attraction since the season was longer with only a two-month closure from January 1 to March 1.

LIVE-TANKS

Nikkei fishermen's major contribution to the fresh fish market was the development of the live-tank method of holding fish, which enabled them to provide a fresh supply to markets before the era of motorized boats or readily available ice. As early as the 1890s several Japanese Columbia River boats were observed using live-tanks near Porlier Pass. The bulkheads were watertight but the holding tanks were full of holes to enable water to pass through. The fishermen first jigged for herring for bait, kept them alive in the tanks and then handlined for ling cod with the live bait. The cod were then kept alive in the tanks until the fishermen transferred the catch to live-tanks on shore to await the packers who collected on designated days. On demand the fishermen scooped the fish, then stunned, beheaded, bled and gutted them. Their livers were stored in five-gallon tin cans and sold as a source of cod liver oil.

Live-tanks were also to be seen on the Vancouver waterfront between Main and Gore streets in the 1890s. Here the fish were kept in submerged cages off the dock until a buyer came by and the fish were scooped out and butchered for the markets in Vancouver and New Westminster. However, in 1911 at the instigation of the fish dealers this operation was closed down because of "unsanitary conditions."[31]

The local fresh fish market was not the only consumer of ling cod. The Nishimura family set up a *kamaboko* (fish cake) making machine in Tofino as did Mrs. Okada on nearby Clayoquot Island. However, the outbreak of World War II put an end to the *kamaboko* business for both families, and among the fishing gear and household items left behind by interned Japanese Canadians were cans of *kamaboko* and the *kamaboko*-making machines.

LONGLINING

Longlining, like jigging or handlining, is a hook and line fishery, but while a handliner might have several lines down at once, in longlining a single main line has many secondary lines with hundreds of baited hooks attached. The prize for this fishery is halibut, which is not canned but marketed fresh and is therefore dependent on refrigeration and quick delivery. The expansion of the halibut fishery came about only after the Grand Trunk Railway was completed to Prince Rupert in 1912, and it became a major commercial fishing centre, soon dubbed the "Halibut Capital of the World."

Tatsusaburo Kuwabara (1885–1981) arrived from Japan looking for a new life and in 1919 settled at the Claxton Cannery and later at the Standard Cannery on the Skeena. He fished for halibut, salmon and dogfish. Later he was joined by his sons Tom and Shigeru. (During the internment years, he was separated from his boys, who were incarcerated in prisoner of war camps in Petawawa and Angler in Ontario, while he was in Greenwood in the Kootenays.) Tom Sando (né Kuwabara) gives the reader this wonderful description of his family's experience with halibut fishing:

> Every year from the middle of May to July, before the salmon season, Tom, his brother Shig, and their father, Tatsu Kuwabara, used Tatsu's bigger boat, *Hokui No. 1* for halibut fishing. It could take all the equipment and its size gave it the capacity to go out into the rough open seawaters near the Queen Charlotte Islands. *Hokui No. 1* was a small boat for halibut fishing, but it was equipped with as much fishing gear as a 50-ton fishing boat and able to compete with larger fishing boats offshore of the Queen Charlotte and Banks islands.
>
> From Claxton, a two-hour ride took them to Hunt Point, a herring fishing ground on the northern edge of Porcher Island, where they purchased fresh herring for bait. Then they set out for Prince Rupert harbour where they bought a half ton of crushed ice and 200 gallons of gasoline from the Imperial Oil gas barge. After several more hours they reached the east shore of Stephens and Prescott islands and finally the Banks.
>
> The main fishing line used for halibut fishing was a 1,500-metre-long, one-centimetre-thick manilla rope. Thin one-metre-long branch lines with hooks and bait were fastened to the main line every two metres. Heavy anchors were attached to both ends of the main line to sink the whole line to the bottom of the ocean floor. The herring bait was attached to hooks and the lines coiled onto the canvas coverings. To set, the lines shot out from the chute located to the stern and the boat moved ahead slowly. It took about 25 minutes before the whole 1,500-metre fishing lines sank completely to the ocean floor. After a 45-minute set, the fishing lines were pulled up with the help of the winch. On this particular set the Kuwabaras found the lines were loaded with fish. Some of the halibut weighed more than 200 pounds. Some middle-sized, 30- to 40-pound halibut had to be whacked with a wooden hammer in order to settle them down. In total a half a ton of halibut was caught.
>
> On the way to shore, they iced the halibut into the hatch and recoiled the lines, ready for fishing the next day. After an eight-day fishing trip, the *Hokui No. 1* arrived at Prince Rupert. They received 20 cents a pound for the halibut and 50 cents per pound for halibut liver. They had a ten-day resting period before making their second fishing trip, in accordance with the fishing regulations in 1939.[32]

Tatsusaburo Kuwabara's Fish-buyer's Certificate of Registration, September 1931. *Courtesy Tatsusaburo Kuwabara*

Fee $1.00. Nº 169

PROVINCE OF BRITISH COLUMBIA. "FISHERIES ACT." (Section 27.)

Fish-buyer's Certificate of Registration.

This is to certify that *J. Kuwabara* of *Claxton Cannery* British Columbia, having made application for registration as a fish-buyer, and having paid the registration fee of one dollar, is duly registered as a fish-buyer pursuant to section 27 of the "Fisheries Act."

Issued this *2nd* day of *Sept.*, 193*1*

Commissioner of Fisheries.

Countersigned. *W. Harrison for.* Assistant Commissioner of Fisheries.

NOTE.—This certificate is not transferable.

500-430-317

TRAWLING

In trawling, also called dragging, a cone-shaped net with a rectangular opening held open by "otter boards" or "doors" is towed through the water or dragged along the sea bottom. It is an efficient method for catching bottom or near-bottom fish but there is also a large "by-catch" of other species. Nikkei fishermen brought the beam or pole trawl from Japan and adapted it to BC waters to catch shrimp. It makes use of a long pole or beam about the same length as the vessel to hold the wings or the mouth of the net open. It is claimed that it does less damage to the ocean floor since it is dragged above it and at a much slower pace than regular trawl nets.

As early as 1901, according to *A Brief History of Tottori-Kenjin Doshikai*, Yoichi Minamimaye handcrafted a net to fish for sole, skate, shrimp and crab and sold his catch in Vancouver, a first for British Columbia. By 1915 gillnet fishing for smelt had begun in earnest, and for several years nets were imported from Japan for this purpose. There were smelt fishermen at both Celtic and Vancouver canneries. Changes were made to the nets later so they could be used for trawling, and Meikichi Endo and Yoichi Minamimaye became involved in this method of fishing. From 1916 to about 1920 there were four or five shrimpers here from Tottori-ken.

The exact number of shrimpers working in British Columbia in 1941 is unknown, though the number is possibly in the thirties, but three days after Pearl Harbor, Major J.A. Motherwell, chief supervisor of Fisheries, requested and received reports from the field that said, "By tying up the Japanese fishing fleet of shrimp trawlers operating in Burrard Inlet, exclusively in the hands of Japanese fishermen, this fishery will be eliminated." A similar observation was made in Nanaimo that "shrimp and prawn production will likely be substantially wiped out."[33]

WHALING

A commercial whaling industry had been established along the Pacific coast as early as the 1850s, and in 1900 the first Japanese arrived in Port Alberni to work at the whaling station that operated there for a few years. There were also whaling stations at Sechart in Barkley Sound, Kyuquot, Page's Lagoon and Rose Harbour in the southern Queen Charlottes, Naden Harbour in the northern Queen Charlottes and Coal Harbour in Quatsino Sound.

The Japanese men—many from Wakayama-ken—were employed at other stations, but it was at Rose Harbour that they have the longest history. One of the early crew was Moichi Kosaka who was the station's Japanese foreman from 1910 to 1918. He had come from Japan with his wife, Kinoe, in 1905 and took his post at this isolated station. Their two sons, George and Isamu (Sam), became the youngest members of this multi-national community of Whites, Japanese and Chinese.

Another foreman to follow—many years later—was Kinsaburo Takahashi. He also emigrated from Mio Village at the turn of the 20th century. He held this position for nearly a decade, until the Canadian Navy came to evacuate him and his assistants from the island. He was affectionately called "Kin-san" by his Japanese crew.

Mamoru Lou Uyede arrived at Rose Harbour in 1940 and worked for two seasons at the whaling station as a hook tender before he and two of his brothers were shipped to road camps in northern Ontario while his parents and younger brother were interned in Tashme. Lou never returned to the west coast.[34]

LICENCES

Prior to the arrival of European settlers, the First Nations peoples on the BC coast maintained control over long-established traditional hunting, fishing and gathering territories. Rights and privileges relating to specific fishing places were inherited from one generation to the next or sometimes gained through marriage. Peoples denied access to nearby fishing runs made long journeys by dugout canoe to reach their own traditional fishing grounds. At salmon spawning time temporary riverside camps were set up for many weeks, where entire families were involved in the fishing, the men catching and the women butchering and preserving.

When Euro-Canadian commercial salmon canneries were established at the mouth of the Fraser in the 1870s and near the mouth of the Skeena shortly afterwards, the Native families initially benefited because the men were needed to catch the fish and the women to process them in the canneries. The seasonal nature of the work fitted their way of life, and the canneries provided the gear and paid for the fish. There was no interference with their traditional fishery.

Manzo Nagano arrived at the beginning of the shift from the traditional and customary ownership of the resource by First Nations to ownership by the fishing companies with their demands for high volume at low cost. This move began in 1877 with an amendment to the federal Fisheries Act to allow Natives the "privilege" of fishing for food purposes only. A.C. Anderson, the first federal fisheries overseer, specified that where Native people were fishing for their own use in their accustomed way, the Fisheries Act would not apply, but if "fishing with white men and with modern appliances and delivering to the canners,"[35] the act's restrictions would apply. From the Native perspective, Ottawa's officials had no right to impose restrictions or to collect licence fees from them. One chief in the Nass area pointed out that "the river belonged to him and his people, that it was right that white men should buy licences but that he and his people should receive the money, that they were entitled to have it all . . . It was the same on the Skeena where people at Hazelton defied the regulations."[36] They also rejected any limits on their right to trade and sell their catch. The canneries, however, were also beginning to feel the weight of government regulation. Another amendment in 1878 made the dumping of offal from canneries into rivers illegal. This regulation was aimed at counteracting the canners' habit of using only the flesh of the sockeye and throwing everything else, including the roe, into the river. The same amendment also imposed a 36-hour weekend closure on cannery gillnetters.

When the first fishing licences were issued, they went primarily to canners. These "attached" licences plus cannery vessels and gear were offered to fishermen who were required to deliver their catch to the same canneries. When Gihei Kuno arrived in 1888, there were twenty-five Nikkei fishermen working on the Fraser on cannery licences on 12-hour shifts at a fixed day rate, but beginning in the 1890s they became contract fishermen and were paid 6 to 8 cents per sockeye. At the end of the season after paying one-third of their catch for the rental of the boat and equipment and a fee for the storage of their gear, many of these fishermen found themselves in debt to the canneries. It was a highly profitable scheme for both the fishing companies and the Japanese fishing bosses who had also entered this lucrative market by acquiring boats to rent to their fishermen for fees ranging from $15 to $20 per year. At this time Fraser River skiffs could be built for $80 apiece and had a service life of eight years, and gillnets cost about $150 and had a service life of two years.

However, the Nikkei fishermen noted that a few independent non-Japanese fishermen lived along the river, built their own boats, owned their own nets and were not dependent on canneries. As they were free to sell their catch to the highest bidder, during the sockeye season they delivered their catch to the canneries while in the spring and fall they used the rail connection to sell to fresh fish dealers in Montreal and New York. In 1889 Shigeyoshi (or Jukichi) "Sukaju" Hayakawa was the first of ten Japanese to be issued with independent fishing licences. The following year a boat builder named Kuzo from Mie-ken was one of twenty-five Japanese to receive fishing licences. In 1891 the number of independent licences issued to Japanese fishermen rose to 108.

The limit on fishing licences was lifted in 1892 with the introduction of an "open fishery" that made any British subject eligible on application, and the following year the number of independent licences issued to Japanese jumped to 235. In 1901 the total number of licences held by Japanese peaked at 3,858. Of these 1,958 were independent licences (a total of 4,722 independent licences were issued that year) and 1,900 were attached to canneries. Part of the dramatic growth is attributed to aboriginal and white fishermen leaving the fishery to try their luck in the goldfields of the Slocan and Yukon area. However, the newspapers accused the Nikkei of having driven out the Native fishermen and of rapidly displacing whites.

By 1901 in District #1, the Fraser, most Japanese fishermen were independent licence holders. They also owned their own vessels and gear but were considered semi-independent because they lived in cannery-owned houses, had charge accounts at the cannery stores and were contracted to sell their fish to their affiliated cannery. Becoming semi-independent was not difficult since fishermen were able to make payments from their annual catches toward the purchase of boats and gear. While this income from boat and gear rental was lost to

Licence No. 1255
Dominion of Canada
Salmon Fishery Licence
British Columbia
Department of Marine and Fisheries 1903
(Issued under the "Fisheries Act" and the Fishery Regulations)

The herein named C. Wakabayshi Being resident of Lighthouse Being a British subject, resident of the Province of British Columbia, and the actual owner or proprietor of the business, nets, boats and fishing gear for which the Licence is issued for taking **Salmon** in the tidal waters of British Columbia during the legal season of 1903 at F R [Fraser River] with boat and gill nets not exceeding 150 fathoms in length on the lines; for the purpose of carrying on the industry of Salmon fishing, and having paid the sum of **Ten Dollars** is hereby licensed to fish for Salmon and to sell the same, subject to the provisions of the "Fisheries Act" and the Regulations under it, and such other Act or Regulations as may be made from time to time hereafter.

Boat and nets to be marked and numbered with letters and figures 6 inches long. Licence to be shown to officer when asked for.

This Licence shall be known as a **Commercial** Licence.

(Signature stamp of Inspector of Fisheries)
For the Minister of Marine and Fisheries
Countersigned and dated at Steveston, this 1 Day of July, 1903 M. Matheson, Fishery Officer

canners, with the influx of women and the birth of children, cannery houses became a fresh source of income since their occupants received 5 cents less per fish. Before World War II, the difference was 50 cents versus 55 cents to those who owned their own homes.

Chuya Wakabayashi received Licence No. 1255 in 1903.

In District #2, the Skeena area, the canners continued to have a tighter hold on licences. Under the "boat rating quota" system, they were assigned a total of 1,600 licences: 850 boats for the Skeena and 750 gillnetters for Rivers Inlet. They paid fishermen $45 a month to fish for springs from May 1 to June 15, and paid them per fish during the rest of the season. Independent fishermen, on the other hand, were limited to 300 licences for the entire area from Johnstone Strait to Rivers Inlet. It was not until the "open fishery" policy of 1912 was introduced that unattached licences were granted to white fishermen coast-wide, regardless of the boat-rating quota or limitation that might exist in a particular area. However, non-white fishermen were now excluded from independent licences. Japanese fishermen were offered cannery licences but scores of Native gillnetters became unemployed. A petition was sent to Ottawa in 1915 demanding independent licences and a commission of inquiry, but the ban on independent licences to Natives continued and the attachment of Japanese fishermen to canneries continued until the 1930s.

Whoever owned the means of production determined whether the fisherman was "attached" to a cannery or was an independent fisherman. They were further classified according to the time spent in the fishing industry. A full-time fisherman's annual cycle included fishing herring from December to February, blueblacks (immature coho) and spring salmon from March to June, sockeye in July and August, and pinks and chums from September to November. In 1910 over one-half of the Nikkei in the industry were part-time fishermen who fished the salmon season from July to November and then went to work in lumber mills, on farms or on the railroad.

NATURALIZATION PAPERS

The "open fishery" policy of 1892 had enabled Japanese immigrants access to fishing licences on the same basis as other Canadians—British citizenship, which was granted to those of Canadian birth or those who had resided in Canada for three years. A naturalization certificate became, in effect, a job ticket. However, it also became the subject of controversy when it was alleged that Japanese fishermen who could not attain them legitimately were obtaining them fraudulently, and canners were accused of issuing them indiscriminately. Recently arrived Japanese who knew only two English words—"three years"—appeared before a notary public and received naturalization papers. In 1900 the province discovered that just two notaries had approved 516 of the 613 naturalization papers issued in 1899; their commissions were revoked.

The case of *Regina v. Hanichi Shibata et al.*, which was tried in the Vancouver police court on September 24, 1900, involved six Japanese fishermen accused of perjury for falsely swearing they had resided in Canada for four years. Shibata admitted he had never been in Vancouver to swear his allegiance to the Queen nor did he know that it was necessary to do so in order to fish. He had arrived in Victoria in March and was shipped by a labour contractor to a cannery in Rivers Inlet. Some time in June he was handed a naturalization certificate that showed him to have resided in Canada for

Shigezo Hamanishi's naturalization paper, 1902. *Courtesy Yoshio Hamanishi*

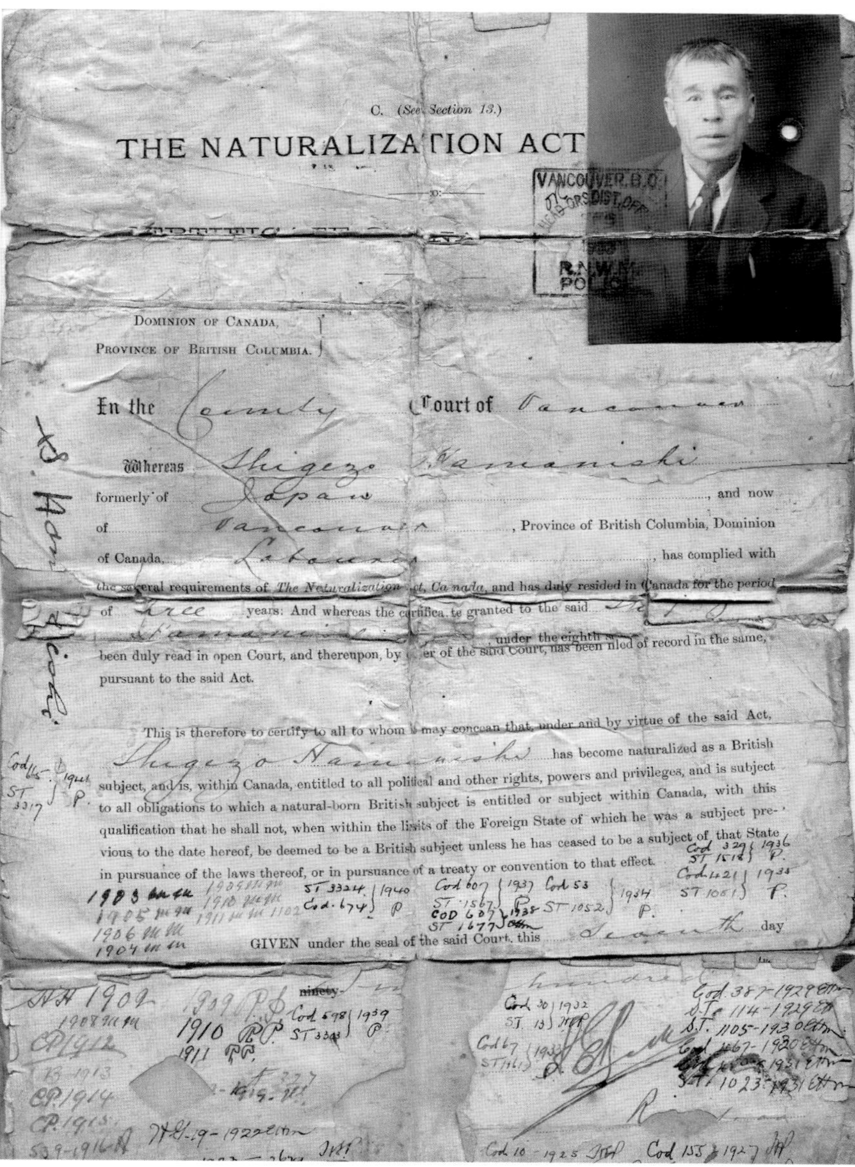

C. (See Section 13.)

THE NATURALIZATION ACT

Dominion of Canada,
Province of British Columbia.

In the County Court of Vancouver

Whereas Shigezo Hamanishi formerly of Japan, and now of Vancouver, Province of British Columbia, Dominion of Canada, Labourer, has complied with the several requirements of The Naturalization Act, Canada, and has duly resided in Canada for the period of three years: And whereas the certificate granted to the said ... under the eighth ... been duly read in open Court, and thereupon, by order of the said Court, has been filed of record in the same, pursuant to the said Act.

This is therefore to certify to all to whom it may concern that, under and by virtue of the said Act, Shigezo Hamanishi has become naturalized as a British subject, and is, within Canada, entitled to all political and other rights, powers and privileges, and is subject to all obligations to which a natural-born British subject is entitled or subject within Canada, with this qualification that he shall not, when within the limits of the Foreign State of which he was a subject previous to the date hereof, be deemed to be a British subject unless he has ceased to be a subject of that State in pursuance of the laws thereof, or in pursuance of a treaty or convention to that effect.

GIVEN under the seal of the said Court, this seventh day

George Murakami gillnetting on the Fraser.
Courtesy George Murakami

four years, but not being able to read English, he was ignorant of its significance. Fraud could not be proven and the case was dismissed.

Between 1891 and 1901 some 2,692 Japanese received naturalization papers, but according to Ken Adachi in *The Enemy That Never Was*, it was difficult to ascertain how many of these men in any given year were actually residing in the province or had returned to Japan. However, in these times of extreme laxity in naturalization procedures, Americans who came up from Oregon and California in large numbers to fish on the Fraser River also found it easy to evade the 1892 regulations. Fishing inspectors were also few in number so regulations were seldom enforced.

Naturalization papers for some may have been easy to gain even illegally, but for others it was equally difficult to get them although these people were legally entitled. In this category were children who were born in Japan to naturalized British subjects and then came to Canada when young, children born in Canada whose parents neglected to register their births, and children born not in a hospital but at home who could not get birth certificates from the doctor/midwife. Judge E. Darling was familiar with the problems faced by *Nisei* and very sympathetic, having lived within the Japanese community in Steveston. After he was appointed police magistrate in 1914, he encouraged these children to appear in court with their parents for sworn testimonies so that he could confer special certificates of naturalization. These became known as "Darling's Papers." Rintaro Hayashi says they took on special importance in 1923 when the Department of Marine and Fisheries ruled that boat pullers required licences and that only naturalized British subjects were eligible. The pullers who were new immigrants and had therefore not established their three-year residency requirement lost their jobs, but many unemployed Steveston *Nisei* were able to enter fishing because of it. "We owe a debt of gratitude to Judge Darling."[37]

Through her extensive research in newspapers, Patricia Roy has observed that complaints against Japanese fishermen were isolated incidents by 1908–09, and the *Saturday Sunset* even printed positive remarks in December 1911. It described a Japanese fisherman as a hard worker with no bad habits and that "the only thing you can say about him is that he is not white, but brown, and is the product of the East not the West. That's the white man's objection to all Orientals because he wants to keep British Columbia a white man's country." The article concluded, however, with a hint of foreboding: "[It] starts you thinking what would happen if the Japanese came to British Columbia in very great numbers."[38]

By this time the Nikkei had established reputations as some of the best fishermen. They worked in good and bad weather, studied their trade, constantly tried to improve, looked after their gear and equipment and followed market trends. But the stakes were high for them. While white fishermen could leave for more lucrative fisheries and other occupations, the Nikkei did not have that many options. Although some employers preferred Orientals because they worked hard and could be paid less, their other employees, the unions and BC politicians accused them of being "excessively industrious" and "impossible" to compete with and lobbied the government to eliminate these "marvelously skillful"[39] gillnetters from BC fisheries. In 1922 the federal government responded with the creation of the British Columbia Fisheries Commission—more commonly referred to as the Duff Commission after its chairman, William Duff, MP for Lunenburg, Nova Scotia—to monitor and investigate the general state of the fisheries. In fact, the goal of the commission was the replacement of Japanese fishermen by white and Native fishermen in the shortest possible period of time.

Canneries, Fishing Companies and Fishing Camps

In 1867 BC's salmon canning industry had a false start when James Syme began a canning operation at a saltery located in Annieville on the Fraser River opposite New Westminster, but the business failed when he ran out of money during the general economic downturn of 1869.

However, the industry began in earnest just two years later when Alexander Ewen, the "father of salmon canning in BC,"[40] reopened Syme's "Annandale Cannery," and Captain Edward Stamp began his own successful operation in the Sapperton district of New Westminster. In 1882 the Phoenix Cannery, also known as the "English Cannery" for its owner, Marshall English, was built in Steveston. Initially its workforce was all Native but they were joined by Japanese in the 1880s. The Garry Point Cannery and the Beaver Cannery were both built in 1889 while the J.H. Todd and Sons' Richmond Cannery was built on Sea Island. This was the same year that the clipper *Titania* became the first sailing ship to load a cargo of canned salmon from a Steveston wharf. It stopped briefly in Victoria and arrived in

River Fish Company was a co-operative of producers and consumers established in Steveston, BC, by Japanese Canadians in about 1926.
Courtesy Kuramoto family

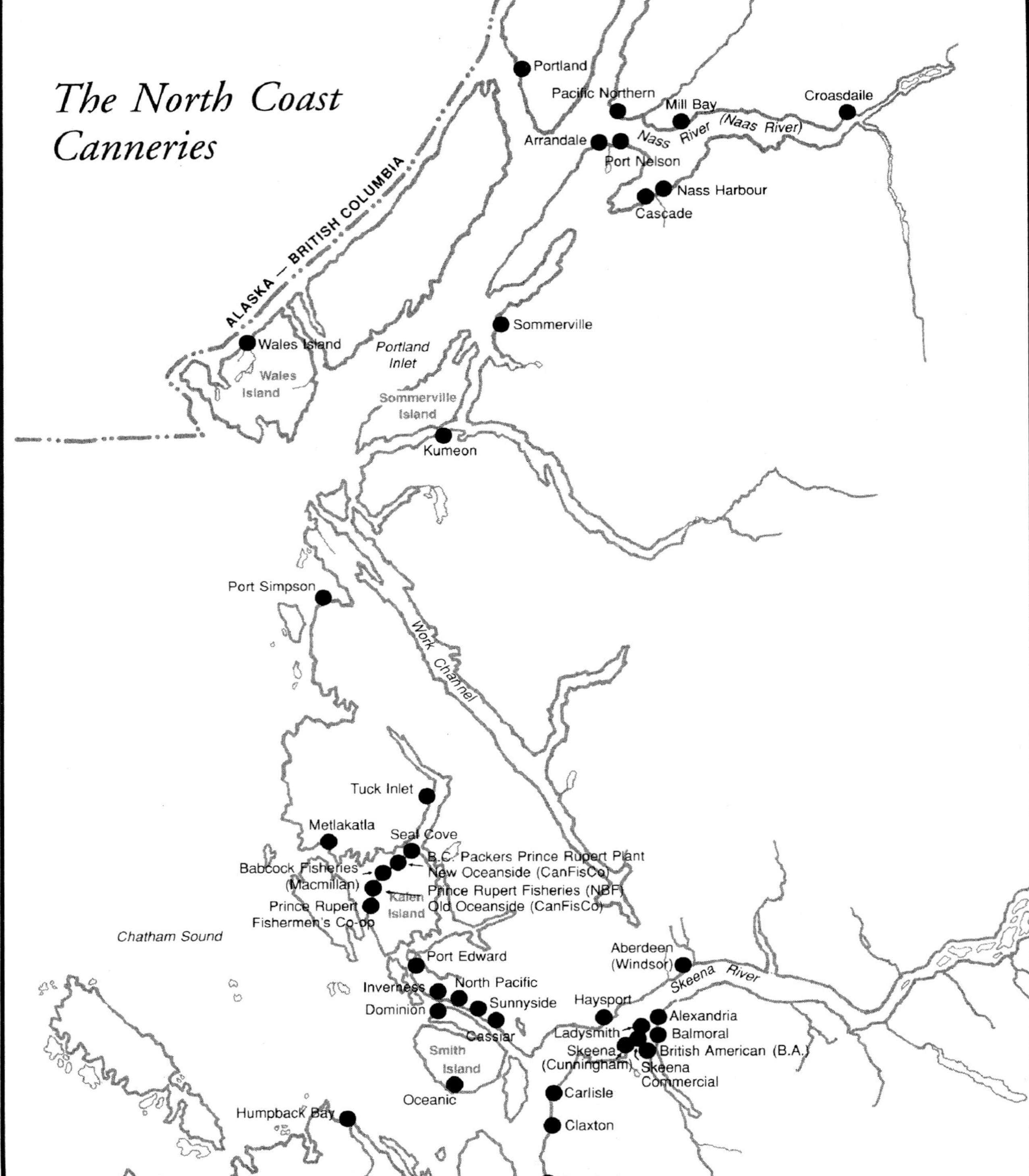

Location of cannery sites on the north coast of British Columbia. Two hundred and twenty-three processing sites have been located on the BC coast.
Courtesy Gladys Blyth

London, England, 102 days later. Previously all cargo had been loaded aboard sternwheelers for the trip to Victoria and transferred there to deep-sea vessels. The Inverness Cannery on the Skeena River was built in 1876, the first one north of the Fraser. It was followed by canneries on the Nass in 1881 and on Rivers Inlet in 1882.

By 1895 there were thirty-one canneries on the Fraser and seventeen in northern areas. In 1898 there were forty-five on the Fraser alone. By this time Steveston had become the "salmon capital" of the province, and "in one week there were fourteen windjammers waiting off Steveston to load canned salmon for world markets"[41] where canned and preserved food products were in demand as more and more people left their farms to become urban dwellers. The number of operating canneries peaked at eighty in 1918, but a total of 223 processing sites have been documented along the bays and inlets of the BC coast.

The early canners were independent businessmen who operated one or more canneries in addition to having other pursuits such as agriculture and the stock market. As they became prosperous, other entrepreneurs began to see fishing companies as good investments, but they also faced certain risks: high expenses, uncertain salmon runs and unstable foreign markets. To minimize the risks and ensure a steady supply of fish, canners built their plants close to the fishing grounds, maintained their own fleets of fishboats and operated fish camps, barges, collectors and packers that collected and transported fish to their canneries. The plants included "canning lines" and net lofts, and some were equipped to make their own cans and wooden boxes for shipping. Some of the fish plants began as salteries that branched into canning as technology improved, and at times the owners ran both operations at once.

A number of early Japanese immigrants established a niche enterprise supplying charcoal, an essential fuel in early salmon canning, and by the 1890s woodcutting and charcoal production had become an off-season activity for many Nikkei fishermen. The Japanese fishing bosses probably contracted with the cannery managers to supply a certain amount of cordwood and charcoal. Isaburo Tasaka and his partner, Shiozaki, supplied charcoal from their base on Salt Spring Island as well as producing salted chum salmon at the Pacific Coast Cannery. There were also Japanese on the other Gulf Islands producing charcoal at about the same time; the remains of charcoal pit kilns found on Saturna, Mayne, Pender and Galiano islands are similar to those still producing in Wakayama prefecture. Stephen Nemtin has excavated and reconstructed one of the kilns on Galiano Island.[42]

Competition among the canners was fierce, and amalgamation and consolidation began as early as 1891 when Henry Bell-Irving acquired seven canneries on the Fraser River and two on the Skeena to form the Anglo-British Columbia Packing Company (ABC), then sold shares in it to a syndicate of British capitalists. Henry Doyle, an American businessman who was financed by eastern capital, created the BC Packers Association in 1902 when he amalgamated forty-two canneries.

During the 1920s and after the onset of the Depression there was a steady decline in plant numbers, more ownership changes, closures and abandonments; larger canneries were built and the small independents were absorbed by the big four: ABC Packers, BC Packers, Canadian Fish and Nelson Brothers. By 1939 there were just thirty-five canneries operating on the BC coast: six on the Skeena, four on Rivers and Smith inlets, ten on the Fraser and fifteen elsewhere.

The Gulf of Georgia Cannery was built on the site of the Garry Point Cannery by three Vancouver canners "flushed with profits from the big 1893 sockeye run," and in 1894 their new plant "opened to a salmon industry that was already big business. Mountains of sockeye brought enormous profits for a small clique of powerful men in control. Poor pay and working conditions sowed seeds of labour unrest."[43] It was a "monster cannery," the largest on the coast and packed more salmon than any other single plant, but it was surpassed in 1902 when BC Packers' rebuilt the Imperial Cannery and it became the largest in the British Commonwealth.

The Great Northern Cannery, West Vancouver, 1920s.
City of Vancouver Archives, SGN 1547

In 1926 the Gulf of Georgia Cannery was bought by the Canadian Fishing Company (Canfisco), which operated it until 1930 when it was shut down for a decade. It reopened during the war years to can herring and produce oil and fish meal. It was closed once again in 1966, reopened in 1971 to process by-products from the herring roe fishery and after 1979 was used as a storage loft for nets and gear. In 1984 the local community successfully lobbied to have it designated a national historic site, and on the 100th anniversary of its construction, it was opened to the public. It is now jointly operated by the Gulf of Georgia Cannery Society and Parks Canada.

Another national historic site in Steveston is the Britannia Cannery, which was completed in 1890 and a year later became one of the canneries incorporated into Bell-Irving's ABC Company. It operated as a cannery until 1918 when it was converted into a shipyard. In 1969 it was sold to Canfisco and in 1980 to BC

Top: Westam Island cannery houses and net racks, circa 1920. *Courtesy Eiichi Harada*

Page One

DOMINION BUREAU OF STATISTICS — DEPARTMENT OF FISHERIES

Supplemental Schedule

Establishment Wales Island Year 1939 No. .... (leave blank)

Location of Establishment Wales Island B.C.
Owner [illegible] P.O. Address [illegible]
Operations began June 24 1939 Completed Aug 19 1939

Number of Employees in this Establishment		Whites	Indians	Japanese	Chinese	Totals
	Men	35	25	23	47	130
	Women		27	7		34
	Total	35	52	30	47	164

State below average catch of Sockeye by employed fishermen.-
By White fishermen 1243 By Indians 919 By Japanese 1599

PLEASE READ INSTRUCTIONS CAREFULLY BEFORE FILLING IN SCHEDULE

1. Two copies of this Supplemental Schedule are required to be filled in and handed to the Fishery officer for the district.

2. Quantity and selling value at the factory must be shown for every fish product and by-product manufactured during the year, whether sold or not. Value without quantity or quantity without value cannot be accepted.

3. Figures must be given for the calendar year (Jan. 1 to Dec. 31).

4. Each kind of fish must be shown seperately except where the schedule groups two kinds together.

5. Quantities must be given in the units called for i.e. barrels, hundredweights, gallons, cases etc. Under no circumstances must fish products be shown in pounds.

6. In reporting fish marketed fresh please do not include any quantities sold to other plants for processing. Only fish which has been sold for consumption fresh - that is sold to wholesalers or direct to retailers - should be shown under this heading. This is an important point and failure to observe care will result in duplication.

7. If any point is not clear please consult the Fishery Inspector before filling in.

CERTIFICATE

This is to Certify that the answers to this schedule are complete and correct to the best of my knowledge and belief.

.... (name)

Top right: A 1939 statement produced by the Wales Island Cannery shows statistics by race. *Courtesy Robert Critchley*

Packers Ltd. Ten years later the City of Richmond became its owner, and in 1992 the Britannia Heritage Shipyard was declared a national historic site. Nearby is the Murakami House, a typical cannery home, and beside it the Murakami Boat Works, which is associated with a pre–World War II Nikkei boat builder.

The Great Northern in West Vancouver and the Celtic Cannery in Vancouver were both highly social communities comprising cannery workers, fishermen and their families who either lived on the site or came to work there on a daily basis. There was "an unwritten pact between the Japanese and whites who lived and worked in these communities that said, 'We will celebrate your Christmas with you, if you will celebrate our New Year with us.'"[44] The Homma family came to live at the Great Northern around 1909. All the children worked for the cannery, beginning as youngsters paid 12½ cents an hour.

By the turn of the century thirty-five Japanese families lived in the area. The first of them, eighteen workers from Tottori-ken under Meikichi Endo and Mankichiro Teramoto, who were the cannery bosses at the Vancouver Cannery on Sea Island, had arrived in 1901. Between 1906 and 1910 Tottori *kenjin* were house bosses for the Vancouver, Celtic, Acme and Great Northern canneries. At the Celtic, which stood at the south foot of Blenheim Street on Celtic Island, just downstream from Marpole, most of the on-site residents were families of Japanese descent. The cannery operated until 1915 when its closure forced the workers to become fishermen and boat builders. All of them left the island in 1942 and were sent to internment camps. The placing of a plaque where the Celtic Cannery once stood is under consideration to recognize the Japanese Canadian community that once lived there.[45]

On the Skeena the North Pacific Cannery (NP) is also a national heritage site. It was built in the same year as the Britannia and also bought by Bell-Irving's ABC Packing Company. A profile of its operation written in 1936 provides a glimpse into its workings as well as a look at the social mores of the time. In that year it was using six collectors and towboats (some powered by diesel and others by gasoline), a gillnet fleet of seventy-one gas-powered boats and seven under sail and oars, four fish scows and one camp scow, and employing forty-eight boat pullers. The fishing fleet also included twenty-nine fishermen who owned their own gillnetters. The cannery workers and fishermen came by steamship, fishing boat or train from Native villages along the coast, from Vancouver and its vicinity and from the Gulf Islands to live and work at the cannery for four to six months of each year. During these months, the NP was a self-contained, internally segregated cluster of communities. The work was divided along both race and gender lines. A handful of Europeans worked as engineers, supervisors or administrators. The fishermen were European, Japanese and Native men. The cannery workers included thirty-four Chinese men as well as three white, thirty-five Native and five Japanese women. The Chinese workers provided the skilled butchering crew under a "China boss." The Native and Japanese women were the washers or "slimers" and canners. Living areas for each race were

Young Japanese Canadian children at North Pacific Cannery before internment in 1942.
North Pacific Cannery archives

separate, and most workers viewed this arrangement as culturally and linguistically compatible. However, despite the separation, social contacts crossed ethnic lines including the odd intermarriage, and many formed lifelong friendships.

Allan Okabe, whose father was Japanese Canadian and mother was Tsimshian, lived at the NP Cannery as a youngster in the 1950s and 1960s, found that there had been no change from the segregated work situation and accommodations of the pre-war years.

> The contract China crews were always in charge of the "iron chink," [and] some Japanese crews were more technical or [they were] mechanical engineers like the Imoos. The majority of Japanese fishermen operated company-owned boats, but there were independent boat owners, almost all gillnetters, who maintained loyalty to processing plants year after year. Most often these vessels were better quality with more modern equipment and were faster and more efficient, that is, the pride of the fleet. Independent operators were paid more for each pound of salmon than those operating company boats. The different pricing was all based on personal negotiating capacity and historical financial performance. Independents also received bonuses for production each year. This was again based on their negotiating capacity. Those that were challenged in the English language were badly taken advantage of.
>
> The coast canneries were segregated with each enclave displaying a distinct character in the housing type and the painting of the accommodations. The Chinese bunkhouse was always on the "other" side of the rail tracks and was not painted at all and had outhouses. The [houses in the] Indian villages on the Skeena were 12 feet by 24 feet, consisting of two rooms and originally had community water taps and community rows of outhouses perched over the river. They were only allowed a maroon paint around the front window frame and door frame. The Indian villages were further segregated into Nisga'a, Tsimshian, Gitskan, Haida and Haisla with clusters of housing for each different nation. The Japanese village, bathhouse and bunkhouse had white-washed walls and green paint on doors and front window frames. All had corrugated tin roofs. The white village buildings were painted white on the exterior with maroon or green trim and asphalt tiles on the roofs, painted fences and lawns. The main office and general store were also painted the same colours. There were always three distinct sets of floats and net racks—for the white boats, the Japanese boats and the Indian boats.
>
> At the Skeena canneries, during the last weeks of the season, the general manager was

preoccupied with sitting individually with every fisherman and settling up his fishing account. The fisherman was passed his final settlement cheque or his outstanding account to be paid off next year. When the last fisherman signed and accepted his settlement, the office and administration took all the records down to the beach at low tide and had a bonfire while polishing off a couple of bottles of whisky. It was a lifestyle from storybooks and is full of precious memories.[46]

Perhaps the most unusual cannery was the floating *Laurel Whalen*, a 290-foot, five-masted schooner built in Victoria in 1917, which Francis Millerd modified and towed to Masset Inlet in 1924 to can clams. Millerd was told by Ottawa to pick a single location and remain there, but he ignored several orders and in August 1927, when he towed his floating cannery to Seal Cove in Prince Rupert, it was seized and shut down for operating without a proper licence. The extensive legal challenge went all the way to the Privy Council in London. The Fish Canneries Reference Case, as it is known, was decided in Millerd's favour and clarified the role of the provincial and federal governments in the fisheries. The Privy Council also ruled in favour of Nikkei fishermen who had challenged the discriminatory policies of the Fisheries department.

The Kildonan Cannery.
Courtesy Jack Hayami

FISHING BOSSES

The relationship between canners and fishermen changed over time as Japanese fishermen became more numerous and more independent. The earliest Japanese started as pullers for non-Japanese and as they gained experience became fishermen and in turn trained other newcomers. They provided cheap, "good quality" labour to the canners in exchange for a boat, net and accommodation in a bunkhouse. As their numbers increased, they formed small, informal groups based on their *ken* or prefecture, but by the late 1800s these groups had developed into more formal fishing units under a boss or *boshin*, which was the Japanese pronunciation of "boatswain," the petty officer on a merchant ship responsible for the rigging, anchors, cables and deck crew.

Bottom: Japanese Canadian workers at Kildonan Cannery in Barkley Sound on Vancouver Island's west coast. Left to right: Masae Kasuya, Eiko Shinde, Omoto, Fumiko Yoshida, Masae Mayede, Jessie Abe, Haruko Nakatsu.
Courtesy Shinde family

The *boshin* system was a mutual benefit to the boss, the fishermen and the cannery owners. There were some variations to the system and good bosses and not so good ones, but basically the boss was a subcontractor whose job was to negotiate with the cannery for an advance to pay for supplies at the beginning of the season and in return his "boys" would sell their catches to the cannery. His remuneration was "in kind"—such as in humpbacks (pinks) and dog salmon (chum)—or a fixed amount per boat or a percentage of the fishing unit's catch. It was a paternalistic system that provided security in a foreign land to fishermen who were ignorant of local conditions and lacked proficiency in the English language. As the units were formed within the same *ken* or prefecture, the fishermen spoke the same language, preferred the same food and shared companionship. They relied on the bosses for their living, accommodation, meals, clothing and services such as laundry and mail handling and the provision of an *ofuro* or bath for which they paid a fee.

No mention was made of bosses or boys in the 1897 *Regulations of the Fraser River Fishermen's Association*—more commonly referred to as the *Dantai*—but twenty of the 1900 constitution's eighty articles dealt with this topic and many give explicit instructions on the relationship between the two and between the boss and the canneries. In 1900 the term "boss" was defined as "a person who has set up a house in which he has put together a group of fishermen and manages them." But bosses were also expected to "strive for the convenience and profit of their boys and they shall never be lacking in faithfulness to them" (Article #64). The boys in return were to pay their bosses "one and a half percent of their catch" (#65), but they were to be paid if they were required to do housework (#66). The boss was not required to accept a boy if his references did not check out (#79), and he was expected to collect fees from his boys on behalf of the *Dantai* (#39). If the boss neglected to pay the boy at the end of the season, the boy was to report it to the *Dantai*, which would determine if the boss needed to pay, and if so, it was to be done within five days (#67, 68 and 69). An interesting requirement is Article #73 that states "in the event of a death from drowning while on a fishing trip, those who lived together with the victim have the duty of finding the corpse and burying it" and paying for the expenses.

Under the "boss" system, the cannery owners gained by not having to deal with each individual fisherman, and they were assured of a steady supply of reliable, competent fishermen without having to cater to their needs. "When we made a contract for fish with the Japs, we always knew we would get our quota. They would not go off on a drunk after a week or two."[47] Mitsuru Shimpo, a Japanese historian, is very critical of the canners' role in worker–employer relationships. "It would seem that from the viewpoint of North American capitalists their obligations to their workers were over as soon as they paid them their wages as specified in the contract. There is no need to be interested in labourers beyond this. Perhaps it is because they think that the development of BC's fishery was due to their capital, their administrative skills and their engineering."[48]

One of the earliest house bosses was Kazusuke (Wasuke?) Kitakane, nicknamed "Kirifu," who had arrived from Japan in July 1885 and worked for the Phoenix Cannery in Steveston. Later he went to the Skeena and operated a hot spring there. When he died, the Skeena fishermen's association buried him on a hill overlooking Port Essington.

Another boss for the Phoenix Cannery was Asamatsu Murakami who came to Canada in 1903 at age eighteen. He rented a cannery boat, purchased a net and hired a puller to do the rowing. With his fishing experience and his ability in English, by 1906 he had become a boss and the cannery provided him with a house large enough to accommodate up to fifty single men. He selected his fishermen carefully and discouraged bad habits such as drinking and gambling. Murakami was relocated to Taber, Alberta, in 1942

British Columbia Packers Ltd.

Fisherman's Pass Book

License No. 566 Boat No. 78
Name T. Sakata
Address SUNNYSIDE CANNERY SKEENA RIVER, B.C.
Date Aug 18/40
FORM NO. A51-3M.-5-38

NOTICE
Fisherman must see that all fish delivered by him are entered in this book at time of delivery.
Turn in Book at Week end for Checking
IN CASE OF ACCIDENT NOTIFY
SUNNYSIDE CANNERY
SKEENA RIVER, B.C.

A page from Tomizo Sakata's 1940 BC Packers pass book; Sakata worked for Sunnyside Cannery on the Skeena River, BC. *Courtesy Tomizo Sakata*

where he worked in sugar beet farming and he returned to the coast in November 1949. He fished for forty-five years.

When fishing was good, everyone made money. With the capital they accumulated, some bosses came to own boats, nets and licences and rented them to the fishermen for a percentage of the catch. Some acquired bunkhouses and collected payment for room and board as well as housekeeping services. In the early 1900s bosses on the Skeena were charging 25 to 30 cents per day for board, which was not unreasonable as food costs were approximately 29 cents per day. Some bosses invested in small businesses and farmland, ventured into the production of charcoal and established herring and salmon salteries.

Around 1900 Takejiro Ode at the Imperial Cannery had twenty-one fishermen on contract. In 1905 his unit caught 85,536 sockeye worth $9,161; if Ode received the standard one-third share of the catch, which included fees for the rental of boats and gear, his share would have been $3,051, a very substantial sum.[49] In 1907 he established a herring saltery in Nanaimo and provided room and board there for his workers.

The chart below is compiled from data in the *Tairiku Nippo Sha—Kanada Doho Hatten Shi*—a Vancouver Japanese language daily newspaper—which contains information on the economic and social activities of Japanese communities in many parts of Canada. It shows that in 1911 there were 166 bosses and over 2,100 boys for all of British Columbia and that the fishing units were larger in the north than on the Fraser River.

In earlier times, when the cannery settlements on the Fraser River were more like the frontier communities on the central and north coast, the bosses there had more boys in their fishing units. However, as Fraser River fishermen became part of year-round communities and they acquired more language skills and experience, many other types of social relationships developed. They became more selective and moved on to smaller, more personal relationships with bosses based on friendship or kinship. This was a stepping stone to complete independence. In contrast, the fishermen who worked "up north" usually lived in the south during the off-season, so they relied on the bosses to provide services for them at the canneries during the fishing season when they were focussed on work.

The fishermen's meagre earnings had to provide support for themselves as well as repay debts incurred to labour contractors and to those in Japan who had financed their emigration. After a disastrous year, some did not return to fishing, and the bosses were left with their fishermen's debts. For example, 1903 was a poor year, and of the eighty-eight bosses, thirty-eight ended the season in debt. They requested a commission from the fishing companies for their services but none was forthcoming. One of those to suffer that year was Tsunejiro Terai who had been just sixteen when he arrived in Canada in 1897. When the salmon season was over each year, he worked for the Canadian Pacific Railway. In 1903 he had ten fishermen in his unit whose expenses exceeded the value of their catch by $747, which meant that he was responsible to the Imperial Cannery for that amount. Two years later he moved to Kelowna with a partner to farm.

Independent fishermen gradually became more numerous, and by 1919 in the Steveston area they outnumbered those under contract to fishing bosses, and during the third decade of the 20th century the bosses virtually disappeared. As fishermen married and started families, bunkhouse accommodations became inappropriate, and the canneries began building small houses near the dike for their Japanese fishermen. These units were a money-making venture for the canneries since they cost only about $200 to build, and the canneries paid those living in them less for their fish. To qualify for better fish prices, the Japanese started purchasing their own homes; by 1936, of the 250 fishermen in Steveston, 26 owned their own homes and their numbers increased steadily until they were forced out in 1942.

Gradually the *boshin*'s role in the community was knitted into the larger network of influential leaders. Miichiro "Fred" Kamitakahara and his family lived on Sea Island in a Japanese village located between the Vancouver and Acme canneries. As a bilingual person with a packer boat buying fish, he was often asked to be the interpreter/negotiator for Japanese fishermen who did

	Fraser River	Central and North Coast
No. of canneries	18	20
No. of bosses	135	31
No. of boys	1,165	970
Range in no. of boys per boss	2 to 35	10 to 70
Median no. of boys per boss	6	30
	76.3% have 10 or fewer	87.1% have 20 or more

Fishing fleet tied up at net float at Port Edward.
Donald Tasaka photo

not have much English and who were more comfortable dealing with him than directly with a cannery. They also asked him to intercede when they had other problems, such as visa applications or other legal matters.

In the northern area, the fishing boss system was more widespread, was more seasonal and continued into the post–World War II era. However, the pattern of the introduction and evolution of the *boshin* system there was similar to that in the south: the few fishermen were soon joined by many, usually from the same prefecture, and began working under a Japanese boss. The four Japanese boats at the Northern Pacific Cannery in 1894 had increased to thirty-six by 1916. In 1918 there were thirteen fishermen from Tottori in the area: six at the Northern Pacific Cannery (NP), four at the Balmoral, two at the Sunnyside and one at the BA. The following year, the NP Cannery Fishermen's Ledger lists four Japanese houses: Tanaka, the largest with forty-nine men and twenty-four boats, Matsumoto with thirty-five men and seventeen boats, Tanino with eighteen men and eight boats and Matsusaki with two men. During the 1920s and 1930s there were Tanaka House, Hayashi House, Tanino House and Hashimoto House, but the 1941 ledger shows only Tanaka House with nineteen boats and Sasaki House with five boats, and there were now seventeen independents. Shinnojo Hamazaki was one of these independents.

Umanosuke Suzuki (1894–1983) immigrated to Canada and lived first in Steveston, but in 1920 he went to the Skeena and fished there until 1926 under the "boss" system. "When I went to Skeena, all I needed was a suitcase. The house boss would hire a cook, and 10 or 15 fishermen would go up with him. He'd give us bed and board, rent us a net and a boat. We'd pay him back for the nets and boat out of our catch and keep the balance. June 20 was opening day there and the season lasted about two months and then the canneries would close."[50]

According to Ryuichi Yoshida's *A Man of Our Times,* bosses did not begin recruiting fishermen until the "attached licence" system was lifted on the Skeena. Henceforth, the boss made all the arrangements for services, which included room and board in cannery-owned houses and laundry (usually done by his wife), but he did not have the power to hire or fire fishermen, unlike the bosses in the logging camps who recruited, promoted and assigned jobs as well as negotiated wages for the workers. The fishing boss had to be a respectable person who got along with the boys, otherwise the cannery would fire him. (His wife's cooking would also determine his reputation.) He was also responsible for distributing his boys' pay, but to Yoshida's knowledge, the boss did not receive any kickback from them. When the fishing season was over at the end of September, the Natives returned to their villages, while most of the Japanese went to Vancouver by steamship. Only a few remained in Prince Rupert. The boss and his family wintered in the camp, subsisting on what remained of the groceries and produce bought for the fishermen, which was "not a large amount."[51] Yoshida had the greatest respect for the fishing bosses and resigned from the management of the socialist Japanese language newspaper, *Minshu* (*The Daily People*) in disagreement over the policy of attacking all Japanese bosses. He said, "Many fishing bosses were good people, and without their help many Japanese workers would not be able to find jobs."[52]

On the Skeena in the early 1900s, there were three bosses from Shiga prefecture. At the Inverness Cannery the houses were under Omori, Tanaka, Yamashita and Ohno, each with five or six boys fishing for them. At the Standard Cannery, according to Mrs. Kiyoko Yamamoto of Port Edward, her father Seicho Mayeda and a Mr. Mukai were the bosses. Each looked after about twenty men but neither fished for a living. During the summer, Mr. Mayeda operated a store and in the winter he went deer hunting and *matsutake-tori* (pine mushroom hunting). Neither man returned to the coast after restrictions were lifted in 1949.

The time of the Sakai cousins, Yasuichi and Yoneichi, as fishing bosses spanned the internment era. Yasuichi was a fishing boss for BC Packers at their Sunnyside Cannery before the war and between 1950 and 1958 a contractor with Nelson Brothers at Port Edward. Yoneichi looked after twenty fishermen before the war and on returning to the coast did the same for BC Packers at Sunnyside Cannery. He recruited high-line fishermen from the Interior of British Columbia and Alberta, provided them with accommodation in cannery bunkhouses and looked after their welfare. Initially his wife and later a hired housekeeper provided meals and did the laundry for the men during the fishing season. In 1958 Yasuichi lost his life when his bunkhouse burned down. Nelson Bros. then approached his son, Terry, to take over the care of the fishermen who were in his father's unit, and for the next four years he acted as the liaison and interpreter for the older fishermen and went with them as a member of the fleet. However, by the early 1960s the older fishermen were beginning to retire and the younger ones did not need his services; as he was young and adventurous, he asked the company to release him to fish on his own.

Other pre- and post-war bosses were Sukeemon Arakawa, Sunnyside Cannery, Port Edward; Takesaburo Hamaguchi, Wallace Cannery, Rivers Inlet; Shinichi Matsuo, Imperial Cannery; Isamu Matsuzaki; Toshichi Miki, McTavish Cannery, Good Hope; Masuo Mukai, Mill Bay Cannery; Shokichi Nagata, Kale Cannery; Frank Nishii, Paramount Cannery; Tona Ohama, Winch Cannery; Tomizo Sakata, Walcan Cannery; Mosaburo Teraguchi and later Sid Teraguchi, both with the Great West Packing Co.; E. Uyeyama, Bones Bay Cannery, Knight Inlet; and Jinshiro Yesaki, Beaver Cannery.

Yasuichi Sakai's *Elva M* seine/packer built in 1917 and confiscated in 1941.
Courtesy Yasuichi Sakai

On the west coast of Vancouver Island, in contrast to the paternalistic *boshin* system, Nikkei trollers established co-operatives, a more egalitarian form of fishing organization.

HERRING SALTERIES

The Japanese used their entrepreneurial skills and knowledge of their home country's market to establish herring and salmon salteries and thereby created a special place for themselves in BC fisheries. The first herring salteries were built in the early 1890s on the Fraser; later the industry spread to Vancouver Island and the Gulf Islands. Until that time, herring fishing had been largely confined to supplying local demands and providing bait for the halibut fishery. Once the Japanese entered the industry, export markets in Japan, Hong Kong and mainland China began receiving large shipments of dry salt herring, cured in a special process and packed in wooden cases. Because salt was heavily taxed in these countries and salted herring was not, the people began using salted herring as a cheaper way to add salt to their soup. Although production varied from year to year, it reached a volume of 27,800 tons by 1910, and by this time the herring salteries had become the primary employer of Japanese fishermen after the Fraser sockeye run was over each year.

The names of the first Japanese to enter the salted herring industry in 1892 are unknown, but according to Jinshiro Nakayama's findings in 1921, Kunizo Yoshitomi and Otojiro Mori experimented with salting herring in 1897 on contract with the Gulf of Georgia Canning Company in Steveston. This operation failed, but in 1905 Kametaro Tsuchiya acquired a contract with a Chinese company to export salted herring to Hong Kong. Nanaimo became the second and ultimately the largest saltery centre with operations clustered around Departure Bay. In 1899 Yoshimatsu Mukai, Takematsu Matsumoto and Katsunosuke Negoro started salting herring there and four years later sold their enterprise to Arichika (Archie) Ikeda, a scholar, adventurer and entrepreneur. Born in Niigata in 1864, he had studied Chinese, English, medicine and horticulture, although after he arrived in California in 1890, he farmed and then joined the gold rush to the Klondike. Later he turned to salmon fishing and negotiated a deal to transport salted fish to Japan. With a partner, he formed the fishing firm of Awaya, Ikeda and Co. of Vancouver. In 1904 they started a reduction plant to extract oil for export to Japan and produce fishmeal for fertilizer. The following year a government regulation was introduced

CANADA No. 3941

BY THE HONOURABLE THE MINISTER OF TRANSPORT FOR THE DOMINION OF CANADA

MINISTER OF TRANSPORT CANADA

Certificate of Service

AS

MASTER

Of a Steamship not being a tugboat, not carrying passengers, and not exceeding one hundred and fifty tons gross tonnage, in the Home Trade

To Yasuichi Sakai

Whereas it has been reported to me that you have fulfilled the duties of master of a Steamship in the Home Trade *for a period of twelve months, and that you have produced satisfactory evidence of your sobriety, experience, ability and general good conduct on board ship, I do hereby in pursuance of the Canada Shipping Act, 1934, grant you this Certificate of Service as Master of a steamship not being a tugboat, not carrying passengers, and not exceeding one hundred and fifty tons gross tonnage in the* Home Trade.

Given under the Seal of the Minister of Transport of Canada, at Ottawa, this Twelfth *day of* October *193*7.

Registered

Valid only for the carriage of fish, fish products and fishermen's ordinary equipment.

For Deputy Minister of Transport, Ottawa, 12th October 1937.

For *Deputy Minister of Transport*

C D Howe *Minister of Transport*

Yasuichi Sakai's Certificate of Service as master of steamships, 1937.
Courtesy Terry Sakai

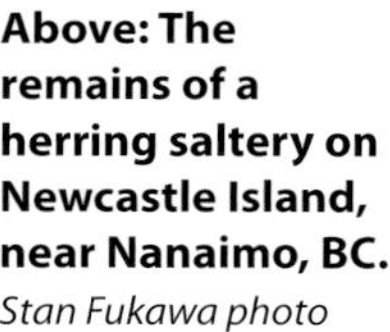

Above: The remains of a herring saltery on Newcastle Island, near Nanaimo, BC.
Stan Fukawa photo

Above right: The *MV Victory Bay*, owned by Iwakichi Sugiyama and Senkichi Fukuyama of Burrard Fishing Co., was confiscated in 1941.
Gakuto Jack Hayami photo

to prohibit the production of fertilizer from herring so he switched to salting herring for export. His saltery flourished. The *Nanaimo Free Press* of March 8, 1907, reported that "Local Jap Firm Had Big Season" exporting salted herring to China, and that Ikeda had plans to employ more men the next season. The article concluded: "All the people concerned in the Ikeda industry of course are Japs"—an observation that probably contributed to the Department of Fisheries policy in the 1920s mandating that 50 percent of the crew must be non-Japanese.

In 1906 while on an exploratory trip to find new fishing grounds, Ikeda went ashore on Moresby Island in the Queen Charlottes during a storm, discovered copper ore near the Jedway area and staked forty-seven claims, the richest copper discovery on the islands. The bay was named Ikeda Bay—later renamed Ikeda Cove—the first time a Japanese name had been written on a Canadian map. Ikeda Mines Limited, backed by Japanese capital, operated until 1920 when a drastic drop in copper prices forced its closure. Ikeda was also involved in a plan to upgrade Japanese fisheries by importing rainbow trout eggs, and he attempted oyster cultivation on Gambier Island in Howe Sound. He died in 1939 and is buried in Mountain View Cemetery in Vancouver.

Herring salteries were also set up on Jessie Island in Departure Bay in 1907 by Rikimatsu Tabata and on Newcastle Island by Kasho, Korenaga, Tanaka, Yip Sang and Takejiro Ode. The *Nanaimo Free Press* of July 16 and 18, 1912, reported that four herring camps on Newcastle Island had been mysteriously destroyed by fire, and their owners were identified as Makino, Shinobu, Mase and Oburi. The damage was estimated at $21,000 and consisted of the buildings, boats, nets and other gear and about 100 tons of fish. Arson was suspected since "the success of the Japanese resulted in strong hostility among some members within the White community."[53] However, the facilities were quickly rebuilt. On nearby Protection Island were salteries owned by Hashimoto, Koyama, Sanki, Sawada and Ikeda. By the early 1920s Nanaimo, which had been known for half a century as "Coal Town," had forty-three Japanese salteries and had become known as "Herring Town."

DOUBLE-SEINING IN THE HERRING INDUSTRY

In the early 1900s the Japanese, using Columbia River boats, brought the two-boat *moyai* method to the West Coast herring industry. It involved a pair of boats built as twins, with one strengthened on the port side, the other on the starboard side. They were lashed together to form one boat, and a large seine net was piled aboard with half on each boat. When they discovered a school of herring, they would separate, letting down the net to encircle the fish and then come together to complete the purse. At first the fishing would be done in daylight, but from 1910 through the 1930s it was done at night with mechanized boats.

Finding the schools of herring was the most difficult part, and "it was widely thought that white men could not catch herring in the Gulf"[54] and that only the Japanese had the special skills needed to locate and catch them. A scout called a "*tenma nori*" or skiff rider, armed with a flashlight, would go out in a skiff ahead of the seine boats and look for bubbles or listen for the sound of a jumper. It was a very tough and responsible job as a poor set would waste time and damage nets on shoals. Some nights the long hours of scouting would produce no results, and the scout would return to camp to sleep and then go out again just before daybreak. The skippers stayed in the wheelhouses of their seine boats, waiting for the scout to signal them to make a set, and then a lot of yelling would occur between the scout and the skippers as they closed the purse seine. The fourteen to sixteen men on each boat, half of them Japanese and half of them white, would then brail the herring into pot scows. Randy Thompson, who later bought the seine boat *Nishihama* and renamed it the *Sarah J*, worked for the Ode Saltery on Newcastle Island and remembers the singing in Japanese as the men pulled the net together. One of the songs they sang was very likely *Soran Bushi*, a traditional herring netting song.

Yonekichi Yoshida's skill as a herring scout is credited with helping Tak Miyazaki and a friend find safety one foggy night.

> My friend and I had just finished a drift outside in the Gulf of Georgia and started heading for Steveston. When we were halfway up the river, the fog rolled in. It was thick as pea soup. We couldn't see in front of our faces and so we'd decided to stay put when we heard a voice call out to us. It was Yoshida. He was going home and called for us to follow him. Yoshida was able to "see" in the fog, a skill he had honed as a herring spotter. He guided us into harbour before daybreak. Yoshida was a high-line fisherman before the war and he took me under his wing. He showed me how and where to fish. He was very good to me. He was also well respected in the community.[55]

The shore operation of a saltery was basic: it consisted of a shed containing rows of brine tanks. The fish were moved from the scows by conveyer and the fishermen used net scoops to shovel them into the tanks where they were left to cure. After about two weeks the herring were stiff and shrivelled, ready for packing. They were drained, spread over the floor, covered with salt, and then shovelled into wooden crates that would hold 400 pounds for shipment overseas. By salting chum salmon from September to November and herring from December through February, these plants provided workers with almost year-round employment. The Sugiyama saltery on Galiano, which processed herring, salmon and salmon roe, was a self-contained operation that included a machine shop, supply store, bunkhouses, mess hall with a full-time cook and, most importantly, an *ofuro* to keep the crew happy.

The influence of the salteries on the local and provincial economy was considerable. Historian Patricia Roy in *A White Man's Province* says that "the development of the herring fishery at Nanaimo showed what Japanese enterprise could do. Indeed, so important were the Japanese that white businessmen protested that a proposed ban on seining for herring in Nanaimo harbour would deprive them of the trade of the

Above: Jack Hayami was the bookkeeper of the Tofino Trollers Co-op.
Courtesy Jack Hayami

Left: The Sugiyama family. Iwakichi Sugiyama was owner and operator of Burrard Fishing Co. with partner Senkichi Fukuyama.
Courtesy James Sugiyama

Japanese fishermen."[56] The salteries also spawned related enterprises. The Industrial Edition, 1915–1940, of the *Nanaimo Free Press* lists Frank Koyama as the owner-operator of F. Koyama and Company and states that he was engaged in the herring industry for six years before he opened his "wholesale sea products" company in 1918 in Brechin, a tiny settlement three miles north of Nanaimo. He built his first wharf in 1922, later enlarging it to include a cold storage shed and an ice manufacturing plant to preserve his products. A general store soon followed. The firm had two fish packers that picked up daily catches of salmon and cod from sixteen fishboats. He supplied the local market and delivered the surplus to Vancouver. Fujio "Frank" Egami, who became a career fisherman, started working for Koyama at an early age delivering cod and salmon to restaurants and fish and chip shops in the city. Most of the fish was caught in the Strait of Georgia between Entrance Island and Qualicum. All the supplies required to outfit Koyama's fleet were purchased locally and repairs were done in Nanaimo as well.

As the herring stocks in Departure Bay declined, many of the salteries were moved to the Gulf Islands. Tanaka and Kasho relocated to Reid Island and the Ode brothers to Galiano, ideally located for the spring herring run. Tanaka employed forty-five men and Kasho had fifty. The Tabata saltery on Jessie Island also moved to Galiano, from where the preserved fish was shipped directly to the Orient. In 1923 there were forty-three salteries in the Strait of Georgia and several on the west coast of Vancouver Island. Except for the Yip boat, "virtually all of the Gulf Island herring seiners of the late 1920s were owned by Japanese Canadians."[57] All nineteen captains were of Japanese descent.

The same Department of Fisheries policies that had reduced herring purse seine licences by 40 percent in 1923 and 15 percent in 1924 mandated that half the crew on herring seiners and workers at the salteries must be resident Caucasians and Natives. To ensure that these policies were being carried out, the BC Salt Fish Board, made up of five Caucasians and two Japanese Canadians, was created under the Federal Natural Products Marketing Act. In 1934 this board took control of the dry salt herring business and designated that 20,000 tons be divided among fifteen dry salt herring plants. Production peaked in 1926–27, 1927–28 and 1929–30, but there was a dramatic drop in 1931–32 due to the Depression. In 1937–38 production on the west coast of Vancouver Island ceased,[58] probably due to increased competition from producers in Russia, Japan and Korea, although it continued on the east coast until 1941. Just prior to the outbreak of the war, four salteries were operating on Newcastle Island and six on Galiano, these being owned by Sugimoto, Tanaka, Shiraishi, Yip, Tanaka and Ode.

As with fish canneries, the herring camps were social communities. The Kasho camp on Galiano employed both Europeans and Japanese who slept in separate bunkhouses but "shared the work with a song and made fun of the Fisheries officers charged with enforcing the racist regulations."[59] However, as if an omen of what was to come for Japanese people on the West Coast, on December 6, 1941, fire wiped out the Ode camp complex, including the saltery, the fishermen's bunkhouses, the Chinese bunkhouse, the women's quarters, the Native rooms, the store and office, and the houses of both the watchman and the owner. During the war the herring salteries fell into disrepair, and today only a few pilings remain on Newcastle Island as reminders that Nanaimo was once the "Herring Capital of the World." As Alan Haig-Brown wrote, "Some fortunes were made, and a fine fleet of boats was built."[60]

SALTED SALMON AND *SUJIKO*

In the 1890s Japanese immigrants started salting salmon other than sockeye, the only species that was canned at that time. Sadanojo Hayashi is credited with initiating the salt chum (dog) salmon industry in 1892. About a year later Manzo Nagano, making use of a $1,000 investment from Shinkichi Tamura, a Vancouver investment banker and entrepreneur, experimented with salting salmon on the Fraser River and eventually produced an acceptable product for export to Japan. His plant remained in operation until 1922. Hannojo Hayashi also exported salt salmon to Japan in 1897 and 1898.

Since, in those early days of the industry, canneries were in use only during the July and August sockeye season, many fishing bosses made arrangements with the canners to use the facilities for salting operations in the fall. Isaburo Tasaka and his partner Shiozaki started their salting operations in 1895 at the Pacific Coast Cannery on the Steveston waterfront, and soon salmon salteries appeared all along the Strait of Georgia, the central and north coasts and the west coast of Vancouver Island.

Jinzaburo Oikawa began his first salmon salting operation in 1898 in Sunbury, upriver from Steveston, and later moved it to Don and Lion islands where he and his followers also experimented with salting salmon roe or *sujiko* for export to Japan. After several years they had a product with the right colour and shelf life to export. Unlike the others, Oikawa also found local markets for salted chum salmon, selling his product to Japanese cookhouses and wholesalers, who in turn sold it to lumber and railway camps in the BC Interior. In the Nanaimo area, salt salmon preservation began in 1906 when Yoshimatsu Mukai added it to his salted herring production line and shipped both products to Japan and China. In 1911 Minoru Tokawa, a *Nisei,* paid $50 for a "Salmon Cannery or Curing Establishment Licence" from the Department of Marine and Fisheries. It read: "licensed to can, preserve, or cure salmon during the season of 1911 . . . at Steveston, Fraser River."[61]

By the 1920s the salt salmon industry had developed into a large, complex operation including several seine and packer boats to catch and deliver the salmon, salteries for processing in many locations, a workforce that numbered in the hundreds, and international markets in Asia.

The Japanese found the best gear for chum salmon fishing was the purse seine worked from a large vessel such as the *Elva M*, a 54-foot seiner-packer that could move from stream to stream and run long distances. By releasing their nets to encircle whole schools of fish, seine fishermen could harvest effectively in waters unsuitable for gillnetting. Once the catch was made, the net was "pursed up" and the encircled fish were brought aboard. In Alert Bay in 1924, Harry Assu and his father, Salish Chief Billy Assu, fished for a saltery. "As the Assus fished they brailed chum right onto the three packers that followed them onto the fishing ground."[62] The Howe Sound Fisheries, owned by Senkichi Fukuyama and Iwakichi Sugjiyama, had their six *Howe Sound* boats plus the *Arrandale*, which they chartered from Bell-Irving, fishing the inlets and the strait for chum salmon. At the saltery the fish were gutted, liberally covered with dry salt, stacked on the floor for curing, and after about a month packed in wooden boxes holding 400 pounds for shipping abroad.

The 1920s, a decade of expansion with increased demand and rising prices, saw the formation of the Japanese Salt Salmon Producers Association. However, it was also the decade that saw the beginning of government policies to eliminate the Japanese from the BC fishery. In 1924, in addition to the reduction of licences issued to Japanese, it was decreed that 25 percent of the workforce, which had been predominately Japanese, had to be replaced with white and Native workers, and then with 50 percent, continuing incrementally until the Japanese were completely eliminated. In spite of these obstacles, the production of salted chum salmon peaked at 17,000 tons in 1931. Then further restrictive policies were added: Japanese were prohibited from acquiring salmon canneries and from any involvement in seine fishing. The following year production was down to almost one-third of the previous year's, though this was probably partially due to the reduced demand brought on by the Depression.[63]

In the 1930s there were four salmon salteries operating in Steveston. The River Fish Co-operative, organized in 1926 by Japanese fishermen from Steveston and Canoe Pass, marketed fresh fish to local markets and exported salt chum salmon and roe to Japan. The other three were connected with canneries: Kunimatsu Saimoto at the Imperial Cannery, Shinya Yoshida at the Phoenix, and G. Takahashi and Motokichi Tanaka at the Burrard Cannery. In 1934 on the west coast of Vancouver Island eleven Japanese-owned salmon salteries employed 298 white and 395 Japanese workers. That year they produced a gross income of $1,730,000 on a capital investment of $1,019,000. Charlie Nakamura's salting plants included one at Telegraph Cove and probably one in Blind Channel where the aboriginal people of Cape Mudge fished. He owned two seiner-type vessels, the *Kuroshio* and the *Arashio*, that he used for transport. Both were confiscated for the Gumboot Navy immediately after war was declared with Japan and his operation was taken over by his bookkeeper. What happened to his company since is not known.

For 1939 there were no packs due to the termination of salt salmon production to ensure that all salmon were canned and sent to Great Britain for the war effort.

4

Boat Builders

The Japanese were early pioneers in wooden boat building in British Columbia, and between 1895 and 1901 they made approximately half of the boats used in the fishing industry. Every cannery employing Japanese fishermen also had Japanese shipwrights on the premises.

Almost all were part-timers building boats in the winter months after the salmon fishing season, but all along the BC coastline from the Nass River to the Fraser and on Vancouver Island, they launched vessels that were in demand by fishermen.

The early builders could neither read nor write English but were able to read blueprints, make models and introduce innovations. And because they had been trained in Japan, they used the carpentry tools they brought with them to build Fraser River skiffs and Columbia River boats; later they continued to use these traditional tools alongside Western ones. Gerry Miller, who has worked in the fishing industry for decades, described the method of construction used by the Japanese as "*tanaita tsukuri* or shelf planking. In construction, the keel, bow and stern were laid and then the forms were put in place. The planking was put on to the forms and tightly fitted. One-piece ribs were fitted to the boat and nailed from the outside of the boat. Finally, the bulkheads were installed. Once this was all completed, the forms were removed, nail holes were plugged and the boat was caulked."[64]

Masao Nomura and models of his boat the *Royal Flash*.
Courtesy Masao Nomura

THE STEVESTON WATERFRONT

The early boat builders on the Steveston waterfront usually fished during the sockeye season and then turned to boat building. Their shops were privately owned but located on cannery property, a mutually beneficial arrangement since the builders needed a waterfront location and canneries needed them on-site to build gillnetters for their fishing fleets and to maintain and repair company boats. Two of the earliest builders were Kawamura on the Phoenix Cannery site and Gihei Kuno on the premises of the Britannia Cannery. In the 1880s they built Fraser River skiffs for the canning companies who rented them out to fishermen. The first independent boat builder was probably I. Yamamoto, who in 1892 placed an advertisement as a "Japanese boat builder" in the Steveston paper. Other early independents were George Isomura, who is said to have operated from 1899 to about 1917, and K. Matsuzaki, who in 1904 fished for the Imperial Cannery as an independent fisherman and built fishing boats in a shed beside the cannery house that he rented.

According to Kawahara's reading of the *Tairiku Nippo* records, there were three Japanese boat works operating in 1909 and they belonged to Tsunematsu Atagi, Gentaro Isomura and Sutematsu Kimura and had between four and ten employees, among them carpenters Chonosuke Tanaka and Fukutaro Yamamoto. By 1917 the number of boat works had increased to fourteen: Atagi, FY, Hamada, Hasegawa, Hashimoto, Isomura, Katsumi, Kishi, Morishita, Nakade, Saiki, Sakamoto, Tamoto and Tanho. In 1915 the Steveston Boat Builders Co-operative was formed with Gentaro Isomura as the president, Kiheiji Kishi as the treasurer and Kunimatsu Tanho as the auditor.[65] According to Yesaki in his book *Steveston: Cannery Row*, the 1919 Ship's Registry listed nineteen Japanese boat works but there would have been many more since the registry did not include the smaller boats usually built by the Japanese.[66]

In 1941 there were fourteen boat builders on cannery sites and one independent boat builder named Mukai. On the Colonial Cannery site was Toichiro Nakai; at the BC Cannery was Sutematsu Kimura; at the Scotch Cannery was Atagi and at the Phoenix were ten—Sahei Kishi, Tamoto, Otokichi Murakami, Masao Takagaki, Sadakichi Yamanaka, Kiheiji Kishi, Tatsuzo Hato, Yasujiro Nakade Kawano and Bunzo Sakamoto. In 1946, when the Japanese were all in internment camps, there were eight being operated by Caucasians.[67]

Atagi, Nakade and Kishi, who had the largest boat works on the Steveston waterfront, all operated on cannery properties in the early 1900s. Their employees fished the short fishing season and worked as shipwrights during the winter months. The proprietors themselves fished during the salmon season—Atagi and Kishi for the Gulf of Georgia and Phoenix canneries and Nakade for the Gulf of Georgia and Imperial canneries.

Tsunematsu Atagi started his boat works beside the

Fishermen and boat builders, 1996. Left to right: Mamoru Sakamoto, Gerry Miller (manager at BC Packers), George Osaka, Kaoru Atagi, Yoichi Kishi, Eiji Maede, Hideo Maede, Seishi Mukai.
Tatsuo Kurihara photo

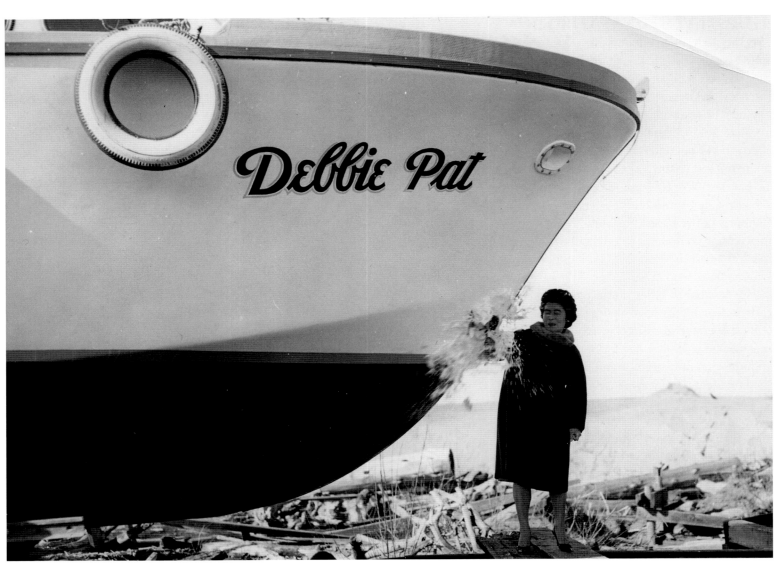

Above: Tak Miyazaki's wife Susie christening the *Debbie Pat*.
Courtesy Tak Miyazaki

Right: The Atagi brothers, boat builders. Left to right: Kenji, Hisao, Kaoru.
Tatsuo Kurihara photo

Shigekazu Matsunaga's beloved *Soyokaze* was donated to the Museum at Campbell River by the family.
Dan McLennan/Courier Islander

boardwalk to the Scottish Canadian Cannery at Garry Point and in 1905 was one of the earliest to establish one on his own property. His first boats would have been Columbia River–type gillnetters, but in 1912 he started building large packers and seine boats for the Anderson Cannery at Quathiaski Cove, and his brother moved there to work in Anderson's boatyard. The Atagi Boat Works had been in operation for thirty-seven years in 1942 when the family was relocated to Celista near Salmon Arm. After their return to the coast, BC Packers provided a new site for a boat works. Tsunematsu Atagi's sons Kaoru, Hisao and Kenji fished the Fraser River and Rivers Inlet and continued the family boat-building tradition. The Atagis are credited with contributing much to the rebuilding of the BC fishing fleet through the 1950s and 1960s.

Uichi Nakade and his partner Chonosuke Tanaka were operating the Nakade Boatyards in 1907, but by 1918 Nakade was partnered with the Tabata, who was involved with herring salteries in the Gulf Islands, and Nakade was building herring seiners for him. The Nakades were interned in 1942, and a 1946 map of Steveston shows "Stoltz Brothers" where the Nakade Boatyards had stood. On the Nakades' return to the BC coast in 1950, the first boats built by their revived company were bought by Hideo Akune and Toshiyuki Sameshima. Over the next two decades Nakade's was the most prolific boat works in Steveston, launching up to ten boats a year. They were also one of the first in Steveston to build solid fibreglass-reinforced plastic fishboats. The May 1966 issue of *Western Fisheries* magazine featured Shiro Oye's West Coast troller *Robust* on the front cover. Built by Mas Nakade, who had joined his father to build boats during these years, she was a "handsome 43 foot x 13 foot boat powered by a D333 Caterpillar diesel . . . Large, expensive and lavishly equipped, she can carry 30,000 pounds of iced salmon in her Styrofoam-insulated hold." The article concluded with "Nakade will soon launch a second troller, slightly smaller than *Robust*."[68] Mas Nakade built his last boat in 1972, and the building was torn down the following year.

Two brothers, Teizo and Otomatsu Kishi, started the Kishi Bros. Boat Works in 1914 to build and repair boats for the Phoenix Cannery on property owned by the ABC Co. Seiji Kishi, their nephew, joined them in 1917. They were all relocated to Christina Lake in 1942, and a 1946 map of Steveston shows the name "Lubzinski" on the site of the Kishi Boat Works. Among the many boats built by the Kishis was the *May S*, a seiner built for Kunimatsu Saimoto and named for his daughter. The Kishis also built the *May S III* and *May S V*; all were confiscated in 1941, and the *May S* was used by the Naval Reserve to assist in the seizure of Japanese Canadian boats. In 1993, it was still seining for salmon in Johnstone Strait.

Shigekazu Matsunaga's *Soyokaze* or "Gentle Wind" was a 36-foot double-ender cod boat built by the Kishis in 1939. The forward cabin was the doghouse with the engine below and the aft was the living quarters. In between was the fish tank with about fifty holes made through the one-inch cedar hull planking to allow water to circulate in and out of the hold for the live transport of ling cod. Matsunaga did not get to fish with it for very long. When World War II broke out, it was seized, sold to a non-Japanese and renamed the *North Star II*. The Matsunaga family went first to Taylor Lake and then to East Lillooet, but as soon as restrictions were lifted in 1949, they returned to Quadra Island. With the help of Ryotaro Horii, Matsunaga went looking for his boat but without success and finally he bought another cod boat. However, in 1957 a fellow fisherman saw his old boat in Sydney and tried to buy it, but the owner refused his offer, informing him that he would sell only to the original owner. Matsunaga repurchased the *North Star II* and renamed it the *Soyokaze*. It had been well looked after. He fished with it until the 1980s when declining fish stocks closed Cape Mudge to cod fishing. The *Soyokaze* was donated to the Campbell River Museum on Vancouver Island as a symbol of a fisherman's devotion to his boat and a testimonial to a boat builder's skill.

The Richmond Boat Works was opened in 1936 on Britannia Shipyards property by Saeji Kishi, who had learned his craft in Japan and later at the Kishi Bros. Boat Works. His company built two boats (gillnetters, rollers, cod boats and others) per month and employed five carpenters full-time and an additional three as needed. Most of them had apprenticed in Japan. During the internment years, Saeji continued to build at Christina Lake in the BC Interior. The *Shelaine* was built there and purchased by two fishermen, Dale and Eiji Maeda, who had it shipped by rail and launched in Steveston.

Yakichi Oye's boathouse at Garry Pt., Steveston, BC.
Courtesy Naohiro Ozaki

Saeji Kishi was the first boat builder to return to the coast in 1951. When he suffered a stroke four years later, his two sons Yoichi "Jim" and Etsuo "Wayne" took over. They were the last of the Japanese boat-building companies on the Steveston waterfront to turn out wooden boats. They closed in 1985 and four years later vandals set their boat works on fire and destroyed it. The Richmond Boat Works has now been refurbished and preserved at Britannia Heritage Shipyards as the Kishi Boat Works (which can be confusing as the original Kishi Boat Works was demolished).

On the Steveston waterfront in the 1930s all of the boat works except one were owned and operated by Japanese. As well as the big ones belonging to Atagi, Nakade and Kishi, there were many smaller ones that built just one or two boats per year. These included the boat works of Hato, Katayama, Kawano, Kimura, Murakami, Sakamoto, Takazaki, Takagaki, Tamoto and Yamanaka.

Otokichi Murakami had immigrated to Canada in 1908 and began working as a carpenter in a Nanaimo coal mine, but within a few years he was fishing with a rented boat. Soon he had his own boathouse on Phoenix Cannery premises where he built gillnetters during the winter months. From 1935 to 1941 he and his brother Masayuki built two gillnetters every year. According to his son George, Otokichi Murakami would "take orders like a year ahead because during the summer he would fish. He had his own model. Like Kishi's and Yamanaka's they had their own typical model. You could tell who made which boat. The last boat my dad built was *Chioko*. I guess they eventually sold it." George Murakami vividly recalls helping his father store all his shipbuilding tools in the rafters of his boat works before the forced removal in 1942, but when they tried to claim for them while in internment, they were told that nothing could be found. Today the Murakami shipyard is a designated heritage building. In 2001 Linda Ohama, the granddaughter of Otokichi and Asayo Murakami, created a documentary titled *Obaachan's Garden*. It follows the life of Asayo who left Hiroshima in 1923 at twenty-five years old and arrived in Canada as a picture bride. It uses documentary footage with dramatic recreations and tells the story of a Nikkei woman's strength and spirit.

Seishi "George" Mukai was born in Hiki village, Nishi-muro-gun in Wakayama, the fourth son of a shipwright. His elder brother Tomiichi immigrated to Canada in 1914 and worked at a boatyard at the Colonial Cannery in Steveston, and in 1928, after studying boat-building technology in Japan, Seishi joined him. His first job in British Columbia was delivering the catch to the BA Cannery in Port Essington, but in 1934 the brothers established a boat works at the former Lighthouse Cannery site in Steveston. After Tomiichi Mukai returned to Japan in 1939, Seishi became an independent builder. He built eight or nine boats between 1939 and 1941 and was in the midst of building a gillnetter for a Ladner fisherman with the help of his two *Nisei* carpenters when war broke out. His request to fulfill his obligation and finish the boat was denied

The packer *Garry Point* was built by Yakichi Oye and confiscated in 1941.
Courtesy Masayoshi Oye

and he was interned while his assistants were left to complete the job. (On the 1946 map of the Steveston waterfront "Marshall and Markstrom" is shown occupying the Mukai Boat Works site.) After the war Seishi Mukai could not repurchase his shipbuilding property and the buildings that were confiscated in 1942, and he started boat building at another site in Steveston.

Before the war Yakichi Oye built boats at Garry Point, among them the packers *Garry Point I, II, III* and *IV*. He spent his years of exile in Bridge River and after the war returned to the coast where he built and was co-owner with his brother Yonekichi Kawabata (adopted by the Kawabata family to carry on their name) of the collector boat *Riverside Y*.

The Yamanaka Boat Works was started by Sadakichi Yamanaka, who had worked for Tomiichi Mukai. Like Murakami, he operated on the Phoenix Cannery site before the war. In 1927 he built a 57-foot vessel with a 16-foot beam for Hichisaburo Kameda, but since Japanese were not allowed to own seine licences, Kameda very probably had to sell it. A year later he built the *Port Essington*, which was bought by Charlie Clarke with money borrowed from the liquor magnate Henry Reifel; the boat's name has since been changed to *Pacific Marl* and it was still working in 1993. A 1946 aerial photograph of the cannery site shows the abandoned Yamanaka Boat Works, but beginning in the 1950s the Yamanaka Boat Works was again operating, this time on the premises of BC Packers and later at J.H. Todd & Sons. In the 1970s they produced fibreglass-reinforced plastic boats, and in 1979 the operation was moved to Delta where Sadakichi Yamanaka's son, Oscar, still repairs wooden and fibreglass boats.

The Sakamoto Boat Works also operated both before and after the war. Mamoru Sakamoto was nine years old when he arrived from Japan in 1921 to join his father, Bunzo, who had been fishing on the Fraser since about 1909. At sixteen Mamoru began a two-year

4 Boat Builders

Steveston fishermen at Pacific Coast Cannery 1982. Left to right: Tadasu Hibi, Riichi Nagata, Ted Higo, George Osaka, Hisao Atagi (boat builder), Hiroshi Tabata.
Courtesy George Osaka

apprenticeship with his father, boat building and fishing. Bunzo, having learned his trade in Japan, built boats "Japanese-style" but Mamoru took a boat design course at night school and developed his own style. His boat hulls were planked with red cedar and he used yellow cedar for the cabins. Precision was essential in making them watertight. These wooden boats had great buoyancy and could carry twice as much as those made of lighter materials such as aluminum and fibreglass, but wood requires painting every year. However, if maintained properly, a wooden boat lasts fifty or sixty years.

Prior to the forced sale in 1941, Sakamoto obtained a permit to sell his own boat independently to a fisherman for about $1,300, which was not very much. He was not worried when he was relocated to the Okanagan because he thought the war would end in a couple of months, but it was almost a decade before he returned to the coast. He added an "M" and called his new boat works M. Sakamoto Boat Works.

In a 1990 interview Sakamoto recalled that, when he first started building boats, all the work was done by hand and it took two builders two months to complete a boat that was furnished only with a bunk. The engine was a "putt-putt" and used 15 gallons of gasoline for five days of fishing. Now boats were being built in about a month and the engines use 12 gallons an hour.

In the past, boats were identified by the initials of the owners and their licence numbers, but after World War II registration required both the licence number and the boat's name. Sakamoto recalled one fisherman who joked that he was going to name his boat "High Price" because it was so expensive to build, but since it was such a good boat he decided to keep the name. Other fishermen liked it and for a long time it was the principal topic of conversation on their radio telephones.

One of the post-war carpenters at Sakamoto Boat Works was Hiroshi Nomura, who for a dollar an hour "converted the rounded sterns of shrimp boats to a square stern for gillnetting." Then from 1963 to 1969 he worked at Garren Boatworks making fibreglass gillnetters. Fishermen whose boats he worked on consider him "the best finishing carpenter on the coast. Hiro didn't have to measure anything. All he had to do was look and make the calculations in his head. He had a long line of fishermen waiting to finish their boats as he had the reputation of being one of the best shipwrights on the whole coast."[69] During his working life he built or finished approximately seventy boats, among them his own gillnetter, *Condor*, and the 35-foot Carlson-hulled *Mickey*.

RICHMOND AND SEA ISLAND

As well as the numerous boat works on the Steveston waterfront in the pre-war years, there were the Kanagawa Boat Works in East Richmond and the Hamada Boat Works at the BC Packers' camp on Westham Island. On Sea Island there were three Japanese boat works: Tokujiro Maekawa's boat works at the Vancouver Cannery, Tomio Baba's and Sadajiro Asari's boat works. Asari was in the midst of building a 40-foot seiner for a Finnish friend in Sointula when war broke out. Both he and Ted Davidson wrote to the BC Security Commission (BCSC) and Asari was allowed to complete it before being forced to leave the coast. By that time all sixty Japanese families on the island had already been shipped to internment camps, and the Asari family, fearing they would be separated, opted to go to the self-supporting community of East Lillooet where they would be able to stay together. Asari built his last fishing boat, the *Silver Ann*, in 1969 for George Osaka at the Britannia Shipyard.

Tomio Baba, who had been operating a boat works on Sea Island in the pre-war years, continued building boats in Kaslo where he relocated in 1942. He then converted Kaslo's Langham Hotel into a boathouse and between 1950 and the mid-1960s built boats there and transported them by rail to New Westminster where they were launched. Hiroshi Oikawa's boat-building career began there with Baba and together they built three gillnetters including Oikawa's *Sure Thing*, a 33-foot by 9-foot gillnetter. He fished during the summer and worked as a carpenter during the off-season, mainly on gillnetters. He was just thirty-three when he died of a massive heart attack.

NEW WESTMINSTER AND SURROUNDING AREA

Prior to World War II, on both sides of the Annacis Slough and along the Fraser River there were boat works operated by Japanese carpenters. The Suzuki Boat Works was started on Annacis Island and moved to Dyke Road. When the first owner, a man named Suzuki, decided to return to Japan, he sold it to Sentaro Suzuki, who was happy he did not have to make a new sign for his boat works. His three sons, Shuji, Minoru and Masao, helped with the carpentry while the youngest, George, fed the furnace box that produced the steam to shape the planks. When war broke out with Japan, the Suzukis were living in Marpole while they finished construction on a new home in Sunbury and completed another boat in their shed. George Suzuki recalls being given permission by Colonel Jenkins to finish both jobs before having to leave the coast. His parents and older brothers were sent to Greenwood and he to Sandon where their carpentry skills were used to fix up buildings for Japanese from the coast to occupy. He remembers an uncle in Seattle who owned a hotel that the US government looked after and returned to him when he was allowed to return to the Pacific coast before the war was over. Japanese Canadians, on the other hand, were not permitted to return to the coast until April 1949 and their properties were not returned to them.

Tatsuo Onotera's father also built and sold boats to white fishermen before the war.

Hiroshi Oikawa built boats with Tom Baba during their internment in Kaslo, BC.
Courtesy Hiroshi Oikawa

Masao Kamachi's boat works was located in Queensborough. He had apprenticed at the Lion's Gate Shipyard in the late 1930s and had just started to build wooden boats when he was uprooted and spent his internment years in Kamloops. He returned to New Westminster in 1949 to fish, but in 1956 he started shipbuilding again and the following spring launched two boats for West Coast Fishery. He built two or three boats every winter until his retirement in 1976. In addition, during the 1950s when good lumber for wooden boat building became harder to find, he partnered with his brother Shigekazu Kamachi, Jack Goto and Roy Lancaster to form Queensboro Marine Equipment, a company that installed hydraulic winches, aluminum trolling poles, drums for gillnetters and trawlers and crab traps. They also built aluminum herring skiffs for BC waters and skiffs for Great Slave Lake Fisheries and for Alaska. The company is still operating.

Hideo Kawano, born on September 8, 1898, in Kumamoto-ken, was fourteen when he apprenticed as a boat builder; two years later he came to Canada with his parents and brother. In British Columbia he logged and built boats, but after his marriage to Nobue Fukunaga he moved to Deep Bay on Vancouver Island to fish for dogfish. In 1942 he was sent first to a road camp in Albreda on the Yellowhead Highway, joined his family in Hastings Park, then relocated to Slocan where he worked as a carpenter. He moved his family to Alberta to work in the sugar beet fields before returning in 1950 to Delta to restart his boat-building business. He died in 1980.

Kazuo Taguchi worked at the Sather Boat Works building gillnetters and when the owner retired in 1965, he took over the business. In 1992 he built his own boat, *Royal Lancer*. The Deltaga Boat Works on the Fraser in South Surrey was a thriving business established by Kikutaro Tsumura of Prince Rupert, who had "toyed with hydrofoil principles of skimming on the surface long before they were adopted." His three sons worked with him.

GREATER VANCOUVER

In the greater Vancouver area, there were at least seven Japanese shipyards operating before the war: three in Coal Harbour, two on the north side of Burrard Inlet and two in West Vancouver.

Bunji Hisaoka's Pacific Boat Building Company began operating in Coal Harbour before 1917 and in 1926 was contracted by the Ucluelet Japanese Fishermen's Co-operative to build their 30-ton packer, *Loyal #1*. Pacific Boat Building is believed to have been still in Coal Harbour in 1942.

Tom Nakamoto founded the Coal Harbour Shipyard sometime before 1927 at which time he opened the Bidwell, which he renamed the Union Boat Works in 1933. It was shut down in 1942.

The third in Coal Harbour was the K&M Boat Works, belonging to Sajiemon Kuramoto and Jitsuji Madokoro, which opened for business in 1937 and closed in 1942. During those five short years they were able to establish a reputation for quality. Madokoro had worked for Hisaoka at the Stanley Park Boat Yard and Kuramoto at the Coal Harbour Shipyard before opening their own on leased land between Bidwell Street and Stanley Park, later moving it to Denman and Georgia. K&M Boat Works built the 35-foot *Crown* for Yoshio Madokoro of Tofino and the 36-foot *Lake Biwa No.2* for Yoshimi Nobuoka. The largest they built was the 61.2-foot *Great Northern 5*, completed on September 5, 1940, for Stone Bros. Towing of Port Alberni. One of the *Great Northern 5*'s former owners, Keith Lansdown, has a picture of her on the wall in his house "in recognition of the special place that the product of Kuramoto and Madokoro's careful work has in his family."[70] After spending the internment years in Greenwood, Madokoro returned to the coast and worked for Nakade before moving to the Sunnyside Cannery on the Nass River.

J. Ashima, whose boatyard was located on Burrard Inlet, built seine boats for several salteries in the Nanaimo area prior to World War II.

Isamu "Sam" Matsumoto was one the great pioneer boat builders of British Columbia and the world. He was born in Japan and arrived in Prince Rupert with his mother when he was six to join his father who was a boat carpenter in Cameron Cove, better known as Cow Bay. The Matsumoto family built boats entirely of wood from small gillnetters to large seine boats, and Sam learned from working in his father's shop. At fourteen he designed and built his own sailboat.

Later he pioneered the beamier boats that could accommodate the change from table seines with a power block to seine drums, which enabled fishermen to make two or three times as many sets in a given amount of time. He first incorporated this new technology into the 48-foot seiner *Eskimo* in 1940 and was in the middle of building the *Universe* when World War II broke out. He was sent to build houses at a road camp while his father was allowed to stay and finish the boat. In Slocan and then in Nelson father and son built rowboats for the people of that area and then began selling them throughout the Kootenays, the Okanagan and Alberta and into the United States.

When the Japanese were allowed back to the coast in 1949, Sam Matsumoto came to Vancouver to check out the market for commercial fishboats, then returned to the Kootenays and built two 32-foot gillnetters, which he shipped by flatcar to the coast. Both sold before they could be unloaded. Nelson Bros. placed an order for three gillnetters provided they could be built at the same cost as in Nelson's own yard. When their fishermen were impressed with the boats, they doubled the order to six and then to twelve. Other fishing companies quickly placed orders, and soon his yard was building a dozen boats every six weeks with a crew of about twelve workers. (Among them was Jiro Kamiya.) Then in 1955 Matsumoto built the first of a series of double-deckers.

Many of his customers were from Prince Rupert and knew his work from before the war.

After relocating his boatyard to Dollarton on the north shore of Burrard Inlet in the 1960s, Sam Matsumoto switched to aluminum and is now remembered as "the father of all-aluminum boatbuilding in British Columbia. Sam invented the business,"[71] recalled Malcolm McLaren, the manager of Allied Shipbuilders, which took over the Matsumoto Shipyard. Sam Matsumoto explained that "pure aluminum had been used in boatbuilding many times since about 1890, [but it was] rivetted because you weren't able to weld it. But it was just pure aluminum and salt water eroded the material. The United States and Japan were using alloys and gas welding. I made a trip to look into it. We made some aluminum gillnetters and from there on it was aluminum and steel for our boats."[72] One of Matsumoto's biggest and most prestigious contracts, secured in competition with European yards, was for a pair of all-aluminum, ocean-going fireboats 46 metres in length, designed and built for Petroleos Mesicanos in 1982 and 1983. Between 1960 and 1988 Matsumoto Shipyards launched 180 aluminum boats, but the total number of boats both aluminum and wood built by the shipyard is estimated at 455.

Fred Hirano opened his Hirano Boatworks in Vernon during the internment years to build pleasure boats. In 1949 he returned to the coast and established himself on the site of the Great Northern Cannery in West Vancouver and remained in operation there until 1957. During this time he and his crew of ten men built thirty-one boats, mostly in the winter, one per month. In the summer when fishing season started, his crew would go fishing and he would stay on alone doing repairs. According to Keay Homma, his brothers Joe and Seiji returned with Fred Hirano to the coast to start the shipyard; he also built houses.

The Kobayakawa Boat Works in West Vancouver was owned by brothers, Eizo and Yoshizo Kobayakawa, who had moved to Canada at the end of the 19th century. They were master carpenters who built "all kinds of wooden fishing boats and small yachts before their shipyard burned down in 1930; a few of their boats are still seen puttering around Vancouver."[73] One of them was the *Sannox*, now a grand eighty-five years old. Its first owner was Noel Hutchinson, an insurance broker from Calgary, but in 1941 or 1942 he sold it to another Canadian couple who, after twenty years, put it up for sale again. This time it was bought by Robin Hutchinson, Noel's grandson, who remembered sailing on it with his father. The *Sannox*, made of Burmese teak with oak frames and cedar plank ribs, was originally built for steam, but the steam engine was replaced with a cranky gasoline engine. According to Hutchinson, the boat is "unique, and she's gorgeous. She wasn't built for speed—she can barely make eight knots, which is basically a fast trot. But she was built to last . . . plank by plank."[74]

The Celtic Cannery on the North Arm of the Fraser employed Japanese boat builders as well. Terry Slack, whose grandfather and father came from England to the Celtic to replace the Nikkei boat builders, remembers that Yamamoto and Endo were two of them. "There were two or three others as well," he said. His father bought and rebuilt the *Imperial 18*, which had been built by Nikkei, and this experience taught him about the differences in technique. A unique Japanese technique that caught Terry's attention was the use of a small-headed, only partially metallic caulking tool that was less likely to damage the wood than the larger-headed, all metal ones used by white craftsmen. The tool did not last as long but must have better suited the Japanese approach. He also thinks that in the days before the invention of marine plywood, it was the Japanese boat builders who were the first to use tongue-and-groove cedar for cabins, making for a better seal. One other surprise was a Nikkei boat of that period that had poultry feathers as cabin insulation.

Terry himself apprenticed under a Swedish boat builder and was amazed at the many nationalities to be found among Vancouver's craftsmen in the post-war years. They came from all over Europe including Scandinavia and the Baltic countries.

VANCOUVER ISLAND

In 1918 T. Matsuyama, a successful Vancouver businessman, invested the considerable sum of $200,000 to develop a shipbuilding and repair shop on Newcastle Island off Nanaimo where the Ode brothers had their camp. This facility, the Nanaimo Shipyards, eventually employed eight carpenters year-round plus three or four more in the busy season and twelve painters/labourers, three kitchen workers, and three Caucasian machinists/mechanics. Jirokichi Arimoto and Jitaro Sawada were two of Matsuyama's designers and builders. As Japanese were forbidden by law to seine for salmon, Matsuyama leased the seine boats his crew built to white skippers to catch salmon and, when the herring season started, put his boats to work towing herring scows. By 1939 this shipyard had four marine ways, a freshwater well, a small orchard and vegetable gardens.

When all the Japanese-owned vessels were seized and put up for sale in 1942, Nanaimo Shipyards was the

MV *Jessie Island* in distress at the entrance to Nitinat Lake. The Jessie series of boats was built by Jirokichi Arimoto for Rikimatsu Tabata, the owner of the herring saltery on Jessie Island near Nanaimo.
Courtesy Jack Hayama

Boats at Spring Cove, Ucluelet, BC. Right front: *T.S.* built and owned by Toshiro Shimizu, Spring Cove, Ucluelet, BC. Right back: *Miss Ucluelet* built and owned by Kyuroku Shimizu, Shimizu Bay, Ucluelet, BC. Left: *Thoroughbuilt* built by Kyuroku and Toshiro Shimizu, owned by George W. Seegers Jr., Spring Cove, Ucluelet, BC.
Courtesy Toshiro Shimizu

registered owner for the packers *Departure Bay*, *Departure Bay 2*, *Gardener M*, *Jessie Island #9* and *Y.O. #6* and the seiners *Bumper Catch*, *Chamiss Bay*, *Departure Bay #5*, *Gigilo*, *Kamchatka*, *Otter Bay*, *Merle C.*, *Merry Chase* and *Yip #2*. Having lost his entire fortune, Matsuyama returned to Japan on a Red Cross exchange boat, telling his friends, "I came to this country with one *kori* (wicker basket). I am going back with one *kori*. I haven't lost anything."[75] The Nanaimo Shipyard's 4.18 acres of land on Newcastle Island was seized by the Royal Canadian Navy for use as a wartime repair depot for small vessels. At the end of the war the Custodian of Enemy Alien Property sold all the Japanese facilities on Newcastle Island for $3,500. The purchaser was told to sell, dismantle and clear everything; what could not be sold or removed was burned. In 1953 Matsuyama returned to Vancouver. Today the very existence of the Nanaimo Shipyards and Matsuyama's achievements and loss are just fading memories.

The Ode herring camp on Newcastle Island also had it own boat works. It was here that Jisaburo Sawada, who also worked as a designer and builder for Matsuyama, built the 58-foot seiner *Departure Bay No. 3* in 1927. It was later owned and used for salmon fishing by Herb Assu, a third generation Native seine boat skipper.

Kyuroku Shimizu arrived in Canada in 1920 after finishing his boat-building apprenticeship and working for ten years as a shipwright at DOI Shipyard in Shingu-shi, Wakayama-ken. He worked first at the Atagi Boat Works in Steveston but moved to Ucluelet in 1922 where he and his brother established Shimizu Brothers Boat Works. He built two boats for Matakichi Uyeyama: *Groom I*, a 42-foot vessel for halibut and trolling, and *Groom II* for trolling. In total he built six boats, including his own, *Miss Ucluelet*, all by hand as there was no electricity in his bay. His son Toshiro Shimizu built his own troller, *T.S.*, which was confiscated in 1941. Father and son relocated to Ontario, and after the war Kyuroku Shimizu returned to Japan, but Toshiro's children reported that "after evacuation and having all property confiscated and being too old to start back at fishing, our father [Toshiro] remained in Ontario."[76]

Other pre-war Vancouver Island boat builders include Matsusuke Ezaki, whose base was in Tofino, and the Arimoto Shipyards in Port Alberni. Jirokichi Arimoto, who had previously worked as a designer and builder for Matsuyama at Departure Bay, was legendary in the industry because he "never measured anything. He could just go by eye."[77] He built the seine boats *Jessie Island No. 8*, *9*, *10* and *11* for Tabata's herring salteries at Departure Bay.

THE NORTH COAST AREA

In the early 1900s there were five boat builders in the north, according to Toyo Takata, journalist and author of *Nikkei Legacy*, 1983. One of them, Taichi Maeda, built fishing boats and 60-foot packers on the Nass River for thirty years during the off-season.

The remaining four were in the Prince Rupert area. In Cow Bay on the north side of Prince Rupert, Japanese Canadian builders dominated the boat-building industry from about 1914. The 1925 Prince Rupert City Directory contains advertisements by Yutaka Suehiro, U. Suga and Kumetaro Tsumura of Cow Bay as boat builders and repairers of high-grade fishing boats, dinghies and rowboats. Suehiro, who was joined in the business by his older son, Hedy, built both fishing and pleasure boats. The Suga brothers, who had been the first to arrive, went back to Japan in the 1930s to look after a sick family, and Philip Matsumoto took over the boatyard. It became Matsumoto Shipyards until the internment.

In 1997 when Frances Hanson compiled *Memories of Osland*, a small Icelandic settlement on Smith Island at the mouth of the Skeena River, Myrna Shenton, who had been the Suehiros' next door neighbour in 1942, remembered "two big men coming to Seal Cove School to take all the Japanese girls and boys. Later we saw all the Japanese houses boarded up on Seventh Avenue East. In school registers, teachers wrote 'gone away' beside the names of the Japanese Canadian students." The Suehiro family was relocated to Slocan where Yutaka Suehiro built houses for other Japanese families. After the war, the family moved to Toronto where they built pleasure boats for Walter Dean Boat Shop. The Bird Commission Report of 1947 shows that a claim was made for compensation for the "Suyehiro Boat Works, Cow Bay, near Prince Rupert."

The Sakamoto brothers' boat shop was started in the 1930s out of an airplane hangar purchased from Seal Cove and towed to Osland. Risaburo Sakamoto and four of his five sons built as many as thirty fishing boats in one year. Toshio, the second son, designed the *Dorcus*, which is displayed in Prince Rupert beside the museum. He also designed the *Bee*, the first speedboat-style fishing boat. Robert L. Johnson, a resident, recalls the boatyard as "a busy place—they built several gillnet boats every spring, and on one special occasion they built a pleasure-type dispatch boat called the *Hazel Point* for Canfisco."

The youngest son, Koichi Sakamoto, remembers moving from the North Pacific Cannery to Osland in 1931 with his parents, Risaburo and Hatsue, his four brothers and one sister. He was of school age by then, but in order to open a school there, they had to "borrow" Goro Matsushita from outside Osland to make up the required eleven students. Unfortunately, the Matsushita family stayed only one year. To maintain the school population, in 1933 Edith and Hideichi John Sakai were recruited from Port Essington. Their father, Hishisuke Sakai, was a fisherman from early spring to late summer and in the winter hunted and cut firewood. They were soon joined by the Yamashita family, which included several children to boost the school population.

Koichi Sakamoto left Osland for Prince Rupert in 1937 to complete high school and was in Vancouver when war broke out. He was sent to Hastings Park where he was reunited with his mother and eldest brother, Minoru. It had been a sad day when they had to bid farewell to their neighbours Sigridur Einarsson and Jonina Jonsson. The Sakamoto family was scattered with two brothers in road camps, another with his family in New Denver and the others in Tashme. Koichi Sakamoto eventually resettled in Montreal; the family did not return to British Columbia except to visit.

Juzo Iwata and his helper, Kinji Sakamoto, were boat builders in the Port Essington area from the late 1920s, when the ban on gasoline engines on the Skeena River was lifted, until 1941. In 1932 Suekichi Honkawa, who was originally a merchant and not a boat builder, found himself in charge of boat building and repairing unmotorized boats at the BA Cannery. Seishi Mukai worked for Honkawa until 1934 when his brother returned to Japan and he took over the Mukai Boat Works on the Steveston waterfront. Honkawa returned to the coast in the 1950s but went into the grocery/café/service station business in Aldergrove.

Tamotsu "Teo" Okabe and his son, Allan, bought the Prince Rupert Boatyard in 1976, and after upgrading the facilities and installing a new cradle, operated it for nine or ten years as the Okabe Shipyards. They built gillnetters, trollers and seiners. In the 1960s and 1970s when cedar became popular for other building purposes and the price increased dramatically, boat-quality lumber became hard to get, and the Okabes started building aluminum boats. They also made one of steel, the *Lapointe*, a dragger.

The most famous builder in the north was Judo "Jack" Tasaka of Port Edward who combined two successful lifelong careers—gillnet fishing and boat building. The sixth of the nineteen children born to Isaburo and Yorie Tasaka, Judo was born in 1910 on Salt Spring Island where his parents had moved five years earlier from Steveston. In 1923 at the age of fourteen he began serving a two-year apprenticeship at the Hamada Boat Works on the site of the Albion Cannery on the Fraser River before moving to the Arimoto Shipyards in Port Alberni. By the time he was twenty-one he was fishing during the summer months for the Claxton Cannery southeast of Prince Rupert and building boats for them the remainder of the year. When war broke out in the Pacific he took his family to Lillooet where he worked on a farm and trained as a mechanic. However, he loved the ocean and in 1949 returned and took up fishing again and established his own boat shop in Port Edward. During the next four years he built gillnet boats and also did repair work for Nelson Bros. Fisheries. In the late 1950s his sons, Bruce and Donald, joined him and together they built gillnet boats on contract for several individuals and companies. He also built seven boats for himself and two pleasure craft as well as his own home.

In 1967 the Tasakas built the *Nishga Girl* for Chief Harry Nyce and his wife, Deanna, close friends of the Tasaka family for over twenty-five years. Her 34.5-foot hull has clean and simple lines, Tasaka trademarks and typical of about sixty gillnetters designed and built by them. After the *Nishga Girl* was restored by Bruce and Donald Tasaka, the Nyce family donated it to the Museum of Civilization in Ottawa. It made its voyage from Port Edward by train and now forms the central piece in the exhibit "Tides of Life: West Coast Communities between 1950 and 1970" and serves as a testament to the skill of Nikkei pioneer boat builders and to the families who fished in them.

In the 1970s when the trend was for fibreglass and aluminum hulls, Jack Tasaka and his sons started finishing fibreglass hulls that they brought in from Victoria. They also repaired wooden boats for a few years. From the time he started building gillnetters on the Skeena in the 1930s, Jack Tasaka built over two hundred boats, fourteen of them before 1941. He was also the top fisherman for the whole Skeena area for many years, and there was a time when his mantel was adorned with the nine trophies presented to him by Nelson Bros. He retired in 1985 and passed away in 1999.

As fishing was good in 1941, and 1942 promised to be an even better year, fishermen were placing their orders for new boats when Pearl Harbor was attacked. All boat shops were closed, many with unfinished boats in them. Work on boats for Japanese fishermen ceased immediately, but work on those destined for non-Japanese owners continued after permission was granted by government officials. After completing them, the builders were shipped inland. But labouring far from coastal British Columbia, a few Japanese fishermen/boat builders continued to design and build boats in hopes of one day returning to the coast.

BEYOND WOODEN BOATS

Many of the Japanese boat-building families did return after 1949 and re-established shipyards on the Fraser, on the Skeena and along the coastal waterways of Vancouver Island. In the rebuilding they were helped by the demand for new boats by returning Japanese fishermen and the desire by all fishermen to upgrade to larger vessels. However, major changes to boat building came in the late 1950s when wooden hulls were replaced with ones made of man-made materials. Fibreglass on plywood was sturdier than wood alone, did not damage as easily and did not deteriorate as quickly. Vessels no longer had to be taken ashore in the wintertime. (For larger vessels steel and ferro-cement were being used.) Fibreglass on plywood was followed in the 1970s by fibreglass-reinforced plastic, which was in turn followed by welded steel and then aluminum and superior marine-grade aluminum alloys.

Vessels became larger and faster. The 35-foot by 10-foot vessels of the 1950s were replaced in the 1970s and '80s with displacement hulls 38 to 44 feet long that could cruise at about 10 mph. Planing hulls were 30 to 38 feet long and cruised at 17 to 29 mph. Concurrently, research in the reaction of salmon to metals was conducted to further improve boat design and the harvesting of fish. Dan Nomura's 1979 thesis on how electrolysis (the exchange of ions) creates metal corrosion that repels salmon led to two companies developing equipment to control the amount of voltage generated by fishboats.

The cost of boats skyrocketed during the decades that Terry Sakai fished. His first, bought in 1949, was a $2,000 wooden boat that he used for cod fishing. In 1962 when he was ready for a fibreglass boat, Stoltz Boat Works required a five-boat order to make the necessary $5,000 mould. Terry Sakai signed up along with Mitts Sakai, Yonny Sakai, Jack Ikeda and Ted Nakatsu, and each paid $20,000 for his boat. In contrast, fishing licences were only $2 for the whole year. In 1979 when Terry built his 42-foot Deltaga-hulled fibreglass boat, he paid a whopping $180,000. Comparable development in the fleet of fish packers and carrier vessels was taking place.

THE SUPERPUNT OF THE 21ST CENTURY

The developments in boat building over the century resulted in greater operating range, seaworthiness, the alleviation of physical stress and strain and the ability to change from one kind of gear to another. In the late 1980s this led to the development of the superpunt. Roger Obayashi's superskiff *Abracadabra I* was one of the earliest. Bobby Morimoto's *Crazy Legs* is the epitome of power and versatility. Powered by twin diesel engines coupled with stern leg propulsion systems, it is capable of attaining speeds of 35 mph. The changeover from gillnetting for salmon to herring fishing to chartering for sports fishing can be done easily. With high speed and a 16-ton capacity, it requires a minimum of four people to run during herring fishing operation. His charter business, Steveston Seabreeze Adventures, started in 1999 with partners Lloyd Nakade and Rick Thompson, takes his clients to fish for rockfish, crab and prawn as well as to watch sea lions and whales.

BOAT NAMES

Boats are an extension of the fishermen. They are identified by their owners and the owners by them. In the fishing community when a question is asked about a fisherman's identity, the first response is "Oh, his boat is . . ." Or if a boat is sighted, fishermen will most likely be able to give its history—the builder, the owner(s), where and what it has fished. Many boat names have personal stories to tell.

In the earliest days, names of vessels were linked to their owner's Japanese heritage. They began with just the initials of the *Issei* owners and Japanese names. Familiar sights on the coast were vessels with names such as *Arashio* (rough current), *Aki-No-umi* (fall seas), *Asa* (morning), *Chichibu* (the name of a city but also a popular prince's name), *Hinata #1 and #2* (sunlight), *Hokui* (northern latitude), *Izumi I, II, III to VIII* (fountain or girl's name), *Kasasa* (magpie), *Kuroshio* (black current), *Kuroshima* (a surname), *Mutsu no kami* (the God of Mutsu, a place), *Soyokaze* (gentle breeze) and *Umi* (ocean).

As more second-generation Japanese entered the fishing industry, their vessels were painted with English names. The lists compiled by the Japanese Fishing Vessels Disposal Committee of confiscated vessels demonstrate the changing demographics of the 1930s and 1940s. The majority (491) of the 653 gillnetters had initials only painted on their vessels, but there were twice as many English names (109) as Japanese names (53). Trollers had similar numbers: 60 initials only, 52 English names and 8 Japanese names. Of the 74 cod boats, 34 had English names, 32 had initials only and 8 had Japanese names. Of the packers, 74 had English names, 26 had initials and 35 had Japanese names. Of the seiners confiscated, 49 had English names, 10 had Japanese names and 1 had initials only.

On their return to coastal British Columbia, fishermen selected names that reflected their sense of freedom, their love for the sea, their families and their boats. Yasuichi Sakai's first boat was a seiner built in 1917 and named the *Elva M* after the daughter of the builder, Muncheon. But he named his first boat after his seven years of internment in East Lillooet the *Happy Time* to evoke his feeling of freedom and independence. His son Terry says his father was "such a joyful person" that in his honour his sons, Terry, Mitts and Yonny, carried the name on into the next generation. Their boats were *Happy Time I, II, III, IV* and *V.*

As fishing became their chosen career over other occupations, *Nisei* and *Sansei* named their boats to reflect their feeling of excitement towards their vessels and towards fishing for a living. There is a sense of romance in names such as *Dream Girl*, *Evening Star*, *Moonglow*, *Moonlight*, *Starflight* and *Cloud 9.* Boats being works of art as well, names such as *Rembrandt*, *Mona Lisa* and *Ballerina* began to appear. *Free to Wander* conveyed the sense of freedom that every fisherman feels and cherishes. Song titles and popular lyrics that express the owner's spirit found their way onto vessels' hulls. Ken Takahashi named his packer *Feelin' Free* after hearing a Pepsi commercial. However, the skipper's feeling was not shared by his mate, Dan Nomura, who dubbed it the "Feelin' Ugly." Shiro Yesaki named his gillnetter the

Koji Takahashi named his boat *Midas*. His son Ken named his *Midas Well*.
Courtesy Ken Takahashi

Above: Ken Takahashi's boat name *Shawna Lynn* shows the cursive style of painting.
Courtesy Ken Takahashi

Top right: Unosuke Sakamoto and his sons Manabu and Tadashi gave their five gillnet/trollers regal names: *Fraser Princess No. 1* to *Fraser Princess V.*
Courtesy Manabu Sakamoto

Hungri Eye for a western song that he enjoyed so much. There were other names that played on words. Koji Takahashi named his first boat the *Leslie T.* after one of his sons; his second boat was named *Midas*. When his son Ken built his own boat, he cleverly named it *Midas Well*, which sounds like "might as well." Another of Shiro Yesaki's boats was named *Pizonya* and Teo Okabe named his *O'Cabby.*

For many years the thinking persisted that vessels (like hurricanes and tornadoes) should have female names, and this resulted in boat names such as *Donna*, *Jean*, *Crystal S* and *Nancy S.* Two daughters meant two names: *Jodie Lynn*, *Shawna Lynn*, *Lisa-Lea*, but when there were more than two, fishermen became more creative: *Chlorina* was named for Charlotte, Cora and Ina Takasaki. Female names also came with Miss or Lady in front of them: *Miss April*, *Miss Elaine*, *Miss Gloria*, *Miss Keiko*, *Lady Janine* and *Lady Shin.* There were also *Golden Girl*, *Bonnie Lass*, *Miss Centennial* and *Miss Universe.*

However, in time male names on vessels became acceptable. Junichi Nomura's first two boats were *Miss Richmond* and *Miss Charmaine.* His last, built in 1968, he named after his two sons. *Danmark* was chosen, his son Dan explains, because "my father cherished his sons more than his daughters and he thought that if he named the boat after his sons, one of us would take over the boat." But he adds that it was his father's ploy "to have the sons become obligated to stay as lifetime deckhands with no or little pay." Hiro Nogami named his boat *Two Sons.* Like Junichi, was he "hedging his bet" that at least one of them would become a commercial fisherman? Alas, in time he renamed it *Sea West.*

Some fishermen believed that changing the name of the boat would lead to misfortune or bring bad luck and kept the name given by the previous owner. However, it was not superstition that made Ted Takasaki keep the name *Slow Foot* for his boat but a family connection and the origin of the name. Paul Kershaw, the previous owner, had named it *Slow Foot*, a nickname given to him during his high school basketball playing days. As he had a habit of dragging his left foot when he was about to shoot, his teammates called him "slow foot." He became Ted's brother-in-law.

There were "catchy" names like *Condor*, *El Buscadero*, *Sirroco* and *Wishing Well.* Others were linked to the fishing industry: *Sockeye King*, *Pacific Pride*, *Lucky Strike*, *Salmon Queen*, *Oceanic*, *Pacific Maid*, *Milbanke Sound.* Some were named after racehorses: *Magic Maker*, *Citation.* Still others had "regal" names: *River Queen*, *Royal Star*, *Fraser Princess*, *Georgia Queen*, *Georgia Prince*, *Royal Lancer*, *Silver Chalice.* There were patriotic names such as *Maple Leaf* and *Canada 101.* Shigeru "Jim" Nitsui named his boat the *Silver Spring*, not after the species of Pacific salmon but after the beer on hand when he was searching for a name for the vessel in 1940.

At times sign painters were asked for their help in naming boats. Thomas Boulter was a sign painter who "also named a lot of the fishboats in Steveston because a lot of fishermen didn't really know what to call them," Richard Nomura said. "I know he named two of my brothers' boats. He was quite the character and was the only painter I know of that could paint the names while upside down. When Thomas Boulter passed away, a Japanese sign painter by the name of Harry Yamada came on the scene, and most of the boat names probably in the past twenty years were painted by him. While Thomas Boulter did mostly a block style of painting, Harry Yamada did it fancier in a cursive writing style."[78]

5

Fishermen's Associations

Of the 4,722 licences issued in 1900 to West Coast fishermen, 1,958 were held by Japanese, and since each fishboat employed both a puller (oarsman) and a fisherman, it meant there were almost 4,000 Japanese in the fishing industry in BC that year. Their numbers not only made them a powerful labour force but also enabled them to organize themselves into effective associations.

The constitutions of these associations show that they had multiple purposes—promoting the welfare of the entire local Japanese Canadian community, fighting discrimination in the industry and negotiating with the canners. The associations were headquartered in Steveston on the Fraser, Port Essington on the Skeena, and on the west coast of Vancouver Island in Ucluelet and Tofino.

THE FRASER RIVER AREA

The fishermen's association in Steveston was commonly referred to as "the *Dantai*," although over time there were slight variations to the name. This association registered at least three constitutions—in 1897 as the Fraser River Fishermen's Association (*Fureza Gawa Ryoshi Dantai*), in 1900 as the Fraser River Japanese Fishermen's Benevolent Association (*Fureza Gawa Nihonjin Gyosha Jizen Dantai*), and in 1934 as the Steveston Fishermen's Benevolent Association (*Sutebusuton Gyosha Jizen Dantai*).

The Fraser River Fishermen's Association was both the first Japanese organization and the first fishing organization to be established in British

A Steveston basketball team prior to the internment.
Courtesy Karen Shigeno

Right and below: Steveston Fishermen's Hospital served the whole community until 1966.
(R) City of Vancouver Archives, Major Mathews Collection, Out P1077
(B) Vancouver Public Library, VPL 2173

Columbia. It was also the largest and most important of the Japanese fishing groups. Although it came formally into being on November 20, 1897, to address a medical crisis and also extended its activities into education and child care, it was founded as and remained a fisheries-centred union with its primary responsibility being the economic well-being of its members.

The medical crisis was sparked by the fact that many of the new arrivals from Japan, accustomed to clean drinking water, drank the polluted water of the Fraser and contracted dysentery and typhoid fever. (Chinese immigrants living on the river boiled the water for their tea and were not affected.) The main sources of the pollution were the canneries, from which the entrails, dead fish and garbage were thrown into the river, and the lack of sanitary facilities in the housing provided for their workers. Cannery houses, their outdoor toilets and the wooden boardwalks between them were built on pilings over the water. Piped clean water was not available until 1910 when water mains and taps shared by several families became the source.

Those who became ill were cared for at the Fraser River Japanese Hospital, which had begun its existence in 1894–95 as a chapel on the Phoenix Cannery site. It had been intended as a gathering place for young single people to get them away from the "indecent entertainment places"[79] where they were drinking, gambling, fighting and availing themselves of prostitutes. The minister in charge of the chapel was the Reverend Matsutaro Okamoto, who had arrived from the Skeena area where he had been sent by the Methodist Episcopal Church, which provided him with a salary of $20 a year while he laboured in the camps as a cook and laundryman during the week and performed services on Sundays. After he contracted tuberculosis, he was sent to Vancouver for rest and treatment but was soon ministering in Steveston. To build a mission there, he enlisted the support of two visiting Christians from Portland—a dentist, Dr. Umejiro Yamamura, and a medical doctor, Dr. Seinosuke Oishi—then sought help from Iwakichi Shimamura, who was now an old-timer in the community as he had come to Canada in the late 1870s and fished with Manzo Nagano. Shimamura secured a chapel site from the Phoenix Cannery and building materials from the Royal City Sawmill in New Westminster. The mission chapel was constructed for $2,000, but almost upon its completion in 1894 the spread of dysentery necessitated it being used as a hospital. Staffed with volunteer nurses from the Methodist Church, it became a hospital during the fishing season and a church and school in the winter. In December 1895 the Reverend Okamoto, completely exhausted and ill, returned to Japan where he died a year later.

Over the next few years as yellow fever and typhoid continued to be a scourge among the Japanese fishermen and their families, the hospital became an essential community facility. An outbreak of typhoid during 1896 resulted in thirty-six fishermen being admitted to hospital. They suffered much pain and their temperatures would rise to 35 or 36 degrees Celsius. There was not much doctors or nurses could do except soak sheets in the bathtub and cover their patients with them, and in a month or two the fever would subside. In 1900 about twenty of the fifty-seven immigrants from Mio Village became ill from drinking the water and half of them returned to Mio the following year. The hospital recorded the following deaths in the first decade of the 20th century: 1900—forty-five, 1901—seventeen, 1902—two, between 1903 and 1908—single digits, and 1909—seventeen.[80]

Prior to the opening of the hospital in Steveston, Japanese taken to the "white people's hospital" had experienced difficulties due to their lack of knowledge of the language, customs and practices, and they were also subjected to humiliating treatment. Thus, the new hospital on the Phoenix site was vital to the community, but it was also expensive to maintain and it was difficult to collect fees from the fishing families. The salmon runs in 1898 and 1899 were especially poor, and to compound the burden, as Canada's economy had taken a severe downturn in the middle of the decade, increasing numbers of penniless Japanese immigrants were arriving in Steveston from other Pacific Northwest communities looking for work. They could not be turned away and had to be fed and cared for when they fell ill, but the hospital did not have the capacity to treat all those in need. Asamatsu Murakami, arriving in Steveston in 1899, described its overcrowded conditions: "a great many patients were accommodated in a church; about 400 people were put in there. Wooden beds were set on the porch of the church like long radishes all laid out in a row. I got sick and was put in there, too."[81]

By July 1897 the hospital was almost bankrupt and on the verge of closing when two unexpected sources of help appeared. The first was a rallying speech by the Japanese consul for Vancouver, Tatsugoro Nosse, at a meeting on July 3 in Steveston where 200 people had gathered to discuss how to maintain the hospital. Nosse held up the hospital as a symbol of the moral worthiness of Japanese Canadians and talked about the Japanese exclusion activists who were spreading derogatory stories about the inferiority of immigrants from Japan and urging a head tax similar to the one on the Chinese to curtail further immigration. The exclusionists were also campaigning for prohibitions against Japanese working in mines and on the railroad. Nosse explained how, while on a trip to Ottawa and the major cities in central Canada, he had spoken to many of the elite among Canada's leaders and printed and circulated a flyer that featured the hospital as the most powerful proof of the moral worthiness of Japanese immigrants. While Japanese immigrants had built churches and schools in other settlements, the hospital at Steveston was the most persuasive example because it was built by Japanese, staffed by Japanese and maintained by Japanese Christian nurses. (Japanese doctors and dentists were allowed entry into Canada with the expectation that they would practise only within their own community.) He concluded by calling upon the fishermen to uphold the honour of the Japanese in Canada by maintaining the hospital as an ongoing symbol of the public-spiritedness of their people. After this emotional speech, action plans were drawn up by a committee chaired by Nosse and including other influential people from the Vancouver Nikkei community. The involvement of the wider community was to ensure that the fishermen would not be alone in the hospital's support.

The second source of support was a gift two weeks later from the Imperial Prince Arisugawa who was passing through Canada on his way home from Queen Victoria's Diamond Jubilee celebrations. As this was the first visit to Canada by a member of the imperial family, about one thousand Nikkei fishboats lined the mouth of the Fraser flying the Japanese flag in welcome, and an arch with a red and white awning decorated the rest area where the prince would disembark and greet them. However, because of unexpectedly high winds and the fact that many of the distinguished visitors on board the prince's ship were not the sailors that he was (he was an admiral in the Japanese Imperial Navy), the ship turned back. Unfortunately, no word was sent to Steveston, and an angry group of leaders travelled to Vancouver and stormed into the Japanese consulate to demand an explanation. Perhaps because of this consular oversight and resulting brouhaha, the Prince met the party, offered his apologies and donated $200 toward the welfare of the Steveston fishing community. This almost sacred gift was referred to in the hushed tones reserved by Japanese of that era whenever they spoke about the imperial family. Although not a large amount, it was a symbol of the concern by the emperor's family for the people of Steveston, and it was used to pay down the hospital's $400 debt and kick-start a fundraising campaign for a new building.

When the first *Dantai* was created on November 20 of that same year, its aim was "to advance the interests of the fishermen in all things," but several of the eleven articles in its constitution dealt with the hospital. They specified that during the fishing season the *Dantai* shall provide a hospital and that the board shall hire doctors, nurses and others. Members, who were to pay their one-dollar fee before the fishing season began, were to be treated at no cost and should they die would be buried and a grave marker would be erected. Some assistance would also be available in case of fire or other calamity. Non-members were required to pay for medical services. Tomekichi Homma became the first president (1897–99), Iwakichi Shimamura vice-president and Kikusuke Takahashi treasurer. When the organization was unable to resolve its financial difficulties, Homma took responsibility and resigned in 1899; Shimamura succeeded him as president.

In June 1900 a larger hospital was built with labour donated by Japanese fishermen and $1,800 raised from fees and donations. It had thirteen rooms including a dispensary, a clinic, a minor operating room, a general ward for approximately thirty people, two small rooms for "first class" patients, three bedrooms for the nurses, a bathroom, dining room and kitchen. Nearby in separate buildings were the laundry, bathrooms and a stable. This hospital could accommodate fifty patients and was open to all.

THE 1900 CONSTITUTION

On June 29, 1900, the *Ryoshi Dantai* was re-registered under the Society's Act as the Japanese Fishermen's Benevolent Association of the Fraser River (*Fureza Gawa Nihonjin Gyosha Jizen Dantai*). A one-page document in English was submitted for the registration. Whereas the 1897 constitution had been broad in its aims and many of the articles and bylaws had addressed health and social welfare issues, the new constitution focussed specifically on the salmon fishery in and around the Fraser River. The "Regulations of the JFBSFR," written in Japanese, contains eighty articles, but only one, #25, referred to the hospital: "In order to quickly rescue *Dantai* members from sickness and injury, a hospital shall be established. The hospital use regulations will be determined elsewhere."

The establishment of the 1900 benevolent association had been precipitated by the resurrection a year earlier of the white union, the Fraser River Fishermen's Protective and Benevolent Association, with the same racist goal as the original white union of 1893—the removal of Japanese fishermen from the Pacific coast. Its representatives had approached the *Ryoshi Dantai* to fight the canners who had organized as the BC Fisheries Association in 1888, but the *Ryoshi Dantai* refused the union's request and formally registered as an association to legitimize its authority over its members and to combat the racism of the white union.

According to the new constitution of 1900, the *Dantai*'s aim was "to ameliorate the long-standing abuse of and to advance the interests of the Japanese who are engaged in the salmon fishery in and around the Fraser River" (Article #1). This "abuse" could be internal within its membership as well as from external sources. The manager became a paid position, reporting to the president, and he also served as the English translator in dealings with non-Japanese (#22 and #15). All other positions were non-salaried.

The membership of the *Dantai* was made up of fishermen (#2) who were required to obey fisheries regulations (#4) and be loyal and honest with their canneries unless they "drop the price of fish to frighten the *Dantai*, then in order to avoid being in a panic, unavoidably the fishermen should take a common strategy against this" (#5). Members had to sell their catches to their affiliated cannery whether they had a contract or not (#7). Members also had an obligation to rescue each other and help others in need and "not pass by" (#9). The membership fee was set at $1.50 (#34).

The constitution also defined the relationship between the "bosses," the "boys" and the *Dantai* and required the *Dantai* to provide them as well as independent fishermen with branding irons to mark their net corks (#70, 71) and offer assistance to those members interested in exporting salt salmon to Japan (#26). The *Dantai* was to keep the directory of its members updated and in the office (#27). A statistical chart showing the amount of fish harvested was also to be readily available and reported to the Japanese consulate at the end of the fishing season (#28, 29). The member who caught the most fish or did outstanding work on behalf of the *Dantai* was to receive a prize and a scroll as an encouragement to others (#55, 56), but non-members would also be recognized.

Illegal acts could lead to a member's expulsion if after investigation by the *Dantai* the accusations were proven to be true. These acts included going against the principles of the *Dantai*, neglecting one's duties as a member, assisting someone to enter the United States illegally, cutting someone else's fishnet, cutting fish out of someone else's net or not returning a net that had been found (#58, 59, 60, 61, 62, 63, 78). If a net was found and returned, the owner had to pay a finder's reward of between three and ten dollars (#72). In cases where there were differences between members that led to injury and could not be resolved, legal action would be taken by the *Dantai* (#76, 77).

Over the next few years the *Dantai* continued to struggle with the problem of who should benefit from the hospital. As it was located in Steveston, its membership consisted predominantly of Steveston fishermen and almost all the patients were from there as well since rural roads made it difficult for people in the outlying areas to get to it for treatment. Those who did not benefit directly from it were, therefore, opposed to paying for its maintenance. A partial solution was found in 1908 when the words "Fraser River" were replaced by "Steveston" in the association's name, making it the Steveston Fishermen's Benevolent Association, *Sutebusuton Gyosha Jizen Dantai,* which more accurately reflected the reality. At the same time the word "Japanese" was also dropped from the name to deflect the attacks of the Japanese Exclusion Movement whose members were still clamouring for a head tax on Japanese immigrants, exclusion from railroad and mining work, and denial of citizenship through naturalization. The federal government was also looking at proposals to limit fishing licences to whites and Natives only. The mission and the *Dantai* also went their separate ways while the Reverend Soji Saito was the minister between 1916 and 1922.

In 1934 the *Dantai* constitution was revised again

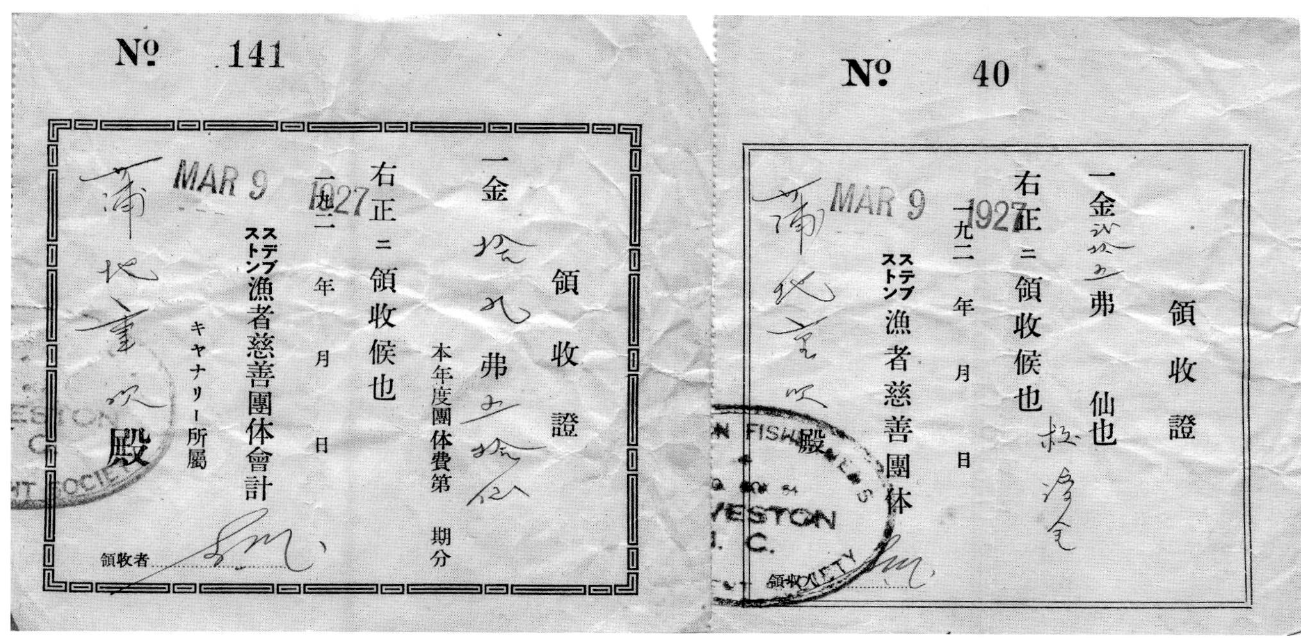
No. 141

領收證

一金　弗　仙也

本年度團体費第　期分

右正ニ領收候也

一九二　年　月　日

ステブストン漁者慈善團体會計

キャナリー所屬

殿

領收者

MAR 9 1927

No. 40

領收證

一金　弗　仙也

右正ニ領收候也

一九二　年　月　日

ステブストン漁者慈善團体

殿

領收人

MAR 9 1927

Steveston Fishermen's Hospital receipts for *Dantai* membership fee and donation to hospital, 1927.
Courtesy Shigeaki Kamachi

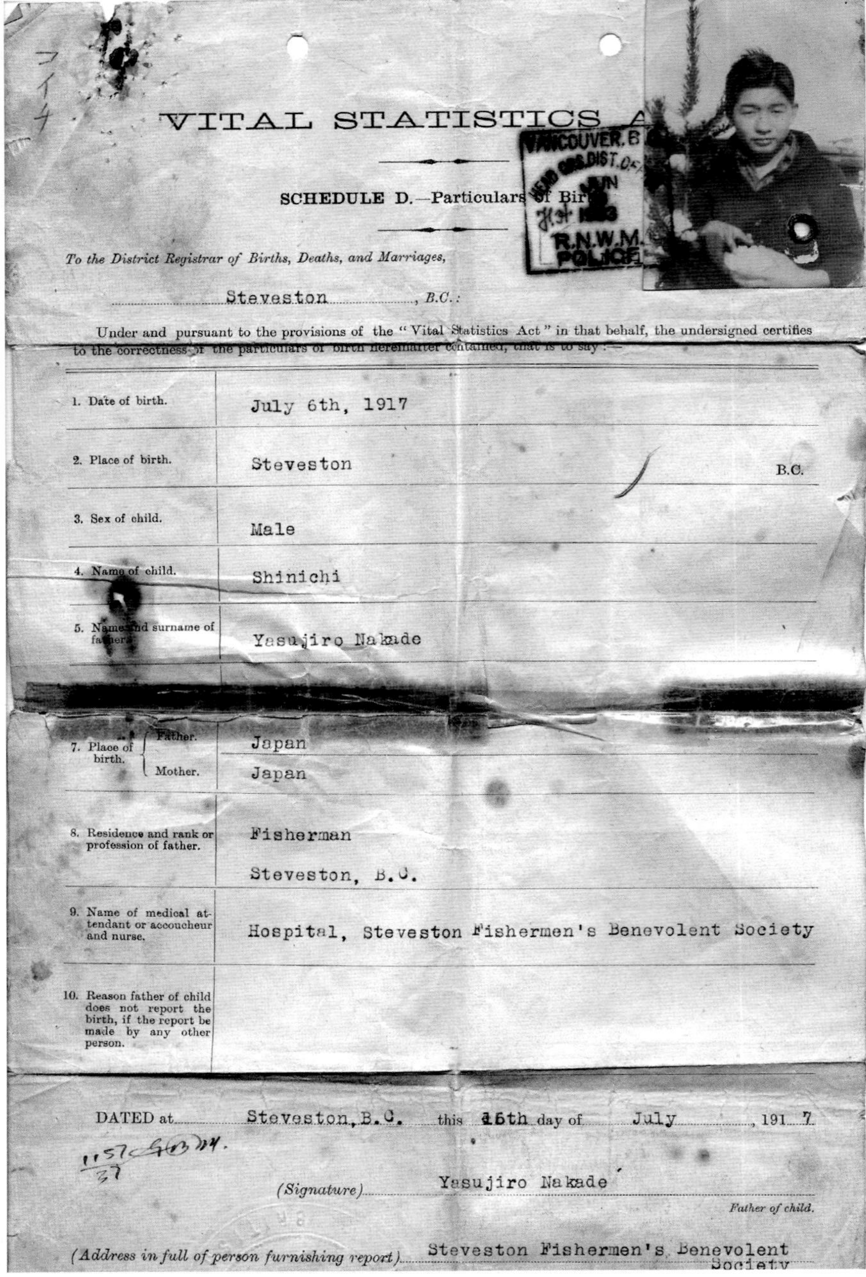

VITAL STATISTICS A

SCHEDULE D.—Particulars of Bir

To the District Registrar of Births, Deaths, and Marriages,

Steveston, *B.C.:*

Under and pursuant to the provisions of the "Vital Statistics Act" in that behalf, the undersigned certifies to the correctness of the particulars of birth hereinafter contained, that is to say:—

1. Date of birth.	July 6th, 1917
2. Place of birth.	Steveston B.C.
3. Sex of child.	Male
4. Name of child.	Shinichi
5. Name and surname of father.	Yasujiro Nakade
7. Place of birth. Father.	Japan
Mother.	Japan
8. Residence and rank or profession of father.	Fisherman Steveston, B.C.
9. Name of medical attendant or accoucheur and nurse.	Hospital, Steveston Fishermen's Benevolent Society
10. Reason father of child does not report the birth, if the report be made by any other person.	

DATED at Steveston, B.C. this 15th day of July, 1917

(Signature) Yasujiro Nakade

Father of child.

(Address in full of person furnishing report) Steveston Fishermen's Benevolent Society

A 1917 vital statistics certification confirms Shinichi Nakade's birth on July 6, 1917, at the Steveston Fishermen's Hospital.
Courtesy Shinichi Nakade

and this time its aims were broadened to encompass "harmony among and advancement of its members, the protection of their rights, the advancement of their welfare and their mutual aid." The *Dantai* was now to "administer an attached Japanese language school and a hospital and assist with our children's educational institutions" as well as "undertake the necessary paperwork for the Japanese community." A manager would be responsible for the administration of the hospital, and he reported to the president of the *Dantai.* Medical services and fees were also spelled out. Proof of membership was needed for treatment, but non-members could access the services for double the prescribed fee. For members the costs were appointments $2 to $5 depending on the time of day, medicines $.05 and hospitalization $1.25 per day. The midwifery fee was $35 if birth took place in the hospital and $25 if in the home. For non-members an additional charge of $10 was to be paid to the *Dantai.* Midwives were allowed access to hospital facilities but had to pay the hospital fee and they were to "be equally kind to their own patients and to other patients arriving at the hospital and shall not show any discrimination."[82] The staff included both Caucasian and Japanese doctors, nurses, and other medical staff including midwives. A 1920 recruit was Dr. Kiyokata Kusaka, an ophthalmologist from Osaka, who returned to Japan after a few years. Harold Steves Sr., the son of Minoa Steves, the pioneer for whom Steveston is named, was born at the hospital and was treated for typhoid there when he was seventeen or eighteen years old.

Moto Suzuki was six months' pregnant with her first child when she arrived in Steveston from Shizuoka prefecture in 1925, but it was the fishing season so she went to work right away in the cannery. Her husband was out fishing when her labour pains started one midnight, and she woke up her neighbour who was from the same prefecture. This woman accompanied her to the hospital though she had to return quickly to her children who were left asleep at home. As Moto Suzuki lived close by, after she was discharged, one of the two hospital midwives looked in on her and her baby periodically. Women who lived on the other side of the river delivered their babies with the help of their husbands or by the "old women" next door.

The hospital operated for almost fifty years. In 1942 M. Kuba, the hospital secretary, saw to the discharge of the last seven patients and all the maternity cases. In September of that year it was renamed the Steveston Hospital and administered by Richmond municipality; it remained the only hospital in Richmond until the completion of the Richmond General Hospital on Minoru Boulevard in 1966. Today the Army, Navy and Air Force Hall stands on the old hospital's site at the corner of Chatham Street and No. 1 Road.

Beginning with the birth of the first of the *Nisei* generation in the early 1900s, the *Dantai* also assumed responsibility for the education of the young. While many *Issei* parents sent their eldest sons to be educated in Japan, the financial burden of sending their younger siblings for a Japanese education was generally too great. The local schools were, however, unwilling to accept Japanese students. In 1906 there were thirty-six children enrolled in the fully integrated two-room Steveston Public School but they included only one Native child, one Chinese and one Japanese. The

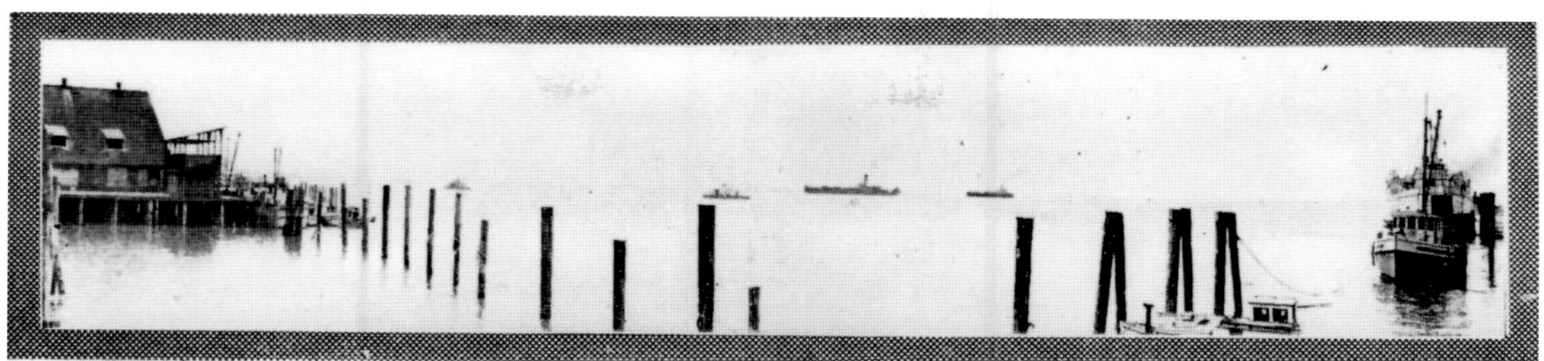

ステヴストンを今日に導いたフレザー河々口

三十五年を語る漁者團體附屬建物

左より病院、事務所、ホール

Top: The mouth of the Fraser River where Steveston is located.
Thirty-five Year History of the Fishermen's Dantai

Above: The hospital (left), office and hall (right) in Steveston were confiscated and sold.
Thirty-five Year History of the Fishermen's Dantai

Left: The Japanese Language School in Steveston, built in 1909, was closed in 1941 and then sold.
Thirty-five Year History of the Fishermen's Dantai

A Japanese Language Teachers' conference in Nanaimo, BC, 1939. All Japanese language schools were closed in December 1941.
Courtesy Tom Tagami

following year when the four local school districts were amalgamated to become the Richmond School District, the board ruled that only children whose parents owned property were entitled to attend school. Most of the Japanese families lived in cannery houses and thus their children did not qualify.

The *Dantai* responded by establishing its own school and organizing a campaign to raise funds and hire teachers. It delegated the administration of the new Japanese Language School to its Parent and Staff Association, and in 1909 a two-room Japanese school with Japanese instructors and curriculum was established for grades one to six. All subjects were taught in Japanese although an English language class was added later. School was held five days a week from nine to three. A fee was charged. As the population grew, another two-classroom building and a large hall were added.

Until about 1912–13 when experiments in Canadian and Japanese education were carried out, the purpose of the curriculum was to cultivate Japanese citizens, but by the 1920s the focus had changed to educating Japanese children to be good Canadian citizens. Now, however, the parents had begun to think of Canada as home and did not want their children taught in a Japanese school, and they petitioned for admittance to public schools. In 1923 the Richmond School Board agreed to accept Japanese children in return for financial assistance in the construction of the new four-room Lord Byng Elementary School.

When it was completed in 1925, English became the language of instruction for students. Mamoru Sakamoto was sixteen years old when the change took place. For the previous four years he had received instruction in Japanese during regular school hours and then studied English for two hours. Now he attended classes taught in English during the regular hours and, after a thirty-minute rest period, received instruction in Japanese for another two hours each day. He said, "It was better for us to learn English since we were staying in the country, but I quit and went into boat building . . . Students had to study long hours every day. In the winter time, when it got dark early, some children had to use flashlights to get home."[83]

United Church kindergarten graduates in Steveston, BC, 1927.
Courtesy Karen Shigeno

Lack of fluency in the English language remained a big issue for both parents and students. As Japanese was spoken in the homes and on the streets of the largely Japanese community of Steveston, Japanese children entering public school were at a great disadvantage. To address this deficit, Hideko Hyodo, one of two Japanese to obtain BC teaching certificates before World War II, was hired in 1926 to teach English to Japanese students at Lord Byng Elementary School. Unbeknownst to the Richmond School Board, she could not speak any Japanese as she had lived in South Vancouver where there were few Japanese families.

Although Lord Byng was an improvement over the previous system, segregated classes within the regular school system were not what the Japanese parents envisioned for their children. They wanted them to be ready for the mainstream and they turned again to the *Dantai*, this time to establish kindergartens. The *Dantai* asked the Women's Missionary Society of the United Church to open a kindergarten and teach English to the Japanese children regardless of their religion, and in response Miss Buigee Bird agreed to open one when there was a guarantee that forty children would attend. A house was soon built for the kindergarten class and the Japanese Women's Association, the *fujinkai*, raised funds for its operation. In 1931 the Roman Catholic Church also established a kindergarten after the Sisters of Atonement had gone "door to door to tell the people about the Daycare Centre and English classes for those who wished to learn the language."[84] These programs were of mutual benefit. Japanese children acquired English language skills, the adult women learned "Western" housekeeping methods, cooking and manners, and the missionaries were provided with an opportunity to introduce Christianity to the Japanese community.

Sister Eugenia Koppes of the Sisters of Atonement, who arrived in Steveston in 1936, described the daycare/kindergarten as "a busy place where the children neither spoke nor understood English and I knew no Japanese. Thirty to forty children ranging from three weeks to six years came for the day. A normal day began with the doorbell at 6:00 a.m. when a mother would hand over her sleepy child and the necessary 'baggage' for the day and . . . be picked up usually after 6:00 p.m. During the strawberry season, work in the gardens continued until it became too dark to see. That meant it was 9:00 p.m. before some children went home . . . and the children came seven days a week. The fee in those depression years was 10 cents a day for children and 15 cents a day for bottle babies . . . the fee for kindergarten was $1 a month."

The school-aged population continued to grow so that the Lord Byng of 1925 was soon overcrowded, and the Japanese Language School as well as St. Anne's Parish Hall on Fourth Avenue were used to house the overflow. Once again an appeal was made to the Richmond School Board for more classrooms but this time without success. However, the Department of Education

Japanese Canadian children at the Steveston wharf before internment.
City of Vancouver Archives, CVA 260-616

Presidents of the Dantai from 1897 to 1935. *Thirty-five Year History of the Fishermen's Dantai*

in Victoria agreed to match funds raised by the Japanese. The result was a new fourteen-room Lord Byng Elementary School built in 1930 with contributions of $20,000 from the Japanese community, $20,000 from the Department of Education and $7,000 from Richmond Municipality. The Japanese community also paid half the janitor's salary and half the cost of lighting in addition to a student fee of $5 per annum. In return, the school was made available for Japanese language classes after regular school hours; fluency in Japanese remained an essential skill for *Nisei* who found it very nearly impossible to obtain employment outside their community.

The shift in consciousness to Canada as "home" can also be seen in the treatment of a death of a *Dantai* member as written in the constitutions of 1900 and 1934. Article 31 of the 1900 constitution states that should a member die while in a fishery area, the *Dantai* shall pay for medical and prescription costs, funeral expenses, the erection of a stone grave marker, putting affairs in order, informing his family in Japan, and sending his remains home. All of this reflected the fact that the fishermen were single *dekasegi* workers whose "home" was Japan. The 1934 constitution put a cap on expenses and confined them to Canada. It stated that a member in good standing for the previous five years was eligible for assistance for a death occurring in Canada. The allowance was $20. If the death occurred while performing the duties of the *Dantai*, a condolence gift of $50 or more was to be given as determined by the Executive Committee.

Throughout its existence the *Dantai* had very limited and unreliable sources of income, and its commitment to the social and physical well-being of its members taxed those resources so that it was constantly plagued by financial woes. In a bad year fishermen did not have enough to eat and could neither pay the membership fee nor make donations. However, just when membership had reached a low of 490 in 1906, a stable source of income became available. The Japanese consul, Kisaburo Morikawa, granted the *Dantai* the authority to process Japanese government registrations and certificates, and the fees they collected for these services allowed the *Dantai* to continue. The arrangement was also of benefit to the consulate since a reliable local organization provided the reports and eliminated dependence on staff who were not familiar with the local people. While membership had been at its highest in 1900 at 3,419, it stabilized at about 1,000 from 1908 onward.

The income from the consulate lasted from 1906 until 1914 when the consulate transferred the right of certification to the Canadian Japanese Association (CJA), *Kanada Nipponjin-kai*, leaving the *Dantai* with only the income from the certification work on the south side. The CJA, which had formed in April 1909, was led by Yasushi Yamazaki, formerly of the *Dantai* and now the publisher of the *Tairiku Nippo*. According to Rintaro Hayashi, Yamazaki argued successfully that the *Dantai* was merely an occupational organization of "naturalized Canadians" while the CJA with its membership of about one hundred businessmen and merchants from the Powell Street community in Vancouver truly represented "subjects of the Empire" and was more suitable for the certification work. To allay suspicion that this was done as a "cash grab," he proposed that the CJA create a special account for certification work fees with two conditions: the fund could only be used to alleviate life and death situations faced by Japanese in Canada and that consent from the consulate and the *Dantai* were necessary before the funds could be spent.

A special meeting of the *Dantai* was needed to vote on the proposal for the transfer and conditions, so Yamazaki arranged for Mio elders to go to six canneries to get the necessary one-third of the membership to petition for a special general meeting to vote on the issue. Meanwhile, he used his considerable influence to pressure his cronies and buddies to support his campaign. The motion passed but it split the *Dantai.* After announcing that the elders had exceeded their authority, the *Dantai*'s entire executive resigned, and on March 7, 1916, they set up a rival BC Fishermen's Benevolent Association or *BC-Shuu Gyosha Jizen Dantai* with the resigned executive and one-third of the original members. They established a separate school and office and their children were "not allowed to play with those from the other side." Yamazaki continued to fuel the split by attacking the breakaway group, which he referred to as the "Sasaki faction," in his newspaper, while they were supported by the Reverend Goro Kaburagi of the United Church, editor of the rival newspaper, the *Kanada Nippo.* In 1917 a reconciliation between the two factions occurred when Shichigoro Saito, the captain of a Japanese training ship, visited the *Dantai* office, showed his displeasure at such a rift and shamed them into a merger. Consul Kyoji Ukita then used his good offices to forge an agreement.

What triggered the reconciliation was unusual but quite Japanese and has to do with the nature of the written Japanese language, wherein each character or symbol has both a sound component and an idea or meaning component. Steveston had until this time been written with three characters that sound like its English name: *sute* meaning "discard," *usu* meaning "mortar," and *don* meaning "suddenly." The sea captain chose five characters with more "inspirational" meanings: "must," "know" and "bushido," the last word written with three characters meaning "the way of the warrior." As a result, the two sides realized that their differences were petty and not of the sort that would have caused noble warriors to behave in such a way. They were shamed into doing the right thing.

However, less than a decade after the reconciliation, on March 31, 1926, the consulate cut off all funds for processing Japanese documents. The timing was unfortunate. That same year fishermen had organized the Amalgamated Association of Japanese Fishermen (*Gyotairen*) to mount a legal challenge to the Duff Commission's recommendation "to gradually eliminate the oriental fishermen from the fishery" and they had approached the CJA to help with the costs. Takejiro Ode, the representative for the herring producers, met with Japanese Consul Kawai and then with the CJA. The expectation was that the CJA had a reserve in the special account from their annual stipends for processing Japanese documents. But when Kawai made enquiries about the use of the funds for this purpose, he was informed that not a penny was left, having being spent on a "*chosa*" or study in direct defiance of the agreement that the fishermen and the consul had to approve any spending from this fund. The *Dantai* was left to raise the necessary funds from its membership.

By 1934 although the monetary arrangement with the Japanese consulate was no longer in existence, Japanese families continued to require Japanese and Canadian documents and many turned to the *Dantai* for their assistance. The handling charges ranged from $1 charged for branch family reports, registration of passports, death reports, conscription office notification and other miscellaneous reports and certificates. A birth report cost $1.50 and the sponsorship of a domestic servant or spouse, $2. Certificates for return travel were $3, marriage reports, $5, and an English language certificate was $7, of which $6 went to the Japanese consulate.

Of all the stories told about members of the *Dantai*, perhaps that of Soichi Shiho best epitomizes the ideal encouraged by its constitution. Born in Japan in 1911, Shiho had come to fish with his father in Steveston, beginning as a deckhand and then gillnetting on the Fraser for BC Packers between 1924 and 1941. The incident occurred one August night in 1937 as high winds developed into a full-blown storm and around midnight reached speeds of 80 to 90 miles an hour. A group of five fishing boats were near Active Pass when they suddenly found themselves in the midst of the storm. After a terrific struggle, four of the boats made it to the area offshore from Steveston, and that was when they discovered that the boat belonging to Kunte Hagen and his wife, married for just a month, was not with them. They assumed the worst—that their boat had capsized in the storm and that both had drowned. They reported this to the provincial police and the news of their deaths was printed in the next morning's *Province* newspaper.

Meanwhile, though the Hagens' boat had taken on a lot of water and they were dragging a net, the boat was still afloat, though only the bow and cabin were still above water. The young couple were holding onto the cabin and desperately calling for help to passing boats.

Some fourteen or fifteen boats had passed them but no one had tried to help because in that wild weather it was all they could do to save themselves and their own boats.

It was around two the next morning when twenty-six-year-old Shiho passed by and faintly through the wildly blowing storm heard a voice calling for help. Quickly he pointed his searchlight in that direction, and there arose before him out of the darkness of night the sight of the young couple desperately clinging to a boat about to go under. At that instant the young man was so shocked at the sight that he thought his heart would stop and he felt weak at the knees. He knew what an honourable man must do—he could not pass by as if he had not seen them—but he had to rack his brains to think how he might save them. Weaving his boat among the wild waves, he went around the sinking boat about ten times. Then, having made up his mind, he went behind it and, aiming straight at the cabin, drove forward at an angle and rammed it at full speed. As he did so, the wind and the impact of his boat caused the sinking boat to rise up out of the water, and at that instant he shouted at the couple to jump onto his boat, and that's how they were saved. The couple then begged him to somehow save their sinking vessel as well, but he persuaded them that it was not possible to put a rope on it in the storm.

As the day dawned, the wind gradually abated and they were able to tie the boats together, but the almost-sunken vessel was so heavy that it would hardly move. They had struggled for about an hour when a large ship that had been sent out from Steveston to search for the couple appeared on the scene. Leaving the job of towing the boat to the big ship, Shiho sped back to the harbour with the couple and there was much rejoicing as they were reunited with their relatives.

In recognition of his bravery, in 1938 Soichi Shiho received a Royal Canadian Humane Association Honorary Testimonial. He was uprooted from Steveston in 1942, relocated to Bridge River and later to Alberta. He returned to Steveston in 1950 to resume fishing. He retired in 1971 and lives at Nikkei Home in Burnaby, BC.

THE SKEENA FISHERMEN'S ASSOCIATION

Port Essington became the centre of the Skeena salmon-canning industry in the 1880s and, like Steveston on the Fraser, was soon a booming seasonal town of several thousand people and a dozen canneries. The first Japanese to arrive there were Shiga Aikawa and Yasukichi Yoshizawa in 1890, and within ten years after their arrival the town had been converted into a smaller version of Powell Street with shops and services catering to the Japanese. By 1910 Japanese also dominated the fishing industry in the area, and in 1918 they held 624 licences whereas the Natives held 151 and Caucasians, 102. By this time there were 1,200 Japanese involved in fishing in the Skeena area. Although most went south after the fishing season, some fishermen lived year-round at the canneries, putting down their roots and raising their families there. Among them were the Kamedas, Shikatanis and the Kishimotos.

In 1905 the Japanese organized as a society for mutual aid. Roger Obata, who worked as a deckhand and then as a collector boat operator during the summer months while attending school and university, explained that "since we were denied membership in the BC Fishermen's Union, we Japanese fishermen formed our own union, the Skeena River Japanese Fishermen's Union. I remember it well since my father was actively involved as the union secretary."[85] His father was Sataro Obata, one of the few *Issei* who could read, write, and speak fluent English. The Skeena Fishermen's Association (SFA) or *Suki-na Gyosha Kyokai* (which frequently had "Japanese" attached to its name) had an office in Port Essington and operated from about 1905 until the outbreak of World War II when presumably it was dissolved with the internment of all its members.

The association's constitution of June 1931 is similar to the *Dantai*'s in that the goals are broad and include "the economic relief and medical treatment of the members and their families." It also allowed for the "mutual advancement of its members by allying itself with fishermen 'in general' and with other legally constituted societies." Fees were collected for both membership in the local organization and liaison with other fishing associations, and in 1923 in response to restrictions brought about by the Duff Commission, the SFA became part of a "Liaison Council" with the other two fishing district associations. Three years later the three districts came together again as the Amalgamated Association of Fishermen of BC (*Gyogyo Mondai Taisaku Rengo Iinkai* or *Gyotairen*) to launch a legal challenge against the racist policies of the federal Department of Fisheries.

There were several levels of membership in the SFA. First, it was open to all naturalized Canadian Japanese and Japanese nationals in the fisheries within the Skeena fishing zone. Second, although in theory it was "possible, as well, for white, Native and other persons in the fisheries to join," there was no mention of their numbers. Third, persons who were not fishermen could be associate members who could attend and speak at the executive meetings but could not vote there. They could, however, vote at the general meetings held each year within the first ten days of June and on the first Saturday of September.

Meetings were normally held in Port Essington, but since most of the fishermen returned to the Vancouver area at the end of each fishing season, meetings could also be held there when necessary. (In 1926, 282 of the 326 fishermen went south.) In addition to the officers of the society, fifty councillors were elected, with those living closest to Port Essington being given priority so they would not have to travel long distances to attend meetings. The only salaried position was that of the manager, who reported to the president.

The restrictions imposed on the Nikkei fleet on the Skeena became steadily more stringent. In 1920 the number of independent licences issued to Japanese was frozen at 1919 levels. In 1921 attached licences (issued to canners and allotted to Japanese fishermen) were also frozen. A year later the Duff Commission reduced the number of independent gillnet licences issued to Japanese by 40 percent. Boat pullers, who were essential for fishing the large tides and swift currents of the Skeena, were newly required to be licensed, meaning that they had to meet the naturalization and three-year residency requirements just like full-fledged fishermen. Then in 1924 Caucasian and Native fishermen on the Skeena were allowed to use motorized gillnetters, but the Japanese continued to be denied motors until 1929. These restrictions resulted in the decline of the total Nikkei population in the Skeena area by 8 percent between 1926 and 1941 and a shift from the outlying canneries into Prince Rupert and probably into non-fishery jobs.[86]

Among those in Prince Rupert was Toshihiko Ezaki who arrived in 1911 and eventually settled in a Balmoral Cannery house. Richard Hiroji Yamanaka, who was born in Prince Rupert in 1921 and lived there until 1941, recalls that the Anglican missions had been in operation for many years when he entered kindergarten in 1925. They did missionary work and provided Canadian cooking and language classes in an effort to assimilate the Japanese into the larger society. There was also a very active young people's group that met with other Christian church groups. Nikkei operated small businesses and boat-building shops and worked on the railroad as well as in the fisheries. There was also a Japanese organization called the *Kyowakai* that set up the Japanese language school and the community owned a hall where they put on concerts and plays. Yamanaka concludes that they "were not aware of any racial tensions that were experienced in the larger cities with ghettos."[87]

In 1917 Shozo Tani led fifty Japanese spring salmon fishermen in a strike against the Balmoral Cannery for higher prices for their catch. Whereas most of the Native fishermen in the north fished only the sockeye season, the Japanese fished for both spring and sockeye, so to save the sockeye season, the cannery gave a small increase in price for springs. For leading the fight Tani was fired from Balmoral Cannery, though he was soon hired by the Standard Cannery. Later the conclusion was that the fishermen did not gain anything from the strike that season and, in fact, lost. But it was good for the future "because the canneries did not pay us so badly after that."[88]

School register with names of Japanese Canadian students at Port Essington School in 1936.
Stan Fukawa photo

Register of Div. 2

From the 1st day of September

Pupil's Register No.	Names of Pupils	Age
1	Davis, Donald	10-1
2	Donaldson, Lorna	6-9
3	Donaldson, Stewart	7-10
4	Fukuhara, Kazuko	8-9
5	Fukuhara, Midori	6-3
6	Fukuhara, Teruko	7-7
7	Honkawa, Tusaye	7-3
8	Honkawa, Nobuko	8-4
9	Honkawa, Tomi	5-11
10	Honkawa, Yoshio	9-9
11	Honma, Akiko	7-10
12	Kadowaki, George	8-1
13	Kayama, Akira	10-9
14	Kayama, Hiroshi	7-5
15	Kayama, Susumu	5-10
16	Nakagawa, Teruko	9-0
17	Ohashi, Guichi	7-0
18	Ohashi, Miyo	8-3
19	Ohashi, Tamio	9-6
20	Reid, Thelma	8-5
21	Sandhals, Edna	9-9
22	Shibatani, Kimiye	8-5
23	Shibatani, Margaret	7-3
24	Shibatani, Stanley	8-3
25	Shinya, Toshie	6-1
26	Shitami, Haruo	6-2
27	Shitami, Setsuko	8-4
28	Tanaka, Akiko	9-1
29	Tanaka, Shunji	6-2
30	Tanaka, Nikoro	7-5
31	Wakabayashi, Aiko	9-1
32	Wakabayashi, Michie	7-6
33	Brown, Grace	9-7

THE JAPANESE LABOUR UNION 1919

One leader who emerged from the Skeena Fishermen's Association was Ryuichi Yoshida, who was born in Chiba and studied law at Hosei University. However, in 1910 before passing the bar examination, he left for Seattle. When he could not find work there, he came to Canada where he tried working on a farm in Coquitlam, laying ties for the Canadian Pacific Railway near Golden and splitting cedar at a shingle mill in Vancouver. In 1911 he began working for the Balmoral Cannery as a puller and the following year became a fisherman for the Standard Cannery. For the next six years after the salmon fishing season was over, he worked as a faller and between times went to Vancouver where he "used up [his] money drinking . . . there were no other pleasures."[89]

From 1919 to 1921 Yoshida fished on the Skeena and worked with the Skeena Fishermen's Association but in the off-season went to Ocean Falls to work as a longshoreman loading and unloading ships at the Swanson Bay Paper Mill. It was while he was there in 1919 that all of the mill's Japanese workers went on strike and were fired. Their response was to organize the Japanese Labour Union (*Nihonjin Rodo Kumiai*), a general union for all Japanese workers regardless of their occupations. Their leader was Etsu Suzuki, a left-wing journalist for the *Tairiku Nippo* or *Continental Times*, published in Vancouver. When he began producing a bulletin called the *Rodo Shuho* or *Labour Weekly*, Ryuichi Yoshida became its editor and the Japanese Labour Union's first organizer. In 1920 he spent three months visiting all the camps where Japanese worked to get them to join the union, though he found it difficult to collect the $3 membership fee. In the *Labour Weekly*, Yoshida included information about Japanese workers in every part of BC, the white labour movement, government policies and racist politicians. When describing the state of the labour movement at that time, he wrote:

> Our union, consisting of just some Japanese workers, was too small to achieve any improvements in work conditions and pay. We were too scattered. Without the co-operation of the white unions we could achieve nothing. The white unions were organized by occupations but did not accept Japanese members usually. Because of that the Labour Union included Japanese workers of all occupations. But our activity was not related to everyday work questions. The fishermen had their own organizations and they did not join the Labour Union, except as individuals. Those who had socialist views or who supported the labour movement for moral reasons were our only continuous supporters.[90]

Launch of Toshiro Shimizu's first troller, *White Swan*, circa 1920. It was later confiscated from Ucluelet and then sold.
Courtesy Toshiro Shimizu

After years of tireless organizing, Yoshida and his fellow workers succeeded in building the membership of the Japanese Labour Union to 1,600 across several industries. They also worked closely with the future leaders of the Co-operative Commonwealth Federation (CCF), specifically Ernest Winch of the Lumber Workers Industrial Union and Angus McInnis, president of the Street and Electrical Railwaymen's Union. Both men gave advice and supported the Japanese Labour Union even against some of their own members, basing their support on their ideological principles of equality of membership regardless of race and creed. They opposed restrictions on Orientals. In 1926, seven years prior to the formation of the CCF, the new union was admitted to the Vancouver Trades and Labour Council as the "Japanese Camp and Millworkers Union."

CO-OPERATIVES (*KUMIAI*)

According to historian Jinshiro Nakayama, the first Japanese troller on the west coast of Vancouver Island was a man named Nakamoto who arrived there in 1917. However, historian Mitsuru Shimpo gives that honour to Yasumatsu Isozaki, who is said to have remarked to his friends in Steveston that salmon around Tofino were so thick "they jumped into the rowboat." To those who were frustrated by the overcrowding on the Fraser and had experienced several years of bad fishing, this was good news and they ventured out.

In 1919 Kunizo Uyede from Victoria, who was longlining for halibut, witnessed the abundance of spring salmon being trolled by white and Native fishermen and on his return shared the news with other Japanese. The following year a group that included Kunizo's cousin, Matakichi Uyeyama from Steveston, Bunji Hamade, Mokuhei Minato and the Shimizu brothers, Toshihiro and Kyuroku, from Victoria tried trolling for salmon and were very successful. Uyeyama spent the winter of 1920 in Ucluelet after the others had returned home, thereby becoming the first Japanese to take up residence in that village.

In the spring of 1921 over one hundred Japanese fishermen rushed to Ucluelet, and the sight of such a fleet enraged the local non-Japanese fishermen in the area. "A few scattered Indian or white fishermen, making modest catches in their small local area, would be appalled to see one of the huge Japanese flotillas complete with a collecting system, bearing down from the horizon and clean out an area."[91] A.V. Hill says that such encounters also prompted Caucasian and Native trollers to pressure the Department of Fisheries to reduce the number of annual trolling licences issued to Japanese fishermen and to require trollers to be residents of the area.

The trolling season was seven days a week from March to October with only one day off—July 1, known then as "Dominion Day." The Japanese fishermen sold their catches to two fish buyers, the Howe Sound Company that was owned by Sugiyama and Fukuyama and the Ito Fish Company, who followed them to the west coast of the Island from Steveston and Vancouver. The buyers in turn sold their catches in Seattle, making a 200 percent profit. When Ucluelet fishermen found out that they were being paid less than the price the canneries were paying the Fraser River fishermen for spring salmon, they confronted the buyers about the gouging and were told that they could take it or leave it because they had no other options. This spurred the trollers to eliminate these middlemen and replace them with their own co-operatives and elected members who would negotiate directly with the canners and the market.

Prior to the residency requirement of 1923, Japanese could not purchase land in Tofino; however, John Grice, acting as an intermediary, acquired about six acres up the inlet on South Bay on behalf of the Japanese fishermen, and Kamezo Madokoro built a house on one acre while the Kimotos and two other families moved into an abandoned hotel on Stockhand Island. Later, the Kimoto family moved to Clayoquot Island, also known as Stubbs Island, across the water from Tofino, where seven Japanese families had already settled. Umetaro Morishita was one of the first to establish residency in Tofino when he bought property in nearby Storm Bay in 1923, built a house and started fishing. A number of families settled on rented land; they included the Sakauyes, Yoshidas, Watanabes, Tosas, Kawaguchis, Nishimuras, Hamanakas, Sakaguchis, Morishitas, Izumis, Moris, Nakagawas, Madokoros, Kondos, Ezakis, Karatsus, Igarashis, Katsuros, Kimotos, Okadas and the Nakais.

Naoichi Karatsu and his wife, Sen, were both born in Marugame in Kagawa prefecture on Shikoku Island. He enlisted for the Russo-Japanese war but was too young to fight and instead became a medical orderly. When they came to British Columbia, they settled first in Steveston, then in 1922 moved to Clayoquot Island. Over the next twenty years Naoichi made a living by trolling from his motorized boat, the *NK*, while he and Sen raised nine children on the isolated island, where his medical skills from his army days proved very useful. He even provided medical services to the First Nations people in the area, inoculating the children and administering first aid. On one occasion a local tribe repaid him with a canoe full of *kazunoko* (herring roe)!

Below left: Postcard of Tofino fishing boats. *Courtesy Mitsuzo Nakagawa*

Below: Mrs. Minamoto was chief cook and bottle washer for many years and a "mother to many young boys" who worked in Ucluelet, BC. *Courtesy Ted Nishi*

Right: Deckhands and skipper Yoshitaro Hashimoto on the herring packer *Rose N*, hauling fish to Seattle, WA for the Tofino Trollers' Co-op Association in Pender Harbour, 1940.
Courtesy Ross Matsuba

The Karatsus' daughter Alice married Tohachiro "Toki" Kondo, who fished for the Tofino Trollers' Co-operative Association, and they went to live at Grant's Point or *Nishikage* about a mile and a half west of Tofino. Every winter after the salmon season, they moved back to Victoria where the Kondo family had settled, having moved there in 1918 from Steveston. In 1940 Eiichi Kondo, Toki's younger brother, purchased a fully equipped 30-foot fishing vessel for $1,400 from Yoshijiro Sakaguchi and joined Toki in Tofino. They fished one season together before their boats were confiscated and their fishing days were over.

Eiichi Kondo relocated to Ontario and worked for the Glencoe Sugar Beet farm. While there he received a letter informing him of the sale of his boat for $452.90. He did not return to the coast. Toki and Alice, with their young family, were incarcerated at Hastings Park and relocated to Sandon, then to New Denver and eventually to Toronto when given the "choice" of going east of the Rockies or being repatriated to Japan. To support his family, Toki worked at a herring pickling plant and a radio and appliance store called Electro Sun, but his heart remained on the West Coast.

Tanezo Nitsui also began his fishing career in Steveston, then purchased land on Fraser Bay in Ucluelet and built his home there. Naotsugu Hakoda purchased a farm on behalf of ten families who subsequently built their homes there, mooring their boats in the cove they named Hakoda Bay. Other anchorages soon sprang up in nearby bays. In 1923 approximately ninety families, about 70 percent of them from Steveston, settled on the

Above: Toshiro Shimizu's family home in Shimizu Bay, Ucluelet, BC.
Courtesy Toshiro Shimizu

Right: Trollers at Spring Cove, Ucluelet, BC, with the Nishi Store in background.
Courtesy Ted Nishi

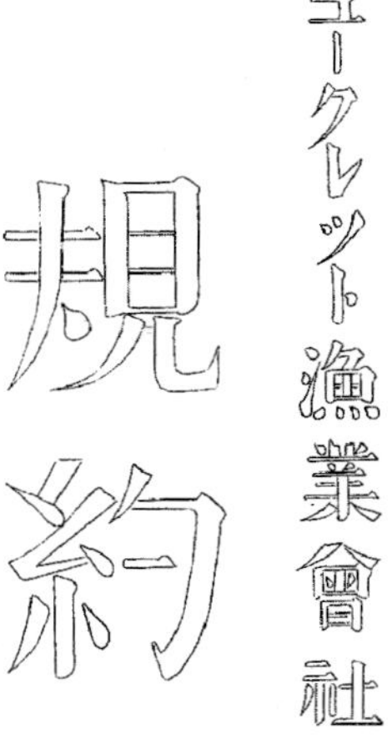

The constitution of the Ucluelet Fishermen's Co-operative Association; the co-op dissolved while Nikkei fishermen were interned.
Courtesy Ted Nishi

west coast of Vancouver Island. Fifty of those families made their homes in Ucluelet, twenty-five in Tofino, six in Clayoquot, and ten in Bamfield. In 1925, of the fifty Japanese families in Ucluelet, forty-nine lived in six bays: Shimizu Bay (10), Hamade Bay, also known as Bunji Bay (9), Sunahama Bay (9), Fraser Bay (11), Hakoda Bay (10) and Spring Cove (1) where the rest of the residents were Caucasian. By 1942, although the number of families remained the same, not all were the original settlers. A large majority (86 percent in 1925 and 88 percent in 1942) was from Wakayama prefecture and over two-thirds were from one village—Mio.

On March 1, 1923, the Department of Fisheries placed a limit of fifty on the number of Japanese who could fish in the Ucluelet area, thirty who could fish in Tofino and ten in Bamfield and restricted them to the waters between Pachena and Estevan points. The following year fifty Ucluelet Japanese families led by Kanzo Maekawa formed the Ucluelet Fishermen's Co-operative in January 1924 and set up an office in Spring Cove. The $10,000 required as working capital for the UFC was raised with a $200 contribution from each member and they chartered four packer boats from fishermen in Steveston to take their catch to Seattle, Victoria and Vancouver. They had a good year despite the fact that the rich fishing bank off Kyuquot Sound was now off limits to them.

According to Ted Nishi, the co-op's bookkeeper, the Ucluelet Fishermen's Co-operative was incorporated in September 1926 though not registered until 1941. Its goals were to further conciliation and goodwill between Japanese and other Canadians and to protect the just interests and advance the welfare of its membership, which was limited to Nikkei fishermen who held a valid fishing licence and resided in Ucluelet (Article #5 of the constitution). The Ucluelet Fishing Company Ltd. was formed as a subsidiary enterprise to buy and sell fresh fish for members and non-members. The fishing season was defined as "that period when the scow [belonging to the Ucluelet Fishing Company was] in operation" (#21) and all members of co-op were required to sell all their catch to the company (#7). New members required a guarantor who was already a member, and shares in the company were $700 for new members with a third to be paid annually (#35 and 40). Members shared equally in the profits and losses of the year.

The co-op developed an excellent communication system to keep its members informed. As they were scattered over five neighbourhoods within the village of Ucluelet (plus Komashiro Uyeyama who lived among the white population), each neighbourhood was equipped with a telephone. Every night the co-op office phoned each of the five to report the day's fishing—who fished well, the size of the fish, where they were caught. Monthly meetings were held and the manager reported on the accounts to the ten directors.

The officers and any others who acted on behalf of the membership for either the co-op or the company were compensated for their expenses and paid a per diem. The president was paid $200, vice-president and treasurer, $150 each, and auditors, $75 each (#19). Travel expenses outside the fishing season were reimbursed along with a per diem of $5 a day. Those travelling during the fishing season were reimbursed at 80 percent of the average catch of the three top fishermen, less the cost of gas and oil, plus $2 a day for social expenses. The manager was reimbursed for his actual travel expenses plus $2 a day (#19, 46, 47). Article #24 dealt specifically with "assistance provisions in the event of [more] licence reductions" because it was recognized that the co-op's officers took higher risks trying to carry out their duties; when this led to their licences being revoked, they were to be given special assistance, including being given preference for jobs on the scow—loading, unloading, icing—and compensated at a higher rate than the regular scow workers. These provisions assured those members who were willing to serve as officers of the co-op that they would not suffer a loss of income in taking on these responsibilities.

Fishing in the waters off the west coast of Vancouver Island is very dangerous, and the co-op's constitution specified that, if necessary, a rescue boat or search craft would be sent out. The incident had to be reported immediately to the co-op officer on duty, who in turn would report to the president. If the rescue was made by an individual during the fishing season, he was to be awarded the average catch of the day, the co-op paying two-thirds and the rescued person the remaining third.

The co-op also acted as an intermediary in the case of accidents including those involving non-members (#32).

In *Ucluelet: As It Was Before 1942*, Larry Maekawa, the son of the co-op's president, relates the story of a good deed by Kyuzo Shimizu that inspired a new spirit of co-operation between the Japanese and non-Japanese of Ucluelet. Mr. and Mrs. Lyche's son Norman drowned but his body could not be found, and they posted a $50 reward for anyone who could recover it. After two days during which all the Japanese fishermen took part in dragging the bottom of the inlet, Shimizu, a tofu maker, and his wife found the body and notified the Lyches who offered them the reward. Shimizu would not accept it. Lyche was puzzled and asked the president of the co-op if the reward was too little. Maekawa explained that had it been a happy occasion, Shimizu would have gladly accepted the reward, but because it was a sad event, such a reward could not be accepted by a Japanese person. The co-op provided their packer boat to take the casket to Port Alberni for burial. Maekawa concludes, "Since this incident, anti-Japanese sentiment eased considerably."[92]

In keeping with the co-op's commitment to the welfare of its members, interest-free loans were offered of up to $200 for one year in the case of an emergency due to illness, fire, or damage to a boat or engine. After a year, bank interest was charged. Regular loans of up to $200 at bank interest rates were available to members for up to two years. A guarantor, who also had to be a member, was required for loans above $100 (#27, 28).

The co-op served the educational and social needs of the community as well. In 1925 when the school in Ucluelet became overcrowded with the enrollment of twenty Japanese and twelve non-Japanese students, Japanese fishermen under the supervision of qualified Japanese carpenters volunteered their labour and built a new school with materials provided by the Board of Education. "The school was a proud contribution by the Japanese to the community of Ucluelet."[93] The following year the co-op built a Japanese language school and a residence for its teacher. The Reverend Junkichi Mizuno, a Methodist priest in Steveston, spent the summer of 1928 teaching at the language school. The co-op also made "a large donation to the only hospital in the area, the Port Alberni Hospital," and built a Japanese community hall, the *Nihonjin Kaikan*, on land "offered by a local white person."[94] These activities increased the social solidarity of the Japanese community.

In 1926 the co-op contracted Hisaoka Boat Works in Coal Harbour to build their first packer, the 30-ton *Loyal #1*, at a cost of $15,000, and the following year they contracted with Menchions Boat Works to build the 40-ton *Loyal #2* for $25,000. The new packers transported the co-op members' spring salmon catch to a Jewish entrepreneur in Seattle where they were filleted, salted in barrels and shipped to Europe for smoking into lox. They also took salmon to a Scotsman in Vancouver as well as carrying fish for white and Native trollers. On their visits to Seattle and Vancouver, the crew of the packer boats purchased groceries so that, despite their isolation in Ucluelet, their cost of living

Crew and captain "San-yan" on top of the cabin of *Loyal II*; this boat was confiscated in 1941. From left to right: Jim Nitsui, unknown, Sankichi Aura, Takeo Itani.
Courtesy Ted Nishi

The main barge of the Ucluelet Fishermen's Co-op with the "work gang" just outside the cookhouse. The barge was later confiscated and sold.
Courtesy Ted Nishi

was comparable to that at Steveston.

In 1929 the co-op invested $10,000 with Menchions Shipyards for a barge with cold storage facilities and a combination office-bunkhouse-mess, and a number of Japanese fishermen built new trolling boats and some took their families to Japan for a visit. But the good years came to an end in 1931 as Canada entered the Great Depression. It was 1936 before the economy began a slow upward climb again, and that year the co-op built a secretary's residence at Spring Cove and a year later ordered another smaller fish collector barge with cold storage and a combination office-living quarters. It was towed to the area between Estevan and Pachena points.

After the war in Europe broke out in September 1939, the Ucluelet Japanese Fishermen's Association sent a cheque for $150 to the government in support of Canada's war effort, and on February 17, 1940, the Minister of Finance acknowledged the donation with a receipt and a letter of thanks, which said in part, "The fact that the gift is co-operative is just typical of the unity among the Canadian people which is evident all across the Dominion. I can assure that your action will be a great example to others."[95]

Meanwhile, it was "business as usual" for the co-op, and ten days later Ted Nishi travelled to the United States carrying a letter from a notary public certifying that he was the secretary of the Ucluelet Fishing Co. Ltd., "a body corporate, incorporated under and by virtue of the Companies Act of the province of BC" and that he was going there for the purpose of transacting business for the company and his stay in the United States was "only of a temporary nature."[96] On September 16, 1941, a letter from W.B. Fraser of National Revenue, Canada, Customs and Excise Division to the Ucluelet Fishing Co. Ltd. congratulated Nishi for the efficient manner in which he had conducted all business with customs despite the many new wartime regulations. Fraser ended on a more personal note: "The alterations in your office are decided improvements, especially the

Courtenay, B.C.
March 18th 1942

TO WHOM IT MAY CONCERN

This will be authority for Tsurutaro Kagetsu and Toshitsugu Nishi, both of whose signatures appear below, of the Deep Bay Logging Co. of Fanny Bay, B.C. to travel by car or truck, at Fanny Bay and between Fanny Bay, Courtenay and Cumberland, while engaged in assisting in the affairs of the Deep Bay Logging Co. and persons of the Japanese race, in arrangements in regard to the evacuation of Japanese from the protected area.

Curfew regulations may be waived in this regard between sunset and 12 midnight.

for
(A.Fairbairn) Sergt.,
i/c Courtenay District,
B.C. Police.

T. Kagetsu
....
signature of permittee

T. Nishi
....
signature of permittee

A letter from the Courtenay police giving Tsurutaro Kagetsu and Toshitsugu Nishi permission to travel, 1942.
Courtesy Ted Nishi

cupboards and filing cases and although, personally, I prefer the flat top desk, I must admit that the new desk is compact and allows more floor space."[97]

In March 1942 Nishi was travelling again but for a completely different reason. He carried a letter of permission from the Courtenay District of the BC Police, giving him and Tsurutaro Kagetsu of the Deep Bay Logging Co. of Fanny Bay permission to travel by car or truck between Fanny Bay, Courtenay and Cumberland "while engaged in assisting in the affairs of the Deep Bay Logging Co. and persons of the Japanese race, in arrangements in regard to the evacuation of Japanese from the protected area. Curfew regulations may be waived in this regard between sunset and 12 midnight."[98]

In 1941 the directors of the Ucluelet Fishermen's Co-operative were Kamakichi Tsujiuchi, Takeo Itani, Saichiro (Larry) Maekawa, Yoshio Nitsui and Katsuji Hamanishi. Their next meeting was held in Slocan, an internment centre in the heart of the Kootenay region. A resolution was passed to sell the packers *Loyal #1* and *Loyal #2* to the Department of Munitions and Supply for the price of $10,900 and $13,800 respectively, and the Custodian of Enemy Properties was to portion the monies collected equally between the co-op's fifty-one members. The Ucluelet Fishing Co. was also registered as the owner of the 34-foot-2-inch packer *Epco*, but no engine was listed; this was very likely the smaller barge built in 1937. No mention was made of the barge built in 1929 with its cold storage facilities and combination office-bunkhouse-mess.

At about the same time the Ucluelet co-op was established, the Tofino Trollers' Co-operative Association was organized in response to the Department of Fisheries restriction to thirty in the number of Japanese allowed to fish in that area. Prior to the coming of the Japanese to Tofino, there had been no one trolling commercially there, and initially the fishermen sold their catch to Toyojiro Nakamoto, who resold it to a non-Japanese business contact who had buyers in Seattle and Vancouver. Harold Morishita credits his father, Umetaro Morishita, with being the "one who organized and established the Tofino Trollers' Co-operative Association (TTCA). He was the president from the beginning until he passed on his licence and his boat to my brother, Noel, in 1940. He fought with the government for the rights of trollers from the early stage of fishing. I remember I was taken with him to Vancouver, at the age of about five, when he went there to meet with officials."

The membership consisted of some of the thirty-five Japanese fishing families that had settled in Tofino and another seven families who had taken up residence on Clayoquot Island in 1922. Their children attended the local school during regular hours and after school received an additional hour of instruction in the Japanese language.

The TTCA membership bought and owned in common two packers, the *Western Chief* and the *Hiki*, and a 60-foot scow. The co-op was incorporated in 1939 with Umetaro Morishita, Masazo Mori and Tadamasu Watanabe as directors. Its last president was Haruo Kimoto and its treasurer, Yoshio Madokoro. Sometime during the internment period, the Tofino Trollers' Co-op sold its assets to the North Shore Packing Company for $11,500 cash.

On the Fraser the earliest fishing co-operatives were established at individual canneries, and both the Winch and Star canneries in Steveston had their own co-operatives. However, the River Fish Company Ltd., which was established about 1926, became the largest co-operative and drew its 150 members from several canneries and from Steveston, Canoe Pass and Westham Island. Genji Otsu is credited with being one of its founders. Although during the sockeye season its members were obligated to sell their fish to their individual canneries, the co-op bought spring salmon, then marketed it in Seattle, and processed salted chum salmon and roe (*sujiko*) in the fall for export to Japan.

The River Fish Company's assets included some land at the foot of #2 Road in Steveston and a general store that was open seven days a week all year round. It sold food, clothing and merchandise to members and at times non-members. It also had a delivery service for phoned-in orders. Members received a 5 percent refund on all purchases and shared in the profits.

Hiroshi "Harry" Yonekura recalled that "in the 1930s Tsuguo Mineoka, secretary/manager of the River Fish Co-operative and a teacher at the Japanese Language School, made arrangements for River Fish to send salted salmon to Japan to feed the poor. I was small but I remember the consul general of Japan coming to a meeting to thank the members. The young people in Steveston went fishing on a special permit and sent their catch to Japan not for sale but as a donation to the poor in that country."[99]

By 1939 the membership list included 125 fishermen from eight canneries: Scotch (17), Canoe Pass (10), Imperial (25), Great West (13), Phoenix (23), Gulf of Georgia (24), Atlas (6) and Colonial (7). Also included on the list were 12 fish buyers connected to six canneries: Great West (3), Imperial Cannery (1), Gulf

The *Rising Sun* being readied for the season by members of the Ucluelet Japanese Fishermen's Co-op.
Courtesy Nobuo Yoshihara

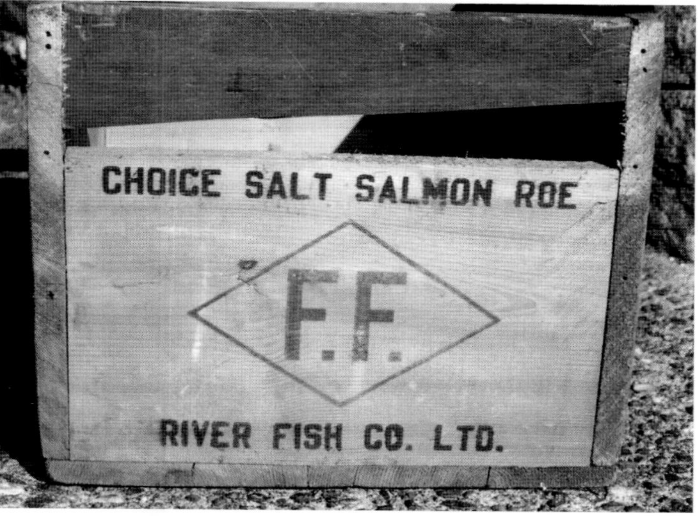

Above: Label of River Fish Company Ltd. Steveston, BC.
Courtesy Ken Kochi

Left: Fishermen playing cards on a packer belonging to the Tofino Trollers Co-op.
Courtesy Jack Hayami

of Georgia (1), Phoenix (2), Scotch (3), Atlas (1) and Colonial (1).

With the advent of World War II and the need for canned fish to feed the troops in Europe, salmon salteries were made illegal and the co-op's salting operation was closed.

After Pearl Harbor, River Fish's secretary/manager Tsuguo Mineoka became one of the thirty-eight Japanese nationals who were immediately arrested and incarcerated in the immigration building in Vancouver. He was transferred to a camp in Alberta, then to Petawawa and Angler where he became POW #486. From there he was repatriated to Japan in 1943. The River Fish Company was dissolved sometime during the internment years. Harry Yonekura had five shares, worth $50 a share, in River Fish but says, "I received no compensation."[100]

The East Coast Ling Cod Association became the first racially integrated fishery association on the Pacific coast although it was organized by a group of Japanese cod fishermen in the 1920s to improve their economic position. They had developed a highly specialized "live-cod fishing" method and delivered their fish to the Vancouver docks within twelve to twenty-four hours, assuring the fresh fish market of the highest quality product. They also controlled the price by limiting the supply to meet the market demand.

By the 1930s membership consisted of 102 Japanese and 83 non-Japanese. In 1935 they produced 2,146,720 pounds of ling cod, valued at $126,513.89, and they continued to supply the markets with up to 8 million pounds annually. According to A.V. Hill in his book *The Tides of Change: A Story of Fishermen's Co-operatives in BC*, in 1937 for some politically inspired reason, a group that included two Vancouver city aldermen investigated the association, but the outcome was positive. "The provincial Superintendent of Brokers declared the Association to be the most economical and efficient organization of its kind in British Columbia." On the recommendation of the co-op's lawyer, however, the members formally incorporated as the BC Cod Fishermen's Co-op Association in 1938.

After the forced relocation of the Japanese in 1942, two-thirds of the co-op's membership were in internment camps and no longer fishing. However, they were still shareholders, and as it was against the law for enemy aliens to own shares in a business, the remaining members of the co-op passed a by-law to enable the executive to expel any member who had not produced fish for one year or more. This was acceptable to the government and on January 22, 1945, all of the co-op's Japanese Canadian members became ex-members and their money was set aside to be dealt with by the Custodian of Enemy Alien Property. In 1944 the co-op became a founding member of the Fishermen's Co-operative Federation, then ceased to exist three years later due to the declining demand for fresh-caught cod as cheaper but poorer quality fish flooded the market.

In 1930 the BC Fishermen's Co-operative Association, a non-Japanese organization, was formed, and many Japanese gillnetters enthusiastically joined and very soon had more shares than those bought by other ethnic groups. This co-op provided support for Japanese fishermen on the Fraser by appealing to the Department of Fisheries to abolish the devastating annual 10 percent cut in fishing licences issued to Japanese. In addition, it gave the Japanese the opportunity to break away from the rigid control of the canning companies. Unfortunately, they were caught in an untenable situation because the houses they rented were owned by the canners who issued an ultimatum: deliver your catches to the company as before or get out of our houses. The Japanese did not abandon the co-op. Instead, for the 1930 season they worked out a compromise whereby they delivered their catches half to the canneries and half to the co-op.

In order for the co-op to expand its operations north to the Skeena, it had to address the issue of the Japanese fishermen who were landing most of the Skeena sockeye. These fishermen were dependent on cannery licences, and the canners were demanding "good behaviour" or they would deny them licences. The co-op countered by preparing a brief asking for complete elimination of the attached licence system, and the Japanese enlisted the help of the Northern BC Salmon Fishermen's Association. As a result, the licensing system was abolished. Unfortunately, in the spring of 1932 the BC Fishermen's Co-operative Association, although holding $93,000 in assets, ceased operation after it could not secure a $10,000 operating loan.

At about the same time the Prince Rupert Fishermen's Co-operative Association was coming into being, and Japanese fishermen, remembering the assistance given by the Northern BC Salmon Fishermen's Association, bought shares in the new co-op whenever they could. Eight years later, on March 16, 1939, the Prince Rupert co-op amalgamated with the North Island Trollers Co-operative Association that had been established on the Queen Charlotte Islands. The newly enlarged Prince Rupert Fishermen's Co-operative Association held its first meeting on February 23, 1940. The following year its membership doubled when the Prince

INCORPORATED IN THE PROVINCE OF BRITISH COLUMBIA

No 166

Shares One

B. C. Codfishermen's Co-Operative Association

This Certifies That Shigezo Hamanishi of Nanaimo, B.C. is the registered holder of One Shares, fully paid-up and non-assessable, numbered 166 to — inclusive, in the Capital Stock of

B. C. Codfishermen's Co-Operative Association

subject to the Memorandum and Rules of the Association transferable only on the books of this Association by endorsement hereon and surrender of this Certificate.

IN WITNESS WHEREOF the said Association has caused this Certificate to be signed by its duly authorized officers and to be sealed with its Corporate seal at Vancouver, B.C. this 16th day of July, A.D. 1940

PRESIDENT SECRETARY

SHARES $1.00 EACH

Certificate confirming Shigezo Hamanishi's purchase of one share in the BC Cod Fishermen's Co-op Association.
Courtesy Yoshio Hamanishi

Rupert halibut fishermen joined. This co-op continued to exist into the 1990s.

Other Japanese Canadian fishing co-ops known to be in existence prior to World War II in District #2 were the Rivers Inlet Fishermen's Co-op, Namu Fishermen's Co-op, Knight Inlet Fishermen's Co-op and Smith Inlet Fishermen's Co-op. In District #1 were the West Coast Trolling Fishermen's Co-op, East Coast Trolling Fishermen's Co-op, Nanaimo Trolling Fishermen's Co-op, Cod Fishermen's Co-op and the Shrimp Fishermen's Co-op.

Credit unions to assist fishermen were established in the 1940s. The Prince Rupert Fishermen's Credit Union was incorporated on March 21, 1940, as a sister organization to the co-op. On December 13, 1940, the Gulf and Fraser Fishermen's Credit Union (GAFF) received its charter. The Clayoquot Sound Credit Union was established on April 2, 1941, and Kyuquot Trollers' Credit Union on November 2, 1944; in 1947 they were amalgamated to form the West Coast Savings Credit Union. It is not known to what extent Japanese Canadian fishermen turned to them for assistance on their return to the coast.

THE *KYOGIKAI*: A "LIAISON COUNCIL"

During the 1920s and 1930s Japanese Canadian fishermen consolidated into larger organizations within fishing districts and provincially. In 1923 all the Japanese fishermen in District #1 (the Fraser River) formed the District #1 Fishermen's Association or *Dai-ichi Ku Gyosha Kyokai*. Fishermen in Districts #2 and #3 also organized at about the same time, then the three districts came together provincially as the *BC-Shu Nikkei Gyosha Renraku Kyogikai*, generally referred to as the "Liaison Council." Its membership included all fishermen (of salmon, dogfish, cod, herring and halibut) and all gear types (gillnetters, trawlers, trollers) on the BC coast.

District #1 ran from the international boundary on the south to Cape Caution near the northern end of Vancouver Island and included the fishing grounds at the mouth of the Fraser River. Asamatsu Murakami, who was just eighteen when he came to Canada in 1903 and who had worked as a boss for the Phoenix Cannery, served as District #1's first president and treasurer and later as advisor to the association. "I'm just a simple man," he said. "I couldn't refuse the position [the presidency] because they all chose me."[101] He described the

The third anniversary of the Steveston Young Buddhists' Association, circa 1935.
Courtesy Karen Shigeno

president's role as a listener who gave advice when asked and called a meeting if he thought a problem warranted a group decision. The district's members would prepare themselves before going into negotiation with the canneries by investigating the canneries' finances as well as researching the current market price for canned salmon and the profit margins. Armed with this knowledge, they could proceed on a level playing field. "Without it they would have looked down on us, thinking us ignorant."[102] In 1941 Steveston gillnet fisherman Unosuke Sakamoto became the last president and M. Noguchi the last secretary of District #1.

District #2 ran between Cape Caution and the northern boundary of British Columbia. Its member-

The Executive Officers of the Liaison Council as Compiled from the Annual Reports for 1938–40

Year	Advisor	Chair	Vice-Chair	Treasurer	Auditors
1938	Asamatsu Murakami	Yoshio Kochi	Ukichi Nishimoto	Makitaro Ohga	- Umetaro Uede, Cod - Sadakichi Yamanaka, Rivers Inlet - Tomekichi Mio, Skeena R. Assn. - District #1 Officers
1939	Asamatsu Murakami	Yoshio Kochi	Unosuke Sakamoto	Makitaro Ohga	- Yosuke Oseki, Cod - Koichi Kawamoto, Rivers Inlet - Matsujiro Hori, Skeena R. Assn. - Tsuruji Suda, Dist. #1 - Zenzo Ueno, Dist. #3 West Coast
1940	Yoshio Kochi	Unosuke Sakamoto	Koichi Kawamoto	Masashichi Yamashita	- Yosuke Oseki, Cod - Tomekichi Teranishi, Rivers Inlet - Mitsunosuke Taguchi, Dist. #1 - Ryuichi Yoshida, Dist. #2 - Risuke Hamade, Dist. #3 W. Coast

BC-Shu Nikkei Gyosha Renraki Kyogikai Kaiho *(newsletter)*

ship included the Rivers Inlet Fishermen's Co-op (G. Takahashi of Steveston was the secretary in 1941), Namu Fishermen's Co-op, Knight Inlet Fishermen's Co-op (although this area is in Johnstone Strait, south of Cape Caution) and Smith Inlet Fishermen's Co-op. In 1941 George G. Kitagawa of Prince Rupert was secretary of the District #2 Fishermen's Association.

District #3 included both the east and west coasts of Vancouver Island. Its membership consisted of the West Coast Trolling Fishermen's Co-op, East Coast Trolling Fishermen's Co-op, Nanaimo Trolling Fishermen's Co-op, Cod Fishermen's Co-op and Shrimp Fishermen's Co-op.

The *Kyogikai* or Liaison Council consisted of the president of District #1, who served as the chair of the council, and elected representatives from all three districts. As representation was proportional, District #1 sent an additional three to five representatives from Steveston and one or two from upriver (Sunbury, New Westminster). Each cannery also sent a representative. Annual reports in Japanese for 1938, 1939 and 1940 are available in the University of British Columbia (UBC) Library's Special Collections Division. When war with Japan started, the council meeting, usually held at the end of the fishing season, was cancelled. No report was filed for 1941.

The Amalgamated Association of Fishermen of BC (*Gyogyo Mondai Taisaku Rengo Iinkai* or *Gyotairen*) was organized in 1926 to fight the continuing reduction of licences issued to Japanese by the Department of Fisheries. It took its case to court and won in the Privy Court in 1929; it was still in operation in September 1941 with T. Ide as secretary in Vancouver. Other Nikkei organizations whose membership had an interest in the fisheries at that time were:

BC Drysalt Fish Packers Association, Vancouver (S. Mizuhara, secretary)
Salt Fish Packers Association, Vancouver (M. Noguchi, secretary)
Upper Fraser Japanese Fishermen's Association, New Westminster (T. Suzuki)
Japanese Halibut Fishermen's Union, Prince Rupert (S. Suga, secretary)
Northern BC Resident Fishermen's Association, Prince Rupert (I. Miwa, secretary)
Canadian-Japanese Association, Vancouver (T. Takeuchi, director)
Japanese Branch, Canadian Legion, Vancouver
I. Nakatani, et al., c/o N. Nakai, Vancouver
Prince Rupert Japanese Association (K. Miwa, president)

Presidents of the *Dantai* 1897–1935

1897, 1899	Tomekichi Homma
1900, 1901, 1905	Iwakichi Shimamura
1902	Suekichi Kiba
1903, 1910–14	Chosaku Sasaki
1904	Takamatsu Matsumto
1906	Naojiro Hamazaki
1907, 1922	Gorokichi Shimono
1908–09, 1917	Seijiro Kiba
1915–16	Takejiro Ode
1918, 1923	Masaburo (Shigesaburo?) Oda
1919–21, 1926–28	Shinya Yoshida
1924–25, 1929	Jiromatsu Yamamoto
1930–31	Motokichi Tanaka
1932	Mingoro Koshiba
1933–34	Hantrao Nishi
1935	Teiji Kobayashi
1936	unknown
1937	unknown
1938	unknown
1940	unknown
1941	Yoshio Kochi
1942	unknown

6

Fighting for Equality in the First Half of the 20th Century

FIGHTING FOR EQUALITY ON THE WATER

Conflicts between canners and fishermen and between ethnic groups in competition for the same resources have occurred on the West Coast since the salmon fishery began.

Lines were formally drawn between canners and fishermen when the canners formed the BC Fisheries Association (BCFA) in 1888 and the white fishermen responded by forming the Fraser River Fishermen's Protective and Benevolent Association (FRFP&BA) in New Westminster in 1893, the year of the Big Run. The goal of the BCFA was to present a united front and that of the FRFP&BA to protect against exploitation by the canneries, and this meant the elimination of cannery licences, a ban on American fishermen, the exclusion of Chinese from fishing on the Fraser and the removal of Japanese fishermen from the entire Pacific coast. After Japanese fishermen in Steveston informally organized in 1889, they sought permission to join the FRFP&BA or be affiliated with

Tomekichi Homma, first president of the *Dantai*, challenged the BC Elections Act in 1900.
Courtesy Keay Homma

it, offering to pay $5 each as members or $500 for assistance in organizing a separate union. They were turned down, blocked by the FRFP&BA's New Westminster local.

With the fishing community divided along ethnic lines, the canners continued to dictate prices and conditions of work. However, in 1897 the Japanese fishermen had begun organizing as the Fraser River Fishermen's Association (the *Dantai*) when the annual price negotiations with the canneries reached a stalemate, and Tadaichi Nagao addressed five hundred Japanese fishermen gathered at the Imperial Cannery Square. He estimated the probable expenses for the average fisherman that season would total $268.65, which would leave each fisherman $52 short if they accepted the price of 6½ cents per salmon offered by the canneries. If there was no way to come out ahead that fishing season, Nagao suggested they would do better to look elsewhere for suitable jobs. However, he surmised that the fishermen had already made preparations for the season and to abandon it would be a sad thing. He continued: "At present, we Japanese fishermen number 1,600 to 1,700. That is almost one-third of the total fishing population and we can be influential. So let us have a firm union and make the following demand to each cannery. If our demands are not accepted, we must find another alternative according to your decision."[103] Men were appointed to negotiate with the white and Native fishermen for their co-operation on this matter, and the meeting concluded with the decision that, until a better price was agreed upon, nobody should go fishing. The fishermen then countered with a demand for 12½ cents per salmon.

The strike was broken when the canners agreed to a modest increase in the price and the Natives were persuaded to return to work. Then, in a reversal of past practices, Japanese and Native fishermen were invited to join the white union. Both declined. The Natives remained with their tribal organizations and the Japanese supported the *Dantai*, whose position was that it would be more advantageous to organize its members first into a cohesive unit and strengthen its position than to join the white union, which had previously identified Asians as the enemy. Therefore, in November of that year the Japanese fishermen's organization was formally incorporated as the Fraser River Japanese Fishermen's Benevolent Association.

The first president was Tomekichi Homma. The vice-president, Iwakichi Shimamura, became president in 1899 when Homma resigned to take responsibility for the association's financial woes. Shimamura was described as looking like a timid bank clerk and considered unsuitable for leading a fight when someone who was more "like a brawler and drinker"[104] was needed. It was therefore acknowledged that the ideal person to lead the fight for Nikkei fishermen was Yasushi Yamazaki, who had been made a director of the organization.

Yamazaki was a colourful character and one not cowed by confrontations. Born the third son of a samurai family in Toyama-ken in 1871, he had walked to Tokyo at age twelve and found work at a newspaper. At seventeen he arrived in San Francisco, learned English and joined the US Navy, signing on for three years on the cruiser *Mohican*. When the ship docked in Honolulu and he was not allowed to disembark, he fought with the officers and was charged with insubordination, the first of innumerable fights and offences during his time in the navy. When confined to his quarters and put on a diet of bread and water, the rest of the crew, with whom he was on good terms, decided that since there was no specification as to the thickness of the bread or the amount of butter spread on it, he would get thick bread and lots of butter. He was discharged from the navy after the ship's Chinese kitchen help, afraid of what Yamazaki might do after he got out, supplied him with a rubber tube that enabled him to suck liquor from a storeroom. By the age of twenty-nine, when he became a director of the *Dantai,* he had worked as a fisherman, logger and miner along the coast of British Columbia. In 1909 he became the publisher of the *Tairiku Nippo* (the *Continental Times*), and for eight years was president of the Canadian Japanese Association (*Kanada Nihonjin Kai*). When World War I broke out, he recruited volunteers to form a battalion of Japanese to serve in Europe, though his volunteers were ultimately rejected by BC regiments. Between 1917 and 1933 he was an editor in Japanese-held Manchuria. No information is available beyond these years.

The strikes on the Fraser in 1900 and 1901 were the most violent and spectacular disputes in the BC fisheries, and "white and Indian fishermen combined in near-mortal combat against the Japanese."[105] Competition amongst the fishermen was intense because the "open fishery" policy of 1892 had entitled anyone who was a naturalized British subject to a licence. However, the Japanese were now strongly entrenched with almost 4,000 engaged in the industry, most of them concentrated on the Fraser. For the Native fishermen on the Fraser, 1900 was a turning point in their history. "Before that date, Native labour and skills had made the industry possible. After that date, Native men and women had to struggle to retain any place in the wealth-producing machine they had helped to create . . . Only about 420 Native people then had licences of any type for the commercial salmon fishery on the Fraser. Twice as many whites were licensed and three times as many Japanese."[106] It is not surprising then that the Natives' hostility was directed against the Japanese and that they aligned themselves with white fishermen to eliminate the Japanese from the fishing industry.

At the same time both canners and fishermen were caught between rising costs and declining revenues because the canning companies were facing fierce competition from American companies using fish traps in Puget Sound. The fishing season started on July 1, and that year the canners waited until June 30 to announce that their price would be 15 cents per fish, 5 cents less than the previous year. The offer shocked all fishermen; Natives, whites and Japanese were demanding 25 cents per fish. At first the Japanese promised to support a strike but found themselves vulnerable when the canners threatened eviction from their cannery houses and termination of credit or advances from the cannery stores the moment they joined the strike. When, as expected, the canneries closed their stores to the strikers, a couple of Japanese fishermen, ignorant of concepts such as "labour contract" or "legal strike" or "strike breaking," ran out of food and went to fish to feed their families. "White boats rowed over to them and dumped the salmon into the water,"[107] and they were told that if they went fishing again, they would see "all hell break loose."[108] Around July 10 rumours spread that the Japanese had decided to fish for 20 cents and were arming themselves in expectation of attacks by white fishermen. The Japanese fishermen did not respond to the allegations.

On July 12 Shimamura (now president) and Yamazaki went to Vancouver to meet with representatives of the Fraser River Fishermen's Protective and Benevolent Association to demand $1,500 in compensation for the four-day fishing halt. An anonymous writer who kept a diary of the events during the strike makes no mention of the meeting's outcome, but according to author Geoff Meggs, "As the strike went into its third week, the canners 'arranged for payment of $1,500 to a man named Oki, the Japanese union's vice-president and a labour contractor for the Lighthouse Cannery.'"[109] On July18 there was consensus amongst the Japanese that they would not fish for less than 20 cents.

Two days later the canners agreed to the demand and on July 22 a contract was reached whereby fishermen were to be paid 20 cents for their first six hundred fish each week and no less than 15 cents for the remainder. The leaders of the *Dantai* organized a mass return to work, but "this was a declaration of war to the white unions."[110] The canners then decided that the local constabulary could not control the situation and sent a telegram to the provincial government for the army to be sent. The opening was postponed until the arrival on July 24 of four hundred soldiers of the Duke of Connaught's Own Rifles.

A description of the "Steveston riots of July 1900" told from the army's point of view contains the following:

> At the time of the incident, Steveston was probably the world's largest salmon fishing centre. The white and Native fishermen had gone on strike, whilst the Japanese fishermen decided to keep on selling to the cannery. Though there had been no violence, the Reeve, with two justices of the peace, read the Riot Act to the strikers. When they did not disperse, he took the step of requesting military protection. At 11:45 PM Col. Worsnop received his orders. As only one in five homes had a telephone at that time, buglers rode around Vancouver calling assembly from trolley cars. Within a short time, four companies were assembled and were aboard the CPR Steamer *Comox* bound for Steveston. Ten rounds of ball cartridge were at the ready and twenty were held in reserve. The men were told that in the event of action being called of them that they were to shoot to kill. Fortunately, the strikers got word of the army being on their way, and the Regiment disembarked to a quiet town. They set up camp nearby for a couple of weeks until things settled down.[111]

The white fishermen looked on as the Japanese went fishing under armed escort, but the following day a Japanese fisherman on his boat was beaten up by two white men. They were caught by K. Oki who took them to the police. On July 27 several nets were cut and some sails torn. On July 29 white fishermen agreed to fish for 19 cents, but it was only when the Native chiefs threatened to head home and take their women cannery workers with them that the canners capitulated and the strike was finally settled.

In 1901, in anticipation of another of the big runs, the canners re-established their association as the Fraser River Canners Association. Its goal was the same: to reduce the intense competition by regulating the number of fishing boats and setting a standard price for fish. White fishermen responded by resurrecting the disbanded FRFP&BA with locals in Vancouver and New Westminster and soon after with locals in Steveston, Ladner, Eburne, Port Simpson and Canoe Pass to form the BC Fishermen's Union. Its goals had not changed either, but now it was affiliated with the National Trades and Labour Congress for more clout.

On June 19 all forty-nine canners on the Fraser offered 12½ cents per fish for the first two hundred and over that number, 10 cents per fish between July 1 and July 27. The white union went on strike "to demand higher prices [15 cents] and, with the support of other occupational unions, to squeeze Japanese fishermen out of the BC fishing industry."[112] The *Dantai* chose July 8 to start fishing. Yamazaki led the fleet on a cannery boat, the *Albion*, but was stopped by white unionists who shot at them from their boats. No fish were caught on that day. The following day the *Dantai* chartered twenty-five cannery boats at $10 a day as escort ships and filled them with fishermen. Other fishermen followed behind and fished. The whites attacked with clubs, the fishermen on the escort boats responded by brandishing thin logs. A number of Japanese "scabs" or strike breakers were said to have been "kidnapped" and marooned on Passage Island.[113] This strike was shorter and less violent than that of the previous year but it had almost the same result. As anticipated, the 1901 season proved to be a bumper year and the "greatest Fraser River sockeye pack ever produced in BC."[114]

According to the United Fishermen and Allied Workers Union (UFAWU), beginning in 1902 when the BC Packers Association amalgamated forty-three canneries, the bargaining position of the fishermen worsened while those of the canners improved. In 1913 in a reversal of roles from the earlier strikes, Japanese led the strike on the Fraser, and this time the tactics used against strike breakers were "reminiscent of the tactics employed by whites and Indians against Japanese strike breakers in 1900 and 1901."[115] The Japanese were organized and kept the other groups from the fishing grounds for two days but the white fishermen in New Westminster continued fishing. The Japanese and Native women cannery workers walked off the job together. The strike ended under "an avalanche of fish. Steveston canneries were glutted with catches from American traps and from New Westminster gillnetters . . . [and] the price fell to 15 cents across the board . . . Surplus fish putrefied at dockside, and scow after scow was dumped at Sand Heads lightship at the mouth of the Fraser."[116]

The fishermen, however, remained divided and the salmon war was now carried to Ottawa. In the spring of 1914 the New Westminster Board of Trade, the Retail Merchants Association, the Trades and Labour Council, and the city council endorsed a resolution asking Ottawa to ban Japanese from fishing above "the bridge" (the original foot and rail bridge where the Patullo Bridge now stands), to limit the number of cannery licences, and to give preference to white and Native fishermen. Subsequently they formed the Fraser River Fishermen's Protective Association to lobby for white and Native fishermen. The use of the word "protective" in the name was well calculated as the general public saw themselves as "protecting" Canada by making it a "white man's country," and white fishermen objected to being obliged to compete with the Japanese in waters that they considered their own.

STRIKES IN NORTHERN WATERS

Fishermen on the Fraser and the Skeena did not strike at the same time since the Skeena season was ending when the Steveston run was just starting. There was a strike in Rivers Inlet in 1899 that involved about 2,500 fishermen and cannery workers and on the Skeena the same year when some 800 fishermen went on strike for most of the season. Whites and Japanese were satisfied with the prices offered by the canners but were reported to be refraining from fishing until the Natives returned to work. When another strike occurred in 1904, the canners were successful in breaking it by turning the Japanese against the Natives, reminding them that in 1899 "the Indians went back on the Japanese, left them in the lurch, and caused them to lose a week's fishing."[117]

In 1936 in Rivers Inlet "white fishermen, who doubted the militancy of Japanese Canadian fishermen, acknowledged that the solidarity of the Japanese Canadian fleet in Rivers Inlet had been unmatched anywhere on the coast . . . The strike ended short of victory, but far from defeat."[118] That same year on the Skeena, Japanese spring salmon fishermen were the first to propose a strike against the Sunnyside Cannery, and the Skeena Fishermen's Association, the strongest in the area, talked to white fishermen who agreed to join the strike. About 1,200 Japanese fishermen took part and were joined by white and Native fishermen for a total of about 3,000. The Native fishermen left the strike after three weeks when the canners withheld their food coupons and would issue them only if they returned to work. They were escorted back to the fishing grounds by rifle-toting men on cannery boats. The whites were not dependent on cannery stores, and Japanese fishermen had prepared for the strike by having food supplies ready in camp, but they were told by their Japanese bosses that they would be sent back to Vancouver if they persisted. The strike ended with a raise of only one cent per fish.

In Namu in 1937 Native fishermen went on strike

supported by Japanese gillnetters and Native cannery workers. White union organizer George Miller "applauded the action taken by Namu fishermen and shoreworkers and the Japanese who stood with them throughout. At the same time he directed withering criticism at white gillnetters, some of whom were known scabs from the 1936 Rivers Inlet strike, who had kept on fishing during the tie up."[119] The Namu strike was significant in that it provided proof that unity across racial and occupational lines would bring better wages and conditions for cannery workers and a strengthened bargaining position for fishermen.

By the mid-1930s the major organizations were the BC Fishermen's Protective Association (BCFPA) that was established in 1919, the Upper Fraser Fisherman's Protective Association (UFFPA), which merged with the BCFPA in 1937, the Amalgamated Association of Fishermen of BC (Japanese), which was established in 1926, the United Fishermen's Federal Union #44, 1932 (purse seine gear), the Native Brotherhood of British Columbia, formed in 1931, and the Pacific Coast Native Fishermen's Association, which was established in 1936 and joined the Native Brotherhood in 1943. The race-based conflicts focussed "both whites and Natives on expelling the Japanese rather than on building an effective union"[120] and the canners played them off against each other for decades. However, in 1931 the Workers' Unity League set out to organize all workers in the fishing industry including fishermen, cannery and shore-workers regardless of race, creed, local or fishing gear. By 1933 it became the Fishermen and Cannery Workers Industrial Union with a membership of 1,500. It incorporated members of the Japanese Workers Protective Association, Native fishermen, Chinese, and cannery workers as well as white fishermen in eight locals reaching from Prince Rupert to Vancouver.

In February 1937 the first issue of *The Fisherman* was published jointly by the Salmon Purse Seiners Union and the Pacific Coast Fishermen's Union of gillnetters and trollers to lay the foundation for "a coast-wide organization uniting all fishing industry workers across racial, gear, occupational and regional lines."[121] At this time fishermen were scattered among ten or eleven unions or associations. Many Native fishermen belonged to the Native Brotherhood of BC or to regional associations, and Japanese Canadian fishermen were "more or less ghettoized in yet another TLC-chartered group, the Amalgamated Fishermen's Association."[122] In the late 1930s the struggle was for legislated bargaining rights and a ban on the "ruthless use by employers of a blacklist directed against active union members or anyone else deemed to be insufficiently submissive."[123]

By 1939 within the white fishermen's union movement real progress was being made in breaking down old barriers. Tatsuro "Buck" Suzuki, who had written to *The Fisherman* on the need for interracial unity and understanding, was invited to address the 1939 Pacific Coast Fishermen's Union (PCFU) convention. It was a radical step in the solidarity that was emerging in the fishing industry. However, this fragile relationship was shattered in 1941 when, within hours of the attack on Pearl Harbor, an editorial in *The Fisherman* endorsed the cancellation of Japanese fishing licences and the removal of Japanese Canadians from fortified areas. On the positive side, it did also warn against efforts to stir up race hatred.

In 1942 after the expulsion of Japanese Canadians from the fishing industry, canners bought the confiscated vessels and made them available to Native fishermen. This led to the creation of the first coast-wide Native organization, the Native Brotherhood, which advocated on all Native issues including education and fishing rights. A smaller organization with that name had acted as the bargaining agent for Native fishermen on the Skeena during the strikes in the early 1930s. The outcome of the 1936 Rivers Inlet strike was the formation of the Pacific Coast Native Fishermen's Association to push for more Native participation in the commercial fishery. In 1942 the two organizations merged and kept the name, Native Brotherhood.

According to author Geoff Meggs, the Native Brotherhood was not a labour organization. The leaders were chiefs, acting in their traditional role as spokesmen for their people. They had close and long-standing ties to the canners and harboured deep-seated suspicions about the motives of white union leaders. They were also the owners of large boats. "Strongly religious and politically conservative, the Brotherhood leaders built an organization that opened the way for the modern aboriginal rights movement. In the fishing industry however, the Native Brotherhood acted as a brake on the actions of the burgeoning union movement."[124]

Within the Nikkei communities in Vancouver and Steveston by the 1930s the "old" leadership—conservative and culturally Japanese—was being challenged by the younger, Canadian-born and Canadian-educated, English-speaking generation, and in 1932 they established the Japanese Canadian Citizens Association to fight for their rights as Canadians. (It was replaced in 1936 by the Japanese Canadian Citizens League.) Two second-generation fishermen, Hideo "Hides" Onotera and Tatsuro "Buck" Suzuki served as president and vice-president of the Delta, Richmond and Surrey JCCL chapter. Even within the Nikkei fishing organizations, sons were replacing fathers; Suzuki and Onotera took over their fathers' memberships in the *Dantai* and also founded the Upper Fraser River Japanese Fishermen's Association in an effort to find some basis of unity with white union fishermen. In 1938 the *New Canadian* newspaper was published as "a voice of the *Nisei*." Written in English, it became possible for Japanese in Canada to present their views to the white majority for the first time.

NIKKEI FISHERMAN FIGHT IN THE COURTS FOR ENFRANCHISEMENT

Initially Asians had enjoyed "equality and protection" and the right to vote in Canada. Disenfranchisement began in the 1870s when the Chinese lost the provincial vote; then in 1885 after the Canadian Pacific Railway was completed and their labour was no longer essential, they lost the vote federally as well. In that same year a head tax was imposed on Chinese immigrants to discourage further immigration and it stayed in place until 1923. In 1895 a provincial law disenfranchised the Japanese, including those who were naturalized or Canadian-born. At the federal level, Laurier and the Liberals granted the franchise to "naturalized Orientals" in 1896, but Asians could not exercise this right in BC since the federal voters list was based on the provincial list and no Asian was allowed to register.

The consequences of being disenfranchised, said Buck Suzuki, were that "politicians were not interested in you, you have nothing to contribute; you have nothing to give them. At the time of election, you were something nice to kick around."[125] It also meant that Asians could not be elected to the provincial legislature, to municipal office or to a school board. They could not serve on a jury, were excluded from employment by provincial or municipal governments and from most professions including law and pharmacy, which stipulated being on a voter's list as a condition of membership; they were unable to obtain hand-logging licences or be employed by any buyer of Crown timber for the purpose of logging such timber or to mine underground. Legal discrimination also meant de facto segregation in Canadian society. Japanese were not allowed in some public places (the Crystal Pool in Victoria, for example), commercial establishments such as theatres designated the balcony for non-whites, and the White Lunch Restaurant "wouldn't let us in. They said if the Japanese came in, they would lose customers."[126] The right to vote was, therefore, essential if the Japanese were to be considered citizens of this country with all the same responsibilities and rights as other Canadians, and since they could not influence the politicians who made the laws, they turned to the courts.

CUNNINGHAM V. TOMEY HOMMA

In 1900 the *Gyosha Dantai* chose Tomekichi Homma, its first president, as the public face to challenge the denial of the right to vote for all Japanese Canadians. "Homma did not act alone in mounting his challenge. His attempt to register to vote was part of a larger, coordinated effort by naturalized Japanese immigrants in British Columbia to challenge the discriminatory provisions of the Provincial Voters Act."[127] Several other naturalized Japanese immigrants applied to have their names added to the voters list, too, but the resources of the Japanese immigrant society were limited and the cost of lawsuits prohibitive. Homma, however, was regarded by his peers as both "principled and resolute," and as a proven leader he was the obvious choice. Born in Chiba, a third son in a former samurai family, he had landed in Canada in 1887 and fished for the Phoenix Cannery, thereby becoming a naturalized citizen. He had been instrumental in the founding of the Steveston Japanese Fishermen's Association, the *Gyosha Dantai*, in 1897 and had been prominent in creating the earliest Japanese language school and established a bimonthly Japanese newsletter called *Dai Nippon* to provide news of both Canada and Japan to those not yet conversant in English. He established the first Japanese daily newspaper, the *Canada Shinpo*, but his English was so good that he was asked to assist in the courts and he knew the law. In 1900 he was a bona fide resident of Vancouver as he operated a boarding house there and he and a partner were providing labourers for the Canadian Pacific Railway. He was, therefore, the perfect candidate to challenge the exclusion of Japanese from the provincial voters list.

It would not be an easy fight. The Provincial Voters' Act of BC, dated February 20, 1895, specifically said:

> No Chinaman, Japanese or Indian shall have his name placed on the Register of Voters for any Electoral District or be entitled to vote at any election of a Member to serve in the Legislative Assembly of this Province. Any Collector of any Electoral District or Polling Division thereof who shall insert the name of any Chinaman, Japanese, or Indian in any such Register, shall, upon conviction thereof before any Justice of the Peace, be liable to be punished by a fine not exceeding fifty dollars or to be imprisoned for any period not exceeding one month.

The returning officer, Thomas Cunningham, would rather have gone to jail than add a single Chinese or Japanese name to the voters list he was responsible for preparing, so members of the *Gyosha Dantai* rallied behind Homma, raising funds to pay the legal fees so he could appeal to the courts. Not everyone was supportive. Seizaburo Shimizu, the Japanese consul in Vancouver, explained that once a Japanese became a naturalized British subject, he was no longer a Japanese subject and therefore not a responsibility of the Japanese government.

R.W. Harris of the law firm Harris & Bull represented Homma and in the case of *Cunningham v. Tomey Homma*, the BC Supreme Court ruled in Homma's favour and ordered that he be included on the voters list. The Supreme Court of Canada then confirmed the right of Japanese and Chinese Canadians to vote in provincial elections and ruled that the province lacked the power to deny the franchise to born and naturalized British subjects. But in 1902 the case was appealed to the Privy Council in London, and there the decision was reversed with the ruling that the provinces *did* have the power to decide who has the right to vote. The headlines in the *Victoria Daily Colonist* on December 18, 1902, exclaimed, "Japs Can Not Vote. The Privy Council Decides in Favor of Province in the Homma Case. Holding That Legislature Can Refuse the Franchise to Orientals. Being Naturalized British Subjects Does Not Give them Right to Vote."

Unfortunately, before the case was completed, financial assistance had dwindled and the burden then fell on Homma's family. Immigrants who had criticized him for proceeding with the test case now shunned him and some blamed him for the Privy Council decision. Forty years later the Homma family was relocated to Slocan where Tomekichi Homma died in October 1945. A single portrait of the king and queen of England hung on one wall of his home, ongoing if mute testimony to acceptance of his status as a British subject. Homma, his wife and two of their children are buried in the Mountain View Cemetery in Vancouver. In 1990 the City of Richmond recognized his noble struggle and in his honour named a school in Steveston after him. Toyo Takata writes in *Nikkei Legacy* that Tomekichi Homma "was surely the foremost advocate and activist of Nikkei civil rights and without peer."

The 1902 decision of the Privy Council meant that at election time BC politicians, freed of any worry about the effect of the Asian vote on their chances of being elected, courted and fuelled and exploited public prejudices against them. During the campaign leading up to the 1907 provincial election, W.J. Bowser, a leading Conservative and the incumbent MLA for Vancouver, asked an audience, "How would you like to cast your ballot with a pig-tailed Chinaman on one side and a Jap on the other, being instructed by an interpreter to vote for a Grit candidate?"[128] He and his party were re-elected. Another slogan was "Stand for white Canada . . . Do you want to become part of a Mongolian province?"[129] In anticipation of the 1928 election, "the province's Liberal administration . . . asked Ottawa to negotiate for the 'repatriation' of the Japanese and Chinese in Canada."[130] In 1933 the Liberals ran newspaper advertisements that proclaimed: "A vote for any CCF candidate is a vote to give the Chinamen and the Japanese the same voting right as you have." The House of Commons was also an arena for announcing racial prejudices. In the February 24, 1941, debate, A.W. Neil, MP for Comox–Alberni, claimed that "we in British Columbia are fully convinced that once a Jap, always a Jap." He also stated that the CCF lost votes in BC because of its position on Orientals. Angus MacInnis, the CCF MP for Vancouver East, rebutted that Neil's attitude was held by a "very few people" and was a "disgrace to the people of Canada . . . I never asked anyone to vote for me because of my racial prejudice. I would not appeal to anyone for his franchise on his racial prejudice. I have not the least doubt that before Hitler got his people into the Reichstag, many of them got there by demonstrating their hatred of Jews on the public platform. Our friends from BC are doing that today."[131]

After the Privy Council in 1902 nullified Tomekichi Homma's earlier victory, the fight for the franchise was not formally renewed until the next generation of Japanese fishing families took an interest. Harry Naganobu was the first president of the Japanese Canadian Citizens Association (JCCA) after it was formed in 1935. Having worked every summer during his high school and university years at Wadham's Cannery with his father, Torahachiro Naganobu, he was well versed in the discriminatory policies practised in the fisheries. His father had been recruited by Shiga Aikawa in 1894 and went to work on the Skeena first as a salmon fisherman and later as a *boshin* in Rivers Inlet.

Harry Naganobu's main interest was the franchise, and when the JCCA was dissolved a year after its founding and resurrected as the Japanese Canadian Citizens League (JCCL), he was once again elected

Left: 1936 Japanese Canadian delegation to Ottawa to seek the franchise.
Courtesy Japanese Canadian National Museum, Tatsue Okamoto photo

Above: Burrard Fish Co. owner Iwakichi Sugiyama voted in the civic election in 1940.
Courtesy Iwakichi Sugiyama

president. In 1937 at the invitation of Angus MacInnis, CCF Member of Parliament for Vancouver East and a staunch supporter of justice for Japanese Canadians, a JCCL delegation travelled to Ottawa. The delegates included Hide Hyodo, a Steveston schoolteacher, Edward Banno, a dentist, and Dr. S.I. Hayakawa, a linguistics scholar from Montreal, who gained notoriety in the 1960s as the president of San Francisco State University. The fourth member would have been Roger Obata, who had fished during the summers out of Prince Rupert and whose father Sataro Obata had fished there for three decades, but he had to sit his final exams as an engineering student at UBC. He was replaced by Minoru Kobayashi, an insurance agent from Steveston. Their presentation to the Special Committee on Elections and Franchise Act (Revision Committee) to force the BC government to allow them to register to vote impressed the Members of Parliament but once again they were unsuccessful in forcing change.

In spite of this denial, Nikkei involved in the fisheries did find the means to exercise their right to vote. In 1940 Iwakichi Sugiyama, co-owner with Senkichi Fukuyama of the Burrard Fish Co. Ltd., became the first Oriental person to vote in a civic election in Vancouver "due to an ambiguity in the city charter." The loophole was that "in the case of a corporation voting through its authorized agent, such agent shall be entitled to vote . . . until his authorization shall have been cancelled [by his company]." The Burrard Fish Company had been in operation for fifteen years when Sugiyama applied for the franchise. After he cast his vote, he remarked, "This is very good. We work hard, pay our taxes and do our part for the country. We like to have a good mayor."[132]

The October 7, 1940, story in the *News Herald* that tells Sugiyama's story also mentions that Bob Torazo Kondo, who represented the Powell Fish Company, swore out papers as well, but due to some legal discrepancy his claim was not admitted. Japanese Canadian recruits voted in Canadian elections while serving in the armed forces during both world wars. In the book *A Man of Our Times*, Ryuichi Yoshida is quoted as saying that he voted in the 1946 municipal election in Hamilton and felt as though he had finally joined the human race.

Vancouver extended the franchise "to all citizens of Asiatic origins" including Japanese on January 17, 1949, just four months before they were allowed back on the BC coast, and the franchise was returned to Asians federally on June 15, 1948. Chinese and South Asians and First Nations people were finally enfranchised provincially in April 1947, but it was not until March 7, 1949, when Bill 43 was passed amending the BC Elections Act, that the franchise was extended to the Japanese. Native peoples were not allowed to vote federally until 1960. Tomekichi Homma did not live to see this day, but his son Seiji, president of the BC Japanese Canadian Citizens Association, came from Greenwood where he was living at the time to sit in the BC Legislature and witness the elimination of second-class citizenship.

FIGHTING FOR EQUAL RIGHTS ON THE BATTLEFIELDS OF EUROPE (1914–19)

In 1914 a number of *Issei* with connections to the fishing industry were convinced that a "willingness to serve [in the army] would win them the respect of the government and Canadian majority and would secure them the full rights of citizenship."[133] The project

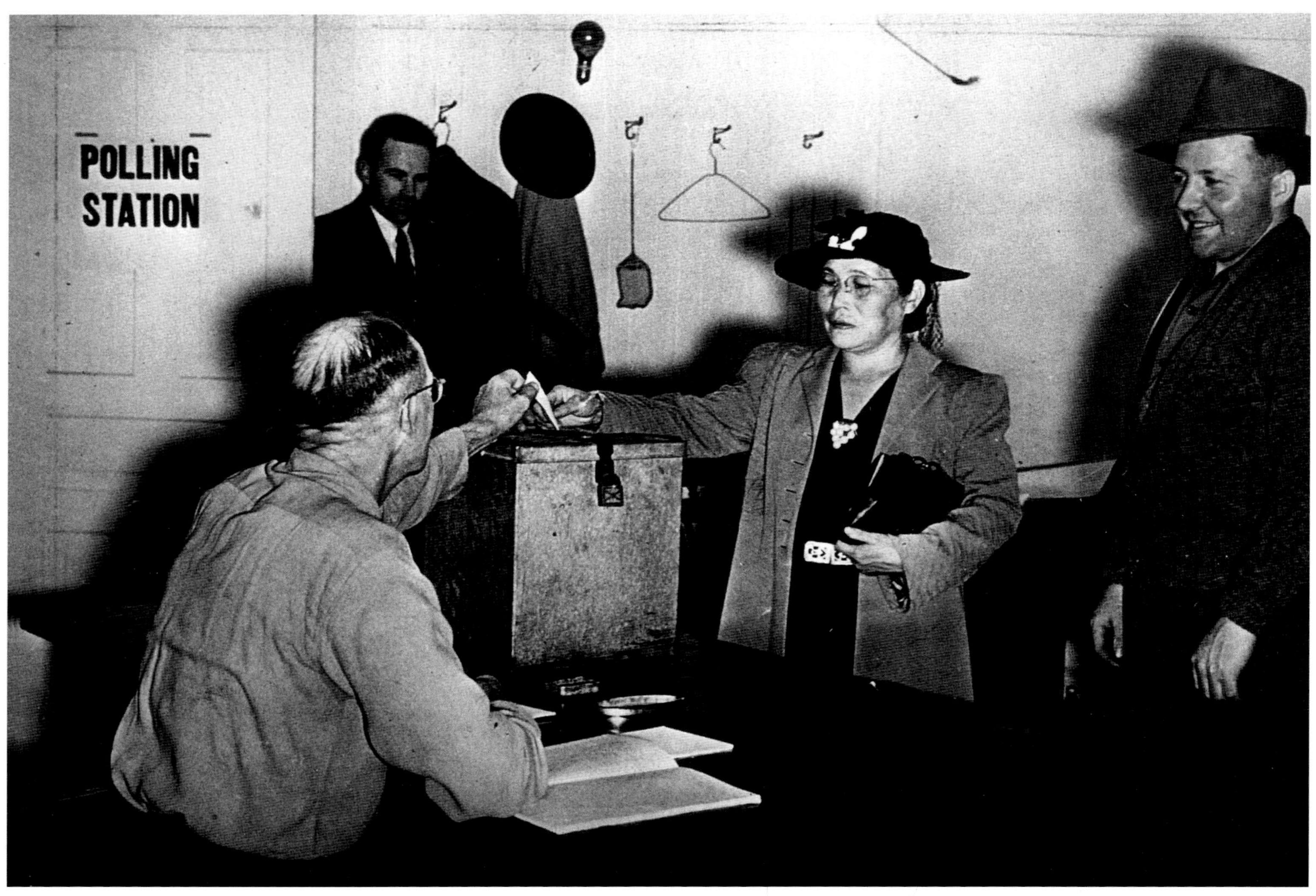

Mrs. Takenaka voted in Greenwood at a school plebiscite in June 1948 before Japanese Canadians were granted the vote provincially in 1949.
Courtesy Japanese Canadian National Museum

was spearheaded by Yasushi Yamazaki who had been the manager of the Fraser River Japanese Fishermen's Benevolent Association during the strikes of 1900 and 1901 on the Fraser. He was now the publisher of the *Tairiku Nippo* and the chairman and president of the Canadian Japanese Association (CJA) or *Nihonjin-kai*, the public voice of the community. He and others of the CJA proposed that they undertake the training of any Japanese Canadian volunteer who wanted to fight for Canada in a Japanese Volunteer Corps. After all, since the signing of the Anglo-Japanese alliance in 1902, Japan and Britain (and therefore Canada) were allies. In fact, two Japanese men-of-war had arrived in Vancouver harbour and they patrolled the BC coast for the duration of the war.

On August 10, 1915, the CJA sent a telegram to Prime Minister Robert Borden in Ottawa: "Japanese Canadians strongly wish to volunteer for service to fight for king and country in the Canadian army or navy." In anticipation of a positive response, on December 21, 1915, they placed advertisements in Japanese language newspapers asking young men between the ages eighteen and forty-five to serve in a Japanese battalion with the dual purposes of aiding world peace and the betterment of the Japanese community in Canada. The Fishermen's Association in Steveston was approached for their help in recruitment and on January 6, 1916, a public meeting was held at the Opera House in Steveston. The moderator was Takejiro Ode, the owner of herring salteries in Nanaimo and on Newcastle Island. The speakers included fishermen Mosaburo Oda and Heisaburo Yamamoto, a farmer named Iku Kumagawa and Saburo Yoshie from the Japanese consulate.

Iku Kumagawa opened the meeting with:

> Chivalry is an essential virtue of us Japanese. We come to the aid of the weak and are fearless before the powerful. Now we have an excellent opportunity to show that in both spirit and actions we are not inferior to white people. Until now Japanese Canadians have not been treated well here. But this [volunteering] will put future provincial governments in a position where they cannot deny Japanese their rights. As we look to the future as Japanese are establishing their place in Canada, we have no choice but to rise and meet the challenge.[134]

Two hundred men were organized into four platoons and training started on January 18, 1916, under a Vancouver militia officer, Captain Robert Colquhoun. However, after months of waiting a response arrived saying that their offer had been rejected. Yamazaki went to Ottawa by train to press the case but returned disappointed. Before the corps was disbanded on May 20, 1916, each volunteer was presented with a medal of honour for offering to serve in the Canadian forces. The expenses incurred in training the men amounted to $14,212.36, of which $10,129.69 was raised by the Japanese community, leaving a balance of $4,082.67. The Japanese Fishermen's Association offered to pay the debt from that summer's earnings, but instead the law firm of Tupper and Bull, acting on behalf of the CJA, shamed the federal government into paying it when they pointed out that, of the 227 men originally enrolled in the Volunteer Corps, 174 had enlisted in Alberta and were on their way to France to fight for Canada.

This turn of events had come about when in April 1917 Conservative Prime Minister Sir Robert Borden had introduced conscription to fulfil Canada's obligation to provide 500,000 men for the British army. On learning that Alberta was experiencing difficulties finding enough volunteers to meet its quota, Yasushi Yamazaki and T. Iiyama of Edmonton met with the district commander there. With a Japanese population of just 9,000, it would have been difficult to form a uniquely Japanese battalion (1,000 men), so recruiters from Alberta and Vancouver saw them instead as a means of bringing their existing battalions up to strength, and soon *Issei* volunteers were being accepted individually into battalions. From the coastal communities in British Columbia, 47 Japanese Canadians joined the 192nd Battalion and, after training just outside of Calgary, fought in France.

The recruiters for the 175th Battalion—Private Sainosuke Kubota, who had joined in Alberta, and Lieutenant B.R. Jones—signed up 23 Japanese in Vancouver. However, the competition was keen as other battalion recruiters had arrived there before them so they travelled up the coast as far as the Skeena and signed up another 29 from the fishing communities. In total 56 Nikkei joined the 175th and 30 of them gave "fishermen" as their occupation in their attestations; some of the others identified themselves as labourers so probably many more were from the fishing industry. Then in April 1917 the 23rd Infantry Brigade in Vancouver was contacted by Ottawa for more Japanese Canadian recruits, but Yamazaki advised Colonel Duff-Stewart, commanding officer, "that recruiting should wait until October when the fishing season would be over and another 200 men might volunteer."[135]

A total of 222 *Issei* fought in World War I; 26 were drafted and 196 volunteered. Of the volunteers, 39 listed their occupations as "fisherman" and 58 as "labourer," and there were nine cooks (five of whom were drafted), nine farmers, seven barbers, six porters, five tailors and a few each of other occupations. Most of the fishermen had been Buddhists in Japan and had maintained their connection after coming to Canada (the number was as high as 68 percent in the early 1900s, according to Terry Watada), but on their attestation papers only two admitted to being Buddhists; there was one Congregationalist, one Roman Catholic and thirty-five Methodists. That such an overwhelming number said they were Christian can be attributed to the fact that conversion to Christianity was seen as being Canadian and conversely that being a Buddhist was perceived as being too Japanese. There was also a strong sense of obligation to the Christian churches that had been the first to help the new immigrants by providing interpreters, legal aid and other social services. Fear of anti-Japanese sentiments and therefore rejection from the forces may also have been a contributing factor. (The same fear postponed the building of a Buddhist temple in Steveston until 1928.)

Sachimaro Morooka was one of the fishermen recruits who joined in time for the Battle of Vimy Ridge and wrote about his wartime experiences in *Arasu Sensen E* (*At the Battle of Arras*), published in Japan in 1935. Mokichi Sakiyama (1880–1957), who was born in Japan, had been a fisherman on the Fraser and during the off-season farmed in Haney. He joined the 143rd Battalion Canadian Expeditionary Force on May 13, 1916. He wrote:

> I have been placed in the 24th Engineer Battalion and am performing my soldier's duties. Please be assured of my well-being. Since I came to France on March 18th [1917] I have taken part in battles and recently was in the [Vimy Ridge] great offensive. This was a battle of astonishing scale and the enemy used copious amounts of poison gas. The British forces could not advance as planned. After being held back, we advanced 23 miles. This on only three biscuits. Now, after being hit by enemy poison gas, I am resting in the rear.[136]

Sakiyama was wounded and discharged on May 31, 1918; he went to Japan, married and returned to Canada on February 20, 1919.

Of the 222 *Issei* who fought in the war, 54 were killed or died of wounds and only 10 returned unwounded. On November 19, 1916, the first memorial services for the fallen were held in New Westminster and in Vancouver at the Vancouver Buddhist Church. At a salmon cannery on the Nass River, Japanese, white and Native fishermen attended a Buddhist ceremony at the community cemetery and raised a marker in honour of the Japanese volunteers. In the Japanese section of the Gingolx (Kincolith) Village graveyard a stone was erected by the Nass River *Nihonjin Kai* chapter in honour of the heroes of World War I.

The Japanese serving in the Canadian armed forces in France had exercised their right to vote in the 1917 federal election, and after the war ended, a campaign for the enfranchisement of all 142 Japanese Canadian survivors began in earnest. In 1920 at a veterans' convention in Vernon the delegates unanimously supported a resolution to assist in gaining the franchise for all returned soldiers. The general public in British Columbia, however, was fiercely opposed to extending the vote, and more than a decade went by before the Japanese Canadian veterans were granted the right to vote, on April 1, 1931, only to lose it ten years later.

On the fishing grounds, the depressed economy and high unemployment in the post-war years had brought out more resentment at the "economic penetration" of Japanese Canadians. Thus, when a proposal was made that licences be issued to all Japanese Canadian veterans who applied for them without displacing other Japanese fishermen, the Department of Marine and Fisheries turned them down. In the end the 44 Japanese Canadian veterans who applied and qualified for fishing licences were classified as "white" and were therefore exempt from the reductions and restrictions placed on other Japanese fishermen in the 1920s. In 1934, 86 of the 142 veterans possessed fishing licences.

In 1941, 37 veterans were still fishing but they, too, were automatically classified as "enemy aliens" and lost both their franchise rights and their fishing licences and were banned from fishing for the duration of the war. Ironically, their boats were confiscated and sold to other veterans whom the government was encouraging into the industry to fill the gap when all Japanese fishermen were expelled. When Yasukichi Saito, a fisherman and a World War I veteran of the 50th Battalion, "who served in the midst of powder smoke and bullets fighting for the Union Jack . . . enquired . . . as to whether any exception would be made in the case of returned soldiers of Japanese origin, in connection with the recent seizure of fishing boats, and the licensing of fishermen," the response was that "the Department . . . states that it is not aware that any exception is contemplated in the application of Orders in Council P.C. 251 and 288, dated January 13, 1942, dealing with the licensing and disposal of fishing boats and equipment of persons of Japanese racial origin."[137]

In 1977 when Japanese Canadians celebrated the 100th anniversary of the arrival of the first immigrant, of the four surviving veterans of World War I, three had worked as fishermen. (Masumi Mitsui was the exception.) Private Kiyoji Iizuka had enlisted as a barber with the 175th Battalion at Calgary, Alberta. He was honourably discharged on February 7, 1919, and subsequently worked as a fisherman and a painter in Vancouver. He was relocated to Greenwood and returned to Vancouver in 1969 where he died in 1979. Private Ryoichi Kobayashi had enlisted as an automobile driver with the 192nd Overseas Battalion and was honourably discharged on May 17, 1918. He lived in Vancouver and worked as a fisherman and a logger. In 1942 after he was forcibly moved to Hastings Park and then to Tashme, he became very bitter about the treatment of Japanese Canadians. He returned to Japan in 1947 but came back to Canada in 1955 and died here on October 13, 1979. Corporal Sainosuke Kubota had enlisted as a cook with the 175th Overseas Battalion in Calgary and was honourably discharged in 1919. He then worked as a fisherman and lived in Vancouver; in 1942 he was relocated to Slocan and later settled in Toronto where he died on January 30, 1978.

Several memorials have been erected to commemorate the service and sacrifices of the Japanese Canadians who served in the armed forces of their adopted country in World War I. An honour roll, a six-foot-high plaque inscribed with the names of the soldiers who gave their lives, was unveiled on January 31, 1918, and is housed at the Vancouver Japanese Language School. The community also raised $15,500 to erect a cenotaph in Stanley Park as a permanent memorial to the 196 men who volunteered. On April 9, 1920, the third anniversary of the Battle of Vimy Ridge, an eternal flame was lit to commemorate the 54 volunteers who made the supreme sacrifice and to honour the 140 who returned. It burned until 1942 when Canada entered the war against Japan and was relit in 1985 by World War I veteran Masumi Mitsui.

Thirty-nine volunteers listed their occupation as "fishermen" on their attestation papers for the Canadian Expeditionary Force. These volunteers are listed by battalion below.

52nd Battalion (Enlisted in 13th Canadian Mounted Rifles)

Name	Prefecture	Religion
Noboru Asada	Kanagawa	Roman Catholic
Kichiji Shimizu	Aichi	Buddhist

50th Battalion (Enlisted in 175th Overseas Battalion)

Name	Prefecture	Religion
Ichiji Ban	Mie	Methodist
Bunkichi Hamade	Wakayama	Methodist
Chotaro Hamaguchi	Mie	Methodist
Chiki Haneshima	Fukushima	Methodist
Kazuo Harada	Fukuoka	Methodist
Takejiro Hirota	Kagoshima	Methodist
Hikogoro Inouye	Hiroshima	Methodist
Ryukichi Ishii	Kagoshima	Methodist
Katsukuma Katayama	Kumamoto	Methodist
Hikotaro Koyanagi	Fukuoka	Methodist
Kikukusu Kurisu	Wakayama	Methodist
Kosho Matano	Hyogo	Methodist
Kuwajiro Matsuda	Hiroshima	Methodist
Tamotsu Mikuriya	Mie	Methodist
Sachimaro Morooka	Saga	Methodist
Sotaro Motohashi	Tokyo	Methodist
Manichi Nakamura	Hiroshima	Methodist
Hikojiro Narita	Hyogo	Methodist
Tsunezo Nonaka	Tokyo	Methodist
Saburo Sato	Miyagi	Methodist
Shinjiro Goto (Sato)	Osaka	Methodist
Takezo Shirasao	Hiroshima	Methodist
Kohei Tada	Miyagi	Methodist
Yusaku Tajino	Niigata	Methodist
Yoshizo Takeuchi	Saitama	Methodist
Rokushiro Tao	Hiroshima	Methodist
Setsujiro Tsuchiya	Shizuoka	Methodist
Otojuro Yamamoto	Yamaguchi	Methodist
Tsunematsu Yamasaki	Wakayama	Methodist
Torakichi Yasuda	Shiga	Methodist

10th Battalion (Enlisted in 192nd Overseas Battalion)

Name	Prefecture	Religion
Chutaro Chujo	Ishikawa	Methodist
Tsurumatsu Kamei	Osaka	Methodist
Kumakichi Oura	Wakayama	Methodist

Railway Battalion

Name	Prefecture	Religion
Mokichi Sakiyama	Wakayama	Buddhist

143rd Battalion

Name	Prefecture	Religion
Yichimatsu Fukushima	Kanagawa	Methodist

191st Overseas Battalion (Served with 10th and 50th Battalions)

Name	Prefecture	Religion
Tsurumatsu Kamie	Shiga	Methodist
Kajo Yoshihara	Yamaguchi	Congregationist

Occupations of Japanese Canadian Recruits

Labourer	58
Fisherman	39
Cook	9
Waiter	4
Barber	7
Cleaner	1
Tailor	5
Farmer	9
Rancher	1
Carpenter	3
Engineer	5
Sailor/seaman	2
Driver	1
Logger	3
Miner	2
Merchant	3
Porter	6
Railway worker	2
Student	2
Unknown	39

World War I veterans in the BC fishing industry (1929–41)

Year		Year	
1929	85	1936	54
1930	85	1937	64
1931	79	1938	57
1932	72	1939	56
1933	85	1940	48
1934	86	1941	37
1935	60		

NIKKEI FISHERMEN FIGHT REDUCTIONS AND RESTRICTIONS

Between 1914 and 1941 British Columbia consolidated into a white man's province because Asian immigration was down to a trickle as the result of the head tax on the Chinese and the Lemiuex-Hayashi Agreement on the Japanese. During this period, stereotypes of Asians, separating the Chinese and the Japanese, began to emerge. The Chinese were seen to "know their place" whereas the Japanese were more enterprising, competitive, aggressive and ambitious. Rintaro Hayashi, a fisherman, wrote that racism against the Japanese did not originate from the workers, whose jobs were perceived to be taken over by the Japanese, but was stimulated by Japan's military victories, first over China in the Sino-Japanese war of 1894–95 but more significantly by Japan's triumph in 1905 over Russia, which was considered a "European nation."

Japan "raised her head." Fear, suspicion and jealousy ensued and were directed against the Japanese on the North American continent. White people said the Japanese didn't co-operate with white fishermen, or Japanese made themselves slaves of the company and sold their fish cheap to the company, or Japanese workers worked for lower wages, or Japanese farmers worked even on Sundays, and in general people spoke as if these were the reasons for racism. Of course, these reasons excuse racism, but the real cause of racism is related to the power Japan herself was acquiring as she rose in the world.[138]

It seems that Hayashi was referring to the kinds of statements made by Oriental exclusionists in British Columbia and on the US west coast that in the worldwide "race war" that was going on, victories for one side could be seen as defeats for the other. Hence, the fear generated by success by Orientals in any competitive situation with whites.

Economic slowdowns also fuelled anti-Japanese sentiments. World War I veterans returned home to find jobs scarce, and those who turned to fishing found it difficult to make a living. The Fraser was "fished out" as the result of the devastating Hell's Gate slide of 1913 and a lack of conservation measures. Instead of dealing with the root causes of the depletion of stocks, fishermen began fighting for the remaining spoils. William Maiden, a returned soldier, became a member of the BC Fishermen's Protective Association and with the help of politicians such as A.W. Neill, MP for Comox–Atlin, and W.G. McQuarrie, Liberal MP for New Westminster, "strongly urged" the government that "steps be taken toward restoring the fishery to white fishermen and Indians." They were joined in making this demand by white fishermen's associations, Native fishermen and their representatives and organizations such as the Great War Veterans Association.

In 1919 the federal government responded to the persistent lobbying with the formation of a Pacific Coast Fishing Industry Survey Committee, and when this did not satisfy the demands, in 1922 they created the British Columbia Fisheries Commission or Duff Commission because it was chaired by William Duff, the MP for Lunenburg, Nova Scotia. Four of the other five members of the Commission were from British Columbia: C.H. Dickie, MP for Duncan; W.G. McQuarrie, MP for New Westminster; A.W. Neill, MP for Alberni; and A. Stork, MP for Prince Rupert. The fifth was L.H. Martell, MP for Windsor, Nova Scotia. Ostensibly the commission's goal was to monitor and investigate the general state of the fisheries; in fact, the question was not whether Oriental licences should be reduced in number but what percentage the reduction should be in order to bring about the displacement of Orientals by white fishermen in the shortest period of time without disrupting the industry.[139]

The Duff Commission held twelve meetings at locations from Prince Rupert to Vancouver. The commissioners interviewed industry managers, fisheries officials, fishermen, tradesmen and ordinary citizens, but not one of the Japanese fishermen's associations was invited to present their side of the story. The three Japanese officials and two fishermen who did manage to appear were either ridiculed for their poor English or derailed with questions about their "low standard of living."[140] The commission's recommendation was for a reduction of licences in 1923 only, but in the Department of Fisheries this was seen as just the beginning of a process to reduce to zero the number of licences issued to Japanese. At the same time Fisheries was urging the Ministry of Immigration and Naturalization to expedite the granting of fishing licences to new European immigrants.

The architect of the Fisheries Department policies that dominated this whole period was William Ambrose Found, who began as superintendent of fisheries, then in 1920 became assistant deputy minister and in 1927 deputy minister. "Until his retirement in 1938, he was director of fisheries, standing at the peak of the national bureaucracy with a decisive role in every significant policy decision." Found was determined to implement the Japanese exclusion policy "despite government's conviction that it violated a treaty with Japan."[141]

A Department of Fisheries memorandum dated May 26, 1938, titled "Re: Policy of Encouraging Whites and Indians in British Columbia Fisheries and to Reducing the Numbers of Fishermen of Oriental Origin," summed up the actions of the department over this period and the reasoning behind them. Paragraph 3 states:

> At the close of the war with the return of the soldiers from overseas the extent to which fishermen of Oriental origin had become entrenched in the fisheries, resulting in a loss of opportunity for other classes, became an issue of first importance . . . In 1919 . . . it was decided, with a view to encouraging a White and Indian fishing population, that there should be no increase in privileges available to others than White and Indian fishermen engaging in the salmon and herring fisheries, and that no more fishing licences of Oriental origin should be granted in 1920 than were issued in 1919. It was also decided that the provision of the Fisheries Act authorizing the Minister of Fisheries to issue fishing licences should be the agency of control in this arrangement.

Fisheries Department Considers Elimination of Japanese Fishermen

Tom Reid Decides Not To Press Resolution To Vote Therefore

RIGHTS INCREASED

Ottawa, Feb. 23.—Having received the assurance of departmental action, Thomas Reid (Lib., New Westminster) told the House of Commons he would not press the vote on his resolution to eliminate Japanese from the British Columbia fishing industry.

Reid was the only speaker on the resolution and the date was adjourned by Vincent Pottier (Lib., Shelburne-Yarmouth-Clare).

The British Columbia member told the House he had discussed the proposal with Hon. J. E. Michaud, Minister of Fisheries, and learned the whole question was under review. The Minister had power to deal with the situation under the Fisheries Act and he was satisfied something would be done.

Reid proposed his resolution, saying "As the fishing industry in British Columbia is still today largely in the hands of Japanese fishermen, and particularly in the Fraser River area, all fishing licenses issued to Japanese, or those of Japanese origin be reduced by not less than 40 per cent during the present year and by 15 per cent each year following, and continued until such time as the recommendation made by the Royal Commission is carried out and the fishing industry of British Columbia is again in the hands of white Canadian fishermen."

It was the purpose of the 1922 commission to exclude Japanese fishermen from the British Columbia fishing industry over a five-year period, Mr. Reid said. Reductions were made at first but later stopped, the last reduction being made in 1927 when Japanese fishermen protested in courts against discrimination. The Privy Council, which finally settled the case, decided parliament had not given the Fisheries Department the right to discriminate against Japanese, Mr. Reid continued. This neglect was settled in 1929 when proper legislative authority was given the department, but the department never made use of it.

Waterfront Bylaw To Be Discussed

In order to explain to ratepayers why the City Council wants the land purchase bylaw on Saturday next to be endorsed by the voters, a public meeting will be held this evening in the Oddfellows' Hall at 8 o'clock, with His Worship Mayor V. B. Harrison in the chair.

Speakers for the evening will be Ald. J. G. Hindmarch and Ald. J. Kerr who will outline the proposals of the city in acquiring the foreshore property.

These two Aldermen will also answer any questions regarding the bylaw by members of the audience.

B.C. BORROWS TWO MILLIONS

Smallest Sum Needed by Province For Several Years, States Hart

Victoria, Feb. 23—(CP).—British Columbia borrowings from Ottawa in the current fiscal year for relief and works projects amounts in all to $2,000,000, Hon. John Hart, Minister of Finance, said Tuesday following his return from the federal capital.

Mr. Hart negotiated a $1,000,000 loan in Ottawa to complete his financing on the 1937 works program up to the end of the fiscal year, March 31. Previously $1,000,000 had been obtained for direct relief.

This is the smallest sum British Columbia has needed for several years. The remainder of its relief costs have been met out of current revenue, Mr. Hart explained.

"In our present situation," he commented, "if it were not for relief costs our budget would be completely balanced, including the setting up of all sinking funds."

FREEMAN NAMED PIONEERS' HEAD

McGregor Secretary For His

Nanaimo Daily Free Press, *Feb. 2, 1938*

Paragraphs 4 through 8 state:

> Licences in 1921 were issued on the same basis as those of 1920. In 1922, the first step to reduce the number of other than Whites and Indians was undertaken when a reduction of 33 1/3% in the number of salmon trolling licences on the basis of the number issued to them in the preceding year was applied.
>
> In 1922 the B.C. Fisheries Commission, of which Mr. William Duff, M.P., was chairman, was appointed. Its report recommended a 40% reduction in 1923 in all fishery licences to persons of Oriental origin and that for salmon purse seine and drag-seine fishing no licences be issued at all to that class. This recommendation was carried out.
>
> Continuing this policy, reductions were applied with certain exceptions from 1924 to 1927 on a varying basis, but in no instance exceeding 15% in any one year.
>
> In 1926, Fisheries Committee of the House recommended beginning with 1927 an annual reduction of 10% on the basis of 1926 licences so that by 1937 the industry would be entirely in the hands of Whites and native Indians. Before the

> final report of the Committee could be submitted for approval, the House dissolved.
>
> Late in 1927, the Minister's authority to issue licences as he had been doing to bring about the reductions was challenged. Privy Council decision in 1929 upholding that of the Supreme Court was adverse to the Department. In the meantime, the Fisheries Act had been amended to give the Minister absolute discretion in the issue of licences.

The impact of the Duff Commission's recommendations as expanded and implemented by William Found and his Department of Fisheries was an immediate catastrophe for Nikkei fishermen and their communities. Evidence of the drastic reductions in Japanese fishing licences in every gear type and the accompanying restrictive policies that accompanied them are provided in a Department of Fisheries memorandum written on February 11, 1938, titled: "Fisheries Policy in BC in Relation to Encouraging Whites and Indians to Enter the Industry and to Reducing the Numbers of Fishermen of Oriental Origin."[142] It shows that in 1919 almost 50 percent (3,267) of the licences issued were held by Japanese. When the reductions and restrictions were implemented, over 1,253 Japanese fishermen had lost their licences. Although the court case of 1927 was believed to have brought a halt to the reductions, government documents show that by 1941 only 2,109 (15.9 percent) of the licences were owned by Japanese Canadians. If the 37 licences held by Japanese Canadian returned soldiers are included, this number becomes 2,146 (16.2 percent). However, even this figure is misleading because it includes 469 Japanese licences for the one fishery, greyfish or dogfish, that was of such little importance in 1922 no limit was placed on Japanese licence holders. In 1940 the Japanese greyfish licences numbered only 239 at which time Japanese had only 14.1 percent of all licences, including those held by Nikkei but nominally "white" returned soldiers.

Salmon gillnet licences issued to Nikkei were reduced by 54 percent. Those who survived the cut were restricted to one licence good for one district, while whites and Natives had transferable licences, meaning that they could fish in more than one district. However, some Japanese gillnetters in District #1 (Fraser) were able to use other gears in the same district. Historian Mitsuo Yesaki has discovered five fishermen who owned three fishing licences for different gear types for the Fraser—gillnet, handline and troll—and twenty-two others who had both gillnet and troll licences.

In District #2 (Skeena) white and Native fishermen were allowed to use gasoline engines but the Japanese fishermen were not. Pullers' licences became mandatory but the number issued could not exceed the number of gillnet licences issued. In 1937 there were 524 licensed Japanese pullers; a year later there were only 116. An Ottawa memo dated May 26, 1938, states that Japanese boat pullers would be prevented from applying for gillnet licences.

In 1921 the Department of Fisheries had issued 2,259 salmon trollers' licences of which 584 (plus six that went to returned soldiers) were issued to Japanese. Between 1921 and 1927 those issued to Japanese were reduced by 69 percent, they were restricted to District #3 (Vancouver Island) in the waters between Pachena and Estevan points. Another stipulation was that Japanese fishermen had to be permanent residents in the district to qualify for licences to fish in that district.

Salmon seiners owned by Nikkei fishermen had been denied access to the lucrative seine fishery as early as 1903 when a decision to legalize purse-seining had been accompanied by an agreement that "white men and Indians only be permitted licences to participate in purse-seining and trapnet fishing." This exclusion had been accomplished "without the enactment of any formal restriction or prohibition by law."[143] (In 1935 of the 1,657 licensed seine assistant captains, only six were Japanese and all were World War I veterans.)

In 1922 Japanese held 19 of 38 gillnet herring licences and all nineteen boat captains were Japanese. The Duff Commission limited them to fishing off the east coast of Vancouver Island, crew members had to be licensed and crews had to be 25 percent non-Japanese and then, after 1928, 50 percent non-Japanese. Within a decade the 384 Japanese crew members became 71 crew members, and the nineteen captains were reduced to four. By 1937 Japanese held just 4 of 23 licences, and the four Japanese boat captains had been reduced to two. Although they had originated the herring fishery, they had been systematically eliminated from it.

The seine herring fishery met a similar fate. In 1922 Japanese had held all five of the herring purse seine licences and all the captains were Japanese. In 1937 only 2 of 42 licences were issued to Japanese. These reductions were accompanied by the same geographical and crew restrictions that had been placed on the gillnet herring fleet.

Only white and Native fishermen were allowed to participate in the pilchard fishery. In 1922 Japanese had held 404 of the 515 cod licences; in 1924 they were reduced by 40 percent and in 1925 by a further 25 percent. By 1937 only 152 out of 481 were held by Japanese, five of whom were veterans and counted as white. Japanese were also restricted to fishing for cod in District #3 (Vancouver Island). Crab fishing licences were also reduced. In 1922, Japanese had held 6 of 99 licences; in 1934 only two were issued to Japanese and one of these was a veteran.

Licences for sunken gillnet fishing for greyfish (dogfish) were reduced by 40 percent, but there was no reduction in dogfish longline licences to Japanese, and the numbers stabilized at 1923 levels, probably because dogfish were a nuisance to fishermen and, owing to the unpleasant nature of the fishery, considered trash. However, there was a market for the oil that was extracted from their livers as it was used in the manufacture of perfumes, medicine and heat-resistant paint for aircraft.

In the halibut and black cod fisheries no restrictions on licences were imposed as only a few Japanese had entered those fisheries. In 1937 of the 641 fishermen in this fishery just 20 were Japanese and they worked only on a seasonal basis. While the Japanese did participate in the clam and oyster fishery, there was no fear expressed that they would dominate. The statistics for 1922 show that 129 Japanese owned licences for "Shrimp, Small dragger, Smelt, Abalone" but they don't specify the number for each category. During the 1920s the licences issued to Japanese in these fisheries were reduced by almost 50 percent to 63.

THE JAPANESE RESPONSE TO THE DUFF COMMISSION

When the reductions started, the initial Japanese response was "*shikataga nai*" (it can't be helped) and "*gambare*" (persevere), and the fishermen turned to the Japanese community to alleviate some of the misery brought about by these policies. Yoshio "Joe" Teranishi remembers the almost daily meetings held in Steveston with representatives from Westham Island, Albion, Telephone Bay, Canoe Pass, and from various canneries. His father, Fujinosuke Teranishi, was the representative for the Currie McWilliams Cannery. To pre-empt the government making the decision as to who should and should not be entitled to a licence, the *Dantai* devised a system where priority to retain their licences was given to men with families. The most recent arrivals to each fishing district were also asked to step down, and in 1927 the 10 percent of fishermen who were best able to find other employment were asked to voluntarily withdraw from the list of applicants.

In the meantime funds were raised to help those displaced. Each family head who had lost his licence was given $150 to $350 and provided with loans to buy farmland. With financial assistance from the *Dantai*, one group of dispossessed fishermen in District #1 (Fraser River) formed the Steveston Japanese Farmers Company (SJFC) with Shinya Yoshida as president. The SJFC bought 80 acres of land on capital raised from the sale of shares and leased small parcels on an instalment-purchase plan to former fishermen. Implements were provided and in some cases farmers were lent money until their crops were marketed. In 1927 the forty-six members of the group formed the Richmond Berry Growers Association and one year later produced 47 percent of the strawberry crop and 3 percent of the raspberry crop on Lulu Island. By 1929 they were cultivating 320 acres of owned and leased land.

In the next few years an increasing number of Japanese Canadian fishermen made the shift into small-scale farming, opening corner stores and starting service businesses such as laundering and gardening. Tottori-ken people relocated from the Fraser to Vancouver and took up other jobs. "Even the central core of the *Kenjin Doshikai* [Prefectural Society] gravitated from the Fraser to Vancouver and society members living on the Fraser River decreased."[144] This trend did not go unnoticed and the editor of the *Vancouver Province* commented in the April 29, 1930, edition that:

> Our handling of the Oriental problem has not only had more than a trace of injustice in it; it has been ineffective as well. We have hunted the Orientals out of the fishing industry and they have gone to the woods and they have gone to the farms. We have made it uncomfortable for them on the farms, and they have gone into business in the cities. We haven't diminished their numbers; we have simply pushed them about.

Some displaced fishermen went into fisheries that were still open. Shin Kosumi and Tetsu Kadonaga tried halibut fishing but the rough weather of the winter months made the venture a minimal success. Meikichi Endo and Kinji Endo took their collector boat to work at the Port Edward cannery on the Skeena.

Licences became a commodity to be purchased, transferred and inherited. In Ucluelet between 1926 and 1941, the fifty licences held by Nikkei fishermen as members of the Ucluelet Fishermen's Co-op were transferred as follows: nineteen to sons, three to other kin, twelve to members from the same prefecture, two to those outside and two to others. Shigeru "Jimmy" Nitsui from Mio was one of those in the third category; he purchased a boat and fishing licence from Gennosuke Yamashita when the latter returned to Mio in 1932. Only thirteen licences remained with their original owners.[145] The fifty-first licence was held by a veteran and did not fall within the Japanese quota, but there were rumours that vets were selling or renting their licences to others who were not fishermen at all.

New fishermen relied on inheriting from fathers and other relatives. Kunji Kuramoto had spent eight years as a puller on the Fraser and the Skeena before his Uncle Denbei Kuramoto suffered burns in an accident and could no longer troll for bluebacks. As his uncle was childless, he transferred his licence to his nephew, allowing him to start fishing on his own at last. The name on the licence was changed when the licence was renewed at the *Dantai*'s office in Steveston. Kiyoo Goto remembers an incident where the members of an extended family fought over the licence held by a dead man. The deceased's brother wanted the licence in order to continue fishing while the widow wanted the licence for the son. After a decision was made, there was a *nakanaoshi* or "repairing relations" party to try to reduce the hard feelings.

Tsunejiro Mizuyabu became the owner of two licences. In 1925 he inherited a salmon trolling licence from "Sabuyan" Nakanishi, who left fishing to become a fish collector/buyer. This was such an "honour" that every time Nakanishi visited the Mizuyabu family, the children thought that a god had arrived. "That's how much he was appreciated," said his son, Yukiharu. But Mizuyabu eventually became a cod licence holder as well when a fellow fisherman, "Bunta-san," was injured when his boat caught fire and he could no longer work. He sold the charred boat and the cod licence to Mizuyabu and returned to Japan. Mizuyabu did not need another boat so he sold it to a Caucasian fisherman.

The use of a licence with another fisherman's name on it seemed to be accepted by the authorities. In a letter dated April 10, 1939, written from Wales Island to a Fisheries officer on the Nass River, Tsunetaro Yoshida requested that his cousin Yoshikazu Yoshida be allowed to use his licence while he recuperated from an illness. But this practice was not peculiar to the Japanese. Homer Stevens' grandfather, Gjan Giannaris, was an immigrant from Greece and like many others at that time fished on a cannery licence. After several years he pressed Alexander Ewen, a Scotsman and pioneer canner, for a licence of his own, and he eventually agreed but decided that a Greek name was not as suitable on a licence as a Scottish name, and Giannaris subsequently fished as "John Stevens."

When rigidly enforced, the licence reductions had a negative impact on the existing fishing industry. Even as the Duff Commission was holding its hearings the canners were complaining that it would be "impossible to find white men fit to take the place of the Japanese as fish producers and . . . [adherence to the proposed licence reductions] would seriously cripple the industry"[146] since handling boats and gear on a river like the Skeena required much knowledge and experience. The commission members were unmoved. Another unintended negative consequence of the new policy was the reduction of services to white fishermen. "At present there are launches or tugs which cruise among the fishermen collecting the fish wherever there are a sufficient number of fishermen to warrant the expense. In some instances on the West Coast, cutting off the Jap licences has reduced the number engaged in the industry at certain points so as to make it unprofitable for the launches to visit those particular sections, resulting in a hardship on the white fishermen there."[147] And in 1926 a petition was prepared and signed by forty-five Caucasian residents of Ucluelet to urge that the policy be amended at least enough to ensure licences for local Japanese Canadian residents "in view of the fact that up to the present there has not been sufficient white fishermen to take the place of the Japanese fishermen and carry on the industry to the best advantage of the West Coast of Vancouver Island, BC."[148] Included with this petition was a plea from the 138 local Japanese trollers that they would be unable to support their families, but both petitions fell on deaf ears.

Why the Nikkei community was silent when fishermen were being systematically eliminated can be best explained by looking at the discrimination taking place within other occupations and in BC society as a whole. In agriculture the place of Asians had also become an issue after World War I when Japanese farmers began hearing their white neighbours talk about "keeping the land in the hands of the white race" by enacting an Alien Land Law similar to the one in California that denied Asian immigrants the right to own land. The BC Trades and Labour Council was urging its members to patronize union employers and businesses that did not hire Asians. Socially there was de facto segregation and fear of integration. White and Asian Christians "may have shared the same faith . . . but seldom shared the same pews."[149] Whites attended their own churches and the Asians their own missions. And few political voices were raised on their behalf. Percy Allard of Tofino had been one lonely voice opposing the Duff Commission proposals when they came before the House of Commons:

> They have proved themselves to be very good settlers, interfering with none, law-abiding and keen to improve their homes . . . [they] have thousands of dollars invested in boats and fishing gear

> . . . [and] if the Japanese are excluded from fishing there will not be sufficient white and Indian fishermen to encourage buyers to open buying establishments . . . and consequently there will be a reduction in the price paid to the remaining fishermen . . . We are making our religion a farce. How can we send missionaries to Japan and try to teach them Christianity when we treat their brothers here in this way?[150]

The issue of segregated schools was also being debated. In 1924 a campaign was begun by the Vancouver School Board, the Asiatic Exclusion League (which had remained quiet since the anti-Asian riot of 1907), the Native Sons of BC and a Vancouver women's group called the British Progressive League to establish a separate school system in order to protect the white race, since white children sitting beside Asian children tended to develop ideas of social equality. That same year Shuichi Enomoto of New Westminster led the province in the high school entrance examinations; the following year Nobuichi Yamaoka, who had come to Canada three years earlier, led. For some whites these were frightening signs, and the *Vancouver Sun* announced that "the 'yellow peril' is not yellow battleships nor yellow settlers but yellow intelligence."[151]

The initial reaction of the Skeena River Fishermen's Association and the *Dantai* in Steveston was to send a delegation of Nobutaro Yasumoto and Tadasu Ide to Ottawa to appeal for relief from the harsh regulations recommended by the federal Department of Fisheries. This proved futile. They then endured four years of cuts and restrictions with resignation, relying on mutual assistance to survive, before they realized that if the reductions continued, there would be no Japanese left in the fishing industry in British Columbia. In 1926 they organized the *Gyogyo Mondai Taisaku Rengo Iinkai*, generally referred to as the Amalgamated Association of Fishermen of BC (AAF of BC). This anti-Duff Commission group initially consisted of fishermen representing the Skeena, the Nass, Rivers Inlet, the upper Fraser, Steveston, Celtic Camp, Ucluelet, Tofino, Clayoquot, Chemainus and Nanaimo, and they were subsequently joined by the salt herring and salt salmon processors of Vancouver. Shinya Yoshida, president of the Steveston *Dantai* and of the BC Liaison Council and chair of the District #1 fishermen's association, became chair of the AAF of BC. Under his leadership it prepared a pamphlet explaining the situation and appealing for funds to carry out a legal battle, which the association predicted would take many years and would eventually reach the Privy Council in London, England. It set out to fight the racist policies on the grounds that the minister could not withhold licences from Japanese Canadian fishermen who were all naturalized British subjects and therefore eligible for licences.

Fundraising Appeal to Prosecute Fisheries Cases

> To our Fellow Japanese Fishermen Brothers:
>
> The extent of the suffering and struggles that all of us fishermen have experienced because of this illegal reduction of fishing licences over the past few years can only be known by those who have gone through the trying times, the intense grief and the despair.
>
> We Japanese fishermen have for the past few decades been the hidden contributors to the development of the BC fishery. We have already, in 1923, seen over half of us victimized by this outrageous reduction. Our sole livelihoods have been extinguished and we have been expelled from our industry. What were over 3,000 Japanese fishermen have been reduced to a mere one thousand and some hundreds.
>
> Not only that but the Parliamentary Fisheries Committee on April 29 has announced passage of a bill stating that "beginning in 1927, a 10% reduction shall be made each year so that in ten years Japanese fishermen will have been completely expelled."
>
> In the herring camps, the issue of employment has been altered so that from next year only whites can be hired. In the past, in the wintertime, when work in all regions and industries is scarce, Japanese relied on herring camps which provided hundreds of thousands of dollars of wage income and a large financial resource for the Nikkei community. Now, we have several hundred unemployed and have lost this ideal financial resource.
>
> At the same time, due to this evil law, the huge sums of money invested by the Japanese herring processors seems about to go up in smoke.
>
> It goes without saying that as a result, the financial and labour world of Japanese in general has been dealt a great blow. When we realize that in the near future all Japanese fishermen could be excluded from this industry, we cannot help but be really and truly frightened.
>
> We fishermen, as well as being Japanese, are also legitimate Canadians or legal immigrants from a country with Most Favoured Nation status. We should not have to endure these evil policies which are contrary to the basic spirit of law-making in a democratic country, a Canada which should respect people's rights above all.
>
> We, being fisheries-related salt herring and salt salmon processors and fishermen in different regions, have doubtless each considered separate counter-strategies. However, we do not expect each association to submit its own opinion.
>
> In the end, we are going to be involved in a legal battle. We can say first, that we have a leading lawyer in England and secondly a new progressive lawyer in

Vancouver who have been studying the legal weaknesses in the government case. Coincidentally, the interpretations of these lawyers are in agreement. Since we have gained the basis of an advantageous legal position, we have formed the Amalgamated Association of Fishermen of BC under a Committee made up of representatives from each association and we have decided to go to the courts in order to obtain our rights.

Of course, we cannot predict the victories and losses along the way but however the case develops, we have begun this movement with a firm resolve to press forward to the bitter end, not wasting our time rushing about or making a lot of noise, until we gain the final judgment at the Privy Council.

Japanese fishermen in the various areas have of course suffered the same fate and feel indignant about this evil law. We believe that because of this there should be a whole-hearted endorsement of our plan.

Of course, this movement is not just about fishermen. Its success or failure is a huge matter affecting all Japanese and includes the issue of the prospects for the next generation. Therefore, we must have the sympathy and support of all Japanese, without which the outcome may be uncertain. Nonetheless, it is we fishermen, the immediate targets in this case, who must be the movers at the centre. In dealing with this matter, we must forget our selfish motives and our individual biases. This will require a truly strong solidarity of all Japanese fishermen and concerned persons and an indomitable will to carry this forward.

In order to win that final decision at the Privy Council, it is going to take two years and therefore, very likely, a large amount of money. The herring processors and the salt salmon processors have made large contributions. The fishermen in District 1 and District 3 have decided that they will each pay twenty dollars toward this year's campaign and most of this money has already been collected.

For next year, we will schedule the collection of supplementary funds as required. The research and preparation on this issue have been completed and soon we will begin taking steps toward our actual campaign.

As far as this Committee is concerned, we recognize that we are dealing with the precious reward reaped with your blood and sweat. In spending your treasure, we will strive to avoid unnecessary expenditures and seek to make it work for us in the most efficient manner. On this point, there will be sufficient supervision down to the half-penny. With full confidence in our conscientiousness, we swear to it.

It is our earnest wish that you, our fellow affected Japanese, will examine our case and that all of you together will join our cause and happily subscribe to it to the utmost level that you can individually bear.

May 31, 1926

Amalgamated Association of Fishermen of BC
(Gyogyo Mondai Taisaku Rengo Iinkai)

(Translated from the Japanese by Stanley Fukawa, UBC Special Collections)

The lower court was split in its decision, but in May 1928 the Supreme Court of Canada delivered a majority judgment that the minister could not exercise his licensing discretion in a discriminatory manner and that therefore "any British subject residing in BC, who is not otherwise legally disqualified, has the right to receive a licence if he submits the proper application and tenders the prescribed fee." This was good news to Japanese Canadian fishermen but, as expected, the department chose to appeal to the Privy Council in London. Sir John Simon, one of the best lawyers in London at the time, had been hired with the help of the Japanese embassy in London, and he argued that it was against both international mutual agreement and the Anglo-Japanese accord to discriminate between people in one country who were all supposed to be British subjects. The Privy Council's decision, delivered on October 15, 1929, upheld the previous decision, and the Japanese Canadian fishermen were awarded the costs of appeal.

However, this victory in the Fish Canneries Reference Case, as it became known, was bittersweet and too late. Although the fishermen had expected the reductions to stop when the court ruled in their favour, they continued into the 1930s because, while waiting for the decision, William Ambrose Found, now deputy minister of Fisheries, had rushed an amendment to the Fisheries Act through parliament that gave the minister absolute discretion to discriminate in the issuance of fishing licences. Although a petition was sent to Prime Minister Mackenzie King in 1929 asking him to suspend the 10 percent reduction and the Department of Marine and Fisheries seemingly consented, a department memo shows otherwise: "All concerned were given to understand the programme of a yearly 10 percent reduction, as was recommended by the House Committee, would apply in 1931 and annually thereafter until fishing was wholly in the hands of white British subjects and native Indians."[152] In January 1940 the minister of Fisheries, J.E. Michaud, in a memo to Prime Minister Mackenzie King expressed his dislike of the racism behind the denial of fishing licences. He wrote: "I have always found it difficult to justify this arbitrary legislation against British subjects of Japanese origin. This year in view of the reasons that we are giving for our participation in the European War, it would seem all the more difficult to explain why we are adopting against these British subjects of Japanese origin the technique that Hitler adopted against the Czechs, the Slovaks and the Poles." Unfortunately for the Nikkei, he did not act on his moral convictions. Instead he opted for political expediency by adding, "Of course, I am willing to be guided by your opinion with the assurance that when the time comes you will justify my arbitrary attitude." Not until 1959 did the Supreme Court of Canada rule that a federal minister's discretion "would not authorize discrimination on racial grounds."[153]

NIKKEI FISHERMEN FIGHT TO LIFT BAN ON GASOLINE ENGINES

Two years after the Duff Commission challenge, the Nikkei community became involved in a challenge to another of the Department of Fisheries' discriminatory policies—the denial to Nikkei fishermen of licences for gasoline-powered boats north of Rivers Inlet. This policy, which came into effect in 1928, placed them at an insurmountable disadvantage to white and Native fishermen who were permitted to use engines on their gillnetters. The lack of power limited the range, mobility and speed of the Japanese boats so that they were increasingly being out-fished by those with motorized boats. Their survival in the industry depended not only on their skills and aptitudes but also on fair competition including the utilization of technological advances. However, as they prepared for the 1929 fishing season, the Supreme Court decision of the previous year gave them some ray of hope for victory in this new battle. When once again an appeal to a politician, this time a letter sent directly to the prime minister, proved futile, Skeena fisherman Jun Kisawa decided to resort to civil disobedience.

Born in Hashimoto-shi, Wakayama-ken, Kisawa had studied law at Waseda University in Tokyo and spoke fluent English. He was also single and willing to risk imprisonment. His investigations had clearly demonstrated that the canners, Japanese fishing bosses, government officials and anti-Japanese politicians were in league together to prevent Japanese fishermen from having gasoline engines. Since Kisawa could not afford costly lawyers' fees and a decision in his favour was not assured, he approached Gihei Takahashi and Rintaro Hayashi of the Steveston Benevolent Fishermen's Association for support. As a result, the *Gyosha Dantai* agreed to provide funds towards the cost of printing five hundred brochures explaining the scheme he had in mind. With some additional funds from the Skeena River Fishermen's Association, he purchased an old motorized boat, went fishing, was duly apprehended by Arnold Barton, a private citizen, and was sent to trial at the county court in Vancouver. On June 19, 1929, Kisawa's representative, Mr. Braille, argued that his client was a naturalized British subject and claimed the rights accorded any other subject. Kisawa's address to the court is recorded in *The Forgotten History of the Japanese Canadians*:

> Your Honour! The reason why I am here is not to defend myself because I am aware that I broke the law. I'm here to appeal for justice. We Japanese, like other people, have immigrated to Canada and have become citizens of Canada. Some of us have been born in Canada. Canada is not only your country but also our country. We are all Canadians. But according to the present fishing law, white and Indian fishermen can use motorboats, which the Japanese cannot. We are not blind to this racial prejudice against us.
>
> Your Honour! My faith is in the principle of justice upon which this country is founded. If justice is found anywhere on earth, it is here in Canada. I want only to see justice done.[154]

Alderman S.D. Macdonald, sitting as justice of the peace, dismissed the charge and ruled in Kisawa's favour; the regulation prohibiting Japanese fishermen from using gas engines was declared unenforceable and illegal.

Coincidentally, it was on that same day that the Fisheries Act was amended to give the minister absolute discretion to decide who could be issued fishing licences. As lawyers gave conflicting advice as to whether or not the granting of a licence by the minister was "obligatory or discretionary," the Amalgamated Fishermen's Association sent a telegram to the Skeena Fishermen's Association not to proceed with gas boats until there was some clarification. Kisawa's response was that "in my own part, [I] am going to start next week with a gasboat." He was not charged for his second offence and the gasoline boat restriction policy was abandoned.

In December 1941 Kisawa's life as a commercial fisherman came to an abrupt end. Soon afterward he was uprooted and relocated to Greenwood. During his internment, he continued to support the war effort by buying war bonds. However, when the fishing ban was lifted in 1949, he did not return to fishing and died at seventy years of age in Grand Forks on February 19, 1950. He is considered to be "one of the most courageous men of the first generation."[155]

7

Loss of Licences, Vessels and Livelihood

CONFISCATION AND IMPOUNDMENT

> I was visiting my friend. It was Sunday noontime. They had a radio going and we heard, "Japan attacked Pearl Harbor." We couldn't believe it, you know. "Ah, that's a hoax," we'd say. They kept repeating and repeating all the time . . . we couldn't believe it. My friend and I were saying, "It can't be." . . . Then that night a truckload of soldiers came. —Takeshi Uyeyama[156]

Nikkei fishermen's knowledge and familiarity with coastal waters made them the chief target of rumours and suspicion of fifth column activities, and as a result they were the first to feel the impact of Japan's bombing of Pearl Harbor.

In 1941 all of them were either Canadian-born or naturalized Canadians, but although not a single one was detained by the RCMP or the military, they were accused of having within their number Japanese naval officers in disguise. The first act of the federal government under the War Measures Act was to impound the Nikkei fishing fleet and suspend the licences of the Nikkei fishermen. Ironically, in 1938 when Hitler invaded Europe, the Canadian government had

Koji Takahashi's *Mary H* was confiscated and sold and Takahashi was relocated to sugar beet farms in Manitoba.
Courtesy Ken Takahashi

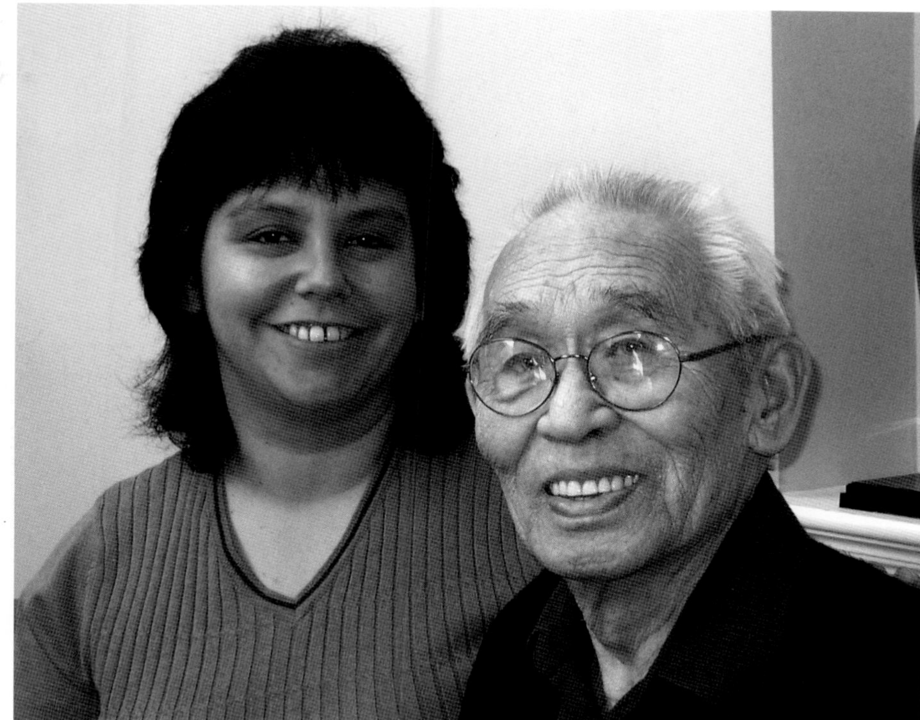

Above: Tatsuo Oura and his granddaughter, Christine, 2004.
Stan Fukawa photo

Top left: A soldier raises the Union Jack on a confiscated boat.
Canada. Dept. of National Defence / Library and Archives Canada / PA-170513

ordered all vessels to be marked with NW numbers on top of the cabin and on each side of the boat. This now made it easy for aircraft to identify the vessels belonging to Nikkei fishermen.

At dawn on December 8, 1941, the Royal Canadian Navy proceeded from port to port disabling beached vessels. The few boats that were still out on the wintry seas were ordered by radio to head immediately for one of the nearest of thirteen official fishing ports on the coast. There the vessels were searched for weapons and maps and immobilized. Some 2,090 licences[157] issued to 1,265 Nikkei fishermen including those held by thirty-seven World War I veterans were cancelled, and 1,137 vessels owned and operated by them were impounded.

Meanwhile, Japanese Canadian fishermen up and down the coast offered their assistance and declared their loyalty to Canada. In Steveston, the *Dantai* volunteered their boats for coastal defence. The Northern BC Resident Fishermen's Association, a Japanese Canadian group in Prince Rupert, followed suit on December 11. They "unanimously affirmed their loyalty as Canadian citizens and offered themselves for any service which Canada may desire of us."[158] On January 10, 1942, the *Vancouver Province* reported that even during the period when their boats were being stripped, rounded up and impounded "young men in Steveston voiced their allegiances and services to Canada." The *New Canadian* on January 12, 1942, reported that a mass meeting of Canadian-born Japanese residents in Steveston passed a resolution without a dissenting voice and directed Hiroshi Nishi, president of the Japanese Canadian Citizens League, to send a telegram to the Standing Committee on Oriental Affairs in BC stating their confidence in the Canadian government and the RCMP and that "we earnestly desire to contribute our utmost to Canada's war effort and thereby offer our services in any capacity the government may decide." On January 14, 1942, the headline of the *Marpole-Richmond Review* read "200 Steveston Japs Offer Services for War Effort." Just days before the bombing of Pearl Harbor, the Upper Fraser Japanese Fishermen's Association had donated 3.8 tons of canned chum salmon for distribution in Britain. Yet within twenty-four hours of the bombing, Japanese Canadians were being rounded up and their boats impounded.

Within a week of the seizure of their boats, all Nikkei fishermen were ordered to take them to New Westminster. Those on the west coast of Vancouver Island in Tofino, Ucluelet and Clayoquot were the first to leave. On December 15 their trollers and packers departed for New Westminster, each with a soldier on board. In that flotilla was Yoshio "Johnny" Madokoro (1913–2000) on his troller, the *Crown*. He had been enjoying the good life in Tofino as one of the executives of the Tofino Trollers' Co-op whose members had prospered over the past two decades by delivering their catches to the fresh markets of Vancouver and Seattle. The boats belonging to his brother, Hiroshi "Thomas," and his father, Kamezo Madokoro, were also in the flotilla. The soldier on Johnny's troller, the *Crown*, was a prairie boy and was seasick throughout the voyage. They found many of the soldiers to be "decent enough" and were bewildered as to how "individual *hakujin* (Caucasian) Canadians could be so decent, and yet" the newspapers and radio repeatedly said that "Japanese Canadians were all traitors."[159] The Madokoros reached New Westminster without incident.

Tatsuo Oura was born in Steveston and trolled for the Ucluelet Japanese Fishermen's Co-op. Now in his nineties, he still remembers the knock on his door and the shock of opening it to an RCMP officer. The officer accompanied him to his boat, the *TO*, searched it for firearms and removed everything that might possibly be used as a "weapon." Oura argued with him about the removal of the iron bar he found there because it was needed to crank-start his engine. The officer, new to the sea, had no idea what Oura was talking about. In frustration Oura hid the iron bar under his shirt because without it his boat would have no power and could not be controlled.

The flotilla consisted of sixty or more boats under guard of the navy vessel HMCS *Givenchy*. The weather was foul, as it often is in December, and they were caught in a storm and had to wait it out in Bamfield without food, warm clothing or any means of keeping warm. Their every step was watched with a rifle pointed at them. Oura says, "Thankfully, Kenneth Miller who had worked as an engineer on a Japanese packer boat in Ucluelet heard of our plight and he and another fisherman, Thompson, brought supplies to Bamfield for us." The flotilla waited there three days before the storm subsided.

The usual day-and-a-half trip from Ucluelet to Steveston took five days. All the boats except one reached Steveston, and on December 23 the *Givenchy* started the search for Tsunetaro Oye and his boat; they located him the following evening on the United States side of the border. The US Coast Guard handed over a mortally injured Oye to Canadian officials, who brought him by car to the Vancouver General Hospital where Kanzo and Larry Maekawa, as former and active officials of the Ucluelet Japanese Fishermen's Co-operative, visited him. He was completely covered with bandages and, though conscious, was unable to speak. He answered queries with gestures, confirming he had been beaten and his throat slashed by his captors in the United States. He subsequently died and was cremated without his bandages being removed.

Harold Kimoto, who left from Clayoquot with a sailor on board his ship, found that except for one sailor who stole a fisherman's wallet, the navy men were nice enough individuals. However, when they reached New Westminster, "a whole gang came on board and they took everything that was left on the boat. They took batteries, everything. I didn't care because we were leaving the boat anyway, but gee whiz." Others reported similar lootings. Tommy Kimoto said, "Those navy guys stole everything. They even stole anchor chains." Another said, "You could go into New Westminster and hear that compasses were selling for two dollars. It used to be a joke. Buy a Japanese compass cheap. Or a spotlight anywhere, cheap. Batteries. Hard to get. You could buy them anywhere. These navy guys were looting our boats of everything they could tear off and selling it for beer. I guess it is natural. I've seen it happen in other places. But the navy was supposed to be the protectors of our property."[160]

On December 14 Masao Nakagawa and Isamu Kayama were cutting wood for the winter at Port Essington when the police arrived and ordered them to take their boats to the Inverness Cannery. Thinking that this was as far as they had to go, Nakagawa on his father's boat, Kayama on his own boat and Jitsuo Uyede on the *J.U.* started out prepared only for a short trip. They were given no time to inform their families or to take on provisions, and having stripped their boats for the winter, they had no food, warm clothes or fuel for their stoves on board. At the Inverness Cannery they were ordered to Tuck Inlet near Prince Rupert where they waited for two days until sixty gillnetters had been assembled. They were not allowed to go ashore. When they learned they were going to New Westminster and that the navy was confiscating their boats, they were sick to their stomachs.

Just one hour before they left the inlet on the 16th, Minoru "Min" Sakamoto and Juichi Matsushita, who were young boys at the time, were given permission to obtain provisions. They returned with bread, canned goods, sugar and tea from the Yamanaka store in Prince Rupert and three sacks of coal for the fifteen boats with stoves. The food lasted them for two days. They left that morning at 8:30 with two seiners, the *Leelos* and the *Kuitan*, towing the gillnetters in two long lines, the boats stretching for about three-quarters of a mile. They were joined by the corvette HMCS *Macdonald* and the tugboat *Stanpoint*. The fishermen had no idea that the journey ahead of them would take fifteen long days and that their lives would be in danger all the way as they fought wind, fog and ice floes.

As soon as they left harbour, they ran into trouble. A strong westerly wind blew all day and the waves became so high they seemed to come from the sky. At

Alert Bay, 1949.
Courtesy Chuck Wong

about 2 a.m. they sought shelter and anchored near Lowe Inlet. On December 18 the flotilla ran into heavy seas again at the mouth of Milbanke Sound that made navigating a nightmare and twice the *Stanpoint*'s towline broke. The corvette crew spent three hours repairing the damage. Meanwhile, six boats had drifted loose and the sea became so rough that they had to seek shelter in a nearby channel. At this point the *Ledos* proceeded to Bella Bella to obtain gasoline for the twenty boats with engines still in running order.

At midnight the rest of the flotilla reached Bella Bella, managed to purchase groceries and left again in the dead of night. None of the skippers had suitable clothing and, cold and wet, they huddled for warmth in their cabins. As they had slept little since they left home and they had no food left, there were now tired and hungry men at the wheel, bracing against the waves that hit their bows. They ran all night through log-strewn waters, and as only a few boats had lanterns on board, they began colliding in the dark as the rough seas lifted them and brought them down with a terrible thud that shook their bones. Now and then a propeller would spin helplessly in mid-air. Near Namu a fisherman from North Pacific Cannery, having closed his cabin too tight to ward off the cold, was overcome by gas fumes and his boat was observed running in circles. Another boat took her in tow. The sea became rougher. Many of the men became seasick.

Although wind data is not available for 1941, Jim Attridge, a former meteorologist who has researched the weather for this period, says that based on the known temperatures and rainfall at that time, the weather must have been similar to the conditions that existed in December 2004 when virtually all weather stations in coastal BC reported above-average temperatures and copious amounts of rain. The data from Solander Island off the northern tip of Vancouver Island shows that on December 15, 2004, the average daily wind speed was 60 km/h gusting to 106 km/h; 60 km/h would produce "near gale" conditions with mounting four-metre waves and foam blowing streaks downwind. By the time the wind speed reached 91 km/h, there would be waves of nine metres, a heavy sea roll, a generally white surface, and visibility would be impaired. Wind gusts of 106 km/h produce waves as high as 11 metres, and this is classified as a "violent storm." It was just such a storm that Masao Nakagawa and Isamu Kayama experienced during their "terror-filled" trip down the coast to Steveston, and Roy Ito recorded and wrote about it for the *New Canadian.* Although all Japanese language newspapers had been shut down immediately after war was declared, the *New Canadian* was still allowed to publish but it was heavily censored. When the censor killed this story, Ito saved it to recount in *Stories of My People,* published in 1994.

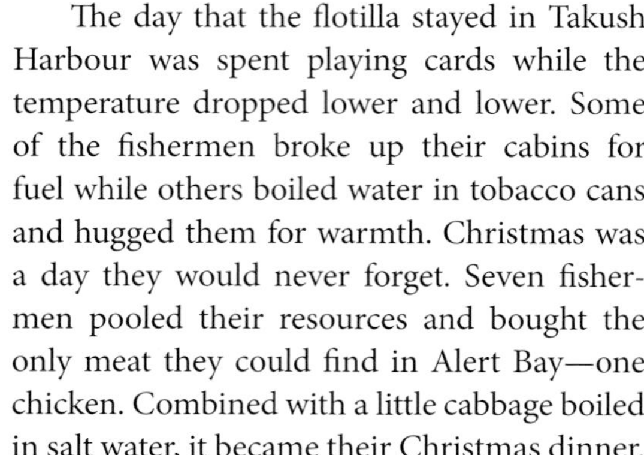

1941 was the beginning of a nightmare for Japanese Canadian fishermen.
Canada. Dept. of National Defence / Library and Archives Canada / PA-134097

The day that the flotilla stayed in Takush Harbour was spent playing cards while the temperature dropped lower and lower. Some of the fishermen broke up their cabins for fuel while others boiled water in tobacco cans and hugged them for warmth. Christmas was a day they would never forget. Seven fishermen pooled their resources and bought the only meat they could find in Alert Bay—one chicken. Combined with a little cabbage boiled in salt water, it became their Christmas dinner. They left Alert Bay that night and sometime during the night one of the boats from Prince Rupert submerged until only the cabin appeared above water.

They reached Steveston on December 28, and as some of the fishermen had left home with no money, they had to borrow from friends and relatives in Steveston for the return fare. "We spent New Year's Day in the same clothes we wore when we were cutting wood fifteen days before our long voyage south," Masao Nakagawa said. "We went home to Essington wondering what the future had in store for us. Losing our boats meant our livelihoods were gone. Why was it necessary to impound our boats? Why was it necessary to take them to Steveston? We wondered how this could happen to Canadian citizens." His father, Sasuke, had been born in Shiga-ken and was working on the Skeena when he volunteered to fight for Canada in World War I. He served in France with the 10th Battalion and was wounded. Now he, too, had been declared "an enemy alien."

In Nanaimo the Mizuyabu family was living a relatively tranquil life when all Japanese fishermen were ordered to stay in port. Yukiharu Mizuyabu remembers that

> soldiers equipped with bayonets on their rifles stood along the waterfront road to ensure that the Japanese Canadians abided by the curfew imposed upon them. A few weeks later my father and the other fishermen were ordered onto their boats and escorted by the Canadian navy to the mouth of the Fraser River where the boats were impounded. They were forced to return to Nanaimo by ferry. Without their boats all Japanese Canadian fishermen were suddenly deprived of their only source of income, but the callous politicians made no provisions for families affected by these actions.[161]

Many fishermen would relive the traumatic events of the confiscation until they died. Amy Doi says that her father, Ihachi Hamaoka, "tells with shame his story of being forced to lead the fleet of Japanese fishboats [from Powell River] through a dangerous pass that the fisheries people would not dare navigate in order to take them to be impounded." He was incarcerated in Hastings Park until he was sponsored by Mr. Oishi, a farmer, enabling the family to be relocated to Kamloops. "Our family has been here ever since. My mother refused to go back to the coast and fishing after the evacuation order was lifted."

Nikkei fishermen of the inner coast, including the Fraser, were similarly ordered to return to port. Their vessels were searched by naval personnel for firearms and they were told to remove their valuables and personal effects. Their boats were then immobilized, tied together and towed to the Annieville Slough where

Confiscated Japanese Canadian fishing vessels held at the Annieville Dyke, 1941–42.
Canada. Dept. of National Defence / Library and Archives Canada / PA-037467

vital engine parts and certain navigating instruments were removed.

Yoshio "Joe" Teranishi, twenty-eight years old, was putting the finishing touches on the roof of the new house belonging to his uncle, Mo-yan (Mosaburo Teraguchi), in Steveston when he heard from his cousin that war had started. They were given instructions to run their boat to Annieville and tie it up. He cannot recall how he got back home without the boat. He observed that there was no watchman at Annieville and some of the boats were sinking. After witnessing this scene, he sold his own boat for $400, $200 less than its real value, and he never returned to Annieville. "I heard it was awful."

Tatsuro "Buck" Suzuki described the incomprehensible actions of the government and his own feelings to Barry Broadfoot, who published them in *Years of Sorrow, Years of Shame* in 1977. Suzuki had been the secretary of the Upriver Fraser Japanese Fishermen's Association when he received a call to report to navy headquarters at nine the next morning. The commander told him quite frankly, "Mr. Suzuki, we were caught with our pants down," and then he ordered all fishing vessels to be turned over to the authorities immediately. Suzuki told Broadfoot, "Don't think that the authorities weren't waiting for us when Pearl Harbor came. Within two hours things began to happen. Two hours. To this day I don't know what they thought about those fishing boats. They were our living. They were small boats, made of wood. We had no radar, no radio, no echo sounder. Why, we could go into Vancouver any time and buy British Admiralty charts of every single mile of the coast." Suzuki tried to convince the authorities that the Japanese fishermen were not spies, that "we were just ordinary fishermen . . . [but] as far back as the late 1890s they had determined that one day they would kick the damn Japs off the river. There was one common statement you could hear along the river: there's only one damn good Jap and that's a dead Jap."

In *Wild Daisies in the Sand* Tom Sando (Tamio Kuwabara) wrote:

> On the chilly morning of Saturday, December 6, 1941, my father, younger brother Shig and I, Tamio Kuwabara aged nineteen, traveled across the choppy waters of the Georgia Strait on our small fishing boat *Hokui No. I*. We tied our boat down in Steveston Harbour . . . We had a bright outlook and big plans. We were going to buy a larger boat that would permit us to fish all year

Boats were often mishandled during confiscation.
Vancouver Public Library, VPL 1352

round. Of course, we would be spending the salmon season, the months of July and August, in Skeena River, but we would return to fish the BC coast for halibut, cod and shark for the remainder of the year . . . Our bright future was shattered the following morning when we heard the shocking news on the radio—Japanese planes had bombed Pearl Harbor . . . Ten days later we received a notice from the RCMP to remove our fishing boat to an impound yard near New Westminster. We tied down our small fishing boat upstream on the Fraser River. It was heartbreaking to see our beloved boat left behind.[162]

Harry Yonekura recalls his final farewell to his boat as it was being towed to the Annieville Slough in New Westminster.

Standing beside me to witness this travesty was Unosuke Sakamoto, president of the Fishermen's Association, and Yoshio Kanda, a district representative of the association. The three of us decided to complain to the commandant at the Gary Point Naval Base. Reluctantly, the commandant admitted that he had placed inexperienced men in charge of towing our fishing vessels. He also told us that he had been placed in charge of impounding all 1,137 boats and his deadline for this mission was December 27, 1941. It was now December 14. This meant that he had only thirteen days left to deliver the remaining boats. There were about 450 to 500 fishing boats to impound in Steveston alone! Tentatively, Mr. Sakamoto suggested that the Japanese Canadian fishermen be allowed to sail their own boats to the Annieville Dike. The offer was readily accepted. There was just one hitch in the plan—how would we get back to Steveston? The Commandant did not hesitate to offer us passage back to New Westminister on a naval ferry, from where we pooled our resources and paid for transportation back to Steveston.

I guess we all needed one last voyage on our own boats before bidding them farewell, possibly forever. I will never forget the overwhelming sadness and sense of disbelief I felt at the Annieville Dike as I patted my boat and tied it up securely one last time. Then I quietly said goodbye and got up, resolving to put aside my emotions and accept the situation. My country was at war and I had to do whatever was necessary to prove my loyalty.[163]

The scene at the Annieville Slough was chaotic. Ann Sunahara[164] wrote that vessels arrived at the rate of 125 a day to facilities that were totally inadequate to handle the numbers, and they were moored some fourteen abreast without regard to their respective size or relative draught at low tide. Some 980 boats remained idle there for six weeks, some swinging at anchor while others were damaged and lying waterlogged on the banks of the Fraser at low tide and awash at high tide, their engines sludged with silt. Equipment and gear were stolen despite an armed naval patrol, and by the time the boats were re-moored six to eight weeks later, 162 had sunk. It was heartbreaking for fishermen to witness their beloved boats being so ill-treated and it was beyond their comprehension why they had been confiscated.

These events were all the more devastating to the Nikkei fishermen since, after enduring half a century of racist government policies, their lives had started to improve. The fishing in 1941 had been good on the Fraser and 1942 promised to be even better because it was the year of the big Adams River sockeye run. At the same time, the war in Europe had increased the demand not just for canned sockeye but also for pink, coho and even chum salmon. The fishermen's new confidence was reflected in the fact that they had been spending heavily in improving their equipment and gear so that they now owned some of the best vessels in the industry.

The Nikkei fishermen had fully co-operated with the navy because to do otherwise would have been considered unpatriotic. But they also thought that the issue of national security would soon be resolved and that their boats would be returned to them in time to have them back in operation for the fishing season. "We still had our nets and gear in our net lofts, so a lot of Japanese fishermen thought it was just a temporary thing and when it was straightened out they'd get their boats back and we'd be fishing by spring. After all, they still had their nets."[165]

The value of the 1,137 impounded boats and their equipment was between $2 million and $3 million. The table below shows the vessels impounded, by gear type.

Gear type	Number of Boats Confiscated	Number of Japanese Canadian Owners	Number of Boats Released to Non-Japanese Owners*
Gillnet	860	715	145
Troller	120	115	5
Seine	68	67	1
Packer	147	138	9
Cod, other	142	102	40
Total	1,337	1,137	200

*A number of vessels belonging to non-Japanese were rounded up by mistake and impounded. They were subsequently returned to their owners.

THE JAPANESE FISHING VESSELS DISPOSAL COMMITTEE

With the removal of 1,265 fishermen from active participation in West Coast fisheries, the government of Canada faced a production crisis just when an uninterrupted food supply was necessary to the war effort. The supervisor of Fisheries for District #1 reported on December 15 that "from a preliminary survey of the canneries on the Fraser River, I would estimate that eliminating the Japanese fishermen and packers will reduce the volume from Fraser River runs by at least 20 percent during 1942 . . . By tying up the Japanese fishing fleet of shrimp trawlers operating in Burrard Inlet, exclusively in the hands of Japanese fishermen, this fishery will be eliminated . . . Fishing for grayfish will be greatly curtailed." From Nanaimo on December 13 the supervisor of Fisheries for District #3 predicted a reduction of about 85 percent in Vancouver Island's east coast cod production and at least 50 percent in the supply of fresh fish from the west coast. The supply of perch and rock cod would be "practically wiped out." There would be about a 20 percent reduction in sole, flounder, greyfish and cod, 80 to 90 percent in greyfish and greyfish livers, and more than 30 percent in troll-caught salmon. Shrimp and prawn production would likely be wiped out.[166]

The government's response was to issue order-in-council PC 251 to return the Japanese vessels to active fishing in the hands of fishermen "other than Japanese origin" by charter, lease or sale. This was followed by PC 288 that ordered the establishment of the Japanese Fishing Vessels Disposal Committee (JFVDC) whose main objective was to "maintain essential fisheries production" and therefore to sell off the boats as quickly as possible and according to demand. Herring was urgently needed by the British government to feed soldiers, the spring salmon season was scheduled to start in February, halibut in March and sockeye in June. Appointed to the JFVDC were Justice Sidney Smith, an admiralty expert who would serve as chairman; Commander B.J. Johnson, DSO, Royal Canadian Navy; and Kishizo Kimura, secretary of the Canadian Salt Herring Exporters, who would represent the Japanese fishermen. A.E. McMaster was appointed the executive assistant, and the committee opened an office on January 24, 1942, in the Marine Building on Burrard Street in Vancouver.

Nikkei fishermen, however, were understandably reluctant to sell their boats. Some still thought that at the very least they would be allowed to fish under supervision. One fisherman recalled that "Japanese all

NOTICE OF SALE

The Custodian of Enemy Property offers the following boats for sale:

Fishing Boats

"S. I."	No. 6603	Vancouver
"Bumper Catch"	No. 152918	Vancouver
"B. Y."	No. 3363	New Westminster
"Departure Bay III"	No. 154949	Vancouver
"Departure Bay V"	No. 155241	Vancouver
"Gardner M"	No. 154669	Vancouver
"Garry Point No. 4"	No. 154971	New Westminster
"Gigilo"	No. 154554	Vancouver
"Holly L"	No. 152459	New Westminster
"I. M. P."	No. 973	Vancouver
"Izumi No. 3"	No. 153369	Vancouver
"Izumi No. 8"	No. 170430	Vancouver
"Kamtchatka"	No. 153169	Vancouver
"Merle C"	No. 154384	Vancouver
"Otter Bay"	No. 155110	Vancouver
"Yip No. 2"	No. 154972	New Westminster
"K. K."	No. 3368	New Westminster
"Kimio"	No. 6598	Vancouver
"K. N."	No. 3364	New Westminster
"Lion's Gate"	No. 1359	Vancouver
"Mizuho"	No. 134292	New Westminster
"Point Yoho"	No. 154539	Vancouver
"Three Queens"	No. 155094	Vancouver
"Kanamoto"	No. 141788	New Westminster
"Newcastle 4"	No. 138688	Vancouver
"George Bay"	No. 154349	Vancouver
"Rose City"	No. 138305	Vancouver
"Jessie Island No. 9"	No. 155231	Vancouver
"Kitaka"	No. 138608	Vancouver
"Moresby 2"	No. 150875	New Westminster
"R. K."	No. 2776	Vancouver
"Worthman T"	No. 152919	Vancouver
"Y. O. 3"	No. 2779	Vancouver
"Y. O. 5"	No. 2780	Vancouver
"Y. O. 6"	No. 2781	Vancouver
"Fragrance"	No. 6602	Vancouver
Gas Fishing Boat	No. 3362	New Westminster
"Y. O."	No. 2777	Vancouver
"Y. O. X. 2"	No. 2778	Vancouver
"Newcastle 8"	No. 150252	Vancouver

Other Boats

"Blue Fox"	No. 154927	Vancouver
"Louise"	No. 2907	New Westminster

All offers must be in writing, for individual boats, and accompanied by a certified cheque for 10% of the offer.

Offers for fishing boats, if accepted, will be those from bona fide fishermen or Fishing Companies who are entitled to own vessels of Canadian Registry.

The highest or any offer not necessarily accepted.

Arrangements to examine the boats may be made with the undersigned. All offers should be addressed to the undersigned and will be accepted up to 12 o'clock noon the ninth day of March, 1942.

FRANK A. CLAPP COLLECTION

G. W. McPherson,
Authorized Deputy of the Secretary of State and/or Custodian,
1404 Royal Bank Building
Vancouver, B.C.

After the vessels were confiscated they were leased or sold to fishermen "other than Japanese origin."
Courtesy Frank A. Clapp, Vancouver Province, *Feb. 21, 1942*

over the coast were having meetings . . . and the top executives of the Japanese Benevolent Association hired some whites to go and represent them in Ottawa, to speak on their behalf . . . and they were collecting money . . . because there was some hush money needed from time to time. Those white politicians and lawyers really shook down the Japanese community at a time when we didn't have much money, but these men told the elders that [it] was needed to be given out in Ottawa

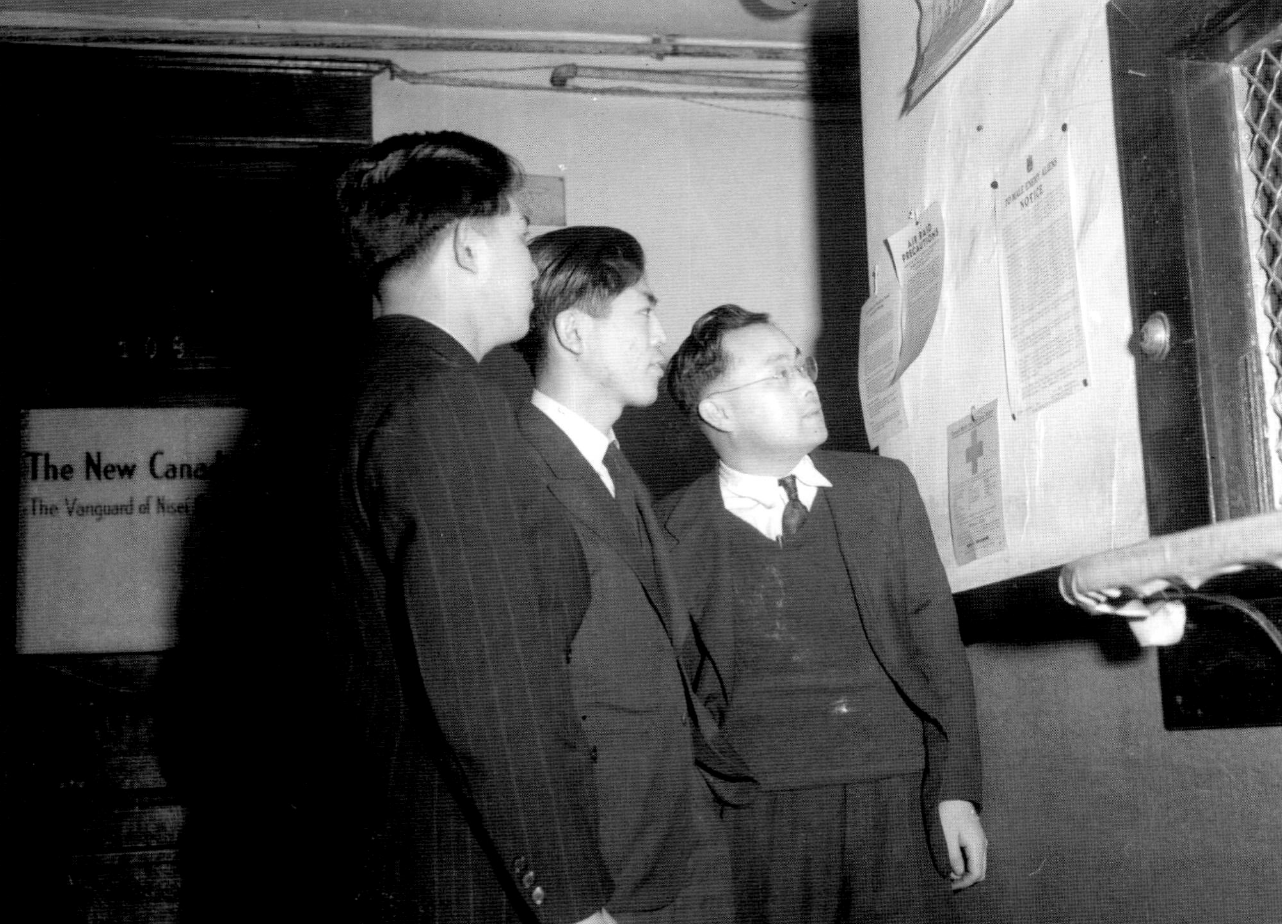

Japanese men reading document posted by RCMP in 1942 that read "To Male Enemy Aliens, Notice."
Vancouver Public Library, VPL 1343

Japanese Canadian vehicle being seized by an RCMP officer, Vancouver 1942.
Vancouver Public Library, VPL 1362

and soon we'd get our boats back . . . At a meeting of fishermen in Steveston . . . I yelled at them, 'You're not going back to fishing anymore! This is the end of the line for us!' They wouldn't listen to me."[167]

To overcome the belief still held by some Nikkei that they would be getting back into fishing, district representatives were appointed to obtain signatures authorizing the sale of their boats. Unosuke Sakamoto was responsible for vessels in District #1 (Fraser River); Matsunosuke Shinde for District #2 vessels from north of Cape Caution that were tied up in the Fraser River, and Kunisaburo Miwa for vessels tied up in Prince Rupert and other points within District #2; and Kohei Nakai for District #3 (Vancouver Island) vessels tied up in the Fraser River. The Nikkei fishermen had no option but to sign over their boats because their families were being separated and dispersed with no means of support, but it was not until the first sale took place on January 25, 1942, that any hope they had of fishing the 1942 season was finally dashed. In *Steveston Recollected*, Unosuke Sakamoto described the procedure adopted by the JFVDC:

> Each district chairman was responsible for getting signatures on the procuration forms, and since all the Japanese knew they had to leave the Coast, they signed them. The Government then advertised for buyers. They listed all the boats—so much for this, so much for that—and white men and Indians chose the boats they liked. At first it was all right. The Government asked us to set prices so they would know the actual value of the boats. Then they let us know the offered price and we notified the owners in the places they had been sent to. I would write to them telling them the price and asking them what they wanted to do. They all knew they had to sell their boats cheap so they sold them—with tears. But by the end if someone wanted a boat which we priced at $1,000 and if that person didn't have that much money he would say. 'I have only $500, but I want this boat so sell it to me.' The Government would then make the bill of sale on its own authority. A lot of boats were sold this way. Nothing could be done about it because we were all under the War Measures Act.[168]

The release of over 1,000 boats created a glut in the market in which buyers could more or less dictate their prices. The *Vancouver Province* reported on March 17, 1942, that "the commission has full power to force Japanese owners to sell. Any white Canadian who cannot reach a settlement with a Japanese owner has merely to write to the commission offering to buy and naming a price. The commission will do the rest. If the offer is judged fair, the Japanese owner will have to sell."[169] The legal mechanism for carrying out these transactions was described in a letter from A.E. McMaster, executive assistant to the JFVDC, on May 26, 1942, to J.A. Motherwell, chief supervisor of Fisheries since 1919. He reported that "until such a time as the owner signs an agreement for sale, enabling the new owner to obtain his official licence, we have arranged with the Registrar of Shipping to accept the attached form (duplicate Agreement of Sale). The Custodian of Enemy Property has the authority to sign the papers."[170] In other words, consent of the owner was not needed and the government not only provided the necessary documents but the signature as well.

Eiichi Kondo, born in 1914 in Steveston, started working at a whaling station at age thirteen. In 1940 he purchased the 30-foot troller *E.K.* from Yoshijiro Sakaguchi and Mitsuzo Nakagawa for the sum of $1,400. In August 1942 while he was interned at the Glencoe Sugar Beet Camp in Ontario, he received a letter from the JFVDC informing him that they had sold his boat for $460. After commission and survey charges he was issued a cheque for $452.90. Kondo remained in Ontario after the war, working as a quilting machine operator/mechanic/foreman for bedding factories.

JAPANESE FISHING VESSELS DISPOSAL COMMITTEE

RELEASE AND DISCHARGE

FISHING VESSEL: "Hawthorne II" CLAIM No.: 522-828
REG. or LIC. No.: Victoria 1438 Owner at Time of Impounding: Shiro KOYAMA, #09929, File 1507
NAVAL No.: VE 045-A
CLAIM PAYABLE TO: Shiro KOYAMA, #09929 Present Owner: Abandoned Vessel.

This vessel was damaged while in the custody of the Royal Canadian Navy, and was declared a total loss by the surveyors for Naval Service and Japanese Fishing Vessels Disposal Committee.

The owner has agreed to accept $200.00 in full settlement of his claim for the loss of his vessel, which is considered fair value by the surveyors aforementioned. The sum of $195.50, being $200.00, less expense charges of $4.50 is approved by the undersigned and accepted as adequate compensation.

In consideration of the payment of the sum of ONE HUNDRED AND NINETY-FOUR DOLLARS AND FIFTY CENTS ---------------------------- ($ 195.50) (of lawful money of Canada) (the receipt of which is hereby acknowledged), we, the undersigned, being the owners and/or mortgagees, shipyard repairers and all others having any interest, claim or demand against the said motor vessel registered at the Port of Victoria, B. C. Official or License No. 1438 DO HEREBY RELEASE and forever discharge His Majesty the King, as represented by Royal Canadian Naval Service or any patrol or auxiliary service, acting through or under the authority of Royal Canadian Naval Service, and all boards, commissions or departments of His Majesty's Canadian Government of and from claims which we may now have or which hereafter may arise and which now could or at any time hereafter be made in consequence of damage sustained or any alleged damage sustained, to the above-named motor vessel while in custody of His Majesty's Royal Canadian Naval Service or any auxiliary patrols, commissions, boards or departments hereinbefore named.

AND FURTHER, we covenant that we are the owners and/or mortgagees, shipyard repairers and all others having any interest, claim or demand against the said vessel and are the only parties or persons having any interest, claim, lien, demand or charge over the above-named motor vessel, and should any claim hereafter be made by or through any parties whatsoever, we hereby agree to indemnify and save harmless His Majesty the King as represented by any of the naval services, boards, patrols, departments, or commissions hereinbefore referred to.

AND FURTHER, that this discharge and release enures to the benefit of and is binding upon all the parties hereto, their respective heirs, executors, administrators, assigns, successors and representatives.

DATED at Montreal Quebec, British Columbia, this 3rd day of January 1958

In 1948 Koyama's *Hawthorne II* sold for two hundred dollars.
Courtesy Faye Ishii

Vessels that had incurred considerable damage due to the winter weather conditions during the confiscation and impoundment period as well as those that had been "abused by greenhorn naval types during the war"[171] had to be reconditioned and made seaworthy before being sold. Among them were Chosuke "Charlie" Nakamura's *Kuroshio* and *Arashio*, built in 1939, that the navy renamed the *Billow* and the *Surf*. The latter was run aground on a reef in Cape Cook, tearing out its bottom so that it sank. In cases like this, it fell upon the fishermen to provide proof that the damage occurred or that their boat sank while in the care of the navy, and proof was extremely difficult to secure. Once repairs were approved by surveyors, they were carried out only to the extent of putting the machinery in running condition or making the boat reasonably watertight and giving it one primer coat of paint. "In other words, they were not returned to the condition

Shiromatsu Koyama's vessel *Hawthorne II*.
Courtesy Faye Ishii

they would have been in had the fishermen been able to maintain the vessels themselves,"[172] meaning that they were of less value when sold.

Shiro Koyama's *Hawthorne II*, valued at $500, "sank while in custody. On raising her it was found that the hull was valueless and beyond repair. The owner agreed to accept $200 as compensation for the loss of this boat. There was no salvage." (Signed T. Matheson, January 10, 1948.) The actual amount Koyama received was $185.80 since deductions had been made of $4.50 for "expenses" and another of $9.70 for "expenses incurred in connection with the seizure and removal from Victoria to the Fraser River of the M/V *Hawthorne #2*."[173] But he accepted the compensation because he had no choice. On January 3, 1948, he wrote from Montreal, "Enclosed please find in duplicate the Release and Discharge forms in connection with my claim for compensation for the loss of my vessel. I am not satisfied with the amount of the claim, but as I am now in financial difficulty, kindly send by return mail my claim as soon as possible."[174]

THE BUYERS

The foremost buyers of the Nikkei boats were the canneries. They were not interested in the trollers and cod boats that had been used for the production of fresh fish but only in the gillnetters, and they purchased 660 of the 1,137 that were on offer. They then made the majority of them available to Native fishermen at cost and on liberal terms to assure themselves delivery of the catch. Geoff Meggs points out that "[i]t is a tragic fact that the catastrophe of Pearl Harbor achieved for Native people a partial redress of the losses they had suffered as a result of the industry's institutionalized racism."[175]

When boat sales declined during June and July 1942, the fishing companies were approached again to either purchase or lease the remaining vessels. Nelson Bros. was the only one to conclude an arrangement, taking over responsibility for another fifty-two vessels for a nominal rental of $25 per boat.

On March 15, 1942, the British Admiralty Technical Mission requested twenty vessels of specific dimensions and power: fifteen packers, three trollers, one gillnetter, and one other. Their initial intention was to charter the boats, and some Japanese owners had signed agreements, basing their fees on the value assigned by Lloyd's Register of Shipping. However, in July the policy was changed to outright purchase. By this time the Japanese were in internment camps, and the cancellation of the charter fees and the renegotiation for purchase were carried on through correspondence.

The Canadian military purchased forty-three vessels: six for the air force, ten for the Army Service Corps and twenty-seven for the navy, from which twenty were selected and added to the fleet of the Fishermen's Reserve, commonly known as the Gumboot Navy. Recruitment had actually begun in 1938 when war with Japan was still more than three years away, but with the attack on Pearl Harbor the Gumboot Navy had become very important. One of their first duties had been to assist in the seizure of Japanese Canadian boats.

Among the private individuals who purchased the Japanese-owned boats were World War I non-Japanese veterans, experienced fishermen and those who were entering fishing for the first time. All inquiries were encouraged. In response to one from a prospective buyer in Toronto, Motherwell's office replied on April 15, 1942, that "the Regulations require six months' residence in the province previous to a licence being issued. Licences are required for all types of fishing." This was followed by a suggestion that the party should "get in touch with one or more" of a list of sixteen fishing companies operating in BC.[176]

According to a report by JFVDC executive assistant A.E. McMaster in December 1942 the 1,137 vessels were disposed of as shown in the table below.

Purchasers	Number of Vessels
Fishing companies	660
Individuals/small companies	227
British Admiralty	20
Canadian Armed Services	43
Custodian of Enemy Alien Property	187

The table below shows the distribution of the 660 vessels among the various fishing companies.

Fishing Companies	Vessels
BC Packers	237
Canfisco	151
ABC Packing	99
Nelson Bros.	67
J.H. Todd	29
Francis Millerd	29
Great West Packing	22
Cassiar	13
Northshore Packing	7
Queen Charlotte	6

The 1 percent commission that the JFVDC charged on sales and all of the expenses that the fishermen incurred taking their boats to be impounded and sold—including fuel, food, lodgings ashore and the return ticket home—were borne by Nikkei fishermen. Although in his diary Kishizo Kimura, the Japanese representative on the JFVDC, says that fishermen were to be compensated for their travel, there is no record to show that they actually were.

On August 1, 1942, the JFVDC was disbanded and the records and the remaining 152 unsold vessels were turned over to the Custodian of Enemy Alien Property. The *Vancouver Province* of February 18, 1943, reported that "Kishizo Kimura, the Japanese member of the special committee that had charge of the disposal of the Japanese fishing fleet, is being commended for his co-operation." He was, the paper said, "invaluable as a contact between Japanese owners and the white public. He served entirely without pay, and in fact was out his out-of-pocket expenses. He is now residing in a segregated Japanese community in the interior." The JFVDC had sold 53 seiners at an average price of $5,700 each, 57 trollers (average $1,200 each), 64 packers (average $2,275 each), 58 cod boats (average $740 each) and 625 gillnetters (average $620 each). The highest prices were gained for three seagoing boats, the *Kuroshio* ($22,000), the *Arashio* ($21,800) and the *Howe Sound* ($21,000).[177]

NETS, GEAR AND EQUIPMENT

On December 15, 1941, R.W. MacLeod, supervisor of Fisheries at New Westminster, directed Motherwell's attention "to the gillnet gear owned by the Japanese fishermen now in storage for repairing and conditioning. Estimates advance that at least six legal-length nets of various size mesh all in good serviceable condition were now in the hands of each of the 400 Japanese fishermen operating in 1941 in District #1 waters. It was suggested some means should be devised whereby this immobilized gear could be continued in use rather than permitting depreciation and outright loss of the webbing." How many nets had been sold or stolen and the condition of the remainder became the basis for much controversy, and the fishermen were accused of inflating the number of nets they had in storage and their value.

BC Packers reported in July 1942 that $35,379 worth of fishing nets had been sold to them by Japanese Canadians. On August 31 the custodian decided to sell the remaining nets and an inventory completed by the end of September reported that there were still 3,717 fishing nets in storage. By December 1944 a total of 2,680 fishing net items had been sold and the fishermen were charged a fee to cover the cost of selling them.

Claims were not allowed on lost equipment as Motherwell was "of the firm opinion that most of this loss has been due to the owners removing equipment when they left their boats at Steveston." If fishermen could provide proof that "some of the boats detained in Vancouver were left entirely unguarded," their claims would be allowed. However, only those figures submitted by the surveyors and not by the owners would be accepted.[178] Japanese fishermen made eighty-five claims that totalled $12,576.78; the surveyors valued them at $7,061.53. Of the eighty-five claims, six were over $500:

Carry Papers People Warned

All persons of Japanese origin are strongly advised to carry their papers with them at all times, including "orders to report" issued by the Royal Canadian Mounted Police, The B. C. Security Commission warned again today. If stopped by the Police, persons without papers may be held for enquiry and disposition. A penalty is provided for failure to carry registration cards.

New Canadian, *May 9, 1942*

Marmae for $838.13;
the surveyor's allowance was $439.98

Qualicum L for $782.36;
the allowance was $224.45

Western Chief for $695.40;
the allowance was $556.15

Howe Sound IV for $624.57;
the allowance was $155.85

Howe Sound III for $509.00;
the allowance was $182.90

Aleutian Island for $583.88;
the allowance was $138.96.

There were twenty-eight claims under $30, of which

twenty-two were paid in full. The average amount per claim for damages and missing equipment was $147.96 and the surveyor's allowance was $83.07.

Six years later two of the 1942 claimants, Nobuo Matsuba and Heijiro Hiraoka, were still trying to get compensation for lost equipment. The following letter dated October 8, 1948, from Deputy Minister W. Gordon Mills of the Department of the Secretary of State, shows the result of their efforts:

> Dear Sir:
>
> Nobuo Matsuba – REG. No. 12066
>
> Heijiro Hiraoka – REG. No. 12073
>
> Your letters of 20th July, file 1556, and 27th July, 1948, file 9216, to the Commanding Officer Pacific Coast have been referred to Naval Headquarters for direct reply. The superintendent of the Dockyard, Esquimalt, BC has reported that there is no trace in Esquimalt of the equipment referred to in your letters nor is there any information available which would indicate its whereabouts. Naval Headquarters has endeavoured to further investigate the matter, but without success. It has not been possible to identify the coxswain who reportedly signed the receipt in the case of Hiraoka, and there is no trace of the equipment in either case.
>
> It is regretted that this Department is able to offer so little assistance in these cases.
>
> Yours truly,
>
> W. Gordon Mills

After the successful disposal of all Nikkei-owned fishing vessels and gear, the selling off of farms followed. On June 29, 1942, the Director of Soldier Settlement was given the authority to purchase or lease farms owned by Japanese Canadians, and 572 farms were sold without consulting their Nikkei owners. Six months later on January 19, 1943, all properties held in "protective custody" were ordered liquidated. Among the "buyers" were people like the father of Rafe Mair, a former lawyer, MLA and talk show host. In *The Tyee* online he writes:

> My father legally stole assets from interned Japanese-Canadians . . . A trustee was set in place to hold all the internees' holdings. He then sold them all for as low as 10 cents on the dollar, with the money going for the upkeep of the prisoners [Japanese Canadians in internment camps] . . . my dad bought a paper box company from the trustee at a 90 percent discount, so it's fair and accurate to say that I was fed, clothed and educated on assets literally stolen from the true owners. It is part of me that I can never be rid of . . . It must be clearly understood that my dad didn't do anything wrong by the standards of that day. Indeed, this sort of thing was seen as a form of patriotism since it got even with the Japs and kept people working.[179]

There are those who benefited by buying Japanese-owned real estate and possessions "cheap" and became financially successful. Still others tried to "return" items their family had acquired in this way, and there was one at least who felt the misfortunes in his life were linked to having taken advantage of the situation by purchasing a fishing boat that had belonged to a Japanese Canadian.

THE BIRD COMMISSION

The first attempt by the Japanese Canadian community to seek compensation from the Canadian government for their losses began to take shape in 1943 with the formation of the Japanese Canadian Committee for Democracy (JCCD) by Roger Obata, a young engineer and son of a Skeena fisherman, and a small group of other *Nisei* who had been relocated to Toronto. This action was probably precipitated by PC 469, issued on January 19, 1943, that ordered property held "in trust" by the Custodian of Enemy Alien Property as a "protective measure only" (as per PC 1665 issued on March 4, 1942) be liquidated without the consent of the owners who were languishing in internment camps. The internees wrote letters of protest to the custodian and various departments of the federal government, but these were ineffective, and notices of tenders and public auctions subsequently appeared in Vancouver newspapers.

Within four years after the formation of the JCCD in Toronto, it had grown into a national organization, the National Japanese Canadian Citizens Association (NJCCA) with chapters in Quebec, Ontario, Manitoba, Alberta and British Columbia. (In 1980 it morphed into the National Association of Japanese Canadians (NAJC) and led the redress movement.) The results of a national survey conducted in 1947 by the JCCD/NJCCA showed conclusively that the total loss claimed by the two thousand respondents was approximately $15 million. Armed with these findings, the organization's representatives appeared before the federal Public Accounts Committee and were able to persuade the members to recommend the establishment of a Royal Commission. PC 1810 set up the Japanese Canadian Claims Commission (JPCC) or "Bird Commission" on July 18, 1947, composed of eight judges and chaired by Justice Henry Bird of the BC Supreme Court. However, the commission was restricted to dealing with property lost while in the care of the Custodian of Enemy Property, and the onus was on the Nikkei owners to provide evidence that the custodian had failed to take the necessary precautions to prevent property from being lost, stolen or destroyed during the absence of the owners. Losses that occurred prior to the assumption of control by the custodian—those caused by damage during the hasty impounding or from vandalism and by deterioration of fishing gear between December 1941 and August 1942—were excluded, as well as losses from the forced sale of the 950 fishing boats by the JFVDC. It also excluded people who had been "repatriated" to Japan from filing a claim. Hideo Kokubo, who was repatriated, stated, "I had three boats . . . They sold one . . . I don't know what happened to the other two. I never received any money for those."[180]

Mitsuyoshi Tsuida, who was relocated to Kaslo, received no compensation for the loss of his two fishing boats. He estimates that each was worth close to $8,000. "When I asked for a receipt, the young lieutenant swore at me and ordered me off my boat. I thought to myself, 'You ignorant fool.'" At twenty-six years of age Tsuida was one of 108 young men from Queensborough who were loaded onto a boxcar and sent to a road camp. He hired a lawyer, got himself out of the road camp and returned home to find that most of his friends, their parents and grandparents had left their homes, their gardens and their businesses. He was "never paid for his pre-war home at 806 Ewen Avenue. Neither did he sign the title for its transfer."[181]

Bird threw out 34 of the 109 claims submitted on the grounds that they were beyond his commission's terms of reference and finally considered the sale of seventy-five boats that had been sold by the custodian for $38,504 and for which claims of $85,572 were made. He concluded that these sales had been made at a "fair" market price except for the fact that the boats had suffered "abnormal" depreciation in value by being exposed to the weather for up to eight months before their sale.

Claim #36 was submitted by Sadajiro Asari (1897–1983), a boat builder and a collector in Knight Inlet for ABC Packing Co. His motor-screw vessel Glendale V, built in July 1940 at a cost of $18,000, was requisitioned by the Director of Marine Services at $21 a day for 225 days for a total of $4,725. It was later sold to the Department of Munitions and Supply for $14,647, which was $3,353 less than its cost. Asari was awarded the $3,353 but not the $4,725 earned by chartering it out.

Houses and boats in Nanaimo were confiscated and sold.
Courtesy Kichitaro Hama

Zentaro Arizono had left his boat, the *Hinata I*, at the Suyehiro Boat Works in Cow Bay near Prince Rupert and was in Vancouver, a temporary residence, when his boat was confiscated and he was not permitted to return to Prince Rupert. On October 29, 1942, the Japanese Fishing Vessel Disposal Committee received a letter from Canfisco that the vessel was "in such bad shape that it was not advisable to move it, as we could see very little salvage had it been taken from where it was beached. Each tide was going in and out, making the engine and boat quite useless." By November 27 the boat was considered "a complete wreck and the engine removed," and in June 1943 it was sold to the custodian for $10. Arizono's claim was rejected because Bird found it "impossible to reach any conclusion as to the value of the vessel at the date of the evacuation."

Claim #43 was made by Ukichi (Shigeru) "James" Nitsui (1915–99), who lived in Ucluelet and trolled for eleven seasons (1931–41) for the Japanese Ucluelet Trollers Association. His motor vessel *Silver Spring* was requisitioned for hire by the RCAF for a fixed rate of $10 a day for ninety-one days or $910 and then sold to the Director of Marine Services on July 31, 1942, for an appraised value of $3,750. Fair market value was $4,000. He was awarded $1,552.97, which included the difference between the sale price and market value ($250), the full amount of his equipment claim of almost $400 plus the revenue for the lease period. His case was treated fairly.

Although Nobukichi Takai's claim did not fall within the terms of reference, he appeared before His Honour Judge Dawson, sub-commissioner, at Grand Forks. The Takai family had to vacate their premises at Egmont, BC, an isolated fishing community on the Sunshine Coast, on twenty-four-hour's notice. He owned a general store, stock, household goods and a fish-buying float valued at $5,000 and two more floats valued at $1,200 for a total of $6,200. In fear that his property and possessions would be vandalized or stolen when left unattended, he sold them to Queen Charlotte Fisheries Ltd. (QCF) for $2,000, a loss of $4,200. Since there was no documentation of this transaction, the judge directed the counsel to obtain some information from QCF with a view to incorporating it into the report. No information is available on this claim's outcome.

A group of fishermen from Hakoda Bay near Ucluelet made a claim for the difference between the assessed value of their 5-acre parcel of land and its sale price. They were part of the group of ten families who had built their homes on a farm bought by Naotsugu Hakoda in the early 1920s and moored their fishboats in the nearby cove. The commission, however, described them as residents of a "remote and isolated fishing community situated on the west coast of Vancouver Island, occupied only by persons of the Japanese race . . . The custodian was unable to rent or sell these dwellings in the three years following the evacuation," during which they were unoccupied. In October 1945 the entire settlement—comprising 60 acres of land with eleven dwellings—had been sold en bloc to the Department of Indian Affairs for a total of $4,750, the price established by both the custodian and the Soldier Settlement Board valuators. This worked out to an average price of $430 per house plus 5½ acres of land. Bird continued that it was lucky for them that the custodian was able to find a purchaser in the Department of Indian Affairs.[182] The Bird Commission's awards to the Hakoda Bay fishermen were set at 75 percent of assessment (see table below).

What was tragic for the people who lived in such outlying areas was that it was their presence and their industry that had made these places valuable. Their departure meant that the properties they left behind lost their value and in extreme cases became valueless. This can be clearly seen in the case of four fishermen from Port Essington where Japanese had made up approximately one-third of the population. Two of the claimants had lived and carried on businesses there for more than thirty-five years, but with the closure of the cannery and the removal of the Japanese, the settlement had been "reduced to the status of a ghost town by 1944." Property values plummeted and it became practically impossible to find buyers. The commission's decisions are shown in the table on next page.

The Bird Report stated: "If it is proposed to pay compensation to these claimants in addition to the sum recommended for payment, i.e. 10 percent of the sale price, plus $12.50, I consider that the additional sum should not be greater than 50 percent of the difference between the assessed value and selling price of each property."[183]

A total of 173 claims for a total of $148,958.91 were made for nets and fishing gear sold outside the forced sale category. According to Bird, problems of "exceptional difficulties" arose when considering these claims because of damage, theft, deterioration and faulty storage. To the $48,000 realized by the custodian's sales,

Commission's Dwelling Assessment for Hakoda Bay Fishermen

Fisherman Claimant	Dwelling	1946 Assessment	1949 Fair Market Value	Sale Price	Credit + Award
Nobuo Yoshihara	7-room unfinished	$1,600	$1,200	$623.44	$576.56
Motoichiro Yoshihara	6-room new	$1,300	$975	$506.54	$468.46
Tsunetaro Oye	5-room built 1924	$900	$675	$350.68	$324.32
Yutaka Hakoda	6-room built 1923	$1,000	$750	$389.65	$360.35
Minoru Nasu	7- room built 1941 $1800	$1,850	$1,387.50	$720.85	$666.65
T. Watanabe	6-room built 1924	$1,100	$825	$428.62	$396.38
C. Matsubara		$1,000	$750	$389.65	$360.35
S. Terashita	8-room built 1927 additions 1936,1941	$1,600	$1,200	$623.44	$576.56
		$10,350	**$7,762.50**	**$4,032.87**	**$3,747.63**

Commission's Property Assessment for Port Essington Fishermen

Claimant	Property	Value	Outcome	Award
Shino Kameda, widow of fisherman	Lots 7 & 8, dwellings, general store Successful business for 37 years.	$11,250	No buyer	
Suekichi Honkawa, boat builder	Dwelling, boat shed	$1,500	Sold for $500	
Eiji & Natsuo Kishimoto, fisherman	Lot 6 General store and residence	$2,625, 1940 $1,150, 1944	Sold for $750 May 1946	
Matsujiro Ohashi	3 parcels of land, dwelling	$489.75	Sold for $175 June 1945	$38.75

he added 25 percent, which in his opinion was "rough justice."[184] But even this rough justice could be difficult to obtain. Correspondence between the office of the custodian, the Gulf of Georgia Cannery in Steveston and the Japanese Property Claims Commission (JPCC) regarding fishing nets belonging to Yonekichi Yoshida provides a glimpse into the difficulties.

On April 28, 1942, Yoshida had signed a declaration listing the nets, cork lines and lead lines that had been stored in the Gulf of Georgia's cannery loft when he was interned. A year later on March 23, 1943, the cannery sent a letter to the custodian's office enclosing a cheque for $170 to cover payment for two nets, one of 125 fathoms that was listed for sale at $229 but was valued by the custodian, C.P. Leckie, at $150, and another of 75 fathoms that was listed at $70 but valued at $20. Five years elapsed before the custodian prepared a "Net Summary" on March 13, 1947, for those nets that Yoshida "claimed to be stored in the Gulf of Georgia Fishing Company's Cannery" in his declaration of 1942. The custodian states that the nets had been sold "after an independent appraisal was made," with the exception of one net "given Custodian No. 783," which was "missing." He goes on to say that Yoshida had declared 930 fathoms of cork line but only 300 fathoms had been found, and that none of his declared 1,007 fathoms of lead line and 300 corks had been found either. Yoshida had valued his gear at $1,297 but it was sold for a total of $602. The custodian then adds, "In practically all cases, the Japanese overestimated the value of their nets." Finally, on October 5, 1950, F.G. Shears, a director for the JPCC, sent Yoshida a cheque for $390.62. This covered the JPCC's award of the sum of $414.60 less $23.98 that he had authorized the commission to pay to the Co-operative Committee on Japanese Canadians for their legal aid.

Of the Bird Commission, Roger Obata says, "It turned out to be a hollow farce specifically designed to appease us and confuse us . . . After two and one half years of political wrangling over the validity of the claims and the terms of reference, the net result was a settlement figure of approximately $1¼ million for a total claim of about $15 million, according to the JCCD survey. This figure was a joke, an insult . . . That figure of $1¼ million was to remain etched in my mind for 40 more years . . . There were some of us in the Japanese community in Toronto who were not going to allow Justice Henry Bird to have the last word on the matter. We always knew that one day we would try again to seek the justice that had eluded us for 40 years."[185] In 1977 Roger Obata became the national chair of the National Japanese Canadian Centennial Society and in 1983 one of the leaders of the redress movement.

THE PRICE WATERHOUSE REPORT

As a part of the larger struggle for redress for wrongs inflicted on the Japanese Canadian community, in 1986 the National Association of Japanese Canadians (the successor to the National Japanese Canadian Citizens Association) commissioned the accounting firm Price Waterhouse to prepare a study of the economic losses of Japanese Canadians after 1941. The study concluded that in 1986 dollars the Japanese Canadian community had suffered a total economic loss of "not less than $443 million"—$333 million for loss of income as a result of being unable to earn at their normal levels between 1942 and 1949 and an estimated $110 million for property loss including Fraser Valley farms, houses, fishing boats, businesses and personal belongings. Among the losses not included in their calculations were properties disposed of by their owners before January 1942 in anticipation of what was to happen.

For fishermen, Price Waterhouse calculated the loss of purchasing power as the difference between the net proceeds received for the vessels sold in 1942 and the cost of replacing them in 1949. They determined that the loss on the 1,137 fishing vessels in 1949 dollars was $1,125,000 and in 1986 dollars, $10,350,000.[186] For the 950 vessels sold by the JFVDC and excluded from compensation by the Bird Commission, they compared

The 1986 Price Waterhouse report on the economic losses of Japanese Canadians found that the community had lost not less than $443 million in both wages and property value since 1942.

The Price Waterhouse Study

Some months ago, Price Waterhouse Associates undertook a study of economic losses using documents and files in the Custodian's archives in Ottawa. In their 1986 report they concluded that from 1941 until 1949, Japanese Canadians lost not less than $333 million (1986 dollars) in income and $110 million in property, and suggested that the community's potential for economic growth had also been damaged.

Summary of Losses in 1986 dollars (from the study by Price Waterhouse, *Economic Losses of Japanese Canadians after 1941*)

Income loss	$333,040,000
Fraser Valley farmland	49,314,000
Other real property	40,986,000
Fishing assets	10,350,000
Businesses	7,627,000
Other property	10,341,000
Education: Fees paid	1,380,000
Other losses	1,141,000
Less: Awards made by Bird Commission	(11,040,000)
	TOTAL = $443,139,000

The Immeasurable Losses

Of course, the intangible losses are incalculable. It is extremely difficult to assess in economic terms the damage to an unjustly shattered community. Thousands of citizens and their descendants lost opportunities for employment and education, and have suffered immeasurable shame and grief at having their families torn apart, their citizenship denied, and their dignity undermined.

Excerpt courtesy of National Association of Japanese Canadians

the sale price received by the fishermen with the average price of a similar type of vessel between 1942 and 1949 as reported by Fisheries Statistics of Canada. The report concluded that "the sale value of Japanese Canadian fishboats was generally slightly lower than the average vessel's value." They also pointed out that fishing vessels increased in value by at least 50 percent during this period.[187]

Comparisons of the proceeds and the values of the 1,137 vessels sold by the Japanese Fishing Vessels Disposal Committee are shown in the chart below:

The 187 vessels sold by the custodian "tended to be at least 10 years old and in many cases were considered obsolete." Information on their sale price could not be found but Price Waterhouse estimated the gross proceeds for the 187 vessels to be $320,385 in 1941.[188] The Bird Commission had awarded a general increase on the sale price of between 10 and 15 percent for vessels sold by the custodian. Price Waterhouse used a 13.5 percent increase, which included the charges made by the custodian for selling and administration expense and added 30 percent of the sale price in order to include the loss of purchasing power for the period 1942 to 1949.

Between 1942 and 1945 there was a dramatic rise in prices, wages, production and real estate in Canada as the wartime economy soared. Fishermen's incomes peaked in 1947, then after a two-year decline there was an even greater peak in 1950 and 1951. Price Waterhouse calculated Japanese Canadians' "income loss" as the difference between what they would have earned

Type	Number of Vessels	Japanese Canadian–Owned Vessels Average Gross Proceeds 1941	All Vessels Average Value in 1941	All Vessels Average Value in 1949
Gillnetters	625 Public	$620.14	$672	$1,482
	8 Armed Forces	$1,828.00		
	82 Custodian			
Trollers	57 Public	$1,321.05	$1,492	$2,332
	12 Armed Forces	$2,858.00		
	46 Custodian			
Seiners	53 Public	$5,694.26	$6,742	$10,121
	14 Armed Forces	$10,961.00	$11,544	$17,292
Packers	94 Public	$2,275.78	$1,505	$4,921
	26 Armed Forces	$6,779.00	$6,742	$6,121
	18 Custodian			
Cod Boats	58 Public	$ 740.04	$ 672	$1,482
	3 Armed Forces	$2,167.00		
	41 Custodian			

(Price Waterhouse, Schedule VII-2 & 3; JFVDC, national archives)

between 1942 and 1949 and the actual income they received from employment during their internment. Japanese men and women in the fishing industry in 1941 had made up 16.2 percent (1,265 out of 8,778) of the total Japanese population fourteen years and over who were in the workforce.[189]

Over the period 1941–46 the value of fish landed increased 35 percent and the wage and salary index increased 37 percent. Therefore, the base annual income would have increased at 6 percent per annum from $1,500 in 1942 to $2,853 in 1948.[190] No calculation is available for the losses suffered by prisoners in concentration camps such as Angler and Petawawa where Harry Yonekura, a fisherman and inmate, estimates that some four hundred fishermen were incarcerated.

There were 255 cannery workers among the Japanese Canadians interned. In British Columbia female cannery workers' wages increased from $14.37 per week in 1941 to $23.51 per week in 1947 and jumped to approximately $27.61 per week a year later.[191] Due to the shortage of labour during wartime, more Japanese Canadian women who had not previously worked outside the home would have found employment, thus adding to family income. Children would also have made a contribution by working in the canneries or as deckhands during the summers. Also not calculated into the equation is the contribution made by women with skills such as dressmaking. Some already had their certificates, and others received their diplomas while in internment camps. By making and remaking clothes, they contributed to the family's welfare. Perseverance and self-sacrifice was not new to their life experience, but uncertainty about their future—and especially the future of their children—was a cause for great concern.

Other losses considered by Price Waterhouse included:

- Some of the 519 motor vehicles that were confiscated and sold by the custodian for an average of $308.
- Chattels including furniture, cameras, radios and other personal effects sold by the custodian on an average of $12.70 per person or $49 per family; Price Waterhouse puts "a more likely figure of $250 per family" and notes they could not put a dollar figure on sentimental value or the increasing value of antiques.
- Real property (land and buildings) calculated at $60,000 per property in 1986 dollars, but the loss is understated as prices continued to increase after 1949 and owners lost the opportunity for capital growth. Furthermore, from December 1941 to February 1947, Japanese could not buy real property without a permit and most had not regained an economic status that would have allowed them to do so.
- Lapsed insurance policies due to lack of available funds; Japanese had an average life insurance coverage of $1,000.
- Some rural properties with fishing connections, for example, eleven lots in the 60-acre fishing village at Hakoda Bay, which was accessible by boat only; nine lots on Fraser Bay in Ucluelet Harbour that were used by fishermen; and twenty houses at Lyche Estate near Fraser Bay where Japanese owned improvements.[192]

The Price Waterhouse report does not mention community-owned properties such as temples, hospitals and schools, but some limited information is available from other sources. The United Church kept a special Japanese Fund that consisted of payments from the "congregational funds of evacuated Japanese missions in BC sent in for safe keeping." In 1943 this fund stood at $2,754.69 and was used to look after various Japanese United Church properties. For example, taxes in the amount of $76.68 on the Queensborough church property were paid to the City of New Westminster on October 22, 1942. It was rented to "M/M Simpson" at $25 per month and the upkeep and taxes were paid from the rent collected. The United Church in Steveston was used by the Custodian of Enemy Alien Properties as a storehouse.

By 1953 the balance in the United Church's Japanese Fund stood at about $16,000 and over the next two decades grants were made from it to Japanese congregations as they formed in Toronto, Montreal, Hamilton, Steveston and Lethbridge.[193] A formal ceremony absorbing the Japanese Mission in Steveston into the United Church was conducted in February 1953. Church elders representing the Japanese congregation were Genji Otsu and Rintaro Hayashi, who for many years was a Sunday school teacher.

The Buddhist Temple in Steveston was sold during the internment years and converted into a movie theatre named the Steva. The funds from the sale were held in trust, and in 1952 the $8,500 was used toward the purchase of the former Japanese kindergarten building on Chatham Street, but in 1960 the present temple on Garry Street was built. The $15,000 received for the sale of the buildings owned by the *Dantai*—the Japanese Hospital, the *Gyosha Dantai* offices and the Japanese Language School—were transferred to the Steveston Community Society's building fund. The building was completed in 1987.

7 Loss of Licences, Vessels and Livelihood

After delivering his car to Hastings Park, a Japanese Canadian walks back home, 1942.
Vancouver Public Library, VPL 1400

Thousands of vehicles were seized and held at Hastings Park, Vancouver, BC.
Vancouver Public Library, VPL 1369

While in exile in Lacombe, Alberta, Tsutae Sato, principal of the Vancouver Japanese Language School, was asked but refused to give permission for the Japanese Hall to be sold. "To the Satos, each tile, each piece of wood, each bag of concrete, each nail that went into the building represented the toil and the sweat of the Japanese immigrants and they considered the building a living memorial to the early pioneers."[194] After the war it was reopened and its centennial was celebrated in 2007. In 1978 Sato was made a Member of the Order of Canada for his work as a teacher of the Japanese language and culture to Japanese Canadians.

Another loss mentioned in the report was educational opportunities for children. School-aged children had their education severely disrupted and received some education and training of inferior quality. However, the report points out that "it is not clear that they suffered significant economic loss as a result because it appears they worked hard and succeeded in mitigating any loss they might have suffered in this area."[195]

The report concluded that Japanese Canadians suffered economic losses to the extent they were in a worse position in 1949 than they would have been had they not been dispersed. However, the report said, "the industry and drive" of Japanese Canadians minimized the loss suffered by the community by reducing the period of loss, and "this community would have continued to improve its economic position if dispersal had not happened."[196] A press release issued by the NAJC on May 8,1986, pointed out that "ironically, it was the very resourcefulness of Japanese Canadians in rebuilding their lives immediately after the war that reduced their losses. Had they not assumed responsibility for their economic welfare, the losses would have been much higher."

8

Forced Removal and Exile

For the first week there was calm. Then the firings started; the Canadian Pacific Railway was the first, followed by the major hotels and sawmills. The dismissed employees joined the ranks of the unemployed fishermen.

The curfew required Japanese businesses to close early, and social life ceased. Japanese welfare groups were finding their resources heavily taxed by growing numbers seeking assistance and relief.

Author Ken Adachi concludes that public opinion in British Columbia "might have remained less hysterical if politicians had not inflamed it in the first place and had not influenced the cluster of professional patriots, veterans associations, service clubs, farm groups and labour unions who began to present organized demands for expulsion around the middle of January [1942]."[197] Newspapers that had initially appealed for calm now editorialized about a "fifth column" and enemy submarine activities. Extremists wanted the Japanese removed east of the Rockies, then shipped back to Japan when the war was over, and they used public meetings, letters to the editor, sermons from the pulpit, and motions at local and provincial council meetings to exploit the fears of the populace. Meanwhile, their real, though

Curfews were imposed from dusk until dawn. Here, Japanese Canadian children are escorted home by police.
Vancouver Public Library, VPL 1345

unstated, intention was to remove competition from fishing, farming and other areas where the Japanese had built up their enterprises. The BC Conservatives passed a resolution at their annual conference in favour of total evacuation of Japanese Canadians. "Not one effective voice of protest had been raised by white Canadians; even the Co-operative Commonwealth Federation (CCF) Party, for some years an uncompromising champion of citizenship rights for the Japanese, expressed itself in favour of the evacuation 'for reasons of defence.'"[198]

If "military necessity" had been the reason for removal from the coast, it would not have been at the urging of the RCMP or the military because they had told the Government's Standing Committee on Orientals that there was no need for such drastic action as "mass evacuation." The RCMP had placed the Japanese community under surveillance in 1938 and had recorded no subversive activity. Furthermore, they reported that "the few potentially subversive Japanese have already been interned and that no further internment was necessary."[199] Major General Maurice Pope, vice-chief of the Canadian Army's general staff and a member of the Permanent Joint Board of Defence, supported the assertion of Lieutenant General Ken Stuart, chief of general staff, that "from the Army's point of view, I cannot see that they constitute the slightest menace to national security." H.E. Raustus Reid, vice admiral of the navy, stated that there was no problem because "all Japanese fishermen had been removed from the sea on the day of Pearl Harbor." Moreover, "federal representatives of economic agencies even declared that it was in the interests of the war effort that the Japanese fishermen should be allowed to continue to fish off the West Coast."[200] The Department of Fisheries, on the other hand, remained consistent in its traditional anti-Japanese stand, and *The Fisherman* (the white fishermen's union paper) joined the public clamour for evacuation. (Of course, the term "evacuation"—which means the removal of persons threatened by dangers and carried out for their own protection—was a misnomer for the forced removal and exile of the Japanese Canadians.)

Federal civil servants were divided, though it is known that Undersecretary of State Hugh Keenleyside of the Department of External Affairs was opposed to the removal. In his book, *The Conscience of the Diplomat*, Escott Reid of External Affairs wrote that he had met with a delegation from British Columbia who told him that no Japanese could be trusted and they had to be driven out of their jobs in British Columbia and interned. "They spoke of the Japanese Canadians in the way that the Nazis would have spoken about Jewish

Yokichi Ishida's registration card dated April 8, 1941. Ishida became a naturalized Canadian in 1907.
Courtesy Fukawa family

Germans . . . I felt in that committee room the physical presence of evil. Four years later General Maurice Pope, who had represented the Canadian Army at the meeting, said to me, 'I came away from the meeting feeling dirty all over.'"[201] In *Soldiers and Politicians*, Pope himself recalled the tenor of the meeting and the hidden agenda of the BC representatives:

> I thought for a moment that my former friends might charge across the table to manhandle me. Their rage was a sight to behold. The meeting was soon adjourned, but before we separated I had an interesting conversation with one of the delegation's political members. Sadly, he said that for years his people had been telling themselves that war with Japan would afford them a Heaven-sent opportunity to rid themselves of the Japanese economic menace forever more . . . Not a word did he say about national security.[202]

The authors of *Mutual Hostages: Canadians and Japanese during the Second World War* concluded that the underlying bases for the federal government's

"Notice to Persons of the Japanese Race" issued by the Government of Canada, Office of the Custodian.
New Canadian, *March 1942.*

NOTICE TO PERSONS OF THE JAPANESE RACE

OFFICE OF THE CUSTODIAN

The Custodian desires to bring to the attention of persons of the Japanese race the following provisions of Order in Council Number P. C. 1665 dated the 4th day of March, 1942:

"As a protective measure only, all property situated in any protected area of British Columbia belonging to any person of the Japanese race resident in such area (excepting fishing vessels subject to Order in Council P. C. 288 of the 13th of January, 1942, and deposits of money, shares of stock, debentures, bonds or other securities), delivered up to any person by the owner pursuant to the Order of the Minister of Justice dated February 26, 1942, or which is turned over to the Custodian by the owner, or which the owner, on being evacuated, is unable to take with him, shall be vested in and subject to the control and management of the Custodian as defined in the Regulations respecting Trading with the Enemy, 1939; provided, however, that no commission shall be charged by the Custodian in respect of such control and management.

"Subject as hereinafter provided, and for the purposes of the control and management of such property, rights and interest by the Custodian, the Regulations respecting Trading with the Enemy, 1939, shall apply mutatis mutandis to the same extent as if such property, rights and interests belonged to any enemy within the meaning of the said Regulations.

"The property, rights and interests so vested in and subject to the control and management of the Custodian, or the proceeds thereof, shall be dealt with in such manner as the Governor in Council may direct."

The above provisions do not apply to fishing vessels, deposits of money, shares of stock, debentures, bonds or other securities, or property required to be delivered to any person by the owner pursuant to the Order of the Minister of Justice dated February 26, 1942, but enable persons of the Japanese race to deliver to the Custodian, before they are evacuated from a protected area, such other property as they have not disposed of and are unable to take with them.

All such other property not disposed of or delivered to the Custodian, prior to evacuation automatically comes under the control of the Custodian upon the evacuation of the owner but persons of the Japanese race are urged to report their property immediately instead of waiting until their evacuation as this will enable the Custodian to take prompt action to protect and administer the same.

Forms for setting forth the particulars of such property may be obtained on written application to the undersigned and should be completed as fully as possible by owners of property and mailed to the undersigned without delay.

Dated at the City of Vancouver this tenth day of March, 1942.

G. W. McPHERSON
Authorized Deputy of the Custodian,
1404 Royal Bank Building,
Vancouver, B. C.

●日本人に對する告示―― 財産管理局

本官は一九四二年三月四日附総督令ピーシー一六六五の左の規定を日本人諸氏に傳へ度い

「一九四二年二月廿六日附司法大臣令に依り所有者より當局者に届出中の資産（自動車、レヂオ等）財産管理人に申告せられた資産、或は所有者が防禦地帯を退去するに際し持參不可能の狀態にあるビーシー州防禦地帯内にある日本人に屬する資産（但し預金、株券其他證券類及一九四二年一月十三日附総督令ピーシー二八八下にある漁船を除く）は一九三九年發令の『敵國との通商令』に設置せられた財産管理人の手に委任せられる、但し管理人は管理する事に依り手數料を徴集する事は出來ない

資産管理上に關する管理人の權能は一九三九年發令「敵國との通商令」規定が準用せられる

斯くして管理せられる資産、權益、所有權及其の收入の處置は閣議に於て決定される」

前記事項は漁船、預金、株券其の他證券及一九四二年二月二十六日附司法大臣令に依り當局者に届出られた資産（自動車、レヂオ等）には適用されず、日本人が防禦地帯より退去する以前に處分しなかつた資産、或は持參出來ない資産を管理人に届出さしめる爲に規定せられたものである

退去以前に處分しなかつた資産或は届出でられなかつた資産は所有者が退去すると同時に總て管理人に依り管理せられるが、本官は日本人は退去する迄待たず此際直に本局迄其の資産を報告する様日本人諸氏に希望する、斯くする事に依り本官は即時に諸氏の資産の保護、管理に必要なる手段を執る事が出來る

届出用紙は下記住所より得られる故出來る丈け早く詳細を記入し返送され度い

一九四二年三月

財産管理官　ジー、ダブルユー、マクファーソン
ローヤル、バンク、ビルデング一四〇四

decision to remove Japanese Canadians from the coast were racism and economic fear, and both escalated into panic as Imperial Japan's forces swept over the Pacific in the days after the attack on Pearl Harbor. The government was also bombarded with the opinions of journalists and amateur strategists who overestimated Japan's threat to the west coast of North America and underestimated the enormous logistical difficulties Japanese forces would face in crossing the Pacific to attack Canada.

On March 4, 1942, the BC Security Commission (BCSC) was established to plan, supervise and direct the forced relocation "efficiently, economically and quietly" and to "provide for the housing, feeding, care and protection" of the evacuees.[203] Meanwhile, the Custodian of Enemy Alien Property (CEAP) was to hold the properties of the evacuees "in trust." The BCSC was chaired by industrialist Austin Taylor and its other members were Frederick J. Mead, assistant commissioner of the RCMP, and John Shirras, assistant commissioner of the BC Provincial Police. Taylor then chose three members of the Japanese community—Etsuji Morii, Arthur Nishiguchi and Ippei Nishio—to act as a liaison committee with the BCSC.

But where was there a suitable place for these exiles? Who would want "potential saboteurs" or "enemy aliens" or the "yellow peril" in their communities? The mayors of prairie cities such as Saskatoon, Edmonton, Calgary and Lethbridge protested that they had no room and that the Japanese should be put in concentration camps. Similar sentiments were expressed by the mayors of St. Catharines, Oshawa and Toronto. The Interior towns of British Columbia did not want them either. Agitators talked of vigilante action if the Japanese were allowed to move there. Farmers in the Okanagan posted "Get rid of Japs" signs on their gates. Kelowna's "welcome" sign read, "Coastal Japs keep out," and after a mass protest meeting there a telegram was sent to Ottawa demanding that the Okanagan Valley be declared a "protected area." A headline in the *Grand Forks Gazette* announced, "We Don't Want Japs." While some British Columbians claimed that removal of the Japanese from the "protected area" was to save them from angry mobs, they were willing to forcibly relocate them to other areas where distrust and hostile attitudes were expressed just as forcefully.

The first Japanese Canadians to be removed from their homes were the 2,500—mostly fishermen and their families—who lived in coastal villages. On March 15, 1942, families in Tofino were given twelve hours to vacate, although Yoshio "Johnny" Madokoro and Harold Kimoto, both executives of the Tofino Co-op, managed to negotiate with the authorities to extend the deadline to twenty-four hours. Families were required to pack essentials, store whatever they could not take with them and secure their homes before their removal.

Yoshiharu and Fusae Mayede lived in Ucluelet before being relocated to Christina Lake, Greenwood and Carmi.
Courtesy Yoshiharu Mayede

Madokoro observed that "there was a distinct chill between the non-Japanese and the Japanese community. *Hakujin* [Caucasian] friends didn't spend much time with us anymore."[204] They were put on board the *Princess Maquinna*, and as the ship slipped away from the government dock, "there was much weeping among the women and children." They were taken to the police station in Port Alberni and, after being checked against a list, were put on the train to Nanaimo. There they boarded the Canadian Pacific ferry; in Vancouver they were crammed into buses and became the first to arrive at the "assembly centre"—the livestock buildings at Hastings Park. "What really hurts even to this day," Madokoro said, "we were stripped of our identities and treated as 'undesirables' even though we had not committed any crime."[205]

On March 22 the Nikkei families in Ucluelet were ordered to evacuate on two hours' notice. Larry Maekawa says that, as the CPR mail boat *Princess Maquinna* left the government wharf, they witnessed the ransacking and looting of their homes by the "Gang of Five" who had been anti-Japanese since their arrival in Ucluelet in the Depression years.[206] When the order came, Fusae Mayede was awaiting the arrival of her sixth child in Port Alberni since there was no hospital in Ucluelet. She recalled:

> I stayed at a hotel run by Mrs. Kuroyama who would say to my unborn child Donald, "Hurry up and get born or else you will be left behind." After I gave birth, I joined my family who were already in Vancouver. I had to take a speedboat to Port Alberni and then a train to Nanaimo. I stayed at the Ode herring camp and the next day I took a boat to Vancouver. When we arrived at the hotel where we had a reservation, we were told that children were not welcome so we had to find another place to stay and moved to the Nihonjin Club but it had no heat. We stayed there for a month. *Gaman shita.* (I endured.) My husband had to go to Victoria to pick up our daughter Marge who was attending school. We wanted to stay together as a family so went to a "self-supporting" camp at Christina Lake. The Alpine Inn Lodge was an auto camp, but the rent was $600 a month and the meals were such small portions that everyone was hungry. We were running out of money so my husband and my brother, Tatsuo Oura, walked the 40 km from Christina Lake to Greenwood to ask Mayor McArthur if he would let us stay there. We stayed in Greenwood until 1953.[207]

All Nikkei families in Port Essington were ordered to vacate their homes within one week. Among them were Sasuke Nakagawa, a World War I veteran wounded at Vimy Ridge, his sick wife and infant. His fishing boat was already in New Westminster, having been taken in the flotilla by his son, Masao, three months earlier.

Port Essington's school principal, William Jones, witnessed "the bitter sense of loss—loss of home, loss of property, loss of freedom, and the uncertainty of the unknown ahead." He said to his students, "Don't become bitter. Do the right thing and in the end you will still have your pride in being Japanese Canadians."[208] He was there when the families were put on board a scow that was towed across the river to Prince Rupert where they joined that city's Nikkei population. Worried about his students, Jones visited them in Hastings Park and wrote to them during their exile.

On March 23 the Nikkei boarded a Canadian National train that stopped at the Inverness, North Pacific, Sunnyside, Carlisle and Cassiar canneries as well as Haysport to pick up more fishing families, each with just the possessions they could carry. The limit for adults was 150 pounds and for children, 75 pounds. The trip to Hastings Park took two days and three nights, during which the evacuees were supplied with bologna sandwiches.

Hichisuke and Tora Sakai and their children were the last Japanese family to leave Osland due to the fact that hospital facilities at the detainment centre in Vancouver were not ready to receive patients with communicable diseases, and their daughter Chiyoko and her half-brother, Hideichi Hattori, had been diagnosed with tuberculosis. Chiyoko (Sakai) Brydon remembers that they had to delay their departure until June while the others left in the spring. In the last days before the police came with instructions for their departure, her mother sewed canvas duffle bags to hold some of their belongings, and Chiyoko's friend Clara came to give her a small black valise to hold her precious keepsakes.

> There were numb goodbyes at the pier amid feelings of uncertainty then and for the future. Osland is now a childhood memory—for the most part a happy, secure, simple time of life, filled with good honest people, generous in heart and spirit, with dignity and respect for each other. I'm glad I had my childhood years there. It is a cherished memory.[209]

Ryo and Kiyoko Yamamoto of Port Edward recollected those "awful times" in an interview conducted by their grandson:

> On March 21 armed RCMP officers arrived in Standard [Skeena River] and told all Japanese families that they were under arrest. All binoculars, radios, and firearms were confiscated. They were given time to pack their belongings, but only what

could fit into one bag and one suitcase per person. Everything else had to be left. The families were then taken by boat to Sunnyside Cannery where they were put onto trains. They were locked in and kept under armed guard. No one knew what was happening or where they were going. When the train left Sunnyside all cars were kept locked and blinds were pulled down over the windows.

Kiyoko Yamamoto also recalled that her friend:

Mrs. Hamade was ready to give birth at any moment and could not travel. Her husband, Tomekichi, a boat builder for Claxton Cannery, had already been ordered out with the rest of the people from the Skeena Area and was waiting for her in Hastings Park. Chuichi Yamamoto stayed behind as interpreter for Mrs. Hamade who was not proficient in English. The situation was very difficult. *Kibishi katta.* The RCMP officer had a rifle and scrutinized our every move.[210]

At first the Nikkei families on the east coast of Vancouver Island from Campbell River south were told to await further orders, but in April those who had been living in Chemainus, Paldi, Duncan and Hillcrest were ordered onto the *Princess Adelaide* and taken to Vancouver. Residents of Mayne and Salt Spring islands were taken aboard the Canadian Pacific steamship *Princess Mary.* The twenty Japanese families in Nanaimo, most of them living on Stewart Avenue, were also removed.

Takeshi Uyeyama's father, Etsusaburo, had emigrated from Wakayama in 1900 to fish and had gone to the United States every winter to work on the railway or in a sawmill. His mother had come to British Columbia as a picture bride. Takeshi had been born in Steveston at the Fishermen's Hospital in 1912 but when he was about a year old, his father had moved the family to Nanaimo where he worked as a herring scout for Tabata in the spring and then fished for sockeye out of Steveston in summer. When Takeshi started school, he was one of just two Japanese students but soon there were about twenty-five families. He remembers *sumo* tournaments, *tofu* making, *nori* (seaweed) and *matsutake* (pine mushroom) harvesting, and the vegetables growing in the garden plots all along Stewart Avenue. In 1941 he had been fishing for ten years and owned three boats. "I sold one to my friend. The government sold the other two so they sent me a cheque. I had property at Nanaimo Shipyards. Well, they gave me money for that—one hundred and forty dollars!"[212]

Yukiharu Mizuyabu was one of the children uprooted from the only home he knew. He was born in Nanaimo, one of the six children of Tsunejiro and Moto Mizuyabu, and attended Brechin School with the other Japanese children who lived in the area. At thirteen he was declared an "enemy alien." He recalled the pain of

Dates of Evacuation Notices and Numbers of Evacuees at Each Settlement[211]

March 14
West Coast:
Clayoquot 27
Tofino 68

March 15
Alert Bay area:
Pt. McNeil 1
Alert Bay 17
Englewood 43
Telegraph Cove 14

Powell River District:
Powell River 19
Lang Bay 32
Egmont 6
Pender Harbour 10
Sechelt 8
Wilson Creek 44

West Howe Sound:
Gibson's Landing 9
Port Mellon I

East Howe Sound:
Woodfibre 36
Britannia 88
Bowen Island 8

March 16
Portland Canal District:
Steward 13
Nass River, Arandale, & Mill Bay 37

March 17
Ocean Falls

March 18
Port Alice
Quathiaski Cove
Read Island & Redonda Bay 16

March 18/19
Bella Coola 19
Namu 33

March 19
Toba Inlet

March 20
Prince Rupert and Skeena:
Inverness 58
Port Edward 58
North Pacific 39
Cassiar 15
Iceanic 12
Oslund 18
Carlisle 33
Claxton 56
Port Essington 109
Jap Inlet 3
Prince Rupert 206
Ucluelet 231
Bamfield 19
Kildonan 6
San Mateo 20

March 20/21
Seymour and Knight Inlet:
Allison Harbour 17
O'Brien Bay 23
Simoon Sound 23
Knight Inlet 16

March 22
Rivers Inlet:
Provincial 1
Rivers Inlet Cannery 1
Beaver 4
Brunswick 5
Good Hope 6
Boswell 2
Goose Bay 6
Wadhams 5

March 26/27
Queen Charlottes 13

rejection when he was excluded from cadet training, which all the boys his age had been taking since the beginning of World War II, and his recognition of the injustice that his classmates of German and Italian heritage—whose countries of origin were also at war with Canada—were able to continue their training.

Tsunejiro Mizuyabu, who had lived and fished in Canada since immigrating in 1922, returned from taking his boat to New Westminster bewildered as to what was to happen next. It was not long before they noticed other Japanese Canadian families slipping away, one after another, with the intention of joining relatives in Steveston or Vancouver, naively believing that they could avoid expulsion and internment by living on the mainland. By mid-March the Mizuyabu family and a childless couple—the husband was a fish buyer—were the only Japanese left in Nanaimo. Tsunejiro had made arrangements through a real estate agent for a white family to rent the house, and he stored the family's belongings including his fishing equipment in the basement to leave the main floor and the attic for the tenants to occupy. He buried "a large sum of money" in the basement, waved goodbye to their home, which had been built only two years previously, and boarded the CPR ferry *Princess Elaine*. As soon as they landed in Vancouver, they were shoved into two taxies and whisked away to Hastings Park.

While in Hastings Park, a naval officer in civilian clothes came to tell Tsunejiro that his boat, *TM*, had been sold. Yukiharu, even as a youngster, always went with his father as his interpreter whenever he had dealings with the authorities. He remembers his father's angry question: "Who gave permission for my boat to be sold?" The response was "Kimura" because the authorities always put the blame on Kishizo Kimura, who had been appointed by the government to the Japanese Fishing Vessels Disposal Committee.

When the months passed and the Mizuyabu family was still incarcerated in Hastings Park, Tsunejiro and Moto's belief that they would soon return home vanished, and they became anxious about the money they had buried in their basement. They contacted Kazuo Oda, who was known for helping Japanese to deal with the authorities. One day they were called out to the Hastings Park gate to find an RCMP officer in civilian clothes waiting with his wife; they beckoned them into their car. Puzzled, Yukiharu looked toward the guard at the gate, who told him to go. They were taken by car to the CPR wharf where the officer purchased five tickets for the *Princess Elaine*. They disembarked in Nanaimo, were driven to their house and the RCMP and his wife went for a walk while the Mizuyabus went to the house. The tenant let them in, and while Yukiharu kept her occupied, his father unlocked the basement door, dug up the money and they said goodbye and returned to Hastings Park. In recollecting the incident, Yukiharu says that individuals who were acquainted with the Japanese did not see them as "threats to national security" or as enemy aliens. Their house was sold while they were interned in Lemon Creek.[213]

Fujio "Frank" Egami was also shipped to Hastings Park from Nanaimo. He was born in Steveston, received his education in Japan but returned to Nanaimo at age fifteen and attended Brechin Elementary where he learned to speak English. As a young man Fujio worked for Frank Koyama Enterprise delivering cod and salmon to restaurants and fish and chip shops in the city. During the internment years, his family was separated. His mother and younger brother were in Japan while he and his father were in road and internment camps.[214]

Fujiko Kurita was living in Port Alberni when she was forced to relocate first to Hastings Park and then to Spuzzum. At Hastings Park she remembers stacks of bread and a can of jam on each table at breakfast and wondered, "Where's the butter?" She did not know at that time that her future husband was working in the kitchen stirring huge vats of food for their meals. They met later in Vernon, married on January 11, 1951, and soon afterwards returned to the coast. He went back to work for BC Packers on the Skeena and in the Queen Charlottes; in 1991 he suffered a stroke and was forced to retire. Retirement gave him more time to hone his gambling skills, and he became a master at the crap table and was frequently seen with his winnings at the River Rock Casino in Richmond.[215]

HASTINGS PARK

The buildings on the Pacific National Exhibition Grounds at "Hastings Park" had been expropriated by the Department of National Defence to be used as a "clearing station" or "assembly centre" for the evacuees until they could be relocated outside the "protected area." The first of the families arrived on March 16 and were confined there under guard. "We were herded like cattle," said one arrival. Just one week earlier the buildings had been horse stables and cattle barns and had been only roughly revamped to be made operational with the addition of basic sanitation, a hospital, a post office and recreation and mess halls. But the odour still emanating from the stables assailed the senses of the first groups to arrive. Yoshio "Johnny" Madokoro recalls:

8 Forced Removal and Exile

Women and children's dormitory at Hastings Park, Vancouver. Blankets draped over animal stalls offered little privacy.
Leonard Frank, Vancouver Public Library, VPL 14923

Children's mealtime at Hastings Park. Babies were also born in Hastings Park.
Leonard Frank, Vancouver Public Library, VPL 14925

It reeked of horse manure and horse urine ... The women started to cry and the children became upset. Anyway we cleaned out the stinky hay and cleaned up the stables as best we could ... By the end of the week we had converted the stables into makeshift sleeping quarters. Blankets served as walls to designate one family's living area from another. The "gang from Cumberland" arrived the day after the Tofino families and on the third day the "Victoria gang" arrived.

From Hastings Park Madokoro was shipped out to Schreiber, Ontario. While waiting for the train at the CPR station in Vancouver there was much shouting and cursing.

How in the world could Canada treat us Canadians in such a terrible way? Here we were Canadian-born men being shipped out thousands of miles to work camps. Our wives, our children, our parents were left on their own. What in the hell was going on? Who in the world was looking out after our interests? When the train stopped at a railroad crossing, we looked out the windows and cursed every *hakujin* [Caucasian] that we saw. This was not "our" Canada anymore.[216]

He was separated for a year and a half from his wife and two children who had been sent to Slocan.

After Shigeru "Jim" Nitsui had left his beloved boat, *Silver Spring*, tied to the Annieville Dike, he had returned to Ucluelet to join his wife, Michiko, and their two children. They were transported to Vancouver and interned "in the dung-saturated, fly-infested barns" of the Pacific National Exhibition. (Once the sheds were heated, the fly eggs hatched.) This filthy environment and fear of sickness encouraged some families to move a hundred miles inland on their own rather than wait for the government to prepare lodgings. Jim Nitsui and a number of his PNE-housed neighbours pooled their financial resources and moved themselves to Lillooet to farm tomatoes. However, this was not a successful venture and Jim was soon driving a school bus and working as a garage mechanic, all the while longing for a return to the coast and fishing.[217]

Kiyoko and Ryo Yamamoto arrived at Hastings Park from Port Edward on March 24. Their grandson reported that

they had to sleep in makeshift bunks in the horse stable. It was very dirty. There was even dried horse dung on the walls. Here they were again watched by armed guards. Mothers with children were allowed to sit at tables to eat. Everyone else ate wherever possible. My grandmother, who was pregnant, used to borrow her nephew so she could sit down to eat with the women and children. Their diet was very dull and quite often consisted of burnt stew and fried bologna. Many people got sick from food poisoning.

For my grandmother this was probably the worst time of their whole ordeal. The surroundings were dirty and depressing, their movements were restricted to this area and they still did not know what their future would be. Friends and family stuck together to keep each other's spirits up. On the lighter side my grandmother laughs about trying to give her brother a haircut. Never having done this before, she kept trying to get both sides even. In the end he had almost no hair left.[218]

Finding the ways and means to leave Hastings Park became a challenge. Fisherman Hyakutaro Tanaka, his wife, Fusako, and their four school-aged children were from Prince Rupert. Their eldest son, Harry Hiromi, was in the Canadian Army, one of three *Nisei* from British Columbia who had been accepted into the service. Hyakutaro had an invitation from a good friend, chartered accountant Jay C. Hunt, who had worked in Port Essington during the summer, to work on a farm near Burns Lake. Since he was making independent arrangements, the BC Security Commission would not pay the fare of $175 for his family. He had $80 in cash and should

An empty store on Powell Street, Vancouver, after Japanese Canadian tenants had been evacuated, 1942. Friends and customers were left behind.
City of Vancouver Archives, 1184–1537

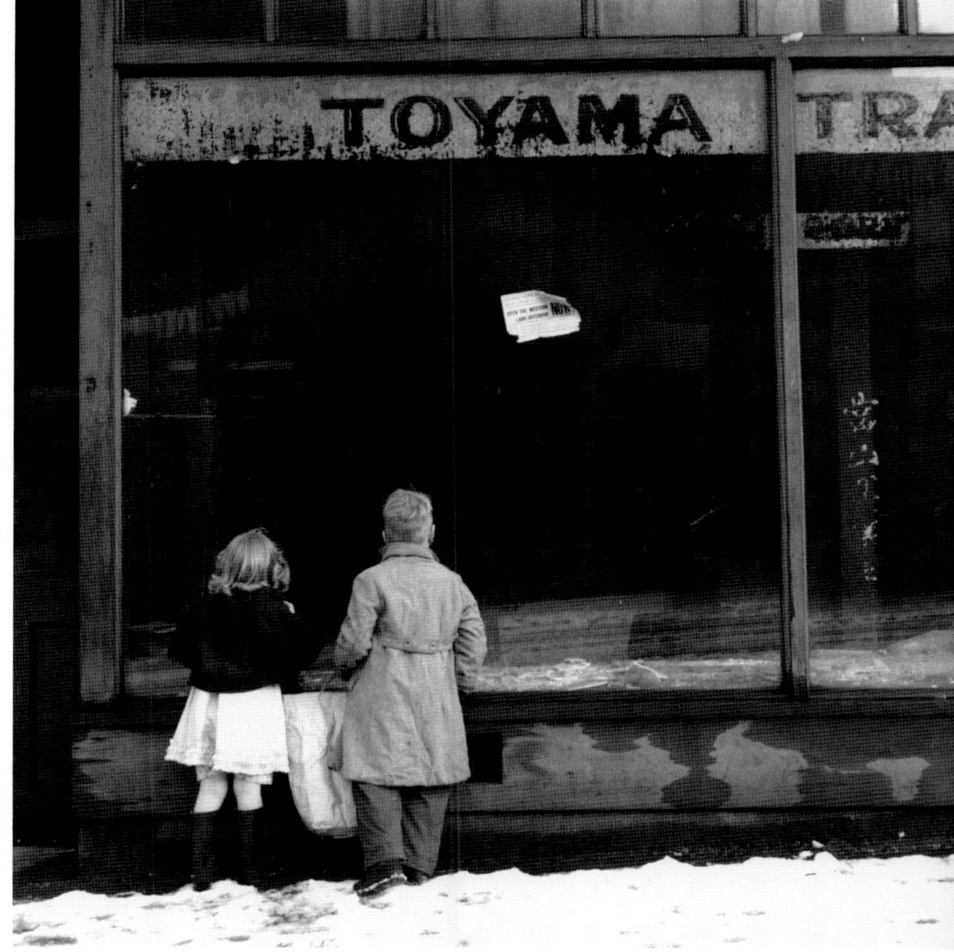

have been able to raise the remainder by selling his boat, but it had been seized by Nelson Canneries for a gasoline debt of $400. The boat was worth more than that but now the cannery could not locate it. Another source of funds should have been his mortgage-free house in Prince Rupert and a smaller one in Port Essington. It was at this point that the Reverend Howard Norman stepped in as interpreter and counsellor and persuaded the commission to pay the family's fares. (The reverend also arranged correspondence courses for high school students with materials sent from Victoria, desks procured from the Japanese Language School, and supervision provided by university graduates.)

Jitsuo and Tsuyako Uyede and their two daughters arrived from the Skeena to discover they would be housed in separate quarters at Hastings Park, but Jitsuo took a job "as a custodian so that he could access his family in the women's quarters." His wife was pregnant. They moved to Minto Mine because, their daughter explained, "that seemed to be the quickest way out of there. We were one of the few if not the only fishing family in Minto."[219] The Minto gold mine had closed earlier that year and all but a few residents, including a former mayor, had left the town.

To avoid living at Hastings Park, the Nakagawa family from Ocean Falls rented a room in a house on Alexander Street then partitioned it so that the other half could be occupied by the Uyeyama family from Nanaimo. Romance blossomed between the Uyeyamas' son, Takeshi, and the Nakagawas' daughter, Marge, and when he was sent to Bay Farm and she to Slocan, he walked the many miles to see her. They eventually married, were repatriated to Japan but returned and settled in Nanaimo.

On September 1, 1942, at the peak of its inhabitation, 3,866 Japanese persons were living in Hastings Park. They lacked privacy, proper schools for their children and adequate facilities for medical treatment or recreation. They suffered poisoning, diarrhea and dysentery from unsanitary food handling, and there was constant anxiety about their unknown future, heightened by the separation of families. By the time it was shut down on September 30 after ten months of operation, 8,000 persons of Japanese origin had passed through Hastings Park.

In March 1942 the removal of the remaining Nikkei living in Steveston, Sea Island, Sunbury, Canoe Pass and at the Celtic and Great Northern canneries began. The men had already been sent to work camps and the elderly, women and children had been left to fend for themselves. To keep families together, Mr. M. Kuba, secretary of the Japanese Fishermen's Hospital, negotiated with the BC Security Commission for Japanese fishermen to work in the sugar beet fields of Alberta. By the end of the month 75 percent of Steveston's population had been removed; it was ironic that they were to revitalize ghost towns in the Interior while making ghost towns on the coast. In Steveston they left behind forty-six businesses as well as community-owned properties that included the hospital, language school, kindergarten, Buddhist Temple and United Church. They were also forced to leave the personal property and effects they could not carry, and as soon as they were gone, there was wide-scale looting of houses, businesses and buildings.

Yoshio "Joe" Teranishi, born in Steveston, had been a gillnetter on the Fraser for ten years when news came that they were to be evacuated.

> Everyone was in a panic. They couldn't think of anything other than "where do we have to go?" I remember quite a few people getting on the train but I don't know where they went. I just went to the station and waved goodbye. We must have been about the last to leave. We stayed behind and put our possessions in a shack that I built. Our neighbours put their belongings in the shack also. We thought we would be coming back soon. When we were finally able to return, there was nothing left, not even the shack. We also lost five acres on Steveston Highway between Railway Avenue and No. 1 Road. We also owned land on the south end of No. 1 Road, which had a building on it that is still standing today and is now called the Prickly Pear Garden Centre.

Through arrangements that Joe's uncle, Mosaburo Teraguchi, made with Etsuji Morii, the Teranishi family was relocated as a family to Minto City.

Kunji Kuramoto was twenty-six years old in 1942. After eight years as a puller, in 1938 he had become an independent fisherman, and the following year built a new boat, which his wife named the *Kamikaze.* He was fishing for dogfish when he was told to return to Steveston and take his boat to Annieville for impoundment. When ordered to evacuate, he and his wife stored their furniture and their prized possessions in their recently built house. According to a neighbour, within two weeks of their departure someone came with a truck and took everything.

In 1931 Kuramoto had become a member of the Steveston Judo Club, a division of the *Seinen-kai* (Youth Club), but judo clubs were disbanded in 1941 as they were considered a danger to national security. However, Kuramoto had been encouraged by the *judo sensei* (teacher/leader) to be community minded, and he helped the women and children pack their belongings for their removal. He was disappointed by the youths who did not help, but he attributes the lack of "troubles" during the evacuation to the assistance given by members of the *Seinen-kai* and, in particular, the judo division. He was relocated to Alberta.

Gerry Miller, born in Steveston, lived at the "Winch Camp" where his playmates and classmates were of Japanese ancestry. When his mother wondered when he was going to speak, her perplexed Japanese neighbour told her that he was speaking just fine when he visited them. Miller remembers that

> the older girls would come down to our house and take me to their homes to play with their brothers and sisters my age. My hair was very blonde when I was small and when we went out to play people passing by would often be heard commenting about the Albino Japanese child. By the time I started school, Japanese was my first language.

Then suddenly, when he was thirteen years old, they all left. "Every day there would be more of my friends sent away. I would ride [my bike] down to Steveston and watch them get on the train, then I would race along Moncton Street and up Railway Avenue, shouting at them back and forth till I could go no further."[220]

RESISTANCE

The Nikkei responded to the hardships and injustices in a variety of ways. Most of the *Issei* applied the rationalization of *shikataganai*, the belief that the fate of a man was tied to forces beyond his control, while most *Nisei* were convinced that by co-operating fully with the authorities they would prove that they were "Canadian." But there were some who protested their treatment and resisted, and they were hunted down by the RCMP and sent to prisoner of war camps in Ontario. The infractions of which they were guilty included breaking the curfew or not producing a registration card or a permit allowing them to extend their stay within the "protected zone."

Takeo Kariya was twenty-five years old and had started fishing as a deckhand for his father when he was fifteen. In 1935 he had inherited his father's 35-foot diesel-powered troller, the *Marine K.* It had been confiscated, and now he was considered "defiant."

> I was caught outside curfew in Vancouver before we were to all be evacuated. This is after I had lost my boat and home and been moved from Ucluelet to Vancouver. I was in a foul mood and refused to show my ID card or to adhere to the curfew. I ended up at the immigration building and for being a troublemaker was sent to Angler.[221]

Takeo Kariya became POW #57 at Angler Prisoner of War Camp.

As early as 1940, Unosuke Sakamoto, chairman of the BC *Gyosha Renraku Kyogikai*, the Japanese Fishermen's Liaison Committee, had cautioned the membership of Japanese Canadian fishermen's organizations:

> We Nikkei fishermen should clearly recognize that in the current circumstances where the nation in which we live is in crisis, that we will be obliged to serve, whether we are born Canadians or are naturalized Canadians . . . I pray from the bottom of my heart that we be careful and guarded in our behaviour and join together in proper cooperation so as not to leave any difficulties for future generations.[222]

All the fishermen had co-operated even while their licences were cancelled and their boats confiscated. However, apprehension grew as evacuation orders sent men to road camps, leaving behind the women and children. There was also a growing sense of distrust, fear and injustice and the accompanying need, especially by some *Nisei*, to protest the unnecessary hardships caused by the separation of families.

Since 1936 when they sent a delegation to Ottawa for the franchise, the *Nisei* had been organized into the Japanese Canadian Citizens League, and from this group had emerged the Japanese Canadian Citizens Council (JCCC) to act as the central coordinating body for all fifty-one local groups. It was composed of twelve districts with six on the executive board and twenty-four district representatives. The leadership of the JCCC viewed co-operation with the BC Security Commission as the only method at their disposal to prove their loyalty to Canada and urged compliance for an "orderly evacuation." However, rank-and-file members who believed defiance to be the better course broke away and formed the *Nisei* Mass Evacuation Group (NMEG). Their demand was to be relocated in family units. "Mass evacuation" was the term they used to mean "everyone moved together so families were not broken up." They were all aware of the risk: anyone who disobeyed the BCSC could be detained by the RCMP. But coupled with this threat of imprisonment was the community's strong social pressure on anyone who opposed the established leadership in the Japanese Canadian community.

The final day for evacuating from the "coastal defence zone" had been set for March 31, 1942, and nine days before that deadline fourteen men met at the Hayashi Ryokan (Inn) and contributed $5 each to a start a fund to pay for posters and notices to inform the community of their cause. Two days later 123 people met at the Tairiku Hall for the first formal meeting of NMEG. The women formed the *Nisei* Mass Evacuation Women's Group and addressed this message to "Mothers and Wives and Sisters":

> It is our duty to stand side by side with our menfolk . . . and demand our human rights . . . We have seen our fathers, husbands and brothers give up all material possessions, the efforts of a lifetime of sweat and self-denial . . . Let us stand united and show the world that we women all have the courage to fight for a righteous cause and that we are willing to sacrifice whatever may be necessary for such cause . . . it is a small price compared to our big sacrifices.

The NMEG defied the deadline and on April 15 sent one of many letters to Austin Taylor, Chair of the BCSC: "We have said YES to all your previous orders, however unreasonable they might have seemed. But are firm in saying NO to your last order which calls for breakup of our families."[223]

Harry Yonekura, a Steveston fisherman, became a member of NMEG. In recounting the events that led to his decision to protest the injustice and his subsequent incarceration, he said,

> I had been fishing since the age of sixteen when my father, Tomekichi, who was a naturalized Canadian since 1910, transferred his fishing licence to me after suffering a stroke. 1941 was a good fishing season. I grossed $22,000 and had negotiated and agreed to buy the largest salmon gillnet fishing boat under construction on the Fraser River. The 1942 fishing season promised to be even better. Then Pearl Harbor happened.
>
> The president of the Steveston Fishermen's Association had asked the membership to remain calm and co-operate with the navy by voluntarily taking their own fishing boats up the Fraser River to Annieville.
>
> I complied. However, when I witnessed the way the navy was handling the impounded Japanese Canadian fishing boats, we fishermen were "just choked." I felt distrusted and mad . . . horrible. Most of the *Issei* fishermen lost their incentive to even look after their own boats, and their feeling was, "What the hell, I've lost my fifty years' work." To the fisherman, his boat is second only to his life.

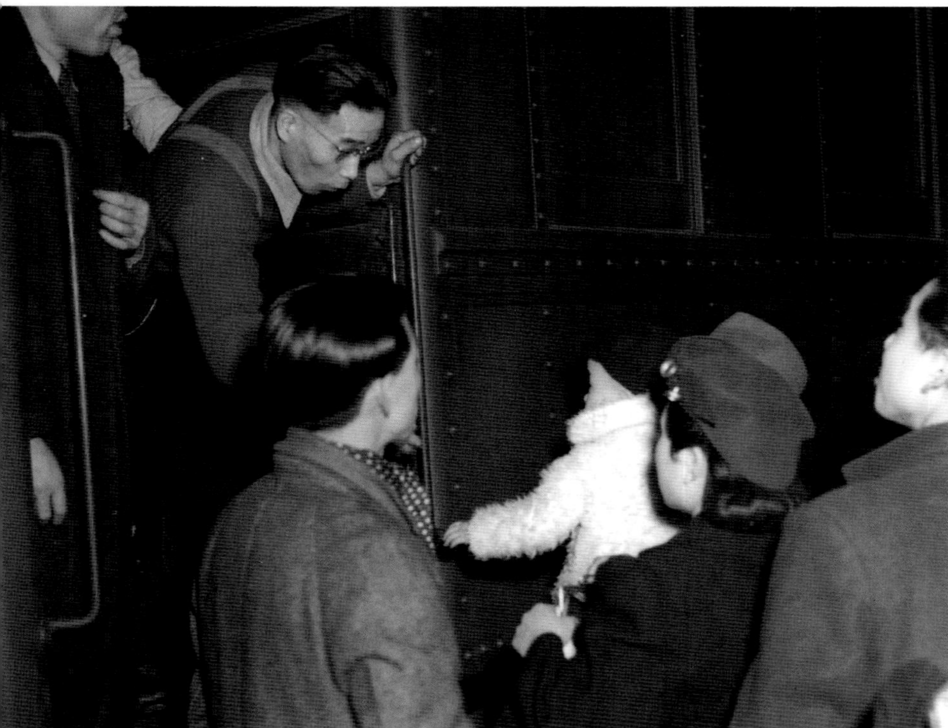

Saying goodbye to fathers and brothers leaving for road camp. Men aged eighteen to forty-five were the first to be shipped out to road camps. *Vancouver Public Library, VPL 1381*

After the boat seizures had come the order for all able-bodied male "enemy aliens" aged eighteen and over to leave the protected coast area. They were sent to road camps, leaving their families behind, and after having no income for several months some families ran into financial difficulties.

> As a representative for the Imperial Cannery District under the Steveston chapter of the Japanese Canadian Citizens League, I helped to organize a food pool. We bought entire stocks at cost from local merchants and distributed groceries to needy families. Another problem was families whose men had been sent away to road camps and needed help with the packing for the relocation. During my volunteer service [on the] baggage crew, I witnessed one incident which changed my belief and thinking towards this awful situation thrust upon our community. At Steveston Station, a coach was ready to take away Japanese nationals to a road camp with RCMP on hand. A middle-aged lady with a baby on her back and a little boy beside her was on her hands and knees in front of a young, smart-looking RCMP, crying and begging that she be taken away with her husband, too.
>
> When I witnessed this scene, I started to re-think and re-assess my volunteer service work . . . [It was] not helping the evacuees! I went home depressed and started questioning the Vancouver JCCL leaders who were asking that we pledge our word to the BC Security Commission for the sake of the whole Japanese community, that all men should be willingly sent out to road camps and I refer to the JCCL letter, dated March 29, 1942. This is when I tore up our extension paper. I realized this action was the most important decision of my life. Now [I was] considered to be an underground activist, and from this day on, I had no choice, no change of mind, but to openly go against the Commission in the breaking-up of our families. I went to Vancouver on June 15 and was picked up on Hastings Street without

> any charge and sent to the immigration building. I asked where is my Magna Carta? Within thirty days I should have a hearing, be charged and if convicted be imprisoned. There was no process.

Harry Yonekura became POW #348. While at Angler he discovered that Nikkei were being picked up and imprisoned for minor infractions in order to

> build a pool of prisoners to be used in exchange for Canadian soldiers being held by the enemy, although the Geneva Convention states that civilians cannot be exchanged for soldiers. What was worse was that Canada was hoping to exchange one group of their own citizens for Canadian soldiers. Even the Japanese consular representative in Vancouver was disgusted with this. [This was similar to the policy in the United States of stockpiling Germans and Japanese—including Latin American Japanese—in internment camps for possible prisoner exchanges.] I eventually got my hearing and went to work for Pigeon Timber Co. as a river driver to loosen jammed logs and after three months went to Toronto and worked as a service repairman for Prestolite Battery.[224]

The prisoner of war camps in Petawawa and Angler held German, Italian and Japanese prisoners. Of the 766 men of Japanese origin 232 were Japanese nationals, 63 were naturalized Canadians, 4 were American-born, and 467 were *Nisei*. Two-thirds of the *Nisei* at Angler were there because of their association with the NMEG. Harry Yonekura believes that many of them were fishermen.

In 2005, four retired fishermen, Toshio Murao, Masami Hori, Shigekazu Morimoto, and Kazuji Murao, who had all been imprisoned in Angler, came together to share their experiences. Toshio Murao was in Vancouver in 1941 when he was told to return to Kasho's herring camp on Galiano Island. He found the place surrounded by soldiers who ordered him and another worker to take the packer boats *Izumi I* and *Izumi III* to Nanaimo. From there Murao took the train to Alberni and a boat to Bamfield where he met fisherman Masayoshi Oye who had just arrived from Vancouver. Oye had been told to return to Ucluelet and take his boat to Steveston. Larry Maekawa, who had been employed by the navy as an interpreter, explained to the sailors that the fishermen had left Ucluelet without having the opportunity to tell their families where they were going and they would be very worried. The fishermen were then put into the mouldy, smelly hatch of a large vessel and transported back to Ucluelet. On returning to Bamfield, they were informed that their departure, which had been ordered for five the following morning, had for some unknown reason been moved up to five that night. Although they had gassed up, they had no food or other provisions, and they survived the next three or four days on water and a loaf of bread. Murao remembers the huge *monosugoi* winter waves on that trip.

> Off Carmanah Point a tugboat had run into trouble and its log boom had broken [up], strewing logs in the path of the oncoming

Huts at POW camp #101, Angler, Ontario.
Courtesy Noboru Uyeyama family

From 1942 to 1946, Toshio Murao, Masami Hori, Shigekazu Morimoto, fishermen, were prisoners of war at Angler, Ontario, camp #101.
Stan Fukawa photo

flotilla. Unable to see the logs in the dark, many of the boats were badly damaged. We arrived in Esquimalt at five a.m. and in Steveston at six p.m. where we left the boats.

I had lost everything, did not know what the future held for me, and had nothing more to lose. So what the heck! I joined the sit-in at the immigration building in Vancouver where the Japanese were being held. There were thirty of us and while the leaders were negotiating with the officials, we enjoyed boxes and boxes of *nigiri meshi* (rice balls) brought to us by sympathetic well-wishers. We were detained and joined the other detainees. Wives and other supporters kept a vigil outside the immigration building, shouting messages and encouragement. When visitations were denied, we rioted in protest. We were separated in different holding areas and someone used a bedpost to ram a hole in a wall to join the other rioters. Toilet paper was strewn everywhere. Someone grabbed the fire hose and aimed it at the guards outside, but the water only trickled out—the Army had shut off the main valve. A tear gas canister was fired into the room. Our eyes were sore. We were crying. We couldn't see anything. Shots were fired. I took the four spent shells with me to Angler, but I don't know what happened to them. We were deprived of food for the next two days and drank gallons of water to vanquish our hunger.

Murao was sent first to Petawawa then to Angler where he became POW #508.

Masami Hori, who became POW #219, said, "The meetings of the NMEG were held in my home in Steveston and I was aware of being watched. At the first meeting on April 9 Robert Okazaki from Port Alice explained their many attempts to negotiate with the BCSC without success." Okazaki told them they had contacted the Spanish consulate who had "protecting power for Japanese" to intervene on their behalf but were told that legally they were Canadians and, therefore, Spain could not help them. They had also met with the chief secretary of the Japanese consulate in Vancouver, Tonji Miura, who offered sympathy but "regretfully acknowledged that because of his formal position, he could not openly give us advice or help, but he did suggest that we focus our anger towards helping members of our community who are in dire straits." Okazaki's presentation to the meeting was received with "loud, thunderous applause . . . and donations totalled fifteen hundred dollars." The *hakujin* (Caucasian) friends who had taken them to the meeting waited and took them back "through the back alleys and lonely side-roads" to avoid the RCMP.[225]

Shigekazu Morimoto became POW #501 and Kazuji Murao POW #275.

The four former inmates of Angler laughed as they talked about the uniforms issued to them on arrival, although it was no laughing matter that the pants had red stripes down the outside legs and that on the back of each shirt was a big red circle for the guards to aim at should they try to escape. When the men tried their uniforms on, they found that two of them could

The burial of Masano Shirakawa in 1942 at Angler, Ontario. The circles made for easy targets should POWs try to escape.
Courtesy Noboru Uyeyama

fill one as they had been made for European prisoners. Hori, who has a small frame "even for a Japanese," and Morimoto filled one between them. Hori added, "Being a fisherman, I could not sew. Thank goodness there was a tailor to take care of such things."

Packages from family and friends were especially welcome to compensate for the lack of warm clothing, food, variety, money and basic personal items, but most of the time the men had to "make do" and they did so ingeniously. Toshio Murao reminisced about looking forward to mealtimes on Tuesdays and Fridays:

> On the menu on Tuesday was liver and Friday was macaroni. Six inmates sat at each table. None of my mates liked liver or macaroni and so I ate six portions on those days. That's how I acquired my middle. Each breakfast we were given apple juice, but the prisoners were not allowed to drink it. It was collected and saved to soak the bread, which had yeast in it. When fermented, the juice became delicious alcohol. Bacon was saved to make *dashi* (stock) for *udon* (noodles), which someone was able to acquire. The cooking was done on a cut-down apple juice tin and guards were heard to remark, "Something smells good" as they patrolled nearby.

Morimoto became the cook's helper

> because I knew how to dress fish. I never went hungry. The butcher's helper helped himself to pieces of meat from the neck of a cow and hid them in his pockets. One prisoner tried to smuggle a slab of bacon hidden on his back under a shirt but he was caught. We marvelled at the ingenuity of the prisoners in other areas as well. One of them made a mandolin out of a used cheese box. I learned to play it as did Genji Hamanishi who became so proficient that he was asked to entertain everyone at a concert. Many were made and taken to Japan but they fell apart due to the hot, damp climate. There were so many talented people in Angler.

Hori wrote haiku during his four and a half years of imprisonment. Another prisoner, Takeo Ujo Nakano, was a master of *tanka* poetry, which is thirty-one syllables and less well known than the seventeen-syllable haiku. He wrote a book about his experiences at Angler, which in its English translation is titled *Within the Barbed Wire Fence*. In his *tanka* Nakano captures the

The compound at a POW camp in Angler, Ontario. Noboru Uyeyama, fisherman, is POW #179.
Courtesy Noboru Uyeyama

loneliness of his incarceration while separated from his family:

> A letter from my wife
> The censor hacked to pieces
> Like a net
> Even what's left is painful.

On June 9, 1942, for the first time since the evacuation orders had been handed down, the BC Security Commission finally met with the NMEG, and the family separation policy was changed to a family reunification policy. On July 1 the government of Canada agreed to build housing camps for families in the Slocan Valley and Tashme. It also approved the return of married men from the road camps in British Columbia and Ontario to rejoin their families. Single men, however, were not included. On September 1, 1942, the Canada Manpower Conscription Bill made it mandatory for *Nisei* prisoners to work outside the prison, and they were offered freedom to take up employment east of the Rockies or reject freedom and remain in camp. There were many arguments pro and con, but prisoners had to choose one or the other. Some were released to work in logging camps in Ontario, others to work on farms and in other sectors where there was a shortage of labour. Takeo Kariya, prisoner #57, was released to work on a mushroom farm in Ontario.

In early April the trains that had carried men to road camps in the mountains of British Columbia and Alberta and to prisoner of war camps in Ontario began leaving Vancouver filled with families going to the sugar beet fields in Manitoba. Late that month they took the wives and children of the men in the road camps to ghost towns in the Interior. In May special trains took the financially independent to the self-supporting camp of Minto. The total baggage allowance per family was not to exceed 1,000 pounds including personal effects, kitchen utensils, clothing and mattresses. The BC Security Commission advised them to take pedal sewing machines, small cookstoves and provisions for three to four days travel. They were provided with one dollar per head to pay for food en route.

A crowded communal kitchen at Tashme, BC. Tashme was a community of tarpaper shacks hastily created in 1942 as a place to house relocated Japanese Canadians. It was named after Austin Taylor, John Shirras and Frederick Mead of the BC Security Commission.
National Film Board of Canada. Photothèque / Library and Archives Canada / C-024452

THE INTERNMENT YEARS 1942–49

The uprooting of the Japanese Canadian population from coastal British Columbia was complete by October 31, 1942. The relocated Nikkei represented 95 percent of the 23,224 in Canada; 75 percent were Canadian citizens either by birth (13,309 or 60 percent) or through naturalization (2,930 or 15 percent). Japanese nationals numbered 5,564, of whom 2,006 were women.

The 21,079 persons of Japanese ancestry living in the "protected area" on the BC coast were relocated as follows[226]:

986	Road camps
3,988	Sugar beet farms in Alberta, Manitoba and Ontario
11,694	Interior housing projects
1,161	Self-supporting projects
431	Independent and industrial projects
1,337	Special permits—94 mixed marriages and their 100 children
42	To the "filthy and desolate barracks in Uraga, Japan"[227]
579	Voluntary relocation before March 1942
699	Internment in Angler prisoner of war camp
57	Detention, Vancouver
105	Hastings Park hospital
21,079	**Total displaced**

The settlements in the BC Interior that became housing centres were Tashme (22 km east of Hope), Lemon Creek, Popoff and nearby Slocan City, Bay Farm (near Sandon), New Denver (on the east side of Slocan Lake) and Rosebery (4 km northeast of New Denver) as well the "ghost towns" of Greenwood, Sandon and Kaslo in the Kootenays. Self-supporting communities were developed in East Lillooet, Bridge River, Minto City (on the Bridge River), McGillivray Falls (105 km northeast of Squamish), Christina Lake (near Greenwood) and Taylor Lake (a logging and sawmilling operation in the Cariboo). Of the families who "voluntarily" left the coast prior to the deadline to relocate in Interior towns where they went to work for friends or relatives, two hundred went to Midway, five hundred to Grand Forks, eight hundred to Vernon and a few to Kelowna and Kamloops.

The towns of Greenwood, Sandon and Kaslo were suitable for conversion to internment camps because they had sprung up around mines that had long since closed. They were physically isolated from major transportation routes and surrounded by rugged terrain, and although they had plenty of houses in relatively good condition, they had very few residents. The sites for the new towns constructed in the Slocan Valley were also selected for their isolation, which minimized easy contact with local residents and the outside world. There were no barbed-wire fences or watchtowers surrounding them, but each was guarded by an RCMP detachment that established roadblocks to control traffic in and out. Each town operated under a Caucasian supervisor with one or more Caucasian assistants, welfare and treasury officers, doctors and nurses, although some centres had Japanese medical staff. In Kaslo were physician Dr. Shimotakahara and dentist Dr. Banno; in Greenwood were physician Dr. Kamitakahara and dentist Dr. George Ishiwara; and in East Lillooet was physician Dr. Miyazaki, who much later was made a Member of the Order of Canada for his unselfish service to the residents of Lillooet, particularly to Japanese and Native patients, in spite of his own ill health.

In the Interior housing centres the BC Security Commission provided housing, fuel, medical care and, after many months, education for children through grade eight. However, when the families arrived, accommodations were not ready and they spent their first winter in sub-zero weather in tents or houses with no insulation. A typical shack in all the new communities consisted of three compartments: two families occupied the bedrooms on either side of a kitchen/living room that was shared. The latrines were outside and they were also shared. Food was purchased at local stores or, in the case of Tashme, at the BCSC store, but parents complained that the stores charged much higher prices, making it difficult to provide an adequate diet.

The reception from the residents of the towns selected for the relocation of Japanese Canadians was not welcoming, and the internees were met with a mixture of fear, suspicion, curiosity and animosity. Tom Oikawa was twenty-five when he arrived in Kaslo from Annacis Island in May 1942 and saw some teenage girls hiding in nearby bushes trying to see what the new arrivals looked like. Kaslo residents had sent a petition to Ottawa opposing the relocation of the Japanese to their town, and Howard Green, who had been born in Kaslo and was now the MP for Vancouver South, raised their case in the House of Commons; his solution to the "Japanese problem" was to deport all of them, regardless of citizenship. Oikawa remembers a storekeeper keeping a petition beside his cash register asking that the Japanese be shipped out, but when a town meeting was finally called to discuss the issue, the vote was 90 percent in favour of the Japanese staying. They knew that if they had been moved out again, the tiny settlement would have returned to its former state of "suspended animation."[228] Kaslo became the headquarters of the BCSC and the *New Canadian* newspaper.

Eiko Shinde's husband, Yoshiharu, a fisherman, had been sent to a road camp, and she was left in Steveston with her two young children and her elderly parents. Later they were all sent to Greenwood, and they watched with apprehension from the train window as the local residents lined up at the station to get a glimpse of the "two-horned devils" arriving from the coast. Greenwood parents were concerned for the safety of their children even though Mayor McArthur had tried to prepare them for the arrival of the Japanese. He had been persuaded by Father Benedict (born James Quigley), a Franciscan priest who had been ministering to the Japanese in Steveston, that the Japanese would help revive the economy of the town. In 1942 most of the buildings were boarded up and there were no more than two hundred people living there, a shadow of its heyday when the local silver mines had been booming and the population was about six thousand. As a result of the priest's efforts, Greenwood was offered to the BC Security Commission as the first of the Interior housing projects.

In the sugar beet fields of Alberta and Manitoba the growers and their wives were also fearful of having "enemies" in their midst. Just a month prior to the arrival of the Japanese on the farms, the BC Security Commission and the provinces of Alberta and Manitoba had signed agreements that the Japanese were to be removed after the war if the provinces so demanded. However, within two years "the Japanese had won by their work and attitudes a reputation for industry and integrity."[229] Fisherman Kazuo "Kay" Kajiwara and his wife, Sue, from Campbell River noticed that in Picture

Above: Hockey in a sugar beet field in Turin, Alberta, 1942–44.
Courtesy Hayao Hirota

Right: Winter on a sugar beet farm in Alberta.
Courtesy Kikuo Kimura

Butte, Alberta, where they were sent, the fear disappeared as soon as the two hundred Japanese "went and did their job."[230] In fact, the Japanese Canadians who had been strawberry farmers in Surrey or fishermen on the Fraser provided very reliable, cheap labour for the sugar beet growers. Mitsuru "Terry" Kajiwara, who came with his parents to Picture Butte, recalled that, when they arrived in April 1942, the snow had not completely melted.

> Everyone worked together in order that everyone survive. The food was not the best in the world but nobody starved because they were all farming. So there were a lot of vegetables and the odd bit of meat. Baloney, I imagine. Nobody complained and everybody stuck together. From my recollection, I'd say it was the most secure feeling you could have as a child under the most insecure conditions. It's a lot different today. No one is threatened with that kind of existence. It appeared to me there was a little bit of dissatisfaction due to the uncomfortable surroundings and the fact that you're living in homes where, in the winter, the wind blows through and hailstones break windows.[231]

In the winter the men found work in lumber and pulpwood camps and sawmills and in the spring returned to farm work. According to a Department of Labour report, the Japanese on the prairies were "discovering a wider vision of Canada, its problems and potentialities."[232]

In the "self-supporting" communities such as Lillooet, local residents protested that there were "vital facilities" in the area that may be subject to sabotage by the Japanese and that they would be a threat to "national security." Akira Horii was ten and a half years old when he made the journey from Vancouver to East Lillooet, four miles outside the town, with his mother and four little brothers, the youngest just three months old. They travelled by Union Steamship to Squamish, then by rail on the Pacific Great Eastern Railway to Lillooet. On the journey Horii relived the events leading up to their removal. At Strathcona School the students had been engaged in many projects in support of the war effort, and his grade five class had made a beautiful quilt they had proudly sent to England. Then Pearl Harbor happened and he was ostracized by his non-Japanese classmates. The Japanese language school on Alexander Street, which he had attended after public school five days a week, had been shut down as an enemy institution. And there were blackouts, too. When the Japanese were ordered to the Interior, half of Strathcona School's population (630 of the students) were removed, and as each of Horii's friends left, he had walked to the railroad station to say goodbye. Now, making that trip himself, he awoke from a restless night on the train to look out the window and see that he was surrounded by mountains. They were so close. The mountains in Vancouver had been far away in the distance. However, in East Lillooet he was reunited with his father who had preceded

Hauling water from a communal tap in an internment camp. *Courtesy Japanese Canadian National Museum, Fumiko Ezaki collection, 96.82.1.002*

them there to build the tarpaper shacks they were to live in. Horii recalled:

> This was the beginning of many hardships that were to be endured by all the families of East Lillooet until the end of that decade. The shacks had no insulation. There was no running water and no electricity. Drinking water had to be trucked in from the town of Lillooet and paid for by the barrel. Water for daily use and bathing was hauled on our backs in five-gallon cans from nearby holding tanks. The water pumped up from the Fraser River was so muddy that it had to be filtered. The average family required about six truckloads of wood, which had to be logged in nearby mountains, trucked to homes, cut and chopped to last one year.[233]

Though a bridge separated the two communities of Lillooet and East Lillooet and their people, as they became better acquainted, trust developed and the bridge came to unite rather than divide them.

Tom Oikawa was in Rosebery between 1943 and 1944, the coldest winter in years. The kitchen stoves shared by two families did not give off enough heat and the residents asked the BC Security Commission for extra heaters. A hundred were needed but only thirty were received, and the responsibility for distributing them fell to Oikawa and Kobe Shinohara who set priorities: families with newborn babies, the elderly who were sick, and so on. "We thought we did a good job, but out of the 100 people in need only 30 got them, so for the 30 I was a good guy and for the 70 that didn't get them I was a devil, I guess."[234]

Internees worried about the inadequacy of medical care, the competence of local white doctors, and the lack of modern equipment and facilities. Responses from the commission to requests for improvements in camp conditions did not help alleviate the anxieties, insecurities and resentment because the complainants were told that the camps were just a "temporary means of meeting an emergency" and that the provisions for their welfare, "as a wartime measure, were reasonably fair and adequate." They were told that the camps were intended to be a transitory stage before dispersal east of the Rockies or deportation to Japan.

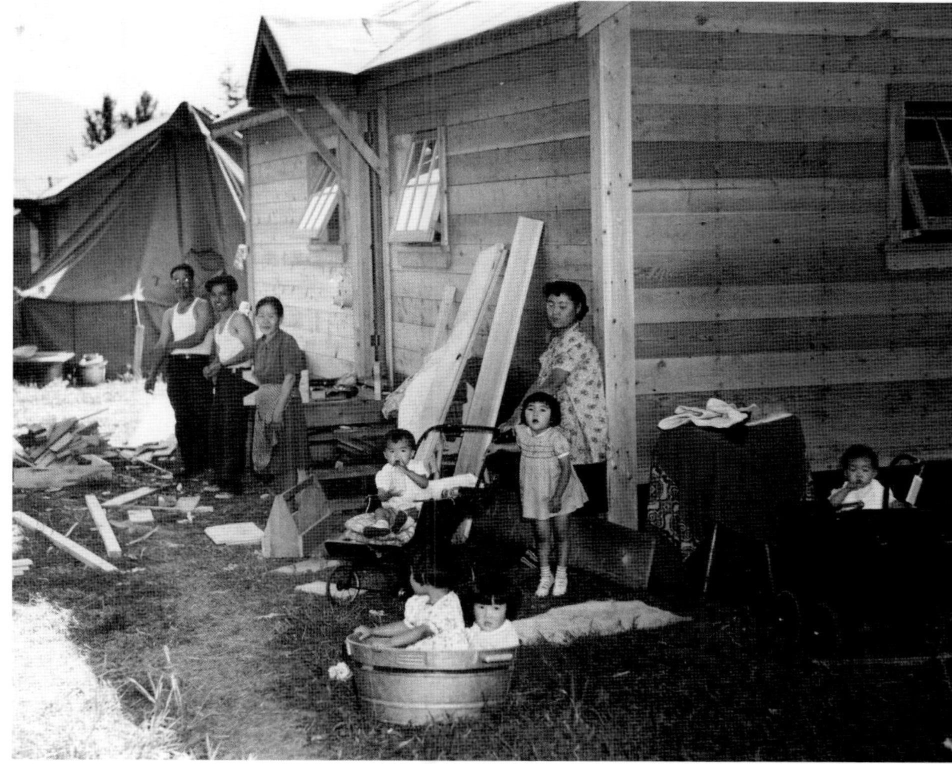

Shacks were not completed by the time the internees arrived in the Interior and many spent the winter of 1942 in tents. *Courtesy Japanese Canadian National Museum, Alec Eastwood collection, 94.69.4.16*

Lillooet, BC, was considered a "self supporting" camp.
Courtesy Terry Sakai

Years of Schooling for Japanese Canadians According to the 1941 Census[235]

Years of Schooling	Japanese Males	Japanese Females
0–4	28%	33%
5–8	44%	41%
9–12	23%	22%
13 and more	5%	4%
	100%	100%

Another area of grave concern was the education of the 5,500 *Nisei* of elementary and secondary school age. Their *Issei* parents, being educated themselves, wanted more education for their children, but neither the federal nor the BC government would take responsibility for their education. H.G.T. Perry, the minister of education for British Columbia, went so far as to propose that the School Act should be amended to legally prohibit Japanese from the province's school system. As a result, for a few months the children had a holiday, but finally a school opened in Kaslo in September 1942; the one in Lemon Creek did not open until May 1943. In Tashme and in the Slocan area the large numbers of children and the shortage of space required that they be taught in shifts, with the younger children starting at 9 a.m. and the older ones at 4:30 p.m. Teachers were overtaxed, having to teach two shifts. The approximately one thousand high school students were left to take correspondence courses at their own expense until the Roman Catholic, Anglican and United churches stepped in and hired retired or returned missionaries from Japan to teach in schools that they established in eight locations. The commission then assisted by "providing accommodation, lighting and heating, etc. where possible."[236] Kindergarten classes were also organized by the churches. The parents provided playgrounds, sports equipment and library books.

The training of teachers for the camp schools fell to the two *Nisei* with teaching certificates. Hide Hyodo had taught at Lord Byng Elementary School in Steveston. In 1942 she began teaching at Hastings Park and played a vital role in ensuring that Japanese Canadian students received an education during their internment years by organizing schools in the camps and teacher training in the summers. In 1982 Hideko Shimizu (she had married the Reverend Kosaburo Shimizu of the United Church of Canada) was recognized as a Member of the Order of Canada for her work.

Hide Hyodo's assistant was Teruko Hidaka, who had taught at a church-sponsored kindergarten. Staff from teacher-training schools in Vancouver taught a four-week course in the summer of 1943 in New Denver. In December 1943 Dr. A. Anstey, "a prominent Canadian educationalist," administered the Stanford Achievement Tests and found that the "Commission school" students compared favourably with the accepted grade standards of American and Canadian schoolchildren "even though most of the evacuee children had missed several months of school."[237]

In the self-supporting projects, the BC Security Commission did not provide any financial help or services. Japanese Canadians made their own arrangements and paid for their own new housing and living expenses, but the incentive to go there was that they would not be separated from family members. As the estimated cost per family to make the move was $1,800, these projects became to be perceived as *kanemochi mura* (villages for the wealthy). In the self-supporting project in East Lillooet, no school was provided until Stan Hiraki and Dorothy Okuma volunteered as teachers. They began in a tent, which was soon replaced with a two-room school—one room for the lower elementary grades and the other for the upper. For those of high school age, the picture was not as bright because Lillooet had a quota on the number of Japanese students they would accept. The lucky ones commuted to the high school there on bicycles. Medical service was available at a small hospital in Bridge River where Dr. Masajiro Miyazaki practised. Terry Sakai worked as a "school boy" (a live-in, before-and-after-school houseboy) for him for three years while attending high school.

In the provinces east of the Rockies, two thousand Japanese Canadian students went to the regular public and high schools. In Alberta fees for high school students were left to the local school boards who began by charging $70 per student per year, but after long negotiations the fees were halved or eliminated, except in the town of Raymond where in 1946 the full fee was still charged. However, the sixty university students and those who had reached university age were barred on racial grounds from entry into post-secondary institutions such as the University of Toronto, McGill and Queen's universities.

There were other limitations and restrictions placed on all internees that became part of daily living. Travel of more than 12 miles required a permit; a place of residence could not be changed without permission; mail and telephone calls were censored. Free discussion about important issues between family members and friends who were separated and scattered throughout the country was inhibited. The use of cameras was not allowed until April 1944. At age sixteen each internee was issued a registration card with a serial number, thumbprint and photograph. Those under sixteen were registered on the records of their parents. Travel restrictions were somewhat relaxed in August 1943 but permits were still required for entering, "for any purpose whatsoever, a 'Protected Area' anywhere in Canada," crossing a provincial boundary, changing residence, or travelling a distance of fifty or more miles in British Columbia for a period of thirty days or more. To take a trip Japanese were required to apply for a permit from the RCMP and return it at the end of the trip, thereby ensuring that the police had a complete record of the location of all Japanese at all times.

Kunji Kuramoto's mother passed away in 1948 in Picture Butte, Alberta, and a Buddhist funeral was held. The family wanted her cremated so that her ashes could be taken with them when they moved from place to place because being buried and left behind would be too lonely. Two members of the Kuramoto family were given permission to accompany the body on the train to Calgary where there was a crematorium. The funeral parlour made the travel arrangements for their return and delivered the urn to them at the bus terminal in time for their return journey.

The writers of the 1944 Department of Labour Report made this comment:

> It is worthy to note that the crime rate among Japanese has remained exceedingly low, in spite of the upsetting effects of evacuation and dispersal, and that there have been no serious disorders among them. On the question of security, it is of interest that senior security officers report that no Japanese in Canada has been suspected of, or linked to, an act of sabotage or espionage since the war began.[238]

OCCUPATIONS

In January 1943 the BC Security Commission, having completed its tasks "efficiently, effectively and quietly," was replaced by the Japanese Administration, which like the BCSC was to operate under the authority of the Department of Labour. The primary purpose of the new "Commissioner of Japanese Placement" was to remove the employable Japanese from the Interior housing centres, to disperse them, to make them self-supporting and at the same time to meet the country's labour shortages in essential industries. The commissioner was headquartered in Vancouver and had branch offices to administer placements in Nelson, Lethbridge, Winnipeg, Fort William, Toronto and Montreal.

Of the total adult Japanese population in 1941, over half were in the workforce. The distribution[239] was as follows:

1,839	millhands/loggers
1,265	fishermen
925	farmers
542	labourers
255	cannery workers
308	maids, domestics
276	clerks
265	gardeners
181	carpenters
160	professionals
1,361	other employed

The remaining adult population over sixteen years consisted of:

1,371	students
3,411	housewives
1,349	unemployed or retired

The Japanese nationals who had been rounded up immediately after Pearl Harbor had been sent to road camps along the BC–Alberta border. On December 15, 1941, all persons of Japanese descent were classified as "enemy aliens," and after April 1, 1942, all male "enemy aliens" between the ages of eighteen and forty-five were sent to road camps between Hope and Princeton, Revelstoke and Sicamous, and Yellowhead and Blue River. There was also a camp in northern Ontario between Schreiber and Jackfish. All were administered by the Department of Mines and Resources. The Japanese provided cheap labour to clear the bush for new roads or upgrade the existing road system. In the Hope area, because of its remoteness, there was no housing available and the men lived in CNR boxcars while waiting for tents to arrive and shacks to be constructed, but soon each road camp had an *ofuro* or bath. Bathing together in very hot water is a Japanese custom that began as part of religious life, a healthy practice that not only washed away dirt but spiritual and emotional grime as well, and became a social occasion. Before entering the tub they thoroughly scrubbed and rinsed themselves and then enjoyed a soaking in clean, hot water.

Skilled labourers in the camps, such as carpenters and cooks, were paid 35 cents an hour, unskilled labourers 25 cents. If they worked a 40-hour week and 4.3 weeks a month, a skilled worker made $60.20 and an unskilled worker $43. After deducting $22.50 for board and $20 for family support, skilled workers had $16 and unskilled had 50 cents left for other expenses. While hardship was not foreign to these men, especially the fishermen and loggers, separation from and anxiety about their families became the source of discontent and sparked the beginning of the resistance movement among the *Nisei*. Fourteen men from Yellowhead protested the family break-up by refusing to work for four days and were sent to Angler. At its height over two thousand men were working in road camps but by the spring of 1944, this was reduced to five hundred men, most of them working on the Hope–Princeton road and able to live with their families in the nearby internment camp of Tashme.

In the Interior housing centres, the Japanese had initially been employed in the ghost towns to renovate abandoned buildings and in the new towns to erect new houses, offices, hospitals and schools. Ichijiro Matsumoto, a boat builder from Prince Rupert, was given the task of building a 100-bed sanatorium in New Denver. (After the Japanese were removed, it was used as a residential home for Doukhobor children who had been taken away from their parents because they refused to send them to public schools.) Eventually Matsumoto started a small boat-building enterprise in Slocan. Other Japanese were employed as maintenance workers, fuel cutters, clerks and cooks, and a few had positions as doctors, dentists, optometrists, nurses and teachers. Outdoor labourers were paid 22½ to 40 cents an hour. Inside employees and professionals were paid $30 to $75 monthly. Doctors and dentists were paid more but no amount is mentioned in the Department of Labour report for August 1944. People who had exhausted the savings intended for their children's education and to ensure security in their old age and those who did not have an income received $29 monthly, the provincial relief rate, although having to go on welfare was an affront to their dignity and a source of embarrassment within the community.

However, after all the shacks needed for the housing centres were built, jobs became scarce, and when the men returned from road camps to rejoin their families, unemployment soared. In East Lillooet there were no jobs for fishermen like Ryotaro Horii, so in the summer of 1942 he went to pick apples at the Coldstream Ranch in Vernon. In the meantime, some of those with farming experience, such as the Tsuyuki and the Kato families, helped to organize a co-operative. They leased farms and resorts and started growing vegetables, tomatoes and zucca melons, which were processed at a cannery in Ashcroft. A number of families also kept chickens. In some of the housing centres, the men were able to find employment in local lumber and paper mills that were suffering from labour shortages. At Taylor Lake about two hundred Japanese men worked for the Sorg Paper and Pulp Co., and at Christina Lake they worked for the Sandner Bros. Lumber Co.

To avert a critical shortage of fuel in BC cities, especially Vancouver, Japanese men in Kaslo, Tashme, Slocan and New Denver were employed in 1943 and 1944 to cut firewood. When the ban on Japanese logging on Crown land was suspended, they were employed as fallers and produced saw logs, lumber, fence posts, railway ties, snow fences, crutches and other wood products. The BC Department of Game hired some workers to clear lakes of predatory fish. The commission's office hired some staff and still others worked in the little hospitals that were established. World War I veterans were given preference for the light jobs. In Tashme some internees established a small factory to produce soya sauce and miso paste. The commission distributed seeds and provided implements to encourage internees to grow vegetables and thus reduce the cost of maintenance. In Kaslo 50 acres were leased to grow vegetables and fruits, and a woodworking shop was set up to make furniture and toys.

The government's intent, however, was to relocate the families east of the Rockies so jobs in the Interior housing centres were being deliberately cut. Beginning in February 1943, the government stepped up its campaign to make the Japanese leave the internment centres and disperse across Canada. Families that had any capital left were now excluded from jobs in the camps, and the monthly stipend that they could draw out of their accounts was limited to a meagre $100 per family. If they agreed to move east, however, they would receive their capital in full, plus free transportation for themselves and their possessions, a food allowance for the trip and a sum equal to a month's maintenance. Employable single men were cut off from maintenance.

When British Columbia's mill owners learned that employment opportunities for those living in the camps were being purposely reduced in this way, they complained that they could not operate without their skilled Japanese Canadian lumberjacks and millworkers. The Department of Labour reported that the Japanese who went to work in steel plants, foundries, chemical works, radio factories, and even a shipyard "have proved keen and competent at many skilled trades."[240]

The Japanese had good reasons to resist relocating once again, the greatest being their distrust of the commission and a government with a record of broken promises. Married men did not want to leave their families behind and many refused to look for work unless they could take their families with them. Neither did they want their sons and daughters to leave the family before marriage. The older people had a fear of the unknown that was compounded by stories of discrimination and ill treatment told by those who had already gone east. For them the camps had, to a certain extent, provided security from the outside world.

FISHING 1942–49

Throughout their exile, fishing families tried to stay connected through correspondence to people on the coast. Their letters made many enquiries about the fishing season, and they missed their fish, salted or otherwise. A letter from Greenwood in October 1942 closed with "P.S. Will you send us 12 dog salmon and some salted herring. We will pay for freight charges and the cost of dog salmon." A month later, "I received the dog salmon . . . a week ago today . . . in the very best condition." The writer of a letter from Letellier, Manitoba, in June 1942 enquired about the spring salmon season and he added, "I cannot forget about the fishing business even though I am far away from the sea." The letter ended, "P.S. Would you mind letting me know the price of canned salmon because I would like to get some soon." In November he wrote again: "I really want to get canned sockeye but I guess it is impossible. So if you can send me couple of cases of hump or spring, please spare me and send it out as soon as possible . . . Please send it collect." From Bridge River in October came a similar request, "I wish to have some 100 or so lbs of (real) salted herring." The letters also enquired about the fishnets the Japanese fishermen had left in storage and their furniture, and one fisherman wondered about the possibility of getting a contract to hang some nets since he and his fellow internees had "time on their hands."

Yoshizo Takeuchi is the only known Nikkei fisherman allowed to return to fishing prior to the end of the war in the Pacific. Born in Saitama prefecture in 1886, Takeuchi immigrated to Canada in 1902. He fished on the Nass and roomed at the Suzuki boarding house in Vancouver during the off-season. During World War I he enlisted in the 175th Overseas Battalion, transferred to the 50th Battalion and fought in France and Belgium. He was wounded, awarded the British War and Victory medals for his overseas service and honourably discharged in February 1919. He travelled to Japan, married Kogure Tai and had a daughter in 1920; the marriage was annulled by mutual consent in 1924.

Meanwhile, Takeuchi had returned to Canada and resumed fishing on the Nass. His second wife was Alice Myra Goodwin, whom he had met while recuperating at a hospital in England. They established a home in White Rock where their three daughters, Myra (1922), Winnie (1924) and Grace (1926), were born, and each year after the fishing season was over, Takeuchi worked in a White Rock lumber mill. When a fire destroyed their home, they moved to Chilliwack where their youngest child, Tom, was born in 1932. Their next move was to Prince Rupert where they lived during the off-season, making the twelve-hour journey each summer to the Arrandale Cannery where they lived in a cannery house while Takeuchi fished and Alice worked in the cannery.

In December 1941, unlike the other fishermen, Takeuchi was not required to take his boat to Annieville, not because he was a World War I veteran but because he was married to a Caucasian. At that time ninety-four Japanese Canadians were partners in mixed marriages and between them they had approximately one hundred children; all had been granted permits by the Minister of Justice to remain on the coast. However, the Takeuchi family was put aboard a Canadian National Railways car and transported with the other Japanese families from Prince Rupert to the livestock barns at Hastings Park in Vancouver. After about a month Alice and the children were released, but Takeuchi was detained and shipped out to Lemon Creek where he remained until November 1943. Alice had found work and accommodation at the Gulf of Georgia Cannery, but when Takeuchi rejoined them, the cannery officials objected and the family had to move out. He did odd jobs on farms until about 1944 when he was allowed to start fishing on the Fraser for the Great West Cannery. He also travelled to Rivers Inlet.

Although the returning Nikkei fishermen met with animosity and physical violence in Steveston, the fishermen from the Finn Slough area were more wel-

Prince Rupert Anglican Japanese Mission, circa 1930s.
Courtesy Cliff Armstrong

coming, and Takeuchi moored his boat there to avoid confrontation. The Finns were appreciative of the assistance they received from Japanese fishermen such as Mosaburo Teraguchi, who had helped them purchase fishing boats in the 1930s, and Shinjiro Matsuo, who had loaned them money to return to Finland and marry. Takeuchi passed away in Richmond in 1984.[241]

CHRISTIAN CHURCHES AND BUDDHIST TEMPLES

In the years prior to the war many Japanese had shown a propensity to settle in BC coast communities where there were people from their prefecture of origin or people in the same occupation. For example, most of the merchants on Powell Street were from Shiga prefecture, and Steveston, Ucluelet and Tofino had a high proportion of fishermen from Wakayama prefecture, with those from Mio being the largest and most influential group. When relocating them, however, the Canadian government ignored these established settlement patterns and the familial and village ties and tried to divide up internees into Buddhist and Christian, and within the Christian group along denominational lines. Most Anglicans were sent to Slocan. United Church of Canada followers were sent to Kaslo with Reverend Kosaburo Shimizu, to Grand Forks, Greenwood and Midway with Reverend Yutaka Ogura, to New Denver with Reverend Kyuichi Nomoto, Gwen Suttie and Ella Liddyard, to Tashme with Reverend W.R. McWilliams and Esther Ryan, to South Slocan and Lemon Creek with Reverend Takashi Komiyama and Helen Hurd, to Lillooet with Reverend O.C. Lindsay, to the Okanagan with Reverend Yoshioka, to south Alberta with Reverend Kabayama, and to Manitoba with Reverend Yoshimitsu Akagawa. The Catholics were sent to Greenwood with Father Benedict. Buddhists were sent to Sandon, Tashme, Lemon Creek, Slocan and New Denver in British Columbia, and to Picture Butte and Raymond in Alberta. The Christian churches had begun their pastoral care with the immigrants on arrival, acting as interpreters, employment agents, mediators and counsellors and gaining the respect and admiration of the Japanese who looked to them as the leaders in the community. The first missionary of Japanese ancestry was a Methodist, the Reverend Sadakichi Kawabe of San Francisco, who conducted the first Christian service in the Japanese language in Vancouver on December 11, 1892. The following week he contacted the Japanese fishermen and cannery workers on Lulu Island. He was followed by the Reverend Matsutaro Okamoto, and it was while he was in charge of the mission in Steveston that a typhoid outbreak necessitated the mission chapel being converted into a hospital. The operation of the hospital during subsequent fishing seasons was the beginning of organized Christian work among the fishermen in Steveston. The Christian churches saw their initial challenge as the assimilation of the Japanese into Canadian society as quickly as possible as a means of fighting the racism already rampant in white society. To this end they offered courses in the English language and in Canadian customs, they established kindergartens, and because their churches were open on Sundays for Sunday school and other activities, they attracted the young people from Buddhist families.

During the internment years the churches' greatest influence was in the area of high school education. They set up correspondence courses and paid the salaries of retired or returned missionaries who could provide instruction. United Church missionary Gwen Suttie had spent ten years teaching high school in Japan and was home on furlough when the war in the Pacific broke out. She went to work with young children and teenagers at the Powell Street United Church, followed them into internment in New Denver and continued her work there. After the war she returned to Tokyo and became head of the English Department of Toyo Eiwa Junior College.

Nita (Sadler) Mohn had started teaching in 1936 at the Steveston United Church kindergarten. She accompanied the Japanese to Kaslo in 1942, started a kindergarten and organized boys' and girls' clubs. In 1945 she moved east but returned to Steveston in 1952 to be with old friends.

The Woman's Missionary Society recruited Grace Namba to assist with the kindergarten programs in Greenwood, Midway and Grand Forks. The materials were sent from the kindergartens that had been closed on the coast. She also organized programs for teenagers and was instrumental in having the Greenwood public schools accept Japanese students. After she became a deaconess, she returned to work with the Greenwood and the Midway missions; she went back to the coast in 1955 to continue her work.

In 1943 when the Japanese were being pushed to leave British Columbia "voluntarily," the churches took a leading role in easing the transition. The five major denominations—Anglican, Catholic, Baptist, Presbyterian and United—formed the Inter-Church National Advisory Committee on Japanese Canadian Resettlement to promote tolerance and understanding of the Japanese. They published brochures, newsletters, Sunday school materials and mission periodicals to promote empathy for them, and the clergy, the Women's Missionary Society and church elders opened their homes to Japanese and hired them for jobs in church-related schools and hospital. They met them at train stations, tracked down family members and relatives, provided residences and hostels, and generally helped them get settled. For their efforts some were criticized by their own parishioners. Outside of British Columbia, local YWCAs provided assistance in Winnipeg and Toronto.

Roland Kawano, who was the priest in charge of St. Margaret's Tamil Anglican Church and the researcher and principal author of *Ministry to the Hopelessly Hopeless, Japanese Canadian Evacuees and the Churches during World War II,* examined the work of the churches among Japanese Canadians. He concluded that they performed pastoral care admirably but were found wanting when it came to advocating for social justice. For example, in 1944 Reverend Kozaburo Shimizu was sent east to minister to the Japanese "with a leash" to restrict his work to "personal counselling," pastoral care and social welfare. When mission staff working with the Japanese in the ghost towns urged church leaders to be advocates for justice, "the response was not to interfere in politics on the issues." Field worker Grace Tucker found that a strong united voice from the churches was lacking and the "Japanese problem" was allowed to be a political football although it was actually "a social and a moral question . . . a matter of fundamental principle, vital and demanding a democratic and a Christian approach and solution." Instead "the church allowed a gross injustice to be done without a murmur."[242] Tucker had studied the Japanese language and culture in Japan from 1931 to 1934 and worked at the Holy Cross Mission in Vancouver until war broke out. From 1942 to 1946 she was the welfare manager for the BC Security Commission in Slocan City. Later she moved to Toronto and remained there until 1956 to help Japanese Canadians resettle east of the Rockies. In 1987 she was awarded the Order of Canada.

May Komiyama, the former chair of the Ethnic Ministries Working Unit, echoed Tucker's criticism of church leadership. Her Canadian-born husband, Takashi, was ordained in the United Church in 1942, but he had to be escorted by the RCMP to his ordination because of the curfew. Even though a Caucasian congregation had asked for his services, he was only allowed to administer the sacraments for his Japanese congregation. He ministered to the internees in Slocan and in 1946 went with the Japanese to Montreal. His wife says that it was Caucasians as individuals rather than the formal established hierarchy of the various denominations who came to the support of the evacuees. The exceptions to this were the women's organizations of the Anglican and United churches who were the first to follow the evacuees to all the camps.

Above: May Day in Greenwood, BC, 1946. Franciscan Sisters operated the Sacred Heart School.
Courtesy Shinde family

Racist policies to keep Canada white and discriminatory attitudes and practices were so deeply embedded in the fabric of the country, the churches, the political parties (with the exception of the CCF), the labour unions, the education system and government administration systems that they were not even viewed as unchristian. The extreme "anti-Orientalist" Alan Webster Neill, MP for Comox–Alberni, who wanted all Japanese deported, was a member of the United Church, and he wrote to the church's secretary general to protest its resolutions supporting the Japanese. The father of the "rabble-rousing" Vancouver alderman Halford Wilson was the pastor of St. Michael's Church in East Vancouver and preached "racial purity" from his pulpit. And the alderman, who "personally demanded harsher measures against Japanese Canadians, including explusion," submitted a "dangerous and entirely false report" to the *Victoria Daily Colonist* about "an alleged clash at Prince Rupert between personnel of the Canadian Navy and Japanese fishermen."[243] The Salvation Army demanded that William "Bill" Tamagi, who was in charge of the army's ministry in Saskatchewan and Alberta, leave their ranks because the army could not "allow the ministry of an officer [who was] in an inter-racial marriage."[244] He was accepted by the United Church in Coaldale, Alberta, as a lay preacher.

In his book, the Reverend Kawano commends a small group of liberal-minded individuals who fought against racism in Canadian society and in their own churches. Among these few was the Franciscan priest Father Benedict who was reprimanded by his order "but his love of the Japanese overrode the demands of his order."[245] He arranged to accompany the Japanese into exile in Greenwood. On the evening of April 24, 1942, Father Benedict, Sister Eugenia Koppes and Sister Jerome Kelliher left on the eighteen-hour trip on the CPR through the mountains to the Boundary district. According to Sister Koppes,

> we arrived there Saturday afternoon . . . [and] we were at the station on Sunday afternoon to meet the very first trainload of evacuees and escorted them to their new homes . . . My happiest six years, 1936–1942, spent working among the Japanese people in Steveston, [had come] to an end and Greenwood was the beginning of a new story.[246]

The role of the Christian churches as advocates for social justice did not come to the forefront until after the war when they mounted opposition to the government's repatriation policy. In Calgary in 1945 the United Church wrote to the Alberta government to express the church's stand against repatriation and any removal of those Japanese who had been relocated from British Columbia to Alberta. The Co-operative Committee on Japanese Canadians (CCJC) and the Vancouver Consultative Council (VCC), whose memberships included the major churches, helped the *Nisei*-led Japanese Committee Canadian for Democracy (JCCD) to carry out an intensive publicity campaign against deportation (Clause G of the National Emergency Transitional Powers Act, Bill 15) and successfully interrupted and then stopped the deportation of Japanese Canadians.

BUDDHIST TEMPLES

The first Buddhist temple in Vancouver was opened in 1905 and a priest was sent over from Japan; the second and largest temple, the Hompa Canada Buddhist Temple, was built in 1910. However, the immigrant Buddhist congregations did not have the financial resources or the support from headquarters in Japan to meet their religious and other needs, so it was the labourers themselves who provided the money to build and maintain the temples. Whereas Christianity

Right: Slocan City. Japanese Canadian carpenters built houses, schools and churches in their internment camps.
Courtesy Noboru Uyeyama

Above: Slocan internee carpenters framing the Slocan Buddhist Church.
Courtesy Noboru Uyeyama

Left: The first service in the Slocan Buddhist Church.
Courtesy Noboru Uyeyama family

The Slocan Buddhist Church Sunday school, 1943.
Courtesy Noboru Uyeyama family

was seen as a sign of being Canadian, Buddhism was perceived as proof of the nationalism of the Japanese and their inability to assimilate. As a result, for fear of creating unnecessary suspicion on the part of white Canadians, construction of a temple in Steveston was postponed until 1928. By the mid-1930s, however, there were eleven temples (which they called churches) including the two in Vancouver (headquarters and Fairview), Steveston, New Westminster, Maple Ridge, Port Haney, Mission, Kelowna, Royston on Vancouver Island, and Raymond, Alberta. At the outbreak of the war in the Pacific there were eight Buddhist priests.

Reverend Kenryu Takashi Tsuji, who was born in Mission, was the only *Nisei* Buddhist priest among those eight. At eighteen he had gone to Kyoto for a six-year program of studies in Jodo Shinshu Buddhism at Ryokoku University, but in mid-October 1941 Bishop Masuyama, the former bishop of the Buddhist Churches of America, told his student to be on the boat leaving for Vancouver in three days. He handed him money for the fare and instructed him not to tell anyone about his plan. However, in anticipation of the secret police attempting to prevent him from leaving, Tsuji travelled first to Tokyo and had his birth certificate signed by the Canadian Legation.

> When I got to Vancouver's Terminal Dock, there was a whole lot of people waiting for me, and I could not understand how a young student coming back from Japan would receive such a tremendous welcome . . . Later someone took me aside and said, "You went to Japan to study for six years and you completed your studies in three years. So everybody thinks you're a genius!" It was a time when *Issei* Buddhist ministers from Japan were in Canada on temporary visas, and . . . subject to immediate deportation, a time when being a Buddhist was thought of as being too Japanese.

He was assigned to Sandon where he also served as principal of Bay Farm Elementary School. In 1945 when relocated Japanese Canadians in eastern Canada desperately needed a leader, "they found one in Reverend Tsuji who helped found the Toronto Buddhist church . . . In 1968 Reverend Tsuji was appointed bishop of Buddhist Churches of America and today he is based at the Ekoji Temple in Springfield, Virginia."[247]

When Reverend Eon Mistubayashi arrived from Japan in 1937, he became the assistant minister of the Vancouver Buddhist Church. However, when war was declared, he was alleged to have been a military officer before becoming a minister, and he was detained in the immigration building in Vancouver through mid-February 1942. He was then sent to Seebe (Kananaskis), Alberta, and then to Petawawa and Angler prisoner of war camps. He was eventually released in July 1946 from a hostel in Moose Jaw, Saskatchewan, and reunited with his wife and young son in Coaldale, Alberta. He served as the priest there for six months before being deported.

Reverend Sukan Asaka of Royston on Vancouver Island spent six months at Thunder River, north of Kamloops, while his family was held at Hastings Park. They were reunited in Sandon and sent to New Denver. Reverend Dozan Katatsu of the Steveston temple was sent from Sandon to the Lemon Creek temple; Reverend Hirahara of the Fairview temple in Vancouver to Slocan; and Reverend Renshin Tachibana of the Vancouver Buddhist Church to Tashme. Reverend Yutetsu Kawamura went from Maple Ridge to Raymond, Alberta, to work on a sugar been farm after being invited by a farmer he had befriended in the 1930s. However, after six months he was allowed to go to Picture Butte to minister to the 250 families who had moved there before the forced removal. In 1984 he became a Member of the Order of Canada for his community work in southern Alberta. Reverend Shinjo Ikuta, who had been the resident minister of the New Westminster temple since 1934, travelled with his family to Raymond and ministered there. Both he and Reverend Kawamura were scheduled to be deported but were given a year's extension through the intervention of Senator William A. Buchanan and the manager of the sugar beet factory that employed Reverend Ikuta. After further extensions were granted, neither was forced to return to Japan and together they revitalized Jodo Shinshu in southern Alberta.

After the Nikkei were relocated east of the Rockies, temples were established in Toronto, Winnipeg, Hamilton and Montreal. Ironically, it was the dispersal policy that introduced Buddhism to areas across Canada hitherto unfamiliar with the religion. After 1949 the temples in Vancouver and Steveston were the first to be re-established in British Columbia.

Over time Buddhists adopted many Christian practices: Sunday school, Sunday services, the singing of hymns, the playing of organ music and the introduction of kindergarten classes. In the 1960s the Steveston Buddhist Church became the Steveston Buddhist Temple, but the Vancouver Buddhist Church has maintained its name and the national organization remains the Buddhist Churches of Canada. At least one Christian church has also been influenced by Buddhist practices. The annual Buddhist festival of *Obon*, which is a memorial for departed ancestors, has been adopted by the United Church. Their Japanese congregations have held an annual joint memorial in celebration of "lives with God's grace by reflecting upon the lives of those who passed on."[248]

LEADERSHIP

Despite shared experiences and values among the Japanese in Canada, there were many differences among them within the wartime communities because they came from all over coastal British Columbia and were of different occupations, social classes, religions and affiliations. They had different attitudes about loyalty to Japan and assimilation into Canadian society. Some spoke Japanese only, others English only. Within the camps they organized Victory Bond drives, home improvement groups and work groups to build schools and other buildings needed by the community, but they did not form self-government groups or the kind of associations that had been prevalent in their pre-war coastal communities because the basis upon which to build support for a leader was missing.

The authority of the community's traditional *Issei* leaders had disintegrated with the destruction of their associations during the evacuation, and they had been scattered across the country. For example, Jun Kisawa, who had fought the gasoline boat policy, was interned in Grand Forks. Ryuichi Yoshida, the leader of the Japanese Union, was sent to New Denver. Tsuguo Mineoka, the secretary manager of the River Fish Company and principal of the Japanese Language School in Steveston, was a Japanese national so he became one of the first thirty-eight men to be removed from the coast to become POW #486 in Angler. Furthermore, since immigration had slowed to a trickle in the 1920s and only 827 Japanese persons had been allowed into Canada in the decade between 1931 and 1940, most *Issei* had lived in Canada for twenty-five to forty years and they were old and weary; by this time they were also far outnumbered by *Nisei* and there was conflict of personality and viewpoint between the first and second generations.

Austin Taylor's BCSC had tried to replace these leaders by appointing Etsuji Morii, Arthur Nishiguchi and Ippei Nishio to liaise between the BCSC and the Japanese community. Morii, the owner of the Nippon Club in Vancouver, was well known to the RCMP and "at once hated, feared and respected."[249] He was "not a man who enjoyed the confidence of the Japanese community in terms of his integrity, objectivity or personality . . . [and he was] tarred by his connection with gambling clubs in Vancouver."[250] Taylor, however, only wanted men who would rubber-stamp the BCSC's edicts so he ignored the Japanese Canadian Citizens League of *Nisei* and designated the Morii committee as the sole representative of all Japanese in the province.

Three groups emerged in opposition to the Liaison Committee: the Naturalized Citizens Committee, the Japanese Canadian Citizens Council (*Nisei*) and the *Nisei* Mass Evacuation Group (NMEG). Subsequently, the BCSC announced that it would listen to "any responsible group or organization" but the deferment permits of key male members of the dissenting groups were suddenly cancelled and they were shipped off to road camps. Morii's committee members were the last to leave, and they were transferred to the self-supporting community of Bridge River.

Allegations that Morii was a leader of a "Japanese fascist-like gang" and that he was closely associated with the RCMP and the BCSC prompted a call for an open inquiry. Ten *Nisei* were brought back from internment camps to testify. Buck Suzuki was one of them. "The inquiry was a farce. Much of the testimony offered against Morii's 'terrorist' behaviour or 'racketeering' was hearsay or rumour." One allegation was that Morii took money from people who wanted deferrals for evacuation, but nothing irregular could be proved. At the same time,

> it was known that he had spent large sums to relieve distress caused by the evacuation. For instance, when fishermen had been hauled off their boats and sent down to Vancouver, to the shame of the Security Commission and the Canadian people, housing arrangements, etc. had been inadequate. Morii had given money to feed them and clothe them.[251]

The case broke down due to lack of evidence.

Tom Shoyama, editor of the *New Canadian*, was one of the *Nisei* who had been opposed to Morii prior to the evacuation, but at a homecoming conference in 1993 he said,

> I want to say a quick word in defence of the Black Dragon, so called, Mr. Etsuji Morii. He has been vilified unjustly. The community was under great stress, and he was asked by the RCMP, with whom he had long-standing connections, to help in that situation. And I think he did so with the utmost sincerity. When things started to fall apart, of course, it was difficult to keep calm and be rational about things. And when people are frustrated and angry, they tend to turn upon the nearest possible target. And I'm afraid that Mr. Morii and his groups of assistants were that target. I want to put that on the record because, well, I've been called an *inu* (dog, traitor) . . . [and] I felt maybe I deserved it. I don't really think Mr. Morii deserved it.[252]

Some leaders in the fishing associations were also vilified for co-operating with the Japanese Fishing Vessel Disposal Committee.

The demographics of the Japanese Canadian community had changed. As early as 1921, 60 percent of the Japanese Canadian community were *Nisei,* almost all of them under the age of thirty. *A Survey of the Second Generation Japanese in British Columbia* published by the Canadian Japanese Association in 1935 found that only 1,558 (14.5 percent) of them had actually seen Japan and that 40.3 percent of the 1,558 had been there for less than a year. Most of these less-than-one-year trips were made in babyhood when they were taken to Japan by immigrant parents visiting their own dying or extremely sick parents. The survey also reported that less than 15 percent expressed any intention of setting up a future home in Japan.[253]

However, the *Nisei,* whose time had come to provide leadership, were not in a position to do so. Those who opted for co-operation with the Security Commission were dispersed across the country, while the more militant leaders who had challenged the authorities were incarcerated in prisoner of war camps in Ontario. Although there was no open conflict among *Nisei* in Canada as there was in Manzanar in the United States, where disagreements between generations and against the white administration had led to martial law, the pressures were subtle but felt all the same. The *Nisei* who worked for the white administration that ran the camps were regarded as "enemies of the people" or *inu*, and were distrusted. There was also a small group of *kika Nisei*, born in Canada and educated in Japan, but they were of an age where responsibility for their young families took precedence over any overt displays of disobedience.

Christian workers in the field reported on the emotional and social toll on the internees in the cramped and restricted conditions in the camps. Many of the *Nisei* who chose to remain in them did so because they had responsibilities for elderly parents. Reverend Komiyama described the *Nisei* in the southern Slocan Valley as "losing the will to work" and being caught in a "camp mentality"—no responsibilities, no initiative, and no future—although most worked outside the camps. In June 1944 Reverend Kozaburo Shimizu described the majority of the evacuees as "restless, bewildered and unhappy," and he listed the reasons as occupational maladjustment, housing difficulties, feelings of uncertainly and insecurity, deep-seated resentment, disruption of families, postponed and frustrated marriages, adverse public opinion, ignorance on the part of the Canadian public, enforced dispersal and feelings of hopelessness and despair. "They feel they have no just power to appeal to and are, therefore, very insecure and hopelessly hopeless."

The Japanese sent to the sugar beet farms of Manitoba had among them experienced organizers. Shinji Sato and Ichiro Hirayama had worked within the *Dantai* in Steveston and Harold Hirose had been a marketer for a co-operative in the Fraser Valley. Although denied the right of assembly, they requested the BCSC's permission to organize an association. The commission's representative in Manitoba, Charles Graham, supported the idea, but authorities in Vancouver and Ottawa were afraid of offending the local whites by allowing the Japanese to gather together. As a result, the three met secretly with other Japanese leaders in Chinese hotels in Winnipeg to work out the details of an association and the issues it would address. By spring the Japanese in most of the areas around Winnipeg had secretly elected district leaders from whom the executive of the new Manitoba Japanese Joint Committee was elected. The Department of Labour's Japanese Administration, which had taken over responsibility for Japanese Canadians in February 1943, ultimately became aware that this illegal committee had raised Japanese morale, and realizing that the district leaders could lighten their administrative load by taking care of the small difficulties, officially recognized the organization in May 1943. The committee then plunged into the task of securing freedom of movement and employment for its members. Arguing that the original beet contracts had covered only the 1942 crop year, they contended that they were under no obligation to continue in the beet fields if they could find other employment. Since most of the BC Japanese stayed in beet work for the 1943 crop year and since the beet farmers did not object to those who left, the government chose to go along quietly with the idea. By the fall of that year, life for Japanese Manitobans began to seem relatively normal, and within the bounds of the government's restrictions, they had begun to rebuild their lives.

The *New Canadian* played a pivotal role in sustaining morale during the internment years and beyond. Billed as the "Voice of the *Nisei*," it had begun publishing in Vancouver in 1938 with Peter Higashi as editor. With the closing down of the three Japanese-language newspapers immediately after Pearl Harbor, it became the only means of communication within the Japanese community, and ironically the internment made it a very important national newspaper since it was the only means by which Japanese could find out where friends and families had been sent. The *New Canadian* received $1,000 a week from the BC Security Commission to pay staff and cover expenses.

Tom Shoyama, editor of the *New Canadian* during the internment years until he volunteered for the Canadian Army in 1945, says that their mission was "to do everything we could to sustain morale. We had to tell people, 'Look, in spite of all these terrible things that have happened to you, stand on your own feet. Look within yourself to your own strength and self-respect and your own sense of dignity.'" Many years later, he added, "Our people were filled with such great feelings of fear, dread, bitterness, anger and resentment. And we all wondered what the future held for us. To try and create some stability and to try to fill in the huge gap of the unknown was the role of our newspaper."

The government also used the *New Canadian* to disseminate information, and after they realized that the *Issei* also needed to be reached, it became a bilingual newspaper and Takaichi Umezuki was recruited as the Japanese editor. For seventeen years he had been the editor of *Minshu*, a newspaper with socialist views, and it is said that he was once offered a $140-a-month position with the Steveston *Dantai* but turned it down because *Minshu* might not have been able to carry on without him. His wage at the time was a not-too-reliable $40 a month. Umezuki became a Member of the Order of Canada in 1979 for his sixty years of devotion to the welfare of Canadians of Japanese origin.

The *New Canadian* was heavily censored, a case in point being Roy Ito's story on the "terror-filled journey" of the flotilla from Prince Rupert in December 1941, which never saw print. During the internment years, the paper's text was sent from its home base of Kaslo to Vancouver, and then the editors had to wait for a telegram of permission before the paper was printed. Any criticism of the government or government policies was forbidden, and in 1944 the paper was threatened with closure when its editors criticized the mayor of Vancouver for his racist tendencies. In 1945 the paper's offices were moved to Winnipeg and in 1949 to Toronto. The last issue was published in 2001.

Following his discharge from the army, Tom Shoyama worked for Tommy Douglas in Saskatchewan. When CCF members in British Columbia heard about the party hiring Japanese Canadians, some members warned that this would cause problems at election time. Douglas's response was that if the party had to depend on racists for their votes, then the CCF should fold. Shoyama went on to work for the Economic Council of Canada before becoming deputy minister of finance for the federal government. In 1978 he became an Officer of the Order of Canada for his thirty years of distinguished public service.

8 Forced Removal and Exile

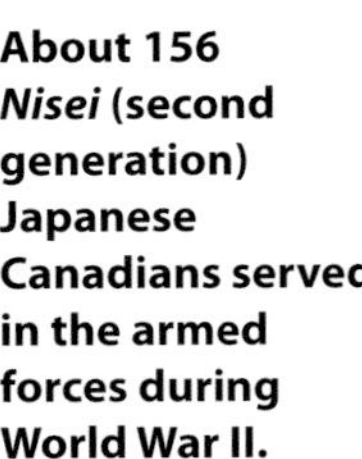

About 156 *Nisei* (second generation) Japanese Canadians served in the armed forces during World War II. *Courtesy Japanese Canadian National Museum, Akio Sato photo*

WORLD WAR II AND *NISEI* MILITARY SERVICE

When Britain and Canada declared war on Germany in September 1939, *Nisei* wanted to show their patriotism and prove their loyalty as their *Issei* fathers had done in 1914, and they volunteered for the Canadian armed forces. But like their fathers before them, they were rejected. Duff Pattullo, premier of British Columbia from 1933 to 1941, urged Mackenzie King not to accept them: "If they are called up for service, there will be a demand they be given the franchise, which we in the province will never tolerate." The government of Saskatchewan concurred. German Canadians and Italian Canadians were, however, allowed to enlist.

Both the Royal Canadian Navy and the Royal Canadian Air Force refused to enlist anyone other than British subjects of European descent. (Until the Citizenship Act of 1947 all persons who were Canadian-born or naturalized Canadians were British subjects.) The army was more open but its recruiting practices discriminated against non-Caucasians, especially in British Columbia, so that only thirty-two had enlisted prior to Pearl Harbor in provinces other than British Columbia. Although the National Resources Mobilization Act did not discriminate against Asians, British Columbia and Saskatchewan had exerted pressure on the federal government to effect a nationwide ban on the conscription of Chinese and Japanese Canadians.

At a meeting called by the Japanese Canadian Citizens League, there was strong reaction to the rejection of the *Nisei* who had attempted to enlist. According to author Roy Ito, they complained that

> we're accused of disloyalty and not given a chance to serve. They accuse us of double citizenship when many of us can't put two sentences of Japanese together. They accuse us of lowering the standard of living but won't pay us the same wage paid to the white man. They accuse us of taking over the province when we haven't even got the right to vote! It makes me want to throw up![254]

Yoshiaki "Sunshine" Sato, a fisherman from New Westminster, described his fruitless efforts to join the army even though he had been a reserve soldier for five years with the 47th Westminster Regiment. "After rapping us right and left about disloyalty, this so-called Canadian democracy owes us the chance to prove our loyalty." His motion to send a protest wire to the prime minister was seconded by Tatsuro Buck Suzuki, another Fraser River fisherman who had tried to enlist.

In September 1941 four members of the community—Etsuji Morii and Arthur Nishiguchi, businessmen, who would later serve on the BCSC's liaison committee, Mitsujiro Noguchi, a leader in the Steveston fishing community, and Tom Shoyama, editor of the *New Canadian*—met with officers from the army and the RCMP to address the rejection. They viewed it as a whitewash to cover the fact that service in the army would lead to the franchise. The suggestion was that Chinese Canadians were not excluded because they accepted discriminatory treatment with a minimum of expressed resentment and did not constitute a serious problem. Japanese Canadians, on the other hand, offered strong competition in certain economic areas and they were not prepared to accept discrimination without protest. Lieutenant Colonel B.R. Mullaly supported Japanese Canadian enlistment and sent a memorandum to the prime minister that the *Nisei* thought of themselves as "good and loyal Canadians who want to pull their own weight in this time of crisis and war equally with other Canadians."[255]

The group met again that November and on December 5, 1941, the Pacific Joint Services Committee passed a resolution for their recruitment. Two days later Pearl Harbor was bombed and the "recommendation regarding the enlistment of Canadian-born Japanese in the Canadian Army no longer appeared advisable." It was therefore reversed and the War Measures Act was invoked instead. All *Nisei* enrolled in the UBC military training program were required to turn in their uniforms. However, to appease the desire of *Nisei* to participate in the war, the federal government proposed the formation of a Civilian Corps of Japanese Canadians to carry out work according to their training or professions. Farmers and fishermen would be assigned to work in their field of expertise. They would wear uniforms similar to that of the Forestry Corps and would be paid slightly less than the regular army rate. But public opinion was opposed to the concept and the plan was quickly dropped.

Not surprisingly, when the army belatedly came calling in 1944, many *Nisei* faced "numerous intense family conflicts" over the propriety of enlisting and "some did not disclose their intention but went about it secretly."[256] But by 1944 the need for more soldiers had become critical, and in especially short supply were *Nisei* who could decode transmissions and captured documents and interrogate prisoners of war. The Americans had recruited a number of *Nisei* from Hawaii and the western states, but Britain and Australia had no comparable resource. Australia was the first to ask Canada for help but the Canadian government was unwilling. Then Britain dispatched Captain Don Mollison, British Army Intelligence, to Ottawa to convince the government to assign Canadian *Nisei* soldiers to the British forces in Southeast Asia, especially for psychological warfare in Burma. RCMP officers began touring the Interior camps in British Columbia and with the support of Japanese Canadian organizations recruited *Nisei* for special service—not with the Canadian army but with British forces. This finally shamed the Canadian government into inducting *Nisei* who were trained and ready for service in the British army into its own service. In total 156 *Nisei* enrolled in the armed forces, and 120 of them served in the Canadian Intelligence Corps prior to the war's end on August 15, 1945. Their return to Canada was an occasion of mixed emotions for the veterans. They had fought against racism abroad but found anti-Japanese attitudes still persisted at home. Their families were still living in camps, were not permitted to return to the BC coast, were banned from fishing and denied the right to vote.

Tatsuro "Buck" Suzuki was a World War II vet, a civil rights activist and a fisherman from 1931 to 1941 and from 1949 to 1969.
Courtesy Buck Suzuki

Among the World War II volunteers were four fishermen: Bill Sasaki, Yoshiaki Sato, Buck Suzuki, and Goro Suzuki. Roger Obata, who also volunteered, had fished on the Skeena but moved to Toronto after completing his engineering degree at UBC. Hazumi "William" Sasaki (1920–78) was born in New Westminster and worked as a gillnetter for the Gulf of Georgia Cannery for eight years. He was relocated to Newton Siding in Manitoba and then to Winnipeg to work on sugar beet farms. He joined the Canadian Intelligence Corps Force No. 136 and served in India. After being honourably discharged from the army, he made Winnipeg his home and served for many years as a councillor in West Kildonan, then on the Winnipeg council after the cities amalgamated. He passed away in 1978.

Yoshiaki "Sunshine" Sato (1917–2006) was born in Vancouver and became a fisherman. He tried to enlist in the Canadian Army before and while living in an internment camp, but the day his enlistment was finally authorized—August 14, 1945—the Emperor of Japan ordered his people to surrender. Sato was told his services were no longer required and he returned to the coast, became the first Nikkei to own a seine boat and remained in the fishing industry for twenty-five years. He died on May 18, 2006.

Tatsuro "Buck" Suzuki (1915–77) was interned in Kaslo but had moved to Brantford, Ontario, to work in factories and garages when the RCMP came looking for him in 1944 as a potential volunteer for Captain Mollison's group. Buck Suzuki became one of the twelve men assigned to the Southeast Asia Translation Interrogation Centre. His cousin, Goro Suzuki, was born September 7, 1920, in New Westminster and at age seventeen started gillnet fishing on the Fraser for BC Packers. He was relocated to Manitoba where he worked on a sugar beet farm and then went on to Thunder Bay where he worked as a "bushwhacker." In 1945 he enlisted in the Canadian army, served in the Far East and upon discharge in March 1946 lived at Ambleside S20 army camp and then on East Cordova in Vancouver. He resumed fishing in 1949 and also worked as a longshoreman and a net salesman until his retirement in 1995.

REPATRIATION OR DISPERSAL

After August 4, 1944, when Japanese Canadians were faced with the option of repatriation, that is, being sent back to their country of origin, or "dispersal" east of the Rockies, the choice became a source of internal and external conflicts among the internees. Although the *Issei* who had not naturalized, being Japanese citizens, were protected by international law, the *Nisei* were all citizens of Canada and, as such, had no protection from the actions of their own government. Neither did they have any rights. Ironically, any *Nisei* who possessed dual citizenship could submit an application to renounce their British citizenship and "be re-categorized as a Japanese national,"[257] but *Nisei* with only British citizenship who wished to renounce it were informed that, since they were born here, they were classified as British subjects and could not renounce it. On the other hand, the government could strip them of their British citizenship should they attempt to speak to the Spanish consul who was appointed to oversee the Japanese in internment camps.

For most *Nisei* Japan was a foreign country, so to be threatened with expulsion from Canada was overwhelming, but staying in British Columbia was becoming more and more uncomfortable. Interior housing centres were being closed and unemployment was rising. As a result, they and their families began mov-

Gathering at Slocan City train station, 1946. The first part of the repatriation journey to Japan was a train ride to Vancouver.
Tak Toyota / Library and Archives Canada / C-046350

ing eastward. By December 1943 Ontario had a larger Japanese Canadian population than British Columbia. However, for the *Issei* the territory east of the Rockies was a foreign, hostile land from which they would never return, and the government's enticements to repatriate were considerable. They would receive payment of the fare and $200. In addition, they could continue to live and work in British Columbia until transportation to Japan was arranged. They would also receive relief without first having to use up the capital they had on deposit with the Custodian of Enemy Alien Property. Upon reaching Japan, they would receive funds equivalent to the value of their capital in Canada. For those lacking property, there would be an allowance of $200 per adult and $50 per child to sustain them until they were established in Japan. In contrast, those who chose to stay in Canada would face uncertainty. They would be shipped at some unknown future date to some unknown place east of the Rocky Mountains that the government designated. In addition, the placement allowance for re-settlers in eastern Canada was only $60 per couple and $12 per child.

Repatriation papers were signed by or for a total of 10,347 persons; of these 6,884 were over sixteen years of age and 3,503 were dependent children.[258] One-third were Canadian-born children and three-quarters were citizens of Canada. The majority, 86 percent, had resided in British Columbia. However, with the defeat of Japan, relocating east of the Rockies began to be seen as better than exile to war-torn Japan, and would-be repatriates began applying to remain in Canada. As to be expected, the reaction in communities east of the Rockies was mixed. Newspapers in Alberta demanded deportation of all Japanese, whereas in Manitoba the *Winnipeg Free Press* was vigorous in its stand against the federal government's "repatriation" scheme as an assault on basic human rights.

In June 1945, as Canadians were becoming more aware of the atrocities committed in Europe and the injustices inflicted on their own citizens, the Japanese Canadian Committee for Democracy (JCCD), formed by Toronto *Nisei* in 1943, found support from the newly formed Co-operative Committee on Japanese Canadians (CCJC). This was a broad-based national consortium of thirty Caucasian organizations representing major churches, labour unions, civil liberties and professional associations, the National Council of Women and the Canadian Jewish Congress who had

The repatriation train taking internees from internment camp to Vancouver. *Courtesy Japanese Canadian National Museum, 94.69.4.29*

Japanese Canadians at the Immigration Building in Vancouver before repatriation to Japan.
Courtesy Japanese Canadian National Museum, Fumiko Ezaki collection, 96.182.1.021

come together to demonstrate that not all Canadians were anti-Japanese. Chaired by Reverend James Finlay of the Carlton Street United Church, the CCJC included many influential Canadians: United Church moderator Reverend J.H. Arnup, labour leader George J.A. Reany, publisher B.K. Sandwell, Liberal senators A.W. Roebuck and Cairine Wilson (Canada's first woman senator) and Saskatchewan's premier, Reverend T.C. Douglas. They called for change in the government's stance on deportation and the lifting of restrictions on Japanese Canadians, and they disseminated pamphlets to educate the public. When the government went ahead with its deportation program, the CCJC retained Toronto lawyer Andrew Brewin to test its legality and the power of the Cabinet to enforce the orders. It was an unprecedented case of "condemnation of Canadians without trial or justice . . . for no crime or reason." Rabbi Feinberg, a member of the protest movement, concluded at one of the gatherings that "the ghost of Hitler still walks in Canada."[259]

As a challenge, Brewin issued writs on December 27, 1945, on behalf of two plaintiffs: Mrs. Yae Nasu of Toronto and Yutaka Shimoyama, a *Nisei* mushroom farm labourer in Port Credit. Nasu, who had applied for repatriation for her family, was the mother of seven Canadian-born children and the widow of Otokichi Nasu, a fisherman and the second of four brothers—Bunkichi, Otokichi, Tomekichi and Mio—who had emigrated from Wakayama in the early 1900s. They had fished in Rivers Inlet and on the west coast of Vancouver Island. When Otokichi Nasu was stricken with polio in 1939, he had returned to Japan where he died in February 1940. His son Takashi inherited his licence and fished for the same Ucluelet Japanese Fishermen's Co-op until 1942 when he was sent to the prisoner of war camp in Petawawa and then to Angler.

The Minister of Justice, Louis St. Laurent, referred the case to the Supreme Court and it was heard in January 1946. Andrew Brewin for the CCJC, Robert J. MacMaster, counsel for Vancouver's Consultative Council, and J.R. Cartwright, constitutional lawyer, argued that to deport civilians on racial grounds was "a crime against humanity" according to the principles of international law.[260] A month later the Supreme Court handed down a split decision. It was appealed and on December 2, 1946, the Privy Council in London ruled that under the War Measures Act the Canadian government could legally do whatever it wanted.

Throughout this period the anti-deportation campaign had continued in the press and the pulpit, and "it produced the strongest outburst of spontaneous public reaction."[261] Finally, on January 24, 1947, Prime Minister Mackenzie King responded to public pressure and repealed the deportation orders. For the Nasu family it was a life-altering reprieve. In 1946 Takashi Nasu had been released from Angler and had gone to work for Canada Packers, but in 1951 he returned to Ucluelet with his wife and children.

Meanwhile, between late May and December 1946, five ships had carried 3,965 repatriated passengers to war-torn Japan. On board were the elderly who had lost everything, those whose parents, children or spouses had been trapped in Japan and who wanted to be reunited with them, *Nisei* women married to *Issei* men, and dependent children who had no alternative but to accompany their parents.

Masako and Takeshi "Kash" Uyeyama, both Canadian born, had been caught in a dilemma. Some of their family members stayed in Slocan while others chose to go to Japan. When there were no letters from those who had returned to Japan, family members who had remained in Canada became worried and made the decision to be repatriated. They left on the second-to-last boat in October. Masako Uyeyama recalled:

> Our struggle started when we arrived in Japan. We weren't allowed to go on the deck for some reason. When we docked in Yokohama, workers came and picked over the garbage from the ship. Then in going to Yoshiwara, the black market people broke our train windows and came in. The train was specially put on for "repatriates" so they must have thought that we had some valuables. I couldn't speak Japanese. I was pregnant. We took milk with us but had to drink it before the baby arrived. I ground brown rice into milk to

Waiting for the ship to be repatriated to Japan.
Courtesy Japanese Canadian National Museum

> feed the baby. I took remnants to stores to sell. Many people built their homes selling saccharine sent from Canada on the black market. Kash and his brother got salt from the ocean and sold it.[262]

When Sanichi Uyeda, a boat carpenter, came looking for a *Nisei* to build lifeboats for an Osaka company, Kash Uyeyama joined him for a short while. (Japan was building boats as part of its reparation commitments to many countries.) He later worked for a fire station at the US base in Hamade, but in 1955 when his brother sent money for his fare, he returned to British Columbia and got a job in Nanaimo building floats. Two years later he bought a small boat and started fishing again, and by 1958 had made enough to bring his wife and two sons back to Canada.

The Mizuyabu family from Nanaimo also chose repatriation. In 1942 they had boarded the train from Hastings Park for Slocan City where they were housed in a tent for two weeks and then trucked to Lemon Creek to live in a hastily built 14-foot by 28-foot shack. Yukiharu Mizuyabu completed high school there, and in the summer of 1945 he had just left camp for the first time to work in Kamloops when he heard of Japan's surrender. Assuming that they would now be able to return to Nanaimo and rebuild their lives, he rejoined his family in Lemon Creek. He was bitterly disappointed. The government was into "ethnic cleansing." The choice was east of the Rockies or repatriation to Japan. "I had had enough of this shabby treatment and so I chose to be exiled to Japan along with the rest of my family." They arrived in August to a country in ruins and occupied by the military forces of the United States and its allies.

> Despite their presence, I felt free for the first time since being imprisoned in Hastings Park at the start of my teenage life. I was now 17½ years old . . . Compared with our pre-war life in Nanaimo,

> we were living in abject poverty, but we were free and treated fairly . . . Some of the food was so unpalatable that I couldn't swallow it. After almost two years of starvation existence in my father's old village, I succumbed to the lure of a full stomach of nourishing food and went to work for the American military . . . I was surprised to discover that the Americans respected my Canadian birthright and treated me not as a recent enemy, but almost as an ally.

In working with American military men, he gradually came to realize that not all white people were bad, that there are good ones, and bad ones with the majority falling somewhere in between. He also missed the wide open spaces of Canada and thought of it as a better environment for bringing up children. "I also felt a growing need to return to Canada to fight for my rights, rights that had been ruthlessly trampled on. So in 1951, five years after vowing never to return, I applied for 'clarification' of my Canadian citizenship and received a Certificate of Canadian Citizenship from Ottawa."

To pay for his passage back to Canada, Yukiharu Mizuyabu went to work for an American construction company building aircraft carriers on Okinawa. He was offered a salary he could not refuse and stayed with them for nine years during which he married and had two sons. "By 1961, when I finally decided to return to Canada, the US military—continuing to respect my Canadian citizenship—offered my family and me free passage to wherever my home in Canada happened to be. I gave the address of an uncle who by then had returned to Vancouver." It was only while working for redress in the late 1980s that he discovered that German Canadians who had been abroad during the war were offered government-paid passage back to Canada if they had no funds of their own.

> There was no similar offer of financial aid to destitute Japanese Canadians wanting to return to Canada even after 1949 when Japanese Canadians were supposedly given the same rights as other Canadians . . . Japanese Canadians who wished to return had to have someone act as a sponsor as an assurance that he or she would not become a public burden. Thus we were treated like new immigrants even though we were coming back to our native land.[263]

The Angler prisoner of war camp was closed on April 30, 1946, with 422 men still in detention. Among them were Toshio Murao, Masami Hori, Shigekazu Morimoto and Kazuji Murao, all born in Canada. The money they had sewn into their suits when they were incarcerated was all gone by then. They had nothing. Toshio Murao's father was still in an internment camp in British Columbia and his mother was living alone in Japan, making a living diving for clams and harvesting *nori*. The boat he had just bought in 1941 from a fisher-

Children and mothers being gathered for relocation.
Library and Archives Canada / C-046355

man who had returned to Japan had been confiscated. He never had a chance to use it. For some reason the papers showing change of ownership had never been processed, and even though he had paid for the boat and for a house in Ucluelet, he received nothing. He was only reimbursed for his shares in the Ucluelet co-op. Recalling those days, he said:

> I was angry, disillusioned, penniless and had a vision of a bleak future in Canada, so I chose to repatriate to Japan. When I boarded the ship, I pushed my Canadian documents into the hands of an official but he wouldn't accept them. He said, "You may need them someday. After living in Japan you may one day want to return to Canada. Keep them." To this day, I am very thankful to the officer. In retrospect, I should have studied English while at Angler instead of playing all the time. Those who knew English made out very well in post-war Japan. I could have done so much better working for the Occupation Forces. Eventually I became a civilian guard and a driver for the motor pool. When I married and found I couldn't provide for my family, I decided to return to Canada and started fishing on the Skeena in 1952.

On arrival in Japan, Masami Hori found there was no food. "I became dependent on care packages from Canada. The merchandise I received I sold on consignment on the black market. In Mio village there were 150 *hikiagesha* [returnees] who shared access to a fishing net. What they caught, they sold and shared among the returnees." Hori returned to the BC coast in 1951.

Prior to Shigekazu Morimoto's departure from Canada, a marriage was arranged for him and he repatriated with his wife, Nobuko. Later he and his wife and child were among the earliest to return from Japan. His sister, Aiko Sakamoto, and her husband, Manabu, had returned to the coast from an internment camp in 1949 and sponsored the Morimotos' return.[264]

Among the children who made up one-third of those repatriated to Japan was six-year-old Sadayo (née Oura) Hayashi, a *Sansei* born in Steveston and interned in Greenwood. She accompanied her parents, her maternal grandparents and her three younger siblings. "On arrival at the US Army repatriation centre in Uraga in Tokyo Bay, we spent a week in quarantine and arrived in Mio Village where my paternal grandparents owned a farm and a fishing boat." Unlike those who cannot forget the shock of the hunger and devastation caused by the bombing raids, her memories of Japan are of the monotony of eating sweet potato at every meal and taking a carrot or potato to school for volunteers to make into soup for all the children. Culture shock was minimal.

> At Mio Primary School about one-third of my classmates were children of fishing families who had lived in Steveston, so although our clothes were slightly different, as *Nisei* mothers were very creative in remaking new clothes from old fabrics and used wool, I did not feel "different" from my Japanese classmates. We were all subjected to periodic inspections for head lice and its subsequent treatment.

However, language was another matter. She recalls being sent to the principal "almost daily" for unwittingly speaking *Mio-ben* (the dialect spoken by Mio villagers) and not the standard Japanese expected in school. "As far as I was concerned, I was speaking Japanese." She thought some of her classmates were from wealthy families but discovered that they were receiving "care" parcels from their parents or relatives who remained in Canada. While living in Japan, "I never forgot the taste of McIntosh toffee, singing 'Jesus Loves Me' or my United Church kindergarten teacher in Greenwood, Miss [Grace] Namba, the most beautiful woman in the whole world."[265]

Sadayo Hayashi, Artistic Director, National Centennial Project, 1977.
Courtesy Sadayo Hayashi

Sadayo Hayashi's father, Yoshikazu Oura, a *Nisei*, was the eldest son and responsible for care of his aging parents so he had felt obliged to go to Japan with them. However, he lost his father a year after his arrival in Japan, and after four years working on the farm and fishing, he decided to return to his birthplace, Steveston, to fish as he saw no future for his children in Japan. His family joined him in 1952 and later he sponsored his mother and brother. Yoshikazu retired from fishing in 1977, the year Japanese Canadians celebrated their centennial.

At that time it was believed that "many *Sansei* . . . know little and care less about their heritage. They are the sons and daughters of a generation that was too busy rebuilding shattered lives and perhaps too ashamed after the humiliation of the evacuation to provide much content to the Japanese identity of their offspring."[266] But Yoshikazu Oura and his wife, Miyoko, passed on to their children the importance of education, cultural heritage and giving back to the community. Having learned *odori*, Japanese dancing, while in Japan, Sadayo Hayashi and Chiyoko Mary Hirano became involved in the 1977 National Centennial project. Hayashi was elected the artistic director of the Nikka Festival Dancers, and Hirano, whose professional name is Tatsumi Yoshikiyo, became the choreographer. Twenty-five of the most talented *Sansei* dancers toured and performed in major centres in Canada. That same year the Powell Street Festival was born and it has become the longest running ethnic festival in Greater Vancouver, still going strong in 2008.

THE CHRONOLOGY OF GOVERNMENT ACTIONS FROM 1938 TO 1967

1938–40. The RCMP undertakes surveillance on the Japanese community but records no subversive activity.

1939 September. Canada declares war on Germany.

1941 January 7. A special committee of the Cabinet War Committee recommends that Japanese Canadians not be allowed to volunteer for the armed services on the grounds that there is strong public opinion against them.

March to August. Compulsory registration of all Japanese Canadians over 16 years is carried out by the RCMP.

December 7. Japan attacks Pearl Harbor. Canada declares war on Japan. Under the War Measures Act, Cabinet becomes the sole judge of the necessity for any measures deemed in the interest of "national security" and not subject to review by any court. Order in Council PC 9591: All Japanese nationals and those naturalized after 1922 are required to register with the Registrar of Enemy Aliens.

- Thirty-eight are arrested and detained. Among them are Tsuguo Mineoka, secretary of the River Fish Co-operative; Seishichi Masago, secretary of the Buddhist temple; and Fumio Kajiro, principal, Japanese Language School, all from Steveston.
- All 56 Japanese language schools and the 3 Japanese language newspapers are closed. Only the *New Canadian* is allowed to operate under censorship for the purpose of disseminating government notices to members of the Japanese Canadian communities.
- Properties in Canada owned by persons residing in Japan become vested in the Custodian of Enemy Alien Property.

December 8. All Japanese Canadian fishing licences are cancelled and vessels owned and operated by Japanese Canadian fishermen are impounded

December 16. PC 9760: All persons of Japanese origin, regardless of citizenship, Canadian-born or naturalized British subjects, are required to register with the Registrar of Enemy Aliens.

1942 January 13. PC 251: Japanese Canadians are prohibited from fishing for the duration of the war. PC 288: The Japanese Fishing Vessel Disposal Committee is established and requires all confiscated vessels to be sold to non-Japanese.

January 16. PC 365: An area 100 miles inland from the west coast of Canada is designated as a "protected area." All Japanese male nationals between the ages of 18 and 45 within this area are required to relocate.

February 7. All male "enemy aliens" between the ages of 18 and 45 are to leave the protected coastal area before April 1. Most are sent to work on road camps in the Rockies. Some are sent to Angler POW camp.

February 24. PC 1486: Evacuation from the coastal area is required of all persons of "the Japanese race." Their cars, cameras and radios are confiscated and a dusk-to-dawn curfew is imposed. Searches without warrants are allowed.

February 27. The area around Trail is included as part of the "protected" area.

March 4. The British Columbia Security Commission is established to plan, supervise and direct the expulsion of Japanese Canadians.
PC 1665: The property of Japanese Canadians is entrusted to the Custodian of Enemy Alien Property as a "protective measure only."
PC 2483: Control is extended over Japanese Canadians who have voluntarily left the "protected area" for Alberta or the Interior of British Columbia.

March 25. The BC Security Commission initiates a program of assigning men to road camps and women and children to ghost-town detention camps.

June 29. PC 5523: The Director of Soldier Settlement is given authority to purchase or lease farms owned by Japanese Canadians; 572 farms are sold without consulting owners.

September 11. PC 8173: Control is extended over Japanese anywhere in Canada.
All Japanese Canadian mail is censored from this date.

October 31. This is the deadline for leaving the "protected zone."

1943 January 19. PC 469: All Japanese Canadian properties held in "protective custody" are to be liquidated without the owners' consent.

February 5. PC 946: Japanese can be required to move to any place in Canada.

December 20. PC 9702: Japanese are allowed to lease businesses or residential premises for a period of one year, but licences will be rigidly controlled until April 1946.

1944 August 4. The Canadian government seeks applications for "voluntary repatriation" to Japan. Those who do not repatriate must move east of the Rockies. On the same day in the House of Commons debates, Prime Minister W.L. Mackenzie King states: "It is a fact that no person of Japanese race born in Canada has been charged with any act of sabotage or disloyalty during the years of war."

1945 January. One hundred and fifty *Nisei* are accepted into the Canadian Intelligence Corps after pressure from the British government.

September 2. Japan surrenders.

All internment camps, with the exception of New Denver, are ordered closed and the shacks bulldozed.

1946 January 1. On expiry of the War Measures Act, the National Emergency Transitional Powers Act is passed to keep the measures against Japanese Canadians in place.

PC 7335: Four major categories of deportable people are defined.

PC 7357: A loyalty tribunal can determine a person's loyalty.

PC 7355: The repatriation orders expire on January 1, 1946.

PC 7414: Repatriation orders are extended.

PC 7356: Any naturalized citizen who is repatriated is to lose Canadian citizenship.

May 31. Five ships carry exiled Japanese Canadians to Japan.

December. The Privy Council upholds the Supreme Court decision that the deportation orders are legal.

1947 January 24. Deportation orders are cancelled but 4,000 Japanese Canadians have already been "repatriated."

April. The Citizenship Act extends the franchise to Canadians of Chinese and South Asian origin, but Japanese Canadians and aboriginal peoples are still denied the vote.

July 18. PC 1810: The Bird Commission is formed to inquire into losses though sales by the Custodian of Enemy Alien Property at less than market value and through theft of property in the care of the custodian.

1949 March 31. Restrictions imposed under the War Measures Act/National Emergency Transitional Act are lifted and the franchise given to Japanese Canadians. The ban on their return to the BC coast is lifted.

1950 December 28. PC 6229: The Immigration Act is amended to make it possible for the entry of a wife, husband or unmarried child under 21 years for any person who is legally Canadian and can support dependents.

1952 July. The label of Japanese as "enemy aliens" is eliminated. (This was done for Germans in 1950.)

1957 The BC Security Commission office in New Denver is closed.

December 20. PC 1957-1675: Admissible categories of Japanese immigrants are extended to include fathers over 65 and mothers over 60.

1967 October 1. Race-based immigration policies are eliminated.

No statistics on licences issued by race were found in the files beyond July 1951.

PROCESSORS

Throughout the war years thirty canneries had operated on the coast: six in Skeena, twelve on the Fraser and twelve others. BC Packers and the Canadian Fishing Co. Ltd. had made additions and improvements to existing plants at several of their locations, and Nelson Brothers had built a new cannery in Port Edward. J.H. Todd & Sons had acquired the Klemtu Cannery. The trend to consolidation had continued to cut down production costs, but according to the canners, it was the cost of the raw fish that kept the prices high. The Wales Island Cannery was closed by Canfisco in 1945 and no fish were canned on the Nass after that time. By the time Nikkei fishermen returned to the coast in 1949, just fourteen fishing companies were operating twenty-four salmon canneries.

During wartime the canners' focus had been on supplying Great Britain's increasing requirements, and little attention had been paid to domestic needs. Generic coloured labels had been substituted for the individual canner's labels: red for Grade 1 sockeye, blue for Grade 2 red springs, coho and bluebacks, and white for Grade 3 pinks and humpbacks; it was not until 1947 that the canner's distinctive labels were once again displayed on domestic shelves in Canada.

A.V. Hill writes in *Tides of Change* that all co-op organizations voted to welcome Nikkei fishermen back as members; in fact, the Prince Rupert Co-op still had many of their names on its books "but few of these returning fishermen became co-op members for they had been recruited by the private companies and usually returned already heavily in debt for the cost of their boats and gear." He adds, "Japanese Canadians were not the only group which the companies were recruiting in order to get fishermen; in addition, they imported Icelandic-Canadian fishermen from Lesser Slave Lake in Alberta to fish under contract in the Queen Charlotte Islands, for almost every white fisherman there had now become a co-op member."[269] Japanese Canadians remained loyal to the banks that helped finance their return. In Steveston, "it took the efforts of respected local fishermen like Frank Nishii to promote the credit union concept." The Steveston branch of the Gulf and Fraser Fishermen's Credit Union was not opened until 1959 to serve fishermen and shoreworkers, and it was not until the late 1970s that it served all occupations. Its new criterion for membership became "anyone who eats fish."[270]

The questions uppermost in the minds of the early

Salmon Processing Companies, their Canneries and Locations in 1949[271]

Company	Fraser River Area	Skeena River Area	Rivers Inlet and Central Area	Vancouver Island
Anglo-BC Packing	Phoenix Cannery	North Pacific Cannery		
British Columbia Packers Ltd	Imperial Cannery	Sunnyside Cannery	Namu Cannery	
Canadian Fishing Co. Ltd.	Gulf of Georgia Cannery Gore Avenue Cannery	Carlisle Cannery Oceanside Cannery	Butedale Cannery & Goose Bay Cannery	
Cassiar Packing Co. Ltd.		Cassiar Cannery		
Colonial Packers Ltd.	Colonial Cannery			
Great West Packing Co. Ltd.	Great West Cannery			
Johnston Fishing and Packing Co. Ltd.	Glen Rose Cannery			
Francis Millerd & Co. Ltd.	Great Northern Cannery			
National Fisheries	National Cannery			
Nelson Bros. Fisheries Ltd.	St. Mungo Cannery Paramount Cannery	Port Edward Cannery		Ceepeecee Cannery
Queen Charlotte Fisheries Ltd.	Bidwell Cannery			
J.H. Todd & Sons Ltd.		Inverness Cannery	Klemtu Cannery	Empire Cannery
Tulloch Fisheries Ltd.	Tulloch Cannery			
Westminster Canneries Ltd.	Westminster Cannery			
Prince Rupert Co-operative		Prince Rupert Co-operative		

returnees were: Would they be as unwelcome now as they had been in the past? Would blood be shed as some people predicted? Would the fishing companies accept the returnees? As feared, they faced rejection from some of the fishing companies they had worked for before the war, many for several years. Managers were threatened that if "you bring those Japs in here, we quit. We'll picket you." But in spite of verbal threats and physical intimidation, the managers of Great West, Nelson Bros., J.H. Todd and ABC canneries were the first to risk hiring Nikkei fishermen. Among the individuals who welcomed them back to Steveston was Gerry Miller, a childhood friend. Some Nikkei fishermen sensed that Miller was in the background looking out for them.

In April 1949 Takeo Miyazaki (1904–77) had his fishing licences but no boat and no gear. His son, Tak, remembers driving him from Lumby where he was working in a sawmill to the coast to look for a boat.

Above: Japanese Canadian women returned to cannery work in the 1950s to augment family income. From left: Shigeko Teranishi, Yukie Teraguchi, unknown. *Library and Archives Canada, 1985 4 561*

Left: Paramount Cannery, Nelson Bros. canning line. *Courtesy Joe Teranishi*

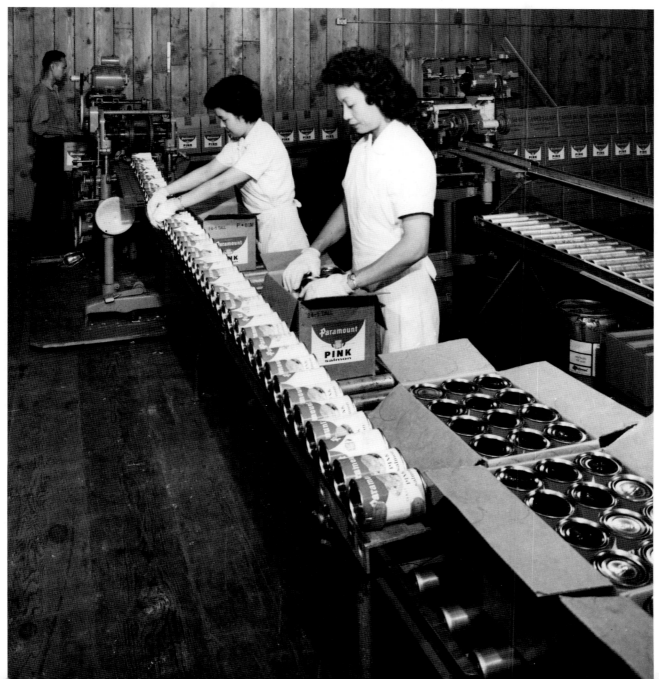

9 Return, Re-entry and Rebuilding

My 1937 Pontiac was a jalopy with bald tires. The roads were terrible and I had to stop to patch the tires. Friends told my father to wait another year but he wouldn't listen. He had waited long enough. My father loved fishing so much he just had to come back . . . In July he finally found a boat in Marpole. It looked all right but it almost sank on the way to Steveston. It must have been held together with mud. It was okay for a week or so but once again we had to look for a boat. I was walking on the dike looking for one when I met the manager of ABC Cannery who asked what I was doing. I explained and he said, "You've come to the right place. I have one just for you." It was a 29-footer with a Palmer engine. I offered to pay but he wouldn't accept any money. "Come and work for me." That's how my dad and I came to fish for ABC.

When Buck Suzuki returned to the Fraser River, "the first man who would talk to a Jap was Dugald Bartlett of Glenrose Cannery, a small outfit, and I asked him if there was any chance of us fishing for him. And I also told him I needed financial help. All of us did." Bartlett told Buck and his cousin, Goro Suzuki, a fellow veteran, to find a place to stay and a suitable boat and "we'll back you." He was "sticking his neck out for me when every other outfit on the coast was saying no Japs." Buck found a "little shack and a boat, all for about $2,000. Somebody who wanted to go back to the prairies, I think." He got the backing and "I was the first to come back into the fishing industry."[272]

Yoshio "Joe" Teranishi remembers those anxious days. "The fishing companies were not willing to help and we had to do it all by ourselves. It took us 10 days before I found a small, junky gillnetter with a drum for $900." His uncle, Mosaburo Teraguchi, met with Ken Fraser of Imperial and George Philips of Great West Cannery. Philips agreed to hire Teraguchi and Teranishi, and both moved their families to Steveston in April 1949. Teraguchi, a fish buyer before the war, fished the first year then started packing for Great West. Teranishi fished for Great West Packing and then for Nelson Bros. During the summer season he sold his fish to them but in the spring and fall he was not obligated to do so. In the winter of 1949 he approached Matsumoto Shipyards in Dollarton to build him a new boat and at the same time asked for a job. He became their first employee and for four winters commuted by bus between his Uncle Saimoto's in Second Narrows, where he was boarding, and Dollarton. When Pete Takasaki bought a car, he was able to hitch a ride with him. After years of hard work he purchased a lot in Richmond Gardens and one in Broadmoor for $1,200 and built houses on them, then bought another three lots and built more houses. He retired in 1984 at age seventy-one.[273]

Trolled sockeye salmon unloaded into bins in Masset, QCI. *Courtesy Takao Yamanaka*

In March 1949 in anticipation of the ban being lifted, Yasuichi Sakai (1893–1958) travelled to Vancouver on a permit to assess the situation. Sakai's *Elva M*, a 54-foot seiner-packer built at Menchions Shipyard in 1917, had been sold by the government in 1942 for $4,000. Now he tracked it down in the hope of repurchasing it, but the owners had refurbished it and wanted $24,000, a sum that was impossible for him to raise after over seven years in internment camps. He decided to try the fishing companies instead and the first one he approached was his former employer, BC Packers, for whom he had fished for twenty-odd years in the Skeena area. Terry Sakai, his son, recalled that

Tommy Wallace, the manager of Sunnyside Cannery, wanted to take Father back but was unwilling to take the risk of hiring him due to the strong anti-Japanese feelings of the other fishermen. Since the love of fishing was in his blood, and fearing he would never be able to fish for salmon, he decided to buy a small wooden cod boat ($2,000) with the little cash he saved during the internment. Father had ten children. After getting the fishing gear ready at Mr. W. Hirano's place, we were about to depart for the fishing ground when Father got a phone call from another company, Nelson Bros. Johnny Clarke, the production manager, asked him if he would be interested in fishing for them—my father had a reputation as a high-line fisherman before the evacuation. Clarke would rent them five boats, which would be safer than a solitary Japanese boat. My father recruited three other fishermen—his brother Aino-

suke Sakai, Tokuichi Mizuyabu and Sukeemon Arakawa—and decided to go up north to the Skeena River, his old stomping ground. They and Sakujiro Sakuda, who lived in Port Edward, fished the Skeena in 1949. Sakuda had Joe Kameda as his deckhand and taught him how to fish.

For the managers of the largest canneries, BC Packers and the Canadian Fishing Company (Canfisco), the Nikkei fishermen's long and loyal service and their excellent catch records did not override the fear of the possible consequences if they rehired them, and initially the managers rejected the returning fishermen. Takemi Miyazaki remembers his shock at being told by Lloyd Monk that "we don't want Jap fishermen." Miyazaki was hired instead by ABC, but in 1951 Canfisco did try to recruit him. He recalls saying, "No, thank you" but added, "How ironic that I ended up working for them anyway since ABC was bought out by BC Packers which was later bought by Canfisco."

Itsuji Hamade arrived in April from Manitoba and he, too, was surprised to be rejected by Lloyd Monk since he had fished for the New England Cannery (Canfisco) before the war. He also tried BC Packers and was met with "No cannery will accept Japs back to fish for them." Discouraged but undaunted, he approached Bob Hepple of J.H. Todd who welcomed him with enthusiasm and agreed to provide him with a boat and a new linen net. He fished the Fraser that first season.[274]

Unosuke Sakamoto arrived in June and approached Canfisco with optimism because he had fished for them for several years. He was rejected. By this time Imperial (BC Packers) was accepting Nikkei fishermen and although Sakamoto now had an offer from J.H. Todd, he agreed to fish for Imperial. "Canfisco approached me many times afterwards . . . but I said no . . . I have a contract with BC Packers for ten years and if I change my mind during that time I may work for you, if not I won't. That's the situation."[275]

Shigeaki Kamachi gillnetting on the Fraser River, 1968.
Courtesy Shigeaki Kamachi

Shigeaki Kamachi returned to Queensborough with his older brother, Shigekazu, in March 1950. They were hired first by the Glenrose Cannery (the Johnstone Fish Co.), later by Tulloch Fisheries and in 1953 by Canfisco. Shigeaki Kamachi said that the best thing about his return to fishing was that Japanese Canadian fishermen were no longer restricted to one area and could fish up and down the coast like all the other fishermen. Also, unlike the unpleasant incidents that occurred at the mouth of the Fraser, he experienced very little interference upriver where he fished. On the one occasion when he was harassed by young fishermen, his fellow fisherman Tom Goto, who is much bigger, told them "to leave Shig alone because he knows jujitsu." That stopped the harassment.

Canfisco was one of the last to accept returning fishermen but by 1951 it too was recruiting them. Rintaro Hayashi was one of those who returned to fish for the company that year and he helped to recruit others. His granddaughter Gayle Hayashi explained that "although it was one of the last companies to hire Japanese-Canadian fishermen after the war, he was loyal to them because they worked directly with all fishermen and did not employ a 'straw boss,' a Japanese-Canadian middleman. He favoured Canfisco's system because in it all Japanese-Canadian fishermen had the same

Shigeru "Jim" Nitsui won the "high boat" trophy for seven years and it became his to keep in 1939. He returned to fishing in 1949.
Courtesy Nitsui family

opportunities and were treated as equal to each other."

Gillnetters were able to enlist the assistance of canning companies, but those who had been trollers on the west coast of Vancouver Island did not have a history with canners as they had been members of Japanese co-operatives and, in fact, may have been pre-war competitors. Understandably, Shigeru "Jim" Nitsui (1915–99) was worried.

> How was he to finance a boat? The government showed no responsibility for resettling the former internees and their families to the coast. Jim tried the commercial banks, but with no success [because] by this time all his financial resources had been liquidated and he had no collateral. The only other alternative was the fish companies . . . that often sponsored worthy fishermen, those who had a record of both good productivity and dependability. This was usually found in the company records, but for Jim there was a gaping hole because of his career-long membership in the Co-operative. It finally dawned on him that the trophy for "high boat" he had packed from Ucluelet to Lillooet and back again might hold the key to vessel financing. And he was correct. When he showed the trophy to a BC Packers manager he was granted funds to purchase the *Random II* in Victoria. As he readied her for the 1949 season at Victoria's fishermen's wharf, Jim spent many a sleepless night in his bunk . . . worrying about a potential attack from racist fishermen. And his worry was not without cause; the windows of his boat were often broken and he was frequently taunted. His desire to fish and bring his family back to Ucluelet bolstered his courage, as did a couple of Caucasian fishermen who befriended him.
>
> He finally set sail for Ucluelet . . . only to be stormbound in Sooke Harbour. Here he had to anchor in the harbour because of the angry crowd of Sooke-based fishermen who wouldn't allow him to dock. Upon returning to Ucluelet, many in the town rebuffed him and urged him to go away. These were folks he'd gone to school with, played ball with and fished with before the forced relocation. House rental was made difficult by the prevailing racist attitudes, but one home owner ignored the town elite and rented him a home, the one he eventually purchased, and the one in which his family was raised following their return to Ucluelet that year.
>
> It didn't take Jim long to again become a highliner, making BC Packers proud of their decision to sponsor this "unknown." The manager asked him if he knew of other Japanese Canadians who wished to return to the coast. He did, and over the next few years his brothers and brothers-in-law came back to the west coast salmon troll fishery, and all because of Jim's skills—and his ownership of a perpetual trophy. He fished this boat until his retirement in the 1980s.[276]

Ryotaro Horii (1908–96) was a ling cod fisherman. He and his wife, Sumiye, had emigrated from Mio in Wakayama, and in 1934 he had started fishing out of Lund. His vessel, the *Sea Eagle H*, was confiscated in 1942 and his family relocated to East Lillooet where he spent seven years as a tomato farmer. His son Akira, who also fished commercially until he became a family physician, says his father could not wait to get back to fishing, and in December 1949 he and Shigekazu Matsunaga travelled to Victoria to search for suitable cod boats. Matsunaga located a boat in Sidney, and Akira and his father, one in Ladysmith, and in February 1950 Ryotaro Horii returned to Lund where he was warmly welcomed back to his former fishing grounds by his many Finnish friends. His family joined him in Vancouver in 1951, and his sons Kiyoaki "Charlie" Horii, Yutaka "John" Horii and Bill Horii also became commercial fishermen.

RECRUITMENT

Despite the hostile environment, the substandard boats and less than ideal equipment, the first season was very successful, and the canners mounted recruitment drives in the Interior and southern Alberta and even into Ontario and Montreal for the best fishermen, the "highliners." BC Packers sent manager Ken Fraser (he became president in 1964) and fisherman Shinichi Matsuo. Recruiters for Nelson Bros. were Frank Nishii and Yasuichi Sakai who went mostly to Greenwood and Kamloops then to Alberta. They provided displaced fishermen with information, incentives and advice on the availability of rental boats, the situation in the fishing areas, schools for their children, financial assistance and housing. The canners relied on the Japanese Canadian recruiters to provide personal references for the fishermen, a mutual dependence that was reminiscent of the pre-war "boss" system.

Yonekichi and Eddie Yoshida were a father and son team in 1950. Yonekichi, born in Mio village in 1900, left school after his fourth grade to join the many other boys hired by the inshore fishing fleet. When he was nineteen and had some ten years of fishing behind him, he got a chance to emigrate to Steveston. He threw himself into work on a Columbia River sailboat, pulling the net in by hand, and fished both the Fraser and the Skeena for the Gulf of Georgia Cannery. His reputation as a highliner attracted the attention of Mr. Kasho, owner-president of the fisheries company that bore his name, which collected, hauled and sold fish products but was also into herring fishing and salteries. Yoshida was chosen to be a herring spotter for one of the company's several seiners operating among the Gulf Islands.

When war broke out with Japan, Yoshida was the owner of the gillnetter *Grey*, powered by a multicylinder, 71-hp gasoline engine. It was sold by the Japanese Fishing Vessels Disposal Committee to Canfisco. When evacuation was ordered, he had saved enough money to relocate at his own expense, and he and his young family opted for Grand Forks to stay close to relatives. There he worked on farms earning 22½ cents an hour or $2 for a nine-hour workday and also as a logger, railwayman and sawmill worker. But his first love was fishing and he returned in 1950 to work as one of the "boys" of Shin Matsuo's fleet of gillnetters. Their agreement required that all the fish caught be sold to the Imperial Cannery owned by BC Packers Ltd. Eddie Yoshida helped his father that first summer.

However, an incident that happened that season terrified both father and son and left a permanent emotional-spiritual impact on their lives. Eddie Yoshida remembers:

> I was seventeen that year, and this was my first taste of commercial fishing. Earlier in the season, before the sockeye season opened on the Fraser River, we would go after the large spring salmon. They brought the best prices, about 25 cents per pound in those days, but they could not be caught in large quantities. Catching spring salmon became a tug-of-war between the fisherman and the seals, which were always playing hide-and-seek in the waters around the nets.
>
> But the sockeye season was another story. Catches from the lucrative sockeye season either made or broke the fisherman for that season. In the two or three days that the Department of Fisheries allowed fishermen to work each week, my dad had to work around the clock to make his catches. Multiple sets of net were made along the fast-flowing Fraser at her mouth in Steveston, while keeping sharp eyes on each buoy, snag, water-log, tugboat and freighter that moved up the river to New Westminster. When twilight came, the fishermen went out to the open waters of the Strait of Georgia for the twilight set—before the phosphorous seawater of midnight darkness would lighten up the nets for the salmon to avoid.
>
> Early one morning as the eastern sun was sparkling over the sandy waters of the Fraser, with me at the steering wheel, our boat grazed an underwater water log stuck on a sandbar. We arrived at the wharf and checked and double-checked the waterline and boat bottom. There was no sign of any leakage. Feeling quite safe, we set out for the twilight set on the open sea. The weather forecast cautioned about a blowing westerly wind, but most fishermen do not pay too much attention to these forecasts. But on this particular night the wind and big low tide clashed. Waves dashed against the sides of the 31-foot gillnetter like roller coaster rides, but my dad decided to ride out these early waves as he had experience catching more sockeye than others on windy days. However, as more and more boats headed back upriver to Steveston, he finally gave in to fear and rolled up his net with difficulty. Now his challenge was the navigation of the tiny craft through the churning waves of the Fraser's mouth at extreme low tide.
>
> Each slap of the giant waves loosened the caulking below the waterline. The boat began to take in water. The engine stopped and the battery flooded. The only light aboard was a tiny flashlight. Only by pumping could the boat stay afloat. If any boat passed by close enough, at least they could see the flashlight through the pitch darkness. As a Christian believer, I prayed fervently and avowed my commitment once more to serve God the remainder of my life. It was shortly after this moment that a larger fish packer approached the mouth of the river. The little flashlight caught their attention and they came to the rescue, but the waves were so high that getting close was dangerous. With my left hand on the railing, I was able to catch the thrown rope with my right. I immediately tied it to the stanchion and the long tow began. Dawn was breaking when the two crafts reached Steveston. In the same storm another Nikkei fisherman lost his life. Needless to say both my dad and I came out of the ordeal with a greater respect for the sudden westerly in the Strait of Georgia.

After the 1950 season as a deckhand, Eddie Yoshida fished on his own for another two summers (1951–53). His father neither encouraged nor discouraged him from fishing; he just wanted him to be successful in whatever he chose to do. After graduating from Seattle Pacific University and obtaining a Master of Divinity at Knox College, Eddie Yoshida ministered in Japan and on return to Canada attended the University of Toronto. For the next forty-eight years he maintained two careers: as a family counsellor/probation officer for Ontario Correctional Services and as a pastor for Wesley Chapel Japanese Church in Toronto. He says his father thought that pastors were like the Buddhist monks of Japan, "mendicants who are always poor and going about begging for food from house-to-house."

Hideo Hama was born in Mill Bay, educated in Japan and at age sixteen returned to the Nass River to fish. He was twenty-six years old in 1942 when he was incarcerated first at Petawawa and then at Angler as POW #382. When Angler closed in 1946, he was permitted to work for a meat packing company and on a mushroom farm. As a single man, when he saved about $40, he would go to Calgary or Edmondon, but British Columbia was forbidden. A year later he was in Moose Jaw where he says that the *hakujin* (Caucasians) were friendly to the Japanese because the CCF was in government. They had also hired George Tamaki in the civil service and he was able to provide much needed assistance to the Japanese.

However, Hama longed to get back to British Columbia where his parents were interned in Greenwood but his attempts were unsuccessful; he was always "captured" and escorted back to Moose Jaw. On one particular try, he took his luggage the day before to the train station to allay suspicion. When he reached Medicine Hat where he had to change trains, he hid at a small Chinese restaurant until the train for Greenwood arrived. At Crowsnest on the BC border he was told to disembark while the RCMP watched and waited for the train to leave. When the train started moving, Hama hopped back on. When he arrived in Nelson, he reported to the RCMP, fearing that he would surely be sent back. This did not happen. In Greenwood he explained to the RCMP that he had come to visit his parents and they gave him a three-day pass. Three days later he was escorted to Crowsnest and returned to Moose Jaw.

In 1949 when restrictions were lifted, he worked for the CPR on the Coquihalla. That winter, recruiters from Nelson Bros. and North Pacific Canneries came calling and in April 1950 he returned to fishing. Each year he started in the north, then went south to Namu and finished on the Fraser. He found the freedom to fish in all areas and not be restricted to one area incredible. He adds that, before the war, even when there were no fish, Japanese Canadians could not go to other fishing districts as the whites and Natives did. He credits Buck Suzuki and the UFAWU for making unrestricted fishing possible.[277]

Hiroshi "Harry" Yonekura and Takashi Nasu (1918–94) had also been incarcerated in the prisoner of war camp in Angler, Yonekura from 1942 to 1943 and Nasu from 1942 until the camp's closure in 1946. Both had families and were living in Toronto when they attended a BC Packers recruitment meeting. According to Yonekura, the company's general manager, Guilespie, promised "a cannery house rent-free in return for all my catch. I was also offered $3,400 for a boat, $4,000 to $5,000 for nets, everything. I didn't have to pay a cent so I started fishing. I fished for three seasons [1951–55] and stopped because Toronto was better. There was no discrimination there and my oil burner service business was doing well."[278]

In 1949 Takashi Nasu was working for Canada Packers, had married Kimiko Saito three years earlier and had two children. They had just bought a home in Toronto and were in no financial position to make any changes in their lives. Kimiko says, "Just for fun, I said, 'It would only be possible if we don't need a cent to go out west'—thinking nothing could materialize. But BC Packers provided spending money so that's how I, a city person, moved to Ucluelet, BC, in 1951 with two children." She found conditions there primitive.

> At first every drop of water had to be pumped, no electricity, no central heating, etc. The road from Port Alberni had not been built yet and the mail boat came only three times a week. Every ten days the ship *Princess Maquinna* from Vancouver by way of Victoria delivered fresh fruit and vegetables, furniture, mail orders, etc., to the rural villages. I felt very isolated but we met many other wonderful fishing families. [Takashi] fished for BC Packers for many years and later was a shareholder with the Ucluelet Fishing Company. The boat cost $16,000 and it took us seven years to pay for it. We lived in Ucluelet for ten years and had two more children there but moved to Vancouver for their education. Takashi continued to fish for twenty more years until 1985.[279]

Another recruit from the Toronto area was Tohachiro "Toki" Kondo who accepted an offer and had a new boat built, the *Beverley K*. From 1950 to 1964 he fished for about six months of the year out of Ucluelet, overwintering his boat in Port Alberni. His wife, Alice, and their three children remained in Toronto during this time. Christine Kondo, his granddaughter, says, "I think Toki choose this lifestyle because he really loved fishing and he had a difficult time being satisfied with a 'land job.' But after the tsunami destroyed his boat in Port Alberni in 1964, he decided to retire for good . . . he probably felt too tired to pick up the pieces and start from scratch again." His love of fishing continued and a favourite event was the yearly smelt run in Batchewana Bay (in Lake Superior, in Ontario) when the whole family waded out into the water with nets to catch hundreds of little smelt. He died of a sudden heart attack in Sault Ste. Marie on February 6, 1980, and is buried in Toronto. Christine Kondo continues, "I've been told a number of reasons why the family remained in Toronto: the extended family had decided to stay, they wanted their children to get a good education and go to university, and their wartime experience gave them bad memories of British Columbia so they were weary of going back and encountering racism again."

The call of the West Coast was strong for many of the pre-war trollers. Jim Nitsui, Tsunetaro Koyama and three other trollers who arrived in Ucluelet in 1949 were joined a year later by Tom Kimoto, and in 1951 Takeo Kariya (1916–2004) arrived from Toronto. His son, Paul Kariya, said,

> His health was not good working on the [mushroom] farm and he missed the ocean. He had heard from my brother-in-law, Shige "Jim" Nitsui, who was one of the first back on the coast from Lillooet in 1949, that the fishing companies wanted us Nikkei back. He had mentally made plans to return. He and his family and [one child] returned to Vancouver and Ucluelet in 1951. He had an agreement to rent a boat from BC Packers. They rented a shack from the Fraser family in Ucluelet—no running water or electricity. It was an exciting time as so many Nikkei families began to return. Pre-war Nikkei families outnumbered everyone else—it wasn't like that after but many came. When we arrived, the Kimotos were already at Spring Cove. His brother-in-law Nitsui and later his other brothers-in-law came—Masayoshi Oye, Shiro Oye and later still Toru Oye.

Eventually about thirty Japanese trollers returned to fish the West Coast. About twelve families settled in Ucluelet but none in Tofino because of a bylaw passed in 1947 prohibiting Orientals from owning land. The remaining trollers settled in Vancouver, Port Alberni and Steveston. Noel and Harold Morishita (1920–2005) had lived in Tofino before the war, and their father, Umetaro (1888–1981), had been one of the founders of the Tofino Trollers Co-op. He repatriated to Japan and died there. When they returned to the coast from Toronto in 1950, their families lived in Port Alberni while they trolled the West Coast down to Oregon. Harold Morishita wrote:

> Tofino is quite a thriving town . . . but even in the 1940s it was still a remote settlement of English, Scotch, Norwegian and Japanese. There are only a few descendants of the original settlers still living there. Consequently, most of the houses built by the pioneers are gone, too. However, the first house built by a Japanese, Umetaro Morishita, in 1923 is still there and lived in. The rest of the houses built by the Japanese are gone.[280]

In 1952 Yoshio "John" Madokoro settled in Port Alberni and his brother, Thomas Madokoro, in Delta. John Madokoro recalled,

> The first time I took the *Challenger II* through Duffin's Passage and around Grice Point, I felt many different emotions. I had been away in central Canada for ten long years, and now I was returning to my home. Except that it was no longer my home. Our family house was still standing but I could not look at it without feeling angry. The village of Tofino looked the same but no longer were Japanese families living there.[281]

The ban on Orientals owning land in Tofino stayed on the books until November 1997 when Sada Sato had it removed.

Initially, trollers worked for fishing companies, but according to Takeo Kariya,

> in the early 1960s the Ucluelet Fishing Company was formed by a group of seventeen Ucluelet fishermen (including myself) to buy and market fish for its members. There were, I think, four or five Nikkei fishermen in that original group of seventeen founding members. Later more Nikkei fishermen, including a couple more of my brothers-in-law joined. As members we cut out the middlemen and sold our own fish.[282]

THE SKEENA

The first family to return to the Skeena area, according to Gladys Blythe, was Sakujiro Sakuda who settled in Port Edward in 1949. Sakuda applied for a fishing boat and was granted one by Nelson Bros. Shortly thereafter the company built a new boat for him, and Mrs. Robins, the manager's wife, named it the *Dawn* to signify that the war was over and that a new day had dawned. Sakuda became the first Japanese fisherman to have his own boat and return to the fishing industry on the north coast.

Kenichi Yamashita settled his family in Port Edward in 1953. He was born in Steveston in 1914 and had fished for a decade before he became a POW in

A potluck-style dockside feast.
Courtesy Frank Egami

Angler. He repatriated to Japan but returned and beginning in 1952 gillnetted the north coast for Nelson Bros., mostly from Portland Canal to the Skeena River, including the Queen Charlottes. From 1956 to 1958 he fished for Inverness and from 1958 to his retirement in 1984 was a member of the Prince Rupert Fishermen's Co-operative Association. During the winters he worked in a sawmill in Smithers where he and his family eventually resettled.

One of the first trollers on the Skeena was Teruo "Terry" Yamashita (1918–98), who like many other Japanese Canadian fishermen left his family in the Lower Mainland while he fished in the Skeena area. For three seasons, 1951–53, he trolled in the Queen Charlotte Islands followed by gillnetting on the Skeena. After the salmon season was over in the north, he returned south to gillnet on the Fraser. Other Nikkei fishermen commuted longer distances. Masahiko Nishi (1920–95) travelled between Prince Rupert and Montreal from 1956 until 1963 when his family joined him in Steveston. He gillnetted for salmon and longlined for halibut in Prince Rupert for his pre-war cannery Cassiar and later for the Prince Rupert Fishermen's Co-op. Eiji Tamai commuted from Toronto for fourteen years until 1965 when his family moved back to Vancouver. He fished up and down the coast until 1995 when at seventy-two years of age he "stopped as too old to fish."

Top: Shikatani and Miki houses are being restored at North Pacific Cannery Museum in Prince Rupert.
Stan Fukawa photo

Bottom: Nikkei fishermen travelled to the Skeena River with their boats tied together to facilitate navigation and enjoy each other's company on their journey.
Courtesy Terry Sakai

The Shikatanis and the Mikis made the annual journey as families to the North Pacific Cannery in the summer and in the winter returned to the south coast. Takayuki Shikatani first brought his family to NP Cannery in the summer of 1952. They had spent the early internment years in Slocan and between 1944 and 1949 in the Northwest Territories where he had worked as a foreman recruiting Japanese Canadian fishermen to fish in Lake Athabaska. The fish was "quick frozen" for companies such as Bird's Eye and then barged south. It was a summer job that ended after the lake froze over in October. Before leaving for Edmonton, they sawed blocks of ice, packed them with sawdust and piled them in the shed ready for the next summer's fishing season. Daughter Pat Shikatani remembers they lived in tents during the summers and went south to Edmonton during the winter.

When the fishing ban was lifted, Shikatani wanted to return to the Cassiar Cannery where he was born but it did not have any housing whereas the NP Cannery did so that is where Pat and her younger brother, Dennis, and their parents lived every summer. After the fishing season they boarded up the house and returned to Vancouver. The only people who wintered at NP Cannery were a few men who worked on herring reduction, and a watchman.

Shikatani was a gregarious man and was often called upon to interpret for non-English-speaking fishermen and the cannery manager.

The house next door was occupied by the Miki family. The first summer Danny Okano and Danny Imoo boarded with them, but the following years the Imoos were able to get a house on their own when a four-plex was built for Japanese fishermen: the Yoshidas, Nishimuras, Kadowakis and the Imoos. The Shikatani house and Miki house are being preserved as part of the NP Cannery Museum.

Pat Shikatani remembers the fun-filled summers playing in the empty net loft where a basketball hoop was hung and young people from the other canneries such as Sunnyside came to play. She and Mary Miki were the only girls. The Tasaka family lived in Port Edward but there were no roads and it was a four-mile hike. Every so often they went into Prince Rupert but they did not see the Tasakas much because "they were out fishing all the time."[283]

Many of the Skeena summer fishermen stayed at a Japanese bunkhouse in Port Edward where they were looked after first by Kameno Nakamura and then by Tokiko Hamanishi who worked with Nakamura until her retirement. Kameno's husband, Hirokichi Nakamura, operated a packer boat on the Skeena in the summer and they returned to Vancouver after the fishing season.

Tokiko Hamanishi had been just sixteen or seventeen in 1942 when she was relocated from Steveston to Tashme where both her parents died. At twenty-one she was repatriated to Japan but returned eight years later. Her husband, Genji Motoharu Hamanishi, started fishing on the Skeena for Nelson Bros. in 1952 and she joined him there three years later. They lived year-round in Port Edward. She worked as a patcher on a canning line until her husband suffered a stroke and she went fishing to help him. Between 1973 and 1983 she cooked, washed and looked after anywhere from seventy-two to ninety Nikkei fishermen per season. She was up at six and not finished until eight or nine at night. "Some years I used thirteen dozen eggs for breakfast and thirty-five or forty cups of pancake batter; seventy-five cups of coffee wasn't enough . . . Sometimes there were young boys here on summer holidays from school helping on boats, so I tried to make them hot dogs and hamburgers." Evening entertainment consisted of playing mah-jong or watching television or videotapes from Japan. Later six or seven of them would bathe together in the big *ofuro*; she would be the last to use the tub after the men were gone. When the men were out fishing for only one or two days at a time, she was kept especially busy cooking, and while they were away, she washed 120 towels at a time.[284]

Dan Nomura was one of many teenagers who spent several summers at the Hamanishi bunkhouse. After days filled with hard work on the boats pulling in salmon, a home-cooked meal and the *ofuro* were the two pleasures they looked forward to. Dan says, "This is where I found out that you could drown on shore. My friend was shorter and smaller than me and when he soaked in the tub, the water came up to his lips . . . One evening when we were relaxed and actually half-asleep in the *ofuro*, a rather large bather (*toku toku dai*), who weighed at least 250 pounds, jumped into the tub with us. The water rushed up and over my friend's mouth and into his nostrils. He almost required CPR. We still laugh about this near-drowning, not in open water but in the bathtub!"

Memorial stone erected at Prince Rupert Cemetery in 1952 in memory of the Japanese Canadians who are buried there.
Stan Fukawa photo

Ryuichi Yoshida, the pre-war Japanese Labour Union organizer, was living in Hamilton in 1952 when he decided to return to the Skeena and work for BC Packers.

> I was sixty-five years old and had already quit the steel mill. I was thinking about getting another job, but when I talked to the cannery people, I decided to come back to fish on the Skeena . . . my wife and I had a house right by the Sunnyside cannery . . . I fished for Sunnyside for nine years . . . BC Packers used to have a lot of canneries on the Skeena but slowly they were merged into the cannery at Sunnyside. If we had been using the old way of fishing, I could not have done it for long, just a few years more. Putting in the net and pulling it up again is the hardest work in gill-netting. The net is about a thousand feet long and pulling it up was hard work. But when I went

back to the Skeena that work was all done by the engine—separating the float side from the lead side and using the power drum on the back of the boat to pull in the net. That was why I could fish although I was over sixty-five.

In 1957 he and his wife moved to New Denver where they fixed up a rundown shack occupied by a Japanese family during the internment years and commuted from there to the Skeena for the fishing season until he retired in 1961. He would have preferred to move to Prince Rupert to stay close to the sea but in New Denver he was closer to their daughter.[285]

Terry Sakai reports that "in the 1950s there were as many as one hundred Japanese fishermen fishing at Port Edward, making Nelson Bros. one of the most productive and envied companies up north." And according to Ryuichi Yoshida, BC Packers had "about a hundred boats with fishermen of all ethnicities fishing out of Sunnyside."[286] However, the fishing community of Port Essington had ceased to exit. The homes vacated by the Japanese had been smashed, Frizzell's wharf had collapsed, the hospital had been moved to Port Simpson and Union Steamships had dropped the village as a port of call. William Jones, the school principal at the time of the relocation, had kept in touch with his former students and advised them, "Please remember that the place you left has changed considerably—and for the worse. Whether it could be revived is questionable. So before going back to live there, have someone go there to look over the site, the prospect of work, water and sanitary arrangements and so on, and be guided by his advice."[287] Some residents did make a pilgrimage to the cemeteries at Prince Rupert and Port Essington on May 28, 1958. Matsujiro Shinde, a Buddhist lay priest, conducted a short service after which soil from both grave sites was collected and interned in Mount Pleasant cemetery in Toronto. A list of graves from both sites is on record at the Toronto Buddhist Temple. What old buildings remained in Port Essington were destroyed by fire in March 1965.

Nikkei who had been repatriated to Japan were kept informed of the fishing situation through letters from relatives and fellow fishermen, and they, too, started to return, some even before those who had remained in Canada. They were assisted by people like Mosaburo Teraguchi, who called on people to return from Japan, and he helped them financially. His nephew, Joe Teranishi, says that "he used to bring envelopes with money to the families."

Shigekazu Morimoto returned in 1950, Masami Hori in 1951. Morimoto later reminisced, "I fished the 1950 season on a rotten boat from the cannery and the next year built a new one. The following year I sponsored Hori who used my old rotten boat to fish for Canfisco." Toshio Murao arrived in May 1952 and his

Below: A Nikkei fishing fleet in Port Edward, 1954.
Courtesy Terry Sakai

Right: Japanese Canadians lived in cannery houses like this one in Steveston upon their return to the coast.
Courtesy Yoshiaki Murao family

Far right: Two Sakai cousins were both "bosses" for the Sunnyside Cannery before World War II. Fishermen working with Yasuichi Sakai tied up at Float #1 and those working with Yoneichi Sakai at Float #2.
Courtesy Terry Sakai

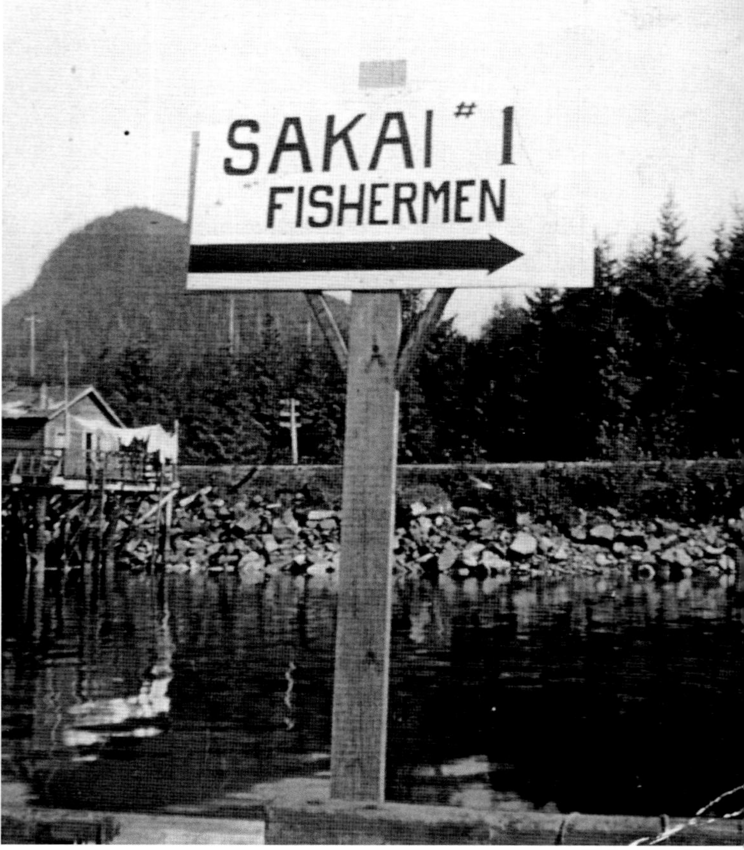

wife the following year. Murao said: "The first few years were a struggle for most families. In the early 1950s a funding drive to build the Buddhist Temple was started and members were assessed a fee of $240 payable over three years. There were a number of families that didn't have the money and left the Temple."

According to a memo from a local official to the Minister of Labour,[288] the big fishing companies in Vancouver had a policy of not renting cannery houses to the Japanese. Unosuke Sakamoto was able to rent a floathouse from Imperial because technically it was not a house because it floated. His family lived there during the 1949 season. His colleagues left their families in internment camps while the men lived on their boats.

Jitsuo Uyede (1902–84) returned to the coast in 1949 and worked for Matsumoto Boat Works. His daughter recalls that

> while he was having his own boat built, a 34-foot gillnetter named the *Lady Ritz* for his youngest daughter, he stayed in a rooming house [next to the Drake Hotel] on Powell Street run by a Mr. and Mrs. Sato and returned to Kamloops during the winter until he saved enough to purchase a decent home in Vancouver. According to his 1953 income tax records, he was fishing for Nelson Bros. His boat may have been financed through Nelson Bros. In his later years, he fished for the Prince Rupert Fishermen's Co-operative until 1973, his last season due to poor eyesight.[289]

When canners changed their policy and made cannery houses available to Nikkei fishermen, it prompted about 300 to return to the Fraser River. The majority, about 250, settled in Steveston and the surrounding area, and another fifty families were scattered in Sunbury and Vancouver, and at the Celtic and Great Northern canneries. Hayao Hirota fished for the Gulf of Georgia, which provided the family with a cannery house for about $20 per month. His son, Ted Hirota, says, "Our house, unlike most of the other houses, shared a flush toilet outhouse with the neighbour. Mom strenuously objected to this arrangement, so that it was not long before dad started moving interior walls and partitioning off a bathroom area to install a toilet and bathtub. I recall going to the Steveston Hotel that summer to take baths at 25 cents a dunk."

Within three years most Nikkei fishermen had accumulated enough capital to replace their rundown, pre-war boats and gear with newer vessels and equipment. As they prospered, their families moved out of the cannery houses. By the early 1970s the last houses were demolished and the land put to use for other commercial or residential purposes.

THOSE WHO DID NOT RE-ENTER FISHING

Many pre-war fishermen did not return to the coast or re-enter the fishery. Some were too old, for some British Columbia was a symbol of racism, others had "repatriated" to Japan, and still others had made a new start and did not want to uproot their families yet again. For them coastal BC was no longer home and their dream of returning was gone. The last president of the Steveston Japanese Fishermen's Association, Yoshio Kochi (1888–?) did not return. Toshiro Shimizu (1891–1989), "after evacuation and having all property confiscated, was too old to start back at fishing and remained in Ontario." Sanshiro Nagata was relocated to Alberta where he remained. "War ended his fishing career." Shinjiro "Chan Chan" Kondo and Naoichi Karatsu did not return to the coast to fish after the war due to their advanced ages. They resettled in Toronto in 1949. Umetaro Morishita (1888–1981) was repatriated to Japan from Slocan and did not return. Yokichi Ishida (1886–1981) returned to Steveston but his fishing career was over. The recruiters called on Sam Yamamoto but, although he returned to the coast, he became an engineering contractor.

Seiichiro Oikawa (1885–1948) had been sent back and forth from one internment centre to another and passed away before the ban was lifted. He had immigrated to Canada in 1906 on board the *Suian Maru*, worked as a boat puller and then as a fisherman on the Fraser. In 1939 in addition to fishing, he started mink farming on Annacis Island. In 1942 his family with the exception of his oldest son, Hiroshi, who was eighteen and working in road camps, was sent to Kaslo. When the camp there was closed in 1945, the family was sent to Bay Farm. Tremendous pressure was put on them to agree to be repatriated to Japan, but Seiichiro refused, and in October 1946 the family with the exception of two of his sons, Hiroshi and Tsuyoshi, was sent to Farnham, Quebec. When the internment centre in Farnham was closed, the government reluctantly agreed to send the Oikawa family back to British Columbia. They resettled in Slocan City in May 1947. Seiichiro's health deteriorated and he died at the age of sixty-three.

THE UNITED FISHERMEN AND ALLIED WORKERS UNION

On March 13, 1945, the United Fishermen and Allied Workers Union (UFAWU) became a reality with the merger of the Fish, Cannery, Reduction Plant and Allied Workers Union (FCRPWFU) and the United Fishermen Federal Union (UFFU), which had been formed by the merger of many smaller unions over the

Above: Kikuo Kimura representing Prince Rupert fishermen at a UFAWU conference, circa 1950s.
Courtesy Kikuo Kimura

Right: The UFAWU annual convention in 1958. Seated left to right: Homer Stevens, Mickey Beagle. Standing left to right: Buck Suzuki, Alex Gordon, Steve Stavens.
Harbour Publishing archives

past decade. The level of co-operation with the Native Brotherhood had also reached a new high. According to its business agent, Guy Williams, its attitude was "to recognize the trade union movement as the economic arm of the Native Brotherhood."[290]

Of great importance to the Nikkei was the election of Homer Stevens to the executive of the first board of the UFAWU. Buck Suzuki credited Stevens, gillnetter and trawler and former secretary of the UFFU Ladner local, with opening up the union to Japanese Canadian fishermen. They were not always welcomed by the "many union members [who] did not favour giving equal rights to Japanese Canadian fishermen, [but] senior officers of union locals were almost always fair-minded."[291] Under Stevens' leadership the UFAWU endorsed a resolution against exclusion and for equality rights for all those engaged in the industry.

Prior to the lifting of the ban on fishing, Suzuki had approached Stevens about returning and was told to wait a while until he had talked to the members so as not to perpetuate the racist attitudes and practices of the pre-war unions. There were many discussions and reiterations of the policy of workers' solidarity across all racial and occupational lines. "Homer would talk to the boys when he got some together . . . and he'd lecture them on fair play . . . Finally, toward the last convention, enough of the membership saw they had better be fair when the Japanese came back."[292] But Stevens was confronted by one member of the Ladner local who said, "I'd made up my mind a long time ago that when the first Jap got back into the fishing industry, I was going to take my rifle and shoot him. But I've changed my mind. When the first of them comes back, I'm coming over to shoot you." He threw his union book on the table and stormed out of the hall.[293]

In 1948 Stevens and members of the UFAWU attended the Japanese Canadian Citizens Association Convention in Kamloops and initialed a joint declaration supporting their return to the coast and their right to re-enter the fishing industry but not to form separate organizations. According to the last president of District #1, Unosuke Sakamoto,

> In February 1949 the UFAWU sent me a telegram telling me to come out to meet some representatives of the union. Buck Suzuki, George Tanaka, secretary of the NJCCA [National Japanese Canadian Association], and I went to this meeting. The union people asked me how many fishermen would be coming back when the Japanese were allowed back in April . . . I was taken aback but told them maybe 150. They asked me to guarantee it. "If you guarantee it [150 and not 500], we'll recommend that the minister grant licences to the Japanese" . . . I said, "Yes I would" because I saw that otherwise we'd all be in trouble if none of us could get licences. I think we got this agreement thanks to Buck. Many fewer than 150 turned up, so it was all right.[294]

September 1913, pioneer Japanese Canadians who fished for the Ewen Cannery on the Fraser River pose for a photo in front of the bunkhouse. In the 1950s, Buck Suzuki, welfare director of the UFAWU, identified the men by the names of their descendants who were still working in the industry. *University of British Columbia, Rare Books and Special Collections, Fisherman Publishing Society photograph collection, BC 1532/1324*

A resolution supporting the re-entry of the Nikkei was passed at the UFAWU convention later that month with almost no opposition, although a strong minority had fought hard against any return of Japanese Canadians since the issue had come to the fore in 1944. In July 1949 the Upper Fraser River Nikkei Fishermen's Association, joined the UAFWU bringing to a close four decades of fiercely combative competition. With 7,000 members, the United Fishermen and Allied Workers Union became the largest Canadian fishing union.

The UFAWU owes much to organizers such as Eva Vaselanak, the daughter of a union man, for recruiting new members. She had worked as a filleter for BC Packers' Imperial Cannery for ten years when the organizing drive started in 1946, and she threw herself into it. She signed up the majority of the women, and was elected chief shop steward, and her house became the unofficial union hall. She was often seen on her bicycle and became known as the "Lady on the Bicycle." She took a personal interest in the welfare of Nikkei fishermen and their families. Tak Miyazaki and his father were two of her earliest Japanese Canadian recruits. Miyazaki recalled,

> I first met Eva when I came out to Steveston in early 1949. At that time Dad and I were looking for a boat to buy. She stopped to talk to me about fishing and asked me lots of questions . . . She told me about all the benefits there were in joining the UFAWU. When Dad and I returned in June, she met us again and we joined the Union. In the next couple of years she signed up most of the Japanese fishermen who came back to Steveston and also their wives who started to work in the canneries.
>
> Eva got me involved deeper in the Steveston local. I had to attend all the local meetings as an interpreter for the older fishermen. I was also elected to the negotiation committee . . . It was very difficult for me with the very little education

I had but whenever there was something I did not understand Eva was always there to help me. In 1952 she became a second mother to my new wife and me. When she found out that we were looking for a place to rent, she and her husband renovated their home so that we could stay with them. She babysat our children for many years. We stayed with her family for over seven years.

Eva Vaselanak became the first person to be granted life membership in the union, "an honour bestowed on only a handful of members." And Tak Miyazaki adds, "Eva Vaselanak, the 'Lady on the Bicycle' was a great lady!"

Many returnees would agree with Buck Suzuki when he said, "It wasn't the big companies who brought back the Japanese fishermen. It was the Union guaranteeing the safety of the Japanese on the coast. That is why the Japanese fishermen are so close to the Union. They understand."[295]

The first stop for Itsuji Hamade when he arrived on the BC coast from Manitoba was to seek out Suzuki and join the UFAWU. The day before the opening of the fishing season, a gillnetter with about twenty Caucasian fishermen aboard approached the Nikkei fishermen at Scotch Pond. About ten of them boarded their boat and shouted, "Japs, go home!" and "We don't want Japs on the coast!" and "Get out of BC, Japs!" They threatened physical harm and sabotage to their gear if they tried to fish the next day.

The Nikkei fishermen went to Sunbury and related the encounter to Buck who advised them to refrain from fishing to avoid a physical confrontation. Buck and Homer Stevens went to Scotch Pond and warned the Caucasian fishermen to leave the Japanese fishermen alone, that they were Union members and therefore had the same rights to fish as any other licensed fisherman.[296]

Unosuke Sakamoto returned to Minto after meeting with the UFAWU but stayed in touch with Hamade. He arrived back on the coast in June 1949 and took a room at the Patricia Hotel in Vancouver with seven or eight other fishermen when they could not find a house, and the canneries would not rent one to them even if one were vacant. For several weeks they made the daily commute to Steveston on the electric tram to Marpole and walked to the cannery to prepare their boats and nets for the opening of the sockeye season. At times they found their boats and nets vandalized or missing.

Kunji Kuramoto became a loyal member of the union and paid his dues without a miss for thirty-five years until he retired in 1985. He recalls that many union members did not appreciate non-members such as trollers who did not pay membership dues nor go on strike but benefited from the union's actions nevertheless. Kuramoto had fished from 1931 to 1941, spent his internment years on sugar beet and other farms in Alberta and returned to the coast in March 1950 after he received a letter from Shin Matsuo inviting him to

Kunji Kuramoto with photos of his grandchildren.
Stan Fukawa photo

A United Fishermen and Allied Workers Union conference in 1989.
Courtesy J. Yamamoto

fish for the Ben Cannery in Steveston. He remembers the long waiting list at Nakade Boat Works for a new boat. His strong sense of obligation to repay his debt to BC Packers made him return for the sockeye season on the Fraser even before the trolling season on the West Coast ended.

The Native Brotherhood was divided on the question of the re-entry of Japanese Canadians into the BC fishery. The leadership "mounted a vociferous campaign for the perpetual exclusion of Japanese Canadians"[297] and attempted to block the re-entry of Japanese Canadians. "In general, the southern coast members of the Brotherhood and especially Kwakiutl seiners had little to fear from the Japanese Canadian gillnet fishermen's competition. The pressure . . . came from its northern executive members, specifically Guy Williams."[298] The *New Canadian* of February 23, 1949, reported that Natives on the Skeena had announced, "We flatly do not want the Japs back in our coastal region . . . If they return, there will be a dog fight and troubles."[299]

In anticipation of misunderstandings and to settle difficulties and problems when they arose, a special joint committee was formed in Prince Rupert on June 11, 1950, consisting of six representatives each from the UFAWU, the Native Brotherhood and the Japanese Canadian fishermen. Buck Suzuki explained that this measure was temporary and as Japanese Canadians became more familiar with the union, the committee would be disbanded. He assured the other groups that Japanese Canadians would not accept gear or boats that had been confiscated from other fishermen and would only accept offers of financial assistance comparable to what non-Japanese fishermen were receiving. Japanese fishermen elected to the joint committee were Joe Kameda, Jim Kameda, and George Hanazawa from Port Edward; John Suzuki from North Pacific and Masao Hayashi and Asao Sakata from Sunnyside. Frank Calder, an MLA and a member of the Native Brotherhood executive, was elected chairman, Joe Kameda vice-chairman, and Tom Parkin, the northern representative of the fishermen's union, secretary.

However, several events took place during 1951 that hastened the destruction of racial barriers within the fishing community. First, during the 1951 UFAWU convention Buck Suzuki was elected to the executive board, signaling to the Nikkei community that the leadership was passing from the *Issei* and older *Nisei* of the pre-war era to the younger, Canadian-born and Canadian-educated *Nisei* generation. Second, an anti-discrimination resolution was passed instructing

UFAWU locals and camp committees to actively oppose any outbreak of racial discrimination and if necessary to lay charges under the union's constitution. This was in response to reports of acts of discrimination against Japanese Canadians at certain camps in Rivers Inlet and on the Nass. There was also an end to the allocation of segregated net racks and tie-up spots at some upcoast locations. Third, this was also the year of the first strike in which Japanese Canadian fishermen and Caucasian fishermen were members of the same union, although the Native Brotherhood still represented the Natives. The strikes began in Rivers and Smith inlets, Skeena and Bella Coola and spread in the fall to Johnstone Strait, the Fraser River, the central and northern areas, Queen Charlotte Island and the west coast of Vancouver Island; the provincial government intervened on October 14 to bring the two sides to the bargaining table.

Although separate organizations for Japanese Canadians and white fishermen had shown the first signs of crumbling toward the end of the 1930s, it was not until the 1950s that relationships improved on the fishing grounds between Native and Nikkei fishermen. Early in the 1950s, Ryuichi Yoshida said,

> If I put my net down, they put theirs in front of it. There were some threats against Japanese fishermen but it didn't last long. We went to fish offshore to avoid disturbances. The Indians fished in the river and at the mouth mainly. Only at the end of the season, when we fished pinks, we had to fish in the same places as the Indian fishermen. But after a while they gave up making difficulties for us. They had better boats and better gear than before the war. They worked harder and caught more fish. There are now more Indian fishermen on the Skeena than anyone else.[300]

Robert Stewart and minister at the scattering of Teo Okabe's ashes into the ocean near the Skeena River where he fished.
Masako Fukawa photo

Bob Stewart, a retired Native fisherman in Kincolith on the Nass, says,

> I have the highest respect for Japanese fishermen. I started fishing in 1952 when I was eighteen years old. I packed for a company, fished in Alaska, went seining for one year and for several years was a gillnetter for Arrandale and NP Canneries. [The Japanese] taught us how to fish. They fished from beginning to end. I learned from them. Don't quit. Quit when it's time to quit. I was the third high boat due to help of Japanese fishermen. They would say to me, "Good here, don't leave." We have similar values. We help each other, talk to each other. Even when we're from different canneries and don't talk to each other when we're fishing, when it's over we're friends. The friendly people are now gone. The new generation doesn't know each other.[301]

Toshio Murao recalls fondly that in Masset on Graham Island in the Queen Charlottes, Native fishermen greeted the Nikkei fishermen with "My ancestors were Japanese," and although boats of others may have been vandalized, his and the other Nikkei boats never were. Taro "Thomas" Hirose also remembers being helped by Natives. In 1952 he had paid $1,000 for a wooden gillnetter named *Edna* with a hand-cranked engine, a manual bilge pump and no radio—a boat nobody wanted.

> Because I was a shoemaker farm boy, Francis Millerd thought I couldn't catch fish. So I had to take it if I wanted to fish. I fished with her for five years. In this leaky boat my options were limited and I had to stay close to shore. It involved fishing continuous day and night. It took me to Smith Inlet for the sockeye season and then to Bella Bella at Spiller Channel. I was fortunate that a local Native, Vivian Wilson, told me where to fish. No one knew it because I was up the creek . . . I did okay.

From the 1950s onward the BC commercial fishery became a more inclusive multiracial community as a common bond was forged through a commitment to fishing for a living and a lifestyle that included a spirit of camaraderie that extended across all racial groups. "It was a workplace in which race, creed and colour had no bearing," Phil Eidsvik told a *National Post* reporter.[302]

T. BUCK SUZUKI—A HEROIC FIGURE

To the many Nikkei members of the United Fishermen and Allied Workers Union, Tatsuro "Buck" Suzuki symbolized the struggle against racism. They credit him with making it possible to re-establish themselves in the BC fishery and for all fishermen to organize without regard to race, colour or creed.

Buck's father, Gennosuke, had been living in Towa Village, Miyagi Prefecture, in 1906 when Jinzaburo Oikawa had come looking for recruits for his fishing village on Don Island (Oikawa Jima) in the Fraser River, and he was one of the men who made the perilous journey across the Pacific in the aging, three-masted *Suian Maru.* He arrived with not much more than the clothing on his back but was determined to make a life in this new land. It was this spirit that Buck inherited and that spurred him to fight for the rights of Nikkei fishermen.

Born in 1916 in a floathouse on Don Island, Buck was the eldest son in a family of thirteen children. When he was four, the family moved to Sunbury, and there Buck met Hideo "Hides" Onotera, two years his senior; they became lifelong friends and fellow activists. For economic reasons, Buck left school after grade eight and worked in a fish cannery for 25 cents an hour, sometimes for twenty-two hours a day. "We had no union and conditions were very bad. The Chinese workers got 18 cents an hour and two meals a day."[303] His fishing career began in a rowboat when he was nine; seven years later he was a licensed fisherman and a member of the Steveston-based Fraser River Japanese Fishermen's Association (the *Dantai*).

Hideo "Hides" Onotera was born in 1914 in Sunbury. His father, Tamotsu, had arrived in 1907 as a single man and joined his countrymen from Miyagi-ken on Oikawa Jima. After the fishing season, he worked as an itinerant barber because white barbers refused their services to the Japanese. Hides was twelve when he started fishing with his father and sixteen when he inherited his father's licence and became a full-fledged fisherman. All the Nikkei were poor but poverty was something Hides could endure. What he could not bear was discrimination. He and Buck became a formidable team.

Tsugio "Shing" Suzuki, Buck's next-younger brother, born on Oikawa Jima in 1918, also started his fishing career early, going aboard his father's boat as a puller. After he gained experience, he became a salmon gillnetter. When Buck got a licence and bought a used boat of his own, the third brother, Jiro, became his puller. When Shing inherited his father's licence, he became independent and his fourth brother, Hachiro, became his puller. Shing says, "Enjoyment of our childhood ended with public school and after that it was work, work that pushed us around."[304] By 1931 five of the Suzuki boys were working and their father left fishing and went into farming in Sunbury, and each year when the fishing season was over, the boys helped on the farm. In 1942 they had seven hundred chickens, eight milk cows and 20 acres in strawberries and vegetables.

Buck Suzuki and Hideo Onotera, union organizers and leaders. *Courtesy Hideo Onotera Family*

Shing remembered his elder brother as "bright and alert" and a man "who carried the expectations of our parents on his shoulders." He himself was an introvert due to a polio-related handicap but "Buck was completely different from me. When I came home having been bullied, my brother would run out of the house to get the one who had bullied me. My brother was a strong fighter. 'If he hits you, hit him back. And then run,' that's what he would always say. 'Why do you just let him hit you and not do anything? Why don't you retaliate?'"

Buck Suzuki and Hides Onotera replaced their fathers as members of the *Dantai* in the mid-1930s when the two of them were around twenty years old. At the time the *Dantai* was controlled by *Issei* men from Wakayama, Hiroshima and Kagoshima prefectures, who for decades had been in conflict with the racially prejudiced white labour union. But the *Issei* were guilty of their own "exclusivity and narrow mindedness" that produced even higher barriers. "Even if *Issei* were brave and were experienced, no matter how excellent they were,"[305] there was no chance of the barriers coming down until the English-speaking, Canadian-educated *Nisei* took over the leadership. In 1938 after the Upper Fraser River Japanese Fishermen's Association was formed, Buck was elected an officer and recognized as a spokesman for the Japanese Canadian fleet on the Fraser. Just before the war intervened, he and Hides were spearheading an intensive effort for *Nisei* fishermen to find some basis for unity with white union fishermen. The association had donated 3.8 tons of canned chum salmon for distribution in Britain just days before Pearl Harbor.

Buck's leadership had also extended beyond the fishing grounds and into the fight for equal rights for Japanese Canadians as citizens of Canada. He was still in his teens when he became a founding member of the Japanese Canadian Citizens League (JCCL) to fight for the franchise, and by 1940 he was the vice-president and Hides the president of the newly formed Delta–East Richmond–Surrey chapter of the JCCL to represent the views and interests of the upcoming *Nisei* generation. When they heard about Pearl Harbor, Buck is reported to have commented that "Japan is going to lose the war." When Hides asked how he could tell, Buck's response was "the Japanese don't know what kinds of countries the US and England are. Those two countries hold the world's wealth."[306]

The entire Suzuki and Onotera families were sent to Kaslo where Buck was called upon to be a mediator. He recalled,

> My assignment was to be adviser to the Security Commission and to act as liaison between it and the Japanese Canadian community. It was a difficult assignment. I was accused of being a "dog" and "spy" . . . The RCMP regulars did an excellent job. There was no brutality among them as far as I know, but the "specials," the volunteer police, were not so good. My role as a sort of mediator between the Canadian government and the Japanese Canadian community put me in a difficult position, as I was frequently suspected by both sides of working for the other side . . . [but] my experience there probably proved to be a good training ground for my work with the Fishermen's union.[307]

Buck was working in a garage in Brantford, Ontario, in 1944 when an RCMP officer asked if he would volunteer for the British Army. He enlisted and became one of the first *Nisei* to volunteer for service in the Pacific. His parents endured the turmoil among the internees who questioned the wisdom of *Nisei* fighting against their ancestral homeland for a government that had interned them as enemy aliens solely on the grounds of race. But Buck went to war hoping it would help Japanese Canadians attain full rights as citizens. "It was a hard decision to make but I wanted all of us, all *Nisei*, to be able to hold our heads up high when we walked the streets after the war."[308] Buck left behind Jean, his wife of six months, and went to India in February 1945. By war's end he had served with the South East Asia Translation Interrogation Centre, done some broadcasting work in Singapore and investigated war crimes. He rose to the rank of sergeant.

Hides Onotera stayed in British Columbia, worked on the railroad and drove logging trucks. His bride was newly arrived from Japan and did not speak English. He felt it would be cruel to leave her on her own. George Murakami, a fellow fisherman, says, "Onotera was well-respected, having helped many people during and after internment. He was a 'big brother' to us and gave us good advice." Shing Suzuki became the main support of the Gennosuke Suzuki clan by working on roads and railroads in Schreiber, Ontario.

On discharge in 1946 Buck returned to Ontario and found that he could secure neither a place to live nor employment to support his wife and son. From Enola where his parents and wife had rented a farm, he wrote to Onotera, "We can't do anything here. We have no income and no home . . . I can't wait to get back to my home in Sunbury. I can't think of anything other than how to get the BC provincial authorities to allow Nikkei back into the fishery."[309] In March 1947 he arrived by train in New Westminster to try to return to fishing. The family property had been sold and "there was someone else's name-plate at the front." His attempt to regain his family's property was brought up in the House of Commons by Angus MacInnes but the effort proved futile.

Meanwhile, Buck worked as a longshoreman, joined the white fishermen's union and began negotiating to restore fishing rights to Japanese Canadians. Hides Onotera recalled,

> When he told me about this, I was distraught. I thought that he had really put his neck out on a big issue. Honestly, I didn't think there was any way to win . . . because from before the war this union had been in the dirty business of anti-

Japanese agitation and they had that in their recent past. How could Nikkei fishermen join that union? And especially the Steveston Nikkei fishermen's association, the *Dantai*, they had been continuously on opposite sides to the white fishermen's union from the beginning.[310]

Buck, his cousin Goro Suzuki and his friend Hides Onotera returned to fishing on the Fraser in 1949. Buck's brothers Shig, Saburo, Hachiro and Jiro returned to fish the Fraser in 1951. His other cousins Sueo and Makoto and Goro Suzuki also returned.

As Onotera had predicted, there was extreme anger from some Nikkei fishermen, especially the *Issei* from Hiroshima, Wakayama and Kagoshima, who saw the issue of re-licensing on the condition of joining the white union as "an unforgivable betrayal." Buck's first effort to bring the two groups together began with a meeting with Rintaro Hayashi, one of the *Issei* leaders. Historian Takao Yamagata describes Hayashi as having "a strong sense of righteousness, an Issei with the look of an old samurai, and compared to the Canadian-born Buck as completely different in thought and action."[311] Born October 25, 1901, in Mio village, Rintaro Hayashi was the eldest son of Hirokichi Hayashi, a Fraser River fisherman, who called him to Canada to help him. Rintaro started as a deckhand for his father and for Takezo Hanazawa. He fished from 1913 to 1941 and was relocated to Kaslo, to Lemon Creek, then to Raymond, Alberta, and finally to Westbank where he worked on a farm. In April 1950 he returned to the coast and fished until 1970. He was a fierce fighter for equal rights in the fishing industry.

Onotera's recollections of the fateful meeting of these two men were published in Takao Yamagata's *Ushinawareta Fuukei: Nikkei Kanada Gyomin no Kiroku Kara* in 1996 while Hayashi's recollections can be found in his book, *Kuroshio no Hate ni*, 1974. When Onotera went with Buck Suzuki to Hayashi's house, he could see that Buck was very tense, even before their arrival, as though he was going into one-to-one combat. The heart of the argument was the issue of the strike as a union tactic. Hayashi argued that fishermen cannot go on strike without hurting themselves and they should not strike for that reason. From his perspective, fishermen should retain the right to refuse to strike and even retain the right to be strike breakers. From the extreme opposite point of view came Buck's assertion that the strike was the exercise of a valid right by fishermen as workers "without which their rights were no more real than pictures of cakes."

Hayashi's response was that fishermen were not just mere labourers. They owned their boats and nets. And he asked, who pays for the depreciation of the boats, the insurance, the interest on the loans? Fishermen had responsibility for the maintenance of their engines and their boats on an annual basis. They had to pay for all their own gear. On the other hand, the union's only declared weapon was the strike, but it did not provide any insurance for losses to these things. Moreover, in the fishery there was always the inevitability of the next fishing season. Fishermen, he said, had no guarantees against their investments outside of the fish that they could catch. And he continued, "Communism's goal is to topple capitalist states. The only way to realize this is through revolution. Up to now, the success of revolutions came through strikes. Strikes are the direct path to revolution."

Onotera remembers that dawn was approaching but neither was backing down, neither was giving the other an inch. However, this all-night, two-man showdown was, in the end, emotional and touching. Buck faced Rintaro Hayashi and said:

I am a Canadian-born fisherman. Both my father, Gennosuke, and my Uncle Seigo were born the sons of poor farmers, were brought here by Jinzaburo Oikawa . . . and lived on the shores of the Fraser River as immigrants. I'm very proud of that.

It is true that during the war I contradicted my feelings of loyalty to my blood relations in Japan, became a Canadian and an English soldier, fought in various campaigns in South-East Asia . . . In my breast, my feelings are complex and I cannot explain things simply. At the battle-sites I have been called a "Jap" by ignorant racist whites. There's not much sense in talking about such things in front of people so I don't. I'm not going to talk about them in future.

If someone were to ask me if I had any misgivings about the white fishermen's labour union, I think I will keep my mouth shut because, if I opened it, I would have to lie . . . However, even so, I think that Nikkei have only one path to follow if they want to live in this country as fishermen—that is, to join this kind of union and to assert their rights from inside it.

I know that there are people around who call me a communist. I can't worry about what every person says so I ignore it.

Onotera observed that Buck spoke quietly and slowly as though he was "chewing the words and taking them in." Buck got up, extended his hand to take his leave and said, "Rintaro-san, you know, I want *you* more than anyone to believe me. I am not a communist." He bowed deeply and started to leave. Onotera thought the meeting was all in vain, but Hayashi, who had been bent over listening to Buck, suddenly said, "Excuse me a second" and hurriedly left the room. "It was so abrupt," Onotera said, "that Buck and I were taken aback and we were left standing and looking at each other. However, in time Rintaro came out with his hand out and we saw his eyes were red with crying."

Hayashi writes:

> When Buck said, "Please trust me when I tell you that I am not a communist," I realized that I had implied that I did not trust him and I was overcome with emotion. I excused myself and scrambled to the washroom. There I wept, crying soundless cries. I realized that, even if he were a communist, that I should trust him on the basis of his character alone. Even today, I have regrets that I said something for which I had no cause.

Buck Suzuki and Hides Onotera took their leave as dawn was breaking and told each other that this was a night to remember for a lifetime. It was, in fact, the beginning of a new era, the passing of the torch from the "old samurai" to the young upstart soldier, from the *Issei* to the *Nisei* generation, and from racial strife to co-operation in the fishing industry. At another level the old-world prefectural rivalry and the distinction between "upriver" and Steveston fishermen were also about to come to an end.

Hayashi pays tribute to Buck in his book:

> If you were to ask for the most important figure amongst post-WWII Nikkei fishermen, no one would hesitate in offering up the name of Buck Suzuki. His efforts and his accomplishments on behalf of Nikkei fishermen are difficult to express in mere words. It is no exaggeration to state that it was his efforts that brought Nikkei back into the fishery after the war . . . Even if he had many questions about the union ideology, he seems to have resigned himself to the view that for post-war Nikkei fishermen, there was no choice but to get under the protective umbrella of the union if they wanted to be part of the fishery.
>
> He was someone who would have had opportunities whether he entered the government or industry. He turned his back to those paths to success and to the economic benefits which would have accrued to himself and his family, to struggle in the labour movement. And without showing any bitterness, he is living quietly on the shores of the Fraser River where he was raised, almost an invalid due to illness. This shows that here, unlike the saying about famous soldiers whose reputations are built on ten thousand deaths, even without the fame, there is a price to pay for battles.
>
> I feel that Buck Suzuki should be forever remembered for his integrity and for the love and sacrifice with which he fought for the world and for people, especially for Nikkei fishermen for whom he was our shield.

Largely due to Buck Suzuki's efforts, 95 percent of the returnees joined the UFAWU. In early 1951, thirty-five-year old Buck was elected to the union's general executive board. He served eleven terms as vice-president of the Small Boat Division and was unanimously elected as the acting president of the UFAWU in 1967 while Homer Stevens was in jail for "contempt of court" for defying an injunction against strike picketing. He was forced to quit fishing in 1969 when surgery on his back was unsuccessful but served two years (1970–72) as the UFAWU's welfare director. He died on July 8, 1977.

Jessyca Maltman, his only daughter and the second of four siblings, remembers her father as:

> a nice, gentle, man who was "silly" at times, making up rhymes to entertain my brothers and me. He spent a lot of time away from home fishing or on union and environmental matters, but he made time for the important events in our lives. My dad's last dance was at my high school graduation when walking was becoming difficult. By the time I was at university, he was in a wheelchair. My dad and mom were true, loving partners who talked about their day every evening. We never heard them complain. They shielded us. When he passed away, it was extremely difficult for her.
>
> My older brother Beverly was named after Reverend Beverly Oaten who was a good friend of my mom and dad when they were evacuated to Ontario. Both he and my second brother Tom fished during the summers to make some money while attending school but my dad did not encourage them or my youngest brother Bob to go into commercial fishing. He knew that fishing was on the decline, especially because fishing licences were attached to boats. Being a girl he said he didn't want me to go fishing because it was a difficult life. He let me be the "go-fer" when he built his boat.
>
> My dad was a moral man who lived life to the fullest. He was a good Canadian who was put, during WWII, into a position of having to prove that he was a good Canadian. One regret was that he had to leave school at Grade 8. He sometimes felt a little uncertain about his grammar and yet he was smart, practical and multi-talented. At his funeral someone said that he was "a gentleman and a gentle man." That was so true.

RINTARO HAYASHI

In his book *Kuroshina no Hate ni*, published in 1974 in Japanese, Rintaro Hayashi left a written record

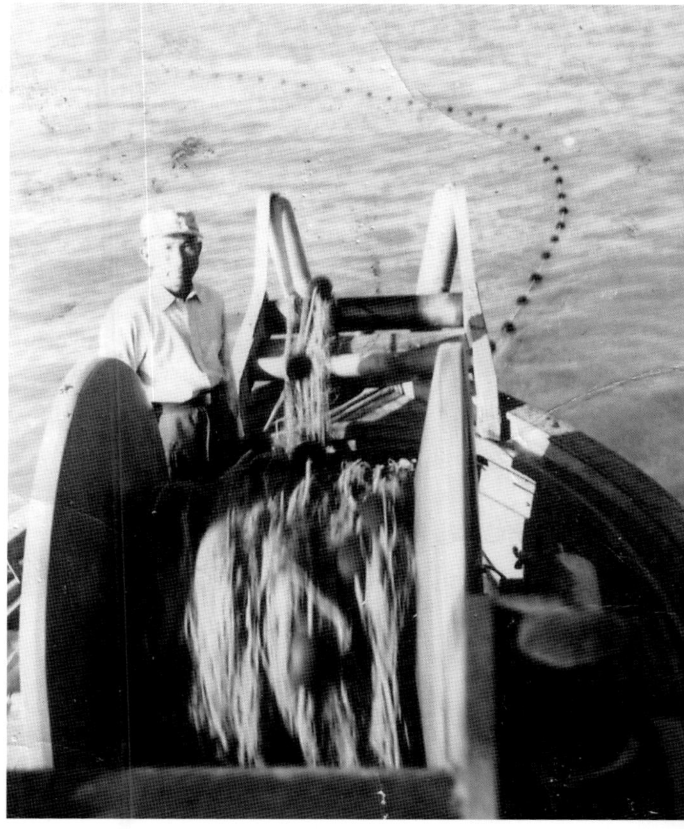

Above: Rinataro Hayashi gillnetting.
Courtesy Leslie Budden

Left: Rinataro Hayashi's family was relocated to the British Columbia communities of Kaslo, Lemon Creek and Westbank, and to Raymond, Alberta. He returned to fishing in 1950.
Courtesy Leslie Budden

of Japanese Canadians in the early days of the fishing industry. (Chapters I to IV have been translated into English and published in *The Forgotten History of the Japanese Canadians: Volume I*, New Sun Books, Vancouver, 1977.) Hayashi said that most Nikkei fishermen, even if they were not in agreement with the union ideology, could not have helped but follow Buck. He also credited people like Homer Stevens for protecting Nikkei fishermen; however, he expressed great concern about the union's direction and actions and being controlled by a "red" union leadership. He used the leghorn chicken as an analogy for the UFAWU:

> Perhaps I need not explain this analogy but were you to grab a leghorn, you would see that it has a red top, a white body and yellow feet. The yellow feet were always at the bottom, never ever uttering a word. This situation went on for over twenty years as if it were a day without complaint. And it is likely to continue in that vein. Especially if Buck were to become separated from the central group in the union, this feeling will become deeper.

Hayashi saw the philosophy of "Western people" as being situated in the present and not too concerned about tomorrow. On the other hand, the philosophy of the Japanese is future-oriented and they are prepared to sacrifice today for tomorrow. Therefore, they worried about how much today's strike would affect this year's or next year's livelihood.

> We can't really say which of these ways of thinking is right but at that time we did not have any leaders among the Nikkei fishermen and there was no united Nikkei group. Even if there had been, many post-war Nikkei fishermen were uninformed, enjoyed their freedom and self-indulgence and did not have any reason to listen to any leaders. Dominated in this way by the union's red leadership stratum, they didn't fight back.

In the 1950s the UFAWU managed to survive the anti-communist McCarthy era but its membership in the Trades and Labour Congress was suspended for alleged communist activities. The union was accepted back into the congress in 1972 and recognized as the representative of the majority of BC fishermen. From Hayashi's perspective this did not mean that the fishermen's union had become pink or white. Instead, he wondered "if it does not suggest that the other unions in the CLC are becoming redder." In 1963 a strike gave him an opportunity to cut his ties with the union. "I'm about to leave fishing myself, so I could say it doesn't really affect me and it doesn't matter, but what are you going to do for the young fishermen who have small children and house payments and payments on new boats, insurance and interest payments?" he asked.

THE T. BUCK SUZUKI FOUNDATION

In the 1980s the UFAWU focussed its concern on the erosion of fish habitat throughout the province due to logging, urban encroachment, estuary development, pesticide use and sewage dumping. It broadened its opposition to fish habitat loss by promoting research and education about the value of wild fisheries resources. Then in 1987 in recognition of Buck Suzuki's lifelong concern for conservation and habitat protection even before "environmentalism" became a popular cause—he was also a founding member of the Society Promoting Environmental Co-operation (SPEC) and active in the Pacific Salmon Society—they named their newly formed foundation the T. Buck Suzuki Foundation.

Two significant fact-finding events were sponsored by the foundation in 1988. The first was a tour of Norway to investigate fish farming. The group included members of the UFAWU and the trollers association who returned from the inspection "convinced that without tough regulations to control salmon farming, our wild salmon stocks may one day be annihilated." The second was a meeting to consider the future of wild salmon. It found agreement among the assembled Native groups, fishermen, environmentalists and fisheries specialists that production could double to 136 million kilograms, back to the fabled 19th-century run of 30 million sockeye, if the freshwater environment could be defended from urbanization, dams, pollution and acid rain.

Information on the T. Buck Suzuki Environmental Foundation can be obtained on the Internet at *www.bucksuzuki.org.*

Tomekichi Mio represented the Skeena River Association in 1938. The family was sent to Hastings Park and relocated to Port Hope and Toronto; they returned to the coast in 1950. *Courtesy Tomekichi Mio family*

CO-OPERATIVES

The leaders of the highly organized pre-war fishing associations and co-operatives were scattered across Canada during the internment years and what little is known about their lives has been pieced together from recollections of family members. Asamatsu Murakami worked in the sugar beet fields in Alberta and returned to the coast in November 1949. Unosuke Sakamoto lived in Minto Mine and worked in a sawmill and as a logger. He returned to the coast in June 1949. Ryuichi Yoshida, an organizer for the Japanese Labour Union *Nihonjin Rodo Kumiai*, was relocated to Hamilton, Ontario, and returned to fish the Skeena. Tsuruji Suda, a packer and a salt salmon processor, did not return. Yoshio Kochi was relocated to Tashme, then to Westwold and eventually to Kamloops. He did not return.

Tomekichi (Nasu) Mio had represented the Skeena River Association. Born the fifth son in Ao Wakayahama in 1879, he was sponsored by his elder brothers Bunkichi and Otokichi Nasu who had preceded him to Canada and were living in Steveston. Bunkichi started fishing in 1906 in Rivers Inlet for Wadham Cannery. He was relocated to Greenwood and worked on the railroad, road camp and as a sawmill worker. In 1951 he returned to the coast and at age eighty-five was "forced to retire by family's plea." He lived to ninety-four. His three sons Katsumi, Yukio and Isao became commercial fishermen. Otokichi moved from Steveston to Uclulet in 1926 and trolled for the Ucluelet Japanese Fishermen's Co-op. He was stricken with polio in 1939 and returned to Japan where he died in 1940. His sons Takashi and Minoru remained in Canada and followed in his footsteps as commercial fishermen.

At the time of his first marriage, Tomekichi Nasu became a *yoshi* or adopted son and took on the family name of his wife. He was in the process of having his name changed back to Nasu when World War II interfered and he was advised to leave it alone. Prior to 1941 he fished the Skeena for the Carlisle Cannery and served in the Skeena River Association. In 1938 he was acknowledged as an "auditor" for the *Kyogikai*, the province-wide Liaison Committee. In 1942 he was relocated to Port Hope and settled in Toronto. One day while walking on the beach he heard a crowd of people yelling and pointing to the spot where a young boy had fallen into the lake. Mio quickly tore off his clothes and in his undershorts jumped into the water and started looking for him. The water was shallow and he found the boy in a short while and carried him back to the shore. The people on the beach had called the police, and the firemen and a newspaper reporter had also arrived. They tried to revive the boy to no avail. The story appeared in the local newspaper about this brave "Chinese" man and what a pity it was that until he appeared on the scene no one had helped. The boy could have been saved had he been pulled out of the water sooner. The newspaper was informed that Mio was Japanese, not Chinese, but the correction was not made in the paper because Japan was at war with Canada and they could not print anything positive about a Japanese. Tomekichi Mio returned to the coast in 1950 and his family joined him in Port Edward in 1952.

In the post-war years, the different philosophical foundations of the union and the co-operatives came into conflict. Co-operatives do not go on strike. Members are in business for themselves and have given up the use of strikes as an effective weapon. As a result, clashes occurred regularly over the obligations of the co-ops' plant workers and other employees who were union members, and the co-op had always to concede their right to strike on their own behalf. But they did not go out on sympathy strikes to enforce the union's demands when co-op conditions were not involved.

Although most post-war co-operatives were racially integrated, in the shrimp industry the members were mainly Nikkei. After his return to the coast in 1950, Shigeaki Kamachi started gillnetting for salmon, but in 1953 he began catching shrimp in the off-season and selling his catch to Tulloch Western. Others started cooking and peeling shrimp in their homes. For most, shrimp trawling was a fill-in fishery for the period from December to March, but for others shrimping was year-round, although profits were marginal and hence there were not many full-timers. Using a design obtained from Japan for a drum that was used to set and haul beam trawls, they adapted gillnet drums using steel beams and herring webbing. They usually made two sets each day and delivered their catches to a processing plant to be cooked, peeled and readied for market the following day. In time they began forming co-operatives to market their catch.

In 1950 the Hirakita brothers and Kiyoshi Kawagoe initiated the Vancouver Shrimp Fishermen's Association with twenty-five members. It was an egalitarian organization in that the presidency was rotated among the members and each shrimper was a member of one of four groups selling to the four companies: Vancouver Shellfish, Lions Gate, Albion and BC Packers on Campbell Avenue. The shrimp net used was Japanese style and made by Yojiro Kondo and Hideo Matsuyama, who were members of the association. The catches were processed at the fish dock on Campbell Avenue in Vancouver. With stove oil supplied free of charge from the Standard Oil Co., the catches were cooked on

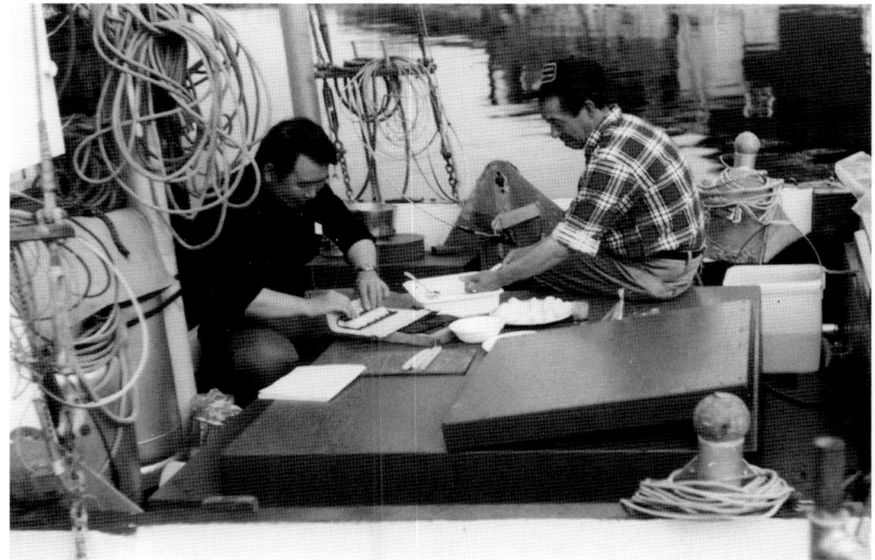

Manabu Sakamoto with Toshiyuki Sameshima rolling sushi, getting ready for a feast, 1982.
Courtesy Manabu Sakamoto family

the boats in specially designed stoves until 1969 when they were outlawed by the Department of Fisheries and Oceans as being unsanitary.

In 1954, Hideo Matsuyama, a member of the Vancouver Shrimp Fishermen's Association, started the Gulf of Georgia Co-operative, and Masami Hori made improvements to the nets used in shrimping. This association's seventeen members trawled in the Gulf of Georgia and their processing plant was located near Garry Point in Steveston. The Canadian Pacific Camp was also formed in 1954 and consisted of twenty-eight members who fished in the Gulf Islands off Chemainus, Ladysmith and False Narrows. They delivered their catches to facilities at the Imperial Cannery in Steveston that also marketed the product for them. They stopped processing at this site in 1964.

In the fall of 1958 Nobuo Hamazaki and Takeo

Hikida started testing the waters for shrimp in Barkley Sound and Alberni Inlet. The signs were encouraging and so shrimping started the following spring. Tak Miyazaki was asked to join them and with the addition of Tsutomu Fukushima, Bill Markin and Bert McCarthy, the group was expanded to six. They packed their shrimp to Port Alberni from Barkley Sound and from there by truck to Vancouver. Soon after this, the fourteen members of the Nelson Bros. Shrimp Pool, which operated out of Steveston, joined them. Miyazki says that shrimping now gave them full-time employment. "Some of us also longlined for halibut during the months of May and June but we always went shrimp trawling before salmon season. So with shrimp, halibut and salmon, we only took time off for Christmas and New Year's. Most of us fished the west coast this way until our retirement."[312]

In the 1970s the federal government revised its policy and allowed the selling of fish and seafood from docks. Sugar Hamada was one of the first to engage in this type of activity. Bobby and Florence Nishi started selling beam trawl–caught shrimp from their home and later from their boat, *Ensenada*, at the public dock in Steveston.

Pre-war shrimpers from Tottori-ken:

Meikichi Endo; Kikumatsu Hamawaki; Eiikichi Ikebuchi; Yoichi Minamimaye; Soichi Matsushita; and Toyoichi Nagata.

Post-war shrimpers:

Independent: Shigeaki Kamachi.

Vancouver Shrimp Fishermen's Association:

Takeru Araki; Masae Bando; Willy Chong; Tsutomu Fukushima; Kiyosada Fujii; Eddie, Joe and Takashi Hirakida; Kiyoshi Kawagoe; Hideo, Kiyoyuki, Yojiro and Yoshio Kondo; Hideo Matsuyama; Sutekichi Miyagawa; Takao Nakatani; Yoshio Nagata; Kenichi and Yukio Nishi; Shigeto and Shigeso Okada; Ainosuke Sakai; Keiichi and Zenno Tanaka; and Tadao Tsuji.

Canadian Pacific Camp:

Hideo Akune; Akiyoshi Akune; Reiji Hamada; Satoshi Hamada; Nobuo Hamazaki; Genichi Hanazawa; Eiichi Harada; Satoru Harada; Tadasu Hibi; Ted Higo; Yukio Higo; Akira Hikida; Takeo Hikida; Yoshio Hikida; Taro Hirose; Masakazu Hori; Eiji Maeda; Hideo Maeda; Matsuo Matsumura; Kenichi Nakata; Riichi Nagata; Masaharu Ogawa; Eizo Sameshima; Toshiyuki Sameshima; Toshiharu Sameshima; Hajime Tabata; Frank Yamazaki; and Hiroshi Yoneda.

Gulf of Georgia Co-operative:

Yuichi Akune; Rintaro Hayashi; Hayao Hirota; Masami Hori; Iwao Kariya; Yoshio Kariya; Tamotsu Kondo; Shigeaki Sid Konishi; Kay Koyama; Shigekazu Morimoto; Choichi Morizawa; Kenichi Nishi; Yoshiharu Nishikihama; Hatsuzo Obayashi; Noboru Shiyoji; Eichi Sakata; and Akira Yamashita.

Nelson Bros. Shrimp Pool:

Kiyoshi Kawagoe; Kazuo Kimura; Hiro Koyanagi; Masaharu Morishita; Atsushi Murakami; Setsuo Don Narukami; Teruo Narukami; Kunio Nishi; Takeshi Nishi; Kichiji Frank Nishii; Torakichi Nishii; Shigeo Suzuki; Ted Tamemoto; and Mitsuru Yodogawa.

Bamfield, Ucluelet and Tofino:

Tom Fukushima; Tsutomu Fukushima; Toshimi Goto; Daryl Hamazaki; Akira Hikida; Taro Hirose; Harold Kimoto; Peter Mayede; Tak Miyazaki; Noel Morishita; and Teruo Yamashita. Non-Nikkei included Bill Markin and Bert McCarthy.

In northern waters, the Prince Rupert Fishermen's Co-operative Association was established in 1931 to promote the interests of fishermen in the north. It owned packers and opened fish camps, collecting stations, a credit union and a fish plant. It operated until 1996 when it was sold to J.S. McMillan. In about 1976, the Northern Trollers Association (NTA) was established. According to Bill deGreef, while he was serving as the NTA's first secretary treasurer, a Nikkei troller served as the NTA's first president. The NTA was formed to be the voice of the Northern Troll fishermen who lived and fished in the northern communities. Most of the members lived in Prince Rupert but some were settled in Masset as well as Queen Charlotte City. It has now been replaced by the Area F Trollers Association, and its members consist of Area F (northern) licence holders who live in communities all over the province.

10

The Redress Movement

The redress movement was brought to a successful conclusion on September 22, 1988, but it is difficult to say when it actually began. For Roger Obata, who was one of the handful of *Nisei* activists who founded the Japanese Canadian Committee for Democracy (JCCD) in 1943, the fight has taken over forty-five years. He became the bridge between the past and the present.

Obata's early years were spent in Prince Rupert, and he had heard from his father, Sataro about the racist clashes on the rivers and the ugly anti-Asiatic riot of 1907. He knew of government policies to withhold fishing licences, the ban on gasoline engines for Japanese Canadians on the Skeena and exclusion from membership in white unions.

> I recall feeling puzzled by the racial double standard. It seemed so contrary to the notion of "British fair play" that I had been taught at school. I also remember marvelling at the fact that, despite all the discriminatory policies working to diminish our participation, the Japanese Canadian fishermen still managed to surpass the white and Native fishermen in the size of their catches. This fact, of course, frustrated the other fishermen, prompting them to clamour for tougher and tougher restrictions on their Japanese competitors. Their pleas were answered in 1941, as the bombing of Pearl Harbor provided the Canadian government with a convenient excuse to drive us out of the industry completely by confiscating and selling our boats for next to nothing and expelling us from the coast.[313]

A redress rally on Parliament Hill, Ottawa, in 1988.
John Flanders photo

10 The Redress Movement

ACKNOWLEDGEMENT

As a people, Canadians commit themselves to the creation of a society that ensures equality and justice for all, regardless of race or ethnic origin.

During and after World War II, Canadians of Japanese ancestry, the majority of whom were citizens, suffered unprecedented actions taken by the Government of Canada against their community.

Despite perceived military necessities at the time, the forced removal and internment of Japanese Canadians during World War II and their deportation and expulsion following the war, was unjust. In retrospect, government policies of disenfranchisement, detention, confiscation and sale of private and community property, expulsion, deportation and restriction of movement, which continued after the war, were influenced by discriminatory attitudes. Japanese Canadians who were interned had their property liquidated and the proceeds of sale were used to pay for their own internment.

The acknowledgement of these injustices serves notice to all Canadians that the excesses of the past are condemned and that the principles of justice and equality in Canada are reaffirmed.

Therefore, the Government of Canada, on behalf of all Canadians, does hereby:

1) acknowledge that the treatment of Japanese Canadians during and after World War II was unjust and violated principles of human rights as they are understood today;

2) pledge to ensure, to the full extent that its powers allow, that such events will not happen again; and

3) recognize, with great respect, the fortitude and determination of Japanese Canadians who, despite great stress and hardship, retain their commitment and loyalty to Canada and contribute so richly to the development of the Canadian nation.

RECONNAISSANCE

En tant que nation, les Canadiens se sont engagés à édifier une société qui respecte les principes d'égalité et de justice pour tous ses membres sans égard à leurs origines culturelles ou raciales.

Pendant et après la Deuxième Guerre mondiale, des Canadiens d'origine japonaise, citoyens de notre pays pour la plupart, ont eu à souffrir de mesures sans précédent prises par le gouvernement du Canada et dirigées contre leur communauté.

En dépit des besoins militaires perçus à l'époque, le déplacement forcé et l'internement de Canadiens japonais au cours de la Deuxième Guerre mondiale, ainsi que leur déportation et leur expulsion au lendemain de celle-ci, étaient injustifiables. On se rend compte aujourd'hui que les mesures gouvernementales de privation des droits civiques, de détention, de confiscation et de vente des biens personnels et communautaires, ainsi que d'expulsion, de déportation et de restriction des déplacements, qui ont été maintenues après la guerre, découlaient d'attitudes discriminatoires. Les Canadiens japonais internés ont vu leurs biens liquidés, le produit de la vente de ceux-ci servant à payer leur propre internement.

En reconnaissant ces injustices, nous voulons signifier à tous les Canadiens que nous condamnons les abus commis dans le passé et que nous reconfirmons pour le Canada les principes de justice et d'égalité.

En conséquence, le gouvernement du Canada, au nom de tous les Canadiens :

1) reconnaît que les mesures prises à l'encontre des Canadiens japonais pendant et après la Deuxième Guerre mondiale étaient injustes et constituaient une violation des principes des droits de la personne, tels qu'ils sont compris aujourd'hui;

2) s'engage à faire tout en son pouvoir pour que de tels agissements ne se reproduisent plus jamais;

3) salue, avec grand respect, la force d'âme et la détermination des Canadiens japonais qui, en dépit d'épreuves et de souffrances considérables, ont conservé envers le Canada leur dévouement et leur loyauté, contribuant grandement à l'épanouissement de la nation canadienne.

Prime Minister of Canada — Le Premier ministre du Canada

Redress acknowledgment issued by Prime Minister Brian Mulroney in September 1988. The redress movement, which formally began in 1982, called for a just and honourable settlement that included an acknowledgment and apology for the historic injustices.
Courtesy Stan Fukawa

In 1943 Obata, an engineer then living in Toronto, became a founding member of the JCCD, but just two years later the entire executive resigned when the membership voted down their proposal for enlistment in the Canadian armed forces. However, Obata later served in the Japanese language division of the Canadian army's Intelligence Corp. in Washington, DC, translating Japanese wartime documents. In 1946 he returned to Toronto and began working with the Co-Operative Committee for Japanese Canadians (CCJC) to pressure the government to withdraw its deportation orders. In 1947 he became the founding president of the National Japanese Canadian Citizens' Association (NJCCA), which replaced the JCCD. He was still continuing his advocacy for a resolution to wartime injustices in 1977 when he became president of the Japanese Canadian Centennial Society. Two national projects—an *odori* (Japanese dance) group and a photo history exhibition that travelled across Canada—broke the silence as Japanese Canadian communities joined in the celebrations, rekindling interest in their heritage.

Between 1985 and 1988 Roger Obata served as vice-president of the NAJC and was a member of the strategy committee that negotiated the redress settlement. In the midst of the opposition from veterans, the Ontario Command of the Royal Canadian Legion passed a resolution against redress because internment was a security measure against probable spies and saboteurs. In Obata's response, an open letter to the *Toronto Star* on April 17, 1985, he wrote:

> Is the Legion saying that Canadian citizens of Japanese descent were all enemies of Canada during World War II? Are they unable to differentiate between the true enemy and citizens of Canada? Why would we have served in the armed services of Canada had it not been for our loyalty to Canada? How many Canadians would have volunteered for the armed forces while their families were incarcerated in concentration camps? Let's be fair about this.[314]

In 1990 he became a Member of the Order of Canada for his forty years of devotion as a human rights activist and his work in rebuilding a shattered Japanese Canadian community.

Just as the fear and prejudice in the United States and in Canada in the 1940s had reinforced one another, a heightened sense of individual rights and public guilt on both sides of the border strengthened the roads to redress in the 1970s and 1980s. Paving the way was historian and lawyer Ann Gomer Sunahara, whose book *The Politics of Racism* re-examined government documents after the thirty-year ban on them was lifted in the 1970s. Sunahara found irrefutable proof that the evacuation had been politically motivated and that there had been no risk to "national security." Armed with this evidence and buoyed by progress in the United States, the movement in Canada gained momentum. In 1980 the US Congress established the Commission on Wartime Relocation and Internment of Civilians (CWRIC) to assess the uprooting and incarceration of Japanese Americans. By the summer of 1982, the major Japanese Canadian organizations and the NAJC were talking publicly about redress. Its leaders had attended some of the hearings held in the United States by the CWRIC and Gordon Kadota, president at the time, said that the settlements they were talking about would be good for Japanese Canadians, too.

In spring 1984 Art Miki, school principal and community leader in Winnipeg, was elected president and the NAJC officially resolved to seek redress and a review of the War Measures Act. An all-party government report on visible minorities, *Equality Now*, formally recommended the acknowledgment of the mistreatments, negotiations to redress the wrongs and a review of the War Measures Act to prevent a recurrence of such acts. Liberal prime minister Pierre Trudeau's reaction was that it was "more important to be just in our time" and he was unwilling to compensate for past injustices. Opposition leader Brian Mulroney's Progressive Conservative Party stated that "if there was a Conservative government I can assure you that we would be compensating Japanese Canadians."[315]

After the Progressive Conservatives swept the country in the 1984 election and Mulroney became prime minister, negotiations with successive Tory ministers for multiculturalism were held, but the gap between the offers by government and the demands of most Japanese Canadians was too wide. At this point the NAJC commissioned the Price Waterhouse report for an authoritative estimate of the socio-economic losses suffered by Japanese Canadians after December 1941. The firm concluded in 1986 that the loss was not less than $443 million in 1986 dollars and that there were significant areas of economic loss such as those through disruption of education that could not be quantified.

In the late 1980s the redress movement benefited greatly from increasing public support. A broad-based group of prominent individuals, civil rights leaders, ethnic organizations, and church and labour groups coalesced as the National Coalition for Japanese Canadian Redress and became a strong, unifying voice calling for a negotiated settlement. Events in the United States also helped. By the time the fourth minister of state for multiculturalism, Gerry Weiner, was appointed in June 1988, it was an election year in both the United States and Canada and Japanese Americans had achieved redress.

"Justice in our time" was achieved for Japanese Canadians in August 1988 when an agreement was negotiated between Art Miki, president of the NAJC, and Gerry Weiner, minister of state for multiculturalism. The settlements in the United States and Canada were similar. Each provided for a formal apology and a cash payment to individuals of $20,000 in the United States and $21,000 in Canada. Both countries had funding for a public body to investigate, report on and improve race relations. In Canada there was $12 million to promote the educational, social and cultural well-being of Japanese Canadian communities, to be administered by the NAJC, and $24 million to create a Canadian Race Relations Foundation for the elimination of racism in commemoration of Japanese Canadians who suffered injustices during and after World War II. Citizenship was restored to those who had been expelled from Canada or had their citizenship revoked, and their names were cleared of any convictions under the War Measures Act. When the Japanese Canadian Redress Secretariat closed in December 1994, payments had been made to 17,948 eligible applicants and 586 had been rejected.[316] Approximately 1,813 were from outside Canada.

The road to redress was fraught with emotional tension and discord within the Japanese Canadian communities. The majority of individuals and Japanese Canadian organizations did not become actively involved in the redress movement. There were also others who were vehemently opposed. Many wanted to put the past behind them and forget and "let it go." Within the redress movement itself there was disagreement on the forms of compensation. Some wanted an apology only, others were in favour of community compensation, but more of those who were directly affected by the injustices were in favour of some element of individual compensation. The preference was expressed in a national survey conducted by the NAJC in 1986, and

A long-ago wrong is still a wrong

2A, THURSDAY, APRIL 21, 1988, THE TIMES, NANAIMO.

Elaine Briere has a personal reason for supporting the Japanese-Canadian claims for redress for their evacuation from the coast and confiscation of their property.

Her father, Harry Briere, acquired one of the confiscated fishing boats in the early 1940s. He renamed the 30-foot gillnetter, calling it *Poromer*, and fished it out of Prince Rupert.

"He got it for next to nothing," she says. He fished it successfully, and eventually moved into larger boats.

"He became quite well-to-do, but the funny part was all the material things didn't make a happy home-life," she says.

"He was never a happy person, and I think it had a lot to do with this boat."

Briere, a Ladysmith photojournalist, supports the redress movement launched by the National Association of Japanese-Canadians. And she wants to apologize for the injustice.

As a young adult, she learned the origin of the *Poromer* and asked her father for details. "He wouldn't give us any," she says. "Instead he made derogatory comments about the Japanese."

But she says racist attitudes were common during those times. "It was quite typical. It just goes to show you people who are good citizens in their own community can be irresponsible toward other races.

"Since then, I've felt ashamed — ashamed my own father would do that."

She feels strongly that the injustices of the war years must be acknowledged and redressed.

"It is important that ethics and fairness become a part of Canadian life," says Briere. "Not just saying it, but doing it.

"This is a good place to start."

ELAINE BRIERE . . . a personal apology

Elaine Briere's father purchased a confiscated vessel in the early 1940s but Briere always felt ashamed of her father's derogatory attitude towards Japanese Canadians and supported the redress movement from its inception. Nanaimo Daily Free Press, *1988*

Above: Tom Oikawa's first boat *Lucky Strike*.
Courtesy Tom Oikawa

Top right: Takemi Miyazaki hauling in a profitable shrimp catch.
Takemi Miyazaki photo

thus, the redress movement awakened a silent community to find its many voices.

Yoshiharu Shinde died on June 29, 1986, two years before the redress agreement was signed. He had been born in Steveston and educated in Japan. Like others of his era, he had lost his boat in 1941 and it was subsequently sold, as were all his possessions, by the Custodian of Enemy Alien Property. He spent his early internment years separated from his wife and children who were relocated to Greenwood while he was in road camps. In 1950 he returned to the coast, re-entered fishing on the Skeena and rebuilt his life in Steveston. In an interview the year before his death, he said, "I do not want the young people to press too hard on the money issue. The people who suffered are gone and the perpetrators of the injustices are also gone. If Canadians recognized that wrongs were committed and apologized, I am satisfied. Young people do not know what happened."[317]

Takemi Miyazaki was eleven years old when he was relocated to Minto with his family in 1942 and eighteen when he returned to the coast and started fishing. He remembers vividly the loss, pain and suffering experienced by his parents. His father had died in 1977 but his mother was still living, and hopefully she would be able to hear an apology for the wartime injustices. He became actively involved in the redress movement after hearing a member from the Vancouver Redress Committee speak at a meeting in Steveston. The tension in the room was typical of that in meetings right across Canada. Internees had to cope with the strong emotions that surfaced, emotions dormant for so many decades. Some said, "Things are going smoothly now, why bring up the past and cause trouble?"

Others were worried about backlash. Still others argued that the "evacuation was legal under the War Measures Act" and that it was "a blessing in disguise." Miyazaki strongly believed that the government of Canada should apologize and redress the wrongs committed during and after the war, and he and Tom Hirose, both *Nisei,* became activists in Richmond.

In Toronto displaced fisherman Harry Yonekura was "a spark plug" and as a result several other former fishermen became involved with him in the quest for redress. Paul Kariya surmises that perhaps it was easier for displaced fishermen living in Toronto with both geographical and emotional distance between themselves and British Columbia to feel they could be actively involved. British Columbia remained a symbol of racism that needed to be addressed and redressed for those who had made a new start elsewhere. It may have been much more difficult for current fishermen in Vancouver and Steveston who still had to apply for their licences annually from the Department of Fisheries. British Columbia was their home and their destinies were tied to re-establishing themselves, in part by forgetting the wrongs that where committed against them in the past. It was a sacrifice many were willing to make.

Tom Oikawa, a career fisherman for forty years, gave another explanation. He organized a salmon barbeque at the Powell Street Festival to raise funds for the redress movement and commented, "Most of my fishermen friends who donated salmon or sold it at a discount were not supportive of redress. They had received very little assistance from any of the Japanese Canadian organizations at the time of the evacuation and that feeling of bitterness still remained. Nevertheless, they were overwhelmingly generous when asked to support redress in spite of their seeds of doubt." Tom Oikawa saw redress achieved before he passed away in 1996 at age eighty.

It would not be an exaggeration to say that most *Sansei* did not learn about the internment from their parents, the *Nisei,* who were consumed with rebuilding their shattered lives after the war. Dan Nomura, a *Sansei* born in 1953, was told nothing about the wartime injustices.

> I remember my father clearly saying "*Shioganai*." It can't be helped. I don't think any members of my family were involved in the redress movement . . . My family was pretty low key when it came to getting involved . . . probably the same as most Steveston folks. I don't recall much discussion and information about the internment when I was growing up . . . It was as if most people in Steveston wanted to just erase this part of their history and get on with their lives . . . I remember bits and pieces of stories about their lives in the camps during internment during my early childhood from Mom, Dad, aunts, uncles and grandparents . . . but didn't really get a full grasp of what the Nikkei went through until I was in my early teens.

Richard Nomura was a post-internment baby who heard about the family's ordeal from his brother Hiro. He told Richard about how their parents worked on a farm, the difficulty of obtaining quality education, and how one sister died from poor medical care. Their parents wanted to put the past behind them, forget it and not be bitter about this whole episode in their lives. His sister "didn't care about the money. It's the apology that was important." Ken Takahashi was born during the internment years and his first encounter was at age eight when his family returned from Winnipeg to the coast and his parents mentioned that "Dad used to own property in Sunbury, and his father-in-law did also."

Paul Kariya, also a *Sansei* born in the 1950s, says:

> I knew nothing about relocation et cetera until I was about twelve. My parents only spoke "quietly" about it in front of the kids. Dad spoke about Angler days—but we never really knew why he was there. My parents also spoke of Greenwood and Toronto but we never really critically asked why they were there. The magnitude of it only hit me when I was about twelve—when my father chose to openly share what had happened to him. He pointed out a boat that he had built at Kishi's that was taken from him. This happened on a dock when we tied up one day—I think it was in Hot Springs Cove. I did not believe the story and he challenged me to look at the name—*Marine K.* He told me much that summer, on the boat he had bought after being permitted to return to the coast, about what went on. But he also spoke of fears of discrimination et cetera if all that stuff surfaced again.
>
> While at university in the mid-1970s, I attended a few JCCA and various other community meetings. My father asked me why I was getting involved in community affairs—he saw nothing good coming out of activists and intellectuals going over stuff that they never really went through or understood.
>
> In the early/mid-1980s I attended some early redress meetings and NAJC organizing meetings in Vancouver. This was when the Japanese Canadian Citizens' Association (JCCA) was resisting the political ambitions of the National Association of Japanese Canadians' (NAJC) redress agenda. My father asked me to stop—his friend who was the father of some JCCA people was hurt for his kids. My father said that we should let bygones be bygones, that it's old stuff, old wounds that if reopened could hurt many people. Nothing good can come of this . . .
>
> I moved to Ottawa in 1985. I connected with a group there, became Ontario Japanese Canadian Association vice-president and NAJC representative from 1986 onward. I kept my father apprised. He was curious (not quite supportive but he did not forbid it anymore). I attribute his more open stance to the fact that I was not operating out of Vancouver where he could be embarrassed if it went badly. Or hurt if there was a backlash or failure (he was still fearful of the government and what it could or might do).
>
> On September 20 or 21, 1988, I called him after I received a call from the Prime Minister's office that I should be in the gallery of the House with the NAJC negotiating team for a public announcement. I told him of what I anticipated—good news. He said thanks and seemed pleased. On September 22 I called him again and he said he had seen and heard and said he felt good and right about the announcement, the apology and symbolic redress.

From 1991 to 1994 Kariya served on the Redress Advisory Committee (RAC), which existed to make recommendations to the minister of state for multiculturalism on the difficult applications, the files that the government's Redress Secretariat felt did not meet the negotiated eligibility criteria. There were two government representatives and two from the NAJC.

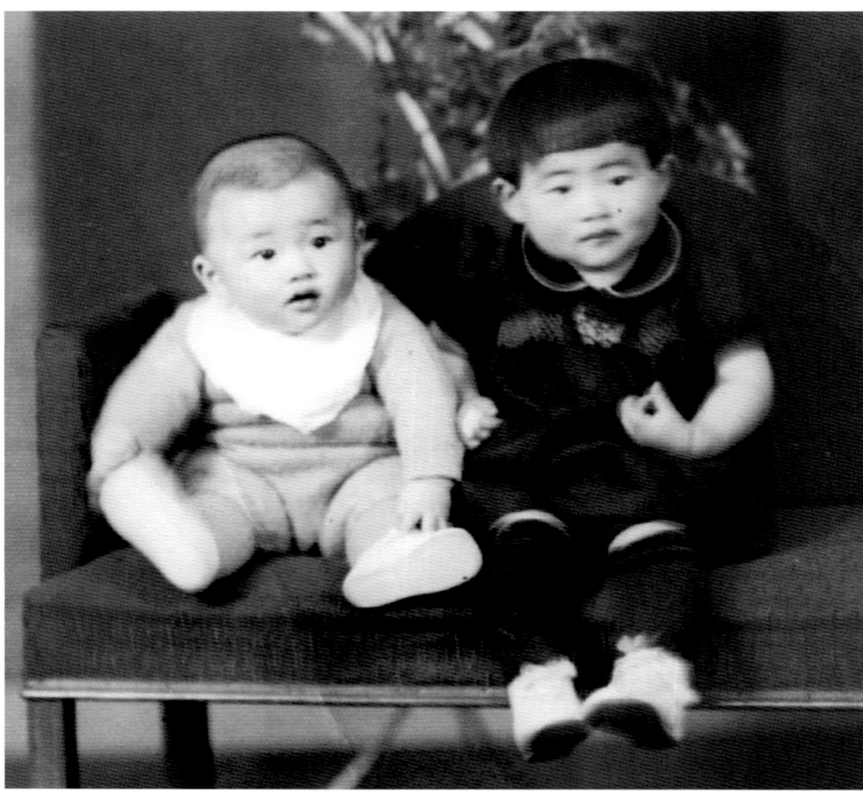

Yoshiharu Shinde carried this photo of his children, Masako and Osamu, with him to road camp. His wife and children were interned in Greenwood, BC.
Courtesy Shinde family

Originally the NAJC representatives were Ann Sunahara and Roy Miki. "I replaced Ann when she stepped down."[318]

Masako Fukawa recalls the snippets of conversations and comments but no explanations during her years in Greenwood.

> I heard my grandfather mutter, "The government took my boat" under his breath as he watered the vegetables in his garden. There were comments such as "Dad was a fisherman" and "We were Buddhist," which left me wondering, "Where does he go fishing? There's no water." And "We go to a Catholic school and are reprimanded if we don't attend mass on Sunday." It was not until I was at UBC searching for material on Japanese Canadian history did I come across a *MacLean's* magazine article by Pierre Burton titled, "They're Only Japs." He decried the injustices committed during World War II against the Japanese. I went home and confronted my parents. Why didn't you tell me? My parents responded, "We didn't want the children growing up bitter over something that couldn't be helped—*shikataga nakatta*." Why didn't you do something? My father said, "I went to demonstrate in front of Austin Taylor's house and tried to go fishing saying 'I'm Canadian' but got shot at." My mother interjected, "We had you and your younger brother to think of. What good will your father be if he were sent to prison?" At that she got up, went to another room and brought back a photograph. "Here's a photo of you and your brother taken just before your father was sent to the road camp. We didn't know if he would ever see you again." He carried the photo with him until we returned to the coast.
>
> Ann Sunahara's book, *The Politics of Racism*, convinced us that there was a miscarriage of justice and so when the CBC program *Front Page Challenge* with Pierre Burton came for a taping on Vancouver Island with Art Miki, president of the NAJC, as one of the guests, we were ready to become actively involved in the redress movement. Stan, my husband, was president of the Nanaimo Japanese Canadian Society, called the "7 Potatoes Society" (*Nana* means seven and *imo* means potato). The membership wanted it to remain a socio-cultural society and did not want to take on political activities. Similar sentiments were expressed by Nikkei in Victoria. A new society, the Vancouver Island Japanese Canadian Society, was constituted. Stan wrote the constitution and I served on the executive and in that capacity represented Vancouver Island on the NAJC National Council.
>
> My parents were quite concerned. They never questioned my judgment but quietly made statements out of earshot of others, almost in a whisper as though speaking aloud would bring down some wrath of god. "You are involved in the redress movement," and "So-and-so said you brought a bus load of people from the Island to the meeting in Vancouver," and "You are going to the rally in Ottawa and Ellen is going, too." (Our daughter was a student at UBC.) They were keeping tabs on us but there was never an outright "don't get involved," just gentle reminders that "the nail that sticks out gets its head struck" and "what will the neighbours think?" Regrettably my father never saw the achievement of redress, but fortunately my mother did. Her way of quietly saying, "Thank you," was to support Art Miki's campaign when he ran for the federal election as a Liberal candidate. She was pleased when he became a Member of the Order of Canada.

REBUILDING THE COMMUNITY

For the revitalization of communities, the development of community facilities was essential, especially for seniors and the elderly but also for the young to learn about their culture and identity. The buildings that had housed the educational, religious, social and sports activities of the pre-war Japanese communities no longer existed, having been sold, destroyed or taken over. Ghostly spirits now walk the wooden boardwalks at NP Cannery in Prince Rupert where Shikatani House and Miki House are being preserved. Shards of ceramic rice bowls and a few posts are the only reminders that herring salteries established by the Japanese on the is-

A 1964 kendo tournament. Many kendo and judo instructors and students were fishermen.
Courtesy Shinde family

lands around Departure Bay in Nanaimo once made it the "Herring Capital of the World." On Shack Island in Hammond Bay a cluster of shacks built by Nikkei fishermen as shelters when they were jigging for cod or stopping over for a night on their way north are now used by squatters as summer cottages. Wooden fishing boats at the Museum of Civilization in Ottawa and in Campbell River remain examples of Japanese skills as fishermen/carpenters.

Meanwhile, in Steveston and along the Fraser the memories of the epic struggles in British Columbia's fishing industry have all but faded. Little remains of the gritty reality of the past and the Nikkei fishermen themselves are loath to bring it up to the majority who have openly recognized their past errors. The working canneries are all gone and with them, the disagreeable "smell of money" that the residents reluctantly endured in the heyday of West Coast salmon. Steveston, once an industrial town, has become a tourist destination with tour buses bringing visitors from around the world. Luxury condominiums have replaced canneries and workers' shacks.

As early as 1954 the Japanese Canadian community in Steveston had begun discussions on the need for a community centre, and when they approached the manager of BC Packers, Ken Fraser, for land on which to build it, he generously agreed to donate a piece of property. At about the same time Ken Rolston of the Steveston Community Society approached the judo and kendo clubs to work together. Co-operation on a Steveston Community Centre project laid the foundation for future projects that would benefit the whole community. At that time the Steveston Japanese Benevolent Society possessed a bank account containing $15,000, which according to Lanky Mizuguchi, who was first vice-president of the Steveston Building Society in 1955, was composed of monies received for the sale of the Japanese Hospital, the *Gyosha Dantai* offices and the Japanese Language School. The society's treasurer, Genji Otsu, closed the account and transferred the $15,000 to the Steveston Community Society's

Left to right: Isao Kuramoto, Art Nishi, Jim Kojima, and Frank Sakai holding an award for achieving his eighth degree black belt at the Steveston Judo Club.
Courtesy Frank Sakai family

Money from the redress funds paid for the creation of the Steveston Japanese Canadian Cultural Centre which opened in 1992. Here, the building committee awaits the signal to start turning sod. From left: Mitts Sakai, Bud Sakamoto, Kelvin Higo, Tak Miyazaki, Toshio Murao, Jim Kojima, Roy Matsuyama.
Courtesy Toshi Murao

building fund. The Japanese Canadian community requested only that there be a dedicated judo room and another for kendo. To raise the balance needed for the new community centre, a special tax was levied on properties bounded by Gilbert and Francis roads to the Fraser River. The building was completed in 1987.

In 1971 the Steveston Community Society and the judo and kendo clubs came together once again and were successful in acquiring funds from the City of Richmond and grants from both the BC government's Centennial Fund and the federal government for a building dedicated to the martial arts. The beautiful Martial Arts Centre was designed by Arnulf Petzold, a German architect who had spent his youth in Japan. When it opened in March 1972, it became the first dojo of its kind to be constructed outside of Japan.

The redress package negotiated with the federal government in 1988 contained funds for the revitalization of Japanese Canadian communities across Canada. An application for funds was supported by the Steveston Community Society, the Judo Club, the Kendo Club, the Buddhist Church, the United Church, the Japanese Language School and the local Redress Committee. The site chosen for a Japanese Canadian cultural/drop-in centre was Steveston Park alongside the existing Martial Arts Centre and the Steveston Community Centre. The Steveston Japanese Canadian Cultural Centre, opened in September 1992, is operated and maintained by the City of Richmond. Housed at the centre is the Japanese Language School. Activities offered include *karaoke*, gateball, *bonsai*, *haiku*, *shigin* (poetry recitation) and several clubs for seniors.

Other fishermen-initiated and fishing-related projects that received financial support from the JCRF include the Nikkei Fishermen's Reunion Dinner held in 2001 and the hockey program that enables Nikkei youngsters to travel to Japan and play hockey as a means of learning about their cultural heritage. The Museum of Civilization received funds to transport the gillnetter *Nishga Girl* from Prince Rupert to Ottawa and install it as part of the West Coast Communities Exhibit. The boat was built by Judo Tasaka and his sons Don and Bruce in 1967 in Port Edward and was owned, operated and donated by Chief Harry Nyce and his family.

If the achievement of redress can be viewed as political rehabilitation, a restoration of good faith, one wonders how it has affected the ballot box. Like many *Nisei* of his era, Yoshiharu Shinde had voted for the CCF, the predecessor of the New Democratic Party, ever since Japanese Canadians were granted the fran-

L.B. Pearson at the opening of the Japanese Canadian Cultural Centre in Toronto called the internment a "black mark" in Canadian history.
J. Hemmy photo, courtesy Toronto Japanese Cultural Centre

chise in 1949 in recognition of the decades of support they received from the party. They appreciated Angus MacInnes who came to their defence when they were the targets of racist politicians, especially during election campaigns and also in the House of Commons. They were also grateful to Grace, his wife, for her humanitarian assistance during the internment years. In 1964 when the then Liberal prime minister, Lester B. Pearson, called the internment "a black mark" on traditional British justice in a speech at the opening of the Toronto cultural centre, Shinde was delighted because a Liberal and the head of the Canadian government, the prime minister himself, was making such an acknowledgement. How he would have reacted and cast his ballot had he been able to witness a Progressive Conservative leader, Prime Minister Brian Mulroney, apologize on behalf of the whole country and make a symbolic monetary compensation for the injustices he suffered will forever remain unknown. He did not live to see redress achieved.

11

The Next Generation of Fishermen

THE *NISEI* FISHERMEN RETIRE

Beginning in the 1970s the men who had returned to fishing after the war began retiring, and by the 1990s almost all had left the industry. Many of them had fished for over half a century. Bungoro Goto fished for fifty-two years and retired in 1987 at the age of seventy-nine.

Tomizo Sakata fished for fifty-eight years and only "death stopped him from fishing," in 2002.[319] Takeo Kariya fished for over forty years, retired in 1981 and passed away in 2004, but Paul Kariya had lost his beloved father to Alzheimer's many years before. "The curse of Alzheimer's has dropped a constant fog around what were a first class mind, a lively sense of humour and a very good man. The skills of navigation and seamanship are no longer evident. What remains in the 84-year-old body of a once intensely proud man is a shuffling gait, a blank look and, at times, outbursts of anger." The roles were now reversed. Paul left his father in the hospital with the same message he received when as a nine-year-old he was left in a TB hospital: "Keep up your spirit, be strong like a Kariya, and do not cry." He paid tribute to his father: "Dad, I remember, I always will remember even if you can't any more. The stories and lessons go on—you taught me that much and I promise you I will teach my sons."[320]

Takemi Miyazaki with his grandchildren Kevin (L) and Brandon.
Courtesy Takemi Miyazaki

Toshio Murao retired in 1990 and considers himself fortunate that he was able to fish during the golden age of salmon fishing from the mid-1960s to the 1980s. There was improvement in gear and equipment and advances in technology that made fishing less strenuous and less dangerous. From the mid-1980s to the mid-1990s the major buyers of the boats and licences were Vietnamese fishermen who had immigrated to Alberta and were now moving to British Columbia in pursuit of fishing. Nikkei fishermen showed them how to use gear and introduced them to fishing in the coastal waters of British Columbia. Some maintained their connection with fishermen like Hideo Kokubo who taught them. Toshio Murao saw them delivering fish to Nikkei homes.

THE NEW GENERATION

For the younger Nikkei generation, with the granting of the franchise to Japanese Canadians the last barrier to other occupations was removed, and fishing for a living became just one of many career choices. For some members of fishing families, it was "in their blood" and becoming commercial fishermen was a natural progression. Some "fell into" it. For others, there was vehement opposition from parents when their sons expressed an interest in choosing it as a means of making a living. Tak Miyazaki, a *Nisei,* remembers growing up in Steveston before the war "where fishing was part of our lives." He was eighteen years old when the ban on fishing was lifted.

> At eleven and twelve years of age I worked in the fish camp unloading fish sometimes all night for 10 or 25 cents for the night—if you were lucky. Most of us kids went fishing in a skiff after school and during summer holidays, so fishing wasn't completely new to me when I got my first boat in 1950. I started commercial fishing in 1949 as a deckhand for my dad. The following year he built a new 33-foot gillnet boat, the *River Queen,* at Stoltz Boat Works in Steveston, and I bought a smaller old boat with no knowledge of what I was getting into. Well, the first year was tough . . . In those early years there was no navigation equipment in a small fish boat except for a magnetic compass that we hardly knew how to read properly. I often wonder how I did it. In 1956 I built a new 35-foot gillnetter, the *River Queen II*, again at Stoltz Boat Works, with help from my dad. The bigger boat was so that I could get into other fisheries after the salmon season, longlining for halibut and for dogfish for the livers. I also fished for shrimp, mainly on the west coast of Vancouver Island, from 1959 to my retirement in 1994. My third and last boat *Debbie-Pat*, named after my two daughters, was built in 1963 and on my retirement my son Gary took over its operation.

he Bearer, whose photograph and specimen of signature ppear hereon, has been duly registered in compliance with he provisions of Order-in-Council P. C. 117.

Vancouver

(Date) September 19, 1944.

CANADIAN-BORN

ssuing fficer

R.C.M.P.

Canadian-born Terry Sakai's Registration Card. Until 1949, all Japanese Canadians were required to register with the RCMP at the age of sixteen and carry their cards at all times.
Courtesy Terry Sakai

Terry Sakai, also a *Nisei,* recounts his first experience in fishing.

> When the Japanese were allowed to return to the West Coast in April 1949, I was only nineteen, just out of Lillooet High School, working at the Hope Sawmill operated by Mr. Kamimura. I got a call from my father, who had come out to Vancouver with a permit in February, asking me to help him with fishing—which I didn't know anything about.
>
> Father had already bought a cod boat, ready to go fishing, [when] Nelson Bros . . . offered him five rental boats so that he could recruit four other fishermen . . . They decided to go up north to Skeena River, his old stomping ground . . . so he decided to give me a crash course on how and where to fish. Leaving Vancouver Harbour, heading toward Nanaimo, we ran into engine trouble after about three hours running and we drifted sideways for approximately fourteen hours in a westerly gale, rocking sideways with no stabilizers . . . [and] drifting southward toward the American border. Father asked me to tow the troubled boat with our small skiff that we had on board. Being the first time on a boat, I was so seasick I had already thrown up everything and had nothing left to chuck up. I towed the boat towards Active Pass only to beach it up on the rocks due to strong tide and wind. What a way to start fishing that summer of 1949, all alone, a real beginner.
>
> There was hostility and discrimination against Japanese fishermen and so it was only when you were fishing in a group did you feel safe and secure. When I first went rock cod fishing alone to the Nanaimo area—I was the first Japanese—in June that year, there was an incident that I still remember even after my retirement. After anchoring my boat near an island, I began fishing with my skiff, putting out line and hooks,

longlining, along the kelp line when I heard many gun shots coming toward my skiff from the nearby shore. I couldn't tell exactly where the shots were coming from since the area was bushy with dense forest. Seeing those bullets skipping near my skiff was a close call that I will never forget for the rest of my life. After these two incidents I thought I would never become a bona fide fisherman, but somehow I managed to survive another forty-eight years. I got 10 cents a pound for rock cod in 1949 and today it is $5 to $7 per pound. How times have changed.

In July 1950 Kiyoo Goto, a twenty-one-year-old *Sansei*, left Winnipeg and returned to Sunbury in New Westminster, his home before the "evacuation." In 1906, nearly half a century earlier, his grandfather, Bunji, aged twenty-four, had boarded the *Suian Maru* to cross the Pacific from Miyagi-ken to seek a better life in Canada. On arrival, he was contracted to work on the railroad and later in logging camps and on farms where he raised enough money to have his wife join him in Canada. His eldest son, Bungoro, Kiyoo's father, born in Sunbury and sent to Japan to be educated, was reunited with his parents in 1925–26. They fished for the Glenrose Cannery on the upper Fraser. Kiyoo's grandfather retired to Japan in 1938, and Kiyoo and his parents were relocated to Manitoba in 1942. On their return to the coast in 1950, Kiyoo started as a deckhand for his father but the job only lasted two weeks.

He couldn't get rid of me fast enough . . . I bought my first boat from Masakatsu Hori. It was a Columbia River boat with an Easthope engine that was so noisy I couldn't sleep, and after I finally fell asleep had to wake up every two hours to bail out the water. It shook so badly that the lantern fell off the cabin and broke and I had to get a new one every week. The following year Nelson Brothers provided me with a new boat and gear, which took five years to pay off. The company was willing to finance me because my dad had worked for them before the war and, since he had a good record, I got recruited by them. They gave him a brand new boat, net, gear, everything.

In the 1960s the fishing days were being shortened from five days to three days, and now there are no days. I went to train as a chicken sexer and had two jobs: early spring I went sexing chicks and in the summer from June on I went salmon fishing. Since gillnetting days were being cut, I tried trolling on the west coast but didn't like having to dress the fish. I had the *Westerly* built in 1958 by the Tsumura brothers at Deltaga Boatworks with thoughts of going seining. It was a pocket seine boat. Ko Sato and I started together. He continued in seining but I preferred gillnetting. I fished in Juan de Fuca [Strait], the blue-line boundary between the US and Canada border for ten years while waiting for the season to open on the Fraser. I also tried trolling in the Queen Charlottes. The Mifflin Plan in the 1990s limited fishermen to one gear and one area and it made trying to make a living extremely difficult. When BC Packers got rid of all their rental boats, a lot of Nikkei fishermen just got out of fishing.

Kiyoo says calmly, "When I first applied for my fishing licence, I was identified as 'Jap' because the clerk didn't feel like writing "Japanese Canadian." Even though fifty-plus years have passed, he still feels the sting of this insult. At age seventy-nine, Kiyoo hopes to take the *Seiren* out for one more season. "My father fished until he was seventy-nine. I'm going to go until eighty—one year more than he did and break the record!"[321]

Nikkei fishermen endured incidents of ramming at night, their nets being cut, and being shot at. "At Campbell River, the guy still has a bullet in his head." And there was "corking" where "white guys put down the nets in front of Japanese fishermen to intercept the fish. Now you just don't do that. That's an unwritten law."[322]

Upriver in the Sunbury area the gillnet fishermen had discovered the best paths for fishing with the drift and these became the standard "drifts" for everyone. The *Dzunban* Drift ("*dzunban*" being the Miyagi-ken dialect for "*junban*" meaning "an orderly taking of turns") was fished mainly by Miyagi-ken fishermen. The path started at a shallow spot on the south shore of lower Annacis Island and went past Don and Lion islands. The system required each fisherman to show up at the drift to find out who was ahead of him in the rotation. Once he secured his place in line, he could even go home to eat, take a nap, or run an errand and return in time to claim his turn. He did not have to worry about jostling with competitors as elsewhere, and the system worked well as long as everyone honoured it.

In the other areas of the Annacis–Sunbury–Deas Island section of the river—known by Nikkei fishermen as *Kusappara* (grassy plain or meadow) in the Tilbury Marsh area and as the *Totan Kyanari* (tin-roof Cannery) where the river flowed by the Deas Island Cannery—the same rules did not apply, and fishermen had to wait in line and be ready to move or lose their place. In the wide part of the river called the *Wando* ("almost as wide as a bay") and also known by the locals as the "Cottonwood Drift," there was no need to wait one's turn because the river is so wide there that three boats could drift side by side at one time.

Informally or by policy, different groups staked their own territory on the Fraser; sometimes it was a matter of property rights (fishing above the Patullo Bridge was limited to those who owned property along the shore) and sometimes it was ethnicity. The Finn Slough area was mostly Finnish fishermen. The upriver Nikkei fishermen were mostly from Miyagi-ken, and downriver near the mouth in Steveston were the Wakayama-ken fishermen, the majority of whom were from Mio village. Since many of the upriver fishermen also owned farms, the fishermen in Steveston called them "*donbyakusho*" (a pejorative word meaning "dumb farmers") or "Oikawa-san," a connection to Jinzaburo Oikawa's colony on Don Island. Although said in jest, it was a sarcastic remark nonetheless, a carry-over from the rivalry between prefectures and occupations. "They each had their own turf and there were always fights."[323] As river conditions varied, the boats were built to accommodate the difference. Upriver the water was calmer and boats had flat sterns or transoms whereas downriver boats were double-ended to better fight the wind and storms.

Akira Horii was boarding on Dunbar Street while attending UBC when his father and Shigekazu Matsunaga visited him at Christmas break in 1949.

> Leaving their families in East Lillooet, they had come to Vancouver, itching to get back to fishing. They took the overnight CPR ferry to Victoria to look for a boat. Mr. Matsunaga found an old cod boat in Sydney and headed back to Campbell River. My dad spotted one in Ladysmith, the *Ballerina*, a 36-foot cod boat. He took his boat to Lund on the north side of Powell River where he set up his base camp. His old Finnish friends at "Finn Bay" welcomed him back. A German couple looked after his net and gear until he was able to start back to fish in February 1950.
>
> I finished my first year at UBC in April and went fishing with Dad on the *Ballerina* . . . From May to mid-June we fished for ling cod and then Dad took the *Ballerina* to Jorgenson's machine shop in Lund and had them take the back cabin off and replace it with a gillnet drum. He plugged the holes, pumped the water out, and installed a two-cylinder, 15-hp Easthope engine with a crank flywheel. We went up to the Skeena and gillnetted for BC Packer's Sunnyside Cannery. Mr. Tomizo Sakata and Mr. Matsunaga stayed with ling cod.
>
> When Dad went ling cod fishing, he used landmarks. This was before the echo sounder. He knew all the reefs in Pender Harbour, Malaspina Strait, Texada, Powell River and Lund. *Furuse* (old reef), Grant's reef and Church reef had perfect spots for ling cod. He looked for sea birds, tossed a lead line and took sightings. Finding a cod reef is like money in the bank so everything was "hush-hush." Cod fishermen used their binoculars to keep a sharp lookout and, when they spotted [another] boat, would move away from their fishing hole to keep it a secret.
>
> Being the oldest of seven brothers, I had a duty to help the family so I took two years off my studies to help my dad. My mind wasn't on fishing because he would chastise me, "You're not paying attention to the water." Calm days were okay but foggy or stormy days were dangerous. Ling cod fishing was a tough life. It took us nine hours of travelling in the night to reach just outside Stanley Park where we gutted the fish—this took several hours—and took the freshly killed ling cod to unload at the Western Fish Co. on Campbell Avenue at five a.m. We got 8 cents per pound. The liver was sold separately. I went ling cod fishing in 1950, 1951 and 1952 and then resumed my studies—to my dad's disappointment. My younger brothers, Charlie, John and Bill all became commercial fishermen.
>
> During my undergraduate years, I fished for ling cod with my father until the salmon season opened. In 1955 I graduated with my BA and, without telling him, applied to med school and was accepted. During five summers while at med school, I followed the same routine. In mid-April I flew to Prince Rupert and worked in the halibut cold storage for BC Packers. In the third week in June I rented a gillnetter and fished from six p.m. Sunday to six p.m. Friday. On the two days back at camp I racked the net, bathed and got some sleep. Before I knew it, Dad would be banging on the pipe telling me to "Get up!" On Saturday night the net went into the bluestone and on Sunday morning it was put on the drum. Next stop was the cannery store for a five-day supply of food using company coupons, then with a full gas tank we went out to sea again. From mid-August all full-time fishermen changed to their dog salmon nets but I kept my sockeye net and caught pinks.

Horii became a family physician in 1960. Being bilingual, he had many *Issei* patients who appreciated his understanding of their customs and his empathy with their fears and anxieties. He also taught medical students in the Department of Family Practice in the Faculty of Medicine at UBC for over twenty-five years and retired in 1997. He remains connected to his former patients by serving as a locum for his son Alan who has followed in his footsteps in family practice. He is an active volunteer as a governor of the Vancouver Aquarium and attributes his interest in marine life to his zoology background and his commercial fishing experience.[324]

Unlike the fishermen who came from fishing families, Teo Okabe's family was in farming, and he became a fisherman at age twenty-nine not by design but by happenstance. While visiting in Steveston, he was asked to take an old clunker—one of a fleet of six boats—to the North Pacific Cannery on the Skeena. The boat was about 28 feet long with a one-cylinder, 3-hp Vivian motor, and the best it could do was "putt-putt-putt." The fleet had to go through the Yaculta Rapids where the tide is very fast. Teo had never been on a boat before and the leader didn't know much about tides, and as Teo was following the shoreline, he thought it odd that he was going backward. Suddenly the fleet turned around and headed back to the bottom of the rapids where they were greeted with gales of laughter from the old-timers who were sitting it out.

They had learned their lesson; they waited until the old-timers started their engines to leave and followed right behind. When the six boats reached the dock at the North Pacific Cannery, a welcoming party greeted them with more hollering—they knew these skippers were all green. The following year Teo ordered a new boat from Wahl's Boatyard and named it *O'Cabby*; he says people thought he was a taxi driver! Years later he and his son, Allan, became the owners of Wahl's Prince Rupert Boat Works and renamed it the Okabe Shipyards.

Thomas Taro Hirose was twenty-eight years old in 1951 when he returned to the coast. Until the internment, he had worked on his parents' farm in Steveston and assisted his father who was a shoemaker. He had also spent the spring of 1941 at a whaling station in Naden Harbour as "a tank man, dipping whale oil tanks. You had to watch yourself to make sure you didn't fall in. You could boil yourself. The dangerous work was offset by the food. The cooks were at it 100 percent. Good cooks, too. We ate trout, salmon, deer and a lot of crab. We never went hungry." He spent the internment years in Taber, Alberta, as a "cheap labourer" on sugar beet farms and later as a delivery truck driver. On return to the coast he started as a deckhand to learn the ropes from his experienced brother-in-law, George Hayashi, on his boat, the *Northern Pilot*.

Hirose began fishing on his own in the summer of 1952 in a leaky wooden boat and during the off-season worked on the green chain of a North Vancouver lumber mill. In 1956 he wanted a bigger boat but was turned down by Frank and Don Millerd.

> [I had] no debt or anything . . . yet they turned me down. There was no use staying there so I returned to Steveston. I had a family to look after. I contacted Doug Haig, the production manager of BC Packers. After reviewing my fishing tally book, he helped me secure a newer, wooden, 35-foot, gas-powered boat and a cannery house. In 1958 the house burned down, and I approached BC Packers for help to purchase a house. I was turned down because they said, "If we start buying a house for you, a hundred fishermen will want the same."

The Millerd brothers heard of Hirose's plight and promised to buy him a house if he returned and fished for them. "They knew they had made a mistake in letting me go. I was lucky. I accepted their deal."

In 1966 Hirose approached the Millerds again.

> I needed a bigger boat. I was catching lots of fish. I told them they weren't buying just a boat. They were buying me! I got my boat. A powerful, 40-foot combination gillnetter/troller outfitted with radar and the latest electronics. It cost $27,000 to build. I named her after my wife: *Hi Rose*. They couldn't believe I could catch that many fish!

Like so many fishermen, Hirose fished for more than salmon. He also longlined for halibut with Tak Miyazaki on the Big Bank outside Ucluelet for almost ten years. "Tommy (Tak) helped me with lots of things not just in halibut but in gillnetting, too. I'd say he's one of the best fishermen on the coast, a real high liner." Hirose also worked for the Redden Net company. "They put me on the payroll from October to June beginning in 1961 . . . working the sales. John Redden told me that with all the Japanese fishermen in Steveston, they never had one cent of business from the Japanese guys. So he asked me to come work with them . . . I worked hard, carrying fishing gear in my car, but I sold a lot, too." Hirose became known for his hard work and his integrity. He retired from fishing in 1979. On reflection, he says, "Fishing was good to me. It involved taking a lot of chances. Fishing alone in dangerous and rough waters is very risky. You had to fish like hell, though. But I watched myself. My life is worth more than even expensive fishing gear."[325]

THE MOSQUITO FLEET

In 1958 the Adams River Run returned in strength for the first time since the Hell's Gate blockade, and the canners filled their warehouses with 988,000 cases of sockeye, the largest Fraser pack since 1905. The coast-wide pack that year exceeded 1.8 million cases. As a result, in 1961 the number of fishing licences issued climbed to 15,660. Among the part-timers who fished out of Steveston that year were the members of the "mosquito fleet," mainly high school and university students using flat-bottomed skiffs with outboard motors, primarily on the Albion and the South Arm Flats during the sockeye season. After doing this for a num-

In 1958 the Adams River run had the largest return of sockeye salmon since the Hell's Gate slide of 1913. By 1961 the number of licences issued had increased and a group of high school and university students fished part-time out of Steveston in flat-bottomed skiffs with outboard motors that were known as the "Mosquito fleet." *Courtesy Harold Yoneda*

ber of summers, some left fishing for other occupations while those who remained graduated to larger boats.

In total there were at least seventy-four Nikkei among these part-timers and forty-six of them worked for the Great West Packing Company. Ken Elston was the manager at the time and encouraged the youths to become part of the "Great West Bunch" because it was an opportunity to build up his fleet. Shigekazu "Sid" Teraguchi (1930–2000) and his father, Mosaburo (1895–1962), who owned and operated packers, worked for Great West Packing and later for Nelson Bros. but they were also independent fish buyers. They looked after the welfare of the "mosquito fleet" and were often called upon to deliver forgotten items and *obento* (Japanese lunch) prepared by the mothers to the fleet members out on the fishing ground. During the boom years the mosquito fleet was used to complement the regular fleet up the coast. As open water was too rough for the small skiffs to make the long journey north safely, the skiffs were loaded onto a barge and shipped to Rivers Inlet for the sockeye run there and barged back again in time for the sockeye season on the Fraser.

A few full-time fishermen resented part-timers fishing at the peak of the season and would "cork" them. The part-timers soon learned to stay out of their way, but if it persisted, they retaliated by doing the same, although this was rare since their shallow, 30-fathom nets dictated where they could fish. As part-timers they were not members of the United Fishermen and Allied Workers Union (UFAWU).

There were at least seventy-four Nikkei who fished for the Mosquito fleet. Here they wait for their turn at a drift on the Fraser River. *Courtesy Ken Takahashi*

Those who fished during the sockeye season for the Great West Packing Company include: Ted Amadatsu, Herb Higo, Mike Inouye, Bob Katayama, Edward Kobayashi, Fred Kobayashi, Jim Kojima, George Koyanagi, Kiichi Kumagai, Mits Kumagai, Teko Kumagai, Frances Miki, Ken Miki, Mitch Mori, Dennis Morishita, Henry Morita, Tony Nasu, Joe Nishi, Hiroshi Nomura, John Nomura, Kiyoshi Nomura, Richard Nomura, Sam Nomura, Sus Nomura, Tak Nomura, Ken Shiyoji, Ken Takahashi, Ted Takasaki, Wayne Takasaki, Roy Tamemoto, Henry Teraguchi, Mits Teraguchi, Ken Teramura, Tak Teramura, Yosh Teramura, Walter Tokai, Ken Toyoda, Kanji Tsumura, Tuck Tsumura, Sandy Wakabayashi, Itsuo Yesaki, Mitsuo Yesaki, Shiro Yesaki, Hiromu Yodogawa, Bob Yoneda and Harold Yoneda.

The Mosquito fleet being barged from Steveston to Rivers Inlet.
Ken Takahashi photo

Those who fished for other canneries, among them Gulf of Georgia, Phoenix, BC Packers, J.H. Todd and Sons, include:
Larry Hamada, Satoshi Hamada, Hiroshi Higashitani, Danny Hikita, Henry Inamasu, Victor Kariya, Mike Kokubo, Danny Matsumura, Lloyd Nakade, Shinichi Nakade, Yukichi Nakade, Kazuo Nakata, Isao Ohara, Joe Ono, Yonny Sakai, Bud Sakamoto, Akio Tabata, Itsuo Tabata, Yoshiaki Tabata, James Tanaka, Gordy Taniwa, Ken Taniwa, Tsukawa Taniwa, Seiji Wada, Buster Yamanaka, George Yamanaka, Takeshi Yamanaka and Ricky Yodogawa, who still fishes from a skiff.

Ted Hirota began commercial salmon fishing in the summers while attending high school.

> My first foray was inauspicious. Harold Steves Sr., a local farmer, provided a 14-foot, clinker-built dory with a stationary Briggs & Stratton 1.5-hp engine. The boat held about 150 feet of hand-me-down nylon net, a cotton cork line and square plastic floats. Without a roller in the back, the net had to be manually released and retrieved over the stern. With the tide running out and the river in full force, the dory could barely hold her own going upriver. However, as a summer pastime Huckleberry Finn could not have enjoyed it more. Eventually the head gasket on the engine started to leak and curtailed my activities for the season . . . [but] I was hooked! With Dad's help I designed and built a 15-foot by 5-foot plywood skiff in the garage and with a 10-hp Johnson outboard motor began the next season in earnest. The stern of the skiff was extended by two feet in the next season, a low cabin added up front, and the engine was replaced by a 35-hp Johnson outboard. After several seasons I gave up fishing in the summer to work for wages in our cannery's gillnet loft.

Jim Kojima remembers that in 1954 every day after school he and his buddies rowed across the Fraser to the Albion area opposite Shady Island and inside the jetty where they were protected from the weather. There they set their nets and left them while they built

The Steveston Judo Club 1955–56. Jim Kojima was recognized with an Order of Canada for his contributions to the development of judo.
Courtesy Jim Kojima

a bonfire and roasted marshmallows and wieners for their supper. They swam in the dirty, murky water with floating fish guts, unaware that they were exposing themselves to polio, which was the most dreaded childhood disease at the time. At 10 p.m. they pulled up their nets and rowed back to the cannery. On the weekend they mended nets and put them in bluestone. In the winter they stored them in a dry spot so they would not rot and in spring corked and leaded them in preparation for the next sockeye season. After the first year Kojima acquired a motor for his skiff and he fished until 1959 when he became an accountant. He says, "Fish was plentiful so we rarely got skunked. It was also a lot of fun." The "gang" spent a lot of time together, taking the tram to and from school, doing judo, fishing and mending nets together. "We looked out for each other."[326]

For two summers Kojima also fished in Rivers Inlet with his stepfather, Kazuo Kimura, and although he enjoyed the experience, the rolling waves made him seasick. Rivers was just open for fishing six days a week for two weeks and he was seasick most of those days. He was happy when the two weeks were over so he could head south again to the Fraser for the sockeye season.

In 1983 Kojima became a Member of the Order of Canada for his contribution to the martial arts as a participant, a judge and a delegate to the Canadian Olympics Association. He is the first Canadian and the youngest in the world to have received the International Judo Union ticket. Today his primary focus is the development of Steveston and the contributions of the Nikkei community.

Bud Sakamoto is also thankful for the start that fishing gave him. "It has given me a philosophical approach to all the things I do. It was my first exposure to a way of life and I feel sad that I can't make a complete living on fishing." He says he has three mistresses—a wife, fishing and architecture—but he would choose fishing as his preferred way of making a living. He put himself though school by fishing and when he was applying for jobs in architecture, he made it clear that come July he would be "gone fishing" on his 37-foot gillnetter *Crystal S* with his father, Mamoru, who built it. Bud Sakamoto spends much of his spare time helping to preserve parts of historic Steveston and has served as the chairman of the building committee of the museum/post office.

Mitsuo "Moe" Yesaki's beginnings as a skiff fisherman and a member of the "Great West Bunch" led to a lifelong involvement with the fishing industry. Born in the Steveston Fishermen's Hospital in 1936, he was the middle child of nine siblings. His first fishing trip was at age fourteen with his cousin Isao and his friend Haruo "Semi" Hirata. They rowed out into the Fraser, tried a couple of drifts, caught two salmon and were caught for illegal fishing with only a "partner licence." They were towed back to shore by the fisheries inspector. The following summer the same inspector caught them again.

The summers of 1951 and '52 Yesaki worked on the family farm picking strawberries. In lieu of wages, his mother bought him an Evinrude engine and Kishi Boat Works built him a rowboat. With three other mosquito boats he fished the shallow "box" just downstream from Albion and Reifel islands, which was an ideal fishing area because, when the tide was ebbing, salmon by the thousands would be temporarily trapped there between the land masses and jetties. At these times it would be filled with skiffs from the mosquito fleet. As they jostled for position, at times the salmon were caught in two different gillnets and had to be separated quickly before both nets got snagged on the jetty. The competition was keen and making a good set was a priority, but fishing stopped even during the best times to go to the aid of someone who was in danger or to drag for a body. Some larger boats fished the same area but only during the incoming tide to avoid going aground.

Yesaki and his friends drifted the net during the day but in the evening tied it to the jetty and slept through the night. One morning they woke up to find the same inspector waiting and once again he charged them with illegal fishing. This time they had to appear in the New Westminster courthouse and were fined $25. In 1953 he replaced his linen net with a nylon one given to him by his father. His mother cut and customized it so that it was twice the length but half the width, perfect for fishing in the "box."

Moe Yesaki quit the mosquito fleet in 1957 but continued his life on the water. While an undergraduate and postgraduate student at UBC, he spent two summers sampling bottom fish for the Fisheries Research Board in Vancouver and a third summer monitoring sockeye salmon smolts and adults for the US Fish and Wildlife Department on Kodiak Island. In 1960 he studied Japanese at Kinki Daigaku in Japan for six months and followed this with four and a half years with the Exploratory Fishing and Gear Research Base in Juneau, Alaska. In 1966 he transferred to the Food and Agriculture Organization (FAO) of the United Nations and worked in the Caribbean, Central America, Brazil, the Middle East, Thailand, the Philippines and Sri Lanka. When his work with the FAO came to an end in 1992, he returned to British Columbia and tried rock cod fishing. Since 1996 he has written five books

Above: Tetsuo "Teko" Kumagai and his salmon and herring roe gillnetter *Double Duty*.
Courtesy Teko Kumagai

Top right: Paul Kariya was the deckhand for father, Takeo Kariya, for many years.
Courtesy Paul Kariya

on the fishing industry and presently is a writer and editor of the quarterly *Nikkei Images.*

Kiichi Kumagai's grandfather, Kinnosuke, and his father, Kiyoshi, were fishermen, but Kiichi spent the first sixteen years of his life in Vernon working in orchards and on vegetable farms, and when the family returned to a fishing community on the coast, he suffered culture shock. The family home was a cannery house built on stilts, and at high tide the ground floor was covered by a foot of water. In anticipation of the annual 15-foot Christmas high tide, all the furniture was placed on blocks for the "once a year floor cleaning." The rent in 1955–56 was $25 a month.

Kumagai started as a cannery worker but soon discovered that fishing was more lucrative. He credits Ken Elston and Mosaburo Teraguchi for having trust in the young Nikkei teenagers. In 1955 with financial assistance of $600 or $700 from Elston, Kumagai acquired his first boat, a 12-foot skiff with a 10-hp engine and a 50-fathom net. He graduated to a more sophisticated 19-foot skiff with a 115-hp engine with a drum and a 60-mesh, 200-fathom net. During the 1956–57 season he fished five days a week. If lucky in those days, part-timers could make $1,000 in one set, and this was cause for a weekend "booze-up," conveniently "forgetting" that the nets needed mending. It soon became a tradition that whenever a member of the mosquito fleet made a $1,000 set, they would go to the Bamboo Grove, a Chinese restaurant in Brighouse, Richmond, to celebrate by eating and drinking.

Kumagai fished for fifteen summers while a student, a rehabilitation worker and stockbroker. Among the projects he worked on for the International Salmon Fisheries were the rehabilitation of the Weaver Creek–Harrison system with sockeye and the Lillooet–Seaton Creek with pink salmon. As a stockbroker his hours were from seven a.m. until the exchange closed at two in the afternoon; he started fishing at four and fished through the night, pulling up his net at five the following morning. He quit in 1970 when he started his own fish and lumber brokerage firm, Marki Trading, but he enjoyed the independence fishing gave him. It also instilled self-esteem. He learned that "how hard you worked and the effort you put in determines the outcome no matter what job—fishing, stock brokering or as the owner of a company."

In 1972 Kumagai became an "accidental politician" after a petition signed by 25,000 residents of Richmond—which was 90 percent of the population at the time—was ignored by the Richmond Council. As Richmond was being served by the Bay and Sears at Richmond Centre, the councillors did not want further expansion and were opposed to Woodward's Department Store coming to the 50-acre Landsdown Park site even though the former racetrack was not being used. The residents, however, wanted Woodward's "$1.49-Day" to come to Richmond. Kumagai was elected and for the past thirty years has overseen the financial aspects of the city.

Other youngsters were introduced to the fishing industry while serving as deckhands on their father's boats, but many were discouraged from making fishing their career. Paul Kariya grew up in Ucluelet, where his grandfather, Tamezo, and his father, Takeo, were fishermen. His maternal grandfather and uncles also fished.

> My father started taking me down to the boat when I was a child, probably three or four years old. Usually it was a harbour day and he was

probably giving my mother a break from having to look after a *yancha-bozu,* a bratty kid. During my pre-teen years, my father would take me out for the day on the weekends during April and May but not on longer trips. Starting at age twelve . . . I became . . . more interested in hanging out with friends . . . At thirteen I was in trouble with the police and at school, and out of embarrassment and anger, my father told me that since I could not be trusted with my time, I would no longer have idle time after school. By his order I worked on the boat after school and on weekends cleaning, painting, and repairing. In the summer I had to work for him and did . . . we fought constantly. During the summer four to six-day trips, we would go for days on his 37-foot boat not speaking to each other . . . Once he actually left me behind when I missed curfew to be back at the boat. I thought I hated him as a backward, uneducated, cruel, hard and unreasonable man, but it is interesting that through this forced work relationship by the time I was seventeen or eighteen I had come to truly love and appreciate him . . .

After first-year university I asked if he would help me buy a boat and we could be the Kariya and Son Fishing Co. I was prepared and wanted to be a fisherman. He erupted and called that a stupid idea and that he had not put up with so much strife, discrimination and hardship to have his son become a fisherman. He said he would not help me and would throw me out if I became a fisherman. He said that for someone attending university, I was pretty stupid. He said, "Can't you see that the heyday of salmon fishing is past? The big incomes will be tougher and tougher to achieve." He pointed out that all I could see was a romantic life with easy money and that I did not see all the times when we had no money, et cetera. He predicted that salmon stocks would eventually fail and it was no time to take out big mortgages to get involved.

I ended up not becoming a fisherman. But the paradox of all of this is that throughout my childhood he got me interested in fishing, forced me to fish when I was in my terrible teens, so when I came to love and enjoy it and declared I wanted to fish for a living, there should have been no surprises. I told him it was his fault. Many of my cousins became fishermen but not me.

Paul Kariya earned a doctorate in geography from Clark University in Massachusetts and worked for the federal and the BC governments. He stays connected to fishing and the fishing community as the executive director of the Pacific Salmon Foundation, as a commissioner representing Canada on the Pacific Salmon Commission, a member on several fishing-related boards and through his many hours of volunteer work.

Dan Nomura, president, Canadian Fishing Co.
Courtesy Dan Nomura

Dan Nomura's first fishing experience was also as a deckhand. He was fourteen years old when he first worked for his father, Junichi, on the *Miss Charmaine*, a combination salmon gillnetter and troller. He graduated to deckhanding on a gillnet/packer boat in 1972 and became the skipper of the packer *New Whitecliff* in 1976. For nine summers he worked as a deckhand or skipper while completing his post-graduate degree in zoology at UBC and tapped into his father's long and wide experience in the fishing industry while collecting data for his thesis. His professional career has included conducting scientific studies at the Nanaimo Biological Station and managing the Prince Rupert Fishermen's Co-operative Association. Subsequently he joined the Canadian Fishing Company and in 2006 became company president. Dan does extensive volunteer work in the community especially with young people to encourage them to reconnect with their Japanese heritage.

HUSBAND AND WIFE TEAMS

Although fishing was often a family affair on the West Coast, it was mostly male. Usually fathers introduced their sons into the industry as deckhands, and brothers fished with brothers. In most cases *Issei* and *Nisei* women returned to the canneries in the 1950s and were later joined by their *Sansei* daughters during the busy canning season. Thanks to the availability of cannery work, many of them were able to pay for their post-secondary education or help with the family income. They joined the UFAWU. In rare cases women

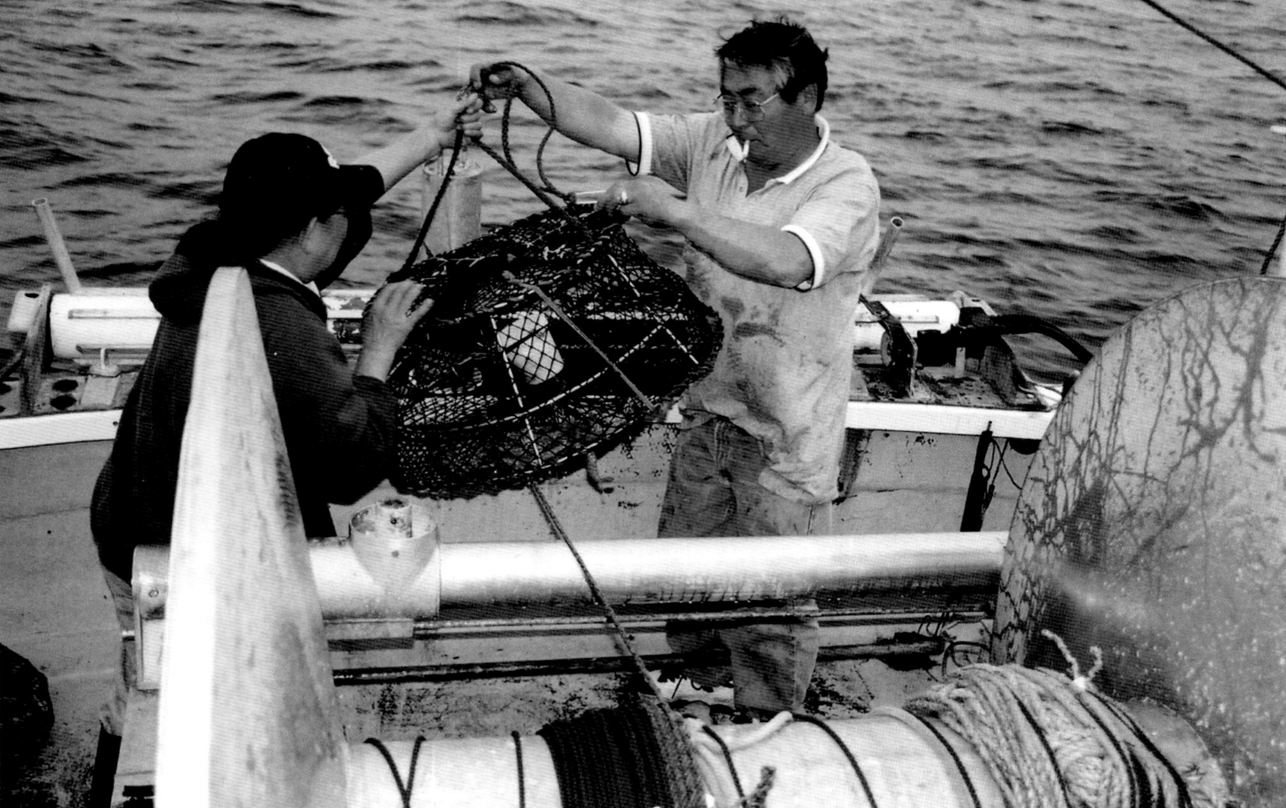

Emy and Yonny Sakai were a commercial fishing husband and wife team.
Courtesy Yonny Sakai family

Nancy Murakami mending a net, 1972.
Courtesy George Murakami

fished with their husbands and, rarer still, became bona fide fishermen.

In the 1997 Commercial Fishing Licences Registry, only two women with Japanese surnames are listed as owners: Nancy Mitsue Hamanishi for *Ocean Bounty* and Nadene Grace Inouye for *Two Timer.* Inouye became a deckhand in 1979 and fished commercially until 1997. Nancy Murakami and Marge Sakai worked on their husbands' boats. They navigated, operated gurdies, attached hoochies, unhooked salmon, pulled and ran out gillnets, stood watch, cooked, washed dishes, and filled gas tanks, but were considered deckhands because they were not the registered owners of a commercial fishing licence.

Nancy Murakami was born Nancy Sasaki in Sunbury. During the internment years her family settled in Letellier, Manitoba, and worked on sugar beet farms. As a young adult she worked for a Winnipeg garment company, did housework and worked on a potato farm in Alberta. She and George Murakami married and returned to the coast in September 1952 where they bought a house and four acres on River Road in Delta where they resided until recently. They have four children. She says:

> We trolled and gillnetted in the Gulf of Georgia between 1969 and 1999. Early June we would leave for Barkley Sound for early sockeye gillnetting, usually four weeks, before heading for Rivers Inlet. One time on the way home from the west coast one huge wave hit us and covered our whole cabin. Fishermen call this a "ghost wave." After that it was normal two-foot waves.
>
> I liked Rivers Inlet fishing. Duncanby Camp had everything we needed and many lady friends I knew would be there. It's so nice to exchange news over a cup of coffee or tea every weekend. Talk about fresh delicious seafood—clams, sea urchins, crab, even halibut. One time on the way home through the Yucalta Rapids, George took a

Right-handed Terry (left) and his left-handed wife Marge made a complimentary team.
Courtesy Terry Sakai

short nap after fishing all night. I took the wheel, [and] wow, [there were] huge whirlpools already formed. I woke him up and we got out safely!

They sold their licence in 1998 and their boat soon after. Nancy is currently the vice-president of the Delta local of the UFAWU women's auxiliary after having served as president for fourteen years. She and the members fought hard to get a coast guard, organized dances and raised funds to buy canned salmon to distribute to local people who were less fortunate and supported the T. Buck Suzuki Foundation. At Christmas they hosted a party and had Santa give gifts to the children. In the summer they entered a float in the annual local parade. At present she is enjoying bowling with the Sur-Del (Surrey-Delta) Fishermen's Bowling League and being a member of the Sunbury Hall.

Marge Sakai was born Margaret Mayede in Steveston in 1933; her family moved to Ucluelet when she was three. In 1941 she had been in school in Victoria for only a few months when war broke out. Her family relocated to Christina Lake and then to Greenwood where she completed high school, then worked in a grocery store.

In April 1951 my dad returned to fish in Ucluelet while the family stayed in Greenwood. In 1953, when I was nineteen, I joined him during the summer (June–September) to cook for him in a house he had rented. Terry arrived in Ucluelet with his brother to learn to troll; our dads knew each other and Terry was invited to dinner. I remember making *kamaboko* (fish cakes). We met again at a dance in Ucluelet . . . When the fishing season ended, I came out to Vancouver and stayed with the Miyagishima family while looking for a place to stay. A friend gave Terry my phone number, and we got married four years later.

In 1983 after the youngest of our five children became independent and I was working in the cannery, Terry propositioned me: "I will pay you better wages if you will be my deckhand." I was his fishing partner for the next thirteen years. Fishing was good in the beginning with an abundance of fish. We worked well as a team—I'm left-handed and worked the starboard gurdy and right-handed Terry the port. We mostly trolled from June to October and later gillnetted at Barkley Sound and San Juan. The twenty-four-hour schedule for San Juan was made up of twelve hours for gillnetting from seven p.m. to seven a.m. and twelve hours for seine boats from seven a.m. to seven p.m. We worked seven days a week, changing gear from gillnetting to trolling in different areas. Our daily routine started at 4:30 in the morning when we put out the line and ended at 10:30 at night when we dropped anchor. We gutted and dressed the fish, put it on ice in the hatch and unloaded the catch every six or seven days. We did not go into harbour. There were many nights when we got only two hours of sleep. One night's catch could mean $12,000 for the 1,000 sockeye caught. Our biggest catch was on August 12, 1985, when we caught 963 sockeye and 200 coho at $2.50 per lb. I enjoyed fishing. It had better working conditions than the cannery. I could set my own hours, be my own boss and the money was much better.

Terry credits Marge for his longevity: "Thanks to her home cooking and baking, I can live longer, but she's also the only deckhand who ever talked back to me." Marge Sakai continues:

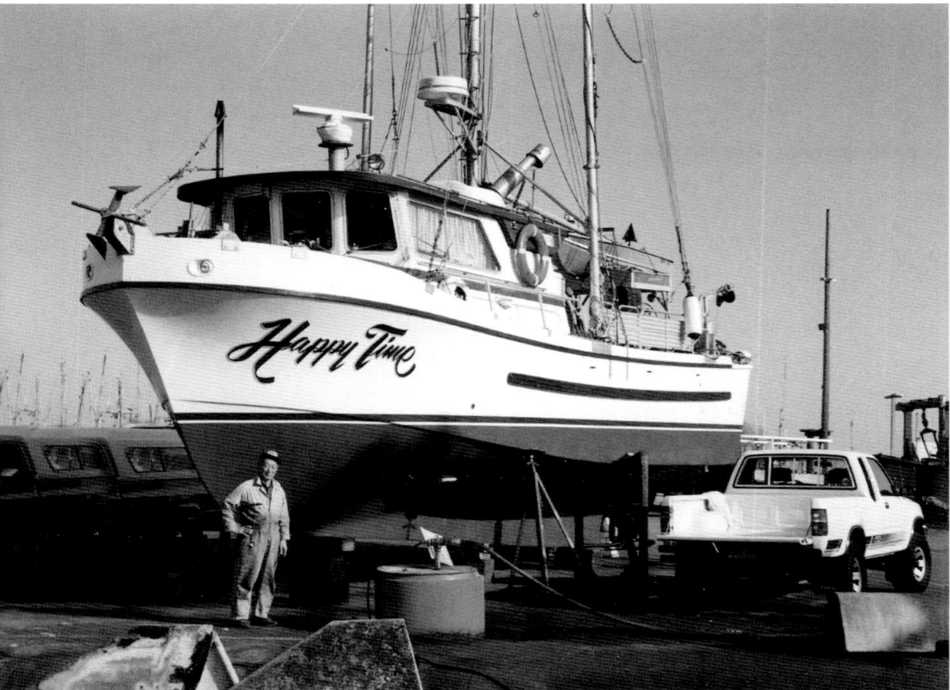

Top: A seine boat at work in Port San Juan.
Courtesy Terry Sakai

Above: Terry Sakai getting his boat *Happy Time* ready for the fishing season.
Courtesy Terry Sakai

When caught in a storm, I would scream in fear, and Terry would get mad at me. In gale winds, it would take three hours to get to shore and it felt like a lifetime. There were nights I couldn't sleep for fear of whales tipping the boat, and on calm nights I worried "what if something happened to Terry, what am I going to do?" My fishermen friends told me to "just cut the anchor and start the engine." On the Fraser the waves are choppier. The wind would pick up as the tide is going out and the wind and waves would clash. We saw boats ahead of us tip over. When the fog rolled in, you can't see land and had to watch the radar all day long. We felt so relieved when it lifted.

The sunsets were beautiful and at nighttime the lights from the many boats anchored nearby would twinkle—beautiful. But I was too sleepy to notice the sunrise. I never got seasick. I remember going out with my father who said that I was a better sailor than some fishermen. Whenever I said, "I'm too tired," Terry would offer encouragement with "one more round for your bingo money."

Marge and Terry Sakai quit fishing in 1996 and sold their boat and area licence. Today they are still a team, volunteering for many community events. Marge serves on the auxiliary of the Buddhist Temple in Steveston and enjoys her bingo nights. One of their annual activities that keep them returning to the sea is the harvesting of *nori* each spring.

Another Sakai fishing team is Terry's youngest brother, Yonny Sakai, and his wife, Emy Matsuyama. In 1985 after their children became independent, Emy became Yonny's deckhand. Their fishing season began with sockeye at the end of May and ended with chum at the end of November. They started fishing on the West Coast, went north to Prince Rupert, and then southward to Bella Bella, Bella Coola, Johnstone Strait and the Fraser. Emy says she loves everything about fishing—the fresh air, the islands, anchoring in the little bays, the quiet, the sea birds—and she regrets the ever-shortening fishing season. In 2008 they were still on land in mid-August, and although they also like to garden, they miss fishing. According to Emy, "Yonny wants to die in his gumboots."

On the Skeena, Judo and Mitsue (née Urata) Tasaka were a husband and wife fishing team and, although Judo had a reputation as a highliner, he claimed that his wife, who became his deckhand, liked fishing more than he did. On board she could do anything he did. As there is little time for resting while fishing on the Skeena because the tide is so fast, when Judo slept Mitsue would do the cooking and watching to see that the nets did not become entangled as they drifted. On the weekends she mended all the nets. "Sometimes we had a little argument," said Tasaka, "and I told her she can get her own boat if she wanted to be boss." One day while returning from the Queen Charlottes, the wind was blowing at 50 knots and for Mitsue, it was no more Queen Charlottes. "I don't want money that much," she told him, but she fished with him for thirty years.[327]

Judo Tasaka was also the most famous boat builder in the north and, when war broke out, owned two packer boats and a gillnetter he had built for himself. He sold his two-year-old gillnetter worth $1,000—"everything complete, ready to go fishing"—to a Native friend for

Left: 1956, Eiko and Yoshiharu Shinde, cannery worker and fisherman, drying *nori* (seaweed) on Mayne Island, BC.
Courtesy Shinde family

$450. The government sold off his two packers, the 47-foot *Kingcome* and the other (38 feet long), for $1,500 and $1,000. He and Mitsue relocated with their three children to Lillooet where he worked first on a farm, which he did not like, then trained as a mechanic and became the foreman for Lillooet Cartage.

Mitsue and Judo had met when her family moved into the Tasakas' family home on Salt Spring after the Tasakas moved to a larger house. After they married they moved to the Claxton Cannery on the Skeena. For the birth of their first son, Bruce, Mitsue went to the Steveston Japanese Hospital; the next two children, Donald and Rose, were born in Claxton. Akemi, who died as an infant, was born in East Lillooet, Keiko in the Lytton hospital and the last child, Deanna, in Prince Rupert. Rose remembered that her mother worked hard and endlessly for her family. In East Lillooet she preserved vegetables from the family garden and made most of their clothes (she made their bathing suits from meat gauze that stretched to their knees when wet).

After their return to the coast in 1949 Judo returned to boatbuilding and fishing. In 1952 he caught 4,500 sockeye and in subsequent years, 3,500 and 3,000, and only once did he catch less that 2,000 in his thirty years of fishing after the return. For about fifteen years he was the top fisherman for the whole Skeena. Mitsue became the secretary for the family boat works, tending to all the correspondence in both English and Japanese and dealing with the accounts as well as helping physically in the shop.

Bruce and Don Tasaka started their careers as deckhands for their father and also became top fishermen and boat builders. Bruce Tasaka's daughter, Sian, worked as his deckhand for three summers. She recalls:

> We used to fish twenty-four hours a day for three or four days straight. I got my eight hours of sleep but my dad slept for only fifteen minutes and would start up the drum again. I'd have to get up and help with the gillnet. My cousins were on the boats, too, and there was friendly competition amongst the six of us. We fished in the same area, and when we came near each other, we'd write the number of fish we caught on a piece of cardboard and hold it up, and the cousins used their binoculars to see the numbers. We often anchored together in the middle of nowhere, had dinner together and slept. Off-season we went to Steveston or West Vancouver to visit Auntie Rose. My mother [Nan Okano] was a deckhand for Dad because he didn't like strangers on his boat.

Donald and Sharon (Omori) Tasaka continue the tradition of Tasaka husband and wife fishing teams. Bruce Tasaka went into the *kazunoko konbu* (herring roe on kelp) business for some years, and Sian remembers men from Japan, usually buyers, staying at their home. Her father wanted to pass on his knowledge to new people but got frustrated and ended up doing it himself. He could retire but still fishes. He loves the sea, the smell, the scenery, the fresh air and the freedom.[328]

THE POST-WAR *SANSEI* GENERATION

Among those who graduated from the mosquito fleet and into full-time fishing careers are Ken Takahashi and Richard Nomura. Both are *Sansei* or third generation Nikkei, and both come from a long line of fishermen. Ken Takahashi's grandfather emigrated from Sendai in Miyagi-ken; his father, Koji, was born on Annacis Island in the Fraser River and fished up-river in the Sunbury, New Westminster area until 1941 when the family was relocated to Winnipeg then resettled in Dryden, Ontario, where Ken was born in 1943.

The four Nomura brothers who became fishermen. Left to right: Richard, John, Tak and Hiro.
Courtesy Richard Nomura

11 The Next Generation of Fishermen

Ken Takahashi, fisherman 1960–1995, graduated from the Mosquito fleet to larger vessels in 1962.
Courtesy Ken Takahashi

His mother was a member of the Higo family, also fishermen, who emigrated from Kagoshima and lived at the Acme Cannery on Sea Island before the war. Ken Takahashi's wife, Peggy Teranishi, hails from a family whose fishing lineage goes back to her father, Yoshio "Joe," and grandfather, Fujinosuke Teranishi.

Ken Takahashi's first experience as an independent fisherman was as a poacher. He and Su Nomura took Su's older brother's boat without his permission and went fishing. They weren't caught but Ken was hooked on fishing. At fifteen, too young for a fishing licence, he altered his birth certificate and became a bona fide fisherman a few months before he was legally eligible. He bought Joe Ono's 16-foot skiff with an outboard motor and two years later took over his father's old gillnetter when his father built a new one.

> Dad didn't want me to become a full- time fisherman so he sold his boat as a preventive measure. I went to the Vancouver Vocational Institute and studied accounting. I was hired by the Goodall Rubber Company and worked for them for six years as the office manager but I kept my skiff. I went fishing at every opportunity. In 1970 Jim Tanaka and I built the same fiberglass-hulled boat. I loved fishing and wanted to get back into it full-time [and the] timing was great. The federal government offered a 40 percent subsidy to packer boat operators to put in refrigerated salt water system to improve the quality of the fish when being transported. I applied and got the grant so I quit my day job. I packed fish for five years. When my father died, I sold my packer boat *Feeling Free* and built the gillnetter *Shawna Lynn* in 1981. Ten years later, I had *Shawna Lynn 2* built. It was the third aluminum gillnetter to have a jet drive to come out of Thompson Bros. Boat Builders. It was built with a portable cabin that, when taken off in very little time, converted from a gillnetter to a herring skiff capable of holding 20 tonnes of herring. Other fishermen soon began building the same type of vessel. In the mid-1980s herring fishermen were making $100,000 within a very short season. I should have started herring two or three years earlier with this type of vessel.
>
> I was the first to be accepted by Pacific Coast Fishermen's Mutual Insurance who had stringent requirements for safety, which made it difficult to get coverage on this style of boat. I took them on my boat, met with the board, made some changes and was offered coverage. Based on performance of a good safety record, Mutual offered a rebate, which made insurance premiums much cheaper. I got dinged on income tax anyway as the rebate was classified as income.
>
> Fishing provided a good living. I was lucky. I was in it during its "glory days" when we made the most money. I retired at age fifty-three in 1996. I received an offer I couldn't refuse. My vessel was bought by a Native fisherman living on a reserve, which meant I didn't have to pay income tax. He didn't want my licence and I was left wondering what to do with it when the government offered a buy-back of licences and I was paid $90,000. I

Names of the Japanese Canadian fishermen on the needle at Garry Point, Steveston:

Amadatsu, Johnny	*Greyhound*
Hamade, Tsutomu	*Dori San*
Hamanishi, Kazumi	*Lene*
Hanazawa, George	*Silver Cloud*
Hashimoto, Masaki	*Miss Dawn II*
Hikida, Tatsuo	*Tammy Lynn*
Kariya, George	*Lucky Kari*
Katai, Ed	*S.C. 158*
Kawasoye, Yotaro	Boat unknown
Maede, Yakichi	Boat unknown
Morizawa, Choichiro	*Spring Bridge*
Mukuyama, Masaichi	*April Shower*
Nakai, Toichi	Boat unknown
Oye, Masaharu	*Y.O.*
Sameshima, Toshio	*Vicky May*
Tabata, Akio	mosquito skiff
Tabata, Ichiro	*Golden Cruiser*
Tabata, Inao	*Pacific Ranger II*
Teraguchi, Tobei	*Terene*
Yokota, Masakazu	Boat unknown
Yoshida, Takeshi	Boat unknown

Richard Nomura and his children Melissa and Jordy on the Fraser River for the twelve hour opening in 2006. *Courtesy Richard Nomura*

was glad I got out of fishing then as the fishing industry has just gotten too political and it is almost impossible to make a decent living from it now.

Ken Takahashi lives in Richmond and gives generously of his time as a volunteer to several community organizations.

Richard Nomura, a post-war *Sansei,* was born in 1952 and grew up in a large extended family of fishermen. His grandfather, Torazo, who emigrated from Wakayama to Steveston, had four sons of whom three became fishermen: Masao, Toshikazu and Junichi. Masao had three sons in fishing: Kiyoshi, Osamu and Susumu. Junichi's son, Dan, also worked as a deckhand and a skipper. Like their father, Toshikazu, Richard's three older brothers, Yutaka "Tak," Hiroshi "Hiro" and John, were all commercial fishermen, so it was not surprising that Richard would choose fishing as a career.

I lived it daily and it was a natural progression that I became a fisherman. I had lots of friends, both Japanese and non-Japanese, who were involved in fishing, but saw education as important, too, which opened different career options. I attended the University of British Columbia and went into the Commerce Program. If I had been advised properly, I probably would have gone into teaching but instead I took accounting. My friends are now chartered accountants.

I was fourteen years old when I went out fishing with my Dad . . . but it was my brothers who influenced me the most . . . They took more risks. Grade 12 was when I first went fishing by myself. From the earnings, I paid for my university tuition . . . It was hard work but I was young and energetic and did not think of it as hard work . . . I fished the Fraser except for one year when my brother, Hiro, took me up to Rivers Inlet. I also fished the central coast and the Skeena for a year but most of the time I fished the Fraser. I bought Jim Tanaka's old skiff and used it for three or four years before I built my present boat, *Prime Time III* in 1988.

Richard Nomura is the last member of his family in fishing. Whenever there are openings he fishes for salmon and herring. His children worked as deckhands but see no future in fishing. He is a strong supporter of the BC Fisheries Survival Coalition, a grassroots movement begun in 1992 to fight for equal rights for all independent commercial fishermen. Since 2007 he has embarked on a new venture not related to fishing but continues to volunteer in support of commercial fishermen.

Nadene Inouye, born in 1965, was perhaps the one

Nadene Inouye was the only Nikkei woman commercial fisherman, 1979–2004. *Courtesy Nadene Inouye*

and only Nikkei woman who was a full-time commercial fisher. Her love affair with fishing goes back to her early childhood.

> The *first* day I was on a commercial fishing boat, I was hooked. My father, Mike, purchased a small boat and licence and became a part-time fisherman. I begged him every day to take me with him. I always went with him down to the docks to work on the boat or fix the nets. I would bring my fishing rod and fish off the dock for anything I could catch, mostly bullheads, but I still loved it! It wasn't until I was a young teenager that my dad finally asked me the question: "Would you like to come fishing with me tomorrow?" Wooooo-hooooo! And that was it . . . I was hooked.
>
> Since those early days . . . I have worked with many fishermen in all types of fisheries including salmon troll, gillnet and seine, herring gillnet, dogfish, longlining, urchin dive harvesting and sea cucumber dive harvesting.
>
> I found fishing to be exciting, dangerous, challenging, competitive, and the money good . . . Fishing the Fraser River and coming in with load after load of salmon . . . picking fish until my fingers were numb was a real high. The lowest point in fishing was probably the division of the salmon licence areas. We used to be able to fish the entire coast with the purchase of one salmon gillnet licence. The Department of Fisheries and Ocean divided the coast into three areas and made us choose only one area that we wanted to fish . . . it became harder and harder to make a living—expenses were increasing while fishing time and fish prices were decreasing. The politics became thick and frustrating. The Native food fishing became fishing for dollars not food only.
>
> I sold all of my boats and licences, for the reasons above. I still get my "fix" by helping out my father if and when they open the Fraser River to commercial fishing. It's kind of nice deckhanding . . . I get to work hard and enjoy myself without the worry of all the bills and politics . . .
>
> In 1996 I got a partner and built a 50-foot aluminum, high-speed, 40-plus passenger vessel and started a whale-watching company operating out of Victoria. Since then we have bought out two other companies and brought in a third partner and hope to continue expanding the business.
>
> Outside the industry, people in general were very supportive. If anything, the men may have been more supportive, asking lots of questions about the industry and the women were more "just surprised" and wondered why I would want to do a job like that. Times are changing, though, and I get a lot of "wows" from women when I mention that I used to commercial fish.
>
> Inside the industry, because I worked hard, I really earned the respect of other fishermen. They would like to hire me because the rest of the crew who were mostly men would work harder to keep up to me—"the girl." However, because most fishermen were men, I had a more difficult time obtaining work because of the wives/girlfriends. They really didn't want to see another woman working closely with their husbands/boyfriends while at sea so no support at all from the women. That's why I bought my own boats and licences.

With Nadene Inouye's retirement from the industry in 1997, there are now no Nikkei women in commercial fishery in British Columbia.

THE INDUSTRY CHANGES

Beginning in the 1950s Nikkei fishermen experimented with the use of nylon nets. The first ones had problems with the knots slipping when soaked in water for any length of time, but by 1953, everyone had replaced their linen nets with nylon ones that were imported from Japan, machine made and superior in many ways. They could be left in the water longer without losing their shape or clogging with slime. The labour of handling and maintenance was reduced, and because they were less detectable in the water, they proved to be very efficient at catching salmon. Other than tearing or snagging while fishing, they lasted many more seasons than the linen nets.

George Murakami, a career fisherman, recalled the difference between his linen and nylon nets. "In 1952, I bought my first gillnetter and used linen nets. Every weekend, the day before opening, the nets had to be soaked in [bluestone] in a big tub. If you didn't soak the net, it would deteriorate in no time. In 1953 I changed from linen to nylon nets and goodbye 'bluestone.' Better for the environment too!" George's wife, Nancy, remembers helping her brother Kishio Sasaki who at age fifteen had to haul in the heavy linen net by hand. She added, "No wonder he had huge arms like Popeye in the cartoon."

Nylon nets were sold under various brand names: the "Bluenose" was manufactured by the Vancouver Net Company, the "Nichimo" was distributed by E.A. Townes of Steveston, and the Momoi Net came from the John Redden Net Co. of Bellingham, Washington. The "Uruko" made by the Mitsui Co. in Japan was sold by Takeo "Alfred" Arakawa of the Trans-Pacific Trading Co. Ltd. who had fisherman-sales representatives in every fishing community. The Nikka Overseas Agency was another early distributor who also sold synthetic fishing floats and trolling gear imported from Japan.

Ted Hirota, who fished during the summers, observed that

> the transition from linen to nylon nets occurred almost within a season. Catches with the new nets increased at such a rate that the fisheries reduced the days open for fishing from five days a week, twenty-four hours a day, to fewer and fewer days per week so that over the course of several decades the time was reduced to as low as twelve hours for one day only on the Fraser River. The new cork lines were made of braided nylon. Molded foam plastic floats in gold, white, or cream replaced the traditional tarred cedar floats. Floatation was increased and the weight was decreased, both by several factors. Stretching new lines and re-tarring old corks became unnecessary . . . An attempt to introduce clear monofilament nylon nets was quickly terminated by the Department of Fisheries because they were virtually invisible in the water and would increase catches even more than the regular nylon nets.

According to Ken Takahashi, the earliest monofilament nets were one-strand, which made them virtually invisible in the water. To make them less efficient, the Department of Fisheries allowed the six-strand Alaska Twist, which made them a little better than the widely used nylon monopoly nets.

In 1959 the Department of Fisheries allowed gillnetters two days fishing on the Fraser followed by a five-day closure. This was further reduced to an average of 1.9 and to 1.0 days per week for the entire sockeye season between 1975 and 1995. Reductions were also enforced in other areas on the BC coast. In Rivers Inlet there were five-day openings in the 1950s that were reduced to three days a decade later, and beginning in

Sharing a potluck meal on the dock. Yasuo Nakano's *Wishing Well* and Frank Nitta's *Happy Queen* in background.
Courtesy Hayao Sakai

the late 1990s there have been no openings. In the new millennium, most gillnetters could drop their nets only for a few hours, if lucky.

For post-war trollers, gear became more sophisticated with a selection of factory-made springs, cannon-ball sinkers, connectors, wobblers, plugs, spoons and spinners. Multi-strand stainless steel line with a minimum breaking strain of 630 pounds replaced cotton and linen lines. Large diesel-powered vessels with hydraulic gears and navigational aids such as radio-telephones, radar and depth-sounders plus spacious accommodation gave the trollers an unlimited range. Refrigerated holding capacities for their fish catches eliminated the danger of spoilage. In the 1960s compact freezing systems allowed trollers to freeze their catch at sea immediately after being caught.

Upon their return to the coast, Nikkei fishermen also began experimenting by combining gear types. In the spring of 1951 Yoshiaki Murao, Kumataro Sakiyama and Kasuichi Sakai rigged their gillnetters with trolling poles and gurdies and trolled off the west coast of Vancouver Island for spring and coho salmon. In August they returned to Steveston and replaced the trolling gear with net drums and rollers and gillnetted for late sockeyes, pinks, cohos and chums. The combined gears extended the fishing season from April to November and on the west coast of Vancouver Island into the winter months by trolling for winter spring salmon. The changeover of fishing gear was made more easily and quickly—a matter of a few hours—when in the early 1950s the Sakamoto Boat Works rigged vessels with a fixed gillnet drum and trolling gurdies.

Nikkei fishermen also experimented with different

methods and lures. Traditionally, troll fishermen had used spinners and live herring to catch spring and coho salmon and a gillnet for catching sockeye. Beginning in 1954, the Kokubo brothers, Hideo "Henry" and

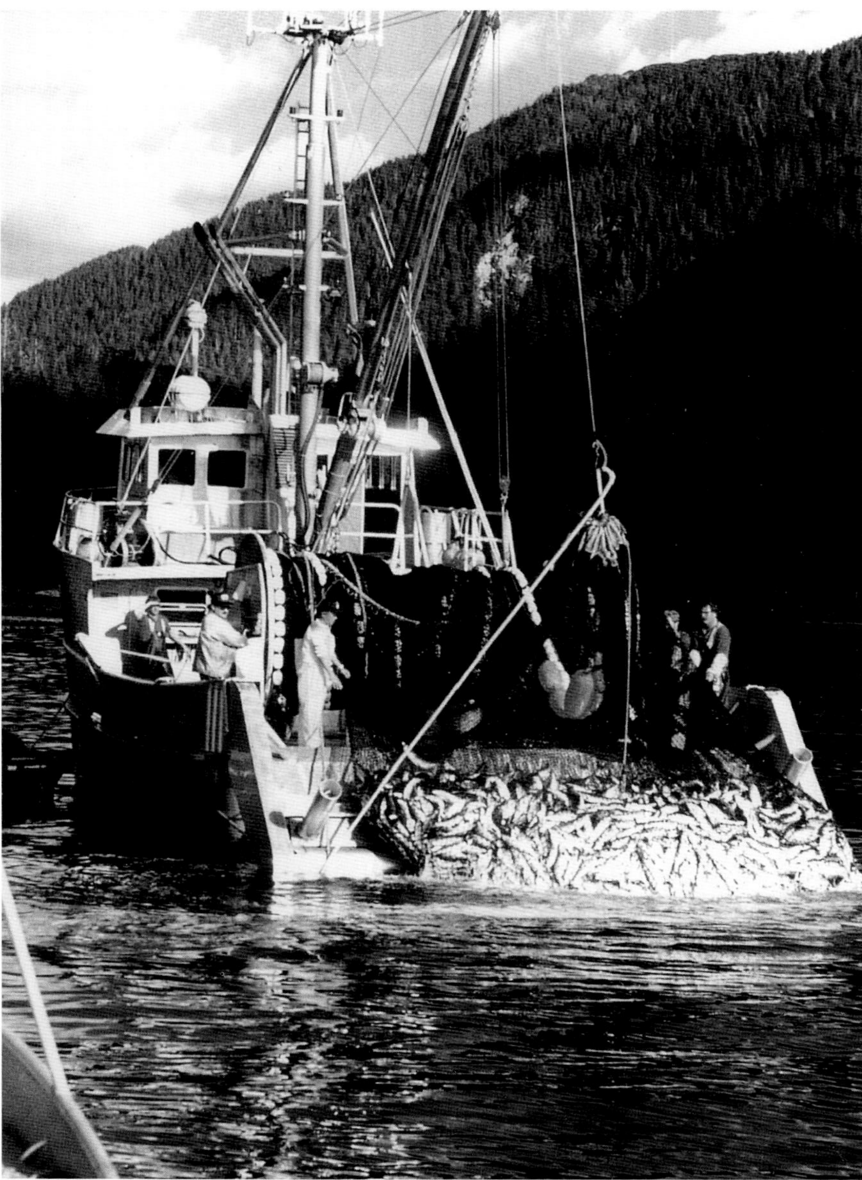

1989, Dave Yoshida at Camano Sound with a catch of pinks and dog salmon.
Courtesy Dave Yoshida family

Masaya, tried catching sockeye salmon using trolling gear. They started mixing strands from the Yamashita Fishing Tackle Factory in Japan with those of the longer Leckie hoochies and produced a hybrid hoochie. Their success on the West Coast and in Silva Bay off Nanaimo encouraged them to try trolling in the Fraser during closures to gillnetting. The 1961 Pacific Salmon Commission record shows sockeye catches by trolling gear for the Strait of Georgia increased from 21,700 in 1966 to 161,800 in 1967.

Takeo "Jimmy" Kariya was first and foremost a West Coast deep-sea troller. He did not like the congestion of gillnetting, particularly on the Fraser River.

> My primary trolling areas were the west coast of Vancouver Island from Juan de Fuca Strait up to Cape Cook. In mid-summer in the good weather we would troll beyond the 100-fathom mark and out off the coast of Washington. Essentially pre- and post-war we fished the same areas but maybe not as far out. And given that our boats were smaller and slower we were much more mindful of the weather.

The success of Nikkei fishermen in trolling can be attributed to the innovation they introduced in Ucluelet—to troll near dead-slow speed with kelp cutter or Abe and Al Flashers with a huge pitch in them, towing short leaders with Black Mustad hooks with only a bit of red hoochie tied to them with red wool.[329]

As in gillnetting, increased efficiency in trolling spawned conservation measures for coho, chinook and sockeye stocks and, beginning in 1998, severely curtailed the troll fishery. Trollers averaged thirty days a year and the federal "buy-back" programs have shrunk the fleet to about five hundred boats of which four are owned by Nikkei fishermen—Gordon Hamanishi, Doug Kimoto, Gordon Kimoto and John Noda.

The gillnet drum had been introduced in the 1930s but the seine drum took many years of experimentation and was not perfected for another twenty years. Hydraulic equipment was introduced, providing increases in overall efficiency. Seine tables were replaced by hydraulically controlled power blocks for handling the nets and hydraulically driven drums—a large spool-type roller, larger than a gillnet roller, onto which a seine net could be rolled aboard or dispensed into the sea. Present-day seine nets are made of synthetic fibres and average about 200 fathoms in length and about 15 metres deep, enabling a harvest of twenty thousand or more salmon in one set.

After their return to coastal British Columbia, the Sato brothers, Yoshiaki "Sunshine" and Kojiro "Ko," became the first to build seine boats. The *Vera Cruz* was built by Yoshiaki in the 1950s and several years later a larger boat, the *Scanner,* was built by Kojiro. An increasing proportion of vessels built in the 1950s were multi-purpose—seiner/packers, seiner/trollers—and used for halibut, cod, salmon and other fisheries. In 1967 the federal government limited the number of seine licences and prohibited licence holders from building new vessels larger than the boats they were replacing. Between 1996 and 2000, the government licence buyback scheme further reduced the number of licences to 276 and only a few Nikkei seine boat owners remain—the Matsunaga family, Tsutao George Tanaka and his two sons, Don and Rick, David Yoshida, and Tosh Koyanagi, who is part-owner of the *Odysseus.*

Post-war skippers and tendermen on packers were members of the United Fishermen and Allied Workers Union (UFAWU) and were paid according to the wage settlement by the cannery owners and the union. Trollers' co-operatives owned and operated their own packers to transport fresh fish directly to markets, and from the mid-1960s the packers were equipped with refrigerated saltwater systems and ensured delivery of high quality product for both canning and for the fresh fish markets. Misaho Noda's *Do Boy Carrier* is described as being unique in the fishing industry. "It was an early aluminum vessel that towed an aluminum barge. The barge was solely for the purpose of packing and was cooled using a "champagne system" of carbon dioxide. It is believed that this was the first (and for a time the only) packer using this system instead of the conventional ice."[330] Misaho Noda, who was born in Steveston on July 28, 1917, was a deckhand by age nine, and the captain of his own boat at fourteen. In 1942 he was sent to the prisoner of war camp at Angler and subsequently "repatriated" to Japan. He returned to Prince Rupert in 1951 where he resumed his job as a collector and packer.

Some post-war Nikkei packer boat skippers:

Owner/operators and their vessels

Tom Goto, *Ocean Courier*
Tony Hamanishi, *Rage Reef*
Gary Kamachi, *Courier No. 1*
Shigekazu Kamachi, *Spoiler*
Tosh Koyanagi, *Iona*
Shin Matsuo, *Delta Queen IV* and *Delta Queen V*
Seiichi Toru Nakano, *Riverside Y*
Misaho M. Noda, *Do Boy Carrier*
Yoneichi Sakai, *Norma G*
Yonny Sakai, *Freeport*
Ken Takahashi, *Feelin' Free*
Koji Takahashi, *Feelin' Free*
Michael Teraguchi, *Norking*
Sidney Teraguchi, *White Cliff Point* and *New White Cliff*

Skippers hired by fishing companies

Ted Akune, *Atalasco*
Hikojiro Egami, *Izumi VII*
Kotaro K. Hayashi, *Jan White*
Nataro Kawazoe, *May S No. 1* (pre-war)
Ross Matsuba, *Delta Queen III, Delta Queen V, Iona*
Isamu Matsuzaki, *Delta Queen IV*
Hirokichi H. Nakamura, *Jenny Mac*
Shigeharu Nishi, *Diamond Kay*
Sadao S. Nishimura, *West View*
Dan Nomura, *New White Cliff*
Ken Suzuki, *Western Challenger*
Eiichi E. Tanino, *Kay Mac*
Susumu S. Tanino, *Hazel L*
Taishyo T. Tasaka, *Cape Sun*
Ken Takasaki, *Iona*
Henry Teraguchi, *White Cliff Point* (owned by Sidney Teraguchi)

Tak Miyazaki was a deckhand on a halibut boat from 1957 to 1963 and, when he went on his own, used the time-proven longline method for the next ten years. However, in the 1970s jigging with a handline was reintroduced by a Nikkei fisherman, and it soon became the preferred method in this fishery. By the 1990s a catch quota rather than a halibut season was put in place, and halibut was sold through the Halibut Exchange, an auction held daily whereby fish companies bid to purchase boatloads of halibut.

Between 1930 and the1960s herring was harvested widely for low-value products such as fish meal and oil, but during the 1960s overfishing caused the industry to be shut down. After a four-year closure to allow the stock to recover, it was reopened in 1972 and a new and more valuable product, herring roe or *kazunoko*, for the lucrative Japanese market became accessible to BC fishermen. Bill Horii writes that the idea for harvesting *kazunoko* came while his father, Ryotaro Horii, was cod fishing and using herring for bait.

> Our home base was Lund where we kept a pond. At the beginning of the cod fishing season we would go to Lund and with a small seine net circle the herring that had come to spawn. That made them easier to catch. The herring were then transferred to our pond. When we needed bait for cod fishing, the herring were scooped into the hatch of our cod boat, which was built to carry live fish for bait as well as to keep them alive for the fresh fish market. We had live herring, the best bait for cod fishing, to last the whole season. When we had no herring, we had to gillnet for perch near Powell River. We also used lemon sole as bait, the bigger the better.
>
> A day or two after we penned the herring in our pond the rest of the school would come into the bay and spawn. The whole bay would light up with milt. The herring would spawn on the web-like net placed on the pond. In some places the spawn would be about an inch thick. A couple of days later we would have to scrape the roe off the webbing, otherwise our bait herring would start to die from lack of oxygen. We would take our

> *shamoji* (wooden ladle) and spoon and scrape off the roe. Sometimes we would get about 20 or 30 buckets of roe. Salt them down, take them home, sell most to the Japanese restaurants in Vancouver—at that time Aki and Mikaido's—and give the rest away to friends and family.

During the early 1960s Bill's father and his brother, Charlie Horii, along with eight other Japanese fishermen, formed a company to process herring roe. They received the roe for a nominal fee from BC Packers from their food and reduction herring and marketed it in the United States, mainly Los Angeles and Hawaii. Bill thinks they lasted only a year or two because the big canners saw a good thing and bypassed them and did it themselves.[331]

In the mid-1960s Rintaro Hayashi initiated the "catch and release" method of roe herring fishing in British Columbia. According to his granddaughter, Gayle, he was the first fisherman to apply for and receive a herring roe permit, which he arranged in his brother's name. At a time when the herring stocks were depleted and the fishery was closed to reduction plant processing and large-scale fishing, he and his colleagues caught the herring, cultivated the eggs and then released the herring.

Tak Miyazaki reminisced about the "boom years" of the herring fishery:

> In 1972 I was approached by a Japanese company to look into the roe herring fishery. I went to Victoria to observe the processing plant there. It was the only plant processing herring roe at the time that I know of. It was quite interesting so I decided to try gillnetting roe herring. In 1973 fishing was pretty good and more fishermen entered it. In the next few years, it just went wild. Many big Japanese companies got into it, driving the price of roe herring to record highs. It was unbelievable.

In Steveston, Johnny Toyoda, a well-respected commercial fisherman, is credited with helping many of his colleagues get started in the roe herring gillnet fishery while working at the Trans Pacific Trading Company. The UFAWU minimum agreed price for gillnet roe herring was $180 per ton, but in 1979 cash buyers on the ground were paying over $5,000 per ton. Takao Matsunaga of the Campbell River Fishing Co. remembered these "crazy times."

> In 1979 I went to the Royal Bank at Parksville and couldn't get the one million dollars in cash I needed to pay the fishermen because that branch did not carry that much money. Looking back, I can't believe how casual we were about travelling around with that much money in the trunk of the car. When mealtime came, we parked the car as usual and left it full of cash while we went to a restaurant. Those were "crazy times." It was also easy to lose money due to fluctuating prices. I feel fortunate I got out before it got too dangerous. I know people who lost their shirts.[332]

From 1981 onward the Department of Fisheries and Oceans introduced various management plans to reduce the "excessive participation" in the herring roe fishery by restricting the number of vessels and licences. The first was area-licensing where each licence gave the vessel the right to fish in one of five geographic areas. This was followed by multiple area licensing where a vessel could fish more than one area with a separate licence for each area. Then came double or triple licensing where a vessel required multiple licences to fish in a specific area. Fisherman Richard Nomura explained that

> this meant that people who held licences, not necessarily fishermen, could lease them out for speculative values. Fishermen who felt that they could catch more than the average or who self-processed their catch felt that they had a larger margin of profit and could afford to pay more to lease a licence from its owner. Since there was a limited supply available it created a bidding war among fishermen.

In 1997 the seine fleet exceeded the target catch set by the DFO by over 100 percent just as the prices for roe herring dropped by more than one-third due to the downturn in the Japanese economy. This was not acceptable and the DFO devised another plan—a "pool fishery" where vessels were grouped together and each licence received an equal share of the herring catch in the fishing area for the year.

Each area quota was divided by the number of licences fishing in that area and from that calculation each licence fishing in that area was limited to a set catch (quota). It came to a head in 1997 when over-supply, quality problems and markets collapsed. A group of fishermen fishing for a company were told that they lost money and were expected to repay the debt. The group formed a class action suit that was later resolved out of court. For Nomura the inability by the Department of Fisheries to set realistic sustainable quotas in recent times may be the last straw. In recent years when quotas were set too high and there were not enough catchable, marketable fish, the Department of Fisheries was forced to extend fishing times to great lengths and into sensitive areas to avoid law suits. The situation basically was the result of a user group not owning enough licences and having to lease them.

In the year 2000 there were 252 seine and 1,301 gillnet roe herring licences issued.

Nomura considers herring fishing to be the highest

pressure fishery on the West Coast. "The investment in leased licences is beyond good business practice and speculating on one's catch and praying that you didn't have a breakdown on a three-hour opening is beyond any form of sanity." He compares this practice to "something like the gold rush but every year."[333] Nikkei in this fishery in 2006 numbered fifteen; in 2008 it was reduced by an estimated 50 percent. The standard lease was $4,000 per four tons of quota, which means that $1,000 per ton went to pay for the lease.

In 1979 the government also began issuing spawn-on-kelp or roe-on-kelp licences. As the Natives have a tradition of harvesting herring roe for food and for trading, they were issued with the majority (thirty of thirty-six) of the licences. Photos taken in the early 1900s show Natives trading this product with the Japanese and the tradition continues. Japan is the primary market with a very small amount being sold in British Columbia.

Iwakichi Sugiyama produced salted salmon before and after the internment years. A December 1940 article in the *News-Herald* (Vancouver) described him as having been the manager and president of the Burrard Fishing Company for the past fifteen years. According to his son, James, his father and Senkichi Fukuyama, his father's lifelong partner, were joint owners of the Burrard Fishing Company and Howe Sound Fisheries.

> They salted chum salmon in Blind Channel and shipped it to Japan. They were also successful in the fresh fish market. Each night they hauled fish on a small boat from Pender Harbour to Vancouver to catch the early morning market and, with the money earned, purchased a gasoline engine to power a boat they built out of hand-sawn lumber taken from logs salvaged at the beach. This became their first *Howe Sound* boat. They added seven others to their fleet, and named them *Howe Sound II, III, IV*, etc. All the *Howe Sound* boats were confiscated in 1941.
>
> Iwakichi Sugiyama also operated a salted-herring plant on Galiano Island and exported salted herring to Japan. His boats delivered fresh caught herring to the saltery, and a crew processed the fish in huge wooden vats and shipped them in large wooden boxes. The saltery was a self-contained operation, with a machine shop, supply store, bunkhouses, mess-hall with a full-time cook, and above all, a Japanese-style *ofuro* to keep the crew happy.

Aside from wartime when Sugiyama was forced to relocate inland, he devoted his whole life to the fishing industry from shore-based plants. His older brother, Tsunekichi, ran the salted salmon roe production of *sujiko* before the war, and when he returned in 1956 to Vancouver, he resumed his *sujiko* operation there and in Prince Rupert, Alert Bay, Namu and Klemtu as well.

> Around 1970 after several years of area closures the government reopened the herring fishery so my father resumed herring roe production of *kazunoko* with newly designed equipment. The combined production of *kazunoko* and *sujiko* worked well because herring season ran from February to May and salmon from June to November. This provided year-round work for his crew. When he retired in 1975, his son Shunichi took over the business. *Sujiko, kazunoko* and salted salmon production continued until the end of the 20th century when the business was sold.[334]

In post-war Steveston the only plant processing salmon for specialty markets was operated by Shinichi Matsuo and his sons on the Nakade boat works site at the foot of No. 2 Road. It processed *sujiko, kazunoko*, smoked and salted salmon. It was established in 1973 and taken over by Kawaki Canada in 1992. In Campbell River on Vancouver Island, the Matsunaga families have owned and operated the Campbell River Fishing Company Ltd. since 1968. Their plant processes wild Pacific salmon, cod, salmon roe, albacore tuna, prawns, and octopus. They are also partners in Pine West Fisheries, which operates seiners and packers.

STILL A DANGEROUS OCCUPATION

Despite all the advances in vessel design and navigational instruments and the improved safety features, fishing remains a dangerous occupation. Some fishermen are remembered only by their families and their names inscribed on "The Needle" at Garry Point in Steveston. Fortunately, there are others who survived to tell of rescues.

Early one morning in the middle of March 1969 five fishboats with Frank Nishii and his brother, Mr. Harada, Aki Hikida and Don Narukami aboard left Bamfield on Vancouver Island and headed for Victoria. The forecast at that time was for winds southeasterly 20 turning to westerly 20, so the conditions were not too bad, but by the time they reached San Juan, midway down the west coast of Vancouver Island, the wind had already changed to sou'west, and before they got to the Sheringham Point lighthouse, the wind had reached 100 miles per hour.

The scene on the water was horrible. The *Sudbury II* was towing a scow loaded with shrimp boxes weighing about ten to eleven pounds wet and they were flying off just like paper in the wind. Then a table weighing 40 pounds went flying through the air like a matchbox.

At Sheringham Mr. Harada called on the radio to say, "There's something haywire with my boat," and that was the last call from him before his boat suddenly overturned. He crawled out the window and clung onto the side of his overturned boat. Fortunately he was young, a teacher of judo, and really hardy.

After many hours of searching, Don Narukami finally detected the boat upside down but staying afloat because of a little air pocket inside. Suddenly his boat was on top of Mr. Harada's boat, and Mr. Harada was able to jump onto Don's boat. Then to their surprise a few hours later they discovered that the capsized boat had drifted into the entrance to Sooke Harbour. They hooked up to the bow and in the howling gale towed it into harbour. When they arrived, they found the RCMP and newspaper reporters waiting for them. "How did you ever survive that gale?" they asked and Frank Nishii's response was "Just luck, I guess."

Shigeaki Kamachi tells the story of a rescue that occurred in April 1975 after the opening of the spring salmon fishery:

> It was raining and dark. As I finished setting my net [for the evening slack tide], I heard a low moan coming from the boat above me—*"Tasu ke te!"* [Help me!] I realized someone was in trouble. I released my net and went over to the boat. I looked around the boat and, just as I suspected, the moan came from the net drum. The fisherman was wrapped in the spool. The net had caught his net gear. This type of accident happens when the stop-pedal does not release after a winder lay-up. I unwound him and rushed him to the hospital for a check-up. If the wind had not blown my way, I would not have heard him. Teisuke Asano lived until 2008.

On October 3, 1975, a cabin cruiser with four persons aboard ran into trouble when the skipper tried to anchor in the main channel near Steveston to repair a heating problem and fell overboard. Several fishermen, at the risk of their own lives, answered the call for help. Ken Takahashi, who was picking up his net, noticed their plight and called Susumu Nomura who was nearby to go to their assistance. Night was fast approaching and the southeast wind was blowing at 30 to 40 knots when Nomura saw a man hanging onto the anchorline. He attempted to manoeuvre his 25-foot mosquito skiff, the *Sea Dance*, alongside the cruiser, but before he could react, a swelling sea dashed his boat against the jetty. Now both boats were atop the rocks.

In the meantime, a crew member who did not have a lifejacket on was tossed overboard and soon drifted away from the boat and nothing could be done for him. Undeterred, Nomura scrambled aboard the cruiser and launched a rubber dinghy in search of the owner. The dinghy proved useless in the storm, and the rescuer himself shortly after had to be taken aboard the mosquito skiff *Cloud Nine* manned by Wayne Takasaki. He had sized up the situation and approached from the leeside of the jetty, which was calmer, to pick up Nomura. The fishermen continued the search for the victims until forced by the tide to abandon the area. By this time the cabin cruiser had sunk, and operations were being carried out by several other fishing boats to rescue the two other passengers. One was found clinging to the mast of Nomura's skiff but heavy seas prevented all approaches to the rocks. Then William Gaunt, the owner of another boat, managed by reversing his engine to reach the man and take him aboard.

Ted Bruce and Ralph Weick, crew members on board still another boat, *Our Own*, saved the life of a woman who had been washed from a cabin cruiser onto the breakwater. They accomplished this by boarding a skiff attached by a 300-foot line to their boat and rowing to the rocks. At the jetty Bruce remained in the skiff to prevent it from going aground, while Weick scrambled onto the rocks. The survivor was brought to the skiff and the craft was then pulled by winch to the boat. All attempts to find the two other occupants of the cabin cruiser were in vain.

Susumu Nomura received the Star of Courage, the Canadian medal of bravery "awarded for acts of conspicuous courage in circumstances of extreme peril." Wayne Takasaki was recognized with the Medal of Bravery "awarded for acts of bravery in hazardous circumstances."

In 1995 the Steveston Fishermen's Memorial Committee initiated a project to remember those who had lost their lives while fishing for a living. The Steveston Fishermen's Memorial 1900–1996 was erected at Garry Point Park overlooking the entrance to the Steveston harbour and the Fraser River. The 25-foot-high aluminum net needle is set on a granite base with cast bronze artwork depicting a fishing vessel in turbulent seas. The net needle was chosen as it represents a common tool used throughout the fishing industry. A memorial service is held at this site in April each year on Canada's national day of mourning for work-related tragedies.

12

The New Millennium

Is the closing of the 20th century a fitting end for the small, independent commercial fisherman? The Department of Fisheries and Oceans (DFO) had for several decades been introducing policies and programs intended to preserve West Coast salmon stocks.

One of them eliminated almost all openings for commercial fishing on the Fraser, another drastically reduced trolling days on the West Coast. Joyce Nasu, who moved to Ucluelet in 1951 with her fisherman husband Takashi and their children, recollects that in those "olden days" after the war when Japanese Canadian trollers came back to the coast, fishing was open 365 days a year, and sometimes the summer days were so long that the men were relieved when summer was over. Now in a good year they are allowed to fish for a few weeks during the summer—this year (2008) zero days—and they long for the old days back again. Retired fisherman Tak Miyazaki commented, "In close to fifty years in this industry, I have never witnessed so many sockeye salmon returning up the Fraser River as in the year 2002, the Adams River run, and again in 2003. Yet there were only three or four limited openings for commercial fishermen. To me, being a commercial fisherman all my life, it's very hard and very sad to see what happened to the fishing

Retired and current fishermen photographed in 2007 whose fishing lineage goes back several generations. Standing left to right: Ken Takahashi, David Yoshida, Richard Omori, Roy Koyama. Sitting left to right: Richard Nomura, George Konishi, Douglas Shinde, Troy Takasaki, Tetsuo "Teko" Kumagai.
Stan Fukawa photo

industry. It's very hard for commercial fishermen to make a decent living, if at all."[335]

About the time that the Nikkei born in internment camps were entering the fishing industry, the DFO was introducing its first "buyback" program, and between that time and the year 2000 they implemented four more buybacks of vessels and/or salmon licences. The first, the Salmon Vessel Licence Limitation Program, generally called the "Davis Plan," was introduced by Jack Davis, minister of Fisheries, in 1986 as a solution to overcapacity, the "too many boats and too few fish" problem. It was designed to eliminate "casual" fishermen and raise the income of those who were full-time. The boats were sold as pleasure craft, never to be used again as part of the BC fishing fleet. Ten years later (March 29, 1996) Fisheries minister Fred Mifflin announced the Pacific Salmon Revitalization Strategy for conservation, economic viability and partnership. His "Mifflin Plan" included voluntary licence retirement and a new scheme that consisted of a) single gear licensing (a licence was required for each gear type; b) single area licensing (two areas for seine, three areas for gillnet and three areas for troll with a licence for a specific gear type in each area); and c) stacking of licences (fishermen were allowed to purchase additional licences in order to fish other areas or use other gear). Retired fisherman Tak Miyazaki observes that "having to buy a licence for each is prohibitive for most fishermen, especially with the limited fishing that is being allowed."[336] According to Kelly Vodden, a researcher with Simon Fraser University's Centre for Coastal Studies, the Mifflin Plan devastated the province's fishing industry. "The people who lost their jobs and boats tended to be those who were not as well off, and especially people on reserves. Alert Bay was one of the hardest hit communities in the province."[337] They are looking to tourism possibilities.

Two more buybacks—in 1996 and in 1998–2000—brought about the largest reduction in vessel numbers, cutting them by almost 50 percent. In 1995 there had been 4,367 commercial vessel licences, and by 2001 that number was reduced to 2,217. In 2000 there were 1,898 salmon licences issued (seine 271, gillnet 1,095 and troll 529); in 2003 only about 1,600 reported salmon landings. As expected, there was significant job loss by the year 2000, down from approximately 26,000 jobs to 13,000. The 9,435 persons out of work in the commercial sector included skippers, deckhands, plant workers, tendermen and suppliers.[338] Kiyoo Goto, who is a member of the UFAWU and three other associations, says, "[The unions and fishing associations] can't do much about the fishing situation." Furthermore, with shortened or no openings, fishermen are not eligible for employment insurance because they have no means of achieving the minimum working days or dollars required to qualify. The 3,155 jobs lost in the recreational sector included those of people working in lodges and the charter business and for suppliers.

The North American Free Trade Agreement also hastened job loss. In 1994, for the first time in a century, no salmon was canned at the BC Packers' Imperial Cannery in Steveston. Fish that formerly would have been

Shacks built in Hammond Bay by Japanese Canadian fishermen prior to their internment have been turned into summer "homes" by the locals.
Stan Fukawa photo

processed there were delivered to US canneries as the remaining Canadian fishing companies integrated their operations with those in Washington State and Alaska. In order to survive, Steveston, the former "salmon capital" where the odour from the humming canneries used to be called "the smell of money," has become a tourist destination like Alert Bay and Prince Rupert.

As a result, the people in fishing communities up and down the coast have faced "readjustments." Fishermen at least had assets that someone else wanted—licences, gear, boats—but with the reduction in the number of fishermen came a decrease in the services required. For example, many machine shops closed, their inventories immediately obsolete and valueless, but there were no buyers for these obsolete businesses and there was no goodwill left to sell either. Nikkei women in the processing sector lost their jobs and therefore the wages they had contributed to family incomes.

The buyback programs also became a tool for the federal government to achieve other policy objectives, including recognizing aboriginal treaty rights and concluding settlements through an allocation of a share of the salmon target in specific fisheries and the use of more selective fishing techniques. They were helped along by the 1990 Supreme Court decision in the Sparrow case that reaffirmed the treaty rights of aboriginal people. In May 1984 Ronald Sparrow, an elder of the Musqueam First Nations and grandson of Edward Sparrow Sr., a founding member of the Native Brotherhood of BC, was charged with fishing with an illegal net. The BC Court of Appeal overturned the decision and the Supreme Court of Canada upheld the appeal court, ruling that the aboriginal right to catch fish for food is protected by Section 35(1) of the Constitution Act of 1982 and takes priority over other users of the resource.

In response to the Sparrow decision, the DFO launched the Aboriginal Fishing Strategy (AFS), and in 1992 the DFO under minister John Crosbie designed the Pilot Sales Program for members of the Tsawwassen, Musqueam and Burrard bands to fish in order to test sales—even though the sale of fish was not included in the AFS as an aboriginal right. In part the AFS was intended to alleviate the management problems created by unauthorized sales of aboriginal food fish, but it was also to encourage a shift from the adversarial process of litigation with aboriginal communities to negotiating resolutions. Non-aboriginal fishermen, however, argued that this program created a separate commercial fishery for the private benefit of individuals with bloodline ties to certain tribes. They also objected to the fact that some of those who were designated by the bands to fish under their communal fishing licences were also licensed commercial fishermen who were entitled to fish at other openings for all commercial fishermen.

In 1998 under the auspices of the BC Fisheries Survival Coalition, 145 commercial fishermen of all ethnicities, including Natives of those bands excluded from the Pilot Sales Program, "dropped their nets in protest" against a Native-only commercial fishery that permitted members of the three bands to fish for sockeye salmon between seven a.m on August 19 and seven a.m. on August 20 and to use the fish caught for food, social and ceremonial purposes—and for sale. As anticipated, the fishermen who participated in the protest fishery were charged. Among them were Leonard Koyanagi, Dennis Nakatsuru and Kenny Yoshikawa, all of whom are second-generation Japanese Canadian fishermen, and Richard Nomura, whose fishing lineage began with his great-grandfather in 1893. In defence of the charges, they filed notice seeking declarations that the communal fishing licence, the Aboriginal Communal Fishing Licences Regulations (ACFLR) and related regulations, and the Aboriginal Fisheries Strategy were all unconstitutional. The case of *Regina v. John Michael Kapp* was heard in three lower courts and they all rejected the idea that the sale of fish was an aboriginal right. In the BC Court of Appeal, Chris Harvey, who represented the fishermen and the BC Fisheries Survival Coalition, argued that it was not an "aboriginal rights case" but "one tied to ancestry and bloodlines."[339] He said that restrictions on who can fish go against Section 15 of the Charter of Rights and Freedoms. However, in 2005 the BC Supreme Court overturned the decisions of the lower courts. All five judges ruled in favour of the Crown. Chief Justice Donald Brenner ruled that the fishery's Pilot Sales Program did not violate equality provisions of the charter but cautioned that the DFO should think carefully before reinstating the program as it had driven a wedge between aboriginal fishermen and the rest of the fishing community.

In 2007 the Japanese Canadian Fishermen's Association (JCFA) was formed "to restore fairness and equality in the BC commercial fishery." Leslie Budden, a granddaughter of Rintaro Hayashi, became the chair. The Calgary-based Canadian Constitution Foundation, a non-profit registered charity, represented the JCFA as it sought to intervene before the Supreme Court of Canada in *Regina v. Kapp.* The question before the court was: Is government-imposed racial segregation of the workplace permissible under Canada's constitution?

The JCFA asked the government a) to reaffirm its

1928 decision disallowing the use of race as a criterion in regulating access to the public commercial fishery, and b) to hold to its promise made in 1988 in the context of the apology to Japanese Canadians for injustices perpetrated during and after World War II that public policy should apply equally to all Canadians regardless of race, colour, ethnicity, ancestry, language or culture. The JCFA also urged the court to consider a) the constitutional context that an aboriginal food fishery has always been entirely separate and distinct; b) the social context of racial diversity, racial integration and racial harmony before the Pilot Sales Program of 1992; c) the cultural context that Japanese Canadians have the same deep and long-standing attachment to the fishery as aboriginal Canadians and Canadians of other racial, cultural and ethnic backgrounds do; and d) the historical context whereby Japanese Canadians were disadvantaged by government actions in the 1920s and 1940s.[340] The JCFA did not challenge the Aboriginal Fisheries Strategy, the Aboriginal Communal Fishing Licences Regulations or the minister's authority to allocate fish among various user groups.

On June 26, 2008, the Supreme Court declared that the communal fishing licence was constitutional and the appeal was dismissed. It argued that individuals in a group may be advantaged when the group itself is not and that the purpose of the program was to ameliorate and redress the social and economic disadvantages of the target group and thus does not violate the equality rights of the charter. The court identified potential conflict in "that the right given by the Pilot Sales Program is limited to aboriginals and has a detrimental effect on non-aboriginal commercial fishers who operate in the same region as the beneficiaries of the program. It is also clear that the disadvantage is related to racial differences. Section 15 of the Charter is *prima facie* engaged. The right to equality afforded to every individual under Section 15 is not capable of application consistently with the rights of aboriginal fishers holding licences under the Pilot Sales Program. There is a real conflict."[341]

Kiyoo Goto, a veteran of over fifty years in the fishing industry, observes that what has been forgotten in the battle against racially based commercial fisheries is the fact that independent fishermen, both Native and non-Native, on the smaller gillnetters and trollers have been replaced by multinational processors who own and operate larger vessels and who are interested in the product only and not on how it is caught. He points out that fishermen on the water have noted that "the balance between gears has been lost and most of the fish being landed now are from seine boats." His observations are confirmed by the research of R. Grafton Quentin and Harry W. Nelson,[342] who discovered that, despite all the buyback plans and the attendant misery brought to fishing communities, salmon production has not been reduced; instead the harvest is now being done by newer, bigger and better equipped vessels. According to Max Ledbetter, "purse seines caught 80 to 90 percent of the vulnerable migrating salmon present in Johnstone Strait during what were commonly 48- or 72-hour fishing openings."[343]

Another major concern to all involved in the fisheries is the disappearance of salmon habitat. In his book *Salmon: The Decline of the BC Fishery*, Geoff Meggs quotes from a ten-year review completed in 1993 by fisheries biologist Otto Langer that "the disappearance of wetlands, continuing sewage discharge and the destruction of small streams—including virtually every fish-bearing stream in the Greater Vancouver area—have made the task of rebuilding salmon runs more and more difficult."[344] The Pacific Salmon Foundation, an independent, politically neutral organization established in 1987, is dedicated to rebuilding healthy, sustainable and naturally diverse Pacific salmon stocks because the future of over 190 species of plants and animals—everything from algae and mosses to bears, whales and people—depend on salmon. A study, funded by the foundation, "The Rivers Inlet Mystery: What happened to the sockeye?" asks how what was once the third-largest sockeye stock on the coast could completely collapse, in hopes that determining the causes will help find a way to restore future stocks.

According to Meggs, "scientists insist the potential is there to double existing runs, some of which are as strong as they have been since the earliest days of the commercial fisher," but he credits the fact that salmon still exist in the wild to the thousands of Canadians who rose to defend the salmon with organized initiatives that include the small marsh and wetland cleanup projects and salmonid enhancement programs to the more ambitious initiatives that involved substantial elimination of pulp effluent. Campaigns to protect salmon runs in the high seas have led to clearing the driftnet salmon fishery. In 1997 the New Democratic government created Fisheries Renewal BC, establishing its priorities as the common good, conservation and good management of the resource. This agency was directed by a board with representatives from government, First Nations, fishing communities and the industry. Its responsibilities included the restoration of fishing habitat, development of seafood markets and community-based fisheries, and its members acted as advisors to government on fishing issues. Unfortunately, it was funded only for its first three years, and without long-term government commitment and funding, it was easy for the incoming Liberal government to eliminate the program, making the survival of the salmon dependent upon the awareness and actions taken by non-profit organizations and the average individual.

NIKKEI FISHERMEN ENJOY BEST FISHING DAY IN FRASER RIVER

September 5, 2006, is a day that will be long remembered by many Nikkei fishermen as it was one of the best fishing days they had enjoyed in all their years as commercial fishermen. The opening was just twelve hours long, from eight a.m. to eight p.m. All the ingredients for a successful day were there: Mother Nature co-operated by providing a beautiful sunny day with hardly any wind; the sockeye were at their peak and making their way up the Fraser River; most of the Japanese Canadian fishermen had Super Skiffs capable of packing the abundance of sockeye; and most of them had three persons aboard to pick the sockeye out of the gillnets. Time is precious when the opening is only twelve hours long, so the fishermen had to be careful to avoid snagging their nets or wrapping them around channel marker buoys or on log booms or propellers. And they had to watch that tugboats did not run over them.

Justin Taylor, one of the youngest in the fleet that day, was the high boat with a catch of 2,800 sockeye. His father, Terry, had held the previous record for most sockeye (2,200) caught in a twelve-hour opening, and he conceded, "I guess my bragging days are over." Several Nikkei fishermen—Terry Taylor, Dennis Morishita, Ken Yoshikawa, Ted Takasaki, George Konishi and Teko Kumagai—had 2,000 sockeye for the day. Several others could have had over 2,000 sockeye if their boats had had the capacity to carry them. Richard Nomura had 1,700 sockeye and had to put 300 of them in his cabin and quit early because his boat was plugged to the gunwales. His daughter, Melissa, had everybody on board wearing life jackets as she feared the boat was going to sink. Many of the old-timers could not believe that anyone could catch that many sockeye in a twelve-hour opening; in the old days it would have taken them three weeks at the peak of the run and fishing three days a week to catch that many. "It is days like this," said retired fisherman Ken Takahashi, "that make fishing for a living worthwhile. You may not get rich but the memories you have are priceless." Of course, that September day in 2006 would have been even better if the processors had paid a higher price than the dollar a pound they were booking at. This was the lowest price for sockeye in over ten years.

Currently, there are forty-four Japanese Canadians in the fishing industry on the West Coast. Of the thirty-two who provided a date of birth, the oldest was born in 1929, four were born in the 1930s, fifteen in the 1940s, four in the 1950s, six in the 1960s and the youngest two were born in 1975 and 1976. In terms of their fishing lineage, there are five who are the first in their families to enter fishing, nine who are second generation, twenty-four third generation, one fourth generation, and one who is the fifth generation of his family in fishing. They are all independent fishermen: twenty-three are salmon gillnetters, sixteen are salmon and herring roe gillnetters, four are trollers and one is a shrimp trawler.

Salmon Gillnetters
Edward Goto
Kiyoo Goto
Satoshi Hamada
Barry Ikuta
Kay Ikuta
Mike Inouye
Terry Kajiwara
Roy Koyama
Leonard Koyanagi
Takasada Nakatsuka
Joe Nishi
Yonny Sakai
Doug Shinde
Douglas Suto
Kiyoshi Tani
Bruce Tasaka
Donald Tasaka
Justin Taylor
Junji Tsumura
Kanji Tsumura
Hitoshi Yamashita
Shiro Yesaki
Doug Yodogawa

Trollers
Gordon Hamanishi
Douglas Kimoto
Gordon Kimoto
John Noda

Shrimp Trawler
James Kitagawa

Salmon and Herring Roe Gillnetters
Ted Akune
Bill Horii
John Horii
Jun Kawaguchi
George Konishi
Tetsuo Kumagai
David Matsuo
Dennis Morishita
Dennis Nakatsuru
Richard Nomura
Richard Omori
Kevin Oya
Ted Takasaki
Troy Takasaki
Ken Yoshikawa
Dale Mizuyabu

THE LAST NIKKEI FISHERMEN

The Takasaki family's history in the West Coast fishing industry reflects the history of the entire Nikkei fleet. The first Takasaki to fish on the Fraser was Kotaro. Born in Ibusuki, Kagoshima, in 1866, he was pushed by poverty to leave his homeland. He was about sixteen when his perilous journey to Canada began on a dilapidated ship that disintegrated as it neared the Queen Charlotte Islands. He tied his belongings in a bundle, put the bundle on his head and waded ashore.

Kotaro Takasaki found work with the CPR at low wages and in dangerous conditions, and when the last spike was driven at Craigellachie three years later, he left to fish on the Fraser. He began as a puller, then acquired a cannery licence—probably at the English Cannery, which was the first to be built in Steveston—and in 1892 when licences became available to all naturalized British subjects, he obtained his own fishing licence.

The Japanese were relative latecomers to British Columbia but by the time Kotaro Takasaki became an independent fisherman they had already become a force in the industry. Manzo Nagano, the first Nikkei immigrant (1877), had already sent his first shipment of dry salted chum salmon to markets in Asia, and George Isomuma had opened the first independent boat works on the Steveston waterfront. The discovery of gold in the Klondike in 1896 lured many Caucasian fishermen away and their places were filled by newly arrived Japanese. Fledgling Japanese communities on Powell Street in Vancouver and in Steveston had sprung up. The Japanese hospital in Steveston opened a few years later and the *Dantai* became the first and largest Nikkei organization in the province. Prefectural and village associations that maintained ties to Japan were established, but at the same time the Canadian Japanese Association was encouraging immigrants to become naturalized Canadians. On the downside, Japanese Canadians lost the franchise in 1895.

Kotaro Takasaki returned to Ibusuki to marry and start a family. Kosuke, the first of his six children, was born in 1888, and at age sixteen he accompanied his father to Canoe Pass (Ladner) as a deckhand. In 1904 they were just two of approximately four thousand Nikkei fishermen who made up almost half of the total fleet fishing on the Fraser. They prospered and in time installed gasoline engines in their boats to gain power and speed.

Kosuke Takasaki, like his father, returned to Japan to marry, and his bride, Ai Iwamatsu, accompanied him back to British Columbia. They became the parents of three sons and a daughter. The three eldest were born at the Steveston Fishermen's Hospital: Yukio "Roy" in 1915, Yukinori "Pete" in 1916 and Hideko in 1918; the youngest, Yukihiro "Tom," was born in Ladner in 1920. The year after Tom was born, Kotaro, Kosuke and Ai took the children to Japan to be educated there. Sadly, while en route, Ai died in childbirth and her child was stillborn. The four surviving children were left in the care of their grandmother, and Kotaro and Kosuke returned to Ladner to fish.

In the 1920s Caucasian and Native fishermen launched a campaign to eliminate the Japanese from the fishing industry and were successful in having the federal government establish the Duff Commission. A thousand Nikkei were subsequently pushed out of fishing, but Kotaro and Kosuke Takasaki were fortunate. They continued fishing, although like all Nikkei fishermen they were restricted to specified districts, licences and fishing areas. The Nikkei fishermen realized that social cohesion and "self help" were essential for their survival, and they established, among others, the East Coast Ling Cod Association, the Ucluelet Japanese Fishermen's Co-op, the Tofino Trollers' Co-op and the River Fish Co-op in Steveston. These associations organized provincially as the *Kyogikai*, a liaison council. The Nikkei also expanded their operations in the salted herring and salted salmon businesses.

In the early 1930s Kosuke's three sons, having completed their education in Japan, returned to the Fraser. By this time the development of the drum had made gillnetting easier and the radio phone had improved communication and safety, and the three generations worked together gillnetting and collecting fish on the Fraser. They prospered and became the owners of gillnetters and packers—the *Taka I*, *II*, *III* and *IV*. Life was good. Kotaro returned to Japan for good in the mid-1930s, and in 1939 Kosuke took his children to Japan for a visit where he remained, but the children returned to Ladner and continued their fishing careers.

Within a hundred days after December 7, 1941, what had taken three generations of Takasakis to achieve was taken from them. They lost their boats, their livelihood, their homes and their trust in their own country. Roy, Pete, Hideko and Tom were in their early to mid-twenties when they were ordered to move 100 miles inland, and in order to stay together as a family, they relocated to sugar beet farms in Alberta. Their acceptance of *Shikata ga nai* ("it can't be helped") enabled them to endure the shame of their losses, the forced removal, the destruction of their communities, and the betrayal of their trust in the Canadian government, which sold off their possessions and extended their exile four years beyond the end of World War II. With the lifting of the ban, Pete returned to the coast in December 1949, the first of the Takasaki fishermen to do so, and like all Japanese Canadian fishermen, he started from scratch again. Roy and Tom were among the approximately six hundred who followed in the early 1950s when the availability of cannery-owned houses made it easier for families to return.

Their return was fraught with challenges, but times were changing. Buck Suzuki was working with the UFAWU, and especially with Homer Stevens, to lay the groundwork for a post-war industry that integrated all workers, and in time a remarkable reversal in attitude resulted, with a sharing of a common bond and camaraderie amongst fishermen of all cultures and ethnicity. In the larger society, as in the fishing community, a gradual shift in attitude to the more equal and inclusive multicultural paradigm had begun to occur while at the same time Nikkei were becoming assimilated into the dominant group. Although this acculturation differed between generations and among individuals, the *Nisei*, generally speaking, now tended to "hide" or downplay their ethnic identity in order to succeed economically and be accepted. As parents, they did not instill a sense of their cultural heritage and ethnic history so that on most measures of acculturation their children, the *Sansei,* are now "completely identical to the majority group in achievement, interests and social values."[345] The ties to Japan, represented by the Japanese consulate, are foreign to the younger generations. Intermarriage, estimated at 95 percent in the Nikkei community, has proved untrue the old accusation that "once a Jap always a Jap" and therefore "unassimilable," because the Nikkei have become culturally and racially assimilated and almost indistinguishable from members of the dominant group.

Like most Nikkei, parents in fishing families have always believed in the importance of education, and with the granting of the franchise to Japanese Canadians in 1949, their children became eligible to enter the secure status fields of medicine, engineering, dentistry, architecture, law and teaching. In 1989 in her report titled "A Demographic Profile of Japanese Canadians and Social Implications for the Future," Audrey Kobayashi stated that Japanese Canadians on average are among the most highly educated of all groups in Canada and have an average income 28 percent higher than the average for all Canadian households. In terms of Canada's "vertical mosaic," a handful of Nikkei have climbed the corporate ladder to levels of power, prestige and privilege. A *Sansei* whose fishing lineage goes back to 1893 and who worked during the summers on packers is now the president of the Canadian Fishing Company, the largest remaining processor with global markets. In the area of organized labour, Buck Suzuki rose to the rank of vice-president and served as the president of the UFAWU while Homer Stevens was in jail. There is a Nikkei cabinet minister in the federal government and Nikkei have been appointed deputy ministers both provincially and federally and judges to the provincial Supreme Court. Although none of these individuals have direct connections to fishing families, many Nikkei fishermen have served on city councils, and one of the longest serving councillors (twenty-eight years) fished on the Fraser for fourteen summers as a member of the mosquito fleet. The executive director of the Pacific Salmon Foundation is a *Sansei* who fished as his father's deckhand.

Ted Takasaki and Wayne Takasaki are cousins and the fourth generation of their family to fish commercially. Both were born in Alberta during internment, Ted in 1944 and Wayne a year later, and both are the youngest of three siblings. They were teenagers when they became deckhands for their fathers, but soon they joined the mosquito fleet's "Great West Bunch" and continued into fishing careers. While improvements in vessels, gear and navigational aids made life easier and safer, making a living in fishing became increasingly difficult due to low yields, reduction in fishing days, and Department of Fisheries' policies. When the government introduced the Mifflin Plan in 1996, Wayne sold his gillnetter and went to work as a draftsman/office manager. His children did not become fishermen. Ted, however, continued to fish and his son Troy followed him into fishing.

Troy Takasaki, a fifth-generation fisherman born in 1976, and Justin Taylor, a second-generation fisherman born in 1975, are the last two Nikkei to choose commercial fishing. Both are *hapa* (half) or mixed race. Troy's father is of Japanese ancestry and his mother, Sheila Kershaw, is of European descent. Troy is married to Laura Sutherland and they have two children. Justin's father, Terry, is Caucasian and his mother, Sharon Nishihama, was born in Japan to a Japanese Canadian father and a Japanese mother. They returned to British Columbia where Justin and his siblings were born. Justin is married to Cynki Lau.

Troy attended Richmond High and Langara College with the goal of a career in recreation and facilities management. However, fate intervened when he snapped a tendon, and his uncle, Paul Kershaw, who was encouraged into fishing by Troy's father, in turn encouraged Troy to take up fishing. He told him, "You love fishing," and "There's money to be made."

Troy's love of fishing began in his childhood when he looked forward to long weekends because it meant fishing trips with his family to the Gulf Islands. After

Troy Takasaki and Justin Taylor are the last two Nikkei commercial fishermen in British Columbia.
Stan Fukawa photo

a family vacation to Disneyland, his father asked him which he enjoyed more, and without hesitation, Troy answered, "Fishing." When he was thirteen, Troy became a deckhand for his Uncle Paul, and though he suffered terribly from seasickness, he was determined to overcome it by willing it away. But fishing was to be just a summer pastime. His father told him, "Go to school. Don't go into fishing," but Troy says that his mother "just wanted me to be happy."

Justin attended Steveston High and UBC and became a chartered accountant. His father was neutral regarding his career choice, but he says, "I'm sure Dad's happy and proud that I'm making a living at it." On the other hand, his mother discouraged him. "Don't put your wife through what I went through—the hard work, the long periods spent apart, and an uncertain future. Don't throw away your education." However, Justin had also fallen in love with fishing: "the water, the game, the lifestyle, and the good money in the summer."

Their yearly earning cycle is determined by the season openings for fish and seafood. Troy's year begins with herring in March. This is followed by prawns in May and June, then gillnetting for salmon during any openings from July to September and sporadic crabbing between July and November. Justin spends the first four months of each year doing accounting at Jimmy Pattison's head office in Vancouver. Between May 1 and June 15 he goes prawning. "You can't make a living in salmon alone," he says. "There is no fishing time. Salmon is 'bonus' fishing." On the Fraser in 2007 and 2008 there were zero days for sockeye; in 2006 four days; and in 2005 and 2004 there were two days of 12- to 48-hour openings. Unlike earlier times, they find that when there is an opening there is plenty of room on the Fraser because there are so few fishermen and they do not have to jostle for fishing spots, but there is enormous pressure to make the year's living in one opening. "It is risky business and very stressful." Furthermore, with global competition and only one major processor remaining, fishermen have to accept whatever price is being offered, and while there is a steady decrease in the price paid for fish and seafood, there is a steady increase in the cost of fuel, which is the biggest expense for fishermen. This problem is compounded for prawn fishermen by the upward trend of the Canadian dollar because they are paid in American currency.

Both Troy Takasaki and Justin Taylor are independent operators and not members of any union. They believe, as do their older Nikkei comrades in fishing, that their history and their heritage are tied to fishing. They recognize that Native people enjoy fishing rights guaranteed by Canada's constitution—today fishermen of aboriginal ancestry are designated 47 percent of salmon seine licences and 35 percent of salmon gillnet licences—but at the same time the Nikkei are deeply concerned that the programs of the Department of Fisheries and Oceans are divisive and add greatly to the uncertainty of their future and that of the commercial fishing industry in British Columbia. Intellectually and philosophically one can argue that commercial fishing is almost a luxury choice for individuals who have other career choices and are not restricted to fishing as their forefathers were. Indeed, their ancestors would have been pleased to see the realization of their dreams for equality of opportunity in all fields in this country. But for those who are proud fishermen, the Supreme Court decision was a huge blow to their dignity and self-respect, and to their choice of fishing as a career. Troy Takasaki and Justin Taylor will very likely be the last Japanese Canadian commercial fishermen on the BC coast.

ACKNOWLEDGMENTS

The Nikkei Fishermen's History Book Committee wishes to thank the following institutions for access to their collections:

The Museum at Campbell River, Canadian Fishing Company, Gulf of Georgia Cannery, Japanese Canadian National Museum and Heritage Centre, Library and Archives Canada, North Pacific Cannery Museum, Prince Rupert City Archives, Richmond City Archives, Vancouver Public Library, Special Collections at University of British Columbia.

The Committee also wishes to thank many individuals for their contributions:

All the fishermen and their families who submitted their biographies, photographs and stories to Nikkei Fishermen's book project.

Thanks also to the following for sharing their knowledge, research and skills:

Michiko Midge Ayukawa, Richard Beardsley, Joseph Bauer, Ann Sunahara and Joe Yoshio Teranishi. Yoshiharu Nishikihama, Mitsuru Sakai (Steveston Buddhist Temple), Merv Jones, Don McLeod, George Mukai, Harry Obayashi, Jocelyn Smith (Canfisco), Cliff Armstrong (Anglican Archives), Diocese of Caledonia (Prince Rupert), Frank Clapp (Victoria), Doug Eastman (Sea Island Heritage Society), Russell Greenway (Nanaimo) and Duncan Stacey (Vancouver).

Ellen Kurz for data input and review of sections.

Kevin Fukawa, Karl Kurz and Rod Sakai for computer support.

Alan Haig-Brown, Geoff Meggs and Mitsuo Yesaki for reviewing an earlier draft of the manuscript and Haig-Brown for facilitating publication with Harbour Publishing.

Betty Keller for editing the manuscript.

The Commitee wishes to thank the following for their generous support:

The City of Richmond for providing a meeting room.

The Steveston Buddhist Temple for the use of their venue.

The National Nikkei Museum and Heritage Centre.

Our spouses: Yoshiko Kamachi, Susie Miyazaki, Diane Kariya, Kimiyo Murao, Nancy Murakami, Debbie Nomura, Colleen Nomura, Marge Sakai and Peggy Takahashi.

This book was made possible because of individuals who participated through interviews and by correspondence (2003–08):

Leslie Budden, Nancy Critchley, Robert Critchley, Frank Egami, Fujiko Egami, Edward Goto, Kiyoo Goto, Sayo Hama, Gayle Hayashi, Sadayo Hayashi (Oura), Tom Hirose and family, Ted Hirota, Keay Homma, Masami Hori, Akira Horii, Bill Horii, Nadene Inouye, Faye Ishii, Iwao Itakura, Shigeaki Kamachi, Joyce Kamikura, Alfred Kamitakahara, Kanako Kariya, Paul Kariya, Mary Kitagawa, Jim Kojima, Christine Kondo, Ken Kochi, George Konishi, Roy Koyama, Leonard Koyanagi, Kiichi Kumagai, Teko Kumagai, Gihei Kuno relatives, Ina Kuramoto, Isao Kuramoto, Kunji Kuramoto, Jessyca Maltman (Suzuki), Takao Matsunaga, Fusae Mayede, Takemi Miyazaki, Yukiharu Mizuyabu, Shigekazu Morimoto, Harold Morishita, Marlene Mortensen (Madokoro), George Murakami, Gerry Murakami, Nancy Murakami, Kazuji Murao, Toshio Murao, Kuniko Nakagawa, Kimiko Nasu, Shoichi Nishi family, Ted Nishi, Shoko Nishimura (Uyede), Dan Nomura, Richard Nomura, Allan Okabe, George Oikawa, Jinzaburo Oikawa family, Joyce Oikawa, Seiichiro Oikawa family, Glen Olsen, Richard Omori, Tatsuo Oura, Kazue Oye, Joan (Nitsui) and John Pringle, Margaret Sakai, Teruo Terry Sakai, Sachiko Sakata, Tatsuo Sakauye, Tom Sando, Bill Sasaki family, Gordon Shimizu, Polly Shimizu, Douglas Shinde, Osamu Shinde, Terry Slack, Robert Stewart, James Sujiyama, Ken Takahashi, Troy Takasaki, Justin Taylor, Sian and the Tasaka family, Joe Yoshio Teranishi, Marge Uyeyama, Midori Uyeyama, Takeshi Uyeyama, Baron Wakabayashi, Kiyoko Yamamoto, Moe Yesaki, Harry Yonekura, Dave Yoshida, Edward Yoshida.

The selections were meant to represent the many voices in the Japanese Canadian fishing community. We wish to apologize for any inadvertent omissions and errors.

THE NIKKEI FISHERMEN HISTORY BOOK COMMITTEE:

Masako Fukawa, principal writer and managing editor; Stanley Fukawa, translator and interpreter for the author; Shigeaki Kamachi, fisherman; Paul Kariya, CEO, Pacific Salmon Commission; Takemi Miyazaki, fisherman; Toshio Murao, fisherman; Dan Nomura, President, Canadian Fishing Co.; Richard Nomura, Chair, fisherman; Terry Sakai, fisherman; and Ken Takahashi, fisherman.

Endnotes

1 Adachi, Ken. *The Enemy That Never Was.* McClelland & Stewart, Toronto, 1976. p. 41
2 Adachi. p.41
3 Ito, Roy. *Stories of My People: A Japanese Canadian Journal.* Promark Printing, Hamilton, Ontario, 1994. p. 20
4 Adachi. p. 46
5 Adachi. p. 46
6 Nishihama, Hisakazu, historian in Mio Village, Wakayama Prefecture, *Kanada no Imin no Chichi Kuno Gihei* from Mihama no Rekishi, November 1, 1994
7 Sulz, David. *Japanese "Entrepreneur" on the Fraser River: Oikawa Jinzaburo and the Illegal Immigration of the* Suian Maru." MA thesis, University of Victoria, 2003. p. 1
8 Tottori-ken Doshikai. *A Brief History of Tottori Kenjin Doshikdai and Its Members, 1900–2002.* September 2002. p. 26
9 Tottori-ken Doshikai. p. 26
10 Sumida, Rigenda. *The Japanese in British Columbia,* MA Thesis, UBC, 1935. p. 55
11 Rolfsen, Catherine. "When Racism Ruled." *Vancouver Sun.* September 1, 2007. pp. C1, C11
12 Ito. p. 59
13 Ito. p. 62
14 W.L. Mackenzie King, Deputy Minister of Labour, Commissioner Appointed to Investigate into the Losses sustained by the Chinese Population of Vancouver, BC on the occasion of the riots in that city in Sept. 1907, Sessional Paper #741, pages 19, 20 & #74g pages 23, 24 (Japanese Population) Ottawa
15 Ayukawa, Michiko Midge. "Nikkei Pioneer Women Parts I–IV," *JCCA Bulletin,* January to April 1988. p. 27
16 Moto Suzuki in Marlatt, Daphne. *Steveston Recollected: A Japanese Canadian History.* Provincial Archives of BC, 1975. p. 23
17 *Great Northern: A Cannery Community,* West Vancouver Museum and Archives, Oral History, September 1995
18 Makabe, Tomoko. *Picture Brides.* Translated by Kathleen Chisato Merken. Multicultural History Society of Ontario, University of Toronto Press. p. 50
19 Makabe. p. 119
20 Maekawa, Larry. *Nikkei Images.* Winter 2001, Vol. 6 #1. p. 3
21 Ayukawa. "Nikkei Pioneer Women, Part II–Steveston." *The Bulletin,* February 1988. pp. 26–28
22 Miller, Gerry. *Memories of Prewar Steveston.* Richmond Archives, July 17, 1991
23 *Vancouver Sun,* April 18, 1928. Courtesy of Doug Eastman, Sea Island Heritage Society
24 Critchley, Robert, and Nancy Critchley. Interview 2004
25 Nakagawa, Kumiko. Interview 2005
26 Oye, Kazue. Interview 2006
27 Forester, Joseph E., and Anne Forester. *Fishing: BC Commercial Fishing History.* Hancock House, Saanichton, BC, 1975. p. 55
28 Marlatt, Daphne. *Steveston Recollected: A Japanese Canadian History.* Provincial Archives of BC, 1975. p. 5
29 Yesaki, Mitsuo. *Sutebusuton: A Japanese Village on the BC Coast.* Peninsula Publishing, Vancouver, 2003. p. 93
30 *Western Fisheries,* 1936
31 Hill, A.V. *The Tides of Change: A Story of Fishermen's Co-operatives in BC.* Prince Rupert Fishermen's Co-operative Association, Evergreen Press, 1967. p. 184
32 Sando, Tom (Kuwabara). *Misty Skeena River*
33 Department of Fisheries, Nanaimo. December 13, 1941
34 Yoshida, Reverend Edward
35 Meggs, Geoff. *Salmon: The Decline of the BC Fishery.* Douglas & McIntyre. Vancouver/Toronto, 1991. p. 55
36 Meggs. pp. 56, 57
37 Hayashi, Rintaro. *The Forgotten History of the Japanese Canadians. Vol. I.* New Sun Books, Vancouver, 1977. Chapter 1
38 Roy, Patricia. *A White Man's Province: BC Politicians and Chinese and Japanese Immigrants 1858–1914.* UBC Press, Vancouver, 1989. pp. 244 and 313
39 Adachi, Ken. *The Enemy That Never Was.* McClelland & Stewart, Toronto, 1976. p. 106. Words used by Major Burde, Independent MLA for Port Alberni
40 Lyons, Cicely. *Salmon: Our Heritage.* Mitchell Press, Vancouver, 1969. p. 142
41 Yesaki, Mitsuo, and Harold Steves and Kathy Steves. *Steveston, Cannery Row: An Illustrated History.* Lulu Island Printing, Richmond, BC, 1998. p. 20
42 Nemtin, Stephen. "Japanese Charcoal Pit Kilns on the Gulf Islands: An Untold Story of Early BC and Japanese-Canadian History," *Nikkei Images* Vol. 6 No. 2 Summer 2001
43 Campbell, Kenneth. *Everlasting Memory: A Guide to North Pacific Cannery Village Museum,* North Pacific Cannery Village Museum, 1995
44 Ferguson, Babs (Millerd). *Great Northern: A Cannery Community,* 1976
45 Terry Slack, local historian
46 Alan Okabe
47 Stanford Collections, The. *The Japanese in British Columbia: A Survey of Race Relations.* Major Documents #30–283, 1923. pp. 4
48 Shimpo, Mitsuru, translator. *Kanada Imin Haiseki Shi: Nihon no Gyogyo Imin.* Preface
49 Yesaki. *Sutebusuton: A Japanese Village on the BC Coast.* Peninsula Publishing Company, Vancouver, 2003. p. 14
50 Marlatt, Daphne. *Steveston Recollected: A Japanese Canadian History.* Provincial Archives of BC, 1975. p. 7
51 Knight, Rolf, and Maya Koizumi. *A Man of Our Times.* New Star, Vancouver, 1976. p. 30
52 Knight and Koizumi. p. 61
53 Merilees, Bill. *Newcastle Island.* Heritage House, 1998. p. 86
54 Haig-Brown, Alan. *Fishing for a Living.* Harbour Publishing, Madeira Park, BC, 1993. p. 63
55 Miyazaki, Takemi, fisherman
56 Roy, Patricia. *A White Man's Province.* UBC Press, Vancouver, 1989. p. 244
57 Haig-Brown, Alan. *West Coast Fisheries.* September 1987
58 Statistics for the annual production of salt herring in BC from 1924–25 to 1940–41 can be found in the Kishizo Kimura Collection at the University of British Columbia, Special Collections Branch.
59 Haig-Brown. *Fishing for a Living.* p. 66
60 Haig-Brown. *West Coast Fisheries.* May 1992
61 Tokawa Family Fonds 1911–1946. Japanese Canadian National Museum
62 Haig-Brown. *Fishing for a Living.* p. 46
63 The Kishizo Kimura Collection at the University of British Columbia Library's Special Collections Branch contains statistics of salt salmon production from 1895 to 1909 and from 1925 to 1938.
64 Miller, Gerry. *Memories of Prewar Steveston.* Richmond Archives. July 17, 1991.
65 Tairiku Nippo Sha—*Kanada Doho Hatten Shi.* 1909 and 1917 editions
66 Yesaki, Mitsuo, and Harold Steves and Kathy Steves. *Steveston, Cannery Row: An Illustrated History.* Lulu Island Printing, Richmond, BC, 1998. p. 59
67 Yesaki et al. pp. 74, 84
68 *Western Fisheries,* May 1966, p. 102
69 Ken Takahashi, fisherman
70 Haig-Brown, Alan. *Fishing for a Living.* p. 85
71 *Fisherman Life.* Premiere issue 2001. p. 15
72 Haig-Brown. *Fishing for a Living.* p. 148
73 *National Post.* Saturday, October 1, 2005. Quoting Martin Kobayakawa, grandson
74 *National Post.* Saturday, October 1, 2005. Quoting Brian Hutchinson, nephew of Robin Hutchinson and grandson of Noel.
75 Merilees, Bill. *Newcastle Island.* Heritage House, Victoria, 1998. Quoting Jim Sawada's correspondence with the Regional Master Planner of Nanaimo. 1980. p. 87
76 Gordon Shimizu and S. Polly Shimizu. Correspondence 2004
77 Haig-Brown. *Fishing for a Living.* p. 63
78 Takahashi, Ken, fisherman.
79 Kawano. *A History of the Japanese Congregations in the United Church of Canada.* p. 34. Also in Shimpo, M. *Ishi o mote owaruru gotoku.* pp. 26–27.
80 Shimpo. M. *Kanada Imin Haiseki Shi.* p. 164. Medical statistics based on records complied in Nakayama, Jinshiro.
81 Marlatt, D. *Steveston Reollected: A Japanese Canadian History.* Provincial Archives of BC, 1975. p. 37
82 *Suchibusuton Gyosha Jizen Dantai sanjugonen shi.* Steveston Fishermen's Benevolent Association, Steveston, BC, 1935. p. 313
83 Sakamoto, Mamoru. JCNM taped interview May 24, 1990
84 *St. Joseph the Worker Parish: A Remembrance.* Pacific Graphics, November 1992. p. 6
85 *Japanese Canadian Redress: the Toronto Story,* Ad Hoc Committee, 2000. p. 8

86 Yesaki, M. *Sutebusuton: A Japanese Village on the BC Coast.* Peninsula Publishing Company, Vancouver, 2003. pp. 51, 87
87 Richard Yamanaka, unpublished paper, undated
88 Knight, Rolf, and Maya Koizumi. *A Man of Our Times.* New Star, Vancouver, 1976. p. 29
89 Knight and Koizumi. p. 37
90 Knight and Koizumi. pp. 54, 55
91 Hill, A.V. *The Tides of Change: A Story of Fishermen's Co-operatives in BC.* Prince Rupert Fishermen's Co-operative Association, Evergreen Press, Canada, 1967. p. 5
92 Maekawa, Larry. *Nikkei Images,* Spring 2001, Vol. 6 #1
93 Maekawa. *Nikkei Images* Vol. 6 #1
94 *Kanada Ijuu Hyakunen-Shi,* Osaka, 1989. p. 113
95 Letter to Ted Nishi, secretary, Ucluelet Japanese Fishermen's Association, February 17, 1940
96 Letter from Albert H. Young, barrister and solicitor, Marine Building, Vancouver, February 28, 1941
97 Letter from W.B. Fraser, National Revenue of Canada, September 16, 1941
98 Letter signed for A. Fairbairn, Sergeant, Courtenay District, BC Police, March 18, 1942
99 Yonekura, Harry, interview 2006
100 Yonekura, Harry, interview 2006
101 Marlett, p. 51
102 Marlatt, p. 51
103 Kobayashi, Teiji. *Suchibusuton Gyosha Jizen Dantai sanjugonen shi.* Steveston Fishermen's Benevolent Association, Steveston, BC, 1935
104 Shimpo, M. *Kanada Imin Haiseki Shi: Nihon no Gyogyou Imin,* Miraisha, Tokyo, 1985. pp. 86–87
105 Burnett, Frank (president of United Canners Ltd.) in *Report of the Royal Commission on Chinese and Japanese Immigration.* p. 341. Cited in Adachi, Ken. *The Enemy that Never Was.* McClelland & Stewart, Toronto, 1976. p. 57 (footnote #32)
106 Meggs, Geoff. *Salmon: The Decline of the BC Fishery.* Douglas & McIntyre, Toronto, 1991. p. 52
107 Shimpo. *Kanada Imin Haiseki Shi* p. 90
108 Marlatt. p. 31
109 Meggs. p. 64
110 Shimpo. *Kanada Imin Haiseki Shi* p. 90
111 www.army.dnd.ca/BCREGIMENT/histroy3.htm
112 Shimpo, *Kanada Imin Haiseki Shi* p. 90
113 Yesaki, Mitsuo. *Sutebusuton: A Japanese Village on the BC Coast.* Peninsula Publishing Company, Vancouver, 2003. p. 16
114 Lyons, Cicely. *Salmon: Our Heritage.* Mitchell Press, Vancouver, 1969. p. 228
115 Knight, Rolf, and Maya Koizumi. *A Man of Our Times.* New Star, Vancouver, 1976. p. 106. Quoting Stuart Jamieson, pp. 142–3
116 Meggs. p. 95
117 Knight and Koizumi. p. 107
118 Meggs. pp. 149–50
119 *The Fisherman,* 50th Anniversary Issue, July 1987. p. 24
120 Knight and Koizumi. p. 106
121 *The Fisherman,* 50th Anniversary Issue, July 1987. p. 23
122 *The Fisherman,* July 1987. p. 24
123 *The Fisherman,* July 1987. p. 25
124 Meggs. p. 157
125 *A Dream of Riches.* Japanese Canadian Centennial Project. p. 38
126 Marlatt. p. 57. Quoting Rokuhei Konishi, 1886.
127 Geiger-Adams, Andrea. "Writing Racial Barriers into Law." *Nikkei in the Pacific Northwest.* Ed by Fiset, Louis and Gail M. Nomura. 2005. p. 22
128 Roy, Patricia. *A White Man's Province.* UBC Press, Vancouver, 1989. p. 168
129 *Vancouver Magazine* September 1979
130 Adachi. p. 138
131 Ito, Roy. *We Went to War.* Canada Wings Inc., Ontario, 1984. p. 119
132 *News Herald.* October 7, 1940, and December 12, 1940
133 McLaughlin, Dennis, and Leslie McLaughlin. *Fighting for Canada: Chinese and Japanese Canadians in Military Service.* Minister of National Defence. p. 3
134 Kishibe, Kaye. *Battlefield at Last: The Japanese Canadian Volunteers of the First World War 1914–1918.* Toronto, 2007. Bound manuscript edition. p. 11–12
135 Ito. p. 69 Letter from Colonel Duff-Stewart to Gwatkins, May 1, 1917
136 Kishibe. p. 44. Letter received May 29, 1917
137 National Archives RG 23 Vol. 2292, Department of Fisheries and Oceans, General Correspondence, Disposal of Japanese Fishing Vessels, 12/41-3/43
138 Marlatt. p. 57
139 Ross, Leslie R. *Richmond, Child of the Fraser.* Richmond 79 Centennial Society, 1979. pp. 128, 217
140 Meggs. p. 125
141 Meggs. pp.102, 122
142 National Archives of Canada 721-4-6
143 Meggs. pp. 122
144 *A Brief History of Tottori-Kenjin Doshikdai and Its Members, 1900–2002.* September 2002. p. 42
145 Kawahara, Norifumi. *Dai ni-ji Sekai Taisen izen no Kanada Seigan in okeru Nikkei gyomin no kakusan kozo ni kansuru rekishi chirigakuteki kenkyku* (Historical geographic research in the dispersal of Nikkei fishermen Pre-World War II on the Canadian West Coast). Faculty of Arts, Ritsumeikan University, Kyoto, Japan, March 2006
146 BC Fisheries Commission 1922. pp. 12, 13
147 Stanford Collections, The. *The Japanese in British Columbia: A Survey of Race Relations.* Major Documents #30–283, 1923. Quoting J.E. Sears, a lawyer with offices in the Rogers Block.
148 Yesaki, Mitsuo. Leon J. Ladner Collection at the University of BC. Amalgamated Association of Fishermen, Ucluelet Petition 01-10-1926
149 Roy. p. 28
150 Yesaki. p. 80. Quoting from the *Victoria Daily Times,* May 29, 1926, p. 4.
151 Roy, Patricia. *The Oriental Question: Consolidating a White Man's Province 1914–1941.* UBC Press, Vancouver, 2003. p. 36
152 National Archives. 721-4-6-v.52 pp. 88 and 104
153 Harvey, Christopher. *The Fish Canneries Reference Case.* A Presentation to the 20 Club, Oct. 7, 2004. p. 14
154 Shibata, Yuko et al. *The Forgotten History of the Japanese Canadians. Volume 1: The Role of Japanese Canadians in the Early Fishing Industry in BC.* New Sun Books, Vancouver, 1977. p. 14
155 Ito, Roy. *Stories of My People: A Japanese Canadian Journal.* Promark Printing, Hamilton, Ontario, 1994. p. 221. Quoting Rintaro Hayashi in *Kuroshio no Hateni.*
156 Takeshi Uyeyama, Oral History tape, 1990, JCNM Collection
157 The National Archives figure is 2,105.
158 Roy, Patricia et al. *Mutual Hostages.* University of Toronto Press, Toronto, 1990. p. 76
159 *Nikkei Images.* Spring 2002 Vol. 7 #1
160 Broadfoot. Barry. *Years of Sorrow, Years of Shame, The Story of the Japanese Canadians in World War II, Doubleday,* Toronto, 1977. p. 115
161 Mizuyabu, Yukiharu. In *Japanese Canadian Redress: The Toronto Story.* Momoye Sugiman, ed. Webcom Ltd. 2000. p. 28
162 Sando, Tom. *Wild Daisies in the Sand,* NeWest Press, Edmonton, 2002. pp. 1–2
163 Interview with Harry Yonekura in *Japanese Canadian Redress: The Toronto Story* pp. 42–43
164 Sunahara, Ann G. *The Politics of Racism.* James Lorimer, Toronto, 1981. p. 29
165 Broadfoot. p. 75
166 National Archives. RG23, Vol. 2292, Department of Fisheries and Oceans, General Correspondence, Disposal of Japanese Fishing Vessels, 12/41-3/43
167 Broadfoot. p. 75
168 Marlatt, Daphne. *Steveston Recollected.* Provincial Archives of BC, 1975. p. 58
169 The *Vancouver Province,* March 17, 1942
170 Letter from A.E. McMaster, Executive Assistant, JFVDC, to J.A. Motherwell, Department of Fisheries, Vancouver, May 26, 1942. National Archives
171 Haig-Brown, Alan. *Fishing for a Living.* Harbour Publishing, Madeira Park, BC, 1993. p. 110
172 Price Waterhouse report: *Economic Losses of Japanese Canadians after 1941* prepared for the National Association of Japanese Canadians, May 1986. p. 56
173 Release and discharge form for Ishii, dated November 14, 1944. Courtesy of Fay Ishii, granddaughter.
174 Documents courtesy of Fay Ishii
175 Meggs, Geoff. *Salmon: The Decline of the BC Fishery.* Douglas & McIntyre, Toronto, 1991. p. 54
176 National Archives. RG23, Vol. 2292
177 *New Canadian,* February 27, 1943
178 National Archives. Japanese Fishing Vessels Disposal Committee 1942, Reg. Vol. 2292. Japanese Fishing Vessels (partial) List of Informal Claims for Damages and Missing Equipment with Allowances Approved by Naval Service and JFVDC Surveyors.
179 Mair, Rafe. "Rafe Mair's Family Secret." *The Tyee.* TheTyee.ca April 14, 2006. p. 2
180 Marlett. pp. 58–59
181 *Burnaby Now,* Nov. 10, 1991
182 Bird Commission Report. April 4, 1950. pp. 52–55
183 Bird Report. p. 65
184 Adachi, Ken. *The Enemy That Never Was.* McClelland & Stewart, Toronto, 1976. p. 330
185 Obata, Roger, in *Japanese Canadian Redress: The Toronto Story,* p. 71
186 Price Waterhouse Report, Schedule VII-1 and pp. 15, 57
187 Price Waterhouse Report, pp. 15, 56, 57
188 Price Waterhouse Report, p. 56
189 1941 Census and Price Waterhouse Report, p. 37 and Schedule IV-6
190 Price Waterhouse Report, p. 46 and Schedule IV-5
191 Price Waterhouse Report, Schedule IV-16 and BC Dept of Labour reports
192 Price Waterhouse Report, p. 51
193 Kawano, Roland. ed. *Ministry to the Hopelessly Hopeless.* Japanese Canadian Christian Churches Historical Project, Etobicoke, Ontario, 1997. p. 116
194 Ito, Roy. *Stories of My People: A Japanese Canadian Journal.* Promark Printing, Hamilton, Ontario, 1994. p. 139
195 Price Waterhouse Report, p. 20
196 Price Waterhouse Report, p. 27
197 Adachi, Ken. *The Enemy That Never Was.* McClelland & Stewart, Toronto, 1976. p. 323
198 Adachi. p. 281
199 Adachi. p. 200
200 Adachi. p. 203
201 Ito, Roy. *Stories of My People: A Japanese Canadian Journal.* Promark Publishing, Hamilton, Ontario, 1994. pp. 139–40; "Conscience of the Diplomat," *Queen's Quarterly,* Vol. 74, 1967, p. 587

Endnotes

202 Ito. p. 140; Pope, Maurice. *Soldiers and Politicians*. University of Toronto Press, Toronto, 1962. p. 177
203 Mitchell, Humphrey, Minister of Labour, and Arthur J. McNamara, Deputy Minister of Labour and Director of National Selective Service. *Report of the Department of Labour on the Administration of Japanese Affairs in Canada 1942–1944*. p. 5
204 Madokoro, Dennis. *Nikkei Images*. Spring 2001. Vol. 7 #1, pp. 18–23
205 Madokoro, Dennis. *Nikkei Images*. Winter 2006. Vol. 1 #4, pp. 6–11
206 Maekawa, Larry. "Ucluelet: As it was before 1942, Part II." *Nikkei Images*. Summer 2001. Vol. 6 #2 pp. 8–9
207 Mayede, Fusae. Interview 2003
208 Ito. *Stories*. p. 285
209 Hanson, Frances. *Memories of Osland*. Excel Printing, Prince Rupert, 1997. p. 88
210 Yamamoto, Ryo and Kiyoko. Interview by grandson, 2004
211 *New Canadian,* March 13, 1942
212 Uyeyama, Takeshi. Taped interview, Japanese Canadian National Museum, May 12, 1990
213 Mizuyabu, Yukiharu. Telephone interview 2008
214 Egami, Frank. Interview
215 Egami, Frank. Interview
216 *Nikkei Images,* Spring 2002, Vol. 7 #1
217 Joan (Nitsui) and Dr. John Pringle
218 Yamamoto interview
219 Shoko Nishiimura (née Uyede), Sorrento, BC
220 Miller, Gerry. *Memories of Prewar Steveston*. Interview recorded at Britannia Heritage Shipyards, Richmond, BC, July 17, 1991. Richmond Archives
221 Kariya, Takeo, as told to his son, Paul Kariya
222 Japanese Fishermen's Liaison Committee Newsletter, 1940. UBC Library, Special Collections
223 Letter from *Nisei* Mass Evacuation Group to Austin Taylor, chair BCSC. April 15, 1942. UBC Special Collections
224 Yonekura, Harry. Interview 2006
225 Okazaki, Robert K. *The Nisei Mass Evacuation Group and P.O.W. Camp 101, Angler, Ontario*. Markham Litho Ltd., Scarborough, Ontario, 1996. p. 11
226 "Distribution of Japanese Canadians from the Coastal Area of British Columbia, October 31, 1942." Price Waterhouse Report: *Economic Losses of Japanese Canadians after 1941* prepared for the National Association of Japanese Canadians, May 1986. Schedule II-1
227 Adachi, p. 216
228 Fraser, Ian. Lecture at the Japanese Canadian National Museum in April 2008.
229 Mitchell and McNamara. Department of Labour Report on the Administration of Japanese Affairs in Canada, 1942–44. p. 37
230 Kajiwara, Kazuo, and Sue Kajiwara. Campbell River Museum
231 Kajiwara, Mitsuru "Terry." Interview for the Campbell River Museum
232 Mitchell and McNamara. Department of Labour Report. p. 38
233 Horii, Akira. Interview 2008; *The Bulletin,* February 21–23, 1999
234 Kobayashi, Cassandra, and Roy Miki. *The Spirit of Redress*. National Association of Japanese Canadians. 1989. p. 128
235 Mitchell and McNamara. Department of Labour Report. p. 4
236 Department of Labour Report. p. 16
237 Department of Labour Report. p. 15
238 Department of Labour Report. p. 31
239 Price Waterhouse Report: *Economic Losses of Japanese Canadians after 1941* prepared for the National Association of Japanese Canadians, May 1986. Schedule IV-6
240 Department of Labour Report. p. 41
241 Yesaki, Mitsuo. *Nikkei Images*. Autumn 2005, Vol. 10. #3 p. 8
242 National Archives, MG 30D: Grace Tucker. March 27, 1945
243 Sunahara, Ann Gomer. *The Politics of Racism*. James Lorimer, Toronto, 1981. p. 35; Joint Service Committee, Pacific Command, Minutes, January 9, 1942, Defence Records, 193.009 (D3), DND National Archives
244 Kawano, Roland M. Ed. *Ministry to the Hopelessly Hopeless*. A Japanese Canadian Christian Churches Historical Project, Ontario, 1997. p. 92
245 Kawano. p. 54
246 *St. Joseph the Worker Parish: A Remembrance*. Pacific Graphics, November 1992. pp. 9–12
247 Yonekura, Harry, *Nikkei Voice*. December 1991–January 1992. p. 8
248 Kawano. p. 102
249 Adachi. p. 124
250 Adachi. p. 237
251 Ito. p. 330
252 Enomoto, Randy. Ed. *Homecoming '92: Where the Heart Is*. Nikkei Resource Centre Publishing, Vancouver, 1993. p. 14
253 *A Survey of the Second Generation Japanese in British Columbia*. Japanese Canadian National Museum. pp. 49–50
254 Ito, Roy. *We Went to War*. Canada Wings Inc., Ontario, 1984. p. 120
255 Ito. p. 130
256 Adachi. p. 296
257 Okazaki. p. 65
258 Adachi. p. 309
259 Sunahara. pp. 137–8
260 Adachi. p. 312
261 Sunahara. p. 135
262 Uyeyama, Masako. Interview 2006
263 Mizuyabu, Yukiharu. Interview 2008; Sugiman, Momoye. Ed. *Japanese Canadian Redress: The Toronto Story*. Webcom Ltd. 2000. p. 28
264 Hayashi, Sadayo. Interview 2007
265 Hayashi. Interview
266 *A Dream of Riches*. A Japanese Canadian Centennial Project. p. 5
267 National Archives RG 23 Vol. 2292, Department of Fisheries and Oceans, General Correspondence, Disposal of Japanese Fishing Vessels, 12/41-3/43 (folder 2)
268 National Archives RG 23 Vol. 2292, List of licences, Japanese and general, April 1942–August 31, 1951
269 Hill, A.V. *Tides of Change*. Evergreen Press, Canada, 1967. p. 168
270 DeGrass, Jan. *Safe Haven: 50 Years of Service, 1940–1990*, Gulf & Fraser Fishermen's Credit Union, 1989. p. 73
271 Lyons, Cicely. *Salmon: Our Heritage*. Mitchell Press, Vancouver, 1969. p. 492; Sakai, Terry
272 Broadfoot, Barry. *Years of Sorrow, Years of Shame, The Story of the Japanese Canadians in World War II,* Doubleday, Toronto, 1977. p. 340
273 Teranishi, Yoshio Joe. Interview 2007
274 Yesaki, Mitsuo. *Sutebusuton: A Japanese Village on the BC Coast*. Peninsula Publishing Company, Vancouver, 2003. pp. 128–29
275 Marlatt, Daphne. *Steveston Reollected: A Japanese Canadian History*. Provincial Archives of BC, 1975. p. 72
276 Joan (née Nitsui) and Dr. John Pringle
277 Hama, Hideo. Interview December 9, 1993
278 Yoneda, Harry. Interview 2006
279 Nasu, Kimiko. Interview 2006
280 Morishita, Harold. Interview 2003
281 Madokoro. *Nikkei Images*. Family Series No. 5
282 Kariya, Takeo, interviewd by his son Paul in 2003
283 Shikatani, Pat. Interview 2008
284 Skogan, Joan. *Skeena: A River Remembered*. Raincoast Books, Vancouver. 1983. p. 83
285 Knight, Rolf, and Maya Koizumi. *A Man of Our Times*. New Star, Vancouver, 1976. pp. 86, p. 93–94
286 Knight and Koizumi. p. 87
287 Ito, Roy. *Stories of My People: A Japanese Canadian Journal*. Promark Printing, Hamilton, Ontario, 1994. pp. 287–88
288 Taylor, Mary. *A Black Mark: The Japanese Canadians in World War II*. Oberon Press, Canada. 2004. p. 183
289 Nishimura, Shoko, daughter. Interview, Sorrento, BC
290 Marlatt. p. 27
291 *The Fisherman*, December 17, 1973
292 Broadfoot. p. 339
293 Stevens, Homer, and Rolf Knight. *Homer Stevens: A Life in Fishing*. Harbour Publishing, Madeira Park, 1992. p. 59
294 Marlatt. p. 72
295 Broadfoot, p. 341
296 Yesaki. *Sutebusuton*. p. 129
297 Knight and Koizumi. pp. 124–25
298 Stacey, Duncan. "The Formation of the United Fishermen and Allied Workers Union, 1935–1945." Environment Canada, Parks. Microfiche Report Series 282. 1986. p. 44
299 Adachi, Ken. *The Enemy That Never Was*. McClelland & Stewart, Toronto, 1976. p. 346
300 Knight and Koizumi. p. 88
301 Stewart, Bob. Telephone interview 2006
302 "Segregation on the Sea." *National Post*, Friday, June 23, 2006
303 *The Fisherman*, December 17, 1973
304 Yamagata, Takao. *Ushinawareta Fuukei: Nikkei Kanada Gyomin no Kiroku Kara* (*Vanished Scenes: As Recorded by Japanese Immigrants to Canada*). Miraisha, Tokyo, 1996. p. 214
305 Yamagata. p. 214, Yamagata. p. 190
306 Yamagata. p. 190
307 *The Fisherman*, December 1973
308 Ito. p. 390
309 Yamagata. p. 200
310 Yamagata. p. 201
311 Yamagata. p. 202
312 Miyazaki, Takemi. Interview 2006
313 Ad Hoc Committee for Japanese Canadian Redress. *The Toronto Story*. HPF Press, 2000. pp. 8–9
314 Miki, Roy, and Cassandra Kobayashi. *Justice in Our Time: The Japanese Canadian Redress Settlement*. Talon Books, Vancouver, 1991. p. 101 (Letter to the editor, *Toronto Star*, April 17, 1985)
315 Miki and Kobayashi. p. 73 (*Globe and Mail*, May 16, 1984)
316 Miki, Arthur K. *The Japanese Canadian Redress Legacy: A Community Revitalized*. National Association of Japanese Canadians, 2003. p. 191
317 Shinde, Yoshiharu. Interview April 18, 1985. Japanese Canadian National Museum.
318 Miki, Arthur. p. 36
319 Sakata, Sachiko, daughter
320 Kariya, Paul. *The Bulletin*, May 2001. pp. 7–8
321 Goto, Kiyoo. Interview 2006
322 Broadfoot. Barry. *Years of Sorrow, Years of Shame, The Story of the Japanese Canadians in World War II,* Doubleday, Toronto, 1977. p. 340
323 Yamagata, Takao. *Ushinawareta Fuukei: Nikkei Kanada Gyomin no Kiroku Kara* (*Vanished Scenes: As Recorded by Japanese Immigrants to Canada*). Miraisha, Tokyo, 1996. p. 175
324 Horii, Akira. Interview 2008
325 Hirose, Taro, and family. Interview 2008
326 Kojima, Jim. Interview 2008
327 Skogan, Joan. *Skeena: A River Remembered.* Raincoast Books, Vancouver, 1983. p. 71
328 Tasaka, Sian. Interview 2008
329 Kariya, Paul. Interview 2006
330 Noda, Misaho, and family. Interview 2007

331 Horii, Bill. Interview 2006; Horii, Akira. Interview 2008
332 Matsunaga, Frank. Interview 2005
333 Nomura, Richard. Interview 2005
334 Sugiyama, James. Interview 2005
335 Miyazaki, Takemi. Interview 2006
336 Miyazaki. 2006
337 www.thetyee.ca
338 Grafton, Quentin R., and Harry W. Nelson. *The Effects of Buy-Back Programs in the British Columbia Salmon Fishery.* Australian National University, Economics and Environment Network Working Paper, August 3, 2005
339 Supreme Court of Canada File Regina v. Kapp, 2008 SCC41 Date 20080627 Docket: 31603 #2.4.3
340 Supreme Court of Canada File 31603
341 Supreme Court of Canada File 31603. p. 71
342 Quentin and Nelson
343 Ledbetter, Max. "Competition and Information Among BC Salmon Purse Seines," UBC doctoral dissertation, quoted in *Western Fisheries,* December 1981, and at www.thefishfinder.com
344 Meggs, Geoff. *Salmon: The Decline of the BC Fishery.* Douglas & McIntyre, Toronto, 1991. p. 260
345 Makabe, Tomoko. *The Canadian Sansei.* University of Toronto Press, 1998. p. 164

Bibliography

A Price Waterhouse Report for the National Association of Japanese-Canadians. *Economic Losses of Japanese Canadians After 1941.* May 1986.

Adachi, Ken. *The Enemy That Never Was,* McClelland and Stewart Ltd., Toronto, 1976.

Anderson, Allan. *Salt Water, Fresh Water.* McMillan of Canada, Toronto, 1979.

Ayukawa, Midge. "Nikkei Pioneer Women Parts I–IV." *JCCA Bulletin,* January to April, 1988.

Barnholden, Michael. *A Brief History of Riots in Vancouver.* Anvil Press, Vancouver, 2005.

Berger, Thomas. *Fragile Freedoms: Human Rights and Dissent in Canada.* Irwin Publishing, Toronto, 1982.

Blyth, Gladys Young. *History of Port Edward 1907–1970.* Self-published.

________. *Salmon Canneries: British Columbia North Coast.* Oolichan Books, Lantzville, BC, 1991.

Borton, Hugh. *Japan's Modern Century.* Columbia University, the Ronald Press Co., NY, 1955.

Bossin, Bob. "Aliens." *Settling Clayquot.* Sound Heritage Series, Number 13, 1981.

Britannia Heritage Shipyard News. *Shorelines,* Vol. 1, Issue 2, March 2003.

British Columbia Fisheries Commission. *Reports and Recommendations.* Ottawa, 1922.

Broadfoot, Barry. *Years of Sorrow, Years of Shame: The Story of the Japanese Canadians in World War II.* Doubleday, Toronto, 1977.

Campbell, Kenneth. *Everlasting Memory: A Guide to North Pacific Cannery Village Museum.* North Pacific Cannery Village Museum, 1995.

The Canadian Japanese Association, Committee for the Survey of the Second Generation Japanese in British Columbia. *Report of the Survey of the Second Generation Japanese in British Columbia.* 1935.

________. *Report of the Survey of the Second Generation Japanese in British Columbia,* 1936.

Co-operative Committee on Japanese Canadians, The. *Brief re Repatriation of Japanese Canadians.* Toronto, July 25, 1945.

DeGrass, Jan. *Safe Haven: 50 Years of Service, 1940–1990.* Gulf & Fraser Fishermen's Credit Union, 1989.

Enomoto, Randy, ed. *Homecoming '92: Where the Heart Is.* NAJC, Nikkei Resource Centre Publishing, Vancouver, 1993.

Fiset, Louis, and Gail M. Nomura, eds. *Nikkei in the Pacific Northwest: Japanese Americans and Japanese Canadians in the Twentieth Century.* Center for the Study of the Pacific Northwest, University of Washington Press, Seattle and London, 2005.

Forester, Joseph E., and Anne D. Forester. *Fishing: BC Commercial Fishing History.* Hancock House, Saanichton, BC, 1975.

Francis, Daniel, ed. *Encyclopedia of British Columbia.* Harbour Publishing, Madeira Park, BC, 2000.

Frew, Henry L., ed. *Western Fisheries.* 50th Anniversary Issue, Vol. 98, September 1979; and Vol. 6, August 1936, Vancouver.

Fukawa, Masako, ed. *Nikkei Fishermen on the BC Coast: Their Biographies and Photographs.* Harbour Publishing, Madeira Park, BC, 2007.

Great Northern: a Cannery Community. Exhibition, West Vancouver Museum and Archives. Undated.

Grescoe, Paul, and Karl Spreitz. *Vancouver: Visions of a City.* Great Pacific Industries, *Beautiful British Columbia,* Victoria, BC. 1993.

Haig-Brown, Alan. "Double-Seining Herring: Management by Race in a Canadian Fishery." *The Westcoast Fisherman,* May 1992.

________. *Fishing for a Living.* Harbour Publishing, Madeira Park, BC, 1993.

________. "The History of Fishing." *The Westcoast Fisherman,* September 20, 1986.

________. *The Suzie A.* Pacific Educational Press, UBC, 1991.

Hanson, Frances. *Memories of Osland.* Excel Printing, Prince Rupert, BC, 1997.

Harvey, Christopher, Q.C. *The Fish Canneries Reference Case.* A Presentation to the 20 Club, October 7, 2004.

Hill, A.Vic. *The Tides of Change: A Story of Fishermen's Co-operatives in BC.* Prince Rupert Fishermen's Co-operative Association, Evergreen Press Ltd., Canada, 1967.

Ichikawa, Akira. "A Test of Religious Tolerance: Canadian Government and Judo Shinshu Buddhism During the Pacific War, 1941–45." *Canadian Ethnic Studies.* Vol. 26 No. 2, 1994, pp. 46–69. www.wuys.com

Ichioka, Yuji. *The Issei: The World of the First Generation Japanese Immigrants 1885–1924.* The Free Press, New York, 1988.

Ito, Roy. *The Japanese Canadians.* Van Nostrand Reinhold Ltd., Toronto, Multicultural Canada Series, 1978.

________. *Stories of My People: A Japanese Canadian Journal.* Promark Printing, Hamilton, Ontario, 1994.

Bibliography

________. *We Went to War: The Story of the Japanese Canadians who served during the first and second world wars.* Canada Wings, Inc., Ontario, 1984.

James, Mike. "The First 50 Years." *The Fisherman.* Vol. 52 #7, July 1987, pp. 23–59.

Japanese Canadian Centennial Project Committee. *A Dream of Riches.* A Japanese Canadian Centennial Project. Dreadnaught, Toronto. Printed and bound by Gilchrist Wright, Toronto, 1977.

Kawano, Roland M., ed. *A History of the Japanese Congregations in the United Church of Canada.* Japanese Canadian Christian Churches Historical Project, Ontario, 1998.

________, ed. *Ministry to the Hopelessly Hopeless.* Japanese Canadian Christian Churches Historical Project, 1997, Ontario.

King, W.L. Mackenzie. Deputy Minister of Labour. Commissioner Appointed to Investigate into the Losses sustained by the Chinese Population of Vancouver, BC, on the occasion of the riots in that city in September 1907. Sessional Paper #741, pp. 19 and 20, and #742, pp. 23 and 24. (Japanese Population) Ottawa.

Kishibe, Kaye. *Battlefield at Last: The Japanese Canadian Volunteers of the First World War 1914–1918.* Bound manuscript edition, Toronto, 2007.

Knight, Rolf, and Maya Koizumi. *A Man of Our Times: The life-history of a Japanese-Canadian fisherman.* New Star Books, Vancouver, 1976.

Kobayashi, Cassandra, and Roy Miki. *Spirit of Redress: Japanese Canadians in Conference.* National Association of Japanese Canadians, Hignell Printing Ltd., 1989.

Kobayashi, Teiji, Norman Armor and Tsuneharu Gonnami, eds. *Historical Materials of Japanese Immigration to Canada.* Vol. 4: Thirty-five Year History of the Steveston Fishermen's Benevolent Association, i-xi.

Lyons, Cicely. *Salmon: Our Heritage.* Mitchell Press, Vancouver, 1969.

MacDonell, Kevin. "Following the Peak." *The Westcoast Fisherman.* Vol. 12 #3, September 1977, pp.17–20

McLaughlin, Dennis, and Leslie McLaughlin. *Fighting for Canada: Chinese and Japanese Canadians in Military Service.* Minister of National Defence, 2003.

Madokoro, Dennis. "Yoshio Johnny Madokoro (Part 1)." *Nikkei Images.* Vol. 11 #1, Spring 2006, pp. 18–23.

________. "Yoshio Johnny Madokoro (Part 2)." *Nikkei Images.* Vol. 11 #2, Summer 2006, pp. 10–16.

________. "Yoshio Johnny Madokoro (Part 3)." *Nikkei Images.* Vol. 11 #4, Winter 2006, pp. 6–11.

Maekawa, Larry. "Memories of East Lillooet." *Nikkei Images.* Vol. 7 #4, Winter 2002, p. 14, 15.

________. "Ucluelet: As It Was Before 1942." *Nikkei Images.* Vol. 6 #1, Spring 2001, pp. 6–9.

________. "Watari Dori (a bird of passage)." *Nikkei Images.* Vol. 7 #1, Spring 2002, pp. 15–19.

Mair, Rafe. "Rafe Mair's Family Secret." *TheTyee.ca.* April 14, 2006.

Makabe, Tomoko. *Picture Brides.* Translated by Kathleen Chisato Merken. Multicultural History Society of Ontario, University of Toronto Press, 1995.

________. *The Canadian Sansei.* University of Toronto Press, 1998.

Marlatt, Daphne. *Steveston Recollected: A Japanese-Canadian History.* Provincial Archives of BC, 1975.

Meggs, Geoff, ed. *The Fisherman,* 50th Anniversary edition. Vancouver, BC, July 1987.

________. *Salmon: The Decline of the BC Fishery.* Douglas and McIntyre, Vancouver/Toronto, 1991.

Meggs, Geoff, and Duncan Stacey. *Cork Lines and Canning Lines: The Glory Years of Fishing on the West Coast.* Douglas and McIntyre, Vancouver/Toronto, 1992.

Merilees, Bill. *Newcastle Island: a Place of Discovery.* Heritage House, 1998.

Miki, Arthur K. *The Japanese Canadian Redress Legacy: A Community Revitalized.* NAJC, printed by Friesens, Altona, MB, 2003.

Miki, Roy, and Cassandra Kobayashi. *Justice in Our Time: The Japanese Canadian Redress Settlement.* Talon Books, Vancouver, 1991.

Miller, Gerry. "Memories of Prewar Steveston." Interview recorded at the Britannia Heritage Shipyard, Richmond, BC, July 17, 1991. Richmond Archives.

Mitchell, Humphrey, Minister of Labour, and Arthur J. MacNamara, Deputy Minister of Labour and Director of National Selective Service. *Report of the Department of Labour on the Administration of Japanese Affairs in Canada 1942–1944.* Queen's Printer, Ottawa, August 1944.

Moritsugu, Frank. *Teaching in Canadian Exile.* The Ghost Town Teachers Historical Society, Toronto, 2001.

"New 43-Ft Nakade Troller Built for Ucluelet Fishermen." *Western Fisheries.* May 1966, p. 102.

Nakano, Takeo Ujo. *Within the Barbed Wire Fence: A Japanese man's account of his internment in Canada.* Goodread Series of Biographies, Social History of Canada Series #33, University of Toronto Press, 1980.

Nakayama, Gordon. *Issei Stories of Japanese Canadian Pioneers.* Britannia, Toronto, 1983.

National Japanese Canadian Citizens Association. *Submission to the Royal Commission on Japanese Canadian Property.* Toronto, November 12, 1948.

Nemtin, Stephen. "Japanese Charcoal Pit Kilns on the Gulf Islands." *Nikkei Images.* Vol. 6 #2, Summer 2001.

Nitta, Jiro. *Mikko-sen Suian Maru.* Kodansha 1979. Translated as *Phantom Immigrants*, translated and self-published by David Sultz.

Obata, Roger. *On Behalf of Japanese Canadians.* A presentation made before the Joint Parliamentary Committee on the Canadian Constitution in November 1980. http://faculty.washington.edu/chanat/asianadian/volumes/three/issue3/Spring/April1981

O'Connor, Naoibh. "Community history preserved in stone." *The Vancouver Courier.com.*

Ohashi, Ted, and Yvonne Wakabayashi. *Tasaka.* Self-published, North Vancouver, 2005.

Okazaki, Robert K. *The Nisei Mass Evacuation Group and P.O.W. Camp 101 Angler, Ontario.* Markham Litho Limited, Scarborough, Ontario, 1996.

Quentin R. Grafton, and Harry W. Nelson. *The Effects of Buy-Back Programs in the British Columbia Salmon Fishery.* Australian National University, Economics and Environment Network Working Paper, August 3, 2005.

Rahn, David, ed. *The Westcoast Fisherman.* Westcoast Publishing Ltd., December 1998, Vol. 13, No. 6.

"Richmond's 125th Anniversary," *The Richmond Review,* weekend edition, November 6–7, 2004.

Ross, Leslie J. *Richmond: Child of the Fraser.* Richmond 79 Centennial Society, 1979.

Roy, Patricia. *A White Man's Province: BC Politicians and Chinese and Japanese Immigrants 1858–1914.* UBC Press, Vancouver, 1989.

________. *The Oriental Question: Consolidating a White Man's Province, 1914–41.* UBC Press, Vancouver, 2003.

________. "The Evacuation of the Japanese, 1942." *Documentary Problems in Canadian History: Post-Confederation.* J.M. Bumsted, ed., 1969. p. 215.

Roy, Patricia, J.L. Granatstein, Masako Iino, and Hiroko Takamura. *Mutual Hostages.* University of Toronto Press, Toronto, 1990.

Runnalls, F.E. *History of Steveston United Church.* Unpublished paper. Steveston, BC. 1965.

"Sam Matsumoto, a Pioneer Aluminum Boatbuilder." *Fisherman Life.* Premiere Issue 2001, p. 15.

St. Joseph the Worker Parish: A Remembrance. Pacific Graphics, November 1992.

Shibata, Yuko, and Shoji Matsumoto, Rintaro Hayashi, and Shotaro Iida. *The Forgotten History of the Japanese Canadians.* Volume I: The role of Japanese Canadians in the Early Fishing Industry in BC, with annotated bibliography. New Sun Books, Vancouver, BC, 1977.

Skogan, Joan. *Skeena: A River Remembered.* Raincoast Books, Vancouver, 1983.

Stacey, Duncan. "The Formation of the United Fishermen and Allied Workers Union, 1935 to 1945." Environment Canada, Parks, Microfiche Report Series 282, 1986.

Stacey, Duncan, and Susan Stacey. *Salmonopolis: The Steveston Story.* Harbour Publishing, Madeira Park, BC, 1994.

Stanford Collections, The. *The Japanese in British Columbia: A Survey of Race Relations.* Major Documents #30-283, 1923. collections.stanford.edu/pdf.

Stevens, Homer, and Rolf Knight. *Homer Stevens: A Life in Fishing.* Harbour Publishing, Madeira Park, BC, 1992.

Stewart, Hilary. *Indian Fishing: Early Methods on the Northwest Coast.* Douglas & McIntyre, Vancouver/Toronto, and University of Washington Press, Seattle, 1977.

Sugiman, Momoye, ed. *Japanese Canadian Redress: The Toronto Story.* Webcom Ltd., 2000.

Sulz, David. *A Japanese Entrepreneur on the Fraser River: Oikawa Jinzaburo and the Illegal Immigration of the* Suian Maru. MA thesis, University of Victoria, 2003.

Sumida, Rigenda. *The Japanese in British Columbia.* MA thesis, University of BC, 1935.

Sunahara, Ann Gomer. *The Politics of Racism.* James Lorimer & Co. Toronto, 1981.

Suzuki, David. *Metamorphosis: Stages in a Life.* Stoddart Publishing Co., Toronto, 1987.

Takata, Toyo. *Nikkei Legacy: The Story of Japanese Canadians from Settlement to Today.* NC Press Ltd., Toronto, 1983.

Takenaka, Masao, Chairperson. *The Japanese Canadian Community and their Christian Churches: Their History and Present Condition.* The Study Committee of Christianity and Social Problems of the Institute for the Study of Humanities & Social Sciences, Doshisha University, Kyoto, Japan, April 1991.

Taylor, Mary. *A Black Mark: The Japanese-Canadians in World War II.* Oberon Press, Canada, 2004.

Tottori-ken Doshikai History Book Committee. *A Brief History of Tottori-Kenjin Doshikai and its Members: Centennial Anniversary 1900–2002.* Alberta (self-published).

Walker, Leonard. "The River is His Life: The Story of Tatsuro (Buck) Suzuki." *The Fisherman.* December 7, 1973. pp. 36–40.

Ward, W. Peter. *White Canada Forever: Popular Attitudes and Public Policy Toward Orientals in BC.* McGill-Queen's University Press, 2nd Edition, Montreal and Kingston, 1990.

Wilson, Halford, D., and Harry J. DeGraves. *A Brief on the Oriental Situation in British Columbia.* 1938.

Yamamoto, Ryo, and Kiyoko. "A Canadian Tragedy." An unpublished interview by grandson in Port Edward for a high school paper.

Yamanaka, Richard Hiroji. The Japanese Community in Prince Rupert. Unpublished recollections, year unknown.

Yesaki, Mitsuo. *Sutebusuton: A Japanese Village on the BC Coast.* Peninsula Publishing Company, Vancouver, 2003.

Yesaki, Mitsuo. "The Pacific Boat Building Company," *Nikkei Images.* Spring 1999, Vol. 4 #1, p. 6.

Yesaki, Mitsuo, Harold Steves, and Kathy Steves. *Steveston, Cannery Row: An Illustrated History.* Lulu Island Printing, Richmond BC, 1998.

Yesaki, Mitsuo, and Sakuya Nishimura. "The Visit of *Asama* and *Azuma* in June 19–23, 1914." *Nikkei Images.* Autumn 2004, Vol. 9 No. 3.

Yoshida, Edward S. *The Japanese Churches in Canada and the Pacific War.* Annual Conference of Nikkei pastors in Southern California, February 5, 2004.

JAPANESE SOURCES: TRANSLATED BY STAN FUKAWA FOR MASAKO FUKAWA

BC Gyosha Renraku Kyogikai Kaiho, 1938, 1939, 1940 (BC Fishermen's Liaison and Consultative Association Bulletins for 1938, 1939, 1940).

Gyogyo Mondai Kiso Kikin Boshu Shuisho (Fundraising Prospectus for the Legal Fight Regarding the Fisheries Problem). The Federated Committee on Fisheries Issues, May 31, 1926. (The name was later changed to Gyogyo Mondai Taisaku Rengo Iinkai or Federated Committee to Deal With Fisheries Issues).

Hayashi, Rintaro. *Kuroshio no Hate Ni (At the End of the Japanese Current).* Nichibo Shuppan Sha, Tokyo, 1974.

_________. *Kahan Mandan (River Bank Monologues).* Surrey Printing. Surrey. 1988.

Iju, Kenkyu. *Immigration Studies.* Vol. 3, 1993.

"Kanada Doho Hatten Shi." *(The History of the Progress of the Japanese in Canada) Tairiku Nippo (The Continental Daily News).* Tairiku Nippo Sha. Vancouver, 1909–1924.

Kanada Ijuu Hyakuen-shi (One-hundred-year History of [Japanese] Immigration to Canada). Mihama-cho Kanada Iju 100 shunen kinen Jigyo Jikko Iinkai (Mihama-town Canadian Immigration Centennial Celebration Project [editorial] Committee), Gyosei, Osaka, 1989.

Mori, Kenzo, and Hiroto Takami. *Kanada no Manzo Monogatari (The Story of Manzo of Canada).* Osuzuyama Shobo, Tokyo, 1977.

Kawahara, Norifumi. Dai ni-ji Sekai Taisen izen no Kanada Seigan in okeru Nikkei gyomin no kakusan kozo ni kansuru rekishi chirigakuteki kenkyu (Historical geographic research in the dispersal of Nikkei fishermen pre-World War II on the Canadian West Coast). Faculty of Arts, Ritsumeikan University, Kyoto, Japan, March 2006.

Nakayama, Jinshiro, ed. *Canada Doho Hatten Taikan* (Encyclopedia on the Progress of Japanese in Canada). Tokyo, 1921.

_________, ed. *Canada no Hoko (The Treasure of Canada).* 1922.

Nishihama, Hisakazu. "Kanada no Kuno Gihei" (Gihei Kuno of Canada). *Mihama no Rekishi (The History of Mihama).* November 1, 1949. p.1–49.

Nishimura, Sakuya, and Mitsuo Yesaki. "Soichi Shiho, Recipient of Royal Canadian Humane Association Citation." *Nikkei Images.* Vol. 9 #2, Summer 2004, p.16–17.

Sasaki, Toshiji. *Nihonjin Kanada Imin Shi (History of Japanese Immigrants to Canada).* Fuji Shuppan Kabushiki Kaisha, Tokyo, 1999.

Shimpo, Mitsuru. *Ishi o mote owaruru gotoku: Nikkei Kanadajin Shakai Shi (Like Being Chased by a Stone-throwing Mob: The social history of Japanese Canadians).* Kunio Taba, Continental Times. 1975.

_________. *Nihon no Imin: Nikkei Kanadajin ni mirareta haiseki to tekio (Japanese Immigrants: Discrimination against Japanese Canadians and their Response).* Hyoronsha.

_________. *Kanada Imin Haiseki Shi: Nihon no Gyogyou Imin (Canada's Anti-Immigrant History: The Case of Immigrant Japanese Fishermen).* Miraisha, Tokyo, 1985.

Suchibusuton Gyosha Jizen Dantai sanjugonen shi (The 35-year History of the Steveston Fishermen's Benevolent Association). Suchibusuton Gyosha Jizen Dantai. (Steveston Fishermen's Benevolent Assn.). Steveston, BC, 1935.

Sukiina Gyosha Kyokai Kaisoku (Constitution of the Skeena Fishermen's Association). Sukiina Gyosha Kyokai (Skeena Fishermen's Association). Revised June 1931.

Yukuretto Gyogyo Kaisha Kiyaku (Constitution of the Ucluelet Fishermen's Co-operative). The Ucluelet Fishermen's Co-operative, September 1926.

Yamagata, Takao. *Ushinawareta Fuukei: Nikkei Kanada Gyomin no Kiroku Kara*

(Vanished Scenes: As Recorded by Japanese Immigrants to Canada). Miraisha, Tokyo, 1996.

NATIONAL ARCHIVES:

RG 23, Vol. 2292, Department of Fisheries and Oceans, General Correspondence, Disposal of Japanese Fishing Vessels, 12/41-3/43 (folder 2).

RG 23, Vol. 2293, List of Licences, Japanese and General, April 1942–August 31, 1951.

RG 24, D1, Naval Headquarters Registry Files, Library and Archives, Canada.

RG 25, D1, Office of the Under-Secretary of State for E.A., Library and Archives, Canada.

RG 25, G1, Central Registry "39" Series, Library and Archives, Canada.

RG 25, G2, Central Registry "1940" Series, Library and Archives, Canada.

RG 76, Immigration Branch, Central Registry Files, Library and Archives, Canada.

Bird Commission transcripts: Yokeichi Ishida, Yonekichi Yoshida.

Supreme Court of Canada Citation: *R. v. Kapp*, 2008 SCC 41 date: 20080627 Docket: 31603.

VIDEOS:

"Nishga Girl." *Country Canada*, CBC, January 20, 1999, and other CBC programs.

SPEECHES:

Ian Fraser, curator for the traveling exhibition "New Canadian newspaper." Speech entitled "A tribute to the New Canadian heroes." April 18, 2008.

INTERVIEWS AND WRITTEN SUBMISSIONS:

Joseph Bauer, Leslie Budden, Robert Critchley, Frank Egami, Fujiko Egami, Ed Goto, Kiyoo Goto, Gayle Hayashi, Sadayo Hayashi (nee Oura), Tom Hirose & family, Ted Hirota, Keay Homma, Masami Hori, Akira Horii, Bill Horii, Nadene Inouye, Faye Ishii, Iwao Itakura, Shigeaki Kamachi, Joyce Kamikura, Alfie Kamitakahara, Kanako Kariya, Paul Kariya, Jim Kishi, Mary Kitagawa, Jim Kojima, Christine Kondo, Ken Kochi, George Konishi, Roy Koyama, Leonard Koyanagi, Kiichi Kumagai, Teko Kumagai, Ina Kuramoto, Isao Kuramoto, Kunji Kuramoto, Jessyca Maltman, Takao Matsunaga, Fusae Mayede, Takemi Miyazaki, Yukiharu Mizuyabu, Shigekazu Morimoto, Harold Morishita, George Murakami, Nancy Murakami, Gerry Murakami, Kazuji Murao, Toshio Murao, Kumiko Nakagawa, Kimiko Nasu, Shoichi Nishi family, Ted Nishi, Shoko Nishimura (nee Uyede), Dan Nomura, Richard Nomura, Allan Okabe, George Oikawa, Jinzaburo Oikawa family, Joyce Oikawa, Seiichiro Oikawa family, Glen Olsen, Richard Omori, Tatsuo Oura, Kazue Oye, Joan (Nitsui) & John Pringle, Margaret Sakai, Teruo Terry Sakai, Sachiko Sakata, Tatsuo Sakauye, Tom Sando, Bill Sasaki family, Terry Slack, Gordon Shimizu, Polly Shimizu, Douglas Shinde, Sam Shinde, Bob Stewart, James Sugiyama, Troy Takasaki, Justin Taylor, Sian & the Tasaka family, Joe Yoshio Teranishi, Midori Uyeyama, Marge Uyeyama, Takeshi Uyeyama, Baron Wakabayashi, Kiyoko Yamamoto, Mitsuo Moe Yesaki, Harry Yonekura, Dave Yoshida, Ed Yoshida

AUDIO TAPES FROM THE JAPANESE CANADIAN NATIONAL MUSEUM, BURNABY, BC:

Hama, Hideo. December 9, 1993

Hamade, Hiroshi. January 29, 1998

Kobubo, Hideo. August 23, 1983

Oura, Yoshikazu. April 12, 1985

Oye, Masayoshi. July 25, 1983

Sakai, Mitts. June 20, 1983

Sakamoto, Unosuke. October 19, 1983

Shinde, Yoshiharu. April 8, 1985

Uyeyama, Takeshi. May 12, 1990

Yasui, Roy Y. *Requiem for a Nisei: Tom Oikawa.* JCNM, 1997.

TRANSCRIPTS OF INTERVIEWS TAPED FOR THE BRITANNIA HERITAGE SHIPYARD PROJECT, RICHMOND ARCHIVES, RICHMOND, BC:

Miller, Gerry. July 17, 1991

Kishi, Jim. (undated)

TRANSCRIPTS OF INTERVIEWS TAPED BY THE CAMPBELL RIVER MUSEUM:

Kajiwara, Terry and Reiko

Kajiwara, Sue (mother of Terry Kajiwara)

Matsunaga, Takao and Sachiko (daughter), Frank and Sam

Index

Index

Index